D1701521

DOCUMENTS DIPLOMATIQUES FRANÇAIS

Armistices et Paix

1918-1920

Tome I

(27 SEPTEMBRE 1918 – 17 JANVIER 1919)

MINISTÈRE DES AFFAIRES ÉTRANGÈRES
ET DU DÉVELOPPEMENT INTERNATIONAL

COMMISSION
DES
ARCHIVES DIPLOMATIQUES

DOCUMENTS DIPLOMATIQUES FRANÇAIS

Armistices et Paix

1918-1920

Tome I

(27 SEPTEMBRE 1918 – 17 JANVIER 1919)

P.I.E. Peter Lang

Bruxelles · Bern · Berlin · Frankfurt am Main · New York · Oxford · Wien

2014

Tous droits réservés pour tous pays. Toute reproduction, intégrale ou partielle, par quelque procédé que ce soit, des documents publiés dans le présent ouvrage est interdite, sauf avec l'autorisation du ministère des Affaires étrangères et du Développement international. Seules sont autorisées, d'une part, les reproductions strictement réservées à l'usage du copiste et non destinées à une utilisation collective et, d'autre part, les courtes citations justifiées par le caractère scientifique ou d'information de l'œuvre dans laquelle elles sont incorporées (art. L. 122-4, L. 122-5 et L. 335-2 du Code de la propriété intellectuelle).

© Ministère des Affaires étrangères et du Développement international. Paris, 2014

Éditeur : P.I.E. Peter Lang s.a.
Éditions scientifiques internationales
Bruxelles, 2014
1 avenue Maurice, B-1050 Bruxelles, Belgique
info@peterlang.com ; www.peterlang.com

ISSN 1377-8773
ISBN 978-2-87574-234-6
D/2014/5678/86

MINISTÈRE DES AFFAIRES ÉTRANGÈRES
ET DU DÉVELOPPEMENT INTERNATIONAL

COMMISSION DES ARCHIVES DIPLOMATIQUES

Président

Le ministre des Affaires étrangères et du développement international.

Mme Hélène CARRÈRE D'ENCAUSSE, secrétaire perpétuel de l'Académie française.

Vice-présidents

Le secrétaire général du ministère des affaires étrangères et du développement international.

Le directeur des archives du ministère des affaires étrangères et du développement international.

M. François PLAISANT, ambassadeur de France.

Membres

Le directeur des systèmes d'information du ministère des affaires étrangères et du développement international.

L'adjoint au directeur des archives du ministère des affaires étrangères et du développement international.

Le directeur chargé des archives au sein de la direction générale des patrimoines du ministère de la culture et de la communication.

Le directeur de la mémoire, du patrimoine et des archives du ministère de la défense.

Mme Laurence BADEL, professeur des universités.

M. Lucien BÉLY, professeur des universités.

M. Frédéric Bozo, professeur des universités.

M. Jérôme CLÉMENT, président du théâtre du Châtelet.

M. Alain DEJAMMET, ambassadeur de France.

Mme Catherine DHÉRENT, conservateur général du patrimoine.

M. Robert FRANK, professeur émérite des universités.

M. Loïc HENNEKINNE, ambassadeur de France.

M. Stanislas JEANNESSON, professeur des universités.

M. Laurent Joffrin, journaliste.
M. André Kaspi, professeur émérite des universités.
M. Henri Laurens, professeur au Collège de France.
Mme Agnès Magnien, conservatrice générale du patrimoine.
Mme Chantal Metzger, professeur des universités.
Mme Hélène Miard-Delacroix, professeur des universités.
M. Olivier Pétré-Grenouilleau, professeur des universités.
Mme Marie-Pierre Rey, professeur des universités.
M. Georges-Henri Soutou, professeur émérite des universités.
M. Hugues Tertrais, professeur des universités.
M. Maurice Vaïsse, professeur émérite des universités.
M. Jean-Claude Waquet, professeur des universités.

Ont collaboré à la préparation de ce volume
établi sous la direction de
MM. Robert FRANK et Gerd KRUMEICH :

M. Jean-Michel GUIEU, maître de conférences à l'Université Paris 1 Panthéon-Sorbonne.

M. Vincent LANIOL, agrégé d'histoire et doctorant à l'Université Paris 1 Panthéon-Sorbonne.

Alexandre SUMPF, maître de conférences à l'Université de Strasbourg.

INTRODUCTION

Le présent volume est le premier d'une nouvelle série des *Documents diplomatiques français*, toute spéciale, qui porte sur les « Armistices et Paix (1918-1920) ». Il présente les documents diplomatiques de la première période envisagée, celle qui court du 27 septembre (jour de l'annonce de l'armistice demandé par la Bulgarie) jusqu'au 17 janvier 1919, la veille de l'ouverture de la Conférence de la Paix à Paris. Trois autres volumes suivront : le deuxième couvrira les deux mois qui vont du 18 janvier à la fin du mois de mars 1919 ; le troisième traitera un long trimestre, de la fin mars au 28 juin 1919, jour de la signature du traité avec l'Allemagne à Versailles ; le quatrième prendra en charge le semestre qui commence le 29 juin 1919 et se termine le 10 janvier 1920, jour de la mise en application du traité. Dans ces quatre volumes, tous les enjeux de la paix et de la sortie de guerre seront pris en compte à travers le prisme de la politique extérieure de la France et au regard des diplomates français : tant les relations entre les vainqueurs que les relations de ces derniers avec les vaincus, tous les vaincus. Certes, avec ceux-ci, seulement trois traités sur cinq sont signés pendant la période prise en considération par cette nouvelle série : outre le traité de Versailles avec le Reich, déjà mentionné, il y a celui qui est signé le 10 septembre 1919 à Saint-Germain-en-Laye avec l'Autriche, pays issu de l'Empire austro-hongrois déchu, puis celui qui est imposé à la Bulgarie à Neuilly le 27 novembre. La signature des deux derniers traités « de la banlieue parisienne » (à Trianon avec la partie hongroise, le 4 juin 1920 ; à Sèvres avec l'Empire ottoman, le 10 août 1920) intervient donc plus tard. Pour la fin des conversations et négociations liées à ces deux traités, on se référera aux deux premiers volumes des *DDF* déjà parus sur l'année 1920[1]. Mais, la présente série fera largement état des affaires concernant le sort de la Hongrie, de la Turquie et du Moyen-Orient arabe, tant elles prennent de la place dans l'agenda de la diplomatie des vainqueurs, et donc de la France, entre l'automne 1918 et le début 1920.

Dans ce premier volume de la nouvelle série, les documents montrent que tout commence avec la demande d'armistice de la part des Bulgares, le 26 septembre, armistice annoncé le 27 et signé le 29 à Salonique. Jusqu'alors, malgré les succès de la contre-offensive conduite par Foch, la guerre semble loin d'être terminée. Or, tout va se précipiter à partir de cette date et la conscience de cette accélération du temps est évidente chez les diplomates et décideurs français. Voilà que la première brèche dans le camp des puissances centrales est ouverte et que le retentissement de l'effondrement de la Bulgarie est grand partout, en particulier en Allemagne, tant dans l'opinion publique que dans les milieux politiques. Les partis de gauche réclament des changements au point que, le lendemain de la signature de ce premier armistice, le nom de Max de Bade est déjà prononcé pour remplacer le comte Hertling à la tête d'un gouvernement. Celui-ci, fait nouveau,

---

[1] *DDF*, 1920, tome I, 10 janvier-18 mai ; tome II, 19 mai-23 septembre.

devrait obtenir la confiance de la majorité du Reichstag, ce qui se produira le 3 octobre. Dans les semaines qui suivent, l'enchaînement chronologique est très lisible dans les dépêches et télégrammes. Ces derniers révèlent qu'il ne faut pas tracer une ligne du temps trop simpliste entre les armistices, celui de Salonique le 29 septembre, celui de Moudros avec l'Empire ottoman le 30 octobre, celui de Villa Giusti avec l'Empire austro-hongrois le 3 novembre et, enfin, celui de Rethondes signé le 11 novembre avec le Reich allemand. Comme si, dans ce château de cartes, les alliés de l'Allemagne tombaient avant l'Allemagne. Non, il manque un chaînon : dans le mois qui sépare le premier et le deuxième armistice, se produit l'événement décisif, la demande d'armistice du gouvernement allemand lui-même, transmise au président des États-Unis, dès le 4 octobre[1]. Cet acte crée de l'agitation dans les chancelleries, bien plus que la demande austro-hongroise effectuée le 4 et que la demande turque présentée le 12 octobre. L'Allemagne est tellement centrale aux yeux des Français que, pendant tout le mois d'octobre et au début novembre, les documents diplomatiques font bien plus état des discussions autour de la demande allemande que de la signature des armistices de Moudros et de Villa Giusti qu'ils mentionnent à peine.

Dans ces conditions, une personnalité se révèle comme le personnage central de ce volume : le président Wilson. Tout converge vers lui et les diplomates français expriment à son égard des sentiments mêlés, d'admiration, mais aussi de méfiance : une grande déférence pour celui qui a fait entrer son pays en guerre et ainsi contribué si efficacement à la victoire en cours ; un agacement certain pour le chef de cette puissance qui se dit seulement « associée » et qui ne partage pas nécessairement les buts de guerre des « Alliés ». La tension franco-américaine est immédiate, dès le lendemain de la signature de l'armistice avec les Bulgares. Le 30 septembre 1918 – c'est un télégramme de Berthelot[2] qui en donne l'information – Clemenceau, président du Conseil, se plaint vivement auprès du secrétaire d'État, Robert Lansing, des velléités de médiation que les États-Unis avaient manifestées dans la négociation de cette suspension d'armes, alors qu'ils ne sont pas en guerre avec la Bulgarie. L'émoi est encore plus grand lorsque la demande allemande d'armistice du 4 octobre s'adresse à Wilson, sur la base de ses quatorze points formulés neuf mois plus tôt, le 8 janvier 1918. La crainte des Français est de voir le président américain s'ériger en arbitre. Le principe des nationalités qu'il défend est considéré comme une idée si traditionnellement française qu'elle est pleinement partagée, mais au-delà de ces principes généraux, Paris souhaite des clauses concrètes garantissant la sécurité de la France au prix d'un affaiblissement de l'Allemagne. De plus, les décideurs français craignent – et les Britanniques et Italiens partagent cette crainte – une « manœuvre » allemande pour enrayer une déroute militaire : en obtenant une suspension d'armes, le Reich peut profiter de ce répit pour reconstituer l'armée et relancer une offensive dans de meilleures

---

[1] Pierre Renouvin, *L'armistice de Rethondes (11 novembre 1918)*, Paris, Gallimard, [1968] 2006.

[2] Philippe Berthelot est adjoint au directeur des Affaires politiques et commerciales, mais en fait il est *de facto* à la tête de cette direction, car le titulaire Pierre de Margerie est absent pour cause de maladie.

conditions. La conférence interalliée réunie à Paris les 6-9 octobre met au point une position commune entre la Grande-Bretagne, l'Italie et la France face au premier échange de notes entre les Allemands et Wilson. Les trois alliés font comprendre à ce dernier que l'idée d'évacuation des territoires envahis par l'Allemagne n'est pas une condition suffisante, car ce recul en bon ordre et sans pertes de l'armée ennemie peut lui laisser toutes les chances de reprendre les hostilités quand elle le juge opportun, alors que la continuation des coups de boutoir alliés l'affaiblirait d'une façon décisive et définitive. Ils préconisent que les termes de l'armistice soient soumis aux experts militaires, en particulier le maréchal Foch. Le président américain y consent finalement non sans avoir manifesté, à l'égard des Alliés qui délibèrent sur une demande qui ne leur avait pas été adressée[1], une mauvaise humeur que l'ambassadeur Jusserand réussit à apaiser.

Dans les semaines qui suivent, l'Amérique montre une fermeté croissante, et rassurante pour les Français, dans ses échanges avec Berlin : dans sa réponse du 8 octobre à la première note allemande du 4 ; dans celle du 14 en réponse à la note du 12 (Wilson indique que l'armistice sera essentiellement l'affaire des experts militaires et qu'aucune paix ne sera signée avec le « pouvoir arbitraire ») ; enfin, dans celle du 23 qui répond à celle du 20 octobre. Entre-temps, les alliés de l'Allemagne s'effondrent : le 7 octobre, Enver-Pacha est renversé, remplacé par Izmet-Pacha qui ne pense qu'à retirer l'Empire ottoman de la guerre ; à partir du 18 octobre, l'Empire des Habsbourg se désagrège avec, à la fin du mois, les prises de pouvoir des conseils nationaux et la proclamation de la création de nouveaux États. Et, du 24 octobre au 3 novembre, le général italien Armando Diaz lance une offensive victorieuse contre les Austro-Hongrois à Vittorio-Veneto. Enfin, le 3 novembre, commencent à Kiel les mutineries qui conduisent à la révolution allemande. D'où l'urgence pour Wilson d'obtenir de ses associés le ralliement aux principes énoncés dans ses quatorze points, acceptés par les Allemands. En premier lieu, les Français sont inquiets de l'imprécision de la formulation du point n° 8 : « les torts causés à la France par la Prusse en 1871, concernant l'Alsace-Lorraine […], devraient être corrigés ». Jusserand obtient vite une réponse satisfaisante : il est précisé que la restitution sera immédiate et qu'il n'y aura pas de plébiscite. Mais, en second lieu, cette assurance ne suffit pas à rallier Paris aux principes wilsoniens, d'autant que ceux-ci ont reçu l'aval de l'Allemagne, ce qui fait flairer une seconde « manœuvre » de l'ennemi, qui cherche à amadouer Wilson pour obtenir une paix douce, nuisible à la sécurité française. La tension est extrême lors des conversations au Quai d'Orsay des 29-30 octobre entre les Alliés et les Américains, entre Clemenceau, Pichon, Lloyd George, Balfour et le colonel House. Le représentant de Wilson menace quasiment ses partenaires d'une paix séparée signée par les États-Unis s'ils n'acceptent pas les quatorze points comme base de la négociation de la future paix[2].

---

[1] Jean-Jacques Becker, *Le traité de Versailles*, Paris, PUF, « Que sais-je ? » n° 3643, 2002, p. 12.

[2] Voir André Kaspi, *Le temps des Américains, 1917-1918*, Paris, Publications de la Sorbonne, 1976, p. 311.

Britanniques et Français donnent leur consentement, mais font inscrire deux observations : une réserve sur la liberté des mers (point n° 2), car conceptions britanniques et américaines divergent sur cette disposition ; un ajout visant à expliquer que la notion de « restauration des territoires envahis » évoquée par le président américain dans ses discours implique que le Reich « devra donner compensation pour tous les dommages causés aux populations civiles des nations alliées du fait de l'agression de l'Allemagne sur terre, sur mer et par la voie des airs ». L'accord entre Alliés et Associés est finalement consigné le 4 novembre par un télégramme envoyé par House à Wilson, ce qui permet à Lansing, le lendemain, de confirmer aux Allemands que la paix sera signée sur la base des quatorze points, assortis des deux observations formulées par les Alliés, et de leur demander d'envoyer les délégués auprès de Foch pour se faire entendre les conditions de l'armistice[1]. La révolution allemande suit alors son cours, aboutissant, le 9 novembre, à l'abdication de Guillaume II qui se réfugie aux Pays-Bas. Les conditions inscrites dans la note Lansing du 5 novembre sont acceptées par le nouveau gouvernement présidé par Ebert, y compris celle de « compensation » pour les dommages causés, motivée par « l'agression de l'Allemagne » qui n'est alors pas contestée[2].

Il faut lire le compte rendu de la première réunion du 11 novembre à Rethondes pour comprendre quel rapport de forces Foch veut instituer avec les plénipotentiaires allemands afin qu'ils comprennent et reconnaissent leur position de vaincus. Jouant au chat et à la souris avec eux, il va jusqu'à leur demander quel est l'objet de leur visite. Non satisfait de leurs deux premières réponses (ils demandent d'abord quelles sont ses « propositions », puis quelles sont ses « conditions »), il leur dit qu'il n'a « aucune proposition à faire », puis qu'il n'a pas davantage « de conditions » à formuler. Il les accule ainsi à demander explicitement l'armistice et ne procède à la lecture des conditions « dans lesquelles il pourra être obtenu » qu'après avoir entendu cette demande en bonne et due forme.

Au total, dans leurs discussions avec les Alliés et Associés, les Français ont obtenu satisfaction sur de nombreux points. Les documents diplomatiques montrent leur insistance à bien séparer et à ne point confondre clauses de l'armistice et conditions de paix. Même s'ils adhèrent à celles-ci sur la base des quatorze points de Wilson, à deux réserves près, ils sont heureux d'avoir été suivis pour que les clauses de l'armistice, imposées à l'ennemi au préalable, soient essentiellement militaires sans être toutefois complètement dépolitisées. À leurs yeux, le but de l'armistice est d'affaiblir militairement le Reich, de l'empêcher de reprendre les hostilités, tout en anticipant politiquement sur certaines conditions de paix, non point en énonçant des principes abstraits, mais en préparant un terrain favorable à la satisfaction de quelques-unes des revendications concrètes de la France. La convention du 11 novembre, signée pour trente-six jours, « avec faculté

---

[1] Pierre Renouvin, *op. cit.*, p. 383-384.

[2] Vincent Laniol, « L'article 231 du traité de Versailles, les faits et les représentations. Retour sur un mythe », *Relations internationales*, 2014/2, n° 158, p. 9-25.

de prolongation »,[1] prévoit en effet l'évacuation non seulement de l'Alsace-Lorraine, des territoires occupés en France et en Belgique, mais aussi de la rive gauche du Rhin, avec des têtes de pont sur la rive droite : il s'agit de préfigurer la création d'une « frontière militaire » alignée sur le grand fleuve et de rendre automatique la restitution des provinces perdues. Elle impose aussi à l'Allemagne la livraison de ses sous-marins, de nombreux vaisseaux de guerre, de toutes sortes de matériels, d'armements terrestres. Elle inclut surtout la notion de « réparation des dommages » (article XIX), le mot de « réparation » se substituant à celui de « compensation » qui était utilisé dans les notes House et Lansing des 4 et 5 novembre. Voilà donc un armistice dur, imposé à un vaincu qui croit cependant pouvoir compter sur une future paix juste, même s'il est prévenu qu'il devra « payer » : tel est l'état du compromis provisoire entre les vainqueurs en novembre 1918 ; et voilà bien la source de nombreuses dissensions pour les semaines, les mois et les années à venir.

La tension avec Wilson perdure cependant après l'armistice, lors de la préparation de la Conférence de la Paix. Sur la question du choix du lieu où se déroulera cette dernière, elle ne dure pas longtemps. Britanniques et Américains ont d'abord une préférence pour un pays neutre, la Suisse, les premiers pour Genève, les seconds pour Lausanne. Jusserand joue sur la corde sensible de ses interlocuteurs à Washington en leur rappelant les traités signés à Paris et à Versailles en 1783, à la fin de la guerre d'indépendance des États-Unis. Versailles est d'ailleurs depuis le début 1918 le lieu du Conseil supérieur de guerre interallié. Surtout, le 4 novembre, l'ambassadeur communique habilement à Lansing des renseignements sur les milieux bolcheviques qui souhaitent faire de la Suisse le « centre de la propagande révolutionnaire pour les pays de l'Entente ». Le 9 novembre, Clemenceau lui-même intervient fortement auprès du colonel House qu'il réussit à persuader[2]. Le mouvement de masse à Zürich, réprimé par l'armée, et la grève générale de trois jours qui s'ensuit, finissent de persuader les Américains que la Suisse n'est pas un pays sûr ! Et le 14 novembre, Jusserand apprend enfin de la bouche du Président qu'il donne son consentement aux deux villes françaises comme lieux de la conférence. Nul doute que, déjà, dans l'imaginaire français, Paris et Versailles devaient effacer en 1919 le Paris assiégé de 1870-1871 et le Versailles qui a abrité la fondation du Reich par Guillaume Ier et Bismarck[3].

Plus difficiles sont les discussions dans le cadre de la préparation des « préliminaires de paix ». On croit en effet alors passer par cette étape intermédiaire, celle qui dessine les grandes lignes des dispositions qui seront ensuite précisées et développées dans les traités à conclure avec les pays vaincus. C'était cet usage qui avait prévalu en 1871 : les préliminaires du 26 février avaient précédé le traité de Francfort du 10 mai. On ne sait pas encore que

---

[1] Il est renouvelé le 12 décembre, le 16 janvier 1919 et, le 16 février, il est reconduit pour une durée illimitée.

[2] Voir document n° 149 du 9 novembre 1918.

[3] Jean-Claude Allain, « Versailles », in Horst Möller et Jacques Morizet (dir.), *Allemagne-France, Lieux et mémoire d'une histoire commune,* Paris, Albin Michel, 1995.

les négociations entre Alliés et Associés seront longues au point qu'il sera jugé utile, quelques semaines plus tard, de passer directement à la conclusion des actes finaux. D'emblée, dans ces échanges, les dirigeants français mettent en avant les garanties à donner à la sécurité de la France.

Une des premières obsessions françaises, c'est de mettre au point un argumentaire justifiant que la France obtienne, à l'occasion de la restitution de l'Alsace-Lorraine, non point la frontière de 1870-1871, dérivée du second traité de Paris de 1815, mais la frontière de 1814 du premier traité de Paris, avant la défaite napoléonienne de Waterloo. Une partie du bassin sarrois, ainsi que les villes de Landau, de Sarrelouis, de Sarrebrück, avaient été rattachées à la France au XVIIe ou au XVIIIe siècle : la première en 1648 ; la deuxième en 1680, fondée par Louis XIV – d'où son nom – et fortifiée par Vauban ; la troisième pendant la Révolution, en 1797. Elles avaient été maintenues françaises en 1814, puis enlevées à elle et données à la Prusse en 1815. Il y a une véritable inflation de notes, d'études rédigées par les diplomates, les militaires, les historiens[1], les géographes[2], de cartes dessinées par les experts sur cette question, et le présent volume n'en a retenu qu'une petite partie. L'objectif est de reprendre ces villes et ces places qui ont facilité l'offensive prussienne en 1870 et de fixer une frontière plus facile à défendre, avec même quelques rectifications de la ligne de 1814 proposées par Foch dans sa note du 21 novembre[3].

La deuxième obsession est celle du Rhin et de sa rive gauche. Faut-il l'annexer ? Dès le lendemain de l'armistice, le 12 novembre, Cambon dit à Lloyd George qu'une partie de l'opinion française serait favorable à « l'annexion à la France d'une partie des provinces rhénanes » et le Premier ministre marque aussitôt son « dissentiment », en ajoutant que Clemenceau était également opposé à ce projet. L'ambassadeur marque d'ailleurs à son tour son hostilité à cette solution, ne souhaitant pas « doter la France d'une Alsace-Lorraine allemande ». On apprend ainsi que c'est cette formule soufflée par le diplomate français qui inspire Lloyd George, lorsqu'il dénonce plus tard « une Alsace-Lorraine à l'envers » en cas d'annexion de la Rhénanie par la France. En tout état de cause, le Rhin doit constituer « la frontière militaire ». Foch, dans sa note à Clemenceau du 27 novembre[4], propose précisément que le Rhin soit la frontière occidentale de l'Allemagne, que la rive gauche du Rhin et les têtes de pont soient occupées « pendant au moins une certaine durée de temps ». Il n'envisage pas d'annexer les pays rhénans, mais il propose qu'ils soient détachés du Reich et constitués en États autonomes, sous contrôle des Alliés, en particulier la France, la Belgique et la

---

[1] Voir la note rédigée par Ernest Lavisse (document n° 441 du 11 janvier 1919). Voir aussi Olivier Lowczyk, « L'historien et le diplomate en 1919 : l'usage des sciences historiques dans la négociation pour les frontières de la France », *Guerres mondiales et conflits contemporains*, 2009/4, n° 236 ; Olivier Lowczyk, *La fabrique de la paix. Du Comité d'études à la Conférence de la Paix : L'élaboration par la France des traités de la Première Guerre mondiale*, Paris, Économica, 2010.

[2] Voir Paul Vidal de La Blache, « La frontière de la Sarre d'après les traités de 1814 et de 1815 », *Annales de Géographie*, 1919, vol. 28, n° 154, p. 249-267.

[3] Voir document n° 225 du 21 novembre 1918.

[4] Voir document n° 261 du 27 novembre 1918.

Grande-Bretagne. Il renouvelle sa demande presque dans les mêmes termes dans sa note du 10 janvier 1919[1], rejetant encore toute idée d'annexion et précisant qu'un régime douanier commun devrait relier ces territoires aux autres États occidentaux d'Europe.

La troisième obsession est celle des « réparations des dommages de guerre ». Il n'y a pas de chiffrage encore, mais il est question de « restitution » de l'indemnité des cinq milliards que la France a dû payer après sa défaite de 1871 : deux milliards en or dans le délai d'un mois ; trois milliards en francs français dans un délai de six mois ; et les intérêts composés pour la période 1871-1919 payables en cinquante annuités. Dans les « réparations » proprement dites, on envisage de compter les « pensions résultant de la présente guerre », à payer par l'Allemagne jusqu'en 1975[2]. Néanmoins, cette question paraît alors ne pas avoir le caractère obsédant qu'elle aura plus tard, et la même chose peut être dite à propos de la dette contractée à l'égard des États-Unis, bien que surgisse déjà une inquiétude sur l'imminence des échéances des premiers remboursements. Le ministre des Affaires étrangères, Stephen Pichon, considère cependant que ceux-ci ne pourront pas être effectués avant la signature du traité de paix garantissant les réparations allemandes et avant la « reconstitution économique » de la France[3]. Voilà donc esquissée la thèse française du lien entre remboursement de la dette interalliée et paiement des réparations. Étienne Clémentel, ministre du Commerce, de l'Industrie et des Transports, champion de la coopération économique entre les démocraties occidentales, par sa vision globale, va plus loin : avant de « régler les comptes de l'Allemagne », il convient de fixer les règles de l'ordre économique mondial. Il plaide auprès de Clemenceau la nécessité d'organiser avant la signature des préliminaires de paix, une conférence réunissant les puissances alliées et associées qui décideraient de maintenir la coopération entre elles dans le domaine de la répartition des matières premières, des moyens de paiement à l'importation, de la stabilisation des changes, et de différer le retour à la liberté jusqu'à la « reconstitution économique » du monde en guerre. Si ce retour au libéralisme économique intervient trop tôt, la France, appauvrie par la guerre, sera démunie, surtout face à l'Allemagne dont l'économie est intacte et puissante. Il faudra demander davantage à celle-ci en matière de réparations pour compenser ce déséquilibre accru. Voici donc un bon conseil donné aux Américains : s'ils veulent une paix juste, il faut une organisation économique assurant au monde « un relèvement dans la sécurité » ; s'ils veulent trop vite le retour à la normale, ce sera au contraire « une paix de représailles et de châtiments »[4].

Oui, les décideurs français voient bien en Wilson le personnage central, l'homme qu'il faut convaincre des nécessités de la sécurité militaire et économique de la France. Il convient donc de jouer sur ses sentiments

---

[1] Voir document n° 436 du 10 janvier 1919.
[2] Voir document n° 194 du 15 novembre 1918.
[3] Voir document n° 362 du 20 décembre 1918.
[4] Voir document n° 404 du 31 décembre 1918.

démocratiques et de le convaincre que les Français les partagent pleinement. Leur guerre est aussi une guerre pour le droit et contre ceux qui l'ont enfreint, Guillaume II en tête, perçu comme le principal responsable de « l'agression » de 1914 : ils font approuver par les Britanniques et les Italiens, lors des conversations interalliées de Londres du début décembre, l'idée de traduire le *Kaiser* et ses complices « devant un tribunal international »[1]. Opposer un réalisme français évoquant les rapports de force à un idéalisme américain invoquant le droit serait une vue simpliste, les documents ici rassemblés le démontrent à l'envi. Sincères et manipulateurs à la fois, les diplomates, les militaires, les hommes politiques qui s'expriment sur la paix insistent sur les idéaux communs. Ils ne souhaitent pas laisser à Wilson le monopole de la cause démocratique et acceptent de parler son langage idéaliste pour l'attirer sur des positions plus réalistes. La question est de savoir comment transformer les principes, acceptables mais abstraits, en réalité, comment les appliquer : le principal point d'application difficile étant l'Allemagne, encore l'Allemagne, vaincue, mais toujours considérée comme dangereuse, par sa masse démographique et sa puissance industrielle. Le grand jeu des décideurs français – et les diplomates fourbissent leurs arguments – est de faire sortir Wilson de sa « rêverie théoricienne »[2], face à ce pays qu'ils estiment ne ressembler à aucun autre, pour lequel l'application des règles démocratiques n'est pas possible. Ils veulent lui faire partager leur vision de ce qu'ils jugent être la vraie « nature » germanique, leur méfiance à l'égard de ce peuple qui tente de le séduire pour obtenir une paix douce. Jusserand parle à Lansing de la nécessité que « le barbare allemand, en son épaisse immoralité, comprenne » la nouvelle donne internationale[3]. Foch évoque dans sa note du 27 novembre « cette nation de tout temps belliqueuse et envieuse du bien d'autrui […], aspirant à l'hégémonie du monde », contre laquelle une seule barrière est possible : le Rhin[4]. Dans sa note du 10 janvier, il réclame cette même frontière militaire en l'assaisonnant habilement d'un vocabulaire presque wilsonien, le Rhin devenant « la barrière commune de sécurité nécessaire à la Société des Nations démocratiques »[5]. Les enjeux sont à la fois idéologiques – la lutte pour les valeurs de la démocratie – et géopolitiques : protéger la France, située géographiquement à l'avant-poste des pays épris de liberté face à cette cruelle Germanie, c'est protéger l'ensemble de ce monde qui se veut libre. Il s'agit de convaincre le président américain que l'Allemagne ne changera pas avant longtemps, que ses éventuels efforts de démocratisation ne seraient que pure « manœuvre », et qu'elle ne devra pas faire partie immédiatement de cette société internationale. Assurément, cette représentation de l'ennemi est « essentialiste ». Elle n'est pas cependant complètement univoque. Le vieux stéréotype français des « deux Allemagne » subsiste : la bonne, rhénane, romantique, libérale ; et la mauvaise, prussienne et militariste. Mais,

---

[1] Voir document n° 281 du 2 décembre 1918.
[2] Voir document n° 105 du 30 octobre 1918.
[3] Voir document n° 94 du 28 octobre 1918.
[4] Voir document n° 261 du 27 novembre 1918.
[5] Voir document n° 436 du 10 janvier 1919.

l'opposition entre les deux images s'est atténuée : la « bonne » a été subvertie par la « mauvaise », tant la Prusse a marqué l'ensemble du Reich après l'unité construite en 1871. Le travail de « déprussianisation », y compris en Bavière, est un travail de longue haleine aux yeux des élites françaises, traumatisées par le conflit, imprégnées en 1918-1919 d'une « culture de guerre » qui se défoule essentiellement en un antigermanisme virulent. Dans ce contexte, les diplomates, Jusserand en tête, se considèrent plus proches des républicains américains que de l'administration démocrate. Ils partagent les critiques formulées par l'ancien président Théodore Roosevelt contre les quatorze points de Wilson, trop abstraits et dont l'acceptation par les Allemands leur évite la capitulation sans conditions « dont les nations honnêtes ne sauraient se passer »[1].

Dans le présent volume, un texte fait cependant entendre une voix différente, celle de Louis Aubert, directeur du Service d'études et d'informations du Haut-Commissariat de France aux États-Unis (dirigé par André Tardieu). Aubert écrit : « Il y a deux Amériques », l'une républicaine, européanisée, réaliste, prête « à adopter nos haines », l'autre, démocrate, provinciale, idéaliste, concevant « d'entrée de jeu des solutions très différentes des nôtres ». Or, l'intérêt de la France, dit-il, est paradoxalement de ne pas écouter les sirènes des républicains : s'ils prônent l'expiation à imposer aux Allemands, si leur langage flatte « des passions d'avant-guerre », ils sont en réalité des impérialistes et des libéraux, favorables à la suppression des mesures interventionnistes qui favorisent l'approvisionnement à bas prix des pays associés ; à terme, ils seront prompts à écouter leur égoïsme national, à reprendre leur liberté et à abandonner tout effort de solidarité internationale. Celle-ci est au contraire au cœur des préoccupations de l'autre Amérique, celle de Wilson : il convient de ne pas décourager sa volonté d'entraide, qui s'exprime à court terme par le maintien des organisations économiques interalliées, capables de faciliter la reconstruction de l'économie française – Aubert rejoint ici Clémentel – et à long terme par l'existence d'une Société des Nations obligeant les États-Unis à assumer leurs responsabilités. Cette voix reste isolée, car, en 1918-1919, chez les diplomates français, la « culture de guerre » l'emporte encore largement sur la « culture de paix ».

Dans cette partie de bras de fer feutrée avec l'Amérique à propos de l'Allemagne, les Français peuvent compter, d'octobre 1918 à janvier 1919, sur une relative bonne entente avec les Britanniques et les Italiens, voire sur un front commun. Lloyd George se montre d'abord hostile à l'occupation de la rive gauche du Rhin, puis, il se rallie à cette solution. Quant aux Italiens, ils ont besoin de l'appui de Paris sur la question de la côte adriatique, dont la cession, promise à eux par le traité de Londres de 1915, est contestée par Wilson. Leur appui aux thèses de la France sur l'Allemagne est donc assuré. En revanche, à propos du traitement des deux autres grands vaincus, l'Empire austro-hongrois et l'Empire ottoman, surgissent des tensions entre les grands alliés européens : franco-italiennes sur la question yougoslave et franco-britanniques sur le Moyen-Orient arabe.

---

[1] Voir document n° 86 du 26 octobre 1918.

La cohésion de l'Autriche-Hongrie, un empire multinational, avait été jugée fragile par ses dirigeants eux-mêmes, au point qu'ils ont pris tous les risques après l'attentat de Sarajevo en 1914 en s'en prenant à la Serbie : ils entendaient ainsi mettre fin à ce qu'ils considéraient comme étant la principale menace à l'unité impériale. Celle-ci a d'ailleurs tenu pendant presque toute la durée de la Grande Guerre ainsi déclenchée. C'est dans le « dernier quart d'heure » seulement qu'elle s'est désintégrée. Le 28 octobre, à Prague, le mouvement populaire aboutit à la création d'un État tchécoslovaque, que le Comité slovaque accepte le 30. Le 29 octobre, les Croates dénoncent leur allégeance aux Habsbourg et les Slaves du sud de l'Empire proclament leur indépendance. Ils accélèrent leurs discussions avec la Serbie sur les modalités de l'unification yougoslave, qui est formalisée le 1er décembre sous la forme du Royaume des Serbes, Croates et Slovènes. Fin octobre également, les Hongrois prennent leur liberté et le comte Károlyi forme un gouvernement indépendant. Ces événements rendent obsolète le point n° 10 de Wilson qui proposait d'accorder un « développement autonome » aux « peuples d'Autriche-Hongrie », ce que les Français ne manquent pas de rappeler pour montrer le caractère forcément vague et dépassé des quatorze points, formulés de nombreux mois avant cette accélération du temps. Wilson lui-même, à la demande autrichienne d'armistice qui lui est adressée le 7 octobre, répond le 19 que son point n° 10 est dépassé. Y a-t-il eu du côté français, par l'entremise de l'ambassadeur de France à Berne, Paul Dutasta, des négociations de dernière minute pour sauver l'Empire austro-hongrois ? Ou pour sauvegarder une union entre une Autriche allemande et la Hongrie, sans les territoires slaves qui sont impliqués dans une dynamique d'indépendance ?[1] Sans doute, les archives autrichiennes montrent ces contacts. Effectivement, Dutasta transmet à Paris ces appels au secours de Vienne. De surcroît, certains diplomates français voient encore l'avantage de conserver un vaste ensemble au centre de l'Europe qui évite la balkanisation de la région ainsi que la tentation pour les Autrichiens de se réunir à l'Allemagne. Il n'en reste pas moins vrai que le cours précipité des événements rend très vite obsolètes toutes ces discussions. Oui, on sent Jusserand réticent à l'égard « de la politique de libéralisme et de générosité que nous avons choisie », c'est-à-dire l'application du principe des nationalités qui désagrège l'Empire des Habsbourg[2]. Il signale à Lansing, le 14 octobre, « la faiblesse du barrage que constituerait contre l'expansion allemande vers l'Est l'inévitable multiplicité de petites nations nouvellement constituées »[3]. Le secrétaire d'État américain acquiesce. Mais, il ajoute immédiatement qu'il n'y a plus rien à faire maintenant. L'ambassadeur est alors heureux de constater que son interlocuteur, dans ces conditions, est d'autant plus d'accord « pour penser comme nous que la faiblesse allemande devra être notre sauvegarde ». La balkanisation de l'Europe paraît secondaire par

---

[1] Louis-Pierre Laroche, « L'affaire Dutasta : les dernières conversations diplomatiques pour sauver l'Empire des Habsbourg », *Revue d'histoire diplomatique*, 1994/1 ; Georges-Henri Soutou, « 1918 : la fin de la Première Guerre mondiale ? », *Revue historique des armées*, 251/2008.

[2] Voir document n° 101 du 30 octobre 1918.

[3] Voir document n° 49 du 14 octobre 1918.

rapport au danger perçu comme principal : l'Allemagne, toujours l'obsession allemande. Si l'on veut affaiblir le Reich, raison de plus de lui refuser le rattachement de la nouvelle petite Autriche. Des calculs sont faits : une telle union rapporterait plus d'habitants à l'Allemagne qu'elle n'en perdrait avec l'amputation de l'Alsace-Lorraine, du Slesvig et de la « Pologne prussienne » (10 millions contre 6 millions). Les traités interdiront finalement cet *Anschluss*. Mais, à la fin 1918, rien n'est joué. Les diplomates français soupçonnent Wilson de vouloir appliquer le principe des nationalités aux Autrichiens. De plus, si la plupart des décideurs français craignent cette perspective, ils savent qu'une Autriche hors d'Allemagne serait tentée de reconstituer une fédération avec les nouveaux États sortis de l'Empire, ce qui peut avoir des avantages (moins de balkanisation), mais aussi des inconvénients : le mécontentement des nouveaux alliés, comme les Tchécoslovaques, qui craindraient pour leur nouvelle indépendance et qui, de ce fait, voient d'un bon œil une union austro-allemande. Celle-ci n'aurait pas d'ailleurs que des inconvénients selon certaines logiques françaises de l'époque : elle pourrait contribuer à la « déprussianisation » de l'Allemagne. Simple hypothèse d'école – beaucoup, répétons-le, sont persuadés que les Allemands ne changeront plus désormais –, hypothèse qui montre cependant que les futures stipulations des traités sont loin d'être déjà gravées dans le marbre en cette fin d'année 1918.

Les Français restent champions du principe des nationalités, en Europe du moins, à condition que certains équilibres pour leur sécurité ne soient pas menacés. S'ils reconnaissent facilement, et très tôt, l'indépendance des Tchèques et leur union avec les Slovaques, ils sont plus embarrassés sur la question yougoslave. Ils ont encouragé ce mouvement tendant à unir les Slaves du sud et lui déclarent encore leur sympathie à la fin 1918, mais ils refusent d'accorder une reconnaissance formelle à leur Comité national, à la différence de ce qu'ils ont fait pour les Tchécoslovaques. Voulant ménager leur allié italien et honorer le traité de Londres signé avec ce dernier en 1915, ils préfèrent confier à la Conférence de la Paix le soin de décider la construction de ce nouvel État. Lorsque le général Diaz et les troupes italiennes franchissent la ligne de démarcation fixée par l'armistice, les Yougoslaves protestent et se tournent vers la France qui réagit avec la plus grande prudence possible, créant ainsi du mécontentement chez ses deux alliés[1]. De même, les Français approuvent l'idée que la Transylvanie revienne à la Roumanie, bien que cet allié de 1916 ait connu des revers de fortune et des changements de cap : battu pendant l'hiver 1918, ce pays signe alors un traité avec les puissances centrales, et ne revient combattre aux côtés de l'Entente qu'à la dernière minute, à la fin du mois d'octobre. Mais, la question du Banat, revendiqué à la fois par deux peuples amis de la France, les Serbes et les Roumains, rend difficile l'arbitrage de Paris qui préfère s'en remettre une fois de plus à la future décision de la Conférence de la Paix.

Avec le Comité national polonais, présidé par Roman Dmowski, installé à Paris et reconnu par le gouvernement français dès le 20 septembre 1917,

---

[1] Frédéric Le Moal, *La France et l'Italie dans les Balkans, 1914-1919. Le contentieux adriatique*, Paris, L'Harmattan, 2006.

les choses paraissent plus simples. D'autant que la restauration de la Pologne par l'union des territoires que s'étaient partagés la Russie, l'Autriche et la Prusse, est acceptée par les puissances alliées et associées. Elle est même proclamée par le point n° 13 de Wilson. La situation devient plus difficile lorsque le 11 novembre, Józef Piłsudski proclame sur place, à Varsovie, l'indépendance de la Pologne dont il devient, quelques jours plus tard, le chef d'État provisoire. La diplomatie française se montre d'abord méfiante à l'égard de ce personnage qui n'a pas fait le même choix que Dmowski, « ententophile ». Polonais, originaire de la partie russe de la Pologne partagée – il est né près de Vilnius –, il voit au contraire dans la Russie le principal obstacle à la résurrection de son pays au point de créer des troupes polonaises qui combattent entre 1914 et 1917 du côté des puissances centrales. Lorsque celles-ci occupent la Pologne russe, il devient même ministre de la Défense dans le gouvernement qu'elles y instituent. Il rompt cependant avec ses alliés en juillet 1917 et est emprisonné par les Allemands à Magdebourg. Relâché par eux le 8 novembre 1918, il prend donc la tête du nouvel État polonais quelques jours plus tard. La France obtient finalement le rapprochement entre Piłsudski et Dmowski : le premier accepte de faire du second le délégué de la Pologne à la Conférence de la Paix. La question des Juifs polonais est également posée. Certains documents du présent volume font état de pogroms dans le pays. Au début du mois de décembre, les Britanniques souhaitent lancer un avertissement aux autorités polonaises pour qu'elles mettent fin à ces actes et entendent associer le gouvernement français à cette démarche. Stephen Pichon, tout en étant « d'accord sur la nécessité de faire cesser ces excès », pense que cette déclaration « très grave » ne correspond pas exactement à la réalité et rappelle que « les Israélites de Pologne ont pendant l'occupation collaboré étroitement avec les Austro-Allemands »[1]. Il est vrai que l'entrée des troupes allemandes à Varsovie le 3 août 1915 a été bien accueillie par la population juive de la capitale qui espère voir ainsi finie l'ère du tsarisme en Pologne et de son cortège de pogroms. De ce point de vue, les deux guerres mondiales ne se ressemblent pas. Varsovie 1915 n'est pas Varsovie 1943. Cette « collaboration » – le mot est déjà là sous sa forme verbale, même s'il n'a pas toute la charge symbolique qu'il acquerra plus tard – explique cette acrimonie française. Certains textes présentés ici laissent même percer un antisémitisme évident du côté français, à l'encontre des Juifs de Pologne ou de Juifs d'ailleurs.

Au Moyen-Orient, l'application des accords Sykes-Picot de 1916, préfigurant un partage franco-britannique des provinces arabes, n'est pas aisée. Ces accords prévoyaient : deux zones d'administration directe, la zone bleue française en Syrie littorale, Liban et Cilicie, la zone rouge britannique en basse Mésopotamie et au Koweit ; et deux zones « arabes », la zone A d'influence française (la Syrie intérieure) et la zone B d'influence britannique (la Mésopotamie moyenne). De surcroît, dans la zone brune d'administration internationale (Palestine), le protectorat religieux de la

---

[1] Voir document n° 289 du 3 décembre 1918.

France devait être préservé[1]. La première question est de savoir quel serait le moment le plus propice pour informer les États-Unis de cet arrangement de type impérial qui ne plaira pas nécessairement à leur président. La difficulté résulte aussi du rapport de force entre Britanniques et Français sur le terrain, largement à l'avantage des premiers qui ont assumé seuls ou presque la victoire militaire dans la région. Très vite s'établit la suspicion que la Grande-Bretagne profite de la faiblesse des moyens engagés par la France au Moyen-Orient pour l'évincer et vider les accords de 1916 de leur substance. Le général Allenby, commandant en chef des troupes alliées, laisse peu de liberté d'action au haut-commissaire français François Georges-Picot, cosignataire des accords de 1916, y compris dans la zone bleue où l'armée britannique est encore en place[2]. Picot demande instamment à Paris de renforcer la présence militaire française. Il rend compte aussi des « intrigues » britanniques visant à discréditer les Français auprès des populations arabes et à faire croire qu'ils administreront la Syrie comme l'Algérie, qu'ils y installeront une administration purement coloniale. Le différend porte aussi sur la question du « royaume arabe » ou de la « confédération d'États arabes » promis par Londres à Hussein, roi du Hedjaz. Les Français se déclarent d'accord sur « la nécessité de respecter l'administration indigène de territoires arabes » libérés, mais ils considèrent que cette politique doit être prudente pour ne pas laisser trop de place aux Hachémites, en particulier en Syrie, ce qui reviendrait, soupçonnent-ils, à mettre celle-ci sous influence, « immédiate ou future » des Britanniques[3]. De même qu'il y a deux Allemagne, deux Amérique dans les imaginaires des diplomates français, il y a « deux Angleterre », celle qui est la bonne alliée, qui cherche aussi à affaiblir le Reich allemand, et la « perfide Albion » qui tente d'écarter les Français du Moyen-Orient. Grande est leur méfiance aussi à l'égard de Fayçal, le fils de Hussein, qui, s'invitant en France à la fin novembre 1918, sans vraie conversation préalable, y est très fraîchement reçu. On lui fait comprendre l'inutilité de son déplacement : aucune conversation politique ne sera engagée avec lui lors de son séjour ; s'il souhaite de tels entretiens, il devra les ouvrir à son retour en Syrie avec le haut-commissaire français Georges-Picot. Le célèbre colonel Lawrence qui l'accompagne est même prié de s'en retourner à Londres : l'officier s'exécute, non sans envoyer une lettre comprenant sa croix de guerre que, rageusement, il rend aux autorités françaises[4]. De nombreux textes font également référence au sionisme en Palestine : pour rappeler que la France a contresigné la déclaration Balfour de 1917 ; ou pour s'inquiéter des manifestations antisionistes des chrétiens et des musulmans que Fayçal instrumentalise au profit de son idée d'empire arabe ; ou pour regretter que la France n'ait pas une « politique juive » cohérente et globale, pas seulement en Orient, mais aussi en Europe, contrairement à la Grande-Bretagne et

---

[1] Catherine Nicault, « La fin du protectorat religieux de la France à Jérusalem (1918-1924) », *Bulletin du Centre de recherche français à Jérusalem*, 4/1999.

[2] Voir document n° 173 du 12 novembre 1918.

[3] Voir document n° 9 du 2 octobre 1918.

[4] Voir document n° 279 du 1er décembre 1918.

aux États-Unis[1]. Quant à l'Arménie, l'espoir est alors de la voir « autonome » sous tutelle des Français, déjà présents en Cilicie, l'incertitude étant totale sur la question de savoir s'il sera possible de réunir « l'Arménie turque » et « l'Arménie russe ».

La Russie est très présente dans les documents diplomatiques français de l'époque, même si elle n'est pas directement l'objet des négociations de paix. Le pouvoir bolchevique inquiète, ainsi que la contagion révolutionnaire qu'il peut induire en Europe, et particulièrement en Allemagne. La masse des textes sur la situation de ce pays, sur la guerre civile qui y sévit, est imposante. Seul un nombre limité de textes a pu être publié ici. Ils montrent ou confirment que le contexte russe conditionne le contexte européen de sortie de guerre. L'armistice du 11 novembre annule le traité de Brest-Litovsk et impose aux Allemands le retrait de leurs troupes de Russie. Les Alliés ayant décidé de soutenir les adversaires des bolcheviques ont envoyé des contingents militaires, en particulier au nord : à Arkhangelsk. Joseph Noulens, l'ambassadeur français qui a dû quitter Petrograd en février, s'installe dans ce port. En août 1918, un gouvernement, dirigé par Nikolaï Tchaïkovski, qui se veut l'un des héritiers du Gouvernement provisoire renversé par les bolcheviques, s'y établit également. Mais il existe d'autres gouvernements qui combattent Lénine et Trotski, un à Samara où dominent les socialistes révolutionnaires, un autre à Omsk. En septembre, par la déclaration d'Oufa, l'unité semble se faire entre ces autorités, avec la constitution d'un gouvernement panrusse qui, sous la direction de Nikolai Avksentiev, se met en place à Omsk. Mais, le 18 novembre, un coup d'État donne le pouvoir au sein de ce gouvernement à l'amiral Koltchak. La situation est confuse et les diplomates français ne peuvent que suivre les événements et en rendre compte. Sur le terrain, il y a bien la légion tchèque et slovaque, commandée par deux généraux français, Janin et Štefánik. Mais, le premier d'entre eux est notoirement hostile à Koltchak, ce qui complique les relations avec ce gouvernement. Les Français s'inquiètent aussi des initiatives britanniques dans les nouveaux États appelés à naître dans la Baltique et s'évertuent à mener une propagande mieux ciblée jusque dans la zone d'influence concédée à cet allié en Russie du nord[2]. Quant à la violence des bolcheviques et la terreur de masse qu'ils instaurent, elles sont bien décrites. Un des textes, rédigé en décembre[3], raconte l'assassinat du tsar et de sa famille qui a eu lieu au mois de juillet précédent, récit qui ne correspond pas nécessairement à d'autres témoignages, mais qui entend montrer ainsi l'horreur du régime. Si au début de 1918, Joseph Noulens pense que les bolcheviques ne pourront pas rester longtemps au pouvoir, il change vite d'avis, constatant leur influence grandissante et l'incapacité des gouvernements « blancs » à contrer leur propagande. Marcel Guiard, chargé d'affaires à Arkhangelsk, réclame une intervention militaire massive et frontale sur Moscou ou Petrograd avec l'aide des Finlandais du général Mannerheim[4]. Stephen Pichon

---

[1] Voir document n° 453 (note remise le 15 janvier 1919).

[2] Voir document n° 374 du 23 décembre 1918.

[3] Voir document n° 300 du 5 décembre 1918.

[4] Voir document n° 389 du 27 décembre 1918.

répond vertement que la France vient d'envoyer en décembre des troupes à Odessa. Ayant « porté le poids le plus lourd des sacrifices de la guerre », elle ne pourra aller plus loin dans l'effort et « n'est pas en mesure d'agir seule ». Il se permet d'ajouter : « Le gouvernement français est mieux placé que vous pour apprécier à tout instant les possibilités pratiques de l'action des Alliés, les difficultés de tout ordre qui s'opposent à des solutions simplistes »[1].

Le ton est donné ! Les relations entre le ministre et ses diplomates ne sont pas toujours faciles. Les documents ici présentés mettent en scène de fortes personnalités. C'était l'époque où les ambassadeurs pouvaient rester très longtemps au même poste : Camille Barrère à Rome de 1897 à 1924, Paul Cambon à Londres de 1898 à 1920, Jean-Jules Jusserand à Washington, de 1902 à 1924. Ils ne sont pas loin de penser que le détenteur du portefeuille ministériel n'est qu'un passager éphémère qui a beaucoup à apprendre d'eux. Forts de leur expérience, ils ont des idées sur tout et n'hésitent pas à donner leur avis sur tous les aspects de la politique extérieure française. La lettre privée que Cambon écrit à Barrère le 3 octobre 1918 montre la piètre idée qu'il se fait de Pichon et des « bureaux du Quai d'Orsay »[2]. Cela dit, le lecteur prendra plaisir à lire les dépêches, notes et télégrammes rédigés avec brio par ce triumvirat influent, dans un style vivant et imagé. Stephen Pichon se montre d'ailleurs souvent à la hauteur dans ses réponses à leurs arguments. Tous trois, mais aussi Alexandre-Robert Conty à Copenhague, Paul Dutasta à Berne, incarnent bien la diplomatie traditionnelle, « réaliste » au sens où l'entend la science politique, c'est-à-dire peu sensible à la philosophie wilsonienne : leur vision, en principe fondée sur l'intérêt national, le bon sens et la raison, reflète bien cependant, sans qu'ils s'en rendent compte, un inconscient collectif submergé par les peurs et les passions françaises de l'époque. Les militaires jouent aussi un grand rôle dans l'élaboration de la politique extérieure en ce contexte de sortie de guerre : Foch, bien évidemment, mais aussi Franchet d'Espèrey. Certaines critiques venant d'eux sont mal venues et mal vues. Lorsque le général Berthelot prend à son compte les « récriminations roumaines » contre la France, Clemenceau prend le temps de lui écrire un télégramme argumenté et acerbe, lui reprochant de ne pas s'être inscrit en faux contre ces reproches infondés et lui faisant sentir le primat du pouvoir civil sur le pouvoir militaire : « Si vous persistez à différer avec votre gouvernement sur ces différents points, vous avez naturellement le droit de demander votre rappel »[3].

Ce volume permet enfin de faire un tour du globe terrestre, un tour des États proches ou lointains, belligérants ou non belligérants. Il était important de publier les documents montrant comment les différents États, sur tous les continents, Amérique latine comprise, ont réagi à la nouvelle de l'armistice du 11 novembre. La victoire des Alliés et Associés suscite une

---

[1] Voir document n° 397 du 29 décembre 1918.
[2] Voir document n° 11 du 3 octobre 1918.
[3] Voir document n° 449 du 15 janvier 1919.

véritable émotion mondiale. Les réactions qu'elle provoque font souvent écho aux divisions internes au sein de chaque société face à la démocratie : l'Espagne a été neutre, mais il y a bien déjà deux Espagne, l'une qui applaudit, l'autre qui est plus distante, et ces deux parties de l'opinion publique, bien décrites par les diplomates, préfigurent déjà les deux camps qui s'affronteront en 1936. Oui, la cause démocratique est bien présente dans l'esprit des vainqueurs, mais aussi dans l'esprit de ceux qui les regardent de loin. L'autre préoccupation des pays non belligérants ou neutres est de savoir quelle sera leur place dans la Conférence de la Paix. La position française est claire : la plus petite possible car ces nations, même si leurs régimes sont libéraux, n'ont pas versé leur sang pour le droit, la liberté et la civilisation. La France est victorieuse, mais exsangue, inquiète et soucieuse d'obtenir des garanties pour sa sécurité. Les préparatifs s'accélèrent à la fin novembre et au mois de décembre, au moment où le président Wilson fait son premier voyage en Europe et en France. On étudie par exemple minutieusement la façon dont se sont déroulés les précédents Congrès : de Vienne en 1815, de Paris en 1856, de Berlin en 1878[1]. Tout doit être fait pour que la Conférence soit réussie, y compris sur le plan matériel et protocolaire. Car, les organisateurs sont bien conscients que ce grand rassemblement des États qui s'ouvre le 18 janvier 1919 doit faire de Paris, pour un temps, la capitale du monde.

Robert Frank et Gerd Krumeich

---

[1] Voir document n° 227 du 21 novembre et document n° 253 du 27 novembre 1918.

TABLE MÉTHODIQUE

NOTE. Le principe adopté pour l'établissement de cette liste est le suivant[1] :
– les documents concernant des affaires dont l'importance dépasse un cadre géographique spécifique sont classés sous les rubriques générales ;
– les autres documents sont classés sous de grandes rubriques géographiques.

I. – DEMANDES D'ARMISTICES ET DE PAIX

Date	Provenance et Destination	Objet	Nature du Document	Numéro du Document
1918 27 sept.	Paris (Europe) au Havre, à Madrid, Berne, Londres, Rome, Washington, Tokyo, Arkhangelsk, Athènes et Corfou	Demande d'armistice de la Bulgarie. Conditions d'armistice du général Franchet d'Espèrey.	T.	1
30	Présidence du Conseil à Londres	Suite aux désaccords relatifs à la conclusion de l'armistice bulgare, Clemenceau indique son opposition à toute idée de paix séparée avec la Bulgarie.	T.	2
30	Paris (Europe) à Londres, Washington et Rome	Conclusion de l'armistice avec la Bulgarie. Plainte du gouvernement français contre l'attitude du consul général américain à Sofia, Dominick Murphy.	T.	3
30	Paris (Europe) à Arkhangelsk, Rome, Londres, Washington, Tokyo, Le Havre, Corfou et Athènes	Envoi des conditions d'armistice avec la Bulgarie par le général Franchet d'Espèrey.	T.	5
5 oct.	Berne à Paris	Annonce de la demande d'armistice allemande et austro-hongroise	T.	14
6	Londres à Paris	Nécessité d'une discussion commune entre Alliés concernant les conditions de paix. Vues sur les Quatorze points de Wilson.	T.	17
6	Paris	Objections à la négociation d'un armistice comme préalable aux négociations de paix.	N.	18

1 Les lettres A., ARR., C., C.R., D., I., L., MÉMO, N., P.V., R., RÉS., T. désignent respectivement un accord, un arrangement, une circulaire, un compte-rendu, une dépêche, des instructions, une lettre, un mémorandum, une note, un procès-verbal, un rapport, une résolution, un télégramme.

Date	Provenance et Destination	Objet	Nature du Document	Numéro du Document
7	Washington à Paris	Réactions américaines à la note allemande.	T.	19
8	Commandement en chef des Armées alliées à présidence du Conseil	Lettre et note sur les conditions éventuelles d'un armistice avec l'Allemagne.	L. + N.	21
9	Paris (Europe) à Washington	Envoi de deux notes destinées au président Wilson et contenant les réactions des dirigeants français, britannique et italien au premier échange de notes entre Allemands et Américains.	T.	23
9	Paris (Europe) à Washington, Londres, Rome et Berne	Intentions allemandes concernant la demande d'armistice.	T.	24
9	Washington à Paris	Réactions aux États-Unis à la réponse de Wilson aux Allemands.	T.	25
10	*Idem*	Entrevue de Jusserand avec Wilson concernant l'armistice; demande française de la nomination d'un délégué américain pour les futures conversations interalliées.	T.	28
10	Paris à Rome, Londres, Arkhangelsk, Washington, Berne, Madrid, Athènes, Le Havre et Copenhague	Objet de la conférence interalliée de Paris du 6 au 9 octobre 1918.	T.	29
10	Paris à Rome	Impressions du chef de cabinet du ministre suite aux conférences interalliées. Attitude italienne dans la guerre. Dévastations allemandes.	L.	30
11	Paris à Washington, Londres et Rome	Inquiétudes et état d'esprit des Alliés à la suite du premier échange de notes entre Américains et Allemands.	T.	32
Non daté. Reçu le 12	Washington à Paris	Précisions obtenues par Jusserand sur les vues de Wilson sur l'armistice et dissipation des malentendus.	T.	35
Non daté. Reçu le 12	*Idem*	Deuxième entretien du président Wilson avec Jusserand depuis l'échange de notes du Président avec l'Allemagne ; vues de Jusserand sur les Quatorze points.	T.	36
Non daté. Reçu le 13	Londres à Paris	Considérations sur les Quatorze points de Wilson.	T.	40
13	Rome à Paris	Critiques de Wilson, qui agit en solitaire, et de ses Quatorze points.	T.	42

Date	Provenance et Destination	Objet	Nature du Document	Numéro du Document
13	Paris à ambassade du Royaume-Uni à Paris	Communication éventuelle au président Wilson des propositions alliées de clauses d'un armistice avec la Turquie.	N.	44
14	Washington à Paris	Visite rendue à Robert Lansing : vues sur la future paix (Alsace-Lorraine, Pologne, Slesvig, Autriche).	T.	49
15	Londres à Paris	Nécessité de se mettre d'accord entre Alliés au préalable sur les conditions de paix et de ne pas suspendre les hostilités.	T.	52
15	Paris (Europe) à Rome	Réactions aux deux notes de Wilson. État d'esprit en France.	L.	53
16	Berne à Paris	Réactions du comte Andrassy à la deuxième note de Wilson.	N.	56
17	Rome à Paris	Réactions de Barrère à la deuxième note de Wilson.	T.	60
17	Paris à Londres, Rome et Washington	Réponse du gouvernement à la suggestion de Paul Cambon d'entrer dans les pourparlers de paix sans signer d'armistice. Opposition aux paix séparées. Nécessité de discussions avec les Alliés concernant les futures conditions de paix et l'application des traités secrets.	T.	61
17	Rome à Paris	Échanges avec Orlando suite à la deuxième note de Wilson. Optimisme du président du Conseil italien concernant la fin de la guerre.	T.	62
21	Paris à Washington	Demande du gouvernement français d'attirer l'attention de Wilson sur la complexité de la question autrichienne.	T.	69
22	Paris (Europe) à Washington, Londres et Rome	Texte du télégramme britannique adressé aux Américains concernant les conditions de l'armistice avec l'Allemagne et l'attitude du président Wilson.	T.	71
22	Paris à Washington, Londres et Rome	Réactions françaises au télégramme envoyé par le gouvernement britannique aux Américains le 21 octobre concernant les conditions d'armistice avec l'Allemagne et l'attitude de Wilson.	T.	72
22	Rome à Paris	Réactions d'Orlando à la note de Wilson du 20 octobre. Souhait de Barrère de voir s'arrêter la conversation germano-américaine.	T.	73
23	Paris (Europe) à Rome et Washington	Réactions du gouvernement français à l'entrée en pourparlers des Britanniques avec les Turcs à Moudros en vue de la conclusion d'un armistice.	T.	75
24	Paris à Londres, Rome et Washington	Réactions du gouvernement français à la réponse de Wilson (23 octobre 1918) à la note allemande du 20 octobre.	T.	79

Date	Provenance et Destination	Objet	Nature du Document	Numéro du Document
Non daté. Reçu le 25	Washington à Paris	Troisième note de Wilson aux Allemands ; réactions aux États-Unis.	T.	82
27	Berne à Paris	Demande d'armistice et de paix de l'Autriche-Hongrie.	T.	89
28	*Idem*	Vues du ministre de Bavière à Berne sur la demande d'armistice et la paix.	T.	92
28	Paris (anonyme)	Note sur les conditions d'armistice.	N.	95
29	Rome à Paris	Vues de Barrère sur les démarches auprès des alliés du gouvernement austro-hongrois.	T.	98
29	Paris à Washington	Projet de réponse française à la note de Wilson du 23 octobre transmettant sa correspondance avec les Allemands. Refus d'endosser les Quatorze points comme bases de la paix.	T. (PROJET)	99
29	Corfou à Paris	Attitude de l'Empire Habsbourg ; demande d'armistice austro-hongrois.	D.	100
30	Paris à destinataires non désignés	Au sujet de l'armistice avec l'Autriche-Hongrie.	N.	103
30	Paris	Projet de réponse au président Wilson sur les Quatorze points comme bases de la paix.	N.	104
30	Paris à Rome	Suite des conversations interalliées et attitude vis-à-vis des Quatorze points de Wilson.	L.	105
2 nov.	Berne à Paris	Absence de réactions du Département aux communications du comte Andrassy.	T.	112
2	Paris (anonyme)	Clauses morales de l'armistice.	N.	115
Non daté. Reçu le 5	Washington à Paris	Crainte de Wilson d'un rejet de l'armistice par l'Allemagne. Nécessité pour Jusserand que l'Allemagne se reconnaisse battue et vaincue.	T.	126
5	Rome à Paris	Manque d'information de l'ambassadeur Barrère concernant l'armistice autrichien.	T.	127
6	Paris à Londres, Rome, Washington et Le Havre	Nomination des plénipotentiaires allemands pour négocier l'armistice.	T.	133
8	Anonyme	Première rencontre entre les plénipotentiaires allemands et le maréchal Foch à Rethondes.	N.	145
9	Présidence du Conseil à Premier ministre britannique, Président du Conseil italien et ministre des Affaires étrangères belge	Signature éventuelle de l'armistice. Situation intérieure de l'Allemagne.	T.	151

TABLE MÉTHODIQUE XXXI

Date	Provenance et Destination	Objet	Nature du Document	Numéro du Document
10	Présidence du Conseil à Londres et Rome	Message de Clemenceau à Lloyd George et Orlando sur la révolution allemande.	T.	154
10	Présidence du Conseil à Londres, Rome et Le Havre	Décision allemande de signer l'armistice.	T.	155
11	Présidence du Conseil à Londres, Rome, Le Havre et Washington	Signature de l'armistice à Rethondes.	T.	160
11	Paris (ministre) à tous les postes	Annonce de la signature de l'armistice aux agents du Quai d'Orsay.	T.	161
11	Affaires étrangères à la presse	Communiqué de presse du ministre pour la signature de l'armistice.	Communiqué	168
11	Washington à Paris	Lecture des conditions de l'armistice au Congrès américain. Discours de Wilson.	T.	169
15	Paris (Europe) à Washington, Londres, Rome, Madrid, Berne, Le Havre et Lisbonne	Félicitations du gouvernement britannique à l'occasion de la signature de l'armistice.	T.	191
16	Washington à Paris	Message de Wilson aux Allemands leur demandant d'adresser leurs communications à tous les Alliés et non aux seuls Américains.	T.	205
29	Paris à Berne, Washington, La Haye, Copenhague, Londres, Rome et Bruxelles	Communications du gouvernement allemand.	T.	268
Non daté. Reçu le 11 déc.	Washington (New York) à Paris	Réponse américaine visant à stopper le dialogue direct instauré entre Washington et Berlin.	T.	324
15 déc.	Paris à Tokyo, Rome, Londres, Washington et Bruxelles	Prolongation de l'armistice avec l'Allemagne.	T.	343
1919				
Non daté. Reçu le 1er janvier	New York (Washington) à Paris	Réponse américaine à des propos des délégués américains de Spa sur un éventuel prêt aux Allemands.	T.	406
9	Présidence du Conseil à Guerre	Demandes françaises à insérer lors du renouvellement de l'armistice avec l'Allemagne de la mi-janvier 1919.	L.	434

II. – PRÉPARATION DU CONGRÈS DE LA PAIX

Date	Provenance et Destination	Objet	Nature du Document	Numéro du Document
1918				
11 oct.	Paris à Washington	Lieu de la Conférence de la Paix.	T.	31
16	Paris à Londres, Rome, Washington, Berne, La Haye et Madrid	Conférence de la Paix. Candidature de Bruxelles.	T.	55
28	Washington à Paris	Vues du secrétaire d'État Lansing sur les caractéristiques de la paix.	D.	94
3 nov.	Idem	Choix du siège de la Conférence de la Paix ; opinion de Wilson.	T.	120
4	Idem	Inconvénients du choix d'une ville suisse comme siège de la Conférence de la Paix.	T.	124
5	Paris	Au sujet du fait de confier à de petits États la gestion des anciennes colonies allemandes.	N. Projet	130
7	Paris (anonyme)	Sur la liberté des mers.	N.	140
9	Paris à Washington	Défense de Paris et Versailles comme sièges de la Conférence de la Paix.	T.	149
13	Londres à Paris	La préparation britannique de la paix.	T.	181
14	Washington à Paris	Choix du siège de la Conférence de la Paix.	T.	187
15	Présidence du Conseil à Londres	Venue du président Wilson en Europe.	T.	189
15	Rio de Janeiro à Paris	Représentation du Brésil à la Conférence de la Paix par Domicio Da Gama.	T.	190
15	Paris (Affaires politiques et commerciales)	Examen des conditions de paix.	N.	194
18	Pékin à Paris	Représentation de la Chine au Congrès de la Paix.	T.	209
19	Paris à Rio de Janeiro	Au sujet de la représentation du Brésil à la Conférence de la Paix.	T.	213
21	Paris à ambassade du Royaume-Uni à Paris	Au sujet de la venue en France de l'émir Fayçal à la Conférence de la Paix.	N.	226
21	Paris (Affaires politiques et commerciales)	Note sur le Congrès de la Paix (procédure).	N.	227
22	Rio de Janeiro à Paris	Au sujet de la représentation du Brésil à la Conférence de la Paix et du rôle de Domicio Da Gama.	T.	229

Date	Provenance et Destination	Objet	Nature du Document	Numéro du Document
Non daté. Reçu le 24	Mexico à Paris	Représentation éventuelle du Mexique à la Conférence de la Paix.	T.	239
24	Paris à Rome, Londres, Washington et Bruxelles	Au sujet de la date du Congrès de la Paix.	T.	240
26	Paris (Europe) à destinataires non désignés	Conversations Berthelot-Frazier sur la procédure du Congrès de la Paix.	N.	251
27	Paris à Londres, Rome et Washington	Propositions françaises pour la procédure du Congrès de la Paix.	T.	253
28	Bruxelles à Paris	Demande belge pour participer à la Conférence de la Paix.	T.	256
28	Tokyo à Paris	Plénipotentiaires japonais à la Conférence de la Paix.	T.	257
28	Guerre à présidence du Conseil	Propositions de paix du maréchal Foch.	L.	261
28	Londres	Conversation de Paul Cambon avec Balfour.	N.	263
29	Londres à Paris	Vues d'A. de Fleuriau sur la procédure de la Paix.	N.	272
2 déc.	Londres	Conclusions de la Conférence interalliée de Londres (2 décembre 1918, 11 heures du matin).	C.R.	281
2	Clemenceau, Lloyd George et Orlando à Wilson (via House)	Demande de mise en jugement du Kaiser.	T.	283
2	Paris à La Haye	Reproche aux Pays-Bas concernant la réalité de l'abdication de Guillaume II.	T.	284
3	Londres	Conclusions de la Conférence interalliée de Londres du 3 décembre 1918 (11 h. 15).	C.R.	285
3	Idem	Conclusions de la Conférence interalliée de Londres du 3 décembre 1918 (16 h.).	C.R.	286
4	Athènes à Paris	Composition de la délégation hellénique à la Conférence de la Paix. Influences britanniques sur Venizélos.	T.	291
6	Paris à Washington	Préventions contre la représentation chinoise à la Conférence de la Paix.	T.	302
8	Rome à Paris	Vœu du maintien du secret dans les futures négociations de paix.	T.	311
12	Rio de Janeiro à Paris	La présidence de la délégation brésilienne à la Conférence de la Paix confiée à Epitacio Pessoa.	T.	328

Date	Provenance et Destination	Objet	Nature du Document	Numéro du Document
13	Paris (Direction politique) à ambassade du Royaume-Uni à Paris	Représentation des puissances à la Conférence de la Paix.	L.	336
14	Poincaré à Wilson	Discours et toast proposé par le président de la République, Raymond Poincaré, au président Wilson lors du déjeuner à l'Élysée.	Discours	341
15	Londres	Liste des plénipotentiaires britanniques à la Conférence de la Paix.	N.	345
17	Paris (Amérique) au ministre	Représentation des puissances de l'Amérique latine à la Conférence de la Paix.	N.	350
23	Salonique à Paris	Représentation serbe et yougoslave à la Conférence de la Paix.	T.	372
23	Paris (Affaires politiques et commerciales)	Note sur les règlements de la paix.	N.	378
25	Paris à Washington	Wilson et la Conférence internationale ouvrière.	T.	384
28	Belgrade à Paris	Délégués yougoslaves au Congrès de la Paix.	D.	394
1919				
2 janvier	Paris (Affaires politiques et commerciales)	Les idées du président Wilson. Divergences de vues avec les gouvernements alliés.	N.	410
5	Londres à Paris	Refus d'entrer en négociation avec les pays ennemis avant la Conférence de la Paix.	T.	419
6	Rome à Paris	Visite de Wilson en Italie.	T.	423
7	Paris	Aide-mémoire sur la participation de la Russie à la Conférence de la Paix.	Mémo	427
15	Paris à Bucarest	Reconnaissance de la Roumanie comme puissance alliée au Congrès de la Paix.	T.	449
17	Rome à Paris	Nomination des délégués italiens à la Conférence de la Paix.	T.	455
17	Présidence du Conseil à destinataires non désignés	Plan général de clauses financières.	N.	458

III. – SOCIÉTÉ DES NATIONS

Date	Provenance et Destination	Objet	Nature du Document	Numéro du Document
1918				
16 oct.	Londres à Paris	Procédure de la paix, Société des Nations et régime international des fleuves et détroits.	D	57
12 déc.	Paris à Stockholm, Christiania, Copenhague, Washington, Londres, Rome, Berne, Madrid, Bruxelles, La Haye, Lisbonne et Arkhangelsk	Participation des pays scandinaves aux discussions sur la future Société des Nations.	T.	329
22	Paris	Impossibilité d'admettre de suite les États ennemis à la Société des Nations.	Mémo	369
29	Paris (Asie)	Les sanctions de la Société des Nations.	N.	395
1919				
17 janvier	Présidence du Conseil	Projet d'une section financière de la Société des Nations.	N.	459

IV. – AFFAIRES ÉCONOMIQUES

Date	Provenance et Destination	Objet	Nature du Document	Numéro du Document
1918				
10 oct.	Londres à Paris	Conditions économiques de paix de Wilson.	D.	26
20	Paris à Londres	Contrôle interallié des matières premières et politique économique internationale après la guerre.	Minute	66
24	Londres à présidence du Conseil, Commerce, Armement, Approvisionnement et Blocus	Vues américaines (Hoover) sur le blocus et le commerce mondial après la guerre.	T.	80
3 nov.	Londres à Paris	Rôle des organisations interalliées.	D.	117
3	Commissariat général aux Essences et Combustibles à présidence du Conseil	Politique française du pétrole et la paix.	N.	119

Date	Provenance et Destination	Objet	Nature du Document	Numéro du Document
15	New York à Blocus	Influence de l'armistice sur la politique générale du *War Trade Board*.	T.	197
20	Londres à Paris	Reprise de la liberté des transactions commerciales.	T.	217
20	Paris	Commerce en Alsace-Lorraine.	N.	220
24	Blocus à Londres	Sur l'ABC (*Allied Blockade Committee*).	T.	237
8 déc.	Paris à presque tous les postes	Action économique des pays alliés sur les marchés étrangers.	T.	309
12	Londres à présidence du Conseil	Ravitaillement des pays libérés. Initiative de Wilson.	T.	327
12	Commerce à ambassade du Royaume-Uni à Washington	Ravitaillement des Alliés.	Mémo	330
Non daté. Reçu le 17	Washington à Paris	Reconquête du marché américain par les produits français.	T.	349
18	New York à Paris	Création à New York du *France-American Board of Commerce and Industry*. En annexe, statuts du comité.	D.	356
20	New York (haut-commissariat) à Paris	Politique générale du blocus.	T.	360
23	Présidence du Conseil à présidence des États-Unis	Maintien des conseils de ravitaillement contre l'avis américain.	N.	376
23	Affaires étrangères à présidence des États-Unis	Sur l'organisation du ravitaillement général.	L.	377

V. – EUROPE

Date	Provenance et Destination	Objet	Nature du Document	Numéro du Document
	A. EUROPE OCCIDENTALE 1. Belgique			
1918 28 oct.	Le Havre à Paris	Demande de la Belgique à participer aux négociations des conditions d'armistice. Appréciations belges concernant les Quatorze points.	T.	93

TABLE MÉTHODIQUE XXXVII

Date	Provenance et Destination	Objet	Nature du Document	Numéro du Document
31	*Idem*	Inquiétudes de la Belgique au sujet des dispositions de la France vis-à-vis de la réalisation de ses aspirations.	D.	107
3 nov.	Paris au Havre, à La Haye, Londres, Rome, Washington et Berne	Au sujet des relations franco-belges.	T.	121
23	Bruxelles à Paris	Entrée à Bruxelles de la famille royale.	T.	233
24	Bruxelles à Paris	Cérémonies à Bruxelles en l'honneur du Roi et de la Reine de Belgique.	D.	243
28	Paris à Londres et Bruxelles	L'avenir des relations économiques franco-belges.	T.	259
29	Paris à Bruxelles	Participation belge aux travaux du Conseil supérieur de guerre et à la Conférence de la Paix.	T.	267

2. Luxembourg

Date	Provenance et Destination	Objet	Nature du Document	Numéro du Document
1918				
23 oct.	Paris à Berne, Londres, Rome, Washington et Le Havre	Démarche de la Grande Duchesse de Luxembourg auprès de la Papauté en vue de l'évacuation du territoire luxembourgeois par l'occupant et la reconnaissance de la neutralité du Luxembourg par tous les belligérants.	T.	76
16 nov.	Le Havre à Paris	Agitation créée dans la population luxembourgeoise en faveur de l'annexion du Grand-Duché à la France.	T.	198

3. Pays-Bas

Date	Provenance et Destination	Objet	Nature du Document	Numéro du Document
1918				
21 nov.	Paris à La Haye, Londres, Washington, Rome et au Havre	Passage accordé à des unités allemandes à travers le Limbourg hollandais.	T.	223
25	La Haye à Paris	Entretien de l'ambassadeur français avec le président du Conseil néerlandais au sujet du passage de troupes allemandes par le Limbourg, du séjour aux Pays-Bas de l'ex-empereur Guillaume II, des internés allemands aux Pays-Bas et du ravitaillement de l'Allemagne.	T.	245

Date	Provenance et Destination	Objet	Nature du Document	Numéro du Document
		4. Royaume-Uni		
1918				
12 oct.	Londres à Paris	L'Angleterre et les atrocités allemandes.	D.	38
22 nov.	Idem	Visite du roi d'Angleterre en France.	T.	231
4 déc.	Idem	Visite de Foch et Clemenceau à Londres. Conversations interalliées.	D.	293
		5. Suisse		
1918				
13 nov.	Berne à Paris	Lutte contre la propagande « germano-bolcheviste » en Suisse.	L.	183
1919				
17 janvier	Idem	Voyage du président de la Confédération en France.	T.	456

B. ALLEMAGNE

1. Restitution de l'Alsace-Lorraine

Date	Provenance et Destination	Objet	Nature du Document	Numéro du Document
1918				
18 oct.	Londres à Paris	La Paix et la question des élections en Allemagne.	D.	65
Non daté. Reçu le 21	Washington à Paris	Sur le sens à donner au point de Wilson sur l'Alsace-Lorraine.	T.	68
4 nov.	Rome à Paris	Intentions du président Wilson concernant l'Alsace-Lorraine, la Sarre et vues de l'ambassadeur sur ces sujets.	T.	122
28	Rome	La question ecclésiastique en Alsace-Lorraine.	N.	262
12 déc.	Berne à Paris	Au sujet de la propagande allemande concernant l'Alsace-Lorraine et des moyens de s'y opposer.	T.	333

2. Frontières occidentales de l'Allemagne

Date	Provenance et Destination	Objet	Nature du Document	Numéro du Document
1918				
1er nov.	Paris (Affaires politiques et commerciales)	Frontières de l'Alsace et de la Lorraine.	N.	110
1er	Idem	Note sur l'Alsace et les mines de la Sarre.	N.	111
5	Idem	Occupation par des troupes françaises des zones relevant de la frontière de 1814.	N.	129

Date	Provenance et Destination	Objet	Nature du Document	Numéro du Document
10	*Idem*	Future frontière entre l'Alsace-Lorraine et l'Allemagne.	N.	157
12	Londres à Paris	Échange de vues sur la paix entre Paul Cambon et Lloyd George. Frontière de 1814 en Alsace.	L.	178
20	Paris (Affaires politiques et commerciales) à destinataires non désignés	Sur le devenir de l'arrondissement de Sarrelouis.	N.	219
21	Guerre à destinataires non désignés	Vues du maréchal Foch sur la future frontière de l'Alsace-Lorraine.	N.	225
1919				
10 janvier	*Idem*	Régime des provinces rhénanes et frontière occidentale de l'Allemagne.	L.	436
Non datée	Paris	La future frontière française. Sort de l'Allemagne unifiée.	N.	462

3. Rhénanie, rive gauche du Rhin

Date	Provenance et Destination	Objet	Nature du Document	Numéro du Document
1918				
5 déc.	Paris	Régime de la rive gauche du Rhin.	N.	298
15	*Idem*	Statut politique des pays de la rive gauche du Rhin.	N.	344
1919				
3 janvier	Commandement en chef des Armées alliées à présidence du Conseil	Administration des territoires rhénans.	D.	413
4	Guerre (état-major) à Affaires étrangères (Affaires politiques et commerciales)	République rhénane : projet lancé par les Allemands.	D.	417
9	Affaires étrangères à présidence du Conseil	Élections à la Constituante allemande : la rive gauche du Rhin. Propagande pour la France.	D.	435

4. Sarre

Date	Provenance et Destination	Objet	Nature du Document	Numéro du Document
1918				
12 déc.	Paris	Bassin de la Sarre.	N.	332
Non datée	Présidence du Conseil	Note de Tardieu sur le bassin de la Sarre.	N.	337

Date	Provenance et Destination	Objet	Nature du Document	Numéro du Document
22	New York (haut-commissariat) à Paris	Présentation aux Américains des revendications françaises sur la Sarre.	N.	368
22	Paris	Argument pour l'annexion de la Sarre, en particulier le bassin houiller.	N.	370
1919 11 janvier	Lavisse à destinataires non désignés	Bassin de la Sarre. Analyse historique et réparations.	N.	441

5. Bavière

Date	Provenance et Destination	Objet	Nature du Document	Numéro du Document
1918 9 nov.	Rome à Paris	Rapport de Mgr Pacelli, nonce à Munich, sur la situation allemande.	T.	148
25	Paris à Washington, Londres, Rome, Bruxelles et Berne	Réponse à donner à la démarche bavaroise visant à faire constater par une mission les dégâts commis en Belgique et dans le nord de la France par les armées allemandes.	T.	247
1919 8 janvier	Prague à Paris	Avenir de l'Allemagne selon Kurt Eisner.	T.	430
8	Paris (Affaires politiques et commerciales)	Situation de la Bavière.	N.	431

6. Situation en Allemagne

Date	Provenance et Destination	Objet	Nature du Document	Numéro du Document
1918 30 sept.	Berne à Paris	Répercussions de l'armistice bulgare en Allemagne.	T.	4
1er oct.	La Haye à Paris	Programme de propagande directe en Allemagne.	D.	8
5	Berne à Paris	Transmission du texte d'une lettre du 12 janvier 1918 adressée par le prince Max de Bade au prince de Hohenlohe, évoquant une certaine duplicité.	T.	15
8	*Idem*	Situation intérieure allemande.	N.	22
12	Rome à Paris	Vues du Vatican sur la situation en Allemagne et en Autriche.	T.	37
14	Berne à Paris	Situation en Allemagne.	T.	47
Non daté. Reçu le 21	Washington à Paris	État militaire et moral de l'Allemagne.	T.	67
24	Copenhague à Paris	Dispositions réelles de l'Allemagne.	T.	77
27	Annemasse (2e Bureau) à Guerre	État d'esprit en Allemagne.	C.R.	91

TABLE MÉTHODIQUE

Date	Provenance et Destination	Objet	Nature du Document	Numéro du Document
29	Berne à Paris	Attitude et démission du général Ludendorff.	T.	97
1ᵉʳ nov.	*Idem*	La question de l'abdication du Kaiser fait débat au sein du cabinet allemand.	T.	108
7	Copenhague à Paris	Émeutes à Kiel.	T.	136
8	*Idem*	Situation en Allemagne.	T.	141
8	*Idem*	Question de l'abdication de Guillaume II.	T.	144
9	Berne à Paris	Débuts de la révolution allemande à Berlin.	T.	147
9	Copenhague à Paris	Annonce de l'abdication du Kaiser et du Kronprinz.	T.	150
10	La Haye à Paris	Fuite de l'ex-empereur Guillaume II aux Pays-Bas.	T.	152
11	Berne à Paris	Suites de la révolution allemande, proclamation de la République en Allemagne.	T.	158
11	Copenhague à Paris	Le Kronprinz a quitté l'Allemagne.	T.	163
12	Londres à Paris	Ravitaillement de l'Allemagne.	T.	175
13	Washington à Paris	Ravitaillement de l'Allemagne.	T.	182
15	Berne à Paris	Conversation avec le professeur Foerster sur la situation en Allemagne.	T.	188
16	Rome à Paris	Appréciation de la révolution allemande.	T.	199
16	*Idem*	Sur la modification de régime politique en Allemagne.	T.	200
16	Paris à La Haye, Rome, Londres, Washington, Le Havre et Berne	Statut de l'ex-Kaiser.	T.	201
20	Rome à Paris	Barrère appelle à se méfier de l'Allemagne et de sa démocratie de façade, illusion qui ne trompe que le président Wilson.	T.	215
20	Paris (anonyme) à Affaires politiques et commerciales	Nouveau gouvernement allemand et ravitaillement	N.	218
22	Paris à Londres, Rome, Washington, Berne, Madrid, La Haye, Copenhague, Stockholm, Christiania, au Havre et à présidence du Conseil	Question de la réponse éventuelle à donner aux messages allemands sur la menace « bolcheviste ».	T.	232

Date	Provenance et Destination	Objet	Nature du Document	Numéro du Document
27	Copenhague à Paris	Situation politique en Allemagne. Annonce de la convocation d'une Constituante.	T.	254
28	Berne à Paris	Situation alimentaire en Allemagne.	T.	260
28	Berne à destinataires non désignés	Situation en Allemagne.	N.	264
30	Paris à Londres, Rome, Washington, Copenhague, Berne, La Haye et Bruxelles	Réponse au colonel House, concernant une suggestion du président Wilson de ne traiter avec les Allemands qu'après l'élection d'une Constituante et l'établissement d'un gouvernement allemand régulier.	T.	273
2 déc.	Copenhague à Paris	Retour des troupes allemandes en Allemagne et leur état d'esprit.	T.	282
5	La Haye à Paris	Situation juridique de l'ex-Kaiser.	D.	296
7	Paris à Madrid, Londres, Rome, Bruxelles, Berne et Washington	Résumé d'un rapport du ministre de France à La Haye sur la situation de l'ex-Kaiser aux Pays-Bas.	T.	307
8	Copenhague à Paris	Conflits de rues à Berlin. Rôle de la Ligue spartakiste.	T.	308
8	Affaires étrangères (ministre) à présidence du Conseil	Refus de l'installation de la mission du général Dupont dans les locaux de l'ambassade de France à Berlin.	L.	315
11	Berne à Paris	Démarche allemande auprès du gouvernement suisse en vue de sonder les Alliés concernant le renouvellement de l'armistice et la légitimité du gouvernement allemand d'Ebert.	T.	323
16	*Idem*	Situation du gouvernement allemand.	T.	346
17	Berne (anonyme)	Développement de l'antisémitisme en Allemagne.	Fiche	351
18	Paris à Berne	Réponse à une suggestion de l'ambassade de Berne visant à faire savoir que le gouvernement français n'a pas à intervenir dans une question intérieure relative à l'origine du ministère allemand.	T.	353
18	Berne à Paris	Vues du professeur Foerster sur la situation en Allemagne.	T.	354
25	*Idem*	Ravitaillement de l'Allemagne.	T.	383
26	Copenhague à Paris	Événements révolutionnaires de Berlin.	T.	386
31	*Idem*	Changements au sein du gouvernement allemand.	T.	401

TABLE MÉTHODIQUE   XLIII

Date	Provenance et Destination	Objet	Nature du Document	Numéro du Document
1919				
3 janvier	Berne à Paris	Situation intérieure allemande.	T.	411
Non datée	Paris (Affaires politiques et commerciales)	Gouvernement de Berlin.	N.	429
10	Berne à Paris	Vues d'un député catholique allemand sur la situation allemande.	T.	438
12	*Idem*	Inquiétudes du professeur Foerster sur la situation intérieure allemande.	T.	443
12	*Idem*	Vues d'une personnalité socialiste allemande sur les futures élections allemandes.	T.	444
15	Paris (Affaires politiques et commerciales)	Sur le vote pour l'assemblée constituante des territoires allemands contestés.	N.	451
17	Berne à Paris	Mort de Karl Liebknecht et de Rosa Luxembourg.	T.	454
17	Paris	Secours alimentaire et emploi du tonnage allemand.	N.	461

7. Responsabilités, réparations, sanctions

Date	Provenance et Destination	Objet	Nature du Document	Numéro du Document
1918				
4 oct.	Paris (Europe) à Londres, Rome, Le Havre, Washington, Berne, Madrid, Lisbonne, La Haye, Copenhague, Christiania, Stockholm, Corfou, Athènes et Arkhangelsk	Rumeurs d'atrocités allemandes. Politique de terre brûlée.	T.	13
14	Paris à Washington, Londres et Rome	Atrocités allemandes pendant la retraite.	T.	48
23	Berne à Paris	Article sur les responsabilités allemandes de la guerre.	T.	74
2 nov.	Washington à Paris	Réactions du président Wilson aux dévastations en Belgique et dans le nord de la France.	T.	114
18	Paris	Les fugitifs ennemis dans les États neutres.	N.	211

Date	Provenance et Destination	Objet	Nature du Document	Numéro du Document
20	Paris à Londres	Reconstitution agricole des régions françaises ou étrangères victimes de l'invasion.	T.	216
25	Berne à Paris	Publication de documents diplomatiques impliquant la responsabilité de l'Allemagne dans la guerre par Kurt Eisner.	T.	246
29-30	Lausanne (Bureau des services économiques) à destinataires non désignés	Comment l'Allemagne pourra payer.	N.	270
30	Guerre à Paris (Affaires politiques et commerciales)	Question du charbon. Livraisons de différents produits à effectuer par l'Allemagne.	N.	274
4 déc.	Paris à Londres, Rome, Berne, Washington, La Haye, Copenhague, Bruxelles, Pékin, Arkhangelsk, Madrid, Lisbonne, Athènes, Corfou, Christiania, Stockholm, Rio, Buenos Aires et Tokyo	Refus de la proposition allemande d'une réunion d'une commission neutre sur les responsabilités dans les origines de la guerre.	T.	292
6	Affaires étrangères (ministre) à Radio	Protestation contre la répression allemande des prisonniers de guerre alliés.	T.	304
8	Rome à Paris	Mission Haldane à Berlin en 1913.	D.	314
24	Affaires étrangères à présidence du Conseil	Création d'une commission pour l'étude des violations des lois de la guerre.	Minute	379
24	Lausanne (Bureau des services économiques) à destinataires non désignés	La fortune allemande et le paiement des dommages de guerre.	N.	380
28	Commandement en chef des Armées alliées à présidence du Conseil	Mesures de représailles suite aux mauvais traitements des prisonniers alliés.	T.	391

Date	Provenance et Destination	Objet	Nature du Document	Numéro du Document
31	Paris à Berne, Madrid, La Haye, Stockholm, Christiania, Copenhague, Rio de Janeiro, Buenos Aires, Montevideo, Santiago, Lima, Assomption (par Montevideo), Caracas, Mexico, Bogota et Guatemala City	Inventaire des avoirs allemands en pays neutres.	T.	403
31	Commerce à présidence du Conseil	Réparations de guerre et dettes interalliées.	N.	404
1919 4 janvier	Paris à Berne	Réponse britannique à la suggestion allemande de créer une commission neutre pour enquêter sur les origines de la guerre.	T.	415
10	Londres à Paris	Réparations et méthode de prélèvement.	D.	439

C. EUROPE CENTRALE

1. Autriche-Hongrie

Date	Provenance et Destination	Objet	Nature du Document	Numéro du Document
1918 25 oct.	Paris	Du danger du rattachement de l'Autriche à l'Allemagne.	N.	83
25	Paris (Europe)	Les Allemands d'Autriche. Perspective historique.	N.	84
28	Renseignement militaire à Affaires étrangères (Affaires politiques et commerciales)	La situation en Autriche fin octobre 1918.	N.	96
Non daté. Reçu les 30 et 31	Washington à Paris	Vues américaines sur le dossier de l'Autriche-Hongrie.	T.	101
1er nov.	Berne à Paris	Dangers d'anarchie dans l'ex-empire austro-hongrois.	T.	109
6	Idem	Ravitaillement de l'ex-Autriche-Hongrie.	T.	132
Non datée	Paris (anonyme) à destinataires non désignés	De l'utilisation politique de l'occupation française en Autriche-Hongrie.	N.	134

TABLE MÉTHODIQUE

Date	Provenance et Destination	Objet	Nature du Document	Numéro du Document
7	Berne à Paris	Démarche du prince Windischgraetz, proche de l'ex-empereur austro-hongrois, auprès de l'ambassadeur Dutasta pour tenter de conserver des liens entre les futurs États issus de la Double Monarchie.	T.	135
7	Paris à Berne	Accord de Stephen Pichon pour une rencontre entre le comte Mensdorff, envoyé de l'ex-empereur Charles, et l'ambassadeur Dutasta.	T.	137
9	Salonique à présidence du Conseil et Guerre	Rencontre entre le général Franchet d'Espèrey et le comte Karolyi sur la situation en Hongrie.	T.	146
11	Berne à Paris	Démarche du comte Mensdorff auprès de l'ambassadeur Dutasta.	T.	159
18	Paris à Londres, Washington, Rome et Berne	Au sujet du vote par l'Assemblée nationale autrichienne en faveur de l'entrée de l'Autriche dans la République allemande.	T.	207
20	Marine à Sûreté nationale et à Affaires étrangères (Affaires politiques et commerciales)	Derniers espoirs de l'ex-empereur Charles.	N.	221
29	Paris à Londres, Berne, Bruxelles, Rome et Washington	Manœuvres du gouvernement hongrois.	T.	269
6 déc.	Berne à Paris	Union de l'Autriche avec l'Allemagne.	T.	301
9	Paris à Londres, Rome, Washington, Bruxelles, Corfou, Athènes, Berne et Madrid	La Hongrie et les Alliés.	T.	316
12	Berne à Paris	Refus par l'Autriche de l'union avec l'Allemagne.	T.	334
15	Paris à Londres, Rome et Washington	Ravitaillement de l'Autriche.	T.	342
30	Paris à Londres, Rome, Washington, Bruxelles et Berne	L'Autriche allemande et les Alliés.	T.	400

TABLE MÉTHODIQUE XLVII

Date	Provenance et Destination	Objet	Nature du Document	Numéro du Document
1919 4 janvier	Paris à Berne, Madrid, La Haye, Stockholm, Christiania, Copenhague, Rio de Janeiro, Buenos Aires, Montevideo, Santiago du Chili, Lima, Asuncion, Caracas, Mexico, Bogota et Guatemala City	Conditions financières imposées à l'Autriche-Hongrie.	T.	416
Non datée	Paris (Affaires politiques et commerciales)	Question de l'Autriche allemande. Points de vue des puissances alliées et du Saint-Siège.	N.	425
15	Affaires étrangères à présidence du Conseil	Occupation de Klagenfurt et Villach (Carinthie).	D.	452
17	Prague à Paris	Fédéralisme économique dans l'ancien empire austro-hongrois.	T.	457

2. Tchécoslovaquie

Date	Provenance et Destination	Objet	Nature du Document	Numéro du Document
1918 4 nov.	Paris (Europe) à Affaires étrangères (Tchécoslovaquie)	Participation des Tchécoslovaques aux discussions de l'armistice au sein du Conseil suprême de guerre de Versailles.	L.	123
23	Affaires étrangères à présidence du Conseil	Situation en Slovaquie.	M.	236
11 déc.	Paris à Vladivostok	La France autorise Stefanik, le général de l'armée française, à devenir ministre de la Guerre tchécoslovaque.	T.	325
12	Paris	Plan de fédération entre la Pologne et la Tchécoslovaquie.	N.	331
19	Paris à Londres, Rome, Washington, Bruxelles, Berne, Belgrade, La Haye et Copenhague	Frontières de l'État tchécoslovaque.	T.	357

Date	Provenance et Destination	Objet	Nature du Document	Numéro du Document
21	Paris à Berne, Londres, Rome, Madrid, Bruxelles et La Haye	Les Tchèques et l'avenir de l'Autriche allemande.	T.	366
1919 9 janvier	Guerre à destinataires non désignés	Les relations commerciales extérieures de la Tchécoslovaquie.	N.	433
15	Paris au ministre	Teschen.	N.	450

D. EUROPE ORIENTALE

1. Russie, Ukraine

Date	Provenance et Destination	Objet	Nature du Document	Numéro du Document
1918 13 oct.	Paris à Londres, Washington, Tokyo, Pékin, Arkhangelsk et Rome	Au sujet du gouvernement d'Oufa.	T.	41
14	Arkhangelsk à Paris	Interprétation du point n° 6 du président Wilson et l'intervention alliée.	T.	46
7 nov.	Affaires étrangères à Finances	Création d'une banque et d'une monnaie russes par la France pour financer et fédérer les forces antibolcheviques en Russie méridionale.	Minute.	138
11	Paris (Affaires russes) au ministre	Prisonniers de guerre russes.	N.	171
12	Stockholm à Paris	Proposition bolchevique de cessation des hostilités.	T.	174
12	Paris à Londres, Copenhague, Christiania, Stockholm, Rome et Washington	Refus d'établir des relations régulières avec les bolcheviks.	T.	176
13	Arkhangelsk à École des langues orientales	Propagande française en Russie. Choix de spécialistes en tant qu'agents.	L.	184
18	Vladivostok à Paris	Soutien de la France au gouvernement d'Omsk.	T.	208
21	Arkhangelsk à Paris	Nécessité d'un effort de propagande économique en Russie.	D.	228
22	Vladivostok à Paris	Putsch de l'amiral Koltchak à Omsk le 18 novembre 1918.	T.	230

TABLE MÉTHODIQUE

Date	Provenance et Destination	Objet	Nature du Document	Numéro du Document
24	Paris à Londres, Washington, Bruxelles, Le Havre, La Haye, Christiania, Corfou, Rome, Madrid, Lisbonne, Copenhague, Arkhangelsk et Athènes	Propagande bolchevique russe et allemande. Nécessité d'une réaction ferme de la part des Alliés. Pression sur les gouvernements neutres.	T.	242
29	Paris à Londres	Partage des zones d'influence entre Français et Britanniques au sud de l'empire russe. Réaction française aux prétentions britanniques.	T.	271
5 déc.	Paris	Assassinat du tsar et de sa famille. Récit circonstancié. Atrocités bolcheviques.	N.	300
10	Moscou à Paris	Proposition d'action militaire française en Russie.	N.	320
10	Commandement du détachement français au Caucase (Bakou) à présidence du Conseil	Projet d'organisation du Caucase.	L.	321
12	Paris à Jassy, Téhéran, Rome, Washington et Londres	Reconnaissance des engagements de la Russie auprès de l'Entente par Koltchak.	T.	335
18	Stockholm à Paris	Expédition navale anglaise dans la Baltique ; critique de la diplomatie officieuse des Britanniques.	T.	352
19	Paris (Europe) à Londres, Rome, Washington, Berne, Bucarest, Arkhangelsk, Bruxelles, La Haye, Stockholm, Copenhague et Christiania	Français détenus en Russie.	T.	358
20	Affaires étrangères à présidence du Conseil	Attitude des Allemands en Ukraine.	Minute	363
23	Arkhangelsk à Paris (Propagande)	Propagande de la France en Russie : envoi de photographies de personnalités françaises et de partitions de musique militaire.	T.	374

TABLE MÉTHODIQUE

Date	Provenance et Destination	Objet	Nature du Document	Numéro du Document
23	Paris à Arkhangelsk	Convention entre la France et l'Angleterre au sujet de l'action en Russie méridionale.	P.V.	375
27	Arkhangelsk à Paris	Proposition d'attaquer Petrograd et Moscou à partir du sud de la Russie.	T.	389
29	Paris à Arkhangelsk, Washington, Vladivostok, Londres, Rome et Berne	Limitation de l'action militaire française en Russie : prudence et concertation avec les Alliés.	T.	397
30	Berne à Paris	La politique des nationalités en Russie et l'intervention des Alliés. Revendications du Daghestan.	D.	399
1919				
2 janvier	Copenhague à Paris	Propositions bolcheviques (Litvinov) de négociations avec l'Entente.	T.	409
5	Paris à Londres, Rome, Tokyo, Washington et Berne	Proposition britannique de cessation générale des hostilités en Russie.	T.	420
6	Omsk à Paris	Les Japonais en Extrême-Orient russe. Manipulation de l'ataman cosaque Semenov.	T.	424
9	Vladivostok à Paris	Contrôle des chemins de fer en Sibérie. Nécessité d'une commission quadripartite alliée. Ligne vitale au fonctionnement très limité par les conditions militaires, politiques et économiques.	T.	432
		2. Pologne		
1918				
11 oct.	Paris à Berne	Offres de services de Polonais résidant en Suisse, sans attaches avec le Comité national polonais ou peu favorables à celui-ci.	T.	34
10 nov.	Paris (Europe) à Londres, Rome et Washington	Admission du Comité polonais aux conférences interalliées.	T.	153
12	Vladivostok à Commandement en chef des troupes alliées à Vladivostok	Reconnaissance du Comité national polonais et action du Comité militaire polonais.	L.	179
14	Paris à Londres, Rome et Washington	Reconnaissance du Comité national polonais.	T.	186

Date	Provenance et Destination	Objet	Nature du Document	Numéro du Document
23	Mission militaire franco-polonaise à présidence du Conseil	Les frontières du nouvel État polonais.	N.	235
25	Varsovie à Paris	Justification de la politique polonaise du Quai d'Orsay, attaquée par la presse.	T.	248
3 déc.	Paris à Washington	Pogroms en Pologne.	T.	289
3	s.l.	La question juive en Pologne.	N.	290
14	Paris à Londres et Rome	Lutte contre le bolchevisme en Pologne. Armée polonaise de France.	T.	340
18	Paris au ministre	Organisation d'une armée polonaise en vue de la formation d'un État polonais.	N.	355
1919 7 janvier	Affaires étrangères à présidence du Conseil	Les organismes présents en Pologne, concurrents du Comité national polonais.	Minute	428
13		Les relations commerciales de la Pologne.	N.	446

3. Pays baltes

Date	Provenance et Destination	Objet	Nature du Document	Numéro du Document
1918 11 nov.	Londres à Paris	Projet letton de confédération baltique.	D.	170
22 déc.	Paris à Vladivostok	Proclamation de la République de Lettonie.	T.	367
1919 1er janvier	Paris	Nouveaux États baltes, tampons entre l'ancien empire allemand et la Russie bolchevique. Règlement du statut maritime de la Baltique.	N.	407

4. Finlande

Date	Provenance et Destination	Objet	Nature du Document	Numéro du Document
1918 4 oct.	Paris	Régime politique de la future Finlande.	N.	12
11	Paris à Helsingfors par Stockholm et à Arkhangelsk, Washington, Christiania, Copenhague, Londres, Rome, Berne	Opposition à l'élection d'un prince allemand sur le trône de Finlande.	T.	33

Date	Provenance et Destination	Objet	Nature du Document	Numéro du Document
5 déc.	Paris à Londres, Rome, Berne, Copenhague, Stockholm, Christiania et Washington	Conversation avec le général Mannerheim. Finlande.	T.	295
23	Paris (Europe) à Londres	Accord entre les Britanniques et le général Mannerheim.	T.	373

E. EUROPE SCANDINAVE

Date	Provenance et Destination	Objet	Nature du Document	Numéro du Document
1918				
5 oct.	Paris à Rome, Washington, Christiania, Copenhague, Stockholm, La Haye, Londres, Madrid, Berne et Le Havre	Les neutres dans les négociations de paix. Hostilité française à la tenue d'une conférence des neutres à Stockholm.	T.	16
14	Copenhague à Paris	La question du Slesvig. Attitude réservée des responsables danois sur l'octroi de cette région aux dépens de l'Allemagne. Critique par l'ambassadeur d'une politique de « marchandage percheron ». Propagande de la « Société des deux lions » pour le rattachement.	D.	51
3 nov.	Paris à Londres, Rome, Washington, Arkhangelsk, Stockholm, Christiania et Copenhague	Stephen Pichon se montre défavorable au projet britannique consistant à associer les Danois et les Norvégiens à l'intervention contre les bolcheviks. Il se montre également méfiant à l'égard du général Mannerheim.	T.	118
24	Copenhague à Paris	Propagande française au Danemark.	T.	238
30	Idem	La question du Slesvig.	D.	276
6 déc.	Paris à Copenhague, Christiania, Stockholm, Washington, Londres, Rome, Berne, Madrid, Bruxelles, La Haye, Corfou et Athènes	La question du Slesvig.	T.	303

Date	Provenance et Destination	Objet	Nature du Document	Numéro du Document
	F. EUROPE MÉDITERRANÉENNE			
	1. Espagne			
1918				
25 oct.	Madrid à Paris	Le roi Alphonse XIII et l'attitude de l'Espagne vis-à-vis de l'Entente.	T.	85
2 nov.	Paris à Washington	Navires allemands en Espagne.	T.	113
11	Madrid à Paris	Romanones et la nécessité du rapprochement avec la France.	T.	166
12	Idem	La réaction des Espagnols à la signature de l'armistice avec l'Allemagne.	T.	177
15	Idem	Répercussions de l'armistice en Espagne.	T.	192
16	Idem	L'opinion de la classe politique espagnole à l'égard de la situation révolutionnaire en Europe.	D.	204
19	Paris à Rome, Londres, Washington, Madrid, Berne et Le Havre	Démarche du « gouvernement austro-allemand » en vue de sa reconnaissance par le gouvernement espagnol.	T.	214
25	Séville à Paris	Manifestation interalliée à Séville célébrant la victoire.	D.	249
8 déc.	Paris à présidence du Conseil des ministres d'Espagne	Question marocaine, participation des neutres à la conférence de la paix et rapprochement franco-espagnol.	L.	312
	2. Portugal			
1918				
18 nov.	Lisbonne à présidence du Conseil	Réactions du Portugal à la conclusion de l'armistice avec l'Allemagne.	D.	212
26	Lisbonne à Paris	Évolution favorable de l'attitude de la légation d'Espagne à Lisbonne à l'égard des Alliés.	D.	252

Date	Provenance et Destination	Objet	Nature du Document	Numéro du Document
		3. Italie		
1918				
3 oct.	Londres à Rome	Paul Cambon critique les responsables du Quai d'Orsay et traite des rapports interétatiques en Méditerranée entre Grande-Bretagne, Italie et Yougoslavie.	L.	11
24	Rome à Paris	Tensions avec l'Italie au sujet de l'Asie mineure.	T.	81
5 nov.	Idem	Nécessité de publier les accords secrets de 1902 pour établir le rôle de la France dans le ralliement de l'Italie à l'Entente.	D.	131
11	Rome à Paris	Plainte d'Orlando au sujet de la politique britannique en faveur des nationalités yougoslaves.	T.	167
15	Commandement en chef des Armées alliées en Orient (Salonique) à Rome	Le général Franchet d'Espèrey fait le point sur la situation en Adriatique, à Belgrade, dans l'empire austro-hongrois et en Russie.	L.	195
16	Paris à Rome, Londres et Washington	Emploi de troupes britanniques pour l'occupation italienne de Fiume.	T.	202
16	Idem	Protestations yougoslaves contre les occupations territoriales de l'armée italienne. Proposition de contingents mixtes alliés pour faire respecter les clauses du traité de Londres et de l'armistice.	T.	203
21	Idem	Menace de conflit armé entre Serbes et Italiens à propos de Fiume.	T.	224
27	Idem	Répartition du haut-commandement entre les généraux Diaz et Franchet d'Espèrey.	T.	255
28	Rome à Paris	Dialogue entre Barrère et Orlando au sujet de Fiume. L'ambassadeur français tente de pousser le président du Conseil italien à la modération sur le fond et la forme, de manière à obtenir gain de cause. Orlando répond qu'étant donné les intentions affichées par le président Wilson, l'Italie n'a d'autre choix que de garantir sur le terrain l'application des traités signés pendant la guerre.	T.	258

Date	Provenance et Destination	Objet	Nature du Document	Numéro du Document
28	Présidence du Conseil à Commandement en chef des Armées d'Orient	Communication au GQG serbe de l'avancée des négociations au sujet des territoires en litige avec l'Italie et des procédures d'occupation.	T.	265
1ᵉʳ déc.	Paris à Rome	Impuissance française face à l'intransigeance des parties concernées par le règlement du conflit frontalier dans l'Adriatique ; nécessité d'appeler l'Italie à la modération.	T.	278
5	Paris à Rome, Londres et Washington	Les agissements italiens à Fiume menacent le bon fonctionnement de l'Armée d'Orient. Colère de Clemenceau contre Orlando.	T.	297
8	Paris	Occupation de Rhodes par l'Italie.	N.	313
9	*Idem*	Nouvelles ambitions italiennes dans l'Adriatique.	N.	317
10	Rome à Paris	Mécontentement de l'opinion publique italienne par rapport à la France.	T.	319
24	Londres à Paris	Tentative d'approche conjointe franco-britannique pour régler les conflits entre l'Italie et les Yougoslaves.	D.	381
27	Rome à Paris	Retrait d'un paragraphe du télégramme de Clemenceau à Orlando risquant de blesser ce dernier.	T.	388
28	Paris à Londres, Rome et Belgrade	Impossibilité de réclamer le retrait des troupes italiennes de Fiume.	T.	393
29	Rome à Paris	Résumé de l'entretien entre Orlando, Sonnino et Wilson à Paris sur la reconnaissance des nouvelles frontières italiennes.	T.	396

4. Saint-Siège

Date	Provenance et Destination	Objet	Nature du Document	Numéro du Document
1918 8 déc.	Rome à Paris	Demande pontificale de reprise des relations diplomatiques avec la France.	T.	310
1919 17 janvier	*Idem*	Au sujet de la reprise des relations diplomatiques entre la France et le Saint-Siège. Exposé des raisons qui pourraient amener la France à accepter, pour obtenir le maximum de concessions de la part du Vatican.	D.	460

Date	Provenance et Destination	Objet	Nature du Document	Numéro du Document
		G. EUROPE BALKANIQUE		
		1. Généralités		
1918 11 déc.	Paris à Londres, Rome, Washington, Belgrade, Athènes, Jassy, Salonique et Berne	Impossibilité pour l'armée française d'intervenir en faveur de toutes les nationalités d'Europe balkanique qui demandent l'aide de la France.	T.	322
		2. Bulgarie		
1918 26 oct.	Paris à Washington, Athènes et Le Havre	Commission d'enquête sur les crimes bulgares.	T.	87
		3. Grèce		
1918 12 oct.	Paris	Visite de Venizélos à Paris.	N.	39
		4. Roumanie		
1918 3 déc.	Paris à Jassy, Washington, Londres et Rome	Occupation de la Dobroudja et son avenir.	T.	288
30	Paris à Bucarest, Londres, Rome, Washington et Bruxelles	La Roumanie et le Congrès de la Paix.	T.	398
1919 5 janvier	Bucarest (par Salonique) à Paris	Maintien en vigueur du traité du 17 août 1916 avec la Roumanie.	T.	418
10	Paris	Frontières de la Hongrie et de la Roumanie. Question de la Transylvanie.	N.	437

Date	Provenance et Destination	Objet	Nature du Document	Numéro du Document
		5. Yougoslavie		
1918				
30 sept.	Paris à Rome, Londres, Washington	Reconnaissance du droit à l'indépendance et au fédéralisme de la Yougoslavie.	T.	6
13 oct.	Paris à Rome et Londres	Retour du roi du Monténégro dans son pays.	T.	43
Non daté. Reçu le 31 octobre	New York (Washington) à Paris	Promesses américaines d'émancipation des peuples.	T.	106
16 déc.	Paris à Belgrade, Londres, Rome et Washington	Réponse à la plainte des Serbes concernant le Banat.	T.	347
21	Belgrade à Paris	Craintes serbes de violences italiennes contre la population yougoslave de Fiume.	T.	365
22	Paris à Londres, Rome, Washington et Belgrade	Réponse aux Britanniques au sujet de la protestation des Monténégrins contre l'annexion du Monténégro à la Serbie. Proposition d'ignorer la note monténégrine pour donner un signal positif sur l'unification des Yougoslaves.	T.	371
25	Belgrade à Paris	Craintes serbes de l'expansion roumaine dans le Banat.	T.	385
28	Paris à Belgrade, Rome et Londres	Rejet des prétentions serbes sur le Banat en attendant le Congrès de la Paix, afin d'éviter le conflit entre Serbes et Roumains.	T.	392
31	Paris à Bucarest, par Salonique, Belgrade, Washington, Londres, Rome et Bruxelles	Occupation du Banat par les troupes françaises.	T.	402
1919				
1er janvier	Belgrade à Paris	Abattement et colère serbes face au peu de soutien des Alliés contre les prétentions italiennes.	T.	405
2	*Idem*	Crise morale en Serbie. Impression d'être traités comme des vaincus.	T.	408
3	Paris à Belgrade, Londres, Rome et Berne	Réponse ferme de Stephen Pichon aux reproches continuels de la part des Serbes.	T.	412
7	Paris à Londres, Rome et Belgrade	Le Monténégro et la Yougoslavie. Réponse des Alliés aux Serbes : le Congrès de la Paix statuera sur tous les conflits.	T.	426

VI. – PROCHE ET MOYEN-ORIENT

Date	Provenance et Destination	Objet	Nature du Document	Numéro du Document
		A. EMPIRE OTTOMAN		
1918 2 oct.	Paris à Londres	Accord franco-britannique relatif à l'administration des territoires occupés par les Alliés en Syrie.	T.	9
2	Rome à Paris	Langage tenu par le pape Benoît XV à Mgr Schiro, prélat de rite grec (29 septembre 1918).	D.	10
8	Paris à Londres et au haut-commissariat français en Palestine	Stephen Pichon demande au haut-commissaire français en Palestine d'écarter, avec l'accord du général Allenby, une prise de possession administrative d'une partie quelconque de la zone bleue française en Syrie par les représentants hachémites.	T.	20
10	Paris à Londres	Stephen Pichon propose que le régime de la Palestine soit fondé sur une « autonomie surveillée » pouvant laisser la place à un foyer juif, selon la promesse faite aux sionistes par la Grande-Bretagne et la France.	T.	27
14	Londres à Paris	Échange de vues entre Balfour et Paul Cambon concernant l'avenir de l'Empire ottoman et les accords de Saint-Jean-de-Maurienne avec l'Italie.	T.	45
15	Paris (Asie-Océanie) au ministre	Projet britannique et contre-projet français de déclaration commune sur les fins poursuivies par les deux alliés en Orient, dans le contexte des tensions entre l'émir Fayçal et les Français.	N.	54
17	Haut-commissariat français en Palestine à Paris	Note de François Georges-Picot à Stephen Pichon, conseillant la rédaction d'une déclaration publique qui mettrait fin aux suspicions des Syriens à l'égard de la France.	N.	63
22	Paris à Londres, Washington et Rome	Au sujet de la nécessité de communiquer au président Wilson les accords de 1916 et de 1917 sur l'Asie ottomane.	T	70
26	Paris à destinataires non désignés	La politique française à l'égard des Arméniens.	N.	88
27	Berne à Paris	Opinion de Fouad Selim Bey, ministre de Turquie à Berne, sur les futures conditions de paix imposées à la Turquie.	N.	90
30	Paris à Washington et Londres	Déclaration franco-britannique au sujet des populations libérées du joug turc.	T.	102

TABLE MÉTHODIQUE

Date	Provenance et Destination	Objet	Nature du Document	Numéro du Document
2 nov.	Washington à Paris	Réaction du président Wilson à la déclaration franco-britannique relative au sort des populations du Proche-Orient.	T.	116
10	Rome à Paris	Les idées du président Wilson à l'égard de l'Asie mineure.	T.	156
11	Paris à ambassade du Royaume-Uni à Paris	Au sujet des arrangements franco-britanniques de mai 1916 concernant le Proche-Orient.	L.	172
12	Le Caire (haut-commissariat français en Palestine) à Paris	Conversation entre Georges-Picot et le général Allenby à Beyrouth au sujet de l'application des accords franco-britanniques du 30 septembre 1918.	T.	173
12	Corfou à Paris	Célébration d'un *Te Deum* à l'occasion de l'entrée des troupes alliées à Constantinople.	D.	180
14	Le Caire (haut-commissariat français en Palestine) à Paris	Nécessité d'assurer à la France une large représentation militaire en Syrie par l'envoi d'un corps de 20000 soldats français.	T.	185
18	Londres à Paris	Position de Lord Cecil sur la révision des accords de guerre, dont les accords franco-britanniques de 1916.	D.	210
24	Paris à haut-commissariat français en Palestine	Au sujet de l'arrivée de l'émir Fayçal en France.	T.	241
24	Paris à ambassade du Royaume-Uni à Paris	Venue de l'émir Fayçal en France.	N.	244
30	Paris	Doléances adressées par la France au sujet de l'attitude britannique au Proche-Orient.	N.	275
1er déc.	Bassorah à Paris	Au sujet de l'attitude des Anglais à Mossoul.	T.	277
1er		Rapport sur le voyage de l'émir Fayçal à Marseille et à Lyon.	R.	279
3	Le Caire (haut-commissariat français en Palestine) à Paris	Compte rendu de la tournée effectuée par le haut-commissaire de la République dans le nord du Liban.	T.	287
4	Jérusalem à Paris	Dissentiments entre Sionistes et Arabes en Palestine.	D.	294
13	Beyrouth (haut-commissariat français en Palestine) au Caire	État des esprits à Jérusalem chez les musulmans et les chrétiens.	D.	338
14	Le Caire (haut-commissariat français en Palestine) à Paris	Agissements de sir Marc Sykes auprès des populations musulmanes de Syrie.	T.	339

Date	Provenance et Destination	Objet	Nature du Document	Numéro du Document
1919				
5 janvier	Paris	Fonctions du haut-commissaire de la République en Orient.	N.	421
10	*Idem*	Liquidation de l'Empire ottoman et constitution de l'État turc.	N.	440
12	Le Caire (haut-commissariat français en Palestine) à Paris	Les Anglais cherchent à constituer un Kurdistan autonome englobant la région de Mossoul.	T.	442

B. ÉGYPTE

Date	Provenance et Destination	Objet	Nature du Document	Numéro du Document
1918				
11 nov.	Le Caire à Paris	Réactions en Égypte aux déclarations franco-britanniques du 7 novembre 1918 relatives à la Syrie et à la Mésopotamie.	T.	162

C. SIONISME

Date	Provenance et Destination	Objet	Nature du Document	Numéro du Document
1918				
5 nov.	Le Caire (haut-commissariat français en Palestine) à Paris	Adresse des populations juives de Palestine à l'occasion de l'anniversaire de la déclaration du gouvernement britannique au sujet de l'établissement d'un foyer national juif en Palestine.	T.	128
17	Copenhague à Paris	Le chef sioniste Jacobsen fait savoir que le grand Rabbin de Turquie, Haim-Nachin, souhaite obtenir des Américains que la Palestine reste turque et que la France soit écartée de Syrie.	T.	206
1919				
Remise le 15 janvier	Paris	Politique française à l'égard des questions juives.	N.	453

D. PERSE

Date	Provenance et Destination	Objet	Nature du Document	Numéro du Document
1918				
4 nov.	Téhéran à Paris	Les Persans et la paix.	D.	125
15	*Idem*	Conséquences et répercussions de l'armistice en Perse. Candidats pour représenter la Perse à la Conférence de la Paix.	D.	196

VII. – AMÉRIQUE

Date	Provenance et Destination	Objet	Nature du Document	Numéro du Document
\multicolumn{5}{c}{A. ÉTATS-UNIS D'AMÉRIQUE}				
1918				
Non daté. Reçu le 24 octobre	Washington à présidence du Conseil	Franklin Roosevelt au sujet de la France et de l'Italie.	T.	78
Non daté. Reçu le 26	Washington à Paris	Théodore Roosevelt critique les Quatorze points.	T.	86
7 nov.	Idem	Élections générales. Analyse du résultat.	T.	139
11	New York à présidence du Conseil	Wilson et la paix. Les élections au Congrès.	T.	164
Non daté. Reçu le 7 déc.	Washington à Paris	Voyage de Wilson en Europe.	T.	305
11	New York (haut-commissariat) à Paris	Les deux Amérique : l'une proche de la France, l'autre éloignée de l'Europe et que le président Wilson vient représenter ici.	N.	326
16	Washington à Paris	L'opinion américaine et le voyage de Wilson.	D.	348
20	New York (haut-commissariat) à présidence du Conseil	L'opinion américaine et la paix.	T.	361
20	Paris à New York (haut-commissariat)	L'échéance des dettes françaises.	T.	362
26	Berne à Paris	L'attitude et l'état d'esprit des Américains.	L.	387
1919				
6 janvier	New York (haut-commissariat) à présidence du Conseil	Campagne de presse contre la France aux États-Unis.	T.	422
12	Présidence du Conseil à New York (haut-commissariat)	Remboursement des crédits de guerre.	T.	445
13	New York à Paris	Campagne de presse contre la France aux États-Unis.	T.	447
Non daté. Reçu le 15	New York (haut-commissariat) à présidence du Conseil	Échéances des obligations.	T.	448

Date	Provenance et Destination	Objet	Nature du Document	Numéro du Document
		B. AMÉRIQUE LATINE		
1918				
Non daté. Reçu le 1ᵉʳ octobre	Santiago du Chili à Paris	Naissance au Chili d'un fort mouvement en faveur de l'Entente.	T.	7
14	San José à Paris	De l'attitude du gouvernement costaricain à l'égard des représentants des États-Unis et de la France.	D.	50
17	Buenos Aires à Paris	~~Blocus~~ : attitude de l'Argentine.	T.	58
8 nov.	Idem	Manifestations populaires à Buenos Aires suite à la rumeur de la conclusion de l'armistice avec l'Allemagne.	T.	142
8	Rio de Janeiro à Paris	La fin des hostilités et la liquidation des biens allemands au Brésil.	T.	143
Non daté. Reçu le 11	Lima à Paris	Attitude du Pérou au sujet de l'ouverture de négociations d'armistice.	T.	165
15	Buenos Aires à Paris	Célébration de la victoire et situation difficile du président argentin.	T.	193
20	La Paz à Paris	Réaction des autorités et de la population boliviennes à la signature de l'armistice.	D.	222
23	Port-au-Prince à Paris	Célébrations de l'armistice en Haïti.	D.	234
1ᵉʳ déc.	Bogota à Paris	La signature de l'armistice et l'opinion colombienne.	D.	280
20	Panama à Paris	Réaction du Panama à la signature de l'armistice. Adoption par le Panama de la date du 14 juillet comme jour de fête nationale. Propagande française en Amérique centrale.	D.	364

VIII. – AFRIQUE

Date	Provenance et Destination	Objet	Nature du Document	Numéro du Document
1918				
7 déc.	Paris à Washington	Statut du Libéria.	T.	306
19	Paris (Europe) à destinataires non désignés	Comment se pose la question marocaine.	N.	359
24	Addis-Abeba (prince régent Ras Taffari) à présidence du Conseil	Félicitations de l'impératrice Zaoditou pour la victoire des Alliés et décision de l'Éthiopie d'envoyer une mission spéciale en Europe.	D.	382

IX. – ASIE-OCÉANIE

Date	Provenance et Destination	Objet	Nature du Document	Numéro du Document
		A. JAPON		
1918				
28 nov.	Tokyo à Paris	Le Japon et la signature de l'armistice.	D.	266
		B. CHINE		
1918				
18 oct.	Pékin à Paris	Lutte contre la germanophilie du gouvernement chinois.	T.	64
26 nov.	*Idem*	Faiblesse de la représentation diplomatique française à Pékin par rapport aux autres puissances.	T.	250
5 déc.	Paris	Politique anti-allemande du gouvernement chinois. Tentative de développer l'influence française en Chine.	Minute	299
10	Pékin à Paris	Célébration de la victoire à Pékin.	T.	318
27	Paris à Washington	Consortium ferroviaire quadripartite du Hu-Kuang.	T.	390
1919				
4 janvier	Arkhangelsk à Paris	Rapatriement des ouvriers chinois du Transsibérien enrégimentés par les bolcheviks.	T.	414

Date	Provenance et Destination	Objet	Nature du Document	Numéro du Document
		C. OCÉANIE		
1918 17 oct.	Melbourne à Paris	Colonies allemandes du Pacifique. Accord de préférence douanière entre l'Australie et la France.	T.	59

Interessante Daten

- 8 — allusé au Prop. → all.
- ⑪ — Cambon → Bavière pensée
- 51 — Dainemark SH
- ㉙⓪ — Juif en Pologne
- 314 — Bavière au Haldane
- 326 — 2 Amériques
- 344 — Unabhängiger Staat linksrheinisch

Nr. 222 22. JULI 1925

Botschaftsräumlichkeiten genannt seien. Das letztere halte ich allerdings nicht für ausgeschlossen, zumal Herr Krestinski mir selbst zugegeben habe, daß einige in dem Prozeß genannte Persönlichkeiten zweifelhafter Natur in der Portierloge der russischen Botschaft hohe Beträge gewechselt oder in Empfang genommen hätten. Tschitscherin verstummte unter dem Eindruck dieser Mitteilung. Er versuchte dann erneut auf eine Besprechung der Handelsvertragsverhandlungen überzugehen, worauf ich bemerkte, ein Interview, das Herrn Hanecki vor zwei Tagen gegeben,[16]) habe die Verhandlungen auch nicht gerade erleichtert, es sei darin von dem politischen Interesse, das Deutschland in höherem Maße als Rußland an dem Zustandekommen des Vertrages habe, die Rede; ich möchte darauf hinweisen, daß das bei weitem größere politische Interesse auf Seiten Rußlands liegt;[17]) denn wenn es zum Scheitern der Verhandlungen mit Deutschland komme, werde wohl kaum eine andere Macht sich auf Verhandlungen mit Sowjet-Rußland einlassen. Hanecki bemerkte, von einem größeren politischen Interesse Deutschlands habe er niemals gesprochen, worauf ich entgegnete, aus dem Zusammenhange sei diese Bemerkung nicht anders zu erklären gewesen.

Die Unterhaltung trug bis dahin einen sehr ernsten, aber nicht gereizten Charakter; kritisch wurde sie als Tschitscherin in der Besprechung der Handelsfrage fortfahren wollte, denn ich sah mich jetzt genötigt zu erklären, ich sei außerstande, diese Verhandlungen fortzuführen, müsse vielmehr auf der vorherigen Erledigung der Ehrenfrage bestehen. Ich erhob mich – Tschitscherin wie H. waren sichtlich betroffen – mit den Worten, ich werde meiner Regierung über das heutige Gespräch unverzüglich berichten und Instruktionen einholen, inzwischen seien Verhandlungen in der Frage des Handelsabkommens zwecklos.

Daß Weiterungen bei der Erledigung des Falles Hilger und der gesamten

DOCUMENTS DIPLOMATIQUES FRANÇAIS
ARMISTICES ET PAIX
1918-1920

TOME I

(27 SEPTEMBRE 1918 – 17 JANVIER 1919)

1

M. Berthelot, Adjoint au Directeur des Affaires politiques et
  commerciales,
   À M. Defrance, Ministre de France au Havre[1],
   M. Dard, Chargé d'Affaires à Madrid,
   M. Dutasta, Ambassadeur de France à Berne,
   M. Cambon, Ambassadeur de France à Londres,
   M. Barrère, Ambassadeur de France à Rome,
   M. Jusserand, Ambassadeur de France à Washington,
   M. Regnault, Ambassadeur de France à Tokyo,
   M. Noulens, Ambassadeur de France à Arkhangelsk[2],
   M. de Billy, Ministre de France à Athènes,
   M. de Fontenay, Ministre de France à Corfou[3].

T. nos 298-299 ; 1139-1140 ; 1640-1641 ; *Paris, 27 septembre 1918, 14 h. 30.*
3775-3776 ; 2604-2605 ; 2071-2072 ;
507-508 ; 649-650 ; 454-455 ; 171-172.

Chiffré. Très urgent.

Le général Franchet d'Espèrey communique les faits suivants :

Hier soir, 26 septembre, un officier supérieur bulgare s'est présenté aux lignes britanniques, en parlementaire de la part du général Teodorov,

---

[1] Le gouvernement belge est replié au Havre pendant la guerre.

[2] Instauré le 2 août 1918, le gouvernement d'Arkhangelsk, dirigé par Nikolaï Tchaïkovski, est l'un des héritiers du Gouvernement provisoire renversé par les Bolcheviks. La présence de l'ambassadeur Noulens s'explique par le repli des diplomates étrangers vers les ports où ont récemment débarqué les armées alliées.

[3] Le gouvernement serbe en exil y est installé de 1916 à 1918.

s'intitulant commandant en chef de l'armée bulgare, pour demander une suspension d'armes de 48 heures permettant l'arrivée de deux délégués autorisés du gouvernement bulgare, le ministre des Finances Liaptchef et le général Loukof, venant avec l'assentiment du Tsar Ferdinand pour arrêter les conditions d'un armistice et éventuellement de la paix.

Le général commandant en chef des forces alliées en Orient a répondu qu'il ne pouvait accorder ni armistice ni suspension d'armes tendant à l'interruption des opérations en cours, mais qu'il recevrait les délégués qualifiés du gouvernement bulgare dont les noms étaient indiqués.

Le général Franchet d'Espèrey a fait connaître au gouvernement français que si les plénipotentiaires se présentent il posera comme condition minima : l'évacuation immédiate des territoires encore occupés en Grèce et en Serbie, la démobilisation immédiate de l'armée, la remise de tous les moyens de transport aux Alliés, l'emmagasinement de l'armement et des munitions dans des endroits désignés sous le contrôle des Alliés, l'occupation et l'utilisation par les Alliés des voies ferrées, le contrôle des ports et de la navigation sur le Danube, le libre passage à travers le pays pour le développement des opérations des armées alliées, l'expulsion des Austro-allemands du territoire bulgare.

Le Gouvernement de la République a approuvé les conditions suggérées par le général Franchet d'Espèrey, comme début des conversations éventuelles.

Télégrammes, Londres, Départ, 1918, vol. 3046 (304QONT/3046).

2

M. Pichon, Ministre des Affaires étrangères,
    à M. Cambon, Ambassadeur de France à Londres.

T. n°s 3843-3844.   *Paris, 30 septembre 1918, 14 h.*

Chiffré.

Veuillez communiquer le plus rapidement possible le télégramme suivant de M. Clemenceau à M. Lloyd George.

Vous pourrez en variant cette communication, y ajouter verbalement les observations contenues dans le télégramme du président du Conseil à M. Jusserand, dont je vous envoie par ailleurs le texte[1].

« Je constate avec le plus grand plaisir, comme je l'ai fait précédemment, que nous sommes pleinement d'accord sur les conditions de l'armistice qui vient d'être conclu. Là où nos points de vue pourraient différer peut-être, c'est que vous paraissez envisager l'hypothèse d'une paix séparée avec la

---

[1] Voir document n° 3 du 30 septembre 1918.

Bulgarie, ce qui ferait éclater immédiatement dans les Balkans des récriminations à n'en pas finir et susciterait dans tous les esprits des troubles qui auraient de dangereuses répercussions en raison des divergences d'intérêts. Déjà je reçois des Balkans des nouvelles qui me montrent que la défaite de la Bulgarie surexcite les appétits qu'il ne serait pas aisé de satisfaire. Il faut à mon avis, qu'il y ait une seule et grande paix dont les conditions générales et particulières ne seront que trop difficiles à solidement établir. Je me plais à croire que la réflexion vous conduira à des conclusions identiques. S'il en était autrement, je serais prêt à me rencontrer avec vous et avec M. Orlando là où il vous plairait, à la seule condition qu'il soit bien entendu que je ne puis pas quitter la France en ce moment ».

Télégrammes, Londres, Départ, 1918, vol. 3046 (304QONT/3046).

3

M. Berthelot, Adjoint au Directeur des Affaires politiques et commerciales,
    à M. Cambon, Ambassadeur de France à Londres,
    M. Jusserand, Ambassadeur de France à Washington,
    M. Barrère, Ambassadeur de France à Rome.

T. n°s 3848-3850 ; 2105-2107 ; 2645-2647.   *Paris, 30 septembre 1918, 15 h.*

Chiffré.

Pour Londres et Rome – Le président du Conseil a adressé à M. Jusserand le télégramme suivant que je vous communique pour information.

Pour Washington – Je vous adresse le télégramme ci-dessous du président du Conseil.

Pour les trois postes – Réponse à votre télégramme 1333[1].

L'armistice vient d'être conclu avec les délégués bulgares[2]. Les hostilités sont suspendues. Je vous prie d'informer M. Lansing que le Gouvernement de la République se plaint très vivement de l'intervention injustifiée de M. Murphy qui n'avait absolument rien à faire dans la circonstance.

Nous n'entendons pas plus abuser de notre victoire sur la Bulgarie que sur toutes autres nations avec qui nous sommes en guerre. Mais le gouvernement américain, qui n'est pas en guerre avec la Bulgarie, reconnaîtra

---

[1] Ce télégramme indique que le gouvernement américain a reçu un message l'informant que le gouvernement bulgare le sollicitait pour une médiation en vue de la paix. À cause d'un problème de chiffrage, le gouvernement américain n'était pas certain de sa provenance réelle. Lansing indiqua à Jusserand que, si ce document était bien bulgare, il ne faudrait pas proposer de conditions inacceptables et faire admettre par les Bulgares par avance les résultats de la médiation américaine.

[2] L'armistice de Salonique a été signé avec la Bulgarie le 29 septembre 1918.

certainement que toute liberté de nos décisions doit nous être laissée. C'est pourquoi nous avons interdit au général Franchet d'Espèrey d'entrer en conversations avec M. Murphy, qui n'est pas et ne peut pas être accrédité auprès de lui. S'il arrive que M. le président Wilson ait des suggestions ou des propositions à nous adresser, nous les accueillerons avec toute la déférence qui lui est due. Pour le moment je ne saurais vous donner connaissance des décisions de l'Entente, puisqu'aucune conversation à ce sujet n'a pu encore être établie. À cet égard, je réserve formellement la liberté des puissances alliées.

Je vous fais seulement connaître aujourd'hui ma première impression personnelle, qui est avant toute consultation celle-ci : 1°- se borner pour la Bulgarie à un armistice militaire qui nous permettra d'agir militairement, s'il est besoin, au-delà des frontières de ce pays ; 2°- assurer le maintien de l'ordre et la liberté de l'administration nationale en se gardant bien de molester les populations ; 3°- s'abstenir d'examiner, même superficiellement, les conditions d'une paix définitive qu'on ne pourrait aujourd'hui esquisser sans déchaîner un torrent de récriminations dans la presqu'île des Balkans et sans faire succéder une véritable guerre civile des esprits à la guerre par les armes.

D'autre part, une suite de paix séparées ne pourrait qu'affaiblir et retarder les effets de l'action militaire générale qui doit nous conduire à une paix d'ensemble, objet de tous nos vœux.

Télégrammes, Londres, Départ, 1918, vol. 3046 (304QONT/3046).

4

M. Dutasta, Ambassadeur de France à Berne,
    À M. Pichon, Ministre des Affaires étrangères.

T. n° 1493. *Berne, 30 septembre 1918, 16 h. 30.*

Chiffré. *(Reçu : 19 h. 40.)*

Les événements de Bulgarie paraissent avoir complètement surpris le gouvernement allemand aussi (bien) politiquement que militairement. Ils ont eu dans le public un tel retentissement que l'on semble redouter dans certains milieux un ébranlement du front, du front intérieur comme du front militaire. On ne voit qu'un moyen pour y parer : réaliser le programme de réformes qui rendra possible « le gouvernement démocratique de la Défense nationale ».

Malgré les résistances que les pangermanistes opposent encore à pareille politique, il sera difficile au gouvernement du comte Hertling de résister à la pression qu'exercent sur lui les partis de gauche […][1] Reichstag dont on

---
[1] Mots illisibles.

encourage d'ailleurs la [...][1] séance aujourd'hui. Les députés des groupes de gauche sont déjà presque tous à Berlin et l'on annonce que les membres de la fraction du centre ont été appelés télégraphiquement dans la capitale. La majorité paraît donc décidée à une action énergique.

Le prestige du chancelier est si ébranlé qu'il ne semble pas en état de prendre la direction de l'opération démocratique, qui, espère-t-on, réalisera l'union sacrée et d'où sortira un gouvernement de Défense nationale. Laissera-t-on les groupes de gauche désigner le futur chancelier ? Il est peu probable que l'on aille si loin dans la voie des concessions. De divers côtés on prête à l'Empereur l'intention d'intervenir personnellement. L'empereur Guillaume désignerait le chancelier de son choix qui recevrait pour mission de s'entendre avec les représentants du groupe de gauche sur la composition et le programme du futur cabinet[2]. Cette entente réalisée, on prendra des mesures de salut public. Dès à présent, le *Vorwärts*[3] exhorte les soldats à tenir : il ne faut pas lâcher pied à la veille du jour où le peuple va prendre en main la direction de ses destinées.

On ne devrait pas être surpris si l'on apprenait que le comte Hertling qui, accompagné du secrétaire d'État des Affaires étrangères, s'est rendu au Grand Quartier Général et a demandé à l'Empereur à être relevé de ses fonctions. En tout cas il est un homme qui est dès à présent condamné et c'est M. de Hintze, auquel l'opinion unanime reproche de n'avoir pas plus prévu la défection bulgare qu'il n'a su empêcher le baron Burian d'envoyer sa note[4] à un moment que l'on jugeait, à Berlin, inopportun et de n'avoir pas percé à jour les intrigues des cours de Vienne, Munich et [Sofia].

Télégrammes, Berne, Arrivée, 1918, vol. 887 (304QONT/887).

---

[1] Lacune de déchiffrement.

[2] Dutasta est très bien renseigné puisque ce même 30 septembre les autorités allemandes se mirent d'accord sur le nom du prince Max de Bade pour remplacer le comte Hertling à la Chancellerie.

[3] Principal organe de presse du SPD.

[4] Il s'agit de la proposition de conversations de paix entre belligérants envoyée par l'Autriche-Hongrie le 14 septembre 1918, qui ne reçut qu'un refus de la part des Alliés et des Américains.

5

M. Berthelot, Adjoint au Directeur des Affaires politiques et commerciales,
  À M. Noulens, Ambassadeur de France à Arkhangelsk,
  M. Barrère, Ambassadeur de France à Rome,
  M. Cambon, Ambassadeur de France à Londres,
  M. Jusserand, Ambassadeur de France à Washington,
  M. Regnault, Ambassadeur de France à Tokyo,
  M. Defrance, Ministre de France au Havre,
  M. de Fontenay, Ministre de France à Corfou,
  M. de Billy, Ministre de France à Athènes.

T. n°s 666-670 ; 2648-2652 ; 3851-3855 ; *Paris, 30 septembre 1918, 23 h.*
2111-2115 ; 523-527 ; 309-313 ; 180-184 ;
468-472.
Chiffré.

Je vous adresse ci-après le texte du télégramme du général Franchet d'Espèrey exposant les conditions de l'armistice bulgare :

« Je vous envoie ci-dessous les termes de la convention militaire réglant les conditions de la suspension des hostilités entre les puissances alliées et la Bulgarie. Toutes les conditions imposées par vous sont adoptées sauf quelques légères modifications dont la principale est au lieu de démobilisation complète de l'armée, le maintien de trois divisions en armes à l'Est de la Bulgarie de manière à se protéger contre une attaque des Turcs sur Andrinople, ou s'opposer au passage du Danube par les Allemands. Mais pour empêcher les Centraux de les connaître et pour appuyer le gouvernement bulgare envers l'opinion publique, une partie des conditions restera secrète. GQG le 29/9 1918 à 22 h. 50. Convention militaire réglant les conditions de la suspension des hostilités entre les puissances alliées et la Bulgarie :

1°- Évacuation immédiate conformément à un arrangement à intervenir des territoires encore occupés en Grèce et en Serbie. Il ne sera enlevé de ces territoires ni bétail, ni graines, ni approvisionnements quelconques. Aucun dégât ne sera fait au départ. L'administration bulgare continuera à fonctionner dans les parties de la Bulgarie actuellement occupées par les Alliés.

2°- Démobilisation immédiate de toute l'armée bulgare sauf en ce qui concerne le maintien en état de combattre d'un groupement de toutes armes comprenant : 3 divisions de 16 bataillons chacune, 4 régiments de cavalerie qui seront […]¹ 2 divisions à la défense de la frontière Est de la Bulgarie et de la Dobroudja, 148e division pour la garde des voies ferrées.

3°- Dépôt en des points à désigner par le haut commandement des armées d'Orient, des armes, des munitions, véhicules militaires, apparte-

---

¹ Lacune de déchiffrement.

nant aux éléments démobilisés, qui seront ensuite emmagasinés par les soins des autorités bulgares et sous le contrôle des Alliés. Les chevaux seront également remis aux Alliés.

4°- Remise à la Grèce du matériel du 4ᵉ corps d'armée grec pris à l'armée grecque au moment de l'occupation de la Macédoine orientale, en tant qu'il n'a pas été envoyé en Allemagne.

5°- Les éléments de troupes bulgares actuellement à l'ouest du méridien d'Uskub et appartenant à la 11ᵉ armée allemande déposeront les armes et seront considérés jusqu'à nouvel ordre comme prisonniers de guerre ; les officiers conserveront leurs armes.

6°- Emploi jusqu'à la paix par les armées alliées des prisonniers bulgares en Orient, sans réciprocité en ce qui concerne les prisonniers de guerre alliés. Ceux-ci seront remis sans délai aux autorités alliées et les déportés civils seront complètement libres de rentrer dans leurs foyers.

7°- L'Allemagne et l'Autriche-Hongrie auront un délai de 4 semaines pour retirer leurs troupes et leurs organes militaires. Dans le même délai devront quitter le territoire du Royaume les représentants diplomatiques et consulaires des puissances centrales ainsi que leurs nationaux. Des ordres pour la cessation des hostilités seront donnés dès la signature de la présente convention.

Signé : Général Franchet d'Espèrey

André Liaptchev

Général Loukoff.

GQG, 29 septembre 1918, 22 h. 50.

Convention militaire réglant les conditions de la suspension des hostilités entre les puissances alliées et la Bulgarie – Articles secrets.

1°- Le passage éventuel des forces militaires alliées sur le territoire bulgare ainsi que l'utilisation des voies ferrées, routes, voies fluviales et ports feront l'objet d'une convention spéciale entre le gouvernement bulgare et le haut commandement de l'armée d'Orient. Des négociations à cet effet commenceront dans un délai de 8 [...]¹ au plus. Elles concerneront aussi le contrôle du téléphone, des télégraphes et des stations de TSF.

2°- Un certain nombre de points stratégiques seront occupés à l'intérieur du territoire bulgare par les grandes puissances alliées. Cette occupation sera provisoire et servira purement de garantie. Elle ne donnera pas lieu à coercition, ni à réquisitions arbitraires. Le Général en chef des armées alliées donne l'assurance qu'à moins de circonstances particulières Sofia ne sera pas occupée.

3°- Le Général en chef se réserve le droit d'exiger la cessation absolue de toutes relations entre la Bulgarie et ses anciens alliés en cas de nécessité.

4°- Ouverture des ports bulgares aux navires alliés et neutres.

Télégrammes, Bruxelles, Départ, 1918, vol. 1240 (304QONT/1240).

---

¹ Lacune de déchiffrement.

6

M. Pichon, Ministre des Affaires étrangères,
 À M. Barrère, Ambassadeur de France à Rome,
 M. Cambon, Ambassadeur de France à Londres,
 M. Jusserand, Ambassadeur de France à Washington.

T. n°s 2653-2654, 3864-3865, 2122-2123.   *Paris, 30 septembre 1918, 23 h.*

Chiffré.

Pour Londres et Washington : J'adresse le télégramme suivant à M. Barrère.

M. Trumbitch est venu m'entretenir d'une proposition qui tendrait à obtenir de nous une déclaration aux termes de laquelle « le peuple yougoslave serait considéré par la France comme une nation alliée ayant le droit de rompre les liens qui l'attachent à l'Autriche-Hongrie et de s'unir à ses frères de race de Serbie et du Monténégro en un État indépendant ». Les troupes de volontaires yougoslaves se trouvant dans l'armée serbe en Macédoine, en Mourmanie, en Russie et en Sibérie seraient assimilées officiellement à des troupes alliées et belligérantes régulièrement en guerre. Le comité présidé par M. Trumbitch serait reconnu comme le représentant et l'organe des intérêts nationaux de l'État yougoslave des Serbes-Croates et Slovènes soumis à l'Autriche-Hongrie, etc... J'ai répondu que notre sympathie pour les compatriotes de M. Trumbitch s'était suffisamment manifestée pour qu'il soit inutile d'affirmer de nouveau notre sentiment sur les revendications yougoslaves. Nous ne sommes certainement pas étrangers à la résolution récemment prise par le cabinet de Rome en ce qui les concerne et à la déclaration qu'il a fait publier à ce sujet. Mais la France ne peut prendre un engagement comme celui qui est demandé par M. Trumbitch sans un accord formel avec les gouvernements alliés et en premier lieu avec le gouvernement italien. Il faut donc que M. Trumbitch fasse les démarches nécessaires et qu'il s'entende également avec le gouvernement serbe s'il veut que sa proposition soit examinée avec des chances d'aboutir. Je n'ai pas dissimulé d'ailleurs, au président du comité yougoslave que sans doute il rencontrerait de grosses difficultés pour avoir l'espoir d'obtenir satisfaction. Il aurait voulu une réponse favorable avant la réunion du Congrès des nationalités qui doit se faire à Paris le 15 de ce mois[1]. Je lui ai dit qu'il aurait tort de compter sur un résultat aussi prompt.

Télégrammes, Londres, Départ, 1918, vol. 3046 (304QONT/3046).

---

[1] Il s'agit du « Congrès des nationalités opprimées par l'Autriche-Hongrie », réuni pour la première fois le 8 avril 1918 à Rome. Il se compose de délégations tchèques, yougoslaves, polonaises et roumaines de Transylvanie. Le 11 octobre 1918, le Congrès adopte une motion en faveur du principe des nationalités contre la politique autrichienne de « mélange » des peuples.

7

M. Gilbert, Ministre de France à Santiago du Chili,
à M. Pichon, Ministre des Affaires étrangères.

T. n° 69.　　　　　　　　　　　　　　*Santiago du Chili, s.d., s.h.*

(Reçu : le 1ᵉʳ octobre 1918, 17 h. 35.)

Dès mon arrivée, nos victoires aidant, j'ai trouvé auprès des hautes personnalités politiques chiliennes un grand désir de voir le Chili revenir officiellement aux buts de guerre de l'Entente. Je les ai encouragées dans cette voie et il vient de se former un groupement important qui a déjà entrepris d'une part de forcer le gouvernement à prendre nettement parti pour les Alliés, d'autre part de créer un mouvement en faveur de l'adoption par le Conseil de la politique préconisée par le président Woodrow Wilson. M. Sanchez de la Huerta interpellant sur l'attitude du gouvernement au sujet des bateaux allemands (voir mon télégramme 67)[1] a été le porte-parole de ce groupe et vient de faire voter dans une importante réunion tenue le 27 une motion tendant à ce qu'une campagne énergique soit entreprise en vue d'une orientation vers l'Entente.

J'ai trouvé jusqu'ici auprès du Ministre, bien qu'il m'ait manifesté une grande affection pour la France, un grand désir de ne pas sortir de la plus stricte neutralité.

CPC, B-Amérique, Chili, 1918-1940, vol. 4 (13CPCOM/4).

8

M. Allizé, Ministre de France à La Haye,
à M. Pichon, Ministre des Affaires étrangères.

D. n° 813.　　　　　　　　　　　　　　*La Haye, 1ᵉʳ octobre 1918.*

a.s. *un programme de propagande directe en Allemagne.*

Au moment où le succès de nos armes amène un changement profond dans la situation intérieure de l'Allemagne et crée même, au sein des populations de l'Empire, un état d'esprit nouveau, il m'a paru utile de rechercher quelles pourraient être les directions générales dont devrait s'inspirer notre service de propagande en vue d'une action directe à exercer en Allemagne, à la fois dans les États confédérés et auprès des masses ouvrières.

---

[1] Dans ce télégramme daté du 29 septembre, Gilbert informe Paris de la saisie par le gouvernement chilien de « quatre vapeurs allemands sur les 33 demeurés intacts après le sabordage du 11 septembre. (…) La saisie d'hier tend à donner satisfaction à l'opinion publique qui est favorable à la saisie totale et à l'utilisation immédiate des navires réfugiés. »

Placée aux portes de l'Empire, dans le voisinage immédiat de la région où sont forgées les armes allemandes, destinée par une longue tradition et par son passé de tolérance à constituer un laboratoire d'idées politiques et religieuses, la Hollande est, parmi les pays neutres qui bordent l'Allemagne, un des mieux situés pour y observer les évolutions de l'opinion publique en Allemagne et les effets des luttes d'influence que se livrent ici les diverses propagandes.

Ce sont les résultats des réflexions et des remarques faites au jour le jour, en observant les efforts de nos ennemis et les nôtres, que j'ai cru opportun de consigner dans la note que j'ai l'honneur d'adresser sous ce pli à Votre Excellente en Lui laissant le soin d'examiner si elle ne pourrait pas être utilement communiquée aux services spéciaux de la propagande contre l'ennemi qui fonctionne au ministère de la Guerre.

NOTE

À la suite de la transformation de l'esprit public en Allemagne, résultat de nos victoires, il semble qu'une propagande rationnelle devrait surtout s'attacher à la Prusse :

1° en facilitant le développement des idées et des sentiments particularistes et séparatistes dans certains États confédérés,

2° en provoquant la diffusion de l'idée démocratique dans les masses ouvrières.

Ce double programme n'est pas contradictoire, car il peut se développer géographiquement et socialement suivant des plans tout à fait distincts. Mais dans les deux cas, ce serait l'État prussien qui serait directement atteint, le réveil du particularisme devant isoler cet État au sein des États confédérés comme la diffusion de l'esprit démocratique isolerait le Junkerisme au sein des masses populaires allemandes.

1.- En ce qui concerne la reprise par la Bavière, la Saxe, peut-être le Wurtemberg d'une plus grande autonomie ce qui équivaudrait à leur « déprussianisation », il a été dit plus haut que la condition nécessaire de ce revirement était notre victoire. Cette condition, si elle était nécessaire, est maintenant amplement suffisante.

Quand la guerre a éclaté, la Prusse, depuis plus de quarante ans, modelait les cerveaux allemands et les domestiquait au culte de la force. Aussi, au mois de juillet 1914, l'élan a-t-il été le même dans tous les États confédérés, sauf en Bavière, où la proclamation de la guerre a été accueillie avec la plus profonde tristesse par la foule siégeant devant le Palais du Roi. Mais, d'une manière générale, les hommes de 20 à 40 ans, c'est-à-dire ayant connu leur plein développement sous l'hégémonie prussienne, qu'ils fussent Bavarois, Saxons, Wurtembergeois ou Badois, se pressaient devant les bureaux où étaient acceptés les engagements et, s'ils étaient refusés dans un des États, ils passaient la frontière de leur petite patrie pour courir la chance d'être engagés par l'administration militaire de l'État confédéré voisin. À ce moment, la Prusse incarnait l'esprit allemand dans toute sa force, le séparatisme n'existait plus et le particularisme, le régionalisme même, disparaissaient chaque jour davantage.

Pendant quatre années de guerre, le sentiment de fidélité du sud pour le nord, de l'ouest pour l'est a été mis à une rude épreuve. Bien des illusions ont été perdues ; le désenchantement est né – puis a surgi, avec les restrictions alimentaires, la sourde rancune du paysan bavarois, badois ou hessois très à l'aise, obligé de partager ses récoltes avec l'Allemand du nord. La gêne alimentaire a dicté, à maintes reprises, aux États confédérés des mesures économiques que la Prusse se refusait à ratifier, en invoquant la solidarité du bloc allemand. Encore une fois, tout cela serait resté un simple phénomène de psychologie sociale sans nos victoires. Aujourd'hui, notre propagande pourrait s'exercer avec succès dans le cadre des États de la Confédération allemande en s'adressant à l'esprit traditionnel, vivace encore dans quelques familles et dans certaines couches rurales exaspérées par les règlements économiques. Il s'agirait dans ce cas d'une propagande politique plutôt que sociale.

2.- Si maintenant nous passons à la seconde partie de ce programme, qui consiste dans la diffusion de l'idée démocratique dans les masses ouvrières, il est à remarquer que c'est le Royaume de Prusse qui compte le plus grand nombre d'ouvriers, puisque ce Royaume comprend les grandes régions industrielles du Rhin, de la Westphalie, de la Silésie et de la Poméranie.

C'est donc à proprement parler dans les États prussiens que nous devrions nous appliquer, surtout, à développer une propagande démocratique qui ferait refluer de l'Elbe à l'Oder et de l'Oder à la Vistule l'esprit « Junker », dernier vestige de la féodalité en Europe. La tâche ainsi limitée serait infiniment moins ardue ; elle serait exposée à moins de vicissitudes et elle donnerait son maximum d'efficacité, puisque nous paralyserions, en même temps que la vie de la capitale, les centres où l'Allemagne forge ses armes. Sans doute, dans ces milieux, le travail d'émancipation est moins avancé que dans d'autres régions ouvrières telle que la Saxe, le Royaume rouge, mais la lassitude est grande et les moyens d'action dont nous disposons paraissent, par suite du voisinage de la frontière hollandaise, plus adaptés aux fins que nous poursuivons.

Encore faut-il, pour réussir dans cette double propagande, que nous nous inspirions de certains principes qui devraient à la fois inspirer notre conduite vis-à-vis des États confédérés (propagande particulariste) et vis-à-vis des masses ouvrières (propagande démocratique). Voici, à ce sujet, quels pourraient être quelques-uns des points sur lesquels notre ligne de conduite pourrait être basée :

A.- La personne de l'Empereur devrait, semble-t-il, être soigneusement laissée de côté par notre propagande afin de se laisser produire librement toutes les réactions que les événements actuels ne pourront que produire sur l'esprit des masses. Attaquer en ce moment la famille Hohenzollern, ce serait nous exposer à lui ramener et à grouper autour d'elle les sympathies de plus en plus défaillantes.

B.- Si nous voulons agir sur les masses ouvrières allemandes, il serait désirable, semble-t-il, que notre propagande non seulement ne leur servit que des faits contrôlés, c'est là une vérité élémentaire, mais aussi qu'elle s'abstint de faire, dans les pays neutres, une propagande qui a eu, peut-être, à une certaine heure, son utilité mais qui, à l'heure présente, déconsidérerait notre action et paralyserait les efforts tentés directement outre-Rhin. On devine que je fais allusion à certaine campagne de propagande tendant à établir que les Allemands confectionnaient de la graisse avec les dépouilles mortelles de leurs soldas, qu'ils contraignaient les femmes allemands à un double mariage en vue de la repopulation de l'Empire, etc. Récemment, il a été raconté que dans le quartier populaire de Berlin, à Moabit, les ouvriers, par démonstration d'antipathie à l'égard de la famille impériale, avaient jeté par les fenêtres les portraits des princes de cette famille qui ornaient leurs demeures.

Ces histoires qui amusent les badauds de la guerre sont malheureusement relevées par la presse allemande de tous les partis, ainsi que l'ont démontré les nombreux articles publiés à ce sujet. Il en résulte une déconsidération de nos moyens d'action. Une haute conscience doit présider à cet apostolat d'outre-Rhin. Les instruments de propagande les mieux venus – tel que le récent pamphlet prêté au Preussenbund « Preussen Hertzen » - éveillent des sentiments dont l'effet est détruit bientôt après en donnant lieu à une réaction dommageable à cette propagande.

C.- Le meilleur moyen de hâter en Allemagne à la fois le retour au particularisme et l'avènement, dans les masses ouvrières, de ce « démocratisme mental » dont parlait le grand Carnot et qui est, au fond, la condition même d'une paix durable serait, semble-t-il, de donner la plus large publicité aux premiers essais de fonctionnement de la Société des Nations. Au fur et à mesure que sont ou que seront créés les organes de cette Société à laquelle les Allemands appartiendront un jour – eux aussi – après l'application des sanctions nécessaires, il conviendrait d'insister sur le caractère d'idéalisme, de générosité, de large solidarité, qui préside à ces créations. Un travail intérieur ne saurait manquer de s'opérer alors dans les esprits allemands. Ainsi les Alliés, en préparant déjà les organes futurs de la paix, contribueraient à fonder cette paix même.

D.- Nous repousserions ainsi le reproche que la propagande allemande ne manquera pas de nous faire à satiété : celui de poursuivre un but égoïste avec l'Alsace-Lorraine et d'être responsables de la durée de la guerre. La concession faite à la Belgique a surtout en vue d'isoler la question d'Alsace et de l'exploiter contre nous. La *Kölnische Zeitung* du 19 de ce mois a déjà entamé cette campagne.

E.- Je ne rappelle enfin ici que pour mémoire ce qui a été dit aux services compétents, au sujet de la nécessité d'imprimer en caractères gothiques nos feuilles de propagande et d'en confier la rédaction à des hommes « pensant en Allemand ». Tout document, qui porte la marque d'une traduction du français en allemand, fût-il d'une correction parfaite, ce qui est rarement le cas, est frappé de stérilité au point de vue de ses effets dans les masses allemandes.

En résumé, s'efforcer d'isoler la Prusse parmi les États confédérés, sans mettre en cause ni la maison de Hohenzollern ni surtout la personne de

Guillaume II, s'efforcer de répandre l'idée démocratique dans les masses ouvrières prussiennes plus spécialement chargées de forger les armes de la guerre ; s'attacher pour réaliser ce double programme à atteindre les milieux traditionnels où ont été conservés en Bavière, en Saxe, en Wurtemberg, les derniers germes du particularisme ; qu'il s'agisse de ces milieux traditionnels, un peu fossiles, ou des grandes masses ouvrières, s'abstenir de toute falsification de documents, répandre autant que possible les témoignages des seuls Allemands, exposer les résultats de nos victoires, les possibilités illimitées de l'aide américaine, le caractère désespéré de la lutte allemande. Enfin, par dessus tout, montrer ce qu'a de hautement idéaliste la conception de l'Univers tel qu'il sortira de la guerre, comment chaque État de l'Allemagne peut y prospérer, hors de la tutelle prussienne, et comment chaque Allemand pourra y respirer librement hors des dernières entraves féodales, appuyer cette démonstration par l'exemple des premiers organismes créés pour le fonctionnement de la Société des Nations.

Avant nos victoires, une pareille propagande aurait présenté un caractère chimérique. Aujourd'hui, elle s'impose après le redressement opéré par les sublimes efforts des armées alliées.

CPC, Z-Europe, Allemagne, 1918-1940, vol. 401 (78CPCOM/401).

9

M. Pichon, Ministre des Affaires étrangères,
À M. Cambon, Ambassadeur de France à Londres.

T. n° 3915.　　　　　　　　　　　　　　　*Paris, 2 octobre 1918, 17 h.*

Chiffré. Très urgent.

Accord franco-anglais relatif à l'administration des territoires occupés de Syrie.

Je réponds à votre télégramme 1149 à 1153[1].

Vous pourrez notifier au gouvernement anglais que le gouvernement français donne son approbation au texte que vous avez élaboré avec le

---

[1] Dans les télégrammes nos 1149 à 1153, Paul Cambon donne le texte que ses partenaires britanniques et lui-même ont établi lors de la réunion du 30 septembre 1918 au Foreign Office sur la question de l'administration des territoires occupés en Syrie. L'ambassadeur soumet à son ministre ce texte dont les principales dispositions sont les suivantes : a) « dans les zones d'intérêt spécial français définies par l'accord anglo-français de 1916 », le commandant en chef, le général Allenby, « reconnaîtra le représentant du gouvernement français comme son conseiller politique », qui « agira comme seul intermédiaire dans les questions politiques et administratives entre le commandant en chef et tout gouvernement arabe ou tous gouvernements arabes, permanent ou provisoire, qui pourrait être institué dans la zone A » ; b) seraient employées « autant que faire se peut les troupes françaises à l'avant-garde au cours des opérations qui se poursuivent dans les régions qui nous intéressent afin de bien marquer la part que nous prenons à une libération » ; c) est émis

Foreign Office pour l'administration des territoires occupés de Syrie et les relations du commandement militaire anglais avec le haut-commissaire français.

En ce qui concerne le projet de déclaration commune à publier sur les principes généraux de la politique des Alliés à l'égard des populations de ces territoires, je désirerais avant d'établir un texte, avoir connaissance du projet qui a dû être préparé par le gouvernement anglais avec la collaboration de M. Picot et de Sir Marc Sykes.

Bien que le gouvernement français partage les idées générales anglaises sur la nécessité de respecter l'administration indigène de territoires arabes que nous venons de libérer de la domination turque, il estime que les termes d'une déclaration visant à l'établissement d'un royaume arabe, ou d'une confédération d'États arabes indépendants doivent être pesés avec soin. Et cela pour deux raisons ; une raison générale, qui est d'éviter toute déception chez nos alliés arabes quand on arrivera à l'application de ces principes, et de ne pas éveiller chez eux des ambitions et des espérances contraires à nos vues d'avenir ; et une raison particulière, qui est de ne pas risquer de placer sous l'influence directe, immédiate ou future, du Roi du Hedjaz et par conséquent des Anglais, la Syrie et les territoires réservés au développement de notre influence et de notre civilisation.

CPC, E-Levant, Syrie-Liban, 1918-1940, vol. 2 (50CPCOM/2).

10

M. Barrère, Ambassadeur de France à Rome,
À M. Pichon, Ministre des Affaires étrangères.

D. n° 462. *Rome, 2 octobre 1918.*

Secret.

Langage tenu par le Pape à Mgr Schiro, prélat de rite grec-uni.

Monsieur le Ministre,

Un informateur m'a rendu compte du langage tenu par le Pape au cours d'une audience accordée par lui à Mgr Schiro, archevêque de rite grec-uni.

J'ai l'honneur de transmettre ci-joint copie d'une note où sont résumées les déclarations de Benoît XV.

le souhait que les deux pays publient « une déclaration commune formulant les principes généraux de la politique des deux alliés vis-à-vis des populations des régions occupées » ; d) cette déclaration « devrait faire ressortir que ni l'un ni l'autre gouvernement n'a la moindre intention d'annexer aucune partie des territoires arabes, mais qu'aux termes de l'accord anglo-français de 1916 tous deux sont décidés à reconnaître et à soutenir un État arabe indépendant ou une confédération d'États arabes et, dans ce but, à prêter leur appui pour obtenir une administration efficace de ces territoires sous l'autorité des chefs et des populations indigènes. »

Veuillez agréer, Monsieur le Ministre, les assurances de ma très haute considération.

NOTE ANNEXÉE A LA DÉPÊCHE (29 septembre 1918)

Le Pape semble avoir renoncé définitivement à toute intromission pour la paix, et se résigne à attendre les événements militaires.

C'est en ce sens qu'il a parlé hier, en recevant en audience privée Mgr Schiro, archevêque de rite grec, qui réside à Rome.

L'archevêque ayant exprimé au Pape le souhait que ses désirs de paix s'accomplissent bientôt, Benoît XV a répondu qu'en effet il désire que la paix soit rendue au monde mais que cela ne dépendait pas de lui. Arbitres de la paix, ajouta-t-il, ce sont les Américains, c'est eux qui décideront quand le moment opportun sera venu, et il faut bien se résigner à attendre que la paix générale puisse se faire. Tout dépend maintenant des événements militaires.

L'archevêque me dit que de sa conversation avec le Pape il semble résulter clairement que Benoît XV ne veut pas intervenir en ce moment.

Le Pape a parlé ensuite à l'archevêque des événements en Orient, et s'est montré très préoccupé au sujet de la situation nouvelle dans laquelle vont se trouver les Églises orientales. Il a ajouté qu'en vue de cela il a créé la nouvelle Congrégation des Églises orientales, qui devra travailler pour obtenir le rapprochement de l'Orient vers Rome, mais pour cela il faut avoir sous la main des prêtres compétents et zélés, et c'est à cela qu'il tend et par la réforme des études du clergé oriental il espère atteindre le but.

Parlant de l'arrivée à Rome de Mgr Papadopoulos, nommé assesseur de la nouvelle Congrégation, le Pape a dit qu'il a rencontré bien des difficultés de la part des Turcs, pour obtenir que le prélat pût quitter Constantinople, parce que le prélat était grec. Après de vaines démarches auprès du gouvernement turc, il a été obligé de faire intervenir directement les empereurs d'Allemagne et d'Autriche.

Les Turcs, dit le Pape, promettaient toujours, mais ils oubliaient ensuite de tenir la promesse.

Le Pape n'a fait aucune allusion à la situation du patriarche latin, Mgr Camassei.

CPC, E-Levant, Turquie, 1918-1940, vol. 108 (51CPCOM/108).

11

M. Cambon, Ambassadeur de France à Londres,
  À M. Barrère, Ambassadeur de France à Rome.

L. *Londres, 3 octobre 1918.*

    Mon cher ami,

    Vos télégrammes me sont communiqués très exactement par le ministère qui n'exprime d'ailleurs aucune opinion du moins dans sa correspondance officielle et qui se borne sans doute à déblatérer contre l'Italie et l'Angleterre dans tous les lieux publics. Cette politique qui consiste à se plaindre de tout le monde sans se rendre compte de ses propres responsabilités a toujours été dans les habitudes du Quai d'Orsay mais depuis quelques mois elle a tourné à la monomanie. Que de fois avons-nous dû intervenir, vous et moi, pour empêcher qu'on usât à l'égard de l'Italie de procédés destinés à nous faire prendre en horreur alors que, tout en jugeant à leur valeur les prétentions et les gémissements de notre voisine, les Anglais se montraient patients et toujours courtois. Il est vrai que les Italiens ne redoutent pas la prépondérance de l'Angleterre dans la Méditerranée tandis qu'ils sont à notre égard d'une jalousie enfantine. Nous leur montrons trop que nous nous en apercevons alors que nous pourrions, sans faire semblant de rien, leur sourire toujours et suivre patiemment et silencieusement une politique qui, le moment venu, remettrait chacun à sa place. Mais une politique ! Cela demande de la résolution et de la clarté d'esprit. Pichon a l'esprit clair et l'intelligence ouverte mais il a perdu la faculté de vouloir, il est paralysé par la peur de Clemenceau et même quand le président du Conseil ne dit rien, il s'en laisse imposer dans le conseil par des bavards imbéciles qui ne savent rien et qui se croient faits pour la politique étrangère.

    De là une incertitude, une crainte des responsabilités qui lui ôtent tout crédit chez les diplomates qu'il reçoit. Quant aux bureaux du Quai d'Orsay ce sont des officines où l'on ne suit aucune affaire avec une idée directrice. On y fait en mauvais français de la littérature sur les sujets les plus variés et l'on se disperse de tous côtés sans jamais arrêter son attention sur ce qui est en question. M. Thiers divisait les hommes en deux catégories : ceux qui savent ce dont il s'agit et ceux qui ne savent pas ce dont il s'agit. Avec les premiers, disait-il, on peut différer d'opinions mais la discussion est possible, avec les autres il n'y a rien à faire. Or à la Direction politique on ne sait jamais ce dont il s'agit. Je ne sais si vous recevez comme j'en reçois ici ces longs télégrammes où il est question de tout, où l'on prescrit des commentaires et des déclarations sur tous les sujets, sur toutes les éventualités, où l'on nous donne des leçons sur la meilleure manière de débiter la peau de l'ours, tout cela dans une langue fumeuse, imprécise, expression d'une pensée amorphe. J'en suis excédé.

    Pour vous donner une idée de l'absence d'idée directrice au Quai d'Orsay, je vous citerai l'exemple de notre politique à l'égard des Yougoslaves. Nous avons encouragé les efforts des Yougoslaves. Nous leur avons promis de seconder leurs aspirations. À Rome, Sonnino toujours imbu de l'idée de reconstituer les possessions de la République de Venise et d'assurer à son pays la maîtrise de l'Adriatique et du bassin oriental de la Méditerranée a essayé de brider ces aspirations. Nous sommes intervenus pour obtenir une attitude favorable à l'égard des populations qui, si elles ne constituent pas un État libre, avec notre concours, obtiendront de l'Autriche une autonomie sous le protectorat de Vienne. Il n'y a pas de milieu. Sonnino a cédé, Orlando plus souple que son ministre des Affaires étrangères a donné les mains à la constitution d'un État slave. Il comprend que pour l'Italie, dans l'avenir, cet État pourra devenir redoutable, que sur la côte de l'Adriatique il se formera peut-être un jour un irrédentisme slave qui jettera les Italiens hors de la Dalmatie, de l'Albanie, et il essaie visiblement de se concilier les Yougoslaves et de les convaincre que c'est à l'Italie seule qu'ils devront leur indépendance.

Sonnino voit le danger et avec son entêtement d'Écossais il a cru qu'il pourrait lutter contre la force des choses. Orlando le voit aussi mais il s'imagine y échapper en créant entre le futur État slave et l'Italie des liens de reconnaissance. Nous savons ce que valent de pareils liens entre les peuples.

En tout cas, notre intérêt évident est de nous réserver à nous-mêmes la gratitude des Slaves, de les appuyer, de nous faire leurs intermédiaires avec le gouvernement italien, leurs avocats à Rome et, sans éveiller les susceptibilités italiennes, sans faire de bruit, sans exposer nos vues dans les journaux ou dans les chambres, de travailler à la constitution d'un grand État slave qui sera notre allié et qui constituera un contrepoids sérieux à l'influence croissante de l'Italie. Or l'autre jour M. Trumbitch vient trouver Pichon pour lui demander la reconnaissance du comité yougoslave comme l'ont obtenue les Tchécoslovaques.

Nous avons encouragé ces gens-là, nous leur avons tout promis, nous devrions leur promettre cette reconnaissance en ce qui nous concerne et notre concours pour l'obtenir des autres gouvernements. Non, Pichon témoigne à Trumbitch de ses sympathies mais lui dit : adressez-vous à Rome.

Est-il rien de plus niais ?

J'en ai fait l'observation dans le post-scriptum d'une dépêche que j'ai adressée hier à Paris[1] mais Pichon lira-t-il mon observation ? S'il la lit, il la trouvera juste mais il ne fera rien. Et comme il y a là une nécessité actuelle, une vue politique claire et nette on ne s'en occupera pas à la direction politique où l'attention ne se porte que sur le pôle nord et le pôle sud.

Mais je n'aurais pas pris la plume pour vous entretenir de toutes ces choses et je ne sais pourquoi je me suis laissé aller à cette trop longue digression.

Dans vos télégrammes vous me paraissez trop impressionné par le battage auquel se livre la presse italienne sous l'influence de M. Nitti à

---

[1] Document non retrouvé.

propos de la journée d'Italie célébrée à Londres le 25 septembre et des discours prononcés par Marconi et *tutti quanti*.

Le 12 juillet dernier, le 13, le 14 nous avons organisé un « France's day » comme nous l'avions fait les années précédentes, service à la cathédrale, musique et détachement de zouaves qui sont venus de France, concerts, banquets, rien n'a manqué. Le succès a été tel que M. Imperiali en a perdu le sommeil et qu'il a réclamé l'organisation d'un « Italy's day » au profit de la Croix-Rouge italienne et une musique militaire. Ce que rapporteront les quêtes italiennes je n'en sais rien, quelques centaines de mille francs peut-être. Le France's day de l'an dernier a rapporté à notre Croix-Rouge 5 millions de francs, celui de cette année, quand les comptes seront clos, nous donnera, je pense, 8 millions. Cela pour vous donner l'étiage des sympathies anglaises pour la France.

Il est vrai qu'en cette affaire les Italiens se souciaient beaucoup moins du succès de leurs quêtes que du parti qu'ils pourraient tirer dans leur presse des manifestations et des discours dont ils feraient grand état.

Il se trouve que Lord Northcliffe, le maître du *Times*, est président de la Croix-Rouge italienne. Vous savez qu'il est ministre de la propagande. Il a donc donné un grand déjeuner où les discours ont été prononcés et où l'on a apporté tous les desiderata de l'Italie, déclarations d'amour à l'Angleterre, célébrations des efforts colossaux de l'armée italienne, demandes d'appui de la part des Alliés, etc. Tout cela a dû donner lieu en Italie à un débordement de publications enthousiastes, mais ici ?

Ici, rien n'est changé. Hier au Foreign Office, Lord Robert Cecil me disait : « L'Italie peut avoir ce qu'elle a et elle doit prendre une offensive. C'est l'opinion de mon office et de tout le monde militaire. »

Quant aux démarches, aux intrigues auxquelles on se livre pour obtenir le concours des Américains, je ne crois pas qu'elles aient beaucoup d'effet. Le Sage de Rome peut s'y prêter, Sir Rennell Rodd pour se faire bien voir des Italiens peut les encourager. Cela ne change rien à l'état de l'opinion anglaise et je ne crois pas que le président Wilson soit disposé à se départir de son attitude du premier jour : c'est au général Foch que la décision appartient.

Or, au moment où Foch travaille les Allemands à coups de bélier, où les Balkans échappent aux Allemands qui ne peuvent penser à une offensive contre l'Italie, la prétention de l'Italie est si insoutenable que le président Wilson ne bougera pas.

Je ne suis donc nullement ému du tapage de Rome. Orlando lui-même n'y croit pas puisqu'il est parti pour le front afin de déterminer le général Diaz à attaquer.

Ce général est, paraît-il, un technicien assez remarquable mais ce n'est pas un homme de guerre, il a peur des Autrichiens.

À Versailles il a dit d'eux à Clemenceau : « Vous ne les connaissez pas, ce sont des lions ! » Clemenceau m'a raconté cela en éclatant de rire et je l'ai raconté à Balfour qui en a fait autant.

Donc de ce côté pas d'inquiétude à concevoir. Mais il y a Nitti. Tout ce qu'il en fait c'est pour amener la chute de Sonnino. J'imagine qu'Orlando ne se soucie pas d'avoir aux Affaires étrangères un homme aussi peu sûr et dont, une fois Sonnino débarqué, l'ambition visera la présidence du Conseil. Je crois donc Sonnino plus solide qu'il ne le croit lui-même, et je suppose que l'histoire de l'interview n'aura pas fortifié Nitti. Qu'il ait plu à Lloyd George c'est possible, cela ne prouve rien, Lloyd George est l'ondoiement fait homme et de lui-même il se dégoûtera de ce Napolitain intempérant.

Ce qu'il y a de plus drôle dans cette affaire de l'Italy's day, c'est qu'Imperiali qui avait organisé la fête, prié et supplié son gouvernement de lui envoyer la musique des carabiniers, n'était pas à Londres le 25 septembre. Il était parti en congé une semaine avant et il a eu la paresse de n'en pas revenir. Alors la colonie italienne fort nombreuse à Londres est soulevée contre lui, son personnel en dit pis que pendre, les Italiens d'ici demandent son rappel. J'espère qu'ils ne l'obtiendront pas car Imperiali n'est au fond qu'un imbécile qui avec ses questions perpétuelles, ses courbettes, ses objurgations et sa mondanité exaspère les gens du gouvernement. Je prie Dieu de me le conserver.

Voilà beaucoup de bavardage que vous me pardonnerez j'espère.

Bien affectueusement à vous.

Papiers d'agents, fonds Barrère, vol. 1 (8PAAP/1).

12

Note   Paris, 4 octobre 1918.

Visite de M. Kihlmann

M. Kilhmann a été reçu par M. Laroche[1].

Il désirait avoir des explications sur une phrase de M. Berthelot relative à la Finlande. Il avait cru comprendre que M. Berthelot avait dit que nous avions reconnu la République finlandaise et que nous réservions notre attitude en présence d'une monarchie. Il trouvait cette phrase contradictoire avec le communiqué des Alliés déclarant qu'ils ne reconnaissaient en Finlande qu'un gouvernement régulièrement constitué et répondant aux vœux du pays. Il se proposait donc d'envoyer à son gouvernement le télégramme suivant :

« Après conversation avec les Affaires étrangères, je crois devoir informer que le gouvernement français qui a reconnu l'indépendance République finlandaise, se réserve de se prononcer sur tout régime monarchique (et ne reconnaîtra aucun prince allemand comme roi de Finlande) ».

---

[1] Jules Laroche, conseiller d'ambassade, est alors sous-directeur d'Europe du ministère des Affaires étrangères.

J'ai dit à M. Kilhmann que je transmettrai sa question à M. Berthelot, mais qu'il me paraissait ne pas avoir bien compris la portée des observations du directeur adjoint des Affaires politiques. Je lui ai rappelé que nous avions reconnu l'indépendance de la Finlande, alors qu'elle n'était constituée qu'en gouvernement purement provisoire et sans forme définitive. Notre intention n'était pas d'intervenir dans les affaires intérieures d'un peuple étranger. Mais nous avions constaté que le mouvement monarchique en Finlande se confondait avec un mouvement germanophile et aboutissait à l'élection d'un prince allemand[1]. Or, nous considérerions comme un acte d'hostilité déclarée le fait de choisir, pendant la guerre actuelle, comme souverain un prince appartenant à une nationalité ennemie de la France. Sur ce point, il ne paraît y avoir aucun doute et la Finlande devait savoir à quoi elle s'exposerait en se livrant à un acte que nous considérerions comme une provocation à notre égard. Je supposais donc que c'était l'expression très nette de ces sentiments qu'il avait dû confondre avec le fait que nous ne reconnaîtrions en Finlande qu'une République. La France ne peut voir qu'avec sympathie le développement des idées démocratiques, mais dans le cas présent, respectant la liberté des peuples, elle tient cependant à bien spécifier que cette liberté ne peut pas être considérée par elle comme intolérable, si elle prend la forme d'une participation à la lutte contre elle. Or le choix d'un prince ennemi signifie qu'on passe à l'ennemi.

CPC, Z-Europe, Finlande, 1918-1940, vol. 16 (88CPCOM/16).

---

[1] La question du trône de Finlande dépend étroitement du contexte militaire du premier semestre 1918, où l'armée allemande, encore loin de la défaite, doit assister la Finlande de Mannerheim à résister aux assauts de la Russie rouge. Après avoir pensé à la candidature d'Oscar, le propre fils de Guillaume II, c'est le prince Friedrich-Karl de Hesse qui est choisi fin août pour prétendre à la couronne du futur royaume.

13

M. Berthelot, Adjoint au Directeur des Affaires politiques et commerciales,
  À M. Cambon, Ambassadeur de France à Londres,
  M. Barrère, Ambassadeur de France à Rome,
  M. Defrance, Ministre de France au Havre,
  M. Jusserand, Ambassadeur de France à Washington,
  M. Dutasta, Ambassadeur de France à Berne,
  M. Dard, Chargé d'Affaires de France à Madrid,
  M. Daeschner, Ministre de France à Lisbonne,
  M. Allizé, Ministre de France à La Haye,
  M. Conty, Ambassadeur de France à Copenhague,
  M. Bapst, Ministre de France à Christiania,
  M. Delavaud, Ministre de France à Stockholm,
  M. de Fontenay, Ministre de France à Corfou,
  M. de Billy, Ministre de France à Athènes,
  M. Noulens, Ambassadeur de France à Arkhangelsk.

T. n°s 3984 ; 2727 ; 330 ; 2194 ; 1706 ; 1171 ; 241 ; *Paris, 4 octobre 1918.*
581 ; 312 ; 446 ; 512 ; 688 ; 484 ; 689.

En présence de l'émotion croissante de l'opinion publique française révoltée des dévastations systématiques de nos provinces par les Allemands et manifestant son sentiment unanime sur la nécessité de ne pas laisser de tels forfaits continuer sans un avertissement solennel, le gouvernement français a lancé par radio à l'opinion universelle la déclaration suivante :

« Le gouvernement allemand n'a pas cessé de proclamer que si jamais il venait à être forcé d'abandonner les territoires français qu'il a occupés, il ne rendrait qu'une terre absolument nue et ravagée.

Cette sauvage menace a été mise à exécution à chacun des replis ennemis, avec une férocité méthodique.

Contraints aujourd'hui à reculer sans arrêt sous la pression inlassable des Alliés, les armées allemandes, pour se venger de leurs défaites continues, s'acharnent plus cruellement encore que précédemment contre les populations, contre les villes et contre la terre même.

Rien n'est épargné aux malheureux habitants de nos provinces arrachés brutalement à leurs demeures et à leur sol, déportés en masse, poussés comme un troupeau de bétail devant les armées allemandes en retraite, ils voient derrière eux piller et détruire leurs maisons et leurs usines, incendier les écoles et les hôpitaux, dynamiter les églises, saccager leurs vergers, et toutes leurs plantations. Enfin ils trouvent villes et villages minés. Les routes semées de machines infernales à explosion savamment retardées pour produire le meurtre en masse des populations revenues à leurs foyers. Le bombardement des hôpitaux vient ajouter à ces forfaits le massacre cynique des blessés.

En présence de ces violations systématiques du droit et de l'humanité, le gouvernement français a l'impérieux devoir d'adresser un avertissement solennel à l'Allemagne et aux États qui l'assistent dans son œuvre monstrueuse de ravages et de dévastations. Des actes aussi contraires aux lois internationales et aux principes mêmes de toute civilisation humaine ne resteront pas impunis.

Le peuple allemand qui participe à ces forfaits en supportera les conséquences. Les auteurs et les ordonnateurs de ces crimes en seront rendus responsables moralement, pénalement et pécuniairement. Vainement ils chercheront à échapper à l'inexorable expiation qui les attend.

Le compte à régler avec eux est ouvert. Il sera soldé. La France est dès à présent en pourparlers avec ses Alliés pour toutes les décisions à prendre ».

Télégrammes, Bruxelles, Départ, 1918, vol. 1240 (304QONT/1240).

14

M. Dutasta, Ambassadeur de France à Berne,
À M. Pichon, Ministre des Affaires étrangères.

T. n° 1533.   *Berne, 5 octobre 1918, 2 h. 25.*

Très urgent.

Agence télégraphique Suisse a reçu de Vienne un télégramme officiel disant que l'Allemagne[1], l'Autriche-Hongrie[2] et la Turquie[3] avaient demandé un armistice en vue de négocier la paix sur la base des quatorze propositions du président Wilson, des quatre points mentionnés dans le discours de février et également sur la base du discours du 27 septembre dernier[4]. J'envoie à votre Excellence cette information qui me parvient à l'instant sous les réserves d'usage.

Télégrammes, Berne, Arrivée, 1918, vol. 887 (304QONT/887).

---

[1] Le gouvernement allemand a en effet envoyé sa demande d'armistice et de paix à l'ambassadeur allemand près le gouvernement suisse le 4 octobre à 1 h. 10. Celle-ci est ensuite transmise aux Suisses qui la font parvenir au gouvernement américain dans la soirée. Voir Pierre Renouvin, *L'armistice de Rethondes*, Paris, Gallimard, 1968, p. 77.

[2] Le gouvernement austro-hongrois a formulé sa demande par l'intermédiaire du gouvernement suédois.

[3] En réalité, le gouvernement ottoman n'a pas encore formulé sa demande à cette date. Celle-ci sera faite en direction du gouvernement britannique et du président Wilson à partir du 12 octobre (par l'intermédiaire du gouvernement espagnol).

[4] Il s'agira au final de tous les discours prononcés par Wilson au cours de l'année 1918 : celui présenté devant le Congrès le 8 janvier 1918, celui du 11 février 1918, le discours de Mount Vernon du 4 juillet 1918 et enfin celui prononcé au Metropolitan Opera de New York le 27 septembre de la même année.

15

M. Dutasta, Ambassadeur de France à Berne,
 À M. Pichon, Ministre des Affaires étrangères.

T. n° 1535.   *Berne, 5 octobre 1918, 7 h.*

Très urgent.   (*Reçu* : 22 h. 15.)

Un de nos informateurs m'a communiqué le texte d'une lettre particulière que le prince Max de Bade, après son discours du 14 décembre 1917, adressa au prince Alexandre de Hohenlohe. Je fais parvenir au Département par le courrier le texte *in extenso* de cette lettre du 12 janvier de cette année que mes collègues anglais et américain ont également en leur possession. Je crois cependant devoir dès maintenant donner connaissance à Votre Excellence de quelques extraits qui éclaircissent singulièrement la mentalité et le caractère du nouveau chancelier de l'Empire. Le Prince résume ainsi l'esprit du discours qu'il a prononcé :

« Certes j'obéis à des convictions intimes en prenant la défense du christianisme et de la conscience humaine. Mais je m'inspire également de considérations pratiques. »

La vanité du libéralisme du Prince peut se mesurer à cette phrase : « les journaux de gauche [...] m'assomment de leurs louanges, quoique cependant j'aie assez nettement stigmatisé le mot d'ordre de la démocratie et toutes les formules des théoriciens politiques y compris celle du parlementarisme. » Plus loin le prince de Bade ajoute : « prendre l'ennemi à la gorge, se moquer de l'attitude de justicier qu'il affecte dans les questions de responsabilité de la guerre et dans celles intéressant la démocratie, était devenu pour moi un véritable besoin. »

La fin de sa lettre mérite surtout de retenir toute notre attention. « Naturellement, moi aussi, écrit le prince de Bade, je souhaite la plus large exploitation politique de nos succès militaires ; moi aussi je suis l'adversaire de la résolution de paix[1], abominable fruit de la peur et de la canicule (jeu de mots) [...][2] Berlin, et je désire que nous obtenions les réparations les plus amples, de quelque forme qu'elles soient pour nous épargner l'appauvrissement après la guerre. Mon point de vue ne coïncide pas, je crois, tout à fait, avec le tien, car je continue à ne pas être partisan que nous disions au sujet de la Belgique plus que nous n'en avons déjà dit. Nos ennemis en savent déjà assez. Nous avons affaire à un adversaire rusé et expérimenté qui est l'Angleterre. Et la Belgique est le seul objet de compensation que nous ayons en mains. Il en serait autrement si les conditions préalables d'une paix solide existaient déjà. Mais ce n'est pas le cas puisque M. Lloyd George et M. Clemenceau ont rompu les ponts ».

Télégrammes, Berne, Arrivée, 1918, vol. 887 (304QONT/887).

---

[1] Il s'agit de la résolution de paix votée par les partis majoritaires au Reichstag (Zentrum, SPD, libéraux) le 19 juillet 1917 appelant à une paix sans annexion ni indemnité.

[2] Lacune de déchiffrement.

16

M. Pichon, Ministre des Affaires étrangères,
  À M. Barrère, Ambassadeur de France à Rome,
  M. Jusserand, Ambassadeur de France à Washington,
  M. Bapst, Chargé d'Affaires de France à Christiania,
  M. Conty, Ambassadeur de France à Copenhague,
  M. Delavaud, Ministre de France à Stockholm,
  M. Allizé, Ministre de France à La Haye,
  M. Cambon, Ambassadeur de France à Londres,
  M. Dard, Ministre de France à Madrid,
  M. Dutasta, Ambassadeur de France à Berne,
  M. Defrance, Ministre de France au Havre.

T. n°s 2747-2749 ; 2213-2215 ; 452-454 ;   Paris, 5 octobre 1918, 22 h. 20.
316-318 ; 519-521 ; 585-587 ; 4006 bis ;
1174 ; 1710 ; 332.

Chiffré.

Conférence des neutres.

Pour Berne, Christiania, Stockholm, Copenhague, La Haye, Madrid.

J'adresse aux ambassadeurs français à Londres, Rome et Washington, le télégramme suivant qui vous servira d'instructions :

Pour tous les postes :

D'accord avec les autres gouvernements scandinaves, le gouvernement suédois, comme vous le savez, a invité les divers gouvernements neutres à une conférence ayant pour objet la défense des intérêts des neutres, et plus spécialement « l'étude de l'état juridique de l'Europe après la guerre ».

J'ai déjà mis en garde nos représentants auprès des gouvernements intéressés contre un projet qui tend à immiscer les neutres dans les futures négociations de paix, et sans doute aussi à leur fournir un prétexte à intervention préalable auprès des belligérants.

Toute manœuvre de ce genre est suspecte d'être encouragée ou inspirée par l'Allemagne, qui désormais, sous le masque du libéralisme, va jouer plus que jamais la comédie de la guerre défensive, et essayer d'apitoyer le sentimentalisme pacifique.

Nous voyons d'ailleurs se produire en même temps chez certains neutres des suggestions ennemies les invitant à offrir leur capitale pour des conversations entre belligérants. Ce rapprochement n'est pas un pur effet du hasard.

Nous ne saurions trop nous défier de tout essai de concert entre les neutres, qui aurait directement ou indirectement pour conséquence d'arrêter dans leur victoire les gouvernements alliés, en les empêchant de faire triompher la justice et la liberté, et d'infliger aux Empires centraux le châtiment mérité par leurs forfaits, qui seul peut les mettre hors d'état de reprendre jamais leur œuvre abominable.

J'apprends à ce propos, de source confidentielle, que le gouvernement suisse a répondu au gouvernement suédois qu'il avait chargé une commission d'étudier les problèmes de l'après-guerre et que les travaux de cette commission ne sont pas assez avancés pour permettre à la Confédération de prendre part à la conférence projetée. Cette réponse est satisfaisante et nous ne pouvons que souhaiter voir les autres États neutres agir de même.

J'invite nos représentants auprès des gouvernements intéressés à les inciter, sans faire état de l'information qui précède, à adopter une attitude analogue à celle de la Suisse, en indiquant nettement que nous verrions avec un vif déplaisir se dessiner la ligue amorcée par la Suède et qui serait considérée par nous comme contraire à une stricte et impartiale neutralité.

Pour tous sauf Le Havre :

Veuillez indiquer au gouvernement auprès duquel vous êtes accrédité tout l'intérêt que nous verrions à l'envoi urgent d'instructions analogues à ses représentants en pays neutres.

Pour Le Havre :

Je prie nos représentants à Londres, Rome et Washington de provoquer l'envoi d'instructions analogues à leurs représentants en pays neutres.

Vous pouvez faire état auprès du gouvernement belge de la substance de cette communication.

Télégrammes, Bruxelles, Départ, 1918, vol. 1240 (304QONT/1240).

17

M. Cambon, Ambassadeur de France à Londres,
  À M. Pichon, Ministre des Affaires étrangères.

T. n° 1192.   *Londres, 6 octobre 1918, 14 h. 50.*

Confidentiel.

La nouvelle d'une démarche d'armistice de l'Allemagne, de l'Autriche et de la Turquie avec proposition d'une conférence dans un pays neutre pour discuter les conditions de la paix, est arrivée à Londres à une heure trop tardive pour qu'il me fût possible de m'en entretenir avec Lord Robert Cecil qui est parti ce matin pour Paris. Je pense que ni lui, ni M. Balfour, n'admettront un armistice qui sauverait l'ennemi d'une défaite certaine et lui permettrait, au cours des négociations de paix, de semer la discorde entre les Alliés. Avec des adversaires comme les Allemands, il faut pousser nos avantages jusqu'au bout. Sir Edouard Grey qui détestait la guerre et ne s'y était résigné que pour obéir à un devoir de conscience a causé souvent avec moi de la façon dont, le moment venu, des négociations pourraient s'engager. À son avis nous devions écarter toute demande d'armistice jusqu'à ce que l'ennemi se fût déclaré prêt à accepter nos conditions de paix. Il est donc nécessaire que les puissances de l'Entente se mettent d'accord sur ces conditions. On a souvent parlé des buts de guerre, on a élaboré des programmes souvent trop ambitieux, mais on ne s'est jamais arrêté à quelques points précis dont l'acceptation par l'ennemi entraînerait tout le reste. Le bruit court que l'Allemagne s'est déjà adressée au président Wilson en se déclarant prête à accepter les quatorze points de sa déclaration du mois de janvier 1918. Il convient d'ajouter les autres points d'une déclaration de février et les cinq points du discours du 27 septembre dernier. Des déclarations soulevant les questions les plus complexes et si l'offre du gouvernement allemand est réelle, il serait opportun de les examiner et de leur donner une forme pratique.

On ne saurait prendre trop de précautions avec le président des États-Unis qui parle peu et qui n'aime pas les paroles inutiles. L'insistance avec laquelle nous sommes revenus avec lui sur certaines questions et notamment sur les affaires de Sibérie, l'a mal disposé.

Avec plus de réserve, nous en aurions obtenu davantage.

Je me permets ces réflexions après des conversations [...]¹ par des Américains qui connaissent bien leur Président.

CPC, A-Paix, 1914-1918, vol. 40 (4CPCOM/40).

18

N. s.n. *Paris, 6 octobre 1918.*

La conclusion d'un armistice comme préface de négociations de paix soulève de graves objections tant du point de vue militaire que du point de vue politique :

1°/ du point de vue militaire : nous avons devant nous une armée que notre offensive continue disloque et démoralise ; si cette offensive ne se ralentit pas, elle continuera à s'affaiblir et à perdre du matériel qu'elle ne peut plus remplacer. Un armistice lui permettrait de se reformer et de se préparer dans des conditions favorables à une nouvelle lutte si les négociations de paix échouaient. Peut-être l'ennemi, menacé d'un désastre total, ne croirait-il pas acheter trop cher un tel avantage au prix des territoires qu'on lui demanderait d'évacuer ;

2°/ du point de vue politique : l'ennemi sera pour négocier, dans une position plus forte s'il conserve son armée intacte derrière ses anciennes frontières, que si, pendant les négociations mêmes, il les voit s'effondrer peu à peu sous les coups répétés des Alliés ; si, pendant l'armistice, les populations opprimées de l'Autriche-Hongrie, envers qui nous avons des obliga-

---

¹ Lacune de déchiffrement.

tions, tentaient de se soulever comme elles y sont prêtes, les puissances centrales seraient protégées par l'armistice des périls d'une guerre intérieure coïncidant avec la guerre et la défaite au dehors. Ou bien ces populations, réduites à la soumission, se considéreraient comme trahies par nous, ou elles n'oseraient même pas bouger et le traité de paix pourrait s'en ressentir.

Pour ces raisons, l'ennemi, <u>même s'il sait qu'il ne peut accepter nos conditions probables de paix</u>, a intérêt à obtenir l'armistice. Et pour ces raisons des négociations <u>sans armistice</u> offriraient moins de danger pour les Alliés, même dans l'hypothèse vraisemblable d'un résultat nul.

CPC, Y-Internationale, 1918-1940, vol. 14 (75CPCOM/14).

19

M. Jusserand, Ambassadeur de France à Washington,
À M. Pichon, Ministre des Affaires étrangères.

T. n° 1404.   *Washington, 7 octobre 1918.*

Urgent, Sir Eric Geddes est venu me voir après avoir déjeuné à la White House. Il m'a dit que le Président ne lui avait pas parlé de la note allemande, mais que comme il l'avait entretenu de la nécessité de renforcer le plus possible l'action navale et de redoubler d'efforts, il en avait naturellement conclu que M. Wilson n'avait nulle intention d'accueillir aucune proposition d'armistice et de paix. Avant le déjeuner, le Premier Lord de l'Amirauté s'était entretenu avec M. Lansing qui lui avait dit estimer quant à lui que le rejet s'imposait.

La note allemande a fait l'objet d'un débat cet après-midi au Sénat et il a été manifeste que la Haute-Assemblée était unanime pour le rejet. Le sénateur Knuth Nelson a eu beaucoup de succès quand il a dit que le soin de répondre devait être confié au maréchal Foch. Grand succès aussi pour les sénateurs Lodge et Poindexter qui ont parlé dans le même sens ; ce dernier insistant avec une énergie passionnée et au milieu des applaudissements pour la restitution de l'Alsace-Lorraine à la France.

Un des sénateurs les mieux renseignés sur l'état d'esprit de l'armée américaine en France me dit que le spectacle de l'état où les Allemands laissent nos villes et plus encore celui des habitants qu'on y retrouve a excité chez les soldats une si violente indignation qu'ils seraient au désespoir d'une paix ailleurs qu'en territoire allemand ; ils voudraient même que ce fut à Berlin.

Papiers d'agents, fonds Jusserand, vol. 51 (93PAAP/51).

20

M. Pichon, Ministre des Affaires étrangères,
 À M. Georges-Picot, Haut-Commissaire français en Palestine,
 M. Cambon, Ambassadeur de France à Londres.

T. n°s 308 ; 4141.   *Paris, 8 octobre 1918, 16 h. 35.*

Chiffré.

Pour Londres seulement : J'adresse à notre haut-commissaire en Palestine le télégramme suivant :

Je réponds à votre télégramme 28[1].

Nos accords avec les Anglais spécifient nettement la situation qui vous est réservée en Syrie et, même si vous rencontrez quelques difficultés dans leur application provisoire, tenant au trouble qu'apportent des opérations militaires auxquelles participent diverses nationalités et des Arabes, la signature britannique sera respectée et les engagements anglais observés.

Une entente précise sur l'exécution des accords dans la phase présente, tendant à l'organisation administrative et aux rapports du commandement militaire anglais, par l'intermédiaire des officiers français avec l'administration indigène, a été arrêtée à Londres : c'est l'absence de M. Lloyd George et de Lord Robert Cecil retenus à Paris par la conférence qui a retardé la signature. Mais ce ne peut être qu'un retard de forme.

L'entrée de l'amiral Varney à Beyrouth et l'enthousiasme de la population vous fournissent le point d'appui nécessaire pour écarter d'accord avec le général Allenby, une prise de possession administrative d'une partie quelconque de la zone bleue française[2] par des représentants hachémites. Sur ce point aucune transaction n'est possible, car c'est une question de fond. Il n'y a pas lieu de discuter, à cet égard avec l'émir Fayçal, mais de le mettre en présence de notre décision, qui ne peut qu'être appuyée par le général Allenby ; s'il marquait la moindre hésitation nous en référerions immédiatement au gouvernement anglais.

Quant au Liban, voyez le Conseil administratif. Il sait que les Alliés ne pensent nullement à diminuer l'autonomie du Liban, et que la France libératrice n'a en vue que sa prospérité et son développement. Nous sommes

---

[1] Dans ce télégramme daté du 5 octobre 1918, Coulondre, un des adjoints de Georges-Picot, annonce que Choucri Pacha accompagné de vingt cavaliers chérifiens est parti dans la nuit pour Beyrouth avec mandat d'assumer le gouvernement de la ville au nom du souverain du Hedjaz et que d'autres gouverneurs auraient été envoyés dans les villes côtières et au Liban. Après une conversation avec le général Clayton au cours de laquelle ce dernier s'est dérobé indiquant qu'il n'était pas autorisé à nommer des gouverneurs, Coulondre indique qu'il a fait demander une audience à l'émir Fayçal afin de l'amener à respecter les engagements pris par son père Hussein, roi du Hedjaz. Il demande l'envoi d'urgence sur la côte d'unités de la division navale de Syrie avec des éléments de débarquement : « Ce geste peut suffire en rassurant les populations pour les amener à se prononcer en notre faveur avant qu'il ne soit trop tard ».

[2] Les accords Sykes-Picot du 16 mai 1916 octroient à la France en administration directe (« zone bleue ») le littoral syrien, le Liban et la Cilicie.

prêts à reconnaître l'autorité du Conseil administratif sur Beyrouth, la Bekaa et Tripoli, si les populations se montrent disposées à adhérer au Liban.

M. Picot est à Paris et ne tardera pas à rejoindre son poste.

Télégrammes, Londres, Départ, 1918, vol. 3048 (304QONT/3048).

21

MARÉCHAL FOCH, COMMANDANT EN CHEF DES ARMÉES ALLIÉES,
    À M. CLEMENCEAU, PRÉSIDENT DU CONSEIL, MINISTRE DE LA GUERRE.

L. n° 4585.   G.Q.G.A., *8 octobre 1918.*

Personnel et secret.

Le développement avantageux de la grande bataille montée par les armées alliées, contre un ennemi désorganisé et en retraite, ne permet d'entrevoir l'arrêt des hostilités, par un armistice, qu'à des conditions qui assurent à la situation que nous fera cet armistice le bénéfice de nos avantages.

C'est dans cet ordre d'idées que je vous adresse la note ci-jointe, pour le cas où il serait question d'arrêter les hostilités, même momentanément.

Note sur les conditions d'un armistice avec l'Allemagne.

Il ne peut être question pour les armées qui opèrent en France et en Belgique d'arrêter les hostilités, sans avoir :

1°) *Libéré les pays envahis* contrairement à tous les droits, Belgique, France, Alsace-Lorraine, Luxembourg, et ramené leurs populations.

L'ennemi devra donc évacuer ces territoires dans un délai de 15 jours et rapatrier immédiatement leurs populations.

1re condition de l'armistice.

2°) *Assuré une base de départ militaire convenable*, nous permettant de poursuivre la guerre jusqu'à la destruction de la force ennemie dans le cas où les négociations de paix n'aboutiraient pas.

Il nous faut pour cela 2 ou 3 têtes de ponts sur le Rhin à hauteur de Rastadt, Strasbourg, Neuf-Brisach (une tête de pont – demi-cercle tracé sur la rive droite avec un rayon de 30 kilomètres et la culée de la rive droite comme centre) ; dans un délai de 15 jours.

2e condition de l'armistice.

3°) *Pris en main les gages des réparations* exigibles pour les dégâts commis en pays alliés, et dont la demande sera présentée lors des négociations du traité de paix.

Pour cela, les pays de la rive gauche du Rhin seront évacués par les troupes ennemies dans un délai de 30 jours ; ils seront occupés et administrés par les troupes alliées de concert avec les autorités locales jusqu'à la signature de la paix.

3ᵉ condition de l'armistice.

En outre, il y a lieu de poser les conditions complémentaires suivantes :

4°) Tout le matériel de guerre et approvisionnements de toute nature qui ne pourront être évacués par les troupes allemandes dans les délais fixés devront être laissés sur place ; il sera interdit de les détruire.

5°) Les unités qui n'auront pas évacué les territoires prescrits dans les délais fixés seront désarmées et faites prisonnières de guerre.

6°) Le matériel de chemin de fer, voie et exploitation, sera laissé sur place, et ne devra être l'objet d'aucune destruction. Tout le matériel belge et français saisi (ou son équivalent numérique) sera immédiatement restitué.

7°) Les installations militaires de toute nature à l'usage des troupes, camps, baraquements, parcs, arsenaux… seront abandonnés intacts, avec interdiction de les emporter ou de les détruire.

8°) Il en sera de même des établissements industriels et ateliers de toute nature.

9°) Les hostilités cesseront 24 heures après le jour où les conditions de l'armistice auront été approuvées par les parties contractantes.

Si ces principes sont adoptés, un texte sera établi pour en régler les conditions d'application.

Papiers d'agents, fonds Pichon, vol. 6 (141PAAP/6).

22

N. n° 3216/1[1]. *Berne, 8 octobre 1918.*

De diverses sources qui remontent il est vrai avant l'arrivée au pouvoir du prince Max de Bade, il résulte que la démoralisation du peuple allemand a marché jusqu'ici à grands pas.

Des déserteurs, de plus en plus nombreux depuis que le Conseil fédéral a officiellement supprimé les mesures spéciales prises au printemps dernier contre ceux-ci[2], sont unanimes à proclamer que la troupe et les officiers mêmes ne croient plus à une victoire possible, que le matériel ennemi est d'une écrasante supériorité et qu'il faut à tout prix finir la guerre avant l'hiver.

---

[1] Il s'agit d'une fiche anonyme de renseignements provenant des services de l'ambassade de Berne.

[2] La décision du Conseil fédéral rapportant les mesures contre les déserteurs a été répandue en Allemagne du sud sous forme de tracts par les soins de l'attaché militaire.

La même note est donnée par les employés des chemins de fer badois que l'agent 306 a interrogés. L'approche de l'hiver, le manque de vivres, la mortalité croissante due aux privations imposées poussent le peuple à réclamer la paix immédiate. Ils signalent en outre que toute l'Allemagne du sud est animée de sentiments hostiles contre la Prusse et le haut commandement. On entend fréquemment maintenant émettre l'idée que l'Allemagne du sud devrait songer à se désolidariser de l'Allemagne du nord.

Quant aux milieux financiers, d'après 209, ils sont peut-être les plus violents contre l'élément militaire. Ils redoutent, si la guerre continue, un mouvement révolutionnaire.

Tout en n'acceptant que sous réserve une pareille opinion, il semble que l'on puisse admettre que l'angoisse et le découragement sont grands surtout dans l'Allemagne du sud. L'arrivée au pouvoir du prince Max de Bade, les nouvelles demandes des gouvernements en faveur d'un armistice sont de nature peut-être à faire prendre patience au peuple allemand pendant quelque temps encore. Mais si les espoirs de paix et de parlementarisme sont encore déçus, il y a tout lieu de croire que le découragement sera rendu encore plus vif par la désillusion ressentie, et, de l'avis de beaucoup de Suisses bien renseignés, il est possible que des troubles intérieurs sérieux puissent s'ensuivre.

CPC, Z-Europe, Allemagne, 1918-1940, vol. 262 (78CPCOM/262).

23

M. Berthelot, Adjoint au Directeur des Affaires politiques et commerciales,
À M. Jusserand, Ambassadeur de France à Washington.

T. n°s 2291-2295. Paris, *9 octobre 1918, 20 h. 50 ; 21 h. 40 ; 22 h. 15.*

Chiffré.

Au cours de la réunion des présidents du Conseil et ministre des Affaires étrangères de France, d'Angleterre et d'Italie[1], il a été décidé, après avoir pris connaissance du texte de la demande adressée par le chancelier allemand et de la réponse du président Wilson, que l'attention du Président des États-Unis serait appelée à *titre secret et privé* sur les considérations contenues dans les deux notes que je vous adresse ci-dessous.

Je vous prie de les communiquer à vos collègues d'Angleterre et d'Italie et d'en donner connaissance en commun au président Wilson dans les conditions indiquées ci-dessus.

---

[1] Il s'agit de la conférence interalliée de Paris ayant eu lieu du 6 au 9 octobre 1918 et réunissant les représentants des gouvernements britannique, français et italien. Cette conférence a évoqué les conditions d'un armistice avec l'Allemagne mais également avec la Turquie dont on attendait une demande éventuelle. Cette conférence fut surtout l'occasion pour les Alliés de réagir au premier échange de notes entre les Allemands et les Américains.

1ʳᵉ Note : « Les gouvernements alliés ont pris connaissance avec le plus grand intérêt de la réponse adressée par M. le président Wilson au Chancelier de l'Empire allemand.

Ils reconnaissent les sentiments élevés qui ont inspiré cette réponse. Se limitant à la question la plus urgente celle de l'armistice, ils pensent comme le président des États-Unis que la condition préliminaire de toute discussion sur cette question est l'évacuation par les ennemis de tous les territoires envahis.

Mais pour la conclusion de l'armistice lui-même ils estiment que cette condition, tout en étant nécessaire, ne serait pas suffisante. Elle n'empêcherait pas les ennemis de tirer avantage d'une suspension d'armes pour se trouver, à l'expiration d'un armistice non suivi de paix, dans une situation militaire meilleure qu'au moment de l'interruption des hostilités. La faculté leur serait laissée de se tirer d'une situation critique, de sauver leur matériel, de reformer leurs unités, de raccourcir leur front, de se retirer sans pertes d'hommes sur des positions nouvelles qu'ils auraient le temps de choisir et de fortifier.

Les conditions d'un armistice ne peuvent être fixées qu'après consultation des experts militaires et selon la situation militaire au moment même où s'engagent les négociations.

Ces considérations ont été fortement exposées par les experts militaires des puissances alliées et particulièrement par le maréchal Foch. Elles intéressent également toutes les armées des gouvernements associés dans la bataille contre les Empires centraux.

Les gouvernements alliés appellent sur elles toute l'attention du président Wilson ».

2ᵉ Note : « Les gouvernements alliés se permettent de faire remarquer au Président que le moment est venu où il peut devenir nécessaire de prendre sans délai au sujet de la guerre des décisions d'une importance suprême. C'est ce qui les conduit à penser qu'il serait d'un grand avantage qu'un représentant américain en possession de l'entière confiance du gouvernement des États-Unis, fût envoyé en Europe pour conférer à l'occasion avec les représentants des autres gouvernements associés, afin de tenir ceux-ci exactement et pleinement informés de la pensée du gouvernement des États-Unis ».

Papiers d'agents, fonds Pichon, vol. 6 (141PAAP/6).

24

M. Berthelot, Adjoint au Directeur des Affaires politiques et commerciales,
À M. Jusserand, Ambassadeur de France à Washington,
M. Cambon, Ambassadeur de France à Londres,
M. Barrère, Ambassadeur de France à Rome,
M. Dutasta, Ambassadeur de France à Berne.

T. n°s 2307 ; 4154 (par courrier) ; 2838 ; 1754.   *Paris, 9 octobre 1918, s.h.*

Chiffré. Confidentiel.

Les Allemands et l'armistice.

Dans une conversation qui a eu lieu chez un ami personnel du ministre d'Allemagne à Copenhague[1], il a été dit que la demande d'armistice a eu surtout pour but de gagner du temps et d'enrayer l'effort menaçant des armées alliées. Il ne saurait être question de rendre à la France l'Alsace-Lorraine, ni de donner à la Pologne la partie polonaise de l'Allemagne. Ces deux articles de proposition Wilson n'entreraient pas en discussion. Le nouveau gouvernement allemand compte sur l'effet produit dans les milieux socialistes alliés pour écarter les dangers actuels, mais il n'est prêt à consentir aucune des concessions qu'il semble promettre, pas plus qu'à renoncer à détruire le nord de la France.

Ces indications sont à rapprocher de celles recueillies par M. Conty auprès du chef de la propagande allemande au Danemark et que je vous ai communiquées.

Télégrammes, Washington, Départ, 1918, vol. 6355 (304QONT/6355).

25

M. Jusserand, Ambassadeur de France à Washington,
À M. Pichon, Ministre des Affaires étrangères.

T. n°s 1414-1415.   *Washington, 9 octobre 1918, s.h.*

Très urgent.

Comme il était facile de le prévoir la réponse du Président à la note allemande[2] est loin de recevoir le même accueil que celle aux premières

---

[1] Il s'agit du comte Ulrich von Brockdorff-Rantzau, futur chef de la délégation allemande à la Conférence de la Paix.

[2] Il s'agit de la note de Wilson du 8 octobre 1918 répondant à la première note allemande. Le président des États-Unis y imposait aux Allemands un véritable questionnaire sur leurs intentions,

propositions autrichiennes, et les réserves seraient encore bien plus marquées, n'était la retenue dans la critique qu'imposent les habitudes américaines lorsque le chef de l'État est en question.

Les interprétations les plus favorables et qui, comme celles du *World* représentent le mieux les idées de la White House attribuent au Président, en tant que mobile principal, le désir de passer aux Allemands au lieu de garder pour lui-même la responsabilité de l'échec de la proposition. Les mêmes commentaires signalent aussi que la troisième question posée au gouvernement impérial a pour objet de séparer le peuple allemand de ses chefs militaristes, idée aventurée, contre laquelle s'élevait publiquement il y a peu de jours le vice-président des États-Unis, mais dont il est toujours demeuré quelque chose dans l'esprit, en particulier, du colonel House.

Beaucoup de journaux et d'hommes politiques expriment le désappointement que leur cause cette entrée en conversation, avec les réponses, contre-réponses, délais et chance de diminution dans l'intensité de l'effort qui risquent d'en résulter.

Plusieurs sénateurs font remarquer que l'évacuation des territoires n'est aucunement pour l'ennemi une pénalité sans contrepartie. Il est déjà obligé par nos armées de la réaliser et s'il la fait par consentement mutuel il s'épargnera des pertes beaucoup plus considérables pour lui que pour chacun de ses ennemis, se retirant en outre derrière des lignes plus courtes et meilleures.

Le sénateur Lodge exprime son profond désappointement de ce que le Président ne s'en soit pas tenu à ses propres déclarations du 27 septembre dernier selon lesquelles « aucune paix par compromis et marchandage » n'était possible avec des empires qui avaient montré à Brest-Litowsk et Bucarest de quoi ils étaient capables, gouvernements sans foi et sans honneur. Le même signale que l'Alsace-Lorraine n'est pas comprise, d'après la formule présidentielle, dans les territoires à évacuer.

Beaucoup de sénateurs insistent sur l'objet indispensable à atteindre, quel qu'en soit le moyen, et qui est une soumission de l'Allemagne sans condition.

Je ne vois pas mentionner une considération qui me semble très importante et que, pour ce motif, j'ai souvent mise en avant dans mes conversations avec le Président, le secrétaire d'État, le colonel House et les principaux personnages américains, et je me propose de continuer, c'est que la politique généreusement libérale suivie par les Alliés vis-à-vis des nationalités opprimées, polonaise, tchèque, yougoslave, etc. nécessite impérieusement un affaiblissement de l'Allemagne la mettant hors d'état de dominer par force, crainte ou corruption, ces pays dont les débuts seront difficiles, et à travers lesquels elle poursuivrait à nouveau la réalisation de ses projets vers l'Orient. Ce qui nous protégera contre ce redoutable danger ne pouvant être la force de ces nations, il faut que ce soit la faiblesse de l'Allemagne.

Papiers d'agents, fonds Jusserand, vol. 51 (93PAAP/51).

leur acceptation des quatorze points comme base de la paix et sur l'identité réelle des auteurs de la démarche de paix.

26

M. Cambon, Ambassadeur de France à Londres,
À M. Pichon, Ministre des Affaires étrangères.

D. n° 740. *Londres, 10 octobre 1918.*
Confidentiel. (*Reçu :* le 12, 8 h.)

Au sujet des conditions économiques de paix du président Wilson (discours du 8 janvier et du 27 septembre 1918).

Monsieur le Ministre,

Les conditions de paix énoncées par le président Wilson dans ses discours du 8 janvier et du 27 septembre derniers, sont d'une rédaction ambiguë. Deux d'entre elles se réfèrent au règlement de la situation économique internationale. J'ai essayé de trouver le sens que leur auteur a voulu leur donner en m'aidant de conversations avec les délégués américains actuellement à Londres. Voici le résultat auquel je suis arrivé et mon interprétation d'une de ces conditions n'est pas exactement celle adoptée par Votre Excellence dans Sa lettre du 7 de ce mois, n° 1993[1].

Les deux conditions économiques de paix sont la troisième des quatorze conditions du 8 janvier et la quatrième des cinq conditions du 27 septembre.

Celle du 8 janvier est rédigée comme suit :

« Il sera procédé, dans la mesure du possible, à la suppression des barrières économiques et à l'établissement de l'égalité des conditions commerciales entre toutes les nations consentant à la paix et s'associant pour la maintenir ».

Quelles sont les barrières qu'il faut supprimer ? Qu'est-ce que cette égalité commerciale qu'il s'agit d'instituer ?

Si on se reportait au programme démocrate, sur lequel le président Wilson fut élu en 1912, on pouvait craindre qu'il ne poursuivît un abaissement général des tarifs de douane. Le texte cité plus haut a, en effet, été interprété par certains Anglais comme une adhésion du président Wilson à la politique du libre échange[2].

Les Américains, que j'ai pu consulter, ne sont pas favorables à cette interprétation. Ils ne croient pas que le président Wilson, très respectueux de l'indépendance des États, veuille restreindre le droit pour chaque nation d'établir les tarifs douaniers qui lui plaisent. Ce qu'il vise, à leur avis, c'est l'égalité de droits commerciaux en tous pays et les barrières qu'il veut renverser sont les lois, conventions, réglementations conférant des privilèges particuliers aux nationaux de chaque État ou aux ressortissants de certains autres États. À pousser la thèse jusqu'au bout, on arriverait au système de

---

[1] Document non retrouvé. En marge : « Voire ! ».
[2] En marge : « Erreur manifeste ».

l'égalité en tous pays des droits commerciaux des nationaux et des étrangers[1].

Comme exemple des réglementations à supprimer, on a donné le régime des colonies françaises, et, en particulier, le monopole de l'intercourse coloniale détenu par le pavillon français.

Des règlements britanniques actuels, les Américains s'accommoderaient volontiers. Mais ils appréhendent les résultats du système préférentiel en voie d'adoption dans l'Empire britannique[2].

Ce que désirent les Américains, c'est la suppression des obstacles que rencontre partout le développement de leur commerce ; et ce serait, sous la poussée des commerçants, banquiers, industriels des États-Unis, que le président Wilson aurait inscrit à son programme de paix le principe de la liberté commerciale[3].

Parmi les barrières à renverser, il faut comprendre les traités de commerce depuis le discours du 27 septembre, dont les troisième et quatrième conditions de paix sont rédigées comme suit :

III. Il ne peut y avoir ni ligues, ni alliances, ni ententes ou traités particuliers dans la famille générale et commune de la Ligue des Nations.

IV. Plus spécialement, il ne peut y avoir dans la Ligue ni combinaisons économiques, particulières et égoïstes, ni emploi d'aucune forme de boycottage ou d'exclusion économiques, sauf en tant que le pouvoir de la punition économique, par l'exclusion des marchés du monde, puisse être dévolu à la Ligue des Nations comme un moyen de discipline et de contrôle[4].

Ces deux déclarations, dont la seconde est le corollaire de la première, signifient qu'une fois la Ligue des Nations organisée, les États n'auront plus le droit de se lier entre eux par des traités bilatéraux, et, en particulier, par des traités de commerce[5].

Quand on étudie l'ensemble des conditions énoncées par lui le 27 septembre dernier, on arrive à cette conclusion que le président Wilson veut organiser les relations internationales sur une base entièrement nouvelle. Les règlements de la Ligue des Nations seront les seules conventions internationales et ces règlements s'appliqueront à tous les États faisant partie de la Ligue. Dans chaque État, tout individu, quelle que soit sa nationalité, jouira des mêmes droits commerciaux[6].

Pour la police des États réunis en ligue, le président Wilson a renoncé à la gendarmerie internationale, et il compte se servir de l'arme économique

---

[1] En marge : « Cela est contraire à nos résolutions d'après-guerre, qui ont motivé la dénonciation de nos accords économiques ».

[2] En marge : « Cela est le résultat des conclusions follement rigoureuses de certaines commissions anglaises ».

[3] En marge : « Je ne crois pas que ce soit sous cette inspiration ».

[4] En marge : « Il ne s'agit pas ici des conventions bilatérales normales mais des coalitions économiques ».

[5] En marge : « Cela me paraît une interprétation difficile à soutenir ».

[6] En marge : « Non, il ne s'agit que d'un code commun ; cela n'empêche pas les contrats particuliers ».

dont il a pris l'idée dans les communications de M. Clémentel[1]. J'ai, en effet, entendu, en octobre dernier, M. le ministre du Commerce expliquer comment l'exclusion des marchés du monde pouvait fournir à la Société des Nations le moyen de coercition nécessaire sur les États ambitieux de conquêtes militaires.

Dans Sa lettre du 7 courant, n° 1993, Votre Excellence exprime l'avis que de la déclaration du président Wilson on pourrait tirer une combinaison qui servit dans les circonstances présentes, c'est-à-dire à des arrangements interalliés pour le contrôle des matières premières[2].

Je ne partage pas ce sentiment. Le Président des États-Unis réserve l'arme économique à la Société des Nations et il me paraît vouloir interdire tout autre usage de cette arme, soit après, soit avant la paix. L'ensemble de son discours du 27 septembre me donne très nettement cette impression. En indiquant à Votre Excellence comment je comprends les conditions commerciales de paix du président Wilson, j'ai voulu lui signaler les divergences qui pouvaient se produire entre nos conceptions économiques et celles des États-Unis[3]. Je crois lui avoir donné des textes américains une interprétation probable, mais je ne puis en garantir l'entière exactitude. La question est si grave et les événements se succèdent si rapidement qu'il me paraîtrait nécessaire de nous enquérir auprès du président Wilson lui-même du sens qu'il convient de donner à ses déclarations. Nous saurions ensuite comment diriger notre action afin de défendre les intérêts de notre pays[4].

Veuillez agréer, Monsieur le Ministre, les assurances de ma très haute considération.

CPC, Y. International, vol. 212 (75CPCOM/212).

27

M. Pichon, Ministre des Affaires étrangères,
    à M. Cambon, ambassadeur de France à Londres.

T. n° 4591.   *Paris, 10 octobre 1918, 22 h. 25.*

Chiffré.

Je réponds à votre télégramme 1266[5].

Le régime auquel, d'après nos accords, sera soumise la Palestine, doit être établi après entente entre les Alliés. Votre déclaration d'autre part ne parle

---

[1] En marge : « Parfait ! ».

[2] En marge : « Nous n'avons pas voulu dire cela ».

[3] En marge : « Essentiel ».

[4] En marge : « Très juste ! Cela me semble devoir être maintenant une des tâches de M. Tardieu ».

[5] Télégramme non retrouvé.

pas de donner aux États ou gouvernements formés sur les territoires libérés du joug ottoman, une souveraineté ni une indépendance politique absolues. Rien ne s'oppose donc à ce que les populations de Palestine puissent aspirer à une autonomie surveillée. Je vais même plus loin, une promesse de ce genre a été implicitement faite aux sionistes quand la France et la Grande-Bretagne ont admis la constitution d'un Home ou Foyer juif en Palestine. Cette autonomie concédée aux Juifs ne pourra pas être sans injustice refusée aux Arabes du pays ni aux communautés chrétiennes. La formule « dans les territoires libérés du joug turc » s'applique donc à la Palestine comme aux autres parties de l'Empire ottoman, dont il importe de soustraire aux exactions et aux procédés arbitraires les populations non turques.

Je vous serai obligé de présenter ces observations à Lord Robert Cecil.

CPC, E-Levant, Palestine, 1918-1940, vol. 11 (49CPCOM/11).

28

M. Jusserand, Ambassadeur de France à Washington,
À M. Pichon, Ministre des Affaires étrangères.

T. n°s 1430-1434. Washington, 10 octobre 1918, s.h.

Extrême urgence. (Reçu : le 11, 14 h. 15 ; 15 h. 15 ; 15 h. 45 ; 19 h. 15.)

L'armistice et la représentation du Président dans nos conseils.

Mes deux collègues ayant bien voulu[1], comme dans plusieurs occasions antérieures, me charger de parler au Président en leur nom en même temps qu'au mien, je viens de lui remettre les deux notes que Votre Excellence m'a transmises sous les numéros 2292 et suivants[2].

Je crois être parvenu à dissiper toute trace du mécontentement dont le secrétaire d'État nous avait fait part à tous trois et que relate mon télégramme 1416[3].

Le Président me l'a expliqué à nouveau, disant que quant à lui il ne considérait pas qu'il y eût aucune chance d'armistice et qu'il serait, dans les circonstances où nous sommes, contraire à nos intérêts certains qu'il y en eût un. Si l'on avait appris ici dans le public que les premiers ministres alliés prévoyaient réellement une suspension d'hostilités et en établissaient les conditions, l'élan se fût ralenti, avec des conséquences qui pourraient être désastreuses. Il a rappelé que ces conditions avaient été élaborées en dehors d'un gouvernement qui a deux millions d'hommes en France[4].

---

[1] Lord Reading et Vincenzo Macchi di Cellere, ambassadeurs du Royaume-Uni et d'Italie à Washington.

[2] Voir document n° 23 du 9 octobre 1918.

[3] Voir note n° 1 du document n° 32 du 11 octobre 1918.

[4] Il s'agit bien évidemment du gouvernement américain et ses 2 millions de Sammies sur le front.

J'ai répondu comme à M. Lansing que ces remarques montraient mieux qu'aucun raisonnement de ma part à quel point étaient fondées les notes que les trois gouvernements lui faisaient remettre. Les questions à débattre vont à la fois se multiplier et devenir de plus en plus graves, il est indispensable qu'un pays prenant à la guerre une part aussi importante ne soit pas représenté à ces conseils par un simple agent d'information, mais bien par quelque personnage connaissant la pensée du Président et en situation de prendre une part réelle aux débats et aux décisions.

Le Président voit de grandes difficultés à agir ainsi, à cause de la distance. Les ministres des autres pays sont sur place ou à proximité, ils sont en contact incessant avec leurs compatriotes. Pour l'Américain, le contact serait vite perdu ; influencé par l'ambiance, il cesserait, pense le Président, de pouvoir donner des avis vraiment américains.

C'est, je le sais, une idée arrêtée chez lui ; il me l'a souvent exprimée.

Je l'ai combattue, disant qu'il ne devait pas être impossible de trouver un homme ayant le savoir et le sens politique nécessaires et jouissant de sa confiance qui pourrait du reste faire périodiquement le voyage et reprendre le contact direct. J'ai même mentionné à titre d'exemple, un ou deux noms que le Président n'a pas écartés.

Mais dans la réalité, une difficulté de plus est que le Président gouverne d'une telle manière qu'il est lui-même tout le gouvernement et qu'il se sent peu incliné à déléguer à un représentant envoyé si loin des pouvoirs qu'il ne laisse pas exercer par ses ministres, à ses côtés.

Je n'en ai que plus insisté sur les motifs militant pour nos demandes, tirant le plus fort du mécontentement même que lui a causé l'élaboration sans entente avec lui de projets auxquels nous ne souhaitions rien tant que de l'associer.

Il m'a promis d'examiner la question sérieusement et je crois qu'il le fera avec bon vouloir.

En lui signalant l'appréciation si élogieuse dont sa réponse était l'objet dans la note des trois gouvernements, je lui ai avoué n'avoir pu, en la lisant, me défendre de la crainte que la porte fût ouverte à des échanges de vues que l'Allemagne ferait traîner, experte comme elle est à agir sur la faiblesse humaine, afin d'émousser les vouloirs. Il m'a assuré de la manière la plus positive qu'il n'en serait rien et qu'il était absolument résolu à l'empêcher, souhaitant un effort continu et grandissant jusqu'à la victoire définitive.

Papiers d'agents, fonds Jusserand, vol. 51 (93PAAP/51).

29

M. Pichon, Ministre des Affaires étrangères,
   À M. Barrère, Ambassadeur de France à Rome,
   M. Cambon, Ambassadeur de France à Londres,
   M. Noulens, Ambassadeur de France à Arkhangelsk,
   M. Jusserand, Ambassadeur de France à Washington,
   M. Dutasta, Ambassadeur de France à Berne,
   M. Dard, Chargé d'Affaires à Madrid,
   M. de Billy, Ministre de France à Athènes,
   M. Defrance, Ministre de France au Havre,
   M. Conty, Ministre de France à Copenhague.

T. nos 2857-2858 ; 4181-4182 ; 731-732 ;   Paris, 10 octobre 1918.
2320-2321 ; 1766-1767 ; 1196-1197 ; 496-497 ;
344-345 ; 337-338.

Chiffré. Secret.

La conférence alliée de Paris a duré du dimanche 6 au mercredi 9 octobre.

Elle a réuni : pour l'Angleterre : MM. Lloyd George, Lord Robert Cecil, Bonar Law ; pour l'Italie : MM. Orlando et Sonnino ; pour la France : MM. Clemenceau et Pichon. Le maréchal Foch a assisté à la dernière réunion.

La principale question examinée a été les conditions éventuelles d'un armistice à accorder à nos ennemis ; si la demande du chancelier allemand au président Wilson devait aboutir à une demande d'armistice aux Alliés. Les ministres ont arrêté un certain nombre de points indispensables. Puis ils ont fait appel au maréchal Foch[1] et au Conseil permanent allié de Versailles[2] qui ont énuméré les conditions d'ordre militaire jugées indispensables par les généraux.

La Conférence a ensuite défini le sens de la réponse préliminaire faite par le président Wilson au chancelier allemand et décidé d'appeler immédiatement l'attention du président des États-Unis, à titre secret et privé, sur deux points : l'évacuation des territoires envahis est une condition nécessaire mais non suffisante et représente un avantage pour l'ennemi dans la situation critique où il se trouve ; l'armistice est une décision d'ordre militaire dont les conditions ne peuvent être fixées qu'après consultation des experts militaires et selon la situation militaire du moment exact où il se pose.

Une seconde question essentielle a été étudiée, celle des conditions éventuelles d'un armistice de la Turquie, certaines démarches de Rahmi Bey ayant donné l'impression que le gouvernement turc pourrait être modifié et une demande précise présentée à l'amiral anglais ou au général Allenby.

---

[1] Voir document n° 21 du 8 octobre 1918.

[2] Voir document n° 95 du 28 octobre 1918.

Il a été arrêté qu'il ne pourrait s'agir pour le moment d'une paix séparée, mais uniquement d'un armistice (comme dans le cas de la Bulgarie).

Pour hâter la capitulation turque, M. Lloyd George a proposé une opération sur Constantinople, cette idée a été prise en considération et mise à l'étude ; elle devrait s'exécuter par une armée composée de troupes en majorité anglaises, en partie françaises, italiennes, serbes et grecques, sous la direction d'un général anglais, lequel resterait sous le haut commandement français du général Franchet d'Espèrey. Il a été également précisé à cette occasion que le général commandant les armées d'Orient, regrouperait autant que possible les armées nationales, pour ne pas trop en morceler et mêler les unités.

Le Congrès des nationalités[1] qui devait avoir lieu le 15 octobre a été remis au 15 novembre, en raison de l'importance des événements actuels et de l'inconvénient de réunir les nationalités opprimées en ce moment, ce qui risquerait de fausser le sens du Congrès et de mêler des questions d'ordre différent.

On a également décidé d'écarter l'idée de la représentation constante de la Belgique au Conseil militaire permanent de Versailles : elle sera appelée à se faire représenter pour toutes les questions l'intéressant.

De même la demande du gouvernement grec de participer à toute discussion de paix séparée de Turquie ou Bulgarie et de toutes conditions d'armistice de ces puissances a été éludée, la question d'une paix séparée ne se posant pas et les conditions d'armistice étant d'ordre purement militaire.

Télégrammes, Washington, Départ, 1918, vol. 6355 (304QONT/6355).

30

M. Legrand, Chef du Cabinet du Ministre des Affaires étrangères,
À M. Barrère, Ambassadeur de France à Rome.

L. *Paris, 10 octobre 1918.*

Monsieur l'ambassadeur,

Les événements vont si vite qu'ils distancent tout ce qu'on peut écrire, ce qui est vrai aujourd'hui étant toujours dépassé par ce qui sera vrai demain. En vous remerciant de votre dernière lettre et de l'affectueuse pensée que vous donnez à ma pauvre famille chassée de son foyer, je veux vous dire quelques mots des conférences qui viennent de se tenir ici et qui se sont closes hier soir avec le départ d'Orlando et de Lloyd George. Sonnino est encore chez le ministre à l'heure qu'il est et repart ce soir. Il semble bien

---

[1] Le précédent « Congrès des nationalités opprimées » d'Autriche-Hongrie avait eu lieu en avril 1918 à Rome.

que tous les grands hommes se soient réunis une fois de plus sans programme et sans préparation. On a causé de tout et de rien ; on a cependant envisagé les hypothèses les plus diverses – armistice turc, autrichien, allemand. On a fixé quelques idées au petit bonheur pour les diverses éventualités qui pourraient se produire. En principe, tout cela n'a pas été purement oiseux, ne fût-ce que par ce que cela a permis à tout le monde de montrer un coin de son jeu. Je pense que vous serez tenu au courant, je ne dis pas des décisions prises, car une réunion de ce genre n'en prend jamais, mais à tout le moins des conversations tenues. On a entre-temps mis le président Wilson en garde contre les dangers d'une conversation avec le Boche et d'un armistice qui permettrait à l'ennemi de souffler, de se refaire et de recommencer la guerre sur de nouveaux frais et avec des effectifs reposés. Au fond et plus que jamais la parole reste au canon et nos poilus continuent leur besogne avec enthousiasme. Je ne vous apprendrai rien en vous disant que l'inertie italienne a fait ici dans tous les milieux le plus déplorable effet. Les prétextes qu'on donne à Rome pour rester l'arme au pied sont ou bien faux et attirent le démenti brutal, ou misérables et ne trompent personne. Je crois que les entretiens de Padoue entre Diaz et Nitti n'ont pas accru les intentions combattives du *commando supremo*. D'autre part ce que vous nous apprenez des démonstrations publiques *pro pace* qui se déroulent dans toutes les grandes villes d'Italie est tout aussi lamentable. Ce peuple qui n'était pas mûr pour la guerre est mûr pour la paix. Je me demande par quel philtre on arrivera encore à le galvaniser suffisamment pour lui remettre les armes à la main. Il y a bien le philtre américain : mais nul ici ne songe à l'employer, tout au moins à la dose massive que désirerait Orlando. Votre rôle au milieu de ce laisser-aller populaire ne doit pas être facile ni agréable. Je dois vous dire que dans les conférences d'ici Orlando n'a pas fait une impression foudroyante. Sonnino a été l'homme judicieux et obstiné que vous connaissez, mais très supérieur à son président du Conseil. Je viens de remettre au ministre une lettre de vous qu'on m'apporte à l'instant. Il me fait télégraphier aujourd'hui au sujet des réunions du conseil supérieur, mais le temps lui manque pour vous écrire comme il le voudrait. Vous vous faites facilement une idée de ce que peut être sa vie en ce moment, et par contrecoup un peu la nôtre à son cabinet. Ne m'en veuillez donc pas d'être un si médiocre correspondant.

Les nouvelles militaires sont toujours excellentes : le Boche dégoûté s'en va, mais il s'en va en brûlant et en dévastant tout. Ma malheureuse ville natale ne sera plus que le souvenir d'une ville quand je la reverrai. Ma famille a été évacuée sur Mons ; je ne sais si l'ennemi continuera à pousser les habitants des régions envahies jusqu'en Allemagne. Triste sort que le leur ! Et bien des gens me font rire qui ici, les coudes sur la table, se plaignent de la guerre !

Au revoir, monsieur l'ambassadeur, je vous prie de me croire toujours votre affectionné et cher ami.

Papiers d'agents, fonds Barrère, vol. 3 (8PAAP/3).

31

M. Pichon, Ministre des Affaires étrangères,
à M. Jusserand, Ambassadeur de France à Washington.

T. n° 2322.   Paris, 11 octobre 1918, 9 h. 30.
Chiffré.

Je réponds à votre télégramme 1369[1].

Vous me demandez si j'approuve votre réponse au colonel House au sujet du lieu où le Congrès de la paix pourrait être tenu en France, Fontainebleau ou Versailles.

Le moment n'est pas encore venu de poser cette question précise.

Bien entendu, en raison du rôle joué par la France à tous les moments de la guerre et de sa position au centre de la coalition, j'estime que c'est en France que se dérouleront les négociations de paix.

Télégrammes, Washington, Départ, 1918, vol. 6355 (304QONT/6355).

32

M. Pichon, Ministre des Affaires étrangères,
à M. Jusserand, Ambassadeur de France à Washington,
M. Cambon, Ambassadeur de France à Londres,
M. Barrère, Ambassadeur de France à Rome.

T. n°s 2331-2336 ; 4235-4240 ; 2891-2896. Paris, 11 octobre 1918, 15 h. 15.
Chiffré.   (Reçu : 16 h. 30.)

Pour Londres et Rome seulement. J'adresse à M. Jusserand le télégramme suivant :

Pour tous les postes. Je réponds à vos télégrammes 1416[2] et suivants :

L'impression éprouvée par le président Wilson montre, comme vous le lui avez fort bien indiqué, l'inconvénient d'agir chacun de son côté, sans se consulter, et les malentendus qui risquent d'en résulter.

---

[1] Le 6 octobre 1918, Jusserand demandait à Pichon s'il « avait bien voulu approuver une réponse au colonel House sur le lieu où un congrès de la paix pourrait être tenu en France. »

[2] Dans ses télégrammes n°s 1416 à 1420 reçus les 10 et 11 octobre 1918 au Quai d'Orsay, Jusserand relate un déjeuner à l'issue duquel Robert Lansing, secrétaire d'État américain, vint lui exprimer l'insatisfaction de Wilson à la suite de la décision des chefs de gouvernement alliés de demander à leurs conseillers militaires de préparer les conditions d'un armistice avec l'Allemagne. Wilson tint à marquer le fait qu'il était pour l'instant le seul interlocuteur des Allemands. Jusserand dut défendre la position française auprès de Lansing en indiquant que les Alliés avaient justement été laissés à l'écart de toutes ces conversations et qu'ils avaient donc anticipé une consultation

Bien que vous soyez en possession de mes télégrammes d'avant-hier et d'hier, qui vous ont informé et vous ont permis de renseigner le Président sur nos dispositions qui sont aussi fermes que les siennes peuvent l'être, je n'estime pas inutile de revenir sur ce qui s'est passé pour dissiper l'impression que vous me signalez chez M. Wilson.

Les ministres alliés s'étaient réunis à Paris le 6 octobre, sur la demande de M. Lloyd George, pour examiner entre eux les développements possibles de la capitulation bulgare, en particulier à l'égard de la Turquie.

C'est là qu'ils ont appris la demande adressée par le chancelier allemand au président Wilson (qualifiée de demande d'<u>armistice</u>, mais qui était bien plutôt une demande de <u>médiation</u> auprès des Alliés pour en obtenir un armistice). Tout naturellement les ministres sachant par les informations militaires la situation chaque jour plus critique des troupes allemandes sur le front occidental et la grave répercussion intérieure de la capitulation bulgare avec toutes les conséquences qu'elle entraîne, ont examiné, pour ne pas être pris au dépourvu, l'éventualité où, à la suite de l'initiative allemande, une demande directe d'armistice viendrait à être adressée par l'Allemagne par la seule voie normale, qui est celle des chefs des armées en présence.

Au moment où les Alliés conféraient entre eux, attendant la réponse du président Wilson et les communications qu'il pourrait leur adresser, ils ont eu la surprise de voir le président américain répondre directement au chancelier allemand sans aucun échange de vues avec nous, qui n'étions tenus au courant que par la voie de la presse.

Évidemment la situation ne pouvait s'interpréter que de la manière suivante : l'Allemagne s'adressait au président Wilson pour lui demander son intervention auprès des Alliés en vue d'obtenir un armistice préliminaire de négociations de paix ; le Président, avant de saisir de cette demande les Alliés, a voulu obtenir de l'Allemagne certaines précisions. Quant aux Alliés ils n'étaient saisis de rien par personne et n'avaient qu'à attendre d'être questionnés à leur tour par l'intermédiaire choisi par l'Allemagne pour faire connaître leur propre sentiment.

Telle était l'interprétation unanime française mais tel n'a pas été le sentiment des ministres anglais et italiens qui se montraient inquiets de pouvoir être engagés en fait par la réponse du président Wilson sans avoir été mis à même de donner leur avis dans une question qui les intéresse si directement et profondément : le caractère public de la demande allemande et de la réponse américaine leur paraissait de nature à créer une situation de fait contre laquelle les Alliés auraient pu se trouver hors d'état de réagir.

C'est pour tenir compte de cet état d'esprit que la conférence a décidé de vous charger d'attirer l'attention du président Wilson sur deux points préliminaires essentiels :

américaine. Jusserand indiqua ainsi la nécessité de la présence d'un représentant américain lors de ces conférences interalliées. L'ambassadeur français demanda également à son ministre d'être tenu plus régulièrement au courant des discussions en question. La fin du télégramme évoque la situation à Petrograd.

1°) l'avantage que l'ennemi tirerait de pouvoir évacuer en toute liberté et sans pertes les territoires dont les armées alliées le chassent actuellement en lui infligeant les pertes les plus graves, en hommes, en matériel, et en désorganisant ses unités ;

2°) le caractère purement militaire d'un armistice dont les conditions qui dépendent de la situation militaire au moment où la demande se produit, ne peuvent être fixées que par les experts militaires.

L'inquiétude éprouvée par nos Alliés, de même que le mécontentement du président Wilson ne résultent que d'un malentendu et proviennent du même état d'esprit à Washington et à Paris : la nécessité de tirer tous les fruits de notre victoire chaque jour plus décisive pour assurer la paix du monde ainsi que la somme de justice et de liberté compatibles avec les conditions humaines.

Je ne puis que me réjouir de ce qui vient de se produire si le président Wilson en tire comme nous-mêmes la conclusion qu'il est nécessaire d'assurer et de maintenir entre nous un contact plus fréquent et plus direct.

Le gouvernement tient à vous remercier de l'attitude que vous avez prise dans cette circonstance, des réponses que vous avez faites à M. Lansing et, d'une façon générale, de tous les services que vous rendez.

Télégrammes, Washington, Départ, 1918, vol. 6355 (304QONT/6355).

33

M. Pichon, Ministre des Affaires étrangères,
    À M. Delavaud, Ministre de France à Stockholm,
    M. Noulens, Ambassadeur de France à Arkhangelsk,
    M. Jusserand, Ambassadeur de France à Washington,
    M. Bapst, Ministre de France à Christiania,
    M. Conty, Ambassadeur de France à Copenhague,
    M. Cambon, Ambassadeur de France à Londres,
    M. Barrère, Ambassadeur de France à Rome,
    M. Dutasta, Ambassadeur de France à Berne,
    M. Raynaud, Consul de France à Helsingfors.

T. n°s 550-551 ; 738-739 ; 2362-2363 ; 485-486 ; 333-334 (par courrier : 4259 ; 2909 ; 786).
    Paris, 11 octobre 1918, 22 h.

Chiffré.

Situation en Finlande.

Pour tous sauf Stockholm : J'adresse le télégramme suivant au consul de France à Helsingfors :

Pour Stockholm : Veuillez transmettre à M. Raynaud le télégramme suivant qui vous servira en même temps d'instructions :

Pour tous les postes : L'élection d'un prince allemand au trône de Finlande, qui dénote chez les Finlandais une étrange méconnaissance de la situation internationale, range la Finlande parmi les États ayant pris parti en faveur des Puissances centrales.

En reconnaissant la Finlande[1], le Gouvernement de la République a voulu témoigner son intérêt à la réalisation des aspirations nationales d'un peuple qui avait conservé longtemps en fait, sous le régime russe, son autonomie et sa personnalité. Mais l'appui ainsi donné à la jeune République ne peut évidemment être continué à un pays se résignant à n'être qu'une annexe de l'Allemagne, désireuse de compenser sa défaite irrémédiable à l'ouest en plaçant sous son influence les pays naguère englobés dans l'Empire russe.

Vous ne dissimulerez donc pas aux autorités finlandaises que la reconnaissance qui avait été accordée par nous au Gouvernement provisoire ne s'applique nullement *ipso facto* à un régime nouveau, établi au mépris des règles constitutionnelles, par un véritable coup d'État. Il est à peine besoin d'ajouter qu'en aucune hypothèse nous n'aurions reconnu une monarchie ayant pour chef un prince originaire d'un État en guerre avec la France.

C'est dans ce sens que je me suis exprimé avec le délégué finlandais à Paris, qui télégraphiera sans doute à son gouvernement que l'élection d'un prince allemand entraînera la rupture des relations officieuses existant avec la France.

Il est évident que nous ne pouvons conserver aucune relation d'ordre diplomatique avec un pays dirigé par un prince allemand. Ce n'est qu'à l'abri du caractère consulaire de vos fonctions que vous pourrez continuer à exercer en fait la protection de nos nationaux et à faciliter le rapatriement de nos compatriotes demeurés en Russie.

Télégrammes, Londres, Départ, 1918, vol. 3048 (304QONT/3048).

34

M. Pichon, Ministre des Affaires étrangères,
À. M. Dutasta, Ambassadeur de France à Berne.

T. n° 1784.   *Paris, 11 octobre 1918, 22 h. 50.*

Chiffré.

Polonais de Suisse

M. Haguenin a signalé au Département qu'il a reçu des offres de service de certains Polonais résidant en Suisse, sans attaches avec le Comité national ou peu favorables à celui-ci.

---

[1] La République française reconnaît dès le 4 janvier 1918 l'indépendance de la Finlande, proclamée le 4 décembre 1917. Paris a ici renoncé au credo de l'indivisibilité de l'empire russe au profit de la constitution d'un pôle de stabilité au nord de cet espace, et afin de contrecarrer la potentielle influence allemande.

Nous avons reconnu le Comité national polonais et lui avons accordé des droits qui en font une manière de gouvernement de fait[1] : il représente les trois groupements politiques les plus importants de Pologne et des colonies polonaises de Russie et d'Amérique qui seuls poursuivent une politique nettement ententophile[2].

Le Comité national polonais doit donc être notre seul <u>collaborateur</u> en matière de politique polonaise et nous devons lui faire toute confiance.

Il ne s'ensuit pas que nous devions fermer l'oreille aux renseignements qui nous sont apportés par d'autres Polonais ; au contraire, nous pouvons y trouver des sources d'informations intéressantes, même pour le Comité. Mais ces relations avec les dissidents ne doivent en aucun cas comporter une <u>collaboration</u> quelconque avec eux ni en donner l'impression ; elles doivent être confiées à des agents français avertis des questions polonaises. Ils se borneront à écouter avec prudence les confidences qui leur sont apportées et même à les provoquer, en témoignant d'une grande sympathie pour la cause polonaise et en insistant sur la nécessité d'une union de tous les partis et d'une politique absolument nette aux côtés de l'Entente.

CPC, Z-Europe, Pologne, 1918-1940, vol. 66 (106CPCOM/66).

35

M. JUSSERAND, AMBASSADEUR DE FRANCE À WASHINGTON,
À M. PICHON, MINISTRE DES AFFAIRES ÉTRANGÈRES.

T. n°s 1435-1436.   *Washington, s.d., s.h.*

Extrême urgence.   (Reçu : le 12 octobre 1918, 10 h.)

Suite à mon télégramme n° 1434[3].

Sur la question même des conditions de l'armistice, le Président m'a nettement indiqué que le retrait des troupes n'était pas plus dans sa pensée que dans la nôtre, une […][4] [suffisante] pour qu'une trêve fût accordée ; c'est seulement une condition à remplir afin qu'on puisse *parler armistice* ; mais quant à *l'accord* il va de soi, m'a-t-il dit, que les chefs militaires sont seuls compétents pour en déterminer les modalités.

J'ai gardé de l'entretien (qui a duré plus d'une heure) l'impression que des graves malentendus avaient failli se produire alors qu'au fond on était

---

[1] Le Comité national polonais, fondé le 15 août 1917 à Lausanne par Roman Dmowski et Erasme Piltz, est reconnu dès le 20 septembre suivant par la République française en tant que gouvernement légitime de la Pologne. La Grande-Bretagne et les États-Unis attendront 1918 pour faire de même.

[2] Le parti national-démocrate polonais de Roman Dmowski, le parti de « la politique réaliste » d'Érasme Piltz et le Central Relief Polish Committee du pianiste Ignacy Jan Paderewski alors aux États-Unis.

[3] Voir document n° 28 du 10 octobre 1918.

[4] Lacune de déchiffrement.

d'accord. On souhaite des deux côtés la victoire absolue et la paix imposée, mais chacun semble avoir cru ou craint que l'autre parti pourrait songer à une intempestive cessation d'hostilités. J'ai fait remarquer au Président que la simple énumération des conditions arrêtées à Versailles (et que je ne connais du reste que par ce que m'en a dit M. Lansing) eût dû montrer que nous ne songions quant à nous à rien de pareil, car l'acceptation par l'Allemagne [de] telles obligations équivaudrait à la capitulation qui est l'objet de tous nos efforts et à laquelle elle n'est certainement pas disposée à se soumettre encore.

J'ai aussi rappelé [que les] dernières et pressantes demandes du maréchal Foch pour des envois de troupes les plus considérables possible, pour une période prolongée, eût pu suffire à montrer à quoi de notre côté nous étions prêts.

Télégrammes, Washington, Arrivée, 1918, vol. 6206 (304QONT/6206).

36

M. Jusserand, Ambassadeur de France à Washington,
à M. Pichon, Ministre des Affaires étrangères.

T. n°s 1438-1440.   Washington, s.d., s.h.

Extrême urgence.   (*Reçu* : le 12 octobre 1918, 8 h. ; 12 h. 15.)

Caractère de l'entretien a été très amical ; le Président l'a fait durer, et ces circonstances confirment qu'il ne doit plus rien rester de l'amertume signalée par le secrétaire d'État (voir mon télégramme n° 1416[1]).

L'ambassade britannique avait par bonheur reçu le texte complet des notes que même maintenant les télégrammes du Ministère ne m'ont pas encore apporté tout entier. Il serait bon de vérifier ce qui s'est passé au départ. J'ai pu ainsi demander au Président une audience immédiate, ce qui a épargné un [grand] retard car il s'absente pour plusieurs jours.

Sur un point ou deux, il m'a fait des confidences [qu'il aurait] sans doute gardées pour lui au cas démarche à trois et qu'il convient en conséquence que nous gardions pour nous.

Je lui ai rappelé que ses 14 propositions ne cadraient plus avec la situation actuelle telle que leur acceptation en bloc ne saurait plus suffire : l'existence de l'Autriche y est maintenue ; une association *générale* des Nations y est envisagée, ce qu'exclut son discours du 27 septembre si étrangement accepté par le chancelier allemand (qui ne doit pas en avoir eu le vrai texte, pense le Président) etc. Nous avons passé en revue ces conditions. Sur la liberté des [mers], le Président a dit : voilà un article qui ne plaira pas aux Anglais. Cela dépend, répondis-je, de la manière dont vous l'entendez.

---

[1] Voir note n° 1 du document n° 32 du 10 octobre 1918.

[Je le] comprends, dit-il, en ce sens que désormais la propriété, ennemie ou non, doit être pour tout soumise au même régime sur mer que sur terre : on peut la séquestrer non se l'approprier. C'est la thèse traditionnelle des États-Unis.

J'ai [répliqué] que personnellement j'étais de cet avis et n' [étais] pas le seul en France.

Mais il faudra davantage, a ajouté le président Wilson ; il est inadmissible qu'il puisse dépendre d'un seul, à l'avenir, d'exercer sur les mers une telle domination que les droits des neutres soient réduits à rien ou presque. Il ajouta ces graves paroles : Si les Allemands [ne nous] avaient pas contraints à la guerre, nous aurions fini par l'avoir [avec] l'Angleterre. Cette indication est pour information de Votre Excellence Seule.

Le Président était allé beaucoup moins loin dans un entretien antérieur dont j'avais rendu compte par mon télégramme 32 du 8 janvier dernier[1].

Télégrammes, Washington, Arrivée, 1918, vol. 6206 (304QONT/6206).

37

M. Barrère, Ambassadeur de France à Rome,
    à M. Pichon, Ministre des Affaires étrangères.

T. n° 2328.   *Rome, 12 octobre 1918.*

Secret.   (*Reçu par courrier.*)

Situation en Allemagne.

De source secrète et sûre.

Le nonce apostolique à Munich a télégraphié que la situation en Allemagne était des plus graves.

Au Vatican on a l'impression que si cette puissance ne se conforme pas aux exigences du président Wilson, la révolution peut y éclater d'un moment à l'autre. On croit cependant qu'elle n'acceptera pas d'évacuer tous les territoires que ces troupes occupent.

Pour l'Autriche, on éprouve les plus vives appréhensions. En raison des bruits qui circulent sur le séparatisme en Hongrie, on craint la disparition de l'Autriche. Quelques-uns pensent que, à cause de la situation intérieure,

---

[1] Dans ce télégramme reçu par le Quai d'Orsay le 9 janvier 1918 à 20 h., Jusserand évoque effectivement une discussion avec le président Wilson relative au point 2 du discours des 14 points prononcé quelques heures plus tôt. La liberté des mers y était entendue selon Wilson comme le respect absolu de la propriété privée sur les océans. En cas de guerre, il serait interdit de « détruire des navires de commerce, même ennemis », ils pourraient seulement être arraisonnés. Des « arrangements internationaux » auraient lieu après la guerre pour régler notamment la question du blocus.

de la famine, de l'état sanitaire, celle-ci ne pourra différer longtemps sa reddition et qu'elle cherchera son salut dans une adhésion à tous les points des messages de M. Wilson, en se séparant de l'Allemagne.

CPC, Z-Europe, Allemagne, 1918-1940, vol. 262 (78CPCOM/262).

38

M. CAMBON, AMBASSADEUR DE FRANCE À LONDRES,
À M. PICHON, MINISTRE DES AFFAIRES ÉTRANGÈRES.

D. n° 755. Londres, 12 octobre 1918.

L'Angleterre et les atrocités allemandes.

Monsieur le Ministre,

La nouvelle du torpillage du paquebot *Leinster*, qui portait la malle irlandaise, s'est répandue hier dans Londres et y a causé une émotion considérable. Le chiffre élevé des victimes, les circonstances de l'attentat, ont frappé les esprits.

Ce matin toute la presse rapproche ce crime des pillages et des incendies du nord de la France et comme le président Wilson elle demande au prince de Bade : « Qui représentez-vous ? ».

Hier, à un banquet offert à des journalistes américains, M. Balfour, dont les jugements se distinguent cependant par une extrême modération, déclarait, en faisant allusion au torpillage : « Les Allemands étaient des brutes au début de la guerre et j'estime qu'ils n'ont pas changé... On aurait pu croire qu'après l'appel à l'Amérique, pour échapper au châtiment, ils se seraient abstenus de nouveaux crimes... et comment croire que des atrocités de ce genre puissent être commises pendant des années par une caste, si ces militaires ne se sentent pas soutenus par l'assentiment de tout un peuple... On demeure confondu devant de pareilles aberrations ».

Les Allemands ne pouvaient en effet commettre de plus lourde erreur vis-à-vis des Anglo-Saxons que ces nouveaux crimes, dont le récit accompagne chaque jour dans les journaux le détail de leurs embarras intérieurs et de leurs espoirs d'une paix transactionnelle. Les Anglais se sentent de plus en plus assurés de la victoire et le vieux fond implacable de la race reparaît.

L'autre jour, le bateau qui ramenait M. Kahn en Angleterre, transportait également M. Havelock Wilson. Le président du Syndicat des gens de mer est, comme le sait Votre Excellence, le représentant le plus passionné des sentiments de haine contre l'Allemagne. Il fut l'objet d'une ovation formidable à Folkestone.

Hier, la Ligne navale réclamait Heligoland. Les Dominions considèrent déjà les colonies allemandes voisines comme annexées à l'Empire britannique. Chaque jour paraissent dans les journaux des lettres de plus en plus nombreuses, qui réclament la pendaison des commandants des sous-marins ennemis et une prochaine mise en jugement des princes germaniques.

La semaine dernière, un grand publiciste me disait : « Si l'Allemagne est hors d'état de nous indemniser, la Westphalie n'est pas bien loin. On peut l'occuper. Ses réserves en charbon nous paieront ». Ce matin, une lettre au *Times* de Frédéric Harrisson, le fils du disciple d'Auguste Comte, et lui-même positiviste et directeur de l'*English Review*, déclarait : « Le problème se pose ainsi : Sans nous abaisser, marquer au fer rouge, dans les consciences ennemies le sentiment de leurs crimes. Il y a un moyen de nous tirer d'affaire. En dehors du jugement qui se prépare pour les chefs dynastiques et militaires allemands, occupons Berlin, Cologne, Essen, Hambourg, le Canal de Kiel, Vienne, Budapest… pendant au moins un an et plus si c'est nécessaire. Les Allemands comprendront alors que la guerre est une mauvaise opération ».

On peut sourire de pareils propos. Ils n'en ont pas moins une certaine valeur. Le cabinet Lloyd George est de plus en plus un gouvernement d'opinion. S'il fait des élections, la nouvelle Chambre des Communes peut très bien comprendre, à côté d'un groupe pacifiste fortement accru, un parti libéral, nouveau style, dont le principal programme sera de faire durement expier à l'Allemagne les horreurs qu'elle a infligées au monde civilisé.

Veuillez agréer, Monsieur le Ministre, les assurances de ma très haute considération.

CPC, A-Paix, 1914-1918, vol. 64 (4CPCOM/64).

39

N.s.n. *Paris, 12 octobre 1918.*

a.s. visite de M. Venizélos accompagné du ministre de Grèce M. Romanos.

En l'absence de M. Pichon appelé par M. Clemenceau, les deux ministres grecs ont été reçus à la Direction politique à 9 h. 1/2.

M. Venizélos a exprimé le vif désir qu'il aurait eu de voir M. le président du Conseil et M. Pichon ; il espère encore que le ministre des Affaires étrangères sera revenu assez tôt ce soir pour qu'il puisse le rencontrer avant ou après son audience du président de la République (qui a lieu à 6 heures du soir). Le président du Conseil grec partira à 10 heures ce soir pour Londres.

M. Venizélos s'est informé de la situation militaire et diplomatique. Le directeur politique par *interim* lui a donné les excellentes nouvelles militaires du front français, ainsi que les renseignements multiples que nous possédons sur l'affaiblissement du moral allemand à l'intérieur. Il a fait allusion à l'échange caractéristique de demandes inquiètes et des réponses angoissées entre l'État-major allemand et les attachés militaires allemands dans les pays neutres.

Au point de vue diplomatique, M. Berthelot a rectifié les impressions d'inquiétude de M. Venizélos quant à l'attitude et aux intentions présumées du président Wilson ; il a expliqué que l'état d'esprit de ce dernier concorde malgré les apparences avec celui des Alliés qui poursuivront jusqu'au bout leur victoire pour lui faire porter tous ses fruits légitimes ; ni l'un ni l'autre ne sont disposés à tomber dans le piège allemand, et à permettre à l'armée allemande de se retirer librement avec son matériel, de sauver ses unités disloquées qui fondent dans la bataille, et de reprendre haleine sur des positions rétrécies et fortifiées, en mettant en avant une fausse démocratisation de l'Allemagne et un désir de rentrer dans la Société des Nations en esquivant les responsabilités et le châtiment qui l'attend.

Notre programme commun est la victoire complète et la paix imposée.

Le président du Conseil grec a alors exprimé ses appréhensions et celles de l'opinion publique grecque, qui pense qu'après l'échec de la demande générale d'armistice des Empires centraux et de la Turquie, cette dernière puissance demandera la paix. Les conditions de cette paix ne risquent-elles pas d'affecter profondément les intérêts de la Grèce ?

Quelle ne serait pas l'émotion de la Grèce si elle voyait par exemple, à la faveur d'une occupation des ports ottomans par les Alliés, la flotte italienne embossée devant Smyrne. Il ne faut pas oublier qu'en dehors des 300.000 Grecs qui ont fui l'Asie mineure au cours de la guerre, il reste environ 2 millions et demi de Grecs de toutes conditions dans cette région de l'Empire turc. Qu'on le veuille ou non, l'action italienne dans la mer Égée et la Méditerranée orientale est en opposition directe avec le légitime et le libre développement de la Grèce, qui possède des intérêts si immensément supérieures.

M. Berthelot a répondu que M. Venizélos devait se rassurer, car M. Clemenceau comme le président Wilson sont d'accord pour estimer qu'il ne peut être question de paix séparée, pas plus pour la Turquie que pour la Bulgarie.

Si la Turquie demande un armistice, les conditions lui seront posées ; mais il s'agit d'une question militaire, relevant des chefs des armées et des flottes. Ces conditions ne tendront évidemment qu'à assurer la sécurité absolue et la liberté d'action des troupes alliées.

Elles seront d'ordre militaire, de caractère provisoire, et ne préjugeront pas des conditions de la paix, qui ne seront examinées qu'au moment de la paix générale, où tous les problèmes seront examinés d'ensemble en raison de leur réaction les unes sur les autres.

L'opinion grecque connaît de longue date les sentiments du président du Conseil français pour l'hellénisme, son culte pour l'admirable passé de la Grèce, son amitié pour M. Venizélos.

Elle ne doit pas s'inquiéter et ne peut pas perdre de vue que le commandement des Armées alliées d'Orient est français et que le commandement maritime dans la Méditerranée est également français.

M. Venizélos s'est alors déclaré un peu réconforté et a demandé si en dehors des offres de Ráhmi bey, dont il a eu connaissance, il n'y a pas eu d'autres démarches provenant plus directement du gouvernement ottoman.

Il lui a été répondu que nous n'avions connaissance que des démarches de Ráhmi bey inféodé aux jeunes Turcs, gouverneur de Smyrne, en relation de longue date avec les Anglais, qui avait cherché le contact de ceux-ci et s'était en réalité proposé pour faire une révolution à Constantinople en s'appuyant sur des conditions de paix acceptables pour la Turquie qu'il aurait obtenues des Alliés et dont il aurait été l'intermédiaire.

Mais, d'accord avec les Alliés, les Anglais ont très correctement répondu ; 1° qu'il ne pourrait s'agir de paix séparée, mais seulement d'armistice ; 2° que les conditions suggérées par Ráhmi Bey, étaient inacceptables ; 3° qu'elles ne pouvaient d'ailleurs être examinées que si préalablement le gouvernement (jeune turc) était renversé et si c'était au nom du gouvernement turc qu'elles étaient officiellement présentées.

M. Venizélos s'est retiré en renouvelant l'espoir de voir ce soir M. Pichon et le vif regret de n'avoir pu conférer avec M. Clemenceau, dont il connaît les sentiments pour la Grèce, avant d'aller à Londres.

CPZ, Z-Europe, Grèce, 1918-1940, vol. 70 (93CPCOM/70).

40

M. Cambon, Ambassadeur de France à Londres,
  à M. Pichon, Ministre des Affaires étrangères.

T. n° 1222. *Londres, s.d., s.h.*

Très urgent. Secret. *(Reçu : le 13 octobre 1918, 13 h. 35.)*

L'acceptation par le gouvernement allemand des conditions de paix du président Wilson est une manœuvre habile et perfide. Ces conditions sont si peu précises qu'il est possible d'en tirer des conclusions très différentes sur les points les plus essentiels : colonies, Autriche-Hongrie, Turquie, régime économique, etc... Réunir une conférence sur un programme aussi vague, c'est exposer les Alliés à la désunion et la conférence à un échec dont sortirait peut-être une nouvelle guerre. Ce grave danger devrait être signalé au président Wilson. Pour y pallier, les Alliés devraient immédiatement se concerter en vue d'adopter une interprétation commune des conditions américaines. Cette interprétation serait communiquée au président des États-Unis dont les conditions aussi précisées et acceptées par les Alliés offriraient des bases solides aux négociations de la paix. L'interprétation des conditions américaines ne peut être fixée que par les chefs des gouvernements alliés que M. le président du Conseil et Votre Excellence jugeront sans doute utile de convoquer d'urgence à Paris.

CPC, A-Paix, 1914-1918, vol. 40 (4CPCOM/40).

41

M. Pichon, Ministre des Affaires étrangères,
  À M. Cambon, Ambassadeur de France à Londres,
  M. Jusserand, Ambassadeur de France à Washington,
  M. de la Bégassière, Chargé d'Affaires à Tokyo,
  M. Regnault, Ambassadeur de France à Tokyo,
  M. Boppe, Ambassadeur de France à Pékin,
  M. Noulens, Ambassadeur de France à Arkhangelsk,
  M. Barrère, Ambassadeur de France à Rome.

T. n° 4305-4307 ; 2393-2395 ; 572-574 ;   *Paris, 13 octobre 1918, 14 h. 45.*
65-67 ; 496-498 ; 744-746 ; 2532-34.

Chiffré.

a.s. gouvernement d'Oufa.

Le gouvernement français a reçu de M. Maklakov communication d'un télégramme détaillé.

Pour Londres, Washington, Rome : que je vous envoie en clair.

Pour Tokyo, Arkhangelsk : dont vous connaissez sans doute les termes, par lequel le Comité des cinq directeurs d'Oufa expose son programme gouvernemental pour la restauration d'un Gouvernement provisoire de la Russie tout entière et conclut par une demande de reconnaissance de la part des Alliés.

Ce programme, satisfaisant au point de vue des principes, est cependant l'œuvre de théoriciens dont le degré d'influence politique et les moyens d'action sur les populations sont mal connus. Certains des membres comme Tchaïkovski et Vologodski sont éloignés d'Oufa et leurs remplaçants désignés n'ont qu'une autorité plus réduite encore. En tout cas la demande de reconnaissance formulée par le Directoire d'Oufa oblige les Alliés à se concerter entre eux pour ne faire au président Avksentiev ni réponse isolée ni réponse en désaccord.

C'est l'avis réfléchi du gouvernement français que la reconnaissance ne peut en l'état être accordée à ce Directoire constitué sur un point relativement peu important de la Russie et qui ne représente qu'une autorité limitée. Agir autrement serait aller à l'encontre de la politique nettement proclamée en toute circonstance que les Alliés n'interviendront pas dans la politique intérieure russe, et ne pousseront pas à l'accession au pouvoir d'un parti ou d'un gouvernement provisoire contre les autres.

Nous devons cependant entrer en contact immédiat avec les hommes de bonne volonté qui ont réussi, sans appui extérieur, à constituer un premier embryon de centralisation gouvernementale, s'inspirant de principes généraux, comprenant la représentation d'un grand nombre de partis ou groupements ethniques et économiques et ayant réussi à se coaliser avec les gouvernements provisoires d'Arkhangelsk et d'Omsk (comme ce dernier a réussi à absorber les combinaisons divergentes de Vladivostok et de Kharbine).

Les Alliés doivent donc aider le Directoire d'Oufa matériellement et moralement, l'appuyer de leurs conseils et avant tout lui fournir une assistance financière appropriée, enfin, lui faire comprendre que c'est par des actes qu'il démontre en fait qu'il est un gouvernement véritable, jouissant de la stabilité nécessaire, et qu'il s'acheminera ainsi vers la reconnaissance par les Alliés. Pour cela et en dehors de notre appui financier, le Directoire d'Oufa doit chercher à développer ses ressources par le rétablissement de l'impôt et réaliser le plan militaire élaboré à Omsk et Oufa par le général Ivanov et par le général Boldyrev pour la réorganisation d'une armée russe. L'envoi de chiffres qui lui a été fait par le ministre russe à Pékin lui permettra d'entrer en communication avec les agents diplomatiques russes à l'étranger, qui eux-mêmes ne doivent pas pousser à la reconnaissance dans le simple but d'avoir une situation régulière. Quant aux Alliés, ils doivent se tenir en contact sur place dès maintenant auprès du Directoire par des agents de l'ordre consulaire qui pourront surveiller de près les actes de ce dernier, le guider de leurs conseils et nous tenir au courant du développement des événements en prenant nos directions.

Si le gouvernement anglais (américain, japonais, italien) partage ce sentiment, le télégramme ci-dessus serait adressé à Oufa dans le plus bref délai pour ne pas laisser sans réponse les déclarations du Directoire.

« Les gouvernements alliés ont reçu communication des télégrammes adressés par le Directoire d'Oufa aux ambassadeurs de Russie à l'étranger, faisant connaître le programme politique arrêté aux conférences d'Oufa pour la restauration de l'État russe[1].

Les principes sur lesquels le Directoire entend appuyer sa politique sont la reconnaissance des alliances et des traités de la Russie et la coopération avec les Alliés contre l'Allemagne.

---

[1] La conférence d'Oufa s'est tenue à partir du 8 septembre 1918 dans la cité sibérienne afin de trouver un compromis entre tous les gouvernements « blancs » de Russie. Le gouvernement provisoire panrusse unifie les forces antibolchéviques ; à sa tête on place le 23 septembre un directoire de cinq hommes, parfois dénommé « directoire d'Oufa ». Daté du 2 octobre et signé par le président du Directoire Avksentiev, le télégramme du gouvernement d'Oufa aux ambassadeurs étrangers sur son organisation informe les Alliés « qu'il se considère comme successeur du pouvoir du Gouvernement provisoire de l'an 1917 ; son premier devoir est la reconstitution de l'État russe ruiné par les bolcheviks (...) » et livre la liste des cinq membres du Directoire. La septième page (sur huit) intéresse tout particulièrement l'Entente : « Le Gouvernement russe provisoire qui exprime la vraie volonté du peuple russe continuera la lutte contre la coalition germanique en union avec les puissances alliées, et proclame l'annulation du traité de Brest[-Litovsk] et de tous les autres traités internationaux conclus après la révolution de février 1917, soit au nom de la Russie, soit au nom de ses provinces par n'importe quel gouvernement, sauf le Gouvernement provisoire russe. »

Les gouvernements alliés sont heureux de saluer pour la Russie l'aube des temps nouveaux grâce au rétablissement d'une force militaire disciplinée permettant la restauration de l'ordre. Ils se tiendront volontiers en contact avec le Directoire d'Oufa par la désignation d'agents chargés de suivre avec sympathie et de faciliter de toutes manières les travaux du Directoire jusqu'au moment où ce dernier par le succès de son action, la fermeté de ses actes et le consentement librement exprimé des populations pourra recevoir la consécration de la reconnaissance officielle.

Les Alliés pénétrés du désir de venir en aide à la Russie et de travailler en commun avec les dirigeants à la restauration de l'État ne manqueront pas d'accorder en toute confiance au Directoire l'appui moral dont il peut avoir besoin ainsi que toute l'assistance matérielle en leur pouvoir ».

Télégrammes, Washington, Départ, 1918, vol. 6355 (304QONT/6355).

42

M. Barrère, Ambassadeur de France à Rome,
à M. Pichon, Ministre des Affaires étrangères.

T. n°s 2332-2333.　　　　　　　　　*Rome, 13 octobre 1918, 21 h. 30.*

Secret.　　　　　　　　　　　　　　　　(*Reçu* : le 14, 17 h.)

Concernant vos télégrammes 2851[1] et suivants.

Si le malentendu entre les Alliés et M. Wilson n'a pas d'autre cause que la crainte de ce dernier de voir faiblir l'action militaire des armées alors que le contraire est exactement la vérité, il n'y a que demi-mal. Quant à la menace déguisée du Président de rappeler les troupes américaines de la bataille si l'on se permet de ne pas penser et agir comme lui (alors) qu'il se réserve dans les circonstances les plus graves d'agir tout seul, il n'y a vraiment pas à prendre au tragique une pareille énormité.

Tout autocrate intégral qu'il soit, le président des États-Unis sait que son pouvoir n'irait pas jusque-là. Sa manière particulière de comprendre la coopération avec les grands Alliés n'en sera pas moins pour eux dans le cours des événements la cause de graves soucis. Il faudra s'en accommoder et s'appliquer à lui faire comprendre des vérités élémentaires. Il semble difficile à ce propos que le Président américain ne soit pas impressionné du fait que les Alliés sont unanimes à juger que la forme de sa réponse aux ouvertures germaniques peut leur susciter les plus sérieux embarras.

L'Allemagne est dans des souliers si étroits, ses armées sont tellement (battues), elle est tellement dominée par la crainte de voir son territoire

---

[1] Ce télégramme n° 2851 envoyé de Paris le 11 octobre est en réalité la reproduction du télégramme n° 1556 envoyé par Dutasta, ambassadeur à Berne, le 9 octobre à 11 h. 40. L'ambassadeur français y relate une discussion avec son collègue espagnol sur l'état de l'Allemagne, jugé « très grave » tant du point de vue militaire que social.

envahi qu'on peut se demander si elle ne va pas accepter le programme Wilson. C'est un danger contre lequel il est urgent de se prémunir. Déjà l'on a fait courir ici aujourd'hui dans les milieux officieux le bruit que cette adaptation était un fait accompli. Il faudrait à tout prix interrompre la conversation, car il ne faut pas se dissimuler que la manœuvre allemande qui consisterait à tout promettre et à ne rien tenir aurait un retentissement très grand, outre que les partis pacifistes y trouveraient de nouvelles forces pour combattre la continuation de la guerre.

CPC, A-Paix, 1914-1918, vol. 40 (4CPCOM/40).

43

M. Pichon, Ministre des Affaires étrangères,
 À M. Barrère, Ambassadeur de France à Rome.
 M. Cambon, Ambassadeur de France à Londres.

T. n°s 2945-2952 ; 4418-4420.   *Paris, 13 octobre 1918, 23 h.*

Chiffré. Secret.

a.s. roi de Monténégro.

Le roi de Monténégro a adressé successivement deux lettres personnelles au ministre de France accrédité auprès de lui, pour exprimer, de la manière la plus pressante, d'abord son désir de se rapprocher le plus possible de son pays, puis de se rendre parmi les armées alliées opérant près du Monténégro. Il déclare que son devoir l'appelle auprès de ses sujets, que sa présence à proximité de son royaume surexcitera leur enthousiasme et pourra aussi *couper court à certaines intrigues.*

Il faut entendre par là, que le roi, qui sait que son attitude équivoque dans l'affaire du Mont Lovcen[1], et aussi les souvenirs de son attitude despotique pendant les années qui ont précédé la guerre, lui ont aliéné une grande partie de ses sujets, veut profiter de la présence des troupes alliées pour imposer à nouveau son autorité et se livrer peut-être à des représailles, comme il l'a laissé entendre à ses familiers.

D'autre part, l'approche des troupes alliées provoquera sans doute au Monténégro un soulèvement général dirigé contre les Autrichiens, mais aussi peut-être orienté vers la fusion avec la Serbie, ou l'adhésion au futur État yougoslave. Le roi est également opposé à l'une ou l'autre de ces hypothèses et s'emploiera vraisemblablement à les écarter l'une et l'autre en recherchant probablement l'aide de l'Italie ou même de l'Autriche.

---

[1] Il s'agit de la conquête relativement rapide, selon les Français, du Mont Lovcen par les Autrichiens en janvier 1916.

La situation des Alliés est délicate. Ils ne peuvent favoriser le détrônement d'un roi reconnu par eux et qui, quelle qu'ait été son attitude en 1916[1], a combattu à leurs côtés au début de la guerre.

Ils ne sauraient d'autre part se solidariser avec une politique purement dynastique et qui tendrait à combattre la libre expression du sentiment populaire, surtout si ce sentiment, inspiré par la haine de l'Autriche, tend à la réalisation d'un État yougoslave.

Dans ces conditions, il paraît en premier lieu désirable d'empêcher le roi de se rendre sur la rive orientale de l'Adriatique et de pénétrer dans son royaume, avant que les troupes alliées n'en aient chassé définitivement l'ennemi. La gêne qu'apporteraient au commandement la présence et les intrigues d'un souverain qui ne peut jouer de rôle au point de vue militaire, suffit à justifier une pareille attitude.

Je vous serai obligé d'entretenir d'urgence mais avec toute la discrétion que comporte un pareil sujet, le gouvernement royal des projets du roi Nicolas et du caractère inopportun que nous leur attribuons.

Si, au surplus, le roi veut simplement se rendre en Italie, il en est naturellement libre ; mais la responsabilité du gouvernement italien pourrait se trouver engagée, s'il paraissait donner une sorte de patronage à l'action antiserbe à laquelle se livrera sans doute cet hôte embarrassant.

J'aurais intérêt à connaître, dans le plus bref délai possible, le résultat de vos conversations sur ce sujet, car le roi, qui réclame impatiemment une réponse immédiate à son projet de voyage menace de partir à l'improviste.

Télégrammes, Londres, Départ, 1918, vol. 3049 (304QONT/3049).

44

M. Pichon, Ministre des Affaires étrangères,
    À Lord Derby, Ambassadeur du Royaume-Uni à Paris.

N. *Paris, 13 octobre 1918.*

Son Excellence l'ambassadeur d'Angleterre a bien voulu faire connaître à M. Pichon que le gouvernement anglais estime nécessaire de communiquer sans délai au président des États-Unis les conditions convenues à la Conférence des premiers ministres alliés pour la conclusion d'un armistice avec la Turquie. Lord Derby exprime le désir de connaître à cet égard le sentiment du gouvernement français.

---

[1] Le 10 janvier 1916, le Monténégro doit capituler et son souverain, Nicolas Ier, quitte le royaume pour l'Italie, puis la France : il installe son gouvernement en exil à Lyon, puis à Bordeaux et enfin à Neuilly-sur-Seine. Le roi doit affronter la dissidence d'un ancien ministre devenu antimonarchiste, Andrija Radovic : il fonde en avril 1917 le Comité monténégrin pour l'union nationale qui vise le rattachement du Monténégro à la Serbie.

Le ministre des Affaires étrangères a l'honneur de porter à la connaissance de l'ambassadeur d'Angleterre que le gouvernement français partage le sentiment du gouvernement britannique quant à l'opportunité de la communication suggérée.

Il estime, d'ailleurs, qu'il convient que cette communication soit faite au président des États-Unis dans la même forme que les communications précédentes, c'est-à-dire par l'ambassadeur de France, doyen des ambassadeurs alliés à Washington, parlant au nom des gouvernements alliés.

M. Jusserand, en remettant le texte des conditions de l'armistice éventuel à accorder à la Turquie, dirait au président Wilson qu'en présence de la rapidité des événements et de l'éventualité peut-être imminente d'une demande d'armistice de la Turquie, les ministres alliés réunis à Paris avaient jugé opportun de profiter de leur réunion pour arrêter en commun le texte des conditions d'armistice à imposer à la Turquie, afin d'éviter toute perte de temps et toute discussion entre eux à distance. Ces conditions ne sont bien entendu que des conditions d'armistice ; il en a été exclu avec soin ce qui regarde les conditions mêmes de la paix, dont la discussion en commun a été réservée comme pour la Bulgarie, pour le règlement général de la paix dont les problèmes réagissent les uns sur les autres.

Le gouvernement des États-Unis ne se trouvant pas en état de guerre avec la Turquie, le président Wilson dont la haute autorité morale est unanimement respectée, ne saurait prendre ombrage de l'examen par les experts militaires et navals des conditions d'un armistice, opération de l'ordre militaire, sur lesquelles ils se sont trouvés unanimes et qui n'engagent pas le règlement final.

M. Pichon, pour éviter tout retard, met télégraphiquement au courant M. Jusserand, lui communique le texte des conditions de l'armistice turc envisagé et lui enverra l'instruction de faire la démarche d'accord avec ses collègues, dès que le gouvernement britannique aura fait connaître au gouvernement de la République qu'il est d'accord sur la procédure et sur le fond.

CPC, A-Paix, 1914-1918, vol. 163 (4CPCOM/163).

45

M. Cambon, Ambassadeur de France à Londres,
à M. Pichon, Ministre des Affaires étrangères.

T. n° 1231. Londres, 14 octobre 1918, 10 h. 22.

Très confidentiel.

Réponse à votre télégramme n° 4295[1].

J'ai communiqué à M. Balfour les intéressantes informations de notre ambassadeur à Berne sur l'état des choses en Turquie. Il est possible que les Allemands réussissent à empêcher le ministère Tewfik de se constituer, mais s'il n'y parvient pas, il est certain que Tewfik Pacha demandera l'armistice et l'ouverture de pourparlers de paix. Nous nous sommes entretenus, à titre privé, avec le secrétaire d'État des Affaires étrangères des conditions de cette paix et nous avons échangé nos vues personnelles. Nous pensons l'un et l'autre que Constantinople doit rester à la Turquie. La Russie est hors de cause et les engagements que nous avons pu prendre à son égard n'existent plus[2]. Soumettre une ville de quinze cent mille âmes dont l'immense majorité est turque à un régime international est une impossibilité. Notre intérêt principal est de ne pas laisser les Détroits aux mains d'une seule Puissance et nous pourrions établir sur les ports de Constantinople et sur les Détroits un contrôle international assurant la liberté du trafic. Quant à l'Asie mineure, à moins de vouloir supprimer la Turquie, il est nécessaire de revenir sur certaines dispositions de nos accords et notamment de soumettre à un nouvel examen ceux de Saint-Jean-de-Maurienne[3]. La disparition de la Russie et la cessation de la guerre avec la Turquie modifient profondément la situation telle qu'elle était au moment des accords.

M. Balfour pense qu'il serait utile de s'entretenir le plus tôt possible avec tous les Alliés et notamment avec les États-Unis du règlement de toutes ces questions. Autrement nous sommes exposés à voir le président Wilson prendre de nouvelles initiatives qui peuvent être gênantes.

CPC, A-Paix, 1914-1918, vol. 153 (4CPCOM/153).

---

[1] Il s'agit d'un télégramme envoyé de Paris le 14 octobre 1918 et reproduisant le télégramme n° 1574 de Dutasta, ambassadeur à Berne, du 11 octobre (à 18 h. 45), concernant la formation d'un cabinet Tewfik Pacha dans l'Empire ottoman. L'ambassadeur tenait ses informations de sources proches de la légation de l'Empire ottoman à Berne. Il y relate également le transfert devant Constantinople de la flotte russe de la mer Noire internée et la possibilité d'un massacre des Allemands de la ville.

[2] Paul Cambon fait ici référence aux accords secrets négociés entre Français, Britanniques et Russes en 1914 et 1915 relatifs à cette région.

[3] Les accords secrets de Saint-Jean-de-Maurienne ont été négociés entre la France, l'Italie et le Royaume-Uni en avril 1917 pour faire une place aux intérêts italiens dans le futur partage de l'Empire ottoman et dans la création d'une zone d'influence en Asie mineure.

46

M. Noulens, Ambassadeur de France à Arkhangelsk,
à M. Pichon, Ministre des Affaires étrangères.

T. n° 865. *Arkhangelsk, 14 octobre 1918, 20 h. 30.*

(Reçu : le 15, 8 h. 40.)

L'ouverture sans doute prochaine des négociations de paix sur la base des 14 propositions du président Wilson ne doit pas porter atteinte à la situation des Alliés en Russie quelles que puissent être les prétentions des Allemands à interpréter la clause n° 6 comme comportant l'évacuation du territoire russe par toutes les troupes étrangères.

En formulant cette stipulation M. Wilson s'est placé au point de vue des intérêts de la Russie, à un moment où, seuls, les Allemands y occupaient certaines régions en s'imposant par la force. Au contraire les Alliés ne se sont introduits à Arkhangelsk et en Sibérie qu'avec l'assentiment des gouvernements locaux, qui représentent infiniment mieux l'opinion russe que le pouvoir de fait des Commissaires du peuple perpétué par la terreur.

M. Wilson a d'ailleurs prévu que toutes les questions concernant la Russie feraient l'objet d'un règlement général. Cet acte international ne pourra intervenir que dans une période normale, quand la volonté populaire librement consultée, sous la protection des Alliés, aura doté le pays d'institutions politiques. D'ici là, nous aurons à donner à la Russie « l'aide de toutes sortes » suivant les termes du paragraphe 6, dont elle pourrait avoir besoin. L'aide militaire ne serait être exclue de cette prévision tant qu'elle nous est demandée et qu'elle est nécessaire pour la régénération nationale.

L'approche du dénouement doit hâter l'augmentation des effectifs du contingent d'Arkhangelsk. La jonction avec les Tchèques peut encore se prévoir. Il faut donc qu'elle soit réalisée. Ce sera la première étape de l'action politique par laquelle la France préparera le développement de ses intérêts et la juste récompense de ses sacrifices en Russie.

CPC, Z-Europe, Tchécoslovaquie, 1918-1940, vol. 16 (116CPCOM/16).

47

M. Dutasta, Ambassadeur de France à Berne,
À M. Pichon, Ministre des Affaires étrangères.

T. n° 1608.   Berne, 14 octobre 1918, 21 h. 30.

(Reçu : le 15, 7 h.)

Situation en Allemagne.

Une personnalité amie dont la parole mérite toute confiance, arrivée de Berlin ce matin, m'a confirmé en les précisant les indications que j'ai précédemment transmises à Votre Excellence sur la situation de l'Allemagne.

Au risque de me répéter, je crois devoir les reproduire ici, le nombre de témoignages concordants leur donnant nécessairement plus de crédit et plus de force.

Cet informateur affirme que l'opinion publique allemande croit à une paix imminente. Des groupes de soldats parcourent les rues de Berlin en chantant des hymnes pacifistes. La police ne cherche pas à les en empêcher et les officiers se cachent. Une manifestation organisée il y a 3 jours devant la statue du maréchal Hindenburg par quelques chauvins s'est terminée sous les huées et c'est avec peine qu'on a arrêté la foule qui voulait mettre le feu à la statue après avoir arraché une couronne apportée par les pangermanistes manifestants.

Le général Ludendorff aurait à différentes reprises répété à l'empereur comme au chancelier que les graves échecs subis par l'armée allemande et son recul continuel devaient être recherchés moins encore dans l'infériorité du matériel que dans le moral des troupes qui aurait gravement empiré au cours de ces dernières semaines. Cette raison serait une de celles qui auraient déterminé le haut commandement allemand à demander un armistice. Le sentiment public l'appelle aussi de tous ses vœux, mû par la crainte que les troupes alliées entrant en Allemagne ne fassent subir à ce pays un traitement analogue à celui que les troupes impériales ont infligé aux territoires du nord de la France et de la Belgique.

L'immense majorité du peuple désire la paix, la paix à tout prix pourvu qu'il ait du pain. Peu lui importent les cessions territoriales auxquelles il devrait consentir.

L'avis de cet informateur est que l'Allemagne peut encore avoir l'apparence de la force, mais qu'il existe chez elle de tels ferments de dissolution que sa résistance ne saurait être de longue durée.

CPC, Z-Europe, Allemagne, 1918-1940, vol. 262 (78CPCOM/262).

48

M. M. Pichon, Ministre des Affaires étrangères,
  À. M. Jusserand, Ambassadeur de France à Washington,
  M. Cambon, Ambassadeur de France à Londres,
  M. Barrère, Ambassadeur de France à Rome.

T. n°s 2423 ; 4344 ; 2949.　　　　　　　*Paris, 14 octobre 1918, 23 h. 15.*

Chiffré.

J'adresse à M. Jusserand le télégramme suivant :

La rage de destruction qui possède les Allemands et que ne fait qu'exaspérer leur défaite n'est interrompue en rien par leurs marches de paix et leurs manifestations démocratiques truquées.

Je pense que le président Wilson est informé des crimes quotidiens commis en ce moment même sur terre et sur mer ; les torpillages sans but militaire de ces jours derniers, l'incendie méthodique de Cambrai et de Saint-Quentin, et de toutes les villes dont nos soldats chassent jour après jour l'ennemi au prix des plus héroïques et sanglants efforts.

Veuillez lui faire connaître qu'ils n'ont abandonné nos mines de Lens que noyées sous quinze cents mètres de profondeur d'eau, que le haut commandement allemand vient de déclarer au directeur des mines d'Anzin, M. Champy, que s'il doit les abandonner, il a pris des mesures pour les rendre inutilisables pour des années.

Un abominable chantage est exercé en ce moment même sur la France par la menace d'évacuer plusieurs centaines de milliers de nos nationaux si nous bombardons Lille pour la reprendre.

Tant de forfaits, une si persistante obstination dans le crime montrent bien que nous ne pourrons traiter avec les Allemands sans les garanties les plus certaines et les hypothèques les plus lourdes.

La force seule indiscutable et écrasante peut venir à bout d'un peuple qui n'a que la force pour loi.

Télégrammes, Washington, Départ, 1918, vol. 6355 (304QONT/6355).

49

M. Jusserand, Ambassadeur de France à Washington,
à M. Pichon, Ministre des Affaires étrangères.

T. n°s 1469-1471.　　　　　　　　　Washington, 14 octobre 1918, s.h.
Très confidentiel. Urgent.　　　　　(Reçu : le 15, 10 h. 45 ; 15 h. 30 ; 16 h. 20.)

J'ai vu, à son domicile, le secrétaire d'État dès son retour et, revenant sur les malentendus concernant les intentions réciproques au sujet de l'armistice, je me suis exprimé dans le sens de votre télégramme 2331[1], profitant des très utiles éclaircissements qu'il me fournissait. Il ne reste plus à ce sujet aucun nuage.

À propos d'un discours que M. Lansing était allé prononcer à Auburn sur l'esprit dans lequel la question de la paix devrait être abordée et où il m'avait dit que la justice ne devrait pas faire oublier la pitié, mais ni la pitié la justice, et que les criminels ne devraient pas échapper au châtiment, nous avons passé en vue quelques-uns des principaux problèmes du moment.

Je l'ai prémuni contre les faux fuyants allemands concernant l'Alsace-Lorraine et lui ai rappelé les doutes émis par divers […][2] quant au sens vrai des paroles du Président à ce sujet[3]. M. Lansing a répondu : aucun doute n'est possible. Le Président a dit : il faut que le <u>tort</u> fait à la France en 1871 soit <u>redressé</u>. En quoi consiste ce tort ? Tout est là et tout le monde sait de quoi il s'agit.

Pour la Pologne je lui ai demandé si le Président en était resté aux idées que j'ai fait connaître en dernier lieu à Votre Excellence et d'après lesquelles l'accès à la mer du nouvel État pourrait consister dans le droit d'user d'un port laissé sous la souveraineté d'autrui. M. Lansing a répondu négativement ; le Président souhaite aujourd'hui que les Polonais aient un port entièrement à eux, Dantzig.

J'ai signalé une fois de plus le danger du faible barrage que constituerait contre l'expansion allemande vers l'est l'inévitable multiplicité de petites nations nouvellement constituées. Il m'a paru évident que le secrétaire d'État eût préféré comme barrage une Autriche antiallemande ; mais a-t-il dit, il n'en saurait plus être question maintenant. Il est d'accord pour penser comme nous que la faiblesse allemande devra être notre sauvegarde. Il est donc de haute importance, a-t-il observé, d'y pourvoir et pas seulement par procédés militaires. Les conditions de paix devront être rédigées dans ces intentions.

[1] Voir document n° 32 du 10 octobre 1918.
[2] Lacune de déchiffrement.
[3] Les Français avaient ainsi des doutes concernant les paroles du président Wilson relatives à l'Alsace-Lorraine. Le « tort fait à la France » évoqué par Wilson devait-il être réparé au moyen d'un retour sans condition sous la souveraineté française ou fallait-il passer par un plébiscite ? Les Français s'interrogeaient sur ce que le président américain souhaitait réellement et craignaient la deuxième solution.

C'est évidemment en se plaçant à ce point de vue que, comme je lui parlais de la restitution du Slesvig au Danemark jusqu'à Flensburg, il répondit : plutôt jusqu'au canal de Kiel et exiger l'internationalisation de ce canal.

M. Lansing prévoit une Roumanie accrue de la Transylvanie, une Lituanie faisant partie de la Fédération russe.

Il m'a paru qu'il verrait sans grande inquiétude la partie allemande de l'Autriche s'amalgamer à l'Allemagne, dans la pensée que le sud de ce pays pourrait ainsi dominer le nord et la Prusse. J'ai rappelé que cette dernière était parvenue à grandement transformer la Bavière et pourrait, à moins qu'elle ne subît un affaissement complet, agir de même pour l'ancien Duché d'Autriche.

Tout ce qui précède est confidentiel. Il est possible que sur quelques-uns de ces points le secrétaire d'État ne s'interdise pas un changement d'idées, si les circonstances changeaient. Mais il m'a paru utile de faire connaître à Votre Excellence les solutions qu'il envisage présentement d'accord sans doute avec le Président.

Papiers d'agents, fonds Jusserand, vol. 51 (93PAAP/51).

50

M. DE FRANCQUEVILLE, CHARGÉ D'AFFAIRES DE FRANCE À SAN JOSÉ,
À M. PICHON, MINISTRE DES AFFAIRES ÉTRANGÈRES.

D. n° 5. *San José, 14 octobre 1918.*

[Je crois de mon devoir de vous exposer, à toutes fins utiles, la situation délicate dans laquelle je me trouve].

Le général Tinoco, président de la République, et son frère, ministre de la Guerre, sont très francophiles. Leur but, depuis qu'ils se sont emparés du pouvoir, est d'être reconnus par les Puissances alliées. À cet effet, ils ont rompu les relations avec l'Allemagne, lui ont ensuite déclaré la guerre et enfin ont décrété le 14 juillet, fête nationale à perpétuité. S'ils désirent obtenir la reconnaissance de leur gouvernement par l'Angleterre et l'Italie, ils attachent encore bien plus de prix à obtenir celles des États-Unis et de la France. Ils souhaitent être reconnus par les États-Unis, surtout par intérêt, car, sans l'Amérique du nord, ce pays peut difficilement vivre. Et puis, il y a la question des emprunts. Le Costa Rica a un besoin pressant d'argent dans les circonstances actuelles, il ne peut pas faire appel aux États-Unis, puisque son gouvernement n'est pas reconnu. Pour ce petit pays, la reconnaissance de la France est surtout une question de sentiment : [appartenant à la même race], il se sent attiré par nos coutumes, nos idées, notre littérature.

Or, les Tinoco croyaient fermement qu'après avoir témoigné de la sorte leur grande sympathie pour la cause alliée, ils seraient aussitôt reconnus.

Leurs espérances ne s'étant pas réalisées, ils font retomber leur déception et leur colère sur mon collègue des États-Unis et sur moi qu'ils accusent de ne pas travailler en leur faveur. Le chargé d'affaires américain, détesté, espionné, se trouve en butte à toutes sortes de vexations, de menaces. Le gouvernement, n'osant demander son rappel à Washington, fait tous ses efforts pour l'obliger à quitter le pays. Quant à moi, je suis, paraît-il, sous le coup d'un rappel immédiat. Ils semblent oublier que nos successeurs éventuels, tout en étant aussi courtois que nous le sommes à leur égard, auront les mêmes instructions que nous et devront, par suite, suivre la même ligne de conduite.

CPC, B-Amérique, Centre-Amérique, Costa Rica, 1918-1940, vol. 48 (12CPCOM/48).

51

M. Conty, Ambassadeur de France à Copenhague,
à M. Pichon, Ministre des Affaires étrangères.

D. n° 276. *Copenhague, 14 octobre 1918.*
(Chef du Cabinet du Ministre le 28 octobre 1918.)

a.s. la question du Slesvig

Le Département a bien voulu me communiquer le 16 septembre dernier, sous le n° 54 et le présent timbre, le texte d'un télégramme de l'ambassadeur de la République à Washington sur la question du Slesvig[1].

Cette question va prochainement d'une part être rappelée au public danois qui depuis le commencement de la guerre a observé à cet égard un silence prudent, et, d'autre part, se poser devant les Puissances alliées au moment du grand règlement de compte qui est ouvert.

L'iniquité commise par la Prusse en 1864 doit être réparée comme le préjudice causé à la France en 1871.

Toutefois, il y a, dans « l'affaire des Duchés », certaines distinctions qu'il convient d'établir. Les revendications nationales ne peuvent se confondre avec des prétentions dynastiques ; la théorie de l'unité politique du Slesvig et du Holstein, préconisée naguère par des professeurs de Kiel n'est qu'une

---

[1] Dans son télégramme n°1229 du 10 septembre, Jusserand se dit « heureux de [se] rencontrer avec le ministre du Danemark sur la question du Slesvig », mais précise que ses « vues sur la manière de procéder » diffèrent des propositions émises depuis Copenhague. Rappelant le précédent historique de la guerre d'Indépendance, il relève que si la France s'était réservée « à la paix des avantages quelconques, les Américains ne nous apporteraient pas aujourd'hui leur aide décisive. C'est à la France que les Alliés la doivent. Il est toujours facile en de telles affaires de provoquer des récriminations et rare qu'on y ait intérêt. (…). Nos répliques les mieux étudiées envenimeraient la querelle et au lieu d'une reconnaissance à tout le moins possible nous causerions des mécontentements certains. »

pure fiction à écarter. Le Holstein est un pays de confédération germanique et n'a jamais été rattaché au Danemark qu'artificiellement. Le Slesvig est pays danois et les Allemands eux-mêmes enseignaient avant 1815 que l'Eider marquait la frontière politique entre le Danemark et l'Allemagne.

Il s'agit de savoir où doit être tracée, après la guerre, la frontière méridionale du Danemark ou si l'on veut du Jutland, car le Slesvig pour les Danois s'appelle le Jutland méridional. Il importe de donner à ce problème une solution conforme aux intérêts des Alliés et à l'avenir de la paix du monde.

On se tromperait lourdement à croire que l'opinion danoise est unanime à réclamer le Jutland méridional. Le peuple danois, très apte au négoce, très attaché à ses intérêts matériels immédiats, très préoccupé du bien être que lui assurent un sol fécond et une législation profondément démocratique, n'a pas développé chez lui l'esprit de sacrifice. Il n'éprouve pas le tourment de l'Idéal. Le gouvernement, qu'il s'est donné pour satisfaire à ses besoins intérieurs plutôt qu'à ses aspirations nationales, est fondé sur la coalition des partis radical et socialiste. Depuis que cette coalition est au pouvoir, elle s'est appliquée à écarter prudemment du pays, tout danger de guerre, à en accroître la prospérité commerciale et économique, mais à rétrécir le terrain de son action, au point de vendre contre argent comptant la colonie des Antilles, de consacrer la séparation de l'Islande et du Danemark, de relâcher les liens qui unissaient les îles Féroé à la métropole, de négocier au Groenland certaines concessions qui pourraient entraîner tôt ou tard l'aliénation de ces territoires. La politique extérieure intéresse peu ici certains chefs de parti quand il ne s'y rattache pas une préoccupation alimentaire. Le ministère Zahle Stauning a pu pratiquer, sans être inquiété, une politique de recroquevillement national, et sa majorité semble penser comme s'exprimait ces jours-ci la femme d'un haut fonctionnaire du ministère des Affaires étrangères : « le Slesvig, à quoi bon ? Cela compliquerait notre politique et troublerait notre quiétude. Tout au plus pourrions-nous en reprendre quelques villages situés au sud de la frontière actuelle et où l'on parle exclusivement danois ».

Ce gouvernement n'hésite pas actuellement à examiner des propositions allemandes suivant lesquelles le Danemark se contenterait de ces quelques villages pour s'inféoder – économiquement à l'Allemagne et céder à l'Empire allemand un fort sur le Petit Belt. Sans nul doute ignore-t-on à Copenhague l'histoire de l'offre du Togo qui nous fut faite en 1911. On oublie que la Prusse est comme l'avare Achéron et qu'il n'y a pas dans l'histoire un exemple où elle ait lâché une proie.

Mais, en dehors du gouvernement, d'ardents et sincères compatriotes danois se souviennent et veillent. C'est parmi ceux-là que la France a durant cette guerre, trouvé ses plus fidèles amis. La « Société des Deux Lions » n'a pas seulement étudié le Slesvig au point de vue scientifique, linguistique, historique ; elle a formulé des revendications politiques et exhalé les plaintes des Danois opprimés sous le joug allemand. Les Danois irrédentistes du Jutland méridional, dont on force les enfants à chanter dans les écoles « Ich bin Preusse » et « Deutschland über alles », conservent, malgré tout, avec leur langue nationale, les traditions et l'esprit de leur nation.

Des prisonniers français, répartis dans les fermes du Slesvig comme ouvriers agricoles, y ont vu le drapeau danois étalé dans la grande salle de la ferme, caché aux yeux des autorités, mais exposé à la vénération des intimes.

On trouvera ci-joint une carte du Slesvig ou Jutland méridional[1]. Toute la partie tracée en rouge au sud de la frontière du Danemark est purement de langue danoise. En dépit de la pression allemande, on y a toujours élu des députés chargés d'aller protester au Reichstag contre la domination prussienne. Si les populations doivent bénéficier du droit de disposer de leur sort, on ne saurait contester que ce territoire doit faire retour au Danemark.

Il serait même inutile de procéder en ce pays à un plébiscite dont les conditions actuelles seraient faussées. La Prusse, au traité de Prague, s'était engagée à faire ce plébiscite ; c'était en 1866 qu'il fallait consulter les habitants du Jutland méridional ; avoir violé cet engagement, c'est avoir suffisamment proclamé le résultat réel de la consultation tacite. La ville de Flensbourg est, sur la carte ci-jointe, en dehors de la zone rouge : c'est que la majorité des habitants n'y parle pas danois. Mais la langue n'est pas le critérium unique de la nationalité ; il est avéré que les habitants de Flensbourg sont en majorité de tendances danoises.

La région teintée en rose clair est habitée par des cultivateurs de langue frisonne. Il n'y a aucune raison de les laisser sous la domination de l'Empire allemand. Ces cultivateurs sont attachés à leur sol qui est à tous égards celui du Jutland.

Dans la région teintée en bleu clair et qui comprend la ville même de Slesvig, les habitants parlent allemand et danois, plutôt allemand que danois. Une partie de cette population était naguère hostile au régime que prétendait lui imposer le roi de Danemark Frederik VII. Mais elle a eu, depuis lors, de plus forts griefs contre Guillaume II. Les misères de la guerre ont décimé les familles de ce pays, et on y accueillera sans nul doute avec joie le retour au Danemark, qui ne vit plus sous le régime de Frédérik VII mais sous une législation libérale et démocratique, dans une situation économique extrêmement prospère. Je ne veux pas dire qu'il faille procéder à un plébiscite immédiat pour connaître le sentiment de cette population. Mais lorsque la restitution de cette région au Danemark sera un fait accompli, la masse moutonnière qui vote toujours pour le pouvoir établi se prononcera plus sincèrement et plus librement pour le régime danois que pour le régime prussien.

Il est à remarquer que cette région teintée en bleu clair ne s'étend pas au sud jusqu'à l'Eider, frontière historique entre le Danemark et l'Allemagne.

La ligne qui le limite au sud part du golfe de Slien, suit le « Dannevirke », passe au Nord de Husum et aboutit au golfe situé au nord-ouest de cette

---

[1] Carte en annexe, p. 73.

ville. C'est exactement la frontière qu'à la Conférence de Londres, Lord Russell, le 28 mai 1864, proposait au Danemark.

On a allégué que la proposition de Lord Russell était fondée à tort sur l'importance stratégique qu'on attribuait au « Dannevirke » et dont la guerre de 1864 aurait démontré l'inanité. Mais la ligne du « Dannevirke », qui évoque le souvenir de la reine Thyra, a un intérêt historique, traditionnel et symbolique. Je ne suis pas certain d'autre part qu'on ne puisse y trouver un intérêt stratégique. Mon sympathique prédécesseur M. Dotézac, dont la silhouette égaye encore non seulement en photographie, mais en peinture et en caricature, la chancellerie de cette légation, s'est fait l'écho des bruits qui à l'époque ont couru à Copenhague sur l'abandon prématuré des lignes du « Dannevirke ». Je préfère ne pas les reproduire ici. M. Dotézac était peut-être enclin à juger ses contemporains en général et le roi Christian IX en particulier avec l'indépendance et le détachement féroce d'un célibataire. J'aurai plus de ménagements et d'égards que lui pour un homme qui fut père d'une nombreuse famille et sut remarquablement marier ses 3 filles, sans en exclure celle qui était fille mère. Quoiqu'il en soit des événements de 1864, les officiers danois compétents, instruits par la guerre de tranchées de 1914-1918, déclarent aujourd'hui que le « Dannevirke » constitue une défense appréciable.

Les Danois qui sont attachés à la cause du Jutland méridional demandent maintenant la frontière que Lord Russell leur assignait en 1864. Ils veulent aller jusque là. Mais les plus ardents patriotes ne veulent aller que jusque là. Ils sont effrayés par la besogne que leur imposerait une réannexion plus étendue. Les Danois aiment la nourriture solide mais ils craignent les digestions laborieuses. Ils reconnaissent toutefois qu'il y aurait pour le Danemark comme pour tous les États baltiques et l'Europe entière un grave danger à laisser l'Allemagne souveraine et unique maîtresse du canal de Kiel.

Cette voie devrait être placée sous un contrôle international, administrée comme naguère les bouches du Danube ; *mutatis mutandis*, bien entendu.

La région située entre le « Dannevirke » et le canal de Kiel se détacherait de l'Allemagne comme elle s'est détachée du Danemark. On pourrait y constituer une sorte d'État autonome plus ou moins directement placé sous la suzeraineté danoise. Un prince fort intelligent, petit-fils du roi de Christian IX se dévouerait à l'œuvre de réassimilation danoise de ce pays : « Il en fait son affaire ». Il s'agit du prince Georges de Grèce, époux de la princesse Marie Bonaparte.

Telles sont les vues qu'on expose et les propos qu'on apporte confidentiellement dans les milieux de la société « des deux Lions » qui aurait des chances sérieuses de faire, après une campagne active, adopter ses projets par l'opinion publique danoise.

La conception qui consiste à reprendre la frontière jadis tracée par Lord Russell me paraît parfaitement saine et réalisable. Il s'agirait d'ajouter au Danemark un territoire dont la carte ci-jointe à l'échelle de 1/800 000 montre au moins approximativement la superficie, une population qu'on peut évaluer en chiffre rond à 400 000 âmes.

Je suis heureux d'être appuyé dans mon opinion par la haute autorité de l'ambassadeur de la République à Washington[1]. M. Jusserand a constaté toutefois dans sa communication que mes vues quant aux modalités de la rétrocéder n'étaient pas identiques aux siennes. Il ne peut croire qu'une générosité excessive nous exposerait de la part des Danois à une ingratitude poussée jusqu'au mépris. Les termes « ingratitude et mépris », dont je me suis servi, ont pu produire à M. Jusserand l'effet d'une boutade. Il n'en est rien. Je n'ai pas de boutade télégraphique. Derrière les termes forcément concis que j'ai employés dans un télégramme, il y a des faits. Le « mépris » que j'ai signalé n'est pas à l'état hypothétique ni même latent. Il s'est exprimé. M. Borgbjerg, chef du parti socialiste danois, c'est-à-dire d'un des deux partis qui forment ici la coalition gouvernementale a dit peu de temps avant mon arrivée au Danemark : « Si les Alliés nous offraient le Slesvig, nous le refuserions ». Telle fut l'expression de l'ingratitude anticipée. Il a ajouté : « Nous le refuserions, les armes à la main ». Et ce fut l'outrecuidante expression de son mépris à notre égard.

M. Zahle, président du Conseil, et chef du parti radical, lors de la malheureuse affaire Holger Pedersen, a déclaré qu'en prêtant son concours aux Alliés l'accusé avait compromis l'heureuse solution de la question du Slesvig. C'est que M. Zahle ne voit pas de solution de cette question en dehors d'un arrangement amiable avec l'Allemagne. Et le ministre des Affaires étrangères, M. de Scavenius a dit officiellement ces jours-ci à mon collègue américain « qu'il serait dangereux pour le Danemark de provoquer en Allemagne un sentiment de revanche en demandant au Congrès de la Paix la restitution d'une partie du Slesvig ».

Tels sont les sentiments exprimés par les dirigeants danois. Je ne puis étudier une question danoise sans tenir compte de l'attitude prise par les membres du gouvernement et les chefs de la majorité gouvernementale.

L'opinion de MM. Borgbjerg, Zahle et Scavenius est d'ailleurs fondée sur un calcul égoïste mais fort clair. Il suffit pour le comprendre de se reporter aux statistiques des élections danoises. La majorité gouvernementale, d'ailleurs extrêmement précaire, n'est assurée au Danemark que par les îles. Le Jutland vote en majorité pour la gauche modérée dont le chef est M. J.C. Christensen. Si la population du Jutland s'accroissait de 400 000 habitants, ce serait dans la balance des partis un poids nouveau auquel ne résisterait pas la coalition gouvernementale actuelle. Il arrive au Danemark que la préoccupation électorale limite les vues de certains hommes politiques et étouffe chez eux des aspirations nationales.

M. Jusserand estime que nous devons faire gratuitement au Danemark le don du Slesvig, et il rappelle que « si lors de la guerre de l'Indépendance de l'Amérique, nous avions accepté en signant l'Alliance les avantages commerciaux qui nous étaient offerts, si nous nous étions réservé à la paix des avantages quelconques les Américains ne nous apporteraient pas aujourd'hui leur aide décisive ».

---

[1] Télégramme non retrouvé.

J'ai lu avec grand intérêt ces considérations sur la politique de M. de Vergennes[1]. Ces rapports de causes historiques à effets contemporains ne m'étaient apparus aussi clairement ni dans la déclaration du général Grant, qui était en 1870, président de la République des États-Unis, ni même dans celles du président Wilson qui a dit le 11 février 1918 : « Les États-Unis sont entrés en guerre parce qu'ils sont devenus bon gré mal gré, victimes, <u>eux aussi</u>, des souffrances et des humiliations infligées par les maîtres militaires de l'Allemagne à la paix et à la sécurité de l'humanité ».

Quoi qu'il en soit, une distinction me paraît nécessaire entre l'idéalisme américain et le réalisme danois. Quand nous avons participé à la guerre de l'Indépendance américaine, les Américains se sont battus <u>eux aussi</u>. Mais les Danois ne se battent pas actuellement pour la reconquête du Slesvig. Parmi les gens du Slesvig, 5 583 hommes sont morts à la guerre depuis 1914 ; mais ils sont morts en se battant contre nous. Les prisonniers slesviquois jouissent en France d'un régime de faveur. Se battent-ils pour l'indépendance de leur pays comme font en Sibérie les Tchécoslovaques ?

Les Danois arriveront au règlement du Grand compte en ouvriers non pas de la 11e mais de la 12e heure. Et que faisaient-ils au temps chaud ? Ils ravitaillaient l'armée allemande et y trouvaient grand profit. Pour l'exercice budgétaire 1913-14 l'impôt sur le revenu n'était perçu au Danemark que sur une fortune totale de 4 893 millions de couronnes ; pour l'exercice 1917-18 cette fortune a atteint 7 771 millions de couronnes. M. Jusserand rappelle fort justement que jamais les neutres ne se sont privés des avantages que leur reconnaît explicitement la Ve Convention de La Haye. Il dit même que la France ne s'en est pas plus privée que les autres. Je me rappelle parfaitement avoir soutenu en 1911, les textes de La Haye en main, que les marchands tunisiens avaient le droit de vendre leur blé aussi bien à l'armée turque qu'à l'armée italienne. Mais il ne s'agissait pas de l'armée qui nous avait pris deux provinces…

Le président Wilson a appelé avec raison la guerre actuelle « la grande guerre de liberté et de justice ». Il sera juste de réparer non seulement l'agression dont le Danemark a été victime en 1864 de la part des Puissances centrales mais aussi l'abandon dont il a été l'objet de la part des Puissances garantes de son intégrité. Mais on n'obtient pas la justice sans frais. Et il serait parfaitement injuste que le Danemark pût toucher des deux mains les fruits de la guerre actuelle : de la droite une récupération territoriale gratuite, de la gauche le prix du beurre, de la viande et des chevaux fournis à nos ennemis.

Les Danois sont gens d'affaires et ils apprécient les associés qui les invitent à participer à une bonne opération où chacun met un apport pour en retirer un bénéfice. C'est en discutant de très près mes intérêts que je m'acquiers l'estime de mes fermiers percherons dont les ancêtres sont venus du Danemark en France vers les IXe et Xe siècles. Si je veux me montrer grand et généreux en signant un bail avec eux, ils diront dans leur langage « qu'ils

---

[1] Charles Gravier de Vergennes (1719-1787) était ministre des Affaires étrangères pendant la guerre d'Indépendance américaine.

m'ont roulé », et leurs railleries éclateront dans tout l'arrondissement de Mamers. Ils ne font pas montre de sentiments en affaires.

Le cultivateur danois a fait de ses vaches les machines de son usine agricole, et son cousin le cultivateur percheron en parlant de ses chevaux, de ses bœufs, de ses veaux ne dit pas « mes bêtes » mais « ma marchandise » ; il les assimile à une matière inerte dont la valeur n'est que marchande et ne voit en eux ni les êtres vivants ni les dévoués serviteurs.

L'homme d'État danois vend ses Antilles ; et n'était-il pas percheron, ce ministre qui traitait les Affaires de l'État comme un négoce, le territoire national comme une propriété de rapport, comme matière de troc et d'échange, comme « une marchandise » et non comme une terre de famille ? Il invoquait le fâcheux précédent d'Héligoland pour payer un chantage avec les lambeaux d'une colonie française.

Quand je vois aussi certains Danois faire la moue devant le Slesvig qu'on leur offre et dont ils affectent de ne pas vouloir, je reconnais cette attitude : c'est le marchandage percheron. Les Danois les plus patriotes, ceux qui conservent au cœur le plus d'idéal, savent très bien que pour donner le Slesvig il faut l'avoir, et qu'on ne peut l'avoir pour rien. Ils ne nous sauront pas gré de le leur donner pour rien.

Aux termes de l'article VIII du traité de Prague, les « hautes parties contractantes » fixaient la quote-part de la dette publique de la monarchie danoise mise à la charge des Duchés à la somme ronde de 29 millions de rigsdaler.

La Prusse et l'Autriche n'ont pris le Slesvig et le Holstein et le Lauenbourg qu'en assumant une charge pécuniaire. Le Danemark ne peut obtenir aujourd'hui un Slesvig purgé d'hypothèques ; et comme partie intégrante de la Prusse le Slesvig a assumé d'énormes obligations.

J'ai posé la question, sous forme interrogative, au Président et aux membres militants de la Société des Deux Lions. Et sans hésitation aucune, ils m'ont déclaré qu'évidemment le Danemark ne pouvait recouvrer l'actif du Slesvig qu'avec le passif. Sur le principe, aucune récrimination n'est possible. Le Danemark s'est enrichi durant la guerre, le Slesvig est un pays fort riche et c'est un appoint appréciable que 400 000 contribuables de plus. Il est donc tout naturel, et les Danois des Deux Lions le jugent ainsi, que le recouvrement du Slesvig comporte une participation aux frais généraux de la guerre. L'assimilation du Slesvig et de l'Alsace-Lorraine ne peut être que flatteuse pour les Danois ; la reprise des provinces perdues se sera effectuée avec notre sang et notre argent ; si nous ne devons demander aux Danois que leur sympathie comme prix du sang versé, ils peuvent dans une certaine mesure participer aux dépenses s'ils participent aux bénéfices.

Un membre de la Société des Deux Lions a même suggéré une idée assez ingénieuse sous la forme suivante :

Au commencement de ce siècle vers 1900 ou 1904, un sieur Moldenhaver, administrateur des biens du comte de Schimmelmann a provoqué une discussion de presse sur un projet d'échange éventuel des Antilles danoises

Le Slesvig

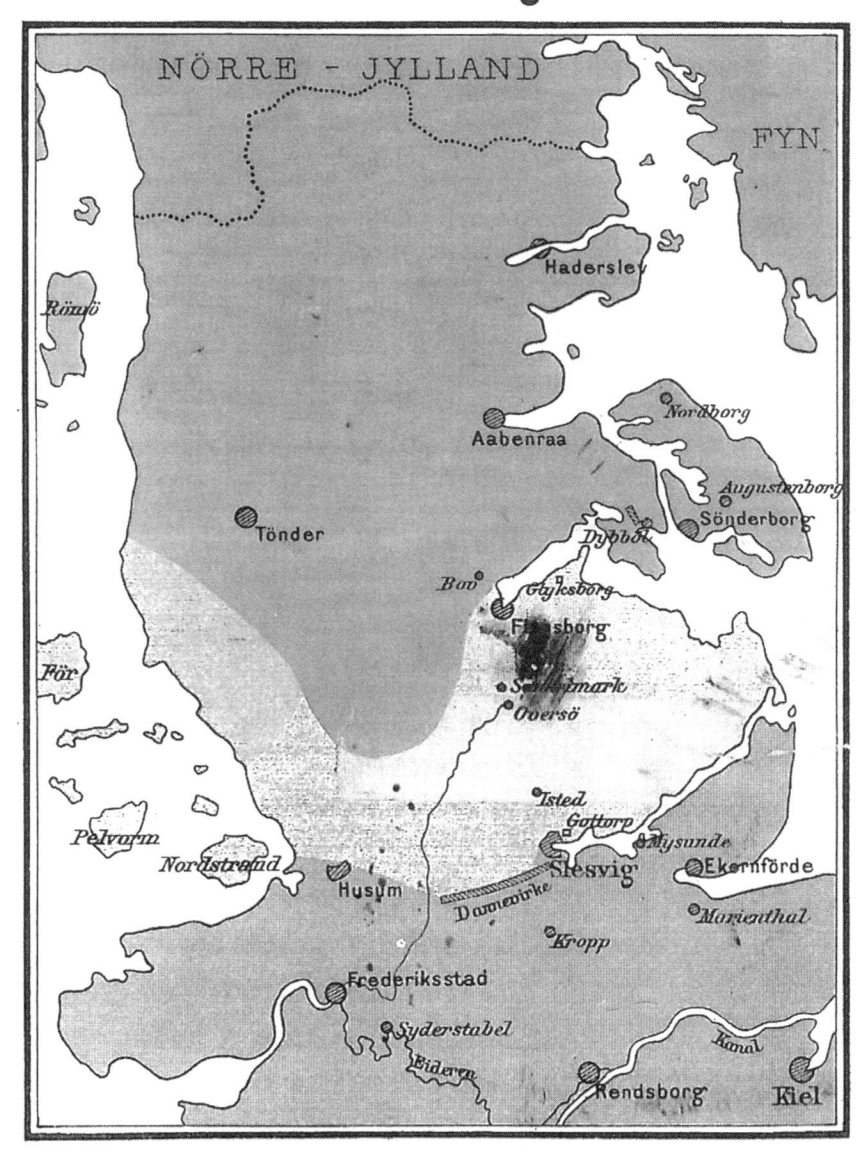

- ▨ langue danoise
- ▨ " frisonne
- ▢ " allemande introduite au XIX siècle
- ▨ " allemande

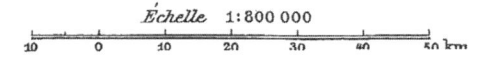

Échelle 1:800 000

contre le Slesvig du nord. Ce projet n'a pas abouti et ce ne sont pas les Allemands qui ont acheté les Antilles danoises ; mais le prix de ces Antilles est intact, la somme est disponible, et si le Danemark obtient le Slesvig à la suite de la guerre, il pourrait offrir cette somme à un État victime de la guerre, en la consacrant par exemple à la reconstruction de la Belgique.

En résumé on ne peut songer à placer sous la souveraineté danoise un territoire allant au-delà de la ligne du « Dannevirke ». Le service que rendra le Danemark à la cause des Alliés est donc subordonné à son intérêt direct, à ses commodités, et se trouve, à notre point de vue, fort limité. Mon inclination personnelle tendrait à faire du Danemark une puissance riveraine du canal de Kiel, mais les Danois les plus chauvins se dérobent à cette charge. Il faudra trouver pour la question du canal de Kiel une solution quelque peu indépendante de la question du Slesvig. Et c'est là, à mon avis, une raison de plus pour que la restitution, qui demeure, malgré nous, forcément incomplète, ne soit pas faite à titre gratuit.

CPC, A-Paix, 1914-1918, vol. 200 (4CPCOM/200).

52

M. Cambon, Ambassadeur de France à Londres,
À M. Pichon, Ministre des Affaires étrangères.

T. n° 1236.   *Londres, 15 octobre 1918, s.h.*

(*Reçu* : le 16 par courrier.)

Réponse à votre télégramme 4380[1].

Je comprends que Votre Excellence veuille éviter de froisser les susceptibilités du président Wilson et qu'Elle soit opposée à la réunion immédiate d'une conférence des Premiers ministres. Mais il me paraît indispensable de provoquer l'entente des Alliés, y compris les États-Unis, sur l'interprétation des conditions énoncées par le Président américain ou, ce qui revient au même, l'accord des Alliés sur les conditions essentielles de la paix. Sans cet accord, nous ne pouvons en toute sécurité aborder les négociations avec l'ennemi.

Au cours de notre entretien d'hier, j'ai dit à M. Balfour qu'à mon avis personnel la procédure de l'armistice offrait de graves inconvénients et qu'il serait préférable de traiter de la paix sans interrompre les opérations

---

[1] Dans ce télégramme envoyé de Paris le 14 octobre 1918 (à 22 h.), Pichon refuse l'idée proposée par Cambon (voir document n° 40), ambassadeur à Londres, d'une convocation d'une seconde réunion interalliée destinée à discuter des propositions de paix du président américain. Devant la susceptibilité du président Wilson, il valait mieux éviter de s'engager dans cette voie selon le ministre. La discussion sur les conditions de paix serait en outre peu « opportune » et un accord « malaisé à établir ». Pichon estimait attendre « avec confiance » la réponse américaine aux notes allemandes.

militaires. Le secrétaire d'État m'a répondu que les Alliés ne s'étant jamais mis d'accord sur les conditions essentielles de la paix future, ce serait soulever entre eux des discussions dangereuses. C'est précisément pour éviter ce danger qu'il importe de s'entendre dès à présent sur nos conditions, entente possible pendant la guerre, et très difficile après la suspension des hostilités.

L'armistice, de quelque garantie qu'il soit accompagné, sera considéré par les peuples comme la fin de la guerre. Les partis politiques et les intérêts particuliers dans chaque État, les rivalités entre les Puissances, reprendront vite leur action néfaste et si les Alliés ne sont pas liés par un accord sur les conditions de la paix, l'ennemi en profitera pour semer entre eux la discorde. Avec des négociateurs aussi fins que le prince de Bülow, ou aussi judicieux que M. de Kühlmann, il y réussira.

Malgré ces difficultés, abordons le plus tôt possible la négociation de cet accord entre nous. Il ne pourra pas se réaliser si nous attendons la période de l'armistice et s'il se conclut, l'armistice deviendra inutile. Nous aborderons l'ennemi, nos conditions en mains et nous les lui imposerons. Avant tout, ne suspendons pas les opérations de guerre. Souvenons-nous des procédés de Bismarck en 1871. Il fut impitoyable. Il nous imposa le désarmement, le licenciement de notre garde mobile, le renvoi au sud de la Loire du gros de notre armée et il ne suspendait pas les hostilités dans l'Est. Il était chez nous, il est vrai, tandis que nous ne sommes pas en Allemagne. C'est une raison de plus pour n'accepter aucun ralentissement dans nos opérations.

CPC, A-Paix, 1914-1918, vol. 40 (4CPCOM/40).

53

M. Laroche, Sous-Directeur d'Europe,
 À M. Barrère, Ambassadeur de France à Rome.

L. *Paris, 15 octobre 1918.*

Monsieur l'ambassadeur,

Tout est bien qui finit bien. Voilà ce qu'on peut dire de l'affaire Wilson. La première note avait été une grosse malice à l'égard des Allemands. Une maladresse pour le côté allié. La deuxième[1] règle l'affaire d'une manière satisfaisante. L'attitude énergique de l'opinion américaine, les conversations

[1] Il s'agit de la seconde note de Wilson aux Allemands datée du 14 octobre. Dans celle-ci, Wilson indiquait au gouvernement allemand que l'armistice à conclure devra être l'œuvre d'experts militaires et garantira la « supériorité militaire actuelle » des Alliés contre les Allemands. Par ailleurs, Wilson mit en avant dans cette note les « traitements illégaux et inhumains » des autorités allemandes dans la conduite de la guerre, visant en particulier la guerre sous-marine (le paquebot britannique Leinster avait été coulé quelques heures auparavant). Enfin, Wilson annonçait sa

des ambassadeurs alliés (Jusserand a été *très* bien), les résolutions et avertissements du Conseil des Alliés y ont contribué. Je crois d'ailleurs que Wilson était très sincère. Il a seulement le tort de rédiger ses notes comme s'il faisait des encycliques, sous l'inspiration divine et dans la solitude ! Enfin, l'essentiel est qu'il soit pour la guerre à fond, et il l'est. Seulement il ne se rend pas compte que son petit jeu est dangereux pour certains pays comme celui où vous êtes. Il est vrai que la douche écossaise à laquelle il soumet l'Allemagne peut avoir des résultats intéressants.

J'ai vu les conditions d'armistice de Versailles et celles de Foch. Elles sont très bien – surtout celles de Foch naturellement, et croyez que si l'Allemagne les acceptait, c'est qu'elle serait résignée à tout sincèrement ! Il faut cela, car les discussions sur la paix seront longues, les Alliés ne seront pas toujours d'accord. Il faut que l'Allemagne ait perdu tout recours militaire.

J'ai été fort attristé des manifestations d'Italie. Même en Angleterre, il y a eu, non des démonstrations défaitistes, mais quelques signes publics de joie à l'idée que la paix était imminente. Comme il faut admirer notre pays ! Quel sang-froid, quelle résolution, quelle dignité. Pas une manifestation. Tout le monde, joyeux de sentir la victoire enfin venue, sans éclat public, et sans se jeter sur la paix pas plus que sans hurler de joie comme on le fit à Berlin pour des triomphes passagers.

Comme on a subi les mauvais jours en silence, on est calme dans les bons. On a confiance, on sait qu'il faut attendre encore, on attend. Qu'il y ait eu des figures peu édifiantes, c'est forcé. La perfection n'est pas de ce monde. Mais dans l'ensemble, dans l'immense majorité, j'ai la certitude que l'Histoire rendra cet hommage à la France qu'elle n'a jamais été plus noble, plus belle, plus héroïque, plus digne, et que jamais elle n'a mérité davantage le respect et l'admiration de l'univers. La force de Clemenceau, c'est d'être au *point de vue* du sentiment l'interprète de la nation. Quant à Foch, c'est simplement un des plus grands hommes de guerre de tous les temps et il a sous lui une pléiade de généraux qui n'auraient pas déparé la suite de Napoléon...

Vous allez me trouver lyrique, mais il y a de quoi vraiment. Et puis je triomphe, moi qui n'ai cessé, contre bien des gens, de soutenir – et depuis le début :

1°- que si nous avions le courage de tenir, l'Allemagne serait sûrement battue ;

2°- qu'on ne la verrait pas décliner, mais s'écrouler ;

3°- que la décision aurait lieu en France ;

4°- mais que Salonique était nécessaire et qu'il ne fallait l'abandonner à aucun prix ;

5°- que Foch était seul capable de prendre le commandement unique et de battre les Allemands ;

---

ferme volonté de ne signer aucune paix avec le « pouvoir arbitraire » à la tête de l'Allemagne impériale (il visait ici tant l'Empereur que la 3ᵉ OHL de Hindenburg et Ludendorff).

6°- que (je l'ai écrit au début de juin) si nous tenions jusqu'au 10 juillet, la situation serait complètement changée… je n'aurais tout de même pas cru que cela irait si vite…

Sur ce je vous quitte, car il est tard. J'ai volé un peu de temps avant de m'en aller. Car nous sommes absolument submergés !

Votre bien respectueusement dévoué et affectionné.

On aurait choisi Lacaze pour Madrid, paraît-il – et M. Leygues aurait empêché de le nommer. Mais gardez ceci pour vous.

Papiers d'agents, fonds Barrère, vol. 3 (8PAAP/3).

54

LA SOUS-DIRECTION D'ASIE-OCÉANIE
    À M. PICHON, MINISTRE DES AFFAIRES ÉTRANGÈRES,

N. *Paris, 15 octobre 1918.*

Sir Mark Sykes nous a téléphoné ce matin à M. Picot et à moi pour nous faire savoir :

1°) que les mesures prises par le général Allenby de faire amener le pavillon chérifien qui avait été arboré à Beyrouth par Chukri Pacha au nom de l'émir Fayçal avait causé une vive émotion et que l'émir ne parlait rien moins que de donner sa démission ;

2°) que la défaillance des Arabes du Hedjaz, si elle venait à se produire aurait pour résultat de mettre l'armée anglaise d'occupation dans une situation difficile ;

3°) qu'il lui semblait nécessaire de rassurer l'émir Fayçal sur les intentions de la France afin d'arrêter, disait sir Mark Sykes, le développement de l'esprit antifrançais qui se manifeste dans l'entourage de l'émir. Il conseillait à ce point de vue de faire savoir à l'émir que le gouvernement français lui garantirait la jouissance d'un port sur la côte de Syrie comme exutoire de l'État arabe de Damas.

Nous avons fait observer à Sir Mark Sykes que s'il était nécessaire en effet de donner quelque apaisement à l'irritabilité plus ou moins fondée de l'émir Fayçal, il paraissait difficile, dans les circonstances présentes, d'engager l'avenir vis-à-vis de l'État arabe par une clause telle que celle qu'il préconisait et qui n'est pas comprise dans nos arrangements de 1916. Nous lui avons fait observer qu'on arriverait sans doute à l'apaisement cherché si l'on donnait suite, dans le plus bref délai, au projet de déclaration commune de la France et de l'Angleterre sur les fins qu'elles poursuivent en Orient. Nous lui avons communiqué le texte que Lord Robert Cecil avait préparé et avait remis à M. Picot au cours de leur dernier voyage de Londres à Paris. Ce texte très court, ne paraissant pas de nature, ni à donner toute satisfaction à l'émir Fayçal, ni à aller au devant des objections qui pourront ultérieurement être faites à nos accords de 1916 par le président Wilson, nous lui avons proposé un projet de déclaration dont le texte est également ci-joint. Sir Mark Sykes n'a fait d'objections dans ce texte qu'à l'emploi du mot de « protection » dans le 2ᵉ alinéa et des mots « de rites et de groupes » dans le 3ᵉ alinéa. Il a toutefois promis de le soumettre au sous-secrétaire d'État des Affaires étrangères à Londres.

Il semble que la publication d'une pareille déclaration si elle était faite immédiatement et si elle était accompagnée d'une démarche concertée entre M. Coulondre et le général Allenby tendant à faire ressortir aux yeux de l'émir Fayçal, qu'à l'heure actuelle, étant donné l'activité maritime de nos ennemis en Méditerranée, il est nécessaire que le pavillon arboré sur les côtes et dans les régions avoisinantes soit connu pour être soutenu par une marine de guerre redoutable, il semble que cette déclaration donnerait à l'Émir le moyen de sauvegarder son amour-propre en paraissant céder à une nécessité de guerre plutôt qu'à une injonction de ses Alliés. Cette déclaration en outre donnerait aux populations locales l'impression qu'il est nécessaire de frapper dans leur esprit, que ni la France ni l'Angleterre ne recherchent en Orient de conquêtes de colonisation. On ne doit pas perdre de vue en effet que si ces populations déjà très évoluées sont, en raison de leurs divisions, prêtes à accepter un guide, on pourrait même dire un tuteur, elles se révolteraient à l'idée d'être traitées en sujets coloniaux. Enfin cette déclaration serait un commentaire librement élaboré par les deux contractants des accords de 1916, qui conclus à l'époque où la Russie jouait encore un rôle dans l'alliance, ont par suite de cette collaboration reçu, dans le texte, une légère apparence d'impérialisme.

Sir Mark Sykes devant entretenir demain M. Gout et M. Picot des résultats de ces conférences avec le secrétaire d'État anglais, il serait utile pour M. Gout de savoir si le ministre accepte le projet de déclaration annexé sous le titre « le contre-projet français ».

Projet anglais, annexé à la note
La France et l'Angleterre sont d'accord pour encourager et aider à l'établissement de gouvernements et d'administrations indigènes dans toutes les régions proprement arabes et pour reconnaître ceux-ci aussitôt qu'ils seront effectivement établis.

Les deux gouvernements s'engagent en outre à n'annexer aucune partie des dites régions s'ils n'y sont pas formellement invités par la majorité des habitants, ou par son gouvernement, ou bien si ce gouvernement devient incapable d'empêcher l'annexion, la déclaration de protectorat ou l'occupation de la région par une tierce puissance.

Contre-projet français, annexé à la note
La guerre déchaînée par l'ambition allemande doit nécessairement aboutir à l'affranchissement des peuples longtemps opprimés par les ennemis des Alliés.

La France et la Grande-Bretagne n'entendent pas imposer aux populations affranchies des Turcs telle ou telle institution mais seulement assurer par une protection et une assistance efficaces le fonctionnement normal des gouvernements et administrations qu'elles se seront librement donnés.

Assurer une justice impartiale et égale pour tous, faciliter le développement économique du pays en suscitant et en encourageant les initiatives locales, favoriser la diffusion de l'instruction, mettre fin aux divisions de rites et de groupes trop longtemps exploitées par la politique turque, tel est le rôle que les deux gouvernements alliés revendiquent dans les zones où ils sont appelés à agir par leurs accords de 1916.

CPC, E-Levant, Syrie-Liban, 1918-1940, vol. 3 (50CPCOM/3).

55

M. Pichon, Ministre des Affaires étrangères,
À M. Cambon, Ambassadeur de France à Londres,
M. Barrère, Ambassadeur de France à Rome,
M. Jusserand, Ambassadeur de France à Washington,
M. Dutasta, Ambassadeur de France à Berne,
M. Allizé, Ministre de France à La Haye,
M. Dard, Chargé d'Affaires de France à Madrid.

T. nos 4463 ; 3028 ; 2523 ; 1844 ; 615 ; 1230.   *Paris, 16 octobre 1918, 21 h.*

Chiffré.

a.s. Conférence de la Paix.

J'ai adressé à M. de Gaiffier la note suivante, que je vous communique à toutes fins utiles :

« La légation de Belgique a bien voulu, en portant à la connaissance du gouvernement français, un vœu émanant de la Belgique occupée par l'ennemi et tendant à réunir à Bruxelles la Conférence de la Paix, demander une réponse à cette suggestion.

M. Pichon a pris connaissance avec sympathie du vœu des hautes autorités belges restées en pays envahi. Il estime toutefois que la question ainsi posée est prématurée et que le moment n'est pas encore venu de poser les considérations d'ordre divers qui détermineront en définitive le choix du lieu où se réuniront éventuellement les plénipotentiaires.

Télégrammes, Washington, Départ, 1918, vol. 6356 (304QONT/6356).

56

N. *Berne, 16 octobre 1918.*

Le comte Andrassy a lu la seconde réponse du président Wilson avec une attention profonde, pendant dix minutes, recommençant plusieurs fois la lecture de chaque phrase, s'interrompant pour réfléchir.

Quand il m'a rendu le papier – le Bulletin du *Berner Tagblatt* – il avait les larmes aux yeux. Il a gardé le silence pendant deux minutes. Puis il s'est écrié :

« C'est absurde ! Où veut-on nous mener ? ».

Au cours de la soirée, il s'est montré ému, préoccupé, irrité, nerveux, inquiet.

« L'Allemagne, dit-il, n'en est pas où l'on croit. Elle est capable de se ressaisir. Nous ne nous laisserons pas déchiqueter sans résistance. On condamne donc à la mort des centaines de milliers d'hommes ! On livre l'Europe à l'Amérique, bien plus, aux bolcheviks !

Que veut-on de plus cependant ? L'Allemagne se reconnaît vaincue ; l'humiliation n'est-elle pas suffisante ? La leçon n'est-elle pas terrible et durable ? Guerre sous-marine, dévastations, c'est de la guerre ! L'armistice arrêtera tout cela, c'est trop clair. Les Hohenzollern, l'Allemagne les sacrifiera. Elle cédera – j'en suis persuadé – tout ce qu'on voudra. Pourquoi le lui imposer de ce ton ? N'était-il pas plus sage de ménager certains orgueils, certaines dignités légitimes ? Il y a des négociations douloureuses que le secret doit couvrir ! … Il semble que l'on veuille provoquer un refus ! ».

« Mais nous, dit-il plus tard, que veut-on de nous ? Nous ne sommes pas des Bulgares ! On ne nous contraindra pas à une trahison infâme ! … ».

Un Hongrois fit observer au comte Andrassy que l'Autriche est en déliquescence, qu'il aurait tort d'attacher à un vaisseau vermoulu sa fortune politique et le sort de la Hongrie.

« L'Empereur a fait appel à mon dévouement, répond-il. C'est par loyalisme, par devoir d'honneur que je suis attaché à lui comme la Hongrie l'est à la dynastie. Il n'y a sans doute pas là d'intérêts permanents, d'obligations durables ; mais c'est une question de sentiment et de décence. D'ailleurs, que reproche-t-on à l'Empereur ? Il est innocent de la guerre ; les idées de Wilson sont les siennes. Il ne souhaite que de se faire le guide, le garant – tout au moins – et le représentant d'une fédération de peuples libres. Personne ne peut douter de sa sincérité…

Comment douter aussi de la nôtre ? Nous connaissons le dégoût des peuples pour la guerre, leur désir de grandes innovations internationales. Nous connaissons les forces de l'Entente. Ses forces économiques sont, pour l'avenir, plus redoutables que ses forces militaires dans le présent : il serait fou de prétendre organiser contre elles une lutte perpétuelle. Nous connaissons enfin les forces des nationalités dites « opprimées » d'Autriche et de Hongrie. Nous ne saurions donc en contester les droits. Quand ce ne serait point par respect de la justice, nous devons en tenir compte par besoin de la paix. Qu'on ne nous pousse donc pas à bout ! Qu'on ne nous contraigne donc pas à manquer à nos propres volontés !

Il s'agit avant tout d'organiser l'application du principe des nationalités de façon à rendre possible une paix durable et la Société des Nations. À côté du droit des peuples à disposer d'eux-mêmes, il faut respecter les conditions matérielles et autres qui rendent leur vie possible : réalités géographiques, systèmes fluviaux, frontières naturelles, etc… – traditions religieuses, morales, politiques – nécessités (ou avantages) économiques. Négliger ces réalités invincibles, c'est se précipiter dans l'arbitraire et dans l'absurde.

Si l'Entente veut désagréger le bloc millénaire de la Hongrie, elle nous contraindra à une guerre au couteau. Nous ne céderons jamais. L'Angleterre, qui a le sens des traditions, laissera-t-elle jamais consommer un tel crime ? J'en doute ! Mais c'est à la France qu'il appartiendrait de faire comprendre que cela est impossible. De vieilles amitiés nous unissent. Il n'y a pas de peuple où votre Révolution de 1848 ait laissé plus de souvenirs émus et féconds. Or, c'est la politique de 1848, la politique de Kossuth, que nous voulons reprendre. Ne nous rendez pas l'entreprise ignominieuse et la tâche impossible ! ».

À un autre moment, le comte Andrassy se réjouit amèrement de la réponse du président Wilson :

« Bonne leçon, dit-il, pour ces pacifistes allemands qui, depuis plus d'un an nous suppliaient d'avoir confiance dans le Président, dans sa justice, dans son arbitrage ! Non ! L'Entente, qui prêche la justice, est, en réalité, possédée par des idées de vengeance… ».

À plusieurs reprises, le comte Andrassy s'apaisa, en faisant observer que le président Wilson promet, pour l'Autriche-Hongrie, une réponse à part : il voit là une raison de conserver quelque espoir.

L'interlocuteur français a pris soin de représenter, au cours de cet entretien, les torts irréparables de l'Allemagne et de ses Alliés, leurs folies de tout genre, les raisons de notre méfiance, les forces de l'Entente, sa prospérité, sa cohésion, sa résolution inébranlable d'instituer enfin la justice internationale.

CPC, Z-Europe, Hongrie, 1918-1940, vol. 44 (94CPCOM/44).

57

M. Cambon, Ambassadeur de France à Londres,
  à M. Pichon, Ministre des Affaires étrangères.

D. n° 764.   Londres, 16 octobre 1918.

a.s. la procédure de la paix. La Société des Nations et le régime des fleuves et détroits.

Monsieur le ministre,

La marche rapide des événements m'a amené à donner à Votre Excellence, dans mes télégrammes 1236[1] et 1241[2], mon sentiment sur la procédure de discussion des questions de paix : examen immédiat par le gouvernement français de toutes les éventualités. Adoption par lui de quelques principes simples et généraux, échange de vues et ententes à ce sujet avec nos grands Alliés. Dissociation de toute entente entre nos ennemis par des signatures successives de préliminaires, l'Allemagne arrivant bonne dernière. Enfin règlement final des questions par un Congrès, qui tout en répondant à l'importance des événements ne permettrait pas à quelque Bülow ou à quelque Giolitti de jouer les Talleyrand.

Le président Wilson, si je comprends bien sa pensée, estime qu'avant d'être admise parmi les nations, l'Allemagne doit réparer ses crimes et donner pendant cette période les preuves nécessaires d'une complète transformation.

Les événements actuels achemineraient donc le monde vers un état de chose nouveau dont les premières données seront déterminées par les États-Unis et l'Entente. Une des caractéristiques de la nouvelle situation sera selon moi la création de multiples organismes internationaux. Ils seront les successeurs, peut-être heureux, du régime prussien de la paix armée. Une victoire de nos ennemis aurait amené sous l'hégémonie prussienne la formation politique et économique d'une « Mitteleuropa ». La victoire de l'Entente doit avoir pour conséquence l'établissement d'une paix de Droit conforme aux idées libérales des nations latines et anglo-saxonnes. À la « Mitteleuropa » s'oppose l'idée encore confuse et vague d'une Société des Nations.

Cette « Société des Nations » vaudra selon moi ce que durera après la guerre l'accord qui doit unir la France, l'Angleterre, les États-Unis et l'Italie. Autour de ce noyau viendront s'agglomérer les autres États dont les

---

[1] Voir document n° 52 du 15 octobre 1918.

[2] Dans ce télégramme, Cambon expose les avantages de négociations séparées, car « il sera relativement facile aux Alliés de se mettre d'accord sur les conditions de paix avec l'Allemagne où leurs intérêts ne sont pas divergents, plus difficile avec l'Autriche à cause des questions slaves, et très difficile avec la Turquie où tous les intérêts se contrarient ». Cambon ajoute que Lord Robert Cecil partage son opinion sur les avantages d'une négociation de paix sans armistice, mais que si les Allemands se soumettent aux conditions des Alliés, celui-ci devra néanmoins être conclu.

moyens sont trop faibles, le passé est trop aventureux, la situation géographique trop défavorable pour leur permettre d'offrir les mêmes garanties que les grands pays d'occident.

Je souhaite que la nouvelle institution contribue à la diminution des souffrances humaines. Le but est noble mais quelque peu lointain. Il y a donc lieu de présumer que la « Société » aura besoin, pour résoudre quelques-uns des problèmes qui se présenteront à elle, d'organismes spéciaux, dont quelques-uns existent déjà et peuvent prendre d'intéressants développements. Je fais allusion à ces organisations internationales qui sont nées des régimes appliqués aux eaux fluviales ou maritimes particulièrement importantes.

Un armistice avec la Turquie, à lui seul suffira à déterminer la création d'une Commission des Détroits. À la paix se posera la question d'un régime international stable à Constantinople. L'éviction de la Turquie amènera un remaniement du régime du Suez. Peut-être les Alliés auront-ils également à s'occuper du canal de Kiel, propriété de l'État allemand. Au point de vue fluvial, des remaniements territoriaux peuvent changer le régime de la navigation sur le Rhin, l'Escaut, le Danube et l'Elbe.

Il y a là une situation d'ensemble qui me paraît mériter d'être examinée.

Constatons d'abord que la situation n'est pas nouvelle. La Révolution française en 1792 et en 1798 proclamait le principe de la liberté de navigation des fleuves. Le 3 mars 1799, les plénipotentiaires français demandaient à Rastadt l'égalité de régime pour les navires de toutes les nations qui navigueraient sur le Rhin. La question des régimes fluviaux fut traitée au Congrès de Vienne. Les articles 108 et 109 du règlement final, permirent, par leur rédaction, à l'Autriche et à la Prusse de réserver en fait l'usage des voies navigables aux seuls riverains. L'Empire allemand transforma le Rhin en une voie de pénétration de premier ordre, mais aujourd'hui les quelques péniches hollandaises, qui remontent le fleuve, rappellent seules aux Allemands le caractère international de la grande artère. Sur le Danube, les efforts des riverains réussirent également à localiser l'action de la Commission internationale du fleuve.

La constitution d'une Europe nouvelle peut rapprocher les conditions du problème, des premières conceptions françaises. Le Rhin redeviendra jusqu'à Bâle une voie véritablement internationale. Sur l'Elbe, les Tchèques peuvent n'avoir aucun désir de se trouver en tête à tête avec les Allemands. Des chalands anglais, américains ou tchèques, et partant de Hambourg, seraient les bienvenus à la frontière de Bohême. Si Dantzig restait allemande, la position de la Pologne sur la Vistule serait analogue. Le Danube peut constituer pour la Hongrie de demain, entourée de peuples hostiles, la seule sortie libre vers la mer. Enfin tous les riverains de la Baltique peuvent avoir intérêt à participer à l'administration du canal de Kiel.

Dans tous les cas, la constitution d'organismes internationaux, au sens large du mot, paraît s'imposer. N'oublions pas que parmi les Alliés deux grandes puissances maritimes, l'Angleterre et les États-Unis, ont intérêt à l'internationalisation des voies fluviales vers l'Europe centrale. Elle est d'ailleurs conforme aux principes du président Wilson. Je note en passant que si des Américains étaient admis dans ces organismes européens, il serait difficile de maintenir le régime actuel du canal de Panama.

Quels sont en ces affaires les véritables intérêts de notre pays ? Après la guerre, l'Europe risque de traverser une crise de nationalisme dont la constitution de nouveaux États sera la manifestation politique. Au point de vue économique, cet état d'esprit, étroitement interprété, risque de créer une série de murailles de Chine qui feraient rapidement regretter les grands États. L'internationalisation des grandes artères fluviales créerait des embryons d'organisations communes susceptibles d'amorcer de futures fédérations économiques. Notre pays se trouverait ainsi en mesure, par la simple extension des attributions de la Commission du Danube par exemple, de participer à l'organisme économique commun de l'Europe du Sud-Ouest. Il y aurait là, et peut-être ailleurs, pour la France, une occasion de rendre d'éminents services à des peuples jeunes et dont plusieurs, on peut tout au moins l'espérer, nous resterons dévoués.

Veuillez agréer, Monsieur le Ministre, les assurances de ma très haute considération.

CPC, A-Paix, 1914-1918, vol. 57 (4CPCOM/57).

58

M. Gaussen, Ministre de France à Buenos Aires,
  À M. Pichon, Ministre des Affaires étrangères.

T. n° 500.　　　　　　　　　　*Buenos Aires, 17 octobre 1918, 8 h. 20.*

(*Reçu* : le 18, 13 h. 35.)

Attitude de l'Argentine.

Le bruit ayant couru avec persistance hier soir que l'Allemagne avait définitivement capitulé, j'ai eu la surprise de voir le ministre de la Marine qui passe pour avoir la confiance du président Yrigoyen et dont les sentiments personnels en faveur de notre pays sont d'ailleurs connus, venir me faire une visite de deux heures ; au cours de la conversation il m'a dit notamment qu'il était évidemment trop tard pour modifier l'attitude de neutralité de la République argentine, ce à quoi je n'ai rien répondu ; mais que le président était disposé « à faire tout ce qui serait agréable au représentant du [...][1]. Je me suis montré sensible comme il convenait à cette assurance obligeante, mais j'ai fait remarquer que le ministre des Affaires étrangères aurait été plus indiqué que personne pour me traduire la pensée du gouvernement en matière de politique étrangère. Or, ai-je ajouté,

---

[1] Lacune de déchiffrement.

puisque vous me parlez tout officieusement […]¹ ami laissez-moi vous assurer que je n'ai pas eu l'impression jusqu'ici que M. Pueyredon tint à marquer un particulier empressement à l'égard de la France pendant son ministère et j'ai cité des faits probants. Mon interlocuteur a formulé alors une appréciation plutôt sévère sur son collègue […]² gaffeur et stupide et que par égard pour la vérité, je n'ai pas cru devoir relever. Comme il insistait ensuite d'une manière un peu tendancieuse sur la différence des sentiments qu'on affirme ici à l'égard de la France et de l'Angleterre j'ai émis l'avis […]³ cordialité entre les deux nations subsisterait certainement après la guerre et qu'elles adopteraient sans doute des attitudes similaires dans les questions de principe touchant les intérêts qu'elles pourraient avoir dans un même pays étranger, ceci s'appliquant […]⁴ aux affaires de chemin de fer dont nous avions parlé auparavant et que j'ai visé par mon télégramme n° 493⁵.

CPC, B-Amérique, Argentine, 1918-1940, vol. 3 (8CPCOM/3).

59

M. Fiche, Vice-Consul de France à Melbourne,
  à M. Pichon, Ministre des Affaires étrangères.

T. s.n. *Melbourne, 17 octobre 1918, 11 h. 20.*

(Reçu : 13 h.)

Au cours de conversation intime pleine de cordialité confiante, le Premier ministre intérimaire Watt abordant le premier la question du règlement de la situation du Pacifique sud au traité de paix a tenu le langage suivant : l'Australie désire instamment que les colonies allemandes du Pacifique ne doivent pas être rendues à l'Allemagne. Si le gouvernement français soutient auprès des Alliés, lors des négociations de paix, le point de vue australien à cet égard, le gouvernement australien appuierait en conséquence le point de vue français dans la question Pacifique intéressant la France, notamment le règlement pour les Nouvelles-Hébrides. Nous avons les mains pleines, dit le Premier ministre et ne désirons pas nous charger d'administrer de nombreux territoires ; il nous suffit que les terres avoisinant l'Australie appartiennent à une nation ayant la même civilisation et le

---

¹ Lacune de déchiffrement.
² Lacune de déchiffrement.
³ Lacune de déchiffrement.
⁴ Lacune de déchiffrement.

⁵ Dans ce télégramme daté du 15 octobre, Gaussen dénonçait « la manière dont [le président de la République] Yrigoyen a laissé véritablement saboter par les grévistes les compagnies de chemin de fer en grande majorité anglaises ou françaises. Le refus arbitraire de laisser le droit de relever les tarifs qu'elles tiennent de la loi montre d'autre part que les entreprises étrangères se trouvent sous le présent régime exposées à des éventualités très dangereuses. »

même idéal politique que nous, à cet égard le voisinage de la France satisfait l'Australie. Si certaines colonies allemandes devaient être rendues à l'Allemagne nous insisterions pour que ce ne soit pas celles du Pacifique. Le Premier ministre a ajouté que les visées japonaises sur les Indes néerlandaises inquiéteraient l'Australie. Celle-ci souhaite renforcer les Puissances blanches dans le sud du Pacifique notamment la France pour avoir un équilibre. Le gouvernement australien désire que la France développe la Nouvelle-Calédonie sans laisser le Japon y prendre un pied économique. Si la France soutient le point de vue australien pendant les négociations de paix, le gouvernement australien sera plus fort vis-à-vis de l'opinion pour nous accorder un tarif de préférence, le Premier ministre semble vouloir lier la question du tarif à celle de l'appui de la France dans le règlement du sort des colonies allemandes dans le Pacifique.

Au sujet de la possibilité d'un accord commercial entre la France et l'Australie, nous avons eu une conversation approfondie avec le Premier ministre, le ministre des douanes, le vice-président du Conseil exécutif et le Board of trade. Tous tiennent un langage différent et des conversations ultérieures pourraient modifier la première impression. Je vous câblerai dès que le gouvernement australien, en ce qui concerne l'accord commercial éventuel, semblera se manifester clairement.

CPC, A-Paix, 1914-1918, vol. 78 (4CPCOM/78).

60

M. Barrère, Ambassadeur de France à Rome,
    à M. Pichon, Ministre des Affaires étrangères.

T. n°s 2386-2387.　　　　　　*Rome, 17 octobre 1918, 13 h. 55 ; 22 h.*

Secret.　　　　　　　　　　　　(Reçu : 16 h. 15 ; 23 h. 55.)

a.s. réponse du président Wilson.

La dernière réponse du président Wilson, il est à désirer que ce soit la dernière, est longue, trop longue.

Par sa forme, elle se prête à la continuation de la controverse recherchée par les Allemands et à laquelle les Alliés ont un si grand intérêt à couper court. Mais cette seconde note constitue une amélioration très sensible de la première. Elle écarte en fait l'armistice en le laissant aux mains de l'autorité militaire. Elle subordonne tout examen de paix à la suspension des procédés criminels de l'ennemi contre nos villes et nos populations. Tout cela est bien, mais aussitôt après M. Wilson se contredit en subordonnant l'<u>armistice même</u> à la suspension des crimes perpétrés actuellement par nos adversaires alors que la décision de l'armistice est laissée sans restrictions à l'autorité militaire.

Enfin le Président invite en fait l'Allemagne à changer d'empereur et à faire une révolution. Cette invitation exaspérera probablement nos ennemis et les incitera à rompre la conversation. Je n'y vois pour l'heure aucun inconvénient. Mais j'y verrai de fortes objections, si la demande américaine devenait la règle de conduite des Alliés. Il est très probable pour ne pas dire certain que la fin de la guerre plongera l'Allemagne dans de grandes convulsions intérieures. Qu'ils s'entre-déchirent, cela n'est pas pour nous déplaire. Mais si les Alliés commencent dès maintenant à intervenir ouvertement dans leurs affaires intérieures, ils empêcheront justement cette révolution, ils referont le bloc patriotique des partis unis pour défendre l'existence et l'indépendance du pays. Il faut laisser l'Allemagne cuire dans son jus. Dans les conditions désespérées où elle se trouve elle accomplira elle-même ce que les Alliés doivent désirer.

CPC, A-Paix, 1914-1918, vol. 40 (4CPCOM/40).

61

M. Pichon, Ministre des Affaires étrangères,
 À M. Cambon, Ambassadeur de France à Londres,
 M. Barrère, Ambassadeur de France à Rome,
 M. Jusserand, Ambassadeur de France à Washington.

T. n°s 4476-4478 ; *Paris, 17 octobre 1918, 14 h. ; 14 h. 30 ; 15 h.*
3032-3034 ; 2529-2531.

Chiffré.

Pour Washington et Rome seulement : J'adresse à M. Paul Cambon le télégramme suivant :

Pour tous les postes : Réponse aux télégrammes 1236[1] et 1241[2].

Le gouvernement reste hostile à l'idée de toute paix séparée avec aucun des États ennemis. Il est en cela d'accord avec le président Wilson qui a émis nettement la même idée et avec les gouvernements alliés qui l'ont décidé. Il ne voit pas comment cette décision pourrait se concilier avec la substitution d'une négociation de paix sans armistice à celle d'un armistice dont les Alliés ont dès maintenant envisagé et arrêté les conditions principales.

Vous craignez que l'armistice soit considéré par les peuples comme la fin de la guerre et rende par conséquent impossible une reprise d'hostilités. C'est pour cela que les conditions posées par les Alliés dans les réunions récentes de Paris sont telles qu'elles obligeraient l'ennemi à une véritable capitulation. L'ouverture de négociations de paix serait bien davantage

---

[1] Voir document n° 52 du 15 octobre 1918.
[2] Voir note 2 du document n° 57 du 16 octobre 1918.

considérée par les peuples comme la fin de la guerre, elles le seraient en réalité et elles ne pourraient se combiner avec une continuation sérieuse des hostilités.

Au surplus, et pour ce qui concerne les paix séparées, le gouvernement ne peut se ranger à votre opinion. Tous les problèmes de la paix réagissent les uns sur les autres et doivent être traités d'ensemble. Leur solution dépend de la mise en pratique d'une doctrine générale qui peut seule assurer au monde une paix durable et qui facilitera le règlement des graves difficultés résultant de l'antagonisme des intérêts que nous aurons à concilier.

Ce n'est d'ailleurs pas une raison pour que dès maintenant nous nous abstenions d'engager avec nos Alliés et notamment avec l'Angleterre des conversations en vue d'arriver d'accord sur les points essentiels tout au moins aux négociations générales de paix. Mais je remarque de la part du gouvernement britannique une tendance à faire table rase d'ententes préalablement négociées avec lui et à profiter des avantages que lui assurerait une possession d'État dans certaines régions pour modifier à son profit une situation créée par des contrats antérieurement conclus. J'appelle sur ce point votre attention la plus sérieuse. Il est possible que certains points de nos accords au sujet de la Turquie[1] demandent à être révisés. Il faudrait en ce cas les adapter aux besoins d'une situation nouvelle provenant en particulier de la défection russe et de l'entrée en guerre des États-Unis. Je conviens qu'il est nécessaire qu'ils soient dès à présent portés officiellement à la connaissance du président Wilson. Mais je ne considère pas pour cela que tout doive être remis en cause et que tout soit à refaire dans ce qui a été précédemment convenu. Nous avons des droits acquis et des intérêts certains (que vous connaissez mieux que personne) à maintenir hors de contestation. Ce n'est pas parce que nous aurons entre nous des pourparlers que l'armistice deviendra inutile ou impraticable et qu'il faudra lui substituer des négociations de paix qui soulèveraient tous les problèmes, mettraient aux prises les Alliés dans des conditions dangereuses et entraîneraient au bénéfice forcé de l'ennemi d'interminables discussions. L'armistice au contraire en consacrant la capitulation ennemie peut seul rendre possible la préparation de la paix dans les conditions indispensables pour la sauvegarde de nos droits et de nos intérêts.

Télégrammes, Washington, Départ, 1918, vol. 6356 (304QONT/6356).

---

[1] Il s'agit des accords « Sykes-Picot » de 1916 relatifs au partage de l'Empire ottoman.

62

M. Barrère, Ambassadeur de France à Rome,
    à M. Pichon, Ministre des Affaires étrangères.

T. n° 2393.   Rome, *17 octobre 1918, 22 h.*

Secret.   *(Reçu : 23 h. 30.)*

Suite à mon télégramme n° 2391[1].

M. Orlando est satisfait de la réponse de M. Wilson. Elle offre aux Alliés les garanties dont ils avaient besoin. Le président du Conseil ne croit pas que les Allemands puissent l'accepter ; […][2] malgré leur défaite ils chercheront à ergoter et à gagner du temps.

Il est d'ailleurs plein d'optimisme sur la prochaine issue de la guerre. La Turquie, dit-il, et après elle l'Autriche, capituleront dans quelques semaines. Il voit donc la paix dans 2 mois.

Je l'ai mis en garde contre des prévisions aussi optimistes. La conclusion de la guerre, toute battue qu'était l'Allemagne, ne se pouvait réaliser dans un délai aussi prochain. Les Alliés agiraient sagement en se le disant. Ils devaient redoubler d'efforts et renoncer à toute (pensée) de paix jusqu'à ce que leurs troupes soient en mesure d'envahir le territoire allemand.

CPC, A-Paix, 1914-1918, vol. 40 (4CPCOM/40).

63

M. Georges-Picot, Haut-Commissaire français en Palestine,
    à M. Pichon, Ministre des Affaires étrangères,

N.   *Paris, 17 octobre 1918.*

D'indications qui parviennent de Londres, il résulte que des appréhensions très vives s'y font jour quant à la politique qui serait suivie par la France en Orient, au cas où les accords de 1916 seraient appliqués. On va répétant qu'au cas où la Syrie et la Cilicie lui seraient livrées, ces pays se verraient aussitôt imposer un régime semblable à celui de l'Algérie, l'exploitation par les sociétés financières et industrielles françaises, que ce jour marquerait la fin de toute indépendance réelle pour ces contrées, car les Français n'ont jamais rien su faire pour acheminer leurs colonies vers un

---

[1] Dans ce télégramme envoyé de Rome le 17 octobre 1918 (à 22 h.) et reçu à Paris le 18 (1 h. 20), l'ambassadeur Barrère insiste sur l'importance de l'occupation du territoire allemand comme condition de l'armistice en évoquant le précédent de l'occupation allemande du territoire français après la guerre de 1870-71.

[2] Lacune de déchiffrement.

gouvernement autonome. On ajoute qu'un tel régime rencontrerait chez les populations intéressées une hostilité générale, et que des troubles ne manqueraient pas de survenir. Et d'aucuns vont répétant que cette éventualité risque de compromettre toute l'action poursuivie par l'Angleterre auprès des Arabes.

Sans examiner le bien-fondé de cette manière de voir on ne peut se dissimuler que ce sentiment, très général parmi les Anglais, même les plus favorables à l'Entente, risque de rendre assez difficiles les négociations relatives à l'organisation d'une administration française en Syrie. Il n'est pas douteux que les impérialistes qui espèrent encore amener le Cabinet de Saint James à revenir sur des engagements formels, en joueront tant auprès de l'opinion que de certains milieux syriens peu favorables à notre influence. Il y aurait donc intérêt à ce qu'une occasion fût saisie, le plus tôt possible, d'y couper court par une déclaration publique venant d'une voix autorisée qui définirait brièvement la politique qu'entend suivre le gouvernement de la République vis-à-vis des populations qui se confieraient à lui.

Il ne s'agit pas, il ne peut s'agir après une guerre qui a pour but de libérer les peuples opprimés d'imposer aux populations affranchies des Turcs telles ou telles institutions, mais seulement d'assurer par une protection et une assistance efficaces, le fonctionnement normal du régime qu'elles se seront librement donné. Aider au développement économique du pays en suscitant et en encourageant les initiatives locales, y assurer une justice égale pour tous sans acception de groupes ni d'origine, créer véritablement une unité nationale en mettant fin aux divisions qui, encouragées par les Turcs, ont trop longtemps troublé l'Orient, tel est le rôle que la France revendique dans les zones où elle est appelée à agir par les accords de 1916. Une fois de plus notre pays aura ainsi contribué à émanciper des peuples trop longtemps opprimés et à assurer d'une manière régulière leur libre accession à la vie nationale à laquelle ils aspirent légitimement.

Une déclaration de ce genre mettrait fin, à n'en pas douter, aux suspicions des voix intéressées formulées contre nous et grouperait autour de la France les Syriens tant chrétiens que musulmans qui hésitent encore à se prononcer en sa faveur.

CPC, E-Levant, Syrie-Liban, 1918-1940, vol. 3 (50CPCOM/3).

64

M. Boppe, Ministre de France à Pékin,
  à M. Pichon, Ministre des Affaires étrangères.

T. n° 659.   *Pékin, 18 octobre 1918, 21 h.*

(Reçu : le 19, 8 h. 05.)

À une réunion des ministres alliés convoqués à la demande du ministre des États-Unis, il a été procédé à un examen général de la situation qui résulte en Chine, au point de vue des intérêts alliés, de l'affaiblissement croissant du pouvoir central, de la mauvaise foi des fonctionnaires soumis à l'influence allemande.

Une démarche collective auprès du chef de l'État a été jugée nécessaire pour rappeler la Chine à un plus strict respect [de la] situation des Alliés. Les ministres alliés se [...][1] réunis le 24 pour décider de la forme politique de cette démarche après avoir établi [un] dossier commun des griefs accumulés contre le gouvernement chinois au point de vue purement interallié.

Au cours de cette discussion le ministre des États-Unis, qui ne m'a pas paru livrer encore toute sa pensée, s'est attaché surtout à dénoncer le cynisme du gouvernement de Pékin dont l'assistance au cours de cette guerre a été nulle et qui a utilisé égoïstement à des fins de politique intérieure, et sans compensation pour nous, le bénéfice de ses relations officielles avec l'Entente. Avec des réticences et des précautions destinées peut-être à [emporter] l'opinion de ses collègues à des conclusions plus affirmatives M. Reinsch a fait allusion au télégramme adressé par le président Wilson au président Hsiu[2] et insisté sur l'aide que les représentants alliés peuvent apporter à la Chine en lui faisant comprendre officiellement la nécessité de mettre fin à la guerre civile pour s'associer effectivement à l'œuvre de l'Entente.

Télégrammes, Pékin, Arrivée, 1918, vol. 4200 (304QONT/4200).

---

[1] Lacune de déchiffrement.

[2] Il s'agit d'une proposition de médiation entre les autorités de la Chine du nord et celles de la Chine du sud.

65

M. Cambon, Ambassadeur de France à Londres,
 À M. Pichon, Ministre des Affaires étrangères.

D. n° 771.　　　　　　　　　　　　　　　　　*Londres, 18 octobre 1918.*

La paix et la question des élections en Allemagne. L'Alsace-Lorraine.

Monsieur le Ministre,

En examinant l'éventualité de prochaines élections anglaises, la presse britannique a fait allusion à une consultation possible du peuple allemand. Les récentes manifestations du président Wilson peuvent s'interpréter comme un encouragement à la réunion d'une Constituante germanique. Nos ennemis eux-mêmes peuvent avoir l'idée de prendre les devants et d'annoncer leur intention de procéder dès la signature de l'armistice à la constitution d'une Assemblée nationale.

Il n'est donc pas prématuré d'envisager cette question qui peut avoir pour notre pays les plus sérieuses conséquences.

Ces élections devront avoir lieu, en effet, dans tous les territoires qui constituent l'Empire allemand actuel. Sera-t-il possible aux Alliés d'en faire excepter les pays alsaciens, lorrains, danois ou polonais ? Berlin ferait immédiatement remarquer à Washington que nous redoutons le verdict des populations. On nous opposerait le précédent de 1871[1]. M. de Bismarck se montra alors d'autant plus libéral que les sentiments des populations n'ont jamais pesé sur les conceptions de la politique prussienne.

Il est vrai que de prochaines élections en Allemagne auront un caractère spécial. Il ne s'agira pas d'élire une Assemblée autorisée à discuter les conditions de la paix, mais une Constituante chargée de les ratifier au nom du peuple allemand tout entier. D'autre part, les votes en Alsace-Lorraine, dans les Duchés et en Pologne peuvent avoir lieu dans une zone déjà occupée, ce qui donnerait certaines garanties.

Néanmoins, et toujours conformément au précédent de 1871, les scrutins suivront les listes électorales, en l'occurrence les listes allemandes. En Alsace-Lorraine, les Allemands immigrés et les fonctionnaires voteront ; les émigrés de 1871 ne voteront pas. Les résultats peuvent être assez embarrassants pour nous. Le Zentrum et le parti socialiste allemand risquent de l'emporter dans certaines circonscriptions sur des candidats purement alsaciens.

Malgré cette éventualité, nos doctrines démocratiques, dont le président Wilson est actuellement l'interprète, rendent cette consultation nécessaire.

---

[1] En février 1871, lors des élections à l'Assemblée nationale, les habitants de l'Alsace et de la Moselle avaient pu élire leurs représentants, avant que ces derniers ne fussent contraints à se retirer de ce parlement en élevant une protestation solennelle devant l'annexion de leur territoire par l'Allemagne.

Le mieux serait donc, selon moi, que le gouvernement français rappelât, à la veille de cette consultation, que la protestation des populations alsaciennes-lorraines de 1871 conserve toute sa valeur. Sans confondre ce rappel du droit avec toute allusion au futur tracé de notre nouvelle frontière de l'est, nous pourrions soutenir que la situation de l'Alsace-Lorraine antérieure au traité de Francfort étant rétablie, il n'y a pas lieu de la faire participer aux élections d'une Constituante allemande. Nos provinces recouvrées exprimeront leur sentiment en participant aux prochaines élections françaises. Hors ce procédé, je ne vois que difficultés et incertitudes dans la question des élections allemandes.

Veuillez agréer, Monsieur le Ministre, les assurances de ma très haute considération.

CPC, A-Paix, 1914-1918, vol. 74 (4CPCOM/74).

66

M. Pichon, Ministre des Affaires étrangères,
 À M. Cambon, Ambassadeur de France à Londres.

Minute n° 2104. *Paris, 20 octobre 1918.*

Contrôle interallié des matières premières et politique économique internationale après la guerre.

Je vous remercie des très utiles indications contenues dans votre lettre du 10 de ce mois, n° 740[1].

La valeur pratique et partant l'utilité d'application de l'idée traduite par le projet d'un contrôle interallié des matières premières, en vue soit d'une plus prompte terminaison de la guerre soit de meilleurs règlements de la paix, sont naturellement en raison inverse de l'importance des résultats positifs que nous obtiendrons tant par nos armes que par nos exigences, avant la fin des hostilités. Si l'ennemi subit militairement une défaite définitive, s'il est obligé d'abandonner les territoires qu'il détient comme gages et s'il doit renoncer à certains projets de politique économique qu'il comptait réaliser après la guerre, il va sans dire que l'établissement d'un contrôle interallié des matières premières devient inutile comme arme complémentaire de guerre et même comme instrument éventuel de négociation. Tout dépendra, je le répète, des résultats qui seront acquis lors de la cessation des hostilités. J'estime toutefois qu'il eût été bon de se préparer dans tous les cas, en vue de toute éventualité.

Considérons maintenant l'arme économique comme l'une des principales, la principale des sanctions qui pourront être données à l'ordre

---

[1] Voir document n° 26 du 10 octobre 1918.

international nouveau à instaurer après la guerre. Il est tout à fait conforme aux déclarations répétées du président Wilson de penser que celui-ci l'a d'ores et déjà admise. Vos informations concordent à cet égard avec celle que M. de Billy a dernièrement adressée de New York à M. Tardieu (vous trouverez ci-joint copie de son télégramme, daté du 7 de ce mois)[1]. C'est cette question que, dans ma lettre de la même date, j'ai cru utile d'envisager dès maintenant.

Vous vous êtes mépris sur la conclusion que j'en tirais. L'emploi que j'ai fait du mot *combinaison*, mot dont M. Wilson se sert dans un autre sens pour condamner en général toute coalition économique, vous a conduit à supposer qu'à mon avis nous pouvions nous croire autorisés par la déclaration du Président des États-Unis à conclure dès aujourd'hui de ces arrangements interalliés qui constitueraient entre nos mains l'arme en question dans cette guerre même. Telle n'a pas été mon idée. J'ai voulu dire incidemment qu'en vue de l'organisation de la Société des Nations, les Alliés auraient pu utilement profiter de leur supériorité en cette matière et de leur expérience actuelle des organes communs existants, qu'ils ont eux-mêmes créés et dont ils disposent, pour étudier entre eux et avant les autres un système, une *combinaison* durable, qui pourrait être ensuite proposée et étendue à tout le monde. J'envisageais ainsi un travail préparatoire qui, naturellement, à l'occasion, aurait pu nous servir à nous renforcer pratiquement dans les circonstances présentes. Ceci dit, je reconnais que ce passage de ma lettre prêtait à malentendu.

À côté, au dessus de ces aspects particuliers de la question demeure le problème fondamental et capital de la production et de la répartition – y compris ou non les ressources et les besoins de nos ennemis – des matières premières après la guerre. Cette grave question considérée en elle-même et en tout état de cause, réclame une réglementation internationale, qu'on ne saurait trop tôt préparer et en vue de laquelle une entente interalliée, avant la paix, serait bien utile. J'ai traité ce sujet dans ma dernière lettre ; je n'y reviens pas. Vous verrez que dans son télégramme, M. de Billy s'en préoccupe quand il envisage le maintien d'un contrôle des gouvernements sur les importations et les exportations pendant la période de reconstitution économique qui suivra le traité de paix.

Reste, pour répondre aux divers points de votre lettre, la question des idées du président Wilson sur le régime général des relations commerciales des peuples dans l'avenir. Vous inférez des troisième et quatrième conditions du discours du 27 septembre dernier qu'une fois la Ligue des Nations organisée, les États n'auront plus le droit de se lier entre eux par des conventions bilatérales et en particulier par des traités de commerce.

Il me paraît difficile de soutenir une telle conception, dans le cas où l'interprétation que vous reproduisez serait exacte. Quelle que soit la loi

---

[1] Dans son télégramme du 7 octobre, de Billy informe Tardieu que « le président [Wilson] compte sur une victoire assez complète pour pouvoir imposer aux Puissances centrales la paix qu'il a décrite dans son discours du 27 septembre. Il réserve à la ligue des nations l'arme économique comme moyen de châtiment. Il ne veut pas en faire actuellement un instrument de menace ».

supérieure, le règlement à deux des rapports commerciaux entre États sera aussi nécessaire que sont indispensables, inévitables, pour la vie sociale, du point de vue du droit interne, les contrats d'association ou d'affaires entre les individus. Les règlements de la Société des Nations constitueront une espèce de code international. Or, les codes ne suppriment pas les contrats entre particuliers ; ils sont fait au contraire pour les régir, pour les « conditionner ». L'essentiel est que les engagements et l'activité des contractants ne s'écartent pas des normes, prescriptions ou prohibitions, tracées par la loi dans l'intérêt général.

C'est ainsi que dans l'intérêt de la paix entre les nations, la règle prévue par le président Wilson interdit les ententes, les traités ayant pour but ou conséquence la formation de coalitions économiques ; c'est la signification générale que selon moi, il y a lieu de donner à son texte du 27 septembre. Mais elle ne saurait s'opposer, semble-t-il, à la conclusion des conventions bilatérales ordinaires, qui organisent les relations commerciales normales, conformément aux tempéraments et aux intérêts légitimes des peuples, et qui déterminent généralement l'établissement et le développement de bons rapports entre eux.

J'avoue, pour terminer, que je n'ai pas plus que vous des clartés particulières sur le sens profond et exact de ces différentes déclarations du président Wilson, et surtout sur ses idées concernant les futurs rapports internationaux dans l'ordre économique. Je reconnais comme vous qu'il est important d'obtenir au plus tôt sur ces sujets tous les éclaircissements désirables.

Nous approchons de l'heure des réalisations. Il faut prudemment éviter que se forment auparavant et à l'insu des deux gouvernements des malentendus, qui ne manqueraient pas, quand cette heure sonnera, de devenir divergences, si l'on s'en tenait à certaines incompatibilités qui apparaissent dès à présent entre les conceptions absolues et un peu abstraites de la politique de M. Wilson et plusieurs de nos idées inspirées par l'expérience du passé comme par les nécessités de notre avenir national. J'observe déjà que la déclaration du 8 janvier 1918, par l'interprétation que vous lui donnez, semble-t-il avec raison, est en principe contraire à certaines de nos dispositions, qui ont motivé notamment la dénonciation de nos accords économiques.

Il serait évidemment très utile de connaître les vues du gouvernement britannique sur cette situation. D'autre part, je compte prier M. Tardieu, qui va repartir très prochainement pour les États-Unis, de donner tous ses soins à cette importante question, qui exige en premier lieu que l'on voie le plus tôt possible bien nettement des positions et des conditions jusqu'ici assez mal définies.

D'une façon générale, les grandes questions économiques qui doivent être réglées par cette paix ou introduites par elle dans la vie internationale, vont jouer tout de suite dans la négociation un rôle de premier plan. J'admets que chacun des gouvernements alliés les ait travaillées, et bien travaillées, pour son compte, et qu'il se sente prêt. Ils ont pu précisément arriver, en ne faisant état que de leurs intérêts respectifs, à des solutions différentes. Or, il est certain que plusieurs de ces questions se poseront pratiquement à tous collectivement et nécessiteront des solutions communes... Une conférence ou un conseil interallié, qui préparerait ou qui serait prêt à assumer l'essentielle tâche de coordination qui s'imposera lors des premières négociations, rendrait de bien grands services.

CPC, Y-Internationale, 1918-1940, vol. 212 (75CPCOM/212).

67

M. JUSSERAND, AMBASSADEUR DE FRANCE À WASHINGTON,
À M. PICHON, MINISTRE DES AFFAIRES ÉTRANGÈRES.

T. n° 1495. *Washington, s.d., s.h.*
Urgent. Secret. *(Reçu : le 21 octobre 1918, 6 h. 15.)*

J'ai mis le Président au courant des derniers renseignements qui nous étaient parvenus sur l'état militaire et moral de l'Allemagne, et qui montrent qu'un effondrement intérieur est possible, mais non certain et que la lutte militaire doit être en tout état de cause continuée avec la dernière énergie, ce dont il est du reste entièrement d'accord.

Sur la possibilité hypothétique de graves ravages à l'intérieur, à propos desquels des informations ressemblent aux nôtres, il m'a dit : « Une question s'impose à nos réflexions. Où est notre intérêt ? Est-il dans le maintien d'un Kaiser déconsidéré avec perspective d'un héritier encore moins populaire, ou dans une Allemagne tombant dans une manière de bolchevisme ? Dans le premier cas ce ne sera pas une Allemagne forte ; dans le second nous en aurons une incapable de pourvoir aux réparations nécessaires. »

Le renseignement que j'ai donné au Président sur le voyage de M. Champy (votre télégramme 2432[1]) qui [montre] la psychologie allemande l'a beaucoup frappé. Celui [d'hier] sur la circulaire Solf[2] reçu à [...][3] et qui met en lumière la duplicité germanique l'a d'autant plus intéressé qu'il avait reçu la même information, mais se rapportant aux provinces balkaniques.

Télégrammes, Washington, Arrivée, 1918, vol. 6206 (304QONT/6206).

---

[1] Télégramme non retrouvé.
[2] Télégramme non retrouvé.
[3] Lacune de déchiffrement.

68

M. Jusserand, Ambassadeur de France à Washington,
À M. Pichon, Ministre des Affaires étrangères.

T. n° 1499.   Washington, s.d.
Urgent.   (Reçu : le 21 octobre 1918, 6 h. 30.)

J'ai dit au Président avec quelle satisfaction j'avais vu la presse couper court aux fausses interprétations périodiquement réitérées par mauvaise intention sur le sens de ses paroles concernant l'Alsace-Lorraine (voir mes télégrammes 1469 et 1481)[1].

Avec plus de précision encore, s'il est possible que son secrétaire d'État, M. Wilson a répondu : « Mes termes étaient cependant clairs et la chose est simple. Quel tort a subi la France en 1871 ? On lui a pris ses provinces. Comment peut-on redresser ce tort ? En les lui rendant ».

Papiers d'agents, fonds Tardieu, vol. 466 (166PAAP/466).

69

M. Pichon, Ministre des Affaires étrangères,
À M. Jusserand, Ambassadeur de France à Washington.

T. n°s 2661-2663.   Paris, 21 octobre 1918, 11 h.

Chiffré. Secret. Urgent.

Les différentes communications que vous m'avez faites sur vos entretiens avec le président Wilson et les réponses qu'il a adressées aux puissances centrales sans consultation préalable avec les Alliés appellent des réflexions que je crois utile de formuler. Le gouvernement de la République tient essentiellement à ne rien faire qui puisse éveiller les susceptibilités du président des États-Unis dont il apprécie au plus haut degré les incomparables services dans la crise dont nous entrevoyons enfin la conclusion victorieuse. Il ne faut donc rien lui dire qui risque d'être interprété contrairement à nos

---

[1] Dans le télégramme n° 1469 du 15 octobre, Jusserand indique qu'il a « prévenu M. Lansing contre les faux-fuyants concernant l'Alsace-Lorraine », et que le « secrétaire d'État a répondu : aucun doute n'est possible. Le Président a dit : Il faut que le tort fait à la France en 1871 soit redressé. » (voir document n° 49 du 14 octobre 1918) Dans le télégramme n° 1481 du 18 octobre (cité *infra in extenso*), il informe Paris qu'une « note publiée par la presse et inspirée par la Maison Blanche empêchera qu'on puisse continuer de discuter comme d'aucuns le font encore le sens de la 8ème des conditions de paix du Président, celle qui a trait à l'Alsace-Lorraine. Cette note spécifie que ces provinces devront être rendues à la France et reprendre leur statut d'avant l'annexion, sans tenir compte du résultat de la colonisation allemande et de l'exil d'une bonne partie de la population française. »

sentiments intimes et profonds à son égard. Nous ne pouvons cependant pas ne pas être frappés des conséquences que peut avoir par exemple une réponse sommaire comme celle qu'il a faite au gouvernement austro-hongrois[1]. Elle est dans sa donnée conforme à la manière de voir que le ministère présidé par M. Clemenceau a constamment exposée. Mais la solution de la question autrichienne étant une des plus graves de la guerre – la plus grave peut-être – il ne suffit pas de poser en principe le démembrement de l'Autriche-Hongrie et de le proclamer comme un fait acquis, il faut aussi réfléchir sérieusement à tout ce qui en découle et se prémunir d'avance contre ce qu'il a de dangereux. Il ne faut pas que nous soyons exposés à voir l'Allemagne dans la forme nouvelle qu'elle pourra prendre à l'issue de la guerre après la destruction nécessaire de l'hégémonie prussienne se fortifier des éléments allemands de l'Autriche. Le problème austro-hongrois qui est un problème austro-allemand et qui touche aux intérêts les plus importants des États européens doit donc être considéré sous tous ses aspects avec la plus grande attention. Il serait bon de le faire entendre au président Wilson avec tous les ménagements possibles et avec toute la déférence que nous avons pour ses opinions en lui indiquant combien nous apprécierions une résolution de lui de concerter ses vues avec les nôtres et avec celles des gouvernements alliés lorsqu'il est appelé à se prononcer sur d'aussi graves problèmes.

Papiers d'agents, fonds Pichon, vol. 6 (141PAAP/6).

70

M. Pichon, Ministre des Affaires étrangères,
   À M. Cambon, Ambassadeur de France à Londres,
   M. Jusserand, Ambassadeur de France à Washington,
   M. Barrère, Ambassadeur de France à Rome[2].

T. nos 4689-4692 ; 2672-2675 ; 3163-3166.   *Paris, 22 octobre 1918, 13 h.*

Chiffré.

Pour Washington et Rome : J'adresse à M. Paul Cambon le télégramme suivant, que je vous communique pour votre information personnelle :

Pour tous les postes : Je réponds à votre télégramme 1265[3].

---

[1] La note du président Wilson aux Austro-Hongrois du 19 octobre indiqua en substance que le point n° 10 de son discours du 8 janvier 1918 ne cadrait désormais plus avec la réalité des demandes des minorités nationales de l'Empire. La seule autonomie que l'empereur Charles proposait à ses peuples dans son manifeste du 18 octobre ne suffisait plus et Wilson précisa à Vienne que ces derniers seraient donc les seuls juges des futures évolutions de l'Empire. Cette note fut ressentie très durement par les autorités de l'Empire.

[2] Communiqué à Guerre.

[3] Dans ce télégramme daté du 19 octobre, Paul Cambon rapporte qu'il a fait part à Lord Robert Cecil de la volonté de Pichon de communiquer au président Wilson les accords franco-

Malgré les risques, signalés par M. Jusserand, que comporte la communication au président Wilson de nos accords de 1916[1] et de 1917[2] sur l'Asie ottomane les gouvernements anglais, français et italien ont estimé que cette communication s'impose. Elle contribuera, d'ailleurs, à dissiper l'impression fâcheuse produite par les communications incomplètes des bolcheviks et à mettre dans leur vrai jour les principes élevés qui nous guident.

Toutefois avant d'y procéder il est désirable que les gouvernements français et anglais s'entendent entre eux :

1°) sur les conditions exactes de cette communication par rapport à l'accord franco-anglais de 1917 avec l'Italie[3], qui n'a pas été sanctionné par la Russie et a par là vis-à-vis des tiers un caractère moins arrêté que l'accord anglo-franco-russe de 1916[4] ;

2°) sur les commentaires préalables et les considérations accessoires par lesquels M. Jusserand et ses collègues devront démontrer le caractère légitime de nos ententes. À cet égard il est désirable que la déclaration franco-anglaise prévue par votre télégramme 1256[5], qui a pour but de justifier et définir le caractère bienfaisant de notre action présente en Syrie, précède notre démarche à Washington.

Dès qu'une entente sera intervenue entre Londres et Paris sur ces deux ordres d'idées, nous préviendrons Rome en lui demandant de se joindre à nous à Washington, M. Jusserand, doyen des représentants alliés ferait alors la démarche au nom des trois ambassadeurs.

---

britanniques relatifs à l'Orient ainsi que sa suggestion de leur nouvel examen. Lord Cecil lui a répondu « qu'il lui paraissait utile de nous rapprocher et de causer entre nous afin que nous nous présentions à la Conférence pour la paix, lorsqu'elle se réunira, parfaitement unis avec l'Italie et les États-Unis sur les points essentiels. Il insiste sur le fait de la disparition de la Russie et de l'entrée en jeu des États-Unis, qui modifient les conditions de tout arrangement en Orient ».

[1] Les Accords Sykes-Picot du 16 mai 1916.
[2] Les Accords de Saint-Jean-de-Maurienne du 20 avril 1917.
[3] Voir note précédente.
[4] Le 26 avril 1916, le ministre russe des Affaires étrangères transmet à Maurice Paléologue les conditions par son gouvernement pour accepter l'accord franco-anglais au sujet de l'avenir des provinces arabes de l'Empire ottoman. Le même jour Paléologue fait connaître à la Russie que la France accepte ces conditions. En mai 1916, un échange de lettres entre Paul Cambon et le secrétaire d'État britannique aux Affaires étrangères, Edward Grey, aboutit aux accords Sykes-Picot.
[5] Dans ce télégramme du 17 octobre 1918, Paul Cambon annonce à Pichon que le gouvernement britannique a examiné le projet français de déclaration franco-anglaise relative aux territoires ottomans libérés et celui-ci propose le texte amendé suivant : « Le but qu'envisagent la France et la Grande-Bretagne en poursuivant en Orient la guerre déchaînée par l'ambition allemande, c'est l'affranchissement complet et définitif des peuples si longtemps opprimés par les Turcs, et l'établissement de gouvernements et administrations nationaux puisant leur autorité dans l'initiative et le libre choix des populations indigènes. Pour donner suite à ces intentions, la France et la Grande-Bretagne sont d'accord pour encourager et aider à l'établissement de gouvernements et d'administrations indigènes en Syrie et en Mésopotamie, et pour reconnaître ceux-ci aussitôt qu'ils seront effectivement établis. Loin de vouloir imposer aux populations de ces régions telles ou telles institutions, elles n'ont d'autre souci que d'assurer par leur appui et par une assistance efficace le fonctionnement normal des gouvernements et administrations qu'elles se seront librement donnés. Assurer une justice impartiale et égale pour tous, faciliter le développement économique du pays en suscitant et encourageant les initiatives locales, favoriser la diffusion de l'instruction, mettre fin aux divisions trop longtemps exploitées par la politique turque, tel est le rôle que les deux gouvernements alliés revendiquent dans les territoires libérés ».

Les considérations dont s'inspirerait l'ambassadeur de France peuvent être les suivantes :

L'Angleterre et la France n'ont pas cessé de chercher à mettre un terme aux procédés barbares de la politique ottomane à l'égard des Arméniens, des chrétiens de Syrie et des autres populations non turques, odieusement opprimées par le gouvernement ottoman, et qui ne cessaient de faire appel aux grandes puissances libérales auxquelles elles voulaient confier leur sort sans réserve.

Une grosse difficulté résultait, pour soustraire ces populations malheureuses au joug turc du fait que leurs races et leurs religions sont profondément enchevêtrées, que les rivalités entre les divers groupes sont très violentes, et que la masse musulmane arabe, en dehors même de son fanatisme exclusif, n'est pas encore assez éclairée pour organiser elle-même un gouvernement reposant sur la justice et le respect mutuel des droits de chacun.

C'est en tenant compte de ces diverses données que l'Angleterre et la France ont esquissé entre elles les régions où, conformément aux aspirations des populations et aux vœux de leurs clientèles séculaires, leur influence devrait se localiser, tout en donnant satisfaction aux désirs des Arabes par la reconnaissance d'un État ou d'une confédération d'États arabes.

L'alliance de la Russie, sa participation à la guerre et sa situation de fait au sud du Caucase et dans la mer Noire ne permettaient pas à l'Angleterre et à la France de la tenir en dehors de leurs arrangements et les obligeaient à envisager en particulier la légitimité de son libre passage vers la Méditerranée.

Les événements historiques qui ont bouleversé le gouvernement de la Russie, vont permettre par l'abandon des ambitions impérialistes du pouvoir absolu, de replacer entièrement nos accords sur le terrain de l'humanité, de la civilisation et de la liberté, sans négliger les transitions et la tutelle nécessaires à l'affranchissement définitif des populations encore confondues dans l'amalgame confus de l'Empire ottoman. Un des effets les plus heureux de ce grand bouleversement sera la possibilité de réunir les deux groupes de populations arméniennes sous une même influence conformément à leurs aspirations.

La soumission probable de la Turquie à la cause représentée par les Alliés permettrait le maintien d'un Empire ottoman (subordonné à la libération des populations qu'il tenait sous un joug barbare). Cet événement aura également une influence certaine sur les dispositions qui avaient été esquissées en 1917 à la demande de l'Italie. On avait, en effet, dû tenir compte des considérations d'intérêt, de participation à la mission civilisatrice des puissances en Asie mineure et d'équilibre méditerranéen que l'Italie avait fait valoir à l'occasion de son entrée en guerre.

Depuis quatre ans la France et l'Angleterre ont saisi toutes les occasions de bien marquer l'élévation de leurs buts : en 1916 elles ont accueilli avec empressement les demandes des représentants du sionisme et accepté le principe d'un groupement autonome des Juifs en Palestine ; à la fin de 1917, dès que la libération de la Syrie a pu être envisagée, une déclaration des représentants français et anglais au Comité central syrien marqua nettement la volonté des deux gouvernements de bannir toute idée de domination coloniale en Syrie ; enfin aujourd'hui même, pour donner à la libération de la Syrie et de la Mésopotamie tout son sens les gouvernements français et anglais font une nouvelle déclaration dont le libéralisme est incontestable.

Tels me paraissent les commentaires dont il y aurait lieu d'accompagner la communication à Washington de nos accords et de nos déclarations.

Je vous serai obligé de me faire connaître d'urgence si le gouvernement anglais les approuve, et est disposé à s'y rallier. Dans ce cas, nous pourrions consulter ensemble le gouvernement italien et donner après son agrément, à nos représentants aux États-Unis les instructions voulues.

Télégrammes, Washington, Départ, 1918, vol. 6356 (304QONT/6356).

71

M. Berthelot, Adjoint au Directeur des Affaires politiques et commerciales,
　À M. Jusserand, Ambassadeur de France à Washington,
　M. Cambon, Ambassadeur de France à Londres,
　M. Barrère, Ambassadeur de France à Rome.

T. nos 2692 ; 4701; 3171.　　　　　　　*Paris, 22 octobre 1918, 21 h. 30.*

Chiffré.

Traduction du télégramme adressé par le gouvernement anglais à son ambassadeur à Washington, auquel se réfère mon télégramme de ce jour[1].

« La réponse allemande, en se concentrant sur une seule phrase du premier télégramme du Président, a manifestement pour but d'obtenir un armistice additionnel qui serait des plus désastreux pour la cause des Puissances associées. Au sujet des conditions navales, les Allemands ne disent rien du tout. Au sujet des conditions militaires, ils considèrent comme acquis qu'une retraite non inquiétée des armées allemandes vers leur propre frontière a déjà été acceptée en principe et qu'il ne reste rien à faire sinon d'élaborer avec le concours des conseillers militaires quelques détails supplémentaires.

Nous savons parfaitement que telles ne sont pas les vues du Président. Nos techniciens nous assurent que l'effet d'une telle politique serait de donner aux Allemands ce dont ils ont le plus besoin, du temps pour se réorganiser et un front raccourci et aisément défendable.

---

[1] Voir document n° 72 du 22 octobre 1918.

Des négociations de paix conduites dans de telles conditions ne pourraient jamais garantir les buts désirés par les gouvernements associés. Si, par exemple, les Allemands rompaient sur des questions telles que celle d'Alsace-Lorraine ou de Pologne, les Alliés seraient forcés de céder ou, autrement, de reprendre les hostilités contre un ennemi reposé et réorganisé et se trouvant dans une situation telle que tout Allemand, quelle que soit son opinion, aurait le sentiment qu'il ne lutte pas pour des conditions pangermanistes mais pour le sol de la Patrie.

Ce qui entraînerait les troupes allemandes découragerait les nôtres ; et tous les fruits de la victoire pourraient être perdus.

Il nous semble clair que tout armistice doit contenir des garanties à la fois contre une reprise des hostilités par l'ennemi, si, par malheur, les négociations de paix échouent ; et probablement aussi contre toutes violations du traité de paix définitif lorsqu'il sera conclu. Dans l'opinion de nos techniciens ces fins peuvent être seulement atteintes si l'armistice stipule :

a) que quelque partie du territoire ennemi comprenant au moins l'Alsace et la Lorraine soit immédiatement occupée par les troupes alliées ;

b) que des précautions adéquates soient prises contre une reprise de la guerre navale.

Nous espérons vivement que le Président ne se compromettra pas sur ces questions vitales sans consultation préalable avec les Alliés.

Télégrammes, Londres, Départ, 1918, vol. 3050 (304QONT/3050).

72

M. Pichon, Ministre des Affaires étrangères,
    À M. Jusserand, Ambassadeur de France à Washington,
    M. Cambon, Ambassadeur de France à Londres,
    M. Barrère, Ambassadeur de France à Rome[1].

T. n°s 2689-2691 ; 4695-4697 ; 3168-3170.　　　　*Paris, 22 octobre 1918, 20 h. 50.*

Chiffré.

Pour Londres et Rome : J'adresse à M. Jusserand le télégramme suivant :

Pour tous les postes : Je vous envoie d'autre part un télégramme que le gouvernement britannique adresse à son ambassadeur à Washington et que M. Balfour fait communiquer au président du Conseil et à moi[2].

Ce télégramme suscite en ce qui nous concerne les observations suivantes :

---

[1] Communiqué à Guerre.
[2] Voir le document n° 71 du 22 octobre 1918.

1°) Les conditions militaires de l'armistice ont fait à la dernière Conférence interalliée l'objet de conversations mais aucun texte n'a été adopté.

2°) Le comité militaire permanent de Versailles a suggéré un texte qui reste soumis à l'approbation des gouvernements alliés mais n'a pas encore été discuté.

3°) Les seuls conseillers militaires dont l'avis doit peser d'une façon sinon définitive du moins prépondérante sont le maréchal Foch et les commandants des armées alliées qui sont seuls juges de la situation militaire ignorée dans ses éléments décisifs des techniciens de Versailles.

C'est pourquoi le gouvernement français fait toutes réserves sur les points indiqués par le gouvernement britannique auxquels il estime nécessaire d'en ajouter d'autres.

Il ne faut pas oublier que les gouvernements alliés n'ont été consultés à aucun moment sur les conditions de l'armistice et qu'ils ne pouvaient pas l'être avant que le président Wilson se soit adressé à eux.

C'est pour cette heure précisément que nous réclamons notre liberté d'action.

Il est bien entendu que les conditions d'armistice seront examinées en commun par les Alliés, mais il est nécessaire au succès même de l'armistice et surtout à l'issue de la guerre que les observations que nous aurons à produire soient écoutées et discutées, afin que notre accord puisse avoir ses pleins effets.

Veuillez faire connaître verbalement au président Wilson cette manière de voir du gouvernement de la République et tenir au courant votre collègue d'Angleterre.

Télégrammes, Washington, Départ, 1918, vol. 6356 (304QONT/6356).

73

M. Barrère, Ambassadeur de France à Rome,
    À M. Pichon, Ministre des Affaires étrangères.

T. n°s 2453-2454.   *Rome, 22 octobre 1918, 22 h.*

Secret.   (*Reçu* : le 23, 1 h. ; 5 h.)

Le Président du Conseil vient de me montrer le texte de la réponse allemande[1] à la dernière note de M. Wilson. Il la trouve aussi lâche que

---

[1] Il s'agit de la note allemande du 20 octobre acceptant le principe d'un armistice dont les clauses seraient décidées par les autorités militaires des Alliés et Associés. Les Allemands réagirent également dans cette note à l'accusation de traitements inhumains formulée par le président américain. Enfin, le gouvernement de Max de Bade tenta de justifier sa position démocratique dans ce texte en précisant que celui-ci émanait des vœux des représentants du peuple allemand et que la « parlementarisation » du régime était en cours.

méprisable ; lâche par son écœurante obséquiosité ; méprisable par les moyens dont elle use pour équivoquer ; pour faire platement sa cour au président Wilson [...][1] États-Unis en l'érigeant en arbitre des destinées du monde. Les Allemands, d'ailleurs, ne renoncent à aucune des prétentions de leur première ouverture, commission mixte et le reste. Ils les aggravent en demandant que les forces militaires en présence durant les pourparlers soient réduites à une équivalence. Le désir de prolonger la conversation, de tromper l'opinion publique des pays alliés, de gagner du temps, de leurrer leur adversaire éclate à chaque ligne de ce document dérisoire.

L'opinion du président du Conseil sur la valeur d'une telle réponse étant dépassée encore, par la mienne, j'ai vivement engagé M. Orlando à donner pour mot d'ordre à la presse italienne de la présenter comme une fin de non recevoir définitive, d'en stigmatiser sans mesure la perfidie, et de la considérer comme mettant un terme final à une conversation qui n'a que trop duré. Il m'a permis de le faire. J'espère qu'on fera de même en France et en Angleterre. C'est une occasion des plus propices de couper court à des pourparlers conduits dans les conditions les plus périlleuses pour les intérêts des Alliés et qui doivent être arrêtées. Trois grandes puissances ne peuvent sans un grand danger subordonner les conditions de leur existence à l'initiative d'une seule, quelque confiance qu'elles aient dans la loyauté de ses intentions et la sagesse de son jugement.

CPC, A-Paix, 1914-1918, vol. 40 (4CPCOM/40).

74

M. Dutasta, Ambassadeur de France à Berne,
    À. M. Pichon, Ministre des Affaires étrangères.

T. n° 1693. *Berne, 23 octobre 1918, 8 h. 45.*

Confidentiel. (*Reçu* : le 24, 0 h. 40.)

Article du professeur Foerster sur la responsabilité de l'Allemagne pendant la guerre.

Le professeur Foerster de l'Université de Munich vient d'adresser à Erzberger, avec prière de le faire paraître dans le journal centriste *La Germania,* un article[2] dans lequel il dénonce la responsabilité de l'Allemagne dans la guerre et où il invite les Allemands à reconnaître leur faute et à en payer la rançon.

CPC, Z-Europe, Allemagne, 1918-1940, vol. 372 (78CPCOM/372).

---

[1] Lacune de déchiffrement.

[2] Document non reproduit.

75

M. Berthelot, Adjoint au Directeur des Affaires politiques et commerciales,
　À M. Barrère, Ambassadeur de France à Rome,
　M. Jusserand, Ambassadeur de France à Washington.

T. n°s 3190-3191 ; 2701-2702.　　　Paris, 23 octobre 1918, 14 h. 30.

Chiffré.

a.s. armistice turc.

M. Paul Cambon m'a adressé le télégramme suivant : (reproduire le télégramme 1293 de Londres)[1].

J'ai aussitôt répondu par le télégramme suivant :

« Le gouvernement de la République a appris avec le plus vif étonnement la résolution qui vient de lui être notifiée par le gouvernement britannique et d'après laquelle l'amiral anglais commandant les forces navales anglaises à Moudros est entré en négociations directes avec les représentants du gouvernement turc en vue de la conclusion d'un armistice.

Je note d'abord que l'amiral britannique commandant à Moudros n'a ni de près ni de loin aucun pouvoir à cet effet. Ce n'est pas lui qui commande les forces alliées dans la Méditerranée et en fût-il autrement il ne pourrait être accrédité que par le consentement commun des gouvernements alliés.

Sur le fond, l'initiative prise par l'amiral anglais et approuvée par le gouvernement britannique est beaucoup plus grave. La Conférence interalliée a arrêté dans sa dernière réunion des conditions d'armistice avec la Turquie. Elles ont été, sur la demande du gouvernement anglais, communiquées au président Wilson. Il ne peut pas dépendre d'un seul des Alliés de les modifier en quoi que ce soit, sinon l'alliance ne serait qu'un vain mot !

Le gouvernement de la République ne peut donc donner son approbation à cet arrangement pris en dehors de lui et dans ces conditions qui ne sont pas celles sur lesquelles les gouvernements alliés s'étaient mis d'accord. Veuillez le faire savoir d'extrême urgence à M. Balfour ».

CPC, A-Paix, 1914-1918, vol. 164 (4CPCOM/164).

---

[1] Ce télégramme envoyé de Londres fut reçu le 22 octobre à Paris (à 22 h. 16). Il relate la demande d'armistice ottomane transmise par le général britannique Townshend libéré par la Porte à cette occasion. Il indique également que le cabinet britannique exigea comme condition prioritaire de cet armistice l'occupation des Dardanelles et du Bosphore, reléguant celles décidées en commun par les Alliés lors de leurs conversations du début octobre.

76

M. Pichon, Ministre des Affaires étrangères,
À M. Dutasta, Ambassadeur de France à Berne,
M. Cambon, Ambassadeur de France à Londres,
M. Barrère, Ambassadeur de France à Rome,
M. Jusserand, Ambassadeur de France à Washington,
M. Defrance, Ministre de France au Havre.

T. n°s 1916-1917 ; 4741-4742 ; 3206-3207 ; 2717-2718 ; 405-406.   *Paris, 23 octobre 1918, 21 h. 45.*

Chiffré.

J'ai été avisé par le ministre de Belgique que la grande-duchesse de Luxembourg vient de prier le Pape d'intervenir auprès des Puissances pour obtenir l'évacuation du territoire luxembourgeois par l'occupant et la reconnaissance de la neutralité du Grand-Duché par tous les belligérants.

Il est visible que cette démarche est inspirée par le gouvernement allemand qui, après avoir violé la neutralité du Luxembourg, après avoir utilisé pendant quatre ans et demi les chemins de fer et les industries du pays, pour ses besoins de guerre, cherche maintenant à couvrir le territoire allemand par la neutralité du Luxembourg. Après avoir violé le droit, il tente de le rétablir à son profit.

C'est la même manœuvre qui a été tentée auprès de la Belgique en cherchant avec elle une entente qui lui permettrait de s'en faire un bouclier après avoir utilisé son territoire pour l'invasion de la France.

Il n'est pas surprenant de voir la Grande-Duchesse se prêter à cette tentative : n'a-t-elle pas récemment autorisé l'union de sa sœur avec le prince Ruprecht, chef de l'une des armées allemandes ? En outre, elle redoute de voir le Luxembourg occupé par les Alliés après l'avoir été par les Allemands.

Télégrammes, Washington, Départ, 1918, vol. 6357 (304QONT/6357).

77

M. Conty, Ministre de France à Copenhague,
   à M. Pichon, Ministre des Affaires étrangères.

T. n° 573.   Copenhague, 24 octobre 1918, 6 h. 10.

Secret.   (Reçu : le 26.)

Dispositions réelles de l'Allemagne.

D'une lettre d'un correspondant de guerre allemand, je relève ce qui suit :

« On admet que le parlementarisme occidental ne convient pas au caractère du peuple allemand. Il ne serait pas impossible que tout cela finisse par un bolchevisme. Voilà pourquoi tous nous voudrions déjà être arrivés à la paix pour jeter à la corbeille à papier, où il revient de droit, tout ce bavardage sur la nouvelle orientation. Mais, pour le moment, les officiers, les fonctionnaires, les gros industriels, tout le monde, est obligé de chanter la nouvelle chanson pour obtenir la paix. »

CPC, Z-Europe, Allemagne, 1918-1940, vol. 262 (78CPCOM/262).

78

M. Jusserand, Ambassadeur de France à Washington,
   à M. Clemenceau, Président du Conseil, Ministre de la Guerre.

T. n° 1528.   *Washington, s.d.*

M. Laroche en retour.   (Reçu : le 24 octobre 1918, 10 h.)

Impressions de M. Franklin Roosevelt sur la France et sur l'Italie.

M. Franklin Roosevelt qui se relève d'une dangereuse attaque d'influenza, a rapporté de son voyage une impression enthousiaste de la France, son armée et sa population, sur ces trois chapitres il ne tarit pas. Il considère que le soldat français est sans conteste le premier du monde.

Quant à l'Italie, il formule sur son inertie militaire et sa faiblesse morale des jugements sévères. En fait d'envois supplémentaires de troupes américaines pour relever ce moral, il a dit à un ami commun qu'on pourrait, à son avis, opportunément transformer en une division la brigade qui se trouve en Italie mais sans aller plus loin. Ces propos, absolument spontanés, et qui n'ont pas été tenus en ma présence, montrent que M. Roosevelt est bien loin de recommander, comme le bruit en avait couru, l'envoi en Italie de contingents américains énormes.

Il demeure toujours du reste entendu que sur ce point c'est le maréchal Foch qui déciderait.

CPC, B-Amérique, États-Unis, 1918-1940, vol. 157 (18CPCOM/157).

79

M. Pichon, Ministre des Affaires étrangères,
À M. Cambon, Ambassadeur de France à Londres,
M. Barrère, Ambassadeur de France à Rome,
M. Jusserand, Ambassadeur de France à Washington.

T. nos 4767 ; 3226 ; 2724. Paris, 24 octobre 1918, 13 h.

Pour Washington seulement : J'adresse à nos ambassadeurs à Londres et à Rome le télégramme suivant qui vous servira d'instructions dans vos conversations avec M. Lansing.

Pour tous les postes : Je viens de prendre connaissance de la réponse du président Wilson[1] à la note allemande du 20 de ce mois : voici comment le président du Conseil et moi nous l'apprécions.

Le président Wilson a été saisi par l'Allemagne d'une proposition aux termes de laquelle il était invité à se faire l'intermédiaire d'une demande d'armistice auprès des gouvernements alliés.

Il a posé à l'Allemagne les conditions qu'il lui a convenu sans nous avoir consultés.

Après un échange de communications, il annonce l'intention de nous saisir de la demande d'armistice allemande dans la plénitude de notre liberté.

Dès ce moment, nous n'aurons pas à entrer dans des considérations rétrospectives sur la correspondance entre le président Wilson et le gouvernement allemand.

À la proposition d'armistice qui nous serait faite nous n'aurions qu'à répondre par les conditions d'armistice telles qu'elles résulteront des consultations de nos conseillers militaires.

Si nous avons bien compris, c'est la procédure même acceptée par le président Wilson.

Pour Londres et Rome seulement : Veuillez faire connaître notre opinion au gouvernement auprès duquel vous êtes accrédité et lui demander son sentiment dont vous me transmettrez d'urgence l'expression.

Télégrammes, Londres, Départ, 1918, vol. 3050 (304QONT/3050).

---

[1] La note du président Wilson du 23 octobre fait le bilan des acquis des échanges avec les Allemands et accepte de proposer aux Alliés la conclusion d'un armistice avec eux qui sera l'œuvre des militaires. Le président américain indiquait dans cette note qu'il ne pouvait entrer en négociation qu'avec les représentants légitimes du peuple allemand et non avec les autorités militaires en place ou le « roi de Prusse ». Si tel n'était pas le cas, le président Wilson exigerait une capitulation complète.

80

M. De Fleuriau, Chargé d'Affaires à Londres,
  À M. Clemenceau, Président du Conseil,
    M. Clémentel, Ministre du Commerce,
    M. Loucheur, Ministre de l'Armement,
    M. Boret, Ministre de l'Approvisionnement,
    M. Lebrun, Ministre du Blocus.

T. n° 1477. *Londres, 24 octobre 1918, 21 h. 30.*

M. Hoover est arrivé hier à Londres et sera à Paris mardi.

Je lui ai parlé ce matin de la situation économique en général, des risques qu'encourraient cette situation et nos gouvernements si on passait brusquement de l'état de guerre à l'état de paix et de la nécessité d'organiser un état intermédiaire basé sur le maintien des contrôles actuellement exercés par les gouvernements associés sur les importations, les exportations et la navigation.

« Tout homme de bon sens doit partager votre sentiment » m'a répondu M. Hoover. Mais il faut trouver un système d'application du principe général, qui soit acceptable pour tous et en particulier pour les États-Unis. Ici M. Hoover m'a développé avec beaucoup de chaleur la doctrine américaine ; les États-Unis ne sont pas des alliés ; ils n'ont pas pris et ne prendront pas d'engagements ; ils poursuivent le même but que les gouvernements alliés et ont fait souvent plus qu'ils n'avaient promis. Les États-Unis maintiennent leur attitude pour la période de l'après-guerre. Ils sont disposés à coopérer avec les Alliés à l'œuvre indispensable du ravitaillement général ; mais ils refusent d'adhérer à aucun arrangement qui les soumettrait à une direction étrangère et ils entendent conserver leur pleine indépendance en ce qui concerne la distribution de leurs exportations, les prix de vente de ces exportations, etc. Or, en arrivant à Londres, M. Hoover constatait avec regret les tentatives faites par certains organismes interalliés de s'arroger des pouvoirs que ni lui ni son gouvernement ne pouvaient admettre. J'ai dit à mon interlocuteur – et en toute sincérité – que je ne comprenais pas à quoi il faisait allusion et je l'ai prié de me donner des précisions. J'ai dû insister pour les obtenir. C'est l'arrangement de blocus avec la Hollande que visait M. Hoover[1]. Il en avait pris connaissance en arrivant à Londres et il reproche à cet arrangement de contraindre la Hollande à faire ses principaux achats par l'intermédiaire des *executives* de Londres. « Alors c'est un comité, où l'Amérique ne dispose que d'une seule voix, qui décidera à quel prix le blé des États-Unis sera vendu à la Hollande ».

Il s'est élevé avec plus de violence encore contre la durée de l'arrangement et la clause restreignant les achats des Pays-Bas dans leurs propres colonies.

---

[1] Il s'agit d'un accord négocié entre les Pays-Bas et les Alliés dans le but d'appliquer le blocus de l'Allemagne et de contrôler le commerce de cette nation neutre pour éviter de favoriser l'approvisionnement allemand.

« Nous ne sommes plus en guerre et je vois dans l'arrangement avec la Hollande un procédé employé pour restreindre son commerce et son industrie pendant la première année de la paix. Cela est contraire à la justice. Nous, Américains, ne l'admettrons jamais et, si cet arrangement était connu de l'opinion américaine, cela suffirait à faire sauter en l'air tout l'organisme interallié ».

J'ai calmé M. Hoover. Je lui ai dit que j'avais le tort de ne pas connaître dans le détail l'arrangement hollandais et que je n'y avais pas vu tout ce qu'il y avait trouvé. Mais cette intention qu'il imputait aux Alliés de vouloir imposer à un petit pays neutre une restriction de son industrie en temps de paix, mon gouvernement ne l'avait jamais eue. L'arrangement incriminé avec les Pays-Bas n'avait été conclu que ces jours derniers, mais il avait été négocié dès le commencement de cette année alors que la guerre paraissait devoir être longue. Ce que M. Hoover reprochait au ministère du Blocus c'était de faire la guerre, mais la guerre n'était pas terminée et le blocus même devait continuer pendant l'armistice. M. Hoover m'a répliqué qu'il suffirait d'allouer à la Hollande des contingents mensuels d'approvisionnements avec garantie de non réexportation en Allemagne, mais qu'il était hostile à un arrangement fixant la ration de la Hollande pour un an et restreignant l'exercice de ses industries après la fin des hostilités. Ce que nous devions examiner c'était la situation qui allait être créée par la fin des hostilités. Alors le blocus et ses réglementations compliquées cesseraient d'exister et les gouvernements associés « feraient la guerre à la famine au lieu de la faire aux Empires centraux ». Nous avons été d'accord pour reconnaître que les gouvernements associés devraient déterminer le plus tôt possible dans quelles conditions ils maintiendraient leur contrôle économique. J'ai insisté sur la diminution et la suppression simultanées de ces contrôles par entente des gouvernements. M. Hoover partage mon avis sur ce point et sur la nécessité d'examiner la question économique dans son ensemble afin d'établir en commun des directions pour une coopération des États-Unis et des gouvernements alliés. « Je crois, m'a-t-il dit, que nous sommes d'accord sur les principes, mais je crains que nous ne différions sur la méthode ».

Je lui ai dit que, quand nos gouvernements auraient discuté la question générale et établi des principes de direction, l'exécution devrait être confiée aux organes interalliés existants. M. Hoover avait pu se rendre compte du fonctionnement de ces organes qui, en fait, n'ont jamais empiété sur l'indépendance de chaque État. Le personnel de ces organes s'était accoutumé au travail interallié et rendrait les plus grands services si on lui donnait des directions.

Je reproduis ma conversation avec M. Hoover afin de vous en donner la physionomie générale. Il n'est pas douteux que l'arrangement hollandais n'ait produit sur lui une fâcheuse impression et qu'il ne soit très hostile au maintien du blocus après la cessation des hostilités. M. Hoover craint visiblement aussi de se laisser entraîner plus loin qu'il ne voudrait. Il faut prendre avec lui quelques précautions. Ceci dit, je crois que nous pourrons obtenir de lui l'essentiel en matière de contrôle interallié à la condition de ne pas rechercher de système trop rigoureux et de paraître nous désintéresser du blocus ou d'avantages purement commerciaux. D'autre part, je crois aussi que nous pouvons beaucoup obtenir de M. Hoover pour la reconstitution des territoires envahis.

P.S. M. Charpentier vient de me montrer des documents établissant que les clauses de l'arrangement hollandais ont été communiquées *in extenso* à Washington et approuvées par le *War Trade Board*.

J'en ferai, à titre privé, la remarque à M. Hoover.

Télégrammes, Londres, Arrivée, 1918, vol. 2696 (304QONT/2696).

81

M. Barrère, Ambassadeur de France à Rome,
  À M. Pichon, Ministre des Affaires étrangères.

T. n°s 2477-2479.　　　　　　　　　*Rome, 24 octobre 1918, 22 h.*

Secret.　　　　　　　　　　　　　　*(Reçu : le 25, 8 h.)*

Je réponds à votre télégramme n° 3204[1].

Je n'ignore pas que M. Balfour considère comme caduc le procès-verbal de Saint-Jean-de-Maurienne et l'accord consécutif et qu'il ne s'en est pas caché au marquis Imperiali. Mais je sais aussi que le baron Sonnino conteste formellement cette thèse et qu'il considère le gouvernement britannique et nous-mêmes comme engagés envers l'Italie.

Il y a donc là le germe latent d'un dissentiment très sérieux. Je vous expose aujourd'hui, dans une suite de télégrammes comment je crois qu'il y a lieu de procéder en l'occurrence.

C'est dans la communication de nos accords au président Wilson que je vois le meilleur moyen de résoudre cette difficulté. Ce sont les États-Unis qui devraient, selon moi, mettre les bornes nécessaires aux prétentions italiennes en Asie mineure. Prendre sur nous-mêmes la responsabilité de cette tâche ingrate serait, à mon avis, nous exposer de gaîté de cœur à des ressentiments que nous avons tout intérêt à éviter, dès lors surtout que nous pouvons arriver au même résultat en nous compromettant beaucoup moins.

---

[1] Dans ce télégramme daté du 23 octobre 1918, Pichon indique notamment à Barrère : « Il n'y aurait aucun rapport entre l'initiative que prendrait, à l'insu de ses alliés, le gouvernement italien en cherchant à profiter des victoires anglo-françaises en Syrie et Macédoine pour occuper une partie du territoire turc en vue de prendre une hypothèque personnelle en Asie mineure, et l'action de la marine française, qui a le commandement en Méditerranée, et qui, en liaison avec l'occupation de Beyrouth par ses troupes de terre coopérant avec l'armée anglaise à la prise de la Syrie et à la défaite de l'armée turco-allemande, a fait une démonstration navale, d'accord avec les Anglais, sur les côtes syriennes ».

Je ne crois pas pouvoir cacher qu'une série d'interventions irritantes, où nous nous trouvons régulièrement seuls, a conduit nos rapports avec l'Italie à un degré de tension dont le caractère affable du comte Bonin empêche peut-être de se rendre un compte exact à Paris. Par le fait des circonstances, c'est toujours nous, et nous seuls, qui sommes amenés à rappeler le gouvernement italien au respect de revendications rivales ou de droits étrangers, que nous incarnons à ses yeux. L'exercice de cette espèce de magistère accumule ici contre nous les griefs. Je ne peux me dispenser de vous le signaler.

Je ne méconnais pas la différence entre l'action de la Marine française à Beyrouth et une opération éventuelle des Italiens sur la côte d'Anatolie. Mais il n'en est pas moins naturel que voyant les Anglais et les Français prendre pied dans les zones réservées à leur influence, le gouvernement italien prenne ses précautions pour être en mesure d'en faire autant ne fût-ce qu'en participant aux occupations de territoire ottoman après un armistice. La faiblesse numérique de notre contingent militaire ne nous permet pas de parler sans quelque discrétion de « victoire anglo-française en Syrie ». La participation française aux armées anglaises de Palestine et de Syrie est certes honorable mais elle est faible, il est manifeste pour tous que l'objet principal de notre détachement [auprès de l']armée du général Allenby est de représenter le pavillon ; c'est donc un objet d'intérêt politique plus que d'utilité militaire.

CPC, A-Paix, 1914-1918, vol. 175 (4CPCOM/175).

82

M. Jusserand, Ambassadeur de France à Washington,
  À M. Pichon, Ministre des Affaires étrangères.

T. n°s 1529-1530. *Washington, s.d., s.h.*

Extrême urgence. (Reçu : le 25 octobre 1918, 4 h. 45 ; 18 h. 30.)

La réponse du Président à la dernière note allemande est publiée ce matin et est sans doute déjà entre vos mains. Elle eût pu être plus courte, non plus péremptoire. Le Président prend acte des engagements allemands et ne cache pas le peu de confiance qu'ils lui inspirent. Il consent à notifier à ses cobelligérants la demande d'armistice mais en précisant, d'une part, que les chefs militaires l'accepteront ou non selon qu'il leur conviendra, et d'autre part qu'il ne saurait, quant à lui, approuver aucune suspension d'hostilités qui ne réserverait pas aux Alliés une situation militaire telle que l'Allemagne serait dans l'impossibilité de violer ses engagements. C'est la question de garanties sur laquelle, comme l'indique mon télégramme 1514[1], M. Lansing m'avait dit souhaiter que M. Wilson insistât.

---

[1] Dans ce télégramme envoyé de Washington et reçu à Paris le 23 octobre en fin d'après-midi, l'ambassadeur Jusserand relate une conversation avec Robert Lansing, secrétaire d'État américain.

M. Wilson qui paraît avoir dominé la crainte qu'il m'exprimait récemment (mon télégramme 1495)[1] que le bolchevisme pût succéder en Allemagne, à notre dommage, au kaiserisme, termine en faisant entrevoir selon les vues qui lui ont toujours été chères (avec des différences de degré d'après le moment) un traitement moins rigoureux si les Alliés avaient à négocier avec le peuple allemand et non avec ses maîtres actuels, de qui rien moins ne serait exigé qu'une capitulation complète et sans conditions.

Ces déclarations seront sûrement approuvées par le pays qui trouve déjà que la conversation a trop duré. Quelques sénateurs et des plus influents des deux partis ont déjà fait connaître leur […][2].

Le sénateur Pomerene, un des principaux démocrates, M. Wright, président et grand ami à nous, approuvent le message et le commentent ainsi : « Comme il est évident que nous ne pouvons avoir aucune confiance dans les chefs actuels de l'Allemagne, le plus pratique est de continuer la guerre jusqu'à ce que les Allemands se rendent sans conditions. Si nous nous arrêtons avant cette capitulation, il faudra recommencer bientôt ».

Le sénateur Lodge, chef des républicains, s'exprime de même, avec plus d'énergie encore : « Il y a déjà eu trop de papiers, dit-il, que ce soit la fin. Laissons le maréchal Foch continuer la conversation dans la manière qui lui est propre ; attendons pour parler de paix que l'armée allemande ait cessé de compter ».

Comme je vous l'ai dit, ces échanges de notes n'ont, du reste, ralenti en rien l'effort américain. La grave épidémie qui sévit en ce moment (plus de 700 morts par jour dans les camps) aura diminué de 20 % les envois de troupes ce moi-ci ; mais le fléau tend à baisser et les dispositions sont déjà prises pour compenser cette réduction par un envoi supérieur à la normale le mois prochain.

Papiers d'agents, fonds Tardieu, vol. 466 (166PAAP/466).

83

M. DE CAIX,
À M. PICHON, MINISTRE DES AFFAIRES ÉTRANGÈRES.

N. *Paris, 25 octobre 1918.*

On ne s'est pas occupé du danger de la réunion à l'Allemagne des 10 millions d'Allemands d'Autriche tant qu'il s'est agi de faire disparaître avec l'Autriche-Hongrie elle-même, un régime qui mettait 53 millions d'hommes

---

Lansing expliquait que le président américain hésitait sur la manière de répondre à la nouvelle note allemande. Jusserand lui conseilla le rejet des conversations. Lansing et Jusserand échangèrent également sur l'état d'esprit dans leurs pays respectifs.

[1] Voir document n° 67 du 21 octobre 1918.
[2] Lacune de déchiffrement.

au service de l'impérialisme allemand. Aujourd'hui que ce gros résultat semble acquis il faut prendre en mains le moindre des deux problèmes, qui reste fort grave pour nous : l'Allemagne augmentée[1] de l'Alsace-Lorraine, du Slesvig danois et de la Pologne prussienne ne perdrait pas, en effet plus de 6 millions d'habitants.

Elle travaille d'ailleurs dès maintenant à obtenir la compensation autrichienne, tout en manœuvrant pour qu'un plébiscite intervienne en Alsace-Lorraine et empêche la réunion de ce pays à la France. La constitution d'un État allemand d'Autriche est pour ses initiateurs le préliminaire de l'incorporation de l'Autriche allemande à l'Allemagne.

Il conviendrait, pour l'empêcher, d'organiser dans les pays allemands d'Autriche une propagande autrichienne basée :

1°/ sur l'intérêt qu'aura l'Autriche à ne pas être incluse dans une Allemagne qui devra payer les frais de la guerre ;

2°/ sur le loyalisme envers la couronne encore très vivant dans plusieurs régions, notamment dans le Tyrol et le duché d'Autriche. On devrait écrire immédiatement à M. Haguenin d'organiser cette propagande et en mettre les moyens à sa disposition.

Il conviendrait ensuite, pour donner au courant autrichien allemand le temps de s'affirmer de faire conférer par les Alliés lors de la paix un statut indépendant à l'Autriche allemande et de stipuler que ce statut ne pourra être modifié avant l'expiration d'un délai de dix années.

CPC, A-Paix, 1914-1918, vol. 110 (4CPCOM/110).

84

M. Laroche, Sous-Directeur d'Europe,
  à M. Pichon, Ministre des Affaires étrangères.

N. *Paris, 25 octobre 1918.*

L'Allemagne de demain et les Allemands d'Autriche.

Les Alliés peuvent-ils tolérer, ou doivent-ils empêcher l'incorporation à l'Allemagne des Allemands d'Autriche ?

Au surplus, auront-ils, en réalité, le pouvoir de s'y opposer ?

Ce problème ne peut être résolu qu'à la lueur de l'Histoire. Il revient à se demander s'il convient de maintenir, si l'on peut conserver une monarchie autrichienne dépassant les limites ethnographiques de l'Allemagne, dans la plaine centrale du Danube.

---

[1] L'auteur a semblé vouloir dire « amputée ».

- I -

Après avoir été pendant des siècles le champ clos où les princes heurtaient leurs ambitions, soutenaient ou combattaient l'Empereur, suivant leurs intérêts propres, afin de trouver l'occasion d'agrandir leurs domaines, l'Allemagne a vu, au XVIIIe siècle, se circonscrire les luttes intérieures, que l'apparition du protestantisme avait déjà orientées vers l'opposition de deux grands courants.

La Prusse, État militaire, a procédé par conquête et fondé principalement sa fortune sur des acquisitions faites en territoire allemand. Le rapt des provinces polonaises constitue en fait une exception, motivée, principalement, semble-t-il, par le désir de protéger Berlin et de souder les possessions prussiennes de l'Est. Le royaume brandebourgeois, à la vérité, s'est agrandi surtout en Allemagne, où il a ainsi étendu son emprise directe sur les petits États absorbant nombre d'entre eux, simplifiant la carte et préparant ainsi une unité faite à son profit.

L'Autriche, elle, a travaillé en Allemagne dans l'ordre diplomatique. Tandis qu'elle utilisait le prestige que lui donnait la couronne impériale pour accroître ses États héréditaires, non allemands, elle profitait de la puissance que lui conféraient ces mêmes États héréditaires pour faire peser son influence sur les princes allemands.

Lorsqu'on met ainsi en lumière les procédés employés pour faire triompher chacune de ces deux tentatives d'hégémonies, on aperçoit que, pour ruiner l'une, celle de la Prusse, il faut lui reprendre une bonne partie de ses conquêtes en territoire allemand, en même temps que sa conquête polonaise ; pour détruire l'autre, il faut lui enlever ses États héréditaires non germaniques, la réduire à ses seules provinces d'Autriche, et en faire un simple petit État allemand.

- II -

Un instinct naturel d'équilibre a donc, pendant longtemps, rangé tour à tour les petits États aux côtés de celui des deux grands rivaux qui paraissait le moins redoutable, sans exclure d'ailleurs l'appel traditionnel à l'étranger, surtout à la France.

La Révolution et l'Empire ont rompu, en Allemagne, l'équilibre au profit de la Prusse qui s'est enflée de nouvelles terres allemandes. Napoléon a rejeté une première fois l'Autriche hors d'Allemagne, en morcelant celle-ci pour la dominer.

Le résultat n'a pas été très heureux. La Prusse et l'Autriche ont vite compris la nécessité de s'unir. La séparation brutale a abouti à des ententes secrètes, dévoilées au jour opportun.

En 1815, l'Autriche rentre en Allemagne et reprend son jeu : dominer en s'appuyant sur la puissance que lui conféraient ses États héréditaires.

Avec Bismarck, la Prusse accentue le sien : conquête d'États allemands aboutissant à une Prusse énorme, et provoquant l'expulsion de l'Autriche.

De nouveau, voici l'Autriche rejetée hors d'Allemagne, et cette fois par les Allemands, qui constituent sans elle l'unité germanique, une unité incomplète, mais solide parce que la Prusse y règne despotiquement.

Bismarck, qui avait ménagé le vaincu, comprend vite d'ailleurs la nécessité de le ramener à lui pour s'en servir. L'Autriche, par la grâce de la double alliance, rapidement devenue la Triplice, va être à la fois le bouclier et l'avant-garde de l'Allemagne. Retournant la politique traditionnelle des Habsbourg, Bismarck se sert de la Cour de Vienne, demeurée germanique, pour utiliser, au profit de l'Empire allemand qu'il a fondé, la force conférée à l'Autriche par ses territoires non allemands. Lui et ses successeurs encouragent les Habsbourg et les aident à augmenter encore leurs possessions extra-germaniques. La monarchie danubienne devenue ainsi de moins en moins dangereuse pour les Hohenzollern est entraînée vers l'Orient, et y trouve un accroissement de puissance qu'elle met au service de l'Allemagne. Les conflits entre les nationalités de la Double Monarchie sont habilement exploités par l'Allemagne pour démontrer à Vienne la nécessité de demeurer fidèle à Berlin. La complicité dans la préparation de la guerre qui doit assurer le triomphe du germanisme met le sceau à cette œuvre.

- III -

Qu'a fondé Bismarck ? L'unité allemande, mais basée sur la suprématie territoriale, et par conséquent militaire et politique, de la Prusse. Il lui a fallu assurer à la Prusse la majorité dans les Conseils de l'Empire ; de là une double opération : accroissement du territoire prussien, expulsion de l'Autriche rivale.

Pour assurer à l'Europe une paix durable, il faut détruire l'œuvre de Bismarck, qui a créé une Allemagne militarisée, bureaucratisée, méthodique, sans scrupules, une formidable machine de guerre, épanouissement de l'histoire de cette Prusse qui a été définie : une armée qui a une nation.

Suffit-il de prendre le contre-pied de ce qu'a réalisé le chancelier de fer ? Et d'abord, le peut-on ?

Il serait puéril de croire qu'on peut remettre purement et simplement en état les choses d'Allemagne, telles qu'elles étaient en 1866, avant Sadowa.

L'Allemagne compte aujourd'hui plus de cinquante ans d'unité. C'est un fait qui ne peut être négligé. Des habitudes sont prises. Le sentiment national est créé.

D'autre part, l'Autriche, ou plutôt la monarchie des Habsbourg est atteinte profondément. Cependant, elle peut guérir assez pour redevenir dangereuse pour nous. Ce serait le cas, si on conservait un Empire d'Autriche comprenant avec les provinces allemandes tout ou partie des nationalités soumises au sceptre de Charles Ier.

Le problème à résoudre est donc d'abord celui de l'existence ou de la disparition de la monarchie habsbourgeoise.

Longtemps, on a cru, beaucoup de bons esprits croient encore, à une Autriche base d'équilibre, facteur de paix. S'ils ont oublié les leçons de l'histoire, s'ils ne se souviennent pas que les Habsbourg sont des princes allemands dont l'autorité s'appuie d'abord sur des Allemands, comment la leçon de 1914 ne les a-t-elle pas éclairés ?

Si la monarchie des Habsbourg, ou tout autre État réunissant comme elle les nationalités de la plaine danubienne et des contreforts des Balkans ou des Carpates, ainsi que les provinces allemandes d'Autriche, continue à subsister, les Allemands d'Autriche, corps vigoureux, violemment chauvin, attiré par l'Allemagne, réagiront fortement contre les autres nationalités, lieront partie avec une ou plusieurs d'entre elles pour dominer le reste, ne cesseront de tenter l'impossible pour ramener tout le système dans l'orbite de l'Allemagne. S'ils échouent, ce ne sera pas complètement, ils demeureront un élément de trouble, un foyer de pangermanisme, un prétexte et un encouragement pour l'Allemagne à déborder, de ce côté, la frontière qu'on lui aura maintenue.

S'ils réussissent, nos fils reverront ce que nous avons vu, les Habsbourg ou leurs successeurs redevenus satellites de l'Allemagne avec ou sans Hohenzollern, les nationalités d'Autriche instruments des ambitions germaniques.

Pour avoir une paix durable, il faut détruire l'Autriche, si du moins on entend par là un État ou une confédération d'États comprenant les Allemands des provinces autrichiennes proprement dites.

- IV -

Dans ce cas, y a-t-il danger à laisser ces provinces s'unir au reste de l'Allemagne, en admettant qu'il soit possible de les en empêcher ? Peut-on parer à ce danger en agglomérant les provinces d'Autriche à une Allemagne du sud séparée de celle du nord ?

Napoléon Ier a cru deux fois avoir maté la Prusse. Deux fois, sournoisement, elle avait lié plus ou moins partie contre lui avec l'Autriche.

Napoléon III a cru en 1866 avoir divisé l'Allemagne. La ligne du Main, à peine établie, était secrètement brisée.

Or, la paix amènera certainement, sous une forme plus ou moins complète, que nous devons désirer aussi complète que possible, le développement des nationalités non allemandes de l'Empire des Habsbourg. Les Allemands d'Autriche n'en seront que plus vivement rejetés vers l'Allemagne. Nous aurons cru les en séparer. Ils s'uniront secrètement à elle s'ils ne peuvent le faire publiquement. Comme Napoléon III, nous aurons fermé les yeux sur le danger réel : nous nous serons endormis sur de belles combinaisons d'équilibre ; ne vaut-il pas mieux regarder en face le danger, l'avoir toujours présent sous les yeux pour se rappeler la nécessité de s'armer contre lui ?

Quel sera, au surplus, ce danger ? Quel résultat aura l'incorporation à l'Allemagne des Allemands d'Autriche ?

Cela dépendra en premier lieu de ce que sera l'Allemagne de demain ; et, en grande partie cela dépend donc des Alliés qui imposeront la paix.

Cette Allemagne devra d'abord être dépouillée des terres non allemandes : toutes les provinces polonaises, l'Alsace-Lorraine, cela va de soi – avec les limites de 1814 au minimum – le Luxembourg <u>qui lui est rattaché économiquement</u>.

Puis il conviendra de défaire la partie la plus redoutable de l'œuvre bismarckienne, en obligeant la Prusse à rendre les plus récentes et les plus préoccupantes de ses conquêtes <u>allemandes</u>.

Il faut restaurer un Hanovre. Il faut enlever surtout à la Prusse ses provinces rhénanes. Quel que soit le sort de la rive gauche du Rhin, il ne faut plus que nous y trouvions <u>la Prusse</u>.

Ainsi, dans cette nouvelle Allemagne, la Prusse n'aura plus la suprématie territoriale, donc n'aura plus la suprématie militaire ; s'il y a une assemblée où les confédérés sont représentés par État, elle n'aura plus la majorité.

On objectera que le sentiment de l'unité nationale dont nous avons reconnu la force, rendra vaine cette diminution de la Prusse.

C'est plus que contestable. Dans une Allemagne ainsi remaniée, au début sans doute il y aura bloc de tous les États ; mais ce sera précisément pendant la période d'humiliation et de faiblesse où le sentiment patriotique sera surexcité. Bientôt, les courants opposés se manifesteront, nous ne reverrons plus les États allemands en lutte les uns contre les autres ; mais nous ne verrons plus un État militaire, formidablement centralisé, imposer sa volonté souveraine au reste du pays, et faire prédominer sa culture et ses méthodes. Les éléments <u>très chauvins</u> d'Autriche apporteront tout de même, dans l'ensemble, un renfort aux idées, aux mœurs, aux tendances de l'Allemagne catholique. L'Allemagne fera passer la politique intérieure avant les ambitions extérieures. Elle aura à aménager l'opposition des grands courants manifestés par des régions aussi différentes par la géographie qu'au point de vue politique et économique.

Quant à croire qu'il serait possible de pousser à l'extrême cette diversité en séparant l'Allemagne comme en 1866, c'est une chimère. L'œuvre ne serait pas plus durable. La force de l'unité pousserait les deux Allemagnes à s'unir, leur ferait oublier, comme en 1866, et avec bien plus de facilité, leurs dissentiments, et serait la source de nouveaux conflits. Il vaut mieux laisser aux Allemands le moins possible d'aspirations non satisfaites, mais justifiables, c'est-à-dire basées sur un désir d'unité nationale, non sur un désir de conquête.

Nous ne pouvons pas effacer l'Allemagne de la carte, ce serait aussi enfantin que d'ailleurs peu loyal de la part des nations qui combattent au nom du principe des nationalités. Nous voulons, nous devons rendre l'Allemagne aussi peu dangereuse que possible, pour la paix du monde. Serait-il logique et raisonnable de semer à côté d'elle un levain de nationalisme en maintenant les Allemands d'Autriche séparés de leurs frères de race, ou en ne les réunissant à eux que pour diviser à nouveau l'Allemagne ?

Nous avons au contraire bien plus de chances de voir l'Allemagne se conformer aux errements des autres États lorsqu'elle sera entièrement unie, mais réduite à des forces purement allemandes. Si on enlève des moyens de domination à la Prusse militariste, l'Allemagne évoluera plus rapidement vers le parlementarisme, les libres débats en toute matière extérieure ou intérieure. Elle demeurera une puissance grande par l'étendue, le nombre et la cohésion. Elle ne sera plus la redoutable machine de guerre forgée par la Prusse pour le déclenchement instantané.

Débarrassées des Allemands d'Autriche, les nationalités actuellement soumises aux Habsbourg auront plus de chances de s'unir ; elles sentiront le besoin de l'être et de rechercher ailleurs des appuis contre le germanisme.

Le problème est du reste inséparable de celui de l'Europe orientale. L'Allemagne unifiée ne doit pas accroître sa force par l'absorption plus ou moins déguisée des États voisins d'elle à l'Est.

Il est lié aussi, surtout pour nous, Français, à l'aménagement de la rive gauche du Rhin. Il est nécessaire (que d'ailleurs l'Allemagne absorbe ou non les Autrichiens-Allemands) que nous prenions de ce côté nos sûretés.

Les limites de 1814, convenablement rectifiées, nous donneront le bassin de la Sarre, faible part de l'indemnité qui nous est due ; il nous faut en outre un glacis pour le défendre, afin qu'il n'ait pas le sort qui a été celui du bassin de Briey au début de la guerre actuelle[1].

Il y a là peu de populations allemandes à absorber. Une nation comme la France, qui assimile vite, en une année, peut-être autant d'étrangers qu'il y en a dans ces régions, a le droit et le pouvoir de faire cette acquisition. Quand on a pour voisin un bandit reconnu comme tel, on ne lui laisse pas les clefs de sa maison.

Toute l'Histoire de France tend à éloigner la frontière de la capitale qu'on ne peut déplacer. Chaque siècle, souvent à plusieurs reprises, on a vu l'ennemi dans la vallée de l'Oise et aux portes de Paris.

Nous avons le droit de vouloir vivre. Prenons nos sûretés ; et laissons à l'Allemagne, réduite aux seuls Germains, l'apport des Allemands d'Autriche qui lui viendrait de toute façon, et qu'il vaut mieux laisser aller vers elle ouvertement. Ainsi, conscients de la force de notre voisin, nous nous rappellerons sans cesse que la France, pacifique et libre, doit à l'univers, comme à elle-même, de toujours veiller sur sa sécurité.

Papiers d'agents, fonds Tardieu, vol. 328 (166PAAP/328).

---

[1] Situé au nord-ouest de Metz, le bassin minier de Briey était l'un des principaux objectifs allemands en cas de victoire sur la France.

85

M. Dard, Chargé d'Affaires à Madrid,
à M. Pichon, Ministre des Affaires étrangères.

T. n° 1034.   Madrid, 25 octobre 1918.

(Reçu : par courrier.)

D'après des renseignements concordants, le roi, très abattu physiquement, serait en proie, ainsi que la famille royale, aux plus graves préoccupations. L'idée d'une victoire complète de l'Entente n'avait jamais été admise par Alphonse XIII et par son entourage ; il redoutait cette éventualité sans y croire, considérant une défaite de l'Allemagne, si elle eût été possible, comme un grand péril pour la monarchie espagnole. L'attitude du président Wilson vis-à-vis des Hohenzollern et des Habsbourg répand à la Cour la consternation. À ces sentiments se mêle chez le roi la crainte très fondée de porter la responsabilité de l'échec de la politique inaugurée le 10 août par M. Dato[1]. Que le ministre d'État ait voulu saisir cette occasion d'unir l'Espagne à l'Entente, tout au moins par une rupture diplomatique avec l'Allemagne, je n'en puis personnellement douter. Ne m'a-t-il pas dit, le 13 septembre, quand je l'assurais que l'Allemagne en cas de saisie des bateaux allemands protesterait sans rompre, qu'il le regretterait et qu'il désirait la rupture (voir mon télégramme 861)[2] ? Après l'accueil réservé mais des plus courtois et en somme favorable que ses avances ont rencontré à Paris et à Londres, que s'est-il passé ? Qu'a-t-il attendu ? L'Espagne pouvait alors, à peu de frais et sans risques, en se rangeant à nos côtés, obtenir une place au Congrès et y poser la question marocaine, celle de Gibraltar. Elle sortait de son isolement et se donnait l'illusion de la victoire. L'occasion était unique, « providentielle », me disait ces jours-ci un important personnage, qui n'est pas de nos amis. Que s'est-il donc passé ?

---

[1] Il s'agit de la note adressée à l'Allemagne le 10 août 1918 par le gouvernement espagnol dirigé par Maura. Celle-ci stipulait principalement que tout bateau espagnol coulé par un sous-marin des empires centraux serait désormais compensé par la saisie et la mise en circulation d'un des 87 bateaux allemands réfugiés dans un port espagnol depuis le début du conflit, d'un tonnage équivalent au tonnage coulé. Cette note fut adoptée par le conseil des ministres espagnol au terme de trois jours de vifs débats (8-1 0 août) et ne fut transmise au gouvernement allemand que le 11 par Dato, ministre d'État (des Affaires étrangères), depuis Saint-Sébastien, à l'ambassadeur à Berlin, Luis Polo de Bernabé qui, hésitant, ne la communiqua que le 14 à l'*Auswärtiges Amt*, qui en connaissait toutefois la teneur depuis le 11, les Allemands déchiffrant depuis longtemps les télégrammes espagnols. L'ambassadeur Polo dénonça cette démarche et proposa sa démission à son gouvernement qui la refusa. Fin août, l'ambassadeur allemand Ratibor fut chargé d'ouvrir des négociations bien que l'Amirauté allemande refusât tout compromis. Du 10 septembre au 9 octobre, les négociations entre Ratibor et Dato se conclurent par l'offre allemande de remettre aux Espagnols six bateaux (dont un aux Canaries) pour compenser les pertes occasionnées par la guerre sous-marine. Ceux-ci furent effectivement remis aux Espagnols le 25 octobre. Les autres bateaux allemands seront, sous pression britannique, puis française, récupérés par les Alliés en juin-juillet 1919.

[2] Dans ce télégramme du 13 septembre 1918, Dard écrit : « M. Dato […] a fini par me dire, découvrant enfin sa pensée, qu'il préférait que l'Allemagne rompît et fît même la guerre à l'Espagne ».

La vérité est que, dans la seconde quinzaine de septembre, le roi persistait à ne pas croire à notre complète victoire ; il comptait toujours sur une défensive inébranlable de l'Allemagne et sur sa puissance indestructible. Sa mère, son ami le comte de Viana, M. Maura l'entretenaient dans ces sentiments qui étaient ceux de l'armée et du clergé. C'est de là qu'est venue la résistance dont n'ont pu triompher ni la clairvoyance trop timide de M. Dato, ni l'activité un peu brouillonne de M. Quiñones de León. Je suis même très porté à croire qu'Alphonse XIII s'est engagé au cours de la guerre par une lettre secrète à ne jamais rompre avec Guillaume II. Une rupture avec l'Allemagne était considérée par lui, par son entourage et par plusieurs des ministres comme fatale pour l'ordre et pour la monarchie.

Aujourd'hui le roi se rend compte, m'assure-t-on, qu'il sera rendu seul responsable d'une erreur qu'il a partagée avec tant d'autres ; que ceux-là même l'accusant avec le plus de violence étaient les plus ardents à le conseiller. Il s'en afflige, devient mélancolique et parle même d'abdiquer. Récemment le *Times* a dénoncé l'influence néfaste de la Reine-Mère et l'ambassadeur d'Espagne à Londres a dû protester publiquement.

Le roi redoute fort les partis de gauche qui l'attaquent personnellement. M. Alba serait un de ceux dont il craint le plus l'ambition sans scrupules et l'esprit démagogique. Il sait aussi que le comte Romanones et M. Cambo, qui aspirent tous deux au pouvoir, ne sont pas d'un loyalisme à toute épreuve et ne voit personne autour de lui pour remplacer ses vieux serviteurs d'autrefois.

CPC, Z-Europe, Espagne, 1918-1940, vol. 47 (86CPCOM/47).

86

M. Jusserand, Ambassadeur de France à Washington,
  À M. Pichon, Ministre des Affaires étrangères.

T. n° 1559.　　　　　　　　　　*New York, Washington, s.d., s.h.*

(*Reçu* : 26 octobre, 21 h. 45.)

Par un télégramme publié ce matin et adressé par lui aux principaux sénateurs républicains M. Roosevelt revient sur ses critiques des 14 propositions du président Wilson en ce qui concerne la paix ; plusieurs, dit-il, sont nuisibles, toutes sont en langage obscur. Leur acceptation par l'Allemagne éviterait à [celle-ci] la capitulation sans conditions dont les nations honnêtes ne sauraient se passer. Il serait à souhaiter que le Sénat se [prononce] nettement à ce sujet. L'ancien Président exprime son regret que son successeur évite de [qualifier] d'alliés ceux qu'il [appelle] ses cobelligérants et n'évite pas toujours une attitude [d'] arbitre entre ces alliés des États-Unis et l'ennemi commun.

Télégrammes, Washington, Arrivée, 1918, vol. 6206 (304QONT/6206).

87

M. Pichon, Ministre des Affaires étrangères,
 À M. Jusserand, Ambassadeur de France à Washington,
 M. de Billy, Ministre de France à Athènes,
 M. Defrance, Ministre de France au Havre[1].

T. nos 2801 ; 546 ; 422 (par courrier).   *Paris, 26 octobre 1918, 22 h. 35.*
Chiffré.

Commission d'enquête sur les crimes bulgares.

Le gouvernement britannique me fait savoir que le gouvernement grec, ayant renoncé à introduire des neutres dans la Commission qu'il se propose de réunir, pour constater les crimes commis par les Bulgares sur les territoires grecs libérés, demande que des délégués alliés participent à cette enquête. Le gouvernement anglais serait disposé à accueillir cette demande, mais il exprime le désir de savoir si nous avons des objections contre la constitution de commissions interalliées pour ce qui concerne les crimes et déprédations ennemies commises dans les territoires libérés français.

J'ai répondu à M. Paul Cambon que le Conseil des ministres avait accepté l'idée d'une participation interalliée à la constatation des dévastations et des actes criminels commis par l'ennemi sur notre territoire. Dans ces conditions, nous n'avions aucune objection à accueillir la demande du gouvernement grec, et nous allons prendre les dispositions nécessaires à cet effet.

Pour Athènes seulement :

Je vous serai obligé de me faire connaître votre sentiment sur le choix éventuel d'un délégué français, qu'il y aurait évidemment intérêt à prendre sur place.

La désignation de M. de Castillon que vous avez envisagée, ne soulève pas d'objection de ma part, si toutefois les autres légations alliées proposent également des diplomates comme délégués. Il semblerait cependant préférable d'avoir recours, pour des constatations de cet ordre, à des magistrats, qui présenteraient aux yeux de l'opinion publique, plus de garanties d'impartialité que des diplomates.

Télégrammes, Washington, Départ, 1918, vol. 6357 (304QONT/6357).

---

[1] Communiqué à présidence du Conseil, à Guerre et à Blocus.

88

M. de Caix,
  À destinataires non désignés.

N. *Paris, 26 octobre 1918.*

J'ai déjeuné hier chez Boghos Nubar avec tout un groupe des Arméniens qui constituent le Conseil national de leur peuple en Occident – j'ai fait quelques observations et réflexions dont je crois d'autant plus devoir vous faire part que je sais par Kammerer comment se pose la question de l'armistice avec la Turquie.

Nous avons sans aucun doute dans l'accord de mai 1916 une arme pour agir sur les Arméniens. Hier ceux-ci ont affecté de croire que les circonstances rendent cet accord caduc et, quand je me suis nettement refusé à entrer dans cette vue, ils m'ont dit que puisque la France réclamait une situation particulière dans une si grande partie des territoires arméniens[1], elle devait prendre en mains le sort de toute la nation arménienne. Bref, ils m'ont proposé de joindre à notre zone les vilayets de l'est que la défaillance de la Russie laisse en déshérence et d'assurer le développement de toute la nation arménienne sous notre contrôle qu'ils comptent bien rendre aussi peu durable et aussi normal que possible.

Je les ai naturellement comblés de bonnes paroles et j'ai affirmé la fierté que nous aurions de jouer un tel rôle. Mais, en y réfléchissant, je me demande s'il n'est pas nécessaire, pour essayer de mettre en valeur l'accord de mai 1916, de prendre en effet ce rôle, avec toutes les arrière-pensées qu'il comporte.

Trois forces combattent dangereusement contre notre action en Arménie et même en Syrie : l'engouement démesuré que l'on a partout pour le droit des peuples à disposer d'eux-mêmes, la foi que l'on a chez nous ou affecte d'avoir dans certains milieux socialistes et même autres dans ce droit, cette espèce de malthusianisme politique qui confond le ratatinement avec la prudence et qui rend une bonne partie de notre bourgeoisie hostile à tout effort en Asie mineure.

Aucun peuple n'est plus capable que les Arméniens d'organiser contre l'expansion de la France l'emploi de ces forces. Ils sont les clients chéris des piétistes anglais et américains auprès desquels ils ont pour avocats tous les missionnaires américains qui n'aiment pas la France représentante du « papisme » en Orient. Ils savent fort bien manier le jargon de la démocratie, s'insinuer dans les milieux où il a cours ; ils ont des agents et des intermédiaires pour agir sur la presse. Quant au malthusianisme politique rien ne peut mieux l'inspirer que l'Arménie, chaos de montagnes où l'on se massacre. Bref il y a bien des chances, si nous ne savons pas engager à

---

[1] Les accords Sykes-Picot de mai 1916 accordaient à la France en administration directe le littoral syrien et la Cilicie. Celle-ci comprend effectivement des territoires peuplés d'Arméniens.

temps la politique de notre pays, pour que nous nous effacions en Arménie – y compris la Cilicie – devant le « droit des peuples à disposer d'eux-mêmes ».

Peut-être pourrait-on essayer de conclure immédiatement avec les Arméniens un pacte basé sur notre renonciation au partage qui résulterait de l'application de l'accord de 1916, à la condition qu'ils demandent au monde de donner mandat à la France d'être la directrice de leur organisation comme peuple libre. Nous ne renoncerions pas ainsi à une valeur facile à réaliser car, dans l'atmosphère actuelle, je ne vois pas comment nous pourrions réaliser l'accord de 1916 contre la clameur, entretenue par les Arméniens au dehors et en France même, contre un impérialisme français qui tendrait à dépecer la nation arménienne. Leur appel pourrait déterminer notre action, faciliter l'envoi en Cilicie, dont nous devrions par nos arrangements avec les Anglais, nous réserver l'occupation en cas d'armistice, des contingents arméniens qui forment à peu près la moitié du petit corps qui figure sous notre drapeau dans l'armée du général Allenby. En même temps il faudrait que les Arméniens fassent descendre vers le sud une partie des contingents d'Andranik qui se mettrait à la disposition de notre haut-commissaire.

Je crois que, dans leur désir d'écarter l'obstacle de l'accord de 1916 dans lequel j'ai affirmé une foi plus forte que je ne l'ai en réalité, les Arméniens feraient un pacte de cette nature avec nous, surtout si on sait aller vite. Ils en avaient d'autant moins peur qu'ils sont persuadés qu'ils n'auront jamais à nous servir que de la viande creuse, des présidences aussi vaines qu'honorifiques, qui leur serviraient tout au moins à faciliter l'obtention en France des emprunts qui seront nécessaires à organiser l'Arménie. Mes interlocuteurs d'hier m'ont paru fort intéressés sur ce dernier point.

Il n'y a d'ailleurs à se faire aucune illusion. En eux nous aurons affaire à très forte partie. J'ai pu les comparer aux Syriens, et ils sont aussi cohérents, disciplinés, patients, que les autres sont divisés, inconstants et vainement subtils. L'Arménie s'organisera vite de manière à nous éliminer si nous ne savons jouer d'un moyen très fort : le droit des minorités.

En Arménie ce serait d'ailleurs celui des majorités ; dans presque tous les vilayets, même avant les dernières massacres, il y avait plus de Turcs, de Kurdes, ou de Lazes que d'Arméniens. Hier j'ai fait appel aux principes que les Arméniens professent pour eux-mêmes et je leur ai dit qu'ils auraient à accepter comme servitude sur leur territoire, l'inscription ou garanties pour les minoritaires, garanties que les Alliés ne manqueraient pas d'exiger de toutes les nationalités auxquelles ils vont donner l'indépendance. Mes interlocuteurs ont parlé de leur respect des minorités dans un langage qui aurait ému MM. Cochin et Longuet. La vérité est qu'ils espèrent bien, par la supériorité de leur valeur économique, manger le Turc et le Kurde par le prêt à la petite semaine et quelques violences assez discrètes pour ne pas choquer l'Europe, mais assez efficaces pour faire partir des gens qui seront déjà très déconfits de se voir les égaux, sinon même les inférieurs des Jiaours. Mais la puissance qui contrôlerait les vilayets arméniens, et qui saurait encourager les minoritaires à user de leurs droits scolaires, administratifs, etc. trouverait une vaste clientèle pour rester dans un pays profondément divisé. Elle trouverait même peut-être le moyen, dans les tendances des Arméniens à l'égard de leurs voisins, de désintéresser un peu de leur sort ces amis que les récents égorgements amènent à ne voir dans les Arméniens que des agneaux.

Nous aurions d'ailleurs exactement la même politique à pratiquer en Syrie. Mais en Syrie on a une unité de langue et de divisions confessionnelles, c'est-à-dire des entités dont la différence tend à s'atténuer dans le monde moderne, tandis qu'en Arménie aux divisions confessionnelles s'ajoutent celles de nationalités, c'est-à-dire celles qui s'exaspèrent le plus de notre temps.

Mes Arméniens d'hier m'ont paru singulièrement soucieux de la grandeur de la Bulgarie. Ils m'ont beaucoup demandé ce que nous voulions faire d'Andrinople. Ils semblent aussi vouloir faire donner l'Ionie à la Grèce. Bref ils tendent à demander le plus possible à la Turquie, ce qui est contraire à notre intérêt. Si, en effet, à côté d'une Syrie contrôlée par nous, d'une Arménie où nous jouerions le rôle dont je viens de parler, il restait une Turquie conservant l'Anatolie et Constantinople et restant le domaine de culture et d'affaires que l'Empire ottoman a toujours été pour nous jusqu'ici, nous tirerions pas trop mal notre épingle orientale d'un jeu où, par la force des choses, elle se trouve bien compromise.

Le malheur est qu'une telle politique suppose, à l'égard des Turcs, que nous aurions intérêt à aider à se tirer d'affaires le moins mal possible, comme à l'égard des Syriens et des Arméniens, une décision, une application et une souplesse par laquelle notre gouvernement est un instrument bien faible et bien grossier.

Je crois qu'en tous cas, il faudra s'efforcer de ne pas laisser inquiéter l'Arménie vers le sud et d'en exclure Ourfa et Alexandrette, port d'Alep. S'il faut y mettre Youmourtalik, qui est en Cilicie, de l'autre côté de la baie, il n'y a aucune raison de donner Alexandrette aux Arméniens, je l'observe parce qu'ils ont réclamé hier ce port et aussi parce que Picot, frappé des facilités que peut donner d'abord à son œuvre la discipline arménienne, et ne voyant pas les difficultés qu'elle peut nous valoir à l'avenir, tend, avec l'entêtement que vous lui connaissez, à inclure Alexandrette dans l'Arménie. Si on envoie en Cilicie les contingents arméniens du colonel de Piepape, il conviendrait que ce fut à Mersina et non à Alexandrette.

CPC, A-Paix, 1914-1918, vol. 304 (4CPCOM/304).

89

M. Dutasta, Ambassadeur de France à Berne,
  à M. Pichon, Ministre des Affaires étrangères.

T. n° 1739.   *Berne, 27 octobre 1918, 7 h. 50.*

Très urgent. Secret.   (Reçu : 22 h.)

La légation d'Autriche a fait savoir à un de mes informateurs les plus sûrs, qu'elle avait reçu cette nuit du comte Andrassy[1], pour M. Skrynski, conseiller d'ambassade, détaché à cette légation, un télégramme dont voici la substance :

1°- Le premier acte du comte Andrassy, en prenant le pouvoir, sans doute aujourd'hui, sera d'adresser au président Wilson une demande d'armistice et de paix[2], comportant une acceptation sans réserve de tous les points des différentes notes de M. Wilson sans en excepter les conditions posées par M. Wilson dans sa réponse au baron Burian.

2°- Une communication officielle sera faite à la France et à l'Angleterre pour les aviser de cette démarche et pour leur demander de l'appuyer[3].

3°- Le comte Andrassy tient à marquer tout spécialement que sa démarche est faite « sans égard pour le système d'alliances antérieures de l'Autriche et d'une manière tout à fait indépendante de l'Allemagne ». (*Ohne Rücksicht auf unser bisheriges Bundesverhältnis under ganz unabhängig von Deutschland*).

Le comte Andrassy exprime au comte Skrynski le désir que communication officieuse du contenu de ce télégramme soit donné aux représentants de la France et de l'Angleterre à Berne. J'ajoute que mon informateur a vu le texte original du télégramme.

D'après les indications qui lui ont été données par la légation d'Autriche, le but de la démarche officieuse faite sur les instructions du comte Andrassy serait double :

1°- Recommander au représentant de la France et de l'Angleterre à Berne d'intervenir auprès de leurs gouvernements pour que ceux-ci appuient à Washington la démarche de l'Autriche.

---

[1] Le comte Andrassy a remplacé le baron Burian depuis le 24 octobre au poste de ministre des Affaires étrangères austro-hongrois. Un nouveau cabinet autrichien a été formé le même jour avec à sa tête Lammasch.

[2] La démarche en question fera l'objet d'une note envoyée à Wilson le 28 octobre. Celle-ci sera reçue le 29 à Washington par l'intermédiaire du gouvernement suédois. L'empereur Charles déclara adhérer aux idées développées dans la note de Wilson du 19, en particulier concernant les minorités tchécoslovaques et yougoslaves. Voir *Papers Relating to the Foreign Relations of the United States*, 1918, Supplément 1, p. 404-405. Il y aura une nouvelle note autrichienne envoyée le 30 et réclamant une nouvelle fois d'entrer dans les négociations de paix et la conclusion d'un armistice (*Ibid.*, p. 429). Parallèlement à ces démarches, l'État austro-hongrois commençait à entrer en désintégration avec l'apparition de conseils nationaux à Prague, à Zagreb et la séparation progressive de l'Autriche et de la Hongrie (P. Renouvin, *op. cit.*, p. 188-189).

[3] Quelques jours plus tard, un émissaire de l'Empereur, le prince Windischgraetz tentera à Berne de proposer aux Britanniques et aux Français une solution de « confédération danubienne » entre les nouveaux États centre-européens (P. Renouvin, *op. cit.*, p. 190).

2°- Avant toute démarche officielle, attirer l'attention des Puissances de l'Entente sur le véritable caractère de rupture d'alliance et de demande de paix séparée qu'il entend donner à sa note, et que dans les circonstances actuelles, il lui paraît encore impossible d'indiquer explicitement dans un document public.

CPC, A-Paix, 1914-1918, vol. 105 (4CPCOM/105).

90

M. Dutasta, Ambassadeur de France à Berne,
  À M. Pichon, ministre des Affaires étrangères.

N. *Berne, le 27 octobre 1918.*

Confidentiel.

Le ministre de Turquie, Fouad Selim Bey, a dit dans une conversation avec un confident intime, que le gouvernement turc se remet complètement entre les mains des Alliés et souhaite seulement que, dans les conditions de paix qui lui seront imposées, l'Entente « sauve les apparences » en ménageant les droits théoriques de souveraineté de la Turquie.

Le gouvernement turc acceptera donc toutes les déclarations d'autonomie, toutes les délimitations de zones d'influence, toutes les réformes d'ordre militaire, judiciaire, administratif, financier.

Fouad Selim voudrait toutefois que, « pour le plus grand bien de la Turquie comme aussi de la France », l'Entente renonçât au système des zones d'influence et insistât davantage sur sa participation directe à l'établissement du plan des réformes et à l'exécution de ces réformes. Il redoute l'appétit territorial des Anglais, leur dureté dans le traitement des Orientaux, « leur peu d'intelligence des choses compliquées et des questions d'amour-propre ». Il voudrait « voir des Français dans tous les postes occupés pendant la guerre par les Allemands ».

« Dans les années qui ont précédé la guerre, dit-il encore, la Turquie a demandé à l'Europe de lui tendre une main secourable. Seuls les Allemands ont répondu à notre appel. Nous avons fait cette guerre contre notre vœu et chaque jour nous a rendu la collaboration plus pénible et plus répugnante. On peut affirmer qu'en Turquie, les Allemands ne comptent qu'un allié, Enver Pacha. Leur conduite au cours de la guerre a été celle de l'égoïsme le plus brutal. Ils nous ont traités en esclaves… Nous avons beaucoup attendu de la chute du tsarisme, de la renonciation des Russes à Constantinople. Nous comptions que l'Entente procéderait à la révision de ses « buts de guerre » et nous offrirait ainsi une occasion de manifester nos sentiments et d'ébranler la dictature d'Enver. Cet espoir a été déçu. Déçu aussi celui que nous fondions sur l'entrée en guerre de l'Amérique. Nous avons en Amérique beaucoup d'ennemis, mal informés… ».

Fouad Selim redoute les ambitions de l'Italie en Asie mineure, à Smyrne, en Syrie, en Terre Sainte. Les prétentions grecques l'émeuvent moins, mais lui semblent aussi inadmissibles. Il voudrait que seules trois grandes puissances eussent mission de « réorganiser la Turquie » : la France, l'Angleterre, les États-Unis[1].

CPC, A-Paix, 1914-1918, vol. 304 (4CPCOM/304).

91

M. LE CAPITAINE GAILLARD, 2ᵉ BUREAU, SERVICES SPÉCIAUX DU MINISTÈRE DE LA GUERRE.

C.R. n° 17322. *Annemasse, 27 octobre 1918.*

Compte rendu de l'agent n° 337 au sujet de l'Allemagne.

L'impression produite par la note Wilson[2] est très confuse. Du côté allemand on se fait des illusions très grandes : on espère que le maréchal Foch consentira à parler avec Ludendorff, comme représentant de l'état-major allemand.

On ne croit pas à la nécessité « d'évacuer » le terrain occupé mais on espère entamer des pourparlers chacun restant sur ses positions.

La question de l'Alsace-Lorraine doit être soumise, dans l'esprit allemand, à un plébiscite, qu'on escompte devoir se traduire au profit de l'Allemagne.

Si les conditions françaises sont trop dures, une espère de « guerre sainte » sera déclarée et vraisemblablement appuyée par toutes les masses populaires.

On espère également que dans ce dernier cas les Allemands d'Autriche ne resteront pas en arrière. D'autre part on croit à la possibilité d'une stabilisation du front.

En général, l'esprit à Berlin est très, très bas. Le découragement est complet. La seule chose possible c'est un soulèvement général, au cas où l'ennemi envahirait l'Allemagne ; encore faut-il compter avec l'épuisement général et l'épidémie terrible de grippe qui sévit partout.

CPC, Z-Europe, Allemagne, 1918-1940, vol. 263 (78CPCOM/263).

---

[1] Une mention manuscrite a été ajoutée : « Selon Selim Bey encore, l'Allemagne a connu d'avance les intentions de paix de la Turquie. Elle a retenu pendant quatre jours le télégramme qui chargeait Fouad Selim Bey d'en instruire l'Entente ; mais elle ne paraît pas s'y être opposée en rien. Ce serait, en ce moment, la politique des gouvernants allemands de montrer au monde et surtout à leurs peuples l'Allemagne abandonnée de tous et contrainte ainsi à la paix. »

[2] Il s'agit de la troisième note du président Wilson datée du 23 octobre 1918.

92

M. Dutasta, Ambassadeur de France à Berne,
à M. Pichon, Ministre des Affaires étrangères.

T. n°s 1737-1738. *Berne, 28 octobre 1918, 1 h. 30 ; 6 h.*

(*Reçu : 16 h. 50 ; 8 h.*)

Un de nos agents en qui on peut avoir une confiance absolue a eu hier avec M. de Boehm, ministre de Bavière à Berne, un long entretien au cours duquel ce dernier lui a fait des déclarations dont voici, fidèlement rapportées, les principales : « Vous savez que l'idée de la demande d'armistice est due à l'état-major général. La situation militaire ayant été jugée extrêmement critique, on a cherché au grand quartier général le moyen d'éviter un désastre. On a estimé que le salut de l'Allemagne dépendrait du président Wilson. Accepter immédiatement les points de son programme, gagner sa confiance, le convaincre de la victoire définitive du libéralisme allemand est devenu aussitôt l'unique souci des militaires comme des gouvernants. La presse reçut l'ordre de se montrer extrêmement conciliante envers le Président, de faire appel à sa grande équité, de lui rappeler ses déclarations antérieures. Il s'agissait donc de gagner du temps, de nouer solidement le fil de la conversation, de faire de M. Wilson l'arbitre des destinées allemandes, de le « captiver » par tous les moyens. Nous pouvons espérer qu'il saura résister aux prétentions franco-anglaises. Nous pouvons même espérer qu'un désaccord se produise entre lui et les Alliés. Notre but serait atteint si les Américains à la suite de ce désaccord laissaient mollir l'offensive. Les troupes restant « l'arme au pied » (*sic*) nous nous chargerions, espérons-nous, des autres troupes de l'Entente. Quant à l'Alsace-Lorraine nous ne la céderons jamais volontairement. Mais il y a le président Wilson. Afin de lui enlever le moindre doute sur la pureté de nos intentions, nous avons déjà admis en nous-mêmes le principe du plébiscite et nous sommes prêts à le déclarer ouvertement. Si le plébiscite nous est défavorable nous aurons cédé à la nécessité, et la nation comprendra.

D'ailleurs pour qui sait prévoir les événements, il n'y a pas lieu de se désoler. Dès que l'Alsace-Lorraine aura fait retour à la France de fortes oppositions se produiront dans ce pays, des résistances que nous saurons favoriser. Il y a là une série de problèmes moraux et économiques qui deviendront vite pour les Français de sérieuses difficultés. L'argent allemand s'emploiera à les envenimer... mais encore une fois, nous ne nous laisserons rien prendre que par la force. L'Allemagne est une femme honnête qu'on pourra violer, mais qui ne se donnera pas volontairement (*sic*).

Nous consacrons actuellement de grosses sommes à la propagande bavaroise en Autriche. Nous y répandons l'idée d'une réunion de l'Autriche allemande à la Bavière et nous pouvons dire que nos efforts ne sont pas inutiles. Entendez-moi bien. Ce que nous voulons ce n'est pas une confédération de l'Allemagne du sud. Pas de séparatisme : nous n'en voulons à aucun prix. Il s'agit, par le rattachement de l'Autriche allemande à la Bavière, par l'extension de notre influence en Wurtemberg et en Saxe, pays que nous travaillons également de notre mieux, de mettre en minorité la Prusse au Bundesrat. Une fois les influences prussiennes neutralisées, le régime prussien éliminé, l'axe politique passé du nord au sud, l'empereur Guillaume peut rester ou s'en aller, la question n'a plus qu'une importance secondaire.

En ce qui concerne l'Italie on peut dire qu'elle est frappée de déchéance morale ; du reste la situation n'est pas mauvaise. Ne croyez pas que les Italiens tiennent à Trieste. Je suis en mesure de vous affirmer qu'ils y ont renoncé : ce port est destiné à devenir celui des Yougoslaves. En exigeant Trieste, en se montrant intraitables les Italiens savent qu'ils auraient plus tard des difficultés avec nous. Nous savons qu'ils tiennent à reprendre les relations. Ils préfèrent donc s'arranger. Ils négocient avec les Allemands d'Autriche. Les Italiens auront le Trentin ; les Autrichiens obtiendront l'accès à Venise non pas par une cession quelconque de territoire, mais par des accords commerciaux et ferroviaires. C'est dire que nous aussi nous profiterons de ce débouché.

Télégrammes, Berne, Arrivée, 1918, vol. 889 (304QONT/889).

93

M. Defrance, Ministre de France au Havre,
À M. Pichon, Ministre des Affaires étrangères.

T. n° 141.   *Le Havre, 28 octobre 1918, 19 h. 10.*

Secret.   (Reçu : 22 h.)

Le ministre des Affaires étrangères se demande si la lettre de M. Lansing transmettant copie de la correspondance échangée entre le président Wilson et l'Allemagne constitue une invitation à adhérer dès maintenant aux conditions de paix énumérées dans les messages du Président.

M. Hymans ne paraît pas disposé à donner purement et simplement une adhésion de ce genre et il vous demandera de lui faire connaître l'opinion et les intentions du gouvernement de la République.

Il m'a dit également dans un court entretien que la Belgique aurait certaines conditions à poser pour la conclusion d'un armistice.

Il m'a paru très désireux de voir le gouvernement belge tenu au courant et appelé à participer aux échanges de vues qui auront sans doute lieu entre les Alliés.

Télégrammes, Bruxelles, Arrivée, 1918, vol. 1200 (304QONT/1200).

94

M. Jusserand, Ambassadeur de France à Washington,
À M. Pichon, Ministre des Affaires étrangères.

D. n° 495.   Washington, 28 octobre 1918.

Vues du secrétaire d'État sur les caractéristiques de la paix.

Le discours prononcé par M. Lansing à Auburn, le 10 de ce mois, auquel se rapportait ma dépêche du 14[1], vient de paraître en fascicule séparé à l'imprimerie du gouvernement. Le texte est plus complet que celui précédemment adressé au Département et je l'annexe ici en raison de l'intérêt spécial qu'offrent, à l'heure actuelle, les idées du secrétaire d'État des États-Unis sur le genre de paix à rechercher.

Ma lettre précitée en indiquait les caractéristiques. M. Lansing souhaite que ce soit une paix de justice, ce qui implique le châtiment des coupables, et non une paix de vengeance, ce qui impliquerait, à ses yeux, un abaissement moral pour les vainqueurs.

Mais où finit la justice et où commence la vengeance ? C'est toute la question et des considérations multiples, une intime connaissance des faits, d'exactes prévisions dans le degré de châtiment nécessaire pour prévenir le renouvellement de si grandes catastrophes, doivent fournir les éléments de la réponse.

Les tendances personnelles du secrétaire d'État le pousseraient à s'en tenir à une justice moins rigoureuse que nous ne la concevons, par crainte de tomber dans la vengeance qu'il condamne. Nous nous sommes entretenus bien des fois de ces problèmes et j'ai pu constater son état d'esprit au cours d'une de nos plus récentes conversations où il a laissé paraître les appréhensions que lui causerait cette entrée en territoire allemand des armées alliées victorieuses que ses compatriotes souhaitent autant que nous. Il craint qu'après de si grandes provocations, elles ne soient plus maîtresses d'elles-mêmes et se ravalent au niveau de « la Bête ».

À quoi je répondais, d'abord que ce n'est pas sûr ; ensuite que ceux d'Europe peuvent, mieux que nous, évaluer quelle sorte de « leçon de choses » est indispensable afin que le barbare allemand, en son épaisse immoralité, comprenne ; enfin que l'égalisation dans la violence est une impossibilité absolue, car il manquera toujours dans notre fait ce qui est le plus grave dans l'acte allemand : l'initiative première.

CPC, A-Paix, 1914-1918, vol. 214 (4CPCOM/214).

---

[1] Dans sa dépêche n° 474 du 14 octobre, Jusserand rapporte les propos tenus par Lansing « qui est, comme il le rappelle, un sincère presbytérien ». L'ambassadeur de France souligne notamment l'exhortation finale que le secrétaire d'État adresse à « ses compatriotes (qu'il juge, m'a-t-il dit, par trop montés, et de plus en plus désireux d'une paix de vengeance) de ramener leurs esprits à ces considérations de justice pure qui, comme on voit, n'ont pas pour objectif d'innocenter les criminels et qui permettront, croit-il, de terminer en beauté morale et en sécurité pour l'avenir la lutte contre "la Bête" : c'est ainsi que, dans ce discours, l'ennemi est toujours désigné. "L'heure du triomphe est proche ; la journée des *War Lords* est à peu près finie." »

95

N. 28 octobre 1918.

Conditions d'armistice[1].

Les conditions d'un armistice sont essentiellement d'ordre <u>militaire</u> ; à ce titre, la procédure suivie est une demande présentée par les parlementaires de l'armée soumise au commandant en chef de l'armée victorieuse.

Mais en dehors des conditions militaires, il y a des conditions <u>maritimes, politiques, financières et économiques</u> à préciser, conditions qui ne se confondent pas avec celles mêmes de la paix, mais qui servent d'indication et de garanties pour ces dernières.

Il est important de noter qu'aucune règle de droit international n'a fixé ni la forme ni le contenu des traités d'armistice. On peut donc y insérer toutes espèces de clauses, pour qu'elles soient acceptées par l'ennemi. Les belligérants mettent à la suspension des hostilités telle clause et convention qui leur conviennent et il y a de nombreux précédents de l'insertion dans l'armistice de clauses qui relèveraient plutôt des négociations de paix. La seule différence fondamentale entre les clauses d'armistice et les clauses de paix, c'est que les premières sont négociées par les autorités militaires (sur instruction de leur gouvernement) et les secondes par les gouvernements eux-mêmes.

CONDITIONS MILITAIRES

A. *Conditions du maréchal Foch.*

Le maréchal Foch a formulé le 8 octobre[2] courant les conditions qui lui paraissent indispensables à un arrêt même momentané des opérations des armées en présence en France et en Belgique.

Ces suggestions peuvent se résumer de la manière suivante :

a) Évacuation, dans un délai de 15 jours, des pays envahis (Belgique, France, Alsace-Lorraine, Luxembourg) et rapatriement immédiat de leurs populations.

b) Constitution, dans un délai de 15 jours, d'une base de départ militaire pour la poursuite de la guerre en cas d'échec de l'armistice (pour que celui-ci ne soit pas dans l'intérêt unique du demandeur), c'est-à-dire occupation de 3 têtes de pont sur le Rhin à Rastadt, Strasbourg, Neuf-Brisach, avec un demi-cercle de 30 kilomètres de rayon sur la rive droite du fleuve.

c) Mise en notre possession des gages des réparations exigibles pour les dévastations systématiques, les pillages publics et privés et les transports du matériel industriel en Allemagne, c'est-à-dire occupation, dans un délai

---

[1] Cette note est sans nul doute l'œuvre de la direction des Affaires politiques et commerciales du Quai d'Orsay.

[2] Voir document n° 21 du 8 octobre 1918.

d'un mois, des pays de la rive gauche du Rhin par les troupes alliées, qui les administreront, avec les autorités locales, jusqu'à la signature de la paix.

d) Remise du matériel de guerre et des approvisionnements qui n'auraient pu être évacués dans les délais fixés, avec interdiction de toute destruction.

e) Désarmement, à titre de prisonniers de guerre, des unités qui n'auraient pas évacué les territoires prescrits dans le délai fixé.

f) Abandon sur place du matériel de chemin de fer, voie et exploitation, sans aucune destruction ; restitution immédiate de tout le matériel belge et français saisi, ou de son équivalent numérique.

g) Abandon sur place, sans destruction, de toutes installations militaires de toute nature à l'usage des troupes, ainsi que des établissements industriels et ateliers de toute espèce avec leur matériel, dont rien ne devra être emporté.

h) Arrêt des hostilités 24 heures après approbation des conditions de l'armistice par les parties contractantes.

Observations au sujet des conditions du maréchal Foch

Le maréchal Foch a indiqué la nécessité d'obtenir des têtes de pont sur le Rhin et il a indiqué Rastadt, Strasbourg (Kehl), Neuf-Brisach, c'est-à-dire des têtes de pont devant l'Alsace uniquement, et vers l'Allemagne du sud.

Il paraîtrait logique, puisque l'on entre dans cette voie, de demander également sinon la maîtrise de tous les ponts du Rhin, du moins un certain nombre de têtes de ponts vers l'Allemagne du nord, et essentiellement à Coblentz et à Mayence, points d'importance capitale, et peut-être également à Mannheim au sud mais non à Cologne (qui est une très grande ville, dont l'occupation ne serait pas justifiée par un objectif militaire incontestable et serait profondément ressentie en Allemagne (qu'il est inutile de blesser gratuitement).

Une autre garantie, d'un caractère à la fois pratique et symbolique, serait l'occupation d'Essen, par une commission interalliée, pour arrêter la fabrication du matériel de guerre (ce n'est pas le seul lieu de fabrication, mais c'est le plus important et le plus connu).

Enfin, il y a lieu d'envisager expressément l'occupation des territoires de la rive gauche du Rhin, non par de faibles contingents assurant la police et contrôlant l'administration, mais par l'ensemble des forces des armées alliées pour ne laisser place à aucune arrière-pensée et à aucune déloyauté.

Pour l'Alsace-Lorraine, on ne saurait trop insister sur la nécessité de ne pas en demander l'évacuation sans occupation : ce serait favoriser les intrigues allemandes qui poussent maintenant les Alsaciens à l'ambition de devenir un État neutre avec l'appui du clergé ou à un plébiscite. Donc pas de période vide en Alsace-Lorraine.

L'occupation doit être faite par des troupes françaises (car les soldats américains, en partie d'origine germanique pourraient être impressionnés par l'aspect allemand de la plus grande partie de l'Alsace). Les soldats français occupants doivent être pris dans les contingents du nord et de l'est et pas trop irréligieux.

Si l'on n'occupait pas tout le pays, mais seulement les nœuds de chemins de fer et des places, on pourrait demander l'occupation non de Metz seulement mais de Moselstellung (qui comprend toute la vallée de la Moselle de Metz à Thionville).

L'occupation alliée de la rive gauche du Rhin se répartirait évidemment : Anglais au nord, Américains au centre, Français au sud.

B. *Conditions des représentants militaires et navals permanents du Conseil supérieur de guerre de Versailles.*

a) Principe général du désarmement des armées ennemies sous le contrôle des Alliés.

b) Évacuation totale et immédiate par l'ennemi de la France, de la Belgique, du Luxembourg, de l'Italie (avec réoccupation immédiate des territoires libérés, rapatriement des populations civiles, internées, interdiction de destruction, pillage ou réquisition nouveaux, reddition du matériel de guerre et approvisionnements ennemis compris entre le front actuel et la rive gauche du Rhin).

c) Retrait des troupes allemandes derrière le Rhin.

d) Évacuation de l'Alsace-Lorraine, <u>sans occupation par les Alliés</u>.

e) Mêmes conditions applicables à la bande de territoire compris entre la frontière italienne et une ligne marquée par le parallèle du Haut-Adige, le Pousterthal jusqu'à Toblach, les Alpes carniques, le Tarvis et le méridien qui du mont Nero aboutit à la mer près de l'embouchure de la Volosca.

f) Évacuation de la Serbie, du Monténégro, de l'Albanie, dans les conditions générales prévues ci-dessus.

g) Évacuation du Caucase par les troupes des puissances centrales.

h) Mise en train immédiate de l'évacuation de tous les territoires appartenant à la Russie et à la Roumanie avant la guerre.

i) Rapatriement dans le plus bref délai, sans réciprocité, et restitution aux armées alliées de tous les prisonniers faits par les ennemis depuis le début de la guerre.

j) Acceptation de l'emploi des prisonniers de l'ennemi se trouvant entre nos mains à la réparation des dévastations et à la reconstitution des régions envahies.

k) Retrait et maintien dans les bases navales fixées par les Alliés de toutes les forces navales ennemies de surface, y compris les monitors et flottilles de rivière.

l) Arrêt immédiat des opérations des sous-marins et défense de passer de l'Atlantique à la Méditerranée, et réunion dans les ports des Alliés fixés par eux de soixante sous-marins d'un type à déterminer.

m) Concentration et maintien des forces aériennes ennemies en des points déterminés par les Alliés.

n) Indication des champs de mines par l'ennemi, sauf ceux mouillés dans ses eaux territoriales, et droit du dragage des mines par les Alliés.

o) Évacuation immédiate des côtes belges et italiennes et abandon de tout le matériel naval et des approvisionnements qui s'y trouvent.

p) Évacuation par la marine austro-hongroise de tous ports (autres que ses ports nationaux) qu'elle occupe dans l'Adriatique.

q) Évacuation immédiate des ports de la mer Noire par l'ennemi et reddition des navires et du matériel de guerre pris dans ces ports.

r) Interdiction générale de toute destruction du matériel abandonné.

s) Maintien du blocus des Alliés et du droit de capturer les navires marchands ennemis en mer.

t) Nécessité de prendre des garanties matérielles du respect de la parole allemande, c'est-à-dire reddition dans les 48 heures au commandant en chef des armées alliées des forteresses de Thionville, Metz, Strasbourg et Neuf-Brisach ; et à l'amiral commandant en chef les flottes alliées de la mer du Nord, de l'île fortifiée d'Heligoland.

u) Limitation de l'armistice pour l'application la plus lointaine prévue à une durée de 3 semaines.

Observations au sujet des conditions du Conseil supérieur de guerre de Versailles

Il y a lieu de remarquer que les conditions des membres permanents du Conseil supérieur de guerre de Versailles envisagent :

1° Les conditions à l'égard de l'Autriche, qui n'était pas en cause à ce moment, en raison de la position prise par le président Wilson vis-à-vis de la demande germano-austro-turque d'armistice, (en réalité globale bien que présentée séparément par chaque puissance par le neutre ayant charge de ses intérêts) : le président des États-Unis a en effet répondu séparément à l'Allemagne en nous transmettant sa demande, à l'Autriche en repoussant la sienne et ne nous la transmettant pas, et en réservant sa réponse à la Turquie, tout en nous offrant de lui dire simplement qu'elle doit nous demander directement un armistice.

L'acceptation de toutes les conditions du président Wilson y compris la création d'un État tchécoslovaque et d'un État yougoslave, change aujourd'hui encore la position de la question, l'Autriche marquant qu'elle abandonne son alliance avec l'Allemagne et est prête à signer de suite la paix avec nous.

2° Les conditions navales et aériennes non mentionnées par le maréchal Foch.

Il faut préciser également que dès maintenant quelques-unes des stipulations prévues (telle par exemple que la reddition de Lille et l'évacuation de la côte belge ou de Durazzo) ont été dépassées par les événements, et que d'autres (telle que la non occupation par les Alliés de l'Alsace-Lorraine) sont absolument inadmissibles et marqueraient une hésitation pour la solution finale de l'un des buts de guerre les plus essentiels des Alliés.

En revanche quelques-unes des conditions suggérées par le Conseil paraissent pouvoir s'ajouter utilement aux conditions, cependant si nettes et précises au point de vue militaire présentées par le maréchal Foch (par exemple le retour des prisonniers alliés et l'emploi des prisonniers ennemis à la réparation des dévastations).

Il y a lieu de préciser également que tous les prisonniers civils détenus par les Allemands en territoire occupé seraient laissés sur place lors de l'évacuation par l'ennemi.

Peut-être cependant des conditions de cette nature sont-elles plutôt du domaine des négociations de paix et y a-t-il une certaine confusion entre les conditions militaires et politiques, dans la réponse de Versailles.

La marine italienne s'en préoccupe également et l'amiral Thaon de Revel vient en France.

CONDITIONS MARITIMES

Ces conditions n'ont pas été arrêtées jusqu'ici dans le détail par le ministère de la Marine, en dehors des indications précises données par les représentants militaires et navals permanents du Conseil supérieur de Guerre de Versailles.

Il est à prévoir, d'ailleurs que l'amirauté anglaise a spécialement envisagé les sécurités nécessaires et suffisantes à obtenir de nos ennemis, pour nous garantir contre toute surprise.

CONDITIONS POLITIQUES

Les conditions politiques d'armistice se confondent en grande partie avec les clauses purement militaires.

Elles ont été exprimées à la Conférence de Paris du 6 au 9 octobre et feront l'objet d'un examen plus serré et plus complet à la prochaine réunion des Premiers ministres.

La première liste des conditions générales comprend les neuf paragraphes suivants :

1°- Évacuation totale par l'ennemi de la France, de la Belgique, du Luxembourg et de l'Italie.

2°- Retrait des Allemands en arrière du Rhin en Allemagne.

3°- Évacuation de l'Alsace-Lorraine par les troupes allemandes.

4°- Mêmes conditions à appliquer au Trentin et à l'Istrie.

5°- Évacuation de la Serbie et du Monténégro par l'ennemi.

6°- Évacuation du Caucase.

7°- Mise en train de l'évacuation de tous territoires appartenant à la Russie et à la Roumanie avant la guerre.

8°- Cessation immédiate de la guerre sur terre, sur mer et dans les airs.

9°- Maintien du blocus allié.

Observations sur les clauses politiques

A) Des clauses beaucoup plus sévères correspondant à une aggravation de la situation militaire et de la situation intérieure de l'Allemagne pourraient être :

1°- Le contrôle des chemins de fer, des ports et des mines, puits, ou gisements (charbon, houille, fer, pétrole, etc.).

2°- La confiscation des stocks de matières premières et de produits manufacturés.

3°- La fixation d'un chiffre d'indemnité globale correspondant aux dommages et dépenses imposées aux Alliés et dont le paiement serait équilibré sur les chiffres des budgets de guerre et de marine intérieurs de l'Allemagne supprimés en raison d'un désarmement éventuel.

Si l'on entrait dans cet ordre d'idées, il serait aisé de préciser des clauses efficaces.

Dans tous les cas, il faudrait viser nommément la restitution des objets volés, tableaux, meubles, objets d'art, etc. ou d'une valeur équivalente.

B) Clauses au sujet de la Russie.

Un autre ordre de conditions politiques de la plus grande importance vise la Russie, dont nous ne pouvons à aucun degré nous désintéresser, et pour laquelle nous devons stipuler, en l'absence d'un gouvernement reconnu et à titre d'alliée.

L'abandon du traité de Brest-Litovsk (de même que de celui de Bucarest pour la Roumanie) s'impose en premier lieu.

Les conditions d'un armistice concernant la Russie peuvent être précisées de la manière suivante :

a) Évacuation du territoire de toute la Russie dans ses limites d'avant la déclaration de la guerre, la Pologne et la Finlande y comprises ;

b) appel par les Empires centraux de tous les instructeurs et cadres envoyés et restés en Russie et des prisonniers de leurs nationalités, à l'exception des Tchèques, Slovaques, Yougoslaves et Polonais ;

c) restitution de tout le matériel de guerre, des armements et de l'artillerie qui avaient été saisis hors des actions de guerre ;

d) restitution de toute la flotte militaire et de tout son armement pris dans les mêmes conditions ;

e) indication des lieux où sont établies les mines, tant sur les mers que dans les fleuves ;

f) restitution de toute la flotte marchande prise dans les mêmes conditions ;

g) livraison des voies ferrées saisies ou construites par les Empires centraux en Russie, avec tout leur matériel ;

h) restitution de tout le matériel des arsenaux, usines et fabriques gouvernementaux et privés ;

i) restitution des prisonniers russes retenus par les Empires centraux ;

j) restitution du dépôt d'or transmis à l'Allemagne par les usurpateurs au pouvoir en Russie.

CONDITIONS FINANCIÈRES

D'accord entre le ministère des Affaires étrangères et le ministère des Finances les clauses financières d'un armistice ont été dressées de la manière suivante :

Dès à présent, et sous réserve de <u>toutes revendications et réclamations ultérieures de la part des Alliés</u>.

- I -

Remise immédiate de tous documents, espèces, valeurs mobilières et fiduciaires avec le matériel d'émission touchant aux intéressés publics ou privés dans les territoires envahis et se trouvant aux mains ou sous le contrôle de l'Allemagne ou de ses Alliés et de leurs ressortissants à quelque titre ou pour quelque cause que ce soit.

- II -

En Alsace-Lorraine, engagement de laisser ou de remettre en place, dans un délai de trois semaines, toutes propriétés publiques ou privées et d'annuler, dans le même délai, toutes mesures prises, depuis le 1er août 1914, tels que les séquestres, les saisies, les expropriations, les liquidations forcées, ayant porté préjudice aux intérêts de Puissances alliées et de leurs ressortissants.

Développement des conditions financières

À ce résumé serait joint en annexe, pour commenter et préciser si des explications complémentaires étaient demandées, le développement suivant (dans les mêmes délais et sous les mêmes réserves).

1°- Remise de tous ordres, rôles, états, souches de quittance, obligations, engagements et documents ayant trait aux réquisitions, prestations, levées d'impôts, taxes, contributions, amendes, expropriations, achats et indemnités, de quelque nature que ce soit, pratiqués par les Puissances centrales en territoires envahis.

2°- Remise de toute archive d'intérêt public ou privé et notamment des archives d'enregistrement, d'état civil, des archives notariales, du cadastre, des titres de propriété.

3°- a) Remise – 1° de tout le matériel se trouvant entre les mains ou sous le contrôle des puissances centrales et pouvant servir à l'émission, en pays envahi, de billets, bons et valeurs fiduciaires (matrices, planches, clichés, griffes, formules préparées, papiers spéciaux, etc.) ;

2° de tous les billets, bons et valeurs fiduciaires émis en pays envahis et se trouvant en la possession soit des autorités, soit des troupes allemandes.

b) Envoi, dans un délai de trois semaines, aux gouvernements alliés intéressés, du relevé par séries des billets, bons et valeurs fiduciaires émis en pays envahi sous le contrôle des autorités des puissances centrales.

4°- Restitution des espèces, titres et toutes valeurs mobilières, trouvés en pays envahi dans les caisses publiques, les banques, les sociétés, les maisons de commerce, les entreprises industrielles, agricoles ou autres, ou chez les particuliers et actuellement en la possession des autorités civiles ou militaires des puissances centrales, de leur fonctionnement ou de leurs soldats.

En Alsace-Lorraine, engagement :

a) De laisser et, s'il y a lieu, remettre en place tous les biens et valeurs et notamment les encaisses des banques et sociétés, maisons de commerce et entreprises quelconques, les biens et valeurs de dépôts, le contenu des coffres-forts, les livres de commerce, etc.

b) De laisser sur place et de mettre à la disposition des autorités françaises le contenu de toutes caisses publiques, les documents et archives de toutes les administrations, et notamment ceux relatifs à l'assiette et à la perception des impôts et revenus publics ainsi qu'aux paiements des dépenses.

c) D'annuler toutes saisies, séquestres, liquidations forcées, expropriations et, en général, toutes mesures prises depuis le 1er août 1914 ayant porté préjudice aux intérêts des puissances alliées et de leurs ressortissants.

CONDITIONS ÉCONOMIQUES

Les conditions économiques de l'armistice n'ont pas été formulées d'une manière précise par le ministère du Commerce, auquel il y aurait lieu de demander d'établir un texte d'accord avec le ministère des Affaires étrangères.

Il est évident, d'ailleurs, qu'il s'agit surtout dans cette matière, des conditions de paix.

Une clause essentielle viserait le principe de la restitution immédiate par l'ennemi du matériel et de l'outillage industriel, des matières premières et de l'équivalent des combustibles enlevés, détruits ou consommés sur notre territoire.

On obligerait ainsi les Allemands à compenser ce qu'ils ont méthodiquement détruit ou dérobé pour désarmer notre industrie en la ruinant et en renforçant avec ses métiers, ses machines et ses produits les industries similaires allemandes. La réclamation de l'outillage est la restitution des armes industrielles enlevées à la France.

Dans le même ordre d'idées la destruction de nos mines de Lens, d'Anzin, etc., devrait être compensée par une clause imposant la fourniture annuelle d'une vingtaine de millions de tonnes de charbon qui permettrait simplement le fonctionnement normal et la reprise de notre industrie. La France produisait avant la guerre environ 40 000 000 de tonnes de charbon et en consommait un peu plus de soixante en moyenne ; elle achetait à l'étranger ce complément (onze millions de tonnes à l'Angleterre, quatre à la Belgique et sept à l'Allemagne).

L'Allemagne doit évidemment restituer en nature. Tout ce qu'on pourra trouver chez elle pour remplacer les objets pillés ou détruits, outillages industriels, produits fabriqués, matières premières (par exemple rails de chemins de fer, wagons, locomotives, voitures de tramways, câbles électriques, métiers à tisser, broches de filature, chaudières et tuyautage d'appareils à vapeur, etc.).

En effet, si on se bornait à exiger une indemnité en argent, cet argent retournerait en Allemagne pour y acheter très cher le matériel et les matières destinés à remplacer ce qui a été enlevé ou détruit.

Papiers d'agents, fonds Pichon, vol. 6 (141PAAP/6).

96

N.[1] *Paris, 28 octobre 1918.*

Secret.

Information au sujet de la situation en Autriche.

Les informations arrivées de Vienne en Suisse jusqu'au 18 octobre au soir sont de plus en plus graves. Elles laissent prévoir l'imminence d'une catastrophe qui se produira sans doute à bref délai.

L'Empereur Charles a fait appeler tous les chefs politiques hongrois, Titzsa, Andrassy, Apponyi, Wekerle pour tenter de former une coalition contre les Allemands et les nationalités dissidentes, mais il a échoué. Les Hongrois profitent de cette terrible crise pour arracher à l'Autriche toutes les concessions possibles. Ils réclament leur indépendance complète, sous l'unique contrôle personnel de l'Empereur, une armée distincte de langue hongroise, et une organisation diplomatique indépendante.

La terreur de l'invasion augmente tous les jours en Hongrie. On prévoit une révolution, si cette menace se réalise, Karoly formerait alors un gouvernement qui traiterait séparément. Cette éventualité est prévue par les agents allemands. L'ambassade d'Allemagne à Vienne a envoyé à Budapest une nuée d'agents et surtout d'officiers. Les Allemands de Budapest font des efforts inouïs et répandent l'argent à pleines mains.

L'Empereur s'est adressé également aux Tchèques. Il en a convoqué plusieurs et est allé jusqu'à les prier et les conjurer d'accepter leur indépendance sous sa seule autorité personnelle. Les Tchèques ont refusé en disant

---

[1] Note anonyme. Ampliation à Sûreté Nationale, Affaires étrangères (direction des Affaires politiques et commerciales), État-major de l'armée (2e bureau A).

qu'ils ne pourraient que s'en remettre à leur Conseil national et au Congrès de la Paix. L'Empereur a eu à l'issue de ces entrevues une violente crise de larmes.

La grève générale est proclamée à Prague et à Pilsen, elle n'est que partielle chez Skoda. Le trafic est complètement suspendu dans la région où ne circulent que des trains militaires.

On s'attend de jour en jour à une action alliée par la Roumanie. De nouvelles manifestations hostiles à l'occupation austro-allemande ont éclaté dans plusieurs centres roumains. On assure que le gouvernement roumain dispose d'un grand nombre de canons russes et a l'intention de participer de nouveau à la guerre. Ce serait un désastre car les frontières de Bucovine et de Transylvanie ne sont plus défendues.

Vienne est également atterré par les nouvelles de Serbie et du Monténégro.

Les Hongrois ont déjà réclamé la destruction immédiate du pont de Belgrade. On prévoit que la garnison de Cattaro sera isolée et devra soutenir un siège, en vue duquel on renforce les défenses du Lowcen, où l'on creuse d'innombrables cavernes. Des mouvements insurrectionnels sont signalés en Bosnie, la révolte sera générale si les Alliés avancent encore.

Le gouvernement autrichien supplie à tout instant ses agents en Suisse et particulièrement les Pères Jésuites d'intensifier leur propagande pacifiste, par tous les moyens, sans s'occuper des dépenses. L'agitation est extrême à Fribourg. De nouveaux fonds viennent d'être envoyés au journal austrophile *La Liberté*, des sommes considérables sont continuellement expédiées en Italie.

(Bonne Source – 19 octobre)

CPC, Z-Europe, Autriche, 1918-1940, vol. 38 (80CPCOM/38).

97

M. Dutasta, Ambassadeur de France à Berne,
  À M. Pichon, Ministre des Affaires étrangères.

T. n° 1754. *Berne, 29 octobre 1918, 9 h. 10.*

(Reçu : 23 h. 55.)

Ainsi que la correspondance de cette ambassade l'a indiqué à Votre Excellence, il est certain que la demande d'armistice a été adressée au président Wilson par le gouvernement allemand sur l'initiative du général Ludendorff[1], qui, la presse allemande n'en fait pas mystère, était à ce moment « à bout de nerfs ».

---

[1] Le socialiste Noske avait clairement souligné lors d'une séance au Reichstag le 24 octobre cette réalité (P. Renouvin, *op. cit.*, p. 177).

Depuis le général paraît s'être ressaisi et, ne se résignant pas à perdre son influence, avoir persuadé le maréchal Hindenburg, d'envoyer aux généraux commandants d'armées sur le front et aux généraux commandants de régions à l'intérieur, un télégramme demandant la résistance jusqu'au bout. En même temps la presse conservatrice et pangermaniste inspirée par Ludendorff, entamait une violente campagne contre le gouvernement. Le premier quartier-maître général venu à Berlin avec le maréchal Hindenburg exerçait la plus forte pression sur l'Empereur pour l'amener à rompre la conversation avec les Américains et à lancer un appel au peuple. Mais cette manœuvre de la dernière heure échoua devant la résistance du ministère appuyé sur la majorité parlementaire. Au conseil tenu le 26 de ce mois, en présence de l'Empereur, le pouvoir civil eut gain de cause, l'envoi de la réponse au président Wilson fut décidé et Ludendorff donna sa démission. Le Reichstag avec une hâte, qui s'explique aujourd'hui par la volonté d'empêcher tout retour offensif du premier quartier-maître général et de ses amis et pour mettre le sceau aux décisions prises, vota dès le lendemain la loi consacrant la subordination du pouvoir militaire.

Il est certain que la démission du général Ludendorff, acceptée dans les conditions qui viennent d'être relatées, constitue un coup très rude pour les partisans de la Défense nationale.

CPC, Z-Europe, Allemagne, 1918-1940, vol. 263 (78CPCOM/263).

98

M. Barrère, Ambassadeur de France à Rome,
À M. Pichon, Ministre des Affaires étrangères.

T. n° 2544. *Rome, 29 octobre 1918, 21 h.*

(*Reçu* : le 30, 6 h.)

a.s. l'Autriche.

Concernant votre télégramme sans n° d'hier de notre ambassadeur à Berne[1]. Je conseille la plus grande prudence à l'égard de ces menées austro-hongroises. Elles se font plus pressantes à mesure que les troupes du général Franchet d'Espèrey approchent de la frontière de la Hongrie. Il faut voir venir ces gens-là et se garder d'appuyer quoi que ce soit à Washington.

---

[1] Dans son télégramme secret n° 1736, Dutasta informe Paris que le comte Andrassy cherche à obtenir des garanties du président Wilson avant que les Allemands d'Autriche n'y parviennent de leur côté. « Le ministre des Affaires étrangères austro-hongrois espère en effet que les Allemands d'Autriche peuvent escompter une paix plus rapide en restant membres d'une confédération placée sous le sceptre des Habsbourg et qu'en constituant un État indépendant de Vienne et allié de l'Allemagne, il sera plus difficile aux nombreux agents pangermanistes travaillant en Autriche de mener à bien leur campagne. »

L'Autriche-Hongrie doit inévitablement se rendre à merci, et à brève échéance.

CPC, A-Paix, 1914-1918, vol. 105 (4CPCOM/105).

99

M. Pichon, Ministre des Affaires étrangères,
à M. Jusserand, Ambassadeur de France à Washington.

T. s.n. (projet[1]) *Paris, 29 octobre 1918.*

Les présidents du Conseil et ministres des Affaires étrangères anglais, français et italiens se sont réunis cet après-midi pour se mettre d'accord sur les conditions d'armistice éventuel à accorder à l'Allemagne, à l'Autriche-Hongrie et à la Turquie, et tout spécialement la réponse à faire à la communication du président Wilson qui nous a transmis la demande d'armistice qui lui avait été adressée directement par le chancelier allemand[2].

La première question examinée a été la question de forme ; on s'est entendu sur la procédure suivante : les ministres alliés se mettront d'accord sur les conditions de l'armistice à imposer à l'Allemagne ; le texte arrêté entre eux sera communiqué à titre d'information personnelle et pour l'examen du président Wilson (qui étant cobelligérant a son avis à exprimer) ; si le Président accepte le texte, il répondra définitivement à la demande du chancelier que les chefs de l'armée allemande sur le front français peuvent envoyer des parlementaires demandant un armistice aux lignes françaises ; le maréchal Foch leur fera connaître les conditions arrêtées entre les Alliés. Cette procédure est strictement conforme aux traditions militaires et aux principes du droit en ce qui regarde l'armistice.

En présence de cette divergence d'opinion, il a paru indispensable de poser franchement la question à Washington pour éviter toute équivoque.

En effet, il ne paraît pas possible d'admettre que les Alliés acceptent les yeux fermés, sans aucune consultation préalable avec le Président et entre eux, un certain nombre de principes formulés dans des termes généraux (susceptibles d'interprétation et d'applications très différentes), dont quelques-uns ne sont visiblement applicables qu'après la création d'une Société des Nations (par exemple le principe de la liberté des mers avec lequel le blocus qui a réduit l'Allemagne n'aurait pas été possible et qui

---

[1] Il s'agit d'un projet de télégramme non envoyé préparé par les autorités françaises après une première discussion interalliée très houleuse entre les Alliés et le colonel House au Quai d'Orsay concernant l'acceptation des quatorze points du président Wilson et ses discours ultérieurs de 1918 comme bases de la paix.

[2] Wilson a transmis aux Alliés l'ensemble de sa correspondance avec les Allemands le 23 octobre en leur demandant s'ils acceptaient la demande de paix et d'armistice des Allemands sur les bases indiquées plus haut (*Papers Relating to the Foreign Relations of the United States*, 1918, Supplément 1, p. 383).

appliqué dans le sens que lui donnent les Allemands priverait l'Angleterre de ses moyens essentiels de défense) ; ces quatorze points ne formulent pas même le principe des réparations pour les pays envahis et si cruellement pillés, dévastés, et ruinés par les Allemands.

Il est vraisemblable qu'il ne s'agit que d'un malentendu. Le président Wilson ne peut être à la fois belligérant et se constituer lui-même arbitre ; il est impossible que cet arbitre impose simultanément aux ennemis et à ses associés des conditions de paix, sans avoir consulté ces derniers. Cela ne s'est jamais vu et c'est une position irrégulière, contraire au droit et au bon sens.

D'une manière générale les principes de justice et de droit du Président sont les nôtres ; mais nous voulons être appelés à en discuter le sens exact et l'application précise. Aucun des peuples d'Europe ne comprendrait qu'il en pût être autrement.

Il y a des cas où le Président a varié dans son opinion et révisé lui-même ses propositions. Nous désirons le même droit d'examen et éventuellement de révision.

Les conditions d'armistice précèdent les conditions de paix, et il ne faut pas mêler les deux questions.

Nous sommes prêts à indiquer aujourd'hui nos conditions d'armistice arrêtées par nos experts militaires et navals.

Et nous sommes prêts à discuter demain les principes généraux formulés par le Président ; la plupart sont nos principes mêmes, mais nous avons des observations à présenter sur quelques-uns, et des précisions à demander sur quelques autres, qui paraissent n'être applicables que le jour où aura été constituée la Société des Nations qui n'existe pas encore et dont la défaite de l'Allemagne rendra seule possible la constitution désirée de nous comme du président Wilson.

CPC, A-Paix, 1914-1918, vol. 292 (4CPCOM/292).

100

M. DE FONTENAY, MINISTRE DE FRANCE À CORFOU,
À M. PICHON, MINISTRE DES AFFAIRES ÉTRANGÈRES.

D. s.n. *Paris, 29 octobre 1918.*

a.s. les offres d'armistice du comte Andrassy.

La démarche que vient de faire le comte Jules Andrassy doit être considérée comme un suprême effort tendant à deux buts : sauver la monarchie habsbourgeoise et, d'autre part, rendre le plus grand service à l'Allemagne. En ce qui concerne ce dernier point, on ne pouvait moins attendre du plus germanophile des magnats. Le service en question est d'obtenir ce que le

Kaiser et la caste militaire prussienne poursuivent fiévreusement depuis quelque temps : un armistice. L'armistice leur est indispensable car ils comptent qu'une fois que les hostilités auront été arrêtées, en principe, <u>elles ne pourront être reprises en aucun cas</u>. Ainsi ils gagneront du temps, l'opinion en Allemagne se ressaisira, l'angoisse du peuple allemand s'apaisera, le haut commandement réorganisera ses forces et après cela on l'entendra reprendre son ton brutal et autoritaire. L'Allemagne n'aura pas le sentiment de la défaite, le peuple allemand n'aura pas connu les ravages, le sol germanique n'aura pas été violé, et avec une mentalité du peuple allemand telle que la guerre l'a révélée aux plus ignorants des choses d'outre-Rhin, on devra s'attendre à tout de la part de nos ennemis au moment où se réglera la paix.

On a, d'ailleurs, très exactement fait remarquer qu'on ne sait même plus au nom de qui parle Andrassy ? Car la Double Monarchie a cessé d'exister depuis que la Hongrie s'est proclamée indépendante et depuis que, dans la Hongrie même, s'est produit l'émiettement.

Si Votre Excellence veut bien se reporter à mon rapport du 27 août[1], elle verra que le gouvernement impérial et royal avait préparé une série de combinaisons – exactement cinq – et dont il comptait se servir suivant les circonstances.

Charles 1er a essayé les premières sans réussir. Le comte Andrassy a dû recourir tout de suite à la dernière, celle du cas le plus désespéré. Il accepte donc le droit des peuples d'Autriche-Hongrie, spécialement ceux des Tchécoslovaques et des Yougoslaves. Mais, dans son esprit, ce doit être sous la domination de l'Empereur et Roi, donc pas d'indépendance complète. Or nous savons comment à Vienne on tient ses engagements, comment on y transforme peu à peu la liberté apparente de l'union personnelle en complet assujettissement.

Il est à noter aussi qu'il n'est pas question de la Pologne, le comte Andrassy considère la question polonaise comme réglée, en faveur de la maison de Habsbourg, par une union personnelle que nous ne pouvons admettre, car la Pologne doit être placée comme une digue entre les Germains et les Russes et non pas servir de trait d'union ; or, tout ce qui sera sous la domination des Habsbourg sera mis au service du germanisme – je ne dis point de la Prusse.

Quant à la couronne de Saint-Étienne, le roi Charles a tenté de la sauver en se rendant auprès de ses magnats fidèles à leur dynastie. Il sait que la reine Zita a su s'attacher la sentimentalité magyare. Si la Maison de Habsbourg parvenait à se maintenir en rattachant à ses domaines la Pologne, elle n'aurait pas fait une mauvaise opération, même en laissant prendre quelques libertés aux Tchécoslovaques et aux Yougoslaves. Afin de ne pas heurter les Magyars, le comte Andrassy ne parle pas des Roumains de Transylvanie ; il n'est pas question non plus des Serbes du Banat et de la Bacska.

---

[1] Rapport non retrouvé.

En résumé, la déclaration de celui qui se dit ministre commun des Affaires étrangères d'Autriche et de Hongrie, et qui, en réalité, ne semble pas l'être, témoigne d'une hâte et d'un manque de suite symptomatiques. Il demande la paix à tout prix pour sauver le germanisme sur lequel il n'a cessé de s'appuyer, il veut nous tenter en se donnant l'apparence d'abonder dans notre sens, tout en omettant deux points essentiels, les questions polonaise et roumaine.

À cela il n'y a qu'une réponse : la capitulation sans conditions et l'occupation par les Alliés de gages comme Laybach, Agram, Neuzatz, Temesvar, Pressburg. L'indépendance complète des Tchécoslovaques, des Yougoslaves, des Polonais, des Serbes, des Roumains. Suppression en Hongrie de l'autocratie des magnats remplacée par un gouvernement démocratique qui tournera rapidement aux institutions républicaines. Alors les Habsbourg n'auront qu'une dernière ressource : rentrer en Allemagne, ramener l'Autriche en Germanie et s'y ériger en rivale et contrepoids de la Prusse (voir mon rapport du 27[1] de ce mois).

CPC, A-Paix, 1914-1918, vol. 105 (4CPCOM/105).

101

M. Jusserand, Ambassadeur de France à Washington,
À M. Pichon, Ministre des Affaires étrangères.

T. n°s 1554-1555. *Washington, s.d., s.h.*

(*Reçu* : le 30 octobre 1918, 16 h. 45 ; le 31 octobre, 2 h. 30).

Réponse à votre télégramme 2661[2].

J'avais spontanément et dès le premier moment marqué au secrétaire d'État combien un échange de vues dans de si graves questions serait utile. Mes observations ne sont pas demeurées sans effet puisque d'une part le président a consenti à nous envoyer son principal conseiller qui pourra parler en son nom et avec autorité et qu'avant de répondre à l'Allemagne le secrétaire d'État a eu par son ordre un entretien avec chacun des trois ambassadeurs (mon télégramme 1514[3]).

Malgré la présence de M. House à Paris il va certainement devenir de plus en plus utile que Votre Excellence veuille bien me tenir le plus possible informé de ses vues, à tout nouvel incident. Un mot, dit occasionnellement en profitant d'une circonstance favorable, a souvent plus de poids que les exposés complets formulés dans une démarche officielle.

Pour ce qui est de l'Autriche, je peux vous assurer que le Président se rend compte comme nous de l'extrême difficulté et gravité du problème et j'ai

---

[1] Rapport non retrouvé.
[2] Voir document n° 69 du 21 octobre 1918.
[3] Voir document n° 81 du 24 octobre 1918.

rendu compte à Votre Excellence et à ses prédécesseurs de nombreux entretiens où il m'en a parlé.

Une des dernières occasions s'est produite le 14 de ce mois : il ne me cacha pas alors son embarras quant au genre de réponse qui pourrait le mieux servir la cause commune. J'avais signalé le fait par mon télégramme 1442[1].

Comme lui le secrétaire d'État avait longtemps préféré l'hypothèse d'une Autriche maintenue sous forme largement fédérative, rendue anti-allemande par le désastre de la guerre et par la prépotence prussienne, et ramenée peut-être après la paix dans nos rangs. Les événements en ont décidé autrement ; notre rejet des ouvertures autrichiennes, la reconnaissance de l'indépendance des Tchèques par nous et, après nos pressantes démarches, par les Américains, [ne] permet plus de considérer autre chose qu'un démembrement de l'Autriche. C'est avec cette perspective devant les yeux, la croyant conforme à nos vues, que le président a formulé sa dernière réponse aux Autrichiens. Il est certain qu'après des actes de caractère aussi radical, il est difficile de concevoir un retour à la politique antérieure. Ce serait risquer de n'avoir les avantages d'aucune des deux, et je ne suppose pas que rien de pareil entre dans les intentions du gouvernement de la République.

Le danger de la politique de libéralisme et de générosité que nous avons choisie est évident ; nous le savons et il faut y parer. Ainsi que le rappelait mon télégramme 1414[2], je m'en suis entretenu plus d'une fois avec le Président et M. Lansing, pour arriver à cette conclusion inéluctable, qu'en raison du faible barrage que constitueront les futures petites nations dont quelques-unes ne montrent pas de sens politique, ni de patriotisme éclairé (votre télégramme 2828[3]), nous sommes tenus de pousser la guerre jusqu'au point où il n'en sortira qu'une Allemagne impuissante.

Malgré le grand avantage pour le gouvernement de la République de la présence à Paris de M. House, Votre Excellence jugera sans doute opportun de me faire connaître ses vues sur ces différents points.

Télégrammes, Washington, Arrivée, 1918, vol. 6206 (304QONT/6206).

---

[1] Dans ce télégramme envoyé de Washington et reçu à Paris le 12 octobre 1918 (à 14 h. 40), l'ambassadeur Jusserand évoque la demande autrichienne d'armistice et de paix envoyée aux Américains. Le président Wilson hésitait encore à cette date sur la manière de répondre à Vienne.

[2] Voir document n° 25 du 9 octobre 1918.

[3] Il s'agit d'un télégramme envoyé de Paris le 27 octobre 1918 (à 16 h. 45) pour Washington et reprenant le texte d'un message du chargé d'affaires de France près le gouvernement serbe à Corfou en date du 25 sur la situation intérieure serbe.

102

M. Pichon, Ministre des Affaires étrangères,
   à M. Jusserand, Ambassadeur de France à Washington,
   M. Cambon, Ambassadeur de France à Londres.

T. n°s 2895 ; 5007.   Paris, 30 octobre 1918, 17 h.

Chiffré.

Pour Londres : J'adresse à M. Jusserand, le télégramme suivant :

Pour les deux postes : Les gouvernements français et britannique sont tombés d'accord pour publier une déclaration conjointe, qui définisse l'attitude qu'ils entendent adopter vis-à-vis des populations libérées du joug turc en Syrie et Mésopotamie, ou dont ils poursuivent la libération en Turquie d'Asie. Cette déclaration se rattache aux accords franco-anglais de 1916 et en précise le sens et la portée je me réserve de vous donner prochainement, d'accord avec nos alliés, les instructions pour la communication au secrétaire d'État américain des textes mêmes.

Il a été convenu entre les deux cabinets alliés qu'avant sa publication cette déclaration serait communiquée à titre d'information au président Wilson, vous serez en votre qualité de doyen chargé de faire la communication au nom des deux gouvernements.

Je vous envoie ci-dessous le texte de la déclaration, vous voudrez bien dès que vous serez assuré d'être d'accord avec les instructions du chargé d'affaires britannique la porter sans retard à la connaissance du président Wilson, et me rendre compte d'urgence de l'accomplissement de cette mission.

« Le but qu'envisagent la France et la Grande-Bretagne en poursuivant en Orient la guerre déchaînée par l'ambition allemande, c'est l'affranchissement complet et définitif des peuples si longtemps opprimés par les Turcs et l'établissement de gouvernements et administrations nationaux puisant l'autorité dans l'initiative et le libre choix des populations indigènes. Pour donner suite à ces intentions la France et la Grande-Bretagne sont d'accord pour encourager et aider à l'établissement de gouvernements et d'administrations indigènes en Syrie et Mésopotamie actuellement libérées par les Alliés ou dans les territoires dont ils poursuivent la libération et pour reconnaître ceux-ci aussitôt qu'ils seront effectivement établis. Loin de vouloir imposer aux populations de ces régions telles ou telles institutions, elles n'ont d'autre souci que d'assurer par leur appui et par une assistance efficace le fonctionnement normal des gouvernements et administrations qu'elles se seront librement donnés. Assurer une justice impartiale et égale pour tous, faciliter le développement économique du pays en suscitant et en encourageant les initiatives locales, favoriser la diffusion de l'instruction, mettre fin aux divisions trop longtemps exploitées par la politique turque, tel est le rôle que les deux gouvernements alliés revendiquent dans les territoires libérés ».

Télégrammes, Londres, Départ, 1918, vol. 3052 (304QONT/3052).

103

M. de Caix,
À destinataires non désignés.

N. Paris, 30 octobre 1918.

Note sur les demandes d'armistice.

Les Alliés n'ont aucun intérêt à conclure avec une Autriche-Hongrie, incapable de leur résister, un armistice autre qu'une capitulation totale qui leur permettrait d'agir en toute liberté sur le territoire austro-hongrois comme ils agissent sur le territoire bulgare.

1°/ Parce qu'il ne faut pas couvrir l'Allemagne contre le danger de la création d'un front méridional qu'elle est incapable de garnir sérieusement.

2°/ Parce que l'arrêt des hostilités avec l'Autriche-Hongrie ne libérerait pas un nombre appréciable de troupes utilisables sur le front occidental dans le délai utile.

Pour ce front on ne saurait en effet compter sur les troupes italiennes que, de plus, il vaudrait mieux employer en partie à des occupations en Autriche-Hongrie que libérer pour se livrer à quelque entreprise de pickpocket en Orient.

3°/ Parce qu'une capitulation complète de l'Autriche permettrait aux troupes de l'Entente, grossies sans doute de contingents slaves et roumains ayant appartenu à l'armée austro-hongroise d'approcher de l'Allemagne du sud et de contribuer à l'effondrement de l'ennemi.

4°/ Parce qu'il est impossible de permettre à l'Autriche et à la Hongrie – l'opposition de nationalités, maintenant nos Alliés, suffirait à l'empêcher – de prétendre régler le sort des nationalités et qu'il faut que les Alliés pénètrent dans le pays pour diriger l'émancipation de ces nationalités et leur servir d'arbitres dans la détermination de leurs frontières.

5°/ Parce que nous devons nous réserver toutes les voies possibles d'accès vers l'Ukraine.

On pourrait, pour faciliter la signature d'un tel armistice par l'empereur Charles, lui faire dire que les Alliés n'occuperont l'Autriche allemande que pour y maintenir la maison de Habsbourg, ce qui est notre intérêt. On pourrait, si l'autorité militaire juge que cela n'a pas d'inconvénient, lui déclarer au contraire que l'Autriche allemande ne sera pas occupée si elle ne tolère pas la présence de troupes de l'Empire d'Allemagne. Des deux manières on créerait une sorte de solidarité entre les Alliés et l'Autriche allemande contre l'Allemagne et on intéresserait les Allemands d'Autriche à séparer leur sort de l'Empire voisin pour éviter le risque de voir des opérations militaires sur leur territoire. On pourrait aussi promettre à l'empereur Charles que les Alliés s'emploieront à assurer des relations économiques étroites entre l'Autriche et les pays qui s'en sépareront :

spécialement le nouvel État tchécoslovaque. C'est l'intérêt des parties en cause et aussi le nôtre.

Si l'armistice allemand intervenait au même moment que l'armistice autrichien ou peu après il conviendrait d'y ajouter une clause prévoyant le transport rapide à travers l'Allemagne du sud, des contingents que l'Entente jugerait bon d'envoyer dans les pays autrichiens.

Pour la quatrième raison donnée plus haut nous pouvons avoir intérêt à envoyer en Bohême par les voies les plus courtes les troupes tchécoslovaques formées chez nous. Le danger du bolchevisme peut nous donner à cela une autre raison encore. À ces troupes il serait bon d'ajouter alors un petit contingent français pour avoir notre entrée triomphale à Prague et nous ménager les clients futurs. Les nationalités d'Autriche-Hongrie semblent tendre beaucoup trop à concentrer sur le président Wilson tout le mérite de leur libération.

Il n'y a pas de raison de craindre de trop froisser l'Allemagne par cette clause assurant le libre passage à nos troupes. Nous avons intérêt, pour changer définitivement son humeur, à bien lui faire sentir qu'elle est vaincue, à montrer au plus grand nombre possible d'Allemands nos soldats vainqueurs. Il s'agit de contrecarrer le plus possible la version que veulent maintenant lui inculquer ses maîtres ; l'Allemagne invincible n'a été vaincue que dans ses trop peu brillants seconds[1].

S'il n'y avait pas des pertes à éviter, l'opinion à ménager, et aussi, peut-être, le péril bolcheviste en Allemagne à envisager, il serait même bon d'essayer de rendre l'armistice impossible jusqu'à la défaite éclatante de l'armée allemande. Mais du moins faut-il y mettre tout le nécessaire, sans trop craindre un refus qui exciterait certainement contre l'Allemagne notre opinion publique et rendrait plus difficile à l'ennemi la manœuvre qu'il prépare sans doute : une fois sur sa frontière dire : « Vous ne vous battez plus que pour l'Alsace-Lorraine et la Posnanie. Les questions d'Autriche et d'Orient sont résolues, il ne s'agit plus que de mon propre territoire ». Ce qui serait dangereux pour l'opinion anglaise et peut-être une partie de la nôtre.

Et ceci m'amène à revenir sur ma dernière note[2]. Je n'y ai parlé que de gages assurant l'Alsace-Lorraine et les réparations matérielles. Il faut y ajouter ceux qui assureront la restitution des pays polonais annexés à la Prusse et celle du Slesvig. C'est une autre raison pour étendre les occupations territoriales en Allemagne. Toute la paix sera en germe dans l'armistice et on aura bien de la peine à y mettre ce que les conditions de l'armistice lui-même n'auront pas gagé : il serait, en effet, à peu près impossible, de remettre en mouvement la machine une fois arrêtée.

CPC, A-Paix, 1914-1918, vol. 105 (4CPCOM/105).

---

[1] Cette dernière partie de phrase semble incomplète.

[2] Dans cette note, datée du 24 octobre, qui inspira en partie les rédacteurs de la note de la direction des Affaires politiques du 28 (document n° 95 du 28 octobre 1918), Robert de Caix insista sur la nécessaire occupation de l'Alsace-Lorraine par des troupes françaises à laquelle il ajoutait Trèves et le Palatinat. Il préconisa également l'occupation de la rive gauche du Rhin et des districts houillers et industriels de Westphalie comme gage pour les réparations.

104

N. *Paris, 30 octobre 1918.*

Projet de note pour le président Wilson[1].

Répondant à l'appel qui leur est adressé par le président Wilson, les gouvernements alliés sont prêts à lui soumettre les conditions de l'armistice qu'ils consentiraient à conclure avec l'Allemagne.

Ces conditions seront conformes à la règle qu'il a posée dans sa note du 25 octobre[2] à l'Allemagne et d'après laquelle « l'armistice laisserait les États-Unis et les peuples associés avec eux en situation de faire exécuter tous arrangements qui peuvent être conclus et de rendre impossible une reprise d'hostilités de la part de l'Allemagne ».

Les gouvernements alliés estiment, d'autre part, que l'armistice devant précéder la paix et celle-ci n'étant pas en cause à l'heure présente, il n'y a pas lieu de confondre ou de traiter ensemble les deux questions, qui sont différentes.

Les conditions de paix seront envisagées à l'heure où elles se présenteront. Le président Wilson a formulé à leur sujet des principes de justice et de droit auxquels, d'une façon générale, les gouvernements alliés ne peuvent que souscrire, mais dont ils considèrent que la rédaction a, sur certains points, besoin d'être expliquée ou précisée et dont il est nécessaire, à leurs yeux, de fixer l'interprétation. N'ayant pas été consultés sur la formule donnée à ces principes, ils ont, à son sujet, des observations à présenter, de même qu'ils ont des additions à proposer pour s'assurer de la part de l'ennemi des satisfactions et des réparations complètes.

Le fait seul que les Allemands et les Austro-Hongrois s'empressent d'accepter tel quel le texte proposé par le président Wilson révèle le parti qu'ils veulent en tirer, et l'exploitation qu'ils comptent en faire, en discutant sur le sens et l'application des formules générales que ce texte contient.

Le président Wilson, qui a engagé les États-Unis dans la guerre et dont les armées combattent glorieusement à côté des armées alliées, n'a certainement pas eu la pensée de poser, à la fois et dans les mêmes termes, des conditions de paix aux ennemis et aux gouvernements auxquels il est

---

[1] Cette note se trouvant dans les papiers du ministre et une mention manuscrite « projet de note pour le président Wilson rédigé par moi » figurant sur l'original, on peut certainement attribuer à Stephen Pichon lui-même la rédaction de celle-ci. À la date du 30 octobre, les Alliés et le colonel House sont encore en train de discuter lors de conversations interalliées de l'acceptation éventuelle des quatorze points comme base de la paix. Finalement, les Alliés acceptèrent ces derniers mais les Français et les Britanniques réussirent à faire enregistrer deux réserves : la première concernait la liberté des mers laissée à la libre appréciation des puissances. La seconde avait trait à la définition donnée aux réparations à payer par l'Allemagne. Le texte définitif de la réponse des Alliés à Wilson se trouve reproduit dans le télégramme n° 42 du 4 novembre 1918 du colonel House au président (*Foreign Relations of the United States*, 1918, supplément 1, p. 461) et dans le télégramme envoyé par Robert Lansing aux Allemands le 5 novembre 1918 (Pierre Renouvin, *op. cit.*, p. 383-384).

[2] Note du 23 octobre 1918.

associé, sans avoir pris l'avis de ces derniers. Ce serait une position irrégulière, illogique, et contraire au droit. Elle risquerait gravement de servir l'Allemagne en menaçant de dissocier les gouvernements unis pour la combattre.

Il n'a pu avoir non plus l'intention d'arrêter *ne varietur* la formule de conditions de paix, qu'il a déjà été amené à réviser lui-même, comme dans la question des nationalités d'Autriche-Hongrie et de la conduite à tenir en présence de la formation d'un gouvernement tchécoslovaque et d'un État yougoslave.

Ce serait faire le jeu de l'ennemi – son attitude même en témoigne – que de mêler deux questions qui doivent être séparées : la question préalable de l'armistice et la question subséquente de la paix, et d'admettre, sans discussion, explication ou précision pour cette dernière, des conditions acceptées d'emblée par l'Allemagne et l'Autriche-Hongrie en même temps que par tous les pacifistes, défaitistes et anarchistes dont le but est de finir à tout prix la guerre sans assurer ses conséquences et ses garanties nécessaires à la victoire des Alliés.

Papiers d'agents, fonds Pichon, vol. 6 (141PAAP/6).

105

M. Legrand, Chef du Cabinet du Ministre des Affaires étrangères,
À M. Barrère, Ambassadeur de France à Rome.

L. *Paris, 30 octobre 1918.*

Personnelle et confidentielle.

Monsieur l'ambassadeur,
Voici les conversations interalliées qui ont recommencé ici depuis hier. Ce n'est que demain qu'on ira à Versailles et sans doute on en aura pour tout le reste de la semaine. Impossible de se faire dès à présent une idée sur ce qui sortira de ces palabres : espérons que ce sera un accord ou quelque chose s'approchant. En tout cas on semble avoir convenu de ne pas se départir de la tradition militaire et d'exiger que le vaincu se présente sur tous les fronts en parlementaire pour demander nos conditions d'armistice. Ce n'est pas à nous à les proposer, ni même au président Wilson à nous servir d'intermédiaire. Ceci pour la question de forme. Quant au reste la difficulté reste grande. On est bien d'accord pour stipuler des conditions et des garanties proportionnées à notre victoire. Mais il est fatal qu'on s'écarte dans leur application des 14 principes sacro-saints que vous connaissez et il s'agit donc de faire admettre que ces principes ne sont pas intangibles. La présence du colonel House servira peut-être à cela. Mais vous apercevez le danger qu'il y a, dans des affaires comme les nôtres, à mêler la réalité à la rêverie théoricienne du président Wilson et à faire d'un

belligérant une manière d'arbitre placé en dehors et au-dessus de ceux qu'il nomme ses associés. Espérons qu'on finira par s'entendre. Il s'agira ensuite de savoir quel est le chef militaire allié qui aura l'honneur de recevoir l'ennemi et de lui faire connaître les conditions d'armistice imposées par nous. À n'en pas douter, ce ne peut être que Foch pour notre front occidental soumis à son commandement. Pour la Turquie, les Anglais demandent avec une âpreté terrible que ce soit l'amiral anglais et je crois savoir qu'on a cédé ou qu'on cédera sur ce point. Les choses, vous le voyez, ne sont pas très avancées encore. Il faut s'attendre à toutes les chicanes et à des incidents pénibles. L'essentiel est que la victoire soit là et qu'on ne nous la sabote point.

Je suis obligé de vous laisser, l'heure du courrier approchant et 50 personnes étant assurées du désir de me déranger. J'ai été à Douai il y a huit jours. J'ai trouvé la ville déserte, assez détruite, ma maison debout, mais pillée de la cave au grenier. Le boche n'y a laissé que des ordures et son parfum...

Votre affectionné.

Papiers d'agents, fonds Barrère, vol. 3 (8PAAP/3).

106

M. Jusserand, Ambassadeur de France à Washington,
À M. Pichon, Ministre des Affaires étrangères.

T. n° 1559. *New York (Washington), s.d.*

(Reçu : le 31 octobre 1918, 5 h. 30.)

Le gouvernement serbe a fait solliciter par son chargé d'affaires une déclaration du gouvernement américain en faveur de la liberté des Serbes, Croates et Slovènes d'Autriche-Hongrie et de leur union avec la Serbie en un État indépendant tel que le prévoit la déclaration de Corfou[1].

Le secrétaire d'État vient de répondre que « le gouvernement américain s'est exprimé sans réserves en faveur du droit qu'ont les Yougoslaves à être délivrés de la domination autrichienne ; et il n'estime pas qu'il puisse aller présentement plus loin et se prononcer au sujet d'une politique qui dépend manifestement du vouloir que pourraient manifester eux-mêmes les peuples en cause ».

On peut s'attendre que dans les négociations relatives à la paix, dans tout ce qui concerne le sort des peuples émancipés, les questions de lotissement

---

[1] Le 20 juillet 1917, la déclaration de Corfou patronnée par la France et la Grande-Bretagne affirme le droit à l'autodétermination des Slaves du sud. Signé par des délégués serbes, croates, slovènes d'Autriche-Hongrie, et des représentants du royaume de Serbie (notamment son premier ministre Nikola Pašic), le texte débouche sur la création du royaume des Serbes, Croates et Slovènes le 1er décembre 1918.

de l'Asie mineure en particulier, ce soit là, pour ainsi dire, le refrain américain.

CPC, E-Levant, Turquie, 1918-1940, vol. 138 (51CPCOM/138).

107

M. Defrance, Ministre de France au Havre,
À M. Pichon, Ministre des Affaires étrangères.

D. n° 220.   Le Havre, 31 octobre 1918.

Par mes télégrammes n°s 142, 143 et 144[1], j'ai cru devoir mettre, sans tarder, Votre Excellence, au courant de l'état d'esprit fâcheux dans lequel j'ai trouvé le ministre des Affaires étrangères à son retour de Paris.

Cet état d'esprit résulte des causes suivantes : déception de M. Hymans à la suite de ses entretiens avec Votre Excellence au sujet du Luxembourg ; déception de n'avoir abouti encore à aucune solution pratique des questions qui ont fait l'objet des pourparlers économiques d'avril 1917 ; déception de voir la Belgique écartée des diverses réunions interalliées, notamment du Conseil interallié des achats qui se réunit à Londres et surtout des conférences qui se tiennent à Paris pour discuter les graves questions posées par la demande d'armistice et de négociations de paix de l'Allemagne.

La question du Luxembourg est, avec celle de l'abolition de la neutralité et celle du régime de l'Escaut, l'une des trois grandes questions que la Belgique désire voir régler conformément à ses vues à l'issue de la guerre : pour la neutralité, le gouvernement belge estimait que la déclaration remise à Paris le 30 septembre 1918[2] au baron de Gaiffier réglait la question en ce qui nous concerne et qu'il pouvait compter sur notre concours, sans conditions, pour obtenir des autres Puissances intéressées la reconnaissance de l'abolition de la neutralité belge : pour le régime de l'Escaut, le ministre des Affaires étrangères paraît satisfait des assurances reçues à Paris ; en ce qui concerne la question du Luxembourg, le gouvernement belge ayant recueilli la déclaration mentionnée dans la lettre du Département n° 183 en date du 10 juin 1917[3], et d'après laquelle l'annexion du Luxembourg n'était pas l'un des buts de guerre de la France, en avait déduit que le gouvernement de la République était, pour le cas où le statut politique actuel

---

[1] Dans ces télégrammes datés du 29 octobre, Defrance rapporte notamment les propos que lui a tenus Hymans, le ministre des Affaires étrangères belge : « On nous répète toujours que nous pouvons compter sur l'amitié de la France, mais il serait nécessaire que cette amitié se traduise en actes ou en promesses fermes. Nous allons rentrer en territoire belge, que [pourrai]-je répondre lorsqu'on me demandera de tous côtés ce que rapporte le Gouvernement comme résultat tangible de l'amitié de la France ? ». Defrance ajoute que la France « n'a aucun intérêt à froisser ou à mécontenter le gouvernement belge ».

[2] Document non retrouvé.

[3] Document non retrouvé.

du Grand-Duché devrait être modifié, partisan du rattachement du Luxembourg à la Belgique, et que la Belgique pouvait compter sur notre appui pour faire prévaloir cette solution.

M. Hymans croyait rapporter de Paris des assurances fermes de nos dispositions à cet égard ; il n'en a pas été ainsi, et il est porté à en conclure que nous sommes opposés au rattachement éventuel du Luxembourg à la Belgique. Peut-être même pense-t-il que la France, contrairement à sa déclaration rappelée ci-dessus, envisage l'annexion du Grand-Duché : il ne me l'a pas dit, mais il a fait une allusion caractéristique à la campagne de certains Luxembourgeois partisans de l'annexion de leur pays à la France, campagne qu'il prétend savoir être fortement appuyée à Paris.

De la note annexée à la lettre de Votre Excellence n° 353 du 28 de ce mois[1], il résulte d'autre part que les dispositions du gouvernement de la République sont en principe favorables au règlement, dans le sens des désirs de la Belgique, des trois questions qui l'intéressent, mais qu'avant d'agir pour la réalisation des aspirations belges, il y aurait lieu pour nous d'obtenir en échange certains engagements qui devraient être liés aux mesures d'aide économique sollicitées par le gouvernement belge et porter sur certains points déjà examinés en 1913 ou discutés en 1916 avec le baron Beyens.

De ce qui précède, il me semble pouvoir déduire que si le gouvernement belge a tiré des conclusions trop hâtives et trop absolues des déclarations qui lui ont été faites en 1916 à propos du Luxembourg et récemment à propos de la neutralité, et s'il a par suite conçu prématurément trop d'espoirs, le ministre royal des Affaires étrangères est aujourd'hui trop pessimiste et se laisse aller, sans raison, à douter de nos dispositions favorables.

Étant donné l'intérêt, rappelé dans la note de Votre Excellence, qu'ont les deux pays à réaliser entre eux une union étroite, il me paraîtrait opportun pour éclaircir la situation et dissiper les méfiances, de reprendre le plus tôt possible avec le gouvernement belge l'examen des trois questions qui sont pour lui d'une importance spéciale, en liant ensemble ces trois questions, les questions économiques et les questions qui ont trait aux engagements que nous désirons obtenir en échange de notre attitude favorable pour le règlement des premières.

Il serait, par conséquent, indispensable que les pourparlers économiques interrompus depuis 1917, fussent repris sans délai, ce qui semble possible, M. le ministre du Commerce ayant fait établir une note confidentielle précisant ses vues sur les bases d'une entente franco-belge et le ministre belge des Affaires étrangères ayant remis au Département une note sur le même sujet dont je n'ai pas encore connaissance.

Si enfin on admettait au Comité interallié des achats un représentant de la Belgique qui prétend, non sans apparence de raison, être la seule des petites Puissances à avoir des intérêts importants à défendre au sein de ce Comité, on donnerait à peu de frais au gouvernement belge une satisfaction, qui serait certainement très appréciée.

---

[1] Document non retrouvé.

Je ne parle plus du désir, noté au début de cette lettre, du gouvernement royal d'être appelé à prendre part aux réunions où se discutent actuellement les conditions de l'armistice demandé par l'Allemagne, Votre Excellence ayant bien voulu me charger aujourd'hui même de faire savoir au ministre belge des Affaires étrangères qu'il serait le bienvenu à Versailles.

Dans ma lettre en date d'aujourd'hui, n° 218[1], relative à la commémoration de la bataille de l'Yser, j'ai noté l'esprit nouveau qui anime la Belgique fière du rôle qu'elle a joué et quelque peu enivrée des éloges qui lui sont adressés par le monde entier ; nous devons en tenir compte sans y attacher, cependant, trop d'importance. Les inconvénients susceptibles d'en résulter peuvent en effet être palliés par des témoignages d'amitié et des marques d'égards : en usant de cette menue monnaie pour satisfaire l'amour-propre belge, nous rendrons plus facile la solution des questions pratiques et importantes, notre intérêt qui s'accorde avec les aspirations belges étant en somme d'avoir pour voisine une Belgique satisfaite, plus forte que jadis et libre de lier partie avec nous sur le terrain politique, militaire et économique.

CPC, Z-Europe, Belgique, 1918-1940, vol. 48 (82CPCOM/48).

108

M. Dutasta, Ambassadeur de France à Berne,
À M. Pichon, Ministre des Affaires étrangères.

T. n° 1768.   *Berne, 1er novembre 1918, 8 h. 26.*

(Reçu : le 2, 2 h. 55.)

Un de nos informateurs qui arrive de Berlin m'assure qu'il s'est élevé au sein du gouvernement allemand une sérieuse divergence de vues sur la question de l'abdication de l'Empereur. Le chancelier, et avec lui les ministres socialistes, estiment que l'abdication immédiate s'impose. Au contraire, les ministres bourgeois, soutenus par l'élément militaire, se prononcent non moins nettement contre cette abdication, alléguant que la disparition de l'Empereur qui représente encore malgré tout aux yeux du peuple le principe d'ordre et d'autorité, deviendrait le signal d'un mouvement révolutionnaire dont il est impossible de prévoir la portée. Les ministres socialistes, d'après mon informateur, auraient menacé le chancelier de leur démission si satisfaction ne leur était pas donnée dans un court délai sur cette question de laquelle dépend à leurs yeux le salut de l'Allemagne.

CPC, Z-Europe, Allemagne, 1918-1940, vol. 263 (78CPCOM/263).

---

[1] Document non retrouvé.

109

M. Dutasta, Ambassadeur de France à Berne,
à M. Pichon, Ministre des Affaires étrangères.

T. n° 1771.   Berne, 1ᵉʳ novembre 1918, 10 h. 50.

(Reçu : le 2, 7 h.)

Situation en Autriche-Hongrie.

Bien que la situation chaotique de l'ancien Empire dualiste permette difficilement des considérations d'ordre général, je crois cependant devoir tirer la conclusion des renseignements qui m'arrivent d'Allemagne et d'Autriche-Hongrie, et de conversations que j'ai eues ici avec diverses personnalités. Tout en comprenant les difficultés auxquelles se sont heurtés les Alliés pour répondre à la demande d'armistice présentée par le comte Andrassy, qui, comme on l'a dit, se trouve être le ministre des Affaires étrangères d'un Empire qui n'est plus, je considère que le retard apporté à la suspension des hostilités avec l'Autriche-Hongrie est contraire aux intérêts de l'Entente et des États-Unis.

Il n'est pas contestable en effet que la continuation des opérations militaires contre la double monarchie y facilite et y encourage le développement de mouvements dont personne ne peut calculer la portée. Le peuple croit en effet que le gouvernement qui a été incapable de lui donner la victoire l'est également de lui procurer la paix et que les Alliés refusent de causer avec lui. Le mouvement qui résulte pour [...][1] de cet état d'esprit a été, si je suis bien renseigné, nettement bolchevik à Budapest alors qu'il était purement nationaliste dans d'autres parties de l'Autriche-Hongrie. À Vienne même, les troupes sont restées fidèles et ont réussi au cours des manifestations d'hier à arrêter certains excès et à empêcher notamment l'ouverture des prisons.

Quant à la situation en Yougoslavie, elle semble devenir assez inquiétante, pour ce qui concerne les rapports de la majorité de la population avec les Italiens contre qui l'animosité s'accroît chaque jour. Plusieurs personnalités yougoslaves importantes m'assurent que si les troupes italiennes cherchent à occuper Fiume ou même Trieste, et à s'avancer vers la Dalmatie, elles courent grand risque d'être reçues à coups de fusils par les Slaves. Il y a là une situation que Votre Excellence doit connaître et au sujet de laquelle Elle a dû se concerter avec nos Alliés.

D'autre part, il est certain que l'Allemagne encourage le développement de l'anarchie partout sauf en Autriche allemande. Là au contraire, elle fait des efforts inouïs pour maintenir l'ordre et s'attirer des sympathies. Ses agents parcourent le pays en répandant l'argent à profusion. Elle n'a pas hésité à envoyer 1 000 wagons de farine pour aider au ravitaillement de la

---

[1] Lacune de déchiffrement.

population. Enfin ses intrigues ne sont pas étrangères à la désignation du socialiste Adler comme ministre des Affaires étrangères du nouvel État autrichien allemand. Cet homme politique est un partisan convaincu et ardent de l'union avec l'Allemagne. On m'assure que d'ici quelques jours, si aucune intervention des Alliés ne se produit à la suite de l'arrêt des hostilités, nous nous trouverons en présence d'une manifestation catégorique vis-à-vis de l'Empire d'Allemagne du nouveau gouvernement qui se hâte d'organiser une armée. J'apprends d'ailleurs de Berlin que malgré la pénurie extrême des effectifs dont il dispose, le GQG impérial recherche le moyen de faire occuper par des troupes allemandes les grandes villes des provinces autrichiennes allemandes. Il n'est pas douteux que ces troupes y soient bien accueillies.

En résumé il semble évident que si à la suite d'une prompte suspension des hostilités les Alliés ne sont pas en mesure de rétablir l'ordre dans la Double Monarchie, nous nous trouverons bientôt en présence d'une Autriche-Hongrie dans l'état où est actuellement la Russie avec tous les dangers que comporte une pareille situation.

CPC, Z-Europe, Autriche, 1918-1940, vol. 38 (80CPCOM/38).

110

N. s.n.[1] *Paris, 1er novembre 1918.*

La frontière de l'Alsace et de la Lorraine restituées à la France doit-elle être exactement celle de 1870 ou ne doit-elle pas se rapprocher plutôt de l'ancienne frontière historique, conservée en 1814, mais rognée en 1815 sous l'influence de la Prusse et contre le vœu des populations. La question a une réelle importance militaire et économique bien qu'il s'agisse de territoires d'une faible étendue.

Au nord de la plaine alsacienne est la ville de Landau, l'une des deux villes dont le Roi de France reçut l'avouerie au traité de Westphalie (1648) et qui fut incorporée au royaume de Louis XIV. Fortifiée par Vauban (1684), elle ferma cette frontière, couvrant les fameuses lignes de Wissembourg établies au sud le long de la Lauter. Grâce à cette protection, l'Alsace échappa aux invasions depuis le XVIIe siècle jusqu'au XIXe. Il est bon de noter que sur cette rivière de la Queich les Coalisés ôtèrent à Louis XIV après ses défaites la place de Germersheim considérée comme base offensive contre l'Allemagne, mais lui laissèrent Landau en raison de son rôle essentiellement défensif. Il en fut de même en 1814. Mais en 1815, la Prusse, préoccupée de préparer une invasion en France par le démantèlement de sa frontière obtint que Landau lui fût enlevée.

De même en Lorraine la frontière d'avant la révolution s'étendait jusqu'aux hauteurs du nord de la Sarre ; et après avoir repris à Louis XIV les

---

[1] Il s'agit d'une note anonyme, probablement rédigée par la direction des Affaires politiques et commerciales.

places de Luxembourg et Mont Royal (près de Trèves), on lui avait laissé Sarrelouis qu'il avait créée pour flanquer cette ligne de la Sarre, protection naturelle de la frontière lorraine. On l'avait conservée à la France de 1814. En 1815, la Prusse fit placer sa frontière au sud de la Sarre.

La conséquence de ces pertes fut clairement indiquée par la Commission militaire de 1818 que le pacifique Louis XVIII chargea d'étudier la reconstitution de notre système de défense. Elle signala le danger d'une double invasion par l'Alsace et par la Lorraine et prédit les conséquences désastreuses qu'aurait la retraite sous Metz de l'armée défensive de Lorraine.

La guerre actuelle a confirmé à la fois l'efficacité des fortifications appuyées à des obstacles géographiques et la valeur défensive des rivières : en 1914 les Allemands furent arrêtés sur la ligne de la Meurthe et des hauteurs qui l'encadrent, et sur la ligne de la Meuse entre Verdun et Toul ; c'est pour les tourner qu'ils violèrent la neutralité belge. De nouveau en 1916 ils furent arrêtés devant Verdun ; dans toutes les périodes de la guerre de mouvement ce sont les rivières qui ont formé un élément essentiel des défenses du parti attaqué. Recouvrer Landau, sans laquelle la ligne de la Lauter, couverture septentrionale de l'Alsace, ne peut être tenue, et surtout recouvrer le bassin moyen de la Sarre sont choses nécessaires pour rendre à la France des frontières défendables et à la Lorraine une protection à laquelle ce malheureux pays a droit. Les considérations de sécurité militaire suffisaient à justifier le retour à la frontière de 1792 et de 1814.

La reprise du bassin moyen de la Sarre est motivée également par des raisons économiques. Quelles que fussent les raisons militaires, l'acharnement déployé par la Prusse pour réclamer cette contrée en 1815 a eu pour motif principal la possession des mines de houille étudiées et mises en valeur par les Français dans les premières années du XIXe siècle. Ces mines devinrent et sont encore à ce jour propriétés de l'État prussien. Elles ont produit en 1913 près de trois millions de tonnes de charbon et occupaient 52 000 ouvriers. L'extraction peut aisément être augmentée.

La France n'extrait de son sol que les deux tiers du charbon qu'elle consomme et se trouve obligée d'importer le dernier tiers ; en 1913 cette importation se chiffrait par 23 millions de tonnes. La restitution de l'Alsace-Lorraine accroîtra de 5 millions de tonnes ce déficit, aggravé pendant les années qu'exigera la remise en état de nos mines du nord systématiquement détruites par les Allemands. Il semble légitime de chercher dans les mines que l'État prussien nous a enlevées en 1815 la compensation au moins partielle de ce déficit, d'autant que leur charbon est indispensable pour l'utilisation du minerai de fer extrait du bassin lorrain limitrophe et pour la prospérité des industries métallurgiques qui sont un élément vital dans l'organisation générale d'un grand pays et forment un des piliers de sa défense contre l'étranger. Sans forte métallurgie on ne peut pas être fort militairement.

Les mines fiscales prussiennes de la Sarre représentent la première et la plus légitime des indemnités que nous sommes en droit de réclamer à l'envahisseur. La possession des mines n'entraîne pas obligatoirement la souveraineté territoriale, mais il est pratiquement impossible de les séparer d'autant plus que les 52 000 mineurs et leurs familles forment la majeure partie de la population ; assujettis à la stricte discipline prussienne ils se prononceraient pour leur patron, mais du jour où ce patron sera l'État français ils s'en accommoderont certainement. Un régime divisant la souveraineté territoriale et la propriété minière serait une cause permanente de conflits.

La possession du bassin houiller de la Sarre n'est pas seulement pour la France la plus légitime des indemnités, c'est aussi une sorte de nécessité pour le fonctionnement normal de sa métallurgie et un moyen d'assurer l'équilibre économique du pays en diminuant le déficit de sa production charbonnière.

L'abandon de ce district d'un millier de kilomètres carrés n'infligerait à l'Allemagne aucun préjudice sérieux. L'extraction du bassin de la Sarre ne représente pas un douzième de la production houillère totale de l'Allemagne ; laquelle exportait en 1913 à l'étranger pour neuf cents millions de francs de charbon. Les débouchés des charbons de la Sarre ne sont pas vers le nord, vers le territoire allemand qu'alimentent largement les mines de Westphalie et d'Aix-la-Chapelle ; ils sont vers le sud, industries lorraines, France de l'Est. Il paraît inadmissible de laisser ces régions dans la dépendance économique de l'Allemagne.

La sécurité de la frontière et l'indépendance économique de la France militent également pour le retour à notre pays du district minier de la moyenne Sarre, dépendance historique et géographique de la Lorraine.

CPC, A-Paix, 1914-1918, vol. 255 (4CPCOM/255).

111

N. s.n.[1] *Paris, 1er novembre 1918.*

Les notes sur l'Alsace[2] contiennent tous les arguments d'ordre historique, stratégique, économique, moral qui imposent la restitution intégrale de l'Alsace et de la Lorraine (deux pays originaux, d'ailleurs entièrement différents et qui n'ont été rapprochés et confondus que par la brutalité prussienne et le regret de la patrie).

La sécurité de la frontière de la France ne peut être garantie tant que Landau d'une part, Sarrelouis de l'autre, qui défendent respectivement la plaine alsacienne et la frontière lorraine ne nous auront pas été rendues : c'est pour faciliter une double invasion par l'Alsace et par la Lorraine que

---

[1] Il s'agit d'une note anonyme, probablement rédigée par la sous-direction d'Europe de la direction des Affaires politiques et commerciales.

[2] Il s'agit de deux notes anonymes résumant d'abord les arguments historiques puis les arguments stratégiques et économiques militant pour la frontière française de 1814 en Alsace-Lorraine.

la Prusse en 1815 et l'Allemagne en 1871 nous ont méthodiquement arraché ces défenses.

Notre indépendance économique ne peut de même être assurée sans la reprise du bassin moyen de la Sarre, dont les mines de houille étudiées et mises en valeur par les Français nous ont été enlevées avec un acharnement qui poussait encore l'Allemagne à nous dépouiller aujourd'hui de ce qui nous en restait.

L'importance capitale de ce point c'est que c'est un des principaux et même le principal point de rencontre du fer et du charbon en Europe, c'est-à-dire des deux instruments de domination du monde pour l'Allemagne, qui redeviendrait invincible si elle les conservait, tandis que la France ne s'en servira que pour sa défense et pour des fins économiques.

Les mines sont, du reste, la propriété de l'État prussien : c'est donc un des éléments les plus certains de l'indemnité qui nous est due pour les dévastations systématiques opérées sur notre territoire.

Savons-nous comment l'Allemagne sera en état de nous payer ; la révolution qu'elle a déchaînée par la comédie démocratique que son gouvernement a cherché à jouer devant les États-Unis et l'opinion universelle (car on ne joue pas impunément avec l'idée de liberté) ne va-t-elle pas rendre inexécutable les réparations dues ?

L'exposé des raisons de tout ordre qui justifient nos revendications a été fait d'une manière complète, simple, sérieuse, parce que l'on a pensé qu'ainsi elles avaient plus de chance de frapper et de convaincre des esprits modestes et sincères comme ceux du colonel House et du président Wilson.

Mais il serait aisé de les ramasser d'une manière plus éloquente et saisissante : une seconde note sera préparée demain dans ce sens.

Une carte contenant d'une manière frappante les indications géographiques et économiques sera également jointe[1].

CPC, A-Paix, 1914-1918, vol. 255 (4CPCOM/255).

---

[1] Non jointe au document.

112

M. Dutasta, Ambassadeur de France à Berne,
 À M. Pichon, Ministre des Affaires étrangères.

T. n° 2778.   Berne, 2 novembre 1918, 14 h. 10.

Urgent.   (Reçu : 17 h. 45.)

a.s. la demande d'armistice de l'Autriche-Hongrie.

Le silence du Département en ce qui concerne les diverses communications officieuses et officielles faites par le comte Andrassy m'a amené à penser que l'Entente ne veut engager aucune espèce de conversation avec cet homme d'État. Je crois devoir cependant à titre d'information indiquer à Votre Excellence que le comte Andrassy m'a fait savoir officieusement qu'il avait le plus vif désir d'entrer en contact avec les Alliés et qu'il était disposé à cet effet à envoyer à Paris, à Londres, ou seulement en Suisse le comte Mensdorff, ancien ambassadeur à Londres. Le comte Andrassy persiste à assurer que l'extrême lenteur apportée par l'Entente à mettre fin aux hostilités dans le seul but, dit-il, de procurer aux Italiens des succès auxquels ils n'étaient pas habitués [...][1] celui-ci, s'aggrave chaque jour, il est impossible à qui que ce soit d'en mesurer la portée, bientôt l'Entente elle-même ne sera plus [...][2] réprimer et les conséquences en seront pour elle extrêmement fâcheuses.

CPC, A-Paix, 1914-1918, vol. 105 (4CPCOM/105).

113

M. Pichon, Ministre des Affaires étrangères,
 À M. Jusserand, Ambassadeur de France à Washington.

T. n° 2989.   Paris, 2 novembre 1918, 23 h. 50.

Chiffré.

a.s. navires allemands en Espagne.

Je réponds à votre télégramme 1560[3].
Comme mon télégramme n° 2764-65-66[4], auquel je vous prie de vous référer, a eu pour but de l'expliquer, la mesure prise par le gouvernement

---

[1] Lacune de déchiffrement.

[2] Lacune de déchiffrement.

[3] Dans ce télégramme reçu le 1er novembre à 6 h. 30 au Quai d'Orsay, Jusserand indique que Lansing n'a pas encore pris de décision définitive concernant le sort des navires allemands saisis par l'Espagne. Les Américains sont cependant enclins à considérer que le plus important est la saisie valant appropriation par Madrid.

[4] Dans ce télégramme envoyé de Paris le 28 octobre à 10 h. 10, Pichon donne des précisions obtenues par le chargé d'affaires à Madrid sur les mesures prises par les Espagnols concernant les

espagnol et consentie par le gouvernement allemand ne comporte pas l'appropriation des navires eux-mêmes mais seulement le bénéfice de leur usage. Mon télégramme ci-dessus visé en a développé les conséquences.

Si, comme il y aurait lieu de le faire, les Alliés, en imposant à l'Allemagne un armistice, exigent la reddition immédiate de tous les navires de commerce allemands réfugiés en ports neutres, notre renonciation à nos droits de belligérants en ce qui concerne les navires allemands en Espagne, nous ferait perdre le bénéfice exclusif de ce tonnage. J'ajoute qu'une semblable reddition, assurément imposée par la force, se justifierait en droit. Ces navires ont échappé depuis quatre ans à notre confiscation en restant ainsi immobilisés ; leur reddition ne sera que la consécration de notre droit de capture à leur égard.

Télégrammes, Washington, Départ, 1918, vol. 6358 (304QONT/6358).

114

M. Jusserand, Ambassadeur de France à Washington,
À M. Pichon, Ministre des Affaires étrangères.

T. n° 1586. *Washington, 2 novembre 1918.*

Au cours de l'entretien que j'ai eu avec lui aujourd'hui, le Président m'a parlé de l'état effroyable où les Allemands avaient laissé la France du nord et la Belgique.

« Il serait inadmissible, a-t-il dit, que rien fût omis pour parer à ces désastres. Il va de soi que des réparations financières seront exigées, mais elles seraient par elles-mêmes fort inefficaces, car cela ne suffirait pas à permettre à ces régions industrielles de reprendre à temps leur rang dans la production mondiale. Il faut qu'un article du traité de paix spécifie qu'elles auront un droit de priorité absolue pour les matières premières, les machines, etc. ; servies avant tout le monde, elles reprendront le rang qui leur revient. M. Hoover et M. Baruch m'en ont parlé, et nous sommes tous d'accord sur ce point. »

Papiers d'agents, fonds Jusserand, vol. 52 (93PAAP/52).

---

navires allemands. Il s'agissait de six bateaux saisis impliquant leur usage par l'Espagne mais pas leur propriété. Les bateaux seront administrés par une commission espagnole « placée sous l'autorité du ministre de l'approvisionnement ». Pichon indiquait donc que ces bateaux, toujours propriétés ennemies, allaient prendre la mer sous pavillon espagnol contrevenant ainsi au statut de neutralité de l'Espagne. Le ministre précisait clairement son opposition à cet état de fait.

115

N. Paris, 2 novembre 1918.

Clauses morales[1].

Dans l'armistice
L'armistice ne devrait être signé qu'à Sedan.
Dans le traité de paix

1°) Reconnaissance formelle et explicite par l'Allemagne de sa responsabilité dans le déchaînement de la catastrophe mondiale.

2°) Répudiation par l'Allemagne des actes de barbarie contre l'humanité et la civilisation. Expression solennelle de regrets, reconnaissance des responsabilités matérielles qui en découlent contre l'Allemagne et les auteurs des ordres inhumains.

3°) Une disposition spéciale pour la mise en esclavage des populations et surtout les enlèvements des jeunes filles de Lille.

4°) Aucune tractation ou négociation en langue allemande.

5°) Restitution du matériel de guerre et des trophées pris à la France, en quelque lieu qu'ils se trouvent, y compris ceux de 1870.

6°) Mesures restrictives contre le séjour des sujets allemands sur les territoires français ayant subi la souillure des armées allemandes : soit par voie d'interdiction absolue pour un certain nombre d'années, soit tout au moins pour un régime calqué sur le célèbre régime des passeports en Alsace-Lorraine (1888).

7°) Reconnaissance par l'Allemagne que l'institution de la Légion étrangère est conforme au droit public.

8°) L'armistice étant signé à Sedan, la paix devrait être signée au Palais de Versailles.

CPC, A-Paix, 1914-1918, vol. 288 (4CPCOM/288).

116

M. Jusserand, Ambassadeur de France à Washington,
à M. Pichon, Ministre des Affaires étrangères.

T. n°s 1582-1585. Washington, 2 novembre 1918[2].

Très urgent : réponse au télégramme 2895[3].

J'ai remis au Président, aujourd'hui, 2 novembre, en ajoutant que c'était pour son information, et antérieurement à la publication que les deux

---

[1] Le titre initial de cette note anonyme était « clauses sentimentales ».
[2] Document non retrouvé.
[3] Voir document n° 102 du 30 octobre 1918.

gouvernements comptent faire, la note convenue entre l'Angleterre et nous, au sujet des principes dont nous comptons nous inspirer en Asie mineure.

J'ai fait incidemment allusion, au cours de l'entretien, à ces arrangements précédemment conclus, sur lesquels je ne connaissais que trop les sentiments défavorables du Président ; ça a été pour dire que de tels accords remontant à une époque où il existait une fort exigeante Russie, pourraient nécessiter quelques révisions.

Le Président a lu, à haute voix, la traduction anglaise que j'avais faite de la note et a rendu hommage aux sentiments qui l'avaient inspirée.

Ce sont, lui ai-je fait observer, ceux que vous avez vous-même exprimés dans plusieurs de vos déclarations publiques.

Il l'a reconnu, mais a paru se préoccuper néanmoins de la haute main que telle ou telle Puissance pourrait garder sur telle ou telle région, la traitant en sphère d'influence. Il a rappelé que la création de ces sphères l'avait particulièrement choqué dans ce qu'il savait des arrangements relatifs à l'Asie mineure.

J'ai répliqué qu'il y avait des influences de bien des sortes, et que telle d'entre elles résultant de services rendus, de voisinage, de communauté, d'intérêt, de souvenirs communs étaient nécessairement légitimes.

Il est revenu sur une idée qu'il m'avait déjà exprimée et que je vous ai fait connaître ; il me répéta qu'elle n'était pas pleinement arrêtée dans son esprit, mais qu'il y réfléchissait. Rien, m'a-t-il dit, n'a autant contribué à fondre en un tout vigoureux les États formant les États-Unis que leurs possessions et intérêts communs. Si on en assigne à la Ligue des Nations, elle en sera fortifiée et prendra conscience d'elle-même.

Le Président a expliqué alors, une fois de plus le système que vous connaissez et qui consisterait pour la Ligue à prendre charge de ces pays et de déléguer au point de vue de l'aide, du développement, etc., les pouvoirs de tous à une petite nation choisie, comme fidéicommissaire, Suisse, Norvège ou Hollande.

J'ai fait observer que les pays en cause ne se soucieraient peut-être pas du tout d'un tel régime ; s'ils préfèrent l'action directe d'une grande puissance (et j'imagine que ce serait sans nul doute le cas de la Syrie vis-à-vis de nous) il serait contraire aux idées du Président lui-même de contrecarrer leur libre choix.

Le Président en est convenu : mais j'ai pu voir que ce système a dans sa pensée une réelle valeur, et nous pouvons nous attendre qu'il en sera plus d'une fois question aux conférences de la paix. Il y est revenu à propos des colonies allemandes d'Afrique, disant qu'il avait remarqué dans la presse de ce matin un télégramme de Londres, selon lequel les Américains devraient être chargés de l'administration de ces colonies. « Nous ne consentirons, a-t-il dit, à rien de pareil ; j'ai déclaré dès le début que nous ne convoitions quoi que ce soit ; c'est la vérité et le restera jusqu'à la fin ». Il a alors suggéré comme organisation la plus pratique celle que j'ai déjà indiquée.

Le Président a même fait allusion à la possibilité de faire appel dans l'un ou l'autre des cas de ce genre qui pourraient se produire, à l'une des républiques sud-américaines, qu'il serait, pense-t-il, de l'intérêt commun de faire entrer dans le mouvement mondial et qui souffrent d'en être toujours exclues.

Papiers d'agents, fonds Jusserand, vol. 52 (93PAAP/52).

117

M. de Fleuriau, Chargé d'Affaires à Londres,
À M. Pichon, Ministre des Affaires étrangères.

D. n° 833.   *Londres, 3 novembre 1918.*

a. s. le rôle des organismes interalliés économiques après la cessation des hostilités.

Votre Excellence a bien voulu, à la fin de sa lettre du 31 octobre dernier[1], approuver la suggestion faite le 14 octobre, par M. Paul Cambon du maintien en vue de l'après-guerre des organismes interalliés qui pourraient être transformés en organismes internationaux. Ces organismes ne sont pas complets, ainsi que je vais l'indiquer. Mais déjà un ministre britannique, Lord Robert Cecil, a proposé à son gouvernement d'en faire la base du contrôle des importations en Europe après la cessation des hostilités et nous aurions, à mon avis, grand avantage à entrer résolument dans cette voie.

Le principal des organismes interalliés est le Conseil allié des transports maritimes ; son dessein est de faire préparer et exécuter dans la mesure des disponibilités de tonnage, les programmes interalliés d'importation établis par les Comités spéciaux dits de programme. Ces Comités sont eux-mêmes répartis en trois groupes, celui de l'alimentation avec son siège à Londres, celui des munitions avec son siège à Paris, et celui des matières premières qui n'est pas encore organisé.

En son état actuel, cette organisation peut facilement devenir la base d'un système de contrôle basé sur les transports maritimes. Il lui manque toutefois un élément essentiel, l'élément financier.

Le Conseil interallié des Finances et Importations ne joue pas en effet de rôle actif et étendu. Cela est très regrettable. Pendant les quelques années qui suivront la suspension des hostilités, la France aura besoin pour ses achats à l'étranger des concours financiers de l'Angleterre et des États-Unis ; ses importations seront gouvernées par ses moyens financiers autant et plus que par ses moyens de transport. Il serait donc infiniment désirable de lier le service interallié des importations au service financier aussi intimement qu'il l'est déjà au service des transports maritimes.

---

[1] Document non retrouvé.

Ceci dit, je rappelle que le Conseil allié des transports maritimes, par son organe permanent, a déjà pris position le 29 octobre, en demandant aux gouvernements que les importations supplémentaires à allouer éventuellement aux pays libérés ou aux États faisant la paix, fussent contrôlées par ce Conseil et les Comités de programme.

De cette proposition, j'ai pris texte pour parler hier à Lord Robert Cecil, président du Conseil allié des transports maritimes, des dangers que représenterait pour la situation économique du monde un retour trop brusque à l'état de paix.

Le ministre anglais m'a répondu qu'il partageait mon sentiment, et que pour éviter un désastre il faudrait maintenir pendant un certain temps le contrôle établi par les États alliés pendant la guerre ; il estima que le meilleur instrument à employer à cette fin était celui qui avait été créé pendant la guerre, c'est-à-dire les organes interalliés, les transports maritimes et les importations. Il avait rédigé une note en ce sens pour le cabinet de Guerre et proposé de placer le Conseil allié des transports maritimes dont les délégués étaient des ministres à la tête de toute l'organisation actuellement interalliée demain internationale. Le Conseil des transports maritimes deviendrait le conseil économique qui répartirait les importations pendant la période de contrôle et préparerait le retour à la liberté des transactions commerciales.

J'ai dit à Lord Robert Cecil que M. Tardieu avait été chargé de rallier le président Wilson à la politique de contrôle des matières premières après la guerre. « S'il y réussit, m'a répondu le ministre anglais, ce sera après les élections du Congrès américain, et je crois que le Président acceptera plus volontiers de transformer et de prolonger l'action d'organismes auxquels il a déjà adhéré que de constituer des conférences et organismes nouveaux ».

En un mot, la répartition des matières premières serait, dans l'esprit de Lord Robert Cecil, confiée au Conseil allié des transports maritimes, qui deviendrait ainsi, sans peut-être changer son nom, le Conseil économique.

Sa proposition sera discutée mardi prochain 5 novembre, par le gouvernement britannique ; il paraissait croire à son adoption.

Le système préconisé par Lord Robert Cecil ne présente pas seulement des avantages, au point de vue du maintien de l'ordre dans le monde économique. Nous avons grand intérêt à le préconiser en raison de notre situation maritime.

Voici, en effet, ce qui va se passer :

La flotte au service des Alliés, dont les deux tiers sont sous le pavillon britannique, ne suffit pas aux importations alliées parce que les mouvements des navires sont ralentis par les exigences de la guerre sous-marine : convois, routes prescrites, etc., autant de nécessités inéluctables en temps de guerre, mais autant d'entraves pour les transports. Il faut actuellement 85 jours en moyenne à un cargo pour faire le voyage aller et retour des États-Unis en Europe, 55 jours pour le voyage double Italie-Angleterre, 40 jours pour le voyage Angleterre, Bordeaux, Bilbao-Angleterre.

Que les entraves soient enlevées du fait de la cessation des hostilités, les navires feront leurs trajets de mer en moitié moins de temps et s'ils restent dirigés par un organisme central, ils seront susceptibles d'un rendement double de leur rendement d'aujourd'hui. Alors interviendront, il est vrai, le facteur du rendement des ports, celui des déchargements et des chemins de fer. Quoi qu'il en soit, la fin de la guerre sous-marine augmentera le rendement de la flotte alliée et aura le même effet qu'une augmentation de cette flotte.

D'autre part, les munitions exigeaient des transports qui deviendront subitement inutiles ; un tonnage important sera ainsi disponible pour les autres importations.

Mais ce tonnage libéré sera surtout du tonnage britannique. Si les accords et organismes interalliés étaient annulés, la Grande-Bretagne serait en mesure d'assurer largement ses propres importations, de reprendre son commerce avec ses colonies et de louer au plus offrant un tonnage encore important.

La France, au contraire, manquera de tonnage pour subvenir à ses besoins d'importation, encore considérables pendant quelques années. Il lui est donc nécessaire d'avoir le concours du tonnage britannique pendant sa période de reconstitution et de profiter pour sa part de l'accroissement de rendement des flottes alliées.

Il faut donc resserrer nos liens avec nos alliés et nous assurer leur concours de transport en maintenant l'édifice péniblement construit du Conseil des transports maritimes et des Comités de programmes. L'affaire est pressante. Car déjà la guerre sous-marine disparaît et la navigation commence à reprendre sa liberté. Les taux d'assurance de guerre tombent rapidement. L'amirauté britannique a supprimé avant hier les convois sur la côte ouest d'Angleterre ; ces convois vont être supprimés dans la Méditerranée. Partout les transports maritimes vont devenir plus actifs.

J'ai déjà pris position auprès de Lord Robert Cecil en faveur du maintien et même du renforcement des organismes interalliés. J'ai fait prendre la même position à nos délégués. Mais il serait utile que le gouvernement français prît position nettement et m'autorisât à déclarer qu'il désire confier au Conseil allié des transports maritimes et aux organes existants le soin de contrôler les importations et la navigation pendant la période qui s'ouvre et en attendant le rétablissement des transactions commerciales d'avant-guerre. Cette démarche nous aiderait à combattre les influences qui s'exercent déjà contre la prolongation du contrôle de guerre sur les navires et le commerce.

CPC, Y-Internationale, 1918-1940, vol. 163 (75CPCOM/163).

118

M. Pichon, Ministre des Affaires étrangères,
   À M. Cambon, Ambassadeur de France à Londres,
   M. Barrère, Ambassadeur de France à Rome,
   M. Jusserand, Ambassadeur de France à Washington,
   M. Noulens, Ambassadeur de France à Arkhangelsk,
   M. Delavaud, Ministre de France à Stockholm,
   M. Bapst, Ministre de France à Christiania,
   M. Conty, Ministre de France à Copenhague.

T. s.n. *Paris, 3 novembre 1918.*

J'adresse à M. P. Cambon le télégramme suivant :

Deux télégrammes venant des capitales scandinaves[1] m'avaient mis au courant d'une démarche faite isolément sans consultation préalable avec les Alliés, par le gouvernement anglais pour décider les Danois et les Norvégiens à s'associer avec les Suédois en vue d'intervenir en Russie contre les bolcheviks.

M. Balfour a incidemment exposé ses idées à cet égard au cours de la Conférence des Alliés réunie en ce moment à Paris : il craint que la défaite de l'Allemagne suivie du retrait des troupes allemandes des pays côtiers de la Baltique et de la Pologne, ne livre ce pays au bolchevisme. Pour parer à ce danger, en attendant que des communications puissent être rétablies par la Baltique à la suite d'un armistice imposé à nos ennemis, le gouvernement anglais a imaginé cette singulière démarche auprès des pays scandinaves ; en cas d'échec de sa demande, M. Balfour pense à envoyer des armes aux pays baltes dans l'espérance que les populations pourront ainsi s'armer contre les bolcheviks en attendant l'appui militaire des Alliés.

Je remarque tout d'abord que l'initiative anglaise est incorrecte, car elle devait avant tout être concertée avec les autres Alliés, ne fût-ce que pour avoir une chance de succès.

Ensuite j'estime qu'il y aurait des inconvénients évidents à conférer ainsi nous-mêmes aux pays scandinaves et en particulier à la Suède dont l'attitude a été si peu satisfaisante pendant toute la guerre et reste encore si malveillante, un droit d'intervention en Russie et un titre à notre reconnaissance.

Enfin il est à peine besoin d'ajouter que l'idée anglaise n'avait aucune chance d'être prise en considération : les Scandinaves sont trop prudents, trop égoïstes et trop peu militaires pour aller s'engager dans une aventure aussi risquée et s'attaquer directement aux bolcheviks ; leur opinion avancée en aurait d'ailleurs fait grief au gouvernement.

---

[1] Dans son télégramme n° 598 du 31 octobre, Conty, ministre à Copenhague, révèle l'existence du projet britannique et les réserves émises par le ministre des Affaires étrangères danois, estimant que « le projet semble présenter des difficultés ». Conty juge alors « douteux que le gouvernement danois qui ménage les bolcheviks ose rien entreprendre dans le sens indiqué par les Anglais sans avoir l'assentiment des Allemands ».

Quant à l'imagination de faire transporter des armes dans les provinces baltiques, elle présenterait des dangers certains : ces armes n'auraient pas manqué de tomber aux mains des partis violents et de servir aux fins exactement contraires de celles poursuivies par M. Balfour.

On annonce maintenant que le général Mannerheim se rend en Angleterre pour conférer avec le gouvernement anglais à ce sujet. Je crois indispensable de rappeler au gouvernement anglais que le général finlandais a manifesté la plus grande malveillance à notre égard pendant qu'il commandait l'armée blanche finlandaise ; après sa disgrâce, il s'est rapproché de nous ; mais il a conservé ses visées impérialistes pour la Finlande à laquelle il rêve d'annexer la côte mourmane et Petrograd. Il serait par trop naïf de lui en fournir les moyens.

Je vous prie de vous exprimer clairement dans ce sens et d'indiquer au gouvernement anglais que nous désapprouvons toute cette politique et ne le suivrons pas dans cette voie dont nous lui signalons le danger. La fin du bolchevisme est liée au triomphe des Alliés qui seront bientôt en mesure d'agir moralement et matériellement par eux-mêmes et par l'intermédiaire des contingents tchèques, roumains et polonais au nord, à l'est, au sud et à l'ouest de la Russie.

CPC, Z-Europe, URSS, 1918-1940, vol. 379 (117CPCOM/379).

119

M. Bérenger, Sénateur, Commissaire général aux Essences et Combustibles,
À M. Clemenceau, Président du Conseil, Ministre de la Guerre.

N. n° I.854/I.A.I. *Paris, 3 novembre 1918.*

Confidentiel.

Rapport secret sur la politique française du pétrole et la paix.

La France ne peut pas plus vivre sans pétrole que sans charbon.

Actuellement elle ne produit pas de pétrole et elle est entièrement tributaire de l'étranger pour assurer son ravitaillement. Elle ne saurait rester dans cette position sans graves dangers pour son évolution militaire et économique.

Le gouvernement français par la création du Comité général du pétrole, puis du Commissariat général aux essences et combustibles, a affirmé la nécessité d'une politique pétrolifère française et sa volonté de la voir aboutir. Les grandes lignes de cette politique ont été résumées dans la proposition de loi n° 201, déposée par M. Henry Bérenger sur le bureau du Sénat le 14 juin 1917[1] et dans les rapports présentés par lui à la commission sénatoriale de l'Armée qui ont été adoptés à l'unanimité.

---

[1] Par ce projet de loi, le gouvernement français prévoyait la création d'un Comité interministériel autorisant la centralisation des services s'occupant du ravitaillement en pétrole et dérivés.

La première partie de la politique définie dans ces documents a déjà été réalisée par la passation des contrats directs de fournitures entre le gouvernement français et les grandes sociétés productrices américaines et asiatiques.

Le moment est venu de prendre position vis-à-vis de nos alliés en ce qui concerne la participation de la France dans les sources de production (voir projet de loi précité page 19 et suivantes).

Nos alliés nous ont jusqu'à ce jour traités comme des clients auxquels ils vendaient aux meilleurs prix des produits finis : essence, pétrole, huiles de graissage, en conservant pour eux les résidus de naphte qui seront d'ici peu le seul combustible de la marine de guerre et de la marine marchande.

Si nous n'y prenons pas garde, nous ferons dans cette matière la même faute que celle qui a consisté avant la guerre à tirer d'Allemagne le coke pour notre industrie métallurgique, alors que celle-ci conservait tous les autres produits de la distillation de la houille, huiles lourdes, benzols, goudrons dont elle tirait tous les produits nécessaires à son industrie chimique.

Il est donc indispensable que soit posé de suite le principe de la participation de la France dans les concessions et exploitations de sources de pétrole, telles qu'elles résulteront des accords interalliés notamment en ce qui concerne la Roumanie, le Caucase (Bakou), la Mésopotamie, la Perse.

Les renseignements que nous avons pu obtenir tant auprès des grandes sociétés productrices que les membres britanniques de la Conférence interalliée du pétrole, nous amènent à penser que nos alliés britanniques étudient très activement cette question. Si donc des mesures ne sont pas prises de suite, nous risquerions de nous trouver en présence d'un fait accompli.

Cette situation serait d'autant plus inadmissible, que les facilités que nous avons réservées aux Anglais dans les recherches de pétrole en Algérie, nous donnent incontestablement droit à un traitement analogue dans les régions soumises, ou qui seront soumises à présent à l'influence britannique interalliée.

La proposition de loi précitée a été publiée par la revue *Colonies et Marine*. Les extraits concernant la volonté de la France d'avoir une politique pétrolifère indépendante ont été traduits et publiés dans un grand nombre de périodiques, journaux et revues spéciales.

Le gouvernement britannique a attaché à ce document une telle importance qu'il l'a fait traduire en entier et imprimer par les soins du Foreign Office, où il figure parmi les pièces diplomatiques.

Dans ces conditions une démarche de la France ne peut que confirmer nos alliés dans notre décision et nous permettra d'agir en conséquence.

Ci-dessous les bases de négociations qui pourraient être envisagées pour la Roumanie, le Caucase (Bakou), la Mésopotamie et la Perse. La

---

Institué le 13 juillet 1917, le Comité général des pétroles réunit à des fins d'information et de collaboration des représentants de l'administration et des firmes actives dans l'extraction ou le commerce de ces combustibles. L'intervention directe et inédite de l'État dans ces affaires n'empêche pas la grave crise du pétrole qui frappe la France en décembre de la même année.

Roumanie et le Caucase présentent un intérêt de réalisation immédiate en raison de l'importance de l'exploitation actuelle et de la proximité de ces sources de ravitaillement qui sont redevenues accessibles grâce à l'ouverture des Dardanelles.

1°- *ROUMANIE.*

Annulation de tous les accords résultant du traité de paix de Bucarest en ce qui concerne la *Société commerciale des pétroles roumains.*

Si la Roumanie maintient le principe du monopole de l'exploitation du pétrole en Roumanie et si une société fermière est constituée pour l'exploitation de ce monopole, la part de la France doit être égale à celle des parts réservées aux autres nationalités alliées, tant en ce qui concerne la participation financière elle-même que pour le pourcentage des produits exportés.

2°- *CAUCASE.*

Mêmes principes que pour la Roumanie. Si l'occupation de Bakou par les troupes alliées et l'ouverture des Dardanelles a pour conséquence une reprise des exploitations de pétrole, la France doit avoir sa part réservée dans les mêmes conditions que les autres alliés. En outre, si le régime de l'exploitation future des champs pétrolifères de Bakou ou de toutes autres régions du Caucase était déterminé par des accords internationaux, la part de la France serait égale à celle des autres alliés.

3°- *LA MÉSOPOTAMIE.*

Les champs pétrolifères de la Mésopotamie ne sont pas encore en exploitation. Ils sont situés à proximité du chemin de fer de Bagdad et sur les confins de la Perse. Ils ont donné lieu à de très nombreuses prospections et tous les experts s'accordent pour les classer parmi les plus prolifiques du monde.

L'Allemagne s'était dès avant la guerre réservé, grâce à ses accords avec le gouvernement ottoman, une part importante de ces gisements.

Après de longs pourparlers, une convention avait été signée le 19 mars 1914 pour l'exploitation de ces champs pétrolifères entre :

– le gouvernement de la Grande-Bretagne,
– le gouvernement allemand,
– la Banque nationale de Turquie (Anglais),
– l'Anglo-Saxon Petroleum Company,
– le Groupe d'Arcy (Anglo Persian Oil C°),
– la Deutsche Bank,

pour l'exploitation en commun de ces gisements par une société fermière dénommée la *Turkish Petroleum Company.*

Les parts des parties prenantes étaient les suivantes :

– Groupe d'Arcy (représentant les intérêts britanniques)	50 %
– Anglo-Saxon Petroleum Company (représentant les intérêts de la combinaison Royal Dutch Shell)	25 %
– Deutsche Bank	25 %

Administrateurs :
- 4 Groupe d'Arcy,
- 2 Deutsche Bank,
- 2 Anglo-Saxon.

Le fonctionnement *financier* et *administratif* de l'exploitation était prévu de telle manière que la *Turkish Petroleum Company* gardait exclusivement le contrôle de toutes les entreprises découlant de la mise en valeur des gisements.

Depuis la guerre les Allemands avaient passé avec les Turcs de nouvelles conventions leur concédant le monopole des concessions pétrolifères dans tout l'Empire ottoman.

Il est indispensable :

1°- que soient annulés tous les accords gouvernementaux et financiers ci-dessus résumés ;

2°- que le gouvernement ottoman concède à l'ensemble des gouvernements alliés la mise en exploitation des gisements pétrolifères de la Mésopotamie.

La part réservée à la France dans ces gisements devra être égale à celle des autres alliés tant en ce qui concerne la participation financière que la quote-part des produits exportés.

4°- *PERSE*.

Actuellement tous les gisements concédés en Perse sont exploités par une Société contrôlée par le gouvernement britannique, l'Anglo-Persian Oil Company.

Il ne semble pas qu'il soit possible de demander une participation dans les gisements actuellement exploités. Cependant il serait nécessaire de poser le principe que la mise en valeur de nouvelles concessions donnerait un droit de participation à la France.

En outre, il pourrait être négocié avec le gouvernement britannique un échange d'intérêts entre les gisements algériens et les gisements persans.

Enfin à notre connaissance, des négociations ont déjà eu lieu entre le gouvernement britannique et le ministère des Affaires étrangères français en ce qui concerne la construction d'un pipeline partant de Perse pour aboutir dans un des ports des échelles du Levant de la zone d'influence française.

En raison même de l'importance que présente pour la Grande-Bretagne ce débouché vers la Méditerranée, des négociations pourraient être entreprises pour obtenir qu'une certaine quantité des pétroles ainsi amenés en Méditerranée soit réservée à la France.

En résumé, la politique française du Pétrole en France doit aux négociations de paix entrer dans une phase définitive de contrôle gouvernemental.

Notre pays a une occasion unique de rattraper son retard et de reprendre son rang dans la participation des divers gisements pétrolifères du monde. Le pétrole devant jouer un rôle prépondérant dans l'économie des peuples pendant le siècle à venir toutes les mesures doivent dès à présent être prises pour assurer à la France un ravitaillement sur le pied d'égalité avec les autres nations.

Il appartient au gouvernement de la République, qui va préparer la paix, d'obtenir pour la France le règlement de sa politique du pétrole dans les directives préconisées ci-dessus.

Papiers d'agents, fonds Tardieu, vol. 452 (166PAAP/452).

120

M. Jusserand, Ambassadeur de France à Washington,
À M. Pichon, Ministre des Affaires étrangères.

T. n° 1589.   *Washington, 3 novembre 1918.*
Urgent.

J'ai entretenu, ce jour même, le Président de la question du lieu de la Conférence de la Paix, conformément aux instructions de votre télégramme du 2 de ce mois[1], en profitant d'une conversation qui avait roulé sur une variété d'autres sujets.

Contrairement à ce que j'attendais, je n'ai pas trouvé la question entière. Le Président en avait été saisi auparavant, à la requête du Gouvernement de la République, par le colonel House et avait déjà répondu, et il n'était guère aisé de le faire revenir sur une réponse qu'il avait tout récemment expédiée.

L'opinion qu'il avait ainsi exprimée favorise le choix d'une ville de la Suisse française, Lausanne, par exemple.

J'ai combattu ses raisons que M. House vous aura fait connaître, me servant des puissants arguments que vous m'aviez fournis et exprimant l'espoir que, du moins, si Versailles était quand même choisi, il ne maintiendrait pas son opposition. « Si, lui ai-je dit, il est des noms qui doivent paraître à un président américain, prédestinés pour une œuvre de liberté et de paix, ce sont bien ceux de Paris et de Versailles, où furent signés les deux traités consacrant l'indépendance américaine ».

Il acquiesça sur ce point, mais sans renoncer pourtant aux préférences notifiées par lui au colonel House.

Papiers d'agents, fonds Jusserand, vol. 52 (93PAAP/52).

---

[1] Dans ce télégramme du 2 novembre de Paris pour Washington (n° 2970), Pichon fait parvenir une information obtenue du ministre français à Bruxelles, Defrance, selon laquelle Lord Balfour favoriserait le choix de Genève comme siège de la Conférence de la Paix et non Bruxelles.

121

M. Pichon, Ministre des Affaires étrangères,
  à M. Defrance, Ministre de France au Havre,
  M. Allizé, Ministre de France à La Haye,
  M. Cambon, Ambassadeur de France à Londres,
  M. Barrère, Ambassadeur de France à Rome,
  M. Jusserand, Ambassadeur de France à Washington,
  M. Dutasta, Ambassadeur de France à Berne.

T. n°s 445 (par courrier) ; 689-692 ;   Paris, *3 novembre 1918.*
5161-5164 ; 3480-3483 ; 3016-3019 ;
2016-2019.

Chiffré.

Pour tous les postes sauf Le Havre : j'adresse à M. Defrance le télégramme suivant :

Pour tous les postes : je réponds à votre dépêche n° 220 du 31 octobre dernier[1].

Je vous ai indiqué très exactement l'esprit de sympathie dans lequel le gouvernement français envisage et conduit ses relations avec le gouvernement belge : je désire que les deux pays aient des relations absolument étroites et confiantes après la guerre, conformément à leurs intérêts communs sur tous les terrains, économique, financier, militaire, politique.

Mais cette étroite union, qui est dans l'intérêt de la France comme de la Belgique, ne doit pas nous amener à céder sur tous les points aux aspirations belges, sans considérer les principes généraux qui nous guident et font notre force, et sans tenir compte des intérêts français dont nous avons la charge.

M. Hymans et le baron de Gaiffier ont cherché à obtenir de moi des déclarations définitives et catégoriques sur un certain nombre de questions du domaine international, dont la solution regarde les Alliés, et les peuples eux-mêmes, et qui ne peuvent être réglées qu'au moment de la paix, en même temps que l'ensemble des problèmes posés devant les Alliés et réagissant les uns sur les autres.

Le gouvernement belge a obtenu du gouvernement français toutes les satisfactions et les assurances sur lesquelles il pouvait légitimement espérer notre appui.

En premier lieu la Belgique attachait la plus grande importance à se dégager de la neutralité et à obtenir notre appui pour recouvrer sa complète souveraineté : le gouvernement français lui a promis son concours le plus entier à cet égard.

Un second problème qui préoccupait M. Hymans était celui de l'Escaut : la guerre a démontré que la Belgique ne peut ni être secourue ni se

---

[1] Voir document n° 107 du 31 octobre 1918.

défendre à Anvers, qui est son vrai réduit national, tant que la liberté de navigation sur l'Escaut lui était refusée. J'ai dit au ministre des Affaires étrangères belge que nous étions convaincus comme lui de cette nécessité et l'aiderions à obtenir satisfaction.

La question du Luxembourg m'a été posée ensuite ; on me demandait d'aller plus loin que M. Ribot, qui a déclaré que l'annexion du Luxembourg ne figure pas dans les buts de guerre de la France, et a pris acte du fait que les Belges auraient des prétentions à faire valoir sur le grand duché dans le cas où son statut serait modifié à l'issue de la guerre. J'ai renouvelé ces déclarations, en disant à M. Hymans, qui en est aussitôt convenu, que le principe général sur lequel la paix sera fondée, c'est-à-dire la libre expression de la volonté des peuples, m'interdisait de rien dire de plus. Je ne vois pas comment une formule aussi incontestable peut l'avoir déçu.

Quant à l'examen approfondi des relations économiques entre les deux pays, je suis tout prêt à l'aborder et à autoriser la reprise des conversations entre nos techniciens à cet égard.

Vous me parlez aussi de l'admission d'un délégué belge permanent au comité interallié des achats de Londres : mais vous semblez ignorer que les gouvernements anglais et américain y ont opposé un veto formel, pour des raisons d'ordre pratique ; il n'y a donc pas à y revenir.

D'une manière générale, je vous prie de vous inspirer de ces directives, tout en maintenant les relations les plus cordiales avec nos amis belges, qui seront d'autant mieux traités qu'ils ne chercheront pas à nous engager contre nos principes ou nos intérêts. Je suis persuadé, d'ailleurs, que M. Hymans qui a été appelé à participer au Conseil des Alliés et en paraît hautement satisfait, reviendra au Havre et bientôt à Bruxelles, plus content qu'il n'en est parti.

Télégrammes, Bruxelles, Départ, 1918, vol. 1241 (304QONT/1241).

122

M. Barrère, Ambassadeur de France à Rome,
  à M. Pichon, Ministre des Affaires étrangères.

T. nos 2609-2611. *Rome, 4 novembre 1918, 21 h. ; 21 h. 50.*
Secret. (Reçu : le 5, 0 h. 15 ; 1 h. 50 ; 6 h.)

M. Jusserand se plaint de ce que notre presse laisse percer des doutes quant aux intentions du président Wilson à l'égard de l'Alsace-Lorraine. Ses observations me paraissent entièrement justifiées. M. Wilson s'est prononcé trop souvent pour la reprise par la France de ses provinces perdues pour qu'on paraisse douter de sa parole au risque de le blesser. Notre dignité n'a d'ailleurs rien à gagner à nous retourner constamment vers le président Wilson et à nous donner l'apparence d'attendre de sa seule bonne volonté ce que nous […]¹ non seulement à notre droit mais à la force de nos armes. Nous n'avons pour cela rien à demander à personne ; et personne parmi nos alliés ne pense à nous le contester.

Mais il importe que dès maintenant nous arrêtions les conditions de cette reprise, et aussi les servitudes imposées à l'Allemagne pour compenser les dommages qu'elle nous a causés par sa manière abominable de faire la guerre. Je n'ai pas l'intention de les énumérer ici. Je n'en retiens que celles qui sont capitales pour notre sécurité et pour la réparation des ruines que les armées allemandes ont accumulées dans notre pays.

En ce qui touche les provinces annexées, ce n'est pas l'Alsace-Lorraine de 1870 que nous avons à reprendre, c'est la totalité des deux provinces, telles qu'elles furent formées, du consentement des populations, par la monarchie et la Révolution. Les (vallées) retirées à nos provinces par le traité de Vienne, et notamment tout le bassin de la Sarre, doivent nous être intégralement restituées. Ce n'est pas tout. L'Italie a stipulé dans la convention de Londres qu'elle obtiendrait une frontière stratégique, dût-elle pour cela englober des parties du territoire allemand². Nous avons besoin, nous aussi, d'une frontière stratégique, et sans qu'il s'agisse d'annexer des populations allemandes proprement dites, nous ne devons nous laisser arrêter pour assurer cette frontière stratégique par les conséquences qui en découleraient.

D'autre part, nous sommes fondés à exiger, en dehors de l'indemnité de guerre, l'exploitation des usines et mines allemandes de la rive gauche du Rhin, pour un temps à fixer, en compensation de la destruction de nos industries du nord et de la ruine peut-être irrémédiable de nos mines inondées.

Il y a enfin à considérer quelles seront les indemnités (qui) ne seraient pas acquittées, et l'hypothèque probablement suffisante.

CPC, A-Paix, 1914-1918, vol. 255 (4CPCOM/255).

123

M. Berthelot, Adjoint au Directeur des Affaires politiques et commerciales,
  À M. Beneš, Ministre des Affaires étrangères du Gouvernement provisoire Tchécoslovaque.

L.   *Paris, 4 novembre 1918.*

Monsieur le Ministre,

J'ai l'honneur de vous accuser réception de votre lettre de ce matin, qui me faisait parvenir la lettre que vous avez adressée à Monsieur le président

---

¹ Lacune de déchiffrement.
² Une mention manuscrite « *sic* » a été rajoutée sur l'original du document.

du Conseil pour lui demander, au nom du gouvernement tchécoslovaque reconnu par les Puissances alliées, de participer officiellement aux travaux de la Conférence des Alliés réunis à Versailles.

J'ai le plaisir de vous faire connaître qu'avant même la réception de votre lettre, la décision que vous souhaitiez provoquer avait été prise par M. Clemenceau d'accord avec les présidents du Conseil anglais et italien et le colonel House, représentant du président Wilson.

Le Conseil suprême de Guerre se réunit cet après-midi à 3 heures à Versailles[1] et je vous serais obligé de bien vouloir y assister.

Veuillez agréer, Monsieur le Ministre, les assurances de ma haute considération.

CPC, A-Paix, 1914-1918, vol. 30 (4CPCOM/30).

124

M. Jusserand, Ambassadeur de France à Washington,
à M. Pichon, Ministre des Affaires étrangères.

T. n° 1598.   Washington, 4 novembre 1918.

Suite à mon télégramme n° 1589[2].

Sans faire allusion à l'idée du Président concernant un Congrès de la paix en Suisse, mais afin que l'on se rende compte, comme de soi-même, des inconvénients que présenterait une telle localisation, je communique officieusement au secrétaire d'État le texte de votre télégramme 2943[3] sur les projets des bolchevistes internationaux, qui eux aussi voudraient tenir leurs assises aux mêmes lieux.

Le Président pourra y trouver la confirmation de ce que je lui avait dit, entre autres choses, de l'inconvénient de siéger dans un centre d'espionnage sans pareil au monde.

Papiers d'agents, fonds Jusserand, vol. 52 (93PAAP/52).

---

[1] Il se réunit pour décider des conditions de l'armistice avec l'Allemagne.

[2] Voir document n° 118 du 3 novembre 1918.

[3] Dans ce document qui reprend en réalité un télégramme envoyé de Berne sous le n° 1749 du 29 octobre, Dutasta évoque des renseignements obtenus « d'une personnalité parfaitement bien renseignée » concernant l'action des milieux révolutionnaires prêts à « déchaîner la révolution mondiale ». Il y est question d'une réunion organisée le 11 octobre entre Ioffé, l'ambassadeur des bolcheviks à Berlin, et les spartakistes qui auraient décidé de faire de la Suisse le « centre de la propagande révolutionnaire pour les pays de l'Entente ». Le télégramme rentre dans les détails de ces préparatifs qui avaient pour ambition de renverser les gouvernements en place pour les remplacer par des soviets. Il est enfin question de ressources financières importantes offertes par les bolcheviks à cette action (52 millions).

125

M. Lecomte, Chargé d'Affaires à Téhéran,
À M. Pichon, Ministre des Affaires étrangères.

D. n° 100. Téhéran, *4 novembre 1918.*

Les Persans et la paix. Les instructeurs militaires.

Si indifférents que soient les Persans à toute politique qui ne les concerne pas immédiatement, un ministère digne de ce nom (et c'est ce que le Cabinet Vossough se flatte d'être) ne pouvait lire les merveilleuses nouvelles qui nous viennent de l'Ouest avec un intérêt purement académique et sans se soucier du profit que son pays pourrait tirer des événements et des dispositions nouvelles qu'ils font naître.

Longtemps la Perse a caressé l'espoir d'être convoquée à la conférence qui clôturerait cette guerre, dont elle a au fond peu souffert. Chacune des trop rares complaisances qu'elle a montrées à notre groupe était accompagnée d'une allusion mendiante à cette faveur et je ne doute pas que nos ennemis peu embarrassés pour promettre, n'aient payé de quelque engagement dans ce sens les nombreuses marques de sympathie, je pourrais dire les services réels qu'ils ont reçus de la Perse.

Mais, si ardent que soit ce désir, il en coûte à la nonchalance et au fatalisme persans de lui donner une expression persévérante et agissante ; c'est ainsi qu'ils sont arrivés au dernier acte de la tragédie, sans avoir pris parti, sans avoir rien fait pour nous plaire qui risquât de contrarier nos adversaires. La succession foudroyante des bonnes nouvelles a réveillé en hâte, de leur engourdissement, les appétits auxquels on donne aujourd'hui le nom de sentiments d'admiration et depuis huit jours la question de la Conférence est revenue sur l'eau. Elle m'a été posée ainsi qu'au ministre d'Angleterre, et sans doute à d'autres. J'ai répondu, ainsi que mon collègue anglais, que les Persans seraient sans aucun doute admis à toutes les réunions où seraient conviés les États neutres, rien de plus. Sir P. Cox, dont la mission ici est de ressusciter à tout prix l'ancienne amitié persane si compromise, mais que nos victoires suffiront à réveiller, a ajouté, sans doute avec l'autorisation de son gouvernement car il est très prudent, que la question persane serait examinée avec la plus grande bienveillance.

D'ailleurs presque aussitôt la nouvelle d'après laquelle l'armistice imposait à la Turquie l'évacuation de la Perse septentrionale, répondait amplement à cette question. Seulement, dans mon communiqué, j'ai indiqué que l'armistice était l'œuvre de tous les Alliés, alors que la légation d'Angleterre avait dans le sien, laissé entendre que l'Angleterre seule l'avait signé.

Cette bonne nouvelle, jointe surtout à l'effet de nos victoires (car le spectacle de la force agit plus sur les esprits persans que la reconnaissance) a eu d'autres résultats. Ce matin, étant allé voir le président du Conseil, pour connaître l'état de ses dispositions en faveur des financiers français, comme je venais de citer les idées de Sarem-ed-Douleh (cf. ma lettre du 29 octobre)[1] concernant l'appel d'instructeurs militaires danois, « Ni Danois, ni Suisses, interrompit Vossough ed Douleh, il n'en est plus question. Pouvez-vous nous donner des instructeurs ? ». J'étais stupéfait, je le fus davantage quand il ajouta : « Il me les faudrait tout de suite car je suis las des deux Suédois qui restent à la gendarmerie. Je voudrais la mettre sans retard entre des mains françaises. Ne pourriez-vous faire venir le colonel Chardigny, ou quelqu'un de ses officiers ? ». Cet empressement si imprévu surtout quand il s'agit de la gendarmerie à laquelle les Anglais ont attaché une si grande importance politique, me donna la sensation de quelque piège. Bien que le colonel Chardigny me parût un bon choix pour un tel poste s'il nous était réservé de le pourvoir, je répondis qu'il me paraissait difficile d'enlever le colonel Chardigny à ses devoirs au Caucase dans le moment même où son expérience sera précieuse pour mettre quelque clarté dans les affaires compliquées de cette région. Quant à ses quatre officiers d'ordonnance, qui auraient pu le suppléer ici, Vossough n'insista pas quand il sut qu'aucun d'eux n'était officier de carrière. « Je serai heureux, ajoutai-je, de communiquer à mon gouvernement les intentions dont vous me faites part et de demander des officiers qui viendraient aussitôt la guerre terminée ». Mais alors, il m'arrêta : « Peut-être serait-il bon, dit-il, de connaître l'opinion des Anglais sur la matière. Je pensais, que vous ne me parliez qu'après vous êtes assuré qu'elle était acquise au projet. Assurez-vous en et si vous me donnez une réponse favorable, je puis vous promettre que vous serez servi ».

J'avais compris que cette subite proposition du président du Conseil était surtout une intention gracieuse, et, comme, même chez les plus courtois des Persans (Vossough est de ceux-là) une gracieuseté n'est jamais tout à fait gratuite, j'en conclus que cette offre obligeante pouvait n'avoir pour but que de nous préparer une compensation, ou l'illusion d'une compensation, en cas d'échec du projet financier que mon interlocuteur semblait avoir dans la pensée. Je reconnus dans ce changement de disposition un effet de la colossale propagande que fait en faveur de l'Amérique la mission de secours conduite par le Dr Judson et dont Vossough me chanta abondamment les louanges.

Néanmoins, et bien qu'il vaille mieux dit-on, ne pas courir deux lièvres à la fois, je me gardais de traiter avec légèreté l'offre dont m'avait parlé Vossough un peu à la légère. Le long silence du Département en réponse à mon télégramme 142 du 16 octobre[2] m'inquiète sur le sort de la question financière. Aussi ai-je cru devoir accueillir avec reconnaissance et une apparente confiance les nouvelles ouvertures de ce président du Conseil, qui est certainement décidé à ne pas nous décevoir, mais il me tarde d'avoir de Votre Excellence une réponse satisfaisante sur la question des financiers, qui me paraît plus conforme à nos intérêts en Perse que celle des instruc-

---

[1] Lettre non retrouvée.

[2] Dans son télégramme n° 142 du 16 octobre, Lecomte conclut : « Votre Excellence appréciera l'urgence qu'il y a à profiter de sympathies que nous ne sommes pas sûrs de retrouver chez d'autres ministres. »

teurs, en admettant même que la proposition m'ait été faite de bonne foi et qu'elle obtienne ensuite l'agrément de nos alliés.

CPC, E-Asie, Perse-Iran, 1918-1940, vol. 24 (40CPCOM/24).

126

M. Jusserand, Ambassadeur de France à Washington,
À M. Pichon, Ministre des Affaires étrangères.

T. n° 1588.　　　　　　　　　　　　　　　Washington, s.d., s.h.

Urgent.　　　　　　　　　　(Reçu : le 5 novembre 1918, 0 h. 50.)

Le Président m'a parlé en termes généraux des travaux du Conseil de Versailles. Il a exprimé la crainte que [...][1] d'armistice qu'on prépare pour l'Allemagne soient si dures qu'elles soient rejetées.

J'ai répondu que je n'y verrais que demi mal, tant il me paraissait important que la guerre se termine par la défaite irrémédiable de l'armée allemande, de façon que son prestige soit perdu à jamais. En Allemagne cette question est d'importance énorme. Or cette armée tient toujours, et si l'on traite maintenant, sans conditions rigoureuses, au bout de peu de temps, les doctrinaires du militarisme allemand démontreront à leurs compatriotes que l'humiliation est venue des négociateurs, traîtres à la cause allemande, et qu'une armée qui se battait encore sur le sol ennemi n'était pas vaincue.

Le Président a allégué déjà ce [...][2] était nul et a objecté le surcroît de morts à prévoir. Après lui avoir révélé le nombre des nôtres, j'ai répliqué que néanmoins nous souhaitions aller jusqu'au bout, à tous risques, tant nous étions convaincus de la nécessité, pour l'humanité entière, d'abattre si complètement ce pouvoir néfaste qu'il lui soit impossible de se relever jamais.

Papiers d'agents, fonds Tardieu, vol. 466 (166PAAP/466).

---

[1] Lacune de déchiffrement.

[2] Lacune de déchiffrement.

127

M. Barrère, Ambassadeur de France à Rome,
à M. Pichon, Ministre des Affaires étrangères.

T. n° 2629.   Rome, 5 novembre 1918, 21 h. 30.

(Reçu : 23 h. 50.)

a.s. l'armistice autrichien.

Je suis sans information sur les conditions de l'armistice autrichien[1]. Il me semble que l'un des premiers à en être informé devrait être l'ambassadeur de France à Rome.

CPC, A-Paix, 1914-1918, vol. 105 (4CPCOM/105).

128

M. Durieux, Délégué du Haut-Commissariat en Palestine,
à. M. Pichon, Ministre des Affaires étrangères.

T. n° 6.   Le Caire, 5 novembre 1918, 23 h. 45.

(Reçu : le 6, 5 h.)

La Commission sioniste[2], siégeant à Jérusalem, me charge de faire parvenir à Votre Excellence l'adresse suivante rédigée à la suite des […][3] meetings qui ont eu lieu à Jérusalem et Jaffa à l'occasion de l'anniversaire des déclarations du gouvernement britannique concernant l'établissement d'un foyer national juif en Palestine[4]. « Nous, populations juives de la Palestine, prenant acte des déclarations du gouvernement britannique reconnaissant solennellement la nation juive et promettant de nous aider à la reconstitution d'un foyer national, exprimons notre profonde gratitude à la

---

[1] L'armistice avec l'Autriche-Hongrie a été signé à Villa Giusti le 3 novembre 1918.

[2] La Commission sioniste, présidée par Chaïm Weizmann, a débarqué en Palestine en mars 1918. Elle est officiellement chargée d'étudier les conditions d'application de la déclaration Balfour du 2 novembre 1917 (voir note 4 ci-dessous). En se comportant comme un organe d'exécution œuvrant à poser les bases du foyer national juif, elle cristallise l'hostilité des populations arabes.

[3] Lacunes de déchiffrement.

[4] Le 2 novembre 1917, le ministre britannique des Affaires étrangères, Arthur Balfour, adressa une lettre à Lord Walter Rothschild, président de la fédération sioniste de Grande-Bretagne, qui indiquait notamment que : « Le Gouvernement de Sa Majesté envisage favorablement l'établissement en Palestine d'un foyer national pour le peuple juif et emploiera tous ses efforts pour faciliter la réalisation de cet objectif, étant clairement entendu que rien ne sera fait qui puisse porter atteinte soit aux droits civils et religieux des collectivités non juives existant en Palestine, soit aux droits et au statut politiques dont les Juifs disposent dans tout autre pays ».

Grande-Bretagne et aux Alliés qui ont adhéré à l'acte immortel de justice de l'Angleterre. Nous proclamons notre ferme croyance que les promesses données par les nations libérales seront réalisées en leur plus profonde et plus ample signification et que le peuple juif coopérera bientôt avec elles, comme un égal entre les égaux, pour l'acquisition de ces éternels idéaux dont le lieu de naissance est le sol de la Palestine.

Nous désirons que cette résolution soit envoyée à MM. Lloyd George et Balfour et aux gouvernements français, italien, grec et américain pour leur sympathie et leur appui ».

CPC, E-Levant, Palestine, 1918-1940, vol. 11 (49CPCOM/11).

129

N. s.n.[1] *Paris, 5 novembre 1918.*

Faire occuper par des troupes uniquement françaises le territoire situé au-delà de la frontière de 1815, sur une étendue limitée au minimum, au nord, par l'embouchure de la Queich, la vallée de la Queich y compris Landau, et Albersweiler, remonter suivant la ligne de faîtage des affluents de la Blies et de la Sarre, en englobant Deux Ponts, St Wendel, la bifurcation ferrée au sud de la Principauté de Birkenfeld, Nonnweiler, et rejoindre la Moselle au-dessus de Merzig par la crête du Schwarzwald. Ce territoire comprend la frontière de 1914[2], rectifiée de manière à englober l'ensemble du bassin de la Sarre et les nœuds de chemins de fer indispensables à sa sécurité.

CPC, A-Paix, 1914-1918, vol. 289 (4CPCOM/289).

130

N.[3] *Paris, 5 novembre 1918.*

Le gouvernement français estime, comme le président Wilson, que l'Allemagne ne saurait en aucun cas être remise en possession de ses colonies. Mais il ne peut se rallier à la suggestion du Président tendant à confier, au lendemain de la guerre, la gestion des anciennes colonies allemandes à un petit État, agissant alors, sous le contrôle de la Ligue des Nations, comme une sorte de fidéicommissaire.

---

[1] Il s'agit d'une note anonyme, rédigée probablement par un membre de la direction des Affaires politiques et commerciales.

[2] Lire ici 1814.

[3] Il s'agit d'une note anonyme, provenant de la direction des Affaires politiques et commerciales, intitulée « projet de réponse télégraphique ».

Une telle solution doit être écartée dans l'intérêt des populations coloniales elles-mêmes, car un petit État, quel qu'il fût, n'aurait pas les moyens d'action nécessaires pour assurer le développement matériel de ces colonies et l'accession graduelle de leurs habitants à la civilisation.

De plus, à cause des difficultés de toute nature que rencontrerait certainement le gouvernement fidéicommissaire, cette solution serait tout aléatoire et ne dégagerait pas l'avenir, au moment où les Puissances alliées ou associées, en Europe et hors d'Europe, vont s'efforcer d'instaurer un état de choses définitif.

La seule solution qui soit pratique et durable consiste à répartir les anciennes colonies de l'Allemagne entre les Puissances ayant, d'une part, déjà prouvé, par leur contact avec des populations indigènes qu'elles ont su s'attacher, leurs aptitudes civilisatrices, et étant, d'autre part, directement intéressées au développement de ces territoires, en raison de leur voisinage avec des possessions dont elles sont déjà souveraines.

Le gouvernement français ne peut, quant à lui, que considérer cette dernière solution comme hautement désirable, les Puissances alliées et associées étant aujourd'hui complètement d'accord sur l'impossibilité où elles sont à admettre un seul instant la restitution à l'Allemagne de ses anciennes colonies.

CPC, A-Paix, 1914-1918, vol. 289 (4CPCOM/289).

131

M. Barrère, Ambassadeur de France à Rome,
  À M. Pichon, Ministre des Affaires étrangères.

D. n° 508[1]. Rome, 5 novembre 1918.

Secret.

Monsieur le Ministre,

J'ai eu plus d'une fois l'occasion d'appeler l'attention du Département sur les éloges accordés par la presse anglaise à la participation italienne à la guerre. Quel que soit le sentiment de nos voisins d'outremer à l'égard de ce pays allié, il est à remarquer que, s'il leur arrive de le critiquer tout bas, ils font invariablement de lui l'éloge le plus abondant. La louange est une forme de la propagande. Elle est légitime quand la juste mesure est observée. Mais le résultat est négatif quand, à force de louer sans discrimination, le panégyriste arrive à fausser l'histoire et à persuader l'opinion que, sans l'intervention de la Péninsule, la guerre aurait été perdue par les Alliés. Dès lors, on ne peut lui en vouloir si elle finit par croire ce qu'on lui dit.

---

[1] En marge : « 15 nov.[embre] 1918. Je partage entièrement les opinions exprimées dans cette dépêche et j'en approuve la conclusion. Je l'ai télégraphiée à Barrère. S[tephen] P[ichon] ».

Ces réflexions me sont suggérées par un article récemment paru dans le *Times*, et où cette théorie est exposée. Je n'ai aucune raison de diminuer l'importance de la participation italienne à la guerre ; elle fut en effet d'une très grande portée ; et nul ne saurait dire quelle tournure auraient pris les événements si l'Italie, au lieu de proclamer sa neutralité, puis de rompre ses alliances pour rentrer en guerre aux côtés des Alliés, avaient mis son épée à la disposition des Puissances centrales. La question est de savoir d'une part si elle l'aurait pu en présence des tendances du sentiment populaire, de l'autre si elle n'eût été arrêtée par les engagements formels qu'elle avait pris à l'égard de l'un des belligérants de l'Entente ; à savoir la France.

D'après le *Times*, elle pouvait choisir, et sa décision fut librement prise. L'Histoire dira le contraire ; et je ne crois pas superflu de le rappeler ici. Il ne faut pas diminuer l'importance de l'acte accompli par l'Italie. Mais cet acte ne fut ni libre ni spontané.

Aux termes du traité de Triple Alliance, l'Italie n'était tenue d'apporter son concours aux Puissances centrales qu'en cas de guerre *défensive*. Mais l'initiative de l'agression est sujette, en pareils cas, à diverses interprétations. La mauvaise foi de l'Allemagne et la complaisance de l'Italie pouvaient donner à une agression germanique l'allure d'un acte défensif. La France en sut quelque chose en 1870 par la falsification de la dépêche d'Ems[1]. Les négociateurs français des accords de 1902 entre la France et l'Italie, auxquels la forme défensive de la Triplice était connue, jugèrent donc qu'elle n'offrait en réalité aucune garantie. Leur dessein fut donc de fixer par des engagements écrits l'obligation de l'Italie de maintenir la neutralité en cas de conflit. Il était d'ailleurs loisible au Royaume, s'il y voyait son intérêt, de s'en tenir strictement à la clause de neutralité. Les Empires centraux ne pouvaient exiger des Italiens de participer à une guerre d'agression ; mais ceux-ci restaient libres de prendre spontanément part à la guerre aux côtés de leurs alliés.

Les négociateurs français allèrent plus loin. Ils prévirent le cas où du fait d'une provocation de l'Allemagne du genre de celle de la dépêche d'Ems, la France serait contrainte de prendre l'initiative d'une déclaration de guerre. Ils insistèrent donc sur l'insertion dans la convention d'une clause visant un point d'une aussi capitale importance, et qui plaçait l'Italie dans une situation assurément nouvelle à l'égard de ses alliés germaniques. La forme de cette clause donna lieu à de laborieuses conversations entre M. Prinetti et moi ; mais elle fut finalement acceptée. Les principales dispositions de l'accord portaient donc :

1°- que l'Italie, en cas d'agression d'une ou plusieurs puissances contre la France, observerait la plus stricte neutralité ;

2°- que si la France était amenée par une provocation à déclarer la guerre à une tierce puissance pour la défense de son honneur et de ses intérêts, la même neutralité stricte serait observée par l'Italie ;

---

[1] Il s'agit d'un compte rendu de la dernière conversation en juillet 1870 entre le roi de Prusse et l'ambassadeur de France Benedetti qui fut modifié par Bismarck pour la rendre humiliante aux yeux des Français. Elle fut une des causes directes de la guerre de 1870-1871.

3°- qu'il n'y aurait entre l'Italie et ses alliés aucun protocole militaire ;

4°- que l'accord aurait la durée des alliances des puissances contractantes et qu'il conserverait un caractère secret aussi longtemps que les contractants le jugeraient nécessaire.

Il ressort de ce qui précède que lorsque la guerre déclarée à la Russie et à la France éclata, l'Italie, à moins de considérer les accords de 1902 comme un chiffon de papier, était liée par un engagement de neutralité absolue envers nous, qu'elle ne pouvait songer à prendre le parti des Puissances centrales et que sa neutralité ne fut pas le fait d'une action spontanée, mais le résultat d'engagements antérieurement contractés. Ces engagements je les invoquais formellement, lors de la rupture de la paix, auprès du marquis de San Giuliano, qui en reconnut le caractère valable et obligatoire. On dira peut-être que notre alliée d'aujourd'hui pouvait violer cette obligation et nous déclarer la guerre. Elle ne le pouvait qu'en se déshonorant aux yeux du monde entier ; car la convention de 1902 aurait été livrée immédiatement à la publicité.

Je n'ai pas eu seulement pour dessein, en rappelant cet épisode, de mettre au point une question historique dont peu de personnes ont eu connaissance. Il a plu à certains des initiés, avant la guerre, de les considérer avec scepticisme et de croire qu'ils seraient sans valeur, le jour où s'ouvrirait le sombre drame dans lequel le monde est encore plongé. Les événements ont fait justice de ce scepticisme injustifié.

Mon but a été aussi de faire ressortir que, lorsque l'heure de la paix aura sonné, ces accords devront être publiés dans l'intérêt de l'Histoire et par justice envers ceux qui les conclurent pour la sauvegarde de l'honneur et la sécurité de la Patrie en danger.

Veuillez agréer, Monsieur le Ministre, les assurances de ma très haute considération.

CPC, Z-Europe, Italie, 1918-1940, vol. 88 (97CPCOM/88).

132

M. Dutasta, Ambassadeur de France à Berne,
À M. Pichon, Ministre des Affaires étrangères.

T. n° 1836. *Berne, 6 novembre 1918, 7 h. 30.*

Extrême urgence. (*Reçu* : 22 h. 30.)

Le comte Mensdorf-Pouilly arrivé hier soir 5 novembre à Berne et muni de pleins pouvoirs de l'Empereur d'Autriche a demandé à me voir. Je serais reconnaissant à Votre Excellence de me faire savoir si elle m'autorise à recevoir cette personnalité.

Voici, d'après un de mes agents qui s'est entretenu avec ce diplomate, les raisons pour lesquelles le comte Mensdorf-Pouilly désirerait obtenir d'urgence un entretien officieux.

L'article des conditions d'armistice concernant le blocus serait mal interprété en Autriche-Hongrie. On croit y voir une mesure destinée à affamer l'Autriche. Les Allemands d'Autriche notamment travaillés par une propagande allemande des plus actives, se sont vivement émus de cette clause de l'armistice. Il serait indispensable que les Alliés fassent à ce sujet une déclaration supplémentaire, donnant des éclaircissements et spécifiant l'envoi de vivres et de denrées de ravitaillement. La question des vivres est en effet primordiale.

Il paraît nécessaire que l'Entente prenne sans tarder la décision d'envoyer des troupes d'occupation dans les grands centres. Le gouvernement et l'Empereur ne peuvent en faire la demande officielle, mais ils le désirent ardemment. L'envoi de vivres à la suite des troupes d'occupation assurerait le maintien de l'ordre.

M. Adler, un des chefs du parti allemand, a chargé le comte Mensdorf-Pouilly de faire savoir aux puissances de l'Entente que si les Allemands d'Autriche ne pouvaient arriver à constituer un État viable dans la fédération nouvelle, ils demanderaient leur réunion à l'Allemagne.

Le comte Mensdorf-Pouilly désirerait appeler l'attention de l'Entente sur l'intérêt qu'il y aurait à régler d'urgence ces questions si l'on veut empêcher les Allemands d'Autriche de se tourner dès maintenant vers l'Allemagne en plaçant le monde devant un fait accompli. Ce règlement conjurerait également le second danger d'une grave extension des désordres qui se produiraient actuellement dans toute l'Autriche-Hongrie.

En vue d'une action rapide le comte Mensdorf-Pouilly a l'intention de suggérer l'idée suivante : l'Entente exprimerait son désir de négocier avec un délégué commun pour les États de l'Autriche-Hongrie auquel seraient adjoints des représentants des Conseils nationaux. Le comte Andrassy paraît désigné pour être ce délégué commun.

Le comte Andrassy quoique démissionnaire réside en effet d'une façon permanente au Ballplatz. Il n'a plus, il est vrai, de caractère officiel, mais il serait très écouté et aurait de fréquents entretiens avec M. Adler.

Télégrammes, Berne, Arrivée, 1918, vol. 890 (304QONT/890).

133

M. Pichon, Ministre des Affaires étrangères,
  À M. Cambon, Ambassadeur de France à Londres,
  M. Barrère, Ambassadeur de France à Rome,
  M. Jusserand, Ambassadeur de France à Washington,
  M. Defrance, Ministre de France au Havre.

T. n°s 5318-5320 ; 3591-3593 ; 3107-3109 ;   *Paris, 6 novembre 1918, 19 h.*
451-453.

Chiffré.

Le haut commandement allemand a adressé cette nuit à 0 h. 30 au maréchal Foch, sur l'ordre du gouvernement allemand, le radio suivant :

Le gouvernement allemand ayant été informé par les soins du président des États-Unis que la maréchal Foch a reçu les pouvoirs de recevoir les représentants accrédités du gouvernement allemand et de leur communiquer les conditions de l'armistice[1], les plénipotentiaires suivants ont été nommés par lui : général d'infanterie von Gundell, secrétaire d'État Erzberger, ambassadeur, comte Oberndorff, général von Winterfeldt, capitaine de vaisseau Vanselow.

Les plénipotentiaires demandent qu'on leur communique par TSF l'endroit où ils pourront se rencontrer avec le maréchal Foch.

Ils se rendront en automobile avec leur personnel subalterne au lieu ainsi fixé.

Le gouvernement allemand se féliciterait, dans l'intérêt de l'humanité, si l'arrivée de la délégation allemande sur le front des Alliés pouvait amener une suspension d'armes provisoire.

Prière d'accuser réception.

Le maréchal Foch a répondu à 11 heures 25 du matin le radio ci-dessous :

Si les plénipotentiaires allemands désirent rencontrer le maréchal Foch pour lui demander un armistice, ils se présenteront aux avant-postes français par la route Chimay-Fourmies-La Capelle-Guise.

Des ordres sont donnés pour les recevoir et les conduire au lieu fixé pour la rencontre.

Deux nouveaux radios allemands sont parvenus ultérieurement.

En voici le texte :

1°- Reçu à 13 heures.

« Le GQG allemand au GQG des Alliés.

Le commandant en chef allemand au maréchal Foch :

---

[1] Il s'agit du télégramme du 5 novembre 1918 de Robert Lansing aux Allemands, appelé « l'accord pré-armistice », stipulant l'acceptation par les Alliés des quatorze points et des discours ultérieurs de 1918 de Wilson comme base de la future paix, sauf les deux réserves mentionnées plus haut.

Les plénipotentiaires allemands pour un armistice quittant Spa aujourd'hui seront ici à midi et atteindront à 5 heures de l'après-midi les avant-postes français par la route Chimay-Fourmies-La Capelle-Guise.

Ils sont en tout dix personnes sous la conduite du secrétaire d'État Erzberger ».

2°- Reçu à 13 heures 50.

Du GQG allemand au GQG des Alliés.

Le commandement suprême de l'armée allemande au maréchal Foch :

« Pour permettre le passage de la délégation allemande au-delà des deux lignes il est ordonné de faire cesser le feu sur le front aujourd'hui à partir de trois heures de l'après-midi jusqu'à nouvel ordre. Des avant-postes allemands jusqu'aux avant-postes français la délégation sera accompagnée par une compagnie de travailleurs de route pour permettre aux automobiles de traverser la route de La Capelle qui est détruite.

Télégrammes, Washington, Départ, 1918, vol. 6358 (304QONT/6358).

134

M. DE CAIX,
À DESTINATAIRES NON DÉSIGNÉS.

N. s.n. *Paris, non datée*[1].

De l'utilisation politique de l'occupation française en Autriche-Hongrie.

I

L'occupation par les Alliés du territoire austro-hongrois fournit à l'influence française une occasion excellente de s'établir et de s'enraciner définitivement dans ces pays. Dans tous, même dans ceux qui nous ont toujours été le plus hostiles, nous avons, de tous les Alliés, la meilleure situation. Il dépend de nous, par la manière dont nous organiserons l'occupation, de faire rendre à cette situation tous ses avantages pour le présent et pour l'avenir.

Les Italiens sont partout méprisés et haïs, et leur attitude présente achève de les rendre odieux. Les Anglais sont tenus pour ignorants et orgueilleux, et, les peuples vaincus leur en veulent tout comme l'Allemagne, d'avoir par leur intervention détruit tout le plan de guerre des Empires centraux. Les Américains sont lointains, distants et indifférents. Nous avons pour nous la tradition révolutionnaire, le souvenir de Napoléon, notre fidélité au principe des nationalités, l'aide que nous avons prêtée durant la guerre aux

---

[1] Ce document date sûrement des premiers jours qui suivirent l'armistice avec l'Autriche-Hongrie.

peuples opprimés, enfin et surtout le prestige d'une victoire qui, à leurs yeux à tous, est avant tout notre victoire.

II

Le sens politique de l'occupation sera différent suivant qu'il s'agit du territoire des peuples privilégiés par l'ancien dualisme austro-hongrois ou du territoire de ceux qu'il opprimait.

1° Pour ceux-ci d'abord, il est évident que notre rôle ne sera que celui de tuteurs bienveillants, désireux de laisser le plus tôt possible leurs pupilles reprendre une entière indépendance. D'ailleurs notre attitude doit être adaptée aux conditions concrètes de chacun des pays considérés, et elles sont fort différentes.

A – Les Tchécoslovaques, nos alliés de la première heure, ont joué dans la guerre un rôle qui leur permet de prétendre à agir comme des alliés de plein droit. Leur confiance envers nous est telle qu'ils sont prêts à toutes les collaborations. Nous devrons cependant ménager leur légitime amour-propre, et concerter avec eux les mesures militaires à prendre. Nous pouvons les couvrir, par exemple vis-à-vis des Américains, en assumant la responsabilité des dispositions qu'il serait éventuellement nécessaire de prendre pour maintenir l'ordre et la sécurité en Bohême allemande ; et il serait d'un excellent effet sur l'Allemagne que dans cette partie de la Bohême, foyer d'un nationalisme agressif, ce fût précisément la France qui apparût en vainqueur. Par contre, dans la Silésie de Teschen, où il risque d'y avoir quelques froissements entre Polonais et Tchèques, nous pourrions utilement intervenir pour adoucir les contacts. Il serait bon, de toute façon, que le commandement d'occupation en Bohême fût français, et comprît un bureau politique dirigé par un officier ou fonctionnaire au courant de la situation du pays.

B – En Yougoslavie, les difficultés sont bien plus grandes, car le peuple est moins préparé au nouvel état de choses, et l'attitude de l'Italie risque de susciter à chaque moment des conflits sanglants. Il ne sera peut-être pas non plus très commode de toujours faire entendre raison à l'armée serbe. Les services anglais, dont l'attention s'est depuis longtemps portée de préférence sur la Yougoslavie, ont déjà en vue un personnel de liaison politique qui, d'après ce qu'on en sait, ne se distingue pas par le tact. Peut-être sera-t-il difficile d'établir en même temps en Yougoslavie et en Bohême un commandement supérieur français : et d'ailleurs il ne serait pas mauvais que les frictions avec les Italiens, qu'il faut prévoir, incombassent aux Anglais. Mais il est essentiel d'adjoindre aux autorités anglaises un ou plusieurs officiers français, au courant des questions, ou qu'on y mettrait. Il sera facile d'assurer leur contact en confiance avec les autorités yougoslaves, et d'asseoir ainsi plus fortement la situation morale de la France dans ces pays.

C – Avec les Roumains, les deux questions importantes sont celles du Banat et de Transylvanie. Il pourrait bien encore se produire en Bukovine quelques conflits entre Ruthènes (Ukrainiens) et Roumains : mais ils ne seront certainement pas de grande envergure, le pays où ils se produiront est excentrique, et, d'ailleurs la question touche à tout le problème ukrainien.

Dans le Banat les Serbes créent le fait accompli en occupant des territoires que les Roumains revendiquent en vertu d'accords internationaux. La question, évidemment, relève d'un arbitrage, et le rôle des autorités interalliées d'occupation ne sera que d'adoucir les rapports pendant la période de transition.

En Transylvanie, le gros point est d'éviter que les populations non-roumaines, surtout le million environ de Magyars, ne soient molestées. Les missions françaises auprès des armées roumaines auxquelles reviendra l'occupation du pays pourront jouer un rôle extrêmement utile.

D – On ne parlera pas ici des territoires polonais et ruthènes ; le problème est aujourd'hui en dehors du cadre austro-hongrois.

2° Aux peuples qui étaient jusqu'ici nos ennemis, Allemands d'Autriche et Magyars, nous devons nous montrer fermes et justes, avec une nuance plus marquée de sévérité envers les Allemands, d'indulgence envers les Magyars. Notre objectif politique doit être, chez les Allemands, négatif – les détacher de l'Allemagne, leur faire sentir les avantages qu'ils trouveraient à former un État indépendant en rapports simplement économiques avec ses nouveaux voisins slaves – chez les Magyars positif – faire prédominer dans la nouvelle république hongroise magyare l'influence française, et profiter de la préférence que les Magyars nous ont marquée en demandant à être occupés plutôt par nous.

Il serait donc nécessaire d'avoir, en Autriche allemande comme en Hongrie magyare, un ou plusieurs officiers ou commissaires civils adjoints au commandement des armées d'occupation, au courant des questions politiques et économiques et aussi des questions de personnes qui se posent dans ces pays. Il y aurait lieu de leur fixer exactement dans le sens indiqué plus haut l'attitude qu'ils auraient à prendre à l'égard de la population, et de les instruire nettement des vues de la politique française à ce sujet. Si l'occupation s'étend à un certain nombre de villes de province importantes, des mesures analogues devraient être prises pour elles.

En Hongrie spécialement, il serait d'un grand intérêt, et d'une grande aide pour la tâche assignée aux troupes françaises, de ramener dans le pays aussitôt que possible une partie du personnel enseignant français qui s'y trouvait à la guerre. Même les institutrices pourraient utilement jouer le rôle d'interprètes, et servir en même temps au commandement d'agents de renseignements.

Si les divers rayons d'occupation devaient être partagés, il serait sage d'abandonner l'Autriche allemande aux Anglais ou aux Américains, et de réserver la Hongrie à un commandement français. On pourrait, en Hongrie, faire appel à une collaboration américaine : l'armée et l'administration des États-Unis comptent un certain nombre de fils de Magyars qui conviendraient parfaitement dans ces emplois.

III

On peut se demander si l'occupation sera conçue comme celle du territoire d'un État unique, ou des territoires de plusieurs États ; si, en d'autres termes, elle sera faite par une seule armée, avec un commandement unique, ou par plusieurs armées indépendantes. Du point de vue politique, l'interdépendance des questions qui se posent rend la première solution désirable. Si des raisons de poids faisaient préférer la seconde, il importerait du moins que les contingents français employés à l'occupation relevassent d'un état-major commun, ou qu'une mission d'ensemble spéciale fût chargée de la direction de notre action politico-militaire dans tous les États entre lesquels se divise d'ores et déjà l'ancienne Autriche-Hongrie.

CPC, Z-Europe, Autriche, 1918-1940, vol. 61 (80CPCOM/61).

135

M. Dutasta, Ambassadeur de France à Berne,
À M. Pichon, Ministre des Affaires étrangères.

T. n°s 1860-1861. Berne, *7 novembre 1918, 9 h. ; 21 h.*

(*Reçu* : le 7, 23 h. 30 ; le 8, 8 h.)

Autriche-Hongrie. Mission Windisch-Graetz.

Conformément aux instructions de Votre Excellence j'ai reçu aujourd'hui le prince Windisch-Graetz, ami personnel de l'empereur Charles qui l'a chargé d'une mission auprès des représentants de la France et de l'Angleterre à Berne. Le comte Mensdorf-Pouilly, qui comme le sait Votre Excellence a demandé également à me voir aurait, d'après le prince Windisch-Graetz, une mission analogue à la sienne mais serait muni de pleins pouvoirs pour traiter éventuellement. J'ai cru démêler du long exposé du Prince, qui m'a paru égaler en confusion la situation de son propre pays, le désir de l'empereur Charles (bien que ce dernier se défende d'aucun but intéressé) de voir les Alliés l'aider au maintien sous son sceptre, m'a-t-il semblé, d'un lien fédératif entre les différents États de l'ancienne monarchie dualiste. D'après mon interlocuteur, aucune des races qui en font partie ne contient les éléments indispensables à une existence séparée. C'est vouloir vouer ces nations à la ruine, à l'anarchie, aux guerres intestines que de les laisser, à peine nées à la vie et pleines d'inexpérience, livrées à elles-mêmes sans appui et sans guide. Une longue expérience commune, des traditions souvent semblables, des productions complémentaires font que, le premier moment d'ivresse passé, ces États regretteront vite le lien qui les unissait et qui pourrait prendre une tout autre forme que celle du régime dualiste et devenir si léger qu'il serait accepté par tous.

Ce serait de la part de l'Entente, au dire du prince Windisch-Graetz, confident de la pensée impériale, faire œuvre de sagesse que de recommander aux nouveaux États d'essayer une nouvelle existence commune sans recourir tout de suite au divorce, comme ce serait faire œuvre de prudence et d'humanité que d'envoyer sans délai des troupes alliées occuper certaines régions de la monarchie et procéder à leur ravitaillement. Le prince Windisch-Graetz m'a fait sur la situation critique de son pays au point de vue alimentaire, sur les dangers du développement du bolchevisme, un exposé analogue à celui que mes télégrammes ont rapporté à Votre Excellence. Il a ajouté que l'intervention rapide des Alliés pouvait seule conjurer ces mêmes dangers.

Je me suis borné à écouter mon interlocuteur qui, sur une question de ma part m'a remis la note ci-après dont il avait fait, m'a-t-il dit, approuver le texte par l'Empereur avant son départ de Vienne.

Sa Majesté m'a autorisé de constater si et dans quelle mesure le gouvernement français serait disposé à entrer en négociations avec l'Empereur et Roi qui dans l'intérêt des peuples de la Monarchie est prêt à offrir ses bons offices. L'Empereur et Roi espère que des voies pourraient être trouvées, aptes à réunir les intérêts des États occidentaux à ceux des États qui se forment actuellement sur le territoire de la monarchie.

Sa Majesté ne tient en premier lieu ni à sa couronne ni à la dynastie. Elle s'efforce surtout à chercher les moyens par lesquels une harmonie entre les États indépendants naissants pourrait être établie. Si la France était disposée à négocier à ce sujet, ces négociations contribueraient certainement à assurer le sort des nouveaux États et aideraient à une liquidation ordonnée du passé.

CPC, Z-Europe, Autriche, 1918-1940, vol. 38 (80CPCOM/38).

136

M. Conty, Ministre de France à Copenhague,
À M. Pichon, Ministre des Affaires étrangères.

T. n° 625. *Copenhague, 7 novembre 1918, 14 h. 40.*

(Reçu : 22 h.)

Le *Hamburger Fremdenblatt* du 6 de ce mois arrivé à Copenhague le 7 après plusieurs heures de retard note l'importance et la gravité des événements de Kiel[1]. Un député au Reichstag, Noske, s'est placé à la tête du

---

[1] Une partie des marins de la flotte basée à Wilhelmshaven puis à Kiel s'était mutinée le 30 octobre pour s'opposer à une sortie en mer inutile militairement au moment où l'armistice était en vue. Les mutins furent arrêtés. Mais les 3 et 4 novembre, des troubles s'étendirent à toute la ville de Kiel et les insurgés réclamèrent la libération des mutins. Un conseil de soldats fut créé qui prit possession de la ville. L'influence du parti social-démocrate allemand, le SPD, permit à Gustav Noske d'en prendre la tête le 5 novembre. Les revendications des marins s'étendirent au reste de l'Allemagne où se créèrent nombre de conseils d'ouvriers et de soldats. Le 7 novembre, à Munich,

Conseil des soldats et s'efforce de canaliser le mouvement. L'amiral Souchon, gouverneur de la place, lui a cédé des locaux dans les immeubles officiels. Le 5, dans l'après-midi, il y a eu fusillade dans les rues, les communications ont été interrompues, les matelots ont occupé la station de chemin de fer, barricadé la place de cette gare. Le drapeau rouge a été arboré sur plusieurs bateaux de guerre et sur les bâtiments de la Marine. Les étincelles du feu allumé à Kiel ont, dit le journal, promptement atteint Hambourg mais le *Hamburger Fremdenblatt* exprime l'espoir que la grève générale sera évitée. Une grande réunion publique a eu lieu mardi où assistaient des ouvriers, des soldats, des matelots, des prisonniers évadés des prisons militaires, un cortège s'est rendu à la gare pour y recueillir les permissionnaires et à la caserne de la Bundestrasse, une collision s'est produite avec la troupe. Trois personnes auraient été blessées au cours de la réunion. Le député au Reichstag Wilhelm Dittmann a pris la parole et attaqué les socialistes du gouvernement et le gouvernement soi-disant démocratique dont le chancelier est un prince, l'orateur a préconisé la république sociale que réclament les socialistes indépendants, l'assemblée a voté une résolution approuvant les idées de l'orateur, réclamant la libération des victimes de la justice militaire et civile, saluant la fraternité des ouvriers, matelots et soldats, affirmée par les événements de Kiel, invitant les ouvriers de Hambourg à marquer par la grève leur solidarité avec les révolutionnaires de Kiel.

CPC, Z-Europe, Allemagne, 1918-1940, vol. 263 (78CPCOM/263).

137

M. Pichon, Ministre des Affaires étrangères,
À M. Dutasta, Ambassadeur de France à Berne.

T. n° 2054. Paris, 7 novembre 1918, 20 h. 15.

Chiffré. Extrême urgence.

Autriche-Hongrie. Mission Windisch-Graetz.

Vous pouvez recevoir le comte Mensdorff dans les mêmes conditions que le prince Windisch-Graetz. Si d'ailleurs les communications qu'il doit vous faire sont bien celles que vous indiquez, ne lui laissez aucune illusion sur la possibilité de les voir admises.

CPC, Z-Europe, Autriche, vol. 61 (80CPCOM/61).

Louis III de Bavière est déposé et la République des conseils du social-démocrate indépendant Kurt Eisner proclamée.

138

M. Pichon, Ministre des Affaires étrangères,
  à M. Klotz, Ministre des Finances.

Minute n° 2270[1].　　　　　　　　　　　　Paris, 7 novembre 1918.

Comme vous le savez, tous les renseignements qui parviennent de Russie indiquent le caractère extrêmement pressant de la situation fiduciaire et l'impossibilité réelle d'effectuer aucun paiement dans ce pays pour les besoins les plus pressants des gouvernements alliés. En vue de pallier à cette difficulté, qui va en grandissant, le gouvernement britannique vient de décider l'émission par une firme anglaise de Londres d'un billet de banque, d'apparence russe, destiné à la circulation à Arkhangelsk, grâce auquel il espère que le général Poole pourra effectuer les paiements du corps anglais de débarquement.

Nos deux Départements avaient, dans le même ordre d'idées, préconisé auprès des gouvernements alliés la constitution d'une banque interalliée chargée d'émettre un papier dans des conditions offrant toute sécurité. Ce projet, toutefois, sans recueillir une opposition de principe des gouvernements consultés, n'a pas progressé et il semble peu probable que sa mise sur pied puisse se faire autrement que dans des délais très prolongés.

Le gouvernement américain, préoccupé principalement de la nécessité de venir en aide matériellement aux populations sibériennes a proposé aux Alliés une combinaison commerciale comportant également une section financière, et tendant à l'émission d'un billet de banque correspondant sensiblement à la valeur de l'ancien rouble, c'est-à-dire 50 cents par rouble. Enfin, des tentatives plus modestes, et dont aucune n'a été jusqu'à présent couronnée de succès, ont été faites pour émettre à Vladivostok des petites coupures susceptibles de soulager, tout au moins localement, la circulation fiduciaire.

Au moment où les Alliés sont sur le point de pénétrer dans la mer Noire[2] et, grâce à l'armistice, de pouvoir coordonner leurs efforts pour soutenir les forces russes éparses vers le Caucase (armées du général Krasnov et du général Denikine), au moment où se posera surtout le problème si grave de l'intervention en Ukraine pour encercler les maximalistes, déjà menacés au nord et à l'est, l'absence d'un signe monétaire pouvant servir d'instrument d'échange présente une gravité exceptionnelle. Les régions dont il s'agit, touchant de près au bassin de Donetsk, pourraient, s'il en est décidé ainsi

---

[1] Mention manuscrite sur l'original : « Voici, mon cher Ministre, la lettre qui arrivera au ministère des Finances le 8 novembre 1918 », signé Kammerer.

[2] L'armistice du 29 septembre 1918 avec la Bulgarie libère les troupes commandées en Orient par le général Franchet d'Espèrey, qui reçoit dans les jours qui suivent l'ordre de préparer son armée pour une intervention militaire en Russie. Le 13 novembre, la flotte alliée mouille devant Constantinople ; le 20 novembre, les Russes blancs réunis à Jassy sollicitent officiellement l'envoi d'un corps expéditionnaire en Russie. Le débarquement des forces françaises se déroule en deux étapes : le 13 décembre à Sébastopol, et le 17 à Odessa.

d'accord entre les Alliés, être occupées rapidement en vue de la remise en marche des industries (qui sont principalement françaises) et nous aurons à faire face à la fois aux besoins très étendus des trésoreries des corps d'occupation et aux disponibilités financières nécessitées par la reprise des échanges commerciaux entre la France et la Russie méridionale, riche en matières premières et en produits agricoles. Il est impossible, dans ces conditions, de ne pas considérer comme une tâche d'un caractère au moins aussi politique que financier le problème de la création d'une banque ou d'un organisme d'émission. Puisque tous les projets interalliés ont échoué ; puisque les Anglais ont cru devoir reprendre leur liberté par l'initiative d'une opération de ce genre à Arkhangelsk, je considère que c'est à la France que doit revenir le soin d'instituer, pour la Russie méridionale, cette circulation nouvelle. Nous n'avons pas besoin pour cela du consentement de nos alliés, à condition que les principes sur lesquels reposera l'organisme d'émission ne tendent ni à créer pour nous une situation exclusive, ni à paraître mettre la main sur le régime monétaire futur de la Russie. Les principes sur lesquels pourrait être basée la banque d'émission (en laissant de côté pour le moment le nom à lui donner qui peut jouer un certain rôle au point de vue de l'opinion) sont les suivants :

1°- La Banque serait créée par un Consortium ou un Syndicat de banques exclusivement françaises. Il y a lieu d'éviter toute apparence de lui faire prendre son appui sur des institutions russes qui, dans les circonstances actuelles, n'offrent aucun crédit ni aucune garantie aux yeux des populations.

2°- Le type du billet à émettre devrait être étudié soigneusement, mais, si les renseignements donnés par certains Russes sont exacts, le mot de « rouble » devrait être évité ; on pourrait proposer par exemple celui de « franc russe » (cette proposition n'a d'ailleurs rien de définitif).

3°- Le papier émis devrait être entièrement garanti. On peut concevoir, par exemple, que les sommes remises à l'État français pour ses dépenses dans la Russie du sud seraient couvertes à la Banque par le dépôt de bons du Trésor français.

La banque devrait en outre, soit par elle-même, soit par un organisme qui lui serait adjoint, pouvoir faire des opérations commerciales et couvrir son papier par des effets commerciaux à plusieurs signatures.

C'est à vous qu'il appartiendrait, d'accord avec les grandes banques françaises, d'entrer dans le détail des modalités de cette création qui nécessite essentiellement la bonne volonté de ces dernières.

J'ai à peine besoin d'attirer votre attention sur l'importance considérable qu'aurait la création, dès maintenant, de la banque d'émission, en vue des positions commerciales à prendre dans l'avenir, ainsi que de la force qu'elle nous donnerait pour assurer la défense des intérêts français qui ont tant souffert de la révolution maximaliste.

Un pareil projet peut, je ne me le dissimule pas, susciter un certain nombre d'objections :

La première qui vient à l'esprit est de savoir s'il est possible de créer une banque de cet ordre sans intervention du Parlement. J'estime cependant que cette intervention ne serait pas nécessaire ; l'émission dont il s'agit ayant son effet à l'étranger, il n'y a pas lieu de conférer à la banque un privilège comme s'il s'agissait d'une émission à l'intérieur de la France. C'est donc une opération d'un caractère commercial et il dépend des banques de se mettre d'accord pour créer le Consortium d'émission. Enfin, l'État français n'aurait aucune garantie à fournir, pas plus qu'il ne serait sollicité de prendre sa part du capital de la banque. Il ne fournirait aucune subvention et il se bornerait à se procurer chez la banque, sous forme de son nouveau papier, les fonds dont il aurait besoin contre des versements équivalents. Il ne s'agit là, à mon avis, que d'une simple opération de trésorerie ne nécessitant aucune autorisation. J'estime d'ailleurs que si, pour des raisons qui n'apparaissent pas au premier abord, vous en jugiez autrement, rien ne serait plus facile que d'obtenir l'assentiment des présidents de grandes Commissions financières qui ne manqueraient pas de comprendre la grande portée de ce projet.

Une deuxième objection peut être de savoir l'accueil qui serait fait à ce projet par nos alliés ou par l'Amérique. J'estime, à cet égard, qu'aucune inquiétude ne doit exister, chacun ayant repris sa liberté est libre de se procurer au mieux et sous la pression des événements, les fonds correspondant à son action politique. Le président Wilson, toutes les fois qu'il n'a pas cru pouvoir se rallier à la politique des Alliés, a toujours fait observer que si « telle était l'opinion de son gouvernement, il n'en trouverait pas moins légitime que les gouvernements alliés en aient une autre ».

Je vous serais obligé de bien vouloir me faire connaître les observations que ces propositions vous paraîtront susciter.

CPC, Z-Europe, URSS, 1918-1940, vol. 247 (117CPCOM/247).

139

M. Jusserand, Ambassadeur de France à Washington,
À M. Pichon, Ministre des Affaires étrangères.

T. n° 1618. *Washington, 7 novembre 1918.*

Urgent.

Le résultat des élections générales, encore contesté hier soir, malgré l'évidence, par les démocrates, est ce qu'avait fait prévoir mon télégramme 1590 du 3 de ce mois[1]. Les républicains auront la majorité dans la nouvelle

---

[1] Dans ce télégramme urgent, Jusserand alertait Pichon de la probable victoire des républicains le surlendemain, et précisait : « Je crois utile de signaler que ce changement, s'il se réalise, n'en amènerait aucun dans la question qui nous intéresse par-dessus toute autre, c'est-à-dire celle de la poursuite de la guerre. »

Chambre (par 30 à 40 voix à ce qu'il semble). Pour le Sénat le résultat est encore incertain, et les deux partis se suivent de si près qu'une division par nombre égal (48 sièges pour chaque parti) n'est pas impossible ; en un tel cas la voix du vice-président des États-Unis, qui est démocrate, décide.

Notez toutefois que les pouvoirs du Congrès actuel ne prennent fin qu'au 4 mars et que si le Président ne juge pas nécessaire de convoquer les nouvelles chambres en session extraordinaire, elles ne se réuniront pour la première fois que le premier lundi de décembre de l'année prochaine. Comme le rappelait mon télégramme précité, le parti républicain est tout aussi partisan de la poursuite de la guerre, et même avec des dispositions plus fières et par conséquent plus exigeantes. Son porte-parole en affaires internationales, et qui deviendrait président du Comité des Affaires étrangères, si la majorité sénatoriale devenait républicaine, est le sénateur Lodge. Mon rapport du 30 août, n° 410[1], a fait connaître ses idées quant aux conditions de paix, et en particulier l'Alsace-Lorraine ; elles nous sont plus favorables encore que celles du Président.

Les démocrates ont eu contre eux dans cette élection, d'abord le fait qu'ils sont depuis un certain temps au pouvoir, ce qui est toujours un poids à traîner : on ne peut agir sans commettre de fautes ; ensuite l'attitude dictatoriale du Président, aggravée par la propagande d'imprudents amis : le sénateur Hamilton Lewis, qui est resté sur le carreau (voir à propos d'un de ses voyages en France, mon télégramme 601 de 1915)[2], demandait naguère au Sénat de voter une résolution donnant au Président carte blanche et approuvant d'avance tout ce qu'il ferait ; enfin la mauvaise administration et les gaspillages relevés dans plusieurs des services de la guerre qui auront coûté énormément et peu produit, notamment l'aviation et les constructions maritimes.

Dans un article sage et modéré, comme il sait en écrire, l'ex-président Taft exprime la pensée que son parti se gardera d'une attitude hargneuse et obstructionniste vis-à-vis du Président, et qu'on verra au contraire « une sage collaboration amicale ». Il rappelle d'ailleurs que les républicains sont pour une capitulation allemande sans condition. Lui-même et son parti sont, comme on sait, nettement opposés à la distinction que le Président et son gouvernement se plaisent à faire entre le peuple allemand et ses chefs ; ils n'en voient, quant à eux, aucune : il faut, pensent-ils, pousser la guerre jusqu'à ce que les uns et les autres se rendent à merci et soient mis hors d'état de nuire.

Papiers d'agents, fonds Jusserand, vol. 52 (93PAAP/52).

---

[1] Document non retrouvé.

[2] Dans son télégramme confidentiel n° 601 du 15 septembre 1915, Jusserand avertit Paris que le sénateur de l'Illinois n'a reçu aucune mission du Département d'État, contrairement à ce qu'il proclame. « Le véritable objet de son voyage est l'Allemagne ; il semble surtout désireux de fortifier par là sa position dans l'État qu'il représente et où l'élément allemand est très puissant. [...] Orateur abondant, il est l'un des sénateurs influents du parti démocrate et se flatte même d'avoir des chances d'être élu vice-président. [...] S'il se rend en France il faudra avoir soin d'une part de ne rien lui dire ou montrer dont il puisse faire mauvais usage et d'autre part éviter avec soin de le mécontenter et d'en faire un ennemi déclaré de notre cause. »

140

N.[1]   Paris, 7 novembre 1918.

a.s. 2ᵉ proposition du président Wilson. Liberté absolue des mers.

La 2ᵉ proposition du Président des États-Unis et ainsi conçue :

Absolute freedom of navigation upon the seas outside territorial waters, alike in peace and in war except as the seas may be closed in whole or in part by international action for the enforcement of international covenants.

Absolue liberté de navigation sur les mers, en dehors des eaux territoriales, également en temps de paix et en temps de guerre, excepté en tant que mers peuvent être fermées en tout ou en partie par une action internationale à l'effet d'assurer l'observation de conventions internationales.

Cette proposition soulève les questions suivantes :

I. *En temps de paix* :

Abandon du droit de procéder à des blocus, dits pacifiques, comme moyen de coercition sans déclaration de guerre.

II. *En temps de guerre* :

Abandon du droit jusqu'ici reconnu à un belligérant de priver l'ennemi des éléments de force qui lui assurent les communications par mer, savoir :

1° Abandon du droit de capturer les navires de commerce ennemis et les cargaisons ennemies sous un autre pavillon que le pavillon neutre.

2° Abandon du droit de bloquer le pays ennemi.

3° Abandon du droit de s'opposer par la capture au ravitaillement de l'ennemi (transports de contrebande de guerre) ou aux différents actes d'assistance hostile, quel que soit le pavillon du navire.

4° Abandon du droit de poser des mines en haute mer, de déclarer tout ou partie de certaines mers « zones de guerre » ou « zone prohibée » ; interdiction de fermer aucun détroit, non compris dans les eaux territoriales riveraines.

5° Suppression de la guerre sous-marine telle que les Allemands l'ont pratiquée.

Sur ces différentes questions, considérées comme vitales par l'Angleterre, les États-Unis ont depuis leur fondation, maintes fois présenté, sans aucun succès d'ailleurs, des propositions analogues à celle formulée par le président Wilson.

La France doit-elle soutenir les vues des États-Unis auxquelles l'Allemagne a, par sa position géographique, son état actuel et son expérience de la présente guerre tout intérêt à souscrire ? La France doit-elle, au contraire soutenir les vues anglaises ? Doit-elle rechercher un système de

---

[1] Il s'agit d'une note anonyme, provenant probablement de la direction des Affaires politiques et commerciales.

limitation au droit actuel des belligérants, constituant un compromis entre les deux systèmes ?

CPC, A-Paix, 1914-1918, vol. 73 (4CPCOM/73).

141

M. Conty, Ministre de France à Copenhague,
à M. Pichon, Ministre des Affaires étrangères.

T. n° 619. Copenhague, 8 novembre 1918, 6 h. 30.

(Reçu : 14 h. 45.)

Situation en Allemagne.

Mon collègue espagnol connaît depuis très longtemps le comte Rantzau, ministre d'Allemagne à Copenhague, et il est souvent en rapports avec lui. Il m'a donné hier des renseignements sur l'état d'esprit de ce diplomate allemand. Le ministre d'Allemagne était depuis longtemps partisan d'une paix dite de conciliation depuis quelque temps fondée sur des ambitions personnelles et le désir d'arriver chancelier. Dans les derniers jours d'octobre il considérait l'abdication de l'Empereur comme certaine et se demandait même si la dynastie demeurerait au pouvoir, ce qui explique qu'un journal danois sur son avis officieux ait annoncé l'abdication le 31 octobre comme imminente. On assure même que le ministre d'Allemagne aurait déjà fait rechercher un château à louer en Jutland pour le monarque en exil.

Cependant, entre la date du manifeste de l'empereur Guillaume 28 octobre[1] et la date de sa venue après signature du Chancelier, 3 novembre, une série d'incidents peu connus s'est produite. L'empereur Guillaume a opéré et opère encore une vive résistance. Le sioniste germanophile Jacobsen dont j'ai signalé le voyage de Berlin à Copenhague m'a dit que l'empereur Guillaume n'avait signé le manifeste du 28 octobre que forcé et que de même il sera forcé à l'abdication. Cependant une lettre arrivée du front allemand assure que les troupes sont encore bonnes pour la lutte et que les officiers allemands ne changeront pas l'uniforme de l'Empereur pour la livrée de Scheidemann. D'autre part, un pli arrivé d'Allemagne le 6 novembre déclare que les événements de Kiel sont extrêmement graves, les marins insurgés sont maîtres de la ville et de la flotte. Altona, Flensbourg et […][2] seraient aussi au pouvoir des soviets de soldats.

CPC, Z-Europe, Allemagne, 1918-1940, vol. 263 (78CPCOM/263).

---

[1] Il s'agit du manifeste sanctionnant les réformes votées au Reichstag entraînant la parlementarisation progressive du régime impérial.

[2] Mot illisible.

142

M. Gaussen, Ministre de France en Argentine,
à M. Pichon, Ministre des Affaires étrangères.

T. n° 525.   Buenos Aires, 8 novembre 1918, 9 h.
Chiffré.   (Reçu : le 9, 11 h. 10.)

Le bruit ayant couru hier que les Allemands avaient accepté l'armistice, Buenos Aires a pris un air de fête, magasins fermés, drapeaux aux fenêtres, manifestations multiples et enthousiastes dans les rues. Un seul incident : l'intendant Maire nommé par le gouvernement, ayant cru devoir refuser à la musique municipale l'autorisation de jouer la *Marseillaise*, la foule a rompu les instruments et un peu maltraité leurs propriétaires.

CPC B-Amérique, Argentine, 1918-1940, vol. 3 (8CPCOM/3).

143

M. Claudel, Ministre de France à Rio de Janeiro,
à M. Pichon, Ministre des Affaires étrangères.

T. n° 1096.   Rio de Janeiro, 8 novembre 1918, 13 h. 25.
  (Reçu : 23 h. 20.)

La fin des hostilités va placer le Brésil dans une situation très fâcheuse en ce qui concerne la liquidation des biens allemands, du fait de l'attitude hésitante de son président et de l'absence de toute garantie où sont laissés ses propres droits vis-à-vis de l'Allemagne. Le gouvernement brésilien n'a cessé en effet de déclarer qu'il ne voulait prendre aucune mesure de confiscation à l'égard des propriétés privées [des] Allemands. [Spécialement] en ce qui concerne les bateaux, il a toujours déclaré qu'ils restaient la propriété de leurs anciens possesseurs, et que la mesure qui était prise à leur égard était de simple *utilisation*. Il en résulte que si demain l'Allemagne cédait à la France sa flotte marchande, le Brésil n'aurait aucune espèce de réclamation à présenter. J'ai fait part de ces vues lors de mon voyage à São Paulo au ministre des Finances de cet État qui m'a paru vivement frappé. En effet, le gouvernement allemand doit à cet État une somme de 125 000 000 de marks pour les stocks confisqués de Hambourg et d'Anvers, somme qui reste absolument à découvert. La question du cours auquel cette dette devra être payée reste en suspens. Le ministre des Finances paraissait croire que les bateaux allemands serviraient de garantie à cette dette. Je lui ai fait remarquer qu'à aucun moment des déclarations n'avaient été faites à ce sujet.

Il en est de même pour les autres biens allemands au Brésil. Je vous signale à ce sujet la dette de 95 millions de francs qui est due par l'État de São Paulo à la Deutsche Bank pour la construction du chemin de fer de Sorocabana. Il est à désirer que parmi les garanties pécuniaires qui seront à fournir par l'Allemagne pour les indemnités qui nous sont dues, figurent nominativement les diverses créances sur les pays étrangers dont elle aura à nous [fournir] le tableau.

Télégrammes, Rio de Janeiro, Arrivée, 1918, vol. 4739 (304QONT/4739).

144

M. Conty, Ministre de France à Copenhague,
À M. Pichon, Ministre des Affaires étrangères.

T. n° 635.   *Copenhague, 8 novembre 1918, 20 h. 53.*

(Reçu : le 9, 11 h. 45.)

D'après un télégramme de l'agence Wolff le parti socialiste allemand aurait, sous la menace de retirer son appui au gouvernement, mis le Chancelier en demeure d'obtenir l'abdication de l'Empereur et du Prince impérial avant vendredi midi. Il reste à savoir s'il s'agit du 8 ou du 15 de ce mois.

CPC, Z-Europe, Allemagne, 1918-1940, vol. 263 (78CPCOM/263).

145

Note anonyme sur la première réunion des plénipotentiaires allemands avec le maréchal Foch à Rethondes

N.   *s.l., 8 novembre 1918.*

Le train spécial amenant les plénipotentiaires allemands arrive le 8 novembre à 7 heures sur le garage de Rethondes.

Le maréchal fait savoir aux délégués allemands qu'il pourra les recevoir à partir de 9 heures. Ceux-ci demandent à être reçus à 9 heures.

À l'heure dite, ils se rendent au train du Maréchal dans lequel doit avoir lieu la Conférence.

Le maréchal Foch, assisté de l'amiral Sir Rosslyn Wemyss, du général Weygand, de l'amiral Hope, leur demande de lui faire connaître leurs pouvoirs. Ceux-ci remettent ces pouvoirs au Maréchal ; ils sont ainsi rédigés :

1°) « *Plein pouvoir* »

« Le soussigné, chancelier de l'Empire allemand, Max Prince de Bade, donne, par les présentes, plein pouvoir :

au secrétaire d'État impérial, M. Mathias Erzberger (comme président),

à l'envoyé extraordinaire impérial et ministre plénipotentiaire M. le comte Alfred Oberndorff,

et au général major royal prussien M. Detlef von Winterfeldt,

de conduire au nom du gouvernement allemand, avec les plénipotentiaires des puissances alliées contre l'Allemagne, des négociations au sujet d'un armistice, et de conclure sous réserve de sa ratification, un accord en conséquence.

Berlin, le 6 novembre 1918
Signé : Max Prince de Bade. »

2°) « Plein pouvoir »

« Le soussigné, chancelier de l'Empire allemand, Max Prince de Bade, nomme par les présentes, comme autre plénipotentiaire pour les négociations d'armistice avec les puissances alliées contre l'Allemagne :

le capitaine de vaisseaux impérial Vanselow.

Le général de l'infanterie royal Erich von Gundell est relevé de son poste de plénipotentiaire ; son nom a, par suite, été rayé sur le pouvoir ci-annexé.

Berlin, le 6 novembre 1918
Signé : Max Prince de Bade. »

Le Maréchal, après s'être retiré avec l'amiral Wemyss et le général Weygand pour examiner ces pouvoirs, rentre au lieu de la conférence et demande au président de la délégation allemande de lui nommer les membres de la délégation. Ce sont les suivants :

Secrétaire d'État Erzberger,
Général Major von Winterfeldt,
Ministre plénipotentiaire comte Oberndorff,
Capitaine de vaisseau Vanselow,
Capitaine d'état-major Geyer,
Capitaine de cavalerie von Helldorff.

Le maréchal présente à son tour les membres de la délégation alliée :

Amiral Wemyss,
Général Weygand,
Amiral Hope,
Capitaine de vaisseau Marriott,
et, comme interprètes :
Commander Bagot,
Officier interprète Laperche.

On prend place à la table de la conférence :

Le maréchal Foch demande aux délégués allemands l'objet de leur visite.

M. Erzberger répond que la délégation est venue pour recevoir les propositions de puissances alliées pour arriver à un armistice sur terre, sur mer, dans les airs, sur tous les fronts et aux colonies.

Le maréchal Foch répond qu'il n'a aucune proposition à faire.

Le comte Oberndorff demande comment le maréchal Foch désire qu'on s'exprime. Il ne tient pas aux termes, il peut dire que la délégation demande les conditions de l'armistice.

Le maréchal Foch répond qu'il n'a pas de conditions à faire.

M. Erzberger lit le texte de la dernière note du président Wilson disant que le maréchal Foch est autorisé à faire connaître les conditions de l'armistice.

Le maréchal Foch répond qu'il est autorisé à faire connaître ces conditions si les délégués allemands demandent l'armistice. « Demandez-vous l'armistice ? Si vous le demandez, je puis vous faire connaître les conditions dans lesquelles il pourra être obtenu ».

M. Erzberger et le comte Oberndorff déclarent qu'ils demandent l'armistice.

Le maréchal Foch déclare alors qu'il va être donné lecture des conditions de l'armistice. Comme le texte est un peu long, les paragraphes principaux seront seuls lus tout d'abord ; le texte sera ensuite intégralement communiqué aux délégués.

Le général Weygand donne lecture des clauses principales des conditions de l'armistice.

Le général de Winterfeldt déclare qu'il a une mission spéciale à remplir de la part du haut commandement et du gouvernement allemands. Il lit la déclaration suivante :

« Les conditions de l'armistice dont nous venons de prendre connaissance nécessitent de notre part un examen attentif. Étant donné notre intention d'aboutir à un résultat, cet examen sera fait le plus rapidement possible ; il demande de même un certain temps, d'autant plus qu'il sera indispensable de prendre l'avis de notre gouvernement et du haut commandement militaire.

Pendant ce temps, la lutte entre nos armées va continuer et elle demandera forcément, tant parmi les combattants que parmi la population, de nombreuses victimes tombées inutilement à la dernière minute et que l'on aurait pu conserver à leurs familles.

Dans ces conditions, le gouvernement allemand et le haut commandement militaire ont l'honneur de revenir à la proposition qu'ils ont faite par leur radio-télégramme d'avant-hier, à savoir : que M. le maréchal Foch veuille bien consentir à ce qu'il soit fixé immédiatement et pour le front entier une suspension provisoire des hostilités qui commencerait dès aujourd'hui à partir d'une certaine heure et dont les détails très simples pourraient être arrêtés le plus tôt possible ».

Le maréchal Foch répond : « Je suis général en chef des armées alliées et représentant des gouvernements alliés. Les gouvernements ont arrêté leurs conditions. Les hostilités ne peuvent cesser avant la signature de l'armistice. Aussi, suis-je très pressé d'arriver à une conclusion et je vous aiderai dans la mesure du possible pour cela. Mais les hostilités ne peuvent cesser avant la signature de l'armistice ».

Une fois la séance terminée, les délégués allemands ont fait demander au maréchal s'il était possible de prolonger de 24 heures le délai de réponse, en raison du temps nécessaire pour faire parvenir les conditions à leur gouvernement.

Le maréchal leur fait connaître que ce délai ayant été fixé par les gouvernements alliés et associés, il ne lui est pas possible de le modifier.

Les délégués allemands, après s'être entretenus en particulier, demandent l'envoi par sans-fil du télégramme suivant :

Plénipotentiaires allemands pour l'armistice

« Au chancelier de l'Empire,

Aux hauts commandements militaire et naval allemands.

Les plénipotentiaires ont reçu vendredi matin, au Grand Quartier Général des Alliés, les conditions d'armistice, ainsi que la mise en demeure de les accepter ou de les refuser dans un délai de soixante-douze heures (72 h.) expirant lundi matin à onze heures (11 h.) heure française.

La proposition allemande tendant à la conclusion immédiate d'une suspension d'armes provisoire a été repoussée par le maréchal Foch.

Un courrier allemand, porteur du texte des conditions d'armistice, est envoyé à Spa, aucun autre mode de communication n'étant pratique. Prière d'accuser réception et de renvoyer le plus vite possible le courrier avec vos dernières instructions.

L'envoi de nouveaux délégués n'est pas nécessaire pour le moment.

Signé : Erzberger ».

Ce télégramme est transmis à 11 h. 30.

Ils décident également d'envoyer le capitaine von Helldorff comme courrier, pour porter au Grand Quartier Général allemand le texte des conditions.

L'état-major du maréchal prend ses dispositions pour assurer le transport et le passage à travers les lignes de ce courrier qui part à 13 heures.

Le comte Oberndorff, le général de Winterfeldt et le capitaine de vaisseau Vanselow demandent à avoir des entretiens particuliers avec le général Weygand et l'amiral Hope, dans le but de fournir aux délégués allemands certains éclaircissements.

Ces entretiens ont lieu au cours de l'après-midi pour le comte Oberndorff et le général de Winterfeldt, avec le général Weygand, pour le capitaine de vaisseau Vanselow avec l'amiral Hope.

Au cours de ces entretiens, le général Weygand a spécifié nettement et à plusieurs reprises :

1°- que seule la question d'un armistice était à traiter ;

2°- que les questions ou demandes qu'aurait à faire la délégation allemande devraient l'être par écrit. Elles seraient d'abord adressées au général Weygand qui examinerait s'il y a lieu de les soumettre au maréchal Foch (ceci afin d'éviter un premier examen de ces questions en séance plénière) ;

3°- que des entretiens particuliers tels que ceux qui avaient lieu n'étaient que des échanges de vues, n'engageant pas les interlocuteurs, et ayant seulement pour but de donner aux délégués allemands les éclaircissements qu'ils demandent et de leur permettre en conséquence d'établir leurs demandes.

Papiers d'agents, fonds Pichon, vol. 6 (141PAAP/6).

146

M. LE GÉNÉRAL FRANCHET D'ESPÈREY, COMMANDANT EN CHEF DES ARMÉES ALLIÉES EN ORIENT,
À M. CLEMENCEAU, PRÉSIDENT DU CONSEIL, MINISTRE DE LA GUERRE,
M. LE MARÉCHAL FOCH, COMMANDANT EN CHEF DES ARMÉES ALLIÉES.

T. n°s 650-655. *Salonique, 9 novembre 1918, 1 h. ; 1 h. 20 ; 3 h. ; 7 h.*
Chiffré.

J'ai reçu aujourd'hui 7 novembre à Belgrade le comte Karolyi accompagné de la délégation du gouvernement de Budapest et dans laquelle se trouve aussi le représentant du comité révolutionnaire des soldats.

La situation en Hongrie est très sérieuse. Le gouvernement ne dispose d'aucune force armée, ni de soutien constitutionnel, puisque le roi est disparu. On travaille sur la constitution de la garde nationale ; les mouvements bolcheviques très intenses peuvent se développer considérablement.

Pour pouvoir maintenir l'autorité du gouvernement le comte Karolyi m'a demandé d'introduire dans l'armistice des conditions politiques hors de ma compétence.

Puisque j'ai refusé ces demandes, il m'a prié de vous transmettre la dépêche ci-jointe en insistant sur la nécessité d'une réponse la plus rapide.

La question des charbons est particulièrement sérieuse et intéresse les mouvements ultérieurs des armées alliées. Karolyi et sa délégation partent d'urgence cette nuit pour Budapest pour tâcher de maintenir leur autorité, en insistant sur le fait que le gouvernement actuel hongrois n'a aucune action sur le maréchal Mackensen ; d'autre part, il n'a aucune action sur le maréchal Kev[1] et par conséquent il ne dispose d'aucune force militaire organisée.

---

[1] Il s'agit sans doute du maréchal Hermann Kövess von Kövessháza, nommé commandant en chef des armées austro-hongroises, le 3 novembre 1918, et chargé par Charles Ier de la démobilisation.

Dans ces conditions je continue mes opérations en Hongrie de même que celles pour la libération de la Roumanie.

Si vous jugez nécessaire de donner à ce télégramme une réponse favorable à la demande de Karolyi, l'armistice sera signé dans les mêmes conditions générales du général Diaz.

Ci-joint le texte du télégramme du comte Karolyi.

Citation :

La délégation du gouvernement hongrois sous la présidence du comte Karolyi, président du Conseil des ministres, a accepté, en principe, les conditions de l'armistice analogues aux conditions sur le front italien. Cependant les représentants du gouvernement hongrois n'ont signé le traité qu'à condition que l'Entente garantisse jusqu'à la conférence les frontières actuelles de la Hongrie (la Croatie et la Slavonie ne sont pas comprises dans la Hongrie) contre toute attaque étrangère, soit des Tchécoslovaques, Yougoslaves et Roumains. Jusqu'à la Conférence de la Paix le seul gouvernement hongrois doit gouverner le pays avec la part fraternelle des Conseils nationaux hongrois, roumains, slovènes, serbes et allemands. Si cette condition n'est pas acceptée, le gouvernement hongrois ne se sent pas moralement suffisamment fort pour signer ce traité. D'autre part, si un armistice est conclu entre les Alliés et l'Allemagne, la délégation du gouvernement hongrois demande formellement que l'Allemagne soit obligée d'envoyer du charbon en Hongrie qui est indispensable à ce dernier État pour remplir ses obligations de l'armistice, c'est-à-dire deux cent mille tonnes par mois. La Hongrie ne dispose de charbon que pour deux jours. Elle demande en particulier que les Alliés insistent auprès du gouvernement à Prague de permettre le passage en Hongrie des trains de charbon retenus en leur territoire.

CPC, A-Paix, 1914-1918, vol. 105 (4CPCOM/105).

147

M. Dutasta, Ambassadeur de France à Berne,
  À M. Pichon, Ministre des Affaires étrangères.

T. n° 1885.　　　　　　　　　　　*Berne, 9 novembre 1918, 10 h. 40.*

Urgent.　　　　　　　　　　　　　(*Reçu* : le 10, 2 h. 15.)

D'après un télégramme arrivé ce soir au palais fédéral, l'émeute aurait éclaté à Berlin[1], le drapeau rouge aurait été arboré un peu partout dans la capitale. La troupe ferait cause commune avec les émeutiers.

CPC, Z-Europe, Allemagne, 1918-1940, vol. 263 (78CPCOM/263).

---

[1] Le mouvement révolutionnaire allemand gagne en effet la capitale allemande provoquant la démission des ministres sociaux-démocrates (SPD) du cabinet allemand.

148

M. Barrère, Ambassadeur de France à Rome,
à M. Pichon, Ministre des Affaires étrangères.

T. n° 2676.   Rome, 9 novembre 1918, 12 h. 15.

Très urgent.   (Reçu : le 9, s.h.)

a.s. état de l'Allemagne.

De source secrète et sûre.

Monseigneur Pacelli[1], nonce à Munich, a enfin envoyé un rapport sur la situation politique dans lequel il dit que les conditions de l'Allemagne sont devenues durant ces derniers jours tout à fait « horribles ». Les difficultés entre les militaires et le gouvernement, entre les différents partis, entre le gouvernement et la dynastie sont telles qu'elles peuvent engendrer une révolution. Ludendorff s'est déclaré contraire à ce qu'on capitulât et comme ses idées n'ont pas été approuvées, il a démissionné.

C'est Erzberger, qui, plus que quiconque, l'a combattu, en déclarant qu'il est nécessaire pour sauver l'Allemagne, de conclure la paix le plus tôt possible et à tout prix.

Le nonce ajoute que c'est Erzberger qui fera la paix.

Ce rapport a été rédigé il y a quelques jours.

CPC, Z-Europe, Allemagne, 1918-1940, vol. 263 (78CPCOM/263).

149

M. Pichon, Ministre des Affaires étrangères,
à M. Jusserand, Ambassadeur de France à Washington.

T. n°s 3159-3166.   Paris, 9 novembre 1918, 13 h. 20 ;

Chiffré. Extrême urgence. Secret.   14 h. 10 ; 14 h. 20 ; 14 h. 45.

Les renseignements que vous me donnez par vos télégrammes n° 1589[2] et 1598[3] sur la tendance du président Wilson à favoriser le choix d'une ville comme Lausanne pour la Conférence de la Paix m'ont beaucoup ému ; je ne veux pas douter que les arguments de tout ordre que vous lui avez déjà présentés et que vous saurez continuer à faire valoir ne modifient son premier sentiment. M. Clemenceau a entretenu de son côté en ma présence le

---

[1] Le futur pape Pie XII.
[2] Voir document n° 120 du 3 novembre 1918.
[3] Voir document n° 124 du 4 novembre 1918.

colonel House auquel il a remis le texte anglais du présent télégramme que j'avais préparé pour vous l'adresser.

« Nous ne pouvons prendre qu'une position définitive. L'opinion publique française, si fière et si réservée dans ses deuils, serait plus que déçue dans la confiance enthousiaste manifestée envers le président Wilson et l'Amérique elle-même, si la France, qui a été le nœud vital de la coalition, le cœur sanglant de la résistance et de la victoire, par je ne sais quelle conception de mesquine jalousie se voyait rejetée au rang inférieur lors des solennelles négociations de paix. Une telle décision serait cruellement ressentie dans notre pays, toujours prêt à tous les sacrifices et pour défendre l'idéal désintéressé des peuples, mais extrêmement sensible. Ce n'est pas un raisonnement seul qui doit décider du lieu de la paix, mais bien plutôt un sentiment, et mieux que personne le peuple et le président des États-Unis doivent le comprendre.

Vous avez fort justement rappelé au président Wilson, avec une discrète fierté, que l'indépendance américaine est inséparable des noms de Paris et de Versailles, et que la France est appelée à symboliser une fois de plus aujourd'hui les grands principes de la liberté des peuples.

Comment mettre à côté de ces grands noms, celui d'une petite cité étroite, où l'espionnage international est venu tisser ses toiles pendant la grande guerre : ne vous ai-je pas signalé récemment encore les incroyables organisations secrètes inlassablement préparées par l'Allemagne pour scruter et pervertir les villes neutres susceptibles d'abriter <u>les négociateurs de paix</u> ?

Contre les neutres, il y a des raisons décisives : chacun d'eux a quelque chose à demander. La Suède les Îles d'Aland, le Danemark, le Slesvig, la Norvège le Spitzberg, les Pays-Bas le maintien du régime de l'Escaut ; quant à la Suisse, d'après les confidences de ses hommes d'État, elle souhaite l'annexion de Constance (qui s'enfonce comme un coin dans le territoire de la Confédération), la rectification des frontières du Canton de Shaffouse, et même l'annexion de Vorarlberg qui serait demandée par la population.

Comment imaginer qu'un neutre, qui a préféré sa tranquillité égoïste aux nobles sacrifices de l'humanité, qui s'est enrichi aux dépens des soldats mourant pour assurer le bonheur des autres, puisse avoir l'honneur d'être choisi comme le siège du statut nouveau du Monde ? Les neutres n'ont pas le droit d'être élus pour cette grande tâche, car ils n'ont pas volontairement souffert ; peut-on oublier que la France a été ravagée et martyrisée, et a sacrifié sans une plainte près de deux millions de ses enfants sur l'autel de la liberté ?

Seule elle a le droit, et son gouvernement le devoir, de revendiquer hautement le choix de *sa capitale* ; si la question était posée et discutée publiquement, nul ne pourrait lui refuser sa voix. Ce ne serait que par de médiocres considérations, que par des calculs sans grandeur que la France serait écartée. Cela n'est pas digne du président Wilson. C'est la France que l'Allemagne a voulu détruire d'abord, car elle sait bien que c'est le bouclier de la civilisation ; après elle l'Allemagne se proposait de détruire l'Angleterre et ensuite l'Amérique.

C'est en France que le droit a été vaincu en 1871 ; c'est là qu'il doit être restauré. Nous sommes le pays de la liberté et de la démocratie. C'est de la France qu'est parti en 1789 le grand mouvement de libération du monde. Le premier soldat tombé en 1914 avant même l'invasion de la Belgique, est un soldat français.

Le président Wilson viendra en France et verra la reconnaissance que chacun de nous lui garde ; il prendra sa part décisive dans ce grand Congrès des nations qui changera l'avenir du monde. Comment ne comprendrait-il pas la profonde blessure qu'une hésitation même de sa part causerait aux soldats de la liberté » ?

Le colonel House a compris toute la portée des arguments contenus dans ce télégramme. Il a déclaré à M. Clemenceau qu'il partageait ses vues et qu'il était prêt à les appuyer auprès du président des États-Unis. Veuillez en parler à M. Wilson en tenant compte de cette indication dont il va de soi que vous ne devez pas lui faire part mais qui est de nature à vous guider dans votre convention. Il est indispensable que dans cette question notre juste demande soit admise. L'opinion française ne comprendrait pas qu'il pût en être autrement.

Télégrammes, Washington, Départ, 1918, vol. 6358 (304QONT/6358).

150

M. Conty, Ministre de France à Copenhague,
à M. Pichon, Ministre des Affaires étrangères.

T. n° 639. *Copenhague, 9 novembre 1918, 16 h. 20.*

Urgent. (Reçu : 21 h. 30.)

Le 9 novembre à 4 heures de l'après-midi un télégramme de l'agence Wolff nous apprend à Copenhague que la nouvelle de l'abdication de l'Empereur et du Kronprinz est officielle. Le chancelier Max de Bade reste provisoirement jusqu'à la constitution d'une régence. On prévoit que le socialiste Ebert peut devenir chancelier[1].

CPC, Z-Europe, Allemagne, 1918-1940, vol. 25 (78CPCOM/25).

---

[1] En effet, à Spa, Guillaume II abdiqua en tant qu'empereur le 9 novembre. La nouvelle fut transmise à Berlin vers 14 h. Max de Bade transmit également le même jour ses pouvoirs de chancelier au social-démocrate Friedrich Ebert. Toujours le même jour, en début d'après-midi, Philipp Scheidemann (SPD) proclama la République allemande depuis le balcon du Reichstag pour devancer Karl Liebknecht (USPD), qui annonça plus tard la formation de la République socialiste allemande depuis le château royal des Hohenzollern.

151

M. Clemenceau, Président du Conseil, Ministre de la Guerre,
 À M. Lloyd George, Premier Ministre britannique,
 M. Orlando, Président du Conseil italien,
 M. Hymans, Ministre belge des Affaires étrangères.

T. s.n. *Paris, 9 novembre 1918, s.h.*

À chiffrer.

Au cas où les Allemands refuseraient armistice on ne publiera rien. Mais je considère comme à peu près certain qu'ils l'accepteront. S'ils communiquaient les clauses de l'armistice aux journaux étrangers, nous laisserions les journaux reproduire, en réservant pour la Chambre la nouvelle de la signature quand elle se produira.

Je viens de voir Foch qui m'a communiqué le procès-verbal que je vous adresserai dès qu'il sera dactylographié. Ils n'ont fait aucune observation ni sur les têtes de ponts ni sur la flotte. Leur thème est de dire qu'ils vont succomber sous le bolchevisme, si nous ne les aidons pas à résister et qu'après eux nous serons envahis par le même fléau. Ils ont demandé qu'on leur permît de se retirer plus lentement de la rive gauche du Rhin, en disant qu'il leur fallait les moyens de former une armée pour combattre le bolchevisme et rétablir l'ordre. Foch leur a répondu qu'ils pourraient faire cette armée sur la rive droite. Ils ont également objecté que nous leur prenions trop de mitrailleuses et qu'il ne leur en resterait plus pour tirer sur leurs concitoyens. Foch leur a répondu qu'il leur resterait leurs fusils. Ils ont également demandé ce que nous voulions faire de la rive gauche du Rhin. Foch leur a répondu qu'il l'ignorait et que ce n'était pas son affaire. Enfin ils ont demandé à être ravitaillés par nous en disant qu'ils allaient mourir de faim. Foch leur a répondu qu'il leur suffirait de mettre leur marine marchande dans notre *pool* et qu'ainsi ils pourraient être ravitaillés. Ils ont répliqué qu'on leur donnât des laisser-passer pour leurs bateaux. Ils se sont plaints que nous leur prenions beaucoup trop de locomotives, attendu que les leurs étaient dispersées partout. Foch leur a répondu que nous ne faisions que demander ce qu'ils nous avaient pris. Ils sont très déprimés. De temps en temps il s'échappe de la gorge de Winterfeldt un sanglot. Dans ces conditions, la signature ne me paraît pas douteuse, mais la situation actuelle de l'Allemagne nous met en présence de l'inconnu. L'intérêt des armées est que nous ayons quelques jours pour agir militairement. Il faut escompter cette éventualité parce que la signature d'un gouvernement qui ne serait pas obéi ne pourrait être qu'un surcroît de gâchis. Il semble d'ailleurs que nous en soyons déjà là, car c'est l'impossibilité de trouver des autorités militaires pour obtenir l'obéissance dans les lignes allemandes qui a retardé indéfiniment le messager emportant les clauses de l'armistice au GQG allemand. Aussi longtemps qu'il ne trouvera pas devant lui une autorité pour régler définitivement l'affaire, Foch poursuivra sa marche en avant.

CPC, A-Paix, 1914-1918, vol. 358 (4CPCOM/358).

152

M. Allizé, Ministre de France à La Haye,
 À M. Pichon, Ministre des Affaires étrangères.

T. n° 713.   La Haye, 10 novembre 1918, 9 h. 24.

Très urgent.   (Reçu : 12 h. 15.)

On m'a télégraphié de la frontière que l'ex-Empereur allemand serait arrivé ce matin en train spécial à la gare d'Eysden, point de la frontière hollandaise entre Liège et Maastricht. Il y attendrait le train spécial néerlandais qui devrait le conduire à sa nouvelle résidence.

CPC, Z-Europe, Allemagne, 1918-1940, vol. 25 (78CPCOM/25).

153

M. Berthelot, Adjoint au Directeur des Affaires politiques et
 commerciales, Sous-Directeur d'Europe,
  À. M. Cambon, Ambassadeur de France à Londres,
  M. Barrère, Ambassadeur de France à Rome,
  M. Jusserand, Ambassadeur de France à Washington.

T. n°s 5490 ; 3727 ; 3218.   Paris, 10 novembre 1918, 13 h. 20.

Chiffré. Urgent.

Admission du Comité polonais aux conférences interalliées.

Le délégué du Comité national polonais reconnu par les Alliés a fait auprès de moi une démarche pour demander à participer aux conférences des Alliés lorsqu'il y sera traité des questions se rapportant aux affaires de Pologne.

J'ai dit à M. Pilz, dont j'apprécie d'ailleurs les sentiments favorables et l'esprit pondéré que le gouvernement français était pour ce qui le concerne, sympathique à cette demande, qui est d'ailleurs justifiée par l'accueil fait à la démarche analogue des Tchèques, mais qu'il devait consulter ses Alliés.

Je vous serais en conséquence très obligé de communiquer au gouvernement italien, américain, britannique, la démarche dont il s'agit, et de lui demander de me faire connaître d'urgence son sentiment à cet égard. Vous pouvez lui indiquer le nôtre[1].

Télégrammes, Washington, Départ, 1918, vol. 6359 (304QONT/6359).

---

[1] En réponse à ce télégramme, les gouvernements italien et des États-Unis ont donné leur accord pour admettre un délégué du Comité national polonais aux conférences interalliées dans lesquelles se traiteront des questions se rapportant aux intérêts polonais (télégramme n° 5888 du 18 novembre 1918, de Pichon à Paul Cambon).

154

M. Clemenceau, Président du Conseil, Ministre de la Guerre,
  à M. Cambon, Ambassadeur de France à Londres,
  M. Barrère, Ambassadeur de France à Rome.

T. n°s 5486-5487 ; 3725-3726.   *Paris, 10 novembre 1918, 13 h. 50.*
Chiffré.

Pour Londres : pour M. Lloyd George.
Pour Rome : pour M. Orlando.
Pour les deux postes :

Du fait de la révolution allemande, il va se poser entre le maréchal Foch et les délégués allemands des questions capitales sur lesquelles il est nécessaire que les Alliés prennent, dans un délai extrêmement court, de graves résolutions. Comment la clause de l'armistice relative à la flotte allemande pourra-t-elle être exécutée si les grands navires cuirassés demeurent aux mains de l'insurrection qui peut s'en servir à tout moment contre nous ? D'une façon générale, quelles conditions doit remplir le nouveau gouvernement pour que nous puissions, sans nous exposer à de redoutables déceptions, traiter avec lui ? Et pouvons-nous nous trouver dans le cas de lui demander un supplément de garanties ? N'est-il pas absolument inadmissible qu'aux élections annoncées par le gouvernement pour fonder le nouveau régime, nous permettions aux Allemands d'annexer de fait les provinces allemandes de l'Autriche en les appelant à prendre part au vote, ce qui est un acte pur et simple d'incorporation.

Enfin, ne peut-il pas arriver que dans certaines conditions à prévoir, nous ayons à limiter de nous-mêmes notre occupation du territoire allemand si, faute d'une puissance régulière avec qui traiter, nous nous trouvons dans l'obligation de continuer la guerre ?

Si l'un de vos collaborateurs pouvait venir à Paris pour une conversation qui me paraît indispensable, j'y verrais de grands avantages. J'envoie le même télégramme à (pour Rome) M. Lloyd George, (pour Londres) M. Orlando.

Télégrammes, Londres, Départ, 1918, vol. 3054 (304QONT/3054).

155

M. Clemenceau, Président du Conseil, Ministre de la Guerre,
  à M. Cambon, Ambassadeur de France à Londres,
  M. Barrère, Ambassadeur de France à Rome,
  M. Defrance, Ministre de France au Havre.

T. nos 5502-5505 ; 3737-3740 ; 479-482.   Paris, 10 novembre 1918, 22 h. 45.

Chiffré.

Pour le président du Conseil du gouvernement auprès duquel vous êtes accrédité :

Je vous communique ci-dessous le texte du radio allemand envoyé aux plénipotentiaires :

Commencement de la citation : « Le commandement suprême de l'armée allemande aux plénipotentiaires auprès du haut commandement des Alliés. Le gouvernement allemand communique au commandement suprême de l'armée la note suivante : Pour le secrétaire d'État Erzberger : Votre Excellence a pleins pouvoirs pour la signature de l'armistice. Veuillez en même temps faire consigner au procès-verbal la déclaration suivante : le gouvernement allemand soignera de toutes ses forces l'exécution des conditions posées. Mais les soussignés considèrent de leur devoir de signaler que l'exécution de certains points de ces conditions doit faire tomber dans la famine la population de la partie de l'Allemagne qui ne doit pas être occupée. L'abandon de tous les stocks de vivres dans les régions à évacuer, qui étaient destinés à l'alimentation des troupes, un retranchement des moyens d'exploitation pour les transports se produisant en même temps que la limitation des transports, le blocus restant maintenu, rendent impossible le ravitaillement ainsi que toute organisation de sa distribution. Les soussignés demandent en conséquence de pouvoir négocier toutes modifications des points en question susceptibles de rendre possible le ravitaillement.

Le Chancelier de l'Empire.

Le commandement suprême de l'armée allemande charge en outre le général von Winterfeldt de l'aviser par radio de la signature de l'armistice, en se référant aux points communiqués cet après-midi.

Le gouvernement allemand aux plénipotentiaires allemands auprès du haut commandement des armées alliées :

Le gouvernement allemand accepte les conditions d'armistice qui lui ont été soumises le 8 novembre.

Le Chancelier de l'Empire.

Prière d'accuser réception ».

Fin de la citation.

Mon opinion personnelle est que nous devons tenir cette signature pour bonne, en acceptant l'observation marginale relative au ravitaillement, sur laquelle nous ne pourrons pas, à mon avis, refuser ultérieurement la discussion. À la vérité, il demeure que l'exécution de la clause de l'armistice concernant la flotte ne pourra pas présentement avoir lieu. Dites-moi votre opinion à cet égard et s'il y a des arrangements nouveaux que vous puissiez suggérer.

Naturellement aucune communication n'aura lieu jusqu'à ce que je vous aie annoncé la signature.

CPC, A-Paix, 1914-1918, vol. 280 (4CPCOM/280).

156

M. Barrère, Ambassadeur de France à Rome,
    À M. Pichon, Ministre des Affaires étrangères.

T. n° 2693.   Rome, 10 novembre 1918.

En clair.   (Reçu : par courrier)

a.s. les idées du président Wilson et l'Asie mineure.

Réponse à votre télégramme n° 3493[1].

Il n'est pas nécessaire d'insister sur le caractère purement chimérique des idées de M. Wilson à l'égard des populations opprimées de la Turquie. Si le président des États-Unis n'était conduit à les modifier, les Puissances de l'Entente seraient placées dans un grand embarras. Il faut s'y employer avec patience.

Le plus sérieux argument à employer, c'est que les populations d'Asie mineure aspirent à remettre la tutelle de leur sort entre les mains des Puissances alliées. Cela est vrai surtout pour la France et l'Angleterre. Leur domination peut sans grand effort de démonstration rentrer dans le cadre de l'évangile Wilson. Pour l'Italie cela est beaucoup plus difficile, les peuples musulmans ou grecs d'Anatolie n'étant nullement portés à se réclamer d'elle.

CPC, E-Levant, Syrie-Liban, 1918-1940, vol. 4 (50CPCOM/4).

---

[1] Il s'agit du télégramme publié plus haut sous le n° 116 du 2 novembre 1918.

157

N. s.n.[1] Paris, 10 novembre 1918.

Note sur la future frontière entre l'Alsace-Lorraine et l'Allemagne

Les raisons qui militent en faveur de la reprise de la frontière de 1814 entre le Palatinat et la France sont absolument convaincantes et il n'y aurait pas lieu de modifier cette frontière jusqu'au point où elle vient rejoindre la frontière actuelle de la Prusse et du Palatinat sur la Blies, au nord-est de Sarreguemines. Cette frontière, en effet, nous laisse non seulement Sarreguemines et Forbach, qui ont toujours appartenu jusqu'en 1870 à la France, mais encore Sarrebruck et Sarrelouis qui en avaient été détachées en 1814[2].

Par contre, il y aurait de sérieux inconvénients à se contenter, au-delà vers l'ouest, de l'ancienne frontière de 1814 qui laisserait en dehors de l'Alsace-Lorraine le meilleur tiers du bassin de charbon de la Sarre (Tholey, St-Wendel et Ottweiler). Cette partie du bassin est précisément une des plus riches, elle en fait indissolublement partie. Les usines, les installations, les chemins de fer, les moyens de transport, les sociétés, les exploitations, tout est organisé pour en faire aussi bien sur la partie qui resterait à l'Allemagne que sur la partie qui nous reviendrait, un tout indissoluble, dont la dissociation ne se comprendrait ni au point de vue économique, ni au point de vue politique. La totalité, à l'exception du canton de St-Wendel et de fractions d'une superficie minuscule, a fait partie des anciennes limites de l'Alsace-Lorraine et peut être revendiquée par nous au titre de frontière de l'ancienne France possédée jusqu'en 1814.

La frontière qu'il y aurait lieu de proposer ne serait toutefois pas la frontière exacte de l'ancienne France, qui résultait du régime féodal, et ne tenait pas compte des besoins d'une frontière rationnelle. Nous fixerions une frontière sensiblement équivalente, laissant en dehors de l'ancienne partie de l'Alsace, faisant retour à la France, quelques cantons qui s'y rattacheraient mal pour des raisons géographiques, par exemple : un territoire d'une quinzaine de kilomètres de large au nord de Tholey et un autre au nord-ouest de Merzig. Par contre, seraient rattachés quelques cantons d'une superficie moindre mais un peu plus peuplés comme St-Wendel et Ottweiler. Le canton de St-Ingbert qui a relevé de la Lorraine autrefois, bien que faisant actuellement partie du Palatinat bavarois, serait repris comme fraction intégrante difficile à détacher du besoin carbonifère de la Sarre. On peut considérer pratiquement ces modifications comme négligeables au point de vue superficie et population. La frontière proposée n'aurait rien d'arbitraire en ce sens, qu'à des variantes près, elle suivait

---

[1] Il s'agit d'une note anonyme, rédigée probablement par un membre de la direction des Affaires politiques et commerciales.

[2] Il convient de lire 1815. De fait, le premier traité de Paris du 30 mai 1814 laisse Sarrebruck et Sarrelouis dans le territoire français, c'est le second traité de Paris du 20 novembre 1815 qui enlève ces deux villes à la France et les octroie à la Prusse.

exactement les frontières d'États constitués (Prusse, Palatinat, Principauté de Birkenfeld). Ce dernier État rejoindrait par une ligne directe de hauteurs l'ancienne frontière française.

Confidentiel :

Ce n'est qu'au cas improbable où le Luxembourg (ou tout au moins la partie sud du Luxembourg) viendrait à être rattaché à la France qu'une variante devrait être proposée comme impossible à éviter pour couper l'angle rentrant très aigu du cercle de Saarbourg. En ce cas, une ligne de hauteurs à l'est de la Sarre prolongerait d'une façon normale, sans annexion de Trèves, la frontière prévue jusqu'à la Moselle.

Papiers d'agents, fonds Tardieu, vol. 412 (166PAAP/412).

158

M. Dutasta, Ambassadeur de France à Berne,
  à M. Pichon, Ministre des Affaires étrangères.

T. n° 1896.　　　　　　　　　　　　*Berne, 11 novembre 1918, 5 h.*

(Reçu : 23 h. 35.)

Je réponds à votre télégramme n° 2097[1].

Je me plais à espérer que ma correspondance a permis à Votre Excellence de suivre l'évolution sociale en Allemagne depuis la demande d'armistice. Cette évolution s'est opérée avec une rapidité extraordinaire ; à l'origine, le mouvement populaire pouvait avec raison paraître inspiré par le calcul, il n'est pas contestable maintenant que la direction en a échappé à ses promoteurs et qu'il menace de déborder les chefs socialistes eux-mêmes[2]. Aujourd'hui on ne saurait prétendre cacher la gravité de la situation.

Du reste les faits parlent d'eux-mêmes puisque j'apprends à l'instant qu'une nouvelle couronne vient de tomber en Saxe après toutes les autres.

En me référant à mon télégramme 1887[3] je persiste à penser qu'il faut s'attendre à voir la République proclamée partout en Allemagne. Sera-t-elle viable ou non ? Personne ne peut le dire à l'heure actuelle ; mais c'est une perspective à laquelle il est nécessaire de se préparer. Je reconnais, comme Votre Excellence, tous les dangers de cette situation.

---

[1] Dans ce télégramme envoyé de Paris le 10 novembre à 12 h. 10, Pichon se plaint de la publicité donnée dans les journaux suisses aux événements révolutionnaires allemands. Cette publicité sert « les desseins allemands » pour « arracher des conditions de paix moins humiliantes ». Le ministre demandait d'agir auprès des autorités suisses.

[2] Le 10 novembre 1918, Ebert a pris la tête du Conseil des commissaires du peuple, composé à parité de membres du SPD (Ebert, Scheidemann, Landsberg) et de l'USPD (Haase, Dittmann, Barth).

[3] Dans ce télégramme envoyé de Berne le 10 novembre à 13 h. 05 et reçu à 16 h. 45, Dutasta évoque un message envoyé par Ebert à Salomon Grumbach, journaliste alsacien correspondant de *L'Humanité* en Suisse pendant la guerre, à destination des socialistes français pour les inviter à « aider le peuple allemand à accomplir l'évolution qui lui permettra de prendre la place qui lui revient dans la Ligue des Nations ».

Quant aux grands quotidiens suisses, il est fort difficile de songer à les empêcher de donner dans toute leur ampleur les renseignements qui leur parviennent sur un des événements des plus considérables de l'histoire de l'Europe et qui les touche de si près.

Je constate d'ailleurs que Votre Excellence Elle-même se trouve désarmée puisque dans le *Petit Parisien* du 10 qui m'arrive ce jour je remarque en manchette sur trois colonnes le titre suivant « L'Allemagne en révolution ».

Télégrammes, Berne, Arrivée, 1918, vol. 890 (304QONT/ 890).

159

M. Dutasta, Ambassadeur de France à Berne,
À M. Pichon, Ministre des Affaires étrangères.

T. n° 1906.   *Berne, 11 novembre 1918, 9 h. 30.*

Confidentiel.   (*Reçu* : le 12, 5 h. 10.)

Le comte Mensdorf et l'Autriche.

Ainsi que m'y autorisait Votre Excellence, j'ai reçu aujourd'hui le comte Mensdorf.

Ce diplomate a développé des idées analogues à celles exposées précédemment par le prince Windisch-Graetz, et dont j'ai rendu compte par mon télégramme 1860[1]. Elles peuvent se résumer ainsi : nécessité pour les Alliés, s'ils veulent conjurer le grave danger du développement du bolchevisme en Autriche, de maintenir l'ordre par l'envoi de toute urgence, de troupes et de vivres.

Le comte Mensdorf a indiqué aussi que tout un ensemble de liens et même d'intérêts réunissait, par suite d'une existence commune, qui avait duré des siècles, les États de la monarchie ; que la liquidation d'une situation aussi enchevêtrée ne pouvait se faire que lentement et par les soins d'une autorité centrale ; cette autorité, qui saurait se rendre acceptable à tous, réglerait dans un esprit d'apaisement les conflits, actuellement à l'état aigu, des différentes nations de la monarchie. La création de cet organe régulateur répondrait non seulement à l'intérêt de l'Autriche, en lui épargnant des guerres intestines, mais à l'intérêt même de l'Entente. Il y a lieu de noter que le comte Mensdorf s'est appliqué à ne pas prononcer le nom de l'empereur Charles.

J'ai surtout écouté le comte Mensdorf en tenant compte, dans la réponse que j'ai été amené à lui faire, des directions contenues dans votre télégramme 2054[2].

CPC, Z-Europe, Autriche, 1918-1940, vol. 38 (80CPCOM/38).

---

[1] Voir document n° 135 du 7 novembre 1918.
[2] Voir document n° 137 du 7 novembre 1918.

160

M. Clemenceau, Président du Conseil, Ministre de la Guerre,
    À M. Cambon, Ambassadeur de France à Londres,
    M. Barrère, Ambassadeur de France à Rome,
    M. Defrance, Ministre de France au Havre,
    M. Jusserand, Ambassadeur de France à Washington.

T. n°s 5507 ; 3742 ; 484 ; 3266.   *Paris, 11 novembre 1918, s.h.*

Chiffré. Secret.

Pour MM. Lloyd George, Orlando, Hymans.

Délibération des plénipotentiaires, après avoir duré toute la nuit, a été achevée à 5 heures du matin. Armistice signé à 5 heures. Le feu cessera aujourd'hui sur toute la ligne à 11 h. du matin.

Cet après-midi à 4 heures, en annonçant l'acceptation par l'Allemagne, je donnerai lecture aux Chambres des conditions de l'armistice.

Je ne connais pas encore le détail des délibérations avec les plénipotentiaires allemands : aussitôt que j'en serai informé je vous les communiquerai.

Je pense que la réunion des gouvernements alliés pour les préliminaires de paix doit avoir lieu le plus tôt possible, en dehors bien entendu de toute consultation de l'Allemagne.

Papiers d'agents, fonds Tardieu, vol. 466 (166PAAP/466).

161

M. Pichon, Ministre des Affaires étrangères,
    À tous les agents diplomatiques et français dans le monde.

T. s.n.   *Paris, 11 novembre 1918, s.h.*

Les délibérations des parlementaires allemands au Quartier Général du maréchal Foch ont été achevées ce matin cinq heures et l'armistice sollicité par l'Allemagne a été signé. Le feu cesse sur toute la ligne de feu à onze heures du matin.

Le président du Conseil lira cet après-midi à quatre heures à la Chambre les conditions de l'armistice ; le ministre des Affaires étrangères les lira au Sénat.

Le gouvernement français est heureux d'associer à la joie nationale dans ce jour qui symbolise pour tous les peuples la victoire du Droit, de la Justice et de la Liberté, tous ses agents que leur devoir a retenus loin de la patrie qu'ils ont servie avec le même cœur et la même foi que les soldats au front, les Français et les Françaises à l'intérieur de notre grand pays.

Je vous télégraphierai ce soir le texte de la communication faite au Parlement.

CPC, A-Paix, 1914-1918, vol. 41 (4CPCOM/41).

162

M. Lefèvre-Pontalis, Ministre de France au Caire,
À M. Pichon, Ministre des Affaires étrangères.

T. n° 511.   *Le Caire, 11 novembre 1918, 12 h. 10.*

(*Reçu* : 17 h. 30.)

Les déclarations franco-anglaises relatives à la Syrie[1] ont naturellement produit en Égypte une grande impression. Le raisonnement des nationalistes est le suivant : du moment que les Puissances alliées reconnaissaient à des nations voisines non organisées le droit de disposer elles-mêmes de leur sort, comment pourraient-elles le refuser à nous qui sommes beaucoup plus avancés dans la voie des réformes et de la civilisation ? À défaut de l'Angleterre et de la France, certains membres du gouvernement eux-mêmes comptent beaucoup sur l'Amérique. On me signale certaines démarches récentes de leur part auprès de l'Agence des États-Unis, démarches qui seraient prochainement suivies d'autres plus directes et plus consistantes à Washington.

Télégrammes, Le Caire, Arrivée, 1918, vol. 2384 (304QONT/2384).

163

M. Conty, Ministre de France à Copenhague,
À M. Pichon, Ministre des Affaires étrangères.

T. n° 626.   *Copenhague, 11 novembre 1918, 13 h. 45.*

Secret.   (*Reçu* : le 13, 17 h.)

Le Kronprinz allemand, dans sa hâte de passer la frontière, a laissé sa femme en Allemagne ; la princesse est la sœur de la Reine de Danemark et on est à la cour danoise indigné de cet abandon. À raison même de la sûreté

---

[1] Déclaration conjointe franco-britannique du 7 novembre 1918, par laquelle les deux puissances assurent leur accord à « encourager et aider l'établissement de gouvernements et d'administrations indigènes en Syrie et en Mésopotamie ». Voir document n° 102 du 30 octobre 1918.

de son origine prière de conserver secrète cette information. Le grand-duc de Mecklembourg[1], frère de la Reine de Danemark, a d'ailleurs abdiqué.

CPC, Z-Europe, Allemagne, 1918-1940, vol. 25 (78CPCOM/25).

164

M. DE BILLY, DÉLÉGUÉ GÉNÉRAL DE LA RÉPUBLIQUE FRANÇAISE AUX ÉTATS-UNIS (DE LA PART DE M. TARDIEU),
À M. CLEMENCEAU, PRÉSIDENT DU CONSEIL.

T. n°s 16745 et 16747 Mo.   *New York, 11 novembre 1918, 15 h.*

(Reçu : le 13, 8 h.)

Extrême urgence. Secret.

a.s. questions Armistice et Paix.

Le Président n'a pas encore fait connaître sa décision sur sa venue possible en Europe ; des personnes de son entourage immédiat la considèrent comme certaine bien que, au point de vue constitutionnel, ce déplacement soit sans précédent. Trois choses préoccupent surtout le Président : la politique en ce qui touche la liberté des mers, les progrès du bolchevisme dans les pays ennemis, enfin les mesures nécessaires à prendre par les Alliés pour faire vivre matériellement et financièrement les nouveaux États polonais, tchécoslovaque, yougoslave. M. Hoover partira pour l'Europe la semaine prochaine pour étudier la question du ravitaillement des neutres et des ennemis. Au point de vue allié le Président s'attend à de fortes exigences italiennes. Il insiste en toute occasion sur la nécessité de ne mettre dans le traité que des clauses […][2]. Pour l'Alsace-Lorraine il n'y a bien entendu plus de question : notre point de vue est intégralement et universellement accepté, le résultat obtenu à cet égard depuis le printemps 1917 est donc excellent et je vous ferai des propositions pour des récompenses en faveur de ceux de mes agents qui ont pris une large part à ce résultat.

SITUATION POLITIQUE

Le Président et l'Administration ont été ulcérés de leur échec électoral. Je regrette cet échec qui peut créer à l'Administration des difficultés gênantes pour nous, toutefois il ne faut pas en exagérer l'importance pratique, les républicains étant engagés par leurs déclarations antérieures […][3] de la guerre et des Alliés à une politique qui doit nous être favorable. Le nouveau Congrès ne peut siéger avant le mois de mars (session extraordinaire sur convocation du Président) ; d'ici là le Congrès actuel continue.

CPC, A-Paix, 1914-1918, vol. 214 (4CPCOM/214).

---

[1] Tous les princes allemands ont été ainsi balayés par la Révolution.
[2] Mot illisible.
[3] Lacune de déchiffrement.

165

M. Ribot, Ministre de France à Lima,
 À M. Pichon, Ministre des Affaires étrangères.

T. n° 25. Lima, s.d.
Chiffré. (Reçu : le 11 novembre, 16 h.)

Nouvelle ouverture négociations armistice accueillie ici avec vif enthousiasme par le gouvernement, le parlement, la population. Le président de la République a décidé décréter fête Nationale jour conclusion armistice. Il offrira à cette occasion banquet Palais aux représentants des Puissances alliées et manifestations populations se [...][1] associant le Pérou au triomphe nations démocratiques. Je crois devoir signaler tendance générale gouvernement et opinion publique à poser d'ores et déjà question revendications territoriales péruviennes à l'occasion négociations de paix.

On confirme envoi prochain Washington ambassade extraordinaire dirigée par l'actuel ministre des Affaires étrangères pour placer le Pérou même rang Chili et préparer transformation définitive légation États-Unis en ambassade.

CPC B-Amérique, Pérou, 1918-1940, vol. 3 (24CPCOM/3).

166

M. Dard, Chargé d'Affaires de France à Madrid,
 À M. Pichon, Ministre des Affaires étrangères.

T. n°s 1084-1086. Madrid, 11 novembre 1918, 19 h.
Chiffré. (Reçu : le 12, 2 h.)

En me recevant ce matin, le comte Romanones[2] après m'avoir appris lui-même la signature de l'armistice qui venait de lui être téléphonée par M. Quiñones de León[3], m'a déclaré qu'il était entré malgré lui au ministère, mais que la nécessité de rapprocher l'Espagne d'une manière [...][4] de l'Entente, et surtout de la France s'imposait. Il a ajouté qu'il savait que beaucoup de diplomates espagnols n'avaient pas eu une attitude entièrement favorable à la France, qu'il allait y mettre bon ordre. C'est dans ce but

---

[1] Lacune de déchiffrement.

[2] Le comte de Romanones a été élu président du gouvernement espagnol en 1912-1913 et en 1915-1917. Libéral, il est plutôt favorable à l'Entente contrairement aux conservateurs, plutôt germanophiles. En novembre 1918 il est ministre d'État dans l'éphémère gouvernement présidé par Gabriel Preto.

[3] Ambassadeur d'Espagne à Paris.

[4] Lacune de déchiffrement.

qu'il avait pris pour son secrétaire d'État M. Perez-Caballero. Le marquis d'Amposta qui occupait ce poste sera nommé ambassadeur à Vienne.

Quant à M. Polo de Bernabé, le ministre d'État m'a confirmé que M. Dato[1] s'était opposé à son rappel. Il va être immédiatement remplacé, m'a-t-il dit, si toutefois l'état de l'Allemagne lui permet de revenir.

CPC, Z-Europe, Espagne, 1918-1940, vol. 31 (86CPCOM/31).

167

M. Barrère, Ambassadeur de France à Rome,
  À M. Pichon, Ministre des Affaires étrangères.

T. n°s 2704-2706.   *Rome, 11 novembre 1918, 21 h. 10.*
Très secret.   (Reçu : le 12, 12 h. 30.)

Le président du Conseil m'a parlé avec une amertume qui ne lui est pas habituelle de l'attitude de M. Lloyd George à l'égard des représentants italiens lors des dernières conférences alliées. Il s'est étonné que le Premier Anglais qui avait tenté à trois reprises de faire une paix séparée avec le gouvernement austro-hongrois, fût pris d'une aussi soudaine sympathie pour les nationalités opprimées de l'Autriche et particulièrement pour les Yougoslaves. Il se louait, au contraire, de la loyauté de M. Clemenceau dans tout ce qui avait trait dans les conférences aux vues et aux intérêts de l'Italie.

« Je crois, a-t-il continué, qu'il est d'une importance de tout premier ordre de resserrer les liens étroits de la France et de l'Italie. Leur entente, leur alliance, sont pour l'une et l'autre un élément de force et de sécurité inéluctable. La France peut être certaine de ne pas trouver sur son chemin l'Italie pour la réalisation de ses aspirations si justes et si légitimes. De notre côté, nous comprendrons que la France, protectrice généreuse et attitrée des peuples opprimés étende aux Yougoslaves la sympathie qu'elle témoigne à leurs congénères d'Autriche ; et, si elle s'emploie à faciliter leur contact avec nous, nous ne pourrions qu'en être reconnaissants. Tout ce que je désire dans l'intérêt de cette Entente franco-italienne à laquelle nous mettons un si haut prix, c'est que la France ne prenne parti publiquement pour les revendications excessives des Yougoslaves <u>par rapport</u> à l'Italie. Notre opinion publique en serait très émue. Les exaltés, il y en a toujours, et cela est inévitable, en tireraient un pernicieux parti. Il y a là une question de mesure dont vous comprendrez vous-même mieux que personne la réalité et la haute importance.

J'ai répondu à M. Orlando que nous apporterions certainement toute la mesure possible dans une affaire aussi délicate et avec le souci de ne rien

---

[1] Eduardo Dato, conservateur, a été élu président du gouvernement en 1913-1915 et a réussi à maintenir l'Espagne dans la neutralité en 1914. Il est ministre des Affaires étrangères du 22 mars au 9 novembre 1918, puis ministre d'État jusqu'en avril 1920, date à laquelle il redevient président du gouvernement. C'est à ce poste qu'il est assassiné le 8 mars 1921 par trois anarchistes catalans.

faire qui fût de nature à troubler des rapports d'alliance qui nous étaient aussi précieux qu'à lui. Je considérais que les accords de Londres de 1915 qui engageaient tous ceux qui les avaient signés, étaient parfaitement compatibles avec la sympathie que nous, comme d'autres, témoignions à la Yougoslavie. Je croyais personnellement que l'Italie aurait un grand intérêt à réaliser entente avec elle ; mais c'était là une affaire qui la concernait particulièrement. En tous cas, j'étais persuadé qu'il ne pourrait y avoir dans ses rapports avec la nouvelle nation, aucun sujet de dissentiment entre nous.

Je ne peux d'ailleurs que me référer à cet égard aux vues contenues dans ma correspondance et, en dernier, dans mes télégrammes 2688-2689[1].

CPC, Z-Europe, Italie, 1918-1940, vol. 88 (97CPCOM/88).

168

M. Pichon, Ministre des Affaires étrangères,
À la presse.

Communiqué n° 13.913.O.M.   *Paris, 11 novembre 1918, 23 h.*

Très urgent.

Communiqué du 11 novembre.

L'Allemagne vaincue sur tous les champs de bataille, encerclée en France, dans les Balkans, capitule. Ce matin à 5 heures elle a signé l'armistice. À 11 heures les opérations ont été suspendues sur tout le front, de la mer du Nord à la Suisse.

Depuis deux jours elle était en révolution. L'empereur Guillaume et ses fils ont abdiqué. Les Alliés vainqueurs dans la plus formidable bataille que le monde ait jamais vue imposent à l'Allemagne abattue des conditions militaires d'armistice qui empêcheront ce pays de recommencer la guerre.

Le 11 novembre au matin le front allié passait par l'ouest de la Dendre, Chimay, Rocroi, 4 kilomètres au nord de Charleville, Saint-Laurent, Lumes, Vrigne au Bois, ensuite la rive gauche de la Meuse jusqu'à Stenay.

Une attaque américaine déclenchée hier entre la Moselle et la Meuse progressait favorablement.

L'armée allemande a offert jusqu'au dernier moment à nos troupes une résistance acharnée mais la démoralisation commençait à gagner ses rangs.

---

[1] Dans ses télégrammes n°s 2688 et 2689 datés du 9 novembre, Barrère suggère au ministre des Affaires étrangères de ne pas céder à la demande de Trumbitch, qui souhaitait que l'on publie « dans les journaux français une protestation contre une puissance alliée ». Il insiste aussi sur son analyse des déclarations des Yougoslaves de Genève, qui « révèlent de telles dispositions et un tel état d'âme que nous ne saurions sans la plus grande imprudence leur donner même un semblant d'approbation. » Et d'enfoncer le clou : « J'ai préconisé la constitution de l'État yougoslave ; j'ai rompu bien des lances en faveur de cette nationalité mais ce serait nous brouiller complètement avec l'Italie que d'encourager des revendications en termes violents et injurieux qui vont jusqu'à réclamer la remise immédiate de Trieste à la Yougoslavie. »

Dans quelques jours Metz et Strasbourg recevront les troupes alliées ; dans 12 jours toute la rive gauche du Rhin sera évacuée par les Allemands.

Les soldats du Droit, alliés, obtiennent la plus éclatante des victoires.

Ce n'est pas en vain que leurs morts glorieux ont donné leur vie pour la plus noble des causes.

Papiers d'agents, fonds Édouard de Billy, vol. 9 (15PAAP/9).

169

M. Jusserand, Ambassadeur de France à Washington,
  à M. Pichon, Ministre des Affaires étrangères.

T. n° 1639.   *Washington, 11 novembre 1918, s.h.*

Très urgent.

Le Président a lu, aujourd'hui, au Congrès, un message lui faisant connaître les conditions de l'armistice.

Son arrivée, dont on connaissait l'objet, a été saluée par des applaudissements et des clameurs frénétiques, longtemps prolongés.

La lecture des conditions a été, de temps en temps, interrompue par des applaudissements ; l'une d'elles a été accueillie avec un enthousiasme difficile à décrire, tout le monde s'étant levé et manifestant une joie débordante : c'est la clause relative à l'Alsace-Lorraine. Aucune autre ne reçut un semblable accueil, et par là s'est manifesté une fois de plus, d'une manière éclatante, le sentiment des Américains vis-à-vis de notre nation. Les ministres qui se trouvaient près de moi dans l'hémicycle me complimentèrent chaleureusement, en me serrant la main.

Le commentaire accompagnant cette énumération a, comme vous l'aurez vu par le texte qui a dû être télégraphié sur le champ à Paris, un caractère humanitaire très prononcé. Fidèle aux vues qu'il avait maintes fois exprimées, le Président donna à entendre aux Allemands, que si, débarrassés maintenant de leurs maîtres, et évitant le bolchevisme et les excès sanguinaires, ils se montrent dignes du bon vouloir des autres nations, celles-ci seront assez maîtresses d'elles-mêmes pour ne pas le leur refuser.

Le Président s'est exprimé, relativement aux Allemands émancipés, avec une confiance où il souhaite évidemment qu'ils trouvent un encouragement à se développer dans un régime pacifique d'ordre et de liberté.

Quelques sénateurs m'ont exprimé leur surprise que rien ne fût dit, dans les conditions de l'armistice, du canal de Kiel.

Papiers d'agents, fonds Jusserand, vol. 52 (93PAAP/52).

170

M. Cambon, Ambassadeur de France à Londres,
À M. Pichon, Ministre des Affaires étrangères.

D. n° 855. Londres, 11 novembre 1918.

Avenir des pays baltiques.

Un délégué letton habitant Londres a fait à l'un de mes collaborateurs, M. Roger Cambon, et à M. Comert, chef de notre service de la Propagande à Londres, d'intéressantes déclarations dont le compte rendu est ci-joint[1].

Ce texte appelle les observations suivantes :

1°- La future confédération baltique à laquelle il est fait allusion engloberait des pays tels que la Lituanie, la Russie blanche et une fraction de la Prusse orientale.

La question de la Lituanie soulève celle des frontières orientales de la Pologne. Contrairement à l'opinion des délégués polonais à Londres, une entente existerait déjà entre Lettons et Lituaniens. Ce fait est peut-être exact, tout au moins pour la Lituanie orientale. Le délégué letton sait d'autre part que la réunion de la Lituanie à la Pologne a des partisans à Paris.

Remarquer au sujet de la Russie blanche que le caractère ethnique mal défini des populations peut les déterminer à s'unir plutôt à des Lettons et à des Lituaniens peu nombreux qu'à un bloc polonais ou ukrainien.

La confiance dans les sentiments séparatistes de la Prusse orientale est très singulière et éclaire la tendance qu'a le délégué letton à grossir le rôle et l'importance de son petit pays. Le caractère spéculatif de ces idées n'est pas sans danger pour l'avenir.

2°- La méthode qui se manifeste dans les propos du délégué, les distingue de ceux des représentants de pays purement slaves. Il semble qu'il serait possible de procéder à une consultation sérieuse de ces populations baltiques, condition préalable indispensable à toute décision sur le sort politique futur de ces régions.

3°- Le délégué letton, quoique luthérien, est personnellement bien vu au Vatican. La cour pontificale considère peut-être l'église lettone parmi celles susceptibles de provoquer un mouvement protestant vers le catholicisme.

4°- Le délégué letton a témoigné à nos deux compatriotes une confiance d'autant plus remarquable qu'il est l'objet de prévenances du Foreign Office, et est bien informé de ce qui s'y passe. Il importe donc, quelle que soit notre opinion à son sujet, de prendre les plus grandes précautions pour éviter de le compromettre soit aux yeux des Anglais, soit auprès des Polonais, soit auprès des Russes. Le fait qu'il séjourne en Angleterre plutôt

---

[1] Document non reproduit.

qu'en France est dû à la difficulté matérielle des communications entre notre pays et la Scandinavie.

5°- Si après consultation régulière des populations, la question de l'envoi en France d'une délégation lettone avec but spécial se posait, il ne faudrait pas perdre de vue qu'une solution française à Riga inciterait vraisemblablement un mouvement analogue à Varsovie et peut-être à Prague. Nous est-il possible d'assurer à ces populations l'ordre et la sécurité qu'elles espèrent ? Avons-nous intérêt à créer ces liens entre la France et des nations dont les mutuelles relations futures sont très incertaines ? Sommes-nous en mesure de décider quelques-uns de nos compatriotes, peu nombreux mais actifs et unis, à poursuivre une œuvre de longue haleine dans ces pays ? S'il était fait appel à la France, il importerait de n'engager le crédit moral de notre pays qu'après avoir mûrement réfléchi à ces questions.

Il est à noter que la délégation lettone de Londres est venue me trouver dès son arrivée en Angleterre, il y a déjà plusieurs mois. À ce moment, elle n'était pas encore entrée en contact avec le gouvernement britannique.

CPC, Z-Europe, Pologne, 1918-1940, vol. 66 (106CPCOM/66).

171

M. KAMMERER, DIRECTEUR DU SERVICE DES AFFAIRES RUSSES,
À M. PICHON, MINISTRE DES AFFAIRES ÉTRANGÈRES.

Note au Ministre.[1] *Paris, 11 novembre 1918.*

Question des prisonniers de guerre russes. Crédit de 500 000 francs à la Croix-Rouge internationale.

À la suite de la lettre envoyée par le Département à la présidence du Conseil pour provoquer la Commission[2] immédiate d'une Commission interministérielle chargée d'examiner la question des secours à apporter aux prisonniers de guerre russes, une réunion a été tenue le 6 sous la présidence de M. Jeanneney.

Le problème a été défini en deux termes :

1° Utilisation des prisonniers russes en France.

2° Secours et mesures à prendre en faveur des prisonniers russes d'Allemagne et d'Autriche.

---

[1] En marge : « 14 décembre. Le président du Conseil, après explication, a accepté et il estime qu'il est désirable d'accepter la proposition de la Croix rouge suisse et de lui fournir les fonds. Il faut également s'entendre à [mot illisible] avec les Anglais et les Américains pour qu'ils s'engagent à participer à la dépense [mot illisible]. (Il s'agit en somme de 25 millions). Il faudra également s'entendre avec les Finances pour la répartition du paiement. Enfin il faudra que l'opinion en France [deux mots illisibles] et en Russie et dans le monde soit au courant des [mot illisible] faites pour sauver les prisonniers russes (peut-être radio, dans tous les [mot illisible] presse). » Signé : B. [Berthelot].

[2] Lire « réunion » à la place de « Commission ».

1° Sur le premier point, il a été décidé de charger le général Brulard d'une mission d'inspection dans les camps de rassemblement des prisonniers russes de la zone de l'avant. Le général Brulard enverra des interprètes et a demandé et facilité l'envoi, toujours refusé jusqu'à présent, d'officiers russes dont il se croit sûr, en vue d'un tri et de l'examen des malheureux qui ont reflué sur nos lignes.

Leur nombre, moins important qu'on ne l'avait cru, s'élève à 18 000.

Le représentant du ministre de l'Agriculture a déclaré qu'il avait l'emploi de toute main-d'œuvre qui lui serait fournie. En conséquence, dès qu'on se sera assuré que les prisonniers ne sont pas infectés des doctrines bolcheviques et lorsqu'ils auront pu se refaire au point de vue alimentaire, leur utilisation pourra commencer.

2° La question du secours à apporter aux prisonniers russes d'Allemagne et d'Autriche, est beaucoup plus difficile à résoudre. Les représentants du Grand Quartier ont rappelé que, l'armistice expirant le 17, il pouvait être imposé à l'Allemagne de nouvelles clauses concernant les prisonniers russes, si le gouvernement les proposait en temps utile : par exemple d'augmenter la ration alimentaire et de ne pas laisser remettre en liberté des prisonniers par centaine de mille. Mais en attendant le Grand Quartier est totalement désarmé.

Tout le monde a reconnu cependant que le reflux des grandes masses russes vers la Russie est à la fois une source de misère indescriptible, contraire à toute humanité, et un grand danger militaire, les prisonniers russes ne pouvant qu'aller, faute de moyens d'existence, s'engager dans l'Armée rouge (seule en état de fournir des soldes importantes) et grossir ainsi le nombre de nos ennemis.

La conférence a constaté aussi que l'humanité nous oblige à ne négliger aucun moyen de venir en aide aux prisonniers russes. Il conviendrait dans ces conditions de ne pas se laisser perdre la bonne volonté et les efforts généreux de la Croix-Rouge internationale de Genève qui fait des propositions d'intervention et de lui donner les moyens financiers qui lui manquent. Celle-ci a délégué à Paris M. Frick pour faire connaître au gouvernement français que la Croix-Rouge internationale possède en Ukraine des réserves en vivres très importantes ainsi qu'un matériel considérable de tentes, baraquements de campagne, etc. et peut disposer même d'un grand nombre de trains sanitaires tout organisés dans la région de Kiev. Il propose d'organiser rapidement sur les frontières russes, en tenant compte des desiderata que nous lui exprimons, des stations de tri ou des camps de rassemblement de prisonniers. La Croix-Rouge internationale demande à être autorisée à envoyer immédiatement en Autriche et en Allemagne des délégués (qu'elle sait devoir être bien accueillis vu le caractère purement philanthropique de leur mission) qui pourront tout au moins nous orienter rapidement sur les mesures susceptibles d'être prises au profit des prisonniers russes, afin d'éviter dans la mesure du possible qu'ils ne tombent sous la coupe des bolcheviks. Pour cela, la Croix-Rouge demande l'assistance financière de la France. Les sommes à engager dans une pareille œuvre ne peuvent pas ne pas être considérables à la longue. Mais pour commencer on pourrait mettre à la disposition de la Croix-Rouge internationale, une somme de 500 000 francs (dont 100 000 payables très rapidement) sous forme d'un crédit à ouvrir à Paris. M. Frick attend à Paris la décision qui serait prise à cet égard par le Conseil des ministres et partirait immédiatement pour Genève d'où il s'embarquerait à destination de l'Autriche et de l'Allemagne avec quelques collègues.

Le directeur politique ne peut que recommander ces suggestions au ministre en faisant ressortir que le gouvernement britannique a déjà fait connaître qu'il est prêt à participer à des dépenses (montant non spécifié) en vue de secourir les prisonniers russes refluant vers la Hollande, la Belgique ou la France, et donnera certainement son appui à ce qui sera fait dans le même ordre d'idées en Allemagne et en Autriche.

Il n'y a pas de doute également que le gouvernement américain ne s'associe à l'œuvre commune.

La conférence interministérielle des prisonniers russes doit se réunir jeudi prochain pour prendre connaissance des décisions du Conseil des ministres sur lesquelles elle compte baser son action.

CPC, Z-Europe, URSS, 1918-1940, vol. 41 (117CPCOM/41).

172

M. Pichon, Ministre des Affaires étrangères,
À Lord Derby, Ambassadeur du Royaume-Uni à Paris.

L. s.n. *Paris, 11 novembre 1918.*

Le gouvernement anglais a bien voulu le 25 octobre dernier porter à la connaissance du gouvernement français quelques observations sur la note du ministre des Affaires étrangères datée du 22 du même mois[1]. M. Pichon

[1] Dans cette note du 22 octobre, Pichon écrit : « Par une note du 8 octobre courant, le gouvernement anglais a bien voulu faire savoir qu'il était prêt à signer l'arrangement du 30 septembre visant le rôle du haut-commissaire auprès des armées d'occupation en Palestine, Syrie et ultérieurement Cilicie », ainsi que l'administration provisoire des territoires occupés par les troupes alliées ». Dans sa réponse du 25 octobre 1918, le Foreign Office considère qu'il « n'est pas et ne peut être question de désigner un haut-commissaire français » et que « toute tentative de créer en Syrie un tel fonctionnaire français créerait le plus grand trouble parmi les Arabes, et est explicitement désapprouvée par le général Allenby, le commandant en chef ». S'agissant de la Cilicie, il ajoute qu'elle « n'a pas été occupée et ne doit pas être occupée à l'avenir ». Il indique également que les accords du 30 septembre concernent « encore moins la Palestine qui est en dehors de la sphère d'intérêt spécial français ». Il poursuit : « Nous cherchons comme il a été souvent dit, une paix durable et une semblable paix doit être basée non sur quelque considération d'avantage politique ou financier pour telle ou telle puissance, mais sur le principe de donner à chaque peuple autant que possible le gouvernement qui est le plus conforme à ses désirs et qui semble assurer sa stabilité et sa prospérité en tenant compte de toutes les considérations adéquates historiques, géographiques et stratégiques ». Il conclut : « notre expérience de 1916 démontre les désavantages et les dangers de toute négociation séparée entre la France et la Grande-Bretagne sur un sujet qui est de grand intérêt et de grande importance pour leur autre alliée, l'Italie ».

croit devoir revenir sur la question pour préciser les vues françaises à l'égard des accords franco-anglais de 1916 sur l'Asie mineure et de l'arrangement provisoire du 30 septembre 1918[1] relatif à l'administration des districts occupés par les troupes alliées dans le Levant.

D'une manière générale, comme le ministre des Affaires étrangères l'a mentionné en chaque occasion, le gouvernement français considère les accords franco-anglais de 1916[2], qui ont le caractère d'un acte international conclu et signé par les parties, comme une consécration de droits et d'intérêts revendiqués par les deux pays en Asie mineure et Syrie. Cet accord, dont la Grande-Bretagne a pris l'initiative confirme en particulier la déclaration de Sir Edward Grey touchant les droits spéciaux de la France et le désintéressement anglais en Syrie. Il répond à une situation qui a, en ce qui nous concerne, un caractère séculaire et qui est indépendante des considérations d'équilibre politique méditerranéen mises en avant par l'Italie et acceptées par les deux gouvernements au mois d'avril 1915[3]. Le gouvernement français a toujours respecté ses engagements et ne doute pas qu'il peut compter sur un égal respect de sa signature par le gouvernement anglais.

Sous le bénéfice de cette observation, qui domine toute la question, M. Pichon a admis l'idée de conversations avec les Alliés et avec les États-Unis à l'occasion des règlements généraux de la paix, pour examiner en commun l'adaptation des accords de 1916 à l'état de fait résultant de la disparition de la Puissance russe centralisée et du maintien vraisemblable d'un Empire ottoman dans des limites et des conditions à déterminer.

Le gouvernement français avait exprimé l'idée que l'Angleterre et la France avaient un égal intérêt à causer tout d'abord entre elles avant d'aborder la question avec les États-Unis et l'Italie : il prend note que le gouvernement britannique juge cette entente préalable inutile.

Mais, de son côté, il prie le gouvernement anglais de noter que sur aucun point, que ce soit à Damas, à Alep ou à Mossoul, il n'accepte de diminuer en quoi que ce soit, quels que puissent être les arrangements administratifs provisoires imposés par une situation militaire passagère, les droits qu'il tient de l'accord de 1916.

Bien que cette remarque soit de peu d'importance, M. Pichon désire préciser que les quelques observations présentées dans la lettre du Foreign Office du 25 octobre au sujet du titre de haut-commissaire, de la mention du maintien d'un Empire ottoman, reposent sur un malentendu purement verbal.

---

[1] Voir document n° 9 du 2 octobre 1918.

[2] Il s'agit des accords Sykes-Picot signés le 16 mai 1916, entre la France et la Grande-Bretagne prévoyant le partage du Moyen-Orient entre ces puissances après la guerre. Dans sa note du 22 octobre 1918 (voir note précédente), Pichon estime qu'en dépit de la mise hors-jeu de la Russie et l'intervention américaine, les accords franco-anglais de 1916 « restent bons et valables jusqu'à nouvel ordre ; ils sont le terme de négociations et d'arrangements basés sur la reconnaissance des aspirations respectives des deux pays dans des régions où ils ont eu de tout temps des clients, des intérêts et des droits ».

[3] Le traité de Londres signé entre les Alliés et l'Italie, le 26 avril 1915, promettait à l'Italie, lors du futur traité de paix, d'importants avantages territoriaux au détriment de l'Autriche-Hongrie et de l'Empire ottoman.

Le titre de « haut-commissaire » n'a pas en français le même sens que celui de « High Commissioner » et n'implique pas comme ce dernier un pouvoir d'ordre particulier. Il n'a donc pas à être modifié, ayant d'ailleurs été porté par M. Picot depuis le début sans aucune observation du général Allenby ou des Arabes.

De même il ne pourrait y avoir qu'une discussion de mots sur l'allusion au maintien *d'un* empire ottoman (et non *de l'*Empire ottoman) : le doute exprimé par la note britannique provient sans doute d'une traduction inexacte de la note française. Les termes exacts répondant au texte français seraient « of any ottoman empire ».

Plus importante est la mention relative à la Palestine (où le protectorat religieux de la France lui « a toujours conféré une position spéciale »). Pas plus que la Cilicie, la Palestine n'est en dehors de nos accords de 1916, lesquels spécifient au contraire que la France a en Palestine (destinée à être neutralisée) des droits exactement égaux à ceux de l'Angleterre (qui nous a, du reste, invités à désigner un représentant français pour participer à l'administration, bien qu'en fait cette participation ait été éludée pour des nécessités militaires). En Cilicie, comme en Syrie, notre intérêt prédominant a été reconnu par l'Angleterre. Le fait qu'une certaine partie des territoires visés par les accords franco-anglais ait été ou non occupée en ce moment ne change rien à nos engagements réciproques.

Le gouvernement français est d'accord sur le principe général qu'une paix durable doit être basée sur la satisfaction des aspirations des peuples. Mais il est reconnu qu'en Orient il y a lieu d'assister les populations pour éviter qu'elles se tyrannisent réciproquement et qu'elles entretiennent ainsi un foyer de discordes préjudiciables à la paix générale. C'est en vertu de ces principes et de considérations historiques, géographiques et stratégiques justement mentionnées par le gouvernement anglais que la France et l'Angleterre ont été amenées à se répartir le rôle de tuteurs désintéressés qu'une seule n'a pas qualité pour assumer à l'égard des Arabes, en raison de leur situation respective de grandes puissances musulmanes.

La France a en outre un devoir historique à remplir vis-à-vis des populations syriennes, dont les colonies en Syrie et à travers le monde ont accueilli avec enthousiasme notre entrée à Beyrouth. Le gouvernement français ne saurait faillir à ce devoir. Il compte maintenir sa tutelle aux populations arabes établies dans les zones qui lui ont été reconnues par l'accord de 1916.

CPC, E-Levant, Syrie-Liban, 1918-1940, vol. 4 (50CPCOM/4).

173

M. Georges-Picot, Haut-Commissaire français en Palestine,
à M. Pichon, Ministre des Affaires étrangères.

T. n°s 546-548.　　　　　　　　　*Le Caire, 12 novembre 1918, 1 h. 07.*
Chiffré.　　　　　　　　　　　　(*Reçu* : s.h. ; 10 h. 20; 13 h. 50.)

Le commandant en chef, que je suis allé saluer, dès mon arrivée à Beyrouth, m'a réservé le plus aimable accueil. Toutefois, lorsque nous avons abordé ensemble le lendemain le terrain politique, j'ai retrouvé aussitôt le soldat que j'avais connu très résolu à ne partager avec personne son autorité. Il m'a lu les diverses clauses de l'accord du 30 septembre en en faisant le commentaire.

J'étais son conseiller politique pour la zone bleue et la zone A[1], donc je devais résider continuellement près de lui, en vertu de l'accord, je lui présenterais les officiers pour les divers postes à pouvoir et je pourrais entrer en rapports avec les autorités locales mais seul le général exercerait le pouvoir, de lui seul, les officiers administrateurs recevraient des directions. Communication me serait faite de leurs rapports et je pourrais lui soumettre mes solutions mais seulement il trancherait les questions. Il ne m'a pas été possible de cacher au général Allenby que ce n'était pas là ce qu'auraient voulu les deux gouvernements. Sous son autorité supérieure et conformément aux directions concertées avec lui, il m'appartenait, en vertu de l'article 2 d'établir les administrations locales dans la zone bleue, de donner des directives et de transmettre ses ordres militaires officiels. Mais, à toute allusion à l'entente établie entre les gouvernements, le général répondait : « Je ne connais pas les gouvernements, je ne connais que le War Office dont je reçois seulement les ordres ». Il m'a donc été impossible de rien obtenir à cet égard et quand le commandant en chef m'a dit que, aussitôt que ce régime recevrait une atténuation, il n'avait qu'à quitter notre zone, je n'ai pu que constater que peut-être, dans ces conditions, le plus tôt les circonstances le permettraient, le mieux ce serait.

Sur un seul point il a admis une atténuation en reconnaissant la nécessité pour moi d'absences fréquentes afin de maintenir le contact avec les populations. En ce cas [...][2] M. Coulondre viendrait prendre ma place.

Il n'est pas possible de se dissimuler que l'organisation ainsi suggérée rendra la tâche du Haut-Commissariat très malaisée à remplir, en même temps que bien peu efficace. Près de deux cents kilomètres par des routes que la saison va rendre bientôt impossibles séparent Bir Salem de Beyrouth.

---

[1] D'après les accords Sykes-Picot de 1916, la zone bleue (Liban, Syrie littorale, Cilicie) était octroyée à la France comme zone d'administration directe, la zone A (Syrie intérieure) devant être une zone arabe d'influence française ; la zone rouge (Koweit, basse Mésopotamie) était octroyée à la Grande-Bretagne comme zone d'administration directe ; la zone B (Mésopotamie moyenne) devant être une zone arabe sous influence britannique ; la zone brune (la Palestine) était prévue comme une zone d'administration internationale.

[2] Lacune de déchiffrement.

Son personnel déjà réduit à l'extrême se trouvera diminué de moitié, les affaires retardées et le contact avec les populations au moment où les chérifiens multiplient leurs efforts de propagande, en deviendra plus difficile.

La nécessité s'impose donc à nous dès le lendemain de la signature de l'armistice allemand sous peine de voir avorter l'œuvre que nous poursuivons, d'envisager avec les Anglais une organisation qui réponde davantage aux arrangements de 1916 et nous donne enfin notre liberté d'action dans les zones qui nous sont reconnues. À son défaut, les intrigues iront se multipliant rapidement ici et nous conserverons aux yeux des Syriens toute la responsabilité de la situation sans avoir le moyen de leur assurer l'administration que nous leur avons promise.

CPC, E-Levant, Syrie-Liban, 1918-1940, vol. 4 (50CPCOM/4).

174

M. Delavaud, Ministre de France à Stockholm,
  À M. Pichon, Ministre des Affaires étrangères.

T. n° 1068. *Paris, 12 novembre 1918, 10 h.*

(Reçu : le 14, 12 h. 25.)

La situation en Russie.

Nous croyons devoir compléter les propositions du gouvernement russe, cesser les hostilités avec l'Entente, et dire ce qui suit : la politique du gouvernement bolchevique vis-à-vis des étrangers depuis un an, d'abord conciliante par suite de l'incertitude de sa position, s'est modifiée au fur et à mesure qu'il s'est senti plus fort à l'intérieur. Au cours de cette période les détenteurs du pouvoir ont prouvé par chacun de leurs actes et ont, d'ailleurs, fini par déclarer ouvertement le but qu'ils poursuivent qui est, non seulement, le remplacement, en Russie, de l'ancien état de choses, par celui qui fait actuellement ses preuves, mais encore le renversement des gouvernements de tous les autres pays sans exception, qualifiés par eux d'impérialistes et capitalistes, en vue duquel ils s'efforcent par tous les moyens de déchaîner la révolution universelle. Pour atteindre ce but, le parti bolchevique devait tout d'abord se maintenir au pouvoir, ce à quoi il est parvenu grâce, d'une part, à la faiblesse et à l'incapacité de ses adversaires du dedans, et d'autre part aux conditions créées par la guerre aux gouvernements des puissances belligérantes vis-à-vis desquelles la tactique essentielle des dirigeants a cessé d'être un véritable jeu de bascule suivant les alternatives de succès et de revers supportées par chacun des deux camps opposés. D'autre part, et par une violente campagne de calomnies et une propagande intensive sur une vaste échelle, le parti bolchevique s'est appliqué et s'applique plus que jamais à provoquer dans les autres pays le soulèvement des masses populaires contre les différents gouvernements. La démarche actuelle du gouvernement bolchevique ne saurait donc en aucune façon être interprétée comme un désir sincère d'entretenir désormais de bons rapports avec les autres gouvernements ni comme une renonciation à s'immiscer dans les affaires intérieures des autres pays ; mais seulement comme une nouvelle manœuvre destinée à lui permettre de gagner du temps et de doubler sans encombre le cap difficile que représente pour lui la période qui va suivre la conclusion de la paix générale. Il est hors de doute en effet que les chefs du parti bolchevique se rendent compte qu'une fois libérés de la guerre, les gouvernements intéressés ne manqueront pas d'intervenir sans retard et avec toute l'énergie voulue en Russie, afin d'y rétablir un ordre nouveau incompatible avec la présence des bolcheviks au pouvoir ; mais nécessaire pour garantir leurs nationaux contre les procédés de violence inqualifiables auxquels ceux-ci ont été et sont encore en butte et pour protéger contre des mesures arbitraires sans précédent les légitimes et importants intérêts qu'ils possèdent dans ce pays.

CPC, Z-Europe, URSS, 1918-1940, vol. 154 (117CPCOM/154).

175

M. CAMBON, AMBASSADEUR DE FRANCE À LONDRES,
    À M. PICHON, MINISTRE DES AFFAIRES ÉTRANGÈRES.

T. n°s 1411 ; 645RX.   *Londres, 12 novembre 1918, 13 h. 23.*

Réponse à votre télégramme 783 RX[1].

Ce matin M. Lloyd George m'a dit qu'il attacherait une grande importance au ravitaillement éventuel de l'Allemagne et qu'il allait adresser à ce sujet un télégramme à M. Clemenceau. Sur sa demande, le Food Council s'est réuni aujourd'hui et a étudié les moyens de satisfaire au moins en partie aux besoins immédiats de l'Allemagne. Le Food Council est favorable à une solution analogue à celle déjà proposée pour l'ex-Autriche-Hongrie et que Lord Derby a dû vous communiquer. Le point essentiel serait la mise à la disposition du Conseil allié des transports maritimes de la flotte commerciale allemande. Pour l'instant, le Food Council a demandé le chargement en Amérique de cargaisons entières de farine qui seraient expédiées à ordre à Gibraltar et à Falmouth d'où les navires seraient ensuite dirigés sur les ports alliés, neutres ou ex-ennemis, qui seraient désignés. Mais le Food Council estime qu'aucune répartition d'approvisionnement n'est possible tant que les pays à approvisionner n'auront pas fait connaître leurs

---

[1] Dans son télégramme n° 783 RX du 9 novembre, Cambon rappelle que le Comité exécutif des importations s'est prononcé la veille « sur le maintien absolu du système actuel des organismes interalliés ». Il estime également qu'il faut « éviter que l'Espagne serve d'intermédiaire entre les pays d'approvisionnement et l'Europe, ce qui fausserait tout le système ». Enfin, il considère que « tous les stocks appartenant à l'ennemi ou détenus par des maisons ennemies doivent être mis immédiatement à la disposition des Executives ou des organes interalliés, de façon à être distribués suivant les urgences ».

besoins en articles et quantités, les ports où les marchandises doivent être amenées, etc., en un mot il convient de créer, sans délai, des relations directes entre les organismes alliés et les autorités des pays à approvisionner. Ces pays devront prendre l'engagement de ne conclure aucun achat à l'étranger en dehors du Food Council et de n'affréter ou acheter aucun navire que par l'intermédiaire du Conseil allié des transports maritimes. Le Food Council est compétent pour tous articles de nourriture : céréales, corps gras, viande, sucres, cafés, cacaos, etc. Son organisation offre de grandes garanties. Il a étudié l'achat de la récolte argentine, mais cet achat soulève des difficultés au point de vue financier. Le Conseil des munitions siégeant à Paris est compétent pour les minerais, métaux, métallurgie. Pour les cuirs, cotons, laine et autres articles divers, il n'existe que les Comités de programme dont le travail n'est pas encore centralisé. Je crois que le mieux est de s'en servir tels qu'ils sont en les faisant diriger par le Conseil allié des transports maritimes.

CPC, Y-Internationale, 1918-1940, vol. 163 (75CPCOM/163).

176

M. Pichon, Ministre des Affaires étrangères,
   À M. Cambon, Ambassadeur de France à Londres,
   M. Conty, Ministre de France à Copenhague,
   M. Bapst, Ministre de France à Christiania,
   M. Delavaud, Ministre de France à Stockholm,
   M. Barrère, Ambassadeur de France à Rome,
   M. Jusserand, Ambassadeur de France à Washington.

T. n°s 5588 ; 437 ; 558 ; 670 ; 3806 ; 3322.   Paris, 12 novembre 1918, 21 h. 40.

Chiffré.

Pourparlers demandés par les bolcheviks.

Pour tous sauf Londres : j'adresse le télégramme suivant à l'ambassadeur de France à Londres :
Pour Londres : je réponds à votre télégramme 1407[1].
Pour tous :
Le gouvernement français est contraire à toute idée d'établissement de relations régulières avec les bolcheviks qu'il n'a jamais reconnus et qui

---

[1] Dans son télégramme n° 1407 du 11 novembre 1918, Cambon communique à Sir Graham la démarche des bolcheviks auprès du gouvernement norvégien ; la réponse est que « le gouvernement britannique ne pourrait envisager l'établissement de relations normales avec un gouvernement qui détenait plusieurs de ses ressortissants sans aucune raison valable ». Sur le fond, Londres souhaite connaître la position des Alliés tout en reconnaissant « en général ne pas être favorable à l'acceptation de l'offre des maximalistes ».

d'ailleurs ne cessent de violer le droit des gens et d'attenter aux principes les plus élémentaires de l'humanité. Il repousse donc les ouvertures du gouvernement des Soviets à cet égard et se bornera à utiliser les bons offices du ministre de Danemark ou s'il part des autres représentants neutres, pour tenter d'assurer la protection de ses nationaux et leur retour en France.

CPC, Z-Europe, URSS, 1918-1940, vol. 154 (117CPCOM/154).

177

M. Dard, Chargé d'affaires de France à Madrid,
 À M. Pichon, Ministre des Affaires étrangères.

T. n° 1095. *Madrid, 12 novembre 1918.*

En clair. Télégramme posté.

Le public espagnol, dont la nonchalance est parfois lente à s'émouvoir, n'a bien compris la grandeur de notre victoire qu'en prenant connaissance ce matin des conditions de l'armistice accepté par l'Allemagne.

L'impression de force qui s'en dégage atterre les uns et permet aux autres de donner plus librement cours à leur joie. Les manifestations de sympathie se multiplient, elles arrivent à l'ambassade de tous les coins d'Espagne ; à Madrid, où beaucoup de maisons sont pavoisées, elles deviennent très nombreuses.

Tout en développant le thème de la nécessité de la réconciliation universelle, et en poursuivant, d'autre part, la campagne signalée par mon rapport n° 413[1] de ce jour, la presse germanophile publie les clauses de l'armistice sans grands commentaires.

Les journaux amis de l'Entente exultent. Les principaux d'entre eux comme *El Sol* et *Correspondencia de España*, « saluent tout d'abord la France, éternelle héroïne ».

CPC, Z-Europe, Espagne, 1918-1940, vol. 31 (86CPCOM/31).

---

[1] Document non retrouvé.

178

M. de Fleuriau, Chargé d'Affaires à Londres,
À M. Pichon, Ministre des Affaires étrangères.

L. *Londres, 12 novembre 1918.*

M. Paul Cambon a été reçu par M. Lloyd George vers trois heures. Après avoir échangé des congratulations, le Premier ministre a dit qu'il n'avait jamais espéré une solution aussi rapide ni envisagé un effondrement aussi complet de la puissance allemande. Il ne restera plus de monarchie qu'en Angleterre et en Italie. En parlant de la monarchie italienne, la voix de M. Lloyd George a marqué un doute. M. Paul Cambon lui a dit que le Roi d'Italie était un homme fort intelligent et qu'il l'avait prouvé en constituant un ministère avancé lors de son avènement au Trône en pleine agitation socialiste. « Le Roi d'Italie n'est pas populaire » a dit M. Lloyd George. « Il n'est pas populaire, mais il n'est pas impopulaire » a répliqué M. Paul Cambon.

« En Angleterre, le roi George est très populaire, a dit le Premier ministre. Il est devenu populaire pendant la guerre et c'est un gros appoint pour nous (le gouvernement). À cause même de notre constitution monarchique, nous allons être contraints de faire de la politique radicale pendant les années qui viennent ; nous donnerons beaucoup aux classes ouvrières. En France, vous n'irez pas aussi loin que nous, parce que vous êtes une République ».

M. Paul Cambon a alors parlé de la nécessité de maintenir une étroite union entre la France et la Grande-Bretagne après la guerre. L'Allemagne se reconstituera peu à peu et les États-Unis se développeront. Entre ces deux Puissances, la France et la Grande-Bretagne risqueraient de perdre beaucoup si elles demeuraient isolées. Aussi doivent-elles préparer le maintien de leur entente et causer ensemble des conditions de la paix.

Cette paix, d'après M. Lloyd George, doit être faite par les Alliés – et c'est là que gît la difficulté – puis, une fois le traité fait, il sera communiqué à l'Allemagne qui l'acceptera. Pour l'Europe, il entrevoit peu de conflits possibles. C'est hors d'Europe que sont les sujets de querelle. En Orient, l'Italie peut réclamer Adalia, même Smyrne.

Le fait dominant en Orient et ce qui oblige à une révision des accords, a fait observer M. Paul Cambon, est le maintien d'une Turquie et d'une Turquie conservant Constantinople.

Il désirerait que la France et la Grande-Bretagne examinassent ensemble la question d'Afrique. L'Allemagne ne doit pas recouvrer ses colonies (sur ce point, M. Lloyd George est d'accord). Que va-t-on faire des colonies allemandes d'Afrique ? M. Paul Cambon a indiqué, sans insister, qu'on pourrait donner quelque part de ces colonies au Portugal et à l'Italie.

Une autre question intéresse vivement la France, a repris M. Paul Cambon, celle de sa frontière du nord-est. Pour assurer la sécurité de cette frontière, une partie du parlement et de l'opinion seraient favorables à l'annexion à la France d'une partie des provinces rhénanes. M. Lloyd George marque son dissentiment. « Je suis hostile à ce projet, a dit M. Cambon, parce qu'il ne faut pas doter la France d'une Alsace-Lorraine allemande ».

M. Lloyd George ayant exprimé sa désapprobation des projets d'annexion des provinces rhénanes et dit que M. Clemenceau y était opposé, M. Paul Cambon lui a parlé de la frontière de l'Alsace-Lorraine en 1871. Cette frontière avait été établie en 1814 par les Alliés d'alors et ratifiée par le Congrès de Vienne ; elle donnait à la France la possibilité de défendre son territoire. En 1815, après les Cent-Jours et Waterloo, cette frontière fut modifiée et découpée de manière à ouvrir le territoire français à l'invasion ennemie. Ce ne fut pas l'œuvre des Anglais, qui auraient volontiers restitué à la France la frontière de 1814. Ce fut l'œuvre des Prussiens. Ils imposèrent leur volonté, par des menaces, à leurs Alliés. C'est cette frontière de 1814 que M. Paul Cambon, parlant à titre personnel, voudrait voir rendre à la France.

M. Lloyd George demande quelle est l'étendue des territoires à recouvrer, quelles sont les populations ? On lui montre sur la carte ce que furent les changements opérés de 1814 à 1815.

M. Paul Cambon lui remet, toujours à titre privé, une note sur cette question et promet de lui envoyer une carte. Revenant sur ses déclarations précédentes de la nécessité d'une union franco-britannique après la guerre, il fait ressortir l'avantage que présenterait, de ce chef, une initiative britannique en faveur du retour à la France de la frontière de 1814. La Grande-Bretagne, en assurant à la France une frontière défensive, s'acquerrait des droits à la reconnaissance des Français.

Papiers d'agents, fonds Paul Cambon, vol. 68 (42PAAP/68).

179

M. Regnault, Chargé d'Affaires à Vladivostok,
  À M. Otani, Commandant en Chef des troupes alliées à
  Vladivostok.

L. *Vladivostok, 12 novembre 1918.*

Excellence,

Comme vous le savez, le gouvernement français d'accord avec ses Alliés ainsi qu'avec les représentants autorisés des précédents gouvernements russes a reconnu la Pologne comme État indépendant et allié dont le territoire doit comprendre les régions de population polonaise relevant antérieurement au point de vue politique des empires allemand, autrichien et russe, avec accès à la mer dans la région de Dantzig.

Le Comité national polonais siégeant à Paris a été reconnu comme organe directeur du nouveau gouvernement.

Le général polonais Haller a été reconnu par la France et par les Alliés comme chef suprême de l'armée polonaise et le général français Janin a été chargé de l'organisation des contingents polonais en Sibérie et en Russie.

Les opérations de recrutement et d'organisation des contingents polonais vont entrer dans une phase active. Elles sont poursuivies déjà en Sibérie et Russie, d'une part par des comités locaux d'autre part par le Comité militaire polonais.

Ce dernier qui résulte de la fusion de l'Alliance polonaise de la lutte pour la liberté et l'Union des partis, est en liaison avec le Comité national de Paris et apporte son concours au major Tchouma, commandant actuellement les troupes polonaises en Sibérie et Russie orientale.

Les comités locaux qui poursuivent actuellement leur fusion en Sibérie et reconnaissent la direction du Comité national polonais de Paris sont représentés dans la Sibérie extrême-orientale et pour la Mandchourie par le Comité national polonais siégeant à Kharbine. Provisoirement, la tâche des deux organes ci-dessus a été ainsi délimitée pour la Sibérie extrême-orientale.

Le Comité militaire polonais est chargé de s'occuper du recrutement des volontaires polonais actuellement en service dans l'armée russe et dans les camps de prisonniers, de les rassembler, de leur faire prêter serment et d'assurer leur mise à la disposition des autorités militaires polonaises.

Le Comité national polonais de Sibérie et de Russie est chargé de s'occuper du recensement et du recrutement dans la population polonaise en résidence dans la région. Après la prestation du serment, les hommes ainsi levés seront groupés et dirigés sur les formations militaires polonaises.

J'ai l'honneur de vous prier de bien vouloir inviter les autorités civiles et militaires sous vos ordres à prêter aide et assistance aux opérations de recrutement entreprises par les Comités polonais précités dont les membres accrédités doivent être considérés comme des fonctionnaires de l'État polonais en service officiel.

Veuillez agréer, je vous prie, Excellence, les assurances de ma très haute considération.

CPC, Z-Europe, Pologne, 1918-1940, vol. 32 (106CPCOM/32).

180

M. Lorgeou, Gérant du Vice-Consulat de France à Corfou,
À M. Pichon, Ministre des Affaires étrangères.

D. n° 4. Corfou, 12 novembre 1918.

a.s. *Te Deum pour l'entrée des Alliés à Constantinople.*

Les autorités locales de Corfou ont fait célébrer dimanche dernier dans l'église de la citadelle un *Te deum* à l'occasion, disait la lettre d'invitation envoyée par le préfet, « de l'entrée de la flotte alliée avec des unités de la flotte hellénique à Constantinople, ancienne capitale de nos monarques de l'Empire byzantin, de la libération de notre alliée l'héroïque Serbie, ainsi que pour celle de peuples amis délivrés du joug autrichien ».

L'église pavoisée de nombreux drapeaux grecs, français et américains, de quelques pavillons anglais, serbes et italiens, était remplie de monde. Des places avaient été réservées aux corps constitués, aux consuls, aux délégués des armées et marines alliées ayant des unités à Corfou, au gouvernement serbe et aux ministres alliés accrédités auprès de lui.

L'archevêque officiait. Aussitôt les prières terminées, le préfet a prononcé un vibrant discours coupé des nombreux vivats de l'assistance en l'honneur du souverain, de Vénizélos, des Alliés. À l'issue de la cérémonie, les troupes grecques qui formaient la haie défilèrent devant les délégués militaires.

Vers une heure de l'après-midi une musique de la ville faisait entendre la Marseillaise devant la grille du consulat et trois messieurs demandaient à m'apporter leurs félicitations au nom des Épirotes, des Grecs réfugiés de Thrace et d'Asie mineure. Ils me remirent les deux suppliques, que j'ai l'honneur d'adresser, ci-incluses en original[1], à Votre Excellence en me priant de les faire parvenir au gouvernement de la République. Ils se retirèrent après que la musique eut encore exécuté la *Marseillaise* et que les spectateurs eurent acclamé la France.

CPC, E-Levant, Turquie, 1918-1940, vol. 43 (51CPCOM/43).

---

[1] Documents non reproduits.

181

M. Cambon, Ambassadeur de France à Londres,
  à M. Pichon, Ministre des Affaires étrangères.

T. n° 1422.   Londres, 13 novembre 1918, 20 h. 55.

M. Lloyd George m'a dit hier qu'à son avis les véritables négociations de paix seront conduites entre les Alliés, dont les conditions seront ensuite acceptées par nos ennemis. La conférence importante et difficile sera donc celle des Premiers ministres alliés qui se réunira prochainement à Versailles.

En vue de seconder les ministres et de préparer leurs travaux à la réunion de Versailles, je pense que le Cabinet de guerre a chargé Lord Hardinge d'organiser, avec le personnel du Foreign Office, un secrétariat anglais de la paix. Ce secrétariat sera composé de sections dirigées par des diplomates ou des chefs de services au Foreign Office : « Celle des Balkans de l'ex-Autriche-Hongrie aura probablement pour chef Sir R. Paget ; celle de l'Égypte Sir Louis Mallet ou Sir Eyre Crowe, etc. Lord Hardinge qui vient seulement de rentrer au Foreign Office n'a pas encore fixé complètement les cadres de la nouvelle organisation. Ce service de la paix commencera son travail immédiatement à Londres en se servant des notes et matières du Foreign Office. Le cabinet de guerre a l'intention de le transporter tout entier à Paris lors de la réunion des Premiers ministres alliés. Lord Hardinge et ses collaborateurs seraient ainsi sous la main de M. Lloyd George et prêts à suivre, chacun dans sa spécialité, les différentes négociations dont l'ensemble constituera les préliminaires de la paix.

Le système adopté par le cabinet britannique sera probablement modifié dans le détail. Je vous tiendrai au courant des décisions qui pourraient être prises à ce sujet. Mais j'ai voulu vous prévenir de la mission confiée à Lord Hardinge.

Je vous serais reconnaissant de communiquer ce qui précède à M. le président du Conseil.

CPC, A-Paix, 1914-1918, vol. 285 (4CPCOM/285).

182

M. Jusserand, Ambassadeur de France à Washington,
à M. Pichon, Ministre des Affaires étrangères.

T. n° 1650.   *Washington, 13 novembre 1918, s.d., s.h.*
Urgent. Très confidentiel.

Les dispositions humanitaires du Président et de son gouvernement, signalées par mes télégrammes 1639[1] et 1641[2] s'accentuent. On souhaite en haut lieu qu'il ne soit plus insisté sur les barbaries allemandes, en prévision apparemment d'une réconciliation éventuelle avec ce peuple libéralisé, dont M. Solf parle dans ses appels au Président, comme s'il avait un droit d'admission immédiat dans la « communauté des nations », ce à quoi nous ne saurions nous prêter. Après tant de crimes, renouvelés jusqu'à la dernière minute, une période de probation est le moins que nous puissions exiger, ayant en qualité de voisins de cette race le droit de parler en connaisseurs.

Un article de M. Lawrence dans le *Star*, certainement inspiré, prêche l'oubli des injures et l'importance de nourrir au plus vite (comme nous pouvons d'ailleurs y avoir intérêt dans une certaine mesure) ceux qui affamèrent nos prisonniers et nos régions envahies.

J'en ai parlé au secrétaire d'État qui insiste sur la vérité de ce que dit Solf selon qui c'est à nous à choisir entre la famine en Allemagne et le bolchevisme. M. Lansing juge ce dernier danger redoutable : les révolutions anarchiques sont d'ordinaire causées en grande partie, dit-il, par la famine, et nous avons intérêt, ajoute-t-il, à avoir en face de nous une Allemagne capable de signer un traité et d'en exécuter les conditions.

Une note de lui au ministre de Suisse, qui la transmettra au gouvernement allemand, est publiée ce soir, faisant prévoir un prompt ravitaillement allemand, conformément aux décisions du Conseil de Versailles[3], et qui sera effectué sous condition que l'ordre sera maintenu en Allemagne et que la distribution sera équitable.

Papiers d'agents, fonds Jusserand, vol. 52 (93PAAP/52).

---

[1] Voir document n° 169 du 11 novembre 1918.

[2] Dans ce télégramme envoyé de Washington et reçu à Paris le 13 novembre à 19 h. 20, Jusserand évoque l'accueil très favorable de l'opinion américaine aux conditions d'armistice. S'exprime également selon l'ambassadeur le « vœu que l'humanitarisme ne soit pas poussé par trop loin » envers les Allemands et leur ravitaillement. À Washington, on demande de plus en plus la livraison des « coupables » allemands de cruautés.

[3] Promesse avait été faite également par Foch aux Allemands de les ravitailler lors de la signature de l'armistice.

183

M. Haguenin, Chef du Bureau de Presse de l'Ambassade de Berne,
À M. Pichon, Ministre des Affaires étrangères.

L. *Berne, 13 novembre 1918.*

Monsieur le Ministre,

Pour contrecarrer la propagande germano-bolchéviste en Suisse, la diffusion par Wolff des nouvelles révolutionnaires venues d'Allemagne, l'essor des absurdités combinées à Genève au sujet de la situation en France (arrestation du maréchal Foch par les comités d'ouvriers et soldats, scènes de fraternité franco-allemande sur le front, etc.), j'ai indiqué à la *Freie Zeitung* les thèmes d'articles destinés à réduire à leur vrai sens les désordres de Berlin ; j'ai inspiré à la *N.K.*[1] les démentis appropriés ; j'ai signalé au professeur Foerster, qui est en relations étroites avec Kurt Eisner, la nécessité de mettre fin à cette organisation du mensonge, qui risque de compromettre définitivement aux yeux de l'Entente la prétendue « Allemagne nouvelle » ; je vais voir M. Muelhon cet après-midi et lui parler dans le même sens ; enfin j'ai chargé la *N.K.* et Radio de communiquer aux consulats et aux correspondants de journaux français à Zurich, Bâle, etc. des nouvelles de France, propres à tuer dans leur germe tous les venimeux canards. Une fois que la petite révolution dont la Suisse est le théâtre aura pris fin, les journaux reparaîtront, et, j'espère, animés d'un esprit qui les rendra moins accessibles aux contes effrayants venus de Russie et d'Allemagne.

Veuillez, Monsieur le Ministre, agréer l'expression de mon profond dévouement.

CPC, Z-Europe, Allemagne, 1918-1940, vol. 403 (78CPCOM/403).

184

M. Noulens, Ambassadeur de France à Arkhangelsk,
À M. Boyer, Administrateur de l'École des Langues orientales.

L. *Arkhangelsk, 13 novembre 1918.*

Monsieur l'Administrateur,

Votre lettre m'est parvenue à la fin du mois d'août seulement[2]. J'ai tout de suite télégraphié au Quai d'Orsay pour demander cinq des personnes dont vous m'offriez le concours. Après quelques semaines d'attente, j'ai été informé que quatre d'entre elles étaient parties pour l'Extrême-Orient. La cinquième, M. Sichel-Dulong, n'est arrivée ici qu'à la fin d'octobre, quand

---

[1] Il s'agit de la *Neue Korrespondenz*, organe de presse fondé par l'Entente à Berne en 1916, doté d'un directeur suisse mais placé sous l'autorité du Bureau de presse français dirigé par Émile Haguenin.

[2] Document non retrouvé.

la saison avancée ne permettait plus de compter sur une longue période d'activités avant l'hiver.

Si j'ai attendu jusqu'à ce jour pour vous écrire, c'est que mes loisirs sont rares, et que je voulais vous donner mon appréciation sur les divers points de votre lettre et de votre programme d'action.

Je rends pleinement hommage aux sentiments qui dictent le choix des agents dont vous jugez la venue désirable en Russie. Mais si disposé que je puisse être à le confirmer, je tiens à me réserver la désignation et l'affectation de mes collaborateurs avant que leur envoi ne soit décidé. C'est le corollaire de ma responsabilité.

Vous me citez MM. Mazon et Gaucquié. Je reconnais leur valeur. Le premier fut amené par M. de Chevilly avec mon approbation préalable. M. Gaucquié vint sans que j'eusse été consulté. Au lieu d'être mis à ma disposition pour que je l'utilise suivant ses aptitudes, il avait reçu du ministère de l'Armement, comme emploi de faveur, celui de secrétaire de M. Petit qui ne réclamait l'aide de personne. Ce seul fait m'avait prévenu contre M. Gaucquié qui, pourtant, m'était personnellement recommandé par un ami. Les qualités dont il a fait preuve ultérieurement à Moscou, dans une tâche délicate, ont effacé ma première impression. Elle m'eût été épargnée et M. Gaucquié eût été mis dès le premier jour à la place où il pouvait rendre le plus de services, si j'avais été appelé à agréer l'homme et à fixer sa première utilisation.

Il n'y a pas de règle absolue dans le domaine de la pratique ; l'action comporte parfois des attentes opportunes qui ne sont pas des marques d'impéritie. Si j'ai empêché l'envoi en Russie de diverses missions pendant le premier semestre de 1918, ce n'est point, comme on vous l'a rapporté, par crainte des dangers qu'elles pouvaient courir, mais parce que leur caractère ne convenait pas aux circonstances. C'était l'heure où l'égarement populaire causé par le bolchevisme rendait vains les appels à la raison, et où une politique de lutte s'imposait, pour laquelle l'unité de direction de l'ambassade était indispensable.

Les Français qui refluaient du Donetz vers Moscou et Petrograd me fournissaient, d'ailleurs, tous les agents dont j'avais besoin, en assez grand nombre pour m'éviter d'en faire venir de France.

Et néanmoins, dès l'époque où je m'opposais ainsi aux missions qu'on voulait organiser, j'indiquais au Département que notre descente prochaine à Arkhangelsk devrait être suivie de l'arrivée de tout un personnel d'agents commerciaux, financiers et de propagande.

J'ai également fait varier mon attitude avec les événements, quant aux dépenses que j'ai cru devoir engager. Parcimonieux pour de petites sommes dont l'emploi ne devait procurer aucun résultat, j'en ai employé de considérables sans hésiter, quand l'instant m'a paru propice et que j'ai pu escompter un avantage certain.

Vous considérez avec raison que la propagande doit s'exercer sous des formes multiples pour pénétrer dans tous les milieux. C'est le système qu'a toujours appliqué le service de M. de Chevilly en faisant appel à l'Institut français et même à la mission militaire, quand c'était nécessaire pour diversifier ses moyens.

Je n'insiste pas sur l'intérêt que présentent, au point de vue d'une large diffusion des idées dans les classes populaires, les procédés habituels de démonstration et d'influence par la parole, l'image, le cinématographe et les tracts. Nous les avons employés dans la mesure des ressources dont nous disposions.

Le contact que vous préconisez avec les milieux scientifiques et littéraires a été entretenu activement par M. Patouillet et ses collaborateurs, tandis que plusieurs agents, bien préparés à ce rôle par leur profession de journalistes, se tenaient en relations étroites avec la presse russe et lui fournissaient ou lui suggéraient des articles. Quant aux personnalités politiques, elles relevaient de l'ambassade ou du consulat général de Moscou qui n'ont rien négligé pour les orienter dans un sens favorable à la France.

Cette tâche de propagande a été troublée et interrompue par l'arrivée des bolcheviks au pouvoir. Sous un régime d'anarchie et de terreur où savants, journalistes et hommes politiques sont proscrits et décimés, les rapports qu'on peut avoir avec eux sont rendus impossibles, aussi bien que les autres manifestations de propagande qui s'adressent à l'ensemble de la population.

Notre intérêt s'accorde avec celui des Russes patriotes qui poursuivent la régénération de leur pays. Mais cette œuvre ne pourra se réaliser que par l'emploi d'une force suffisante pour renverser le pouvoir bolchevique à la fois néfaste et odieux. La première étape de notre propagande en Russie me paraît être l'action militaire destinée à affranchir le peuple russe d'une minorité oppressive et à le doter d'institutions libérales qui en feront à jamais l'allié de notre démocratie.

Quand ce but sera atteint, il sera facile de resserrer les liens qui nous unissent à la Russie. C'est alors qu'un échange permanent de communications et de visites entre les représentants de la science, de la littérature et de la politique dans les deux pays pourra être utilement provoqué, en vue d'accentuer, comme vous le souhaitez, le rapprochement intellectuel qui se manifeste déjà. Mais notre gros effort doit répondre, dans l'avenir, aux nécessités de la concurrence économique, si âpre, qui va remplacer la lutte armée dès la signature de la paix. La Russie est riche en matières premières qui nous manquent ; elle représente, d'autre part, un monde de consommateurs. À côté des ingénieurs et contremaîtres que vous voulez envoyer ici pour provoquer le réveil de nos usines de Moscou et du Donetz et en créer d'autres, il nous faut faire venir des professionnels du commerce pour établir un courant régulier d'exportations et d'importations entre la France et la Russie. C'est une condition de prospérité pour notre pays, où l'industrie, qui va prendre une extension considérable, aura besoin d'être alimentée en abondants produits bruts, et d'obtenir de vastes débouchés.

Les industriels et commerçants que les affaires à traiter en Russie intéressent doivent se grouper, soit pour organiser des missions d'achat en commun de matières premières, ainsi que l'a fait le Consortium linier pendant cette guerre, soit pour la représentation et le placement des objets fabriqués. La concurrence commerciale, avant d'être individuelle, dans les limites d'un même pays, revêt aujourd'hui un véritable caractère international qui exige le développement des associations corporatives pour le commerce à l'étranger.

Nos bureaux de propagande auront à se multiplier et à s'adapter aux buts nouveaux qui leur seront assignés. Dans les cinq ou six plus grandes villes de Russie, je voudrais voir installer une « Maison française » où, à côté d'un cabinet de lecture, d'une salle de dépêches et d'une librairie, on verrait un magasin d'échantillons et une agence de représentation commerciale attirer la clientèle vers les articles portant nos marques. La dépense d'une telle organisation serait partagée entre l'État et les Chambres de commerce.

Enfin, il est permis d'envisager que le jour où la Russie sera sortie de l'état d'anarchie, son gouvernement nous demandera des conseillers techniques et administratifs. La France sera particulièrement désignée pour fournir les instructeurs de l'armée nationale qu'on ne manquera pas de reconstituer. À la faveur de cette situation, nos fonctionnaires, remplissant le rôle d'auxiliaires du pouvoir central, et nos officiers disséminés sur tout le territoire, seront d'incomparables agents d'influence. Que ne pourrons-nous attendre des autres genres de propagande intensifiés sous de tels auspices. Grâce à ces efforts combinés, l'âme russe s'imprègnera des qualités d'ordre et d'énergie de l'âme française. Notre pays occupe ici aujourd'hui le premier rang parmi les Nations, au point de vue du prestige exercé sur les masses. Demain, quand la victoire militaire génératrice de force et d'audace dans l'ordre économique, aura permis à nos nationaux de donner la mesure de leur esprit de réalisation, nul doute que la situation matérielle de la France en Russie n'égale son autorité morale.

Agréez, Monsieur l'Administrateur, l'assurance de ma haute considération et de ma sympathie.

CPC, Z-Europe, URSS, 1918-1940, vol. 379 (117CPCOM/379).

185

M. Georges-Picot, Haut-Commissaire français en Palestine,
À M. Pichon, Ministre des Affaires étrangères.

T. n°s 559-560. *Le Caire, 14 novembre 1918, 4 h. 50 ; 6 h. 55.*

Chiffré. (*Reçu :* 10 h. 20 ; 11 h. 30.)

a.s. situation en Syrie. Nécessité de nous assurer une large représentation militaire.

Aussi longtemps que l'armée anglaise occupera le pays un doute subsistera dans l'esprit des populations sur l'avenir réservé au Liban et à la Syrie favorisant singulièrement les intrigues des partis qui nous sont hostiles. Tandis que nous avons actuellement huit mille hommes à peine dans les territoires occupés dont la moitié devra bientôt aller en Arménie, quarante-cinq mille Anglo-Indiens parcourent la contrée et nombre de leurs officiers vont répétant que rien n'est encore stipulé à son sujet entre Alliés. Nos partisans s'en trouvent intimidés tandis que nos adversaires y puisent un puissant encouragement. D'autre part l'absence d'un corps d'armée suffisamment nombreux contraint nos officiers administrateurs à avoir constamment recours aux Anglais sous peine de renoncer à agir.

Le seul remède à une situation aussi fâcheuse serait de profiter sans délai d'un armistice dont les termes rendent la reprise des hostilités impossible pour envoyer en Syrie un corps de vingt mille soldats d'origine française qui permettrait d'occuper effectivement le pays et de prier les Anglais de nous abandonner cette charge.

À l'heure actuelle un débarquement de troupes semblera encore naturel ; dans quelques semaines il apparaîtra comme un acte d'hostilités à l'égard de l'Arabie et nous acculera aux plus graves difficultés. En outre cette solution aurait pour effet de rendre sa pleine liberté au haut commissaire qui se trouve actuellement empêché d'agir, comme il le souhaiterait par la conception du commandant en chef et par les difficultés de toutes sortes qu'elle lui crée. Une décision s'impose donc qui ne peut être différée sans les plus sérieuses conséquences, et chacun doit prendre ses responsabilités. Il importe de rassurer au plus tôt les Libanais et de faire sentir aux Arabes une force dont ils commencent à douter. Si l'on diffère encore il sera trop tard. Les hésitants auront pris parti contre nous et, pour n'avoir pas su agir en temps utile, notre situation sera définitivement ruinée en Syrie, comme elle l'a été en Palestine par la longue abstention à laquelle les circonstances nous ont condamnés.

CPC, E-Levant, Syrie-Liban, 1918-1940, vol. 4 (50CPCOM/4).

186

M. Pichon, Ministre des Affaires étrangères,
 À M. Cambon, Ambassadeur de France à Londres,
 M. Barrère, Ambassadeur de France à Rome,
 M. Jusserand, Ambassadeur de France à Washington.

T. n°s 5680 ; 3863 ; 4310.　　　　　　*Paris, 14 novembre 1918, 23 h.*

Chiffré.

Affaires de Pologne. Reconnaissance du Comité.

Le Comité national polonais nous demande de lui reconnaître des attributions de gouvernement de fait en matière :

1°- de politique étrangère,

2°- de direction politique de l'armée polonaise,

3°- de protection civile des nations hors de leur pays.

Le gouvernement bolcheviste tend à se développer en Pologne avec une inquiétante rapidité ; il est indispensable d'y fortifier les partis d'ordre qui jusqu'ici manquent de cohésion.

La reconnaissance par les gouvernements alliés du Comité national fortifierait sa position et créerait l'organe central autour duquel pourraient se grouper les éléments ententophiles qui, en Pologne, développent leur activité dans des sens divers.

Le gouvernement français estime justifiée la demande de la Pologne et serait, pour ce qui le concerne, disposé à accorder cette reconnaissance au Comité national, dont la fidélité à l'Entente s'est manifestée d'une manière constante depuis sa constitution, et il verrait avec plaisir l'accord se faire à ce sujet entre les gouvernements alliés.

Je vous serais obligé de vous exprimer dans ce sens auprès du gouvernement américain, anglais, italien, et de me faire connaître d'urgence sa réponse.

Télégrammes, Londres, Départ, 1918, vol. 3055 (304QONT/3055).

187

M. Jusserand, Ambassadeur de France à Washington,
 à M. Pichon, Ministre des Affaires étrangères.

T. n° 1658. *Washington, 14 novembre 1918.*

Extrême urgence.

Les trois télégrammes suivants sont le compte rendu d'une conversation que je viens d'avoir avec le Président :

1er télégramme.

Le Président m'a dit que, depuis que nous nous étions entretenus de la question du lieu de la Conférence de la Paix, le gouvernement anglais lui avait fait savoir qu'il souhaitait que ce fût Genève. Mais tenant compte des inconvénients que présenterait le choix d'une ville suisse et qu'est venue aggraver la menace de troubles ouvriers, monsieur Wilson a, au contraire, abandonné, en faveur de la capitale d'un des pays belligérants, sa première idée.

Je suppose lui dis-je que, en fait de capitale, le choix de Paris (ou Versailles) vous conviendrait, et j'ai rappelé les motifs favorisant un tel choix. « Certainement, répondit-il ».

Le secrétaire d'État que j'avais vu la veille, et à qui j'avais parlé de cette question, s'était exprimé de même, montrant même une préférence marquée pour Paris plutôt que Versailles.

Papiers d'agents, fonds Jusserand, vol. 52 (93PAAP/52).

T. n°s 1659-1661. *Washington, s.d.*
Extrême urgence. (*Reçu* : le 15 novembre 1918, 22 h. ; 21 h., le 16, 2 h. 35.)

2e télégramme.

J'ai parlé au Président de la nécessité d'observer la plus juste mesure dans les sentiments humanitaires à montrer aux Allemands dont le cœur n'a pas pu changer aussi vite que la constitution politique et qui se sont constamment enthousiasmés pour les pires crimes de leurs maîtres, témoins le *Lusitania*. Le cas échéant, la faim est mauvaise conseillère, et il est peut-être (de notre) intérêt de la leur éviter ; mais il y a une limite et je vois que M. Solf parle déjà d'une admission de son pays dans la « communauté des nations » (ce qui), pour le moment en tout cas, est certainement inadmissible. J'ai mis aussi le Président en garde contre le piège que tend à lui et à nous tous le même Solf qui veut le (mettre) (en) telle posture qu'il semble aux yeux de tous l'avocat de l'(ennemi) commun.

Le Président m'a répondu qu'il s'en rendait fort bien compte et qu'il allait faire inviter par le secrétaire d'État M. Solf à cesser désormais ses apartés avec un seul des belligérants et à s'[…][1] à tous.

3e télégramme.

J'ai parlé au Président de l'hypothèse de son voyage en France mentionné dans votre télégramme n° 3165[2] et dont les (journaux) parlent couramment.

Il m'a (paru) au son de sa réponse qu'il désirait extrêmement faire ce [voyage] malgré les difficultés résultant de la constitution américaine qui n'interdit nullement l'absence du Président mais qui l'oblige à signer ou rejeter les lois dans un certain délai sans que personne puisse le remplacer. Il croit que l'empêchement ne serait pas absolu.

Il m'a signalé comme expliquant son désir l'hypothèse où les délégués américains s'étant mis d'accord entre eux mais sans avoir pu causer avec lui, lui soumettraient des propositions qu'il croirait devoir écarter. D'où réponse et contre-réponse. Combien préférable, pense-t-il, de discuter entre soi et d'arriver ensemble aux mêmes […][3].

Il ne saurait se mettre en route avant la rentrée du Congrès (début de décembre) et la lecture de son message annuel. Mais il ne semble guère probable que les réunions officielles pour la paix puissent commencer avant ce moment. Il ne sait s'il pourrait rester jusqu'à la fin au cas de débats [prolongés] et m'a demandé quelle durée je prévoyais. Par simple supposition j'ai parlé de deux mois, dans l'hypothèse du moins où les grands pays se seraient mis officieusement d'accord au préalable sur les points principaux. Mais il croit qu'il faudra davantage, trois [ou] quatre mois peut-être en raison du caractère épineux de certains problèmes, au premier rang desquels il a mentionné ceux de la mer Adriatique. J'ai parlé de quelques autres

---

[1] Lacune de déchiffrement.

[2] Voir document n° 149 du 9 novembre 1918.

[3] Lacune de déchiffrement.

dont celui de l'Autriche, et du danger de ce mouvement qui se manifeste déjà dans les partis allemands de ce pays pour une fusion avec l'Allemagne.

Ces questions, [...][1] dit-il, fort graves en effet, et dont il faudrait s'occuper.

Au cas de voyage, le Président serait accompagné de Mme Wilson qui plaira sûrement à tous par son amabilité et sa bonne grâce. Elle parle un peu notre langue.

Le Président m'a demandé mon avis au sujet d'une requête de l'Université d'Oxford, qui voudrait lui conférer le degré de docteur et souhaiterait qu'il fît route par la voie de l'Angleterre afin de recevoir ce titre avant de se rendre au Congrès.

J'ai répondu que, en se plaçant spécialement au point de vue américain, il me semblerait impossible qu'un tel itinéraire puisse être pris en considération. S'il quitte les États-Unis, il doit être parfaitement clair aux yeux du Congrès, et de ses nationaux, qu'il ne s'absente qu'à cause de circonstances sans exemple, et pour le temps strictement nécessaire. Commencer par un crochet semblable ne serait pas compris. Après la conférence, si les circonstances aux États-Unis le permettent, (les) inconvénients ne seraient plus les mêmes.

(Le) Président répondit que c'était là en effet [...][2] raison fort (sérieuse).

Dans le cas où Votre Excellence jugerait que ma présence en France pourrait être (utile) pendant le temps nécessairement restreint où le Président des États-Unis s'y trouvera, je lui serais reconnaissant (de me) le faire savoir.

Télégrammes, Washington, Arrivée, 1918, vol. 6207 (304QONT/6207).

188

M. Dutasta, Ambassadeur de France à Berne,
À M. Pichon, Ministre des Affaires étrangères.

T. n°s 1948-1949. *Berne, 15 novembre 1918, 6 h. 45.*

(Reçu : le 15, s.h. ; 20 h. 40.)

Professeur Foerster.

Un de mes informateurs a eu avec le professeur Foerster une conversation dont je crois intéressant de communiquer ci-dessous l'essentiel à Votre Excellence.

Le professeur Foerster avait hésité à accepter le poste de ministre de Bavière en Suisse, que lui proposait Kurt Eisner, président du Conseil à

---

[1] Lacune de déchiffrement.

[2] Lacune de déchiffrement.

Munich. Ses ambitions sont plus hautes, il se croit appelé à devenir pendant la période délicate qui suivra la paix, ambassadeur de la République allemande à Paris. Il prend actuellement à Zurich des leçons pour se perfectionner dans l'usage du français.

Foerster se dit convaincu que la République en Allemagne est définitivement installée. Il pense que l'esprit particulariste subsistera, et que les anciens États confédérés conserveront des parlements et des gouvernements distincts. Mais selon lui, toutes ces Républiques maintiendront entre elles un lien fédéral, si bien que l'Allemagne, dont le statut politique aura été profondément modifié, conservera son unité vis-à-vis de l'étranger et restera malgré sa défaite une force imposante de 80 millions d'habitants y compris les Allemands d'Autriche.

L'espace de temps qui s'écoulera entre l'armistice et la paix sera consacré par les partis de gauche à consolider leur pouvoir et à déshabituer les masses des cadres monarchiques.

Dès maintenant naissent de toutes parts des publications et des périodiques, généralement intitulés « das Freie Volk » (le peuple libre), et d'innombrables orateurs attachés à éclairer le peuple sur la « nouvelle Allemagne qui se lève ». Cette propagande va être d'après le professeur Foerster, puissamment nourrie par les soldats démobilisés, qui voudront donner libre cours à leurs rancunes contre l'ancien régime. Foerster a reçu de Kurt Eisner et de Berlin des dépêches qui ne témoignent d'aucune inquiétude sur la possibilité de coup d'État monarchique, mais au contraire d'une véritable appréhension des éléments extrémistes qui menacent le pays d'anarchie. Les sociaux-démocrates au pouvoir se sentent débordés et redoutent que la disette alimentaire ne mette le comble à l'exaspération populaire. Les soldats rentrant du front n'hésiteront pas, disent-ils, à se livrer au pillage s'ils ne trouvent pas chez eux la nourriture qu'ils avaient au front.

Foerster insiste particulièrement sur ce point et juge qu'en ravitaillant l'Allemagne les Alliés ne feraient pas seulement un acte d'humanité destiné à provoquer dans le peuple allemand un vif sentiment de gratitude mais qu'ils paralyseraient l'extension du bolchevisme qui constitue un danger non seulement pour l'Allemagne mais pour ses voisins.

Quant aux conditions de paix, le professeur Foerster persiste à penser comme il l'a dit précédemment, qu'elles doivent être fort dures, car le peuple allemand doit expier sa faute.

CPC, Z-Europe, Allemagne, 1918-1940, vol. 264 (78CPCOM/264).

189

M. Clemenceau, Président du Conseil, Ministre de la Guerre,
à M. Cambon, Ambassadeur de France à Londres.

T. n° 5724.   Paris, 15 novembre 1918, 13 h. 15.

Pour M. Lloyd George.

La venue du président Wilson[1] change naturellement quelques-unes de nos dispositions sur la préparation de la Conférence. Il me paraît que nous ne pouvons pas commencer le travail avant que le Président soit arrivé. Nous devons être unanimes à cet égard. D'ailleurs je crois qu'il n'est pas mauvais de laisser la révolution allemande se tasser un peu afin de savoir, avant de procéder, qui nous avons devant nous. Je vous proposerais d'établir sur la procédure à suivre quelques travaux préparatoires qui auraient lieu à votre gré soit à Londres soit à Paris. Je suis prêt à accepter vos suggestions à cet égard. Si nous procédions ainsi, le Président en arrivant pourrait faire ses observations sans aucun retard et la besogne s'en trouverait avancée. Je dois voir M. Sonnino cet après-midi. Je ne doute pas de son assentiment. Une assez grave question est de savoir si le Président a l'intention d'assister à la Conférence. Je ne vous cacherai pas qu'à mon avis cela ne me paraît ni désirable ni possible. Puisqu'il est chef d'État, il ne se trouve pas par conséquent sur le même plan que nous. Admettre un chef d'État sans les admettre tous me paraît une impossibilité. Le colonel House m'a donné à entendre qu'il ne croyait pas d'ailleurs que telle fût l'intention du Président. Je vous dis ces choses pour information mais je souhaiterais fort que vous élaboriez un plan de votre côté pendant que je vais en faire préparer un ici. J'inviterai M. Sonnino à en faire autant ainsi que le colonel House et ce travail fait, je crois qu'en deux ou trois jours l'accord serait établi.

Télégrammes, Londres, Départ, 1918, vol. 3055 (304QONT/3055).

190

M. Claudel, Ambassadeur de France à Rio de Janeiro,
à M. Pichon, Ministre des Affaires étrangères.

T. n° 1121.   Rio de Janeiro, 15 novembre 1918, 13 h. 30.
Chiffré.   (Reçu : le 16, 10 h. 25.)

J'ai eu hier un nouvel entretien avec M. Domício da Gama qui avait manifesté le désir de me voir. Il m'a demandé si dans mon opinion le

---

[1] Il s'agit de la décision prise par le président Wilson de se rendre personnellement en Europe. Ce fut la première fois qu'un président américain quitta le sol américain.

gouvernement français était désireux de voir le Brésil représenté à la Conférence internationale qui aura à régler toutes les questions qui résultent de la guerre. J'ai répondu que je n'avais aucune communication de Votre Excellence à ce sujet, mais que la présence du représentant brésilien à la Conférence interalliée de Versailles où je croyais savoir qu'il avait été convié sur le désir spécial de la France, paraissait un gage certain des dispositions de notre gouvernement. D'autre part, en dehors des questions territoriales proprement dites, qui ne concernent que l'Europe, la Conférence aura à s'occuper d'une foule de problèmes d'ordre juridique et, qui sont d'un grand intérêt pour l'ensemble des nations civilisées. Étant donné la politique qu'il avait suivie le Brésil figurerait à la Conférence, non seulement à titre d'allié, mais comme représentant en quelque sorte, et comme témoin des intérêts et de l'idée de l'Amérique du sud tout entière.

M. Domício da Gama, après m'avoir écouté avec une évidente satisfaction, me déclara qu'il partageait tout à fait mon avis et que, pénétré de l'importance qu'aurait la conférence pour l'avenir du Brésil et la stabilisation de sa situation internationale, il avait l'intention et le très vif désir de participer lui-même, en sa qualité de ministre des Affaires étrangères, aux travaux de la Conférence internationale. Il me priait confidentiellement de demander à cet effet, l'appui du gouvernement français. Il se sentirait en effet muni d'une invitation qu'il recevrait plus ou moins officieusement de Paris, beaucoup plus fort auprès de son gouvernement pour lui faire comprendre la nécessité de sa mission.

J'ai promis de transmettre à Votre Excellence l'expression d'un désir auquel je crois que nous aurions tout intérêt à donner satisfaction et à nous attacher ainsi définitivement un homme, qui, autant que j'en puis juger, est appelé à diriger pour longtemps les Affaires extérieures du Brésil. Dans le rôle qu'il voudrait assumer, M. Domício da Gama a évidemment à craindre la concurrence de M. Ruy Barbosa qui paraît désigné par l'opinion publique. M. Ruy Barbosa est simplement un orateur. Son autorité personnelle au Brésil est à peu près nulle, et en comptant sur lui pour notre politique, nous nous exposerions aux mécomptes les plus graves. M. Domício au contraire, est une force, il représente ce qu'il y a de plus sérieux et de meilleur dans le pays, et je me trompe beaucoup s'il n'est appelé à exercer un véritable ascendant dans les conseils d'un gouvernement où les éléments faisant valeur sont rares. Nous avons donc tout intérêt à l'obliger et à profiter de tous les avantages que le séjour prolongé d'un ministre des Affaires étrangères brésilien en France peut nous procurer.

J'espère, en effet, que la Conférence de la paix aura lieu à Versailles, comme tout le monde paraît s'y attendre.

CONFIDENTIEL

M. Domício da Gama m'a également interrogé sur la transformation en ambassade de notre représentation diplomatique et sur la situation personnelle à Paris de M. Olyntho de Magalhaes. Je lui ai répondu conformément aux instructions de Votre Excellence contenues dans votre télégramme 642¹. Cependant j'ai ajouté que je croyais savoir que M. Olyntho avait l'intention de demander sa retraite et que le gouvernement français trouverait tout naturel qu'on ne fît en faveur aucune exception à la règle habituelle qui veut que les agents diplomatiques ne reçoivent pas de promotion sur place.

Le sous-secrétaire d'État M. Regis de Oliveira paraissait désirer aussi vivement, je le sais, le poste de Paris. Ce serait un choix excellent et je n'ai qu'à me louer des rapports que j'ai entretenus avec lui à Rio. Lui et sa femme sont nés à Paris, y ont passé la plus grande partie de leur vie, et cette nomination qui paraît particulièrement désirée par ses compatriotes donnerait dans les circonstances actuelles à la représentation du Brésil près du gouvernement français un éclat qu'elle n'a pas eu jusqu'ici. M. Domício da Gama paraît tout à fait disposé à y procéder le moment venu si Votre Excellence n'y voit pas d'objection.

CPC, B-Amérique, Brésil, 1918-1940, vol. 13 (10CPCOM/13).

191

M. Berthelot, Adjoint au Directeur des Affaires politiques et commerciales, Sous-Directeur d'Europe,
   À M. Jusserand, Ambassadeur de France à Washington,
   M. Cambon, Ambassadeur de France à Londres,
   M. Barrère, Ambassadeur de France à Rome,
   M. Dard, Chargé d'Affaires à Madrid,
   M. Dutasta, Ambassadeur de France à Berne,
   M. Defrance, Ministre de France au Havre,
   M. Daeschner, Ministre de France à Lisbonne.

T. nos 3412 ; 5747 ; 3928 ; 1346 ; 2173 ; 727 ; 268.   *Paris, 15 novembre 1918, 14 h.*

Par courrier.

Lord Derby² est venu hier m'apporter les félicitations de son gouvernement pour le gouvernement français à l'occasion de la signature de l'armistice. Il a dit que l'Angleterre serait toujours reconnaissante à la France de ce qu'elle a fait pour elle au cours de la guerre et il a exprimé le vœu sincère qu'après comme pendant la guerre, les deux pays restent étroitement unis.

---

¹ Pichon indiquait dans ce télégramme daté du 4 octobre 1918 que « nos amis brésiliens pensent que nous avons intérêt, tout en laissant entendre à l'occasion que nous sommes disposés à ériger notre légation de Rio en ambassade, à ne pas l'annoncer officiellement et à ne pas nommer de titulaire avant que le gouvernement de M. Rodriguez Alvez ait eu le temps de s'installer complètement et de choisir un titulaire pour l'ambassade brésilienne qui serait alors créée à Paris ».

² Lord Derby était l'ambassadeur britannique en France.

J'ai répondu en exprimant le même sentiment et en me félicitant tout spécialement d'avoir à le formuler au nom du gouvernement de la République.

Télégrammes, Washington, Départ, 1918, vol. 6360 (304QONT/6360).

192

M. Dard, Chargé d'Affaires à Madrid,
 À M. Pichon, Ministre des Affaires étrangères.

T. n° 1109. Madrid, 15 novembre 1918.

Télégramme posté.

L'annonce de la signature de l'armistice a été marquée en Espagne par une série de manifestations dont j'ai l'honneur de transmettre ci-dessous à Votre Excellence un court résumé.

Ces manifestations se sont produites spontanément et dans toute l'Espagne. Elles correspondent bien au caractère général de notre victoire qui est celle de l'humanité. Mais cependant il est aisé de distinguer que de tous les Alliés, c'est la France et le président Wilson qui groupent autour d'eux tous les enthousiasmes.

Il n'est pas niable en effet, que ces manifestations ont un caractère républicain et démocratique. Il est intéressant de remarquer que dans les premières heures qui suivirent l'armistice et la défaite de l'autocratie allemande ce furent les sympathies des partis et des organisations avancées ainsi que celles des professions libérales, avocats, médecins, étudiants qui se portèrent spontanément vers nous ; mais lorsqu'apparut plus nettement la Révolution allemande à tendances nettement socialistes et même bolchevikistes ce furent les adhésions de personnalités notoirement conservatrices et qui même n'avaient été jusqu'ici nullement de nos partisans, qui se manifestèrent chaque jour plus nombreuses dans leur empressement à nous témoigner qu'elles nous tenaient désormais comme le seul parti d'ordre et de conservation sociale.

L'on peut donc dire qu'aujourd'hui c'est la presqu'unanimité de la nation espagnole qui, s'inclinant devant le succès, salue notre victoire et nous accorde sa sympathie.

Dès le 12 novembre les manifestations commencèrent par toute l'Espagne : Saragosse pavoise, 50 000 personnes défilent dans les rues de Vigo ; à St-Sébastien, à Valence, à Madrid une foule compacte demeure tout le jour devant les consulats alliés et les transparents des journaux ; à Barcelone la municipalité décide de tenir une séance extraordinaire, la Marseillaise retentit dans les rues, la Société des Amis des Arts vote une adresse aux maréchaux français ; à Oviedo la municipalité décide spontanément de donner à une des principales artères de la ville le nom d'avenue de France, aux Cortès un député romanoniste[1] et un député réformiste MM. Hontaria et Pedrogal proposent une motion aux Alliés qui est votée malgré l'abstention de 200 députés.

Le 12 et le 13 sont marqués par un certain nombre d'incidents. À Saragosse une rixe des manifestants avec des officiers, à Vigo des coups de feu, à Barcelone et à Madrid à la sortie des Cortès la police intervient et il y a des morts et des blessés.

Le 14, la situation redevient calme et nos partisans manifestent leur joie par des banquets. On annonce un banquet de la presse allialophile à Madrid, banquet à Malaga, Cadix, Algésiras, Valladolid, Alicante ; différentes sociétés catalanes élisent des délégations chargées de les représenter à Paris le jour de la Paix. Les assemblées républicaines de Gijon, Lorida, Saragosse, des syndicats ouvriers, l'union des employés de chemins de fer d'Alicante, Saragosse, les municipalités de Santander, Leon, Saragosse et Valladolid votent des motions enthousiastes à la France libératrice et au maréchal Foch. Collecte d'ouvriers en faveur des blessés français, la municipalité de Barcelone élit MM. Clemenceau et Lloyd George citoyens honoraires de Barcelone, décide de donner le nom de place du 11 novembre à une des places de la ville ; vote les crédits pour un monument commémoratif aux volontaires catalans tombés en France.

À noter encore quelques incidents : hostilité des germanophiles au sein de la municipalité de St-Sébastien quant au témoignage à apporter aux Basques morts pour la Patrie, des manifestations anti-jaimistes[2] à Pampelune, diverses tentatives de la police de Barcelone pour enrayer le pavoisement de la ville, dont notre consul général a dû rendre compte directement à Votre Excellence.

Le même jour est enfin marqué par plusieurs manifestations officielles : le Roi télégraphie à M. Poincaré en termes particulièrement chaleureux et toute la presse publie un message et la réponse de M. le président de la République, 50 députés font parvenir à M. le président du Conseil une adresse de félicitations ; le Sénat, à son tour, vote une motion spéciale en l'honneur de la France victorieuse.

Les manifestations n'ont pas été moins chaleureuses au cours de la journée d'hier : au Ferrol, à Lerida, à Orense, à Logroño, à Palencia ont eu lieu d'innombrables meetings, conférences set banquets en notre honneur.

La municipalité de Madrid dans sa séance d'hier, fait parvenir au conseil municipal de Paris ses félicitations.

Enfin, au cours de ces six dernières journées, cette ambassade a reçu plus de deux milles lettres, télégrammes, messages et cartes de visite, et il

---

[1] Un partisan du comte de Romanones, ministre d'État, ancien et futur président du Conseil, marquant sa sympathie pour l'Entente.

[2] Le jaimisme correspond aux soutiens du prétendant de la branche aînée des Bourbons Jaime III au trône d'Espagne représentant l'un des derniers représentants du carlisme, ce courant traditionaliste espagnol ayant été l'objet de trois guerres au XIXe siècle (1833-1840 ; 1846-1849 ; 1872-1876).

semble que tous les consulats de France en Espagne aient également reçu un nombre considérable de félicitations. Les feuilles déposées à la porte de l'ambassade se couvrent de signatures.

CPC, Z-Europe, Espagne, 1918-1940, vol. 31 (86CPCOM/31).

193

M. GAUSSEN, MINISTRE DE FRANCE EN ARGENTINE,
À M. PICHON, MINISTRE DES AFFAIRES ÉTRANGÈRES.

T. n° 537. *Buenos Aires, 15 novembre 1918, 21 h. 30.*
Chiffré. Secret. (Reçu : le 16, 12 h.)

La victoire des [...][1] est depuis 3 jours célébrée d'une manière grandiose par la population de la capitale. La France a particulièrement été objet acclamations [...][2] population.

Sous la pression de l'opinion publique le gouvernement a déclaré fériée la journée du 14 novembre, pour une manifestation interalliée qui a remarquablement réussi ; à peine quelques incidents sérieux provoqués, semble-t-il, par des partisans du président de la République et qui ont amené mort d'hommes. Le mouvement contre le président de la République paraît s'accentuer et il en sera sans doute de lui comme de tous les gouvernements ayant plus ou moins lié partie avec l'Allemagne. Il pourrait être important à un moment donné que je fusse autorisé à faire état avec toute la discrétion nécessaire sur la provenance du document lui-même, de la communication visée dans la dépêche secrète de la sous-direction d'Amérique n° 57[3]. Le texte complet me serait nécessaire. C'est à M. Lareta, bien connu de Votre Excellence et qui mène la campagne contre le président de la République avec la probabilité d'être ministre des Affaires étrangères du nouveau gouvernement à qui j'aurais éventuellement l'intention de communiquer le document. Je ne le ferais d'ailleurs que si j'avais le sentiment que la publication dût en être décisive et dans le but d'avoir aux affaires un homme très dévoué aux intérêts français.

CPC, B-Amérique, Argentine, 1918-1940, vol. 3 (8CPCOM/3).

---

[1] Lacune de déchiffrement.
[2] Lacune de déchiffrement.
[3] Document non retrouvé.

194

N. Paris, 15 novembre 1918.

Examen des conditions de paix[1].

Aussitôt après l'exécution des clauses de l'armistice, il y aura lieu pour les Alliés d'arrêter en commun les conditions à insérer dans les préliminaires de paix, conditions qui détermineront les lignes générales de la paix.

La procédure à suivre par le gouvernement français paraît être de se livrer à un examen immédiat des conditions qu'il a le droit et le pouvoir d'imposer. Après adoption des principes généraux qu'il veut faire prévaloir, il y a lieu de s'entendre de suite avec l'Angleterre.

L'ajustement établi entre les deux pays leur permet ensuite de se présenter en toute sécurité à la Conférence qui se réunira à Versailles, aussitôt après l'arrivée du président Wilson, pour les échanges de vues et ententes entre les Grands Alliés.

Pour dissocier nos ennemis et empêcher toute entente, nous conclurons séparément avec eux, en leur imposant sans discussion latérale les préliminaires de paix ou les conditions d'abord arrêtés entre nous, préliminaires et conditions qui devront être approuvés par les parlements ou assemblées constituantes et les gouvernements des États intéressés.

Enfin, règlement final des questions par un Congrès, qui ratifiera l'ensemble des traités définitifs et conventions annexes conclus avec les belligérants et avec les États nouveaux constitués par les nationalités de l'ancienne Autriche-Hongrie, ainsi qu'avec la Pologne, la Roumanie et éventuellement les États formés sur l'ancien territoire russe.

A) Préliminaires de paix avec l'Allemagne

Il y a pour nous trois problèmes essentiels à résoudre pour concilier les garanties nécessaires et le droit des peuples :

1°) Garantie sur la rive gauche du Rhin (neutralisation militaire, sans intervention politique) ;

2°) Restauration de la Pologne complète (car elle est inconciliable avec la puissance de la Prusse) ;

3°) Futur régime de l'Allemagne conforme aux droits des peuples de s'organiser librement.

I.- Clauses territoriales

Ces stipulations indiqueront les nouvelles frontières de l'Allemagne, sous la forme de restitution des provinces que la Prusse avait indûment fait incorporer soit à son territoire, soit à celui de l'ex-Empire d'Allemagne.

---

[1] Il s'agit d'une note anonyme de la direction des Affaires politiques et commerciales, sûrement sanctionnée par l'autorité de Philippe Berthelot. Cette note fut rapportée de Paris par Paul Cambon vers Londres début décembre et servit à des discussions informelles avec les Britanniques et l'ambassade américaine. Voir *Papers Relating to the Foreign Relations of the United States. 1919. The Paris Peace Conference*, vol. 1, télégramme n° 10334 du 10 décembre 1918 du chargé d'affaires américain à Londres (Laughlin) au secrétaire d'État par intérim (Polk), p. 371-378.

a) Restitution à la France des provinces de l'Alsace et de la Lorraine enlevées à la France en 1815 et en 1871, avec les légères rectifications de frontière indiquées par le maréchal Foch (vallée de la Queich, du Rhin à Landau, prolongée par la ligne de faîte limitant au nord le bassin de la Sarre).

b) Remise à l'État reconstitué de Pologne des districts polonais de Prusse, de Posnanie et de Haute-Silésie, ainsi que de l'accès à la mer Baltique. (La Haute-Silésie, qui n'a plus appartenu à la Pologne depuis les temps modernes, doit lui être attribuée parce que polonaise, mais ne peut pas l'être à titre de restitution. Au même titre, tous les districts méridionaux de la Prusse orientale, qui sont de langue et race polonaises, bien que faisant partie du Duché historique de Prusse, successeur des chevaliers teutoniques).

c) Restitution au Danemark des territoires danois du Slesvig.

d) Rectification de la frontière belge dans la région de Malmédy.

e) Libération du statut économique du Luxembourg de toute attache avec l'Allemagne. (La situation du traité de Francfort qui a enlevé à la Compagnie française de l'est la gestion des chemins de fer du Luxembourg sera remplacée par une clause remettant à cette compagnie ladite gestion).

f) Cession par le gouvernement allemand de ses droits de souveraineté sur les possessions allemandes d'outre-mer.

g) Reconnaissance par l'Allemagne du protectorat de la France sur le Maroc dans toute sa plénitude, et avec la suppression de tous les droits dérivant pour l'Allemagne de l'Acte d'Algésiras et des autres traités.

h) Reconnaissance par l'Allemagne du protectorat de la Grande-Bretagne sur l'Égypte.

i) Reconnaissance par l'Allemagne des États constitués sur les territoires des anciens empires russes et austro-hongrois, sous la même forme et dans les mêmes conditions que les Alliés.

j) Abrogation du traité de Brest-Litovsk et de toutes les conventions conclues avec les autorités quelconques constituées sur ou au nom des territoires ou populations comprises dans l'ancien Empire russe, y compris la Finlande.

k) Abrogation du traité de Bucarest et de toutes conventions antérieures avec la Roumanie (un nouveau traité avec ce pays, sous la médiation des Alliés, n'étant pas nécessaire, puisque l'Allemagne n'a aucune frontière commune avec la Roumanie et qu'un traité conclu sous les auspices alliés paraîtrait vouloir exercer une sorte de protectorat sur la Roumanie).

l) Assurance donnée par l'Allemagne aux Alliés (sans les États-Unis) de son adhésion aux clauses qui lui seront communiquées des traités de Paix conclus entre les Alliés, l'Empire ottoman et la Bulgarie.

m) Cession par l'Allemagne aux Alliés par un arrangement à conclure dans les six mois de toutes les concessions accordées à des ressortissants allemands dans l'Empire ottoman.

II.- *Clauses de réparations, restitutions et garanties*

D'une manière générale, tous les dommages résultant de la guerre, soit dans les territoires alliés qui ont été occupés par les troupes allemandes et qui ont été l'objet de bombardements par la flotte ou les avions allemands, soit sur mer, du fait de l'action allemande, devront être réparés aux frais du gouvernement allemand.

Les États neutres pourront, sur leur demande, être admis au bénéfice de cette stipulation.

a) *Restitutions*

1°) L'Allemagne restituera à la France cinq milliards de francs, dont deux milliards en or, avec les intérêts composés (1871-1919).

Les deux milliards en or devront être payés dans le délai d'un mois.

Les trois milliards de francs en francs français ou en moyens de change acceptés par le gouvernement français dans le délai de six mois.

Les intérêts composés, pour la période 1871-1919, de cette somme de cinq milliards seront réglés en cinquante annuités.

2°) L'Allemagne rachètera, en francs sur le taux de conversion de 1 franc 25 pour un mark, les avoirs en marks provenant des Alsaciens-Lorrains (personnes publiques ou privées) ou Français prisonniers de guerre, internés, déportés ou habitants demeurés en pays envahis, tels qu'ils lui seront remis par le gouvernement français.

3°) L'Allemagne restituera à la France, dans le délai de trois mois, le montant des taxes, impôts, contributions de guerre, amendes prélevés pendant la guerre sur les particuliers et les collectivités.

Les réquisitions, expropriations, prestations en nature ou en service, seront réglées dans un délai de six mois.

4°) Restitution dans le délai d'un mois des espèces, titres, valeurs de toute nature, y compris livres de commerce, pièces de comptabilité, minutes, archives, etc.

5°) Restitution dans le délai de... en nature, à l'identique ou à l'équivalent, par substitution, des matières premières, matériaux, navires, outillage, objets fabriqués, objets d'art détruits ou enlevés au cours des hostilités (collections publiques et collections privées).

6°) Le gouvernement allemand devra prendre vis-à-vis de ses nationaux toutes les mesures qui lui seront indiquées par le gouvernement français comme susceptibles de faire opérer les restitutions visées aux articles précédents d'une façon rapide et complète.

b) *Réparations*

Matière à réparation

1°) La propriété bâtie et non bâtie, endommagée, ravagée ou détruite sera remise en état à la charge de l'Allemagne.

2°) Les objets mobiliers de toute nature, les valeurs, etc. enlevés ou détruits et dont la perte aura été admise par le gouvernement français – si l'équivalent ne peut pas être rendu aux termes de l'article V du Chapitre A – seront remboursés au prix de leur valeur de reconstitution contradictoirement fixée.

3°) Le montant des pensions résultant de la présente guerre sera payé par l'Allemagne jusqu'en 1975, au moyen de 56 annuités évaluées et calculées dans l'annexe N°…

Procédés de réparation

1°) L'Allemagne fournira la liste des avoirs de ses nationaux dans les pays étrangers. Sur ces avoirs, elle devra réquisitionner ceux qui lui seront indiqués par le gouvernement français, afin de les mettre à la disposition de celui-ci, comme moyen partiel de paiement.

2°) L'Allemagne fera connaître les commandes et options qu'elle possède à l'étranger, sur des matières premières, outillages, objets fabriqués de toutes sortes, et le gouvernement français pourra bénéficier de ces options et de ces commandes, dont le paiement sera assuré par l'Allemagne et lui sera compté au prorata, comme règlement.

3°) L'Allemagne renoncera à toutes les concessions qu'elle s'est fait donner chez ses alliés et chargera le gouvernement français de notifier cette renonciation comme il le jugera bon.

Elle dressera la liste des concessions existantes à son profit ou à celui de ses ressortissants dans les autres pays. Le gouvernement français se réservant le droit, avec l'agrément du concédant, de se substituer à l'Allemagne ou à ses ressortissants.

4°) L'Allemagne annulera toutes les mesures prises sur son territoire ou dans les pays administrés par elle pendant la guerre, au préjudice des Français (saisies, séquestres, liquidations forcées, expropriations, etc.) et réparera en argent, ou par d'autres procédés indiqués par le gouvernement français, le préjudice causé par ces mesures aux dits ressortissants.

5°) L'Allemagne supprimera toutes les mesures d'ordre légal ou administratif qui, du fait de la durée de la guerre, préjudicieraient aux ressortissants français, tels que termes des échéances, prescriptions sur titres et coupons, etc.

6°) L'Allemagne livrera à la demande du gouvernement français et aux points frontière désignés par celui-ci dans les limites des quantités maxima figurant à l'annexe N° …, un contingent de matières premières et de produits semi-ouvrés (houille, coke métallurgique, zinc, bois en grume et bois scié, sucre, etc.).

Le prix de ces matières et produits sera fixé chaque année par la commission prévue à ladite annexe N° … Ce prix, net de tous droits de douanes et impôts, sera imputé sur le montant des sommes dues par l'Allemagne à la France, en exécution des présentes dispositions.

c) *Garanties*

1°) Pour le paiement de la dette allemande, les États de l'Allemagne apporteront solidairement en gage les recettes de leurs douanes, ports, chemins de fer, canaux, mines, forêts, monopoles, etc.

L'Allemagne établira un droit de sortie sur les produits exportés, d'origine ou de provenance allemande. Ce droit sera payable en monnaie du pays destinataire. Le montant en sera directement remis, suivant une proportion à déterminer, aux gouvernements alliés créanciers.

2°) Une hypothèque spéciale sera établie sur les revenus perçus sur la rive gauche du Rhin (impôts généraux, douanes, chemins de fer, domaines, de toute nature).

3°) Une commission internationale contrôlera les recettes affectées au gage et assurera le paiement par l'ennemi aux époques fixées. Sa composition et son fonctionnement sont déterminés à l'annexe N°...

4°) En cas d'inexécution d'une des clauses ci-dessus ou de retard dans le paiement aux termes prévus, la commission internationale de la dette allemande aura la faculté de donner terme et délai avec ou sans intérêts moratoires, d'accorder des remises partielles ou totales, suivant ce qu'il en est dit à l'annexe N°...

D'autre part, des gages spéciaux (tels que douanes maritimes, ports, etc.) seront désignés qui, dans le même cas d'inexécution ou de retard, pourront être saisis effectivement à la requête de la commission internationale de la dette allemande, par les forces désignées à cet effet par les Alliés.

d) *Clauses diverses*

1°) Biens ennemis en France.

L'État français se réserve le droit de reprendre moyennant indemnité tous intérêts que des sujets ennemis auraient conservés sur le territoire français ou dans les pays de protectorat français et qui sont actuellement sous séquestre.

L'indemnité visée au précédent paragraphe sera à la charge du gouvernement allemand et viendra en déduction des sommes dues par ce gouvernement au gouvernement français, du chef de la Guerre.

2°) Biens français liquides en Allemagne.

Les liquidations de biens et intérêts français effectuées par application de la législation exceptionnelle de guerre seront, sur la demande de l'ancien propriétaire des biens, annulées et la situation rétablie telle qu'elle se comportait avant la guerre. Le propriétaire ne sera tenu, vis-à-vis du détenteur actuel même de bonne foi, qu'aux indemnités pour améliorations, fixées en cas de désaccord par le tribunal établi par l'article X. Si le propriétaire français accepte la liquidation, il peut en contester le prix devant le tribunal établi par l'article X... Les sommes provenant de la liquidation ou fixées par le tribunal seront payées à l'ayant-droit par l'intermédiaire de l'office de compensation et vérification, ainsi qu'il est prévu à l'article X.

III.- *Clauses économiques*

Ces clauses répondent à l'impossibilité de passer de suite de l'état de guerre à l'état de paix ; elles ont pour but d'instituer et de définir un état transitoire qui amènera à la ratification des préliminaires, date de la fin de l'état de guerre, et se terminera à la ratification du traité définitif de Paix, date du commencement de la paix.

a) Pendant cette période, les États alliés maintiendront le contrôle établi pendant la guerre sur les exportations, les importations et la navigation. Ce contrôle sera, d'un commun accord, réduit progressivement en vue de préparer la reprise complète de la liberté des transactions commerciales et de la navigation. Les gouvernements alliés conviennent de se servir, à cet effet, du Conseil allié des transports maritimes, de l'alimentation, des munitions et articles divers et des achats de guerre et des finances. Un accord spécial fixera les attributions de ces conseils pour la période de transition.

b) Les gouvernements alliés feront assurer, par les soins des Conseils alliés compétents, les importations en Allemagne des vivres et autres approvisionnement indispensables à la population allemande. À cet effet, le gouvernement allemand garantit la distribution équitable sur le territoire allemand des articles ainsi importés, et il place la flotte de commerce allemande sous la direction du Conseil allié des transports maritimes. Des délégués techniques allemands assureront la liaison entre les administrations allemandes et les conseils alliés où ils seront admis pour la discussion des affaires concernant l'Allemagne.

c) Ces stipulations seront communiquées aux États neutres.

d) Régime économique des territoires allemands occupés par les Alliés.

e) Fourniture de coke allemand aux hauts-fourneaux d'Alsace-Lorraine (qui sont alimentés par du coke de Westphalie, lequel n'est fabriqué que là).

IV. *Garantie générale*

a) En garantie de l'exécution des préliminaires de paix, occupation des territoires allemands.

b) Régime spécial militaire des territoires allemands de la rive gauche du Rhin.

B.- *Préliminaires de Paix avec la Bulgarie et la Turquie*

Les Alliés ont intérêt à brusquer la conclusion des préliminaires de paix avec l'Allemagne qui sont de nature à aider à la dissociation des États qui la composent.

Cela pose la question du régime futur de l'Allemagne.

Il faut prévoir, en effet, et l'on discerne, dès à présent l'antagonisme de la tendance centraliste (qui était celle de l'administration prussienne au service des Hohenzollern, des nationaux libéraux et des socialistes) et la tendance particulariste ou fédéraliste (qui était représentée par les dynasties et administrations des divers États secondaires et par les députés au Reichstag).

Notre intérêt est de favoriser le fédéralisme et probablement de lui fournir une expression par des élections au suffrage universel en aidant à la manifestation de divergences par les clauses du traité. Nous ne pouvons traiter en effet qu'avec une constituante élue librement au suffrage universel secret et direct.

Pour la Bulgarie également, nous avons un intérêt évident à hâter la conclusion des préliminaires de paix pour éviter l'intrigue bulgare et les manœuvres des bulgarophiles (encore nombreux parmi les intellectuels français, anglais, américains) et des Italiens (anti-serbes et anti-grecs).

Quant à la Turquie, il y a lieu de peser s'il n'est pas préférable de laisser au Congrès le soin de discuter le sort de ces nationalités. Traiter avec elle, c'est s'engager à maintenir l'Empire ottoman : les financiers le désirent et la préoccupation d'éviter ou de limiter les oppositions anglo-françaises nous y invite. Mais le régime turc a toujours, depuis un siècle, perpétué ses abus, ses crimes et ses causes de discussions entre les grands États civilisés que les Ottomans opposent adroitement les uns aux autres.

Il faut bien réfléchir avant de continuer cette politique et de perpétuer la question d'Orient ; on se fera des ennemis agissant parmi tous les représentants et avocats des populations tyrannisées ou massacrées par les Turcs : Hellènes, Arméniens, Syriens, Juifs. Résoudre de suite dans le sens conservateur le problème du maintien de la Turquie exposera à de vives attaques intérieures et limitera prématurément le programme du Congrès. Les intérêts réels que la France a dans l'Empire ottoman (intérêts pourtant moins vitaux que ceux qu'elle a en Europe) ne paraissent pas justifier une conclusion trop hâtive du traité avec la Turquie.

Où serait d'ailleurs le pouvoir qualifié pour ratifier au nom de la Turquie ? Ne vaut-il pas mieux que les Alliés règlent le sort des territoires compris dans l'ancien empire ottoman, sans s'encombrer d'une négociation avec celui-ci ?

C.- *Représentation des États*

L'entente préliminaire avec l'Angleterre doit porter également sur les questions préalables que pose la réunion des Alliés et le Congrès de la Paix.

a) *Question du nombre des délégués de chaque puissance*

Les précédents indiquent que ce nombre n'est pas obligatoirement le même pour chacun et est laissé au choix des Puissances qui se trouvent souvent placées à cet égard dans une situation différente.

C'est ainsi que l'Angleterre a dû prendre des engagements vis-à-vis de ses colonies et sera sans doute amenée à faire représenter par un délégué spécial le Canada, l'Australie et l'Afrique du sud : satisfaction peut lui être donnée à cet égard.

La France qui n'est pas placée dans les mêmes conditions, n'aura vraisemblablement qu'un nombre de délégués moins élevé, ce qui n'a aucun inconvénient puisque la représentation d'une Puissance est globale, que l'on votera par État (les Dominions votant avec la Grande-Bretagne) et que d'ailleurs l'on ne décide pas à la majorité des voix.

Il importe cependant de fixer un chiffre minimum et un chiffre maximum pour les différentes catégories d'Alliés.

Les grandes Puissances pourront avoir de deux à cinq plénipotentiaires, et les petites Puissances ne doivent en avoir que 1 ou 2. Les États en formation et les neutres un. Il est nécessaire, en effet, de limiter le nombre de délégués pour faciliter les négociations et éviter d'encombrer le Congrès.

Nous savons que les États-Unis auront quatre représentants (en dehors du président Wilson qui sera consulté mais en dehors du Congrès) M. Lansing, M. Baker, le colonel House et M. White.

b) *Question de la participation des puissances*

Cette question sera aisément résolue, d'après les principes et la nature des choses.

Les grandes Puissances arrêteront préalablement entre elles les décisions principales, la procédure du Congrès et l'ordre des travaux du Congrès.

Les plénipotentiaires des petites Puissances ne seront convoqués, en dehors des séances solennelles d'inauguration et de clôture, qu'aux séances ou dans les commissions traitant spécialement de leurs intérêts.

Les belligérants alliés sont en principe seuls qualifiés, et les ennemis ne seront pas appelés à négocier les conditions de la paix, que les Alliés arrêteront entre eux et leur imposeront.

Mais les États en formation et les neutres mêmes pourront faire présenter leurs vœux, exposer leurs revendications ou défendre leurs intérêts à des séances spécialement consacrées aux questions qui les concernent : ils ne devront avoir qu'un représentant.

D.- *Programme du Congrès*

D'une manière générale, il paraît pratique pour éviter de confondre le règlement de la guerre proprement dit, avec une organisation nouvelle du monde envisagée sous les espèces d'une Société des Nations, de diviser en deux séries les travaux du Congrès.

La première série visant le règlement de la guerre elle-même et la seconde l'acceptation générale aussi bien par les belligérants que par les neutres de stipulations de Droit public s'appliquant à tous les États et appuyés sur des garanties et sanctions positives.

a) *Règlement de la guerre*

Un certain nombre de questions devront être réglées directement entre les grandes Puissances, sans qu'un comité soit appelé à les étudier et à les discuter. C'est le cas par exemple des règlements qui intéressent la France et la Belgique : il ne serait pas concevable qu'en dehors des intéressés directs et des grandes Puissances les discussions fussent instituées en dehors des séances destinées à en consacrer les principes.

C'est le cas également des affaires coloniales : en réalité, l'Angleterre et la France y sont seules intéressées, et il ne paraîtrait pas admissible que l'Italie ou d'autres puissances y interviennent pour tenter d'arracher un avantage injustifié à la faveur de la discussion. Le Japon seul aurait quelques revendications à présenter mais il s'entendra directement avec son allié anglais.

Il n'y aura non plus pas de comité pour les stipulations d'indemnités. Parmi les États (en dehors des pertes résultant de torpillages, particulièrement importantes pour l'Angleterre) la France et la Belgique seules ont droit à des indemnités ; les États qui auront acquis leurs indépendances et ceux qui obtiendront comme l'Italie d'énormes agrandissements territoriaux, seraient mal fondés à réclamer des indemnités.

De même, pour les stipulations économiques et financières dont les chiffres seront arrêtés par des commissions intérieures (mais non par des comités internationaux) ; les modalités devant être déterminées par le traité de Paix, en vue d'éviter les discussions.

Les comités seront des commissions du Congrès composées de certains des plénipotentiaires mandatés par le Congrès, avec faculté de s'adjoindre des conseillers techniques n'ayant que voix consultative[1].

E.- *Commissions*

Ceci établi, il semble que l'ensemble des questions territoriales à résoudre peut être divisé entre les commissions suivantes :

a) *Comité des affaires polonaises*

Ce sera l'un des plus importants par la multiplicité et la difficulté des problèmes à résoudre avec tous les États voisins.

b) *Comité des problèmes russes*

(Ukraine, Grande Russie, Sibérie, Turkestan, Caucase, Crimée, etc.).

c) Il n'y a plus lieu de faire un Comité scandinave, la question du Slesvig devant être réglée isolément avec l'Allemagne. Celle de Spitzberg, directement par le Congrès, celles des îles d'Aland par le Comité baltique. En outre, on ne doit pas prévoir de comité comprenant obligatoirement des non belligérants.

d) *Comité des nationalités de la Baltique*

(Finlande, Estonie, Lettonie, Lituanie).

Question des frontières de ces États en formation avec la Russie et la Pologne.

e) *Comité des États issus de l'ancienne Autriche allemande*

(Tchécoslovaques, Yougoslaves, Magyars, Autriche allemande).

La liquidation des intérêts communs, dettes, chemins de fer, voies navigables, etc. imposent un comité spécial.

f) *Comité balkanique*

(Roumanie, Bulgarie, Grèce, Serbie, Albanie).

g) *Comité d'Orient*

(Empire ottoman, Question de Constantinople, Arménie, État arabe, Syrie, Perse).

h) *Comité d'Extrême-Orient et du Pacifique*

Il y a de nombreuses questions communes relevant à la fois de plusieurs comités. La question des frontières de la Pologne intéresse le Comité baltique, le Comité de Russie, le Comité de l'ancienne Autriche-Hongrie.

---

[1] Dans le texte, le sous-paragraphe a) intitulé « Règlement de la guerre » n'est pas suivi d'un sous-paragraphe b) censé traiter « des stipulations du Droit public s'appliquant à tous les États ». Celles-ci sont en fait traitées plus bas dans le document, lorsque sont mentionnées (p. 267) des commissions traitant de « questions internationales concernant aussi bien les non belligérants » : à partir du sous-paragraphe « i » du paragraphe « E ».

La question des frontières de la Roumanie intéresse le Comité des Balkaniques, le Comité de l'ancienne Autriche-Hongrie, le Comité de Russie.

La question du Caucase et des nationalités caucasiennes intéresse le Comité de Russie et le Comité du Levant, de même la question arménienne.

La question grecque intéresse le Comité des Balkaniques et le Comité du Levant.

La question de l'Ukraine intéresse le Comité de l'ancienne Autriche-Hongrie, le Comité de Russie et aussi (au moins pour la frontière) le Comité de Pologne.

On peut envisager des réunions communes de deux ou trois comités pour l'examen de ces questions mixtes.

Pour les questions internationales concernant aussi bien les non belligérants, on peut envisager les comités spéciaux suivants :

i) *Comité des affaires juives*

(Allemands et Hilfsverein, Juifs de Pologne, de Roumanie, de Palestine, d'Amérique, Sionisme, Ashkenazim et Sephardim).

j) *Comité de la navigation fluviale internationale*

(Rhin, Danube, Escaut, Elbe).

k) *Comité des chemins de fer internationaux*

(Chemins de fer du 45e parallèle, Adriatique à la Baltique, Bagdad, Transafricain du Cap au Caire et d'Alger au Cap).

l) *Comité du droit international* pour le principe de la *libre disposition des peuples*, combiné avec *le droit des minorités* ethniques et religieuses

m) *Comité de législation de Brevets et marques de fabriques*

n) *Comité de législation internationale du Travail*

(Grosse question qu'on ne peut négliger et dont on ne doit pas laisser l'initiative aux socialistes).

o) *Comité pour les sanctions contre les crimes commis pendant la guerre*

(Transgression du droit international, violences, incendies de villes, attentats et crimes contre les personnes et les propriétés).

Une entente préalable avec le gouvernement anglais sur le programme, l'ordre des travaux et la procédure du Congrès est également désirable, car s'entendre sur la manière de poser les questions en facilite beaucoup la solution.

Le comité qui étudiera les sanctions juridiques des violations du droit international paraît pouvoir comprendre aussi bien les neutres que les belligérants.

L'admission des vaincus au Congrès soulève les observations suivantes :

1°- En ce qui regarde le règlement territorial, l'Autriche-Hongrie est hors de cause puisque disparue ; au contraire, il y a lieu d'admettre de plain-pied les Tchécoslovaques et la Pologne, et à titre d'État en formation les Yougoslaves.

La Magyarie (ancienne Hongrie amputée des Slovaques, des Roumains et Transylvains, des Croates) et l'Autriche allemande ne doivent pas être admis, les inconvénients de fait résultant de leur représentation conduisant à les exclure.

Il doit en être de même de l'Allemagne, de la Bulgarie et à plus forte raison de la Turquie, dont il y a lieu d'envisager la *réorganisation complète avec intervention dans son régime* intérieur, ce qui est exclu en principe pour les autres États.

2°- La réorganisation de la Turquie semble devoir être traitée au titre du règlement territorial, bien qu'elle comporte des mesures plus complètes, c'est-à-dire qu'elle serait réglée uniquement par les belligérants victorieux.

3°- La question des voies fluviales et ferrées internationales bien que connexes aux règlements politiques et territoriaux et complétant les garanties à assurer aux Alliés devront être traitées par l'ensemble des États intéressés, y compris les neutres et les vaincus. Ceci soulève des difficultés car les stipulations introduites à ce sujet dans les préliminaires de paix, ne doivent pas être remises en question durant le Congrès universel ; une certaine limitation de la tâche de ce dernier doit être prévue.

4°- La question de la limitation des armements doit être traitée à la fois au point de vue des garanties unilatérales à prendre par les Alliés contre l'Allemagne, et au point de vue des engagements généraux à prendre par tous les États : il faut éviter que le Congrès n'affaiblisse l'efficacité des mesures spéciales prises contre l'Allemagne et que celle-ci ne cherche à y rouvrir la discussion la concernant.

Papiers d'agents, fonds Tardieu, vol. 296 (166PAAP/296).

195

Le Général Franchet d'Espèrey, Commandant en Chef des Armées alliées en Orient,
À M. Barrère, Ambassadeur de France à Rome.

L. *Salonique, 15 novembre 1918.*

Monsieur l'Ambassadeur,

Je profite du passage du colonel Bastien pour vous remercier de votre dernière lettre et de votre précieux concours.

Comme vous le savez cela ne va pas bien dans l'Adriatique. D'après le colonel, à Scutari les Italiens entreprennent une propagande sérieuse pour que la population du Monténégro se constitue en principauté indépendante sous le protectorat italien.

À Belgrade où j'étais la semaine dernière j'ai trouvé les esprits très montés. Le prince Alexandre m'a dit personnellement qu'il craignait que les fusils ne partent tout seuls : je me suis efforcé de les calmer. J'ai poussé une pointe à Scutari pour voir mes avant-postes et j'ai trouvé en Slavonie un enthousiasme au moins aussi grand qu'en Serbie. Tous les gens sérieux avec qui j'ai parlé sont pour un seul État yougoslave assez fort pour vivre de sa vie. Ce qui les irrite contre les Italiens c'est de les soupçonner de pousser à la constitution de 4 ou 5 petits États faibles parce que divisés.

J'ai trouvé le comte Karolyi et ses compagnons n'ayant rien appris. Tous Magyars ayant la prétention de conserver une Hongrie avec sa ceinture de tributaires et cela dans un pays en décomposition. Ils m'ont avoué n'avoir pas un homme à opposer aux incursions des Tchèques qui veulent libérer les Slovaques.

Plus de charbon, les Tchèques arrêtant les trains venant de Silésie, et le bolchevisme menaçant. Mackensen est très ennuyé. Si l'armistice ne l'avait englobé, je l'aurais obligé à déposer les armes avant quinze jours. Je ne sais pas du reste comment il va s'en aller avec les chemins de fer hongrois désorganisés et les peuples hostiles tchèques et polonais à traverser.

C'est une nouvelle retraite des 10 000.

L'armée des volontaires russes à Ekaterinbourg prend corps. Je corresponds avec elle, et lui envoie encore armes et munitions. C'est par elle que peut se faire la régénération de la Russie.

Essad Pacha est rentré et remis dans l'ombre avec raison. Son contingent n'a jamais rien valu, a coûté bien cher et ne m'a jamais rendu aucun service. Ces Albanais sont indisciplinés, toujours prêts à changer de parti. J'ai prévenu Paris de l'inexistence de ce contingent, ce qui a contribué je crois au rappel de Monsieur Krajewski.

Je vous prie, Monsieur l'Ambassadeur, de croire à mes sentiments dévoués de haute considération.

Papiers d'agents, fonds Barrère, vol. 2 (8PAAP/2).

196

M. LECOMTE, MINISTRE DE FRANCE À TÉHÉRAN,
   À M. PICHON, MINISTRE DES AFFAIRES ÉTRANGÈRES.

D. n° 103. *Téhéran, 15 novembre 1918.*

a.s. l'armistice et les Persans.

Si prévue qu'ait été la conclusion de l'armistice, la nouvelle, parvenue ici le 12, a été accueillie avec un enthousiasme qui a redoublé quand, le lendemain, cette légation a eu la bonne fortune, grâce au télégramme de Votre Excellence, de faire connaître, la première, les conditions de l'armistice qui nous ont révélé la profondeur de l'effondrement allemand.

Les Persans prompts à courir aux conclusions extrêmes voient dans cet événement l'équivalent de la paix définitive et, pendant que les commerçants se hâtent d'escompter la reprise tant souhaitée des affaires, le monde politique s'évertue à trouver le moyen de tirer des négociations qui vont s'ouvrir quelques-uns de ces avantages que la Perse convoite toujours sans jamais rien faire pour les mériter.

La Conférence de la Paix les fascine et j'ai déjà dit ce qu'ils en attendent. J'ai pu leur donner l'assurance que la Perse ne rencontrerait que du bon vouloir parmi les négociateurs de l'Entente, par contre je les ai mis en garde contre la tendance qu'ils ont à se réclamer, comme d'un mérite, de la neutralité qu'ils se vantent d'avoir « strictement observée ». Ils se proposent même d'envoyer des missions en Europe pour bien mettre en lumière ce titre à notre reconnaissance. Je leur ai conseillé de garder leurs missions chez eux, à moins qu'ils n'aient à se débarrasser, pour quelque temps, d'hommes politiques gênants à l'intérieur. « Elles vous coûteront cher, leur dis-je, et n'ajouteront rien aux dispositions favorables, ou indulgentes, ou intéressées des négociateurs ; elles risqueraient plutôt de les aliéner en attirant leur attention sur cette fameuse neutralité, qui n'eut pas, à beaucoup près, (nos gouvernements le savent) le caractère qu'on voudrait aujourd'hui lui attribuer. À peu d'exceptions près, vos cabinets de guerre ont pris parti visiblement pour les Allemands et les Turcs et nous avons dû intervenir plus d'une fois, sans succès du reste, pour les amener à interdire les préparatifs militaires que le gouvernement persan permettait à nos ennemis d'organiser ici contre nous, recrutant des soldats, les exerçant, faisant venir à Téhéran même armes et munitions.

Ne nous forcez pas à nous rappeler cela, non plus que la tentative faite ou tout au moins tolérée par un cabinet qui pourtant se flattait d'avoir la confiance de l'Entente, pour décider le Shah à partir avec les ministres des Puissances centrales, conspiration que nous eûmes grand peine à faire avorter ; non plus que l'hostilité à courte vue dont, pendant toute la guerre, vous avez persécuté la Russie d'abord puis l'Angleterre et, dans ces derniers temps, avec une passion toute particulière. Laissez-nous oublier votre admiration et vos encouragements à nos ennemis, laissez-nous les crimes des démocrates qui datent d'hier, leurs excitations qui amenèrent les sanglants massacres d'Ourmiah et par suite l'assassinat de Mgr Sontag avec ses missionnaires ; laissez-nous oublier aussi que le cabinet actuel nommé pour prendre le contre-pied des mesures de persécution dirigées par les démocrates contre les Alliés, les a toutes laissé subsister, notamment l'abolition décidée ou promise des traités qui lient la Perse à nos gouvernements ».

« Cela fait, observez en Europe, pendant les négociations l'attitude discrète qui convient à ceux qui n'ont pas partagé avec nous les épreuves de la guerre, faites nous voir, chez vous, cet attachement sincère dont vous nous parlez aujourd'hui et cela de façon à nous donner l'illusion qu'il fut tel pendant les quatre ans. Alors fiez-vous à la bienveillance dont l'Europe, la nôtre surtout, ne s'est jamais montrée chiche à l'égard de la Perse ».

L'Angleterre, de son côté, leur a promis, d'accord je pense avec nous, que, durant la période des délibérations où seraient envisagées les affaires de Perse, on pourrait appeler à titre consultatif, un délégué que la Perse désignerait à cet effet, soit en le choisissant parmi les diplomates persans résidant en Europe, soit en l'envoyant spécialement à cet effet.

CONFIDENTIEL

Vossough-ed-Douleh, en me communiquant ce renseignement m'a cité quelques noms de candidats à cet emploi, tous fort médiocres, à mon avis et n'y ayant d'autre titre que celui dont je parlais ci-dessus, l'ombrage que leur présence en Perse cause au gouvernement. Parmi les résidents d'Europe, il mentionna l'ancien régent, plus considéré, je crois, en Europe qu'il ne l'est dans son propre pays, et qui pourrait être de bon conseil. Mais j'ai cru deviner que l'homme à qui il serait le plus heureux de confier cette mission serait… lui-même.

Ce serait incontestablement le meilleur choix et l'on peut souhaiter que la politique intérieure lui permette cette absence, aucun des hommes politiques de la Perse ne possédant au même degré que Vossough-ed-Douleh les qualités d'esprit et de caractère propres à conquérir la confiance et la sympathie des Européens.

CPC, E-Asie, Perse-Iran, 1918-1940, vol. 24 (40CPCOM/24).

197

M. de Billy, Délégué général de la République française aux États-Unis,
  À M. Lebrun, Ministre du Blocus et des Régions libérées.

T. n°s 852-853 RX.   *New York, 15 novembre 1918.*

Influence de l'armistice sur la politique générale du War Trade Board.

Depuis la signature de l'armistice, je me suis efforcé de me tenir en contact particulièrement étroit avec le War Trade Board et le Département d'État. La rapidité des événements n'a pas permis à ces derniers d'arriver encore à des vues définitives, mais je n'en crois pas moins utile de vous indiquer dès maintenant les tendances générales que j'ai pu observer.

1°- *Solidarité avec les Alliés*

Le gouvernement américain m'a affirmé que sa solidarité avec les Alliés était aussi complète aujourd'hui qu'hier.

La collaboration doit rester d'autant plus étroite que nous allons tous avoir à lutter contre les appétits et les intérêts particuliers contre lesquels il sera désormais difficile d'invoquer les nécessités de la défense nationale.

2°- *Maintien de la politique générale de blocus*

Le War Trade Board est d'avis qu'il faut conserver intacte la force de notre armée économique et qu'il convient par conséquent de continuer en général la politique de blocus poursuivie jusqu'ici. Il estime donc qu'il y a lieu sauf exception de maintenir les accords existants avec les neutres, de continuer l'application du système des listes noires et de poursuivre les négociations en cours. Il vient d'envoyer des instructions dans ce sens à tous ses représentants en pays alliés ou neutres.

3°- *Crainte de l'extension du bolchevisme*

Comme je vous l'ai dit, le gouvernement américain se montre très inquiet des progrès du bolchevisme chez les Puissances centrales, les neutres et même les Alliés. On n'a pas hésité à me dire au War Trade Board que l'ennemi principal depuis la signature de l'armistice était, non plus l'Allemagne, mais le bolchevisme. Cette crainte semble augmenter rapidement et je la crois de nature à influencer d'une façon très sensible la politique du gouvernement américain.

4°- *Atténuation à apporter au blocus*

Le Président ayant en vue d'assurer l'ordre social en Allemagne, fait les déclarations que vous connaissez au sujet des facilités qu'il compte accorder à l'ennemi pour son alimentation ; le War Trade Board pense qu'il serait opportun d'autoriser la Hollande à fournir aux Puissances centrales les denrées qui ne trouveraient pas leur emploi immédiat dans les régions récemment libérées, et de permettre au Danemark de faire certaines expéditions limitées de produits alimentaires en Allemagne ; il envisage de même favorablement une demande que vient de lui présenter le ministre de Norvège.

5°- Nous n'accordons presque jamais de licence pour le commerce avec l'ennemi, tout au plus lorsqu'il s'agit de contrats en cours comme je vous l'ai déjà expliqué, et nous n'accorderons de dérogation que dans des cas exceptionnels tant que les lois sur le commerce avec l'ennemi resteront en vigueur.

6°- Nous sommes tout à fait d'accord avec le War Trade Board sur le rationnement général et je reviens ici à ce que j'ai dit sous le n° 4. Il faut également pouvoir tenir compte de tous les stocks existants et appartenant à l'ennemi ou aux maisons ennemies dans tous les pays du monde ; ces stocks devant rentrer dans le « pool » des produits comme les bateaux rentrent dans le « pool » des navires.

7°- Nous maintenons notre contrôle d'importation et d'exportation, de manière à empêcher un emploi immodéré du fret et des sorties de denrées qui appauvriraient le marché national. En ce qui concerne l'Espagne, je demande instamment qu'aucune importation ou exportation de ce pays n'ait lieu en dehors des conditions que nous avons posées, c'est-à-dire par l'entremise du Comité interallié de Madrid ; il ne faut pas que l'Espagne devienne un entrepôt où les Allemands pourraient puiser après la conclusion de la paix, et qui, en attendant, serait en dehors de notre contrôle.

8°- Nous maintenons provisoirement le contrôle postal et télégraphique.

En résumé, tous les organismes du blocus restent chez nous en fonction ; toutefois, leur but est, non pas de priver l'ennemi des ressources, mais de rationner proportionnellement aux besoins réels celles qui pourront lui être envoyées. Comme M. Denys Cochin vous l'a télégraphié dès le mois de juillet 1917, « le Blocus est devenue fonction du ravitaillement général ». Tant que le marché mondial n'aura pas repris son équilibre, il sera nécessaire de le contrôler et de le surveiller, non seulement pour permettre l'emploi le plus judicieux possible du fret et des stocks disponibles, mais pour assurer le repos du monde et empêcher la révolution.

Sous-Secrétariat d'État à la Présidence du Conseil,
fonds Jeanneney (5834TOPO).

198

M. Defrance, Ministre de France au Havre,
À M. Pichon, Ministre des Affaires étrangères.

T. n° 174. *Le Havre, 16 novembre 1918, 20 h. 30.*

(Reçu : 20 h. 10.)

Le gouvernement luxembourgeois vient de faire connaître au gouvernement belge que plusieurs socialistes ayant tenté de créer une agitation et des mouvements dans la population en faveur de l'annexion du Grand-Duché à la France, la Chambre luxembourgeoise a voté une motion déclarant que le Luxembourg ne désire pas être réuni à la France.

En me communiquant cette nouvelle, le secrétaire général du ministère des Affaires étrangères m'a dit que les agitateurs n'avaient eu aucun succès et ne pouvaient que créer des incidents fâcheux.

Il a ajouté que le gouvernement luxembourgeois avait, il y a quelques jours, demandé au gouvernement belge « sa protection et son appui » à la Conférence de la Paix et avait adressé une demande analogue au gouvernement des États-Unis. Le gouvernement luxembourgeois a également demandé au gouvernement belge de renouer le plus tôt possible les [relations] diplomatiques. Le comte Jehay qui était ministre de Belgique à Luxembourg étant mort il y a six semaines environ, le prince de Ligne (Albert, je crois) vient d'être désigné pour lui succéder. Il doit rejoindre son poste dès que les communications seront rétablies.

Cette dernière information qui m'a été donnée spontanément, répond à la demande formulée dans votre télégramme 490[1].

Télégrammes, Bruxelles, Arrivée, 1918, vol. 1201 (304QONT/1201).

199

M. BARRÈRE, AMBASSADEUR DE FRANCE À ROME,
À M. PICHON, MINISTRE DES AFFAIRES ÉTRANGÈRES.

T. n° 2757.   Rome, 16 novembre 1918, 21 h.

(*Reçu* : le 17, 0 h.)

Les principaux journaux se font ici l'écho des défiances inspirées à la presse française par le développement de la révolution allemande. Cela se conçoit. Rien de plus singulier que les péripéties de la démocratisation soudaine de l'Allemagne. La présence d'un souverain détrôné à proximité de la frontière, l'abdication successive et complaisante des princes allemands qui s'en vont en tirant poliment à leurs peuples un coup de chapeau sans qu'une goutte de sang soit versée, la formation à Berlin d'un gouvernement socialiste pour les besoins de la cause et l'édification du président des États-Unis, la présence à la tête des troupes du maréchal Hindenburg qui déclare que son armée n'est pas battue et donne à entendre qu'elle choisira son heure, tout cela est pour inspirer aux Alliés et surtout à nous-mêmes une solide défiance. Il y a trop de méthode dans tout ce désordre. La mentalité allemande ne change pas en un jour.

Télégrammes, Rome, Arrivée, 1918, vol. 4878 (304QONT/4878).

---

[1] Dans ce télégramme du 15 novembre 1918, Pichon demandait à Defrance : « Voulez-vous vous informer dans les mêmes conditions d'absolue discrétion sur les intentions du gouvernement belge pour son propre représentant à Luxembourg ? ».

200

M. Barrère, Ambassadeur de France à Rome,
   À M. Pichon, Ministre des Affaires étrangères.

T. n° 2758. Rome, 16 novembre 1918, 24 h.

(Reçu : le 17, 17 h.)

a.s. situation de l'Allemagne.

… l'effet de la défaite et de la faim[1]. Peu de temps s'écoulera avant qu'elle se ressaisisse. La nouvelle démocratie allemande « made in Germany » paraît vraiment trop faite pour l'usage externe. Après avoir combattu avec férocité et soutenu le régime impérial jusqu'à la déconfiture, elle tend les mains vers les coreligionnaires de l'extérieur, dans l'espoir qu'il s'en trouvera beaucoup pour ne […][2] reconnaître sous son nouveau masque. Contre de telles tendances, on ne saurait trop vigoureusement réagir. La nation allemande nous haïra pour l'éternité de toute la force de ses espoirs déçus et de ses appétits inassouvis. Elle nous sera plus redoutable encore sous une forme démocratique et unitaire. Nous ne devons rien omettre pour l'affaiblir et l'abaisser et établir contre elle une frontière inexpugnable.

CPC, Z-Europe, Allemagne, 1918-1940, vol. 264 (78CPCOM/264).

201

M. Pichon, Ministre des Affaires étrangères,
   À M. Allizé, Ministre de France à La Haye,
   M. Barrère, Ambassadeur de France à Rome,
   M. Cambon, Ambassadeur de France à Londres,
   M. Jusserand, Ambassadeur de France à Washington,
   M. Defrance, Ministre de France au Havre,
   M. Dutasta, Ambassadeur de France à Berne[3].

T. n°s 736 ; 3968 ; 5715 ; 3475 ; 499 ; 2187. Paris, 16 novembre 1918, 21 h. 30.

Chiffré.

Pour Londres, Rome, Washington, Le Havre, Berne :
J'adresse à M. Allizé le télégramme suivant :

---

[1] Suite du télégramme n° 2757 (voir document précédent). Visiblement, il manque quelques mots dans le déchiffrement du début du présent télégramme.

[2] Lacune de déchiffrement.

[3] Communiqué à Clemenceau, président du Conseil, ministre de la Guerre.

Pour tous les postes :

« Je réponds à vos télégrammes 716, 739 et 740[1] visant la situation juridique de l'Empereur d'Allemagne en Hollande et les intentions du gouvernement néerlandais.

Du point de vue du droit des gens la situation de l'Empereur d'Allemagne est la suivante :

1°- du fait de son abdication, il n'est plus fondé à se prévaloir d'aucuns privilèges ou droits internationaux reconnus aux souverains ;

2°- en tant que chef des armées allemandes, il doit être interné.

D'autre part, l'idée d'une demande d'extradition qui a été mise en avant, reste à examiner ».

Télégrammes, Washington, Départ, 1918, vol. 6360 (304QONT/6360).

202

M. Pichon, Ministre des Affaires étrangères,
  À M. Barrère, Ambassadeur de France à Rome,
  M. Cambon, Ambassadeur de France à Londres,
  M. Jusserand, Ambassadeur de France à Washington[2].

T. n°s 3967 ; 5716 ; 3474.   *Paris, 16 novembre 1918, 21 h. 30.*

Chiffré.

Pour tous les postes sauf Rome : j'adresse à M. Barrère le télégramme suivant :

Pour tous les postes : je réponds à votre télégramme 2749[3].

---

[1] Dans le télégramme n° 716 du 11 novembre 1918 (reçu le 12 à 11 h. 50), Allizé fait part de la surprise du gouvernement hollandais concernant l'arrivée de l'ex-Kaiser dans leur pays puisque ce dernier n'avait prévenu personne. Des décisions seraient prises dans un conseil de Cabinet le 12 novembre pour définir le statut juridique de l'ex-Kaiser. « Jusqu'à nouvel ordre, il sera traité en personnage de distinction » précise le télégramme. Le ministre néerlandais des Affaires étrangères était très gêné par cette présence mais assura qu'il suivrait les précédents du droit international. Dans les télégrammes n°s 739 et 740 du 14 novembre (reçus le 15 à 14 h. et 14 h. 10), Allizé indique que le séjour de l'ex-Kaiser ne serait pas long au château d'Amerongen. Le ministre français indique que l'ex-empereur fit preuve de « détachement » devant les événements récents. L'ancien Kaiser marqua surtout son intérêt pour la question du ravitaillement de l'Allemagne, jugée primordiale. Le gouvernement hollandais a jugé que par son abdication Guillaume II avait perdu son rang dans l'armée allemande et c'est pour cela qu'il n'avait pas été interné. En revanche, le Kronprinz dont la situation était plus confuse, a été interné au château de Swalden dans le Limbourg. Allizé s'est opposé à cet internement dans « une maison allemande aussi près de la frontière allemande ».

[2] Communiqué à Guerre et à Marine.

[3] Dans son télégramme n° 2749 du 15 novembre, Barrère expose que « le gouvernement italien ne serait fondé en aucun cas à trouver mauvaise l'occupation par les troupes alliées d'une ville qui ne lui appartient pas et qu'il n'a pas réclamée en 1915. » « Mais il se produit ici une dangereuse agitation que le gouvernement devrait décourager pour l'annexion de Fiume par l'Italie. [...] Je conseille donc de joindre une troisième alliée – Angleterre – dans l'organisation de la base d'opération dont le général Jullian aura la direction » précise Barrère.

Je ne vois que des avantages à ce que l'occupation de Fiume et des villes réservées aux Yougoslaves comprenne des troupes anglaises.

Nous avons été avisés d'ailleurs confidentiellement que le gouvernement italien a fait une démarche à Londres pour demander cette adjonction pour Fiume et Cattaro, et que le Foreign Office a acceptée, estimant qu'il ne pouvait refuser à l'Italie, sous la réserve que les troupes anglaises ne seraient jamais employées contre les Yougoslaves et en spécifiant que leur présence avait pour objet de maintenir l'ordre et de rendre plus net le caractère interallié de l'occupation.

Télégrammes, Washington, Départ, 1918, vol. 6360 (304QONT/6360).

203

M. Pichon, Ministre des Affaires étrangères,
 À M. Cambon, Ambassadeur de France à Londres,
 M. Jusserand, Ambassadeur de France à Washington,
 M. Barrère, Ambassadeur de France à Rome.

T. n°s 5710-5712 ; 3478-3480 ; 3971-3973.   *Paris, 16 novembre 1918, 23 h. 35.*

Chiffré.

L'ambassadeur d'Italie est venu, de la part de M. Sonnino, me demander que les troupes serbes n'entrent pas à Fiume, dans la crainte du contact avec la population italienne de cette ville. J'ai appris d'autre part que le général Diaz dirigeait vers Fiume (où le général Franchet d'Espèrey voulait installer une base franco-serbe de ravitaillement pour des raisons purement militaires), vers Cattaro, et vers Spalato, des brigades italiennes, de manière à assurer partout dans ces territoires (réservés cependant aux Yougoslaves par le traité de Londres du 26 avril 1915) la prépondérance et le commandement italiens.

D'autre part, les Yougoslaves multiplient leurs protestations contre l'occupation en force par les Italiens de toutes les régions yougoslaves. Le prince héritier de Serbie a saisi le général commandant les armées d'Orient de toute la question en l'informant que de forts contingents italiens dépassant la ligne de démarcation fixée par l'armistice, marchent sur Laybach pour l'occuper, sans tenir compte de la protestation des Yougoslaves, et qu'un conflit sanglant est fatal, la division yougoslave bien armée et organisée qui combat dans l'armée serbe étant décidée à s'opposer par la force à la progression italienne dans les territoires de Slavonie, et le haut commandement serbe étant contraint d'appuyer militairement ses frères de race.

Une telle situation n'est devenue possible que par suite de l'imprudence du gouvernement et du commandement italiens, qui, sur terre comme sur mer, a manqué de mesure dans son action, semblant traiter les Yougoslaves en pays conquis et ennemi.

Pour éviter des violences dont le scandale rejaillirait sur tous les Alliés, il faut en revenir aux principes de bon sens et de droit inscrits dans l'armistice avec l'Autriche-Hongrie.

Tous les territoires dont l'occupation a été prévue doivent être occupés par des contingents appartenant aux Alliés et aux États-Unis. On calmera l'excitation des Yougoslaves en restant fidèle à ce principe qui ménage tous les droits : l'occupation doit être partout mixte (contingents italiens, anglais, français, américains, serbes).

Pour tenir compte du traité de Londres, les Italiens auront le commandement dans les territoires leur revenant d'après ledit traité, et les autres Alliés auront le commandement dans les territoires yougoslaves. La prudence voudrait même que les Italiens ne participent pas à l'occupation des territoires yougoslaves, de même que les Serbes soient exclus des territoires réservés à l'Italie. Mais sur ce point qui risquait de blesser l'amour-propre italien, une atténuation est possible.

Je vous prie de demander d'urgence au gouvernement anglais, américain, italien, de se rallier à ces principes.

Télégrammes, Washington, Départ, 1918, vol. 6360 (304QONT/6360).

204

M. Dard, Chargé d'Affaires de France à Madrid,
À M. Pichon, Ministre des Affaires étrangères.

D. n° 415. *Madrid, 16 novembre 1918.*

Confidentiel.

a.s. l'évolution de l'esprit public en Espagne.

Les derniers événements européens, dont la rapidité a été foudroyante, ont provoqué en Espagne, chez le souverain, dans le gouvernement et dans les différents partis politiques une brusque évolution dans les idées, qu'il est essentiel de noter.

Jusqu'ici les Empires centraux apparaissaient dans ce pays, comme la garantie fondamentale de l'ordre monarchique en Europe, comme la base même sur laquelle reposaient les trônes, la religion et le principe d'hérédité ; l'empereur d'Autriche était le plus puissant protecteur du Vatican et le Centre catholique allemand était le groupe politique préféré du Saint-Père. Au contraire quelle que fût notre prudence, nous apparaissions comme la source de toute révolution, politique et religieuse et les monarchies libérales, comme l'Italie ou l'Angleterre, n'étaient guère moins suspectes pour les conservateurs espagnols intransigeants.

Ces dispositions expliquent l'opposition sourde, l'hostilité à peine dissimulée que l'aristocratie et les classes riches, malgré les profits qu'elles retiraient de nous, n'ont cessé de nous témoigner au cours de la guerre ; elles expliquent aussi presque entièrement la neutralité obstinée du roi et du gouvernement.

La révolution qui vient de se produire dans les Empires centraux à l'imitation de la révolution russe a eu pour les conservateurs espagnols beaucoup plus d'importance que la défaite même de ces États. Aux trois empereurs, des Républiques ont succédé et ces Républiques qui n'éviteront pas les désordres sanglants, paraissent devoir aller jusqu'aux extrêmes limites de la démocratie ou plutôt du communisme. Au contraire, les pays de l'Entente présentent l'image la plus parfaite de l'ordre qui n'exclut aucune réforme raisonnable mais assure la stabilité.

Dans ces conditions, on peut voir en Espagne les partis révolutionnaires extrêmes s'éloigner lentement de nous ; les bolcheviks russes donnent maintenant le ton ; ils ont créé un antre et un journal à Barcelone ; le député socialiste Beistero a déclaré dernièrement aux Cortes que si l'Allemagne entrait franchement dans la voie de la Révolution, il deviendrait germanophile.

Bien plus sensible est l'évolution qui s'est produite chez les conservateurs et chez le roi lui-même. « Il n'est plus question de République ou de Monarchie, m'a dit le roi, mais de l'Ordre en Europe ». Dans cette disposition d'esprit l'existence de son trône doit lui paraître bien précaire. « J'irai aussi à gauche qu'il le faudra », a-t-il encore ajouté.

Quant au gouvernement, il sent que par la police de la frontière, nous pouvons agir de plus en plus activement sur son existence ; que celle-ci dépendra bientôt de la grande République voisine ; et, comme une révolution en Espagne s'attaquerait non moins aux biens qu'aux personnes, les conservateurs espagnols se trouvent dans la nécessité, qui doit leur paraître bien triste, de n'espérer qu'en nous. Leurs félicitations, après quelques jours de réflexion, commencent à arriver en masse à l'ambassade. Nous devenons pour eux le seul gendarme possible et, si j'ose dire, le garde républicain.

CPC, Z-Europe, Espagne, 1918-1940, vol. 31 (86CPCOM/31).

205

M. Jusserand, Ambassadeur de France à Washington,
 à M. Pichon, Ministre des Affaires étrangères.

T. n° 1670. Washington, 16 novembre 1918, s.h.

Urgent.

Suite à mon télégramme 1659[1] :

Agissant d'après les instructions que le Président m'avait dit qu'il lui donnerait, le secrétaire d'État a notifié au Docteur Solf, en répondant à son appel, que toute communication allemande devrait être adressée désormais, non pas aux États-Unis en particulier, mais à tous les Alliés.

Le fait est rendu public ce matin.

Papiers d'agents, fonds Jusserand, vol. 52 (93PAAP/52).

206

M. Conty, Ministre de France à Copenhague,
 à M. Pichon, Ministre des Affaires étrangères.

T. n° 679. Copenhague, 17 novembre 1918, 19 h. 10.

(Reçu : le 18, 17 h. 15.)

Le chef sioniste germanophile Jacobson (est) revenu de Berlin à Copenhague après avoir voyagé de Berlin à Warnemunde dans une automobile mise à sa disposition par le gouvernement allemand. Il me fait savoir que le grand Rabbin de Turquie Haim-Nahum se trouve actuellement à La Haye et désire se rendre en Amérique pour y faire de l'agitation [afin que] la Palestine reste turque et que la France soit écartée de la Syrie. Au cas où il ne pourrait aller aux États-Unis ce grand Rabbin s'efforcerait d'attirer aux Pays-Bas M. Morgenthau qui fut ambassadeur des États-Unis à Constantinople. M. Jacobson fait maintenant du zèle à notre égard. Les sionistes s'efforcent d'obtenir des Alliés l'envoi de vivres en Allemagne de peur que l'anarchie ne s'accentue en Pologne et en Lituanie.

Télégrammes, Copenhague, Arrivée, 1918, vol. 1712 (304QONT/1712).

---

[1] Voir document n° 187 du 14 novembre 1918.

207

M. Pichon, Ministre des Affaires étrangères,
  À M. Cambon, Ambassadeur de France à Londres,
    M. Jusserand, Ambassadeur de France à Washington,
    M. Barrère, Ambassadeur de France à Rome,
    M. Dutasta, Ambassadeur de France à Berne[1].

T. n°s 5866 ; 3528 ; 4003 ; 2212.   *Paris, 18 novembre 1918, 14 h. 55.*

Chiffré.

À la suite des nouvelles données par les journaux au sujet du vote de « l'Assemblée nationale » de l'Autriche allemande, visant l'entrée de cette dernière comme État confédéré dans la République allemande, je fais donner à la presse le thème suivant :

Sans préjuger de l'attitude définitive que les Alliés pourront adopter en face du problème de l'Autriche allemande, il y a lieu de remarquer :

1°- Que l'Autriche allemande ne peut s'entendre que des provinces des Alpes, les pays de Sudètes faisant irrévocablement partie de la République tchécoslovaque (sans l'aide de laquelle ils mourraient de faim dès à présent) ;

2°- Que l'Assemblée nationale n'est pas qualifiée pour exprimer valablement la volonté de l'État allemand des Alpes, car elle est formée de députés, élus il y a plus de 8 ans, dans des conditions politiques tout autres qu'aujourd'hui et par un mode de suffrage artificiel ;

3°- Qu'il faudrait tout d'abord que l'Assemblée fût élue librement à un suffrage universel sincère, dans des conditions redevenues normales, pour prétendre traduire valablement la volonté nationale.

En fait, une telle assemblée ne pourrait être élue que dans plusieurs mois, les éléments nationalistes allemands, que favorise la loi électorale actuelle, auront chance de n'y plus prévaloir. Les États tchécoslovaque et yougoslave auront pu examiner et peut-être fixer d'accord leur situation économique vis-à-vis de l'Autriche allemande.

Enfin, le sort de l'Allemagne sera alors connu, les charges qui pèseront sur elle exactement évaluées. Actuellement, la prétention des soi-disant représentants de l'Autriche allemande n'est qu'une simple manifestation d'idéologie nationale.

Télégrammes, Washington, Départ, 1918, vol. 6360 (304QONT/6360).

---

[1] Communiqué à Guerre, à Marine et à Groupe Avant de l'État-Major de l'Armée.

208

M. Regnault, Chargé d'Affaires de France à Vladivostok,
à M. Pichon, Ministre des Affaires étrangères.

T. n°s 114-115. Vladivostok, 18 novembre 1918, 16 h. ; 16 h. 15.

(Reçu : le 19, 10 h. 20.)

Le général Boldyrev m'a parlé hier et il a répété l'assurance qu'il ne prendrait aucune mesure concernant la réorganisation de l'armée avant d'avoir conféré avec le général Janin pour lequel il prépare une documentation. Le général est en relations avec le général Doutov, commandant des cosaques d'Orenbourg, qui obéit à ses ordres et aussi avec les cosaques de l'Oural. Il sait que le secours prévu [...]¹ état-major des troupes du général Alexeieff marche et d'accord avec les Alliés ; mais il n'en a pas de copie directe. On lui a dit également que le général Chtcherbatchef avait formé une armée sur la frontière autrichienne et sans doute cette armée est en relations avec nos troupes à Odessa si vraiment le débarquement a eu lieu².

Suivant Boldyrev, des efforts concertés avec les Français seraient décisifs au bout de quelques semaines. Dans deux mois la jeune armée russe sera entraînée, équipée et en mesure de tenir le pays, mais actuellement la situation est critique puisqu'il n'y a plus de cartouches dans les dépôts et qu'en face les bolcheviks sont munis d'un matériel moderne, tandis que l'armée russe et des Alliés ne dispose que de 500 canons pour la plupart démodés et d'un petit nombre d'obus. Sans appui effectif de la France, la résistance ne saurait se prolonger.

Au point de vue politique, le généralissime ne se dissimule pas les difficultés de la situation. Le gouvernement provisoire est décidé à se maintenir dans sa ligne de conduite actuelle, loin des bolcheviks de droite et de gauche. Mais il a besoin de beaucoup de prudence et de fermeté, notamment avec les officiers dont beaucoup [...]³ toute occasion de manifester en faveur de l'ancien régime.

Le gouvernement provisoire veut écarter l'armée de la politique ; il veut reconstruire une Russie unie, ordonnée et forte, il échouerait si les Alliés et surtout la France ne l'aident pas dans cette tâche et s'ils entendaient établir un parallélisme entre les formes organisées dans le Sud sous l'autorité de Denikine et le gouvernement d'Omsk. Ce serait faire naître des divisions et non restaurer la Russie. Le gouvernement provisoire n'entend pas rester cristallisé dans sa forme actuelle ; au contraire, son programme est de faire l'union, par conséquent de s'adjoindre des hautes personnalités russes et de compétence nécessaire.

La France voudra faire confiance aux hommes de bonne foi qui ont groupé derrière eux toutes les organisations avec lesquelles ils sont entrés

---

¹ Lacune de déchiffrement.
² Le débarquement français à Odessa ne se produira que le 17 décembre suivant.
³ Lacune de déchiffrement.

en contact. Ce n'est pas l'intérêt des Alliés que d'abandonner la Russie à son sort, c'est-à-dire au bolchevisme triomphant. Sans intervenir dans des luttes politiques la France ne doit pas permettre que la Russie déchirée se place sous l'influence allemande.

CPC, Z-Europe, Tchécoslovaquie, 1918-1940, vol. 16 (116CPCOM/16).

209

M. Boppe, Ministre de France à Pékin,
   À M. Pichon, Ministre des Affaires étrangères.

T. n° 694. *Pékin, 18 novembre 1918, 18 h. 05.*

(Reçu : 22 h. 15.)

Représentation de la Chine au Congrès de la Paix.

Le ministre des Affaires étrangères annonce qu'il partira pour l'Europe le 23 de ce mois, le président de la République exprimant le désir de le voir se rendre aussitôt que possible en France ou en Angleterre afin de se tenir prêt à figurer en qualité de premier plénipotentiaire de la Chine au Congrès de la Paix. Le ministre de Chine à Paris a reçu pour instruction de demander au Département toutes les indications utiles pour permettre au gouvernement chinois de constituer sa représentation. Dès maintenant il paraît certain que M. Lou Tseng-Tsiang sera accompagné de M. de Codt conseiller belge au Wai Kiao Pou[1].

En raison de l'importance qu'attachent les Chinois au Congrès de la Paix auquel ils entendent demander l'abolition de tous les privilèges accordés par le traités aux étrangers en Chine, je serais reconnaissant à Votre Excellence de me faire savoir s'il est dans les intentions du gouvernement de la République que la Chine y figure et dans l'affirmative sous quelles conditions elle y sera admise.

CPC, A-Paix, 1914-1918, vol. 28 (4CPCOM/28).

210

M. de Fleuriau, Chargé d'Affaires de France à Londres,
   À M. Pichon, Ministre des Affaires étrangères.

D. n° 1443. *Londres, 18 novembre 1918.*

Par courrier. Confidentiel.

Au cours de ma visite d'aujourd'hui j'ai remis à Lord Robert Cecil la note de Votre Excellence relative aux accords franco-britanniques de 1916 et lui

---

[1] Le ministère chinois des Affaires étrangères.

ai fait connaître vos suggestions tendant à éviter des conflits entre Italiens et Yougoslaves par l'emploi de troupes mixtes d'occupation, les Italiens ayant le commandement dans la zone qui leur a été attribuée par le Traité de 1915 et les autres Alliés le commandement hors de cette zone en ex-Autriche-Hongrie.

À ce propos, Lord Robert Cecil m'a dit qu'à son avis le traité de Londres entre l'Italie et les Alliés pourrait être et serait probablement révisé par la Conférence des Alliés.

Il considère tous les accords conclus pendant la guerre et en vue de la paix comme soumis à l'appel du Congrès final.

Ce n'est là que l'opinion personnelle de Lord Robert Cecil dont l'influence sur le gouvernement britannique ne paraît pas se développer depuis quelques jours.

Télégrammes, Londres, Arrivée, 1918, vol. 2697 (304QONT/2697).

211

N. Paris, 18 novembre 1918.

Note de M. Fromageot, jurisconsulte.

1. En principe, l'internement en pays neutre ne s'applique pas aux déserteurs et prisonniers de guerre évadés. Pendant la guerre cette règle a été rappelée notamment au cours de notre correspondance avec les Pays-Bas et le Danemark.

2. Mais, lorsqu'un fugitif militaire est un des chefs d'une armée belligérante, qu'il a un caractère politique personnel, qu'aucun acte public de renonciation n'a été dûment notifié ni rendu public, que l'attitude prise par ce fugitif correspond à tout un système de conduite politique d'un parti – alors il ne s'agit plus seulement pour l'État neutre de ses devoirs de neutre en ce qui concerne l'entrée des belligérants sur son territoire, mais de l'obligation de veiller à ce que ce territoire ne serve pas de base d'opérations contre l'autre belligérant et qu'on n'en use pas pour organiser soit une résistance, soit des hostilités, soit en général une action quelconque contraire aux intérêts de l'autre belligérant. En pareil cas, l'État neutre a le devoir d'exercer une surveillance particulière, et d'imposer au fugitif en question toutes les mesures nécessaires pour le mettre hors d'état de se livrer à aucun acte hostile.

Telles sont les règles qui me paraissent devoir être appliquées aussi bien au grand Duc de Mecklembourg Schwerin[1] au Danemark qu'à tous autres

---

[1] Frédéric-François IV, grand-duc de Mecklembourg Schwerin, abdique le 14 novembre 1918 et, interdit de séjour sur son ancien fief, doit se réfugier au Danemark dont le roi est son beau-frère. Il sera autorisé à rentrer en 1919 et récupérera une partie de ses propriétés.

souverains et demi-souverains ennemis se réfugiant actuellement en pays neutre.

CPC, Z-Europe, Allemagne, 1918-1940, vol. 25 (78CPCOM/25).

212

Le Lieutenant-Colonel Bernard, Attaché militaire à la Légation française à Lisbonne,
  À M. Clemenceau, Président du Conseil, Ministre de la Guerre.

D. *Lisbonne, 18 novembre 1918.*

La conclusion de l'armistice sanctionnant la victoire des Alliés a été saluée à Lisbonne par des manifestations d'enthousiasme tranchant sur l'indifférence dont la masse des Portugais avait témoignée jusqu'à présent pour les choses de la guerre. De nombreux cortèges ont circulé, affirmant bruyamment leur sympathie devant les établissements alliés, notamment devant la Légation de France et les diverses maisons françaises. Depuis, la ville reste pavoisée ; beaucoup de drapeaux français à côté du pavillon national.

Au dîner, suivi de représentation de gala, donné par le président de la République aux ministres alliés et aux missions militaires, Sidónio Païs s'est montré particulièrement aimable pour moi et pour mon collègue l'attaché naval, conversant longuement avec nous et nous assurant de son admiration et de son estime sans bornes pour la France. Il a fait, nous assura-t-il, depuis qu'il est au pouvoir, tout ce qu'il lui a été humainement possible de faire pour la cause commune. Sous les phrases de convention et le cabotinage habituel, se trahit la stupeur de l'ancien ministre à Berlin (où il a passé cinq ans), pénétré de la force et de l'invincibilité de l'Allemagne, assistant maintenant à l'écroulement de ses anciens amis. Visiblement, il cherche à faire oublier son admiration pour nos ennemis et sa tiédeur pour nous, en nous couvrant aujourd'hui de fleurs et en s'efforçant de démontrer qu'il a toujours cru au triomphe de notre cause et à la chute fatale du « colosse aux pieds d'argile ». Visiblement aussi, pareille tâche est au-dessus de ses moyens, si malin soit-il.

Les autres membres du gouvernement ont, naturellement, emboîté le pas du Président. Le Dr Egas Moniz, ministre des Affaires étrangères et candidat à la future présidence du Conseil (après la dictature), qui fut germanophile notoire, a trouvé lui aussi son « chemin de Damas », et a failli pleurer d'attendrissement en me félicitant pour la victoire commune. Nous n'avons pas aujourd'hui de plus chaud partisan. Les ministres de la Guerre et de la Marine se sont également montrés pleins d'enthousiasme et de bonnes dispositions pour l'Entente. Bref nous n'avons plus ici que des amis.

L'effet le plus immédiat de la victoire aura peut-être été de raffermir la conscience nationale contre le péril bolchevik depuis plusieurs mois menaçant. Le gouvernement poursuit d'ailleurs, à cet égard, une politique énergique ; de nouvelles arrestations viennent d'être faites, dans l'armée notamment, et tout fait supposer que tout danger d'agitation soviétiste est pour le moment écarté.

CPC, Z-Europe, Portugal, 1918-1940, vol. 15 (107CPCOM/15).

213

M. Pichon, Ministre des Affaires étrangères,
À M. Claudel, Ministre de France à Rio de Janeiro.

T. n° 769. Paris, 19 novembre 1918, 20 h. 20.
Chiffré.

Je réponds à votre télégramme 1121[1].

Je vous recommande une grande prudence dans vos conversations au sujet de la représentation du Brésil au Congrès de la Paix et en France. Les conditions dans lesquelles les différents États participeront aux négociations n'ont pas encore été arrêtées entre les Puissances.

Le Brésil est un belligérant théorique ; il n'a nullement été invité à la conférence interalliée de Versailles et il ne peut être question de lui faire représenter l'Amérique du Sud. Les complications présentées par le règlement des questions européennes sont trop multiples pour y mêler activement des États qui n'ont rien à y voir : ce n'est qu'au titre de la Société des Nations et pour des questions d'ordre économique que le Brésil pourrait être admis à quelques-unes des discussions. Une décision à cet égard ne sera, d'ailleurs pas prise avant quelques semaines.

De même je ne puis vous approuver d'avoir présupposé les intentions du gouvernement français à l'égard du ministre du Brésil à Paris, de telles confidences et ouvertures ne restant jamais secrètes et risquant de susciter d'inutiles difficultés.

Abstenez-vous rigoureusement de toute allusion à ce sujet.

CPC, A-Paix, 1914-1918, vol. 287 (4CPCOM/287).

---

[1] Voir document n° 190 du 15 novembre 1918.

214

M. Pichon, Ministre des Affaires étrangères,
  À M. Barrère, Ambassadeur de France à Rome,
  M. Cambon, Ambassadeur de France à Londres,
  M. Jusserand, Ambassadeur de France à Washington,
  M. Dard, Chargé d'Affaires à Madrid,
  M. Dutasta, Ambassadeur de France à Berne,
  M. Defrance, Ministre de France au Havre.

T. n°s 4043 ; 5938 ; 3576 ; 1355 ; 2233 ; 520.   *Paris, le 19 novembre 1918.*

Chiffré.

L'ambassadeur d'Espagne m'a entretenu d'une démarche émanant d'un groupement autrichien qui s'intitule « Gouvernement de l'État austro-allemand ». Ce groupement a demandé à être reconnu et à entrer en relations diplomatiques directes avec l'Espagne ainsi qu'à utiliser les missions diplomatiques espagnoles pour représenter ses intérêts à l'étranger.

Pour apprécier cette demande et répondre au gouvernement espagnol, il faut se placer dans la situation de fait où les Alliés se trouvent par rapport à la monarchie austro-hongroise. Ils ont conclu avec cette monarchie un armistice dont les clauses sont en cours d'exécution. Tant que l'armistice n'est pas complètement exécuté, les Alliés ne sauraient admettre qu'une partie de l'État austro-hongrois (à l'exception de l'État tchécoslovaque antérieurement reconnu par eux) veuille imposer la modification de son statut international et par là se dérober en ce qui le concerne aux responsabilités globales assumées par l'ensemble de l'État. Les Alliés n'ont pas même voulu reconnaître, avant l'exécution de l'armistice un État yougoslave, dont cependant les aspirations à l'indépendance ont toutes leurs sympathies, mais ne peuvent être valablement examinées, qu'au cours des négociations de paix, où les principes de libre disposition des peuples seront pris en considération de manière à déterminer le nouveau statut de l'Europe centrale.

J'ajoute que les populations allemandes réunies autour de leur capitale, Vienne, qui ont eu la principale responsabilité de la guerre faite par l'Autriche-Hongrie, peuvent moins que toutes autres tenter de se soustraire aux charges consécutives à la défaite, en tentant de se désolidariser de l'ancien gouvernement impérial en s'appuyant sur les principes de liberté des Alliés.

C'est dans ce sens que je réponds à l'ambassadeur d'Espagne.

Télégrammes, Londres, Départ, 1918, vol. 3056 (304QONT/3056).

215

M. Barrère, Ambassadeur de France à Rome,
  À M. Pichon, Ministre des Affaires étrangères.

T. n°s 2808-2809.　　　　　　　　　Rome, *20 novembre 1918, 21 h.*

Secret.　　　　　　　　　　　　　　　　(Reçu : le 21, 5 h. 15.)

Jugement de M. Sonnino sur la démocratie allemande.

Il est un sujet grave sur lequel M. Sonnino est en divergence avec certains Alliés et particulièrement avec les États-Unis, je dois dire qu'à ce propos je suis entièrement de son avis. L'indulgence témoignée par certains à la démocratie allemande est jugée par lui dangereuse et d'une candeur incroyable.

Croire que l'Allemagne peut changer d'âme en un tour de main c'est méconnaître le sens élémentaire des choses, c'est tomber dans une erreur dont les ennemis européens de l'Allemagne subiraient les conséquences à une époque peu éloignée. Croire que l'Allemagne ne va pas se préparer demain de toutes ses forces concentrées à la revanche, c'est méconnaître son tempérament, ses ressources naturelles. Ne pas la bâillonner serait de la part de ses adversaires un acte d'inconscience déplorable.

Mais il est une erreur bien plus grande encore, c'est de penser que la forme démocratique de l'Allemagne soit une sauvegarde pour les Alliés. Le contraire est la vérité : la démocratie germanique est essentiellement unitaire. Les Alliés ont intérêt à ce que l'Allemagne soit divisée, mal gouvernée, affaiblie par le particularisme dont les princes allemands sont imbus. Les institutions démocratiques en faisant table rase de tout cela resserrent l'unité et attireront à elles les éléments allemands qui ne font pas partie de l'Empire. La démocratie peut trouver aussi en elle-même des forces inconnues et une foi redoutable dans ses destinées.

Il est à prévoir d'ailleurs qu'elle sera toujours d'essence impérialiste. Les scènes qui se déroulent en Allemagne tendent à le démontrer. Les rouages bureaucratiques et militaires demeurent au service de la pseudo-république ; les gouverneurs militaires et bureaucrates font peau neuve.

Au fond leur mentalité, leurs procédés, leurs desseins restent les mêmes.

Ces puissantes critiques tombent d'aplomb, sans le nommer, sur M. Wilson, elles pourraient être méditées par ceux auxquels la tragédie d'où sort le monde, l'évidence des faits, l'histoire enfin, n'apprennent rien.

CPC, Z-Europe, Allemagne, 1918-1940, vol. 264 (78CPCOM/264).

216

M. Pichon, Ministre des Affaires étrangères,
  à M. Cambon, Ambassadeur de France à Londres.

T. n° 5974.   Paris, 20 novembre 1918, 22 h. 05.
  Fil spécial.

M. le Ministre de l'Agriculture appelle mon attention sur la question urgente de la collaboration des Alliés à l'œuvre de reconstitution agricole des régions, françaises ou étrangères, victimes de l'invasion.

Les besoins considérables de ces territoires seront satisfaits d'autant plus rapidement et d'autant plus équitablement que les pays alliés ou associés s'accorderont d'une façon plus étroite pour se répartir la charge de procurer aux agriculteurs intéressés les produits qui leur sont indispensables (bestiaux, chevaux, machines, matériaux de construction, denrées d'alimentation animale, etc.). Ils doivent s'inspirer à cet égard de l'exemple des comités interalliés qui fonctionnent pour le ravitaillement, en mettant en balance les ressources et les besoins de chacun d'eux et en dégageant de cette comparaison la proportion dans laquelle ils doivent contribuer à l'œuvre commune de restauration agricole des régions envahies, étant entendu qu'il s'agit là non d'une contribution financière mais de fournitures en nature faites à titre onéreux.

Ce travail ne saurait être l'œuvre d'une commission éphémère. Les pays alliés ou associés ont été appauvris de façon très inégale en animaux, en matériel, en matières premières, du fait de la guerre ; il faudra mesurer l'étendue de l'effort à demander à chacun d'eux. La forme de leur concours variera aussi suivant leur situation générale ; il y aura par exemple avantage à ce que la France fournisse une part supplémentaire de bétail vivant, à condition de recevoir pour sa propre consommation une quantité équivalente de viande frigorifiée.

Ces questions complexes exigent des études approfondies que seul un organisme permanent pourvu des moyens d'investigation nécessaires, serait à même de mener à bien. Il devrait consister dans un Comité siégeant à Paris où seraient représentés les États-Unis, la France et la Grande-Bretagne et qui serait assisté d'un secrétariat technique. Ce comité, une fois constitué, aurait à examiner s'il convient de lui adjoindre des délégués d'autres pays.

Ce projet offre un caractère d'urgence qui ne saurait vous échapper. Aussi vous serais-je obligé d'en saisir sans délai le gouvernement britannique, afin que le Comité interallié pour la restauration agricole des pays victimes de l'invasion puisse être créé et fonctionner le plus tôt possible. Je crois savoir que M. Vrooman, sous-secrétaire d'État de l'Agriculture des États-Unis, qui se trouve actuellement à Londres, est entièrement acquis à cette idée.

M. le commissaire général des Affaires de guerre franco-américaines a reçu des instructions semblables.

Télégrammes, Londres, Départ, 1918, vol. 3056 (304QONT/3056).

217

M. Cambon, Ambassadeur de France à Londres,
   à M. Pichon, Ministre des Affaires étrangères.

T. n° 673 RX.   Londres, 20 novembre 1918.

En clair.   (Reçu : par courrier.)

Je constate chez beaucoup d'Anglais des tendances marquées à la reprise rapide de la liberté des transactions commerciales. Pour ces Anglais, l'armistice du 11 novembre indique une cessation des hostilités et les élections leur donnent l'occasion d'exercer une pression sur les ministres britanniques.

Aussi le ministre du Blocus et les délégués anglais aux divers Comités, relevant du blocus, laissent-ils entendre qu'ils désirent la reprise du commerce britannique et sa reprise immédiate afin de lui donner une avance de plusieurs mois sur la concurrence allemande. Leur dessein avoué serait de réduire ou de supprimer toutes les contraintes : contraintes des listes noires, contraintes des censures, limitations des contingents, formalités compliquées des certificats de garanties et enfin contrôle des organes interalliés.

On veut en même temps libérer le plus tôt possible le personnel relativement considérable des administrateurs relevant du blocus. La Trésorerie britannique, dans un but d'économie, persiste dans cette voie et une partie des employés de la censure sera renvoyée dans le délai réglementaire d'un mois.

J'ai tenu à vous mettre au courant de cette tendance que les élections développeront probablement.

CPC, Z-Europe, Grande-Bretagne, 1918-1940, vol. 29 (92CPCOM/29).

218

N. s.n. *20 novembre 1918.*

Secret.

a.s. situation en Allemagne[1].

Nous recevons d'un agent sérieux, en date du 10 novembre, les informations suivantes :

Le nouveau régime fonctionne maintenant régulièrement à Munich et même à Berlin.

Après une semaine de désordres il semble que l'on puisse considérer comme acquis les points suivants :

1° Jusqu'à présent les socialistes majoritaires sont les chefs du gouvernement[2] et ils ont l'intention de garder le pouvoir en maintenant l'ordre.

2° Un problème d'une grande gravité est celui de la démobilisation et il est nécessaire que les soldats qui rentreront chez eux trouvent de quoi se nourrir. Le bolchevisme pourrait se répandre par suite de la famine. Les prisonniers russes qui avaient cherché à le déclencher sont actuellement maîtrisés.

3° Les sociaux-démocrates majoritaires ont été et sont toujours des impérialistes et ils chercheront à dominer en Russie, en Autriche, en Italie et dans toute l'Europe.

4° Scheidemann a envoyé des émissaires pour préparer le terrain en Suisse et en Hollande et s'aboucher avec les socialistes anglais, français et italiens.

L'armée se retirera en ordre si elle peut recevoir des vivres. C'est la question fondamentale. En général, les soldats veulent le calme. Les conseils de soldats sont formés mais ne sont pas à tendances bolcheviques. Ils exigent l'ordre et désirent que la vie soit normale afin de pouvoir recevoir des aliments.

CPC, Z-Europe, Allemagne, 1918-1940, vol. 264 (78CPCOM/264).

---

[1] Note anonyme d'information transmise à la Sûreté nationale et à la direction des Affaires politiques du Quai d'Orsay.

[2] Depuis le 10 novembre, un Conseil des commissaires du peuple est à la tête de l'Allemagne comprenant trois représentants du SPD (Friedrich Ebert qui cumule cette fonction avec celle de chancelier, Philipp Scheidemann, Otto Landsberg) et trois représentants du parti social-démocrate indépendant (USPD) : Hugo Haase, Wilhelm Dittmann et Emil Barth.

219

N. s.n.[1]   *Paris, 20 novembre 1918.*

L'ancien arrondissement de Sarrelouis, annexé à la Prusse en 1815, faisant autrefois partie intégrante de la Lorraine, doit revenir au futur département de la Moselle reconstitué.

Puisqu'il semble être question d'une paix, sans annexion, encore faut-il tout au moins que la Lorraine tout entière fasse retour à la France ; c'est un très petit minimum de revendications qui rentre absolument dans les données du message du président Wilson. Le droit devra recevoir toutes les réparations et toutes les garanties. Parmi ces réparations une des plus nécessaires est celle de la reconstitution intégrale de l'ancien département de la Moselle, non pas seulement tel qu'il était en 1870, mais tel qu'il était lors de sa formation par l'Assemblée constituante de 1789, c'est-à-dire avec les arrondissements de Briey, de Sarreguemines, de Thionville et aussi de Sarrelouis.

Cet arrondissement aura été enlevé à la France en 1815 par les Alliés, pour être donné à la Prusse, forme un tout homogène avec le reste du département de la Moselle dont il n'aurait jamais dû être séparé.

On sait que par le traité de Ryswick 1697 conclu sur les bases du traité de Nimègue 1678, la Lorraine, que la France occupait depuis 1634 était restituée à son Duc, sauf Sarrelouis et Longwy, qui restaient immédiatement à la France, les autres portions occupées par les Français furent restituées au Duc de Lorraine et ne rentrèrent dans le domaine de la France avec Nancy, qu'à la mort de Stanislas Leszczynski, le dernier Duc.

Sarrelouis eut Louis XIV pour parrain ; il lui donna son nom ; Vauban en dirigea lui-même les fortifications faites sur ses plans.

Sarrelouis faisait donc partie de la Lorraine et non pas des trois Évêchés, et ressortissait de la Cour suprême de Nancy.

Avec raison l'Assemblée constituante de 1789, rattacha ce pays au département de la Moselle, avec Metz pour chef-lieu, dont il n'est distant que d'une quarantaine de kilomètres environ. Il y a donc là une rectification très minimum de frontières, une indiscutable revendication qui s'impose à tous les points de vue. Tout ce qui était de la Lorraine doit lui revenir.

Un grand nombre de Français, surtout du Pays messin possèdent encore dans ces pays des propriétés, entrées dans leur patrimoine, avant 1815 ; ils les ont gardées, confiants dans l'immanente justice dans l'espoir qu'un jour ce pays fasse son retour à la mère Patrie ; cet espoir ne doit pas être trompé pour toujours.

L'Administration des Affaires étrangères doit être suffisamment documentée sur l'état prospère de cet arrondissement et sur les ressources de tous

---

[1] Il s'agit d'une note anonyme, rédigée par un membre de la direction des Affaires politiques et commerciales.

genres qu'il apporterait. Qu'il suffise de nommer les hauts-fourneaux de Dilling, fondés uniquement autrefois avec de l'argent français, les forges de Wölklingen, de Weldsassen, des faïenceries de Vaudrevange, etc.

Si cet arrondissement est riche au point de vue industriel, il l'est aussi au point de vue agricole. La culture y est florissante et la population dense et considérable. Les Allemands ont changé il y a un petit nombre d'années seulement les noms restés français de beaucoup de ces localités qui avoisinent Sarrelouis ; Vaudrevange est devenue Wallerfangen ; Bourg Dauphin, Picard, etc. faisaient revivre les noms de ses régiments d'autrefois, cantonnés sur les lieux où ces villages se sont édifiés, et développés, et ont reçu des noms à consonance germanique.

Il y a 50 ans encore, le Français était couramment parlé par les populations restées foncièrement françaises depuis 1870 ; cet état de choses s'est naturellement modifié ; mais il suffirait d'un très léger grattage, d'une annexion de quelques mois peut-être seulement, pour faire disparaître la couche de crasse germanique, qui recouvre la surface d'une population restée au fond française (beaucoup de leurs noms seuls le disent encore), et qui redeviendrait fort vite aussi patriote qu'elle l'était autrefois.

Sans parler du maréchal Ney, qui naquit à Sarrelouis et y fut élevé, cette ville a fourni à la France pendant près de deux cents ans, nombre d'illustrations civiles et militaires, que de généraux français ont vu le jour sur les bords de la Sarre.

Comme Metz et Strasbourg, Sarrelouis a été annexée à la France, sans être consultée et doit lui être restituée dans les mêmes conditions.

Il nous faut tâcher d'avoir une paix, où soient sauvegardés nos intérêts ; ceux que malgré tout nous pouvons avoir encore en Allemagne comme les autres et où notre honneur soit sauf.

Le Pays de Sarrelouis faisait donc aussi bien partie de la Lorraine, que les autres parties de cette Province qui nous ont été arrachées en 1870. Sarrelouis nous a été pris plutôt en 1815 ; voilà la seule différence.

Nous ne demandons qu'une chose c'est qu'on nous rende ce qu'on nous a volé en 1815 comme en 1870.

Ce n'est qu'avec cette très minime restriction qui s'impose que l'ancien département de la Moselle si pressuré depuis ce dernier siècle pourra reprendre ses florissantes destinées et reconquérir son ancienne splendeur.

CPC, A-Paix, 1914-1918, vol. 255 (4CPCOM/255).

220

N. *Paris, 20 novembre 1918.*

Le décret du 27 septembre 1914 a interdit le commerce avec l'ennemi : il fallait l'appauvrir. La guerre est gagnée. Dans les territoires que nous occupons l'adversaire est à notre merci. La frontière douanière de 1870 sépare les Allemands restés en Alsace-Lorraine de leurs compatriotes et les lois françaises sur les importations et exportations notamment la loi du 3 avril 1918 réglementant l'exportation des capitaux leur sont applicables. Il n'y a dès lors aucun inconvénient à ce que les Allemands demeurés en Alsace-Lorraine continuent leur négoce dont le fruit enrichira notre pays étant donné d'ailleurs que les sujets ennemis qui seraient particulièrement indésirables, s'ils ne se sont pas éliminés d'eux-mêmes, seront expulsés, ou que leur capacité commerciale pourra être restreinte par des mesures de contrôle ou de mise sous séquestre.

La frontière du traité de Francfort n'existant plus, ce qui est licite pour les Alsaciens-Lorrains et pour les Français demeurés en Alsace doit l'être aussi pour les Français de l'intérieur.

Il convient donc de décider que le décret du 27 septembre 1914 est suspendu en ce qui concerne le commerce avec les personnes résidant en Alsace-Lorraine.

CPC, A-Paix, 1914-1918, vol. 260 (4CPCOM/260).

221

N. s.n[1]. *20 novembre 1918.*

Secret.

a.s. Empereur Charles.

Nous recevons d'un de nos agents en date du 10 novembre : l'empereur Charles est toujours à Schönnbrunn et les Jésuites sont ses seuls héritiers. Le père Ledochowski espérait pouvoir conserver à Charles l'Autriche allemande et la Hongrie, mais actuellement les agents allemands travaillent contre lui et il lui semble difficile de sauver la dynastie. Les espérances qu'il pouvait avoir sur l'avenir de la Pologne sont malheureusement à vau l'eau, car parmi les Polonais qui ne possèdent pas d'hommes politiques d'une certaine envergure, l'idée de former une République fait son chemin.

Le père Ledochowski est d'avis qu'il faut mettre son espoir dans les États-Unis et dans la France. En même temps, par l'entremise du Pape, il tâche d'obtenir une réconciliation avec l'Italie. Le Pape lui a fait dire qu'il espérait pouvoir modifier les rapports politiques austro-italiens. Mais la situation de Charles empire de jour en jour à cause du travail politique allemand.

La pression qu'on espère exercer sur Wilson sera effectuée par le moyen de la délégation apostolique aux États-Unis et du cardinal Gibbons.

[1] Note d'information de la Marine communiquée à la Sûreté nationale et à la direction des Affaires politiques et commerciales du Quai d'Orsay.

La tendance républicaine est forte, même à Budapest. La situation dans cette ville et dans toute la Hongrie est grave. Ils aspirent à la République. En somme, tout semble perdu.

(10 novembre)

CPC, Z-Europe, Autriche, 1918-1940, vol. 38 (80CPCOM/38).

222

M. Boudet, Ministre de France à La Paz,
   À M. Pichon, Ministre des Affaires étrangères.

D. n° 24. *La Paz, 20 novembre 1918.*

C'est le lundi 11 novembre, à 5 heures de l'après-midi, que les télégrammes annonçant la signature de l'armistice entre les nations alliées et l'Allemagne furent connus à La Paz. Le lendemain on apprenait les conditions de l'armistice par un télégramme adressé par le gouvernement des États-Unis à sa Légation.

Ces conditions qui permettaient de se rendre compte de l'étendue du désastre de l'Allemagne firent naître une joie intense et sans mélange chez les diverses colonies alliées.

Quant à la population bolivienne, elle ne se départit pas, en présence de nouvelles si importantes, de son impassibilité habituelle. Aussi était-il difficile de connaître le sentiment qui dominait en elle.

Cependant, le lendemain, le Sénat et la Chambre des députés décidaient d'envoyer des adresses de sympathie et de félicitation, aux diverses Assemblées législatives des pays alliés et des nations qui avaient rompu leurs relations avec l'Allemagne. De plus, à la Chambre des députés, le président qui s'est toujours montré un ami dévoué de notre pays, prononçait un discours où il célébrait tour à tour les diverses nations alliées, qui après plus de quatre ans d'une lutte effroyable, venaient de faire triompher la cause du droit et de la justice.

Tous les journaux locaux, à l'exception toutefois de la *Verdad*, organe des cléricaux, célébrèrent à leur tour le triomphe de la cause des Alliés qui était aussi la cause des peuples amis de la liberté, en même temps qu'ils rappelaient bruyamment l'attitude prise dans le conflit par la Bolivie, qui la première de toutes les républiques sud-américaines avait rompu avec l'Allemagne.

Entre-temps, les télégrammes de l'Argentine, du Chili et du Pérou faisaient connaître les manifestations imposantes qui avaient eu lieu spontanément à Buenos Aires, à Santiago et à Lima. Les autorités locales se préoccupèrent dès lors de faire participer à la joie générale la population de La Paz dont le calme persistant pouvait passer pour de l'indifférence.

Elles organisèrent effectivement une grande manifestation populaire qui eut lieu le dimanche 17. Cette manifestation consista en un défilé où prirent part environ quatre mille personnes qui parcoururent au milieu d'une affluence considérable, les principales rues de la ville, pavoisées pour la circonstance.

Le jour suivant, que la Chambre des députés, en dépit de l'opposition du parti républicain, avait par une loi déclaré férié, eut lieu dans une propriété privée une fête champêtre donnée par le Comité des Alliés à la Société de La Paz. Cette fête qui attira de nombreuses familles, obtint, elle aussi, le succès le plus franc.

Ainsi que le voit Votre Excellence, les représentants autorisés de la Bolivie et la ville de La Paz ont célébré le triomphe des Alliés, sinon avec un très grand enthousiasme, du moins d'une manière très satisfaisante.

Par leurs diverses manifestations, ils ont en même temps rendu un hommage justifié à la politique clairvoyante de leur ancien président M. Montes qui à une époque où l'issue de la lutte pouvait paraître incertaine, avait l'énergie de rompre avec l'Allemagne et faisait prendre ainsi à son pays, devant le monde, une attitude avantageuse que, livré à lui-même, il n'aurait jamais prise.

J'ajouterai que dans la plupart des principales villes de la Bolivie, notamment à Cochabamba, Oruro, Sucre ont eu lieu également d'importantes manifestations de sympathie à l'égard des Alliés et que dans toutes ces manifestations c'est surtout à la France que sont allés les vivats les plus nombreux et les plus sympathiques.

CPC, B-Amérique, Bolivie, vol. 2 (9CPCOM/2).

223

M. Pichon, Ministre des Affaires étrangères,
    À M. Allizé, Ministre de France à La Haye,
    M. Cambon, Ambassadeur de France à Londres,
    M. Defrance, Ministre de France au Havre,
    M. Jusserand, Ambassadeur de France à Washington,
    M. Barrère, Ambassadeur de France à Rome[1].

T. n°s 774 ; 6038 ; 534 ; 3633 ; 4104.   *Paris, 21 novembre 1918, 22 h. 30.*

Chiffré.

Pour tous sauf pour La Haye : j'adresse le télégramme suivant à M. Allizé.

Vous m'avez rendu compte de la communication que vous a faite le 13 novembre le ministre des Affaires étrangères néerlandais relativement

---

[1] Communiqué à présidence du Conseil, Groupe Avant et au maréchal Foch.

à la tolérance du passage accordé à de fortes unités allemandes à travers le Limbourg hollandais, sans entente avec les Alliés et en violation de sa neutralité[1].

Je vous ai prié, le 15 novembre, de signaler au gouvernement des Pays-Bas que nous prenions acte de cette violation, préjudiciable aux Alliés à divers titres, puisqu'elle permet aux troupes allemandes évacuées d'échapper à une capture éventuelle, faute d'évacuation en temps utile, et laisse ainsi à la disposition des Allemands des forces importantes alors que la paix n'est pas conclue[2].

Le gouvernement anglais a, de son côté, adressé à La Haye une protestation formelle contre les actes ainsi accomplis à notre détriment, en faveur de l'ennemi.

Le gouvernement belge m'a, quant à lui, prié de vous borner à prendre acte du fait accompli, en rappelant que l'armistice ne met pas fin à l'état de guerre et en réservant pour les armées alliées la faculté de prendre toutes les mesures militaires que la situation pourrait comporter[3].

Une seconde communication belge signale l'aveu du gouvernement hollandais de l'impossibilité où il se trouve de protéger ou faire respecter son territoire, et demande que par réciprocité les troupes belges puissent pénétrer dans le Limbourg hollandais pour y organiser les étapes[4].

---

[1] Dans son télégramme du 13 novembre 1918, Allizé rapporte à Pichon : « Le ministre des Affaires étrangères m'avait prié de venir le voir ce matin et avait convoqué également à cette Conférence mes collègues de la Grande-Bretagne, de Belgique, d'Italie et des États-Unis. Il voulait nous faire savoir que d'assez fortes unités allemandes demandaient le passage par le territoire néerlandais dans le Brabant et dans le Limbourg. Il nous a dit que si l'état de guerre subsistait encore entre l'Allemagne et les Alliés la Hollande se serait naturellement opposée à ce passage les armes à la main et avec toutes les conséquences que cette attitude aurait pu comporter. Mais a-t-il ajouté la question n'en est plus là : les Alliés sont en état d'armistice avec l'Allemagne et celle-ci doit évacuer le plus tôt possible la Belgique. Vous y avez tous intérêt et [lacune de déchiffrement] avant tout. En ce moment s'opposer par la force au passage de ces troupes c'est peut-être faire naître des difficultés insolubles du fait que si nous devions interner les troupes qui franchissent notre frontière, comment pourrions-nous faire face à cette situation avec les difficultés d'ordre alimentaire que nous traversons nous-mêmes et le manque de locaux dont nous souffrons déjà pour recevoir les évacués français et les prisonniers de guerre de toutes nationalités évadés d'Allemagne (on parle cet après-midi de 100 000 prisonniers qui se rapprochent de la frontière néerlandaise dans la région de Bentheim) ? Dans ces conditions le gouvernement de la Reine a pris la décision de refuser le passage par le Brabant parce que le séjour des troupes allemandes sur le territoire néerlandais serait de trop longue durée, mais il a autorisé la traversée par le Limbourg sur un parcours de 5 kilomètres entre Maeseyck et Susteren ».

[2] Dans son télégramme du 16 novembre 1918 Pichon répond à Allizé : « Je vous prie de signaler au Gouvernement de la Reine que nous prenons acte du fait que la violation du Limbourg par les troupes allemandes, déjà tolérée en 1914, à l'aller, est de nouveau acceptée, cette fois sans même une protestation et d'accord avec les autorités allemandes, par le gouvernement des Pays-Bas. Vous ferez remarquer que l'armistice ne met fin ni à l'état de guerre, ni à la neutralité. En droit, l'autorisation de passage des troupes allemandes par le territoire néerlandais est contraire à la neutralité. Ces troupes devraient se voir refuser le passage. Faute d'évacuer la Belgique en temps utile, elles étaient sujettes, aux termes de l'armistice (article A, paragraphe 2) à être faites prisonnières de guerre. L'inobservation de ces principes laisse aux Allemands la disposition de forces importantes, alors que la paix n'est pas encore conclue ».

[3] C'est dans son télégramme du 15 novembre 1918, qu'Allizé a fait part à Pichon de cette communication faite par le secrétaire général du ministère des Affaires étrangères belge.

[4] Cf. Note remise par l'ambassadeur de Belgique en France, Edmond de Gaiffier, le 18 novembre 1918.

Avant tout accord entre les Alliés pour savoir s'il y a lieu de se contenter d'une protestation réservant toute revendication ultérieure, ou s'il est légitime d'exiger une réparation, je vous prie de me dire si la violation du territoire hollandais n'a été qu'un incident passager, ou si le gouvernement de la Reine a toléré le passage continu et le séjour des troupes allemandes, en les désarmant ou sans les désarmer, c'est-à-dire tolérant une violation méthodique de sa neutralité et causant un préjudice de plus en plus considérable aux Alliés. Renseignez-moi d'extrême urgence complètement à cet égard[1].

Si tel était le cas, les Alliés auraient à examiner s'ils ne doivent pas réclamer :

1°- la livraison des armes remises à la Hollande, par l'ennemi ;

2°- l'occupation immédiate par les Alliés du Limbourg hollandais, à titre de garantie qu'un tel passage ne pourra continuer ;

3°- à titre de faible compensation pour les facilités concédées à l'ennemi, le libre passage de l'Escaut de tous navires de guerre alliés, de commerce ou de prise, en provenance ou à destination d'Anvers.

Je mets les gouvernements alliés au courant de la situation et j'attends votre réponse pour les prier de prendre en commun une décision, que le maréchal Foch serait chargé éventuellement d'exécuter[2].

Pour Londres, Rome, Washington et Le Havre :

Je vous prie de tenir au courant de la question le gouvernement anglais, italien, américain, belge, en lui demandant son avis en toute éventualité.

CPC, Z-Europe, Pays-Bas, 1918-1940, vol. 27 (105CPCOM/27).

---

[1] Dans son télégramme du 23 novembre 1918, Allizé écrit à Pichon : « On ne peut pas dire qu'il y ait eu, au sens propre, violation méthodique de la neutralité néerlandaise par l'armée allemande, mais il y a eu de la part du gouvernement néerlandais un essai d'organisation de passage sur territoire néerlandais de troupes en désordre et que l'on ne pouvait pas interner pour les raisons indiquées », c'est-à-dire la « présence d'un nombre considérable d'étrangers qui étaient déjà en Hollande ».

[2] Suite à la protestation de la France et des gouvernements alliés, le ministre des Affaires étrangères néerlandais, de Karnebeek, répond à Allizé le 14 décembre 1918 : « Les troupes auxquelles fut donné accès furent désarmées selon les règles de la neutralité et le voyage de ceux qui en faisaient partie à travers le Limbourg dans la direction de leur pays ne saurait, vu la libération et le renvoi des militaires internés aux Pays-Bas, être considéré comme contraire à la neutralité. En agissant ainsi le gouvernement de la Reine a non seulement eu le souci d'observer les principes du droit, mais il a eu aussi conscience de son devoir moral de contribuer, dans les limites de la neutralité, à l'évacuation de la Belgique, stipulée dans la convention d'armistice » (document annexé à la dépêche adressée par Allizé à Pichon le 19 décembre 1918).

224

M. Pichon, Ministre des Affaires étrangères,
   À M. Barrère, Ambassadeur de France à Rome,
   M. Cambon, Ambassadeur de France à Londres,
   M. Jusserand, Ambassadeur de France à Washington[1].

T. nos 4105 ; 6039 ; 3634. *Paris, 21 novembre 1918, 22 h. 50.*

Chiffré.

Pour Londres et Washington seulement : j'adresse à M. Barrère le télégramme suivant :

Pour tous les postes :

Le ministre de Serbie est venu signaler que :

1) malgré l'accord intervenu à Fiume entre le commandant des troupes serbes et l'amiral italien, les troupes italiennes ont occupé la ville avec un effectif d'une division, ont désarmé les postes yougoslaves et pris possession des magasins représentant une valeur de 50 millions. L'excitation de la population est grande.

2) Une division italienne a occupé Ober-Laybach au-delà de la limite de l'armistice, le commandant a refusé de reconnaître l'existence des troupes serbes formées de prisonniers de guerre qui occupaient la Slavonie.

Le Conseil national de Zagreb a demandé formellement aux troupes serbes d'empêcher, fût-ce par la force, une nouvelle avance italienne en Slavonie, et d'en aviser le commandant italien.

M. Vesnić en signalant ces faits a prié le gouvernement français d'intervenir à Rome pour empêcher le développement de l'action italienne dans les pays yougoslaves, si l'on veut éviter des conséquences fatales, car l'armée serbe ne peut se refuser à répondre à l'appel de ses frères de race.

Je vous prie de porter ces faits à la connaissance de M. Sonnino et d'appeler sur eux sa plus sérieuse attention, un conflit armé dans les conditions présentes pouvant causer un tort irréparable.

La gravité de la situation est incontestable et le gouvernement italien encourrait la responsabilité la plus lourde s'il continuait à ne pas modérer ses agents militaires et les laissait agir en conquérants dans des régions dont les revendications seront un des objets du Congrès de la Paix et ont recueilli déjà la sympathie de principe des Alliés.

Pour Londres et Washington : voulez-vous prier le gouvernement anglais, américain de s'associer à nos démarches à Rome.

Télégrammes, Washington, Départ, 1918, vol. 6361 (304QONT/6361).

---

[1] Communiqué à Guerre et à Marine.

225

M. le Maréchal Foch, Commandant en Chef des Armées alliées,
    à destinataires non désignés.

N. s.n.   *G.Q.G., 21 novembre 1918.*

Au point de vue uniquement militaire, la frontière d'Alsace-Lorraine est à considérer comme suit :

Cette frontière, telle qu'elle existait en 1870, était formée :

— à l'Est, par le Rhin, de la Suisse à la Lauter,

— au Nord, par une ligne conventionnelle résultant du traité de 1815 (voir carte). Cette ligne était marquée, d'abord par le cours de la Lauter jusqu'à Wissembourg, suivait ensuite une direction sensiblement est-ouest, en passant au sud de la Blies, pour couper la Sarre, près de Sarreguemines, laissant ainsi à la Prusse la vallée et les hauteurs sud de la rivière, ainsi que Sarrebruck et Sarrelouis ; elle aboutissait sur la Moselle au nord de Sierck.

Si la partie est de cette frontière, le Rhin, constituait une barrière convenable, il n'en était pas de même de la partie nord, celle qui s'étendait entre Rhin et Moselle.

Donnant à la Prusse le cours de la Sarre en aval de Sarreguemines, ainsi que des têtes de pont au sud de la rivière, ouvrant ainsi une large brèche dans les défenses naturelles de Lorraine, laissant également à la Prusse la place forte de Landau et la vallée de la Queich, qui protégeaient antérieurement la Basse-Alsace, cette frontière de 1815 fournissait, à la Prusse, une véritable place d'armes préparatoire à l'invasion de l'Alsace-Lorraine.

Les Allemands ont exploité, en 1870, ces facilités en rassemblant :

— dans les régions de Wittlich et de Kaiserlautern, leur masse principale (1re et 2e armées) chargées d'envahir la Lorraine par les débouchés au sud de la Sarre ;

— dans la région de Landau, leur masse secondaire (3e armée) chargée d'envahir l'Alsace.

En réalité, cette frontière de 1815, imposée par la Prusse après Waterloo, était pour nous une frontière complètement ouverte, une frontière de vaincu.

Il ne saurait être question d'accepter à nouveau un état de choses aussi désavantageux et aussi menaçant.

La frontière de 1815 est inacceptable à tous égards. C'est donc la frontière de 1814 qui constitue le minimum de nos revendications.

Cette frontière de 1814 différait de celle de 1815 en ce qu'elle laissait en notre possession :

La Basse-Alsace, jusqu'à la vallée de la Queich, avec la place de Landau ;

La moyenne vallée de la Sarre, jusqu'aux environs de Merzig, avec Sarrebruck et la place de Sarrelouis.

Les deux vallées de la Queich et de la Sarre renforcées des places de Landau et de Sarrelouis constituaient bien une barrière à l'invasion de l'ennemi.

Mais, entre les cours de ces deux rivières, la frontière était arbitraire, présentait des points faibles, ayant été tracée en vue de satisfaire les intérêts particuliers de petites principautés disparues aujourd'hui ; elle ne tenait compte que partiellement des propriétés naturelles du terrain.

Comme on le voit, la frontière de 1814 est préférable à celle de 1815. Elle ne donne néanmoins qu'une solution imparfaite de la question ; elle demande à être améliorée, et cela est facile par une faible rectification.

La vallée de la Queich, du Rhin à Landau, prolongée par la ligne de faîte limitant au Nord le bassin de la Sarre, détermine la frontière qui, pour la France comme pour l'Allemagne rhénane, constitue la meilleure séparation. Formée par des limites de régions naturelles, elle place les deux nations sur un pied d'égalité.

La frontière, ainsi constituée par la Queich et la ligne de faîte jusqu'à la Moselle des environs de Conzarbruck[1], barrerait les routes et les voies ferrées conduisant, par la Moselle, d'Allemagne au Luxembourg. Pour ce pays, également, elle améliorerait considérablement les conditions de défense.

En résumé :

1°- la frontière de 1815 est inacceptable à tous points de vue ;

2°- la frontière de 1814 peut servir de point de départ aux discussions ; elle ne nous donnerait qu'une sécurité précaire. Elle doit donc être améliorée.

À ce prix seulement, la frontière entre la France et les Pays allemands de la rive gauche du Rhin garantira, dans une certaine mesure, la France contre les attaques venant de ces pays.

Mais, en tout cas, il est certain qu'elle ne peut, combinée avec les frontières actuelles du Luxembourg et de la Belgique, mettre l'Occident de l'Europe à l'abri d'une attaque exécutée, comme en 1914, par un ensemble de 70 à 75 millions d'Allemands.

C'est seulement au Rhin que l'Occident de l'Europe trouvera la frontière capable de parer à un pareil danger.

Papiers d'agents, fonds Tardieu, vol. 412 (166PAAP/412).

---

[1] Il s'agit sûrement de la ville de Konz.

226

M. Pichon, Ministre des Affaires étrangères,
   à Lord Derby, Ambassadeur d'Angleterre en France.

N. Paris, 21 novembre 1918.

Très confidentiel.

L'ambassade d'Angleterre a bien voulu signaler le désir du Malek[1] du Hedjaz d'envoyer un représentant à la Conférence de la Paix pour aborder avec les plénipotentiaires alliés la question des territoires arabes.

Le gouvernement anglais suggère que le meilleur représentant du roi Hussein paraît être l'émir Fayçal qui a été en relations avec les autorités françaises en Syrie et en Palestine et qui pourrait exposer les vues du Malek, qui est disposé à accepter cette procédure.

Le ministre des Affaires étrangères a l'honneur d'accuser réception de cette communication, mais il tient à spécifier que le gouvernement français, qui n'a pas été consulté à cet égard, et dont l'agent en Syrie n'a pas été appelé à donner son avis sur la question, tient à préciser la situation et ses propres vues sur la matière avant d'accepter l'envoi de l'émir Fayçal ou de tout autre délégué du roi du Hedjaz.

D'une manière générale la question de participation au Congrès devra faire l'objet d'un accord précis entre les Puissances : le droit des Puissances belligérantes est incontestable, mais celui des États nouveaux reconnus et non reconnus, est sujet à discussion. Ils pourront être appelés à participer aux séances spécialement consacrées à leurs intérêts, ou seulement à présenter leurs titres et leurs vœux dans des conditions à déterminer.

En fait il n'y a que deux États nouveaux reconnus par les Puissances : la Pologne et la Bohême. Tous les autres États nouveaux sont en formation et non reconnus par l'ensemble des Alliés.

Le cas du royaume du Hedjaz (qui n'est pas le royaume arabe et a été nettement limité au Hedjaz par la France et l'Angleterre en 1917) est spécial ; en dehors des Anglais et des Français, il n'est pas reconnu par les Puissances ; il n'est donc pas admissible que l'émir Fayçal quitte la Syrie sur un bateau anglais comme délégué du roi Hussein et d'un royaume arabe hypothétique. Tout au plus, après accord entre les deux gouvernements spécialement intéressés, l'émir Fayçal pourra-t-il être admis à venir en France à titre d'envoyé particulier du roi du Hedjaz venant plaider l'intérêt d'un groupement arabe qui ne saurait être constitué que sous la direction respective anglaise et française dans les zones où les deux pays ont défini les limites de leur mission civilisatrice.

Telles sont les données précises auxquelles le gouvernement français subordonne la venue de l'émir Fayçal sur son territoire.

CPC, E-Levant, Arabie-Hedjaz, 1918-1940, vol. 2 (45CPCOM/2).

---

[1] Roi, en arabe.

227

N.　　　　　　　　　　　　　　　　　　　　　　　Paris, 21 novembre 1918[1].

Note sur le Congrès de la Paix[2].

I – PRÉCÉDENTS

Les principaux Congrès qui peuvent, dans une certaine mesure, fournir des précédents ont été le Congrès de Vienne (1814-1815) après les guerres de l'Empire, le Congrès de Paris (1856) après la guerre de Crimée, le Congrès de Berlin (1878) après la guerre russo-turque.

Congrès de Vienne – 1814-1815

Le précédent qui ressemble le plus, pour le Congrès de Paix, à celui qui va se réunir, est le Congrès de Vienne (1er novembre 1814 – 9 juin 1815). Il eut à réorganiser l'Europe après les guerres napoléoniennes ; seul il peut, par l'ampleur des problèmes soulevés et par le nombre des participants, être comparé au Congrès de 1918 : la plupart des petits États, en effet, y prirent part avec toutes les grandes Puissances européennes. Les États s'y présentaient en trois groupes : les 8 Puissances signataires du Traité de Paris (Autriche, Espagne, qui en fait se refusa à signaler l'Acte final, France, Grande-Bretagne, Portugal, Prusse, Russie et Suède), les Puissances non signataires, mais ayant été impliquées dans la guerre ; les États allemands, à la constitution desquels il devait être procédé.

Le seul État complètement parlementaire était la Grande-Bretagne : elle fut représentée par :

1°- Lord Castlereagh, qui était ministre des Affaires étrangères, mais en fait chef réel du ministère et leader du parti tory ;

2°- Lord Wellington (qui le remplace en 1815) dont le choix s'expliquait par l'importance des questions militaires que soulevaient les remaniements des frontières et par l'avantage qu'assurait dans un débat son prestige de général victorieux ;

3°- par trois personnages effacés (dont l'un était frère de Castlereagh).

L'Autriche était représentée par Metternich (en fait Premier ministre), par Wessenberg et Gentz (qui remplit l'emploi de secrétaire du Congrès).

La France était représentée par Talleyrand, ministre des Affaires étrangères, et Dalberg.

---

[1] On peut dater ce texte du 21 novembre 1918 grâce aux archives américaines qui révèlent l'envoi de son contenu le même jour.

[2] Cette note a été élaborée par les membres de la direction des Affaires politiques et commerciales. Celle-ci a sûrement été sanctionnée par Philippe Berthelot. Deux versions de ce texte ont été rédigées, une première datant du 15 novembre 1918 et la seconde, reproduite ici, datant du 21. Entre les deux versions, une note datée du 17 novembre émet un certain nombre de critiques à l'encontre de la première version, prises en compte dans la seconde (CPC, A-Paix, 1914-1918, vol. 285, p. 126-128).

La Prusse par Hardenberg, chancelier et Humboldt.

Tous les petits États étaient représentés et il y eut à Vienne jusqu'à 216 chefs de mission, mais la difficulté résultant du grand nombre des pays fut éludée, parce qu'on décida de ne convoquer les représentants des petits États qu'aux séances consacrées uniquement à leurs affaires spéciales.

Il est intéressant de rappeler que Talleyrand fit observer que les États convoqués pouvaient être inégaux en force mais qu'ils étaient tous égaux en droits ; il obtint qu'un comité (formé des 8 signataires du Traité de Paris) préparerait les propositions que le Congrès discuterait librement.

Les travaux ont été conduits de la manière suivante :

1°- ajournement de l'ouverture du Congrès pour permettre aux principales Puissances de préparer, dans des réunions confidentielles officieuses, les questions à résoudre ;

2°- réunion de comités spéciaux.

En fait, le travail se fit dans ces comités, les uns étudiant les affaires territoriales et politiques d'un compartiment de l'Europe (par exemple : affaires germaniques, affaires helvétiques, affaires italiennes, affaires polonaises), les autres les problèmes généraux (traite des nègres, liberté de navigation).

L'œuvre du Congrès de Vienne s'inspira de principes du passé et essentiellement du principe d'équilibre politique, appliqué selon une méthode mathématique, évaluant la valeur des territoires à répartir d'après leur superficie et le chiffre de leur population. Il ne fut tenu aucun compte des droits ni même des désirs des peuples, pas plus en Allemagne qu'en Italie ou en Pologne. Les considérations militaires intervinrent surtout dans les précautions prises contre la France.

L'œuvre du Congrès de Vienne subsista une quarantaine d'années, sans assurer complètement la paix ; elle fut détruite au nom du principe des nationalités, qui est l'une des bases de la paix prochaine : ce droit doit naturellement se concilier avec le rapport et la garantie des droits des minorités, qu'implique la nécessité de maintenir l'homogénéité des États.

Congrès de Paris – 1856

Le Congrès de Paris (25 février 1856 – 16 avril 1856) après la guerre de Crimée, fut réuni à la suite de certaines propositions tendant à mettre fin à la guerre contre la Russie et à régler les affaires d'Orient. Sept Puissances étaient représentées : l'Autriche (médiatrice), les quatre Puissances alliées (France, Grande-Bretagne, Sardaigne, Turquie), la Russie et la Prusse (invitées).

Il eut un caractère strictement diplomatique : aussi les ambassadeurs y jouèrent-ils un rôle, à côté des ministres des Affaires étrangères. Les Puissances étaient exclusivement représentées par des délégués plénipotentiaires au nombre de deux seulement par Puissance (pour la France, le ministre des Affaires étrangères Walewski et Bourqueney).

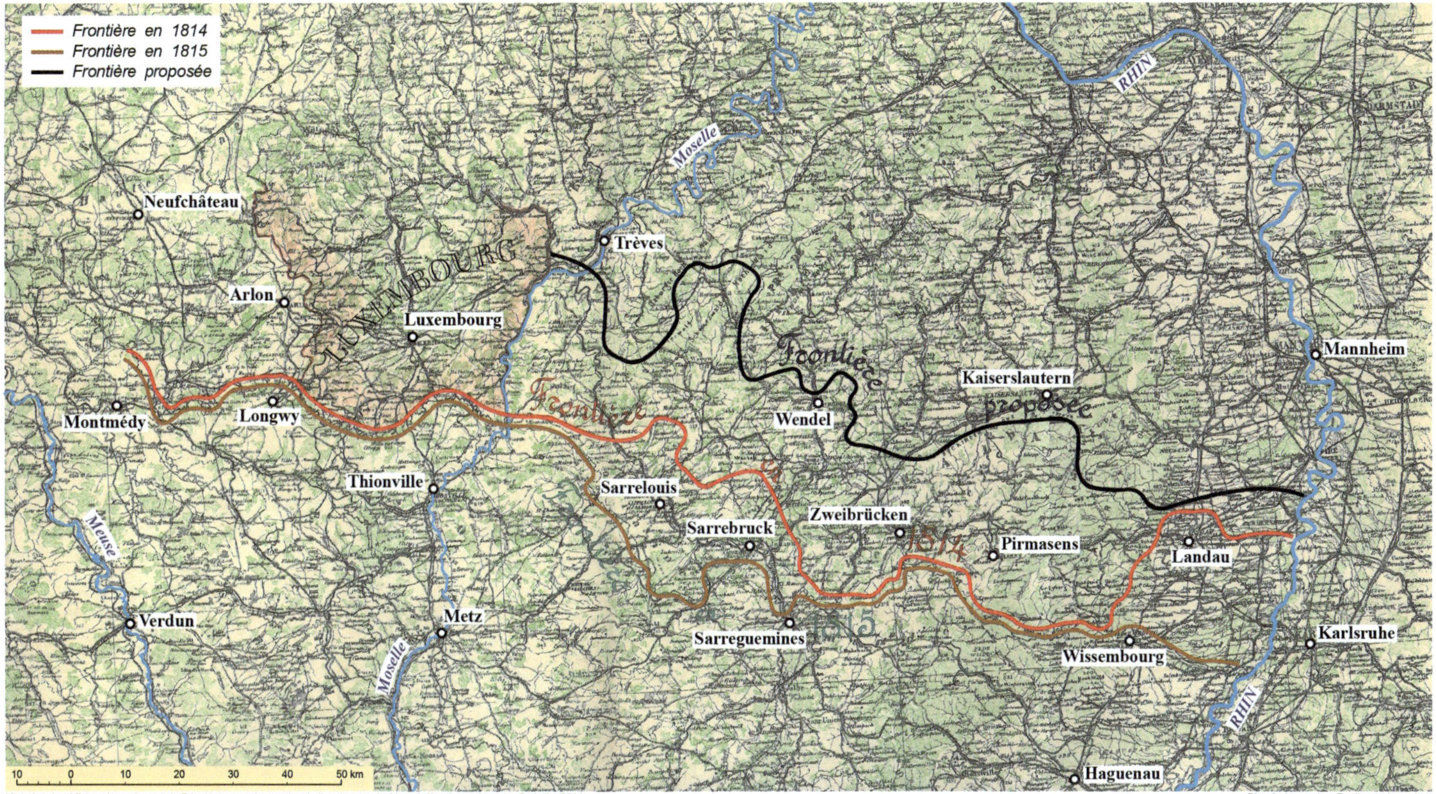

Ministère des Affaires étrangères et du Développement international, direction des Archives (pôle géographique) © Juillet 2014

D'après les papiers Tardieu (volume 414)

Le secrétariat du Congrès était tenu par le directeur des affaires politiques français. Les questions furent étudiées par des commissions prises au sein du Congrès (commission des principautés danubiennes, commission de rédaction, etc.).

Congrès de Berlin – 1878

Le Congrès de Berlin (13 juin 1878 – 13 juillet 1878) fut réuni sur la convocation de l'Allemagne, qui provoqua l'intervention des grandes Puissances, pour le règlement des affaires d'Orient à la suite de la guerre russo-turque.

Les 7 Puissances (Allemagne, Autriche-Hongrie, France, Grande-Bretagne, Italie, Russie, Turquie) y furent représentées exclusivement par des délégués plénipotentiaires à raison de 2 ou 3 par Puissance. Ce furent les ministres dirigeants d'Allemagne, de Russie, d'Autriche-Hongrie, de Grande-Bretagne, et les ministres des Affaires étrangères de France et d'Italie en raison du caractère plus spécialement diplomatique des tractations (règlement de la question d'Orient) ; un certain nombre de diplomates de profession assistaient les ministres Bismarck, Gortchakov, Waddington, Lord Beaconsfield[1].

La Grèce, la Roumanie, la Serbie, le Monténégro et la Perse étaient représentés, comme les grandes Puissances ; les Arméniens même y figuraient et étaient représentés par des archevêques ;

Des règles de procédure plus strictes que précédemment furent imposées par Bismarck : toute proposition devait être faite par écrit, présentée et lue par un plénipotentiaire ; la majorité ne liait pas la minorité, sauf dans les questions de procédure ; mais l'unanimité était nécessaire pour les questions de fond.

Les représentants des États secondaires ne furent admis au Congrès de Berlin qu'aux séances où se traitaient les affaires les concernant ; en fait, les questions délicates furent réglées dans des conférences où ne figuraient que les ministres dirigeants.

II – OBSERVATIONS

Les observations qu'appellent ces Congrès sont les suivantes :

1°- Chacun d'eux n'a été réuni qu'en présence d'un acte devant servir de base à ses délibérations. Chacun a pris pour base des décisions, un traité : pour le Congrès de Vienne le traité de Paris du 30 mai 1814 ; pour le Congrès de Paris le protocole signé à Vienne le 1er février 1854 ; pour le Congrès de Berlin, le traité de San Stefano du 3 mars 1878.

2°- La présidence et le secrétariat, qui ont tous deux une grande importance puisqu'ils représentent la direction des discussions, et la rédaction des textes, sont toujours dévolus à la Puissance chez laquelle se réunissent les plénipotentiaires[2].

---

[1] Il s'agit du Premier ministre britannique de l'époque, Benjamin Disraeli.

[2] À partir de ce paragraphe, ce qui suit a été transmis aux Britanniques et aux Américains. Voir *Papers Relating to the Foreign Relations of the United States. 1919. The Paris Peace*

3°- Les plénipotentiaires pour chaque Puissance sont très peu nombreux, afin d'assurer la facilité des négociations, d'éviter les longues discussions, les divergences de vues entre délégués d'une même Puissance, les indiscrétions.

4°- Les représentants des États sont soit le chancelier, soit le Premier ministre, soit le ministre des Affaires étrangères (assistés de diplomates dans les Congrès plus diplomatiques que territoriaux : la facilité et la rapidité des communications ont d'ailleurs beaucoup restreint à notre époque le rôle personnel des ambassadeurs). Même dans les pays à constitution parlementaire, comme la Grande-Bretagne ou la France, c'est aux seuls agents du pouvoir exécutif qu'est confié le mandat de représenter le gouvernement. En droit, en effet, (article 8 de la loi du 8 juillet 1875) c'est au pouvoir exécutif qu'il appartient de négocier les traités ; il en est responsable devant le Parlement qui ne peut exercer lui-même l'action qu'il doit contrôler.

III – PROJET DE RÈGLEMENT

De ces différentes données historiques, on peut tirer les éléments précis d'un projet de règlement du Congrès de Paix.

Art. I – Le Congrès de la Paix est formé de représentants des Puissances belligérantes ayant effectivement pris part à la guerre. Peuvent exceptionnellement y être appelées toutes autres Puissances, en tant que des questions les concernent directement viendraient à y être débattues, et seulement en ce qui touche ces questions.

Art. II – Les Puissances sont exclusivement représentées au Congrès par des délégués plénipotentiaires au nombre de 3 au maximum. Ceux-ci peuvent être accompagnés de conseillers techniques.

Art. III – L'ordre de préséance entre les membres du Congrès est l'ordre alphabétique français des Puissances (règle consacrée par l'usage).

Art. IV – Le Congrès sera ouvert sous la présidence provisoire du président du Conseil des ministres du pays où siège le Congrès. Il sera immédiatement procédé à la vérification des pouvoirs des membres du Congrès, par les soins d'un comité composé du premier plénipotentiaire d'une des Puissances alliées ou associées et du premier plénipotentiaire d'une des Puissances adverses.

Art. V – Dès la vérification des pouvoirs de ses membres, le Congrès choisira son président définitif et deux vice-présidents.

Art. VI – Un secrétariat pris en dehors des membres du Congrès sera présenté à l'agrément de celui-ci par le président qui en aura le contrôle et la responsabilité. Le secrétariat aura pour mission d'établir les protocoles des séances, de classer les archives, de pourvoir à l'organisation administrative du Congrès et en général d'assurer la marche régulière et ponctuelle des services qui lui seront confiés.

Conférence, vol. 1, télégramme n° 109 du 15 novembre 1918 du colonel House à Robert Lansing p. 344-352 ; télégramme n° 133 du 21 novembre 1918 du colonel House à Robert Lansing p. 352-354.

Le chef du secrétariat a la garde et la responsabilité des protocoles et archives du Congrès qui seront toujours ouvertes aux membres du Congrès.

Art. VII – La publicité des travaux du Congrès sera assurée par des communiqués officiels quotidiens préparés par le secrétariat et rendus publics chaque jour à la même heure. Les membres du Congrès s'interdisent formellement toutes autres communications concernant les travaux du Congrès.

Art. VIII – La langue française est reconnue comme langue officielle pour les délibérations et les actes du Congrès. Les membres du Congrès ont la faculté de présenter des observations ou communications verbales dans la langue de leur choix à condition d'en faire donner immédiatement la traduction en français.

Art. IX – Tous documents destinés à figurer dans les protocoles seront rédigés par écrit et lus par les membres du Congrès qui en auront pris l'initiative ; s'ils ne sont pas rédigés en français, ils seront accompagnés d'une traduction, aucune proposition ne peut être présentée au Congrès que par un des plénipotentiaires et au nom de la Puissance qu'il représente.

Art. X – Les membres qui voudraient présenter une proposition devront le faire par écrit et la déposer à la séance précédente en vue d'en faciliter la discussion, sauf s'il s'agit d'amendements et non de propositions substantielles.

Art. XI – Les pétitions, missions, observations ou documents adressés au Congrès par toutes personnes autres que les plénipotentiaires seront reçus, classés et résumés par le secrétariat qui les déposera aux archives du Congrès.

Art. XII – La discussion des questions comportera une première et une deuxième lecture, pour établir d'abord l'accord sur les principes, et permettre ensuite de préciser les détails.

Art. XIII – Les plénipotentiaires ont la faculté d'autoriser, avec l'agrément du Congrès, leurs conseillers techniques à présenter directement des explications techniques sur telle question particulière où ces explications techniques seraient jugées utiles.

L'examen technique d'une question particulière pourra être confié par le Congrès à un comité composé de conseillers techniques des plénipotentiaires avec mission de présenter au Congrès un rapport et de proposer des solutions.

Art. XIV[1] - Pour les affaires ne concernant pas le traité de paix proprement dit entre les belligérants, mais l'organisation générale nouvelle tendant à amener la paix du monde, les décisions du Congrès devront être prises à l'unanimité (exception faite également pour les questions de procédure, à moins que dans ce second cas, la minorité ne fasse enregistrer une protestation formelle).

---

[1] L'article initial était le suivant : « Toutes les décisions du Congrès devront être prises à l'unanimité, sauf pour les questions de procédure à moins que, dans ce second cas, la minorité ne fasse enregistrer une protestation formelle ».

Art. XV – Les protocoles, rédigés par le secrétariat seront imprimés et distribués en épreuve provisoire aux plénipotentiaires ; cette communication préalable tiendra lieu de première lecture et si aucune modification n'est demandée le texte sera considéré comme approuvé.

Art. XVI – Il sera formé un comité de rédaction des actes adoptés par le Congrès. Ce comité n'aura à reconnaître que des questions résolues par le Congrès et sera chargé uniquement de rédiger le texte des décisions adoptées et de le présenter à l'approbation du Congrès.

Il sera composé de 6 membres ne faisant pas partie des plénipotentiaires et comprenant un Français, un de langue anglaise, un de langue italienne, un de langue portugaise, un de langue slave, un de langue allemande.

IV. REPRÉSENTATION DES PUISSANCES ET DES ÉTATS

La question des Puissances participantes au Congrès pose des problèmes délicats.

Tout d'abord, les belligérants proprement dits en feront partie : France, Grande-Bretagne, Italie, États-Unis, Japon, Belgique, Serbie, Grèce, Portugal, Monténégro.

Il faudra faire également une place aux belligérants théoriques : Chine, Brésil, États de l'Amérique du Sud (Cuba, Panama, Guatemala, Nicaragua, Costa-Rica, Haïti, Honduras, qui pourraient être représentés par les États-Unis, pour éviter l'encombrement, Libéria).

Ensuite viendra la question des nouveaux États reconnus par les Puissances alliées : Pologne, Bohême.

Il faudra prendre un parti à l'égard de nos alliés qui ont traité avec l'ennemi (sans que nous reconnaissions ces traités) : Roumanie, Russie (les intérêts de ce dernier pays pourraient être défendus par un Comité interallié qui s'adjoindrait des conseillers russes)[1].

Quelle forme de représentation admettrons-nous pour les États en formation non reconnus par nous : Yougoslaves, Finlandais, Ukrainiens, Lituaniens, Estoniens, Lettons, Arabes, Arméniens, Juifs de Palestine ?

Des règlements intéressant les neutres devant être étudiés par le Congrès, il importe de prévoir comment leurs intérêts seront présentés et défendus : Norvège, Suède, Danemark, Pays-Bas, Luxembourg, Suisse, Espagne, Perse, Éthiopie, Mexique, Argentine, Chili et autres neutres américains (Bolivie, Pérou, Uruguay, Équateur, en état de rupture diplomatique et Colombie, République dominicaine, Paraguay, San Salvador, Venezuela).

Enfin, les ennemis : Allemagne, Bulgarie, Turquie, Bavière, Autriche allemande, Magyarie. Les conditions de la participation des États ennemis devront être précisées : il ne serait pas admissible par exemple que les 25 États de l'Empire d'Allemagne puissent se prévaloir de la rupture du lien fédératif et prétendre compter chacun pour une voix dans les délibérations et les votes[2].

---

[1] Cette précision concernant la Russie ne figurait pas dans le projet initial.

[2] Cette dernière phrase ne figurait pas dans la version première.

Évidemment, il ne peut être question d'admettre les neutres à débattre les remaniements territoriaux, les indemnités, les garanties ; mais d'autre part, il est impossible de les exclure des débats concernant la future organisation internationale à laquelle on désire les faire adhérer.

V. PROCÉDURE ET ORGANISATION DU TRAVAIL

On sera amené à prévoir un premier examen officieux par les grandes Puissances (Angleterre, France, Italie, États-Unis) des questions à débattre, examen qui aboutira à la préparation entre eux des préliminaires de paix et des conditions de fonctionnement du Congrès de Paix.

Le travail sera évidemment partagé entre des commissions préparatoires, formées seulement de membres pris parmi les plénipotentiaires (avec adjonction de techniciens juristes, financiers, géographes, militaires, marins, industriels, commerçants, ayant voix consultative)[1].

On peut envisager que les trois plénipotentiaires généraux qui traiteront du règlement de la guerre proprement dit, s'adjoindront un ou deux représentants plus spécialement compétents pour l'étude des principes de la Société des Nations, c'est-à-dire des stipulations du droit public général qui constitueront la seconde grande tâche du Congrès.

Les trois plénipotentiaires généraux pourraient (conformément aux précédents indiqués ci-dessus) être pour la France : le Premier ministre[2], le ministre des Affaires étrangères, le généralissime.

La nécessité de préciser et limiter les délégations des Puissances s'impose, tout en devant se concilier avec les engagements pris par le gouvernement anglais à l'égard de ses principales colonies ; il y aura lieu de préciser strictement les limites de cette représentation spéciale, qui doit se confondre dans la représentation globale anglaise[3].

VI. PRINCIPES DIRECTEURS

Deux décisions paraissent également indispensables à prévoir pour le Congrès en vue d'éviter des difficultés inextricables.

Comme au Congrès de Vienne, on proclamerait des principes directeurs :

1°- Droit des peuples de décider par vote libre et secret de leurs destinées, combiné avec le principe de la garantie des *Droits des minorités*. (Il y a lieu de réserver une certaine homogénéité des États, principe applicable

---

[1] Le texte initial était le suivant : « Le travail sera évidemment partagé entre des commissions préparatoires, formées seulement de plénipotentiaires (avec adjonction de techniciens juristes, financiers, géographes, militaires, marins, industriels et commerçants), ayant voix consultative ».

[2] Lire « le président du Conseil ».

[3] L'article initial était : « La nécessité de préciser et limiter les délégations des Puissances s'impose pour éviter par exemple la représentation particulière que revendiquent les grandes colonies anglaises (principe inadmissible car pourquoi les différents États qui composent la fédération des États-Unis n'introduiraient-ils pas une demande analogue ?) ».

à la Bohême, peut-être au Tyrol, au sud de Brenner, à la Dalmatie, au Luxembourg, etc.)[1].

Dans d'autres régions, il faudra procéder à des sectionnements, en raison de la discordance entre les frontières administratives et les limites des peuples qu'elles morcellent ; c'est le cas pour les pays polonais incorporés à la Prusse ou à l'Autriche, pour les pays lituaniens incorporés à la Prusse ou à la Russie blanche, pour les pays englobés dans l'Empire ottoman à cause de l'enchevêtrement des groupes ethniques et religieux et de la difficulté d'appliquer le critérium du vote égal et secret.

2°- Dégagement des traités conclus entre eux par tels groupes d'États qui, du fait de leur admission au Congrès, renonceront à s'en prévaloir ; ce principe est entièrement conforme aux idées du président Wilson.

Une telle déclaration a l'avantage de dégager les Alliés de toute visée impérialiste antérieure ; la nécessité d'abolir les engagements avec la Russie (qui comporterait l'abandon de Constantinople à cette Puissance) commanderait à elle seule l'adoption d'une mesure de ce genre.

Quant à l'Italie, si elle n'y adhérait pas, on ne voit pas comment elle pourrait être admise à la discussion, ayant posé d'avance aux Alliés des conditions minutieuses pour les avantages qu'elle voulait retirer de son entrée en guerre, elle n'aurait de titre pour discuter les règlements des autres que si elle admettait elle-même la discussion sur ses propres agrandissements.

Un autre principe pourrait être avantageusement mis en avant dès le début, celui de l'intangibilité du territoire métropolitain et colonial possédé par les Puissances[2] au 1er août 1914. On éviterait ainsi la dangereuse campagne menée par les Allemands et appuyée par quelques éléments imprudents ou suspects chez les Alliés, tendant à la neutralisation des grandes colonies africaines pour en faire une sorte de domaine mondial d'exploitation commune[3].

VII. BASES DE NÉGOCIATIONS

Enfin, ce Congrès, comme tous ceux qui l'ont précédé devrait prendre une base de discussion. Il ne peut s'appuyer, comme les précédents, sur les stipulations d'un traité, puisque les Puissances n'ont conclu jusqu'ici que des armistices (avec la Bulgarie, l'Autriche-Hongrie, la Turquie et l'Allemagne) qui ne peuvent servir de bases pour les discussions d'un traité de paix.

Ils ne peuvent non plus prendre comme point de départ les quatorze propositions du président Wilson, car ce sont des principes de droit public, dont les négociations pourront s'inspirer, mais qui n'ont pas le caractère concret indispensable pour aboutir au règlement précis de stipulations concrètes[4].

---

[1] L'article initial était le suivant : « Droit des peuples de décider par vote libre et secret de leur destinée (combiné avec le principe d'une certaine homogénéité des États, principe applicable à la Bohême, au Tyrol, à l'Istrie, à la Dalmatie, au Luxembourg) ».

[2] Il s'agit évidemment des Puissances alliées.

[3] Ce paragraphe a été ajouté pour cette version du 21 novembre, il n'existait pas dans celle du 15.

[4] Idem.

Une seule base paraît exister actuellement : c'est la déclaration solidaire des Alliés sur leurs buts de guerre formulée le 10 janvier 1917, en réponse à la demande du président Wilson, mais c'est plutôt un programme qu'une base de négociations.

Il paraîtrait donc indispensable que les Premiers ministres et les ministres des Affaires étrangères des quatre grandes Puissances se réunissent préalablement à Versailles pour arrêter entre eux les affaires que le Congrès aura à traiter (c'est-à-dire les préliminaires de Paix) et l'ordre dans lequel elles seront discutées, ainsi que les conditions de la réunion du Congrès et de ses travaux.

D'une manière générale, les questions à discuter se répartissent en deux grandes séries :

1°- Règlement de la guerre proprement dit.

2°- L'étude de la Société des Nations.

Cette distinction permettrait de limiter aux véritables intéressés la discussion des questions essentielles et immédiates à régler, et d'appeler un grand nombre d'États à discuter des principes généraux de l'organisation du monde à laquelle ils sont invités à participer.

A. *Règlement de la guerre* :

I.- Stipulations politiques.

a) États nouveaux :

    1°- déjà reconnus (Pologne, Tchécoslovaquie),

    2°- en formation (Yougoslavie, pays russes, etc.).

b) Questions territoriales (restitution de territoires, territoires neutralisés dans un but de protection) :

    1°- Alsace-Lorraine (8e proposition Wilson),

       Belgique (7e proposition Wilson),

       Italie (9e proposition Wilson).

    2°- Frontières (France, Belgique, Serbie, Roumanie, etc.).

    3°- Régime international des moyens de transports, en particulier de ceux de l'Europe centrale, fleuves, voies ferrées, canaux, ports).

c) Question d'Orient (12e proposition Wilson).

d) Colonies (5e proposition Wilson).

e) Extrême-Orient (Kiao-Tchéou, etc.).

II.- Stipulations militaires et navales.

Garanties militaires sur terre et sur mer. Chiffre des effectifs, démantèlement des fortifications, réduction des fabrications de guerre, occupations territoriales, etc.

III.- Stipulations d'indemnités.

Réparations des dommages de guerre sur terre et sur mer, restitutions, reconstitutions, compensations en nature, remboursements de dépenses illégalement imposées (CRB)[1].

---

[1] CRB : Commission for relief in Belgium : organisation internationale ayant pour but de ravitailler la Belgique et le nord de la France occupés pendant la guerre.

IV.- Stipulations économiques et financières.

Matières premières, régime économique, règlement de compte.

V.- Stipulations de droit privé.

Règlement des créances privées, liquidation des séquestres.

VI.- Sanctions à prendre contre les violences et crimes commis durant la guerre contre le droit public.

VII.- Stipulations d'ordre moral (reconnaissance par l'Allemagne de la responsabilité et de la préméditation de ses dirigeants, qui placerait au premier plan les idées de justice et de responsabilité et légitimerait les mesures de pénalisation et de précaution prises contre elle. Répudiation solennelle des violations du droit des gens et des crimes contre l'humanité)[1].

VIII.- Rétablissement du régime conventionnel rompu par la guerre.

B. *Société des Nations* :
(Stipulation du droit public général).
1°- Société des Nations (14ᵉ proposition Wilson).
2°- Garanties et sanctions[2].
3°- Liberté des mers (2ᵉ proposition Wilson).
4°- Régime économique international (3ᵉ proposition Wilson).
5°- Publicité des traités (1ʳᵉ proposition Wilson).
6°- Limitation des armements (4ᵉ proposition Wilson).
7°- Organisation arbitrale internationale de La Haye[3].

Papiers d'agents, fonds Tardieu, vol. 296 (166PAAP/296).

228

M. Noulens, Ambassadeur de France à Arkhangelsk,
à M. Pichon, Ministre de Affaires étrangères.

D. n° 89. *Arkhangelsk, 21 novembre 1918.*

Je crois devoir signaler à Votre Excellence une série d'observations qui me sont suggérées par l'insuffisance d'esprit pratique de nos organisations. Je redoute, si l'on s'obstine à ne pas changer de méthode, de voir nous échapper, au profit des Nations concurrentes le bénéfice des efforts qui ont mené la France à la victoire.

Je m'efforce de donner le plus de retentissement possible à nos succès militaires estimant que nous devons profiter de cette admirable occasion

---

[1] *Idem.*
[2] *Idem.*
[3] *Idem.*

pour mettre en valeur les qualités de notre race. Mais je considère, par simple comparaison avec les moyens dont disposent nos alliés, que notre service de propagande répond mal à notre attente. Je reçois en tout et pour tout quelques illustrés, expédiés en un trop petit nombre d'exemplaires. C'est seulement au bout de 3 mois de réclamations que je viens de recevoir des films. J'ai vainement demandé jusqu'ici des échantillons, des marchandises susceptibles de faire connaître nos produits et d'en donner le goût à une clientèle disposée à acheter n'importe quoi en raison de la pénurie d'objets manufacturés à Arkhangelsk. On semble ne pas comprendre la nécessité de faire l'effort de propagande économique approprié à la Russie.

Quand notre bureau d'information reçoit une brochure éditée à grands frais, comme celle que je joins à la présente dépêche[1], on constate trop souvent par les réflexions ironiques du public, qu'elle contient des fautes grossières de syntaxe, des termes impropres, un défaut de précision et de souplesse dans le style, des erreurs typographiques qui dénotent de l'avis d'un écrivain russe à qui je l'ai soumise, la facture d'un traducteur étranger qui a trop souvent eu recours au dictionnaire, sans se rendre compte de la valeur des mots qu'il employait. Tout l'effet à attendre de cette publication se trouve à peu près annihilé par l'impression défavorable qu'elle produit sur les Russes dès le premier coup d'œil.

Le défaut d'organisation des services militaires ne le cède en rien à celui de la propagande.

Les marins du Gueydon sont partis de France avec les vêtements prévus pour une croisière en Orient. J'ai dû prendre des dispositions pour leur procurer des fourrures.

L'hiver est arrivé sans que nos soldats du 21e bataillon de marche coloniale aient été pourvus des effets fourrés indispensables ici. Les Anglais et les Américains n'en manquaient heureusement pas. Ils nous ont cédé des bonnets et j'ai acheté des touloupes. Le tailleur, le cordonnier, le dentiste du 21e bataillon restent sans fourrures ni instruments de travail. Ils se sont empressés d'en commander personnellement en France. Mais apparaît à cette occasion le vice du service des colis postaux militaires. Les paquets destinés à nos officiers et soldats s'accumulent dans un port français en attendant vainement un bateau pour les prendre, alors que tous les navires à destination de Russie partent d'Angleterre. Certains officiers ont successivement commandé jusqu'à trois uniformes, croyant perdus ou volés ceux qu'on leur avait annoncés précédemment. Les derniers ne sont pas davantage parvenus.

J'ai déjà signalé avec quelle désinvolture le médecin major Dartigue a quitté Mourmansk emportant, malgré les ordres reçus, des fournitures médicales et instruments de chirurgie, qu'il considérait comme la propriété de sa mission spéciale. Ainsi, nos docteurs, débordés par le nombre des cas de maladies épidémiques en dehors des blessés qui leur arrivent du front bolchevique, sont fondés à se plaindre qu'ils manquent de pansements, de matériel et de médicaments essentiels.

---

[1] Document non retrouvé.

Notre ravitaillement est entièrement laissé au bon vouloir des missions anglaise et américaine, malgré mes demandes réitérées en vue d'obtenir des produits français. Je déplore que l'action de nos alliés trouve dans les quantités de vivres et de produits répandus à profusion dans la population russe des éléments matériels de propagande contre lesquels nous n'arriverons pas à lutter, quelle que soit la mise en valeur que je puisse donner par la parole ou les écrits aux qualités de loyauté, de courage et de ténacité du peuple français.

Les Russes considérant la guerre comme terminée, aspirent à la reprise immédiate des affaires, en font avec qui se présente et sont reconnaissants à qui leur en fait traiter. Notre pays aura ici la place que son commerce saura dès maintenant s'y créer. Je crains, si nous ne réagissons pas, que la passivité de nos administrations et la crainte excessive des risques chez nos industriels ne laissent la France s'inscrire en mauvaise place, alors que les sympathies russes, nées d'un sentiment réel d'admiration, permettraient d'espérer pour elle une situation de premier rang.

CPC, Z-Europe, URSS, 1918-1940, vol. 379 (117CPCOM/379).

229

M. Claudel, Ministre de France à Rio de Janeiro,
  À M. Pichon, Ministre des Affaires étrangères.

T. n° 1152. *Rio de Janeiro, 22 novembre 1918, 1 h. 50.*

Chiffré. (*Reçu* : le 23, 8 h.)

J'ai pris congé hier dans les termes les plus amicaux de M. Domício da Gama ; il m'a manifesté de nouveau son très vif désir de prendre part à la Conférence de la Paix. Il a ajouté que les États-Unis lui offraient d'assumer pour eux-mêmes la représentation du Brésil de la défense de ses intérêts. Cette proposition ne lui agréée nullement. Conformément aux instructions de Votre Excellence, je me suis maintenu strictement sur la réserve[1].

Nous avons devant nous au Brésil pour la défense et la sauvegarde des énormes capitaux français une tâche très lourde ; pour laquelle l'appui des personnalités nouvelles, récemment arrivées au pouvoir est à conquérir. C'est ce qui explique le vif désir que j'avais de voir M. Domício da Gama après un long séjour aux États-Unis, faire une connaissance plus intime avec Paris, dans une atmosphère plus sympathique.

Or, ce n'est un secret pour personne que les relations personnelles du titulaire actuel de la Légation avec lui, comme avec le nouveau président Rodrigues Alves ne sont pas bonnes. Je me rends compte d'ailleurs de la difficulté d'éclaircir certains sujets autrement que par une conversation personnelle.

---

[1] Voir document n° 213 du 19 novembre 1918.

Je note seulement que M. Domício da Gama n'a jamais eu l'intention de s'immiscer dans les questions territoriales qui seront traitées au Congrès de la Paix. De même la conférence de Versailles dont je parlais est celle qui a été tenue il y a déjà plusieurs mois et où les journaux ainsi que le ministère des Affaires étrangères ont annoncé que le Brésil avait été convié.

M. Domício da Gama paraît surtout craindre comme il me l'a dit très nettement, que l'opinion publique impose le choix de M. Ruy Barbosa comme représentant du Brésil à la Conférence de la Paix.

Il y a eu déjà des manifestations dans ce sens. Il craint en paraissant à ses côtés de voir son rôle et son autorité diminués. Il a ajouté confidentiellement que son intention était d'offrir à M. Ruy Barbosa l'ambassade de Londres mais il est douteux qu'il accepte.

Ici la situation résultant de l'état de santé de M. Rodrigues Alves, qui peut-être ne pourra pas prendre le pouvoir, ainsi que de la crise économique déchaînée par l'augmentation du coût de la vie et la surproduction des fabriques de tissus, continue à être confuse pour ne pas dire menaçante. L'attitude de Pernanbouo, menaçant nettement de se retirer pour spéculer si la tarification des sucres n'était pas abrogée, a causé une grande impression. À la suite de manœuvres politiques maladroites, toute situation du nouveau gouvernement (...) et la plupart des grands États, de plus Bahia et surtout Rio Grande do Sul, lui ont retiré leur appui. São Paulo surtout qui n'a pas actuellement d'hommes capables de (...) M. Rodrigues Alves voit sa situation compromise. L'arrivée au pouvoir comme président de M. Nilo Peçanha n'est pas impossible. Mais, M. Tavares de Lira très appuyé au Congrès semble avoir plus de chance[1].

CPC, B-Amérique, Brésil, 1918-1940, vol. 13 (10CPCOM/13).

230

M. Martel, Chargé de mission de France à Vladivostok,
À M. Pichon, Ministre des Affaires étrangères.

T. n° 124. *Vladivostok, 22 novembre 1918, 14 h. 30.*

(*Reçu : le 23, 19 h. 15.*)

Que faut-il penser de la situation et des déclarations de l'amiral Koltchak ? Il est de notoriété que les membres du Directoire ont été arrêtés pendant la nuit au moment où ils étaient en conférence avec des membres du parti socialiste révolutionnaire et de la Constituante.

La Constituante, quoique hostile aux leaders bolcheviks, a pourtant un programme d'action qui s'en rapproche singulièrement.

Cette assemblée et son président M. Tchernov sont en réalité des éléments dangereux de désorganisation.

---

[1] De fait, c'est Delfim Moreira da Costa Ribeiro, élu vice-président aux côtés de Rodrigues Alves, qui assume, du fait du décès de ce dernier, la présidence jusqu'aux élections anticipées du 28 juillet 1919, à l'issue desquelles Epitácio Pessoa est élu président de la République.

À Ekaterinbourg et à Oufa où les députés de la Constituante paraissent en grand nombre, ils sont soutenus par les sympathies de l'ancien gouvernement de Samara à tendance ultra-révolutionnaire et qui a été exaspéré lors de la fusion d'avoir dû céder le portefeuille ministériel aux membres du gouvernement sibérien.

Jusqu'ici pas de troubles en province ; à Omsk les individus n'ont manifesté aucune émotion.

Parmi les Tchèques, le dictateur militaire est loin d'avoir rencontré la sympathie générale tchèque. Sir [...][1], commandant en chef des régiments, demande que ces troupes épuisées par cinq mois de combats soient envoyées au repos. Leur seul désir est de rentrer au pays, c'est aussi celui du contingent français et je crois anglais. J'ai dit dans mon télégramme 116[2] que si la France et les Alliés ne nous aident pas en posant ici quelque action militaire décisive pour faire écraser les bolcheviks et ouvrir un passage à travers la Russie, le moral des troupes sera perdu et il faudra s'attendre à des événements pénibles.

CPC, Z-Europe, Tchécoslovaquie, 1918-1940, vol. 16 (116CPCOM/16).

231

M. de Fleuriau, Chargé d'Affaires à Londres,
    À M. Pichon, Ministre des Affaires étrangères.

T. n° 1461.   *Londres, 22 novembre 1918, 16 h. 33.*

Suite à mon télégramme de ce jour[3]. Le Roi accepte la date du jeudi 28 pour le dîner à l'Élysée et celle du vendredi 29 pour le déjeuner au ministère des Affaires étrangères.

Le Roi tient à bien marquer que sa visite n'a rien d'une visite d'État et qu'il n'y aura par conséquent pas de réception du corps diplomatique ni les autres cérémonies habituelles en semblable circonstance. Le Roi dînera le vendredi 29 à l'ambassade d'Angleterre et partira pour le front samedi. Il attend Lord Derby à Londres pour fixer les arrangements relatifs à son voyage sur Paris. De même il examinera avec lui l'heure qui paraîtra la plus convenable pour la visite à l'Hôtel de Ville. Je vous informerai des dispositions prises dès que j'en aurai été informé. Le Roi sera accompagné de SAR le Prince de Galles et de SAR le Prince Albert. Sa suite se composera de sir Frédéric Ponsonby (« Keeper of the Privy Purse »), de sir Charles Cust, du lieutenant-colonel Clive Wigram, de Lord Earl of Cromer et des écuyers de service. Les deux jeunes princes auront chacun un aide de camp. Pendant cette visite, Sa Majesté portera la tenue de campagne

---

[1] Lacune de déchiffrement.

[2] Document non retrouvé.

[3] Dans le télégramme n° 1460, de Fleuriau précise l'acceptation par le roi d'Angleterre de la date du 28 pour sa visite à Paris.

(uniforme kaki). Les officiers de la suite seront également en tenue de campagne et les membres civils de la suite seront en redingote à la gare et en habit bleu ou noir au dîner de l'Élysée.

CPC, Z-Europe, Grande-Bretagne, 1918-1940, vol. 44 (92CPCOM/44).

232

M. Pichon, Ministre des Affaires étrangères,
 À M. Cambon, Ambassadeur de France à Londres,
 M. Barrère, Ambassadeur de France à Rome,
 M. Jusserand, Ambassadeur de France à Washington,
 M. Dutasta, Ambassadeur de France à Berne,
 M. Dard, Chargé d'Affaires à Madrid,
 M. Allizé, Ministre de France à La Haye,
 M. Conty, Ministre de France à Copenhague,
 M. Delavaud, Ministre de France à Stockholm,
 M. Bapst, Ministre de France à Christiania,
 M. Defrance, Ministre de France au Havre,
 M. Clemenceau, Président du Conseil, Ministre de la Guerre (Groupe Avant).

T. n°s 6104-6105 ; 4140-4141 ; 3667-3668 ; 2275-2276 ; 1373-1374 ; 785-786 ; 485-486 ; 707-708 ; 598-599 ; 542-543.

Paris, 22 novembre 1918, 22 h. 15.

Chiffré.

a.s. message du docteur Solf sur le bolchevisme.

L'ambassadeur d'Angleterre m'a demandé l'avis du gouvernement français en ce qui concerne le message adressé par le docteur Solf au ministre britannique à La Haye, pour exposer que le gouvernement allemand se trouve dans une situation critique par suite de la propagande bolchéviste.

J'ai répondu au comte Derby que nous nous trouvions là en présence d'une des tentatives que le gouvernement allemand ne cesse de faire pour en appeler aux sentiments de pitié des Alliés ou aux craintes que leur inspire le bolchevisme, afin d'obtenir des adoucissements à l'armistice qu'il n'a pas été militairement en état de refuser.

J'ai fait observer que, pendant ce temps, les agents diplomatiques et militaires de l'Allemagne s'efforcent de faire une propagande bolchéviste aux dépens des pays alliés. J'ai signalé à ce propos la manœuvre sournoise qui consiste à renvoyer en foule confuse, pour essayer, sans doute, de semer le désordre dans les pays alliés et mettre leurs autorités militaires dans l'embarras, les prisonniers de guerre alliés qui arrivent d'ailleurs dans un état lamentable, dénotant, une fois de plus, de la part des Allemands, leur profond mépris des conventions et des coutumes internationales.

J'ai rappelé que, tandis que l'Allemagne s'adresse à notre pitié, ses armées continuent de piller et de commettre des attentats.

Comme conclusion, j'ai indiqué que le gouvernement de la République estime qu'il n'y a aucune suite diplomatique à donner aux demandes du docteur Solf. Tant que les clauses d'armistice ne sont pas entièrement exécutées, les messages du ministre des Affaires étrangères allemand ne comportant aucune réponse directe doivent être transmis au maréchal Foch, seul qualifié pour faire exécuter l'armistice et pour répondre, en conséquence, aux communications allemandes, s'il le juge à propos.

Je vous serais obligé de bien vouloir vous inspirer des considérations qui précèdent.

Pour la Guerre seulement :

Je verrais avantage à ce qu'elles soient communiquées, par vos soins, au maréchal Foch.

Télégrammes, Washington, Départ, 1918, vol. 6361 (304QONT/6361).

233

M. Defrance, Ministre de France à Bruxelles,
À M. Pichon, Ministre des Affaires étrangères.

T. s.n. *Bruxelles, 23 novembre 1918, 16 h. 10.*

(Reçu : le 24, 0 h. 20.)

Le Roi, la Reine et le Prince héritier ont fait ce matin leur entrée à Bruxelles à la tête de l'armée. Ils ont été accueillis avec un enthousiasme délirant devant le palais du Parlement. Les troupes ont défilé devant leurs Majestés. Ont pris part au défilé un bataillon français et une batterie qui ont été très acclamés, un détachement anglais et un américain. Le Roi est entré ensuite dans le palais où la Chambre et le Sénat réunis étaient en séance. Il a lu un discours rappelant la noble attitude de la Belgique exaltant le courage de l'armée, la patience et l'énergie du peuple pendant l'occupation. Il a rendu hommage aux Alliés particulièrement à la France. Ce passage a été applaudi par les députés et les sénateurs, debout. Le Roi a ensuite annoncé le changement de ministères, fait appel à [l'] union, exposé la lourde tâche de reconstitution qui s'impose au pays, énuméré divers projets libéraux de réforme notamment l'établissement du suffrage universel. Il a déclaré que la Belgique répudiant la neutralité devenait une nation complètement libre et souveraine et qu'elle pouvait compter sur le concours de ses alliés, afin d'assurer sa renaissance économique, la vie et le développement du port d'Anvers et la réalisation de ses légitimes aspirations. Le Roi a également déclaré que ceux qui avaient pactisé avec l'ennemi, c'est-à-dire les activistes, étaient indignes de pardon et d'amnistie et seraient poursuivis. Ce passage a été très applaudi.

Cet après-midi le Roi a été reçu à l'hôtel de ville par le bourgmestre Max ; des discours patriotiques ont été échangés, la population tout entière a vécu une journée d'émotion et d'enthousiasme.

Demain un *Te Deum* sera chanté à Sainte-Gudule par le cardinal Mercier.

Télégrammes, Bruxelles, Arrivée, 1918, vol. 1201 (304QONT/1201).

234

M. Delage, Vice-Consul gérant la Légation de France à
Port-au-Prince,
À M. Pichon, Ministre des Affaires étrangères.

D. n° 33.   Port-au-Prince, 23 novembre 1918.

a.s. célébration de la signature de l'armistice. Attitude des autorités américaines.

Ainsi que j'ai eu l'honneur de le faire connaître à Votre Excellence par mon télégramme n° 27[1], le gouvernement haïtien et la colonie française ont célébré solennellement, dimanche dernier, la signature de l'armistice.

La population port-au-princienne n'avait d'ailleurs pas attendu jusque-là pour manifester sa joie et, dès le 9 novembre, sur la foi d'une dépêche de New York annonçant la signature de l'armistice (et qui a dû permettre à ses auteurs de faire d'heureuses spéculations), de nombreux groupes de manifestants parcouraient la ville au cri de « Vive la France ».

Les sociétés françaises de Port-au-Prince, qui voulaient faire chanter un *Te Deum*, renoncèrent, sur mes conseils, à ce projet quand elles apprirent que le gouvernement haïtien prenait lui-même une initiative semblable à laquelle il désirait associer tous les Alliés. Il marqua même ses sentiments amicaux pour nos compatriotes en leur permettant de faire faire, au cours de cette cérémonie, une quête au profit d'œuvres charitables par des jeunes filles portant les couleurs des Alliés et accompagnées de permissionnaires français en uniforme.

Le président de la République, les secrétaires d'État, les corps constitués, les corps diplomatique et consulaire, les officiers et fonctionnaires

---

[1] Dans ce télégramme daté du 19 novembre 1918, Delage indique que le gouvernement haïtien et la colonie française de Port-au-Prince ont célébré la veille la signature de l'armistice. Il signale également que les autorités américaines, à l'exception du général Williams, commandant la gendarmerie, se sont abstenues de prendre part au grand banquet donné par les sociétés françaises.

américains assistaient à ce *Te Deum* au cours duquel l'archevêque prononça un émouvant discours. Je m'étais fait accompagner par l'abbé Leroux, lieutenant d'infanterie, décoré de la Croix de Guerre, que Mgr Conan avait bien voulu autoriser à revêtir, ce jour-là, son uniforme militaire.

À la sortie, la musique de la gendarmerie joua les hymnes nationaux des différents pays alliés, mais la garde, *commandée par un officier américain*, ne rendit les honneurs qu'au moment de l'exécution de la « Dessaline » et du « Star Spangled Banner ». De même elle ne nous rendit les honneurs ni à notre arrivée, ni à notre départ bien que mes collègues et moi fussions en uniforme. Je n'ai pu savoir si elle les avait rendus au ministre des États-Unis, ce qui est à peu près certain, mais le secrétaire de l'Internonciature m'a affirmé que Mgr Cherubini avait été salué.

Votre Excellence voudra bien trouver, ci-joint, copie de la lettre personnelle que j'ai adressée à ce sujet à M. Borno et de la réponse qu'il m'a faite[1].

Mon collègue britannique a également signalé ces faits au secrétaire d'État des Relations extérieures, mais sous une forme sensiblement plus sèche.

Dans ce pays où l'on attache, comme dans tous les pays d'Amérique latine, tant d'importance aux questions d'étiquette et de préséance, nous ne pouvions laisser passer cet incident sans le relever.

Le banquet organisé par les sociétés françaises eut le plus vif succès. Tous les secrétaires d'État, tous les représentants alliés s'y sont rendus et je regrette d'avoir à constater que seuls les Américains se sont abstenus : ministre, commandant du corps d'occupation, conseiller financier, receveur général des douanes, consul, qui avaient été invités se sont tous excusés. Il n'y a que le général Williams, commandant la gendarmerie, *considéré comme fonctionnaire haïtien*, qui s'y soit rendu. Cette abstention a été très remarquée et a produit le plus mauvais effet tant auprès des Haïtiens qu'auprès de nos compatriotes. Ces divers fonctionnaires, en agissant ainsi, servent bien mal leur gouvernement dans un pays où l'amour de la France est si profond. Au lieu de chercher à faire bénéficier les États-Unis de ce sentiment en marquant publiquement l'amitié qui existe entre eux et nous, ils se montrent sottement jaloux de notre influence. Le consul des États-Unis au Cap haïtien allait même, il y a peu de temps, jusqu'à reprocher à certains de nos compatriotes, membres de l'Alliance française, de trop faire aimer la France. Si ces Américains, par leurs actes et leurs

---

[1] Delage a écrit à Borno, le secrétaire d'État haïtien aux Relations extérieures : « Ainsi que je vous l'ai dit hier à déjeuner, ce n'est pas sans surprise que j'ai constaté que la garde ne m'avait rendu les honneurs ni à mon arrivée ni à mon départ de la cathédrale où je m'étais rendu officiellement, sur l'aimable invitation du gouvernement haïtien, avec le personnel de cette légation. De même, la garde n'a point rendu les honneurs au moment de l'exécution de l'hymne national français, ainsi qu'elle l'avait fait pour les hymnes haïtien et américain. Cette abstention qui a certainement été remarquée par d'autres a pu paraître étrange tant à la population haïtienne qu'à mes propres nationaux, étant donné surtout les liens d'ancienne et cordiale amitié qui unissent nos deux pays ». Dans sa réponse, Borno s'empresse de lui « offrir les vifs regrets du gouvernement au sujet des incorrections, non intentionnelles à coup sûr, commises hier par l'officier qui commandait la garde devant la cathédrale » et promet « qu'elles ne se renouvelleront point ».

paroles souvent inconsidérés, par leur manque de tact et d'éducation, et surtout par leurs préjugés de couleur, se rendent odieux ici, ils ne sauraient nous en vouloir d'agir autrement.

Au cours du banquet, de nombreux discours furent prononcés. Répondant au chargé d'affaires de Belgique qui avait rappelé le rôle de son pays, M. Bellegarde, secrétaire d'État de l'Instruction publique, fit l'éloge de l'Angleterre entrée dans la guerre pour défendre un petit peuple et, dans une improvisation chaleureuse et éloquente, demanda aux grandes nations de ne jamais oublier leurs promesses aux peuples faibles ni leurs devoirs envers eux. Le sujet était brûlant, en ce moment surtout où il est question dans le public de la possibilité de l'établissement d'un gouvernement militaire américain. M. Bellegarde sut cependant s'en tenir aux généralités et, s'il est exact qu'il songeait évidemment à la situation d'Haïti, du moins ne dit-il rien qui fût de nature à froisser les Américains. Si M. Bailly-Blanchard, au lieu de refuser l'invitation qui lui en avait été faite par nos compatriotes avait assisté à ce banquet, il lui eût été facile de faire acclamer les États-Unis. Les applaudissements qui ont accueillis le général Williams, quand il a prononcé quelques mots, en sont la meilleure preuve.

Vers 5 heures, une réception à l'« Asile français » a de nouveau réuni tous les amis de la France, sauf les Américains.

Il m'est agréable d'ajouter que la nouvelle de la signature de l'armistice a été saluée du cri unanime de « Vive la France ». Si, au banquet, tous les Alliés, y compris les États-Unis, ont été acclamés, par contre, dans le public, ce n'est que la France qui l'a été.

CPC, B-Amérique, Haïti, 1918-1940, vol. 3 (20CPCOM/3).

235

M. Archinard, Chef de la Mission militaire franco-polonaise,
  À M. Clemenceau, Président du Conseil, Ministre de la Guerre.

N. *S.l., 23 novembre 1918.*

Comme suite au désir que vous m'avez exprimé, j'ai l'honneur de vous adresser une carte définissant les frontières de la Pologne, telles qu'elles sont réclamées par le Comité national polonais, en conformité des directions générales énoncées par les diverses déclarations des Puissances alliées.

Les considérations qui ont déterminé la fixation de ces frontières sont commandées par la nécessité pour la Pologne d'être un organisme indépendant pouvant se suffire à elle-même en toutes circonstances.

Cinq considérations essentielles sont intervenues :

1°/ *Débouchés maritimes.*

Débouchés maritimes de la Pologne sur la mer Baltique et la mer Noire. Un canal d'environ 70 kilomètres de long a été projeté du San au Dniepr, ce qui permettrait d'établir la communication entre les deux mers.

Le débouché sur la Baltique entraîne comme condition nécessaire la possession de Dantzig, qui permettra l'existence d'une marine marchande polonaise. La neutralisation de Dantzig serait même insuffisante à l'obtention de ces résultats.

2°/ *Production minière.*

C'est une nécessité vitale pour la Pologne de ne pas abandonner les territoires de Galicie situés au sud du Dniestr où se trouvent les gisements de pétrole et de potasse ; de même la haute Silésie contient le charbon et le fer. Les considérations de pourcentage ethnographique passent au second plan lorsqu'il s'agit des territoires galiciens.

3°/ *Céréales.*

La Pologne consomme un peu plus de céréales que n'en produisait le royaume, le Grand Duché de Posen et la Galicie. L'émigration vers l'Allemagne jusqu'à la guerre comptait annuellement 400 000 têtes et il est désirable d'arrêter ce mouvement. Cela aura comme conséquence d'augmenter considérablement la consommation nationale. À cette considération s'ajoute la nécessité d'alimenter la nation tchécoslovaque qui sera également en déficit sous ce rapport. Cela conduit la Pologne à revendiquer les territoires historiques des gouvernements de Minsk, Grodno et Vilno. Ces territoires sont en grande partie peuplés de Blancs Ruthènes qui parlent une sorte de patois polonais[1] et surtout sont catholiques. Ces régions sont d'une faible densité démographique et d'un petit rendement ; elles constitueraient pour la Pologne des territoires d'expansion et de mise en valeur, d'autant que les Carpates produiraient la potasse nécessaire. La frontière demandée est celle de la rivière Horyn, Slucz, Bérésina et Ūla.

4°/ *Lituanie.*

La Pologne reconnaît le droit de la Lituanie à une autonomie parfaite dans les frontières de sa population actuelle et ne met aucune revendication sur la partie nord du gouvernement de Suwalki. La frontière qu'elle propose est basée uniquement sur le partage ethnographique. Il appartient à la Lituanie de revendiquer Memel, l'embouchure du Niemen et la partie lituanienne de la Prusse orientale.

La Pologne est dans l'intention d'offrir ultérieurement à la Lituanie une union étroite, basée cependant sur l'indépendance réciproque des deux pays.

5°/ *Prusse orientale.*

La Prusse orientale sera amenée par la force des choses à constituer une enclave dans les territoires polonais. La frontière proposée est basée uniquement sur des considérations ethnographiques. Le régime demandé pour l'État indépendant de la Prusse orientale est celui d'un État neutre et sans armée. Jusqu'à l'établissement d'une paix définitive, il conviendrait que Koenigsberg fût conservé par les Puissances alliées comme base navale.

Des considérations de sécurité ont conduit à la revendication de certaines lignes plus favorables.

---

[1] Il s'agit des Biélorusses.

Dantzig et l'embouchure de la Vistule doivent être à l'abri de toute surprise, ce qui conduit à l'incorporation partielle des districts de Lauenburg et Bütow et place la frontière occidentale à la hauteur du lac Leba.

La Pologne demande le désarmement des forteresses allemandes de Landsberg et de Breslau. La forteresse de Nysa serait tchèque et celle de Ratibor polonaise. La frontière placée aux Carpates entraîne pour conséquence l'incorporation d'une enclave qui comporte une assez forte colonie ruthène. Il n'est pas possible d'y renoncer parce qu'outre les gisements de pétrole et de potasse des Carpates, il est nécessaire que la Pologne possède la seule ligne frontière qui constitue pour elle une sérieuse défense naturelle et obtienne la communication directe avec la Roumanie.

La Pologne prévoit que son avenir politique se trouve dans une intime union avec la Tchécoslovaquie et la Roumanie. Les frontières proposées lui donneraient tous les éléments nécessaires à un large progrès dans une indépendance absolue.

La question des voies de communication ferrées ou fluviales fera l'objet d'une étude spéciale poursuivie de concert avec la Commission qui siège au ministère des Travaux publics, car il est indispensable de tenir compte des analogies qui pourraient s'établir entre les problèmes polonais et ceux que la France et l'Allemagne ont elles-mêmes à résoudre sur la frontière commune.

Le tracé des frontières proposé représente une limite générale : il convient éventuellement d'y ajouter, si cela entrait dans les vues du Congrès de la Paix, certaines sûretés d'ordre militaire, telles que têtes de pont ou zones extérieures neutres.

Il est à remarquer que les frontières revendiquées sont très en deçà des limites historiques de la Pologne de 1772.

CPC, Z-Europe, Pologne, 1918-1940, vol. 67 (106CPCOM/67).

236

M. Pichon, Ministre des Affaires étrangères,
 À M. Clemenceau, Président du Conseil, Ministre de la Guerre.

M. n° 4543. *Paris, 23 novembre 1918.*

La situation en Slovaquie.

Le ministre des Affaires étrangères du gouvernement national provisoire des pays tchécoslovaques a appelé mon attention sur les événements qui se développent actuellement en Slovaquie. D'après les indications qui m'ont été fournies par M. Beneš, les autorités hongroises qui administraient ce pays l'avaient quitté pour se retirer en territoire magyar, à la suite de l'armistice intervenu entre le haut commandement de l'armée austro-hongroise et le haut commandement italien.

Les autorités nationales s'étaient établies immédiatement en Slovaquie et l'ordre s'y était rétabli sans aucune difficulté. Quelques jours plus tard, l'accord signé par le général Franchet d'Espèrey avec le comte Karolyi[1] aurait admis que les minorités hongroises seraient, jusqu'à nouvel ordre, administrées par les autorités du gouvernement de Budapest ; du moins cet accord aurait été interprété dans ce sens par les autorités hongroises qui seraient venues se réinstaller en Slovaquie. Ces autorités seraient accompagnées de contingents armés pourvus de trains blindés et d'autos mitrailleuses. Des collisions se seraient produites entre les unités tchèques et les détachements magyars.

Le ministre des Affaires étrangères du gouvernement national tchécoslovaque demande que des mesures immédiates soient prises en vue de l'envoi dans les pays tchécoslovaques, aussi bien de l'armée autonome constituée en France que des détachements français suffisants pour y maintenir l'ordre et assurer le libre exercice du pouvoir des autorités nationales tchécoslovaques.

J'ai l'honneur de recommander à votre particulière attention cette affaire.

J'estime qu'il y aurait lieu d'adresser au général Franchet d'Espèrey des précisions indiquant que les territoires slovaques ne sauraient faire partie des régions dont l'administration peut continuer à être confiée aux autorités magyares.

Je vous serais obligé en outre de vouloir bien faire parvenir à M. le général commandant en chef les armées d'Orient les instructions que vous estimerez nécessaire en vue de répondre, dans toute la mesure du possible, aux sollicitations du gouvernement tchécoslovaque en ce qui concerne notre concours militaire.

CPC, Z-Europe, Tchécoslovaquie, 1918-1940, vol. 44 (116CPCOM/44).

---

[1] Il a formé le 23 octobre 1918 un comité national hongrois qui proclama l'indépendance et son détachement de l'Empire le 1er novembre 1918.

237

M. Lebrun, Ministre du Blocus,
   à M. Cambon, Ambassadeur de France à Londres.

T. n° 824 RX.　　　　　　　　　　Paris, 24 novembre 1918, 13 h. 10.
Confidentiel.

a.s. *Allied Blockade Committee.*

Je réponds à votre télégramme 663 RX[1].

Je partage l'avis exprimé par le ministre anglais du Blocus, le contrôle de l'ABC ne doit être maintenu que sur les articles dont la répartition mondiale doit être surveillée soit en raison de leur nature, soit à cause de leur rareté. Il y aurait donc lieu de provoquer d'urgence une décision de l'ABC sur cette question ; il ne semble pas, d'après votre télégramme, que l'ABC se soit prononcé sur ce point. Une première liste d'articles pouvant être expédiés sans licence devait être établie d'accord entre les Alliés ; vous insisterez pour qu'elle comprenne notamment les articles intéressant notre commerce d'exportation, vins, liqueurs, articles en celluloïd, etc.

D'autre part, l'embargo, encore partiellement en vigueur pour les importations en Hollande, devrait être levé sans retard.

J'appelle toute votre attention sur la nécessité de surveiller de très près l'action du gouvernement anglais. Le commerce britannique est très pressé de reprendre sa liberté et le bruit court qu'il aurait dès la signature de l'armistice autorisé l'exportation de nombreux produits sans licence.

Veuillez vous informer discrètement. Si nous n'agissons pas avec beaucoup de prudence, le marché sera complètement désorganisé et le ravitaillement général compromis.

CPC, Z-Europe, Grande-Bretagne, 1918-1940, vol. 29 (92CPCOM/29).

---

[1] Dans ce télégramme daté du 18 novembre 1918, de Fleuriau indique que, d'après le ministre britannique du Blocus, « le premier but des Alliés devrait être de reprendre aussi vite que possible leur commerce extérieur et qu'à cet effet il convenait de faire disparaître le plus grand nombre de restrictions possibles : censures, contrôles, etc. ».

238

M. Conty, Ministre de France à Copenhague,
 à M. Pichon, Ministre des Affaires étrangères.

T. n° 708.   *Copenhague, 24 novembre 1918, 14 h.*

(*Reçu : le 25, 9 h. 55.*)

Propagande française.

Je réponds à votre télégramme 482[1].

La paix n'est pas plus facile à faire que la guerre, j'estime avec vous qu'il n'y a pas lieu de supprimer la propagande mais d'en transporter l'activité. Il convient d'éviter toute liquidation brusque et il importe d'observer largement les engagements pris. Mais on aura avantage à faire disparaître tout ce qui tendrait aux fins suivantes :

Offrir une embuscade à des publicistes désireux de se [...][2] intacts, occuper des artistes sans engagements, inonder nos postes à l'étranger de cartes postales et livres trop nombreux et trop manifestement écrits pour les besoins de la cause, entremettre les scènes tragiques de guerre d'intermèdes bouffons tels que exhibitions de mannequins connus aggravant le compte profits et pertes des couturiers. Par contre il restera à faire connaître à l'étranger la France nouvelle, à révéler la France nouvelle à l'étranger et à assurer notre influence à l'extérieur.

Il est indispensable à cet effet qu'un service bien organisé soit à Paris en mesure de répondre méthodiquement et promptement aux demandes formulées par les agents de la France à l'étranger. En ce qui concerne plus particulièrement le Danemark le premier foyer d'influence français est la légation même qui ne devrait manquer ni de personnel ni d'argent. En outre il est une œuvre pleine de vitalité qui a courageusement défendu notre cause à Copenhague et dans les provinces danoises : c'est l'Alliance française.

Son siège se borne à une chambre où on a classé sa bibliothèque ; il conviendrait d'offrir au Comité, qui se préoccupe d'avoir un immeuble avec salle de conférence une forte somme, une fois donnée, qui permettrait de fonder un centre d'influence française, où s'installerait plus tard aussi le cas échéant, la Chambre de Commerce française le jour où nous aurons sur place quatre négociants français. L'agence franco-scandinave récemment fondée fait preuve d'une activité efficace ; il y a lieu de la maintenir en accentuant le caractère économique des informations qu'on lui adresse.

L'Église catholique latine étant au Danemark sous l'influence allemande, il y a lieu d'y renforcer les éléments français et de substituer à la

---

[1] Télégramme non retrouvé.
[2] Lacune de déchiffrement.

prépondérance allemande une direction danoise d'inspiration française. Ce qui précède est à titre citatif.

Je me réserve de développer dans un rapport l'idée exprimée dans ce télégramme.

CPC, Z-Europe, Danemark, 1918-1940, vol. 33 (84CPCOM/33).

239

M. Aygueparsse, Chargé d'Affaires à Mexico,
 À M. Pichon, Ministre des Affaires étrangères.

T. n° 152. *Mexico, s.d., s.h.*

(*Reçu* : le 24 novembre 1918, 17 h. 50.)

Au cours d'interviews publiés par journaux pro-alliés du Mexique, l'ambassadeur des États-Unis aurait insinué l'idée que les pays restés neutres pourraient être appelés à prendre part aux conférences de la Paix.

L'ambassadeur a dit à mon collègue italien qu'il n'avait pas fait cette déclaration mais qu'il ne jugeait pas utile de la démentir.

Il serait déplorable que le gouvernement mexicain de Carranza qui, personnellement, est resté pro-allemand fût appelé à un semblable honneur, il travaillerait certainement en faveur de l'Allemagne. Pour le cas qui peut être vraisemblable où le Président des États-Unis désirerait voir participer, dans une mesure quelconque et à titre quelconque, le représentant du Mexique aux conférences internationales, les gouvernements dont les intérêts ont été lésés, comme ceux de la France, de l'Angleterre, de l'Italie, devraient demander que préalablement, le Mexique s'engage à soumettre à un arbitrage international déterminé, et dans des délais précis, leurs nombreuses réclamations.

CPC, A-Paix, 1914-1918, vol. 30 (4CPCOM/30).

240

M. Pichon, Ministre des Affaires étrangères,
 À M. Barrère, Ambassadeur de France à Rome,
 M. Cambon, Ambassadeur de France à Londres,
 M. Jusserand, Ambassadeur de France à Washington,
 M. Defrance, Ministre de France à Bruxelles.

T. n°s 4193 ; 6197 ; 3786 ; 562.   *Paris, 24 novembre 1918, 22 h. 15.*

Chiffré.

Londres, Washington et Bruxelles : J'adresse à M. Barrère le télégramme suivant :

Je réponds à votre télégramme 2829[1].

Il est impossible de fixer dès maintenant la date du Congrès de la Paix qui ne paraît pas pouvoir se réunir avant le début de janvier.

Quant à une conférence que les représentants des grandes Puissances alliées auraient à tenir pour discuter la procédure et l'organisation du Congrès ainsi que la représentation des États, le programme et l'ordre des travaux, elle ne saurait avoir lieu avant l'arrivée du président Wilson. On peut prévoir dès maintenant qu'elle se tiendra au début de la seconde quinzaine de décembre.

Je me propose de vous communiquer incessamment une note préparée par le gouvernement français au sujet des travaux du Congrès, note qui sera également communiquée à Londres et Washington. M. Sonnino nous a d'ailleurs demandé de lui en envoyer copie pour qu'il puisse y réfléchir et présenter éventuellement ses propres suggestions à cet égard.

Télégrammes, Bruxelles, Départ, 1918, vol. 1241 (304QONT/1241).

241

M. Pichon, Ministre des Affaires étrangères,
 À M. Georges-Picot, Haut Commissaire français en Palestine.

T. n° 424.   *Paris, 24 novembre 1918, 22 h. 15.*

Chiffré.

Je suis avisé que l'émir Fayçal arrivera à Marseille le mardi 26 courant. Faire savoir au roi Hussein que bien qu'il n'ait pas jugé à propos de s'entendre préalablement avec le gouvernement de la République au sujet

---

[1] Dans ce télégramme envoyé le 23 novembre à 19 h. de Rome et reçu à Paris à 23 h. 30, Barrère transmet une demande d'Orlando et Sonnino concernant la date de la prochaine conférence interalliée.

du voyage de son fils, celui-ci sera reçu comme le fils d'un souverain ami ; mais qu'il ne saurait être question de le considérer comme mandataire politique à un titre quelconque, et que, vu les circonstances, il y a intérêt à ce que le séjour de l'émir ne se prolonge pas et qu'il retourne assurer le commandement de ses troupes dans le plus bref délai.

Le commandant Cousse devra faire entendre au roi Hussein que des conseils maladroits ont entraîné son fils à une démarche insolite et de nature à lui faire tort dans l'esprit du gouvernement français qu'il a donc intérêt à effacer cette impression. Il terminera en lui indiquant que si le roi Hussein ou l'émir ont des questions à traiter avec la France ils n'ont qu'à s'adresser au Haut Commissaire de la République en Syrie Palestine qui seul a qualité pour préparer, s'il y a lieu, les voies à une mission en France de représentants du roi du Hedjaz.

CPC, A-Paix, 1914-1918, vol. 23 (4CPCOM/23).

242

M. Pichon, Ministre des Affaires étrangères,
  À M. Cambon, Ambassadeur de France à Londres,
  M. Jusserand, Ambassadeur de France à Washington,
  M. Defrance, Ministre de France au Havre,
  M. Allizé, Ministre de France à La Haye,
  M. Bapst, Chargé d'Affaires à Christiania,
  M. de Fontenay, Ministre de France à Corfou,
  M. Barrère, Ambassadeur de France à Rome,
  M. Dard, Chargé d'Affaires à Madrid,
  M. Daeschner, Ministre de France à Lisbonne,
  M. Conty, Ministre de France à Copenhague,
  M. Noulens, Ambassadeur de France à Arkhangelsk,
  M. de Billy, Ministre de France à Athènes[1].

T. n°s 6194 ; 3743 ; 560 ; 802 ; 606 ; 218 ; 4191 ; 1380 ; 276 ; 493 ; 894 ; 580.

Paris, 24 novembre 1918, 23 h. 20.

Chiffré.

Propagande bolcheviste russe et allemande.

Ayant subi la plus lourde défaite, l'Allemagne ne voit d'autre moyen d'en atténuer les effets que d'essayer de porter chez les Alliés le virus bolchevik, tandis qu'elle tente de les effrayer et d'obtenir un adoucissement à son sort en se donnant comme menacée de subir ce fléau.

Cette attitude mérite d'autant plus l'attention que les bolcheviks russes, sentant que leur pouvoir est menacé par le triomphe des saines démocraties,

[1] Communiqué à présidence du Conseil, Guerre, Administrative.

font actuellement eux-mêmes un suprême et vigoureux effort pour contaminer les pays vainqueurs.

Si les Alliés ne veulent pas voir compromettre les fruits d'une victoire qui doit apporter au monde, avec une paix solide et la véritable liberté, l'ordre nécessaire au travail, ils ont le devoir d'aviser, sans retard et sans hésitation, un moyen de conjurer ce double danger, qui peut rendre vains d'immenses sacrifices et des pertes si cruelles.

À l'égard de l'Allemagne, il convient avant tout de continuer sans faiblesse à poursuivre l'exécution des conditions d'armistice, qu'elle a souscrites, et dont plusieurs ont déjà été violées ; il faut enregistrer des violations et en prendre note pour la paix ; il faut maintenir son ravitaillement dans la mesure strictement nécessaire ; il faut surtout la subordonner à la cessation de la propagande qui tente de favoriser les menées bolchevistes chez les Alliés et qui répand audacieusement des fausses nouvelles représentant les pays alliés comme en proie à l'anarchie et leurs armées comme livrées à l'indiscipline et à la révolte.

Cette sévérité, qui doit s'appliquer aussi à l'Autriche et à la Hongrie, n'aurait que des effets insuffisants si les gouvernements alliés hésitaient à intervenir également auprès des États neutres pour les inviter à prendre des mesures immédiates contre les agitateurs bolchevistes étrangers, russes ou autres. La faiblesse des gouvernements neutres à cet égard est faite de la peur de l'Allemagne, qu'ils devinent derrière ces agitateurs. Mais les neutres doivent comprendre que les Alliés n'entendent pas se prêter à cette lâche manœuvre d'un ennemi désormais militairement impuissant. Délivrés de la crainte de l'Allemagne, par le sentiment que les Alliés leur donneront de leur ferme résolution à cet égard, ils sentiront certainement que leur intérêt concorde avec le nôtre, et que leur propre sécurité exige une action énergique contre les bolchevistes. Aucun agent officieux ou non du gouvernement des Soviets ne doit être toléré sur les territoires neutres. Leur propagande doit être combattue, les transferts de fonds interdits et spécialement surveillés.

Je propose donc aux gouvernements alliés d'envoyer des instructions dans ce sens à leurs représentants à Madrid, Berne, La Haye et dans les pays scandinaves. Je leur demande en même temps de me faire savoir leur accord avec le gouvernement français sur l'attitude à adopter en cette matière à l'égard des puissances centrales et en particulier de l'Allemagne.

Vous aurez bien soin de faire remarquer que nous ne voulons à aucun degré intervenir dans la politique intérieure ni empêcher le libre développement de la démocratie, mais il est indispensable d'empêcher une propagande inadmissible et dangereuse poursuivie par de véritables criminels de droit commun.

Pour Rome, Londres, Washington, Bruxelles :

Je vous serais obligé de faire immédiatement une démarche dans ce sens auprès du gouvernement anglais, italien, américain, belge, et de m'en rendre compte dans le plus bref délai.

Télégrammes, Washington, Départ, 1918, vol. 6361 (304QONT/6361).

243

M. Defrance, Ministre de France à Bruxelles,
    À M. Pichon, Ministre des Affaires étrangères.

D. s.n.   *Bruxelles, 24 novembre 1918.*

Ainsi que j'en ai informé Votre Excellence par mon télégramme du 22 de ce mois[1], le Roi Albert a fait son entrée à Bruxelles vendredi dernier à la tête des troupes belges et des détachements français, anglais et américain.

La population lui a fait un accueil enthousiaste ainsi qu'à la Reine et aux Princes qui accompagnaient le Roi à cheval. Après le défilé des troupes devant le Parlement le Roi, la Reine et les Princes sont entrés dans la salle des séances où le Sénat et la Chambre étaient réunis. Le Roi a lu le discours que j'ai analysé succinctement dans mon télégramme précité et dont le texte intégral est ci-annexé[2].

Dans l'après-midi du même jour, le Roi a été reçu à l'hôtel de ville de Bruxelles par le bourgmestre Max récemment revenu de captivité. Hier samedi le Roi et la famille royale ont assisté au *Te Deum* solennel chanté à Sainte-Gudule : ils ont été reçus au seuil de la cathédrale par le cardinal Mercier.

Toutes ces fêtes, ces réceptions, ces défilés ont eu lieu au milieu du plus grand enthousiasme : la population de la capitale a fait au Roi et à la Reine un accueil excessivement chaleureux et cordial. Les spectacles auxquels j'ai assisté au Parlement et à l'hôtel de ville, à la cathédrale étaient singulièrement émouvants et impressionnants.

Les passages des différents discours prononcés au cours de ces cérémonies relatifs aux Alliés et tout spécialement à la France et à l'armée française ont été acclamés aussi bien par les sénateurs et par les députés que par tous les assistants. Nos soldats, en formations militaires, en groupes ou isolés sont partout choyés et acclamés dans les rues, sur les places et dans les établissements publics. La *Marseillaise* a été chantée à maintes reprises par la foule.

(Étant encore seul à Bruxelles et dans l'impossibilité de faire une analyse détaillée de l'important discours prononcé par le Roi au Parlement, j'ai souligné dans le numéro ci-annexé de *L'Indépendance belge* les principaux passages.)[3]

Lorsque le Roi a annoncé l'intention du gouvernement « de réaliser la consultation nationale sur la base du suffrage égal pour tous » les socialistes ont vigoureusement applaudi et après une légère hésitation tous les sénateurs et députés, à part quelques très rares exceptions, ont fait de même.

---

[1] Il s'agit en réalité du télégramme du 23 novembre 1918 (voir document n° 233 du 23 novembre 1918).

[2] Document non reproduit.

[3] Document non reproduit.

Le passage relatif à la réparation des dommages de guerre et celui traitant de l'égalité des langues flamande et wallonne ont été très applaudis : mais l'annonce du projet de création d'une université flamande à Gand a été accueillie par un silence glacial.

Par contre, la déclaration concernant les « activistes » indignes de toute amnistie a reçu un accueil enthousiaste.

Il en a été de même du passage relatif à l'abolition de la neutralité et de celui promettant l'aide efficace des Alliés pour la restauration de la Belgique.

Le discours royal annonçant d'importantes réformes dans un sens très libéral a en somme été bien accueilli. Il est vrai que l'enthousiasme patriotique était à son comble et que bien des auditeurs, malgré leurs applaudissements au cours de cette séance mémorable, ne se feront sans doute pas faute de critiquer les projets annoncés lorsqu'ils seront mis en discussion dans une atmosphère moins surchauffée.

CPC, Z-Europe, Belgique, 1918-1940, vol. 33 (82CPCOM/33).

244

Note pour l'Ambassade de Sa Majesté britannique

Paris, 24 novembre 1918.

Le 21 novembre dernier, M. Pichon a eu l'honneur de répondre à la suggestion anglaise relative à la venue en France de l'émir Fayçal, en qualité de représentant du roi du Hedjaz, pour aborder la question des territoires arabes à la Conférence de la Paix[1].

Le ministre des Affaires étrangères rappelant qu'il n'avait pas été, ni lui, ni le Haut Commissaire français en Syrie, consulté sur la question, avait précisé à cette occasion les vues du gouvernement français.

La question est à envisager à deux points de vue, l'un d'ordre général, l'autre d'ordre particulier.

1°) *Général* :

Les grandes Puissances n'ont pas encore arrêté d'accord, leurs vues sur la représentation des diverses catégories de belligérants et éventuellement d'ennemis et de neutres, au Congrès de la Paix, ainsi qu'un échange de vues préalable. Il y aura lieu en effet de préciser qui sera appelé à siéger et à quelles catégories de séances. Les droits des grandes Puissances, des petites Puissances, des États reconnus, des États en formation, des ennemis et des neutres, ne sont pas équivalents. La qualité qui les accréditera, la

---

[1] Voir document n° 226 du 21 novembre 1918.

quotité de leur représentation, la mesure de leur accès complet ou limité au Congrès, aux discussions des préliminaires de paix, aux séances des commissions ou des comités doivent faire l'objet d'un examen commun préalable des grandes Puissances et d'une décision, faute de laquelle la plus grande confusion s'établirait et des discussions constantes risqueraient de se produire entre les Alliés.

Le gouvernement français se propose de présenter incessamment une étude de la question, accompagnée de propositions écrites.

2°) *Particulier* :

La catégorie dans laquelle l'émir Fayçal peut être rangé est aisée à préciser. Il ne peut être considéré, tout au plus, que comme le fils et le délégué personnel du Roi du Hedjaz, venant solliciter en son nom la constitution d'un royaume arabe, plus ou moins indépendant ou contrôlé par la France et l'Angleterre (dans les zones arrêtées entre elles ou sous leur influence). Il ne pourrait être entendu (même si l'on accepte cette qualification) qu'officieusement. Il ne peut parler au nom des populations arabes qui ne peuvent, dans l'état présent, être librement, valablement et sérieusement consultées ; le Congrès garde donc toute indépendance pour examiner seul, ou après audition de ce délégué du Roi du Hedjaz, la question arabe.

En effet aucun royaume arabe n'a été reconnu par l'ensemble des Puissances alliées. La France et l'Angleterre elles-mêmes n'ont reconnu que le pouvoir du Malek de la Mecque (nettement limité au Hedjaz par leur accord de 1917)[1]. Le ou les royaumes arabes n'ont donc aucune existence réelle et n'ont présentement qu'un caractère hypothétique même entre la France et l'Angleterre.

Dans de telles conditions, M. Pichon ne peut dissimuler sa surprise de voir, malgré ses observations et le caractère incontestable de la situation, l'émir Fayçal embarqué pour la France sur le conseil anglais, et annoncé pour débarquer à Marseille le 26 novembre.

Le ministre des Affaires étrangères estime qu'il n'y a là qu'un malentendu, mais pour éviter qu'il ne se prolonge et pour dissiper toute équivoque il a décidé d'agir de la manière suivante et souhaite obtenir aussi rapidement que possible l'accord du gouvernement britannique à cet égard.

L'émir Fayçal sera traité à son arrivée et pendant son séjour sur le territoire français en étranger de distinction, fils du Roi du Hedjaz, il lui sera dit dès le débarquement qu'il n'a aucun titre officiel reconnu et que sa qualification pour quoi que ce soit reste à discuter entre les Alliés ; qu'en aucun cas avant une décision formelle d'accord entre les Puissances, il ne peut être admis comme représentant des Arabes à une séance quelconque des plénipotentiaires (Congrès, Commission ou Comité).

---

[1] En juin 1916, Hussein avait lancé la révolte arabe contre les troupes ottomanes. Bien qu'il se soit proclamé roi des Arabes en novembre 1916, Anglais et Français ne lui reconnaissent que la souveraineté sur le Hedjaz.

M. Pichon espère que des indications claires de même nature seront données en même temps à l'émir Fayçal par les soins du gouvernement anglais, pour éviter une difficulté sur laquelle les Alliés et en particulier la Grande-Bretagne comme la France, ont un intérêt égal à se mettre entièrement d'accord dès le principal.

CPC, A-Paix, 1914-1918, vol. 23 (4CPCOM/23).

245

M. Allizé, Ministre de France à La Haye,
  À M. Pichon, Ministre des Affaires étrangères.

T. n°s 801-806.   *La Haye, 25 novembre 1918, 8 h. 55.*

(Reçu : le 26, 13 h. 35.)

Conformément aux directions que vous avez bien voulu me donner, j'ai pensé qu'il était indispensable de mettre le président du Conseil au courant des derniers incidents qui étaient de nature à altérer les relations des Pays-Bas avec les Alliés. M. Ruijs était, en effet, mieux à même que le ministre de la Guerre de se rendre compte de la gravité de la situation, et j'ai pu aborder avec lui en toute franchise les questions qui réclament depuis quelques jours, toute notre attention.

1°- Je lui ai d'abord parlé du passage des troupes par le Limbourg et lui ai fait connaître les conditions dans lesquelles M. de Karnebeek nous avait prié le 13 novembre de faire connaître à nos gouvernements la décision prise la veille par le Conseil des ministres. Je lui ai montré, comme il était inadmissible de nous placer devant un fait accompli. Si le gouvernement royal croyait qu'il était nécessaire de modifier à cet égard les devoirs que lui impose la neutralité, il devait, avant tout, se mettre d'accord avec les puissances, auxquelles cette modification pouvait porter préjudice. J'ai ajouté que mes collègues et moi, avions du reste vivement regretté la communication de la légation des Pays-Bas à Paris, parce qu'elle était de nature à induire l'opinion publique en erreur, en lui faisant supposer qu'il y aurait eu entente préalable entre nous et le gouvernement de la Reine. J'ai ensuite expliqué au président du Conseil les raisons pour lesquelles nous nous considérions comme lésés par la mesure prise.

M. Ruijs qui avait été absorbé depuis le 12 novembre par le mouvement révolutionnaire qui s'était déchaîné alors en Hollande, m'a paru n'avoir pas attaché à l'époque l'importance nécessaire à la mesure prise en Conseil sur la proposition du ministre des Affaires étrangères, le 12 novembre. Il a été frappé des arguments que je lui ai développés et m'a paru comprendre la nécessité qu'il y aurait à l'avenir pour le ministre des Affaires étrangères de se mettre toujours d'accord avec les Puissances alliées sur toutes questions qui seraient de nature à affecter leurs intérêts et à ne plus les mettre devant un fait accompli. Je ne lui ai pas caché que l'incident ne devait pas être considéré comme clos et qu'il continuait à faire l'objet d'un échange de vues entre les Puissances.

2°- Nous avons abordé ensuite la question du séjour en Hollande de l'ex-empereur. Il m'a répété combien le gouvernement de la Reine avait été désagréablement surpris par l'arrivée de ce convive importun et m'a exposé les considérations que vous connaissez sur l'impossibilité où s'était trouvée la Hollande par ses habitudes et par ses traditions à repousser la demande qui lui était faite. Si l'empereur, lui ai-je dit, avait abdiqué en renonçant au trône sincèrement et quitté son pays dans des conditions à peu près normales, aucune question ne se poserait probablement à cet égard, mais tel n'est pas le cas. L'empereur Guillaume arrive en Hollande après avoir déchaîné sur le monde la crise la plus terrible que l'humanité ait peut-être jamais traversée ; il a fait la guerre la plus cruelle en recourant aux procédés les plus barbares. En fuyant, il veut surtout se soustraire aux conséquences de cette guerre dont il porte toute la responsabilité comme le prouve une fois de plus, les révélations du comte Lerchenfeld[1], publiées aujourd'hui même. Je ne crois pas du reste à une véritable abdication de l'empereur tant que l'acte d'abdication n'aura pas été produit. Or, ce souverain vit maintenant en Hollande, entouré d'égards, préparant les événements qui assureront son retour. Il conserve des relations avec l'Allemagne, ses fidèles partent chaque jour pour Berlin et en reviennent. Ainsi commence à se former autour du châtelain d'Amerongen ce foyer d'intrigues destinées à nous duper sur la véritable situation de l'Allemagne pour obtenir de meilleures conditions de paix, tandis qu'on essaiera par tous les moyens de faire du bolchevisme dans les pays alliés. Dans ces conditions vous ne devez pas vous étonner que l'opinion publique se montre partout un peu nerveuse à l'occasion du séjour de l'empereur aux Pays-Bas.

Le président du Conseil qui m'avait écouté avec attention m'a déclaré qu'il croyait à l'efficacité des mesures prises pour empêcher l'empereur de se servir du territoire néerlandais comme base d'opération pour des intrigues de restauration ou de bouleversement ou pour ses actions contre les pays Alliés. Mais il a convenu qu'il était naturel que nous eussions quelque méfiance à cet égard. « Si les Alliés, m'a-t-il dit, indiquent que la présence de l'empereur d'Allemagne peut être de nature à compromettre l'ordre des choses qu'ils se proposent d'établir, je pense, pour ma part, et sous réserve d'une décision à prendre en Conseil des ministres, que le gouvernement néerlandais serait prêt à prendre toute décision qui lui serait indiquée ». À son avis la meilleure des solutions consisterait à nous mettre d'accord avec le gouvernement de la Reine sur la nouvelle résidence qui serait affectée à l'empereur.

3°- J'ai entretenu ensuite le président du Conseil de la question de la libération de la suite de l'empereur. Je lui ai dit que la Hollande avait des inter-

---

[1] Voir note 1 du document n° 246 du 25 novembre.

nés allemands directs et indirects. Les internés indirects sont ceux qui lui avaient été confiés par l'Angleterre soit en vue d'échange, soit en vue de rapatriement. De ces internés la Hollande pouvait disposer sous la seule condition d'entente préalable avec l'Angleterre. Nous n'aurions donc pas d'objection contre la décision prise au sujet de la libération des internés indirects, puisque l'Angleterre y avait donné son assentiment, mais en ce qui concerne les internés indirects (sic) c'est-à-dire ceux que la Hollande a capturés directement parce qu'ils étaient venus sur son territoire [...][1] la violation de sa neutralité, la situation est tout autre. Ils étaient internés en vertu des conventions internationales, c'est-à-dire que la Hollande en restait comptable à l'égard de tous les belligérants ennemis de l'Allemagne. Dans ces conditions, la France a pu être surprise de ne pas avoir été consultée sur la libération des internés et elle n'aurait certes pas donné son assentiment à la libération de la suite de l'empereur et du Kronprinz.

M. Ruijs a convenu que notre thèse était très forte et il m'a manifesté l'intention de s'en expliquer avec le ministre des Affaires étrangères.

4°- Je lui ai parlé de l'intervention du ministre des Affaires étrangères auprès du gouvernement américain au sujet de la livraison aux Puissances alliées de 5 000 locomotives et de 150 000 wagons et du ravitaillement de l'Allemagne. Le président du Conseil ignorait les conditions dans lesquelles s'était produite cette intervention et m'a promis de se renseigner.

À cette occasion, je lui ai dit que la France ne pourrait voir qu'avec méfiance et une suspicion bien légitime des pays neutres essayer de se placer entre l'Allemagne et les Alliés ou provoquer en faveur de l'Allemagne des interventions que rien ne saurait justifier ; on doit laisser aux Alliés qui n'ont épargné aucun sacrifice pendant toute la guerre pour détruire la puissance destructrice de l'Allemagne, le soin de traiter leur ennemi avec les sentiments d'humanité et de justice dont ils ne se sont jamais départis.

M. Ruijs m'a dit qu'il partageait absolument cette opinion. Il m'a promis de s'informer auprès du ministre des Affaires étrangères.

Ainsi que vous le voyez, s'il est trop tard pour réparer les erreurs commises par le ministre des Affaires étrangères dans certaines questions d'une gravité particulière, nous pouvons espérer que le président du Conseil, mis maintenant au courant de la situation, sera à même d'imprimer à la politique extérieure des Pays-Bas une direction plus conforme à la situation qui découle aujourd'hui de l'issue de la guerre et de l'intérêt même de la Hollande.

Je vous serais reconnaissant de vouloir bien considérer comme particulièrement confidentielle les déclarations qu'il m'a faites au sujet de l'empereur. Mais cette conversation pourrait être poursuivie dans les conditions que vous voudrez bien me prescrire.

CPC, Z-Europe, Pays-Bas, 1918-1940, vol. 27 (105CPCOM/27).

---

[1] Mots visiblement manquants.

246

M. Dutasta, Ambassadeur de France à Berne,
À M. Pichon, Ministre des Affaires étrangères.

T. n° 2056.　　　　　　　　　　　　Berne, 25 novembre 1918, 19 h. 40.

(Reçu : le 26, 9 h.)

D'après un télégramme de source privée la publication des rapports du comte de Lerchenfeld sur les origines de la guerre ordonnée par Kurt Eisner a produit à Berlin une énorme impression[1].

Les rapports de ce diplomate, celui notamment du 18 juillet 1914, confirment absolument et de façon la plus officielle les faits consignés dans le document Muelhon[2]. Ils sont mis sous les yeux du public le jour même où un article du comte de Reventlow rééditait la thèse soutenue par l'administration impériale en ce qui concerne les responsabilités de la guerre.

D'après l'auteur de ce télégramme privé cité plus haut, il est possible que la publication du rapport Lerchenfeld crée un mouvement d'opinion suffisant pour amener la mise en accusation non seulement des gouvernants de 1914 mais même de l'ex-empereur et de plusieurs membres de la famille impériale.

CPC, A-Paix, 1914-1918, vol. 288 (4CPCOM/288).

---

[1] Il s'agissait en particulier du rapport envoyé par le ministre de Bavière à Berlin, de Lerchenfeld, daté du 18 juillet 1914 et rédigé par un conseiller de la légation, de Schoen. Ce dernier y relatait une conversation avec le secrétaire d'État Zimmermann et d'autres responsables de la Wilhelmstrasse. L'auteur faisait mention de la démarche qui serait celle des Austro-Hongrois vis-à-vis du gouvernement serbe quelques jours plus tard (rédaction d'un ultimatum inacceptable pour Belgrade) démontrant l'attitude belliqueuse des Allemands et des Austro-Hongrois. L'auteur évoqua le soutien allemand aux initiatives austro-hongroises, y compris au prix d'une guerre avec la Russie, que Berlin pensait peu probable. Ce document publié par Kurt Eisner fut utilisé par l'Entente pour justifier la culpabilité allemande et autrichienne dans les origines de la guerre.

[2] Wilhelm Muelhon était un membre de la direction des usines Krupp à Essen puis un diplomate allemand. Ce dernier publia en 1917 un document relatif à la crise de juillet 1914 relatant des discussions entre de hauts dirigeants du groupe Krupp et Karl Helfferich, membre du directoire de la Deustche Bank démontrant que les Allemands étaient bien au courant de la démarche austro-hongroise de l'ultimatum à imposer à la Serbie et qu'ils avaient appuyé Vienne. Ce document ainsi que les mémoires du prince de Lichnowsky, ambassadeur allemand à Londres, publiées en 1918, qui avaient mis en lumière l'absence de Berlin comme modérateur des intentions austro-hongroises, furent utilisés également par l'Entente pour tenter de prouver la culpabilité allemande.

247

M. Pichon, Ministre des Affaires étrangères,
   À M. Jusserand, Ambassadeur de France à Washington,
   M. Cambon, Ambassadeur de France à Londres,
   M. Barrère, Ambassadeur de France à Rome,
   M. Defrance, Ministre de France à Bruxelles,
   M. Dutasta, Ambassadeur de France à Berne.

T. n°s 3763-3764 ; 6246 ; 4236 ; 573 ;   *Paris, 25 novembre 1918, 23 h. 15.*
2326.

Chiffré.

La Bavière et les régions dévastées.

Pour tous sauf Washington : J'adresse le télégramme suivant à l'ambassadeur de France à Washington.

Réponse à votre télégramme 1694[1].

Nous avons également reçu communication de la démarche du gouvernement bavarois demandant à faire constater par une mission bavaroise les destructions commises en Belgique et dans le Nord de la France. Le ministre de Suisse était chargé d'ajouter verbalement que « le gouvernement bavarois estimait que le peuple allemand ne se résignera à accepter les humiliations que lui réserveront les conditions de Paix, que quand il comprendra qu'elles résultent de la façon dont la guerre a été conduite ».

On ne saurait trop se mettre en garde contre de telles tentatives.

Il est d'abord surprenant que le peuple allemand ait besoin d'une enquête de ce genre pour apprendre les atrocités dont les journaux pangermanistes se sont hautement glorifiés. S'il n'en est pas déjà convaincu, il ne le sera jamais.

Nous ne pouvons admettre qu'il soit besoin de faire confirmer par l'ennemi, les déclarations des gouvernements alliés et les constatations faites par leurs armées, ainsi que par des Commissions officielles composées de magistrats éminents.

La démarche peut s'expliquer par la tactique du gouvernement bavarois qui tend à repousser toute solidarité avec le gouvernement de Berlin et à se rapprocher de l'Entente, en lui donnant l'impression qu'on peut faire fonds sur son sincère esprit de démocratie.

---

[1] Dans ce télégramme daté du 23 novembre et reçu à Paris le 25, Jusserand évoque la demande faite par le gouvernement bavarois auprès des Américains de création d'une autorité chargée d'établir les destructions commises en Belgique et dans le nord de la France par les troupes allemandes. L'ambassadeur estime cette demande sincère ; il en veut pour preuve la présence parmi les ministres bavarois du professeur Foerster. L'ambassadeur américain à Paris, Sharp, a reçu comme instruction de s'entretenir avec le gouvernement français sur la réponse à faire aux Bavarois.

Si nous pouvons voir sans regret ces prodromes d'une opposition entre les Allemands du nord et ceux du sud, nous devons nous garder de toute illusion sur sa portée véritable, et ne pas oublier que l'Allemagne tout entière, ayant soutenu le gouvernement impérial dans sa politique d'agression et de guerre, doit porter la responsabilité des réparations. Les Bavarois ont d'ailleurs été aussi brutaux et criminels que les Prussiens dans les régions envahies.

Il faut donc éviter, en répondant à des manifestations de cette nature de faire le jeu de nos ennemis qui vont de plus en plus tenter de nous amener ainsi à des conversations particulières pour rompre le bloc des Alliés et se soustraire aux conséquences propres de la guerre et aux répercussions de l'armistice.

Je me suis borné pour ma part à transmettre pour information au maréchal Foch la communication du gouvernement suisse.

Je viens de faire savoir à M. Sharp qu'aucune mission bavaroise ne pouvait être admise tant que l'armistice serait en cours. Mais il me paraît utile que vous vous inspiriez des considérations qui précèdent dans vos conversations avec le gouvernement fédéral.

CPC, Z-Europe, Allemagne, 1918-1940, vol. 352 (78CPCOM/352).

248

M. Velten, Consul général de France à Varsovie,
    À M. Pichon, Ministre des Affaires étrangères[1].

T. s.n. *Paris (Varsovie), 25 novembre 1918.*

Depuis quelque temps, on constate dans la presse parisienne une certaine recrudescence dans les attaques dirigées contre la politique polonaise du Quai d'Orsay. Bien que ces critiques ne soient pas nouvelles, qu'elles semblent invariablement émaner des mêmes sources et qu'elles soient formulées avec la même audace et la même absence de bonne foi, nous croyons utile d'appeler l'attention du Département sur quelques-unes d'entre elles, au moment où certaines personnalités n'hésitent pas à transporter le centre de ces attaques de la presse à la tribune du Parlement.

Les observations qui vont suivre et que j'ai l'honneur de soumettre à Votre Excellence, sont provoquées par une lettre parue samedi soir dans le journal *Le Temps* portant la date du 24 novembre, sous la rubrique « Correspondance » et le titre « La France et le problème juif ». La lettre est signée par un certain Léonard Rosenthal, personnalité qui nous est tout à fait inconnue.

Au début de sa lettre, l'auteur craint que le futur Congrès de la Paix ne traite pas tous les peuples « sur le mode d'une stricte égalité ». Il s'en

---

[1] Communiqué à Londres, Rome, Washington, Bruxelles et Berne.

indigne mais l'idée ne lui vient pas d'établir la moindre distinction entre les peuples belligérants et tous lui semblent mériter le même traitement.

Appelant spécialement l'attention du public sur le sort des Israélites polonais, M. Rosenthal réclame en leur faveur l'égalité des droits civils et politiques. Bien qu'à ma connaissance aucun parti polonais ne songe à contester ces droits aux Israélites, je ne vois, en ce qui me concerne, aucun inconvénient à ce que le futur Congrès garantisse expressément l'égalité civile et politique des Juifs dans la future Pologne. Mais lorsque M. Rosenthal insiste et demande qu'à l'instar du gouvernement anglais, le gouvernement français « proclame bien haut que, sous aucun prétexte, il n'admettra de nouveaux pogroms en Pologne », nous avouons, quant à nous, ne pas apercevoir l'utilité d'une telle déclaration. Pendant tout notre séjour en Pologne, en effet, nous n'avons jamais entendu parler d'aucun pogrom des Juifs commis par les Polonais.

Haussant le ton, M. Rosenthal reproche à la France de n'avoir pas élevé la voix en faveur des Juifs de Pologne et d'être restée muette à leur égard « comme elle le fut pendant tout le temps de l'alliance tsariste ». Mais ne pouvant intervenir, comme il l'aurait désiré, en faveur des Polonais eux-mêmes, il était, semble-t-il, bien difficile au gouvernement français d'intervenir spécialement en faveur des Juifs polonais, alors que le sort de ces derniers n'était pas pire que celui des Polonais eux-mêmes. Avouons, d'ailleurs, qu'au temps de l'alliance « tsariste », en pleine guerre, nous aurions eu vraiment mauvaise grâce à nous faire « *ex officio* » en Pologne les avocats des Juifs qui, non seulement, que je sache, n'ont fait aucun appel à notre concours, mais qui ont sympathisé ouvertement avec nos ennemis, voyant dans la victoire des Puissances centrales, le triomphe de l'idéal qu'ils se faisaient de la liberté, de la justice et de la civilisation.

Devenant plus audacieux, M. Rosenthal se plaint que les rangs de l'armée polonaise en France aient été fermés aux Israélites. Disons de suite qu'il semble bien étrange qu'une telle plainte soit formulée aujourd'hui seulement, à l'heure où l'armistice avec l'Allemagne est signé, où la paix semble prochaine et où, par conséquent, cette armée ne semble plus avoir à combattre l'Allemand. Pour être juste, il faut reconnaître que si de nombreux volontaires se sont présentés à mon consulat général pour solliciter leur enrôlement dans l'armée polonaise en France, le nombre des volontaires israélites est resté infime sinon nul. Cette abstention significative ne saurait d'ailleurs nullement nous surprendre, si l'on se rappelle que l'élément polonais israélite a été le premier à protester contre la création d'une armée polonaise luttant contre les Puissances centrales dans les rangs des Alliés, qu'il n'a jamais caché ses sympathies germanophiles et s'est fait avec enthousiasme le propagateur zélé de tous les projets de paix « à l'allemande ».

Critiquant directement la politique polonaise du gouvernement français et la « maladresse » du choix d'après lequel, suivant lui, celui-ci aurait déterminé ses sympathies parmi les Polonais, M. Rosenthal se félicite que le gouvernement provisoire du général Piłsudski ait aujourd'hui « affirmé sa volonté de démocratie » et rejeté « les tristes principes » des nationalistes polonais. En fait, à ma connaissance, rien ne paraît indiquer que le gouvernement de Piłsudski ait lié sa cause à celle des Israélites polonais et que les divergences de vues qui existent entre l'organisation militaire de Piłsudski (en abréviation P.O.W.) et les nationalistes polonais soient absolument insurmontables. Répondant, en effet, à une question que je leur avais posée, les délégués de Piłsudski qui sont venus à Moscou, au commencement de l'été dernier, pour s'entendre avec le Comité de l'Union des partis et les missions de l'Entente, en vue d'une action militaire éventuelle contre l'Allemagne, ont déclaré répudier catégoriquement la « campagne néfaste » menée par les pseudo-démocrates de Russie et l'élément israélite contre l'armée polonaise en France. Cette déclaration a d'ailleurs revêtu un certain caractère de solennité puisqu'elle a été faite en présence de mon collègue de Moscou, M. Grenard, du général Lavergne, chef de la mission militaire française, et du consul général d'Italie à Moscou.

Au début de sa lettre, l'auteur rappelle que la France, la première, en 1789, a émancipé les Juifs et il fait allusion aux sentiments de reconnaissance des Israélites envers notre pays. Nous aimons à croire que ces sentiments existent réellement parmi les Juifs d'Occident, mais, à mon grand regret, je dois dire qu'ils semblent totalement étrangers aux Juifs de Pologne et de Russie, qui n'ont généralement vu de salut dans cette guerre, pour les peuples de l'Europe centrale, que sous le joug tutélaire des Habsbourg ou des Hohenzollern.

M. Rosenthal fait appel aux sympathies françaises en faveur des Israélites de Pologne. Je suis persuadé que les Français sont prêts à répondre à cet appel, mais à la condition que les Juifs polonais reconnaissent ouvertement les torts qu'ils ont causés à la cause des Alliés, qu'ils admettent sincèrement avoir fait fausse route, avoir « misé sur le mauvais cheval » et qu'ils secondent dorénavant loyalement et efficacement nos efforts en vue de mettre une barrière solide aux ambitions allemandes dans l'Europe centrale et orientale. En Pologne, c'est, semble-t-il, en se constituant les champions des revendications nationales polonaises et notamment de l'union à la Pologne des provinces polonaises de la Prusse qu'ils parviendront à gagner la confiance et la sympathie, non seulement de la nation polonaise, mais aussi de tous les peuples libres.

Aussi bien l'heure semble décisive pour la Pologne. Trêve de divergences entre les partis pour les raisons de politique intérieure, pourrait-on dire aux Polonais. Faites « l'union sacrée » de tous les partis et la concentration de tous les efforts vers ce but unique : l'unité des territoires polonais et la lutte contre les visées allemandes, seuls obstacles aujourd'hui à cette unité.

CPC, Z-Europe, Pologne, 1918-1940, vol. 60 (106CPCOM/60).

249

M. Le Mallier, Consul de France à Séville,
   à M. Pichon, Ministre des Affaires étrangères.

D. n° 31.   Séville, 25 novembre 1918.

La soirée d'avant-hier, à l'issue de laquelle M. Eugène Adema, Président du Comité interallié de Séville qui l'avait organisée, a, de concert avec moi, expédié le télégramme d'hommages à M. le président de la République et à l'ambassade, a constitué, sans nul doute, une manifestation d'ardent et d'émouvant patriotisme, empreint d'une sincérité vraiment touchante.

C'est à regret qu'à une heure avancée de la nuit, les 300 assistants, Français, Belges, Anglais, Américains, Portugais, Italiens, se sont arrachés à cette réunion, si franchement cordiale, dont ils emporteront un impérissable souvenir.

La décoration élégante et sobre de la vaste salle du restaurant français « Pasage de Oriente » appartenant à M. Paul Bousquet, à laquelle avait contribué notre compatriote M. Auban, a conquis, dès l'entrée, tous les suffrages. Mais bientôt l'enthousiasme s'éveillait aux accents des hymnes des Alliés, et *la Marseillaise* était chantée d'une seule voix vibrante par toute l'assemblée.

Les paroles que j'ai prononcées ont, à leur tour, déchaîné des applaudissements chaleureux et prolongés. Le consul général d'Angleterre a su également interpréter le sentiment unanime ; quelques autres orateurs, M. Adolphe Vasseur (sur qui j'ai récemment attiré la bienveillante attention de l'ambassade), a préconisé la création d'un cercle interallié ; M. Bithell a rendu à l'hospitalité espagnole un sympathique témoignage, et M. Montenacken, de nationalité belge, a lu quelques pamphlets antigermaniques de sa composition, dont la finesse et le brillant ont charmé l'auditoire.

J'ai lieu de penser que ma participation au succès de la très belle manifestation interalliée du 23 novembre 1918, au cours de laquelle m'entouraient mes dévoués collaborateurs, M. Du Périer de Larsan, chancelier, et M. Bertrand, commis auxiliaire, a été jugée tout à fait adéquate au caractère de cette soirée ; car, entre autres témoignages de sympathie reçus par le consul de France, qui se fait un devoir professionnel et patriotique d'en aviser le Département et l'ambassade, il y a lieu de noter la visite au consulat, aujourd'hui, vers 4 heures, d'un groupe de dames, qui ont tenu à venir me renouveler l'expression de leur satisfaction pour le concours trouvé auprès de l'agent du gouvernement de la République, en cette circonstance, et qui ont acclamé longuement le pavillon national.

CPC, Z-Europe, Espagne, 1918-1940, vol. 31 (86CPCOM/31).

250

M. Boppe, Ministre de France à Pékin,
     à M. Pichon, Ministre des Affaires étrangères.

T. n° 711.   Pékin, 26 novembre 1918, 16 h. 10.

(Reçu : le 27, 4 h. 50.)

L'Angleterre, l'Amérique, le Japon et l'Italie ont, au cours de la guerre, doublé leur personnel diplomatique et consulaire en Chine ; leurs agents ont pu ainsi faire face à toutes les nécessités de la période de guerre et ils se trouvent dès maintenant prêts pour l'après-guerre. La France n'a pas suivi l'exemple de ses Alliés. Depuis mon arrivée dans ce poste, je n'ai pas cessé d'appeler l'attention de Votre Excellence sur les graves responsabilités qu'encourra la direction du personnel du Département si elle maintient encore dans une aussi lamentable pénurie le personnel de la légation à Pékin et des postes qui en dépendent.

De nombreux agents étrangers cependant parcourent la Chine chargés de missions d'enquêtes industrielles, commerciales et politiques. Écrasés par leur besogne courante, les agents français [...][1] ont le regret de se voir distancés par tous leurs collègues alliés. La plupart n'ont pas pris de congé depuis sept ou huit ans et vont être obligés d'aller se faire soigner en France ; à bref délai il n'existera plus en Chine ou en Extrême-Orient un seul agent disponible pour assurer une gérance.

Cette situation ne peut durer et je prie Votre Excellence d'y remédier sans retard. Mais il ne suffit pas de compléter la légation et les consulats, il faudrait encore donner au personnel le moyen de vivre et de soutenir avec dignité leur rang, tant devant les Chinois et les étrangers que devant nos coloniaux. À cet égard le Département laisse ses agents vis-à-vis de leurs collègues alliés dans une situation aussi humiliante qu'injuste.

Le moment est critique, l'Angleterre, l'Amérique et le Japon l'ont compris. Le Département a des mesures qu'il (doit) prendre s'il ne veut pas que nos alliés soient [seuls], en Chine, à faire bénéficier leur pays [de la] victoire de la France.

Télégrammes, Pékin, Arrivée, 1918, vol. 4200 (304QONT/4200).

---

[1] Lacune de déchiffrement.

251

M. Berthelot, Adjoint au Directeur des Affaires politiques et commerciales,
À destinataires non précisés.

N.   *Paris, 26 novembre 1918.*

Conversations Berthelot-Frazier.

J'ai déjeuné hier et aujourd'hui avec M. Frazier. Dans sa conversation au sujet des idées américaines sur le Congrès, j'ai relevé deux points :

1°- *Bases des discussions.*

Le colonel House et son entourage (Frazier, Lippmann et Miller) déclarent que les 14 propositions du président Wilson forment une base excellente de discussion, et que d'ailleurs les Alliés l'ont formellement acceptée.

J'ai répondu :

a) qu'il était impossible en pratique de prendre comme base, pour le règlement des problèmes concrets posés par la guerre, des principes de droit public qui, si élevés qu'ils soient, n'ont qu'un caractère idéologique, trop vague pour s'appliquer aux multiples espèces qu'il y a lieu de traiter.

La division en deux séries de discussions du Congrès (règlement de la guerre proprement dit et organisation de la Société des Nations) offre un excellent terrain d'entente. On peut admettre parfaitement que c'est sous l'invocation des principes formulés dans les 14 points du président Wilson que seront traités les problèmes concrets posés devant les Alliés : on peut même aller jusqu'à admettre qu'aucune des solutions données ne doit être inconciliable avec les propositions wilsoniennes.

Ceci pour le règlement de la guerre. Quant à l'organisation de la Société des Nations, à laquelle tout le monde sera appelé à participer (et dont la discussion ne peut avoir lieu qu'après le règlement concret de toutes les questions soulevées par la guerre), les Alliés ne verront sans doute pas d'inconvénients à prendre pour base les principes du Président, sous les réserves déjà formulées.

b) qu'il faut que les Américains fassent attention aux conditions dans lesquelles l'adhésion des Alliés a été donnée et à leur sentiment véritable et unanime : il ne serait ni équitable ni sage d'abuser de leur assentiment, qui comporte des explications cordiales et sincères et un accord franc entre toutes les parties. Il est certain que le président Wilson et ses conseils s'expliqueront à fond avec les Alliés sur le sens et le mode d'application des principes susdits, sur le caractère élevé desquels il n'y a pas discussion, mais sur l'application pratique desquels des échanges de vue sont indispensables, pour éviter tout malentendu et toute divergence de vues.

Un bon accord doit laisser les deux parties satisfaites.

2°- *Langue du Congrès.*

M. Frazier m'a dit que les Américains (d'accord avec les Anglais) seraient décidés à revendiquer la langue anglaise comme langue du Congrès, pour compenser le fait d'avoir accepté que le siège soit en France, en raison de la présence de deux grands pays de langue anglaise, et se fondant sur ce que M. Clemenceau et M. Sonnino parlent parfaitement l'anglais.

J'ai répondu qu'il me paraîtrait peu sensé d'élever une telle revendication, en la basant sur des arguments de cet ordre. Ce genre de question ne prête pour ainsi dire pas à la discussion. Sans rappeler le caractère de langue diplomatique reconnu de tout temps au français comme langue d'échange de tous les Congrès, sans insister sur la clarté de la langue, il suffit de s'adresser au sens pratique des Américains pour qu'ils n'insistent pas.

La langue du Congrès ne peut être que celle du pays où il se tient : lui seul a les moyens matériels complets indispensables, personnel, imprimerie, rédaction des procès-verbaux, communications à la presse. Il serait incompréhensible que tout cela se fît en anglais à Paris ; ce serait une source de difficultés et de complications continuelles. Rien ne serait plus impratique, et cette raison seule suffit à écarter l'idée.

D'ailleurs, rien n'empêche que toutes les commodités soient laissées aux pays anglo-saxons : leurs plénipotentiaires parleront anglais, les documents qu'ils remettront seront en anglais (à la condition qu'une traduction soit immédiatement donnée aux paroles, et que les pièces soient toujours accompagnées d'un texte français).

Mais il ne peut y avoir qu'un texte faisant foi, qu'une seule langue officielle pour les protocoles, la langue du pays où se tient le Congrès. Nous n'y mettons aucune question d'amour-propre, mais voulons rester pratiques.

CPC, A-Paix, 1914-1918, vol. 22 (4CPCOM/22).

252

M. Daeschner, Ministre de France à Lisbonne,
à M. Pichon, Ministre des Affaires étrangères.

D. n° 186. *Lisbonne, 26 novembre 1918.*

À maintes reprises j'ai eu l'occasion de vous signaler la susceptibilité de l'opinion publique portugaise quand il s'agit de l'Espagne. Ce sentiment n'a pas manqué de se manifester au moment des réjouissances auxquelles a donné lieu la signature de l'armistice (lorsque la nouvelle en a été connue, la ville s'est pavoisée comme je vous l'ai rapporté sous le n° 180)[1]. Soit dans la pensée de s'associer à la joie générale, soit dans toute autre intention, un certain nombre d'Espagnols ont arboré leurs couleurs les faisant flotter

---

[1] Document non retrouvé.

seules ou les unissant aux pavillons portugais et alliés. La population y a vu un défi et une injure et a exigé le retrait de ces drapeaux. Dans certains endroits ils ont été même arrachés. Au bout de quelques heures tous les pavillons espagnols avaient été retirés et le 13, jour déclaré férié, le seul drapeau espagnol qui flottait sur la ville était celui de la légation d'Espagne.

Il m'est revenu que mon collègue d'Espagne mal placé pour protester contre ces incidents, n'y avait pas moins été sensible et avait exprimé le regret que lors du pavois général de l'hôtel de ville, les couleurs espagnoles en eussent été exclues, alors qu'elles y figuraient pour toutes les autres solennités.

Il est à remarquer que le ministre d'Espagne, chaque fois qu'il l'a pu depuis la signature de l'armistice, a manifesté en son nom et en celui de son gouvernement sa chaleureuse sympathie pour les Alliés. Non seulement il est venu me féliciter de nos victoires, mais il m'a fait officiellement part des déclarations de neutralité amicales faites par M. de Romanones en prenant le portefeuille des Affaires étrangères ; il m'a fait savoir de la même manière combien son gouvernement avait été sensible aux remerciements du gouvernement français pour les adoucissements qu'il avait réussi à apporter au sort de nos prisonniers. D'autre part, le ministre d'Espagne a assisté à la cérémonie religieuse que mon collègue belge a fait célébrer à l'occasion de la fête du Roi Albert coïncidant avec la libération du territoire belge. Seul des représentants neutres, il s'est rendu au *Te Deum* chanté à l'église Saint-Louis des Français pour célébrer la victoire de nos armes. Enfin tous les membres de la légation d'Espagne sont venus à une réception offerte en l'honneur des Alliés par le ministre des États-Unis d'Amérique, à laquelle les membres neutres du corps diplomatique également conviés se sont trouvés absents pour raison de santé ou autre. Je ne suspecte pas les sympathies de M. Padilla à notre cause bien que nous n'ayons pas toujours eu à nous féliciter de son action alors qu'il représentait son gouvernement à Tanger. Il n'est pas douteux cependant qu'en adoptant l'attitude que je vous ai rapportée, il obéit à un mot d'ordre, mot d'ordre qui n'a pas manqué de surprendre car sans transition la légation d'Espagne scrupuleusement neutre jusqu'à la signature de l'armistice, a semblé, à partir de ce jour, considérer que la cause de l'Entente était celle de son pays. Ce changement brusque n'est pas passé inaperçu et un entrefilet du *Primeiro de Janeiro* de Porto signale avec assez de rosserie « que l'empressement du ministre d'Espagne assistant à toutes les cérémonies organisées en l'honneur de la victoire des Alliés, avait causé quelque étonnement dans le corps diplomatique ».

En tous cas le changement d'attitude de la légation d'Espagne à l'égard des Alliés est très marqué. Il obéit certainement à des instructions et a dû se produire dans les autres pays, c'est pourquoi j'ai cru devoir le signaler à Votre Excellence.

CPC, Z-Europe, Portugal, 1918-1940, vol. 22 (107CPCOM/22).

253

M. Pichon, Ministre des Affaires étrangères,
 À M. Cambon, Ambassadeur de France à Londres,
 M. Barrère, Ambassadeur de France à Rome,
 M. Jusserand, Ambassadeur de France à Washington.

T. n°s 6325-6334 ; 4291-4300 ; 3830-3839.   *Paris, 27 novembre 1918, 14 h. 05.*

Chiffré.

Le gouvernement français a étudié[1], après examen des précédents des Congrès de Vienne 1814-1815, de Paris 1856, et de Berlin 1878, les différents problèmes posés par la fixation des préliminaires de Paix et l'établissement du traité général de Paix par le Congrès qui se réunira à Versailles.

L'arrivée du président Wilson à Paris, au milieu de décembre, permettra aux 4 grandes Puissances d'arrêter entre elles les conditions des préliminaires de paix, à imposer séparément à l'ennemi, sans discussion avec lui.

Cet examen s'appliquera d'abord à l'Allemagne et à la Bulgarie, avec lesquelles nous avons intérêt à traiter de suite pour, d'une part, aider à la dissociation des États qui composent la première, et, d'autre part, pour la seconde, éviter les dangereuses intrigues bulgares, intérieures et extérieures.

Les préliminaires de Paix avec l'Allemagne orienteront d'ailleurs le règlement des principales restitutions territoriales Alsace-Lorraine, Pologne, Slesvig, Belgique, Luxembourg, cession des colonies allemandes, pleine reconnaissance des protectorats de la France sur le Maroc et de l'Angleterre sur l'Égypte, acceptation préventive de la constitution d'États nouveaux indépendants sur les territoires des anciens empires russes et austro-hongrois, ainsi que de la conclusion des traités intervenus entre les Alliés, avec la Bulgarie et au sujet de la Turquie, abrogation des traités de Brest-Litovsk et de Bucarest et de toutes conventions complémentaires ou antérieures avec la Russie et la Roumanie.

L'établissement rapide des préliminaires de paix avec l'Allemagne pose la question de son régime futur : dès maintenant l'on discerne l'antagonisme de la tendance *centraliste* (qui était celle de l'administration prussienne des Hohenzollern, des nationaux libéraux et des socialistes) et de la tendance *fédéraliste* (représentée par les dynasties et administrations des États secondaires et par les députés du Reichstag). Nous avons intérêt à favoriser le fédéralisme et à lui fournir une expression par des élections au suffrage universel, en aidant à la manifestation des divergences par les clauses du traité. Nous ne pouvons, en effet, traiter qu'avec une constituante élue librement au suffrage universel secret et direct.

De même les préliminaires de paix avec la Bulgarie définiront les directives du statut territorial respectif des pays balkaniques.

---

[1] Voir le document n° 227 du 21 novembre 1918.

La question des préliminaires de paix avec les deux autres Puissances ennemies se présente différemment. À l'égard de l'Autriche-Hongrie, elle ne se pose même pas, puisque cette puissance a disparu, c'est donc au Congrès qu'il appartiendra d'admettre de plain-pied les deux États nouveaux déjà reconnus : les Tchécoslovaques et la Pologne et d'écouter les revendications de l'État yougoslave en formation. Quant à la Magyarie (ancienne Hongrie amputée des Slovaques, des Roumains, des Transylvains et des Croates) et à l'Autriche allemande, les inconvénients de fait résultant de leur représentation conduisent à les exclure.

À plus forte raison, il doit en être de même pour la Turquie dont il y a lieu d'envisager la réorganisation complète avec intervention dans son régime intérieur (ce qui est exclu en principe pour les autres États) : il paraît préférable de laisser au Congrès le soin de discuter le sort de ces nationalités, car si l'on signait avec elle des préliminaires de paix, ce serait s'engager de suite à maintenir l'Empire ottoman, c'est-à-dire un régime qui depuis un siècle a perpétué ses abus, ses crimes et les causes de discussions entre les grands États civilisés ; où serait d'ailleurs le pouvoir qualifié pour ratifier au nom de la Turquie ? Ne vaut-il pas mieux que les Alliés règlent le sort des territoires compris dans l'ancien Empire ottoman, sans s'encombrer d'une négociation avec celui-ci ?

Après leur entente sur les préliminaires de paix, les représentants des grandes Puissances auront à arrêter entre eux les principes de la représentation des différents États belligérants, neutres et ennemis, au Congrès de la Paix. Ils envisageront successivement le cas des belligérants effectifs et théoriques, des États nouveaux reconnus, et des États en formation, des anciens Alliés qui ont traité avec l'ennemi, sans que ces traités aient été reconnus par nous (Russie, Roumanie), des neutres et des ennemis.

Parmi les belligérants, il y a lieu de distinguer, au point de vue du nombre des plénipotentiaires et de l'admission aux différentes séances, entre les petites et les grandes Puissances.

Seules les grandes Puissances victorieuses figureront à toutes les séances, les petites Puissances n'étant appelées qu'aux séances consacrées à leurs affaires spéciales. Quant aux neutres et aux États en formation, ils pourront être convoqués quand leurs intérêts propres seront en jeu.

Le nombre de plénipotentiaires sera limité, pour éviter l'encombrement et la confusion des discussions ; les grandes Puissances pouvant désigner de trois à cinq plénipotentiaires, les petites Puissances de un à deux, les États en formation et les neutres un seul. Comme les décisions ne sont pas prises à la majorité et que la représentation d'un État est globale, il n'y a pas obligation pour un État à posséder autant de représentants qu'une Puissance de même catégorie, comme le prouvent les précédents des Congrès du XIXe siècle : chacun choisira librement le nombre de ses délégués dans les limites fixées.

Les travaux du Congrès paraissent devoir être divisés en deux grandes séries : le règlement de la guerre proprement dit, et l'organisation de la Société des Nations. L'examen de la seconde question comporte en effet la solution de la première. D'ailleurs, on ne doit pas confondre le règlement des questions concrètes avec l'application des stipulations de droit public général. En outre, cette distinction est imposée par le fait que l'ennemi ne sera pas appelé à discuter les conditions qui lui seront imposées par les vainqueurs, et que les neutres ne seront convoqués qu'exceptionnellement aux séances où les belligérants fixeront les conditions de la paix, tandis que tous les peuples, belligérants, neutres, ennemis, seront appelés à discuter le principe de la Société des Nations, et à y participer.

Au contraire, les principes du président Wilson, qui n'ont pas un caractère assez précis pour servir de base à un règlement concret de la guerre, même placé sous leur invocation, comme l'ont admis les Alliés, reprendront toute leur vertu, comme règles du droit public futur. Et ainsi sera écartée une des difficultés qui arrêteraient les Alliés.

La procédure du Congrès sera également fixée dans les réunions préliminaires de la seconde quinzaine de décembre : élection du président, désignation du secrétariat (chargé de rédiger les protocoles, de classer les archives, de préparer les communiqués quotidiens, de pourvoir à l'organisation administrative du Congrès et à la marche régulière des services), propositions écrites lues à la séance précédente, discutées en deux lectures (pour réaliser l'accord sur le principe et préciser ensuite les détails), impression des protocoles, formation d'un comité de rédaction, etc.

Le programme des travaux sera ensuite arrêté, car tous les précédents Congrès avaient pris pour base les stipulations d'un Traité (Traité de Paris du 30 mai 1814, pour le Congrès de Vienne, protocole signé à Vienne le 1er février 1854, pour le Congrès de Paris, le Traité de San Stefano signé le 3 mars 1878 pour le Congrès de Berlin), tandis que le Congrès de 1919 n'a pas de base fixe devant lui : en effet, ni les quatre armistices, signés avec la Bulgarie, l'Autriche-Hongrie, la Turquie et l'Allemagne, ni la réponse des Alliés du 10 janvier 1917 faisant connaître solidairement leurs buts de guerre au président Wilson, ni les quatorze propositions de celui-ci, qui ne sont que des principes de droit public, ne peuvent fournir une base concrète pour les travaux du Congrès.

Cette base ne peut être qu'un énoncé méthodique des questions à traiter, que l'on peut ranger dans l'ordre suivant :

I. *Règlement de la guerre* :

A. *Stipulations politiques.*

1. États nouveaux :

a) déjà reconnus (Pologne, Bohême)

b) en formation (Yougoslaves, États russes, etc.)

2. Questions territoriales (Restitutions des territoires – Neutralisation dans un but de protection) :

a) Alsace-Lorraine (8e proposition Wilson)

b) Belgique (7e proposition Wilson)

c) Italie (9e proposition Wilson)

d) Frontières (France, Belgique, Serbie, Roumanie, etc.)

e) Régime international des moyens de transport, fleuves, voies ferrées, canaux, ports.

3. Question d'Orient (12ᵉ proposition Wilson)

4. Colonies (5ᵉ proposition Wilson)

5. Extrême-Orient.

B. *Stipulations militaires et navales* : Garanties militaires sur terre et sur mer. Chiffre des effectifs, démantèlement des fortifications, réduction des fabrications de guerre, occupations territoriales.

C. *Stipulations d'indemnité* : Réparation des dommages de guerre sur terre et sur mer, restitutions, reconstitutions, compensations en nature, remboursements de dépenses illégalement imposées (CRB).

D. *Stipulations économiques et financières* : Matières premières, régime économique, règlements de compte.

E. *Stipulations de droit privé* : Règlement des créances privées, liquidation des séquestres.

F. *Sanctions à prendre contre les violences et crimes commis durant la guerre contre le droit public.*

G. *Stipulations d'ordre moral* : Reconnaissance par l'Allemagne de la responsabilité et de la préméditation de ses dirigeants, légitimant les mesures de pénalisation et de précaution prises contre elle. Répudiation solennelle des violations du Droit des gens et des crimes contre l'Humanité.

H. *Rétablissement du régime conventionnel rompu par la guerre.*

II. *Organisation de la Société des Nations* :

A. *Stipulations de Droit public général.*

B. *Garanties et Sanctions.*

C. *Liberté des Mers* (2ᵉ proposition Wilson).

D. *Régime économique international* (3ᵉ proposition Wilson).

E. *Publicité des Traités* (1ʳᵉ proposition Wilson).

F. *Limitation des armements* (4ᵉ proposition Wilson).

G. *Organisation arbitrale internationale de La Haye.*

H. *Société des Nations.*

Le programme des travaux ainsi défini, il ne resterait plus qu'à les répartir logiquement et à en fixer l'ordre et les conditions d'étude dans les *commissions* (pour les affaires territoriales et politiques) et des *comités* (pour les problèmes généraux internationaux).

A. *Commissions.*

1. Affaires polonaises.

2. Affaires russes.

3. Nationalités baltiques.
4. États issus de l'ancienne Autriche-Hongrie.
5. Affaires balkaniques.
6. Affaires d'Orient.
7. Affaires d'Extrême-Orient et du Pacifique.

B. *Comités.*
1. Comité des affaires juives.
2. Comité de la navigation fluviale internationale (Rhin, Danube, Escaut, Elbe), l'une des bases pratiques de la Société des Nations.
3. Comité des Chemins de fer internationaux (Chemins de fer du 45ᵉ parallèle, Adriatique à la Baltique, Bagdad, Transafricains du Cap au Caire et du Cap à Alger).
4. Comité du Droit public (Libre disposition des peuples combinée avec le droit des minorités ethniques et religieuses).
5. Comité de Législation internationale du Travail (question très importante dont il ne faut pas laisser l'initiative, la direction et la solution aux socialistes).
6. Comité de Législation des Brevets et Marques de fabrique.
7. Comité pour les sanctions contre les crimes commis pendant la guerre.

Il y a lieu de remarquer qu'un certain nombre de questions qui se posent devront être réglées directement entre les grandes Puissances, sans qu'un comité soit appelé à les discuter : c'est le cas des règlements qui intéressent la France et la Belgique ; c'est le cas également des affaires coloniales qui touchent essentiellement l'Angleterre et la France. C'est le cas aussi pour les indemnités car en dehors des torpillages qui ont affecté principalement la flotte de l'Angleterre, seules la Belgique et la France ont droit à des indemnités en raison des dévastations systématiques subies (les États ayant acquis leur indépendance, ou ceux ayant obtenu de considérables agrandissements territoriaux seraient mal fondés de réclamer des indemnités). De même encore, pour les stipulations économiques et financières, dont le chiffre sera arrêté par les grandes Puissances, mais dont les modalités de paiement seront seules discutées par le traité de Paix.

Le Congrès pourrait enfin se placer, comme cela a eu lieu parfois dans le passé, sous l'invocation de quelques grands principes directeurs de justice, de moralité et de liberté qui seraient proclamés dès son ouverture et avant même qu'il ne fixe sa procédure (sur laquelle on ne se serait mis d'accord qu'officieusement) : droit des peuples de disposer d'eux-mêmes combiné avec le droit des minorités, suspension de tous accords particuliers antérieurs entre quelques-uns seulement des Alliés, en vue de la pleine liberté d'examen du Congrès, déclaration d'intangibilité du territoire métropolitain et colonial possédé par les Alliés le 1ᵉʳ août 1914, répudiation solennelle de toutes violations du droit des gens et des principes d'Humanité et récusation de tous délégués ennemis signataires des actes violés ou coupables personnellement de violations du droit des gens ou de crimes contre l'Humanité.

Tel est le résumé du plan d'études et des principes suggérés par le gouvernement français.

Je vous prie de le porter à la connaissance du gouvernement anglais, italien, américain, en le priant de vous faire connaître soit son approbation générale, soit les observations qu'il jugerait devoir présenter.

Papiers d'agents, fonds Pichon, vol. 6 (141PAAP/6).

254

M. Conty, Ministre de France à Copenhague,
À M. Pichon, Ministre des Affaires étrangères.

T. n° 722. *Copenhague, 27 novembre 1918, 15 h. 20.*

(*Reçu : le 28, 10 h. 45.*)

La conférence des représentants des divers pays d'Allemagne qui a eu lieu le 25 de ce mois à Berlin s'est terminée par le vote de 4 résolutions proposées par Ebert :

1°) Maintien de l'unité allemande ;

2°) Convocation aussi prompte que possible d'une assemblée constituante ;

3°) Jusqu'à la réunion de cette assemblée, les conseils d'ouvriers et de soldats représenteront la volonté du peuple ;

4°) Les gouvernants seront invités à réaliser d'urgence des préliminaires de paix.

Dans les rapports qu'il a lus au sujet de l'armistice, Erzberger a exprimé des doutes « sur la possibilité de l'évacuation dan les délais prescrits » et la crainte que « les Alliés ne cherchent un titre juridique à l'invasion de l'Allemagne ».

Le Bavarois Eisner a violemment attaqué Erzberger compromis dans l'ancien régime et déclaré que le séparatisme était en Bavière plus fort que jamais.

CPC, Z-Europe, Allemagne, 1918-1940, vol. 264 (78CPCOM/264).

255

M. Pichon, Ministre des Affaires étrangères,
   À M. Barrère, Ambassadeur de France à Rome,
   M. Cambon, Ambassadeur de France à Londres,
   M. Jusserand, Ambassadeur de France à Washington[1].

T. n°s 4285-4287 ; 6318-6320 ; 3824-3826.   *Paris, 27 novembre 1918, 16 h.*
Chiffré.

Répartition du haut commandement entre les généraux Franchet d'Espèrey et Diaz.

Pour Londres et Washington : J'adresse à M. Barrère le télégramme suivant :

Pour les trois postes :

L'application des clauses militaires de l'armistice conclu avec l'Autriche-Hongrie ne cesse de donner lieu à des réclamations de la part des Yougoslaves et à des incidents.

La première mesure à prendre consiste à délimiter nettement les zones de commandement respectives du général Franchet d'Espèrey et du général Diaz. Chacun d'eux aura ainsi la responsabilité des mesures prises dans sa zone, et cela nous permettra de donner dans celle du général français une interprétation libérale à l'armistice à l'égard des Yougoslaves, sans avoir à intervenir constamment auprès du gouvernement italien.

Cette délimitation est aisée à établir en prenant pour base le traité de Londres du 26 avril 1915, d'une part, et, d'autre part, une ligne de démarcation passant à l'ouest de la voie ferrée qui va de Fiume à Vienne (par Agram, Kams et Oedenburg).

Le général Diaz commanderait donc à l'ouest de cette ligne *ainsi que sur tous les autres territoires attribués à l'Italie par le traité de Londres*. Le général Franchet d'Espèrey exercerait son commandement sur le reste.

La ligne de démarcation indiquée prévoit évidemment l'extension de l'occupation hors de la zone spécialement déterminée par l'armistice, cela conformément à l'article 4 qui envisage la possibilité pour les Alliés d'occuper des points stratégiques pris sur l'ensemble du territoire austro-hongrois.

Il serait nécessaire de limiter en conséquence au nord la zone du général Diaz à la totalité du Tyrol et de la province de Salzbourg. L'intérêt que nous avons à surveiller l'Allemagne et à intervenir en Bohême doit être décisif à cet égard et nous avons toute raison de nous réserver l'action éventuelle autour de Vienne et en Bohême.

---

[1] Communiqué à Guerre, Marine, présidence du Conseil et Groupe Avant de l'État-Major de l'Armée.

J'ajoute que, par analogie avec ce qui a été fait pour l'application des clauses navales, il serait désirable de constituer une commission internationale chargée d'examiner les questions litigieuses soulevées par l'application des clauses militaires de l'armistice conclu avec l'Autriche-Hongrie.

Cette commission serait chargée notamment de déterminer l'organisation d'un commandement interallié sur les points où ce commandement présente un intérêt politique important.

En effet, par suite de la proximité où ils sont des territoires occupés, les Italiens ont le moyen de tourner le principe de l'organisation interalliée, en envoyant toujours des effectifs supérieurs à ceux des autres Alliés avec un commandant supérieur en grade, si bien qu'ils gardent le commandement local partout, en restant théoriquement sous le commandement du général Franchet d'Espèrey.

Pour éviter toute susceptibilité, on pourrait charger le Conseil supérieur de Versailles de désigner les membres de la commission internationale dont il s'agit.

Il appartiendrait ensuite aux généraux Diaz et Franchet d'Espèrey de poursuivre chacun dans sa zone l'exécution des mesures prises par la commission, tant en ce qui concerne l'organisation du commandement que pour ce qui touche l'interprétation de clauses de l'armistice.

Je vous serais très obligé de saisir le gouvernement italien de ces propositions en insistant pour obtenir une réponse, dans le plus bref délai possible.

Télégrammes, Londres, Départ, 1918, vol. 3058 (304QONT/3058).

256

M. Defrance, Ministre de France à Bruxelles,
À M. Pichon, Ministre des Affaires étrangères.

T. n° 188.　　　　　　　　　　　　　*Bruxelles, 28 novembre 1918, 12 h. 55.*

Confidentiel.　　　　　　　　　　　　　　　　　(Reçu : le 29, 1 h.)

Le Ministre des Affaires étrangères m'a prié avec insistance de lui faire savoir si des conférences préliminaires entre Alliés auraient lieu pour se mettre d'accord sur les bases des conditions de paix à discuter ensuite à la conférence générale, où et quand se tiendrait cette conférence, quelle serait approximativement la composition des missions envoyées par les divers gouvernements pour prendre part à ces pourparlers.

M. Hymans m'a dit qu'il était nécessaire que la Belgique prît part à ces pourparlers pour exposer et défendre ses intérêts vitaux et m'a demandé de vous télégraphier d'urgence à ce sujet.

Il m'a paru redouter que la Belgique ne fût pas invitée à ces conférences préparatoires et m'a clairement laissé entendre que le gouvernement belge et lui-même seraient alors placés vis-à-vis de la nation belge et du monde entier dans une situation non seulement délicate mais humiliante et intolérable.

Télégrammes, Bruxelles, Arrivée, 1918, vol. 1201 (304QONT/1201).

257

M. de La Bégassière, Chargé d'Affaires à Tokyo,
  à M. Pichon, Ministre des Affaires étrangères.

T. n° 457.   Tokyo, 28 novembre 1918, 16 h. 10.
                                                          (Reçu : le 29, 10 h.)

Délégués japonais au Congrès de la Paix.

Le marquis Saionji, ancien président du Conseil et ancien chef du parti seiyukai, vient d'être désigné comme premier plénipotentiaire japonais à la conférence de la Paix. Il sera accompagné par le baron Makino, ancien ministre des Affaires étrangères qui serait deuxième plénipotentiaire.

Le choix du marquis Saionji ne peut être que très favorablement accueilli en France : cet homme d'État parle bien notre langue et a toujours manifesté les plus vivres sympathies pour notre pays.

CPC, A-Paix, 1914-1918, vol. 30 (4CPCOM/30).

258

M. Barrère, Ambassadeur de France à Rome,
  à M. Pichon, Ministre des Affaires étrangères.

T. n°s 2897-2901.   Rome, 28 novembre 1918, 21 h. 30 ;
                                                   22 h. 30 ; 22 h. 35 ; 22 h. 30.

Secret.   (Reçu : le 29, 2 h. ; 4 h. ; 6 h. 30 ; 9 h. 15 ; 13 h. ; 15 h.)

Après avoir donné lecture à M. Orlando de votre télégramme 4302[1] sauf naturellement le dernier paragraphe, je lui ai dit :

---

[1] Dans son télégramme n° 4302 du 27 novembre, Pichon relaie la proposition de l'amiral Gauchet « d'envoyer la Commission de Venise dans chacun des ports de la côte de Dalmatie et à Pola pour prendre sur place toutes dispositions utiles plutôt que de se réunir dans un endroit où l'amiral Thaon de Revel traîne les travaux en longueur afin de permettre aux Italiens d'agir selon leur gré sur toute la région côtière yougoslave. Je vous prie de faire admettre d'urgence cette suggestion par M. Orlando ».

« Mon cher président, vous conviendrez avec moi qu'il y a un état de choses qui ne peut durer plus longtemps, sans quoi nous arriverions rapidement à une situation si tendue que nous ne pourrions même plus nous expliquer, ni régler des incidents malheureux que l'attitude de vos autorités militaires et navales tend à aggraver tous les jours. Nous aborderions ainsi le Congrès de la Paix dans les conditions les plus mauvaises ; et je crois sincèrement que la situation de l'Italie à l'égard de ses alliés n'y serait ni la moins délicate ni la moins dangereuse. Je vous dirai franchement mon impression sur l'attitude de vos marins et de vos soldats dans l'Adriatique. N'ayant pas été chargés d'exécuter seuls les conditions de l'armistice comme ils le désiraient, ils cherchent par tous les moyens à s'en affranchir en donnant clairement à entendre à leurs alliés qu'ils se passeraient d'eux. Sur mer comme sur terre, ils compliquent la tâche qui leur est commune avec les alliés et paraissent chercher à rendre leur position si difficile et si ingrate que ceux-ci soient obligés de s'abstenir pour ne pas arriver à des conflits. Peu à peu ils vous mènent à une situation périlleuse dont vous aurez la plus grande peine à vous tirer. Est-ce bien là ce que nous avons le droit d'attendre de votre intelligence des choses et de votre loyauté ? Votre intérêt d'établir aux yeux des Slaves votre solidarité avec les puissances alliées n'est-il pas évident ? Et n'est-il pas certain aussi qu'en laissant croire à Fiume ou ailleurs que vous nourrissez des ambitions qui dépassent la convention de Londres de 1915, vous affaiblissez cet accord qui a été votre charte de guerre. C'est pourquoi je compte fermement que vous vous détournerez sans perdre de temps de la voie où vos représentants vous ont engagés imprudemment et que vous leur prescrirez avant de partir pour Londres, c'est-à-dire aujourd'hui même de changer d'attitude et de méthode ».

J'ai terminé en insistant pour que la Commission de Venise fût envoyée dans les ports de la Dalmatie et de la côte de la mer Adriatique dans les conditions suggérées dans votre télégramme 4302.

La vivacité de cette attaque a visiblement ému M. Orlando. Je vous rapporte, d'autre part, les considérations par lesquelles il m'a répondu. Je me borne à dire ici qu'il a admis en principe votre proposition et qu'il a invité le général Diaz et l'amiral Thaon de Revel à se joindre cet après-midi à lui pour examiner la situation. Il m'a promis de m'informer ce soir du résultat de cette conférence en m'assurant qu'il y apporterait le plus vif désir d'entrer dans les vues que je lui avais exposées.

« Au point de vue du droit, m'a répondu M. Orlando, je ne crois pas que nous sommes en faute, la convention d'armistice ne nous interdisant pas d'occuper avec les Alliés, si besoin est, des points de la côte qui ne sont pas compris dans la convention additionnelle de Londres. Mais il y a la convention de fait qui est plus importante ; et sur ce terrain soyez assuré que j'entends m'efforcer de toute façon à éviter des divergences ou des froissements avec les Alliés ».

Il y a aussi la manière, ai-je fait observer, et c'est de cette manière de vos chefs militaires que nous sommes fondés à nous émouvoir et à nous plaindre : « La vérité est, a continué le président du Conseil, que nous nous trouvons dans la situation la plus difficile et singulière. Je vous assure que si les Alliés pouvaient me promettre que les dispositions de la convention de Londres seront intégralement exécutées, je m'empresserais d'abandonner Fiume et tous les points quelconques que nous occupons en me tenant pour satisfait. Mais on nous amène à nous demander si l'on ne va pas nous contester l'objet même pour lequel nous avons fait la guerre. Du côté des Yougoslaves et chez certains qui ont contesté notre possession de Trieste et de points stratégiques qui assurent notre sécurité dans la mer Adriatique. Et nous nous demandons si M. Wilson ne va pas mettre en question cette convention de Londres que son représentant à la Conférence interalliée a décliné de reconnaître. Nous nous disons alors que notre intérêt est de conserver le moyen de nous défendre contre des éventualités graves.

Ces considérations n'avaient pas un rapport direct avec l'objet précis de ma demande. Je les reproduis parce qu'elles témoignent des doutes et des perplexités qu'inspire à M. Orlando l'ouverture de la période trouble des réalisations laborieuses à la suite de la chute de l'Empire austro-hongrois.

CPC, A-Paix, 1914-1918, vol. 107 (4CPCOM/107).

259

M. Pichon, Ministre des Affaires étrangères,
   M. Cambon, Ambassadeur de France à Londres,
   M. Defrance, Ministre de France au Havre.

T. n°s 6387 ; 609. *Paris, 28 novembre 1918, 22 h. 10.*

Chiffré.

Pour Bruxelles seulement : J'adresse à notre ambassadeur à Londres le télégramme suivant :

Pour les deux postes : La question du nouveau régime général des relations économiques franco-belges se pose dès aujourd'hui formellement.

Par une lettre, dont je vous adresse par le courrier une copie, le gouvernement belge demande expressément au gouvernement de la République des assurances tendant :

1°) à l'octroi d'un régime privilégié au commerce d'exportation de la Belgique ;

2°) à l'assimilation des ports belges aux ports français, en vue de favoriser le transit belge et le trafic d'Anvers.

Cette demande, par les deux questions qu'elle soulève, touche directement aux principes de notre économie nationale et de notre politique conventionnelle future.

J'apprends que par une démarche semblable faite simultanément auprès du gouvernement britannique, le gouvernement de Bruxelles réclame pour le commerce belge le bénéfice du régime préférentiel que l'Angleterre a en principe décidé d'établir en faveur de ses colonies.

Je sais en outre que le gouvernement belge attend de Paris et de Londres des réponses qu'il espère favorables, pour faire au Parlement une déclaration par laquelle il apporterait à la nation, comme don de joyeux retour, les assurances et concessions des deux grands alliés voisins.

Je vous serais obligé de bien vouloir vous informer d'urgence des dispositions que la demande belge a rencontrées à Londres et si possible de l'accueil précis que le gouvernement britannique se propose d'y faire.

Télégrammes, Londres, Départ, 1918, vol. 3056 (304QONT/3056).

260

M. Dutasta, Ambassadeur de France à Berne,
  À M. Pichon, Ministre des Affaires étrangères.

T. n° 2089.   Berne, 28 novembre 1918, 23 h. 30.

(*Reçu : le 29, 6 h. 45.*)

Je tiens de source excellente que la situation alimentaire de l'Allemagne est beaucoup moins mauvaise que ne pourraient le laisser croire les appels pressants du docteur Solf.

D'après mon informateur qui appartient au corps de l'Intendance, l'Empire aurait des vivres jusqu'à la fin du mois de mars à la condition bien entendu que les réserves de l'armée soient mises à la disposition de la population civile. Ces réserves qui avaient dû être entamées très sérieusement au mois de mai dernier pour alimenter l'intérieur du pays ont été reconstituées aussitôt après les dernières récoltes et n'auraient été entamées jusqu'à ce jour que dans des proportions assez modestes.

Mon informateur conclut en affirmant que pendant les quatre mois prochains il ne doit pas y avoir de famine en Allemagne si un strict rationnement est maintenu, si les répartitions entre les divers États confédérés sont faites avec méthode et si les transports sont effectués avec régularité.

Télégrammes, Berne, Arrivée, 1918, vol. 892 (304QONT/892).

261

M. le Maréchal Foch, Commandant en Chef des Armées alliées,
 À M. Clemenceau, Président du Conseil, Ministre de la Guerre.

L. n° 7189. *G.Q.G.A., 28 novembre 1918.*
27 novembre 1918.

Au moment où les gouvernements alliés vont se réunir pour traiter des conditions de la paix à imposer à l'ennemi, j'ai l'honneur de vous faire parvenir ci-joint une note qui résume, à mon sens, les conditions indispensables pour assurer à l'avenir le maintien de la paix sur les frontières de l'Entente.

Note

Le traité d'armistice, signé le 11 novembre avec l'Allemagne a assuré :

1°- Aux armées de l'Entente la possibilité de reprendre avantageusement les hostilités en cas de nécessité.

2°- Aux Puissances de l'Entente, des garanties convenables pour le traitement de la paix définitive. Dans ces garanties, figure l'occupation des pays de la rive gauche du Rhin et des têtes de ponts de la rive droite, à des conditions qui ne constituent qu'un régime provisoire.

Il s'agit d'établir aujourd'hui, le régime définitif des pays rhénans de la rive gauche, comme des têtes de pont de la rive droite, pour une première période de temps qui s'écoulera jusqu'à l'exécution complète des conditions du traité de paix, et ensuite pour le temps qui suivra l'achèvement de cette exécution.

Pour juger de ces questions, il faut envisager deux points :

1°- Quelle sera la situation définitive des forces des Puissances alliées vis-à-vis de l'Allemagne après la paix ?

2°- Les garanties que ces Puissances alliées auront à maintenir, jusqu'à la pleine et entière exécution des clauses du traité de paix, visant aux réparations des dommages causés, paiement des indemnités, etc.

Pendant une grande partie de la guerre qui se termine, la Russie, avec ses nombreuses armées, a retenu une notable quantité de forces allemandes. C'est ainsi qu'en 1915, 1916 et même dans la plus grande partie de 1917, l'Entente a eu la supériorité numérique sur le front occidental.

Aujourd'hui, le sort de la Russie est incertain pour de longues années sans doute, par suite, l'Occident de l'Europe ne peut compter que sur ses propres forces pour aborder, préparer, et assurer son avenir vis-à-vis de l'Allemagne.

Or, quelle que soit l'organisation politique adoptée dans l'avenir, par les pays d'outre-Rhin, il y aura toujours à l'est de ce fleuve, une population allemande de 64 à 75 millions de sujets[1], naturellement unis par la communauté de langage et par là, de pensée, comme aussi rapprochée par la communauté des intérêts.

Pour arrêter les entreprises vers l'ouest de cette nation de tout temps belliqueuse et envieuse du bien d'autrui, récemment encore formée et entraînée à la conquête par la force, au mépris de tous les droits, et avec des procédés des plus contraires aux Lois, aspirant à l'hégémonie du monde, la nature n'a disposé qu'une barrière : le Rhin. Elle doit lui être imposée. Dorénavant, le Rhin sera la frontière occidentale des peuples allemands, dorénavant, l'Allemagne sera privée de toute entrée et de toute place d'armes, c'est-à-dire de tout territoire sur la rive gauche de ce fleuve, ou bien elle aura encore toute facilité pour envahir sans difficulté comme en 1914, la Belgique, le Luxembourg, la France, gagner les côtes de la mer du Nord et menacer l'Angleterre.

Sans cette précaution fondamentale, l'Occident de l'Europe est encore dépourvu de toute frontière naturelle, et il demeure ouvert aux dangers d'une invasion qui reste aussi facile que par le passé.

Mais une frontière si forte soit elle, comme le Rhin avec ses places, peut être franchie par surprise ou forcée si elle n'est aux premiers jours tenue par des effectifs suffisants, c'est-à-dire voisins de ceux de l'assaillant. Dans l'un et l'autre cas, ce serait la guerre portée par l'Allemagne sur la rive gauche. La supériorité numérique est alors un facteur prépondérant du succès. Quels effectifs peut présenter la coalition de l'Occident, pour arrêter une invasion qui une fois le Rhin forcé, ne rencontre plus d'obstacle sérieux sur sa route pour rejeter l'invasion au-delà du Rhin ?

En réalité, en face des 64 à 75 millions d'Allemands établis sur la rive droite du Rhin, on trouve sur la rive gauche :

En Belgique	7 800 000
Au Luxembourg	260 000
En Alsace-Lorraine	1 900 000
En France	39 600 000
Total	49 560 000
Pays rhénans de la rive Gauche du Rhin	5 400 000
Total général	54 960 000

[1] Note du texte :

Empire allemand (1914)	68 000 000	
Provinces allemandes d'Autriche	7 000 000	
Posnanie	2 100 000	
Alsace-Lorraine	1 900 000	
Pays rhénans de la rive gauche du Rhin	5 400 000	
Schleswig-Holstein	1 600 000	
	75 000 000	− 11 000 000
Différence	64 000 000	

Pour comprendre le calcul de Foch, il faut ajouter aux 68 millions d'habitants les 7 millions d'Allemands d'Autriche soit 75 millions d'habitants. Les 11 millions à retirer constituent l'addition des territoires qui allaient selon Foch quitter l'Empire : Posnanie, Alsace-Lorraine, pays rhénans, Slesvig, Holstein.

Comme on le voit, le chiffre total des seules populations de la Belgique, du Luxembourg, de l'Alsace-Lorraine et de la France (49 560 000) qui travailleraient dans une même pensée est largement inférieur à la masse allemande.

Ce chiffre, même renforcé de celui des pays rhénans et monté alors à 54 960 000 est encore notablement inférieur au bloc allemand de la rive droite (64 à 75 millions). Et c'est le groupement maximum, semble-t-il, que l'on puisse demander à l'Occident continental.

D'où la conclusion que, sur la rive gauche du Rhin, il ne peut y avoir *d'États neutres*. Toutes les populations de cette rive doivent être en état de prendre les armes pour faire face au péril allemand s'il se dresse. La neutralité est une chimère même au point de vue défensif ; elle doit être armée et combinée avec l'action des puissances voisines.

De cette constatation, il résulte également que la réunion une fois faite de cet ensemble de populations (54 960 000) est encore insuffisante pour tenir tête à l'Allemagne et en avoir raison, sans l'aide de la Grande-Bretagne, si le Rhin est forcé.

Seul l'appui de l'Occident insulaire, les îles Britanniques, peut alors nous permettre, comme en 1914, d'atteindre le chiffre de combattants de l'ennemi.

Mais cette aide, en raison des longueurs et des incertitudes des transports maritimes, est forcément tardive et peut être incomplète, ce qui montre l'importance de l'organisation entière du groupement continental des populations de la rive gauche du Rhin (Belgique – Luxembourg – Alsace-Lorraine – France – Pays rhénans), pour répondre à l'éventualité d'une guerre contre l'Allemagne.

En résumé, pour faire contrepoids à la masse allemande toujours menaçante, les Puissances directement intéressées (France, Belgique, Angleterre) travaillant dans une même communauté de visées politiques et pour cela d'intérêts et de moyens, sont obligées de former une coalition, *d'assurance mutuelle*, destinée :

1°- à grouper, sans retard, toutes les populations de la rive gauche du Rhin (Belgique, Luxembourg, Alsace-Lorraine, Pays rhénans, France) dans une même organisation militaire capable de défendre la ligne du Rhin ;

2°- à préparer l'appui éventuel des forces de la Grande-Bretagne, en cas de guerre avec la masse germanique de l'Europe centrale.

Plus le groupement de l'Occident continental, visé au paragraphe 1er sera avancé dans son effective réalisation mieux sera assurée la défense du Rhin, moindre sera l'importance du secours à demander à l'Occident insulaire et moins urgente sera l'arrivée de ce secours aux jours de la guerre visée au paragraphe 2.

II

Bien entendu, il appartiendra au traité de paix d'établir l'organisation politique des populations rattachées au sort de l'Occident continental

(Luxembourg – Pays rhénans de la rive gauche) de les former ou de les maintenir en États relativement indépendants.

Néanmoins, cette organisation doit aboutir, de la part de ces populations, à une conduite politique et à une action militaire antiallemande, le moment venu. Par suite les hommes en état de porter les armes doivent y être dès le temps de paix et dans une proportion correspondante à leur population, organisés en troupes capables de combattre sûrement contre l'Allemagne en cas de guerre.

De même les traités ou arrangements doivent asseoir la conduite de ces États nouveaux, en vue de fixer leur attitude politique et de déterminer leurs charges militaires.

C'est dire que les différents États existant sur la rive gauche du Rhin, où constitués par le traité de paix, doivent avoir une ligne de conduite commune, contrôlée par certains d'entre eux, dans la proportion des risques à courir à la guerre (France-Belgique-Angleterre), en vue d'assurer une même répartition et une même valeur des charges militaires imposées pour garantir le résultat visé.

Cette ligne de conduite et ce pouvoir de contrôle seraient à déterminer au traité de paix par des arrangements entre les trois États indiqués ci-dessus.

De même, les traités doivent assurer par le maintien de contingents alliés dans les places fortes de la rive gauche du Rhin, la défense de la nouvelle frontière pendant au moins une certaine durée de temps.

De même, la communauté d'intérêts serait à assurer entre les différents États de la rive gauche du Rhin par un régime économique commun, leur garantissant les mêmes avantages.

C'est ainsi que la frontière douanière les englobant tous serait à porter au Rhin et que les entraves à maintenir entre eux seraient à réduire dans toute la mesure possible.

À ces conditions, et pour respecter l'indépendance des populations on peut entrevoir la constitution sur la rive gauche du Rhin d'États nouveaux autonomes s'administrant eux-mêmes, sous les réserves développées ci-dessus, constitution, qui, avec l'aide d'une frontière naturelle solide – le Rhin – sera seule capable d'assurer la paix à l'Occident de l'Europe.

III

Si nous tenions simplement à cette organisation des pays de la rive gauche du Rhin, nous aurions bien assuré en partie, l'avenir de l'Occident, mais nous serions dépourvus de toutes garanties d'exécution, par l'Allemagne, des charges que lui imposera le traité de paix (restitution, indemnités, réparations, etc.).

Pour répondre à la nécessité de nous réserver ces garanties il paraît indispensable de maintenir l'occupation intégrale des têtes de pont, ainsi que la servitude de la zone neutre sur la rive droite, jusqu'à la pleine et entière exécution, par l'ennemi, des obligations résultant pour lui du traité de paix.

IV

En définitive, l'Europe occidentale, avec ses institutions parlementaires et démocratiques, ne poursuit aucune idée d'annexions, mais si elle veut avoir une paix assurée vis-à-vis d'une Allemagne animée jusqu'à présent d'un désir incontestable de conquête, au mépris des traités les mieux établis, elle ne peut l'attendre que de sûretés matérielles effectives, que des conditions suivantes :

1°- une frontière naturelle, le Rhin, dont les places seront tenues sur la rive gauche par des contingents alliés ;

2°- l'organisation militaire à charges égales de tous les pays à l'ouest du Rhin, avec l'appui éventuel de la Grande-Bretagne.

Comme on le voit les gouvernements directement intéressés, France, Angleterre, Belgique, ont, dans un accord préalable :

1°- à fixer la frontière des pays allemands laissés entièrement indépendants sur la rive droite du Rhin ;

2°- l'organisation des pays de la rive gauche ;

3°- enfin, à maintenir l'occupation des têtes de pont de la rive droite, jusqu'à satisfaction complète des conditions de la paix.

Papiers d'agents, fonds Tardieu, vol. 311 (166PAAP/311).

262

N. s.n[1]. *Rome, 28 novembre 1918.*

La question ecclésiastique en Alsace-Lorraine.

Le gouvernement français, en entrant en Alsace-Lorraine, va se heurter d'abord à des évêques allemands ou ralliés à l'Allemagne, puis au régime concordataire, qui abrogé en France par la loi du 9 décembre 1905, a toujours été maintenu dans les provinces annexées par le gouvernement impérial. De là double difficulté, puisqu'il faut d'une part débarrasser des intrus les deux évêchés de Metz et de Strasbourg, et d'autre part les ramener à la législation commune du pays.

1°) *Les évêques intrus.*

Ce sont : Mgr Benzler, évêque de Metz, bénédictin de Beuron, né dans le diocèse de Paderborn en 1853, ancien abbé de Maria-Laach, nommé évêque de Metz le 21 septembre 1901 ; Mgr Fritzen, né à Clèves en 1838, nommé évêque de Strasbourg le 1er juin 1891 ; enfin, Mgr Zorn de Bülach, né à Strasbourg en 1858, nommé auxiliaire de Mgr Fritzen, le 6 mai 1903.

Mgr Fritzen fut le premier évêque allemand imposé à l'Alsace-Lorraine. Il était si fanatique qu'on n'osa pas l'installer à Strasbourg sans lui adjoindre

---

[1] Note anonyme.

un auxiliaire du cru, Mgr Marbach, né à Wissembourg en 1841. Mgr Benzler arriva six ans après : on le dit plus adroit, mais il appartient à cette congrégation de Beuron (principauté de Sigmaringen) par le moyen de laquelle l'empereur Guillaume a mis la main sur la grande partie de l'ordre bénédictin ; il ne restait plus alors pour achever l'entreprise, que de substituer au trop peu zélé Marbach un meilleur agent de germanisation : c'est alors que Mgr Marbach dut céder son titre d'auxiliaire à Mgr Zorn de Bülach. Élevé par Léon XIII à la dignité d'archevêque *in partibus*, il refusa ce hochet, se retira des honneurs, et vécut dans la retraite à Strasbourg où il mourut le 17 octobre 1916.

Quels que soient leurs sentiments, le gouvernement ne peut signifier leur congé aux trois intrus sans autre forme de procès : un évêque n'est pas un fonctionnaire qu'on puisse révoquer, il fait corps avec son Église, et il faut obtenir qu'il se retire de bonne volonté, le faire contraindre par le Pape à donner sa démission, l'expulser ne servirait de rien ; il garderait sur le diocèse l'autorité légitime et il serait impossible de lui donner un successeur.

Il faudra donc de toute façon entrer en relations avec le Saint-Siège, soit pour éloigner, d'accord avec lui les indésirables, soit pour leur donner des successeurs. C'est ici que le Saint-Siège nous attend, et qu'il essaiera de nous objecter que les évêques français sont demeurés à leur poste après l'annexion à l'Allemagne : argument spécieux puisqu'enfin les évêques de 1870 étaient Alsaciens ou Lorrains, tandis que les évêques actuels sont des Prussiens à qui le gouvernement impérial avait donné mission de germaniser le pays. Seul Mgr Zorn de Bülach peut arguer de sa naissance pour demeurer à Strasbourg puisque c'est là qu'il est né douze ans avant la guerre de 1870.

Quant aux deux autres, on ne peut leur demander de se retirer avec l'Acte final du Congrès qui sanctionnera l'occupation française. Or, il est évident qu'ils essaieront d'ici là de créer une agitation religieuse qui, en faisant chanter le gouvernement français, serve à la fois les intérêts de l'Allemagne et ceux du Saint-Siège. Il serait à souhaiter que les populations, qui ne les aiment pas, fissent dès maintenant connaître à Rome leurs vœux ou leur volonté.

2°) *Les futurs évêques.*

On pourrait soutenir que l'Alsace-Lorraine n'ayant jamais reconnu la validité du traité de Francfort, les lois que s'est données la France depuis 1870 y ont la même autorité que dans le reste du pays, et que par conséquent le Concordat de Napoléon est, du fait de la réintégration des deux provinces, abrogé de plein droit. Mais le gouvernement se retirerait ainsi la faculté de participer au choix des deux nouveaux évêques, et laisserait aux mains du Pape une arme des plus redoutables. Il est vrai qu'en procédant suivant le Concordat l'on peut craindre de rouvrir la querelle du *nobis nominavit* ; mais le risque est petit au prix de l'avantage que vaudraient à la France des évêques qui ne fussent pas choisis, comme c'est aujourd'hui l'usage, par le francophobe cardinal de Lai, sur les avis du médiocre Mgr Laperrine d'Hautpoul, du peu loyal cardinal Dubois, archevêque de Rouen, et des Alsaciens suspects du Séminaire français de Rome. Les nominations faites et le nouveau régime établi, il sera temps d'assurer l'avenir et de ramener l'Alsace et la Lorraine au régime du droit commun.

3°) *La faculté de théologie catholique.*

Du problème concordataire dépend la question de la faculté de théologie catholique de l'Université de Strasbourg. La suppression immédiate de cette faculté, fût-ce de la seule autorité du gouvernement français, ne saurait déplaire au Saint-Siège qui n'a consenti à sa fondation en 1902, que de fort mauvaise grâce. Mais l'on peut précisément se demander si elle ne doit pas être provisoirement maintenue, pour servir, le cas échéant, d'objet d'échange. Voici comment la question se pose. L'Allemagne n'a pas de séminaires, mais seulement des convicts, où les étudiants ecclésiastiques vivent en commun sans recevoir aucun enseignement, parce que l'enseignement théologique est réservé, comme les autres disciplines, à l'Université d'État ; les programmes de théologie sont, comme les autres établis par l'État, et c'est aussi l'État qui, avec l'agrément de l'évêque, nomme les professeurs de théologie ; et les défend ensuite au besoin contre les entreprises du pouvoir ecclésiastique. Enfin ces professeurs ont été dispensés par le Saint-Siège de l'obligation de prêter le serment antimoderniste : ils conservent donc la liberté d'orienter leur enseignement suivant les exigences de la science et d'éviter l'écueil signalé en 1908 par Mgr Enrhard, recteur de la Faculté de théologie catholique de l'Université de Strasbourg : « Si les mesures édictées par l'Encyclique entrent en vigueur, et si la méthode scolastique l'emporte sur la méthode historico-critique, le jeune clergé d'Allemagne tombera au même niveau que le jeune clergé de France et d'Italie ».

À ce système l'Allemagne trouve un triple avantage :

1°) elle maintient les études à un niveau scientifique élevé ;

2°) elle forme un clergé profondément dévoué à l'État ;

3°) elle élude les inconvénients de la disposition du code canonique aux termes de laquelle tout candidat à l'épiscopat doit être, autant que possible, docteur en théologie (canon 331 paragraphe 15) car elle n'admet pas la validité des diplômes de doctorat décernés par les Universités pontificales de Rome, et oblige par conséquent les futurs évêques à suivre les cours de ses propres Universités d'État.

Ce régime n'avait jamais été appliqué à Strasbourg qui conservait son séminaire suivant la coutume française ; mais ce séminaire étant un foyer de rébellion, l'Allemagne entreprit d'y substituer une faculté de théologie. Léon XIII résista de son mieux, non qu'il voulût éviter la germanisation du pays : il avait en 1891 et en 1901 nommé des évêques prussiens ; il allait en 1903 évincer l'évêque auxiliaire de Strasbourg Mgr Marbach, vieil alsacien dévoué à la France, et lui substituer par la volonté de l'empereur le renégat Zorn de Bülach. Mais il craignait avec raison que l'Université ne fît tort au prestige et à l'influence du Saint-Siège. On ne sait quels arguments fit valoir

M. de Hertling lorsqu'il vint à Rome négocier cette affaire, mais toujours est-il que le Pape lui céda et que la faculté fut fondée.

Il serait contraire à la politique religieuse de la France de la maintenir définitivement ; mais il est inutile de donner gratuitement au Pape une satisfaction qu'il compte sans doute acquérir à son prix.

Papiers d'agents, fonds Tardieu, vol. 412 (166PAAP/412).

263

N. s.n[1]. *Londres, 28 novembre 1918.*

Conversation avec M. Balfour.

Nécessité d'une entente étroite entre nous avant l'ouverture des conversations sur les préliminaires de paix. Arrivée prochaine de M. Clemenceau. Il convient de s'entendre avec lui sur tous les points visés dans le mémorandum[2] dont j'ai remis copie à Lord Hardinge. M. Balfour ne conteste aucune de nos clauses territoriales mais il demande ce que signifie la clause F « Cession par le gouvernement allemand de ses droits de souveraineté sur les provinces allemandes d'outre-mer ». Il voudrait évidemment savoir si nous avons des visées sur les colonies allemandes. Je lui réponds qu'en Afrique, seule partie du globe où l'Allemagne possède de grands territoires nos vues s'arrêtent sur le Cameroun qui a fait l'objet d'un accord entre la France et l'Angleterre mais qu'à mon sens il sera nécessaire de nous attribuer le Togo qui confine à notre Dahomey. J'ai ajouté qu'une petite possession portugaise, le Cabinda, gênait beaucoup les communications de notre Congo et que sans doute nous demanderions qu'elle nous fût abandonnée contre un territoire de pareille valeur qui pourrait être attribué au Portugal sur la côte occidentale d'Afrique aux dépens de l'Allemagne.

À propos de la clause relative au Luxembourg M. Balfour m'a demandé si nous avions quelques prétentions de ce côté-là. Je lui ai répondu que M. Clemenceau m'avait dit qu'il ne s'occupait pas du Luxembourg mais qu'il était d'avis que cette petite principauté ne pourrait conserver son statut actuel. Quant à ce qu'elle deviendrait c'était aux populations d'en décider. M. Balfour m'a demandé si l'on avait quelques données sur le sentiment des populations. Je lui ai dit qu'à Paris il y avait 40 000 Luxembourgeois qui désiraient devenir français, que les Belges affirmaient que les habitants restés dans le Luxembourg réclamaient l'annexion à la Belgique mais que je n'avais aucune donnée sur les mouvements de ces populations. On m'a dit qu'un certain nombre de Luxembourgeois pensaient à une autonomie et l'union personnelle avec le roi des Belges.

---

[1] Note de Paul Cambon, ambassadeur de France à Londres.

[2] Il s'agit du projet de préliminaires de paix établi par la direction des Affaires politiques et commerciales le 15 novembre 1918 (voir document n° 194 du 15 novembre 1918).

Le Luxembourg nous a conduits à parler de notre frontière de 1814. M. Balfour était au courant de ce que, *proprio motu*, j'avais dit à M. Lloyd George et à Lord Hardinge à ce sujet. Je lui ai dit que je n'avais pu me dispenser de mettre M. Clemenceau au courant de nos propos, qu'il m'avait répondu comme toujours qu'il fallait connaître le vœu des populations, qu'il avait consulté le maréchal Foch, que ce dernier considérait, au point de vue stratégique, la frontière de 1814 comme indispensable à notre sécurité. J'ai insisté sur la portée au point de vue des relations de nos deux pays d'une initiative de l'Angleterre pour le rétablissement de la frontière de 1814. Le secrétaire d'État n'a pas paru défavorable à cette idée.

Nous avons passé à la Bulgarie et à la Turquie.

Pour la Bulgarie j'ai posé simplement la question de Macédoine et de Thrace. Pour la Turquie j'ai demandé à M. Balfour s'il était question d'un rétablissement d'un empire turc diminué et contrôlé par les Puissances. Je lui ai rappelé les théories qui semblaient être celles du Foreign Office, il y a trois ans, sur l'anéantissement de la Turquie. Le secrétaire d'État m'a dit qu'on n'en était plus là et qu'il était nécessaire de rétablir une Turquie parce qu'il y avait les Turcs, qu'il fallait chercher les moyens de soustraire les populations chrétiennes au joug turc mais qu'il importait de ne pas imposer aux Turcs le joug des chrétiens. Le gouvernement turc lui inspire de grandes défiances. Je lui ai parlé de l'organisation d'un contrôle, il n'a pas paru le considérer comme un remède suffisant. En tout cas il tient au maintien d'un Empire. Sur l'Arménie je lui ai parlé de l'idée de Lord Robert Cecil relativement à une grande Arménie autonome sous le contrôle de Puissances qui pourraient déléguer à l'une d'elles, la France par exemple, le soin d'exercer sur les Arméniens une sorte de tutelle.

Papiers d'agents, fonds Paul Cambon, vol. 68 (42PAAP/68).

264

M. Haguenin, Chef du Bureau de Presse de l'Ambassade de Berne,
À destinataires non désignés.

N. *Berne, 28 novembre 1918.*

La situation en Allemagne.

Les renseignements ci-dessous, très confidentiels, proviennent d'un Allemand fort actif, membre du comité berlinois des ouvriers et soldats sincèrement amis de la France et qui durant cette guerre a servi notre propagande.

Haase est le pivot de la situation, le lien entre les indépendants et les majoritaires. À ses intimes, il dit le dégoût que continuent à lui inspirer Ebert, Scheidemann, David, la répulsion qu'il doit surmonter chaque fois qu'il délibère avec eux – deux ou trois fois par jour ; mais ils tiennent dans leurs mains les coopérations ouvrières, l'élément d'ordre, ennemi du chaos social et politique. À sa gauche, il est sollicité par tous les ultra-rouges, Liebknecht et le groupe Spartakus, les représentants du bolchevisme, qu'il repousse de toutes ses forces. Sans ses constantes interventions, la lutte armée entre les bolchevistes et les majoritaires aurait déjà éclaté. Il apaise sans cesse les uns et les autres, mais il ne dissimule pas que, dans le peuple, l'opinion se déplace sans cesse vers la gauche. La réunion qui hua et évacua Liebknecht il y a une quinzaine de jours, applaudit aujourd'hui – identiquement composée – Müller, qui dit que « le chemin de la constituante passerait sur son cadavre ». En prévision de la commune à Berlin, les partisans de la constituante préparent le transfert du gouvernement à Francfort ou à Weimar.

D'accord avec Eisner et Foerster, Haase essaie de toutes ses forces de réaliser promptement la mise en jugement des responsabilités de la guerre. Il projette de convier à ce procès comme accusateurs et comme membres du tribunal, des représentants de l'Entente munis de leurs dossiers. Les indépendants l'appuient, les majoritaires résistent, conscients de leurs responsabilités et sachant qu'ils figureraient bientôt au banc des accusés.

La haine de la France est générale. On lui reproche les conditions de l'armistice, dont l'inspiration française se décide, paraît-il, dans l'implacable attitude de Foch. On lui reproche sa censure, « l'oppression et la persécution » de ses socialistes, réduits à l'impuissance, alors qu'ils exercent la plus grande influence dans les autres États de l'Entente comme chez ses adversaires. Sur ce point, la propagande d'origine russe, la propagande bolcheviste, semble avoir remporté un succès définitif. On ne voit dans la France qu'une puissance bourgeoise et capitaliste, l'État le plus rétrograde de l'Europe entière. C'est pour exalter cette haine de la France qu'on adresse à Wilson message sur message, c'est elle qu'on veut atteindre, dans les protestations d'Erzberger, de Solf, ou les dépêches anonymes de Wolf.

On compte absolument sur la révolution dans les pays alliés. En Italie, on est persuadé qu'elle est imminente, qu'elle peut éclater tous les jours, même avant le traité de paix. On l'attend en France au cours de la première année qui suivra la signature du traité. La Belgique suivra, elle chassera son Roi. On n'ose pas espérer la révolution en Angleterre.

Il va sans dire que l'exaspération contre la France résulte de l'impossibilité où l'on est, grâce à sa politique, de s'assurer le concours de ses socialistes pour obtenir un traité de paix favorable. On a beaucoup discuté la question, on enrage de n'avoir trouvé aucun moyen efficace qui permît de compter sur eux.

En Bavière la révolution n'est menacée ni de droite ni de gauche. L'opposition du centre s'adresse davantage à la personne de Eisner – juif – qu'à l'orientation de son gouvernement. Eisner a la plus grande confiance dans la stabilité de son régime. Munich d'ailleurs est bien approvisionné. On y fait pour 5 marks un excellent repas, introuvable à Berlin même pour 50 marks. Les soldats en Bavière restent tellement disciplinés qu'ils changent de compartiment sans murmurer, lorsqu'on les rencontre en seconde avec un billet de troisième. Cependant vers Lindau, des maraudeurs pillent les campagnes et tirent sur les trains.

À Munich, gouvernement et public se défient de Berlin de plus en plus. Si le bolchevisme y éclate, un mouvement séparatiste est certain.

Le principal meneur du parti polonais à Berlin, Korfanty, perd tous ses amis du monde politique prussien. Il veut Dantzig à tout prix. Ville allemande ou non, peu importe. La Pologne, dit-il, la prendra par la force. Il paraît qu'il s'en est fallu de très peu que l'Allemagne ne déclarât la guerre à la Pologne.

Voici comment les partisans du groupe Spartakus se sont procuré des armes. Le 5 ou le 6 novembre, alors que la République était déclarée à Berlin et qu'elle pouvait compter sur le régiment de chasseurs de Naumburg, nombre de messagers et d'estafettes successifs pénétrèrent dans la salle des séances du Reichstag, où siégeaient les membres du nouveau gouvernement et les délégués du O. et S.[1] et annoncèrent que les troupes de la garnison de Potsdam, fidèles à l'ancien régime, marchaient sur Berlin. On délibéra, et la résolution présentée par les membres du groupe Spartakus, d'armer les peuples pour la défense de la révolution, fut votée. Tous ceux qui se présentèrent dans les casernes et les arsenaux en sortirent munis de fusils, de baïonnettes, de mitrailleuses. Ils emmenèrent même des autos blindées. La supercherie avait réussi, lorsqu'on apprit que la garnison de Potsdam ne songeait pas le moins du monde à inquiéter Berlin. Les armes ne furent jamais rendues et, depuis ce jour, on sait qu'il faut prendre au sérieux les menaces des intransigeants de gauche, armés pour la bataille des rues.

La froideur des rapports entre le gouvernement allemand et le gouvernement de Lénine provient de ce que, au moment de son avènement, le gouvernement allemand fût salué par le message russe suivant, lancé, vingt-quatre heures durant, toutes les trois minutes : « À bas le gouvernement Ebert-Scheidemann-Haase, vive la République des soldats et ouvriers ». La déception des organisateurs russes du mouvement bolcheviste en Allemagne était immense.

CPC, A-Paix, 1914-1918, vol. 301 (4CPCOM/301).

[1] Sûrement Conseils d'ouvriers et de soldats.

265

M. Clemenceau, Président du Conseil, Ministre de la Guerre,
à M. Franchet d'Espèrey, Commandant en Chef des Armées d'Orient.

T. n° 14.714 BS/S. Paris, 28 novembre 1918.

Secret.

Réponse à votre télégramme 13.771 E/CH.[1]

Indications suivantes vous permettront répondre à communication du GQG serbe :

Primo. Les clauses territoriales de l'armistice avec Autriche-Hongrie ont prévu l'occupation des territoires revendiqués par Italie dans le traité de Londres du 26 avril 1915, conclu avec la France et l'Angleterre.

Secundo. En principe, cette occupation devrait être interalliée, mais en fait, elle a été purement italienne, en raison de la proximité et de la supériorité d'effectifs sur place des Italiens : les Alliés ont admis que le commandement, dans toute la zone délimitée par le traité de Londres, serait italien.

Tertio. En revanche, après pourparlers avec les ministres italiens, il a été décidé qu'en dehors de la zone des traités de Londres, l'occupation serait mixte et le commandement appartiendrait à l'un des Alliés. Mais l'expérience a montré que là encore, en raison de la supériorité des effectifs envoyés par les Italiens, le commandement local revient en fait à leurs officiers qui sont de grade plus élevé que les officiers anglais, français ou américains.

Quarto. Sans doute, ces mesures n'ont qu'un caractère strictement militaire et ne préjugent en rien règlement général, quant à la répartition des territoires, le Congrès de la Paix étant seul qualifié pour décider à cet égard.

Quinto. Mais, en raison des difficultés et des protestations provoquées chez les Yougoslaves et les Serbes par cet état de choses qui les inquiète sur les territoires revendiqués par leurs peuples, il importe de préciser la situation en :

a) délimitant la zone d'action du général Diaz et la vôtre propre (ligne Fiume – Agram – Kams et Oedenburg) ;

b) organisant le commandement local dans chacun des points délicats (Fiume – Spalato – Raguse – Cattaro – Laybach).

---

[1] Dans son télégramme 12.771 E/CH du 17 novembre, le général Franchet d'Espèrey transmet un télégramme du haut commandement serbe daté du 15, protestant contre le débarquement italien à Fiume et promettant que le Conseil national s'y opposera par les armes. En effet, les Serbes jugent que ce débarquement « n'est pas justifié ni du point de vue militaire, ni du point de vue politique et en outre il est contraire au traité de l'armistice entre Italie et Autriche-Hongrie car Fiume n'entre pas dans la zone d'occupation italienne ».

La délimitation des zones doit être concertée avec gouvernement italien. L'organisation du commandement doit être confiée à une commission militaire interalliée.

Sexto. Le ministre des Affaires étrangères saisit de la première question le gouvernement italien, et de la seconde le Conseil supérieur de Versailles. Dès qu'une solution sera intervenue, je vous la ferai connaître.

Septimo. La protestation des Serbes contre leur exclusion de l'occupation de Scutari n'est pas fondée, car les décisions de la Conférence de Londres de 1914 prévoient une occupation internationale de la ville sans leur concours.

Octavo. La prétention des Yougoslaves d'occuper Trieste est excessive, car cette ville est en grande partie italienne et doit revenir à l'Italie (qui la revendique depuis 1859 et l'a obtenue par le traité de Londres de 1915).

Nono. D'une manière générale, le gouvernement français a sans cesse rappelé le gouvernement italien à la modération, et compte que Serbes et Yougoslaves ne compromettront pas la situation par une attitude intransigeante.

CPC, A-Paix, 1914-1918, vol. 107 (4CPCOM/107).

266

M. de La Bégassière, Chargé d'Affaires à Tokyo,
 À M. Pichon, Ministre des Affaires étrangères.

D. n° 39. Tokyo, 28 novembre 1918.

Le Japon et la signature de l'armistice.

La nouvelle de la signature de l'armistice fut connue au Japon dans la journée du 11 novembre. Elle provoqua aussitôt à Yokohama, à Kobé, dans toutes les villes où les étrangers forment une communauté importante et compacte l'enthousiasme le plus spontané. Yokohama se couvrit de drapeaux en l'espace de quelques heures. Des manifestations de toute nature en l'honneur de la victoire s'improvisèrent partout, discours, illuminations, processions triomphales. Les banques et les maisons de commerce fermèrent leurs portes. La ville prit un air de fête qu'elle ne quitta pas de plus d'une semaine. Les autorités japonaises se joignirent cordialement à ces réjouissances. Dès le 12 novembre des délégations ayant à leur tête le préfet et le maire vinrent présenter leurs félicitations aux consulats alliés et le soir une grande procession aux lanternes parcourut la ville en acclamant les Alliés.

La ville de Tokyo fut singulièrement plus lente à s'émouvoir. Pendant les trois ou quatre jours qui suivirent la déclaration de l'armistice, nulle trace d'enthousiasme ne se manifesta dans la capitale et il est à présumer que les choses en seraient restées là si le gouvernement japonais n'avait compris que sa situation d'allié lui imposait tout au moins une participation officielle à la joie commune. À partir du moment où le gouvernement eut donné le mot d'ordre, l'enthousiasme commença à se manifester, du moins cet enthousiasme conventionnel et règlementé si caractéristique de la mentalité japonaise. Ce furent les universités libres de Keio, Waseda, Meiji qui donnèrent le signal en venant les premières acclamer les ambassades et les légations alliées. Mais la cérémonie officielle eut lieu le 21 novembre. Tokyo avait été pavoisé sur l'ordre du maire. Les rues et les places étaient décorées avec goût. Dans un grand parc au centre de la ville un pavillon en plein air avait été dressé où le corps diplomatique fut reçu par le gouvernement et les autorités japonaises. Le président du Conseil, le maire de Tokyo lurent des adresses auxquelles répondit l'ambassadeur d'Angleterre, doyen du corps diplomatique, et des acclamations furent poussées en l'honneur des nations alliées, des armées alliées, de l'empereur du Japon, acclamations auxquelles s'associa la foule répandue dans le parc. Le soir une immense procession aux lanternes, manifestation favorite et pittoresque de l'enthousiasme japonais, fut organisée par les différentes corporations de Tokyo et vint défiler pendant cinq heures d'affilée sous les fenêtres de l'ambassadeur de France et des autres ambassades alliées en poussant des acclamations répétées. Deux jours après un dîner où le ministre des Affaires étrangères prit la parole fut donné par les associations qui se sont créées au Japon entre les Japonais et les étrangers alliés, telle que la Société franco-japonaise. Ce fut l'occasion pour le vicomte Uchida de décrire en termes heureux l'admirable effort des Alliés pendant la guerre et de s'incliner avec respect en des mots particulièrement touchants devant l'œuvre accomplie par la France. Enfin je n'aurai garde d'omettre que cette ambassade reçut au cours de ces journées un certain nombre d'adresses et de télégrammes de félicitations provenant en particulier des principales villes japonaises.

Quoi qu'il en soit de ces manifestations diverses, elles n'abandonnèrent jamais à Tokyo un caractère purement officiel. Le Japon dans son ensemble paraît assister à la fin glorieuse de cette guerre avec autant d'indifférence qu'il a mis à en suivre les développements. Bien plus, si l'on voulait approfondir les sentiments intimes du peuple japonais, il faudrait sans doute reconnaître que la nouvelle de l'armistice a suscité chez lui plus de pénible surprise que de joie sincère et il semble pour ainsi dire qu'on soit venu le réveiller au milieu d'un beau rêve. Le Japon au cours de cette guerre a eu ce rôle singulier de pouvoir se compter au nombre des belligérants sans avoir à en partager les sacrifices et de participer d'autre part à tous les avantages des neutres sans en supporter les inconvénients. Tandis que la France et l'Angleterre soutenaient une lutte sans merci sur les champs de batailles d'Europe, que la Russie impériale s'effondrait, le Japon pouvait, à la faveur de cette occasion unique étendre son influence et son commerce en Chine et en Sibérie orientale, développer ses marchés dans tout le Pacifique et l'océan Indien, en Indochine et jusqu'en Australie, vendre ses produits et son fret au plus offrant. Depuis le début de la guerre le commerce et l'industrie japonais ont pris une extension considérable. Une pluie d'or s'est déversée sur le pays. Le Japon comme certains pays neutres d'Europe a ses nouveaux riches, ses « narikin » dont les extravagances et l'étalage de luxe excitent les colères du peuple. L'on comprend ainsi qu'avec ce sens étroit et égoïste des intérêts nationaux qui a marqué depuis le début de la crise mondiale la politique japonaise, ce pays ait accueilli la fin de la guerre avec un manque d'enthousiasme que les politesses officielles les plus souriantes ne soient pas parvenues à dissimuler entièrement. C'est maintenant en effet que les difficultés vont commencer pour le Japon.

L'accroissement considérable de la richesse du pays a eu pour corollaire une augmentation très rapide du prix de la vie et si d'assez nombreux individus ont réalisé d'importantes fortunes, l'ensemble du peuple est plus malheureux et plus misérable qu'auparavant. Le prix du riz qui forme la principale nourriture de la population reste très élevé en dépit des efforts du gouvernement pour en développer la culture au Japon et pour importer du riz étranger, et les récentes émeutes de Kobé ont montré jusqu'à quels excès cette question peut pousser le peuple. Le Japon réalise que la conclusion de la paix va le mettre aux prises avec une concurrence économique singulièrement âpre et, il se demande avec inquiétude si toutes les industries qu'il a montées depuis le début de la guerre, toutes les affaires qu'il a mises sur pied pourront subsister quand les puissances européennes et l'Amérique seront en mesure de reprendre leur activité commerciale. La nouvelle de l'armistice a été accueillie à la bourse de Tokyo par une baisse brusque et importante de toutes les valeurs et si un optimisme de commande a réussi à raffermir le marché les jours suivants, ce symptôme n'en trahit pas moins les préoccupations du monde financier.

Enfin le Japon commence à sentir confusément que la politique d'abstention qu'il a cru si habile de poursuivre pendant la guerre mondiale n'a pas été exempte d'inconvénients. Ce pays qui vivait sur ses victoires passées se rend compte que la gloire, le prestige et la puissance sont maintenant l'apanage d'autres nations. Son patriotisme chatouilleux et inquiet s'en irrite et c'est une raison encore pour laquelle le triomphe des puissances alliées n'a pas été accueilli ici avec une joie sans réserve.

CPC, E-Asie, Japon, 1918-1940, vol. 6 (39CPCOM/6).

267

M. Pichon, Ministre des Affaires étrangères,
 À M. Defrance, Ministre de France à Bruxelles.

T. n° 623. *Paris, 29 novembre 1918, 19 h. 30.*

Chiffré.

Réponse à votre télégramme n° 188[1].

Il n'y aura aucune réunion interalliée à Paris avant l'arrivée du président Wilson. La réunion qui pourra être tenue à ce moment et qui n'aura

---

[1] Voir document n° 256 du 28 novembre 1918.

certainement pas lieu avant la seconde quinzaine de décembre sera composée des membres du Conseil supérieur de guerre de Versailles. Le gouvernement belge ne fait pas partie de ce Conseil. La seule fois qu'il y ait envoyé un représentant, le général Gillain, celui-ci a déclaré que l'armée belge n'est pas sous les ordres du généralissime des armées alliées. Par conséquent le Conseil supérieur reste uniquement composé des représentants des États-Unis, de l'Angleterre, de l'Italie et de la France.

Il va de soi que toutes les fois qu'un intérêt belge sera en cause, le gouvernement de Bruxelles en sera informé pour qu'il puisse envoyer un délégué.

Quant à la Conférence des Alliés proprement dite et dont le mandat sera de discuter et d'arrêter les préliminaires de paix, la Belgique en fera naturellement partie, mais il est certain dès maintenant que cette Conférence ne pourra pas se réunir avant janvier.

Télégrammes, Bruxelles, Départ, 1918, vol. 1242 (304QONT/1242).

268

M. Pichon, Ministre des Affaires étrangères,
    À M. Dutasta, Ambassadeur de France à Berne,
    M. Jusserand, Ambassadeur de France à Washington,
    M. Allizé, Ministre de France à La Haye,
    M. Conty, Ambassadeur de France à Copenhague,
    M. Cambon, Ambassadeur de France à Londres,
    M. Barrère, Ambassadeur de France à Rome,
    M. Defrance, Ministre de France à Bruxelles[1].

T. n°s 2390 ; 1005 ; 835 ; 526 ; Paris, 29 novembre 1918, 21 h. 45.
Par courrier. 6448 ; 4365 ; 627.

Chiffré.

Communication du gouvernement allemand.

Réponse à votre télégramme 2070[2].

Je prends bonne note de la déclaration que vous a faite le président de la Confédération concernant l'esprit dans lequel le gouvernement suisse transmet les communications allemandes relatives à l'armistice.

Il ne nous appartient pas de demander au gouvernement suisse de renoncer à faire ces transmissions, étant donné surtout que, sur notre suggestion,

---

[1] Communiqué à présidence du Conseil, Groupe de l'Avant.

[2] Dans le télégramme n° 2070 daté du 26 novembre, Dutasta signale « l'ennui qu'éprouve le Conseil fédéral à transmettre au gouvernement français les nombreuses notes par lesquelles le Docteur Solf demande des adoucissements aux conditions de l'armistice. […] Le Président […] a insisté sur le fait que le Conseil fédéral n'entendait en aucune façon les recommander au bienveillant examen du gouvernement français ».

le gouvernement américain, pour éviter que le Docteur Solf continue à s'adresser directement aux États-Unis, a pris l'initiative de faire savoir aux Allemands qu'ils avaient à s'adresser à tous les Alliés.

Il n'en est pas moins vrai que ces protestations du Docteur Solf sont tout à fait déplacées, et, en outre, inutiles, puisqu'il existe une Commission internationale chargée d'interpréter et de faire exécuter les clauses de l'armistice.

L'opinion publique suisse, comme celle des autres pays, ne se méprend pas, d'ailleurs, sur la manœuvre qui consiste à essayer sans cesse de revenir sur la signature donnée, et qui est en cela conforme aux traditions de la politique de Berlin. Aucun fait ne peut mieux démontrer que, malgré les apparences, la mentalité allemande n'a pas changé.

Le gouvernement fédéral peut sans inconvénient continuer à effectuer ces transmissions.

Télégrammes, Washington, Départ, 1918, vol. 6362 (304QONT/6362).

269

M. Pichon, Ministre des Affaires étrangères,
À M. Cambon, Ambassadeur de France à Londres,
M. Dutasta, Ambassadeur de France à Berne,
M. Defrance, Ministre de France à Bruxelles,
M. Barrère, Ambassadeur de France à Rome,
M. Jusserand, Ambassadeur de France à Washington.

T. n°s 6444 ; 2391 ; 626 (par courrier). *Paris, 29 novembre 1918, 23 h. 50.*
T. n°s 4360-4362 ; 4007-4009.

Chiffré. Secret.

Manœuvres du gouvernement hongrois.

Pour Bruxelles et Berne : J'adresse le télégramme suivant aux ambassadeurs de France à Londres, Rome et Washington.

Pour tous : La Hongrie, qui a une part si lourde dans les responsabilités de la guerre, se sentant menacée d'en subir justement les conséquences, cherche actuellement par tous les moyens à s'y soustraire.

La tactique des hommes d'État hongrois consiste à se donner l'apparence de répudier toute solidarité avec l'ancien gouvernement et à chercher tous les prétextes pour se faire passer comme bénéficiant de la bienveillance des Alliés.

Par exemple, le général Franchet d'Espèrey, ayant conclu avec des délégués du comte Karolyi[1] un accord qui, dans sa pensée devait simplement

---

[1] Voir note n° 1 du document n° 236 du 23 novembre 1918.

compléter l'armistice général, lequel ne prévoyait aucune clause spéciale pour le front d'Orient[1], le comte Karolyi a prétendu attribuer à cet acte le caractère d'un armistice particulier au gouvernement hongrois et consacrant son autorité sur tout le territoire dévolu à la Hongrie au temps des Habsbourg. Il a envoyé aussitôt en Slovaquie des troupes hongroises qui ont pillé et molesté la population en chassant les autorités qui avaient été installées par le gouvernement de Prague, après que les autorités hongroises s'étaient d'elles-mêmes retirées, au moment de la proclamation de l'indépendance tchécoslovaque.

Le gouvernement français a prescrit au général Franchet d'Espèrey d'inviter le gouvernement hongrois à retirer immédiatement ses troupes du territoire tchécoslovaque, dont le gouvernement est reconnu par nous et tenu pour allié.

Poursuivant sa tactique, le ministre de la Guerre hongrois a sollicité du général Franchet d'Espèrey l'autorisation de renouer des relations diplomatiques avec l'Allemagne prétextant la nécessité de protéger ses nationaux, et alléguant que « l'armistice intervenu entre les Alliés et l'Allemagne, et la *démocratisation* de celle-ci » permettent d'accueillir cette demande.

Le général Franchet d'Espèrey reçoit l'instruction d'écarter toute démarche de cet ordre, de traiter le pseudo-gouvernement hongrois comme une simple autorité locale, de fait, et n'avoir avec lui que les rapports nécessités par la situation militaire.

D'autre part, l'ambassadeur de France à Berne signale la nomination de Mme Rosita Schwimmer[2] comme ministre plénipotentiaire du gouvernement populaire hongrois en Suisse.

Il y a quelque impudence de la part du comte Karolyi à essayer de marquer ainsi par une façade ultra-démocratique le but réel poursuivi par le gouvernement hongrois lequel vise uniquement à maintenir dans l'asservissement des nationalités non magyares. Il est inutile d'attirer l'attention des gouvernements alliés sur les incidents intervenus entre le général Franchet d'Espèrey et le gouvernement hongrois. Les informations qui précèdent vous permettront toutefois de remettre, le cas échéant, les choses au point. Elles vous fourniront, de même que l'information relative à Mme Rosita Schimmer dont vous pouvez faire immédiatement état, une base pour les conversations que je vous prie d'avoir avec le gouvernement auprès duquel vous êtes accrédité, pour le mettre en défiance contre l'action perfide et sournoise des Hongrois et, en particulier, du comte Karolyi.

Télégrammes, Washington, Départ, 1918, vol. 6362 (304QONT/6362).

---

[1] Il s'agit d'une convention militaire relative à l'armistice en Hongrie conclue le 13 novembre et destinée à fixer les zones laissées à l'administration et à l'autorité du Comité hongrois au nord d'une ligne imposée par les Alliés. Seules des forces de police et de gendarmerie étaient acceptées au sud de cette ligne, régions occupées par les Alliés. Le territoire hongrois était en réalité déjà occupé au sud par les troupes franco-serbes et au nord par les Tchèques et les Slovaques, ces derniers ayant constitué leur propre Conseil national le 30 octobre.

[2] Il s'agit en réalité de Rosita Schwimmer.

270

M. Sayous, Chargé de mission au Bureau des Services économiques,
 À destinataires non désignés.

N. Lausanne, 29-30 novembre 1918.

Comment l'Allemagne pourra « payer ».

À titre de restitution et de dédommagement, l'Allemagne ne nous doit pas que de l'argent, mais des marchandises et de la main-d'œuvre et, à défaut, le montant de leur valeur estimative. Nous n'avons aucune qualité pour établir ce compte, dont une partie chevauchera sur l'autre parce que la restitution en nature et l'exécution de travaux par nos ennemis seront très souvent sinon impossibles, du moins indésirables à notre point de vue.

Les restitutions et l'exécution de travaux par nos ennemis ne soulèveront pas des difficultés de détails mais ne seront guère qu'exceptionnelles. Plus délicat et grave sera d'obtenir d'eux le paiement de la somme énorme dont ils nous seront débiteurs. Nous voudrions examiner dans cette note comment il serait possible d'y arriver. Nous indiquerons notre opinion personnelle telle qu'elle résulte d'études attentives, comme de longues discussions avec les directeurs de la banque dont nous avons parlé le 20 de ce mois.

Avant la guerre, l'on estimait la fortune privée des Allemands entre 350 et 400 milliards de marks *environ*. Inutile de revenir maintenant sur les critiques dirigées contre les méthodes employées par MM. Helfferich, Ballod, Steinmann-Bucher, etc. pour établir leurs chiffres, assez différents les uns des autres. Beaucoup plus important est de constater que l'Allemagne, « pays d'entreprises » selon le mot de M. de Gwinner, avait employé une très large partie de son épargne dans l'industrie et le commerce, ce qui *liait étroitement le sort de son épargne à celui du milieu des affaires* ; et il convient de ne pas oublier que l'estimation était, en large mesure, celle d'entreprises, dont la valeur dépend surtout de leurs *bénéfices qui étaient avec la guerre très élevés par suite de la prospérité.*

Très difficile est de préciser l'influence que la guerre a eue sur la fortune privée en Allemagne. On peut, dans une certaine mesure, comparer la situation à celle d'un immeuble hypothéqué ; mais ce n'est pas le propriétaire, c'est l'État qui a pris l'argent *emprunté, et il n'en est revenu qu'une fraction variable à chacun par des voies très diverses.* De plus, pour se rendre compte de la situation réelle, il ne faut pas *faire les calculs en ne tenant compte que des hauts prix actuels*, qui peuvent se maintenir encore quelque temps, mais sont une base trompeuse d'appréciation. Et puis les Allemands *ont réalisé presque toutes leurs valeurs étrangères* ou les ont remises en gage dans des conditions équivalant presque à une dépossession, et les crédits qu'ils ont obtenus en banque dans les pays neutres sont déjà supérieurs à leurs moyens directs ou indirects de paiement. Enfin, les entreprises allemandes, dont le matériel a plus souffert qu'on ne le croit généralement, au cours des quatre dernières années, *ne valent que dans la mesure où elles pourront être la source de bénéfices.*

La fortune privée a donc *énormément diminué* en Allemagne pendant la guerre ; nous sommes en face d'une Allemagne appauvrie, en partie d'une façon profonde, en partie aussi d'une façon moins grave, sinon plus ou moins momentanée.

Bien que nous constations ainsi la quasi impossibilité d'obtenir de l'Allemagne des sommes aussi élevées que celles dont a parlé récemment notre presse, notre conclusion principale n'est pas pessimiste ; elle est la suivante, d'ordre technique : *l'Allemagne ne peut pas nous payer avec son capital des sommes très considérables, elle le peut surtout par son travail.*

Examinons rapidement ce que l'Allemagne peut nous donner sur son *capital.*

L'or de la Banque d'Empire, en sa totalité, ne représente qu'une fraction infime de ce que l'Allemagne nous doit. L'Entente aura probablement avantage à lui en demander une partie, mais nous n'insistons pas sur ce point.

Une fois établie la balance de ses créances et de ses dettes, l'Allemagne, surtout si elle ne peut pas obtenir pour ses mauvaises créances la garantie de l'État auquel appartient le débiteur, n'aura que peu à toucher.

Si nous ne pouvons pas acquérir des *entreprises allemandes* en pays étrangers, nous pourrons les acquérir *dans les territoires qui nous reviennent* (usines de mines d'Alsace, de Lorraine et de la Sarre), quitte à l'État allemand de désintéresser ses nationaux.

Indésirable, et même impraticable, est la constitution d'hypothèques sur des immeubles allemands ; mais nous pourrions demander comme gage des obligations de banques hypothécaires.

D'une façon générale, *le capital allemand ne pourra guère nous fournir que des garanties*, qu'il s'agisse du capital public (chemins de fer, mines d'État, etc.) ou du capital privé.

Pour nous payer, l'Allemagne devra surtout *travailler pour nous.* Et nous voilà, selon la formule anglaise, intéressés à son avenir économique, comme tout créancier l'est à celui de son débiteur.

Bien entendu les Allemands préféreraient reprendre leur activité dans le monde sans la moindre entrave et nous verser chaque année une certaine somme, tout ou partie du reliquat de la balance de leur commerce extérieur. Mais nous avons les plus sérieux motifs pour ne pas accepter une telle proposition. Nous ne devons pas laisser les Allemands profiter des conditions de la Paix pour reprendre leur position sur les marchés du monde : c'est l'Entente qui *doit être le vendeur et profiter de la situation qui en résultera.* Il nous *faut aussi obliger les Allemands à réduire leurs propres besoins et à développer leur production pour l'étranger.* Et nous ne pouvons y *arriver qu'en établissant un règlement de la dette en nature.*

Pour des motifs politiques, dont nul ne peut nier la gravité, nous posons en principe que l'obligation de livrer les marchandises ne devrait pas être semi-perpétuelle, établie pour un nombre considérable d'années ; et pour des motifs économiques et politiques, nous considérons que, s'il convient de *fixer aussi haut que possible le montant des livraisons à nous faire*, car nous n'arriverons pas à recouvrer tout ce que nous doit l'Allemagne, il ne nous faudra pas le fixer tellement élevé qu'il mettrait en jeu sinon la Paix du monde, du moins l'existence de notre débiteur. Enfin ne comptons pas que l'Allemagne sera en mesure, tout de suite, de nous faire de fortes livraisons ; la chose ne sera possible qu'après une période de mise en train.

Comment établir les comptes ? Sous la forme d'un compte courant, mettant en face des crédits annuels la valeur des livraisons qui auront été faites successivement ? Ou bien en précisant, dans un acte annexe, quelles marchandises devront être livrées et en quelles quantités ?

Il conviendra, croyons-nous d'employer à la fois les deux systèmes : bien des produits et marchandises pourraient être livrés en quantités fixes (ainsi, par exemple, du charbon) ; de l'autre, un *crédit permettrait de saisir les sources de richesses de l'Allemagne au fur et à mesure de leur développement, que nous ne pouvons pas prévoir exactement aujourd'hui.*

Il est possible de concevoir aussi tout un système de correction de ce régime à l'aide d'index, etc. mais nous croyons la chose peu utile en ce qui concerne les achats que nous ferions en vertu de notre crédit, étant donné que les prix tendront plus à baisser qu'à se relever à la reprise des affaires.

Quelles marchandises l'Allemagne pourra-t-elle livrer à l'Entente ?

Pour répondre à cette question, il faut prendre article par article les statistiques du commerce extérieur de l'Allemagne en 1913, et *les corriger en tenant compte des transformations que la production allemande a subies pendant la guerre.*

C'est ainsi que l'Allemagne ne sera en mesure d'exporter du charbon qu'en plus faible quantité, d'une façon permanente, du fait de la cession des gisements de la Sarre, du moins momentané, par suite de la nécessité de remettre les mines en état. En sens inverse, nous pourrons recevoir les engrais azotés de la Badische Anilin und Soda Fabrik et des Bayrische Stickstoffwerks, et faire construire beaucoup de bateaux dans les chantiers des ports de la mer du Nord et de la Baltique qui se sont beaucoup développés pendant la guerre, mais il s'agira là surtout de restitutions en nature.

Chaque pays gardera les marchandises qu'il recevra, ou bien les vendra. C'est ainsi que, si la France reçoit du charbon allemand, elle pourra en vendre probablement une partie à la Suisse et se procurer ainsi sur le marché international, le change dont elle aura besoin.

Dans ces conditions, nous n'aurons pas un intérêt absolument direct à ce que l'Allemagne établisse tel ou tel régime financier, mais nous y aurions un intérêt *indirect*, du fait que, si elle établissait un régime imparfait, nous n'obtiendrions pas, ou n'obtiendrions que très difficilement, ce qu'elle nous aura promis.

L'Allemagne devra diminuer sinon le montant de ses emprunts de guerre par une forte « Vermögensabgabe »[1], du moins leur intérêt. Elle devra chercher partout des sources de revenus et s'arranger avec les producteurs pour qu'ils lui livrent les marchandises au meilleur compte.

Bien que le système que nous croyons le meilleur ne repose pas sur la solution que l'Allemagne donnera à son problème financier, nous considérons comme très possible, pour le paiement d'une partie de la somme due, une *combinaison où le montant de certains impôts nous reviendrait*, quitte à le transmettre, à défaut de change, en envoyant des marchandises. Mais ce n'est là qu'une variante.

Telles sont les *bases théoriques* du système que nous préconisons ; nous n'y avons ajouté *que quelques considérations pratiques*, que nous ne préciserons qu'au cas où on nous demanderait de le faire.

Sous-Secrétariat d'État à la Présidence du Conseil, fonds Jeanneney (5834TOPO/16).

271

M. Pichon, Ministre des Affaires étrangères,
à M. Cambon, Ambassadeur de France à Londres.

T. n°s 6437-6438. *Paris, 29 novembre 1918.*

Chiffré.

Le général Spears vient d'informer le président du Conseil que le gouvernement britannique se propose de séparer complètement l'armée du général Milne de celle du général Franchet d'Espèrey pour l'employer à Batoum et de s'annexer l'armée du général Denikine.

Je n'ai pas besoin de faire observer à quel point cette combinaison est inadmissible.

1°) Elle nous laisserait avec des forces insuffisantes pour assurer l'exécution des conditions de l'armistice conclu au nom de tous les Alliés. Nous en aurions toutes les charges avec le risque évident de ne pas pouvoir les remplir. Toute l'action alliée en Ukraine et en Roumanie se trouverait du coup paralysée.

2°) Quant à l'armée Denikine que nous avons contribué pécuniairement et matériellement à former et à s'entretenir et qui est en relations constantes avec le général Berthelot par l'intermédiaire de notre légation de Jassy, son absorption par les Anglais détruirait la liaison nécessaire entre les armées alliées pour se relier aux Tchèques de Sibérie, combattre les bolcheviks et sauver une situation gravement compromise en Russie.

Il importe donc que vous ne fassiez sous aucun retard une démarche au Foreign Office pour représenter l'impossibilité d'admettre la proposition qui nous est faite sans qu'il en résulte les plus sérieux inconvénients.

---

[1] Taxe exceptionnelle sur le capital.

Nous maintenons l'entente intervenue sur le partage d'action entre l'Angleterre et la France, la première agissant principalement au Caucase et nous dans la région de l'Ukraine et de la mer Noire, mais encore faut-il que les Anglais nous laissent les moyens d'exercer cette action pour ce qui nous concerne et de maintenir la coordination de nos mouvements.

Télégramme, Londres, Départ, 1918, vol. 3059 (304QONT/3059).

272

M. de Fleuriau, Chargé d'Affaires à Londres,
À M. Pichon, Ministre des Affaires étrangères.

N. *Londres, 29 novembre 1918.*

M. Cambon a rapporté de Paris une note[1] qui lui sert de base à ses conversations à M. Balfour. Après un résumé de projet de préliminaires de paix avec l'Allemagne, cette note aborde une série de sujets à propos desquels je vous soumets mes observations :

1°- Bulgarie. La note du ministère indique l'utilité de hâter les préliminaires de paix avec la Bulgarie.

D'accord. Mais des préliminaires de paix comportent fixation au moins large des frontières de la Bulgarie. Quelle est au sujet de ces frontières l'opinion de notre gouvernement ? Remettra-t-on la Bulgarie dans son état *ante bellum* ? Donnera-t-on satisfaction aux revendications de la Grèce sur la Thrace ? S'opposera-t-on à l'octroi à la Bulgarie de la portion de la Macédoine qui lui était accordée par la convention serbo-bulgare de 1912 ? Je mentionne ce dernier point parce que Lord Robert Cecil était favorable à cette rectification de frontière. Il n'est plus ministre : je ne sais ce que les Anglais diront. Mais M. Vénizelos insistera pour obtenir la Thrace et il serait bon de savoir ce que le gouvernement français pense de cette question. En tous cas, la question du territoire à reconnaître à la Bulgarie domine toute autre question concernant ce pays et il faut décider des frontières bulgares avant de rédiger et de faire admettre des préliminaires de paix.

2°- Turquie. La note du ministère paraît indiquer une préférence pour la disparition de la Turquie. C'est la thèse des bureaux du Foreign Office. Mais ce système n'est, à mon avis, conforme ni aux faits, ni aux principes des Alliés, ni aux intérêts français. Le fait, c'est l'existence d'une population turque en majorité dans la partie occidentale et centrale de la péninsule de l'Asie mineure. Cette population veut être gouvernée par un gouvernement national : elle a démontré son désir en se concentrant dans les territoires restés au Sultan à chaque amputation pratiquée sur l'Empire ottoman.

---

[1] Il s'agit du projet de préliminaires de paix établi par la direction des Affaires politiques et commerciales le 15 novembre 1918 (voir document n° 194 du 15 novembre 1918).

Il serait contraire à nos principes de nous opposer à ce vœu. D'ailleurs si nous ne maintenons une Turquie, que deviendront la Dette publique, la Régie des tabacs et les mille intérêts français disséminés dans la vieille Turquie, mais nulle part aussi importants qu'à Constantinople et à Smyrne ?

Une autre raison milite en faveur du maintien de la Turquie. Si celle-ci est supprimée, il faudra probablement exécuter l'accord Lloyd George-Ribot de 1917[1] et donner Smyrne à l'Italie. Ce serait développer l'antagonisme déjà si vif entre l'Italie et la Grèce et jeter les germes d'une guerre entre ces deux pays, qui éclatera le jour où les Serbo-Yougoslaves se seront entendus avec les Grecs.

Je suis convaincu de l'acceptation par les Turcs des conditions qu'on leur voudra imposer. Les territoires à laisser à la Turquie sont faciles à délimiter ; ils sont bordés par les vilayets arméniens et la Cilicie. À la Turquie, on resserrerait son corset international. Des anciens plans de réforme, le plus pratique est celui de 1896 (réforme financière basée sur la Dette publique).

Les autres territoires comprennent :

1°- L'Arménie, sorte de grand haricot couvrant l'espace du Caucase à la côte de Cilicie. On parle d'en faire un État autonome sous la protection des Puissances ou de la Société des Nations, une Puissance y exerçant au nom de tous la tutelle. Cette Puissance pourrait être la France, s'il plaît à notre gouvernement d'assumer une tâche difficile.

2°- Les pays arabes dont le partage sera fixé ou approuvé par les Alliés.

Les questions d'Arménie et des pays arabes n'ont pas besoin d'être traitées dans les préliminaires de paix avec la Turquie. Il suffit de fixer à celle-ci ses nouvelles frontières et les principes de son nouveau régime.

3°- Colonies allemandes. Je crois que la note du ministère se trompe en affirmant que le sort des colonies allemandes d'Afrique se discutera uniquement entre Français et Anglais. Un accord anglo-français a chance de prévaloir. Mais il ne dépend pas de nous d'écarter du débat ni la Belgique, qui a participé à la guerre en Afrique, ni à l'Italie, forte du traité de 1915, ni les États-Unis.

4°- Jusqu'à ces jours derniers, le Foreign Office ne s'était occupé que de la procédure et des règlements du futur congrès. Mon sentiment personnel est fortement opposé à ce système. Ce n'est pas sur les précédents de Vienne, de Berlin, de La Haye qu'il faut s'appuyer et il faut au contraire éviter d'imiter Vienne à cause du rôle de Talleyrand que nos ennemis pourraient essayer d'imiter ; Berlin parce que ses décisions furent, à peine rendues, inexécutées ou violées par la Grèce, le Monténégro et l'Albanie, la Bulgarie ; La Haye parce que l'œuvre des conférences de La Haye vient d'être démontrée inefficace et irréelle. Il faut chercher à faire du nouveau et du meilleur, créer un organisme souple et se prêtant à des procédures variées, rapides ou longues suivant les sujets. J'écarte jusqu'au terme même de Congrès de la Paix, mot qui leurre le monde d'illusions dangereuses.

---

[1] Il s'agit des accords de Saint-Jean-de-Maurienne.

L'œuvre de réfection de l'Europe doit appartenir aux seuls Alliés. Leur réunion à Paris ou à Versailles se ferait avec le moins d'apparat possible. Il convient seulement de lui préparer des locaux et un secrétariat, organisé de manière à fournir les moyens matériels et les aides de rédaction nécessaires à des commissions assez nombreuses. Mais ces commissions, ce sont des plénipotentiaires, c'est-à-dire les ministres alliés, qui en fixeront le cadre et la composition au fur et à mesure de leur travail.

La préparation du Congrès doit consister, non dans sa réglementation, mais dans l'étude des graves questions à discuter et cette étude doit être dirigée en vue de déterminer celles de ces questions qui doivent être immédiatement résolues, celles qu'il faut résoudre rapidement et celles au contraire pour la solution desquelles le délai est préférable. D'autre part, la même étude doit fixer, pour chaque catégorie de questions, celles dont l'importance exige la délibération des ministres alliés ou de plénipotentiaires les représentant directement, à celles qui doivent être remises à des spécialistes.

Tels étant mes principes, je ne critiquerai pas la note du ministère.

Mon sentiment est que la question urgente est celle des préliminaires de paix parce que de la conclusion et de la rectification de ces préliminaires dépendent les démobilisations des armées alliées. La démobilisation sera promptement réclamée par les peuples : il ne faut pas se faire d'illusion sur ce point. Les meilleurs moyens de hâter la conclusion des préliminaires sont d'en préparer les textes. Cela est fait pour l'Allemagne et devait être fait pour la Bulgarie et la Turquie : j'ai dit plus haut les difficultés que présentait cette rédaction.

La confection des préliminaires aura mis en relief plusieurs des points sur lesquels les Alliés sont en désaccord. Ce sont ces points mêmes qu'il faut discuter le plus tôt possible et discuter entre ministres. Il ne servirait à rien d'attendre davantage. La manière est là, en état d'être divisée et traitée. Le moment est venu de régler les différences avant de prendre contact avec les Allemands. Question de Turquie, question des colonies, revendications grecques doivent recevoir une solution aussi rapide que possible afin qu'elles ne fassent pas ensuite naître de graves conflits.

Quant aux États nouveaux de l'ex-Autriche-Hongrie et de la Russie, l'Allemagne étant écartée des débats les concernant, il n'y a pas lieu de trop presser l'établissement de leurs frontières. Celles-ci ne seront pas convenablement dessinées avec des données ethnographiques ou historiques. Les Alliés ont reconnu aux peuples le droit de décider de leur sort : appliquons ce principe et donnons aux nouveaux États le temps de régler entre eux leurs limites communes. Les Alliés se contenteraient de reconnaître les frontières ainsi établies et d'arbitrer dans les cas qui leur seraient soumis par les parties en cause. De cette manière, ils n'assumeraient pas le rôle ingrat et parfois puéril de coupeurs de territoires et leur action libérale aurait chance d'être féconde.

Je crois que, si on laisse un peu de temps aux nouveaux États, si on les aide à s'organiser, certains d'entre eux comprendront la nécessité de s'entendre avec leurs voisins : l'émiettement est dangereux et j'espère que Lituanie et Estonie trouveront un jour le moyen de s'arranger avec la Pologne. Bien entendu, nous ne pourrons traiter avec ces États que quand ils auront constitué chez eux des gouvernements viables et des assemblées constituantes.

Toutes ces grandes questions doivent être examinées par les ministres alliés ou des personnages choisis par eux et de contact étroit avec eux.

Au contraire, tout ce qui est : régime économique, réparations, questions financières, fleuves et chemins de fer internationaux, Société des Nations, serait confié à des conférences ou commissions spéciales qui probablement se subdiviseront en sous-commissions. Le travail de ces conférences se prolongera bien après la réunion interalliée prochaine. Certaines admettront des délégués neutres : presque toutes entreront en contact avec des délégués ennemis. Elles prépareront des séries de conventions. D'autres conférences, techniques pour la plupart, prendront en mains telle ou telle partie des préliminaires de paix et prépareront d'autres conventions ou des parties des traités définitifs de paix. Cette œuvre occupera l'année prochaine. Et, lorsqu'elle sera terminée, un Congrès de la Paix se réunira, un congrès qui entérinera, scellera, signera et qui dînera et dansera.

Je vous ai donné ma formule. Vous me pardonnerez ma franchise. Les circonstances ne permettent pas de dissimuler son avis.

CPC, A-Paix, 1914-1918, vol. 285 (4CPCOM/285).

273

M. Pichon, Ministre des Affaires étrangères,
 À M. Cambon, Ambassadeur de France à Londres,
 M. Barrère, Ambassadeur de France à Rome,
 M. Jusserand, Ambassadeur de France à Washington,
 M. Conty, Ministre de France à Copenhague,
 M. Dutasta, Ambassadeur de France à Berne,
 M. Allizé, Ministre de France à La Haye,
 M. Defrance, Ministre de France à Bruxelles.

T. n°s 6467 ; 4372 ; 4035 ; 530 ; 2408 ; 847 ; 638. *Paris, 30 novembre 1918, 23 h. 15.*

Chiffré.

Les États-Unis et la Constituante allemande.

Pour tous les postes sauf Londres et Rome : J'adresse le télégramme suivant aux ambassadeurs de France à Londres et à Rome.

Pour tous : Le colonel House m'a fait savoir que le président Wilson, à la suite de différentes suggestions qui lui avaient été faites dans ce sens, avait été frappé par la pensée qu'il pourrait y avoir intérêt à notifier aux autorités allemandes que les Alliés ne concluraient pas la paix avec l'Allemagne avant la réunion d'une constituante et l'établissement d'un gouvernement allemand régulier.

Une communication analogue a été faite aux ambassadeurs d'Angleterre et d'Italie à Paris.

J'ai fait observer au colonel House que cette suggestion comportait une intervention directe dans la politique intérieure d'un pays étranger et était ainsi contraire aux véritables principes démocratiques.

Au point de vue pratique, nous risquerions, par une pression de ce genre, d'arrêter le mouvement qui se dessine en Allemagne en faveur du fédéralisme, et nous irions ainsi à l'encontre de notre véritable intérêt, qui doit nous faire souhaiter de voir échouer la tendance centraliste, qui était celle de la Prusse.

Enfin, j'ai fait valoir qu'une action de cette nature serait en tout état de cause prématurée. Ce serait venir en aide à l'ennemi que de l'encourager à se réorganiser avant que nous nous soyons assurés, par l'exécution complète des clauses de l'armistice actuellement en cours, des garanties indispensables contre toute reprise des hostilités.

Je vous serai obligé de signaler d'urgence cette manière de voir au gouvernement anglais, italien.

Télégrammes, Washington, Départ, 1918, vol. 6362 (304QONT/6362).

274

Ministère de la Guerre, Deuxième Bureau,
   À Direction des Affaires politiques et commerciales du
      Ministère des Affaires étrangères.

N.   *Paris, 30 novembre 1918.*

SECTION TECHNIQUE
Question du Charbon

1) Le problème du charbon en France après la guerre dans nos rapports avec le traité de paix.

Sur une consommation de 73 millions de tonnes, *déficit de 47 millions* au 1er janvier 1919.

La France s'enrichira des 21 millions de tonnes de minerais de *fer* de la région de Thionville. L'Allemagne perdra en outre les 7 300 000 tonnes de Luxembourg (si on détache celui-ci du Zollverein). Mais *la France ne possède pas le charbon nécessaire à la transformation de ce minerai. Donc il lui faut du charbon* – du bon charbon.

1.- *En 1913*, nous consommions 62 millions de tonnes de houille d'où une importation de 22 millions.

2.- *En 1918, destruction des charbonnages de la région du Nord et du Pas de Calais* (diminution des ressources en charbon, accroissement de la consommation de la houille par suite de *l'industrie de guerre*, qui se transformera).

Il faudra deux ans pour reprendre l'exploitation des mines du Nord, mais 12 ans (maximum) ou 9 ans (minimum) *pour que* nos mines du Nord porte notre déficit en charbon de 22 à 40[1] millions de tonnes.

Comment combler ce déficit ?

Le bassin de la Sarre (y compris sa partie prussienne et palatine) fournissait en 1913, 17 millions de tonnes de houille. Or, la Sarre lorraine n'en produit que 4 millions, alors qu'elle en consomme plus de 10 millions pour son industrie métallurgique, même en améliorant la houille lorraine, l'acquisition de la Lorraine et de l'Alsace *seulement*, entraînerait pour l'ensemble de la France un accroissement *de déficit* ; l'acquisition du bassin de la Sarre nous fournirait immédiatement 8,5 millions de tonnes, (12 millions dans quelques années), et renforcerait, avec la Lorraine, la production métallurgique de la France de :

99 % pour la fonte,

94 % pour l'acier.

Notre déficit permanent en charbon tomberait à 20 millions.

Pour le réduire, il faudra s'adresser :

a) *aux autres bassins rhénans* (Aix-La-Chapelle et Bonn), le déficit tomberait à 14 millions.

b) *aux houillères fiscales prussiennes* qui pourraient nous fournir 18 millions de tonnes, soit l'équivalent du *déficit temporaire* créé par la destruction de nos charbonnages : il faut *réquisitionner* cette production jusqu'à ce que nos charbonnages soient revenus à leur taux normal de production (à titre de *réparations de dommages causés*) comme le déficit temporaire ira en décroissant, porter la différence au compte général : *Indemnités*.

En exploitant les mines westphaliennes jusqu'en 1931 (12 ans) le problème de notre approvisionnement en houille serait résolu.

L'Allemagne peut fournir tout ce charbon : elle sera encore en mesure d'exporter onze millions de tonnes.

CONCLUSIONS

L'Allemagne doit fournir :

1°- à titre de réparation : *le charbon* que ne fourniront plus pendant plusieurs années nos houillères, soit une moyenne de 10 millions de tonnes pendant 10 ans (le prendre sur les houillères fiscales de Westphalie).

2°- à titre d'indemnité le charbon nécessaire pour combler le déficit total de la France et de l'Alsace-Lorraine, qui est de 29 millions de tonnes par an.

1°- incorporer le bassin houiller de la Sarre

2°- échanger minerai contre charbon

---

[1] Lire de 40 à 22.

3°- exploiter pendant douze ans les houillères westphaliennes, au taux de 18 millions de tonnes par an

4°- réquisitionner une partie de la production allemande jusque vers 1927.

Question de vie ou de mort économique pour la France.

Union douanière qui engloberait la France, la Belgique, le Luxembourg et la Prusse rhénane.

2°) *Livraison de potasse*

Exiger de l'Allemagne, à titre de *réparation* des dommages causés à l'agriculture, *500 000 tonnes de potasse pure* (la France rétrocéderait le surplus aux Alliés et à la Suisse). Cette quantité diminuerait chaque année, jusqu'à ce que les mines d'Alsace soient en état de fournir la totalité des besoins de la France et de ses Alliés, de la Suisse, des Tchécoslovaques, des Yougoslaves, des Balkaniques et de l'Amérique du Sud.

Liquidation des concessions allemandes en Alsace (l'Allemagne indemnisera ses ressortissants).

La station électrique de Rheinfelden continuera à fournir l'énergie électrique aux mines alsaciennes, jusqu'à ce que ces mines puissent être desservies par une centrale non allemande.

Constitution à Mulhouse d'un *Syndicat international de la potasse* : les représentants français auront un droit de vote sur la fixation des prix de vente à l'exportation, du contingent de chaque pays producteur.

3°) *Livraison de sucre*

À titre de *réparation* partielle, en 1918-19, *600 000 tonnes* de sucre brut et chaque année avec réduction progressive, jusqu'à ce que notre production atteigne 800 000 tonnes par an.

(Ceci sans préjudice de la reconstitution des sucreries françaises)

Interdiction à l'Allemagne d'accorder à ses sucres des tarifs spéciaux, des primes indirectes à l'exportation.

Elle sera obligée de fixer pour la vente, soit à l'intérieur, soit à l'exportation, un même prix minimum.

4°) *Livraison de houblon*

À titre de *réparation*, en 1918-19, *40 000 quintaux métriques* de houblon de Bavière et de Wurtemberg – et pendant les deux années suivantes.

La France réduira cette quantité si la production alsacienne et la reconstitution des houblonnières dévastées le lui permettent.

Papiers d'agents, fonds Tardieu, vol. 452 (166PAAP/452).

275

N.   *Paris, 30 novembre 1918.*

Son Excellence M. Balfour a bien voulu communiquer à l'ambassade de France à Londres (en réponse à la note française du 18 novembre[1], relative aux accords anglo-français de 1916 et 1918, en Asie antérieure) une note d'ordre général[2] exprimant un sentiment de regret quant au point de vue du gouvernement français à cet égard et se terminant par une sorte de menace dont le sens échappe au gouvernement français et que rien dans son attitude ne justifierait si elle devait avoir le caractère que sa rédaction permettrait de lui attribuer.

Le gouvernement français, confiant dans son bon droit, décidé à le défendre sans faiblesse ni excès, pense que la formule de la note britannique dépasse certainement la pensée de son auteur et que l'accord de la France et de l'Angleterre est aussi précieux pour l'un que pour l'autre des deux pays qui ont un égal intérêt à maintenir l'union entre eux au Congrès de la Paix.

Une franche explication ne peut que dissiper le malentendu qui paraît s'être produit.

Si le gouvernement anglais n'avait pas laissé ses agents locaux (imbus comme partout d'un esprit colonial absorbant), et ses autorités militaires (naturellement convaincues que la force n'a pas à s'arrêter devant les fragiles barrières d'une Convention), si lui-même n'avait pas manifesté trop clairement par toutes les communications de Lord Robert Cecil, son intention de tenir compte, non des engagements pris, mais de la prépondérance de fait que lui assurait la supériorité de ses forces militaires, il aurait rencontré auprès du gouvernement français la bonne volonté que celui-ci avait témoignée dès le début pour un ajustement loyal des intérêts communs entre les deux pays seuls, tenant compte largement de ce qu'il y a de légitime dans les désirs anglais et de modifié dans la situation générale.

Mais cette entente même, que nous avions proposée, nous a été refusée, et partout, en Palestine, en Mésopotamie, en Syrie, nos agents et nos droits ont été traités avec peu de ménagements ; et enfin, sans aucune conversation avec nous, ni même un avis préalable, l'émir Fayçal a été envoyé directement en France[3], comme représentant d'un royaume arabe général, placé en fait sous le protectorat anglais, manifestant clairement une politique destinée à nous écarter même de Syrie. Si M. Balfour se faisait représenter la série de notes échangées depuis deux mois sur la question Syrie, il comprendrait que nous ne pouvons accepter un tel abus de la force et oubli de nos accords.

La France est une nation loyale et généreuse, mais éprise de justice, fière et sensible aux procédés ; son gouvernement n'a qu'un désir, c'est de

---

[1] Cette note reprit l'essentiel du contenu du document n° 172 du 11 novembre 1918.

[2] Document non retrouvé.

[3] Voir document n° 241 du 24 novembre 1918.

s'entendre entièrement avec le gouvernement anglais, ce qui est aisé, par un effort mutuel pour ajuster leurs droits et leurs désirs ; mais il ne saurait en aucun cas, vis-à-vis de l'opinion française, laisser, sur aucun point du monde, rien diminuer de la situation et des droits que la France y possédait.

On doit ajouter qu'il serait, en toute hypothèse, dans l'intérêt des deux pays, plus facile de s'entendre par une explication directe et entièrement franche des désirs de chacun que par des décisions brusques non concertées, comme cela s'est présenté à plusieurs reprises depuis quelque temps, pour toutes les questions touchant à l'Empire ottoman : demande de réserver à l'armée Milne une action isolée sur Constantinople, demande de traiter seul, par le général Allenby, l'armistice avec la Turquie, demande de séparer l'armée Milne de l'armée d'Orient pour l'envoyer agir seule dans le Caucase et le nord de la Perse. Que le gouvernement anglais explique nettement ses vues et le gouvernement français est tout disposé à en tenir largement compte et à leur donner son entier appui, après avoir lui-même réservé légitimement ses propres intérêts. Une telle politique aurait évité et éviterait encore toute difficulté.

CPC, E-Levant, Syrie-Liban, 1918-1940, vol. 5 (50CPCOM/5).

276

M. Conty, Ministre de France à Copenhague,
 À M. Pichon, Ministre des Affaires étrangères.

D. n° 333. *Copenhague, 30 novembre 1918.*

a.s. question du Slesvig.

Pour faire suite à ma communication de ce jour, j'ai l'honneur de vous faire parvenir ci-joint copie de la lettre officielle que m'a adressée le ministre danois des Affaires étrangères au sujet de la question du Slesvig.

M. de Scavenius y communique aux gouvernements alliés la résolution votée par l'Association des électeurs du Slesvig du nord à la réunion d'Aabenraa le 17 novembre courant.

M. Hansen Nörremölle, député protestataire du Slesvig au Reichstag allemand, a remis cette résolution au gouvernement danois en le priant de vouloir bien en référer aux Alliés.

Le gouvernement danois, ainsi sollicité par des habitants du territoire enlevé au Danemark en 1864, exprime aux Alliés l'espoir que la solution de la question du Slesvig interviendra dans l'esprit de la résolution votée le 17 novembre à Aabenraa et de la motion votée le 23 octobre au Rigsdag danois.

M. de Scavenius serait heureux de recevoir une communication des gouvernements associés indiquant au gouvernement danois la procédure à suivre ultérieurement pour la solution de cette question.

J'ai l'honneur de joindre à la lettre du ministère danois des Affaires étrangères le texte et la traduction de la résolution d'Aabenraa et la copie de mon accusé de réception.

J'y ajoute la traduction de la publication faite par les journaux danois de la réponse de M. de Scavenius à la communication de M. Hansen Nörremölle.

Il est à noter que la solution préconisée par ce député au Reichstag tend à limiter à « la frontière des langues » le territoire slesvigeois qui serait certainement restitué au Danemark. D'après le projet admis à la réunion d'Aabenraa, le plébiscite que l'on prévoit n'aurait pas lieu sur tout le Slesvig de façon que cette province suive le sort désigné par la majorité de la population. On ouvrirait un plébiscite distinct pour le Slesvig du nord, où la majorité danoise est écrasante. Quant à la circonscription méridionale, la volonté de la population y est encore douteuse. On y ferait un second plébiscite, simultané mais différent.

Aucune précision n'est apportée en ce qui concerne la date éventuelle de la consultation nationale. Or il y aurait intérêt à ce que la population soumise pendant 54 ans à la domination allemande pût bénéficier quelque temps de la législation danoise afin d'émettre en connaissance de cause un vote de comparaison.

CPC, A-Paix, 1914-1918, vol. 200 (4CPCOM/200).

277

M. Roux, Chargé du Consulat de France en Mésopotamie,
à M. Pichon, Ministre des Affaires étrangères.

T. n°s 315-317.   *Bassorah, 1er décembre 1918, 3 h. 55 ; 5 h. ; 14 h.*

Chiffré.   (*Reçu* : le 2, 8 h. 55 ; 13 h. 55.)

Je reçois de Bagdad diverses correspondances confidentielles de source sûre datées du 15 au 24 novembre qui me [...][1] toutes les informations que j'ai transmises à Votre Excellence jusque-là, j'y relève en outre les informations suivantes.

1°- Pour motiver l'isolement où les Anglais tiennent Mossoul, ils prétextent une mystérieuse épidémie de choléra dans cette ville qu'aucune lettre particulière arrivée de Bagdad jusqu'à présent ne signale ; ils se remuent beaucoup pour créer un courant d'opinion dont on ne discerne pas encore bien l'orientation, mais on a remarqué que contrairement à leur attitude hautaine et brusque ici envers les chrétiens ils se montrent là-bas très empressés et affables.

2°- Le colonel Leachman ne peut pas souffrir qu'on lui parle notre langue ; il refuse d'écouter les notables indigènes qui lui adressent la parole

---

[1] Lacune de déchiffrement.

en français et leur dit nerveusement : « Est-ce que votre père est parisien ? Non ? Eh bien, parlez-moi dans votre langue ».

Le patriarche chaldéen a eu une longue entrevue secrète avec [...]¹ politique, et l'on m'a écrit : « Le patriarche n'ose pas manifester ouvertement ses sympathies pour la France car il a peur et des Anglais et du retour [...]² ; il évite même de répondre aux lettres qu'on lui écrit ; il paraît que les souffrances de ces dernières années (morales) plutôt que [...]³ il n'a pas été maltraité, l'ont beaucoup affaibli physiquement et cérébralement.

Les Anglais se font dire par des notabilités de Bagdad qu'ils désirent que Bassorah, Bagdad et Mossoul ne forment qu'une seule circonscription britannique.

Dans cette dernière localité ils s'étaient efforcés au début de garder les fonctionnaires de l'ancien régime mais presque tous les Turcs ont démissionné et sont partis. Il reste surtout en place des Arabes maintenant. Encore Leachman a-t-il supprimé un certain nombre d'organismes, superfétatoires tel que le Conseil d'administration du Vilayet, ce qui a causé quelque mécontentement de la part de fonctionnaires congédiés.

Les Anglais ont logé leur nouvelle police de Mossoul dans une partie de l'établissement de nos Pères dominicains.

3°- Pour célébrer l'armistice avec l'Allemagne les Israélites de Bagdad ont accusé, insulté, frappé à *coups* de babouches et brûlé en effigie le Sultan de Turquie. Les Musulmans l'apprirent et voulurent attaquer les Juifs. La police dut intervenir pour empêcher une bataille.

Lorsque quelques jours plus tard la presse annonça que la France et l'Angleterre étaient d'accord pour l'autonomie des Arabes, un rabbin et une notabilité israélite de Bagdad se rendirent auprès du lieutenant colonel Wilson pour le prier de déclarer que la *communauté* tout entière ne voulait pas d'autonomie mais bien une administration anglaise.

Colonel Wilson perd le crédit et la faveur dont il jouissait. Général Hawk, ex-gouverneur militaire de Bagdad, qu'il rend responsable de sa disgrâce, l'aurait desservi en haut lieu. Melle Bell⁴ qui jouerait un rôle occulte dans cette affaire, aurait télégraphié directement à Londres pour demander le retour à Bagdad de sir Percy Cox et écrit tout dernièrement à Téhéran pour lui démontrer la nécessité de sa présence. Wilson n'est plus considéré comme l'homme de la situation troublée qu'il a créée et la désaffection dont il est l'objet va grandissant.

4°- La conclusion de toutes ces correspondances est que l'inaction de la France est interprétée comme un échec et sa politique en Orient où on ne

---

¹ Lacune de déchiffrement.
² Lacune de déchiffrement.
³ Lacune de déchiffrement.
⁴ Il s'agit en fait de Gertrude Bell. Envoyée au bureau arabe du Caire en 1915, elle a joué un rôle, avec Lawrence d'Arabie, dans la révolte arabe de 1916 et sera chargée par le gouvernement britannique de rédiger en 1919 un rapport sur la Mésopotamie.

voit, d'après les informations anglaises livrées au public que l'action et l'intervention britanniques.

CPC, E-Levant, Irak, 1918-1940, vol. 12 (48CPCOM/12).

278

M. Pichon, Ministre des Affaires étrangères,
   à M. Barrère, Ambassadeur de France à Rome.

T. n°s 4386-4387.   Paris, 1er décembre 1918, 22 h. 30.

Chiffré.

Réponse à votre télégramme n° 2931[1].

Je suis aussi frappé que vous de la situation créée en Italie par les complications résultant de la difficulté des rapports entre les Italiens et les Yougoslaves et par la nécessité où nous sommes d'intervenir constamment pour prévenir de graves incidents dans les régions voisines de l'Adriatique. Je partage vos appréhensions sur les conséquences qu'un tel état de choses pourrait avoir en ce qui concerne les relations futures de la France avec un pays pour lequel vous connaissez mes invariables sentiments d'amitié.

Il faut assurément que nous agissions avec beaucoup de circonspection dans des circonstances aussi délicates et que nous n'apparaissions pas comme nous chargeant exclusivement d'une tâche qui appartient en somme à tous les Alliés. Aussi le gouvernement de la République s'est-il constamment appliqué à réclamer de la part de l'Angleterre et des États-Unis une action commune et concertée avec la nôtre en s'inspirant exclusivement de l'intérêt général des peuples associés dans la guerre et qui doivent rester amis dans la paix.

Ce n'est pas notre faute si nous avons eu à relever des infractions quotidiennes aux conditions de l'armistice et si la plupart d'entre elles sont imputables aux agents italiens, généraux, amiraux, ou officiers placés sous leurs ordres, sans qu'aucune responsabilité d'aucune sorte puisse être attribuée en aucun cas aux représentants de notre marine et de notre armée. Ce n'est pas notre faute non plus si malgré tous nos efforts nous n'avons pu encore obtenir en fait la communauté d'action qui s'imposerait à nos Alliés d'Angleterre et des États-Unis. Les conseils de réserve et de prudence que vous avez si justement donnés à M. Orlando et qui tout en aboutissant à des promesses que j'enregistre avec satisfaction ne se sont pas encore traduites dans les actes doivent être suivis et mis en pratique.

C'est ce dont un homme comme M. Martini ne peut pas ne pas être convaincu et son intervention amicale est très souhaitable pour conjurer les conséquences dont il s'inquiète comme nous à bon droit.

---

[1] Dans son télégramme secret du 30 novembre, Barrère constate chez les plus francophiles des Italiens « une amertume qui va se généralisant contre nous et n'est que trop exacte. Si nous n'y prenons garde un véritable courant anti-français se dessinera en Italie ».

En persévérant dans la conduite qui motive nos avertissements, les autorités italiennes iraient au devant de conflits redoutables et peut-être sanglants avec les Yougoslaves. Elles ne seraient pas fondées à s'en prendre à nous qui n'avons d'autre souci que d'éviter ces graves événements en respectant strictement les termes de nos accords et en restant entièrement fidèles à la pensée d'alliance et d'amitié qui nous les a fait conclure. Voilà ce qu'il importe que comprenne bien le gouvernement italien. Je sais pertinemment que telle est votre pensée et la haute et légitime autorité dont vous jouissez à Rome sera d'un poids considérable pour la faire partager par nos amis d'Italie.

CPC, Z-Europe, Italie, 1918-1940, vol. 77 (97CPCOM/77).

279

M. Bertrand, Ministre plénipotentiaire,
À M. Pichon, Ministre des Affaires étrangères.

Rapport de mission.　　　　　　　　　　*[s.l.], 1er décembre 1918.*

a.s. voyage de l'émir Fayçal à Marseille et à Lyon.

Conformément aux instructions reçues du Département le dimanche 24 novembre[1], je suis parti le soir même pour Marseille accompagné du commandant Josse.

La mission dont j'étais chargé consistait notamment à recevoir l'émir Fayçal avec grande courtoisie et à lui expliquer progressivement qu'il serait

---

[1] Cette « note sur la réception de l'Émir Fayçal » en date 24 novembre 1918 indique : « On doit partir de ce point de vue : l'Émir vient en France sans avoir au préalable fait connaître au gouvernement français ni le but de sa visite, ni le mandat dont il est chargé. Il ne peut être le mandataire du Roi du Hedjaz puisque celui-ci n'a pas notifié aux représentants français à La Mecque ou à Djeddah son intention d'envoyer son fils en France. Il ne peut tenir un mandat des Arabes de Damas. Vis-à-vis de ceux-ci il n'est qu'un des chefs militaires des armées alliées réunies sous le commandement du général Allenby, et n'a donc qu'une autorité déléguée par celui-ci. En conséquence l'Émir ne peut être reçu qu'en sa qualité de fils d'un souverain ami et de chef militaire distingué. Il y aurait donc lieu d'envoyer d'urgence à Marseille un agent parlant bien l'Arabe accompagné de deux ou trois officiers sachant également l'arabe. Votre agent expliquerait à l'Émir après les compliments de bienvenue, les conditions dans lesquelles le gouvernement de la République est désireux de le recevoir. Il le remettrait ensuite entre les mains des officiers chargés de lui faire visiter : 1° Lyon et les usines de guerre les plus importantes de la région (Le Creusot et Saint-Chamond) ; 2° Les troupes du front, en Alsace notamment où l'enthousiasme français des populations lui fera comprendre ce qu'est la France. Ce n'est qu'après cette tournée militaire de cinq ou six jours, pendant lesquels l'officier chef de mission veillera à écarter de l'Émir toutes personnalités étrangères politiques ou militaires, que l'Émir sera amené à Paris. On l'y comblera d'attentions s'adressant au fils d'un des plus hauts personnages de l'Islam, mais on évitera avec soin toute conversation politique avec lui. Les représentants du Ministère lui marqueront très clairement que c'est en Syrie, avec le Haut-Commissaire de la République qu'il pourra avoir des conversations utiles sur l'avenir qu'il peut souhaiter. Après un court séjour à Paris un vaisseau de guerre français pourra le ramener à Beyrouth. Il y aura lieu de notifier cette procédure au gouvernement britannique. Munir les envoyés du Département d'une somme de 50 000 francs pour défrayer l'Émir et sa suite ».

l'hôte honoré du gouvernement de la République mais en qualité de chef militaire distingué et de fils d'un souverain ami.

Arrivé à Marseille dans l'après-midi de lundi et après avoir retenu des appartements au Grand Hôtel du Louvre et de la Paix, un des meilleurs de la ville pour l'Émir et sa suite, je me suis mis immédiatement en rapport avec M. Saint, préfet des Bouches-du-Rhône, le contre-amiral Morney et le général de division Jérôme, commandant la circonscription de Marseille.

Mon premier soin a été, pour éviter tout malentendu ou démarche inopportune, de les mettre confidentiellement au courant des circonstances délicates dans lesquelles se présentait le voyage de l'Émir. L'amiral Morney venait de m'indiquer que le Commodore anglais se disposait à recevoir l'Émir et qu'il avait retenu un salon et des couchettes pour le faire partir sans retard pour Londres par Paris.

Comme on le voit les mesures arrêtées étaient en opposition formelle avec les vues du gouvernement de la République et les instructions que j'avais reçues. Je demandai donc à l'amiral de faire comprendre au Commodore que l'émir Fayçal était l'hôte du gouvernement français, qu'il devait rester tel et qu'il m'appartenait seul en territoire français de régler les modalités de son voyage. Je lui recommandais de tenir dans ce sens un langage très ferme et de me faire connaître le résultat de son entretien avec le Commodore au cours du dîner qui avait lieu le soir même et je le priai de me tenir dans la nuit même au courant afin d'agir moi-même directement vis-à-vis de cet officier de la marine britannique si cela devenait nécessaire.

Entre-temps, je demandais au général Jérôme de me prêter son concours auprès du Commissariat militaire de la gare de Marseille pour le cas où il deviendrait nécessaire d'empêcher matériellement le départ préparé par les Anglais. Malheureusement le général Jérôme ne croyait pas avoir qualité pour intervenir en l'espèce et je dus téléphoner à M. Gout afin que des ordres dans le sens indiqué fussent donnés à la gare de Marseille par le 4e bureau.

De son côté l'amiral Morney est venu à l'hôtel à minuit me faire connaître qu'il avait entièrement réussi et que le Commodore avait en sa présence décommandé par téléphone les places de chemin de fer qu'il avait retenues pour le voyage projeté de l'émir Fayçal. Je le priai dès lors de faire en sorte que je fusse la première personne que l'Émir recevrait dès l'arrivée du croiseur anglais qui le porterait à Marseille. Cela s'est produit ainsi et j'ai eu la satisfaction de téléphoner au Département peu d'instants après son arrivée à Marseille[1] l'Émir avait été installé par mes soins, comme notre hôte dans les appartements que j'avais retenus pour lui.

Il n'en était que temps : vingt minutes en effet après le débarquement de l'Émir du croiseur anglais, une commission chargée de le faire partir pour Paris et Londres s'était rendue à bord et après avoir constaté son départ était repartie à son tour quelque peu penaude.

Cet incident qui aurait pu faire échouer l'objet de mon voyage venait à peine de prendre fin, qu'un autre se produisit et qui demanda plus de temps

---

[1] Le mot « que » semble manquant.

pour être résolu. Le colonel Lawrence, connu du Département, arrivait à Marseille presque en même temps que l'Émir et venait se joindre à l'hôtel du Louvre et de la Paix à la suite de l'Émir. Il avait fait le voyage en avion d'Angleterre en France et en chemin de fer de Marseille à Paris. Dans l'après-midi l'Émir m'exprima en présence de Lawrence le désir que ce dernier fût du voyage pendant toute sa durée. J'ai pensé qu'un silence significatif devant suffire pour faire comprendre à Lawrence que la demande n'était guère admissible. Il n'en a rien été, quelques minutes plus tard Lawrence se retirait du salon réservé pour l'Émir et celui-ci réitéra sa demande avec insistance en me disant que cet officier était de ses amis intimes ; qu'il lui avait promis de toujours voyager avec lui et me priant personnellement de ne pas m'opposer au voyage projeté. J'ai répondu que mon désir d'être agréable à l'Émir était très grand, mais que d'après mes instructions, je ne devais admettre que la seule suite du prince. L'Émir me répondit immédiatement que tel était le cas de Lawrence. Je cédai alors pour éviter immédiatement des froissements avec notre hôte, tout en faisant auprès de lui des réserves pour la continuation après Lyon.

Le Département est au courant de la suite. Me conformant aux directions que m'avait apportées le colonel Brémond, j'ai repris la conversation en présence de cet officier supérieur et j'ai été heureux de convaincre l'émir Fayçal que pour des considérations de haute convenance il était souhaitable qu'il se séparât de ce compagnon de voyage compromettant et qui pourrait nuire aux bons sentiments de la France à son égard. L'Émir me promit de le faire partir ce qui eut lieu le matin du 30 novembre. Avant de prendre le train pour Paris et Londres Lawrence nous manifesta sa contrariété et montra un grand manque de tact.

M'ayant croisé dans la soirée dans les couloirs de l'hôtel il m'accosta pour me demander si ma demande à l'Émir le visait personnellement ou bien si c'était sa qualité d'officier anglais qui le faisait exclure du voyage. Je lui ai répondu simplement qu'étant seul dans ce cas je n'avais eu à m'occuper que de lui et que je n'étais pas en mesure de satisfaire à sa demande.

Un peu plus tard il a écrit au colonel Brémond une lettre en anglais dont le Département trouvera l'original ci-joint[1] avec la croix de guerre de Lawrence, où celui-ci explique qu'il avait eu l'occasion de voir le Roi d'Angleterre et de lui rendre les décorations anglaises qu'il lui avait conférées pour les opérations d'Arabie, mais qu'il craint maintenant de ne pas pouvoir faire de même à l'égard du président de la République et prie le colonel Brémond de l'excuser.

Je n'ai pas manqué de faire ressortir vis-à-vis de l'Émir l'inconvenance du procédé de Lawrence et qui justifie la mesure prise en ce qui le concerne. L'Émir s'est montré surpris, me déclara n'en entendre parler que pour la première fois, ajoutant que si Lawrence l'avait informé de cette intention et l'en aurait dissimulé.

Le jour du départ du Prince, le Consul général d'Angleterre à Lyon a demandé par téléphone au commandant Josse de lui ménager un entretien

---

[1] Document non reproduit.

avec l'Émir et de lui procurer un interprète n'ayant à sa disposition aucune personne parlant l'arabe. L'Émir ayant accordé l'audience je me suis offert pour traduire la conversation en expliquant que parlant seul de la suite de l'Émir arabe du Hedjaz, je serais mieux compris de son Altesse. En réalité je voulais être présent à l'entretien et la suite a démontré que ma présence était utile.

Le Consul général d'Angleterre venait s'enquérir auprès de l'Émir de la date de son arrivée à Londres et si celui-ci[1] pour être dans la capitale de l'Angleterre ce dimanche-ci (sic) ou lundi (il est à noter que l'entrevue avait lieu hier samedi). L'Émir assez embarrassé semblait me demander secours. J'ai dit alors à l'agent anglais que son Altesse n'était pas en mesure de lui donner une indication utile. Que son voyage commençant le soir même que le programme comportait une visite en Alsace-Lorraine et que vu l'état des routes on ne pouvait assigner une date pour l'arrivée à Paris ; comme simple supposition on pourrait songer aux dates du 6 ou du 7 décembre et qu'au surplus Paris serait au courant des différentes étapes du voyage dont il s'agit. J'ai évité de parler de Londres, ne citant que Paris. Là dessus le Consul général s'est retiré et Seyed Fayçal m'a paru satisfait de cet échappatoire.

À part ces quelques incidents dus sans doute à un zèle intempestif d'agents subalternes, le séjour du Prince tant à Marseille qu'à Lyon s'est accompli de la façon la plus satisfaisante. Lorsque dans de fort beaux palaces, objet de grands égards de la part de nos Hautes Autorités civiles et militaires, l'Émir et sa suite se sont montrés très touchés et reconnaissants de l'accueil qui leur est fait en France. Je n'avais pas manqué d'autre part de lui faire voir à Marseille le majestueux nouveau port muni de toutes les facilités modernes.

Les belles installations frigorifiques, la raffinerie Saint-Louis, etc. Il en a été de même à Lyon où notamment nos fonderies de guerre, des exercices de tanks l'ont émerveillé ainsi que les belles fabriques de soieries.

En un mot rien n'a été négligé pour lui donner l'impression de notre puissance et le distraire en même temps tout en évitant toute conversation politique délicate.

M'inspirant enfin des notes dont le colonel Brémond m'avait apporté des copies, je me suis attaché à faire comprendre à notre hôte combien la situation était compliquée en elle-même et avec quelle légèreté ses conseillers l'avaient engagé en lui faisant entreprendre d'une façon inopinée son voyage sans accord en conversations préalables. Il s'est excusé de son inexpérience en matière diplomatique et me déclara vers la fin de son séjour à Lyon, ainsi que je l'ai fait connaître au Département par téléphone que maintenant son unique désir était, après avoir visité le front, Strasbourg et Metz, d'aller le plus tôt possible à Paris y faire une visite de pure courtoisie au président de la République et au président du Conseil, où toute conversation politique d'un caractère quelconque serait exclue. Aller ensuite à Londres dans les mêmes conditions de réserve puis revenir à Paris attendre la décision des Puissances à l'égard de sa participation au Congrès de la Paix, ajoutant que selon que cette décision serait affirmative ou négative,

---

[1] Des mots semblent manquants ici pour la bonne construction de la phrase.

il prolongerait son séjour à Paris ou bien il partirait pour son pays (sic) où des Affaires importantes l'appellent.

C'est dans ces dispositions que l'émir Fayçal avec sa suite, accompagné du colonel Brémond et du commandant Josse est parti le 30 de ce mois à 10 h. 10 du soir pour Belfort. Quant à moi, ma mission prenant fin à partir du moment où l'Émir entrerait dans la zone de guerre, je suis rentré à Paris en conformité des instructions du Département.

CPC, E-Levant, Arabie-Hedjaz, 1918-1940, vol. 2 (45CPCOM/2).

280

M. Aymé-Martin, Chargé d'Affaires à Bogota,
À M. Pichon, Ministre des Affaires étrangères.

D. n° 73. *Bogota, 1er décembre 1918.*

L'annonce de l'armistice ne pouvait être accueillie dans un pays neutre avec la joie exubérante qui a dû régner chez les nations alliées. L'opinion colombienne ne s'est pas départie, dans la circonstance, d'une attitude cordiale mais qui a été exempte, en général, d'enthousiasme.

Les télégrammes Havas affichés dès le soir du 12 novembre par le *Nuevo Tiempo* n'avaient, malgré leur transcendance, provoqué parmi les curieux aucune ovation en notre faveur. Le public semblait avoir pris connaissance de l'événement avec une indifférence mélangée de stupeur. La propagande teutonne admirablement servie par le clergé lui avait tellement prêché le dogme de l'invincibilité allemande que, malgré quatre mois continus de victoires alliées, il se refusait à croire que l'écrasement de l'Allemagne pût être si proche.

Quand la nouvelle se confirmant, revêtit le caractère d'une certitude absolue, les Colombiens se ressaisirent et les légations de l'Entente reçurent de nombreuses cartes de félicitations de personnalités bogotanes et des dépêches plus nombreuses encore de divers points du territoire chantant sur le mode majeur la défaite de la barbarie et la victoire de la civilisation. Je dois ajouter à ce propos que dans la suscription des télégrammes collectifs transmis aux diplomates alliés le représentant de la France figurait invariablement en tête de ses collègues. Ce petit fait est significatif et prouve que si les compliments étaient adressés en premier lieu à notre pays, c'est parce que tout le monde est ici convaincu de la prépondérance de notre action dans le triomphe de la liberté et du droit. D'importantes manifestations, sous forme de banquets et de défilés, se sont déroulées au son de la *Marseillaise* dans plusieurs villes de l'intérieur : Barranquilla, Medellin, Cali où les nations de l'Entente ont été chaleureusement acclamées. Dans certains départements justement réputés pour leur fanatisme, les curés ont inutilement essayé de s'opposer à ces démonstrations dont ils ont en chaire qualifié les organisateurs de suppôts de la maçonnerie. Les fidèles ne les ont pas écoutés et la plupart d'entre eux qui étaient la veille germanophiles ont jugé plus prudent de se convertir le lendemain à l'Évangile allié.

Le gouvernement a été correct et cordial. À l'occasion d'entrevues que nous avons eues avec eux pour des questions de service, le ministre des Relations extérieures et le secrétaire de ce Département qui était alliophobe, nous ont félicité mes collègues et moi pour le succès de nos armes. Ils se sont réjouis de la signature de l'armistice qui est un gage assuré de paix et présage à brève échéance le rétablissement normal des échanges entre la Colombie et les nations étrangères pour le plus grand profit de la République. Le Président m'a tenu le même langage et s'est montré particulièrement élogieux pour notre pays. J'imagine toutefois que la nouvelle administration qui avait cru faire un coup de maître en innovant une politique de neutralité bienveillante n'est qu'à demi satisfaite de sa formule et doit regretter de n'avoir pas rompu quand il était encore temps ses relations avec l'Allemagne. Si elle l'eut fait, l'opposition du Sénat américain à la ratification du traité de 1914 eût pu être réduite avec plus de garantie de succès qu'aujourd'hui et l'approbation définitive de cet acte aurait procuré à la Colombie en échange de l'abandon de ses droits sur Panama une indemnité de $ 25 000 000 dont sa situation financière et économique ne pourrait que bénéficier.

Quant au pouvoir législatif, le Sénat s'est abstenu de toute manifestation. La Chambre, par contre, a voté le 22 novembre une adresse de félicitations aux pays alliés. Elle salua l'avènement de la paix et applaudit au triomphe des idées démocratiques et à l'apparition de nouvelles Républiques en Europe. Faisant ensuite allusion au conflit entre la Colombie et les États-Unis elle exprime l'espoir que les relations internationales se fonderont à l'avenir sur les principes de justice et d'égalité et qu'une équitable satisfaction sera donnée aux nations faibles que les nations puissantes ont gravement offensées grâce à l'abus de la force qui n'est ni ne peut être la source du droit.

C'est à la presse dont la plupart des organes ont défendu pendant quatre ans notre cause avec autant de désintéressement que de conviction qu'il appartenait de nous prodiguer les marques les plus sincères de sympathie. Les journaux aliophiles ont célébré sans réserve la victoire de l'Entente et de son idéal. Tout en faisant chorus avec leurs confrères, certains journaux, *El Espectador* notamment, ont cru devoir nous convier, en vertu des principes que nous défendons, à une pitié exemplaire envers les vaincus. Ils nous ont supplié de modérer nos exigences lors du règlement des comptes et de nous contenter d'un minimum de réparations. Afin de forcer notre conviction, ils ont prétendu rejeter la responsabilité entière de la guerre et de ses crimes sur le Kaiser et déclarer blancs comme neige les soldats allemands qui en accomplissant leurs forfaits n'auraient fait qu'obéir la mort dans l'âme à une inexorable consigne. Il est certain que ces publicistes ont beau jeu de prêcher le pardon des injures et que s'ils avaient été mêlés de plus près au conflit, ils se seraient sans doute abstenus d'apitoyer les victimes sur les bourreaux et de nous recommander une politique de dupes sous prétexte qu'il nous convient d'être grands, nobles et généreux.

Cette invite publique à la générosité ne pouvait passer inaperçue de gens habitués à tendre la main. Une nuée de quémandeurs s'est abattue sur les légations alliées comme sur de vulgaires bureaux de bienfaisance. Toutes les classes sociales ont défilé dans cette course à l'aumône depuis les pauvres en haillons jusqu'aux bourgeoises en mantille et aux poètes en habit noir. Tous ces indigents faux ou vrais mettaient un égal empressement à nous adresser leurs félicitations et à implorer notre charité. Certains ajoutaient même que comme tribut de reconnaissance envers la bonté divine qui avait récompensé nos efforts nous devions songer, sous forme de secours, à notre prochain qui ne nous oublierait pas en échange dans ses prières. Nous avons dû sous peine d'être submergés sous le flot, éconduire les solliciteurs dont la plupart étaient en mesure de gagner leur vie mais qui persuadés que tout leur est dû et que la liberté a été donnée à l'homme pour ne rien faire jugent déshonorant de travailler et tout naturel de mendier.

CPC, B-Amérique, Colombie, 1918-1940, vol. 3 (14CPCOM/3).

281

C.R. *Londres, 2 décembre 1918, 11 h.*

Secret.

Conclusions arrêtées à la suite d'une conversation interalliée tenue à Downing Street.

Communication des conclusions aux États-Unis d'Amérique

1- Les représentants des gouvernements anglais, français et italien expriment leur regret de ce que, par suite de maladie, le colonel House ne puisse assister à leurs délibérations et décident que :

Les conclusions ci-dessous seront immédiatement transmises par M. Balfour au colonel House.

Paiement par l'ennemi de réparations et d'indemnités

2- Les représentants des gouvernements anglais, français et italien décident :

a) d'établir une commission interalliée composée de trois délégués des gouvernements de chacune des puissances ci-dessous :

Belgique
France
Grande-Bretagne
Italie
États-Unis d'Amérique

Avec un représentant du gouvernement japonais.

D'examiner et de faire un rapport sur la question du montant de la somme que les pays ennemis sont en état de payer pour les réparations et la forme dans laquelle ce paiement pourrait être fait.

Sous la réserve du consentement du gouvernement américain, la commission se réunira immédiatement à Paris et le gouvernement français prendra les dispositions nécessaires.

b) que chaque gouvernement allié ou associé formulera ses revendications pour réparations dues par les États ennemis et que ces revendications seront ultérieurement soumises pour examen à une commission interalliée qui sera constituée quand les affaires seront instruites.

Attitude des alliés vis-à-vis de l'ex-Kaiser

3- Les représentants des gouvernements britannique, français et italien décident :

a) que l'ex-Kaiser et ses principaux complices devront être mis en jugement devant un tribunal international,

b) que le télégramme ci-joint[1] proposant une demande immédiate à adresser à la Hollande pour l'extradition de l'ex-Kaiser et du Kronprinz soit envoyé par les trois gouvernements au président Wilson.

Que, dans le cas où le président Wilson serait consentant, il serait pris des mesures immédiates.

Que, dans le cas contraire, la question soit laissée pour être discutée avec le président Wilson dès son arrivée.

Arrangements préliminaires pour la Conférence de la paix

4- Les représentants du gouvernement britannique, français et italien décident :

a) que toute conférence avec les États ennemis pour la signature de la paix ou des préliminaires de paix sera précédée d'une conférence des représentants des puissances alliées et associées qui se tiendrait à Paris ou Versailles ;

b) que la date de la conférence interalliée sera fixée dans les conversations préliminaires qui se tiendront à Paris après l'arrivée dans cette ville du président Wilson ;

c) qu'il y aura à la conférence interalliée cinq délégués de chacune des grandes puissances alliées et associées à savoir :

France
Grande-Bretagne
Italie
Japon
États-Unis d'Amérique

Des représentants des Dominions anglais assisteront comme membres additionnels de la délégation britannique quand des questions affectant directement leurs intérêts seront en discussion.

d) que les petites puissances alliées n'auront pas le droit d'être représentées à toutes les réunions de la conférence interalliée mais que toute petite puissance alliée aura le droit d'être représentée toutes les fois que des questions la concernant seront en discussion.

---

[1] Voir document n° 283 du 2 décembre 1918.

e) que les nations qui ont acquis leur indépendance depuis le commencement de la guerre, et les nations à l'état embryonnaire seront admises à exposer leur situation soit oralement, soit par écrit à la Conférence interalliée[1].

Papiers d'agents, fonds Pichon, vol. 6 (141PAAP/6).

282

M. Conty, Ministre de France à Copenhague,
   À. M. Pichon, Ministre des Affaires étrangères.

T. n° 749.   Copenhague, 2 décembre 1918, 14 h. 45.

(Reçu : 21 h. 30.)

Retour des troupes en Allemagne en bon ordre.

Un informateur sérieux me fait savoir que la rentrée des troupes allemandes s'effectue avec beaucoup d'ordre. Le soldat allemand ne se considère pas comme définitivement battu et si des bruits de révolution en France lui donnaient l'occasion de reprendre la guerre, il répondra à l'appel de ses chefs. Des socialistes nombreux ont été envoyés en Suisse pour préparer des menées révolutionnaires en France.

CPC, Z-Europe, Allemagne, 1918-1940, vol. 56 (78CPCOM/56).

283

M. Clemenceau, Président du Conseil,
   À M. Lloyd George, Premier Ministre britannique,
   M. Orlando, Président du Conseil italien,
   M. Wilson, Président des États-Unis d'Amérique.

T. s.n[2].   *Londres, 2 décembre 1918.*

À une conférence des gouvernements de France, Grande-Bretagne, d'Italie tenue à Londres ce matin[3], les trois gouvernements sont tombés

---

[1] Une seconde réunion tenue le même jour à 16 h. entraîna le vote de quatre nouvelles conclusions. Tout d'abord, les Alliés autorisèrent le maréchal Foch à renouveler l'armistice avec l'Allemagne pour un mois. Ensuite, l'amiral Wemyss fut chargé de demander et d'obtenir la destruction des forts de l'entrée de la Baltique. Les Alliés acceptèrent la demande de l'amiral Beatty qui exigeait l'abaissement du drapeau allemand sur les navires internés à Scapa Flow. Les Alliés décidèrent enfin la création d'une commission de quatre amiraux alliés pour enquêter sur la situation en Adriatique.

[2] Ce télégramme fut transmis par l'ambassade britannique à Washington au Secrétariat d'État (*Papers Relating to the Foreign Relations of the United States, The Paris Peace Conference 1919*, 2, p. 653).

[3] Les 2 et 3 décembre 1918 se tint une conférence interalliée à Londres en présence des chefs de gouvernement français, italien et britannique. Cette réunion ne comporta aucun représentant

d'accord pour recommander qu'une demande soit présentée à la Hollande pour la remise de la personne de l'Empereur d'Allemagne en vue de son jugement par une cour internationale qui serait désignée par les Alliés, sous l'inculpation d'être le criminel principalement responsable de la guerre, et sous l'inculpation de violation de la loi internationale par les forces allemandes sur terre, sur mer et dans les airs. Pendant ces délibérations, la conférence avait sous les yeux l'opinion d'un comité de neuf des plus éminents jurisconsultes des Îles britanniques, qui, unanimement, reconnaissaient que l'Empereur et ses principaux complices devraient être renvoyés pour jugement devant une cour composée de magistrats, désignés par les principales nations victorieuses dans la guerre.

En arrivant à la conclusion ci-dessus, la conférence a été guidée par les principales considérations suivantes :

a) La justice exige que l'Empereur et ses principaux complices qui furent les instigateurs et les auteurs de la guerre dans un esprit de méchanceté ou qui furent responsables des incalculables souffrances infligées à l'humanité pendant la guerre, soient poursuivis en justice et punis pour leurs crimes.

b) La certitude de ne pouvoir éviter un châtiment personnel pour les crimes contre l'humanité et le droit international sera une très importante sûreté contre les tentatives futures de faire la guerre sans droit ou de violer la loi internationale, et sera une étape nécessaire dans le développement de l'autorité d'une Ligue des Nations.

c) Il serait impossible de traduire en justice de moindres criminels tels que ceux qui ont opprimé les peuples de France, de Belgique et d'autres pays, qui ont commis des meurtres en haute mer, qui ont maltraité les prisonniers de guerre, si le principal criminel, qui pendant trente ans s'est proclamé lui-même le seul arbitre de la politique germanique et qui l'a été en fait, échappait à un châtiment adéquat.

d) La cour à laquelle il appartiendra de déterminer la responsabilité de la guerre et de ses plus graves barbaries, doit être désignée par ces mêmes nations qui ont joué le rôle principal pour gagner la guerre et qui ont, par là, montré qu'elles comprenaient ce que signifie la liberté et qu'elles étaient prêtes, à son service, à faire des sacrifices sans limite.

Cette clause doit s'appliquer seulement à la composition de la cour qui aura à traiter des crimes, commis au cours de la dernière guerre, et ne doit pas préjuger la question de la composition des cours internationales à créer dans une Ligue des Nations.

La conférence espère que le gouvernement des États-Unis partagera ses vues, et qu'il coopérera avec les Alliés pour présenter à la Hollande une demande d'extradition des personnes de l'Ex-empereur et du Prince impérial en vue de leur jugement devant une cour internationale à désigner par les Alliés.

Papiers d'agents, fonds Pichon, vol. 6 (141PAAP/6).

américain car le colonel House, malade, ne put se rendre dans la capitale britannique. Lors de ces discussions, on procéda à un premier échange de vues sur la future paix.

284

M. Pichon, Ministre des Affaires étrangères,
  à M. Allizé, Ministre de France à La Haye[1].

T. n° 586. Paris, 2 décembre 1918.

Chiffré.

Je vous prie de faire remarquer au gouvernement hollandais qu'en réponse à une protestation de notre part il s'est porté garant de la réalité de l'abdication de l'Empereur d'Allemagne dans la première quinzaine de novembre, lorsque cette abdication ne s'est produite qu'il y a quelques jours, le 28 novembre (dans des conditions, d'ailleurs, où elle ne vise que sa personne et réserve ainsi tous les droits des Hohenzollern et en particulier ceux du Prince héritier).

Ce fait vient s'ajouter à la liste déjà longue des violations de l'armistice du droit des gens commises par l'Allemagne et des violations de la neutralité ou complaisances au détriment des Alliés imputables à la Hollande.

Télégrammes, Washington, Départ, 1918, vol. 6363 (304QONT/6363).

285

C.R. Londres, 3 décembre 1918, 11 h. 15.

Secret.

Conclusions arrêtées à la suite d'une conversation interalliée tenue à Downing Street[2].

Dispositions pour l'armée d'occupation en Allemagne

1°) Le gouvernement britannique adhère à la proposition du maréchal Foch portant que le chef de l'état-major impérial devra conférer avec le Maréchal, en ce qui concerne les dispositions détaillées à prendre pour la portion britannique de l'armée d'occupation en territoire allemand.

Occupation militaire du territoire autrichien

2°) Les gouvernements britannique, français et italien conviennent que les dispositions relatives à l'occupation militaire de l'Autriche, telle qu'elle est stipulée dans l'armistice autrichien, sont en premier lieu une question militaire à régler respectivement par le commandant en chef italien et par le général Franchet d'Espèrey qui se concerteront ensemble, quand ce

---

[1] Ce télégramme a été communiqué aux ministres de France à Bruxelles, à Copenhague et aux ambassadeurs de France à Londres, à Washington, à Rome et à Berne.

[2] En présence du cabinet impérial de guerre britannique.

sera nécessaire. Les propositions militaires, lorsqu'elles seront formulées, devront être soumises aux gouvernements par l'entremise du maréchal Foch.

Représentation de la Russie à la Conférence de la Paix

3°) Les gouvernements britannique, français et italien sont d'accord pour déclarer qu'on ne peut aboutir à aucune conclusion utile en ce qui concerne la représentation de la Russie à la Conférence interalliée ou à la Conférence de paix, en l'absence de tout représentant du gouvernement des États-Unis d'Amérique, si ce n'est ainsi qu'il est stipulé dans le paragraphe 4 des conclusions du 2 décembre[1].

Conférence internationale, travailliste, religieuse et autres

4°) Les gouvernements britannique, français et italien sont d'accord pour ne mettre aucun obstacle à ce qu'il soit tenu une conférence internationale, travailliste, religieuse ou autres, en rapport avec la Conférence de la Paix, pourvu que, jusqu'à ce que la paix soit signée, cette conférence se tienne dans un pays neutre.

Papiers d'agents, fonds Pichon, vol. 6 (141PAAP/6).

286

C.R. *Londres, 3 décembre 1918, 16 h.*

Secret.

Conclusions arrêtées à la suite d'une conversation interalliée tenue à Downing Street.

Ravitaillement des pays ennemis, alliés et neutres

1- Les gouvernements anglais, français et italien ont confié à MM. Clémentel et Bouisson, Lord Reading, Sir Joseph Maclay, signor Crespi, signor Villa, en même temps qu'à M. Hoover et à M. Hurley (si cela lui est possible) l'examen de la question du ravitaillement des pays ennemis, alliés et neutres, sous ses aspects économique, financier et autres, ainsi que la question connexe de la livraison aux Alliés des navires marchands ennemis en vue de préparer un rapport détaillé qui sera soumis aux délibérations des quatre gouvernements.

Commandement du général Milne

2- Les gouvernements anglais, français et italien ont décidé que, tandis que les troupes anglaises occupant des parties quelconques de la Turquie d'Europe, et le général qui en a le commandement resterait sous les ordres du général Franchet d'Espèrey, le reste de l'armée du général Milne pourrait être transporté au Caucase ou ailleurs et cesserait, dans ce cas, d'être

---

[1] Voir document n° 281 du 2 décembre 1918.

sous le commandement du général Franchet d'Espèrey. Le transfert des troupes devrait, dans chacun des cas, être décidé d'accord entre les gouvernements intéressés[1].

Papiers d'agents, fonds Pichon, vol. 6 (141PAAP/6).

287

M. Georges-Picot, Haut Commissaire de la République française en Palestine,
  À M. Pichon, Ministre des Affaires étrangères.

T. n° 644. *Le Caire, 3 décembre 1918, 16 h. 50.*

(*Reçu* : 22 h.)

La tournée que je viens de terminer dans le nord du Liban, accompagné par le vice-président du Conseil administratif, s'est achevée au milieu de démonstrations qui, même en ce pays et en l'honneur de la France, ont dépassé l'habituelle mesure. Sur toute ma route dans les mille discours que j'ai dû entendre, j'ai recueilli l'écho des mêmes vœux comme des mêmes craintes : création d'un grand Liban uni à la France pour compléter l'œuvre de 1860, et obligation aux Libanais de vivre enfin dans leur pays sans émigrer : déception profonde de voir la France s'abstenir et céder la place à l'Angleterre, alors même que la guerre est finie.

Par contre, les officiers anglais m'ont marqué une sensible mauvaise humeur des démonstrations dont le représentant de la France était l'objet. Dans les rues de Sgorta, ils faisaient distribuer la déclaration franco-anglaise en proclamant qu'elle annulait les accords de 1916 et laissait à chacun le soin de désigner les puissances protectrices. Ils se sont même plaints officiellement à moi de l'attitude des populations à leur égard, tandis que celles-ci [intrigu]aient de leur côté pour que cette invasion déplaisante ait un terme. De sérieuses frictions peuvent donc en [résulter] d'un jour à l'autre si l'excitation actuelle [persiste] ; si elle tombe, ce sera l'acceptation d'un mal jugé inévitable et les foules découragées iront au-devant des maîtres qui savent s'imposer. Pour qui connaît l'Orient, il y a là un danger imminent qui réclame des décisions positives. Tout ce que je puis faire ici avec les moyens réduits dont je dispose ne constitue que des palliatifs absolument insuffisants. S'[…][2] même plus longtemps, équivaut à une renonciation, et les conséquences d'une telle politique apparaissent comme trop évidemment funestes [pour] l'avenir même de l'Entente cordiale après la

---

[1] Une dernière conclusion n'a pas été reproduite ici : les Alliés considéraient toutes ces conclusions comme provisoires en attendant la sanction du président Wilson, sauf celles demandant une action immédiate ou n'intéressant pas directement les États-Unis.

[2] Lacune de déchiffrement.

guerre, pour que je ne crois pas devoir appeler sur une pareille situation toute l'attention de Votre Excellence pendant qu'il en est temps encore.

Télégrammes, Le Caire, Arrivée, 1918, vol. 2381 (304QONT/2381).

288

M. Pichon, Ministre des Affaires étrangères,
 À M. de Saint-Aulaire, Ministre de France à Jassy,
 M. Jusserand, Ambassadeur de France à Washington,
 M. Cambon, Ambassadeur de France à Londres,
 M. Barrère, Ambassadeur de France à Rome[1].

T. nos 745-746 ; 4133-4134 ;   *Paris, 3 décembre 1918, 22 h. 25.*
Par courrier 6622 ; 4461.

Chiffré.

Situation de la Dobroudja.

Pour Londres, Washington, Rome : J'adresse le télégramme suivant au ministre de France à Jassy.

Réponse à votre télégramme 814[2]. La question de la Dobroudja doit être appréciée de la manière suivante :

1°) Nous avons imposé à l'Allemagne dans l'article 25 de l'armistice sa renonciation aux traités de Bucarest et de Brest-Litovsk ainsi qu'aux traités complémentaires.

La situation de la Dobroudja est donc réglée et cette région se trouve redevenir roumaine.

2°) La renonciation n'est acquise, il est vrai, qu'en vertu d'un armistice et doit être sanctionnée par le traité de paix, mais cela ne peut faire doute après l'engagement formel pris par l'Allemagne.

3°) L'évacuation du pays par les troupes de l'ennemi comporte son occupation par les troupes des États qui se trouvaient en guerre avec l'État occupant au moment de la conclusion de l'armistice. Il appartient donc à ces troupes alliées et non aux Roumains, d'occuper la Dobroudja, sans que cette exclusion puisse être considérée comme ayant une influence quelconque sur le sort de cette province. En vertu des armistices conclus avec l'Allemagne et l'Autriche-Hongrie, des occupations de cet ordre se produisent dans tous les territoires évacués, sans bien entendu que l'affectation de telle ou telle troupe d'occupation à une région puisse être interprétée comme étant en rapport avec l'attribution du territoire.

---

[1] Communiqué à Guerre, Marine et présidence du Conseil.
[2] Document non retrouvé.

4°) L'occupation de la Dobroudja par les Roumains pourrait d'ailleurs avoir pour conséquence en Bulgarie des troubles que nous avons un intérêt militaire à éviter.

5°) Le haut commandement français a pour instructions de respecter les administrations indigènes *locales*, par conséquent roumaines.

Vous pouvez utiliser les indications qui précèdent pour exposer la situation au gouvernement roumain.

Je vous serai obligé de vous tenir strictement et de vous abstenir de faire avec vos collègues des déclarations au nom des Alliés, sans autorisation expresse ou instructions précises, afin d'éviter des malentendus ou des réclamations justifiées de la part du gouvernement roumain.

Télégrammes, Washington, Départ, 1918, vol. 6363 (304QONT/6363).

289

M. Pichon, Ministre des Affaires étrangères,
À M. Jusserand, Ambassadeur de France à Washington.

T. n°s 4137-4138.   Paris, 3 décembre 1918, 22 h. 35.

Pogroms en Pologne.

L'ambassadeur d'Angleterre m'a transmis une proposition du gouvernement britannique tendant « à donner un sérieux avertissement aux personnalités polonaises responsables et à les prévenir qu'à moins d'une cessation immédiate des pogroms, l'avenir de la Pologne s'en ressentirait au Congrès de la Paix ».

Le gouvernement royal nous sollicitait en même temps de participer à cette démarche.

J'ai répondu que, d'accord sur la nécessité de faire cesser ces excès, je pensais cependant que la déclaration très grave qui nous était proposée ne correspondait peut-être pas à la situation et dépasserait les principes de justice dont nous ne saurions nous écarter dans une appréciation loyale des faits.

Les Israélites de Pologne ont pendant l'occupation collaboré étroitement avec les Austro-Allemands ; ils ont fourni un grand nombre des agents bolcheviques que Trotski a envoyés en Pologne ; ils sont accusés d'avoir fait de l'accaparement[1].

---

[1] Dans une note envoyée la veille à l'ambassade d'Angleterre à Paris, le ministre reprend les arguments de l'allié russe en condamnant les « éléments israélites de Pologne », qui « sont pour la plus grande majorité des éléments d'immigration qui y ont été introduits par les régimes d'occupation dans un but de dissociation nationale. Pendant la guerre actuelle, on doit le constater à regret, ces éléments ont pactisé intimement avec les autorités allemandes ou autrichiennes ; lors de l'évacuation de la Galicie par les Russes, on leur a reproché d'avoir contribué, par leurs

D'autre part, la Pologne, dépourvue de tout gouvernement sérieux est en proie au plus grand désordre. Le pays est traversé par les prisonniers russes, allemands et autrichiens qui pillent les Juifs comme les Chrétiens et qui sont, semble-t-il, les vrais coupables des excès commis.

Enfin les renseignements qui nous parviennent passent par des organisations germaniques que leurs autorités nationales encouragent à nuire à la cause polonaise dans l'esprit des Alliés.

Ces considérations doivent nous inciter à la prudence.

Sur mes indications, le Comité national polonais blâmera ces excès.

J'ai proposé d'autre part au gouvernement britannique :

1°- L'envoi immédiat d'une Commission d'enquête composée d'officiers français et anglais de l'armée d'Orient.

2°- L'envoi éventuel de détachements de police.

3°- Un avertissement aux autorités polonaises reconnues coupables qu'elles seront tenues pour responsables.

Veuillez vous inspirer de ces indications si vous étiez saisi de cette question par le gouvernement fédéral.

CPC, Z-Europe, Pologne, 1918-1940, vol. 60 (106CPCOM/60).

290

N. *S.l., 3 décembre 1918.*

a.s. question juive en Pologne.

La question juive pour la majorité des Polonais n'a nullement le caractère qu'elle a revêtu dans d'autres pays.

1°) Elle n'a aucun caractère confessionnel.

2°) Elle a un caractère purement national.

Les Juifs n'ont jamais été inquiétés en Pologne dans l'exercice de leur religion.

Mais en dehors d'une infime minorité établie dans le pays *ab antiquo*, les Juifs sont les éléments d'immigration dont l'implantation a été imposée par les Puissances copartageantes à l'effet précisément d'affaiblir la résistance nationale. N'ayant pas voix dans l'administration du pays, les Polonais n'ont pu se défendre contre cet afflux d'étrangers. Or, ces immigrés ont toujours été pour les occupants les collaborateurs, quand ils n'étaient pas les instigateurs de leur politique d'oppression.

Enfin ils ne se sont jamais mêlés à la population polonaise, ils ont gardé leur langue le « yiddish » mélange d'hébreu et d'allemand, de même qu'ils

indications, aux mesures de répression barbares édictées par les autorités militaires ennemies contre les Polonais qui avaient collaboré avec les Russes ».

avaient un statut administratif spécial : ils constituaient en quelque sorte un État dans l'État. Leur programme ne vise à rien moins qu'à l'obtention de l'autonomie politique dans le nouvel État.

Les sentiments que l'on reproche à M. Dmowski sont, on peut le dire, partagés à des degrés plus ou moins accentués par la grande majorité des Polonais.

Le Comité de la Pologne libre, hostile au Comité national ne juge pas autrement que celui-ci la question juive.

Les Israélites de Pologne ont joué un rôle assez regrettable depuis la guerre, ils se sont faits les agents des puissances germaniques, ont contribué grandement avec le concours de Lednicki à la désagrégation des corps polonais de Russie[1]. Inquiets du développement des événements, présentant la disparition de leurs anciens protecteurs, menacés de se trouver sans patrie ou sans gouvernement, ces éléments changent aujourd'hui d'attitude, revendiquent subitement une sujétion dont ils n'avaient cure, ne pouvant d'ailleurs invoquer à cet effet que leur installation plus ou moins récente dans le pays.

Ces titres, aucun Polonais ne les reconnaît pour suffisants, le Comité national polonais estime qu'il n'a pas qualité pour trancher la question et que seul un gouvernement régulier agissant dans la plénitude de son indépendance aura le pouvoir de régler le statut de cette catégorie d'étrangers.

CPC, Z-Europe, Pologne, 1918-1940, vol. 60 (106CPCOM/60).

291

M. DE BILLY, MINISTRE DE FRANCE À ATHÈNES,
À M. PICHON, MINISTRE DES AFFAIRES ÉTRANGÈRES[2].

T. n° 499. *Athènes, 4 décembre 1918, 20 h. 30.*

(*Reçu* : le 5, 8 h. 30.)

M. Venizélos a décidé de composer de la manière suivante la délégation hellénique aux conférences préliminaires de la Paix. Il y aurait, en dehors de lui, quatre plénipotentiaires qui seraient MM. Politis, Romanos, Coromilas et Michalakopoulos. M. Politis emmènera M. Speranza, directeur des Affaires commerciales et président du bureau commercial interallié qui devra avec plusieurs secrétaires, faire à Paris un bureau d'informations économiques sur la Grèce.

---

[1] Alexandre Lednicki (1866-1934), Polonais membre fondateur du parti constitutionnel-démocrate, a été député de la première Douma russe, et président pendant la guerre du Comité d'assistance aux victimes de guerre. Nommé au sein du Gouvernement provisoire issu de la Révolution de Février, président de la Commission de liquidation des affaires du Royaume de Pologne, il refuse de reconnaître l'autorité du Conseil national polonais organisé par Roman Dmowski à Paris.

[2] Communiqué à présidence du Conseil.

L'attaché naval à la légation d'Angleterre, le commandant Talbot continue à accompagner partout M. Venizélos, ce qui fait croire ici que la Grèce tombe de plus en plus sous le contrôle britannique. Ne serait-il pas utile que la France fût également représentée auprès de la mission hellénique par un agent inspirant confiance aux membres de la mission ? M. de Castillon serait tout désigné pour ce rôle, mais il me serait difficile d'assurer la bonne marche du service si M. Bargeton ne revient pas d'urgence reprendre sa place d'attaché commercial[1].

CPC, A-Paix, 1914-1918, vol. 29 (4CPCOM/29).

292

M. Pichon, Ministre des Affaires étrangères,
 À M. Paul Cambon, Ambassadeur de France à Londres,
 M. Barrère, Ambassadeur de France à Rome,
 M. Dutasta, Ambassadeur de France à Berne,
 M. Jusserand, Ambassadeur de France à Washington,
 M. Allizé, Ministre de France à La Haye,
 M. Conty, Ministre de France à Copenhague,
 M. Defrance, Ministre de France à Bruxelles,
 M. Boppe, Ministre de France à Pékin,
 M. Noulens, Ambassadeur de France à Arkhangelsk,
 M. Dard, Chargé d'Affaires à Madrid,
 M. Daeschner, Ministre de France à Lisbonne,
 M. de Billy, Ministre de France à Athènes,
 M. de Fontenay, Ministre de France à Corfou,
 M. Bapst, Ministre de France à Christiania,
 M. Delavaud, Ministre de France à Stockholm,
 M. Claudel, Ministre de France à Rio,
 M. Jullemier, Ministre de France à Buenos Aires,
 M. Régnault, Ambassadeur de France à Tokyo.

T. n°s 6661 ; 4486 ; 2458 ; 4151 ; 865 ;   *Paris, 4 décembre 1918, 23 h. 30.*
552 ; 688 ; 543 ; 965 ; 1416 ; 285 ; 601 ;
224 ; 637 ; 744 ; 793-794 ; 495-496 ; 670.

Chiffré.

Le gouvernement allemand nous a fait remettre par la légation de Suisse une communication proposant la réunion, en vue d'établir les responsabilités de la guerre, d'une commission neutre à laquelle les belligérants fourniraient tous les documents qu'ils possèdent, et qui serait autorisée à entendre toutes les personnalités ayant dirigé les États au moment de la déclaration de guerre, et tous autres témoins.

---

[1] En marge : « M. Guerlet » (sous-chef de bureau à la sous-direction d'Europe) ; « en parler d'urgence avec M. Lemonnier » (chef du bureau du Personnel).

Je n'ai pas besoin de vous signaler le caractère tendancieux et inacceptable d'une telle proposition. Les responsabilités de la guerre sont suffisamment établies et prouvées, non seulement par les témoignages des personnalités importantes d'Allemagne et d'Autriche-Hongrie, mais par tous les actes et par les aveux mêmes échappés à diverses reprises aux gouvernements de ces deux pays, pour qu'il soit admissible de réunir une commission spéciale à cet effet. L'idée de confier une pareille enquête à des neutres ne peut d'ailleurs pas être envisagée un seul instant. Les neutres ont trop d'intérêt à justifier leur silence et leur inertie pendant la guerre pour ne pas tendre, dans une tâche de ce genre à partager les responsabilités entre les belligérants.

Le gouvernement français ne fera à la note allemande aucune réponse directe. Il se propose d'indiquer simplement au gouvernement suisse qu'elle ne comporte aucune suite, la responsabilité de l'Allemagne dans la guerre étant établie depuis longtemps par tous les documents d'une manière incontestable.

Pour Londres, Rome, Washington et Bruxelles : Veuillez me faire connaître d'urgence si nous sommes bien d'accord à cet égard avec le gouvernement anglais, italien, américain, belge.

Télégrammes, Washington, Départ, 1918, vol. 6363 (304QONT/6363).

293

M. Cambon, Ambassadeur de France à Londres,
 À M. Pichon, Ministre des Affaires étrangères.

D. n° 937. *Londres, 4 décembre 1918.*

M. Clemenceau et le maréchal Foch à Londres.

Ce matin, M. le président du Conseil et le maréchal Foch ont quitté Londres. Ils étaient arrivés dimanche à 2 heures. Malgré la brume humide qui assombrissait la ville, une foule compacte avait envahi les abords de la gare et toutes les rues que devaient suivre les voitures de la Cour destinées à M. Clemenceau et au maréchal. Dans la première, se trouvaient le duc de Connaught, représentant le Roi, et le maréchal Foch ; dans la seconde, M. Lloyd George et M. Clemenceau ; dans la troisième, M. Orlando, M. Sonnino avec M. Bonar Law, chancelier de l'Échiquier. Les deux premières voitures furent l'objet d'ovations telles qu'on en a rarement vues à Londres. Arrivé à l'ambassade, notre président du Conseil fut obligé de se montrer au balcon pour satisfaire au vœu de milliers de personnes qui remplissaient Albert Gate et les rues avoisinantes.

La reine Mary et la reine Alexandra avaient fait inviter nos illustres compatriotes à venir les voir à Buckingham Palace et à Marlborough House aussitôt après leur arrivée. Ils furent successivement reçus.

Le lendemain, lundi, la journée se passa en conférences chez le Premier ministre. Le soir, à six heures, M. le président du Conseil avait consenti à recevoir la colonie française de Londres. Cette réception laissera de précieux souvenirs à tous ceux qui y ont assisté. 800 personnes se pressaient dans les salons de l'ambassade. M. Clemenceau et le maréchal Foch furent harangués au nom de la colonie par le président de notre chambre de Commerce. M. le président du Conseil répondit par un discours haché d'applaudissements et qui impressionna profondément l'assistance. D'un ton simple et quelquefois familier, il se livra à une improvisation d'une élévation de sentiments et d'un patriotisme qui remua à tel point nos Français qu'aujourd'hui encore ils en sont tout émus.

Le maréchal Foch, dans une allocution nerveuse, fit en langage de soldat un récit captivant de son offensive depuis le mois de juillet et fut acclamé par l'auditoire.

Le mardi, continuèrent tout le long du jour les conférences à Downing Street et aujourd'hui, malgré l'heure matinale et les rigueurs du ciel, le départ s'accomplit au milieu des mêmes honneurs et des mêmes ovations que l'arrivée.

Veuillez agréer, Monsieur le ministre, les assurances de ma très haute considération.

CPC, Y-Internationale, 1918-1940, vol. 15 (75CPCOM/15).

294

M. Durieux, Délégué du Haut Commissariat de France en Palestine, à M. Georges-Picot, Haut Commissaire de la République française en Palestine.

D. n° 32. *Jérusalem, 4 décembre 1918.*

a.s. dissentiments entre sionistes et Arabes en Palestine.

Pour faire suite à mes diverses communications concernant l'état d'esprit des indigènes et des Israélites en Palestine, j'ai l'honneur de porter à votre connaissance que la situation reste absolument stationnaire.

Les Juifs, ou plutôt leur minorité, les sionistes, ne manquent pas une occasion de déclarer ouvertement que la Palestine est désormais leur pays, et qu'avec le plein consentement des Alliés, ils y fonderont derechef leur patrie. Ils laissent entendre à la population que de gré ou de force, Musulmans et Chrétiens seront contraints de reconnaître la situation acquise, et que s'ils persistent dans leurs idées antisionistes, ils seront totalement évincés de tous leurs droits, alors qu'en acceptant au contraire le principe d'une franche collaboration israélite, ils bénéficieraient de tous les avantages économiques et financiers que les Comités sionistes sont en mesure de leur accorder.

Leurs paroles de concorde et de paix sont en même temps une menace et un ultimatum. Vous trouverez, ci-joint, d'ailleurs, une brochure sioniste[1], éditée à Jaffa, et publiée par M. Eberlin, licencié en droit et qui se dit être avocat à Paris, dont le contenu vous édifiera pleinement à ce sujet.

Il va sans dire que les idées émises par les sionistes ne sont point du goût des Musulmans et Chrétiens indigènes. Ils estiment que les véritables propriétaires de la Palestine sont traités par eux avec un mépris et une désinvolture qui ne sont pas de circonstance. Il en résulte des réunions innombrables au cours desquelles on discute beaucoup, mais dans lesquelles on ne parvient point à s'entendre. Toutes les vieilles haines de religions et de races s'y entrechoquent sans qu'il soit possible de discerner ce qu'ils désirent réellement. Une seule pensée commune semble découler de leurs discours et de leurs meetings : la peur d'une immigration intense israélite et d'un gouvernement sioniste.

Pour y parer, ils semblent décidés à se défendre. Je doute cependant que ce soit, comme ils le disent, jusqu'à la mort...

Quoi qu'il en soit, les motions se succèdent. En dehors des partisans anglais ou français, il s'agit tantôt d'obtenir l'autonomie pour le pays avec la garantie des Puissances alliées, tantôt on demande l'internationalisation de la Palestine, tantôt on décide de rattacher purement et simplement la Palestine à la Syrie, tantôt enfin on fait appel au Chérif seul capable de résister à l'inondation juive...

Il faut dire que l'émir Fayçal ne néglige rien pour faire dans les milieux musulmans de Palestine la propagande la plus sérieuse en faveur de la thèse de l'Empire arabe. Vous voudrez bien trouver, ci-joint, avec sa traduction, la proclamation qu'il a lancée en Palestine et Syrie, au moment de son départ pour la France[2]. Beaucoup ont foi en son étoile et sont prêts à se ranger sous sa bannière, surtout s'il leur promet de mettre un frein aux ambitions sionistes.

Telle est la situation actuelle. Rien de net et de précis. Un accord interviendra peut-être ; s'il se produit, ce sera la résultante d'un fort courant antisémite.

Vendredi les Musulmans se sont réunis à la mosquée d'Omar et ont récité des prières pour remercier Dieu du retour du khalifat islamique à la famille de Koreich et pour la reconstitution du royaume arabe.

CPC, Y-Internationale, 1918-1940, vol. 377 (75CPCOM/377).

---

[1] Document non reproduit.

[2] Document non reproduit.

295

M. Pichon, Ministre des Affaires étrangères,
 À M. Cambon Ambassadeur de France à Londres,
 M. Barrère, Ambassadeur de France à Rome,
 M. Dutasta, Ambassadeur de France à Berne,
 M. Conty, Ministre de France à Copenhague,
 M. Delavaud, Ministre de France à Stockholm,
 M. Bapst, Ministre de France à Christiania,
 M. Jusserand, Ambassadeur de France à Washington.

T. n°s 6714 ; 4159 ; 2473 ;
Par courrier 559 ; 747 ; 640 ; 4177.   Paris, 5 décembre 1918, 22 h. 45.

Chiffré. Confidentiel.

Finlande – Conversation avec le général Mannerheim.

Le général Mannerheim ayant demandé à me voir, j'ai eu avec lui une longue conversation au cours de laquelle je lui ai exposé notre point de vue concernant la Finlande.

J'ai déclaré tout d'abord au Général que nous ne pouvions prendre aucune détermination, sans un accord préalable avec l'Angleterre.

J'ai ajouté qu'à mon avis, toute reprise des relations avec le gouvernement finlandais devait être subordonnée nécessairement à la réalisation des conditions suivantes :

1°- rétablissement de la légalité en Finlande par une consultation électorale régulière ;

2°- formation d'un gouvernement dont la composition donnerait satisfaction aux Puissances alliées et dont les déclarations seraient formellement en faveur de ces puissances ;

3°- adoption de mesures non équivoques, garantissant la sincérité de ces déclarations, telles que constitution d'une mission militaire française, renvoi de la mission allemande, rupture catégorique avec les Allemands, etc.

J'ai dit à mon interlocuteur que s'il prenait l'engagement de réaliser ces conditions et s'il se montrait nettement favorable à notre cause, je ferais volontiers ce que je pourrais pour amener le gouvernement britannique à s'entendre avec nous en vue de lui donner des encouragements, de lui assurer notre appui et de reprendre des relations *officieuses* avec le gouvernement dont il serait le chef.

Le général Mannerheim s'est montré satisfait de ces assurances.

Pour Stockholm : Veuillez communiquer à M. Raynaud.

Télégrammes, Washington, Départ, 1918, vol. 6363 (304QONT/6363).

296

M. Allizé, Ministre de France à La Haye,
   À M. Pichon, Ministre des Affaires étrangères.

D. n° 921. *La Haye, 5 décembre 1918.*

Situation juridique de l'ex-Empereur d'Allemagne.

À la suite de votre communication en date du 3 de ce mois, j'ai entretenu le ministre des Affaires étrangères de la question de l'abdication de l'Empereur. Je lui ai rappelé les termes de l'entretien au cours duquel il m'avait parlé de la démarche du docteur Solf auprès du ministre des Pays-Bas à Berlin. Le ministre des Affaires étrangères d'Allemagne avait, m'avait-il dit, autorisé la légation des Pays-Bas à faire savoir au gouvernement royal que « l'Empereur avait effectivement abdiqué ».

En rendant publique cette démarche, le gouvernement néerlandais s'était en quelque sorte porté garant de la réalité de l'abdication de l'Empereur. Cette abdication venait de se produire le 28 novembre. Nous devions donc estimer qu'il n'y avait pas eu d'abdication avant l'entrée de l'Empereur en Hollande.

J'ai, en outre, appelé l'attention du ministre sur le fait que nous pourrions être amenés ainsi à considérer que, le 10 novembre, c'est au commandant en chef des armées allemandes et à sa suite que la Hollande avait ouvert ses portes.

La précision de cette démarche ne pouvait que placer le ministre des Affaires étrangères dans une situation assez embarrassante. Il m'a répondu par des phrases évasives et sans portée, en me rappelant qu'une première abdication avait bien eu lieu le 9 novembre et que si on avait estimé à Berlin que la signature d'un nouvel acte d'abdication était nécessaire, c'était pour « une question de forme », de telle façon que la renonciation fut « consolidée » de la façon la plus solennelle.

J'ai fait remarquer au ministre des Affaires étrangères que la renonciation de l'Empereur ne visait, du reste, que sa personne et préservait ainsi tous les droits des Hohenzollern et en particulier ceux du Prince héritier.

M. de Karnebeek est préoccupé de cette question et j'ai des raisons de croire que le gouvernement royal va demander au Prince héritier de signer un acte d'abdication formelle, comme l'a fait l'Empereur. À en juger par les déclarations qu'aurait reçues hier, à Wieringen, un représentant de l'*Associated Press*, le Kronprinz serait prêt à faire abandon de ses droits à la couronne.

Mais cette renonciation comme celle de l'ex-Empereur serait simplement personnelle de manière à réserver à la maison de Hohenzollern l'accès au trône. Votre Excellence sait, qu'en dehors du petit-fils de l'Empereur, on a examiné aussi la possibilité de voir un des fils de l'Empereur appelé par la future constituante à la tête du nouveau gouvernement de l'Allemagne.

CPC, Z-Europe, Allemagne, 1918-1940, vol. 25 (78CPCOM/25).

297

M. Pichon, Ministre des Affaires étrangères,
  À M. Barrère, Ambassadeur de France à Rome,
  M. Cambon, Ambassadeur de France à Londres,
  M. Jusserand, Ambassadeur de France à Washington[1].

T. n⁰ˢ 4513-4517 ; 6708-6712 ; 4170-4174.   *Paris, 5 décembre 1918.*
Chiffré.

Pour Londres et Washington seulement : J'adresse le télégramme suivant à notre ambassadeur à Rome.
Pour tous les postes :
Le général Franchet d'Espèrey vient de saisir officiellement le président du Conseil, ministre de la Guerre, de la situation qui est faite à son armée et à ses troupes par le commandement italien à Fiume.

Il ne s'agit plus seulement de violations d'armistice, d'abus de pouvoirs, de vexations infligées aux Serbes et Yougoslaves, et de détournement au profit de l'Italie des conditions de la convention conclue par les Alliés avec l'Autriche-Hongrie.

Cette fois, l'attitude, les dispositions prises et les ordres donnés par les généraux italiens placent le commandement en chef des armées d'Orient dans l'impossibilité d'exercer son commandement, de ravitailler son armée et même de communiquer ses ordres dans la région partant de Fiume vers Agram, Belgrade et Budapest.

Le général San Marzano s'installe à Fiume à l'exclusion des autres Alliés et comme s'il en avait reçu mandat : les édifices sont occupés, les magasins saisis, la municipalité remplacée, la censure établie même sur la correspondance officielle des alliés.

Le général français Tranié qui ramenait à Fiume le bataillon serbe placé sous ses ordres (et qui ne s'était éloigné de la ville que sur promesse italienne de ne pas débarquer) en a été empêché par le général italien. Il s'agit cependant pour la France d'organiser une base de ravitaillement indispensable pour l'armée d'Orient.

Le message envoyé de Belgrade par le général Henrys au général Tranié a été arrêté par les Italiens sous le prétexte qu'il était chiffré.

Les Italiens ont installé à Bacari une coupure de toutes communications ferroviaires et télégraphiques, et concentré à Fiume un très important

---

[1] Communiqué à Guerre et à Marine.

matériel, commençant en outre à exporter en Italie les marchandises saisies.

De tels procédés sont intolérables : le commandement italien n'a aucun droit d'interrompre les communications de l'armée d'Orient, et de contrôler les actes et correspondances du général Franchet d'Espèrey. Nous avons besoin et nous avons le droit d'avoir *toute liberté* sur le chemin de fer faisant communiquer Fiume et Agram, ainsi que sur les postes et télégraphes intéressant nos troupes. Les marchandises illégalement saisies doivent être réparties entre les Alliés, et même laissées aux populations qui en ont un besoin urgent.

Je vous prie de formuler notre protestation de la manière la plus énergique auprès du gouvernement italien, et de demander catégoriquement que satisfaction nous soit donnée sans aucun délai ; il s'agit non seulement du respect de nos droits mais de la liberté d'action de nos armées.

Ces faits se produisent à l'heure où l'amiral Cagni prononce à Fiume un discours où il déclare que cette ville (dont la possession a été dévolue aux Yougoslaves par le traité de 1915) est et restera italienne.

Il est temps que de pareils actes cessent et que ces attentats au droit finissent. Autrement l'opinion publique rejetterait sur le gouvernement italien la responsabilité des troubles militaires qui doivent inévitablement s'ensuivre.

À ce télégramme le président du Conseil ajoute pour vous les observations suivantes :

« Mon cher ami,

Les provocations du commandement italien à l'égard de l'armée française ne se peuvent plus compter. Je l'ai fait entendre hier à Londres en termes explicites à MM. Sonnino et Orlando. M. Orlando m'avait annoncé qu'il viendrait me voir dans mon compartiment pour causer seul à seul. Non seulement il n'est pas venu mais en arrivant à Paris, il a profité de ce que son wagon était en tête pour partir sans même me dire adieu. Je considère que cela est beaucoup moins grave que les insultes au drapeau français et l'interdiction italienne aux Français de pénétrer dans le nord de l'Adriatique mais je vous avertis que ma patience est à bout et que je ne permettrai pas que cela continue.

Signé : G. Clemenceau ».

Télégrammes, Washington, Départ, 1918, vol. 6363 (304QONT/6363).

298

N. *Paris, 5 décembre 1918.*

Confidentiel.

Quel est le régime douanier qu'il convient d'imposer à la rive gauche du Rhin occupée, entre la frontière séparant l'Alsace-Lorraine et le Palatinat bavarois, d'une part ; le Luxembourg, la Belgique et le Rhin sur tout son parcours d'autre part.

On a constaté qu'il était impossible de fermer intégralement toutes ces frontières et de forcer ainsi les populations de la rive gauche du Rhin à vivre en quelque sorte en vase clos. Le problème des frontières a été alors examiné successivement par sections.

1°- En ce qui concerne les frontières entre l'Alsace-Lorraine et le Palatinat, il a été rappelé qu'à une conférence sur les affaires alsaciennes, il a été décidé que ces frontières seraient établies sur la ligne dite n° 2 de l'armistice, c'est-à-dire entre la frontière de 1814 et la frontière de 1815, laissant en dehors Landau, mais mettant à l'intérieur de la zone française Sarrebourg et Sarrelouis. Sur cette ligne, un cordon douanier est en voie d'installation. Les postes de douane seront mixtes, c'est-à-dire que les douaniers français empêcheront, en principe, le transit entre l'Alsace-Lorraine et le Palatinat (à cause de l'interdiction de commerce avec l'ennemi qui subsiste), tandis que des douaniers allemands percevront, sous l'autorité des chefs de poste français, et conformément aux tarifs allemands, les taxes sur les articles qui seraient autorisés à franchir cette frontière en vertu d'autorisations spéciales ou exceptionnelles.

2°- En ce qui concerne le Rhin, il a été rappelé que le maréchal Foch avait, dès le début, admis le droit, pour les Allemands d'envoyer des trains de ravitaillement de la rive droite à la rive gauche en faveur des populations allemandes. Une décision toute récente a admis, sous certaines conditions, que le trafic ne serait pas totalement interdit entre la rive gauche et la rive droite, mais soumis à un contrôle sérieux, notamment en ce qui concerne le ravitaillement des usines, pour ne pas condamner les populations de la rive gauche à un chômage absolu. On a considéré comme pratique d'installer les postes de surveillance des passages du Rhin, non pas à la limite extérieure de la zone de 10 kilomètres d'occupation sur la rive droite du Rhin, mais sur le Rhin même, sauf en ce qui concerne les têtes de ponts.

3°- En ce qui concerne *la frontière entre la Belgique et l'Allemagne*, la Commission propose que le maréchal Foch ou le gouvernement invite le gouvernement belge à rétablir immédiatement, dans les mêmes conditions qui ont été indiquées pour la frontière palatino-alsacienne, les anciennes douanes belges. Ces douanes doivent être également doubles : postes belges pour surveiller l'admission des marchandises qui seraient nécessaires à la vie économique de la Belgique, et postes allemands, surveillés par des autorités douanières ou militaires belges, pour percevoir les droits dans les cas tout à fait exceptionnels, où des autorisations de sortie des marchandises belges seraient accordées pour les territoires de la rive gauche du Rhin.

4°- *Luxembourg*. La question de la frontière entre l'Allemagne et le Luxembourg présente des difficultés particulières tirées du droit international. En effet, le Luxembourg fait partie du Zollverein allemand et cependant le blocus étant maintenu contre l'Allemagne, par conséquent aussi contre les territoires de la rive gauche du Rhin, il ne peut être question d'appliquer ce blocus en territoire luxembourgeois. La Commission a constaté qu'on ne pouvait prendre, pour l'instant, aucune décision pouvant comporter un changement du régime légal douanier du Luxembourg, et par conséquent le faire sortir, dès maintenant, du Zollverein, ce qui obligerait à trancher la question de son rattachement, au point de vue douanier, par conséquent économique, soit à la France, soit à la Belgique. Il a semblé, dans ces conditions, impossible d'installer, sur la frontière germano-luxembourgeoise, une ligne de douane proprement dite ; toutefois, comme le renforcement du blocus implique des mesures matérielles de surveillance, la Commission a proposé l'installation, sur cette frontière, d'une ligne de surveillance très effective, analogue à celle qui sera installée sur le Rhin, permettant l'entrée en Luxembourg des matières premières, du charbon et de tous produits allemands nécessaires à la vie du pays, entrée qui se ferait, sans perception d'aucun droit, dans tous les cas autorisés, par contre seraient prohibées toutes importations d'Allemagne au Luxembourg non justifiées par les raisons ci-dessus, et toutes exportations du Luxembourg en Allemagne qui ne feraient pas l'objet de dérogations expresses. Cette solution maintient naturellement la douane belgo-luxembourgeoise et la douane franco-luxembourgeoise. Sur ces deux lignes de douane, les tarifs seraient, à l'importation en Belgique et en France, les tarifs belges et français, et à l'importation de la Belgique et de la France au Luxembourg les tarifs allemands du Zollverein. La perception des droits à l'entrée au Luxembourg, faite autrefois par des douaniers allemands, serait confiée, autant que possible, à des Luxembourgeois, mais surveillée par les autorités militaires. Il a été admis d'une façon générale que ces dernières devaient éviter toute mesure d'immixtion administrative ou douanière pouvant indisposer contre nous les populations luxembourgeoises.

La question des douanes étant ainsi réglée, on a exposé les principes qui paraissent devoir être appliqués en fait, quant aux relations qu'on tolérerait entre les territoires de la rive gauche et ceux de la rive droite avec la France et la Belgique.

On estime que tous les produits fabriqués, ou les matières premières susceptibles d'être utilisés pour la reconstruction ou la reconstitution des pays ravagés en Belgique et en France, devraient être placés sous le régime de la réquisition générale.

On maintiendrait en exploitation les usines allemandes fournissant des produits utiles à la vie locale ou dont la raréfaction chez les Alliés rendrait l'exportation vers nous désirable, dans les conditions examinées. On interdirait les fabrications de luxe ou la continuation des industries, sans nécessité immédiate, susceptibles de contribuer contre nous ou nos alliés à la concurrence mondiale (porcelaine, soieries, etc.). Des enquêtes seraient faites, très minutieusement, dans les grandes industries allemandes, notamment à la Badische Anilin und Soda Fabrik, pour répondre aux procédés des Allemands qui se sont emparés de nos modèles, marques, etc. et *connaître leurs secrets de fabrication*. Tout le commerce, d'importation et d'exportation, ainsi limité, toutes relations entre les deux rive du Rhin ou avec les pays voisins seraient soumises au régime des autorisations, qui serait strictement réglementé.

La Commission a reconnu que, d'ailleurs, si le fait que le maréchal Foch exerce le commandement suprême nous donne des facilités pour faire édicter par les différentes armées alliées des régulatives plus ou moins identiques, cependant, tout le problème du régime économique douanier et financier de la rive gauche du Rhin est un problème interallié. Si des mesures identiques ne sont pas prises sur les différentes frontières et par les différentes armées, on verra, tantôt les marks, tant certains produits, passer la frontière la moins défendue et envahir les marchés les plus proches d'où rien ne les arrêtera plus pour pénétrer partout.

Il faut cependant ne pas perdre de vue, quant à la rigueur de la réglementation nécessaire, que les délégués américains à la Commission d'armistice de Spa se montrent peu disposés à donner leur sanction à des solutions trop draconiennes.

CPC, A-Paix, 1919, vol. 240 (4CPCOM/240).

299

Minute[1]. *Paris, 5 décembre 1918.*

Chine

Le gouvernement chinois, après avoir rompu les relations diplomatiques avec les Austro-Allemands le 14 mars 1917 et leur avoir déclaré la guerre le 14 août suivant, n'a pas toujours montré une grande activité contre les ennemis communs. À son actif, il est juste de reconnaître qu'il a pris en faveur de ses alliés diverses mesures utiles : il a notamment facilité notre recrutement de travailleurs chinois qui fournit un supplément de main-d'œuvre à nos usines et à nos chantiers navals ; il a saisi dans les ports chinois une douzaine de navires de commerce ennemis et les a répartis entre les Alliés. Enfin, lors de la tentative des bolchevistes allemands sur les confins de la Chine et de la Sibérie, il a spontanément adopté une attitude énergique qui n'a pas peu contribué à leur échec. Grâce également à son intervention, les incidents de Kharbine n'ont pas eu de développement plus sérieux et les troupes chinoises ont pu rapidement rétablir l'ordre. Plus à l'ouest, les troupes du colonel Semenov, sur le point de succomber dans leur

---

[1] Mention manuscrite en tête du document : « Note remise à M. Raiberti pour minute ».

lutte contre des forces supérieures, trouvaient sur le territoire chinois un asile opportun, en même temps que les moyens de préparer une nouvelle action contre les bolchevistes et leurs auxiliaires allemands.

La bonne volonté du gouvernement central à l'égard de la France s'est aussi manifestée lorsque, à la suite d'intrigues de nos ennemis, il fut saisi d'une demande tendant à faire supprimer indirectement notre protectorat religieux en Chine par la création d'un nonce du Vatican résidant à Pékin. Éclairé par les représentants de nos alliés et notamment par les ministres des États-Unis et du Japon, le gouvernement central déféra à nos représentations et se refusa à faire le jeu de nos ennemis.

Il est par contre regrettable d'avoir à constater que le gouvernement chinois n'a pas su agir avec toute la décision et la vigueur nécessaires dans les mesures à prendre contre les Austro-Allemands en Chine. Ce n'est qu'en mai dernier qu'il a adopté une loi sur le commerce de ses nationaux avec les sujets ennemis reproduisant, dans leurs grandes lignes, les lois édictées à cet égard par les puissances alliées. On sait que les Allemands avaient édifié en Chine une remarquable organisation commerciale. Or, les cadres de cette organisation, grâce à la timidité du gouvernement chinois, sont jusqu'à présent demeurer intacts, ce qui permettrait à nos ennemis de rétablir leur situation économique.

La lutte sanglante qui déchire la Chine depuis plus de deux ans a revêtu pendant le premier semestre de 1918 un caractère sérieux ; tout en s'attachant à combattre les dernières intrigues allemandes en Chine, les Alliés se sont scrupuleusement abstenus d'intervenir dans le conflit intérieur chinois, si ce n'est pour s'efforcer de faire prévaloir des solutions conciliantes et hâter le retour d'une ère d'apaisement. Dans ce sens, ils ont accueilli avec plaisir la nomination de Siu Che Tchang comme nouveau président de la République : l'autorité et le prestige dont jouit ce personnage éminent dans le Céleste Empire permettent de prévoir qu'il saura ménager prochainement un accord entre les deux partis et qu'un nouveau régime reconnu de tous pourra bientôt consacrer ses efforts et ses ressources à poursuivre l'œuvre nécessaire de réorganisation constitutionnelle, administrative et financière.

Dans des conditions que le conflit intérieur chinois rendait difficiles, le ministère des Affaires étrangères s'est efforcé non seulement de maintenir notre situation économique, mais aussi de la renforcer en vue de permettre à nos nationaux en Chine de profiter des possibilités énormes qu'y offrira l'après-guerre. Le Céleste Empire s'est en effet révélé comme l'un des marchés producteurs de matières premières les plus importants du monde ; il importe que nous puissions y développer non seulement nos acquisitions de ces matières premières, mais aussi nos ventes d'articles européens quand sa propre capacité d'achat se sera accrue. Un important groupement français, formé sous le nom de Compagnie générale d'Extrême-Orient par des sociétés industrielles et commerciales et des banques de premier ordre, s'est justement constitué en vue de poser sans retard les bases d'une action en Chine qui promet d'être féconde. Les Messageries maritimes et Le Creusot se sont intéressées conjointement dans une affaire importante de constructions navales à Shanghai. Enfin, plusieurs autres maisons françaises ont été également créées et tout fait prévoir un essor nouveau de notre commerce en Extrême-Orient.

Le rôle légitime que nous aspirons à jouer en Chine dans l'ordre économique nous incite à développer encore notre influence morale dont les deux facteurs principaux sont nos œuvres médicales et nos écoles : à cet égard, il serait nécessaire d'augmenter certaines des subventions que le Département des Affaires étrangères leur accorde ; il devient urgent également d'envisager l'organisation sur des bases solides de l'enseignement professionnel en Chine, si l'on veut que nos commerçants et nos industriels trouvent sur place le personnel technique nécessaire.

Il ne faut pas oublier que nous devons tendre, autant que possible, à prendre la place des Allemands dont l'effort, dans le domaine de l'enseignement comme dans celui des transactions commerciales, avait fourni en Chine des résultats déjà si remarquables.

Grâce à des subventions largement répandues, les Allemands avaient en effet réussi à créer dans les principaux ports ouverts de nombreuses écoles dont quelques-unes, notamment les écoles industrielles de Shanghai, Hankéou, Kiao-Tchéou et l'école de médecine de Shanghai, avaient acquis une influence réelle dans les milieux commerçants et industriels chinois. C'est là une voie où nous avons jusqu'ici marché avec quelque timidité : il importerait de regagner le temps perdu.

CPC, E-Asie, Chine, 1918-1940, vol. 37 (32CPCOM/37).

300

N.[1] *Paris, 5 décembre 1918.*

J'ai appris les détails qui suivent sur l'assassinat du tsar et de sa famille à Ekaterinbourg. L'homme qui m'a donné ces détails était emprisonné dans la prison d'Ekaterinbourg. La prison est située juste en face de l'habitation où l'ex-tsar et sa famille étaient gardés comme prisonniers par les soldats de la Garde Rouge.

Pendant la nuit du 17 juillet 1918, à une heure du matin, une automobile, conduite par des marins de la Garde Rouge, est arrivée devant ladite maison. Une bande de six ou sept marins et Lettons est entrée dans la maison, où elle est restée environ trois heures. De nombreux coups de feu ont été entendus. À quatre heures du matin, la bande des marins ivres est sortie de la maison en emportant un très gros paquet qui fut chargé avec la plus grande difficulté sur l'automobile, après quoi la voiture disparut.

---

[1] Ce mémorandum dont l'auteur reste inconnu n'a été communiqué « confidentiellement » que le 12 janvier 1919 au ministère des Affaires étrangères par l'intermédiaire du Commissariat général des Affaires de Guerre franco-américaines alors dirigé par Tardieu.

Dans la matinée, la rumeur se répandit rapidement que le tsar et sa famille avaient été assassinés. De nombreuses personnes se rendirent immédiatement à la maison pour visiter la chambre où habitaient les prisonniers. On constata qu'il y avait dans les murs trente-huit coups de balles. Le plancher était couvert de taches de sang. Des bouteilles vides gisaient par toute la chambre. Lorsqu'on souleva les planches du parquet on découvrit par places de grandes flaques de sang.

On affirme que tout d'abord les prisonniers furent attachés à leur chaise, après quoi les soldats les insultèrent, en particulier les grandes Duchesses, ainsi que Melle Hendrikova, précédemment dame d'honneur à la Cour impériale de Russie.

On dit que le tsarévitch fut tué le premier et qu'ensuite une orgie se passa. Les jeunes filles furent insultées et violées, et le tsar enchaîné fut obligé d'assister à cette scène. Après que les jeunes filles eurent été assassinées, le tsar implora que la tsarine fut tuée au moins sans autre outrage, ce qui fut accordé.

On ajoute que, lorsque la population apprit que le tsar et sa famille avaient été assassinés, elle remercia Dieu de ce qu'il avait délivré les ex-souverains de la Russie des tourments indicibles auxquels ils avaient été soumis pendant leur séjour sous la surveillance de la Garde Rouge.

On dit que la famille se composant de neuf personnes, était enfermée dans une petite chambre où il y avait à peine de la place pour deux personnes. La pièce à côté n'avait pas de porte et contenait un piano à moitié cassé. Les Lettons ivres et les marins forçaient les jeunes filles à jouer différentes danses sur ce piano et presque chaque soir des orgies avaient lieu jusque dans la nuit.

Le tsar était devenu presque fou à la suite des horreurs dont il était témoin ; en outre, les Gardes rouges ivres lui crachaient souvent au visage et l'assuraient qu'ils avaient le droit de le tuer à tout moment. L'assassinat du tsar et de sa famille a été exécuté d'après l'ordre du représentant du *Soviet bolcheviste d'Ekaterinbourg*, un Juif, du nom de *Coloschek*[1].

Dans la prison d'Ekaterinbourg, de nombreux et éminents Russes patriotes étaient gardés par les bolcheviks ; il y avait entre autres l'archevêque Hermogène. La nuit de Pâques, les prisonniers firent la demande d'être autorisés à assister à la messe. Cela leur fut toutefois refusé, par le même Coloschek. Les prisonniers s'adressèrent alors à l'archevêque Hermogène, en lui demandant de lire une prière de Pâques. L'archevêque Hermogène, homme très âgé et rendu presque fou par les horreurs auxquelles il avait assisté, donna son consentement à cette requête et une messe publique eut lieu dans la prison même. Le lendemain matin, les représentants du Soviet vinrent à la prison et l'archevêque Hermogène fut tiré de sa cellule. Une bande de marins, de juifs et de Lettons, commença à insulter l'archevêque Hermogène, à lui cracher au visage ; puis il fut rasé, ce qui est une insulte grave pour un prêtre en Russie, et ce qui est contraire à toutes les traditions religieuses. Les bolcheviks le frappèrent sur la tête, jusqu'à ce

---

[1] Il s'agit en réalité de Filipp Golochtchekine.

qu'il perdit connaissance, et le laissèrent de côté, jusqu'à ce qu'il revint à lui. C'est alors qu'il fut mené à la rivière, où on le jeta après lui avoir attaché un poids autour du cou.

Parmi les innombrables horreurs de la Terreur rouge des bolcheviks, il faut signaler que personne ne peut échapper à ses cruautés. Par exemple, un train chargé de prisonniers politiques russes, était parti d'Ekaterinbourg, pour une autre ville de l'Oural. Parmi les prisonniers qu'on emmenait, se trouvait un garçon âgé de treize ou quatorze ans. À une certaine station, où s'arrêtait le train, quelques-uns des prisonniers crachèrent par la fenêtre ; alors un fonctionnaire bolcheviste leur commanda à tous de sortir du wagon, le jeune garçon y compris. Le fonctionnaire bolcheviste prit son revolver et tua les prisonniers les uns après les autres sans excepter le jeune garçon et sans prononcer un mot, après quoi, le train quitta la station.

CPC, Z-Europe, URSS, 1918-1940, vol. 15 (117CPCOM/15).

301

M. Dutasta, Ministre de France à Berne,
À M. Pichon, Ministre des Affaires étrangères.

T. n° 2156. *Berne, 6 décembre 1918, 1 h. 25.*

(Reçu : 15 h. 20.)

Un informateur de confiance qui a eu l'occasion de s'entretenir avec le ministre des Affaires étrangères de l'Autriche allemande m'a rapporté que celui-ci considérait le rattachement de son pays à l'Allemagne fédérative et républicaine comme une fatalité inéluctable.

M. Otto Bauer fonde ce raisonnement non, comme on pourrait le croire, sur la volonté [qu'auraient] les populations de l'Autriche de se réunir à leurs voisins du nord, non plus que sur une communauté de langage et d'origine, mais sur les nécessités économiques. Le plus grand nombre de produits, nécessaires à l'industrie de l'Autriche allemande et ne provenant pas de son sol, notamment la houille, étaient importés avant la dissolution de la double monarchie des [autres] pays qui la composaient. La Hongrie, la Tchécoslovaquie, la Yougoslavie, comme l'Autriche allemande elle-même sont aujourd'hui également opposées au rétablissement de l'Empire ainsi qu'à la constitution d'un lien fédéral. D'autre part, ce dernier pays se rend compte de l'[inertie] qui le sépare des nouveaux États slaves, ses voisins. Cette inertie est telle qu'il ne pourra conclure avec eux-mêmes de simples conventions commerciales.

Il se voit, par suite, au dire de M. Otto Bauer, dans l'obligation, pour recevoir les produits nécessaires à son existence, de se tourner vers l'Allemagne.

Télégrammes, Berne, Arrivée, 1918, vol. 892 (304QONT/892).

302

M. Pichon, Ministre des Affaires étrangères,
  À. M. Jusserand, Ambassadeur de France à Washington.

T. n° 4162. *Paris, 6 décembre 1918, 22 h. 20.*

Chiffré.

Le ministre de France à Pékin m'apprend que le ministre chinois des Affaires étrangères s'est embarqué le 1er décembre pour Washington et la France afin de représenter la Chine à la Conférence de la Paix.

Il emmène avec lui un conseiller du Wai Kiao Pou[1], M. Cuang King-Ki que M. Conty avait dû mettre à la porte de la légation de France en raison de ses intrigues contre nous, et que MM. de Martel et Boppe ont dû tenir à l'écart pour les mêmes raisons.

Je vous serais obligé de faire savoir au ministre des Affaires étrangères de Chine à son passage à Washington qu'il serait désagréable au gouvernement français de recevoir M. Cuang King-Ki sur son territoire et qu'il est préférable en conséquence que M. Cuang n'accompagne pas M. Lou en France.

Télégrammes, Washington, Départ, 1918, vol. 6363 (304QONT/6363).

303

M. Pichon, Ministre des Affaires étrangères,
  À. M. Conty[2], Ministre de France à Copenhague,
  M. Bapst, Ministre de France à Christiania,
  M. Delavaud, Ministre de France à Stockholm,
  M. Jusserand, Ambassadeur de France à Washington,
  M. Cambon, Ambassadeur de France à Londres,
  M. Barrère, Ambassadeur de France à Rome,
  M. Dutasta, Ambassadeur de France à Berne,
  M. Dard, Chargé d'Affaires à Madrid,
  M. Defrance, Ministre de France à Bruxelles,
  M. Allizé, Ministre de France à La Haye,
  M. de Fontenay, Ministre de France à Corfou,
  M. de Billy, Ministre de France à Athènes.[3]

T. n°s 565 ; 641 ; 751 ; 4181 ; 6775 ; 4548 ; *Paris, 6 décembre 1918, 23 h.*
2491 ; 1424 ; 710 ; 878 ; 226 ; 604.

Chiffré.

Question du Slesvig.

Pour tous sauf Copenhague : J'adresse le télégramme suivant au ministre de France à Copenhague.

---

[1] Ministère chinois des Affaires étrangères.

[2] Avant d'être ministre de France à Copenhague (à partir de janvier 1918), Conty est ministre de France à Pékin entre mai 1912 et septembre 1917.

[3] Communiqué à Guerre et à Marine.

Pour tous : Je me réfère à votre télégramme 740[1].

L'ambassadeur d'Angleterre m'a entretenu, au nom de son gouvernement, de la communication qui a été faite par le gouvernement danois aux représentants alliés à Copenhague, de la résolution votée le 17 novembre à Aabenraa par les électeurs du Slesvig du Nord tendant à obtenir la reconnaissance de leurs droits à la Conférence de la Paix, en exprimant leur ardent désir d'être réunis au Danemark.

Le gouvernement danois, en transmettant ce document, s'était borné à exprimer l'espoir que la question du Slesvig interviendrait conformément à l'esprit de cette résolution et exprimait le désir de connaître la procédure à suivre ultérieurement pour atteindre ce but, conformément à l'espoir des Danois.

D'accord avec le gouvernement britannique, j'estime qu'il convient de répondre au gouvernement danois qu'il doit, s'il désire le règlement de l'affaire, présenter aux Alliés une demande officielle tendant à soumettre cette question à la Conférence de la Paix.

Télégrammes, Washington, Départ, 1918, vol. 6363 (304QONT/6363).

304

M. Pichon, Ministre des Affaires étrangères,
À destinataires non désignés.

T. s.n[2]. *Paris, 6 décembre 1918.*

La brutalité et l'inhumanité qui ont caractérisé depuis le début de la guerre l'attitude des autorités militaires et civiles allemandes à l'égard des prisonniers alliés viennent de se manifester de nouveau dans des conditions particulièrement odieuses au camp de Langensalza.

D'après les premières nouvelles qu'avait reçues l'ambassadeur d'Espagne à Berlin, neuf prisonniers français avaient été tués à bout portant par les troupes allemandes de garde du camp et quinze autres blessés grièvement.

Deux délégués de l'ambassade d'Espagne furent aussitôt envoyés à Langensalza et leur enquête a confirmé le crime abominable commis contre de malheureux prisonniers français qui attendaient patiemment leur prochaine délivrance.

---

[1] Dans ce télégramme envoyé le 30 novembre à 15 h. (reçu le 1er décembre à 14 h. 10), il est fait mention d'une résolution votée le 17 novembre par l'association des électeurs du Slesvig du nord. Le gouvernement danois aimerait savoir la procédure à suivre pour répondre au vœu de cette résolution ainsi qu'à celui de la motion votée par le parlement danois le 23 octobre et allant dans le même sens.

[2] En marge : « envoyé directement par M. Clemenceau ». « Copie envoyée aux prisonniers de guerre et à administration ».

Du rapport des délégués espagnols il résulte, ainsi que le ministre d'Espagne à Berne l'a fait savoir au gouvernement français, que l'attitude des prisonniers n'a aucunement justifié la sauvagerie de la répression.

Une enquête approfondie va être immédiatement poursuivie et le gouvernement français est décidé à ne pas laisser impuni ce nouveau crime, qui vient s'ajouter à la longue série des violences commises en toute occasion par les agents allemands sur terre et sur mer.

L'opinion publique a été profondément émue en France et en Angleterre, quand on a vu revenir d'Allemagne les spectres et les martyrs que nos barbares ennemis se voyaient contraints de laisser rentrer dans leur patrie.

Elle ressentira plus violemment encore la méchanceté raffinée qui assassine le libéré sur le seuil même de sa prison. De tels attentats révoltent la conscience et viennent grossir encore le passif déjà si chargé de l'Allemagne.

CPC, Z-Europe, Allemagne, 1918-1940, vol. 181 (78CPCOM/181).

305

M. Jusserand, Ambassadeur de France à Washington,
  À M. Pichon, Ministre des Affaires étrangères.

T. n° 1764. Washington, s. d.

(Reçu : 7 décembre 1918, 10 h.)

Voyage de Wilson.

La polémique soulevée par le voyage présidentiel que dominait l'esprit de parti stimulé par les dernières élections s'apaise devant le fait accompli. On sent que l'intérêt national impose l'union. Dans un article paru ce matin, M. Taft avec son autorité et son esprit juridique approuve l'action du Président dont la présence en France, dit-il, sera utile au monde en imprimant un caractère démocratique aux Conférences de la Paix et en permettant à M. Wilson de travailler en harmonie avec les ministres dirigeants de la France, de l'Angleterre et de l'Italie.

Quant à la constitutionnalité du voyage, M. Taft la tient pour non douteuse, aucun texte ni aucun usage n'empêchant le Président d'aller en Europe pour s'acquitter d'une des fonctions de sa charge, expressément conférée par la récente Constitution et qui consiste à conclure la paix avec le consentement des deux tiers du Sénat.

M. Roosevelt lui-même aurait une tendance à se montrer moins intransigeant. Il se borne à conseiller au chef de l'État de se comporter en allié et non en arbitre. Les discussions du Sénat où le ressentiment est profond n'intéressent que peu.

CPC, A-Paix, 1914-1918, vol. 29 (4CPCOM/29).

306

M. Pichon, Ministre des Affaires étrangères,
  à M. Jusserand, Ambassadeur de France à Washington.

T. n°s 4183-4486.　　　　　　　　Paris, 7 décembre 1918, 10 h. 20.

Chiffré.

Je réponds à vos télégrammes n°s 1699 et 1709[1].

Je prends acte de la déclaration du secrétaire d'État adjoint qui vous a affirmé d'une part que le gouvernement fédéral n'avait aucune intention d'établir un protectorat sur le Liberia ni d'apporter un changement dans le statut international de ce pays et d'autre part que les intérêts français au Liberia seront sauvegardés et que notre liberté économique n'y subira aucune entrave.

Mais si le plan financier que vous m'avez exposé est mis à exécution avec ses conséquences, il s'agit bien cependant de l'établissement d'un véritable protectorat des États-Unis sur le Liberia, dont toute l'administration sera placée sous le contrôle de cette seule Puissance qui en assurera par suite la responsabilité. Si telle n'est pas l'intention du gouvernement fédéral, je ne vois pas qu'il puisse décliner l'invitation des gouvernements français et britannique de collaborer à égalité au relèvement financier de la République noire, et de continuer l'œuvre commencée en 1912, l'Allemagne en étant exclue bien entendu.

L'entente financière établie en 1912[2] n'a pas donné, dit-on, les résultats attendus ; cela tient sans doute, d'une part à l'insuffisance des fonds avancés

---

[1] Dans ce télégramme n° 1699 du 25 novembre 1918, Jusserand informe Pichon que le secrétaire d'État américain lui a fait remettre un mémorandum exposant un « plan de réorganisation financière que le gouvernement fédéral se propose d'appliquer au Libéria en utilisant l'ouverture de crédit de 5 millions de dollars récemment consentie par le trésor américain à cette République ». Ce projet prévoit notamment le réajustement de la dette extérieure libérienne, la création d'une recette américaine des douanes et revenus intérieurs, le paiement des arriérés de l'emprunt de 1912, le paiement de tous les arriérés de salaires grâce aux avances américaines. Dans le télégramme n° 1709 du 27 novembre, Jusserand précise avoir indiqué au département d'État « combien le gouvernement français aurait lieu d'être surpris de voir le gouvernement américain se départir plus jamais encore qu'auparavant de l'attitude qu'il avait observée d'abord au Libéria, d'accord avec la France et l'Angleterre assumant aujourd'hui vis-à-vis de cette république un rôle de protecteur effectif ». Le premier secrétaire d'État adjoint, Phillips, lui a répondu « qu'il ne s'agit nullement de l'établissement d'un protectorat ou quoi que ce soit qui y ressemble ni d'un changement dans le statut international du Libéria. Seuls l'intérêt très réel que porte à ce pays la très nombreuse population noire des États-Unis, les demandes réitérées que le gouvernement libérien en a faites lui-même, enfin les mauvais résultats du concours financier prêté conjointement au Libéria par les Puissances ayant participé à l'[œuvre] de 1912, ont rendu nécessaire un effort nouveau et sérieux pouvant assurer l'existence et le développement normal de la petite république. Aucune chance de succès n'était à prévoir si le prêteur ne conservait le contrôle de l'emploi des fonds, le gouvernement américain s'est résolu à adopter le plan financier et administratif qui vous a été communiqué ». Jusserand ajoute qu'il a « reçu l'assurance formelle que nos intérêts au Libéria seront sauvegardés et que notre liberté économique ne subira aucune entrave ».

[2] Le gouvernement libérien avait contracté en 1912 un emprunt de 1 700 000 dollars auprès de diverses banques européennes.

à la République noire, de l'autre aux intrigues de l'Allemagne qui cherchait à acquérir la prépondérance au Liberia.

Ainsi que j'ai eu à plusieurs reprises l'occasion de vous le faire savoir et en dernier lieu par ma lettre n° 828 du 8 novembre[1], le gouvernement français n'a aucune visée qui menace l'indépendance ni l'intégrité du Liberia ; il désire seulement participer au développement économique d'un pays limitrophe de possessions françaises qui auront avec le Liberia des rapports nécessaires de voisinage.

Je vous ai déjà prié d'indiquer au gouvernement fédéral que nous étions prêts, comme le gouvernement anglais, à participer à l'Emprunt libérien. Vous ne m'avez pas rendu compte de l'accueil qu'a rencontré cette proposition. Vous voudrez bien la renouveler et me faire part du résultat de votre démarche.

Je prie notre ambassadeur à Londres d'intervenir auprès du gouvernement britannique en vue de l'envoi d'instructions similaires à votre collègue britannique.

Télégrammes, Washington, Départ, 1918, vol. 6363 (304QONT/6363).

307

M. Pichon, Ministre des Affaires étrangères,
À M. Dard, Chargé d'Affaires à Madrid,
M. Cambon, Ambassadeur de France à Londres,
M. Barrère, Ambassadeur de France à Rome,
M. Defrance, Ministre de France à Bruxelles,
M. Dutasta, Ambassadeur de France à Berne,
M. Jusserand, Ambassadeur de France à Washington.

T. n°s 1429 ; 6797 ; 4561 ; 714 ; 2497 ; 4196.   *Paris, 7 décembre 1918, 22 h. 40.*

Par courrier.

Voici le résumé d'un rapport du ministre de France à La Haye et de différentes informations, au sujet de la présence de l'ex-Empereur d'Allemagne en Hollande.

Le ministre hollandais des Affaires étrangères a estimé, sur la foi seule d'une communication faite par M. Solf, qu'à la date du 13 novembre, l'Empereur ayant déjà abdiqué devait être traité comme un interné civil à qui une résidence fixe est assignée. Cette déclaration du docteur Solf

---

[1] Dans cette lettre n° 828 du 8 novembre 1918, Pichon souhaite que l'opération financière envisagée au Libéria ne soit pas limitée au gouvernement des États-Unis : « Il conviendrait que l'avance consentie au profit de l'État libérien fût partagée entre les trois gouvernements français, britannique et fédéral ».

n'aurait pas dû tenir lieu aux yeux du gouvernement hollandais de l'acte même d'abdication qui, vrai ou simulé, date du 28 novembre.

D'autre part, l'arrivée par train spécial de Guillaume II, le peu de surveillance et de contrôle dont il est l'objet, toutes les facilités de libre communication qui lui sont faites par les autorités hollandaises (il a un service télégraphique spécial à sa disposition), constituent autant de faits dont le gouvernement hollandais est responsable.

Cette situation, rapprochée des événements qui se succèdent actuellement en Allemagne doit inciter les gouvernements alliés à une grande circonspection. La méthode avec laquelle a été conduite la révolution, la simultanéité sans soubresaut ni réaction avec laquelle, du plus petit au plus grand, les princes ont abandonné leur couronne, le ralliement général des plus hauts fonctionnaires de l'Empire au nouveau gouvernement, l'attitude même de l'Empereur, qui est bien plus celle d'un monarque momentanément frappé par le sort que celle d'un souverain à jamais déchu, donnent à penser que l'Allemagne a obéi à un mot d'ordre.

La révolution allemande aurait surtout pour objet d'obtenir du président Wilson des conditions de paix plus modérées en donnant à ce dernier l'impression qu'il tient entre ses mains la destinée d'un peuple qui peut être par lui précipité dans le bolchevisme ou sauvé par lui de ce fléau.

Télégrammes, Washington, Départ, 1918, vol. 6363 (304QONT/6363).

308

M. Conty, Ministre de France à Copenhague,
À M. Pichon, Ministre des Affaires étrangères.

T. n° 780.   *Copenhague, 8 décembre 1918, 13 h. 40.*

(Reçu : le 9, 16 h. 20.)

Les journaux allemands du 7 décembre et les journaux danois du 8 rendent compte des conflits sanglants qui ont eu lieu le 6 dans les rues de Berlin. On attribue l'initiative et la responsabilité du mouvement au groupe Spartakus[1] qui cherche à renverser le gouvernement Ebert-Haase. Il y a eu une soixantaine de morts et de blessés. Les comités des ouvriers de Berlin ont pris parti pour le gouvernement.

CPC, Z-Europe, Allemagne, 1918-1940, vol. 264 (78CPCOM/264).

---

[1] Le groupe spartakiste, nommé ainsi depuis 1916, représenta à partir de 1917 l'aile gauche du parti social-démocrate indépendant (USPD). Il fut rebaptisé « ligue spartakiste » dans le sillage de la révolution de novembre 1918 par ses fondateurs Karl Liebknecht et Rosa Luxemburg. Il devint le 1er janvier 1919 le parti communiste allemand (KPD).

309

M. Berthelot, Adjoint au Directeur des Affaires politiques et commerciales,
   À M. Cambon, Ambassadeur de France à Londres,
   M. Blanche, Consul de France à Dublin,
   M. Allizé, Ministre de France à La Haye,
   M. Bapst, Ministre de France à Christiania,
   M. Delavaud, Ministre de France à Stockholm,
   M. Conty, Ministre de France à Copenhague,
   M. de Saint-Aulaire, Ministre de France à Bucarest,
   M. de Fontenay, Ministre de France à Salonique,
   M. de Billy, Ministre de France à Athènes,
   M. Barrère, Ambassadeur de France à Rome,
   M. Dutasta, Ambassadeur de France à Berne,
   M. Dard, Chargé d'Affaires à Madrid,
   M. Daeschner, Ministre de France à Lisbonne,
   M. Jusserand, Ambassadeur de France à Washington,
   M. Regnault, Ambassadeur de France à Tokyo,
   M. Couget, Ministre de France à Mexico,
   M. Mohr, Ministre de France à Quezaltenango,
   M. Petit Lebrun, Ministre de France à Bogota,
   M. Fabre, Ministre de France à Caracas,
   M. Claudel, Ministre de France à Rio de Janeiro,
   M. Lefaivre, Ministre de France à Montevideo,
   M. Gaussen, Ministre de France à Buenos Aires,
   M. Loiseleur des Longchamps-Deville, Ministre de France à Assomption,
   M. Gilbert, Ministre de France à Santiago du Chili,
   M. des Portes de la Fosse, Ministre de France à Lima,
   M. Boeufvé, Ministre de France à Quito,
   M. Dejean de la Batie, Ministre de France à Port-au-Prince,
   M. De Clercq, Ministre de France à La Havane,
   M. Boppe, Ambassadeur de France à Pékin,
   M. Lecomte, Chargé d'Affaires à Téhéran,
   M. Lefèvre-Pontalis, Ministre de France à Bangkok,
   M. Georges-Picot, Haut-Commissaire de la République française en Palestine (Le Caire),
   M. de Coppet, Ministre de France à Addis-Abeba,
   M. Flandin, Résident général à Tunis,
   M. le Général Lyautey, Commissaire résident général à Rabat,
   M. Ponsot, Consul de France à Montréal,
   M. Boudet, Ministre de France à La Paz,
   M. Perroud, Chargé d'Affaires à Saint-Domingue,
   M. Lefeuvre-Méaulle, Consul de France à Calcutta,
   M. Chayet, Consul de France à Sydney,
   M. Rodde, Consul général de France à Johannesburg,

M. de Simonin, Chargé d'Affaires à Panama,
M. Castaing, Gouverneur de la Côte d'Ivoire, gérant du Consulat de France à Monrovia,
M. Guy, Consul de France à Zanzibar,
M. de Courthial, Vice-Consul de France à Porto-Rico,
M. Serre, Vice-Consul de France à La Trinité,
M. Danjou, Vice-Consul de France à Singapour,
M. Noble, gérant le Vice-Consulat de France à Batavia,
M. Paillard, Vice-Consul de France à Manille.

T. n°s 6845 ; 10 ; 886 ; 645 ; 759 ; 570 ; 759 ; 246 ; 611 ; 4580 ; 2508 ; 1431 ; 291 ; 4198 ; 673 ; 174 ; 57 ; 65 ; 69 ; 798 ; 138 ; 507 ; 29 ; 98 ; 44 ; 28 ; 35 ; 88 ; 549 ; 110 ; 86 ; 324 ; 47 ; 665 ; 878 ; 124 ; 44 ; 22 ; 75 ; 54 ; 17 ; 60 ; 49 ; 22 ; 11 ; 21 ; 41 ; 43 ; 16.

Paris, 8 décembre 1918, 15 h.

Bureau des Services économiques.

Chiffré.

Action économique des pays alliés sur les marchés étrangers.

M. le ministre du Commerce insiste sur l'urgence de l'enquête que je vous ai prié de faire le 27 novembre dernier sur l'action économique des pays alliés à l'étranger[1]. Ce sont les indications figurant à l'alinéa 4 qui lui sont dès maintenant les plus nécessaires. Je vous prie de me les adresser, si besoin est, par le télégraphe.

Il lui est en effet indispensable de posséder au plus tôt des indications statistiques permettant de chiffrer, de façon positive, d'une part l'augmentation ou la diminution des importations des divers pays de l'Entente dans les différents pays étrangers qui peuvent servir de débouchés à nos produits, et d'autre part, par comparaison, les augmentations ou diminutions des importations de produits français dans ces mêmes pays.

Télégrammes, Washington, Départ, 1918, vol. 6364 (304QONT/6364).

---

[1] Document non retrouvé.

310

M. Barrère, Ambassadeur de France à Rome,
 À M. Pichon, Ministre des Affaires étrangères.

T. n° 3013. Rome, 8 décembre 1918, 21 h.

(Reçu : le 9, 3 h. 35.)

Au cours d'une audience pontificale où le Pape a fait preuve à son égard de beaucoup de cordialité et d'empressement, il a témoigné à Mgr Duchesne de son vif désir à l'occasion de la reprise de l'Alsace-Lorraine par la France de reprendre des relations avec le Gouvernement de la République. Mgr Duchesne a répondu qu'il désirait lui aussi ce retour de rapports, mais qu'il ne pouvait cacher qu'en ce moment l'esprit public en France y était peu porté en raison des circonstances et qu'il n'était pas favorable au Saint Père : « Oui, je sais que j'ai en France une mauvaise presse ».

Cette considération n'a pas empêché le Pape d'insister sur la nécessité du rétablissement. De ce qu'il a dit à ce propos à notre éminent compatriote, je retiens surtout l'assurance donnée qu'au cas où la France se prêterait à une reprise, il ne ferait pas de difficultés pour reconnaître qu'elle pouvait demander au Saint-Siège des garanties pour la nomination des évêques et qu'il était prêt à les donner.

Mgr Duchesne m'a autorisé à faire état de ces conversations auprès de […][1] et de M. Clemenceau seulement.

CPC, A-Paix, 1914-1918, vol. 287 (4CPCOM/287).

311

M. Barrère, Ambassadeur de France à Rome,
 À M. Pichon, Ministre des Affaires étrangères.

T. n° 2995. Rome, 8 décembre 1918, 21 h. 30.

Secret. (Reçu : 14 h.)

Le secret et la Conférence de Paix.

L'*Associated Press* américaine envoie à Paris ses représentants de Washington et de Rome, en vue de la conférence préliminaire des Alliés. M. Stone, directeur de cette importante agence, est à bord du navire qui amène M. Wilson. Étant donné les habitudes américaines et les intentions

---

[1] Lacune de déchiffrement.

prêtées au Président de faire de la diplomatie publique, le gouvernement français aura à prendre ses précautions pour éviter que le secret des délibérations des délégués alliés ne soit pas maintenu. Ce secret est de style en toute conférence. Son importance sera plus grande demain. Il est évident en effet que les représentants des belligérants alliés auront le plus grand intérêt à dérober jusqu'au dernier moment à l'ennemi les conditions qu'il entend lui imposer.

CPC, A-Paix, 1914-1918, vol. 22 (4CPCOM/22).

312

M. Pichon, Ministre des Affaires étrangères,
à M. Romanones, Président du Conseil des Ministres d'Espagne.

L. *Paris, 8 décembre 1918.*

Mon cher Président et Ami,

Mr Quiñones de León m'a remis votre lettre personnelle du 30 novembre dernier[1]. Les sentiments généraux qu'elle exprime sur les rapports d'amitié qui doivent exister entre nos deux pays et leurs deux gouvernements concordent entièrement – vous le savez – avec ma propre pensée. Je reste convaincu, comme je l'ai toujours été, que la tranquillité et la prospérité de l'Espagne importent grandement à celles de la France, et que la politique des deux nations doit s'inspirer à l'extérieur des vues communes et se développer dans une entente de plus en plus étroite.

En ce qui regarde le point spécial se rapportant au Maroc, j'estime que nous aurons forcément à négocier ensemble, la question marocaine étant naturellement destinée à être traitée au cours des négociations de paix. Elle

---

[1] Dans cette lettre rédigée en français, Romanones redevenu chef du gouvernement espagnol le 5 décembre indique : « Les circonstances actuelles, à mon avis, nous sont complètement favorables. D'une part, la France victorieuse, ainsi que je l'avais prévu dès le début de la guerre, possède l'autorité et les éléments nécessaires pour nous aider ; d'autre part l'Espagne enrichie et tranquille, dispose de moyens qui lui permettent de coopérer efficacement à une actions (*sic*) concertée avec la France ». Le chef du gouvernement espagnol estimant que l'Espagne est désormais placée « au cinquième rang des Puissances » après la France, l'Angleterre, les États-Unis et l'Italie, souhaite donc que ces dernières reconnaissent à l'Espagne « son rang et lui prêtent assistance tant au point de vue politique qu'économique ». Il « s'agit de fortifier sa souveraineté et son indépendance nationales, tout en lui prêtant aide pour conserver ses institutions monarchiques, seules capables de maintenir l'ordre et de faciliter son développement, et de respecter, naturellement, son intégrité territoriale, péninsulaire et insulaire, ainsi que son modeste protectorat au Maroc, qui doit toujours fonctionner en parfait accord avec celui de la France. Quant aux intérêts économiques, des ententes spéciales commerciales et financières, devront y pourvoir ». Le comte de Romanones réclame donc la participation de l'Espagne à la future Conférence de la Paix. Il conclut sa lettre par un appel à l'établissement de liens étroits entre l'Espagne et la France : « Partout nous pouvons et devons nous entendre, et pour y arriver tous nos efforts doivent tendre à un travail de coordination et de respect mutuels, basé sur une grand (*sic*) franchise réciproque. Nous avons besoin de clarté et de sincérité, éléments essentiels de la nouvelle diplomatie, ennemie du mystère et de la fausseté. Je vous parle en ami et me sers de votre propre langage. [...] J'attends de vous, mon cher ami, des réponses catégoriques ; tous nos efforts seraient inutiles si nous ne comptons pas sur le bon vouloir de la France ».

le sera déjà par le seul fait que la France demandera à être totalement délivrée des entraves internationales que lui créaient l'acte d'Algésiras[1] et les conventions subséquentes que l'Allemagne a déchirées en nous déclarant la guerre. Nous aurons évidemment à nous entendre, vous, l'Angleterre et nous sur ce qui concerne la situation spéciale des trois États.

En ce qui touche la participation des pays neutres à la Conférence de la Paix, les Puissances alliées auront à se prononcer à la fois sur le principe de leur participation et sur les conditions dans lesquelles elle serait éventuellement réglementée. Il me paraît toutefois évident qu'ils ne pourront prendre part aux délibérations des pays alliés pour l'établissement des conditions de paix avec leurs ennemis. Je sais que vous avez toujours été de ceux qui, en Espagne, ont préconisé une politique d'entente avec la France et avec les États qui ont pris part à la guerre à côté d'elle. Je ne puis pas ne pas regretter que vos conseils n'aient pas été mieux suivis. Ils étaient, à mon avis – et je m'explique à ce sujet parce que votre lettre m'y autorise – tout à fait conformes à l'intérêt de votre noble patrie et à la cause du gouvernement royal.

Lorsque vous me conviez à maintenir et à développer la politique de 1902, poursuivie en 1904 et 1905, puis en 1907 et en 1913[2], vous répondez à ma manière de voir intime. Vous me trouverez toujours prêt à seconder vos vues dans cet ordre d'idées. La guerre qui s'achève, ses péripéties et sa conclusion n'ont fait que confirmer ma conviction.

J'ai vu avec grand plaisir, mon cher ami, votre rentrée aux affaires comme ministre d'État et président du Conseil. Je suis persuadé que l'Espagne et la France ne pourront que profiter de votre lumineuse expérience, de votre dévouement et de votre haute autorité et je vous prie de croire à mes sentiments bien affectueusement amicaux.

CPC, Z-Europe, Espagne, 1918-1940, vol. 31 (86CPCOM/31).

---

[1] L'acte général de la conférence d'Algésiras a été signé le 7 avril 1906 par l'Allemagne, l'Autriche-Hongrie, la Belgique, l'Espagne, les États-Unis, la France, la Grande-Bretagne, l'Italie, le Maroc, les Pays-Bas, le Portugal, la Russie et la Suède. Il organise l'internationalisation de la mise en valeur du Maroc (liberté du commerce et égalité entre tous les États), tout en conférant une position privilégiée à la France (dans la banque d'État du Maroc, dans l'organisation de la police des ports, en association avec l'Espagne).

[2] En 1902, la France et l'Espagne avaient élaboré un accord sur la répartition des zones d'influence au Maroc (tout le nord du pays – jusqu'à Fès incluse – reviendrait à l'Espagne, la France établirait son contrôle sur le reste du pays). Suite à une crise ministérielle en Espagne, le texte ne fut pas ratifié. L'Espagne adhéra alors à la convention paraphée le 8 avril 1904 entre la France et la Grande-Bretagne (« entente cordiale ») et obtint que des droits lui fussent réservés sur la côte méditerranéenne du Maroc. Un accord en grande partie secret fut ainsi conclu avec la France le 3 octobre 1904 qui préludait à un futur partage du Maroc en « sphères d'influence ». Un protocole additionnel secret fut signé le 1er septembre 1905. Du 30 mai au 2 juin 1905, le roi Alphonse XIII fut reçu en France, puis le Président de la République, Émile Loubet, accompagné du président du Conseil et ministre des Affaires étrangères, Maurice Rouvier, se rendit à son tour en Espagne du 23 au 26 octobre 1905 (ce fut la première visite officielle d'un chef d'État français en Espagne). La Convention de Carthagène en 1907 confirma l'entente de l'Espagne avec la France et la Grande-Bretagne, en garantissant le maintien du statu quo territorial entre les trois Puissances en Méditerranée et pour leurs territoires de la côte atlantique (en Afrique et en Europe). En 1913, le Président de la République, Raymond Poincaré, effectua un voyage officiel en Espagne, à l'invitation du roi Alphonse XIII, dans le but d'examiner notamment les modalités d'application de la convention de Fès, du 30 mars 1912, qui instaurait le protectorat de la France au Maroc.

313

N.[1] Paris, 8 décembre 1918.

Rhodes

1.- La France s'est engagée par le Traité de 1915 (26 avril) à laisser Rhodes à l'Italie.

2.- Actuellement les Grecs et les Italiens ont fait un accord qui concerne Rhodes. Il semble (source anglaise) que les Italiens aient promis un plébiscite à Rhodes – annexion à la Grèce – si dans un délai de 3 ans, l'Angleterre cède Chypre à la Grèce.

3.- Les Américains veulent le plébiscite – annexion à la Grèce.

Actuellement le statut légal de Rhodes, c'est qu'elle est turque, mais nous sommes en guerre avec la Turquie.

En fait, pendant la guerre, nous avons, en raison du traité de 1915, agi effectivement comme si nous reconnaissions l'autorité italienne à Rhodes.

Il est impossible de rattacher *maintenant* Rhodes à l'Italie. On aurait pu le faire avant l'ouverture de la Conférence. Il faut laisser les choses en l'état jusqu'à l'attribution de Rhodes par la Conférence et se borner à ne pas contester l'autorité de fait des Italiens. Les Français ne peuvent-ils en cas d'urgence, s'adresser à l'autorité judiciaire locale, c'est-à-dire italienne ?

CPC, Z-Europe, Italie, 1918-1940, vol. 195 (97CPCOM/195).

314

M. Barrère, Ambassadeur de France à Rome,
  à. M. Pichon, Ministre des Affaires étrangères.

D. n° 556. Rome, 8 décembre 1918.

Secret.

Mission Haldane à Berlin en 1913.

Monsieur le Ministre,

Parmi les épisodes notoires qui ont précédé la guerre et dont on peut dire qu'ils font partie intégrante des préliminaires de l'agression allemande, figure dans une bonne place la mission en Allemagne de M. Haldane, alors

---

[1] Mentions manuscrites en tête du document : « [La sous-direction] d'Europe voudrait avoir l'approbation de M. Fromageot ou (éventuellement) sa désapprobation ». Signé : Berthelot. « Approuvé la conclusion. » Signé : Fromageot (jurisconsulte du département des Affaires étrangères).

ministre de la Guerre. Le Département connaît trop bien cet ancien collaborateur de M. Asquith pour qu'il soit nécessaire de qualifier le rôle qu'il joua dans les rapports de l'Angleterre et de l'Allemagne. Ayant bu beaucoup de bière dans les universités allemandes, il s'était constitué auprès de ses compatriotes le champion du pays qu'il considérait comme sa « patrie spirituelle ». Ami de Sir Edouard Grey, sur lequel il exerça, dit-on, une regrettable influence, il se porta garant jusqu'à la dernière heure de la pureté des intentions de l'Allemagne, et recula les limites de la niaiserie où peut se complaire un homme public anglais quand il commence à déraisonner.

Lord Haldane avait d'ailleurs dans le cabinet à qui parler. Celui-ci contenait un nombre de pacifistes de marque qui en constituaient même la majorité, et dont était l'actuel Premier anglais en personne. Sir Edouard Grey, pour établir des relations amicales avec l'Empire allemand, avait fait litière d'intérêts nationaux de premier ordre. Heureusement pour la Grande-Bretagne et pour nous, il ne se trouva pas à Berlin, de l'Empereur et le Chancelier jusqu'à M. de Jagow et M. Zimmermann, un esprit assez prévoyant pour accueillir ces avances dangereuses pour la liberté du monde. Le fond de la pensée de Sir Edouard Grey et de ses principaux collègues, c'était qu'il fallait faire avec l'Allemagne une édition nouvelle de l'Entente cordiale, et de balancer l'une par l'autre. Un homme était désigné pour tenter l'aventure ; c'était Lord Haldane. La mission en Allemagne de son fervent disciple fut donc décidée. Lord Haldane partit pour Berlin, offrit tout, fut éconduit, et rentra bredouille.

J'avais cru jusqu'ici comme beaucoup d'autres que cette célèbre et pitoyable mission avait son origine naturelle dans les tendances du gouvernement. Des confidences que j'ai reçues récemment portent qu'il en fut autrement. Voici comment : M. Luzzatti, c'est de lui que je tiens ce qui suit, reçut en 1913 de M. Jagow une invitation à déjeuner. L'ambassadeur allemand lui écrivait qu'il désirait le consulter sur une question politique d'importance. Il avait invité aussi à cet effet son collègue anglais sir Rennell Rodd. Il est bon de rappeler ici, pour l'intelligence de ce qui suit, que Sir Rennell Rodd avait avec M. de Jagow des rapports d'amitié particuliers. Au déjeuner qui eut lieu à trois à l'ambassade d'Allemagne, M. de Jagow et son collègue anglais mirent sur le tapis les relations anglo-allemandes. L'un et l'autre furent d'accord sur l'importance décisive qu'il y aurait à établir entre Londres et Berlin une entente parfaite basée sur des intérêts communs.

S'étant entendus sur les principes, les deux diplomates examinèrent le mode d'exécution. L'ambassadeur allemand ouvrit l'avis que les voies ordinaires de la diplomatie n'étaient pas indiquées pour un accord d'une telle nature. Selon lui, c'était un homme politique que le gouvernement anglais devait charger de porter des propositions à Berlin. Sir Rennell Rodd accueillit avec empressement cette ouverture. Il dit qu'un homme lui paraissait tout désigné pour une telle mission : c'était Lord Haldane. Il ajouta qu'il entretiendrait son gouvernement et de l'entreprise diplomatique et de l'opportunité d'en confier l'exécution à Lord Haldane.

Il ressort donc de ce qui précède que la mission Haldane à Berlin naquit d'un colloque à l'ambassade d'Allemagne à Rome, et que Sir Rennell Rodd en fut l'initiateur. M. Luzzatti m'a assuré, en témoin oculaire, qu'il ne pouvait y avoir aucun doute à cet égard. J'ai cru qu'il n'était pas indifférent de reproduire ici son témoignage, qu'il m'a donné spontanément, à titre secret. Je ne ferai d'autre commentaire, en ce qui concerne la participation de mon collègue anglais à cette affaire, que la mission de Lord Haldane à Berlin ne pouvait être conçue pour notre agrément ; que notre avis ne fut pas demandé pour la réaliser ; que cette mission, si elle avait réussi, annulait ou peu s'en faut l'objet et les conséquences de l'Entente cordiale avec la France ; et qu'enfin elle assurait à tout jamais l'hégémonie de l'Empire allemand sur le monde. Tel est ce qui faillit sortir d'un colloque anglo-allemand au Palais Caffarelli.

Veuillez agréer, Monsieur le Ministre, les assurances de ma très haute considération.

CPC, Z-Europe, Grande-Bretagne, 1918-1940, vol. 36 (92CPCOM/36).

315

M. Pichon, Ministre des Affaires étrangères,
 à M. Clemenceau, Président du Conseil, Ministre de la Guerre
 (Groupe de l'Avant).

L. s.n. *Paris, 8 décembre 1918.*

Secret et urgent.

L'état-major de Bacon m'a fait communiquer un télégramme transmis par le général Nudant et ainsi conçu : « Ministère Guerre allemand a proposé à Ambassade espagnole organiser bureaux général Dupont dans locaux ambassade française et prie commission armistice française faire démarche dans même sens auprès de son gouvernement », transmis à toutes fins utiles. Fin de la citation.

Je vous serais obligé de faire savoir d'urgence au général Nudant que je verrais des inconvénients à laisser installer le général Dupont dans les locaux de l'ambassade de France à Berlin, et que je le prie en conséquence de décliner cette proposition.

Pour votre information confidentielle et celle du maréchal Foch, mes objections sont les suivantes :

1°/ La propagande allemande pourrait prendre prétexte de la présence du général Dupont à l'ambassade pour faire croire à une apparence de reprise de relations entre la France et l'Allemagne.

2°/ Le gouvernement allemand pourrait invoquer ce précédent pour réclamer le droit, pour ses délégués qui viendraient à Paris avant la reprise des relations diplomatiques, de descendre à l'ambassade d'Allemagne à Paris.

3°/ En cas de trouble à Berlin, la présence d'officiers français dans notre ambassade pourrait servir de prétexte pour couvrir des tentatives de violence contre elle.

4°/ Les archives et tous les documents placés sous scellés français et espagnol s'y trouvent sous la responsabilité de l'ambassadeur d'Espagne. Il y a intérêt à ce que nous ne reprenions pas possession de l'ambassade avant que la remise de ces archives et documents ne soit faite régulièrement par l'ambassadeur d'Espagne.

CPC, Z-Europe, Allemagne, 1918-1940, vol. 1 (78CPCOM/1).

316

M. Pichon, Ministre des Affaires étrangères,
    à M. Cambon, Ambassadeur de France à Londres,
    M. Barrère, Ambassadeur de France à Rome,
    M. Jusserand, Ambassadeur de France à Washington,
    M. Defrance, Ministre de France à Bruxelles,
    M. de Fontenay, Ministre de France à Corfou,
    M. de Billy, Ministre de France à Athènes,
    M. Dutasta, Ambassadeur de France à Berne,
    M. Dard, Chargé d'Affaires à Madrid.

T. n°s 6919 (par courrier) ; 4605 ;   Paris, 9 décembre 1918.
4228 ; 739 (par courrier) ;
228 ; 613 ; 2537 (par courrier) ;
1434 (par courrier).

La Hongrie et les Alliés.

La légation de Suisse me transmet une communication aux termes de laquelle le Gouvernement de la République hongroise s'adresse à tous les gouvernements des Puissances alliées pour lui demander la possibilité de renouer, par l'envoi de missions spéciales aux dits gouvernements, les relations directes interrompues par la guerre. Le gouvernement hongrois estime que l'envoi de ces missions répond, non seulement aux intérêts hongrois, mais aussi à ceux des Puissances alliées :

1° parce qu'il a réussi jusqu'à présent à maintenir la Hongrie dans les limites de l'ordre démocratique qui est un des buts de guerre des Puissances alliées ;

2° parce que les Tchèques, les Roumains et les Serbes ont créé en Hongrie une situation confuse qui met en danger les communications et la distribution des vivres ainsi que le ravitaillement en charbon.

Enfin, il a déclaré que les membres du gouvernement hongrois font état des sympathies qu'ils ont témoignées pendant la guerre aux Puissances alliées.

J'ai à peine besoin d'indiquer qu'il n'est pas dans les intentions du Gouvernement de la République de répondre à cette communication. Nous nous trouvons en présence d'une nouvelle tentative, de la part du gouvernement hongrois, pour donner le change sur ses intentions et essayer d'échapper aux responsabilités si grandes que la Hongrie a assumées dans la guerre. En même temps on voit de nouveau apparaître les manœuvres qui consistent à accuser les nationalités opprimées par la Hongrie d'être une source de désordres.

À de telles tentatives, il n'y a lieu d'opposer que le silence.

Pour Londres, Rome et Washington : Je vous serais obligé de vouloir bien me confirmer le plein accord du gouvernement auprès duquel vous êtes accrédité avec les vues que je viens de vos exposer.

Pour Berne : Je vous serais obligé de faire connaître verbalement au gouvernement suisse notre intention de ne pas donner suite à la demande hongroise.

CPC, Z-Europe, Hongrie, 1918-1940, vol. 44 (94CPCOM/44).

317

N. *Paris, 9 décembre 1918.*

Les nationalistes italiens qui, hier encore, réclamaient la stricte application du traité de Londres contre les démocrates ralliés à la politique des nationalités, admettant sa révision, demandent aujourd'hui à leur tour « après une victoire sans exemple, si ce n'est dans l'histoire de Rome » une révision du pacte du 26 avril 1915[1]. « La victoire, disent-ils, donne des droits nouveaux ».

Ils veulent Fiume, la Dalmatie de Spalato, le protectorat de l'Albanie, l'hégémonie dans les Balkans, une partie des dépouilles turques, une voie de communication vers l'Arménie, la garde des lieux saints, la protection des Catholiques en Palestine, enfin une correction de la frontière tripolitaine. Tout cela en plus de ce qui a déjà été prévu.

Après la politique favorable (en principe) aux Yougoslaves d'Orlando et la convention d'armistice qui ne connaît comme zone d'occupation ou à peu près, que les territoires visés dans le traité de Londres, une réaction très violente s'est faite malgré quelques conseils de prudence de M. Bissolati et Mario Borsa.

Le principal grief mis en avant contre les Yougoslaves est leur austrophilie et on invoque à l'appui de cette affirmation la cession de la flotte autrichienne à leur comité.

---

[1] Traité secret signé à Londres entre l'Italie et les Alliés.

En réalité, de la lecture même des journaux italiens et d'après le procès-verbal officiel, il ressort que cette prétendue cession a été plus une remise matérielle, une déposition provisoire qu'une véritable transmission juridique. D'ailleurs, cette flotte a été remise depuis aux autorités italiennes. Des incidents se sont produits que l'on a essayé d'enfler outre mesure. L'officieux *Giornale d'Italia* reconnaît cependant contre la plupart de ses confrères que « l'amiral Koch a montré de la bonne volonté » et que les oppositions venaient plus de Soviets révolutionnaires que des organisations yougoslaves qui observaient au contraire une attitude très prudente.

Fiume-ville a une majorité italienne, mais Fiume-campagne est incontestablement croate. Ni le traité de Londres, ni la convention d'armistice ne permettaient aux Italiens de l'occuper. Ils y ont cependant débarqué le 4 novembre et leurs journaux en réclament l'annexion.

Il y eut d'abord à Fiume au milieu d'octobre, une révolution croate aux cris de « Vive la Serbie ». Elle fut réprimée par les Hongrois. Profitant de cette mise hors de combat des Croates et ayant pour eux le maire docteur Antonio Vic, les Italiens ont proclamé le 30 la réunion de Fiume à l'Italie et envoyé au Roi cinq délégués, tandis que le maire partait pour un voyage de propagande et était solennellement reçu à Rome.

Mais, pendant ce temps, les Croates venus de la banlieue reprenaient possession de la ville. C'est eux que trouvait au pouvoir l'amiral Raineri qui faisait convoquer leur chef l'avocat Senac et leur faisait saluer les couleurs italiennes.

Dès lors a eu lieu, encouragée par les Italiens au Royaume, une vive agitation italianophile que les Slaves plus nombreux et toujours maîtres de la ville essayaient de concurrencer. Certains journaux ont parlé de violences intolérables des Croates. D'autres, comme le *Messagero* et le *Secola* disent que des deux côtés règne l'esprit de conciliation.

Le Roi, l'amiral Raineri ont fait des déclarations tendant à l'occupation définitive de Fiume. Le Comité national romain a invité le gouvernement « à dépasser la limite fixée par le pacte de Londres sans tenir compte de prétendues déclarations de nationalités ».

Deux motifs sont invoqués pour cela :

1°- Fiume n'a jamais appartenu à la Croatie. Soit, mais elle fut toujours fief de la maison d'Autriche : pendant trois ans seulement de 1508 à 1511 elle a appartenu à Venise.

2°- Fiume a manifesté le désir d'appartenir à l'Italie.

Les Italiens de Fiume ont en effet exprimé ce vœu comme les Slaves de Fiume ont demandé de faire partie de la Yougoslavie et ces derniers sont les plus nombreux.

Une partie de la Dalmatie avait été attribuée à l'Italie au traité de Londres. Elle comprend Zara (70 780 Croates contre 11 733 Italiens) et Sebenico (9 934 Croates contre 858 Italiens). Les municipalités des villes y étaient généralement italiennes et les feuilles de Rome prétendent que les marins italiens y ont été bien accueillis même par les Croates. Il est probable que le Comité d'Agram qui ne cherche que la pacification générale y avait donné le mot d'ordre.

Mais il n'en a pas été de même à Spalato (laissé par les traités dans la part yougoslave) où la ville même est slave et où le district groupe 3 600 Italiens, 112 988 Croates.

Les raisons que Rome invoque pour revendiquer la Dalmatie entière sont bien faibles : motifs historiques (en remontant à l'Empire romain), motifs sociaux (préserver le pays du bolchevisme), motifs artistiques même (les monuments y sont d'inspiration italienne), motifs stratégiques aussi, mais il semble qu'après le traité de Londres la défense italienne n'avait rien à craindre dans l'Adriatique. Une des raisons est absolument controuvée : c'est le motif ethnographique dont se plaisent à parler certains nationalistes. On veut essayer de prouver aux Alliés que la Dalmatie est italienne quand les statistiques et maints travaux ont absolument démontré le contraire.

En ce qui concerne l'Albanie, l'Italie par la proclamation du 4 juin 1918 s'y est arrogé un droit de protection.

La propagande italienne déclare au monde que jamais l'Albanie n'a été si heureuse. Elle a reproduit partout l'interview d'un Mufid Pacha, ancien ministre du prince de Wied.

Elle reproche à la France d'avoir protégé Essad Pacha et d'avoir laissé parler de lui dans des journaux français.

Dès maintenant le gouvernement italien agit en Albanie en dehors de la zone qui lui est assignée par le traité, fondant des écoles italiennes et y attirant les enfants en leur distribuant des galettes de maïs, créant des crèches, des églises, car le clergé aide à cette pénétration (le 28 septembre dernier s'est réuni à Milan un Comité pour l'organisation d'une chambre de commerce albanaise).

Cette action s'étend surtout dans la province d'Argyro-Castro et le district de Tinovo. Elle se manifeste aussi à Durazzo et Scutari.

Enfin l'Italie a un grand projet balkanique. Elle ne rêve à rien moins que de prendre la succession de la Russie dans les Balkans et songe à former avec les États de la péninsule une ligue adriatique.

Le chemin de fer Rome-Valona-Constantinople serait la première étape dans la voie de la réalisation de cette idée.

CPC, Z-Europe, Italie, 1918-1940, vol. 77 (97CPCOM/77).

318

M. Boppe, Ministre de France à Pékin,
   à M. Pichon, Ministre des Affaires étrangères.

T. n⁰ˢ 743-744. *Pékin, 10 décembre 1918, 15 h. 15 ; 20 h.*

(Reçu : le 11, 14 h. 40 ; 7 h. 40.)

Je réponds à votre télégramme 5[29][1].

Jusqu'à la signature de l'armistice les Chinois ont paru croire au succès de l'Allemagne. Pour [bien] marquer l'importance de sa défaite nous avons [...][2], mes collègues alliés et moi avantagé l'explosion de joie de nos colonies les 12, 13 et 14 novembre afin de suggérer au gouvernement chinois de se livrer à son tour à quelques manifestations qui rendissent éclatant aux yeux du [peuple] chinois le triomphe des Alliés.

Le 28 le Président de la République a solennellement salué les drapeaux des neuf pays de l'Entente représentés à Pékin. Les ministres neutres (hollandais, espagnol et danois) étaient invités. Par leur ancienneté ils se sont trouvés amenés à passer après le ministre d'Angleterre doyen, mais avant tous les autres ministres alliés devant les drapeaux de l'Entente. Leur présence dans ce cortège et celle d'officiers hollandais, gardiens des casernes allemandes, qui accompagnaient le ministre des Pays-Bas et auxquels les détachements de troupes alliées ont été contraints de rendre les honneurs, ont vivement surpris les colons comme elles nous avaient nous-mêmes surpris, ils n'avaient pas été au service d'action de grâce que nous avons fait célébrer en présence des représentants du gouvernement chinois le [15] à la cathédrale catholique et au temple protestant.

Le 29 [novembre] pour célébrer la victoire (et non pas l'armistice, comme l'a dit M. Quiñones de León à [Votre Excellence], le Président de la République a offert un dîner non pas en l'honneur des « ministres étrangers » mais des représentants des États alliés. Ayant appris le 29 dans la matinée que les ministres neutres étaient également invités, j'ai fait remarquer à notre doyen en présence du ministre des États-Unis [qu'il serait] singulier de voir à ce dîner offert en l'honneur des pays de l'Entente le [ministre] de Hollande assis à la gauche du Président de la République et j'ai déclaré que comme représentant de la France [je] demandai à être reçu chez le Président de la République à mon rang [de] ministre allié et à ne pas céder le pas [au] ministre neutre chargé en Chine des intérêts allemands. Sir [...][3] ministre d'Angleterre a aussitôt adopté mon [point de vue] dont le ministre des États-Unis a reconnu la justesse, et comme doyen des ministres

---

[1] Il s'agit en réalité du télégramme n° 551 daté du 8 décembre, dont voici le texte en intégralité : « M. Quiñones de León est venu demander pourquoi à un banquet du 29 novembre offert par le Président de la République de Chine aux ministre étrangers à l'occasion de l'armistice, vous vous seriez opposé à la dernière minute à l'invitation du ministre d'Espagne. Prière de me renseigner. S. Pichon ».

[2] Lacune de déchiffrement.

[3] Lacune de déchiffrement.

alliés [...]¹ il a fait demander au vice-ministre des Affaires étrangères non pas l'exclusion des (ministres) neutres, mais une modification au protocole qui nous permît d'avoir à ce dîner donné pour célébrer la victoire de nos pays la préséance sur les ministres neutres. Après quelques (hésitations) le vice-ministre des Affaires étrangères a déclaré que nous aurions satisfaction.

Les ministres neutres pouvaient d'autant moins s'étonner de notre [demande] qu'ils ne prenaient aucune part aux manifestations de la joie [ici] [...]² et qu'ils s'abstenaient notamment d'arborer leurs drapeaux et d'illuminer leurs (légations). Mais le personnel chinois des cérémonies n'a pas su s'arranger pour leur faire comprendre l'intérêt qu'il y aurait dans ces circonstances à accepter [un] traitement spécial et ces [malentendus], qu'il a été facile à M. de Beelaerts d'utiliser pour [exploiter] la solidarité des ministres neutres à son projet, ont provoqué chez nos trois [collègues] l'irritation dont Votre Excellence a eu l'écho. Le ministre d'Espagne n'était en rien visé par notre démarche et je serais heureux que Votre Excellence veuille bien en donner l'assurance à M. Quiñones de León.

Télégrammes, Pékin, Arrivée, 1918, vol. 4200 (304QONT/4200).

319

M. Charles-Roux, Chargé d'Affaires à Rome,
  À Pichon, Ministre des Affaires étrangères.

T. nos 3055-3056. *Rome, 10 décembre 1918, 22 h.*

Secret. (*Reçu :* le 12, 6 h. 35.)

Les rapports adressés à l'ambassade par nos consuls notamment ceux de Gênes, Milan, Naples, signalent tous le mécontentement et l'amertume de l'opinion publique italienne à l'égard de la France. De nombreux rapports privés émanant d'amis de notre pays appellent notre attention sur le même fait. L'examen de la presse conduit à la même conclusion. L'état d'esprit n'est pas hostile mais il est amèrement irrité et désenchanté et il est tel que dans toutes sortes de milieux depuis l'entourage du gouvernement jusqu'au grand public, la malveillance des adversaires de la politique d'entente franco-italienne exploitent cette situation et l'aggravent. Les causes en sont d'abord l'idée générale répandue dans ce pays qu'il n'a pas été rendu justice en France aux services de l'Italie au cours de la guerre et que l'offensive finale de ses armées a été dépréciée chez nous ; ensuite les difficultés surgies à l'occasion de l'exécution de l'armistice avec l'Autriche et la question yougoslave. Je cite ces causes dans l'ordre chronologique car selon l'ordre d'importance, la seconde devrait paraître la première.

---

¹ Lacune de déchiffrement.
² Lacune de déchiffrement.

La seconde cause a été rendue beaucoup plus nuisible par l'abstention systématique de nos alliés anglais et américains et par le contraste que, malgré toutes les déclarations contraires de leurs gouvernements, leurs agents locaux, diplomatiques, maritimes ou officiers de terre, se sont plu à faire ressortir entre leur attitude et la nôtre. Les services de la propagande, sans tomber dans l'erreur de nous dénigrer, ne se sont pas interdits de prendre acte de ce contraste et de s'en prévaloir.

La répétition des difficultés des questions litigieuses, grossies par les récits provenant de l'autre rive de la mer Adriatique et les excitations de la presse unanime dans sa partialité pour la thèse italienne, ont peu à peu fait perdre de vue à l'opinion publique qu'il s'agit en réalité d'exécuter une convention militaire et l'ont convaincue d'un dessein attribué à la France et consistant à favoriser les Yougoslaves pour les opposer dans l'avenir aux Italiens.

Je dois me borner strictement à noter ce que j'observe. Mais je ne crois pas que l'exactitude puisse en être contestée et je ne pense pas qu'un agent français en Italie puisse ne pas signaler l'opportunité d'une détente, si les rapports politiques entre les pays doivent rester ce qu'ils sont.

Pour M. Barrère.

M. Vettori, rédacteur au *Giornale d'Italia*, propose de se rendre à Paris afin d'y prendre pour son journal une courte interview de M. Clemenceau exprimant, en termes généraux, les sentiments amicaux pour l'Italie et prenant prétexte de l'imminente réception du Roi d'Italie à Paris.

L'effet ne pouvant en être qu'excellent, je vous transmets la proposition en vous priant de me faire savoir par le télégramme si elle est agréée.

CPC, Z-Europe, Italie, 1918-1940, vol. 88 (97CPCOM/88).

320

M. Grenard, Consul général à Moscou,
À M. Pichon, Ministre des Affaires étrangères.

N. *Paris, 10 décembre 1918.*

Sur l'action qu'il convient d'exercer en Russie.

J'ai l'honneur de soumettre à Votre Excellence les conclusions où m'a conduit l'examen des faits qui me sont connus sur l'action qu'il convient d'exercer en Russie. Les dernières hésitations qui pouvaient subsister à ce sujet me semblent être levées par les renseignements très précis et très récents rapportés par le capitaine Laurent, qui, sur les instructions de ses chefs hiérarchiques, a servi plusieurs mois dans l'armée des Soviets.

Une action militaire très vigoureuse et très rapide est nécessaire.

Justification de l'action

1°/ *Humanité*. Cette action, envisagée d'abord en vue de reconstituer le front oriental contre l'Allemagne, continue, malgré la défaite de cette dernière puissance, à se justifier par les raisons les plus hautes et les plus incontestables fondées sur l'humanité, sur les intérêts généraux du monde, sur les intérêts particuliers des Alliés et spécialement de la France.

Le gouvernement actuel de Moscou règne uniquement par la terreur. Des milliers de personnes sont fusillées sans jugement, des dizaines de mille emprisonnées. En droit international, le principe de non intervention n'est pas plus sacré que l'inviolabilité du domicile en droit privé. Si l'on entend crier « au meurtre ! » on entre.

Toute liberté est supprimée, aussi bien pour les classes ouvrière et paysanne que pour les bourgeois : liberté individuelle, liberté de presse, de réunion, d'association, liberté électorale ne subsistent même plus en apparence. La voix de la nation, en grande majorité hostile au régime, est radicalement étouffée. Ce despotisme sans contrôle, soutenu par quelques milliers d'énergumènes et par une armée de mercenaires, nourri par le pillage organisé, est plus contraire que le militarisme prussien à une organisation saine et pacifique de l'Europe. Nous avons le droit et le devoir d'intervenir pour rendre au peuple russe opprimé la faculté de disposer librement de lui-même.

2°/ *Intérêts généraux du monde.* Le bolchevisme, tel qu'il est pratiqué par Lénine et ses amis, provoque l'arrêt du travail et de la production, cause une famine qui s'accroît de jour en jour d'une manière effroyable, et conduit rapidement le pays à une ruine complète. Ainsi, le monde, privé des matières premières et des denrées alimentaires que la Russie exportait en immenses quantités, se verra bientôt obligé de prélever sur ses ressources, gravement diminuées par la guerre et insuffisantes à ses besoins, les moyens d'alimenter une population de 170 millions de mendiants.

3°/ *Intérêts particuliers des Alliés et spécialement de la France.* L'annulation des emprunts d'État, la nationalisation sans indemnité des propriétés françaises et anglaises en Russie dépouillent les collectivités alliées de biens immenses, que, même en régime socialiste, elles ne pourraient pas ne pas revendiquer. De nombreux Français et Anglais sont emprisonnés et maltraités, nos alliés, les Polonais, Serbes, Yougoslaves sont persécutés, emprisonnés, fusillés, nos alliés tchèques ont été attaqués sans provocation avec l'aide de recrues allemandes et magyares, leurs parlementaires tués sur l'ordre des autorités soviétiques. Depuis son établissement, le gouvernement bolchevik n'a cessé de se conduire en véritable allié de l'Allemagne contre nous, et, le 30 juillet 1918, après avoir prodigué ses complaisances aux envahissements incessants des armées allemandes en Russie, Lénine a déclaré dans une réunion officielle la République des Soviets en état de guerre contre la France et l'Angleterre. Cela suffit à résoudre la question. Le gouvernement de Moscou s'est placé lui-même au rang de nos ennemis.

Urgence de l'action

L'action, ainsi justifiée, est urgente. Il est impossible de laisser plus longtemps se poursuivre la décomposition de la Russie. Il faut rétablir une Russie assez solide pour barrer la route à l'Allemagne vers l'Orient et étayer contre elle les nouveaux États qui se créent de ce côté.

L'Armée rouge se fortifie d'une manière inquiétante. Elle compte en ce moment quatre cent mille hommes. Les dispositions sont prises pour porter ce nombre à un million, dès le printemps prochain. Armement de premier ordre, discipline de fer, bon commandement, confié à d'anciens généraux et officiers. Deux ou trois mille fanatiques exercent dans les rangs et dans les états-majors une terreur qui assure l'obéissance et l'esprit combatif. Pourtant, cette armée est encore peu redoutable faute de valeur morale et parce que beaucoup de ses éléments n'attendent que l'occasion propice pour passer à l'adversaire. Mais si l'on ne se hâte de la briser, elle deviendra vite un péril. Dès aujourd'hui nos expéditions d'Arkhangelsk et de Sibérie ne sont plus en état de résister. L'Ukraine tombera aux mains des bolcheviks dès que les Allemands la quitteront.

Une propagande, merveilleusement habile et active, prépare une révolution internationale fondée sur la plus basse démagogie. Elle est appuyée par des centaines de millions de roubles en or, en platine, en billets de l'ancien régime. Lénine prévoit l'organisation d'une armée de trois millions d'hommes pour soutenir la révolte universelle de ce qu'il appelle le prolétariat. Si la révolution, telle qu'il l'entend, réussit en Allemagne, le danger pour nous est évident et immense. Si elle n'y réussit pas, il y a danger encore que les Allemands ne rétablissent l'ordre en Russie à leur profit.

Enfin, si nous voulons agir, il est clair qu'il faut le faire avant la démobilisation, avant la conclusion de la paix.

Modalités de l'action

Par dessus tout, l'intervention des Alliés doit consister dans une opération strictement militaire, sous la direction exclusive du maréchal Foch. Elle doit avoir pour objectif immédiat la prise de Moscou, et subsidiairement de Petrograd, et la destruction du gouvernement actuel. Une fois la base d'appui organisée, quelques semaines suffiront à liquider la situation.

Sans doute les soldats de l'Entente aspirent à un repos mérité et il ne saurait être question de les jeter dans les steppes de Russie. Mais il sera possible de réunir un assez grand nombre de volontaires autour desquels nos généraux et officiers grouperont des contingents divers de Polonais, Roumains, Grecs. Ces nationalités ne sont pas aimées en Russie et leur intervention serait dangereuse pour une occupation prolongée, mais il s'agit d'une opération rapide. Les formations russes régionales : armée du général Denikine, armée d'Astrakhan, armée des Cosaques du Don, armée de Pekov, fourniront un appoint d'environ 120 000 hommes, troupes médiocres en elles-mêmes, mais capables de donner un concours utile sous une direction française avec l'aide de notre matériel et de nos munitions.

Le schéma des opérations peut être conçu de la façon suivante :

Les Anglais occupent d'un côté le Caucase avec l'aide des Arméniens et des Géorgiens, de l'autre, ils font une descente à Revel, et, avec l'assistance des Estoniens, des Lettons, peut-être des Finlandais, si l'on peut les arracher à l'influence allemande, ils s'emparent de Petrograd.

Pendant ce temps, les Français concentrent les principales forces signalées plus haut, prennent possession de l'Ukraine et marchent aussitôt sur

Moscou. En juillet dernier, dix mille hommes déterminés auraient suffi à cette dernière expédition. Il en faudra 50 ou 60 000 aujourd'hui. La résistance serait faible. L'Armée rouge est dispersée, devant faire face sur un front immense ; devant la manifestation de la volonté et de la puissance des Alliés, le découragement et la trahison l'ébranleront et la population, heureuse d'être délivrée, facilitera la tâche de nos troupes.

Le gouvernement bolchevik détruit, les Alliés se retireraient aussitôt en assurant au gouvernement provisoire, que les Russes établiraient eux-mêmes à leur gré, les forces de police indispensables et les moyens économiques nécessaires.

Tout autre mode d'action impliquant une occupation prolongée de tout ou partie de la Russie aurait les plus graves inconvénients : continuation de la propagande révolutionnaire des bolcheviks, démoralisation inévitable des troupes d'occupation, querelles politiques dans le camp de nos amis, qui nous jetteraient dans un gâchis sans issue, et nous imposeraient des responsabilités pleines de péril. Enfin, une intervention traînant en longueur rencontrerait en France une opposition qui la rendrait vite insoutenable avant qu'elle ait porté ses fruits. En particulier, la formation d'une sorte de « cordon sanitaire » par l'occupation des régions périphériques afin d'étouffer le centre bolchevik serait désastreuse pour de nombreuses populations innocentes et soulèverait l'opinion publique contre les Alliés.

Action politique et économique

L'opération militaire que je suggère a besoin d'être appuyée sur une action politique et économique appropriée. Il est de la plus absolue nécessité que le peuple russe sache et voie clairement que nous lui apportons le pain et la liberté, que nous respectons pleinement son indépendance et l'intégrité de son territoire, que nous ne voulons pas faire œuvre contre-révolutionnaire et qu'au contraire, nous regardons les conquêtes essentielles de la révolution comme définitives. Notre intervention ne doit prendre à aucun degré une apparence antidémocratique, ni même antisocialiste. Tous les socialistes russes, à l'exclusion des bolcheviks, ont été nos amis et les ennemis de l'Allemagne ; ils forment l'énorme majorité de la Constituante. Nous avons l'obligation de les ménager, et nous avons besoin d'eux parce qu'ils sont les seuls capables de parler au peuple et de se faire comprendre de lui. La France a acquis assez d'autorité dans cette guerre pour être en mesure de faire accepter sa volonté, quand elle est raisonnable, de ses alliés et associés, quels qu'ils soient. Les généraux, officiers et politiciens russes à tendances réactionnaires et monarchiques, si on leur parle avec la fermeté qui convient, auront la sagesse de mettre leurs préférences de côté pour le moment afin de ne pas compromettre le but commun. Ils admettront qu'il n'est pas l'heure de contester aux paysans la possession de la terre ni de leur parler du retour des Romanov, ils consentiront à la réunion pour une séance au moins de la Constituante, afin de légaliser le gouvernement provisoire qui se fondera. Il est d'ailleurs possible que, faute de trouver quelque chose de stable, on en revienne à la monarchie. L'événement décidera. Mais le tsar et la réaction ne doivent pas entrer dans nos bagages. Ce serait assurer la constitution d'un bloc socialiste et bolchevik irrésistible.

En ce qui concerne le pain et la famine, à laquelle il importe avant tout de remédier, il ne s'agit point de fournir directement de la farine (sauf un bateau à Petrograd). Le blé ne manque point en Russie et spécialement en Ukraine ; mais il faut le faire sortir de ses cachettes. À cet effet, il suffira d'assainir la circulation monétaire et fiduciaire et de procurer aux paysans en échange de leur blé, les marchandises dont ils ont le plus besoin : sacs, tissus et vêtements, cuirs et chaussures, machines agricoles et outils. C'est en cela seulement que le concours des États-Unis nous sera nécessaire.

Au demeurant, nous ne nous ferons pas d'illusions. L'intervention chirurgicale qui apparaît inévitable ne rendra pas immédiatement à une santé parfaite le vaste corps russe. Un gouvernement solide aura de la peine à s'instaurer, des troubles sont encore probables. Mais c'est assez pour nous de nous défaire du bolchevisme de Lénine. Aux Russes à faire le reste.

P.S. Je crois utile d'attirer l'attention de Votre Excellence sur deux points particuliers :

1°/ Il sera prudent dans la propagande que nous ferons en Russie de ne point attaquer le parti bolchevik, en tant que fraction de la social-démocratie, ni le régime des Soviets, afin de ne nous point donner l'air de faire une guerre de doctrine. On précisera avec soin que notre action est tournée exclusivement contre le gouvernement actuel de Lénine et de ses amis, pour les raisons indiquées plus haut.

2°/ Il me paraît que, si l'on veut acquérir le concours polonais, il y aura lieu de s'entendre avec les partis de gauche, groupés en ce moment autour du général Pilsudski. Ils représentent sans aucun doute la grande majorité du pays, alors que le parti national-démocrate (Dmowski) n'a pas beaucoup plus d'importance en Pologne que les cadets en Russie. Les partis de gauche (socialistes et radical) m'ont fait des déclarations nettement antibolchevistes.

CPC, Z-Europe, URSS, 1918-1940, vol. 210 (117CPCOM/210).

321

Lieutenant-Colonel Chardigny, commandant le détachement français au Caucase,
 À M. Clemenceau, Président du Conseil, Ministre de la Guerre.

L. *Bakou, le 10 décembre 1918.*

À la veille de la Conférence de la Paix où seront prises les décisions qui régleront les destinées des peuples du Caucase, je crois devoir vous rendre compte de la situation politique du pays, ainsi que des aspirations actuelles des différents peuples, et je me permets de vous soumettre un projet d'organisation du Caucase qui me paraît susceptible de retenir l'attention.

L'historique des événements qui ont amené au mois de mai dernier la création des trois républiques indépendantes de Géorgie, d'Azerbaïdjan et d'Arménie, est connu. J'en ai donné un résumé dans les rapports n°s 98, 99, 102, 104, 106, 107, 109, 110, 111, 112 d'avril, mai, juin derniers, adressés au général Lavergne[1].

Au cours des 6 derniers mois ces trois républiques n'ont pu procéder à aucun travail d'organisation utile et durable et la rapide victoire des Alliés a complètement et brusquement changé l'orientation des gouvernements et les perspectives d'avenir.

Depuis le 17 novembre, jour où je suis rentré à Bakou avec les troupes anglaises du général Thomson, j'ai eu l'occasion de m'entretenir fréquemment et longuement avec les représentants les plus autorisés des républiques de Géorgie, d'Azerbaïdjan et des montagnards du nord du Caucase et avec plusieurs personnes neutres au courant des choses du Caucase.

J'ai constaté chez tous, excepté chez les Russes :

1/ Un désir unanime d'indépendance en ce qui concerne les trois républiques visées au paragraphe précédent.

2/ Un manque absolu de confiance dans la résurrection de la Russie, qui va même jusqu'à une hostilité très nette chez le gouvernement géorgien.

3/ Une orientation générale vers les Alliés dont on sollicite la protection dans l'espoir d'obtenir d'eux immédiatement la paix, l'argent et toutes les garanties de développement social et économique.

Ces tendances peuvent se modifier dans l'avenir mais en ce moment elles s'accusent d'une façon très marquée.

Il en résulte une première question à envisager à la Conférence de la Paix : le Caucase deviendra-t-il une terre russe suivant le principe déjà posé par les Alliés ou deviendra-t-il comme le désirent les gouvernements et la partie éclairée de la population, une région où l'influence des Alliés remplacera l'influence russe ?

Les récents événements ont laissé dans le pays des haines trop vives pour qu'il puisse être question en ce moment pour les peuples du Caucase de choisir leur orientation sans parti pris et sans passion. D'autre part la reconstruction du pouvoir russe pouvant demander un temps assez long, peut-être plusieurs années, la nécessité s'impose pour les Alliés, non seulement d'assurer l'ordre par l'occupation militaire du pays, mais de régler eux-mêmes toutes les questions actuellement en litige entre Arméniens, Géorgiens et Tatars, en procédant à l'organisation rationnelle du Caucase sur des bases qui répondent à la situation actuelle des peuples, à leurs aspirations légitimes de façon à permettre le plein développement ultérieur de régions qui comptent parmi celles que la nature a le plus abondamment pourvues de richesses naturelles de toute espèce. L'ancien régime russe,

---

[1] Documents non retrouvés.

après une période de conquêtes de 70 années, avait assuré la paix dans le pays, mais dans ses tentatives de colonisation au moyen d'éléments russes des peuples indigènes, n'avait pas tenu compte des aspirations et des habitudes des peuples, et le Caucase, jusqu'au début de cette année, était resté un pays de conquête, assujetti à la volonté et à la loi d'un maître obéi, mais pas aimé.

L'organisation actuelle du Caucase en 4 républiques indépendantes consécutives à l'effondrement de la puissance russe et à la menace de l'invasion turque, est-elle susceptible de procurer aux populations la paix et la prospérité auxquelles elles aspirent ? Est-elle viable ?

À cette question, je répondrai :

1/ que cette organisation n'est autre que la réalisation du plan de nos ennemis, plan qui peut se résumer ainsi :

a) Constitution au Caucase d'un grand État musulman du plan de nos ennemis, plan qui peut se résumer réunissant sous le protectorat turc les montagnards du Caucase du Nord et les Tatars de l'Azerbaïdjan. Cette conception, d'origine purement panislamique, en cas de victoires des puissances alliées, aurait amené le Croissant jusqu'au bord de la mer Caspienne. La République d'Arménie, née par la force des choses, réduite du reste à d'infinies proportions n'aurait eu qu'une durée éphémère, la disparition de ce qui reste du peuple arménien étant la conséquence directe et fatale du plan turc.

b) Création d'une Géorgie indépendante, sous le protectorat de l'Allemagne qui se serait chargée elle-même de l'exploitation des richesses naturelles de ce pays, le plus favorisé de tout le Caucase.

2/ Qu'aucune des 4 républiques nouvelles ne disposent de ressources suffisantes pour se créer une vie indépendante, assurant le développement ultérieur du pays. Deux d'entre elles, celle de l'Azerbaïdjan et celle des montagnards, ne disposent même pas d'une classe instruite assez nombreuse pour assurer la direction des affaires, la masse du peuple étant restée jusque-là dans un état de profonde ignorance.

3/ Depuis la création de ces républiques les régions du Caucase du Sud sont devenues les véritables Balkans de l'Asie. Si chacune d'elles conservait son indépendance et comme conséquence son armée, il serait impossible d'envisager la paix pour l'avenir ; Arméniens, Géorgiens d'une part, Arméniens et Musulmans de l'autre, ne pourront jamais vivre armés côte à côte sans éprouver le besoin de faire usage de leurs armes.

4/ Les 3 républiques du sud du Caucase renferment dans leur sein des éléments irrédentistes russes de la steppe de Mougane et arméniens en Azerbaïdjan, adjars, abkhases et ossètes en Géorgie, musulmans en Arménie. D'autre part, Géorgiens et Tatars soutenus par les baïonnettes allemandes et turques ont incorporé par force à leurs territoires respectifs une partie des régions arméniennes.

J'en arrive donc à la conclusion que l'organisation actuelle du Caucase en 4 républiques n'est pas celle qui répond le mieux aux conditions nécessaires de paix, de prospérité future du pays et aux aspirations des populations.

Je me permets d'en suggérer une autre plus conforme au passé historique du Caucase, à sa nature et aux conditions de vie locale.

Les multiples invasions qui se sont succédées dans ces régions, leur nature montagneuse qui, en limitant les communications crée des zones fermées d'accès difficile, enfin les récentes tentatives et une dispersion incroyable des populations. C'est pourquoi j'estime que l'organisation fédérale suisse, qui a fait ses preuves dans un pays présentant par sa constitution géographique les plus grandes analogies avec le Caucase, est celle qui me paraît devoir donner ici les meilleurs résultats. Elle permet de former des cantons ou gouvernements où les limites correspondront mieux à la répartition actuelle des populations.

Pour créer cette organisation, pour assurer l'ordre dans le pays que tant de passions et d'intérêts divisent, il faut actuellement et pour longtemps encore un maître étranger qui ne peut être en ce moment que les Alliés, agissant comme ils l'ont déclaré au nom de la Russie. Plus tard, quand le calme sera revenu dans les esprits, il sera temps pour les populations de choisir leurs orientations et de décider de leur sort.

Je joins à ce rapport, à titre d'indication, une esquisse sommaire de l'organisation en cantons ou gouvernements, que les circonstances et le manque de données matérielles ne me permettent pas d'étudier dans tous les détails et qui du reste ne sont pas de mon ressort, ni de ma compétence.

Je n'ai pas envisagé dans ce projet la question arménienne ayant perdu depuis 45 mois tout contact avec le Comité national arménien d'Erevan. Je puis dire seulement que ce projet par la création des cantons arméniens d'Erevan, de Choucha, d'Alexandropol et de Kars assure en fait l'existence politique de l'Arménie russe, qui n'était jusqu'à présent qu'une expression géographique et en même temps le libre développement de sa vie intérieure.

La question arménienne n'est évidemment pas réglée de ce fait. Reste l'Arménie turque des 5 vilayets. Malheureusement dans 5 d'entre eux il n'y a plus d'Arménie et le nombre de ceux qui ont pu maintenir dans celui de Sivas est insignifiant.

La reconstitution de l'Arménie turque, pays dévasté et désert, est donc une œuvre de longue haleine. On ne peut à l'heure actuelle qu'en adopter le principe et étudier les moyens de sa réalisation pratique avant d'envisager la réunion des 2 Arménies.

Papiers d'agents, fonds Tardieu, vol. 397 (166PAAP/397).

322

M. Pichon, Ministre des Affaires étrangères,
  à M. Cambon, Ambassadeur de France à Londres,
  M. Barrère, Ambassadeur de France à Rome,
  M. Jusserand, Ambassadeur de France à Washington,
  M. de Fontenay, Ministre de France à Belgrade,
  M. de Billy, Ministre de France à Athènes,
  M. de Saint-Aulaire, Ministre de France à Jassy,
  M. de Fontenay, Ministre de France à Salonique,
  M. Dutasta, Ambassadeur de France à Berne[1].

T. n°s 6954-6955 ; 4634-4635 ;   *Paris, 11 décembre 1918, 2 h. 20.*
4247-4248 ; 230-231 ; 614-615 ;
72-773 ; 262-263 ; 2550-2551.

Chiffré. Confidentiel.

Pour tous excepté Athènes, M. de Fontenay et Jassy : J'adresse le télégramme suivant à nos représentants près les gouvernements serbe, roumain et grec.

Pour tous : Le général Franchet d'Espèrey signale que les populations des Balkans et de l'Autriche-Hongrie sont en conflit entre elles pour l'occupation des territoires qu'elles revendiquent. Tous réclament une intervention française, que le général Franchet d'Espèrey n'a pas les moyens d'accorder sous peine de désorganiser l'armée française d'Orient, qui ne doit pas sacrifier ses buts stratégiques à des occupations d'ordre purement politique.

Nous avons bien, autant que possible, envoyé des troupes françaises sur les points les plus délicats, mais nous ne pouvons pas continuer ainsi.

Pour éviter les risques de conflits dont il s'agit, il importe que les gouvernements intéressés, et spécialement ceux de Serbie, de Grèce et de Roumanie, fassent comprendre à leurs autorités militaires ainsi qu'aux populations des régions faisant l'objet de conflits que les questions territoriales ne peuvent être réglées que par le Congrès de la Paix et que le fait de l'occupation d'un territoire par une force militaire d'une nationalité déterminée, ne peut entraîner aucune conséquence pour ce règlement.

Je vous serai obligé de tenir, à cet égard, le langage le plus net au gouvernement auprès duquel vous êtes accrédité.

Pour Londres, Rome, Washington : Il y aurait grand intérêt à ce que les représentants britanniques et américains tiennent un langage analogue à celui de notre représentant.

Je ne propose pas de faire une démarche identique par le gouvernement italien, trop intéressé dans les questions dont il s'agit et dont l'intervention serait probablement mal accueillie.

Télégrammes, Washington, Départ, 1918, vol. 6363 (304QONT/6363).

---

[1] Communiqué à Guerre (Groupe avant) et Marine.

323

M. Clinchant, Chargé d'Affaires à Berne,
  À M. Pichon, Ministre des Affaires étrangères.

T. n° 2199.   Berne, 11 décembre 1918, 8 h. 50.

(Reçu : le 12, 3 h. 30.)

L'Allemagne et ses alliés.

Le chef de la division des Affaires étrangères m'a dit qu'il avait été chargé par le président de la Confédération de recevoir le ministre d'Allemagne qui avait sollicité une audience de M. Calonder.

La démarche de M. de Romberg avait pour objet de prier le Président de prescrire aux ministres de Suisse auprès des puissances alliées de sonder les gouvernements auprès desquels ils sont accrédités sur les trois points suivants :

1° Les Alliés ont-ils l'intention de répondre aux différentes notes que leur a adressées le gouvernement allemand par l'entremise du Conseil fédéral ?

2° Les Alliés se proposent-ils de renouveler l'armistice ou veulent-ils à l'expiration de celui-ci recommencer la guerre et pénétrer en Allemagne en vainqueurs ?

À ce sujet M. de Romberg a dit que la crainte de voir reprendre les hostilités se répandait en Allemagne.

3° Les Alliés accepteront-ils de traiter avec le gouvernement allemand actuel ou ne voudront-ils entrer en rapports qu'avec un gouvernement légitimé par le vote de l'Assemblée constituante ?

M. de Romberg a dit à M. Paravicini qu'une pareille exigence serait la bienvenue auprès du gouvernement Ebert, qui croit à l'heure actuelle, pouvoir compter sur une majorité à la constituante, mais qui craint si l'assemblée tarde à être convoquée d'être renversé par les socialistes indépendants. Le chef de la Division des Affaires étrangères a répondu au ministre d'Allemagne qu'il ferait part de sa démarche au président de la Confédération mais qu'il pouvait dès à présent donner à M. de Romberg l'assurance que le Conseil fédéral se refuserait à entrer dans la voie souhaitée par le gouvernement allemand : le gouvernement suisse chargé de la protection des intérêts allemands auprès de plusieurs puissances alliées ne se refuserait pas à transmettre à ces Puissances « sans les lire » les notes du gouvernement allemand ; mais c'était là tout ce qu'il pouvait faire. M. Paravicini m'a dit que le Président avait approuvé la déclaration qu'il avait faite à M. de Romberg.

Au cours de la conversation que j'ai eue avec lui, le chef de la Division des Affaires étrangères m'a confié que suivant un télégramme du ministre de Suisse à Berlin, l'éventualité d'une tentative violente des socialistes indépendants pour s'emparer du pouvoir continuait à être jugée probable. Un pareil coup de force était, paraît-il, attendu pour le 2 décembre. Il ne s'est pas produit. Mais la population serait toujours fort nerveuse et prête à tous les bouleversements. Ces renseignements sont à rapprocher de ceux qui ont fait l'objet du télégramme n° 2163 de l'ambassadeur[1].

CPC, Z-Europe, Allemagne, 1918-1940, vol. 372 (78CPCOM/372).

324

M. CHAMBRUN, CHARGÉ D'AFFAIRES À WASHINGTON,
  À M. PICHON, MINISTRE DES AFFAIRES ÉTRANGÈRES[2].

T. n° 1781.   *New York (Washington), s.d., s.h.*
                              (*Reçu* : le 11 décembre 1918, 14 h. 30.)

Les États-Unis et les questions relatives à l'armistice.

Suite au télégramme de l'ambassadeur n° 1670[3]. Le Département d'État a rendu publique une seconde notification qu'il vient de faire à l'Allemagne et à l'Autriche, les invitant formellement, par l'entremise des légations chargées de leurs intérêts à Washington, à s'abstenir désormais de toute demande particulière au gouvernement ou au Président des États-Unis, soit en ce qui concerne les termes de l'armistice, soit sur toute autre question intéressant également les gouvernements associés. Ces appels doivent être adressés à tous. D'après la note du Département d'État aux journaux, cette nouvelle démarche a été déterminée par une demande du Conseil national de Lemberg relative à une question de frontière, aussi bien que par différentes communications reçues d'Autriche et d'Allemagne. Le secrétaire d'État par intérim[4] m'a dit combien il en avait reçues mais, d'après ce que le ministre de Suisse[5], qui a été chargé de les transmettre au gouvernement, a rapporté à l'un de mes collègues de l'ambassade, elles n'étaient pas peu nombreuses[6].

CPC, A-Paix, 1914-1918, vol. 42 (4CPCOM/42).

---

[1] Il semble y avoir une erreur car le télégramme évoqué (envoyé le 6 décembre à 10 h. 40 et reçu le 7 à 6 h. 25) évoque un autre sujet : le retard du départ de l'ambassadeur de Berne de 24 heures.

[2] Communiqué à présidence du Conseil, à Groupe Avant de l'état-major de l'Armée et à Marine.

[3] Dans ce télégramme reçu le 12 décembre à 3 h., Chambrun évoque le message envoyé par Lansing à Solf suivant lequel désormais tous les télégrammes de Berlin devaient être envoyés à tous les Alliés et non aux seuls Américains.

[4] Frank Lyons Polk.

[5] Hans Sulzer.

[6] À la suite de l'échec des démarches réalisées auprès du gouvernement suisse évoquées dans le document n° 323 du 11 décembre, du refus américain de conserver un dialogue direct entre Américains et Allemands (voir le télégramme n° 295 du 6 décembre 1918 de Frank Polk au ministre de Suisse à Washington in FRUS, *The Paris Peace Conference*, 1919, 2, p. 45), de l'absence de réponse à ses ultimes démarches pour ouvrir les négociations de paix avec les Alliés

325

M. Pichon, Ministre des Affaires étrangères,
    à M. de Martel, Haut-Commissaire français à Vladivostok.

T. n° 153.   Paris, 11 décembre 1918.

Je me réfère à votre télégramme n° 151[1].

Je vous prie de remettre le télégramme suivant à M. le général Štefánik[2] :

« L'État tchécoslovaque doit sa renaissance, à la foi patriotique, à la vaillance et à l'esprit de sacrifice de ses fils qui ont écrit pour leur patrie et pour l'admiration des générations futures une des plus belles pages de la Guerre du droit contre la force.

Vous avez été parmi les plus dévoués et les plus valeureux de vos compatriotes : à aucun moment vous n'avez douté de la victoire, ni hésité devant l'effort à donner.

L'État tchécoslovaque, allié de la France, peut revendiquer tout son concours qui ne lui fera pas défaut ; il réclame la continuation de vos services. Vous n'avez pas le droit de vous y soustraire.

Je vous autorise à accepter le poste de ministre de la Guerre tchécoslovaque : la France vous gardera toujours à son foyer la place que vous y avez si glorieusement méritée ».

CPC, Z-Europe, Tchécoslovaquie, 1918-1940, vol. 3 (116CPCOM/3).

326

M. Aubert, Directeur du Service d'études et d'informations du
    Haut-Commissariat de France aux États-Unis,
    à M. Pichon, Ministre des Affaires étrangères.

N.   s.l., 11 décembre 1918.

Il y a deux Amériques. L'une parle à peu près notre langue, épouse à peu près nos passions, c'est, en gros, l'Amérique qui vient de l'emporter aux dernières élections législatives. L'autre, plus éloignée de l'Europe, conçoit d'entrée de jeu des solutions très différentes des nôtres et ne peut être comprise qu'à l'aide d'interprètes, c'est l'Amérique que vient représenter ici le président Wilson.

(télégramme n° 6132 du 11 décembre 1918 du ministre américain en Suisse à Frank Polk in FRUS, ibid.), et en butte à l'hostilité des sociaux-démocrates indépendants, Wilhelm Solf, est obligé de démissionner du poste de Secrétaire des Affaires étrangères le 13 décembre.

[1] Télégramme non retrouvé.

[2] Milan Štefánik est alors général de l'armée française.

Évidemment notre choix entre ces deux Amériques sera surtout dicté par le genre de paix que nous voudrons conclure, mais il faut prendre garde qu'à nous décider pour le choix le plus facile, nous risquerions de négliger nos intérêts essentiels.

Si l'on écoute Roosevelt et les principaux leaders républicains, l'Amérique, à l'encontre du Président et de ses homélies, serait prête à abandonner son titre d'associée, son attitude d'arbitre, et, se considérant comme notre alliée, à adopter nos haines, à préconiser non seulement une grande flotte anglaise et une forte armée française, mais encore à maintenir chez elle la conscription et à s'armer jusqu'aux dents.

Bref, c'est un compagnon en impérialisme qui s'offre. Ce sont là, il est vrai, propos d'opposition qu'il ne faut pas prendre à la lettre. Roosevelt, au pouvoir, eût été plus prudent, sinon il aurait déchaîné dans son propre pays une formidable opposition. Ce fut une grande chance que le représentant de l'Amérique provinciale et pacifique ait été réélu en 1916 ; lui seul était capable d'entraîner son parti à la guerre et très loyalement, très fermement il l'a fait. Naturellement l'opposition a été très utile, elle a tenu les démocrates en haleine et le Président a beaucoup appris des dernières élections, qui ont l'intérêt d'avoir un peu assoupli l'Amérique provinciale avant qu'elle se mette en route vers l'Europe, mais c'est elle et non pas l'Amérique européanisée qui est l'Amérique de l'avenir, celle qu'il nous faut comprendre et gagner, si de la brusque entrée de l'Amérique dans les affaires du monde et de l'explosion du sentiment franco-américain, la France doit tirer des avantages immédiats et durables.

Au reste, c'est avec l'Amérique provinciale et avec son représentant que la France va avoir immédiatement à traiter. N'attachons pas trop d'importance au fait qu'il est discuté dans son propre pays.

Toute l'agitation autour du départ du Président c'est : chez ses partisans la nervosité qui saisit une famille de provinciaux quand son grand homme, pour la première fois part pour la ville. N'a-t-il pas tort de quitter son village ?

Chez ses adversaires républicains, le ton protecteur des gens du village qui, eux, ont déjà été à la ville et qui sont vexés que, dans une grande occasion, le village y soit représenté, non par eux, qui ont les manières, mais par quelqu'un qui n'est jamais sorti du village, qui en a vraiment trop l'accent et qui va s'entêter à entrer là-bas au Congrès de la Paix avec ses 14 propositions comme un provincial s'entête à entrer dans un salon de ville avec son parapluie.

Mais le grand homme une fois parti, le sort en est jeté, tout change. S'il réussit, le village tout entier prendra sa part de gloire ; s'il ne réussit pas, le village tout entier ne le pardonnera pas à la ville et jurera de ne plus jamais y remettre les pieds.

Ne prenons donc pas trop au sérieux toute l'agitation autour du départ du Président, c'est superficiel ; préparons-nous plutôt à parler, à lui et à l'Amérique qu'il représente, le langage qu'ils comprennent.

Les Américains qui sont en France depuis quatre ans et qui ont tout vu et senti avec nous ne représentent pas l'opinion de la masse américaine.

Si nous voulons être compris du président Wilson et des gens de là-bas qu'il représente, il ne suffit pas de répéter sans cesse « Souvenez-vous » et de fonder nos demandes sur l'idée d'expiation. Cela ce n'est pas américain – pourquoi ?

1°- Ils n'ont pas la même expérience que nous. À quoi bon répéter « Souvenez-vous » sans autre explication à un peuple qui n'a rien à oublier, puisqu'il n'a que très peu souffert.

2°- Le peuple américain ne connaît pas la haine. Il se détache du pénible et de l'odieux, comme les « Christian Scientists » se détachent de la maladie, par un effort de volonté. Une des questions qui revenaient le plus souvent dans la conversation du juge Brandeis ou du colonel House était : « Combien de temps durera la haine des Français contre les Allemands ? » et le ton de leur question semblait appeler cette réponse : « Cela passera vite ». Non pas qu'ils prissent intérêt aux Boches, mais leur sympathie pour la France se serait plu à entendre cette phrase : « Le peuple français n'aime pas haïr ».

Le peuple américain est profondément pacifiste, il a son idéalisme à lui, sa croyance profonde en la bonté foncière de la nature humaine. Il ne refusera pas longtemps « *to give to the german people another chance* ». Dans les pénitenciers américains, on cherche à réhabiliter les criminels ; ils travaillent sans gardes aux routes et dans les forêts de l'ouest. Ford, à Détroit, accepte des *ex-convicts* dans ses usines ; d'un bout à l'autre du pays, l'Armée du Salut jouit d'une énorme popularité. Il n'est pas d'état d'esprit qui soit plus proche du cœur du Président que l'état d'esprit *social worker*. (Baker, Creel, Miss Wilson ont été des *social workers*). Cet état d'esprit on l'a vu à l'œuvre depuis des mois à l'égard de la Russie.

3°- Le peuple américain n'aime pas à tourner ses regards vers le passé. Il est habitué « *to look ahead* ». Il ne s'embarrasse pas, dans les transactions, de l'historique d'une affaire ; il arbitre en tenant compte de ce qu'elle est à ce jour, et surtout de ce qu'elle promet d'avenir.

Un tel état d'esprit est dangereux, dira-t-on : les Boches peuvent en jouir. Mais si le Président avait eu l'idée de défendre les Boches, il ne serait pas venu si près de nos pertes et de nos souffrances ; à distance, cela lui eût été plus facile. Il a accepté un armistice qui n'était pas tendre pour l'Allemagne ; sa hâte à la faire entrer dans la Société des Nations s'accommode de préliminaires de paix qui seront imposés à l'ennemi sans discussion. Et si, comme nos hommes d'État, il a prévu la nécessité de ravitailler l'Allemagne pour y éviter les maux qu'y provoqueraient famine et chômage, c'est à la condition qu'elle mette au service des Alliés toute sa flotte marchande.

Au reste si l'Américain est disposé à vite oublier les horreurs de la guerre, ce n'est pas pour se dispenser de l'action, c'est au contraire pour s'y mieux préparer. À quoi bon ressasser ces horreurs quand il y a des terres et des industries à reconstituer, des peuples à nourrir ? Parlons donc aux Américains, non pas d'expiation, mais de réparations et de garanties justes et nous serons écoutés, car nul d'entre eux n'ignore les sacrifices de la France et qu'en cas de nouvelle guerre, elle serait sans doute encore la première à recevoir le choc.

Sur cette question de réparations et de garanties, quelle est l'attitude prise par le Président et ses opposants ?

Les Républicains, par amour pour la France, parlent d'une terrible expiation à imposer aux Allemands, mais eux que se préparent-ils à faire pour elle ? Ils sont en train de profiter de leur succès aux élections pour demander la suppression de tous les *Boards* à Washington. Le monde des affaires voudrait remettre la main le plus tôt possible sur le surplus des ressources en vivres, en matières premières des États-Unis, sur ses produits manufacturés, sur son tonnage et libérer le plus tôt possible l'exportation de tous les contrôles, licences, contingents, ordres de priorité, etc. Mais qu'arriverait-il si tout à coup la France perdait cette sauvegarde des *Boards* ? Ses anciens alliés ou associés, que la guerre n'a pas meurtris, qu'elle a même énormément enrichis, lui prendraient définitivement sa place sur les marchés d'exportation. Et elle paierait cher les importations et le tonnage que par intérêt, non par sentiment, les intérêts privés voudraient bien lui accorder. La plupart des transactions seraient faites par des maisons américaines établies en France et appuyées par des agences de banques américaines en France.

Sans doute tout sentiment ne serait pas étouffé par les affaires, mais il se manifesterait alors sous forme de charité. Bref, avec leurs maisons d'importation, leurs banques américaines, leurs Croix-rouges et leurs « *Relief Societies* » les Américains s'installeraient chez nous comme chez les « natives » d'un « *backward people* ».

Lisez par contre l'appel de McCormick, *chairman* du *War Trade Board*, à *l'esprit de justice* du peuple américain, « qui aura la patience d'attendre que des conditions normales du commerce puissent être rétablies ». Lisez surtout l'Adresse présidentielle du 2 décembre « Aucune somme d'argent, payée comme indemnité, ne suffira à sauver la France et la Belgique d'un désavantage sans espoir pour des années à venir ». Et après avoir déclaré qu'elles ne peuvent être abandonnées aux « vicissitudes d'une âpre compétition », il ajoute : « J'espère donc que le Congrès sera disposé, si nécessaire, à accorder à une organisation telle que le *War Trade Board* le droit d'établir des priorités d'exportation et d'approvisionnement pour le bénéfice de ces peuples que nous avons été si heureux de contribuer à sauver de la terreur allemande, et que nous ne devons pas étourdiment laisser se débrouiller sur un marché de concurrence sans pitié ». Un tel sentiment, voilà pour nous le salut. Le maintien et l'autorité des organismes interalliés seuls capables de brider les appétits ne seront accessibles qu'en fonction du *fair play*. C'est notre intérêt le plus urgent de pousser au premier plan ce sentiment de solidarité, cette idée de Société des Nations pour en déduire des obligations que devront assumer nos alliés. Si nous voulons au contraire pousser au premier plan l'égoïsme sacré, et ne chercher aide auprès du sentiment américain que pour renforcer notre idée d'expiation à l'égard de l'Allemagne, Anglais et Américains en profiteront bien vite pour reprendre leur liberté et ne ralentiront pas le pas pour nous attendre.

Même danger en matière politique. Un article récent du *Washington Post*, qui vient de nous être câblé, parce qu'il représente très exactement l'état d'esprit des Républicains et des Démocrates indépendants au Congrès, et aussi d'une grande partie de l'opinion, dit : « L'Amérique d'abord, l'humanité et l'internationale ensuite. Ce qu'il nous faut c'est un arrangement pratique avec les Alliés à l'avantage d'abord de l'Amérique et en vue de sa sécurité, et en deuxième lieu dans l'intérêt du monde en général. Les conseils du Président peuvent aider les hommes d'État de l'Entente à ajuster les difficultés européennes, mais on espère qu'il évitera de donner à cet égard à l'Amérique, peut-être contre la volonté de l'Europe, la position d'un guide, qu'il évitera de se poser en arbitre de la justice internationale et d'engager aussi l'Amérique dans la complication des intérêts européens ».

Voilà qui à première vue est excellent et rentre dans les vues de la plupart de nos journaux : un Président s'abstenant de se donner comme arbitre, une Amérique modeste, ne contrariant pas les puissances d'Europe...

Mais ne voit-on pas le danger d'une Amérique qui dirait, moi d'abord, l'humanité après, et qui s'abstiendrait de s'engager dans la complication des intérêts européens ? Gagnerons-nous, nous Français, à cet égoïsme sacré ?

Donc, d'un côté, un langage que nous comprenons, mais qui flatte des passions d'avant-guerre ; de l'autre, un langage dont nous nous méfions, mais un sentiment certain de solidarité, d'humanité. D'un côté une Amérique européanisée, d'hommes d'affaires, de réalistes, de l'autre une Amérique provinciale de braves gens appliquant tout bêtement aux problèmes internationaux l'idée d'entraide qu'ils ont connue pendant plus d'un siècle au cours de leur vie de frontière, une Amérique de « *social workers* » un peu étranges avec leur évangélisme, mais qui répugnent à laisser à la charité privée ce qui relève de la justice sociale.

Si l'organisation d'une paix permanente est notre premier besoin national ; si l'assistance de nos alliés et associés nous est indispensable pour nous permettre de relever nos ruines avant d'avoir été définitivement distancés dans la lutte économique ; si une modération de principe nous paraît être la première condition du prestige que la France doit garder parmi les nations nouvelles venues dans les affaires du monde (États-Unis, puissances de l'Est de l'Europe), alors l'Amérique sur laquelle nous devons nous appuyer, n'est pas l'Amérique qui parle actuellement notre langue, mais qui après avoir flatté nos passions, nous jetterait dans les voies de l'impérialisme, économique et militaire, c'est l'Amérique qui, par la voix du président Wilson, a éveillé un écho prolongé non seulement dans les masses populaires du *Middle West* et de l'Ouest américain, mais encore dans les églises chrétiennes et les masses ouvrières de tous les pays.

Pour quiconque a pu apprécier l'élan des Américains vers une plus grande justice internationale et vers la France qui leur paraissait être le Chevalier de cette idée, le choix fait par nous de nous appuyer sur l'Amérique qui ressemble le plus à cette Europe que nous voulons réformer, équivaudrait à perdre une des belles occasions de notre histoire.

Un tel sentiment, notre pays n'en inspirera pas souvent de semblable. À tout prix il nous faut fixer et retenir cet élan de solidarité. Le rôle futur de l'Amérique dans les affaires du monde, au moins autant que le statut de l'Allemagne, est pour la France la grande question de la Conférence de la Paix.

Si le Président vient en Europe, contre la volonté de la majorité de son peuple et peut-être contre les intérêts de son prestige fait en grande partie d'éloignement et de mystère, c'est qu'il a le sentiment d'un devoir à remplir. Il vient essayer de conclure une paix à peu près conforme à l'idéal pour lequel il a exhorté l'Amérique à se battre aux côtés de la France. Si l'Amérique rentre chez elle en disant : Washington avait raison, l'Europe ne peut nous comprendre, laissons-la à ses destinées, prenons notre isolement, alors c'est à l'égard de la France, qui n'aurait pas voulu comprendre le beau rôle à prendre dans le monde aux côtés de l'Amérique, que la désillusion des États-Unis serait surtout profonde.

CPC, A-Paix, 1914-1918, vol. 220 (4CPCOM/220).

327

M. Cambon, Ambassadeur de France à Londres,
    À M. Clemenceau, Président du Conseil, Ministre de la Guerre.

T. n° 1558.   *Londres, 12 décembre 1918, 0 h. 40.*

En clair.

Ravitaillement des pays alliés, neutres et ennemis.

La proposition du président Wilson concernant le ravitaillement des pays libérés, neutres et ennemis, comportait la nomination d'un directeur général américain fournissant directement et sans contrôle des denrées de provenance exclusivement américaine. Nous avons considéré, ainsi que nos collègues, anglais et italiens, que cette proposition comportait un grave danger aussi bien au point de vue économique que politique, et était de nature à donner aux ennemis, au moment des négociations, l'impression d'une scission entre le gouvernement des États-Unis et des associés. Après de laborieuses négociations où M. Hoover s'est montré partagé entre son désir de coopération et le souci de défendre une politique économique purement américaine, le résultat suivant a été obtenu : j'ai été chargé de rédiger un projet de mémorandum présentant notre point de vue et formulant nos propositions. Ce projet de mémorandum sur les principes duquel M. Hoover s'est finalement déclaré d'accord a été accepté ce matin, par Lord Reading et M. Crespi. Chacun de nos gouvernements le remettra au colonel House. M. Hoover nous a promis d'en appuyer les principes auprès du président Wilson. En voici les lignes générales :

Constitution d'un Conseil supérieur composé de membres des gouvernements. Fixation par ce comité, après prélèvement des denrées, allouées par priorité aux pays alliés conformément aux programmes établis par les organismes existants, des quantités à allouer aux pays libérés, neutres et ennemis, avec indication des pays producteurs devant fournir ces denrées. Le *Food Controller* américain agit conformément aux bases générales fixées par le Conseil supérieur comme mandataire des Alliés pour l'achat et le transport des denrées destinées aux pays libérés, neutres et ennemis. Le Conseil supérieur est tenu au courant par des agents de liaison détachés auprès du *Food Controller* américain, distribution dans les pays libérés, neutres ou ennemis, avec l'assistance des représentants officiels des gouvernements alliés. Fixation par le Conseil supérieur des méthodes d'utilisation des bateaux ennemis pour l'ensemble du ravitaillement.

CPC, Y-Internationale, 1918-1940, vol. 163 (75CPCOM/163).

328

M. Casenave, Chargé d'Affaires à Rio de Janeiro,
à M. Pichon, Ministre des Affaires étrangères.

T. n° 1215. *Rio de Janeiro, 12 décembre 1918, 6 h. 25.*

(*Reçu : le 13, 7 h.*)

Contrairement à l'attente générale, Ruy Barbosa dans une lettre adressée au président Rodriguez Alves a décliné l'offre qui lui avait été faite par ce dernier de représenter le Brésil à la Conférence de la Paix.

D'après ce que m'a dit le ministre des Affaires étrangères, la présidence de la délégation brésilienne serait confiée à M. Epitácio Pessoa.

D'autre part, M. Domício da Gama m'a dit avoir fait des démarches à Washington et à Londres pour que le Brésil fût invité aux Conférences préliminaires de la Paix et au Congrès : l'opinion publique commence en effet à s'émouvoir de cette question.

Télégrammes, Rio de Janeiro, Arrivée, 1918, vol. 4739
(304QONT/4739).

329

M. Pichon, Ministre des Affaires étrangères,
À M. Delavaud, Ministre de France à Stockholm,
M. Bapst, Ministre de France à Christiana,
M. Conty, Ministre de France à Copenhague,
M. Jusserand, Ambassadeur de France à Washington,
M. Cambon, Ambassadeur de France à Londres,
M. Barrère, Ambassadeur de France à Rome,
M. Dutasta, Ambassadeur de France à Berne,
M. Dard, Chargé d'Affaires à Madrid,
M. Defrance, Ministre de France à Bruxelles,
M. Allizé, Ministre de France à La Haye,
M. Daeschner, Ministre de France à Lisbonne,
M. Noulens, Ambassadeur de France à Arkhangelsk.

T. nos 769 ; 664 ; 588 ; 4259 ; 6994 ; *Paris, 12 décembre 1918, 23 h.*
4646 ; 2558 ; 1440 ; 751 ; 910 ; 295 ; 89.

Chiffré. Par courrier.

Les ministres du Danemark, de Norvège et de Suède, sont venus ensemble le 10 décembre me remettre trois notes identiques. Ce document expose que la fondation d'une Ligue des Nations faite pour assurer l'institution d'un régime juridique international et jeter ainsi les bases d'une paix durable, présente une importance vitale pour tous les pays civilisés. Elle serait de nature à influer sur les rapports juridiques dans tous les États entre eux et aurait certainement un effet capital concernant l'organisation constitutionnelle économique et militaire de chaque pays.

En conséquence, chacun des trois gouvernements scandinaves exprime l'avis qu'il y aurait lieu pour lui de procéder à une démarche en vue d'obtenir que l'occasion lui soit fournie de prendre part aux délibérations du Congrès de la Paix qui porteront sur cette question ainsi qu'aux débats concernant toute autre question d'une importance directe pour ses propres intérêts.

Les délibérations sur les modalités du futur Congrès pour la conclusion de la Paix devant être ouvertes à Paris, les gouvernements scandinaves adressent leur demande au Gouvernement de la République avec prière de la communiquer aux autres gouvernements intéressés.

J'ai répondu que, suivant leur désir, je ferai connaître leur démarche aux gouvernements appelés à se prononcer en premier lieu sur la procédure de la Conférence de la Paix, c'est-à-dire aux États-Unis, à l'Angleterre et à l'Italie.

Questionné par les trois ministres sur l'avis du gouvernement français, j'ai dit que je pensais que la question de la Ligue des Nations ne pourrait être tranchée sans l'avis des pays neutres et par conséquence des trois États scandinaves.

Pour Londres, Rome et Washington : Je vous serai obligé de donner connaissance de la démarche dont il s'agit, ainsi que de ma réponse au gouvernement auprès duquel vous êtes accrédité.

Télégrammes, Londres, Départ, 1918, vol. 3062 (304QONT/3062).

330

M. Clémentel, Ministre du Commerce,
  à Lord Reading, Ambassadeur du Royaume-Uni à Washington.

M. *Paris, 12 décembre 1918.*

Au moment où la guerre prend fin, les Alliés et les États-Unis se trouvent avoir établi entre eux une association complète en vertu de laquelle les approvisionnements nécessaires à la vie journalière de leurs peuples sont répartis d'un commun accord.

D'après les principes qui ont graduellement prévalu, les besoins respectifs des Alliés ont été satisfaits, non d'après les nécessités immédiates de chacun d'eux, mais en fonction des besoins des autres ; en outre, la répartition des produits indispensables est opérée en tenant compte des disponibilités totales et non des droits que confère à chaque pays la propriété des marchandises qu'il détient.

Des relations internationales basées sur des principes aussi larges et aussi humanitaires que le respect des besoins d'autrui constituent une nouveauté dans les rapports entre États et une nouveauté appelée à devenir un facteur essentiel de la paix économique du monde.

Il convient d'ajouter que les principes interalliés ne sont pas restés théoriques. Ils ont été mis en application par toute une organisation pratique. Des comités de programmes ont déterminé les besoins des Alliés, des conseils interalliés de matières et de transport ont assuré la satisfaction de ces besoins par des allocations de marchandises et de tonnage, des arrangements financiers ont été conclus entre les gouvernements pour les règlements correspondants.

Il est de la plus haute importance que les gouvernements alliés et les États-Unis fassent tout ce qui est en leur pouvoir pour que leurs relations continuent à s'inspirer du même esprit et des mêmes principes.

Toutefois, l'organisation administrative internationale doit être modifiée, car elle a été constituée sous un régime de contrôle absolu et de réquisition, tandis que les différentes nations doivent tendre à revenir aussitôt que possible à un état économique normal.

Les contrôles nationaux ont été établis dans les différents pays d'un commun accord sous la dure nécessité de la guerre. Le gouvernement français considère que ces contrôles doivent être supprimés, mais qu'ils doivent l'être graduellement, dans un esprit de coopération et d'équité. C'est seulement à cette condition que pourront être maintenus les avantages mutuels qu'a procurés aux Alliés pendant la guerre l'application des principes énoncés ci-dessus.

Par contre, la pression des intérêts privés pourrait mettre en péril ces mêmes avantages si les Alliés renonçaient subitement et sans méthode au système de coopération qui a été si difficile à établir.

Le gouvernement français tient à faire ressortir que la situation économique de la France est telle qu'elle exige de la part de ses Alliés une considération particulière.

La France en effet, a servi de champ de bataille aux Alliés. Ses usines ont été détruites, pillées ou transformées en usines de guerre. Il lui faut accomplir un effort considérable afin de rendre l'essor à son agriculture et à ses industries nationales, tout en procédant à la démobilisation de ses armées.

Il s'agit pour la France et pour les pays qui ont particulièrement souffert de la guerre d'éviter qu'ils ne se trouvent dans une situation qui pèserait injustement pendant de longues années sur leur existence nationale et arrêterait l'évolution mondiale vers la liberté économique aussi grande que possible.

La France doit donc faire appel à ses associés pour satisfaire à la balance de ses besoins, aussi bien en matières premières qu'en transports et en moyens financiers par une méthode telle qu'un équilibre indispensable s'établisse entre son propre développement économique et celui du reste du monde.

Il faut que la France soit assurée de pouvoir obtenir dès à présent les quantités de marchandises nécessaires à sa reconstitution et à son existence nationale et qu'elle soit assurée de les recevoir pendant la période de l'après-guerre dans des conditions de prix identiques à celles qu'obtiendront les autres Alliés.

S'il n'était pas procédé ainsi, la France ainsi que la Belgique, la Serbie et l'Italie se trouveraient placées par rapport aux autres États dans une situation d'infériorité résultant de la guerre : elle ne verrait pas sans amertume les neutres, les ennemis et même les Alliés dont le sol et les moyens de production ont été épargnés par la guerre, reprendre leur place dans l'activité mondiale dont seraient exclus pour longtemps les pays qui ont le plus souffert.

En conséquence le gouvernement français propose de prescrire aux conseils interalliés et comités de programmes de soumettre immédiatement aux gouvernements associés un plan d'action basé sur les considérations ci-dessus et de préparer les mesures qui devront être prises avec coordination pour parvenir à l'abandon graduel du contrôle existant aujourd'hui.

Ces matières devraient comprendre :
— les produits essentiels de ravitaillement,
— matières textiles et cuirs,
— certains minerais et métaux et bois,
— combustibles et minéraux.

Tous les autres produits actuellement contrôlés par les gouvernements associés et qui, à l'heure actuelle, font l'objet d'arrangements interalliés pourraient être libérés immédiatement ; cependant, pour que les différents pays puissent suivre sous ce rapport une politique coordonnée, il serait nécessaire que les comités de programmes présentassent au plus tôt leurs suggestions.

En ce qui concerne les moyens de transport, le gouvernement français désire être assuré qu'il aura à sa disposition le tonnage suffisant pour que ses besoins d'importations puissent être satisfaits dans des conditions qui lui permettent de recevoir les produits livrés en France à des prix de base ne dépassant pas ceux qui seront pratiqués dans les autres pays.

Papiers d'agents, fonds Tardieu, vol. 447 (166PAAP/447).

331

N. *Paris, 12 décembre 1918.*

M. Masaryk a exposé qu'il a reçu la visite de M. Dmowski, président du Comité national polonais.

M. Dmowski a développé, au cours de cet entretien, un plan de fédération à conclure entre la Pologne et l'État tchécoslovaque.

Ce projet concorde avec les tendances impérialistes connues de M. Dmowski et des vues qu'il a émises dans une conversation récente à la direction politique où il a déclaré que dans cinquante ans, l'État tchécoslovaque ferait partie de la Pologne.

M. Masaryk a repoussé, a-t-il dit, le projet de M. Dmowski en déclarant qu'il ne pouvait accepter une union avec la Pologne qui dépasserait les limites d'une alliance militaire offensive et défensive et celles d'un accord économique.

« Trop de questions séparent les Tchèques des Polonais, a-t-il ajouté, les Polonais sont des aristocrates, nous autres Tchèques, nous sommes des démocrates. Les Polonais sont catholiques, nous sommes indifférents. Les Polonais ont une culture peu avancée, chez nous, le nombre des illettrés est infime ».

« Ma politique s'appuiera sur une union très intime avec la Roumanie, et c'est pour cela que nous revendiquons les Ruthènes de Hongrie, et avec la Yougoslavie.

« Des ententes sont à l'étude avec ces deux peuples. Ces accords nous permettront de tenir en respect la Pologne ».

CPC, Z-Europe, Pologne, 1918-1940, vol. 67 (106CPCOM/67).

332

N. *Paris, 12 décembre 1918.*

Note sur le dossier relatif au Bassin de la Sarre

Les notes qui me paraissent les plus propres à être remises aux Américains sont précisément celles qui ne leur ont pas été communiquées, savoir : les notes numérotées 1, 2, 3, intitulées respectivement :

– La restitution à la France de l'Alsace-Lorraine intégrale et la question du Bassin de la Sarre.

– La nécessité du bassin de la Sarre et de la région de Landau au point de vue militaire.

– La nécessité du bassin de la Sarre au point de vue économique pour assurer l'indépendance de l'Alsace-Lorraine et de la France.

La note du maréchal Foch, étant définie comme uniquement militaire, n'a pas d'inconvénients, mais au point de vue politique américain, elle est totalement insuffisante.

J'estime qu'il serait indispensable de reconcentrer en une note très courte, orientée dans le sens américain, les arguments contenus dans les différents documents qui constituent le dossier.

Les arguments à présenter aux Américains sont, par ordre d'importance :

1°) l'argument historique et sentimental ;

2°) l'argument militaire (mémoire des sociétés métallurgiques allemandes en 1915) ;

3°) l'argument économique.

Il conviendrait d'insister également, sinon dans une première communication, du moins par la suite, sur la possibilité d'un échelonnement dans le temps des solutions, de façon à marquer notre respect du droit des populations.

Papiers d'agents, fonds Tardieu, vol. 415 (166PAAP/415).

333

M. Clinchant, Chargé d'Affaires à Berne,
À M. Pichon, Ministre des Affaires étrangères.

T. n° 2207. *Berne, 12 décembre 1918.*

Posté.

La propagande allemande continue à s'exercer au sujet de l'Alsace-Lorraine, affectant suivant les circonstances des formes nouvelles. Aujourd'hui elle exploite principalement les trois thèmes suivants :

L'occupation de l'Alsace-Lorraine à la faveur de l'armistice est un acte de violence, qui fait suite aux nombreux actes du même genre dont la France s'est rendue coupable à l'égard d'une province essentiellement germanique.

L'Alsace-Lorraine a joui, sous le régime allemand, d'une prospérité économique à laquelle le rattachement de la province à la France va mettre fin.

Pour la sauvegarde du droit, pour le bonheur de l'Alsace-Lorraine, pour le repos de l'Europe, il faut que l'Alsace-Lorraine devienne pays neutre.

Si tardive qu'elle soit, si contraire à la réalité, cette propagande mérite de retenir notre attention : elle a pour but et peut avoir pour effet de confirmer le peuple allemand dans l'illusion de son droit et de renforcer ainsi dans l'opinion allemande un esprit de réaction et de revanche ; d'exciter certains Alsaciens-Lorrains à prendre une attitude de méfiance et de critique ; de développer chez les neutres un certain scepticisme à l'égard des revendications françaises et des conditions de paix de l'Entente. Il est de notre intérêt de combattre cette propagande et d'en ruiner les fondements.

Le journaliste suisse Karl Hänggi, qui fut pendant douze ans en Alsace le collaborateur de l'abbé Wetterlé et qui, durant cette guerre, a soutenu ardemment la cause française, particulièrement par sa participation aux travaux de la *Neue Korrespondenz*[1], par un livre retentissant sur la propagande allemande dans la presse suisse[2], et par des articles remarqués sur la situation économique de l'Alsace-Lorraine, souhaite d'être mis en mesure de lutter contre cette propagande allemande par une série d'articles documentés, écrits sous l'impression d'une visite en Alsace-Lorraine. Ces articles seraient insérés dans la *Neue Zuercher Zeitung*, les *Basler Nachrichten*, le *Vaterland* (le grand journal catholique de Lucerne).

M. Karl Hänggi connaît admirablement les deux provinces ; il a été mêlé à leur vie ; il est en relations avec les personnalités influentes du monde politique et industriel. Suisse, il jouit de l'estime et de la confiance des hommes politiques et des journalistes de son pays.

Il semble qu'il y ait intérêt à permettre à ce publiciste de se rendre le plus tôt possible en Alsace. Je serais reconnaissant à Votre Excellence de bien vouloir me faire connaître son sentiment sur cette question.

Télégrammes, Berne, Arrivée, 1918, vol. 894 (304QONT/894).

---

[1] Organe de presse fondé par l'Entente à Berne en 1916, doté d'un directeur suisse mais placé sous l'autorité du bureau de presse français dirigé par Émile Haguenin.

[2] Karl Hänggi, *La propagande allemande et la presse suisse*, Soc. Polygraphique Laupen, 1918, 105 p.

334

M. Clinchant, Chargé d'Affaires à Berne,
   à M. Pichon, Ministre des Affaires étrangères.

T. n° 2212.   *Berne, 12 décembre 1918.*

(*Reçu : par courrier.*)

L'Autriche allemande et la Bohême.

M. Otto Bauer, ministre des Affaires étrangères de l'Autriche allemande, a fait à une personne de confiance, amie de l'Entente, au sujet de son pays, de la politique qu'il entend suivre, du règlement des principales questions qui se posent, en ce moment, les déclarations suivantes :

La résolution de s'unir à la République allemande n'a qu'une valeur déclarative. Elle équivaut en quelque sorte à la déclaration des « Droits de l'Homme », elle précise seulement le droit de l'Autriche allemande de s'unir à un moment donné à l'Allemagne (ou à l'Allemagne du Sud) en s'appuyant sur le droit des peuples à disposer de leur sort.

L'Autriche allemande n'est pas absolument décidée à cette union qui dépendra des circonstances[1].

Elle demande seulement qu'à la Conférence de la Paix son droit de disposer d'elle-même soit reconnu. Il a été nécessaire pour elle de recourir à cette déclaration au moment où, abandonnée par les peuples slaves de l'ancienne monarchie, elle n'avait plus la possibilité de vivre par ses propres forces. Un retour à une Fédération danubienne ne dépend pas tant d'elle-même que des États qui se sont formés sur l'ancien territoire de l'Autriche. Jusqu'à présent, aucun de ces peuples n'a manifesté l'intention de se joindre aux autres. Et cependant l'Autriche allemande ne peut pas rester un État isolé. Elle ne produit pas assez de matières premières pour alimenter son industrie, pas assez de produits agricoles pour sa population qui comprend, il ne faut pas l'oublier, celle de l'importante ville de Vienne. Réduite à elle-même, elle serait condamnée à périr. C'est pourquoi, si elle n'est pas soutenue et aidée, elle sera forcée de s'unir à l'Allemagne.

Au surplus, si l'un des buts de l'Entente est de mettre fin à toute prédominance de la Prusse, il y a lieu de remarquer que du jour où l'Autriche fera partie de la République allemande, la Prusse, par cela même, perdra la plus grande partie de son importance. Le fait que Vienne sera incorporée à l'Allemagne sera le signal de la décapitation de Berlin[2].

Une des questions les plus importantes qui se posent pour l'Autriche allemande est celle de la Bohême. La Bohême, la Hongrie et la Silésie, comprennent environ 3 millions ½ d'Allemands, alors que les Tchèques sont 6 millions ½ et les Slovaques 2 millions. Les Slovaques ne sauraient être identifiés aux Tchèques. Ces trois millions ½ d'Allemands, ces deux mil-

---

[1] En marge : « Nous ne pourrons pas avoir en perspective cette épée de Damoclès éternellement ».

[2] En marge : « Exact ».

lions de Slovaques auxquels il faut ajouter quelques centaines de milliers de Polonais et de Hongrois font de l'État tchèque une sorte de Hongrie. Ces Allemands formeront une force irrédentiste qui troublera continuellement la tranquillité de l'Europe. Car les Tchèques n'ont pour le moment nullement l'intention d'accorder aux Allemands des droits égaux à ceux qu'ils possèdent ; ils veulent, au contraire, ériger un État national tchèque semblable à celui de l'ancienne Hongrie où toute domination politique appartiendra aux Tchèques. Il est évident que les Allemands de Bohême, même s'ils étaient forcés momentanément par l'Entente de se soumettre, ne supporteraient pas longtemps le joug des Tchèques. La question de l'adhésion des Allemands de Bohême ne pourra être envisagée qu'à la condition que ces Allemands soient assurés de la pleine parité de droits et de la possibilité de prendre part au gouvernement. Réclamant des droits égaux à ceux dont jouissent les minorités française et italienne en Suisse, les Allemands de Bohême veulent soumettre cette question à la Conférence de la Paix et demandent qu'elle soit réglée par un plébiscite sous le contrôle des Puissances neutres. Jusqu'à ce moment, ils se défendent contre toute violation de leur territoire, contre toute atteinte à leurs droits[1].

La seconde des questions qui intéresse particulièrement l'Autriche allemande en ce moment est celle du Tyrol méridional. L'Autriche allemande demande aux gouvernements alliés de ne pas permettre que les Italiens s'emparent du pays de Méran-Bozen-Slanders-Brixen et Bruneck. Ce pays forme un bloc qui, par sa langue et sa culture, se distingue absolument des contrées italiennes. Les arrondissements de Méran-Bozen-Slanders-Brixen et Bruneck sont habités par 215 353 Allemands, 9 413 Ladins, 7 047 Italiens.

Les Italiens ne comptent donc que 3 %. Même à Bozen il n'y a que 3 % d'Italiens, tandis que Trente est habitée par 10 % d'Allemands. Le peuple ladin, qui parle sa propre langue, qui se distingue d'une manière absolue de tout autre peuple, a toujours refusé de se joindre aux Italiens. L'Autriche allemande entière demande à l'Entente de bien vouloir organiser un plébiscite dans les parties du Tyrol méridional.

Les déclarations d'Otto Bauer sont intéressantes à rapprocher de celles de deux des chefs du Parti fédéraliste de l'Autriche allemande consignées dans mon télégramme n° [...][2] en date d'hier. Elles sont identiques sur un même point : l'Autriche allemande ne peut pas vivre isolée économiquement, d'où la nécessité, aux yeux des socialistes de la nuance Otto Bauer de s'incorporer à l'Allemagne, aux yeux des partisans de la Fédération, de s'unir économiquement à la Bohême, noyau autour duquel viendraient s'ajouter d'autres États voisins[3].[4]

CPC, A-Paix, 1914-1918, vol. 302 (4CPCOM/302).

[1] En marge : « Renseignements de Benes à cet égard ».

[2] Lacune de déchiffrement.

[3] En marge : « Grave ».

[4] Au bas de la page : « Les Allemands de Bohême seront moins dangereux si le reste de l'Autriche s'annexe à l'Allemagne, que si cette Autriche vit séparément, et surtout que si elle entre dans la Fédération danubienne, ou alors, fini les Tchèques ».

335

M. Pichon, Ministre des Affaires étrangères,
 À M. de Saint-Aulaire, Ministre de France à Jassy,
 M. Lecomte, Chargé d'Affaires à Téhéran,
 M. Barrère, Ambassadeur de France à Rome,
 M. Jusserand, Ambassadeur de France à Washington,
 M. Cambon, Ambassadeur de France à Londres.

T. n°s 786 ; 113 ; 4657 (par courrier) ; 4269 ; 7028 (par courrier).   Paris, 12 décembre 1918.

En clair.

Des changements importants sont survenus, en novembre dans le gouvernement d'Omsk[1]. Le Conseil des ministres sous la présidence de Vologodski a pris le pouvoir et désigné comme dictateur l'amiral Koltchak. M. Avksentiev et ses amis ont été arrêtés, mais ont été relâchés et sont actuellement à Shanghai après avoir promis qu'ils s'abstiendront à l'avenir de toute action politique.

Les motifs allégués pour ces modifications sont que l'ancien Directoire s'était fortement compromis avec le parti socialiste-révolutionnaire : on craignait un regain du bolchevisme ainsi que la démoralisation de l'armée.

L'amiral Koltchak a lancé une proclamation dans laquelle il affirme ses sentiments ententophiles, fait appel aux alliances et *reconnaît d'une façon très nette tous les engagements* anciens de la Russie et notamment ses engagements financiers. Il se dit d'accord avec les généraux Doutov et Denikine, ce dernier ayant détaché paraît-il auprès de lui un agent de liaison dont il peut d'ailleurs ignorer l'arrivée. L'amiral Koltchak qui s'intitule Gouverneur suprême est, dit-on, un homme sincère, énergique ; il s'est solennellement déclaré ennemi de toute réaction ainsi que de toute révolution.

Jusqu'à présent la municipalité de Vladivostok ne s'est pas soumise à Koltchak, tandis que Semenov, ataman des Cosaques de l'Amour et de Transbaïkalie a pris une position nettement hostile, mais il y a des chances sérieuses que les autorités japonaises amènent ce dernier à une attitude d'entente à la suite de laquelle le Gouverneur suprême resterait sans opposants.

Télégrammes, Washington, Départ, 1918, vol. 6363 (304QONT/6363).

---

[1] Le pouvoir installé depuis début juin 1918 à Omsk est le Gouvernement provisoire en Sibérie qui se réclame de l'Assemblée constituante démocratiquement élue à l'automne 1917 et dispersée par les gardes rouges bolcheviks à l'issue de sa première séance le 18 janvier 1918. Piotr Vologodski dirige ce gouvernement depuis le 30 juin.

336

M. Berthelot, Directeur adjoint des Affaires politiques et commerciales,
  à M. Derby, Ambassadeur du Royaume-Uni à Paris.

L. Paris, 13 décembre 1918.

Représentation des Puissances au traité de paix.

L'ambassade d'Angleterre a bien voulu, par note du 11 décembre courant, marquer l'intérêt que présente l'envoi d'invitations pour les conférences interalliées aux États alliés autres que les 5 grandes Puissances et à ceux qui ont rompu les relations diplomatiques avec l'Allemagne. Le cas du Brésil et de l'Uruguay, qui nous ont donné maints témoignages de sympathie et qui s'inquiètent de ne pas être invités est signalé comme particulièrement intéressant.

Le gouvernement anglais demande au ministre des Affaires étrangères de faire connaître les vues du gouvernement français à cet égard.

M. Pichon partage le sentiment du gouvernement anglais sur l'intérêt qu'il y a à ne pas blesser nos alliés et nos amis.

Si M. Balfour accepte sa suggestion, il serait prêt à donner dès maintenant aux différents intéressés les indications suivantes :

Les grandes Puissances alliées seront invitées à désigner 5 plénipotentiaires, les petites Puissances alliées 3, les États nouveaux reconnus comme alliés 2, les États en formation 1, les États neutres 1 également.

Les principes suivis pour les convocations pourraient être : la représentation de grandes Puissances alliées à toutes les séances et commissions ; la représentation du droit des petites Puissances alliées et États nouveaux alliés à toutes les séances où seraient discutées des questions les concernant ; la représentation possible des États en formation et des neutres sur convocation décidée par les grandes Puissances, à des séances consacrées à l'examen de leurs intérêts et desiderata.

La question de la présence de délégués ennemis aux séances où seront débattues les formules à inscrire dans les préliminaires de paix ne se pose pas, de l'avis du ministre des Affaires étrangères.

Quant à l'admission d'une discussion bilatérale des stipulations finales du Traité de paix, elle aura à être examinée entre les grandes puissances alliées.

Le Congrès, en effet, paraît, à première vue, devoir comporter deux phases :

1°) le règlement proprement dit de la guerre ;

2°) l'organisation éventuelle de la Société des Nations.

Dans cette seconde série la présence de tous les belligérants, des neutres, et des États nouveaux, paraît justifiée puisque par définition chacun sera appelé à participer à cette organisation de la paix future entre les nations.

M. Pichon serait obligé à M. Balfour de lui faire connaître si le gouvernement anglais est d'accord avec le gouvernement français sur les principes suggérés ci-dessus.

CPC, A-Paix, 1914-1918, vol. 22 (4CPCOM/22).

337

M. Tardieu, Commissaire général aux Affaires de guerre franco-américaines,
   À M. Clemenceau, Président du Conseil, Ministre de la Guerre.

N.   *Paris, 13 décembre 1918*[1].

*Note
au sujet du bassin de la Sarre*

La question du bassin de la Sarre pose quatre ordres de questions :
I.- le sous-sol ;
II.- le sol ;
III.- les solutions politiques ;
IV.- le tracé de la frontière.

On trouvera ci-dessous, sommairement groupés, les arguments qui, dans ces quatre chapitres, doivent, semble-t-il, déterminer la politique française à la Conférence.

Quand une décision sera prise sur les diverses questions posées, cette note pourra être remise en forme en vue d'une communication éventuelle aux Alliés.

Première partie
LE SOUS-SOL

La possession du sous-sol du bassin de la Sarre constitue pour la France une nécessité et un droit, conciliables l'une et l'autre avec la situation de fait.

1°) *Droit.*

La France a droit aux mines de charbon de la Sarre, mises en valeur pour la première fois par elle de 1792 à 1815 et qui ont produit en 1913 treize millions de tonnes :

a) comme compensation aux destructions systématiques des mines du Nord et du Pas-de-Calais (perte de 20 millions de tonnes par an pendant plusieurs années) ;

---

[1] Cette date est erronée. Ce document date de janvier 1919 et a été remis officiellement à Clemenceau le 25 de ce même mois.

b) comme indemnité partielle et gage du règlement total de ses dommages.

2°) *Nécessité économique.*

Nous avons économiquement besoin du charbon de la Sarre :

a) pour l'Alsace-Lorraine, qui consomme 7 millions de tonnes de plus qu'elle n'en produit ;

b) pour la France qui, avant la guerre, importait par an 23 000 000 tonnes et qui, augmentée de l'Alsace-Lorraine, aurait donc, sans le charbon de la Sarre, à importer, même après le rétablissement de ses mines du Nord, 30 millions de tonnes, et jusqu'à ce rétablissement 50 millions.

3°) *Nécessité politique et militaire.*

Nous avons politiquement et militairement besoin du charbon de la Sarre car :

a) sans ce charbon, non seulement l'Alsace-Lorraine, mais la France sera tributaire de l'Allemagne, qui par le charbon, contrôlera les prix de toute notre métallurgie de l'Est et dominera ainsi toute notre politique ;

b) les Allemands eux-mêmes ont reconnu dans le mémoire au chancelier des six grandes associations industrielles et agricoles du 20 mai 1915 : « le charbon est un des moyens d'influence politique les plus décisifs. Les États neutres sont obligés d'obéir à celui des belligérants qui peut leur assurer leur provision de charbon ».

c) Toute la politique prussienne et allemande, depuis plus d'un siècle, a cherché à s'assurer contre la France un instrument de guerre économique en visant : en 1815 le charbon de la Sarre ; en 1871, les gisements de fer de Lorraine ; en 1914, les bassins de Longwy et Briey dont le mémoire ci-dessus dit : « L'avenir exige que l'approvisionnement en minerai de fer soit assuré : cela n'est possible pour l'Allemagne que par l'annexion de la Lorraine française entière. Sans elle, le peuple allemand sera, dans une guerre future, voué à la ruine ».

Un autre mémoire du 20 mai 1915 portait : « Tous les moyens de puissance économique existant sur ces territoires doivent passer entre les mains allemandes ».

C'est ce plan qu'il faut briser si l'on veut fonder la paix.

4°) *Situation de fait.*

Ce droit et ce besoin de la France sont facilement conciliables avec la situation de fait car :

a) la presque totalité des mines (114 000 hectares sur 116 000) appartient au fisc prussien (110 000 hectares) et au fisc bavarois (4 000 hectares) ;

b) ces mines sont la continuation géographique du bassin lorrain, avec lequel elles ne font qu'un ;

d) la perte de ces mines ne coûtera à l'Allemagne qu'un quinzième de sa production.

5°) *Conclusion.*

En résumé, la possession des mines de la Sarre est le seul moyen d'assurer à la France une juste réparation, l'indépendance politique et une garantie sûre contre l'industrie de guerre allemande au service d'une nouvelle agression.

Deuxième partie
LE SOL

Nous pouvons invoquer pour la possession du sol :

1°) Le droit historique résultat du long attachement des populations à la France dont la force les a séparées.

2°) La nécessité de prendre des garanties contre le militarisme allemand.

3°) L'obligation de contrôler l'exploitation du sous-sol.

1°) *Droit historique créé par la volonté des populations.*

a) Landau a été cédé à la France en 1648. Sarrelouis a été construit par Louis XIV. Les deux villes ont été représentées lors de la Révolution française à la Fête de la Fédération et ont proclamé leur union à la République une et indivisible. En 1793 Landau a soutenu un siège héroïque, à l'issue duquel la Convention nationale déclarait que la ville « avait bien mérité de la patrie ». Tout le reste du bassin de la Sarre est devenu français de 1792 à 1795, au milieu de l'enthousiasme des populations, décrit par Goethe et leur vote, inscrit dans des pétitions frémissantes conservées aux archives nationales, a enregistré leur union à la France, « en une seule et même famille ». La sage administration de la France, de grands travaux publics, la mise en valeur des mines, ont resserré ces liens.

b) C'est la force seule qui a séparé de la France cette région. Le traité de Paris du 30 mai 1814 n'avait pas osé réaliser cette séparation, qui ne fut accordée aux instances de la Prusse en 1815, sans consultation des habitants, que pour tenir la France sous une perpétuelle menace d'invasion. Metternich a jugé cette opération en écrivant : « La Prusse n'a eu égard à aucun principe de justice ou seulement de décence ». Beaucoup d'habitants s'expatrièrent. Les autres, opprimés par l'administration et la colonisation prussienne, se déclaraient « prussiens par contrainte ». En 1866 le prince Clovis de Hohenlohe écrivait dans ses *Mémoires* : « Les Bavarois du Palatinat (c'est-à-dire de la région de Landau et plus au nord) supporteraient tous bien de passer à la France ». Les fonctionnaires prussiens en 1870 appellent Sarrelouis « le nid à Français ».

c) Aujourd'hui encore, il y a dans le bassin de la Sarre une forte proportion de bourgeois et de paysans passionnément attachés à la tradition française. Dans la région de Sarrelouis, c'est la grosse majorité. Cette ville a acclamé les troupes françaises et adressé un télégramme chaleureux au Président de la République. Le sentiment a survécu.

d) En résumé tout ce pays, longtemps français, qui jamais ne s'est plaint de la souveraineté française, qui a été arraché de force à la France sans consultation des habitants, a conservé, sur beaucoup de points, malgré l'immigration prussienne, le souvenir du passé et, en dépit de partages successifs qui rappellent ceux de la Pologne, demeure, partiellement au moins, français de cœur.

2°) *Garanties à prendre contre le militarisme.*

a) Les frontières de 1871 et 1815 imposées par la force ont été les manifestations successives d'un système unique et permanent d'agression prussienne et allemande, système que l'attaque de 1914 avait pour objet de couronner et qu'il faut ruiner, à sa base, si l'on veut en prévenir pour la suite une nouvelle manifestation.

En 1815 : objectif : Landau et Sarrelouis, c'est-à-dire les têtes de pont de la Sarre (en liaison avec l'objectif économico-militaire des charbons du bassin).

En 1871 : objectifs : Strasbourg et Metz ; c'est-à-dire les têtes de pont du Rhin et de la Moselle (en liaison avec l'objectif économico-militaire du fer de Lorraine).

En 1914 : objectifs : Toul et Verdun, les têtes de pont de la Meuse réclamées comme gage de la neutralité française (en liaison avec l'objectif économico-militaire des bassins de Longwy et de Briey).

b) Le caractère offensif de l'opération initiale de 1815 est parfaitement mis en lumière dans une lettre de Castelreagh à Wellington du 1er octobre 1815 où on lit : « L'Angleterre ne peut pas fonder tout son système de défense sur le royaume des Pays-Bas. M. Pitt était tout à fait dans le vrai, lorsque, dès 1805, il voulait donner à la Prusse plus de territoire sur la rive gauche du Rhin et la mettre ainsi davantage en contact militaire avec la France ».

c) En fait, Landau et Sarrelouis et les lignes d'eau voisines sont respectivement les défenses naturelles de l'Alsace et de la Lorraine. Quand la France les possédait aux XVIIe et XVIIIe siècles, elle n'a pas connu l'invasion et c'est pour rendre possible une double invasion par l'Alsace et par la Lorraine que, dès 1815, la Prusse, qui, selon l'expression de Greisenau « entendait régler son compte avec la France » a demandé et obtenu ces deux villes.

d) La commission militaire française, réunie en 1818, pour organiser notre nouvelle frontière, a signalé la situation d'infériorité créée à la France par le traité de 1815. La campagne de 1870 a vérifié toutes les prévisions de cette commission et montré le parti tiré par la Prusse de la place d'armes constituée à son profit. Une armée allemande, maîtresse des têtes de pont de la Sarre, peut déboucher en Lorraine, en masquant Metz et Thionville, et faire ainsi tomber la ligne du Rhin et des Vosges, en même temps qu'une autre armée, maîtresse de Landau, et en liaison avec la première par la route allemande Pirmasens-Saarbruck a libre accès en Alsace.

e) La campagne de 1914 a de nouveau manifesté le même péril. Le bassin français de Briey a été occupé par l'ennemi, faute d'une bonne frontière, avant même la déclaration de guerre. En quelques jours, la France a perdu 90 % de sa production de minerai, 86 % de sa production de fonte, 75 % de sa production d'acier et 95 hauts fourneaux sur 127 sont tombés aux mains ou sous le feu de l'ennemi. En même temps (mémoire du 20 mai 1915 déjà cité) les Allemands pouvaient déclarer : « Si la production de la minette du bassin de Briey était troublée, la guerre serait quasiment perdue. La sécurité de l'Empire allemand dans une guerre future nécessite donc impérieusement la possession de toutes les usines de minette. » Le mémoire de décembre 1917 également cité porte : « Il eût été impossible de produire pendant la guerre la quantité de fonte nécessaire, si les Français avaient pu faire sauter immédiatement leurs propres installations de mines et leurs usines proches de la frontière… Heureusement pour nous, les Français n'ont pas réussi à détruire les districts sidérurgiques situés des deux côtés de la frontière allemande : car s'ils y avaient réussi, la guerre eût été décidée, en peu de mois, à notre désavantage. » Nous n'avons pas pu faire cela, parce que la place d'armes allemandes était trop près de notre frontière.

f) En résumé pour que la France puisse se défendre en cas d'attaque, elle a besoin de reporter plus au nord la frontière septentrionale de l'Alsace-Lorraine et de substituer à la frontière de vaincu que la force lui a imposée en 1815 et 1871 une frontière meilleure.

3°) *Obligation de contrôler l'exploitation du sous-sol.*

Les mines occupent 52 000 ouvriers. Pas plus au point de vue administratif qu'au point de vue douanier, la situation ne serait possible, si le possesseur du sous-sol n'avait pas, sous une forme à déterminer, le contrôle de l'administration du sol et si, plus encore, cette administration restait aux mains de l'État prussien.

Troisième partie
LES SOLUTIONS POLITIQUES

1°) *Position de la question.*

L'exposé qui précède prouve que la France serait fondée en droit historique et pour se garantir contre une attaque allemande à revendiquer dans cette région non seulement le sous-sol, mais le sol.

Cette revendication placerait sous notre souveraineté des Allemands, mais l'impossibilité de faire coïncider avec une exactitude parfaite les races et les frontières aura été constatée et admise par la Conférence au profit de l'Italie, de la Grèce, de la Yougoslavie, de la Roumanie, de la Pologne, de la République tchécoslovaque et, dans le cas de ces divers pays, l'importance numérique des populations soumises à une souveraineté étrangère sera singulièrement plus forte que celle des Allemands du bassin de la Sarre.

L'annexion pure et simple serait donc facile à justifier, par les précédents, non pas même du passé, mais des présents préliminaires de paix.

La France, semble-t-il, doit exclure néanmoins la solution de l'annexion pure et simple, parce qu'elle entend rester scrupuleusement fidèle aux principes pour lesquels ses armées se sont battues, et ne veut pas avoir de députés protestataires.

Dans ces conditions, trois solutions possibles :

a)- Annexion avec autonomie et garanties spéciales.

b)- Constitution d'un État indépendant sous la protection de la France.

c)- Création, sans rupture du lien d'allégeance, d'une zone de commandement militaire.

2°) *Annexion avec autonomie et garanties spéciales.*

L'annexion, ainsi conçue, respecterait l'autonomie des populations par les moyens suivants :

a)- Création d'un gouvernement local avec Conseil général, sans représentation au Parlement français.

b)- Pas de service militaire ; remplacement de l'obligation militaire soit par une taxe personnelle, soit par des prestations et travaux exécutés dans le pays même.

c)- Faculté pour les habitants de conserver la nationalité allemande.

d)- Garanties spéciales accordées, pour la liquidation de leurs intérêts, aux habitants désireux d'émigrer.

e)- Part large accordée à la population dans le recrutement de l'administration locale.

f)- Facilités douanières au moins pour une période transitoire.

g)- Propriété des mines à l'État français.

3°) *État indépendant sous la protection de la France.*

a)- La constitution de cet État se ferait suivant les règles habituelles du protectorat, adaptées aux nécessités locales.

b)- Une union douanière, postes, chemins de fer, avec la France serait établie.

c)- L'État français serait propriétaire des mines.

d)- Tout ou partie des garanties et facilités spéciales exposées au paragraphe 1er pourrait être introduit dans la constitution du nouvel État.

e)- Le droit d'occupation militaire serait reconnu à la France.

4°) *Zone de commandement militaire en territoire allemand.*

a)- Pas de changement de nationalité pour les habitants.

b)- Contrôle de fait à organiser sur l'administration du sol pour assurer l'exploitation du sous-sol, propriété de l'État français.

c)- Application de tout ou partie des garanties spéciales exposées au paragraphe 2.

d)- Détermination du délai à l'expiration duquel la situation définitive devrait être tranchée par un vote des populations.

5°) *Comparaison des trois solutions.*

Pour apprécier exactement ces trois solutions, il y aurait lieu de savoir d'abord si la thèse française du Rhin, frontière militaire commune, est acceptée.

Si elle ne l'était pas, la première solution (annexion avec garanties spéciales) paraîtrait devoir s'imposer.

Si la thèse française relative au Rhin est acceptée, le choix devient plus libre.

La première solution a, dans ce cas, l'avantage de nous laisser du temps et le choix de l'heure pour faire voter la population, quand nous le jugerons bon, sans avoir à consulter de nouveau les Puissances.

La deuxième solution est plus compliquée au point de vue international, plus conforme au principe de la libre disposition des peuples, moins souple pour les transitions ultérieures.

La troisième solution est, pour le présent, de beaucoup la plus simple. Pour l'avenir, elle a l'inconvénient grave de nous obliger à fixer dès maintenant le moment où les populations auront à se prononcer définitivement.

Cet examen fait, nous aurons encore à décider si nous soutiendrons devant les Puissances une seule de ces trois solutions ou si nous nous contenterons de les exposer en laissant à la Conférence le soin de prendre parti.

Quatrième partie
LE TRACÉ DE LA FRONTIÈRE

Au point de vue du tracé de la frontière, trois solutions sont en présence :

1°) Frontière de 1814 ;

2°) Frontière économique ;

3°) Frontière économique et stratégique.

1°) *Frontière de 1814.*

a) Augmentation de territoire : 65 000 hectares ; de population : 355 000 habitants, dont 120 000 de tradition française dans le cercle de Sarrelouis.

Dans cette hypothèse, l'Alsace-Lorraine, dans le cas d'annexion du bassin de la Sarre, comprendrait 1 370 000 Français et 640 000 Allemands ou fils d'immigrés en chiffres ronds.

b) Du point de vue économique, cette frontière laisse échapper une partie très importante du bassin houiller.

c) Du point de vue militaire, cette frontière est couverte par Landau et Sarrelouis, mais ne comporte pas de ligne de défense naturelle et ne tient ni la vallée de la Queich, qui couvre l'Alsace, ni la vallée de la Blies, qui couvre la Lorraine, ni la ligne de faîte entre les lignes d'eau.

d) Du point de vue historique, cette frontière sinueuse n'a pas de raison d'être, puisque ses sinuosités avaient pour origine un certain nombre de principautés féodales aujourd'hui disparues.

2°) *Frontière économique concordant avec le bassin minier et industriel.*

Augmentation de territoire : 279 000 hectares ; de population : 752 000 habitants, dont 120 000 de tradition française.

Dans cette hypothèse, l'Alsace-Lorraine comprendrait, dans le cas de l'annexion du bassin de la Sarre, 1 370 000 Français et 1 030 000 Allemands ou fils d'immigrés en chiffres ronds.

a) Du point de vue économique, cette frontière est pleinement satisfaisante.

b) Du point de vue militaire, elle ne couvre pas l'Alsace.

3°) *Frontière économique et stratégique.*

Augmentation de territoire : 510 000 hectares ; de population : 1 000 000 d'habitants, dont 120 000 environ de tradition française.

Dans cette hypothèse, l'Alsace-Lorraine, en cas d'annexion de la région de la Sarre, comprendrait 1 370 000 Français et 1 280 000 Allemands ou fils d'immigrés en chiffres ronds.

a) Du point de vue économique, cette frontière ne laisse échapper qu'une très faible partie du bassin houiller.

b) Du point de vue militaire, elle nous donne la Queich avec Landau et, au besoin, Germersheim ; la Schwarzbach et la Blies, la ligne de faîte jusqu'à la frontière du Luxembourg. Elle est géographiquement discutable.

4°) *Comparaison des trois tracés.*

La dernière frontière serait la meilleure à tous égards. Mais la solution adoptée quant au statut politique de la région influera sur le choix du tracé, au détriment des considérations militaires.

De même, la solution qui interviendra au sujet du Rhin, frontière militaire commune, réagira sur ce choix : si cette solution n'était pas celle que la France soutient, le dernier tracé s'imposerait.

Dans tous les cas, le tracé de 1814 est à écarter.

Papiers d'agents, fonds Tardieu, vol. 414 (166PAAP/414).

338

M. Durieux, Délégué du Haut-Commissariat de la République française en Palestine,
 À M. Georges-Picot, Haut-Commissaire de la République française en Palestine.

D. n° 24. Beyrouth, *13 décembre 1918.*

a.s. *état actuel des esprits à Jérusalem parmi les musulmans et chrétiens.*

Pour faire suite à mes rapports n°s 18, 19 et 23 des 16, 18 et 22 de ce mois[1], j'ai l'honneur de porter à votre connaissance que la population indigène de Jérusalem continue à être aussi surexcitée que naguère.

---

[1] Dans son rapport n° 18 du 16 novembre 1918, Durieux évoque la transmission au gouvernement français d'une pétition par une députation d'une centaine de musulmans et chrétiens de Jérusalem, avec à sa tête le Mufti et le président de la Municipalité. Il note : « Par la faute de certains israélites, qui ont manqué de modération et de prudence, la rivalité entre les Juifs qui veulent dominer et les musulmans et chrétiens qui ne veulent pas de cette domination est actuellement à l'état aigu. Les musulmans de Palestine qui acceptent déjà avec une grande répugnance la domination chrétienne des Européens ne se soumettront jamais à un gouvernement israélite ». Dans son rapport n° 19 du 18 novembre, Durieux fait état d'une nouvelle pétition adressée aux gouvernements français et britannique, qu'il résume ainsi : « La Palestine fait partie de la Syrie et doit jouir des mêmes avantages que la Syrie et l'Irak ». Il signale également une grande manifestation à Jaffa qui a eu lieu le 16 novembre, à l'occasion de l'anniversaire de la prise de la ville par les troupes britanniques. Des discours antisionistes ont alors été prononcés, notamment par le juge du tribunal religieux de Jaffa : « Nous, musulmans et chrétiens, s'écria-t-il, nous ne formons pas seulement la majorité de la ville, mais presque toute la totalité de la population, au nombre de

Musulmans et chrétiens paraissent décidés à ne point accepter la domination sioniste et ne laissent passer aucune occasion sans élever de véhémentes protestations.

On sait la répugnance des musulmans à accepter un gouvernement chrétien ; le « muezzin » est au-dessus du « kafir », mais si cette répugnance est vaincue parfois par rapport à l'Autorité chrétienne, il ne semble pas possible de la surmonter vis-à-vis d'un gouvernement juif. L'israélite est encore trop méprisé par le musulman et la perspective de voir le sionisme régnant en Palestine a révolté l'esprit mahométan, plus encore peut-être que l'esprit chrétien.

Les protestations ont éclaté spontanément. Dans leurs conversations particulières les indigènes accusent les Anglais d'avoir lancé le mouvement sioniste ; il en est résulté une série d'accusations portées contre eux par les musulmans et chrétiens. Vraies ou fausses toutes ces affirmations circulent dans la foule et indisposent les esprits. « Nous sommes condamnés à mort par les Anglais », disait récemment un cheikh musulman de Jérusalem, et cette idée fait des progrès rapides dans l'imagination des Palestiniens.

Il n'est donc pas surprenant que se basant sur cette affirmation, ils examinent mutuellement les moyens d'échapper à leur perte. Certains cherchent dans les promesses faites par les Alliés une base à leurs revendications mais la plupart ; il faut le reconnaître, pour échapper au péril sioniste, se décident ouvertement en faveur du Chérif. Ils estiment que lui seul aura assez d'influence pour les délivrer des Juifs.

Les chrétiens seuls continuent à nourrir une véritable répugnance à l'égard du Roi du Hedjaz et à défaut de la France, ils réclament une Palestine internationale, où le Juif aura des droits certes, mais aussi des devoirs.

Vous voudrez bien trouver ci-joint avec sa traduction, une nouvelle pétition qui m'a été remise ce matin par une délégation du comité islamo-chrétien.

Ils s'adressent au gouvernement français pour revendiquer hautement les privilèges concédés aux habitants de la Syrie, de la Mésopotamie et y proclament leurs droits au libre choix d'un gouvernement.

Au-delà du Jourdain, dans cette partie de l'Empire chrétien située en face de Jérusalem, l'état d'esprit n'est guère plus satisfaisant.

Les chrétiens de Kérak, humiliés par les chérifiens, ont déclaré qu'ils n'accepteront jamais l'autorité de l'émir Fayçal et beaucoup de musulmans de cette ville sont dans des dispositions analogues.

Ceux de Madaba m'ont adressé plusieurs délégations pour réclamer un gouvernement conforme à leurs aspirations. Les uns et les autres semblent

---

60 000 personnes, alors que les Juifs ne comprennent que 10 000 individus, comptent uniquement pour la réalisation de leurs désirs sur l'appui efficace de leurs coreligionnaires répandus dans le monde et qui ne reculeraient devant aucun sacrifice pour les soutenir dans leurs illégitimes revendications. C'est à pas de géants qu'ils tentent de franchir le grand vide qui les sépare de la réalité, [...] en se berçant des espoirs et des promesses qui leur ont été donnés par certaines hautes personnalités appartenant à la sphère politique. Unissez-vous devant le danger si imminent qui menace notre avenir ». (Le rapport n° 22 n'a pas été retrouvé).

d'ailleurs disposés à émigrer au cas où le régime chérifien serait définitivement établi dans leur pays.

Le mécontentement et la nervosité existent dans toute la Palestine. Si cette situation persiste, elle est susceptible de créer des troubles sérieux et peut produire des mécomptes. On a lancé des idées d'indépendance et de *self-government* parmi les populations de Palestine et de Syrie, auxquelles les avait peu préparées le régime turc. On ne passe pas d'une extrémité à l'autre sans secousses.

Le 20 novembre 1918.
À M. Georges Picot, haut-commissaire de la République française en Palestine.

Nous avons l'honneur de porter à la connaissance de Votre Excellence que nous avons lu l'avis officiel du 7 novembre 1918, publié d'un commun accord par les gouvernements britannique et français, concernant les buts poursuivis par la Grande-Bretagne et la France en Orient. Leur but est de libérer définitivement les peuples qui ont tant souffert de la tyrannie turque et de créer des gouvernements et États nationaux, que les populations ont le libre choix de nommer.

C'est pour l'exécution de ces idées que l'accord est intervenu. Il encouragera la création des gouvernements nationaux en Syrie et en Mésopotamie dont les Alliés ont terminé la libération ainsi que dans les autres pays, non encore libérés. Il s'engage à aider et reconnaître ces États lors de leurs fondations effectives, etc.

La Palestine faisant partie de la Syrie et ayant été libérée avant la Syrie et la Mésopotamie, sa population attendait avec impatience l'occupation du pays afin d'obtenir une liberté absolue.

Nous nous présentons avec la présente pour demander effectivement l'aide des Alliés et obtenir le droit de nommer un gouvernement pour la Palestine, fondé sur le libre choix de la population patriote, comme on a décidé de le faire pour les habitants de la Syrie et de la Mésopotamie. Nous vous prions de bien vouloir présenter notre présente demande, télégraphiquement à qui de droit.

Nous sommes persuadés que nous ne serons pas exclus de cette justice avec l'aide de votre gouvernement et nous terminons en vous présentant nos respects.

Papiers d'agents, fonds Tardieu, vol. 406 (166PAAP/406).

339

M. Georges-Picot, Haut-Commissaire de la République française en Palestine,
À M. Pichon, Ministre des Affaires étrangères.

T. n° 713bis. Le Caire, 14 décembre 1918, 2 h. 35.

(Reçu : 17 h. 10.)

Sir Mark Sykes qui est en Orient assez inquiet de la tournure prise par les mouvements d'opposition au sionisme s'applique depuis son arrivée à en détourner les effets en faisant miroiter aux yeux des musulmans les possibilités qui s'offrent à eux en Syrie. S'il se refuse à étendre à la Palestine les principes formulés dans la déclaration franco-anglaise[1] récente et à autoriser les habitants de la zone « B » à l'invoquer contre l'émir Fayçal, il soutient par contre qu'à Damas et dans la zone « A » rien ne doit limiter l'indépendance du gouvernement chérifien. La France lui apparaît donc comme l'obstacle et il s'applique tant auprès des indigènes qu'auprès du gouvernement britannique à réduire son influence et son action. Il s'opposera notamment de toutes ses forces à une occupation effective du pays par nos troupes, qui, seule, il le sait, mettra fin aux intrigues.

Télégrammes, Le Caire, Arrivée, 1918, vol. 2381 (304QONT/2381).

340

M. Pichon, Ministre des Affaires étrangères,
À M. Cambon, Ambassadeur de France à Londres,
M. Barrère, Ambassadeur de France à Rome.

T. n°s 7225 ; 4697. Paris, 14 décembre 1918, 14 h. 30.

Chiffré.

Les progrès que le bolchevisme fait en Pologne nécessitent l'adoption immédiate de mesures militaires de nature à rétablir des conditions normales dans ce pays. Le Comité national nous demande à cet effet d'envoyer en Pologne les divisions de l'armée polonaise de France et de les acheminer par la voie de Dantzig.

D'accord avec le ministre de la Guerre, je suis disposé à donner une suite favorable à cette demande, qui n'est que l'application d'une des clauses de l'armistice conclu avec l'Allemagne.

Le débarquement des troupes polonaises à Dantzig produira une impression considérable dans toute la Pologne et favorisera le maintien de l'ordre et l'organisation du ravitaillement, conformément au paragraphe 16 de

---

[1] Il s'agit de la déclaration franco-britannique du 7 novembre 1918.

l'armistice conclu avec l'Allemagne. Ce dernier pays serait donc mal venu à protester et encore bien plus à créer des difficultés en cherchant à s'opposer militairement au passage des troupes polonaises.

Pour éviter tout risque, le Comité national avait suggéré de faire occuper par des troupes françaises la ligne de chemin de fer Dantzig-Thorn, afin d'assurer le passage des troupes polonaises et de conserver leurs communications avec la mer pour le transport de leurs approvisionnements : mais le gouvernement français estime qu'il faut éviter de mêler les troupes françaises à un conflit direct éventuel dans les provinces prussiennes de Pologne ; nous nous contenterons donc des officiers français que nous avons dans les troupes polonaises.

Je vous serai obligé de faire connaître ma manière de voir au gouvernement britannique et de prendre son avis.

CPC, Z-Europe, Pologne, 1918-1940, vol. 17 (106CPCOM/17).

341

M. Poincaré, Président de la République française,
À M. Wilson, Président des États-Unis d'Amérique.

Discours[1]. *Paris, 14 décembre 1918.*

Monsieur le Président,

Paris et la France vous attendaient avec impatience. Ils avaient hâte d'acclamer en vous l'illustre démocrate dont une pensée supérieure inspire la parole et l'action, le philosophe qui aime à dégager des événements particuliers des lois universelles, l'homme d'État éminent qui a trouvé, pour exprimer les plus hautes vérités politiques et morales, des formules frappées au coin de l'immortalité.

Ils avaient aussi le désir passionné de remercier, en votre personne, la grande République dont vous êtes le chef, pour le concours inappréciable qu'elle a spontanément donné dans cette guerre, aux défenseurs du Droit et de la Liberté.

Avant même que l'Amérique eût pris le parti d'intervenir dans la lutte, elle avait témoigné aux blessés, aux veuves, aux orphelins de France une sollicitude et une générosité dont le souvenir ne s'effacera jamais dans nos cœurs. Les libéralités de votre Croix-Rouge, les innombrables souscriptions de vos concitoyens, les touchantes initiatives des femmes américaines ont devancé votre action navale et militaire et montré peu à peu au monde de quel côté se tournaient vos sympathies. Et le jour où vous vous êtes jetés en pleine bataille, avec quelle volonté votre grand peuple et vous n'avez-vous pas préparé notre succès commun !

---

[1] Il s'agit du texte du discours tenu par Raymond Poincaré lors du déjeuner offert à l'Élysée en l'honneur du président Wilson et de son épouse.

Vous me télégraphiiez il y a quelques mois que les États-Unis enverraient en Europe des forces croissantes jusqu'à ce que les armées alliées fussent en mesure de submerger l'ennemi sous un flot débordant de divisions nouvelles. Et, en effet, un courant continu de jeunesse et d'énergie est venu, pendant plus d'une année, se déverser sur le sol de France. À peine débarqués, vos vaillants bataillons, enflammés par leur chef, le général Pershing, se sont précipités au combat avec un si mâle mépris du danger, un dédain si souriant de la mort, que notre vieille expérience de cette terrible guerre était souvent tentée de leur conseiller la prudence. Ils ont apporté ici en arrivant, tout l'enthousiasme de croisés partant pour la terre Sainte. Ils ont le droit maintenant de contempler avec fierté l'œuvre accomplie et de se dire qu'ils y ont puissamment aidé par leur courage et leur foi.

Si ardents qu'ils fussent contre l'ennemi, ils ignoraient cependant, lorsqu'ils sont venus, l'énormité de ses attentats. Pour être renseignés sur les procédés de l'armée allemande, il a fallu qu'ils vissent eux-mêmes les villes systématiquement incendiées, les mines inondées, les usines réduites en poussière, les vergers dévastés, les cathédrales écrasées sous les obus et rongées par le feu, tout ce plan de guerre sauvage à la richesse nationale, à la nature et à la beauté, que l'imagination ne saurait concevoir loin des hommes et des choses qui en ont souffert et qui en portent le témoignage. Vous pourrez à votre tour, Monsieur le Président, mesurer de vos yeux l'étendue de ces désastres ; et le gouvernement français vous communiquera, par surcroît, des documents authentiques où l'état-major allemand expose, avec un cynisme déconcertant, son programme de pillage et d'anéantissement industriel. Votre noble conscience se prononcera sur ces forfaits.

S'ils restaient sans sanction et s'ils pouvaient se renouveler, les plus belles victoires seraient vaines. Monsieur le Président, la France a lutté, patienté, peiné pendant quatre longues années ; elle a saigné par toutes ses veines ; elle a perdu les meilleurs de ses enfants ; elle porte le deuil de sa jeunesse. Elle aspire aujourd'hui, comme vous, à une paix de justice et de sécurité.

Ce n'est pas pour être exposée à des recommencements d'agression qu'elle s'est résignée à tant de sacrifices. Ce n'est pas non plus pour permettre à des criminels impunis de relever la tête et de préparer de nouveaux assassinats, que, sous votre forte impulsion, l'Amérique s'est armée et a traversé l'océan. Fidèle au souvenir de La Fayette et de Rochambeau, elle est venue secourir la France parce que la France elle-même était fidèle à ses traditions. Notre idéal commun a triomphé. Nous avons défendu ensemble les principes vitaux des sociétés libres. Nous avons maintenant à édifier ensemble une paix qui ne permette pas la reconstitution directe et hypocrite des organisations de conquête et d'oppression.

Pour les misères et les tristesses d'hier, il faut que la paix soit une réparation ; contre les périls de demain il faut qu'elle soit une garantie. L'association qui s'est formée pour la guerre, entre les États-Unis et les Alliés et qui contient le germe de cette institution permanente dont vous avez si éloquemment parlé, va trouver, dès maintenant, un emploi précis et bienfaisant dans l'étude concertée des solutions équitables et dans le mutuel appui dont nous avons besoin les uns et les autres, pour faire prévaloir nos droits.

Quelques précautions d'avenir que nous prenions, personne, hélas ! ne peut affirmer que nous épargnerons pour toujours à l'humanité l'horreur de guerres nouvelles. Il y a cinq ans, le progrès de la science et l'état de la civilisation auraient dû permettre d'espérer qu'aucun gouvernement, même autocratique, ne réussirait à jeter des peuples en armes sur la Belgique et sur la Serbie. Sans avoir l'illusion que la postérité soit jamais complètement à l'abri de ces folies collectives, nous devons mettre dans la paix que nous ferons toutes les conditions de justice et toutes les chances de durée que nous serons capables d'y introduire. C'est à cette tâche immense et magnifique que vous avez voulu, Monsieur le Président, venir vous-même travailler avec la France. La France vous remercie. Elle connaît l'amitié de l'Amérique. Elle connaît la droiture et l'élévation de votre esprit. C'est en pleine confiance qu'elle s'apprête à collaborer avec vous.

Je lève mon verre, Monsieur le Président, en votre honneur et en l'honneur de Mme Wilson.

Je bois à la prospérité de la République des États-Unis, notre grande amie d'hier et d'autrefois, de demain et de toujours.

CPC, A-Paix, 1914-1918, vol. 29 (4CPCOM/29).

342

M. Pichon, Ministre des Affaires étrangères,
  À M. Cambon, Ambassadeur de France à Londres,
  M. Barrère, Ambassadeur de France à Rome,
  M. Jusserand, Ambassadeur de France à Washington[1].

T. nos 7169 ; 4727 ; 4300. *Paris, 15 décembre 1918, 23 h.*

Chiffré.

Ravitaillement de l'Autriche.

Le colonel House m'a fait savoir que M. Hoover ayant fait parvenir à Trieste deux bateaux de ravitaillement destinés à empêcher Vienne de tomber dans l'anarchie pour des raisons alimentaires propose de faire protéger les wagons nécessaires contre toute obstruction italienne ou yougoslave en les faisant garder par quelques soldats américains.

J'ai répondu que nous n'avions aucune objection contre ce projet.

Toutefois, comme le message du colonel House signalait la triste situation de Vienne, le manque de charbon, etc. il lui a été observé que ces senti-

---

[1] Communiqué à Clemenceau, président du Conseil et ministre de la Guerre (Groupe de l'Avant, avec prière de communiquer au maréchal Foch), à Leygues, ministre de la Marine, à Lebrun, ministre du Blocus.

ments d'humanité envers les Autrichiens ne devaient pas faire oublier à l'Entente nos devoirs primordiaux envers un gouvernement allié, tel que l'État tchécoslovaque, contre lequel le gouvernement provisoire de Vienne se livre à des intrigues que je vous signale d'autre part.

Veuillez informer de ce qui précède le gouvernement anglais, italien, américain.

Télégrammes, Washington, Départ, 1918, vol. 6364 (304QONT/6364).

343

M. Pichon, Ministre des Affaires étrangères,
   À M. Maugras, Ambassadeur de France à Tokyo,
   M. Barrère, Ambassadeur de France à Rome,
   M. Cambon, Ambassadeur de France à Londres,
   M. Jusserand, Ambassadeur de France à Washington,
   M. Defrance, Ministre de France à Bruxelles[1].

T. n° 682 ; 4731 ; 7175 ; 4303 ; 790.   *Paris, 15 décembre 1918.*

Chiffré.

La prolongation de l'armistice a été signée le 13 décembre à Trèves par le maréchal Foch, l'amiral Wemyss, Erzberger, Oberndorff, Winterfeldt et Vanselow.

L'armistice est prolongé d'un mois, c'est-à-dire jusqu'au 17 janvier, et cette prolongation pourra être étendue jusqu'à la conclusion des préliminaires de paix avec l'approbation des gouvernements alliés.

La clause suivante a été ajoutée à la Convention du 11 novembre dernier : « Le haut commandement allié se réserve dès à présent d'occuper quand il le jugera convenable, à titre de nouvelle garantie, la zone neutre de la rive droite du Rhin au nord de la tête de pont de Cologne et jusqu'à la frontière hollandaise. Cette occupation fera l'objet d'un préavis de six jours ».

Un protocole financier a été signé à la même occasion, pour assurer la conservation des valeurs qui nous servent de gage et servir de garantie au recouvrement ultérieur de nos créances communes : des renseignements sûrs avaient établi en effet que les Allemands effectueraient avec les neutres, à notre détriment, des opérations importantes sur leurs valeurs.

L'article essentiel du protocole financier est l'article 1 qui est formulé de la manière suivante :

« Engagement pour le gouvernement allemand de ne pas disposer, sans accord préalable avec les Alliés, de l'encaisse métallique du Trésor ou de la Reichsbank, des effets ou des avoirs sur ou à l'étranger, ainsi que des

---

[1] Communiqué à Clemenceau, président du Conseil, ministre de la Guerre, et à Klotz, ministre des Finances.

valeurs mobilières étrangères appartenant au gouvernement et aux caisses publiques.

Engagement pour le gouvernement allemand de ne donner, sans accord préalable avec les Alliés, aucune autorisation de sortie pour les avoirs ou valeurs ci-dessus possédés par des particuliers ou des sociétés ».

Les autres articles visent la condition de restitution des titres volés ou perdus dans les régions envahies, le paiement aux Alsaciens-Lorrains des dettes ou effets à échoir pendant la durée de l'armistice, enfin les mesures à prendre pour la restitution des biens séquestrés au préjudice des Alliés.

Les dispositions de l'article 1 impliquent la nomination d'un commissaire (qui selon notre suggestion serait français) et auquel pourraient être adjoints des délégués des gouvernements alliés intéressés, si ceux-ci en expriment le désir.

Une notification immédiate du protocole serait faite aux neutres pour qu'ils aient connaissance des engagements pris par l'Allemagne et des risques encourus par les tiers s'ils en favorisaient la violation.

Le texte authentique des protocoles militaire et financier sera porté à la connaissance des gouvernements alliés par nos attachés militaires et financiers, par les soins des ministres de la Guerre et des Finances.

Je vous serai obligé de faire dès maintenant la communication de leurs clauses au gouvernement anglais, belge, italien, japonais, américain.

Télégrammes, Washington, Départ, 1918, vol. 6364 (304QONT/6364).

344

N. *Paris, 15 décembre 1918*[1].

Note sur le statut politique des pays de la rive gauche du Rhin

Pour que le Rhin devienne la *frontière militaire commune* des démocraties d'Occident, il faut interdire à l'Allemagne toute action politique aussi bien que tout accès militaire sur les territoires de la rive gauche du fleuve. Leur occupation par une force interalliée, assurant la garde des places de sûreté du Rhin, placera d'ailleurs ces territoires sous la protection de la Société des Nations.

Cette condition reconnue nécessaire à l'établissement et au maintien d'une paix durable et le principe admis par tous de la liberté des peuples, conduisent à déterminer, pour les États de la rive gauche du Rhin, un statut politique distinct de l'Allemagne, et à les doter d'un régime économique qui développe leur solidarité avec les démocraties d'Occident contre une nouvelle agression allemande.

---

[1] Il s'agit de la date indiquée sur le document mais elle est visiblement erronée car le document évoque des événements postérieurs, notamment les élections à la Constituante allemande du 19 janvier 1919. Elle est sûrement postérieure à cette date.

Avant d'examiner leur statut politique il n'est pas inutile de montrer comment le principe ainsi posé peut s'accorder avec l'expérience d'événements historiques récents et avec les nécessités de la situation politique et économique actuelle des pays rhénans.

Deux ordres de faits apparaîtront ainsi :

1°- L'indépendance politique des États de la rive gauche du Rhin sous l'égide de la Société des Nations, peut se fonder en droit sur des raisons d'histoire et de sentiment assez récent pour n'avoir pas perdu toute valeur.

2°- Si l'on ne peut affirmer aujourd'hui que cette indépendance répondra au vœu général d'une population *en pleine crise d'indécision politique*, il est cependant aisé d'établir que la solution peut être appliquée en respectant les *aspirations fondamentales* des populations rhénanes dans des conditions susceptibles de rallier la majorité de leur opinion.

I – QUESTION DE DROIT

Les pays de la rive gauche du Rhin ont vécu la plus grande partie de leur histoire *indépendants* de l'Allemagne, politiquement, intellectuellement et moralement. On peut donc se demander quels sont les droits de l'Allemagne à les posséder et comment ses droits, s'ils existent, ont été acquis.

Jusqu'en 1789, les États de la rive gauche du Rhin dépendaient des archevêques-électeurs de Trèves, Mayence, Cologne et de nombreuses seigneuries ecclésiastiques ou laïques. Plusieurs recevaient des subsides de la France, l'un d'eux (le Prince de Nassau-Sarrebrück) lui fournissait des troupes.

Lorsqu'en 1792 la République française dut défendre son existence contre les monarchies de Prusse et d'Autriche, les populations rhénanes n'hésitèrent pas à voter leur annexion à la France républicaine. Si ce fait mérite d'être rappelé c'est qu'il dépasse de beaucoup la portée d'une simple manifestation francophile. C'était en réalité la naissance de l'esprit démocratique en pays rhénan. Or, nous assistons actuellement à une renaissance de cet esprit longtemps étouffé par le militarisme prussien. La manifestation de 1792 est à rapprocher de certaines manifestations récentes, lorsqu'à la veille des élections à l'Assemblée nationale constituante du 19 janvier, des chefs du parti démocratique se sont tournés vers les Alliés en recherchant leur appui et en émettant le vœu d'être aidés par les grandes démocraties d'Occident pour se libérer de l'étreinte prussienne et pour faire l'éducation démocratique de la masse. Tel nous paraît être la véritable signification que les événements actuels donnent à ceux de 1792.

Ce fut seulement à la chute de Napoléon 1er que la Prusse et la Bavière étendirent leur autorité sur les 4 départements français de la rive gauche du Rhin. Le but de la coalition d'alors était d'établir au profit de ces deux puissances une barrière militaire contre la France. C'est le même problème que les Alliés ont à résoudre mais suivant de tous autres principes. Leur solution s'inspirant de la liberté des peuples doit remettre à la Société des Nations le soin de veiller à ce que les États de la rive gauche du Rhin puissent remplir le rôle que leur impose leur situation géographique en toute liberté politique jusqu'au jour où ces États pourront être admis eux-mêmes dans la Société des Nations. Ce faisant, les Alliés ne violent pas le droit de l'Allemagne nouvelle, car la Prusse rhénane et le Palatinat bavarois n'appartenaient en propre ni à la Prusse, ni à la Bavière. C'étaient une *propriété de la couronne* et ce titre de propriété se trouve justement aboli par la disparition des maisons de Hohenzollern et de Wittelsbach.

II – SITUATION ACTUELLE

Dans quelle mesure un statut d'indépendance politique vis-à-vis de l'Allemagne répondra-t-il au sentiment des populations de la rive gauche du Rhin ?

Ces populations que deux sentiments dominent :
– *la peur du bolchevisme*,
– *le souci de l'avenir économique*,

ont accepté les événements qui viennent de se dérouler avec une passivité déconcertante.

Au point de vue politique leur désarroi est extrême. Les personnalités les plus qualifiées pour exprimer une opinion avouent leur embarras, leurs incertitudes et se bornent à exprimer une confiance vague dans la future Constituante.

L'animosité contre la Prusse qui porte la responsabilité de la guerre et surtout *de la défaite* est à peu près générale. À l'exception de Hindenburg resté populaire, les chefs militaires sont détestés. L'Empereur seul est plaint, parfois encore vénéré.

Toutefois la majorité de la population a conscience que l'unité allemande a fait la grandeur et la *prospérité économique* de l'Allemagne et, pour cette raison, souhaite la reconstitution d'une Grande Allemagne mise à l'abri de l'hégémonie prussienne. D'autres, très nombreux voient dans la formation d'une République rhénane-westphalienne la garantie des *intérêts économiques des pays rhénans* et dans le rattachement de cette République à une Grande Allemagne fédérative la garantie d'une *prospérité* semblable à celle qu'on a connue jadis. D'autres enfin, de plus en plus inquiets, des *charges économiques* qui pèseront sur l'Allemagne vaincue, recherchent dans le détachement de l'Allemagne le moyen d'obtenir des Alliés des *conditions moins dures*, un *régime de faveur* et finalement des *bénéfices supérieurs* à ceux du reste de l'Allemagne.

Ainsi pour tous un seul mobile : *l'intérêt*.

Les plus sincères, dans chaque parti et dans tous les milieux ne cachent pas qu'ils se tourneront vers ceux qui assureront l'ordre, la sécurité matérielle et la bonne marche des affaires industrielles et commerciales. S'ils n'osent pas encore prendre position, c'est qu'ils ont peur du gouvernement de Berlin, ne sont pas convaincus du triomphe définitif du parti de l'ordre : c'est surtout parce qu'ils ne savent pas quel régime économique les Alliés leur imposeront, et si l'importance des débouchés possibles vers l'Ouest justifierait une modification radicale volontaire de leur régime antérieur.

Nous ne connaîtrons donc la véritable opinion des Rhénans que quand nous les aurons fixés sur ce dernier point.

On peut en résumé caractériser ainsi la crise d'indécision *politique et patriotique* que ces pays traversent :

Acceptation résignée des charges de l'occupation avec la satisfaction *avouée* par tous d'être protégés contre le bolchevisme, et contre les mouvements qui agitent le reste de l'Allemagne.

Grosses préoccupations d'ordre économique.

Indifférence et passivité au point de vue patriotique (la patrie étant pour la plupart d'entre eux là où l'on travaille pour s'enrichir).

Politiquement, désir de rester rhénans d'abord – allemands ensuite, si possible, dans une Grande Allemagne fédérative libérée du jour prussien.

Avant tout :

Désir de faire renaître la *prospérité économique*, fût-ce pour tous, au prix d'une séparation de l'Allemagne et pour un certain nombre, au prix d'une annexion.

Tels sont les sentiments dont on peut tenir compte dans la recherche du futur statut des territoires rhénans de la rive gauche du fleuve, en se rappelant que le *point de vue utilitaire et économique domine toutes les autres conceptions*.

Les Rhénans souhaiteront d'être rattachés à l'Allemagne ou d'en être détachés politiquement suivant que *leur intérêt économique* leur dictera l'une ou l'autre de ces préférences. Et, dans leur intérêt économique il faut comprendre non seulement le désir de reprendre les affaires, mais encore celui d'échapper dans la plus large mesure possible aux charges qui pèseront sur l'Allemagne vaincue.

C'est donc par la fixation d'un *régime économique approprié* et par la répartition des charges entre territoires situés de part et d'autre du Rhin, que les Alliés peuvent mettre le statut politique des pays rhénans d'accord avec les intérêts, c'est-à-dire avec les sentiments de la population rhénane.

III – *RÉGIME ÉCONOMIQUE*

Les pays de la rive gauche du Rhin forment un tout géographique homogène, unis par le climat, les productions, le caractère même des habitants, et, au seul point de vue alimentaire, ils pourraient à peu près se suffire si la répartition des vivres étaient parfaitement assurée.

Par contre, au point de vue économique, l'existence de ces pays rhénans est actuellement liée au reste de l'Allemagne, tout au moins aux territoires rhénans de l'autre rive du fleuve (Bade-Westphalie).

C'est pour cette seule raison que l'opinion des populations rhénanes, incertaines des nouveaux débouchés que nous pourrions leur offrir se montre favorable à la constitution d'une grande république rhénane westphalienne qui engloberait même le Grand Duché de Bade. En d'autres termes le Rhin, frontière politique et militaire indiscutable, bien loin d'être une frontière économique, sert de trait d'union entre le commerce et les industries des deux rives.

Mais d'autre part, les populations rhénanes redoutent aujourd'hui d'être associées aux réparations économiques, à une politique de matières premières et aux différentes charges de guerre qui pèseront sur l'Allemagne vaincue. Le charbon crée enfin un esprit particulariste qui oriente le Palatinat vers la Sarre, comme il oriente la Prusse rhénane vers la Ruhr.

Il ne suffit donc pas pour détacher les pays de la rive gauche du Rhin du reste de l'Allemagne d'établir une frontière militaire sur le Rhin et d'y reporter la limite douanière des pays occidentaux, il faut assurer vers l'Ouest les nouveaux débouchés du pays rhénan et réduire au minimum les relations économiques que ces territoire conserveront avec l'Allemagne[1].

Les moyens d'action principaux sont :

A – Dégrèvement à déterminer des taxes de guerre.

B – Avantage économique pouvant résulter de la suppression au moins pour un certain temps, du service militaire.

C – Avantages dans la politique de matières premières.

D – Création de débouchés par régimes douaniers spéciaux.

E – Entente particulière des industries rhénanes avec des groupes franco-belges, notamment avec ceux des régions dévastées.

Du point de vue général français, il est certain que dans notre situation économique actuelle, nous avons intérêt à ajouter à la France, en compensation de ce qu'elle a perdu, la production économique des provinces rhénanes.

Du point de vue des intérêts particuliers de *nos nationaux*, il est certain que beaucoup de nos industriels craindront que la concurrence des provinces rhénanes ne s'ajoute à la concurrence déjà existante de l'Alsace-Lorraine.

Ces craintes disparaîtraient sans doute si une organisation d'ensemble absorbait l'importation des provinces rhénanes et d'Alsace-Lorraine et facilitait par contre à nos industriels la reprise immédiate des exportations.

Du point de vue interallié, la question qui se pose est celle-ci :

A – Quels sont les débouchés que les États occidentaux et en particulier la France peuvent leur offrir et conséquemment leur imposer.

B – Quelles sont les relations économiques minima que nous devons maintenir entre la rive gauche et la rive droite du Rhin dans l'intérêt d'une région dont nous voulons développer l'activité économique à notre profit.

Pour y répondre, il faut d'abord déterminer :

A – Quelles sont les possibilités de production des pays de la rive gauche du Rhin en distinguant :

– les produits (matières ou objets) nécessaires ou utiles aux Alliés et spécialement aux régions à reconstruire ;

– ceux qui ne sont ni nécessaires ni utiles à ces régions.

---

[1] En marge : « Et assurer leur ravitaillement en charbon ».

B – Quelles sont les besoins en importation correspondant à cette production, en distinguant :
- les objets ou matières premières à recevoir d'Allemagne ;
- ceux à recevoir d'autres pays (alliés ou neutres).

C'est ce programme qui est à l'étude dans les armées d'occupation conformément aux directives générales reçues du service économique interallié institué auprès du maréchal Foch.

Le régime provisoire de l'armistice a maintenu pour l'Allemagne l'obligation de fournir en matières premières et en numéraire les territoires occupés, de manière à ne pas éteindre leur vie économique[1].

Il a récemment autorisé certaines exportations de la rive gauche vers la rive droite pour éviter que l'accumulation des stocks ne conduisît au ralentissement ou à l'arrêt de certaines industries de la rive gauche, et, par suite du chômage avec toutes les conséquences sociales fâcheuses qu'il pourrait entraîner ; mais il n'a pas pu préciser le régime économique futur des pays rhénans. C'est ce problème que la Conférence de la Paix doit résoudre, et c'est de sa solution que dépendra l'avenir politique aussi bien qu'économique des pays de la rive gauche du Rhin.

Il en résulte qu'avant de connaître les conclusions de l'étude poursuivie par les offices économiques militaires des armées d'occupation, de concert avec les comités économiques allemands des différentes régions occupées, on ne peut poser que les principes généraux du régime économique futur comportant :

1°- L'entrée des pays de la rive gauche du Rhin dans une même union douanière les rattachant économiquement aux Alliés avec des avantages indiscutables sur le reste de l'Allemagne.

2°- La mobilisation de leurs industries au profit des Alliés en général et de la reconstitution des pays dévastés en particulier.

3°- Le maintien des relations économiques avec l'Allemagne qui seront seules jugées indispensables dans l'intérêt même des Alliés pour porter au maximum le développement de l'activité économique des pays rhénans, désormais *tournée à leur profit*.

Mais à la base de tout régime économique, il faut une organisation bancaire rationnelle adaptée au but poursuivi.

Cette considération a d'autant plus de valeur en l'espèce que les banques jouent en Allemagne un rôle prépondérant dans l'activité économique du pays. Tout système bancaire repose sur l'institution d'une *banque d'État* ou tout au moins d'une banque principale d'émission contrôlée par l'État. Or la Reichsbank qui reçoit son inspiration de Berlin manifeste à accepter le rôle d'intermédiaire qu'on lui a demandé de jouer pendant l'armistice, une incapacité, une mauvaise volonté ou simplement une inertie qu'il ne paraît ni facile ni même opportun de chercher à vaincre. Au surplus, nous avons pu nous rendre compte qu'elle était peu populaire en pays rhénan.

---

[1] En marge : « À maintenir ».

D'autre part, la mauvaise situation économique de l'Allemagne et l'agitation politique qui peut la secouer pendant un avenir indéterminé sont susceptibles de produire des crises monétaires dont la répercussion s'étendrait à la rive gauche du Rhin.

Pour remédier à cet état de choses, il apparaît nécessaire d'envisager dès à présent la constitution d'une *banque rhénane* fonctionnant sous le contrôle ou la direction des Alliés et chargée de l'émission d'un *billet rhénan en Mark or* qui échapperait aux fluctuations du mark allemand. Les modalités d'exécution seraient à étudier, soit qu'on fédère les agences de la *Reichsbank* sur la rive gauche du Rhin en une *Reichsbank* nouvelle, soit qu'on crée une banque d'État d'inspiration alliée avec des capitaux alliés ou allemands, soit qu'on crée une banque allemande sous le contrôle des Alliés ou que l'on dote du droit d'émission une banque allemande déjà existante.

La solution pourrait d'ailleurs être imposée aux pays rhénans ou même désirée et demandée par eux, si nos renseignements sont exacts.

En tout état de cause, une organisation bancaire préparant sur des bases solides et à l'abri de toutes les fluctuations politiques de l'Allemagne, l'avenir économique des pays rhénans orientés vers l'Ouest, est à réaliser au plus tôt.

IV – STATUT POLITIQUE

En admettant que les Alliés aient ainsi garanti aux pays rhénans de la rive gauche les débouchés nécessaires à leur activité économique et les aient associés par un régime douanier commun aux autres États occidentaux, on peut concevoir sur la rive gauche du Rhin la constitution d'États autonomes sous le contrôle et la protection de la Société des Nations. Ces États cesseraient de faire partie intégrante de l'Allemagne nouvelle.

Dans ces conditions, l'occupation militaire aurait uniquement pour but la protection des démocraties d'Occident par la garde du Rhin et subsidiairement celle des nouveaux États de la rive gauche du fleuve.

Pour un certain temps tout au moins on ne pourrait, semble-t-il, exiger de ces nouveaux États que l'entretien *des forces de police*. Le service obligatoire devrait être remplacé par une charge équivalente (taxe militaire) ou considéré comme l'avantage économique essentiel à leur consentir pour les différencier du reste de l'Allemagne.

Lorsque ces nouveaux États auraient choisi librement la forme de leur gouvernement et décidé soit de rester indépendants, soit plus vraisemblablement de constituer une république rhénane, le statut administratif à leur appliquer les placerait vis-à-vis de la Société des Nations sous un contrôle comparable à celui que les États métropolitains exercent sur les pays de « *Self Government* ».

Les Alliés nommeraient soit un résident général militaire assisté d'un commissaire civil, soit un haut commissaire civil assisté d'une délégation interalliée.

Cette délégation disposerait de services techniques (un conseiller administratif, un conseiller financier, un conseiller économique).

Les services de la Résidence fonctionneraient auprès du gouvernement autonome des États rhénans à la façon d'une ambassade plutôt que d'un gouvernement de protectorat. Le Président, au nom des Alliés, apposerait son visa sur les actes du gouvernement, aux fins de veiller à l'observation du statut politique garantissant la neutralité militaire, le maintien de l'ordre et la sûreté des forces d'occupation et de contrôler l'exécution des clauses financières et économiques liant les États rhénans aux Alliés.

Le personnel militaire actuel du contrôle administratif établi pendant la période d'armistice serait progressivement retiré et l'état de siège supprimé.

Les pouvoirs de l'autorité militaire vis-à-vis des administrations locales et des services techniques de la Résidence seraient ramenés à ceux que cette autorité exerce en régime normal du temps de paix.

IV – TRANSFORMATION DES ÉTATS RHÉNANS DE LA RIVE GAUCHE EN ÉTATS AUTONOMES

Les territoires de la rive gauche du Rhin relèvent actuellement de 3 États différents :

Province de Prusse rhénane (Prusse) avec 7 121 140 habitants (dont environ 4 000 000 rive droite).

Province de Rheinhessen (Grand Duché de Hesse) 383 438 habitants.

Palatinat bavarois ou rhénan (Bavière) 937 085 habitants.

Il faut y ajouter la petite principauté de Bifkenfeld (50 496 habitants) qui relève du Grand Duché d'Oldenbourg, soit au total 4 millions ½ d'habitants sur la rive gauche du Rhin.

À l'exception de la province de Prusse rhénane dont les trois districts de Düsseldorf-Cologne et Coblence s'étendant sur les deux rives du Rhin, les autres provinces ont leur limite au Rhin. Le fleuve dans les parties de son cours où il sépare des territoires hessois de territoires prussiens est entretenu au point de vue de la navigation par les services hessois d'un côté et prussien de l'autre. Lorsqu'un accord ne peut intervenir aucun travail n'est exécuté au milieu du fleuve et ce seul fait, rapporté par les ingénieurs de la navigation prussienne et hessoise montre l'importance du Rhin comme limite politique.

Il est vraisemblable que le Palatinat bavarois dont tous les rouages administratifs sont concentrés à Spire, la Hesse rhénane dont la capitale est Mayence, se constitueraient en républiques palatine et hessoise pour les mêmes raisons qui ont incité les États dont ces provinces relevaient à proclamer les Républiques bavaroise et hessoise de Munich et à Darmstadt. Il ne paraît pas douteux que la Province de Prusse rhénane adopterait également la forme républicaine pour son gouvernement.

D'autre part, l'idée courant en pays rhénan de constituer une grande république rhénane trouverait certainement son application soit dans la constitution d'une seule république rhénane de la rive gauche du fleuve, soit dans la formation d'une république fédérative où entreraient les trois petites républiques de Prusse rhénane, de Hesse rhénane, et de Palatinat du Rhin.

Les modalités d'exécution ne présenteraient aucune difficulté spéciale pour le Palatinat bavarois dont l'administration fonctionne à Spire ni pour la Hesse rhénane dont tous les services ont été reconstitués à Mayence.

En Prusse rhénane il conviendrait de consacrer la rupture des liens administratifs entre territoires de la rive gauche et de la rive droite du Rhin déjà imposée par l'occupation militaire et par le maintien, durant l'armistice, du blocus de l'Allemagne.

À ce point de vue, la période d'armistice a préparé la solution d'avenir qui ne présente aucune difficulté particulière d'application si l'on suppose fixé au préalable le régime économique des nouveaux États.

CONCLUSION

Pour résumer et conclure, nous dirons :

1°- La frontière militaire commune entre l'Allemagne et les démocraties d'Occident étant le Rhin, toute ingérence militaire ou politique de l'Allemagne sur la rive gauche du fleuve doit être écartée.

2°- En conséquence les pays de la rive gauche du Rhin doivent recevoir un statut politique qui les rende indépendants de l'Allemagne et un régime économique qui fournisse à leur activité les débouchés indispensables, tout en les associant aux Alliés contre de nouvelles entreprises allemandes.

3°- L'Allemagne nouvelle ne possédant aucun titre de propriété sur les pays de la rive gauche du Rhin, seuls doivent être pris en considération l'intérêt supérieur de la paix du monde et celui des pays rhénans actuellement occupés par nos troupes.

4°- Ces intérêts étant conciliables sur le terrain économique, le régime économique doit être fixé avant le statut politique et il doit l'être en fonction :

– d'une part, des réparations à exiger de toute l'Allemagne ;

– d'autre part, des avantages à consentir aux pays rhénans, parmi lesquels la suppression pour un certain temps du service militaire obligatoire, équivaudrait à un avantage économique indiscutable.

5°- Ces principes admis, les États rhénans choisiront librement leur gouvernement qui sera selon toute vraisemblance une république rhénane de la rive gauche du fleuve placée sous le contrôle et la protection de la Société des Nations.

6°- Au point de vue administratif, la situation actuelle montre qu'aucune difficulté insurmontable d'application ne se présentera si le régime économique a été préalablement défini.

7°- Au point de vue militaire, l'occupation interalliée visera uniquement à garder les places de sûreté du Rhin contre un retour offensif possible de l'Allemagne et à maintenir l'ordre concurremment avec des corps de police locaux sur le territoire des nouveaux États.

8°- Ultérieurement, ces États pourront être admis à faire partie de la Société des Nations et concourir de façon plus directe au maintien de la paix du monde.

9°- L'éducation démocratique des pays de la rive gauche du Rhin au contact et sous la protection des démocraties alliées sera, par exemple, un des facteurs les plus puissants de la transformation philosophique et politique de l'Allemagne qui seule permettrait d'envisager dans un avenir encore lointain son admission dans la Société des Nations présentement constituée à cause d'elle et plus spécialement contre elle.

Papiers d'agents, fonds Tardieu, vol. 417 (166PAAP/417).

345

N. *Londres, 15 décembre 1918.*

Les plénipotentiaires britanniques à la Conférence de la Paix ne sont pas encore officiellement désignés. Mais il est à peu près certain que ceux-ci seront : MM. Lloyd George, Bonar Law, Balfour, Barnes, membres du Cabinet. Le 5e serait l'un des Premiers ministres coloniaux, soit Sir Robert Borden (Canada), soit M. Hugues (Australie) ; ou même, outre les noms de ces 2 Premiers ministres, les noms de ceux de l'Afrique australe ou de la Nouvelle Zélande sont cités comme pouvant être le 5e délégué par une sorte de roulement.

En dehors des plénipotentiaires, la délégation diplomatique proprement dite sera sous la direction de Lord Hardinge, sous-secrétaire d'État permanent.

Cinq sections, avec répartition géographique des questions à traiter, seraient instituées ayant respectivement à leur tête sir William Tyrrel, sous-secrétaire d'État adjoint (ex-chef de cabinet de Sir Edward Grey, auquel on prête une grosse valeur et de l'avenir), Sir Eyre Crowe, sous-secrétaire d'État adjoint, un des chefs de service du *Foreign Office*, Sir Louis Mallet (ambassadeur à Constantinople, qui dirige depuis la guerre un des services du Foreign Office), Sir Ralph Paget (hier encore ministre à Copenhague nommé tout récemment ambassadeur au Brésil, n'ayant pas encore rejoint son nouveau poste ; ancien ministre en Serbie), et Sir Esme Howard (ministre à Stockholm).

Une vingtaine d'agents du *Foreign Office* (diplomates, consuls ou fonctionnaires entrés au *Foreign Office* depuis la guerre) assisteront ces cinq chefs de services. Parmi eux, MM. Vansittart (qui a été jadis en poste à Paris et parle remarquablement français), Akers Douglas (qui a été dans plusieurs des postes balkaniques), Harold Nicolson (fils de l'ex-ambassadeur et sous-secrétaire d'État permanent, très intelligent et cultivé), A.W. Leeper (connaissant bien les affaires russes et balkaniques, intelligent et homme de confiance de Tyrrel), Parker (qui s'occupe de l'organisation de la délégation à Paris), Sadler. En outre, de nombreux agents des autres Départements ministériels feront partie de la délégation anglaise. Lord Robert Cecil sera chargé spécialement de la question de la Ligue des Nations.

Des spécialistes seront envoyés pour les questions du *War Office*, de l'Amirauté, de la Trésorerie, du Shipping, du *Board of Trade*, du ministère des Colonies, pour les Affaires des Indes. Le nombre total atteindrait, dit-on, le chiffre de *400* personnes – secrétaires et dactylographes compris sans doute – représentant toutes les branches des administrations britanniques.

CPC, A-Paix, 1914-1918, vol. 29 (4CPCOM/29).

346

M. Clinchant, Chargé d'Affaires à Berne,
À. M. Pichon, Ministre des Affaires étrangères.

T. n° 2231. *Berne, 16 décembre 1918, 1 h. 50.*

Chiffré. Urgent. (Reçu : 16 h. 15.)

Situation du gouvernement allemand.

Un informateur de confiance de cette ambassade a vu samedi à Berlin le vice-chancelier allemand :

« La situation du ministère, lui a dit M. Haase, est solide mais nous sommes gênés par la convocation du Reichstag. L'affirmation formulée par M. Fehrenbach que les Alliés dénient au Cabinet actuel toute capacité pour traiter, capacité qu'ils ne reconnaîtront qu'à un ministère constitué par le Conseil fédéral et le Reichstag, a compliqué notre position. Les Alliés devraient faire savoir qu'ils nous acceptent et qu'ils consentent à signer avec nous la paix préliminaire en attendant la prochaine convocation de l'Assemblée nationale ».

La question est complexe : si, d'une part, il peut paraître utile à notre politique d'avoir en face de nous en ce moment un gouvernement du Reichstag et du Conseil fédéral qui porte la responsabilité du vote de la guerre et de sa continuation, il n'est rien moins certain, d'autre part, qu'un ministère choisi dans ces conditions, sera de tendances modérées. Il ne comprendra peut-être pas de socialistes. M. Haase a assuré à son interlocuteur que son parti se refuserait à siéger au Reichstag dont il conteste la légitimité[1]. Dès lors ce Cabinet manquera d'autorité : il sera vraisemblablement obligé de s'appuyer sur les partis réactionnaires dont il deviendra le prisonnier à moins qu'il ne soit renversé par un mouvement populaire du groupe Spartakus.

Le ministère Ebert semble être au contraire sorti fortifié de sa lutte contre ce groupe. Nous pouvons faire des réserves sur certaines de ses tendances mais il paraît être le plus capable de faire accepter les conditions de paix comme de résister aux entreprises des extrémistes. Il possède par cela même des qualités de stabilité que n'aurait aucun autre Cabinet dans les

---

[1] Le conflit devenait de plus en plus important entre sociaux-démocrates et sociaux-démocrates indépendants au sein du Conseil des commissaires du peuple. La question de la convocation d'une Constituante était au cœur de cette opposition. Le SPD remporta une indéniable victoire lorsque le 18 décembre 1918 le Congrès national des conseils allemands décida de fixer au 19 janvier la date des élections à la Constituante allemande.

circonstances actuelles. Également éloigné de la révolution et de la réaction, il assure la convocation de l'Assemblée nationale dans les conditions qui seront les plus favorables.

Il y aurait peut-être lieu, par suite, de répondre au désir de M. Haase ou tout au moins de faire savoir que nous n'avons pas à intervenir dans la question intérieure fort complexe relative à l'origine du ministère, ce qui fortifierait indirectement le Cabinet Ebert[1]. Le vice-chancelier a dit incidemment à son interlocuteur que ses collègues et lui avaient l'intention d'appeler les délégués de l'Autriche allemande à siéger à l'Assemblée nationale. Il est vraisemblable que la convocation de ces délégués se trouvera dans le programme de tout ministère allemand.

CPC, Z-Europe, Allemagne, 1918-1940, vol. 265 (78CPCOM/265).

347

M. Pichon, Ministre des Affaires étrangères,
  À M. de Fontenay, Ministre de France à Belgrade,
  M. Cambon, Ambassadeur de France à Londres,
  M. Barrère, Ambassadeur de France à Rome,
  M. Jusserand, Ambassadeur de France à Washington[2].

T. n°s 244 ; 7233 ; 4762.   *Paris, 16 décembre 1918, 22 h. 30.*

Chiffré.

Les démêlés italo-serbes et la France.

Votre télégramme n° 268[3], exposant la justification des Serbes quant à l'attitude qu'on leur prête dans le Banat, ajoute que « les autorités serbes marquent un peu d'amertume en constatant la sévérité dont on fait preuve envers leur petit pays pour le moindre incident, alors qu'on montre envers l'Italie une mansuétude qui trouble la confiance que les Yougoslaves avaient dans l'équité des grands Alliés, et notamment de la France ».

J'espère que vous n'avez pas manqué de relever comme il convenait l'injustice d'une pareille insinuation. Le gouvernement serbe ne peut ignorer, et ne doit pas laisser ignorer aux Yougoslaves que le gouvernement français est en ce moment en sérieuses difficultés avec l'Italie pour avoir assumé vis-à-vis du Cabinet de Rome la défense des intérêts des Yougoslaves dans toute la mesure où il n'était pas engagé par sa propre signature mise au bas du traité de Londres. Le Gouvernement de la République pourrait s'étonner de ne recueillir que des récriminations et des plaintes en échange d'une action entièrement désintéressée.

CPC, A-Paix, 1914-1918, vol. 108 (4CPCOM/108).

---

[1] Un grand point d'interrogation a été tracé au regard de ce paragraphe sur le document original.

[2] Communiqué à présidence du Conseil, Guerre (Groupe Avant).

[3] Télégramme non retrouvé.

348

M. Chambrun, Chargé d'Affaires à Washington,
 À M. Pichon, Ministre des Affaires étrangères.

D. n° 594. Washington, 16 décembre 1918.

L'opinion américaine et le voyage de Wilson.

L'accueil enthousiaste que la France et Paris ont fait au président Wilson a eu aux États-Unis un grand retentissement et a causé une satisfaction générale. Dans le monde officiel de Washington, elle s'exprimait par la plus vive sympathie et des témoignages sincères de reconnaissance. Dans les milieux républicains, où l'esprit de parti demeure si profondément enraciné, elle se nuançait du regret non déguisé que les éloges de la France victorieuse allassent à un adversaire politique. La presse, dont les agences vous ont télégraphié les premières impressions, n'a fait que traduire le sentiment public.

J'ai l'honneur de joindre ici, pour ordre, quelques découpures des journaux de Washington et de New York[1].

CPC, A-Paix, 1914-1918, vol. 29 (4CPCOM/29).

349

M. Jusserand, Ambassadeur de France à Washington,
 À M. Pichon, Ministre des Affaires étrangères[2].

T. n° 1799. Washington, s. d.

Chiffré. Très urgent. (*Reçu* : le 17 décembre 1918, 7 h. 30.)

La guerre a placé la France dans une situation très avantageuse sur le marché américain si l'on tient compte du bon vouloir de la clientèle américaine qui nous est toute acquise. Il ne fait aucun doute que nos produits seront recherchés comme ils ne l'ont jamais été et la concurrence se trouvant éliminée en partie du fait de la répugnance de beaucoup d'Américains à acheter des produits allemands, le commerce français, s'il sait tenir compte du goût des acheteurs, faire une publicité suffisante et envoyer ici des agents compétents qui visiteront [...][3] le pays, pourra placer ses produits plus facilement qu'avant la guerre.

Ces remarques tiennent compte d'ailleurs du développement de la fabrication nationale, de la création d'industries nouvelles et de la concurrence

---

[1] Documents non reproduits.

[2] Communiqué à Loucheur, ministre de la Reconstitution industrielle, Lebrun, ministre du Blocus, Leygues, ministre de la Marine marchande.

[3] Lacune de déchiffrement.

des neutres. Il est cependant un article, les huiles d'olive, pour lequel nous aurons peut-être quelque peine à reprendre notre place ancienne par suite de la concurrence des produits espagnols qui, en 1914, venaient aux États-Unis pour 300 000 dollars et qui se sont vendus en 1917 pour plus de 4 millions.

CPC, B-Amérique, États-Unis, 1918-1940, vol. 181 (18CPCOM/181).

350

Note de la Sous-Direction d'Amérique pour le Ministre.

N. s.n. *Paris, 17 décembre 1918.*

La Direction politique et commerciale croit utile d'appeler l'attention du ministre sur la question de la représentation au Congrès des Puissances de l'Amérique latine.

La distinction entre grandes Puissances alliées et petites Puissances alliées, qui permet d'établir un classement entre les belligérants effectifs, paraît insuffisante lorsqu'il s'agit des belligérants de l'Amérique latine. En effet ceux-ci n'ont pas fait la guerre. Le Brésil a accompli, sur mer, quelques actes de guerre, assez faiblement, du reste, et pourrait, pour cette raison, recevoir un traitement différent. Mais aucun des autres pays latino-américains n'a été l'allié de l'Entente, sinon pour la forme. Il semble donc impossible que, soit pour l'admission aux délibérations, soit même pour le nombre des représentants, ces Puissances soient assimilées aux belligérants effectifs d'Europe. La situation desdites Puissances américaines est la suivante :

8 sont « alliées » : Brésil, Cuba, Panama, Haïti, Costa Rica, Guatemala, Nicaragua, Honduras.

5 sont « en état de rupture diplomatique » : Uruguay, Pérou, Bolivie, Équateur, Saint-Domingue.

Les services rendus par ces pays à notre cause étant minimes, et, d'autre part, leur personnel politique étant des moins sûrs (certains gouvernements proposent déjà des germanophiles pour présider leur délégation, cf. télégramme 98 de Cuba[1]), il y a intérêt pour nous à comprimer le plus possible la représentation des Latino-Américains au Congrès. On pourrait proposer que les Puissances n'aient qu'un délégué, à l'exception du Brésil à qui on en attribuerait deux. Ces délégués ne seraient bien entendu admis qu'aux délibérations concernant leur pays.

---

[1] Dans ce télégramme n° 98 du 10 novembre 1918, Ronssin signale que le gouvernement cubain aurait désigné quatre délégués pour prendre part aux négociations de la paix, Pavel Desvernine, « ancien professeur de droit très imbu des doctrines allemandes », Antonio de Bustamante, « avocat connu, professeur à l'université, ententophile », Rafael Montoro, « secrétaire de la présidence de la République, milieux germanophiles, inféodé à la maison Upmann » et Bidegaray, « magistrat d'origine basque espagnol sur les sentiments duquel je n'ai pas encore de renseignements suffisamment précis pour les communiquer ».

Quant aux Puissances en état de rupture diplomatique, il conviendrait de leur accorder, sinon à toutes, du moins à quelques-unes comme l'Uruguay, tant les sympathies furent toujours très ardentes, et au Pérou, qui remit aux Alliés le tonnage ex-allemand, quelques satisfactions de forme.

Ci-inclus une note d'ensemble sur ces questions[1].

CPC, A-Paix, 1914-1918, vol. 22 (4CPCOM 22).

351

Fiche n° 3420/2. *Berne, 17 décembre 1918.*

On signale l'apparition dans l'opinion allemande d'un mouvement antisémite marqué.

Un sentiment de haine se fait jour contre les Juifs qui sont à la tête du mouvement politique actuel. D'une façon générale on leur reproche leurs opérations d'accaparement et les grosses fortunes qu'ils ont réalisées pendant la guerre. Des feuilles volantes propagent ce mouvement. Il y a lieu de supposer que les partis réactionnaires y poussent.

Les Juifs paraissent assez inquiets de ces manifestations. Il s'est formé à Berlin une garde de jeunesses juives destinée à faire face à des troubles éventuels. Un informateur s'étant trouvé le 8 décembre dernier chez M. Oscar Kohn, secrétaire d'État à la Justice de Berlin, a saisi chez son hôte des marques visibles de préoccupation.

CPC, Z-Europe, Allemagne, 1918-1940, vol. 367 (78CPCOM/367).

352

M. Delavaud, Ministre de France à Stockholm,
 À M. Pichon, Ministre des Affaires étrangères.

T. n° 1257. *Stockholm, 18 décembre 1918, 21 h. 25.*

Chiffré. Urgent. (Reçu : le 20, 22 h. 25.)

Expédition navale anglaise dans la Baltique.

Je réponds à votre télégramme 743 et 744[2].

Les conditions dans lesquelles a été organisée l'expédition navale anglaise indiquent bien la tendance du gouvernement britannique que j'ai signalée

---

[1] Document non retrouvé.

[2] Dans son télégramme n° 743 daté du 5 décembre, Pichon expose l'initiative des Britanniques, qui consiste à envoyer une escadre dans la Baltique et à fournir armes et munitions aux nations

plusieurs fois à Votre Excellence (notamment par mon télégramme 1117)[1] à considérer la Baltique et les États riverains comme placés dans sa sphère d'influence exclusive. Les démarches qui ont eu lieu en octobre en vue d'une participation des États scandinaves aux affaires de Russie l'avaient montré ; tout ce que j'ai observé le confirme. Il s'agit pourtant, comme le remarque Votre Excellence, de mesures d'une portée générale. L'équilibre du nord et l'organisation des États baltiques intéressent toutes les grandes puissances et la France notamment autant que notre alliée.

On peut se demander si de sa part, il y a un parti pris de nous écarter ou si comme c'est plus probable, elle obéit à une idée égoïste qui lui paraît naturelle. Le résultat est d'ailleurs le même.

La politique traditionnelle que l'Angleterre a suivie ici aux XVIIe et XVIIIe siècles devait renaître naturellement au moment où le statut politique de la Baltique tend par l'effondrement de la Russie et de la Prusse à redevenir ce qu'il était avant l'ascension de ces deux Puissances.

Il me paraît particulièrement inquiétant qu'un commissaire spécial chargé de s'enquérir de la situation des pays baltiques soit à bord de l'escadre anglaise. Nous avons toujours vu dans l'histoire diplomatique de l'Angleterre des personnages de cet ordre prendre des initiatives plus hardies que les diplomates investis de fonctions normales. On a observé parfois que le gouvernement britannique les employait quand il poursuivait en sous-main une politique différente de celle de ses agents réguliers, se réservant de profiter des excès de zèle ou de les désavouer. Je marche ici en complet accord avec le chargé d'affaires britannique et il ne me paraît pas recevoir des instructions contraires à nos intérêts communs ; mais le commissaire qui est sur l'escadre peut, sans que ses projets subissent aucun contrôle des Alliés, aboutir à des conclusions différentes et que nous ne connaissons que quand il les aura faites siennes comme étant celles d'un observateur spécialisé. Or cet observateur peut, comme cela s'est vu souvent, être victime d'un amour irréfléchi pour telle nationalité comme d'autres erreurs ; il tendra en tous cas à faire prévaloir sans contrepoids les intérêts égoïstes de son pays. Je me permets donc de vous suggérer que si nous n'avons pas d'unité à envoyer dans la Baltique, le commissaire anglais soit doublé d'un collègue français, afin qu'il n'ait pas le droit de dire qu'il est seul à connaître « de visu » la situation actuelle du pays.

CPC, Z-Europe, URSS, 1918-1940, vol. 271 (117CPCOM 271).

---

baltes pour assurer leur défense. Il regrette que cette action ait été décidée sans concertation avec les Alliés, or « le déplacement d'une force navale dans la Baltique a une portée générale qui ne permet pas aux Alliés de s'en désintéresser. Ces derniers peuvent être appelés à se concerter en vue de leur participation suivant l'ampleur que le gouvernement britannique compte donner à ses opérations ».

[1] Dans son télégramme n° 1117 daté du 22 novembre, Delavaud précise que « ni le Roi, ni le gouvernement suédois n'ont demandé la venue de forces navales alliées ; mais ils les voient venir avec plaisir […]. L'impression générale est que la flotte sera alliée et non pas exclusivement britannique. S'il en était autrement, il y aurait quelque étonnement et l'impression serait fâcheuse en Suède. […] je crois indispensable que notre pavillon flotte dans cette mer [aussitôt que possible] et simultanément avec le pavillon britannique ».

353

M. Pichon, Ministre des Affaires étrangères,
  À. M. Dutasta, Ambassadeur de France à Berne.

T. n° 2645. *Paris, 18 décembre 1918.*

Chiffré.

Situation du gouvernement allemand.

Concernant votre télégramme n° 2231[1].

Il ne peut être un seul instant question d'envisager une communication quelconque à faire au gouvernement allemand dans le sens que vous indiquez. Même si elle avait pour objet de faire savoir que nous n'avons pas à intervenir dans la question intérieure relative à l'origine du ministère, une communication de ce genre constituerait précisément en réalité une intervention de notre part dans les affaires intérieures de l'Allemagne, ce qui est absolument exclu de nos intentions.

CPC, Z-Europe, Allemagne, 1918-1940, vol. 265 (78CPCOM/265).

354

M. Clinchant, Chargé d'Affaires à Berne,
  À. M. Pichon, Ministre des Affaires étrangères.

T. n° 2234. *Berne, 18 décembre 1918.*

En clair. (Reçu : par courrier.)

Situation intérieure de l'Allemagne.

Un des agents confirmés de cette ambassade a eu l'occasion de s'entretenir longuement avec le Professeur Friedrich W. Foerster, ministre de Bavière à Berne, qui est revenu récemment d'Allemagne. Au cours de cet entretien, M. Foerster a exposé ses vues sur la situation intérieure et alimentaire de l'Allemagne ainsi que sur les conditions auxquelles, suivant lui, les Alliés devraient subordonner le ravitaillement de ce pays. J'ai l'honneur d'adresser le résultat de cette conversation à Votre Excellence, à titre documentaire, sans l'accompagner des commentaires qu'appelleraient certaines affirmations de M. Foerster.

Le Professeur Foerster a été, lors de son dernier séjour en Allemagne, frappé de l'apathie générale, de la tristesse lasse et résignée des populations.

---

[1] Voir document n° 346 du 16 décembre 1918.

Depuis les défaites, le sentiment de l'intérêt général a perdu beaucoup de sa force.

Aussi estime-t-il qu'il serait dangereux d'imposer à l'Allemagne de nouvelles et rigoureuses conditions. Une telle attitude de la part des Alliés provoquerait inévitablement la paresse et le dégoût chez les uns, la révolte et le désespoir chez les autres. Un fort courant d'émigration se produirait selon toute vraisemblance.

D'après M. Foerster, la bourgeoisie se montre irritée et inquiète de l'autocratie des masses, de la « dictature du prolétariat ». Elle redoute que les classes populaires ne suivent l'exemple de la Russie et cette crainte l'empêche de voir que les soldats qui reviennent du front sont décidés à faire régner en Allemagne l'ordre et le calme. Le gouvernement peut s'appuyer sur eux avec confiance, car leur état d'esprit est excellent.

La révolution et les partis extrêmes n'ont en effet pour les soutenir que les ouvriers des métiers inférieurs, des manœuvres et des chômeurs. Les ouvriers les plus instruits, notamment à Berlin, les typographes, sont hostiles aux éléments révolutionnaires.

M. Foerster ne croit pas par suite que le bolchevisme puisse se développer en Allemagne.

Les Russes ont, sans doute, distribué beaucoup d'argent, notamment dans les quartiers est de Berlin et de sa banlieue. Il existe encore des éléments dangereux dans la capitale : il peut par conséquent y avoir des émeutes. Mais elles seront réprimées par les soldats arrivant du front et qui sont les adversaires du bolchevisme.

À Munich, il n'y a eu pour ainsi dire aucun désordre sérieux. Tout est calme aujourd'hui : les riches ne sont ni insultés ni molestés. La population, y compris les conseils d'ouvriers et de soldats, a gardé le sentiment de la justice et de l'ordre. La physionomie des rues n'a même pas été modifiée. Seules les autorités ont changé : la ville est désormais administrée par des *Soldaten-Räte*[1].

Il est de l'intérêt de l'Entente, affirme le Professeur Foerster, de demander en Allemagne la constitution de gouvernements solides.

Il considère qu'il faudrait, dans ce but, reconnaître les conseils d'ouvriers et de soldats. Ces conseils constituent, en effet, « un élément d'ordre démocratique ». Ils ont, notamment dans l'Allemagne du Sud, une composition excellente. C'est grâce à eux que la démobilisation a pu s'effectuer à Munich. Les anciennes classes dirigeantes ayant perdu toute autorité, ces conseils sont actuellement indispensables pour assurer au pays une existence régulière. M. Foerster est d'avis que les Alliés devraient reconnaître les COS[2] des pays occupés. Ceux du Palatinat bavarois lui ont demandé de faire des démarches pour obtenir du gouvernement français qu'on les acceptât comme des organes chargés de faire régner l'ordre, provisoirement, et durant la période de transition. Ils ont même changé de nom : ils

---

[1] Les conseils de soldats.
[2] Les conseils d'ouvriers et de soldats.

s'appellent des Conseils populaires, « *Volksräte* », et ils pensent, sous cette nouvelle dénomination, avoir perdu toute apparence bolcheviste. Ils se sont constitués partout, jusque dans certains villages, en tout cas dans les petites villes. On rencontre aussi des conseils de paysans formés d'ailleurs de soldats en uniforme.

Les conseils d'ouvriers et de soldats n'arrivent pas à comprendre pourquoi l'Entente ne veut pas traiter avec eux.

D'après M. Foerster, il serait à souhaiter que l'Entente se prononçât nettement. Une parole claire de sa part aurait une importance décisive, surtout au moment de la réunion de la conférence d'Empire des Conseils d'ouvriers et de soldats.

Kurt Eisner avait du reste pensé à faire des Conseils d'ouvriers et de soldats une sorte de représentation professionnelle, « *berufständige Volksvertretung* », du peuple allemand.

D'après M. Foerster, la situation allemande serait terrible dans le nord de l'Allemagne. En particulier en Saxe et à Hambourg. Dans cette ville 50 % des nouveaux-nés meurent au bout de quelques jours. Sans doute il y a encore du pain et des pommes de terre ; mais la population souffre d'une sous-alimentation générale ; elle manque de graisse, de beurre et de lait. On ne trouve plus ni café, ni thé, ni fruits. Aussi constate-t-on partout un épuisement complet du système nerveux, une extrême lassitude cérébrale, une inquiétante incapacité de travail.

La situation est meilleure dans l'Allemagne du sud ; mais on y gaspille aujourd'hui les réserves par peur des révoltes. La récolte des pommes de terre a d'ailleurs été mauvaise dans toute l'Allemagne. L'ancien gouvernement avait beaucoup menti et donné sur les résultats de la dernière année agricole des renseignements beaucoup trop favorables.

Le Professeur Foerster croit que l'Entente sera obligée de ravitailler l'Allemagne, mais il estime que ce ravitaillement doit être, aux mains des Alliés, une arme politique. C'est grâce à cette arme qu'ils pourront agir sur les masses. Ils diront : « Voici des vivres, mais nous voulons exercer un contrôle ».

Ils se dispenseront ainsi d'occuper le pays, ce que le Professeur Foerster juge devoir être une faute grave.

D'après lui, l'autorité morale de l'Entente est très grande en Allemagne. L'Entente doit s'efforcer de la sauvegarder ; il serait fort habile de sa part d'envoyer immédiatement des denrées dans le pays, ne fût-ce que quelques wagons de café. Ce geste aurait une profonde répercussion, aplanirait la tâche du gouvernement et lui permettrait d'aborder, dans les meilleures conditions, les négociations de paix.

Si l'on annonçait dans toute la presse : « Le premier février, on vendra de la farine américaine », les paysans seraient forcés d'apporter sur les marchés les réserves qu'ils dissimulent.

L'Entente pour organiser le ravitaillement de l'Allemagne devrait exiger un système de répartition fondé sur le fédéralisme. Le siège du bureau central devrait être à Hambourg et non à Berlin. Si cette capitale était choisie comme centre toute l'entreprise tomberait aux mains des Juifs.

Les Alliés auraient grand intérêt à soutenir les initiatives économiques de la Bavière. Grâce à cet appui, ce pays prendrait la haute main sur toute l'Allemagne, même dans les affaires politiques, ce qui produirait d'utiles conséquences.

La révolution en effet n'a nullement supprimé le « centralisme » berlinois, même chez les socialistes les plus avancés. Ainsi le fils de Kautsky, socialiste et juif, disait à M. Foerster : « Vous autres Bavarois, vous n'êtes que les habitants d'une province ; vous devez obéir ».

Le sentiment de ne plus supporter l'hégémonie de la Prusse est très vif en Bavière, mais alors que le docteur Heim, chef de la Ligue catholique des paysans, est séparatiste, Eisner, au contraire n'est pas partisan de l'indépendance de la Bavière ; ce qu'il combat, c'est la domination de la Prusse sur son pays, c'est la tyrannie que Berlin, avec ses innombrables centrales, a fait, durant la guerre, peser sur toute l'Allemagne.

En ce qui concerne la question de l'Autriche allemande, M. Foerster estime que l'Entente doit se prononcer clairement contre l'union de ce pays à l'Allemagne. Seuls les pangermanistes et les socialistes veulent en effet ce rattachement.

Eisner en était partisan ; Foerster l'a vivement combattu sur ce point. Il faut, à son avis, éviter à tout prix, la « balkanisation » de l'Europe centrale ; or, une confédération danubienne n'est pas possible si l'Autriche allemande ne doit pas en faire partie. L'Autriche a toujours formé un pont naturel entre les Allemands et les Slaves, et même entre les Slaves eux-mêmes.

Les idées de M. Foerster sur cette question ont du reste été exposées à Votre Excellence par mon télégramme n° 2240[1].

CPC, Z-Europe, Allemagne, 1918-1940, vol. 265 (78CPCOM/265).

355

NOTE POUR LE MINISTRE.

N. *Paris, 18 décembre 1918.*

La question qui s'est posée du concours à accorder au point de vue militaire au gouvernement tchécoslovaque présente un caractère d'urgence encore plus grand en ce qui concerne l'aide à donner à la Pologne.

---

[1] Dans ce télégramme du 16 décembre, Dutasta évoque le mémoire rédigé par le professeur Foerster sous le titre « la réunion de l'Autriche allemande à la République allemande ». Foerster indique d'abord qu'il fallait tenir compte des sentiments de l'Entente hostiles à cette perspective. Il insiste ensuite sur l'orientation vers le sud-est du commerce autrichien et l'importance du projet de confédération des États du sud-est européen qui, selon lui, triompheraient des propositions d'Anschluss. Cette confédération avait également un objectif de pacification en Europe. L'Autriche aurait ainsi un rôle, selon l'auteur, « d'intermédiaire entre le monde allemand et le monde slave ».

Si la situation est encore trouble dans l'État tchécoslovaque, du moins y existe-t-il un gouvernement national qui semble grouper derrière lui toute l'opinion publique. Tel n'est pas le cas en Pologne.

Le pays est divisé en trois tronçons dont les provinces prussiennes sont encore occupées par l'ennemi. Aucun gouvernement régulier n'y fonctionne, surtout aucun corps d'armée n'y existe et, il faut le dire, à la demande même des Alliés.

En effet, aussi longtemps que l'Allemagne continuait les opérations militaires, nous avons découragé toutes les mesures d'ordre militaire qui auraient pu être prises en Pologne pour éviter que les troupes qui y auraient été constituées ne permissent à l'ennemi de dégager un nombre équivalent d'unités qui auraient pu être transportées sur le front occidental.

Placée entre la Russie bolchevique et l'Allemagne en révolution, la Pologne est particulièrement exposée aux tendances de désordre.

La situation y est extrêmement grave et il est de toute nécessité d'y parer par l'envoi, dans le plus bref délai possible, de troupes solidement encadrées.

Deux divisions sont prêtes à être embarquées. En dehors de ces premiers contingents, d'autres divisions, dont l'infanterie sera fournie par les prisonniers polonais d'Angleterre, de France et d'Italie sont en préparation. Les cadres en seront pris dans des divisions françaises. Chaque division comprendra ainsi 6 000 Français et 8 500 Polonais.

Étant donné qu'on peut prévoir la cessation, dans un avenir prochain, des hostilités, les Français qui seront ainsi envoyés en Pologne se recruteront, hommes et officiers, par engagement volontaire.

On ne saurait les obtenir que si l'on accorde à ces éléments des suppléments de solde et des indemnités qui les incitent à accepter ces offres.

Un accord a été préparé à cet effet par le Comité national polonais. Cet accord prévoit que les engagés français recevront une solde double se composant d'une solde française et d'une solde polonaise.

Les dépenses à prévoir de ce chef s'élèvent à une indemnité de première mise de 500 000 francs et à un supplément mensuel de trois millions de francs, pour six divisions qui seraient à la charge de l'État polonais.

Il est de toute nécessité de régler de toute urgence la question des avances qui devraient être ainsi consenties.

En effet de ce règlement dépend l'organisation des nouvelles divisions.

La question de cette avance sera posée au prochain Conseil des ministres. Le Comité national polonais estime de la plus grande nécessité d'arriver rapidement à un règlement à ce sujet. Faute d'obtenir adhésion il se verrait contraint de s'adresser à un autre de nos alliés, Amérique ou Grande-Bretagne.

Nous avons un intérêt capital au point de vue politique à conserver la haute main sur l'organisation de l'armée polonaise destinée à être envoyée en Pologne.

Le Comité national a été reconnu officiellement par la Diète de Posen comme représentant des intérêts posnaniens auprès de l'Entente.

La Diète de Posen a voté elle-même un emprunt de 100 millions de Marks pour la Défense nationale. De ce fait, le Comité national présente, peut-on dire, de sérieuses garanties au point de vue financier et sa situation dans cet ordre d'idées permet, semble-t-il, d'accepter ses engagements.

Si le ministre veut bien partager ces vues sur la nécessité de régler d'urgence cette question, il est prié de vouloir bien demander au Conseil des ministres d'accepter le principe de ces avances, quitte à les régulariser le moment venu par un accord définitif.

CPC, Z-Europe, Pologne, 1918-1940, vol. 17 (106CPCOM/17).

356

M. Liébert, Consul de France à New York,
  À M. Pichon, Ministre des Affaires étrangères.

D. n° 56. *New York, 18 décembre 1918.*

Création à New York du Franco American Board of Industry and Commerce.

Votre Excellence voudra bien trouver sous ce pli copie des documents ayant trait à la création à New York d'une organisation commerciale franco-américaine intitulée : « *Franco American Board of Commerce and Industry* »[1] – et dont M. Émile Utard, directeur à New York de la grande maison de parfumerie française Pinaud, a pris l'initiative. Cette nouvelle organisation répond incontestablement à un besoin immédiat : celui de grouper pour la défense de nos intérêts économiques, nos compatriotes d'une part, et de l'autre, les Américains et Franco-Américains intéressés dans le développement de notre commerce aux États-Unis, mais que la Chambre de commerce française de New York, par son organisation même qui ne comporte que des Français de nationalité, à l'exclusion complète de tous Franco-Américains, laisse en dehors de ses activités. Rien, d'ailleurs, dans ce nouveau groupement n'est tourné contre notre Chambre de commerce dont il voudrait au contraire s'assurer l'intime et cordiale collaboration. Le président de la Chambre de commerce, M. Gourd, a été du reste invité à faire partie du comité d'organisation.

J'ai, de mon côté, vivement insisté auprès de M. Utard, pour qu'il s'inspire des conseils et des suggestions de M. Gourd, comme aussi de ceux de M. Heilmann, notre Attaché commercial dans l'Amérique du Nord.

---

[1] Le document est joint en annexe à la présente dépêche.

Projet en vue de créer à New York un « board » franco-américain du Commerce et de l'Industrie

Le moment semble être venu de créer aux États-Unis un organisme franco-américain qui aurait pour objet de faciliter et de développer le mouvement d'échange entre la France et les États-Unis, notamment de donner une impulsion aux importations de France dans ce pays. Pour cela cet organisme se proposerait d'étudier le marché américain au point de vue des importations et de donner aux commerçants français toutes les facilités pour se documenter sur ce marché ; leur procurer des représentants, les renseigner sur les possibilités des débouchés, sur le crédit et l'honorabilité des maisons américaines avec lesquelles ils pourraient être appelés à traiter.

« Cet organisme qui serait incorporé sous le nom de « *Franco-American Board of Commerce and Industry* » comprendrait non seulement des Français mais encore des citoyens américains ayant la surface, le crédit moral, financier et social nécessaires pour pouvoir au moment des discussions du tarif douanier prendre en mains devant le Congrès américain les intérêts des importateurs franco-américains.

D'autre part, il se proposerait d'établir en quelque sorte un service de liaison entre les Chambres de commerce, Syndicats de commerce et producteurs français et les principales Chambres de Commerce des États-Unis dans le but de multiplier grâce à un échange cordial de vues, renseignements et services réciproques les rapports entre les deux pays.

Du reste il est bien entendu que le *FA Board of Commerce and Industry* ferait un appel aussi large que possible aux grandes maisons des États-Unis qui à un titre quelconque sont déjà clients de la France.

Les produits allemands se trouvant éliminés du marché américain par le fait de la guerre, notre organisme se proposerait de tirer parti sans perte de temps de cette situation. À cet effet il entreprendrait une campagne vigoureuse auprès du commerce américain pour remplacer les produits allemands par des produits français.

Étant donné que la tendance du commerce français ayant été trop souvent d'imposer ses préférences à la clientèle américaine au lieu de s'inspirer de ses goûts, notre organisme aurait pour but d'étudier les goûts de la clientèle américaine pour les faire connaître aux producteurs français afin que ceux-ci puissent s'y conformer.

La *FA Board of Commerce and Industry* se propose dès que les circonstances le lui permettront, d'organiser une exposition permanente d'échantillons de produits français qui ne sont pas directement représentés aux États-Unis. À cette exposition seraient invités les acheteurs de l'intérieur de passage à New York dont les noms avec indication des intérêts que ces derniers représentent sont régulièrement publiés par certains organes.

Le service de cette exposition, sous le patronage du gouvernement français dans la personne de M. l'ambassadeur de France et M. le consul général de France, serait confié à un employé compétent qui serait chargé de prendre acte de toutes les observations qui pourraient être faites par les visiteurs, observations que le *FA Board of Commerce and Industry* transmettrait à son tour aux exposants avec recommandations appropriées.

Notre organisme mettrait à la disposition du commerce français ses facilités :

1°- Pour le règlement de tous litiges pouvant entrer dans sa sphère d'action tels que : recouvrements, protection de marques de fabrique, etc.

2°- Pour lui procurer toutes documentations sur les facilités de l'approvisionnement aux États-Unis des produits pour lesquels la France restera longtemps tributaire de l'étranger.

Son rôle serait de mettre autant que possible en rapports directs l'acheteur français et le producteur américain et de réduire ainsi le nombre des intermédiaires au plus grand profit de l'acheteur.

3°- Il offrirait l'hospitalité aux industriels et commerçants français et à leurs représentants et leur procurerait les facilités pour l'expédition de leurs affaires en leur fournissant des secrétaires et interprètes de confiance.

Il conviendrait également de créer à Paris un office de ce *Board* qui serait l'organisme de liaison entre ce dernier et les divers groupements commerciaux français ; dans ce même ordre d'idées, le *FA Board of Commerce and Industry* aurait également avantage à créer des filiales de ce *Board* dans les villes les plus importantes des États-Unis.

CPC, B-Amérique, États-Unis, 1918-1940, vol. 181 (18CPCOM/181).

357

M. Pichon, Ministre des Affaires étrangères,
   À M. Cambon Ambassadeur de France à Londres,
   M. Barrère, Ambassadeur de France à Rome,
   M. Jusserand, Ambassadeur de France à Washington,
   M. Defrance, Ministre de France à Bruxelles,
   M. Dutasta, Ambassadeur de France à Berne,
   M. de Fontenay, Ministre de France à Belgrade,
   M. Allizé, Ministre de France à La Haye,
   M. Conty, Ministre de France à Copenhague.

T. n°s 7378 ; 4816 ; 4329 ; 819 ; 2655 ;   *Paris, 19 décembre 1918, 22 h. 30.*
251 ; 945 ; 629.

Chiffré.

Frontière de l'État tchécoslovaque.

Pour Bruxelles, Berne, Belgrade, La Haye et Copenhague :
Pour votre information, j'adresse le télégramme suivant aux représentants français à Londres, Rome et Washington.

Pour tous :

En réponse à deux communications qu'il m'a transmises, de la part du gouvernement de l'Autriche allemande et qui ont dû être communiquées également à Londres, Rome et Washington, j'envoie au ministre de Suisse à Paris la note suivante :

« La Légation de Suisse a bien voulu remettre au ministre des Affaires étrangères, sous les dates du 13 et du 16 décembre, deux communications du gouvernement de l'Autriche allemande.

La première de ces communications proteste contre l'intention que les Puissances de l'Entente auraient d'assujettir à l'État tchécoslovaque les Allemands de Bohême et de Moravie. Elle affirme que ces Allemands ont le désir de se séparer de l'État tchécoslovaque et elle propose un plébiscite immédiat en vue d'éclaircir la situation.

La seconde communication tend à soumettre à une décision arbitrale les concessions relatives aux frontières entre l'Autriche allemande et les États tchécoslovaque et yougoslave.

Ces demandes ne peuvent être accueillies.

Les questions de frontières dont il s'agit ne peuvent, en effet, être tranchées que par le Congrès de la Paix et elles doivent être prochainement examinées à cet effet par les gouvernements alliés.

En attendant, pour ce qui concerne l'État tchécoslovaque, le gouvernement français estime qu'il doit, conformément à la reconnaissance qui lui a été accordée par les gouvernements alliés, avoir pour frontière, jusqu'à la décision du Congrès de la Paix, les limites des provinces historiques de la Bohême, de la Moravie et de la Silésie autrichienne.

En ce qui concerne la Slovaquie, cette frontière doit être constituée de la manière suivante : le Danube, depuis la frontière occidentale actuelle de la Hongrie, jusqu'à la rivière Eipel, puis le cours de l'Eipel jusqu'à la ville de Rima-Szombat, puis en ligne droite, de l'ouest à l'est, jusqu'à la rivière Ung, puis le cours de l'Ung jusqu'à la frontière de Galicie.

Cette ligne est celle derrière laquelle le général Franchet d'Espèrey a invité le gouvernement hongrois, qui a déféré à cette notification, à retirer ses troupes. Elle est donc déjà respectée en fait ».

Je vous prie de bien vouloir signaler d'urgence au gouvernement auprès duquel vous êtes accrédité, et qui a dû recevoir des communications analogues, l'intérêt capital qu'il y aurait à ce qu'il fît, dans le plus bref délai possible, une réponse analogue.

CPC, Z-Europe, Tchécoslovaquie, 1918-1940, vol. 44 (116CPCOM/60).

358

M. Laroche, Sous-Directeur d'Europe,
  À M. Cambon, Ambassadeur de France à Londres,
  M. Barrère, Ambassadeur de France à Rome,
  M. Jusserand, Ambassadeur de France à Washington,
  M. Dutasta, Ambassadeur de France à Berne,
  M. Graillet, Consul de France à Salonique pour Bucarest,
  M. Noulens, Ambassadeur de France à Arkhangelsk,
  M. Defrance, Ministre de France à Bruxelles,
  M. Allizé, Ministre de France à La Haye,
  M. Delavaud, Ministre de France à Stockholm,
  M. Conty, Ministre de France à Copenhague,
  M. Bapst, Ministre de France à Christiania[1].

T. n°s 7364 ; 4811 ; 4324 ; 2651 ; 297 pour 804 ;   *Paris, 19 décembre 1918.*
1006 ; 815 ; 939 ; 814 ; 627 ; 683[1].

En clair. Urgent.

Français de Russie.

Le radio suivant est envoyé aujourd'hui :

Contrairement aux affirmations du gouvernement des Soviets, il est avéré que non seulement des Français se trouvent incarcérés par ordre des Commissaires du peuple, dans les conditions les plus inhumaines, mais que plusieurs d'entre eux sont menacés de mort.

Le gouvernement français avertit de nouveau le gouvernement des Soviets qu'il n'hésitera pas à prendre le cas échéant, des mesures de représailles, d'autant plus justifiées que les autorités françaises sont précisément en train d'organiser le départ d'un navire qui doit rapatrier un nombre important de soldats et de civils russes, qu'il n'a pas été possible d'acheminer par la voie de la Suisse, en raison des événements[2]. Ce navire sera dirigé sur un port de la Baltique qui sera désigné ultérieurement et où il arrivera entre le 6 et le 10 janvier, pour y décharger ces rapatriés contre les militaires et civils français actuellement emprisonnés, poursuivis ou retenus en Russie, dans les conditions qui ont été indiquées au ministre du Danemark à Petrograd.

Si d'ici là, le Gouvernement de la République apprenait que des Français ont été exécutés ou soumis à un traitement dangereux pour leur santé ou leur vie, non seulement il se réserverait de faire supporter aux Commissaires du peuple la responsabilité personnelle de ces méfaits, mais il

---

[1] « Communiquer à président du Conseil, ministère de la Guerre : État-major, ministère de la Marine : État-major, remettre à M. Laroche, M. Jusserand ».

[2] Laroche fait référence à la fin du conflit mondial et surtout à la révolution allemande du 9 novembre 1918 qui a perturbé fortement les transports, condamnant la voie terrestre pour le rapatriement des soldats russes depuis la France.

n'hésiterait pas à mettre un terme à sa longanimité en appliquant rigoureusement aux bolcheviks se trouvant sur son territoire ou en sa puissance, des représailles immédiates.

Télégrammes, Bruxelles, Départ 1918, vol. 1243 (304QONT/1243).

359

M. Berthelot, Adjoint au Directeur des Affaires politiques et commerciales,
    À Destinataires non désignés.

N.s.n.   *Paris, 19 décembre 1918.*

a.s. comment se pose la question marocaine.

L'Angleterre a pensé, pendant près d'un siècle, à prendre pour elle le Maroc : mais à l'essai, elle a jugé que les efforts de tout ordre, militaires et politiques vis-à-vis des Marocains et vis-à-vis de la France, dépassaient ses moyens d'action, sa politique étrangère et le profit à en tirer.

Le gouvernement anglais a donc décidé, à un moment donné, à la fin du XIXe siècle, de liquider sa position et de laisser la route libre à la France.

Toutefois, étant animé à ce moment encore de dispositions défiantes et même peu bienveillantes à l'égard de la France, l'Angleterre a voulu se préserver de tout danger, en empêchant la France d'occuper la frange du littoral sur la Méditerranée. C'est cette conception qui a amené l'Angleterre à introduire et soutenir l'Espagne, pour éloigner la France de la côte, en s'appuyant sur les ambitions historiques et la position séculaire de l'Espagne sur les côtes africaines qui lui faisaient face.

De cette politique est née la combinaison qui a donné le Maroc à la France, mais en créant une zone espagnole sur la Méditerranée et sur l'Atlantique.

Il y a lieu de noter, toutefois, que l'Angleterre avait, en ce qui la concernait, nettement abandonné toute ambition sur le Maroc, en se rapprochant de la France.

En dehors de la question générale marocaine, il restait un point réservé : Tanger, qui devait être soumis à un régime spécial, bien que, en fait, la question n'ait jamais été résolue.

La guerre a modifié nettement les conceptions théoriques et pratiques des Anglais, en ce qui concerne aussi bien le Maroc lui-même que l'organisation définitive de Tanger.

Le gouvernement anglais s'est rapproché complètement de la France, a lié partie avec elle, d'une manière qui sera certainement profonde et durable, car elle répond aux intérêts évidents des deux peuples.

En outre, les relations de profonde cordialité qui se sont établies entre la France et les États-Unis et que ne menace aucune divergence d'intérêts sur aucun point, mettent le gouvernement anglais dans l'obligation de rester en union étroite avec la France pour éviter de la rejeter complètement du côté des États-Unis, même dans les questions maritimes, ce qui constituerait un véritable danger pour l'Angleterre.

On peut ajouter également que de même qu'il y a un sentiment profond en Amérique à l'égard de la France, en raison des sacrifices de ce pays, de son énergie et de l'idéalisme qu'il a montrés dans la guerre, de même il y a un élément de sensibilité qui portera le peuple anglais, plus encore peut-être que son gouvernement, à comprendre et même à souhaiter que la France obtienne, sur les points où les intérêts britanniques ne sont pas divergents, de véritables satisfactions.

La guerre a aussi démontré aux Anglais que c'était une erreur de vouloir mettre une Puissance faible, comme l'Espagne, fatalement influencée par la force et l'esprit de domination germanique, comme gardienne de l'entrée de la Méditerranée et du libre passage de l'Atlantique dans cette mer intérieure de toute la culture européenne.

Ces différents éléments font que le gouvernement français n'a pas à craindre une opposition réelle du gouvernement anglais au règlement direct, entre la France et l'Espagne, de la question marocaine, par l'abandon total de la zone espagnole.

Pour la question de Tanger, une évolution analogue s'est passée dans l'esprit anglais. Ayant renoncé à réclamer la ville pour eux-mêmes, comme ils y avaient cependant pensé, à plusieurs reprises, dans les dix premières années de ce siècle, ils avaient conçu le projet d'appuyer la cession de la ville à l'Espagne, pour ne pas risquer de placer la France dans une position éventuellement prédominante au débouché de la Méditerranée.

La pitoyable administration espagnole, l'incapacité absolue de ses agents, l'inertie et le formalisme de ses gouvernants, les intrigues continuelles de l'Espagne à Tanger ont amené l'opinion anglaise, peu à peu, à ne plus concevoir qu'une solution, qui est l'attribution définitive de Tanger à la France.

Ce revirement est en grande partie l'œuvre des nationaux anglais ayant des intérêts à Tanger et qui ont pu s'assurer que, seule, une administration française leur donnerait le moyen de développer leur commerce et de mettre entièrement en valeur leurs propriétés et leurs intérêts de tous genres sur ce point. C'est ce qui explique la campagne de Harris, de Northcliffe et du *Times* dans ce sens.

Au cours de la guerre, une occasion a paru s'offrir de régler le sort de Tanger entre la France, l'Angleterre et l'Espagne.

La combinaison envisagée était la suivante : Gibraltar, indéfendable avec l'augmentation de portée et de puissance des pièces lourdes révélée par la guerre, ne présentait plus aucune valeur pour défendre l'entrée de la Méditerranée, pas même contre les sous-marins, puisqu'ils ont en somme passé librement. Gibraltar, se trouvant inutile, pouvait donc théoriquement être abandonné à l'Espagne, en faisant une concession profondément sensible à l'amour-propre de ce pays et de nature à améliorer beaucoup les relations hispano-britanniques.

D'autre part, l'Angleterre pouvait reconstituer sa situation de portier armé de la Méditerranée, en occupant Ceuta, qui se trouve défendu par la Montagne des Singes, peut être mis à l'abri de toute attaque du côté de la terre, surtout en raison des relations confiantes franco-britanniques.

Dans ces conditions, on a pu concevoir une combinaison entre Espagne, Angleterre et France, plaçant Tanger dans le Maroc français, rendant Gibraltar à l'Espagne et Ceuta à l'Angleterre. Cette combinaison qui, à un moment donné, a pu paraître réalisable, n'a pas tardé à passer au second plan et a perdu de ses chances de succès. Il résulte de ces différentes données que si l'Espagne, abordant directement la France avec l'idée de s'entendre définitivement avec elle sur sa zone marocaine et sur Tanger, arrivait à une entente, le gouvernement anglais, même s'il soulève quelques difficultés, n'y mettra finalement pas opposition.

Reste la question entre l'Espagne et la France.

Il faut dire, tout d'abord, que le règlement de la question est indispensable aux bonnes relations des deux pays. Tant qu'il y aura une zone espagnole, en raison du caractère espagnol et des procédés de son administration, il y aura des points de friction et des causes de dissentiments constants et éventuellement graves pour les relations des deux pays.

L'Espagne a autant que la France un intérêt majeur à régler la question.

Or il s'agit là surtout pour elle d'une question d'amour-propre. Sa zone marocaine lui coûte extrêmement cher, et dans le désordre de ses finances, représente une charge insoutenable.

C'est certainement le sentiment net de cette évidence qui s'est imposé spécialement en raison des profonds troubles intérieurs causés par la politique sans élévation et sans intelligence poursuivie par le Roi, pendant la guerre et qui a amené les principaux hommes d'État espagnols et le Roi lui-même, non seulement à concevoir cet abandon de la zone marocaine, mais à le désirer d'une manière devenue pressante.

Les conversations de M. Massenet avec le comte Romanones, avec M. Alba et avec le Roi, les confirmations tout à fait explicites et précises données à notre chargé d'affaires par ces différents personnages, les ouvertures catégoriques faites, en dernier lieu, par le Roi au capitaine de Segonzac, les déclarations, les lettres du comte de Romanones qui a placé, publiquement, au premier plan sa déclaration ministérielle, le règlement de la question marocaine avec la France, enfin une visite subite du comte de Romanones à Paris, ne laissent aucun doute sur le sérieux et les chances de succès de l'occasion, qui s'offre à la France de régler définitivement la question marocaine, à son profit, et de réaliser l'unité de son Empire africain par la possession entière des trois pays du nord de l'Afrique, et leur liaison par un transafricain avec ses colonies de l'Afrique occidentale et centrale.

On ne saurait exagérer la portée, au point de vue de notre avenir, de cette réalisation qui complète la grandeur de notre pays, la puissance de son expansion et est, avec la reconstitution de notre unité nationale, la légitime récompense des sacrifices consentis par le pays entier.

En pratique, la négociation semble devoir être conduite de la manière suivante :

1°) Entente directe et précise entre la France et l'Espagne, sans y mêler aucun tiers. L'initiative doit être laissée entièrement à l'Espagne, pour ménager son opinion que son gouvernement et son Roi sont mieux en état d'apprécier que nous.

2°) si l'accord s'établit entre nous deux, il sera temps d'examiner les conditions dans lesquelles nous devons en parler au gouvernement anglais pour nous assurer son assentiment avant la Conférence.

Nous ne devons pas oublier que l'opinion du représentant américain à Tanger et tout ce que nous savons des idées du président Wilson nous permettent de compter que nous ne rencontrerons que bienveillance et approbation de ce côté, une fois que nous serons d'accord avec l'Espagne.

La question marocaine sera posée directement à la Conférence, au moment de l'examen ou de la conclusion des préliminaires de paix avec l'Allemagne. Nous imposerons en effet à cette Puissance l'abandon du traité d'Algésiras et des traités suivants, par lesquels elle avait hypothéqué notre situation au Maroc. À la même occasion, nous serons amenés à faire abandonner par les différentes Puissances les réserves des actes d'Algésiras.

C'est à ce moment que nous pourrons poser la question du Maroc dans son entier sur le tapis de la Conférence, en y apportant notre entente avec l'Espagne, qui ne pourra certainement y rencontrer d'opposition.

CPC, M-Maroc, 1918-1940, vol. 247 (73CPCOM/247).

360

M. de Billy, Haut-Commissaire de la République française à New York,
À M. Pichon, Ministre des Affaires étrangères.

T. n° 18291 MO.   *New York, 20 décembre 1918, 4 h.*
Urgent.   (*Reçu* : le 22, 8 h.)

a.s. politique générale du Blocus.

Je me réfère à votre télégramme 815 RX 14 909 ON[1].

Mes télégrammes sur la politique générale du Blocus vous ont montré toute l'attention que j'ai donnée à cette question. Depuis un mois, j'appelle

---

[1] Dans son télégramme du 17 décembre 1918, Lebrun exposait le projet remis le 4 décembre par le colonel House, qui proposait au poste de directeur général du Ravitaillement Herbert

l'attention du gouvernement américain sur les conséquences qu'aurait certainement la reprise trop rapide des libertés commerciales sans contrôle. J'ai particulièrement insisté sur le danger des mesures hâtives qui pourraient, au moment où la réduction de certains salaires peut devenir nécessaire, provoquer au lieu d'un abaissement du prix de la vie un renchérissement dont les conséquences ne peuvent être calculées.

J'ai fait ressortir que le bolchevisme, que redoute tant le gouvernement américain, pourrait fort bien trouver en France et dans d'autres pays alliés, un terrain favorable si, à leur retour, les armées victorieuses et la population civile qui pendant si longtemps (sic) a supporté sans mot dire des privations de toutes sortes, devraient se trouver en présence de conditions d'existence difficiles.

Je dois avoir à ce sujet avec M. Polk une nouvelle conversation demain. D'une part le gouvernement américain à maintes fois affirmé son désir bien net de faciliter la reprise de notre vie économique et le rétablissement de nos industries mais d'autre part il ne veut pas se laisser distancer dans sa lutte commerciale avec l'Angleterre qui n'est pas sans risques de causer des complications dangereuses.

Les États-Unis, pour mettre à profit la flotte commerciale qu'ils ont constituée et qu'ils ont la ferme intention de développer encore, veulent désormais se passer de l'intermédiaire de l'Angleterre et traiter directement avec les pays consommateurs.

Au *War Trade Board*, on me faisait remarquer qu'il était vraiment inutile pour les commerçants de vendre par exemple leur coton aux Anglais qui, de Liverpool, réexpédient celui-ci sur l'Europe continentale ou même sur l'Amérique du Sud. L'Angleterre tient à conserver la situation prépondérante qu'elle détenait et par conséquent elle se montre disposée à abolir toutes les restrictions qui pourraient retarder la reprise de son activité. Vous avez constaté combien, en ce qui concerne les listes noires notamment, le gouvernement américain s'était montré plus ferme que le gouvernement britannique.

Hier, le Directeur du *War Trade Intelligence* nous a communiqué un télégramme qu'il se proposait d'envoyer aux représentants du *War Trade Board* à Paris et à Londres leur exposant qu'au cas où le gouvernement britannique adopterait en ce qui concerne les pays du nord, les mesures envisagées par lui, c'est-à-dire la suppression des listes noires confidentielles, la réduction des listes noires officielles et une large extension de la liste des produits non essentiels, le gouvernement américain se trouverait dans l'obligation d'adopter vis-à-vis des pays de l'Amérique latine une politique semblable. Celle-ci en ce qui concerne ces derniers pays, équivaudrait certainement à la suppression de toutes restrictions concernant le commerce avec l'ennemi.

CPC, B-Amérique, États-Unis, 1918-1940, vol. 168 (18CPCOM/168).

Hoover. Il établissait aussi la liste des produits concernés par le contrôle interallié et mentionnait l'ajout à sa demande de produits menacés de pénurie : « cafés et cacaos, c'est-à-dire tous les produits sur lesquels il peut se produire une spéculation. […] Il en résulte que la liberté commerciale serait rendue aux produits qui ne sont pas spécifiés ».

361

M. de Billy, Haut-Commissaire de la République française
à New York,
  À M. Tardieu, Commissaire général aux Affaires de guerre
    franco-américaines.

T. n° 18292 MO.　　　　　　　　　　*New York, 20 décembre 1918, 23 h.*
Confidentiel.　　　　　　　　　　　　　　　　　　(Reçu : le 22, 3 h.)

a.s. liaison avec la presse américaine.

Dans mon télégramme 18212[1], je vous ai rendu compte de l'attitude fâcheuse de la presse américaine touchant les négociations de paix, attitude résultant soit de la situation politique intérieure et de l'hostilité d'une grande partie du Congrès contre la politique du Président, soit de l'insuffisance des directions données à la presse américaine à Paris.

Cette situation s'est améliorée depuis deux jours sauf pour *New York World*. M. Swope, qui aurait besoin d'être mieux inspiré, télégraphie notamment le 19 décembre qu'un Français, rencontré à l'ambassade des États-Unis, lui a déclaré ceci : « Le Président pourrait en manifestant ses principes paralyser le gouvernement français ».

M. Cobb, rédacteur en chef du *World* qui nous était tout acquis dès le temps de la neutralité américaine, est revenu de Paris, assez aigri, se plaignant d'avoir été mal reçu, reprochant aux négociants français d'exploiter le soldat américain et aux diplomates français de n'envisager que de nouvelles acquisitions territoriales. Nous essayerons de réparer, mais cet accident paraît marquer à Paris une liaison insuffisante avec la presse américaine.

Je dois vous rendre compte également d'un état de l'opinion qui a mon avis résulte de la reprise de la propagande pro-allemande et aussi une exaspération du sentiment national, qui veut que les États-Unis dictent la paix à l'univers.

On critique souvent la dureté des conditions de l'armistice et on insiste sur la nécessité de remettre la démocratie allemande en état de faire des affaires et de gagner sa vie.

On insiste aussi sur la lenteur de la procédure de la diplomatie européenne. On a déclaré que le Président ne permettrait pas pareilles pertes de temps. On commence seulement à se faire des idées plus raisonnables touchant le délai exigé pour les négociations de paix.

Nos conférenciers nous informent que dans l'ouest, on ne parle plus guère de ce que la France a fait ou souffert. L'Italie et l'Angleterre occupent la scène. Surtout on parle de ce que l'Amérique a fait et veut faire et on

---

[1] Document non retrouvé.

commence à exprimer de la pitié pour l'Allemagne. On est choqué par l'idée que les prisonniers allemands puissent être retenus et employés à la reconstitution de la France.

Par contre il est juste de dire que l'opinion qu'il faut punir l'Allemagne trouve de nombreux défenseurs. Mais elle n'est pas aussi générale qu'il serait désirable. D'autre part il faut tenir compte que les mouvements fâcheux que je vous signale peuvent être passagers.

Dans ce pays aux sautes d'opinion si brusques, il faut être en contact constant avec les organes qui peuvent agir sur elle.

Nous agissons dans la mesure du possible et maintenons notre liaison avec l'*Associated Press*.

Mais les principaux représentants de la presse américaine étant à Paris, et l'opinion s'attachant surtout, en ce moment, à ce qui vient d'Europe, je crois que c'est par votre influence sur les correspondants que vous pouvez agir, beaucoup plus que nous ici.

Je prépare un programme pour nos conférenciers après la campagne qu'ils achèvent par la Croix-Rouge.

Je vous câblerai de nouveau prochainement à ce sujet et je serai reconnaissant des suggestions que vous voudriez bien m'envoyer.

CPC, B-Amérique, États-Unis, 1918-1940, vol. 30A (18CPCOM/30A).

362

M. Pichon, Ministre de Affaires étrangères,
À M. de Billy, Haut-Commissaire de la République française à New York.

T. n° 15018 OM. *Paris, 20 décembre 1918.*

De la part de Finances n° 368.

a.s. *échéances obligations.*

Je me réfère à votre télégramme 17912[1].

1°/ Je vous remercie des renseignements que vous me donnez au sujet des intentions du gouvernement américain relativement à l'échéance de nos obligations.

2°/ La conception d'arrangements simultanés, destinée à régler les dettes et créances des Alliés les uns par rapport aux autres, me paraît conforme à l'équité et sa réalisation souhaitable en principe. Les obligations remises par nous au gouvernement anglais sont à l'échéance de un, deux ou trois ans à dater de la signature de la paix : il est bien évident que l'adoption d'un

---

[1] Document non retrouvé.

terme aussi court n'avait pas d'autre portée que de renvoyer à la paix la fixation des échéances définitives. Il y a le plus grand intérêt à ce que la question du terme des avances qui se sont consenties les différents Alliés soit examinée d'ensemble, de façon à obtenir un arrangement équitable pour tous. Je considère que cette question ne pourra être définitivement tranchée qu'ici dans une conférence interalliée à laquelle seront représentés les trésoreries intéressées. Notre pays ne pourra envisager la libération de sa dette que du jour où le traité de paix lui aura effectivement assuré les réparations qui lui sont dues et où sa reconstitution économique lui fournira les moyens financiers nécessaires ; tant que les conditions de paix ne seront pas connues et réalisées, tant que cette reconstitution ne sera pas accomplie, non seulement nous ne pourrons rembourser les avances qui nous ont été faites, mais nous serons encore dans l'obligation de faire appel au concours de nos Alliés.

Du moment que, non sans raison d'ailleurs, la Trésorerie fédérale invoque la nécessité d'un ajustement général, la question se trouve donc conditionnée par les problèmes qui vont se débattre ici. Abstraction faite des solutions qui seront données à ces problèmes, nous ne pourrions envisager qu'un terme éloigné, par exemple le délai de 15 à 30 ans qui a été accordé en principe pour nos premières avances.

Je vous serais obligé de me faire connaître la réponse qu'aura pu transmettre sir Hardman Lever de la part de la Trésorerie britannique.

CPC, B-Amérique, États-Unis, 1918-1940, vol. 211 (18CPCOM/211).

363

M. Pichon, Ministre des Affaires étrangères,
  À M. Clemenceau, Président du Conseil, Ministre de la Guerre.

Minute n° 5088. *Paris, 20 décembre 1918.*

Attitude des Allemands en Ukraine.

Je crois devoir vous remettre sous les yeux le texte d'un télégramme des ministres de France et d'Angleterre à Bucarest relatif à la situation en Ukraine.

Comme vous le remarquerez, il résulte du paragraphe 3 de ce télégramme que les Allemands favorisent, par leur attitude, les désordres et l'insurrection de cette région.

Il me paraît nécessaire que le maréchal Foch signale ce fait à la commission d'armistice et exige des délégués allemands que des mesures soient prises pour ramener les autorités allemandes en Ukraine à une attitude conforme aux règles qui leur ont été posées par l'armistice.

Là comme en Estonie, ainsi que je vous l'ai signalé hier, il importe que les Allemands cessent de favoriser les troubles et la révolution. En conséquence, je vous serai très obligé d'insister auprès du maréchal Foch, pour qu'il obtienne des autorités allemandes la cessation immédiate des pratiques qui nous sont signalées.

CPC, Z-Europe, URSS, 1918-1940, vol. 61 (117CPCOM/61).

364

M. de Simonin, Chargé d'Affaires à Panama,
  À M. Pichon, Ministre des Affaires étrangères.

D. n° 24. *Panama, 20 décembre 1918.*

La nouvelle de l'armistice a été accueillie à Panama par les manifestations de joie les plus diverses et les plus bruyantes. L'enthousiasme populaire particulièrement chaleureux à l'égard de la France a pris pour s'extérioriser toutes les formes ordinaires de l'allégresse publique : défilés devant le consulat, musiques, chants patriotiques, libations, vivats en l'honneur de notre pays. Les abords de l'hôtel consulaire ont été rapidement envahis, dès l'arrivée de la grande nouvelle, par une multitude joyeuse ; les enfants des écoles, le corps des Pompiers, les compagnies de police en tenue de gala ont défilé, en cortège, aux accents de la Marseillaise devant le pavillon français. J'ai reçu d'innombrables visites de fonctionnaires américains et panaméens et de personnages officiels. Le premier d'entre eux fut le ministre d'Angleterre, Sir Claude Mallet. « La France, avait-il déclaré à ses collègues, a été la première et la plus grande dans la guerre ; c'est à la Maison de France que nous devons nous rendre tout d'abord ».

Les ministres panaméens se sont présentés ensuite en délégation officielle ; ils m'ont prié de transmettre à Monsieur le Président de la République et au gouvernement français l'expression de leur joie et leurs félicitations. Chacun d'entre eux a trouvé pour notre pays des paroles d'une chaleur et d'un enthousiasme inaccoutumés.

C'est précisément lors de la visite que je fis, à mon tour, au chef de l'État panaméen, pour le remercier de la démarche courtoise de son cabinet, que le Président me fit part de son intention de proposer à l'Assemblée nationale le vote d'une loi consacrant le 14 juillet fête nationale de la République du Panama. « Je voudrais, me dit le docteur Porras, par cette manifestation solennelle, donner à votre patrie pour laquelle nous avons tous, sans exception, la plus vive admiration et l'amitié la plus ardente, un témoignage permanent de notre attachement ».

Après les belles démonstrations effectuées ici en faveur de la France dans le cours de l'année dernière, j'avais suggéré à quelques personnes influentes l'idée de préparer un mouvement d'opinion pour la célébration officielle du

14 juillet dans la République du Panama. Cette suggestion avait reçu le meilleur accueil mais la mort du président Valdés et les événements politiques des derniers mois absorbaient alors l'attention publique.

Reprise par le président Porras, la question devait aboutir sans retard. Un seul argument pouvait être invoqué à l'encontre du projet : la crainte de froisser les susceptibilités des États-Unis. Le Président tourna cette difficulté en insérant dans la même proposition la fête américaine du 4 juillet qui, tout en étant célébrée à Panama d'une façon générale, n'était pas encore inscrite cependant au nombre des jours fériés officiels.

Déposé le 19 novembre le texte de loi fut immédiatement adopté, à l'unanimité, en première lecture, après un éloquent discours de M. Ricardo Alfaro, secrétaire d'État de Gouvernement et Justice, dont je me permets d'adresser une copie à Votre Excellence[1]. Présenté en second débat le 14 décembre, le projet recueillait l'unanimité des votes après lecture du rapport de la Commission présenté par M. le docteur Dutari et plusieurs discours des plus enthousiastes faisant tous ressortir le caractère solennel de cet hommage unanime d'admiration et d'amitié pour la France.

J'assistai à la séance de l'Assemblée où je fus l'objet de la part du Président et des députés des attentions les plus flatteuses. Le vote de la proposition fût accueilli par une ovation.

La formalité de la troisième lecture s'est effectuée le lendemain même et la loi est devenue définitive à la date du 18 décembre.

Je me suis aussitôt rendu auprès du Président de la République et je l'ai remercié au nom du gouvernement français pour cette magnifique démonstration de la sympathie panaméenne à l'égard de la France. J'ai fait, d'autre part, une visite au président de l'Assemblée nationale et j'ai reçu, en réponse, une délégation des membres de l'Assemblée ayant à sa tête M. Jimenez, chevalier de la Légion d'honneur, venus au nom de leurs collègues me présenter l'hommage de l'Assemblée nationale pour la France.

Enfin j'ai échangé avec le secrétaire d'État aux Relations extérieures, M. Lefevre, la correspondance dont je remets sous ce pli une copie à Votre Excellence[2].

Faisant suite aux manifestations profrançaises des deux dernières années dont j'ai rendu compte en leur temps au Département, le vote de la loi consacrant le 14 juillet fête nationale de la République du Panama est un témoignage définitif des sentiments de l'opinion publique panaméenne à notre égard. Le caractère officiel que va prendre désormais la célébration de notre fête nationale dans l'Isthme, les cérémonies auxquelles elle donnera lieu obligatoirement dans tous les milieux et surtout dans les collèges et les écoles peuvent devenir un précieux facteur d'influence et de propagande françaises dans cette partie de l'Amérique centrale.

C'est pourquoi je me préoccupe d'ores et déjà des moyens de tirer parti de cet avantage en assurant la continuité des efforts qui ont été faits ici

---

[1] Document non reproduit.
[2] Document non reproduit.

pendant la guerre pour transformer en amitié active les sympathies dont nous jouissons dans ce pays et en orientant vers des résultats pratiques les sentiments amicaux de la population à notre égard.

Le Comité France-Amérique qui compte dans ses rangs les personnages les plus importants de la petite République va être réorganisé, dans cette intention, sur des bases nouvelles et je suis d'accord avec les principaux de ses membres pour donner dorénavant à son action le triple but suivant : constituer définitivement le musée commercial français et en assurer le fonctionnement permanent ; célébrer annuellement avec la plus grande solennité la fête nationale du 14 juillet et enfin rechercher et entretenir les tombes des Français morts dans l'Isthme à l'époque de la construction du Canal.

Cette dernière partie du programme du Comité mérite une mention toute spéciale. Plusieurs milliers de nos compatriotes sont décédés sur le territoire de Panama. Leurs tombes abandonnées sont, pour la plupart, enfouies sous la végétation ; rien ne rappelle le souvenir de ces premiers pionniers d'une grande entreprise. Le Comité cherchera à réparer cet oubli, les tombes qu'il sera possible de retrouver seront nettoyées, remises en état. Un monument sera élevé pour conserver la mémoire de tous les Français, ingénieurs, ouvriers, employés, qui sont tombés si loin de leur Patrie pour la réalisation de l'œuvre immense du Canal. Je ne crois pas trop m'avancer en disant ma certitude de voir le gouvernement panaméen et les autorités américaines accorder tout leur appui à ce projet et faciliter l'acquisition du terrain nécessaire.

L'organisation du musée commercial français auquel j'ai fait allusion plus haut est en voie de réalisation. Les principaux négociants de Panama et de Colón ont été invités à faire connaître ceux des produits français dont ils seraient désireux de recevoir des échantillons. Ils ont été interrogés, en même temps, sur les modes de paiement, d'emballage, d'expédition auxquels ils donnent leur préférence. Les résultats de cette enquête vont être communiqués d'ici peu à celles de nos chambres de commerce qui sont susceptibles de s'intéresser aux affaires avec Panama et l'Amérique centrale dont Panama est appelé à devenir le principal entrepôt. Nous les prierons de solliciter des fabricants des articles français les plus demandés leurs offres, leurs échantillons, leurs catalogues.

Le moment paraît, en effet, bien choisi pour pousser avec vigueur l'exécution de ce programme de propagande pratique car les prodromes d'une renaissance du mouvement commercial, conséquences de la fin des hostilités, se manifestent déjà.

J'aurai soin de tenir Votre Excellence au courant des étapes successives de la réalisation de nos projets et des résultats obtenus.

CPC, B-Amérique, Centre-Amérique, Panama, 1918-1940, vol. 94 (12CPCOM/94).

365

M. de Fontenay, Ministre de France à Belgrade,
    À M. Pichon, Ministre des Affaires étrangères.

T. n° 282.　　　　　　　　　　　　*Belgrade, 21 décembre 1918, 21 h. 40.*

Chiffré. Urgent.　　　　　　　　　　　　　　(*Reçu* : le 20, 23 h. 5.)

On m'apporte à l'instant des nouvelles fort alarmantes de Fiume où l'on s'attend d'un moment à l'autre à des coups de feu car les procédés vexatoires des Italiens continuent vis-à-vis de la population yougoslave. Nous devons craindre que cette attitude de l'Italie rende impuissant l'esprit de modération et de calme dont sont animés les dirigeants à Belgrade. Les Italiens racontent ici que l'Italie a dû envoyer un corps d'armée à Fiume sur l'ordre du maréchal Foch.

L'officier général français qui commande à Fiume répond-il à la situation extrêmement grave dans laquelle nous nous trouvons ?

On me dit que les Anglais commencent à comprendre la gravité du danger sur lequel j'attire encore toute l'attention du Gouvernement de la République.

CPC, A-Paix, 1914-1918, vol. 108 (4CPCOM/108).

366

M. Pichon, Ministre des Affaires étrangères,
    À M. Dutasta, Ambassadeur de France à Berne,
    M. Cambon, Ambassadeur de France à Londres,
    M. Barrère, Ambassadeur de France à Rome,
    M. Dard, Chargé d'Affaires à Madrid,
    M. Defrance, Ministre de France à Bruxelles,
    M. Allizé, Ministre de France à La Haye.

T. n°s 2659 ; 7417 ; 4843 ; 1480 ; 825 ; 951.　　　　*Paris, 21 décembre 1918.*

Confidentiel. Par courrier.

Les Tchèques et l'avenir de l'Autriche allemande.

Le ministre des Affaires étrangères de l'État tchécoslovaque est assez préoccupé des tentatives de M. Otto Bauer, qui consistent, dit-il, à essayer d'obtenir des Alliés des concessions en faveur de l'Autriche allemande, en leur disant craindre que celle-ci ne se réunisse à l'Allemagne en désespoir de cause.

M. Beneš appréhende principalement que cette menace ne demeure, à l'avenir, la tactique du gouvernement de Vienne, toutes les fois qu'il voudra faire pression sur l'Entente, contre les Tchèques ou les autres nationalités de l'Europe centrale.

« Nous ne pouvons, dit-il, rester indéfiniment exposés à ce chantage. Il deviendrait particulièrement dangereux si l'Autriche, entrée dans une fédération danubienne, continuait à le pratiquer en exploitant alors la crainte des Puissances, devant l'éventualité d'un bouleversement de l'organisation sur laquelle aurait été basé le régime de l'Europe centrale. Mieux vaut couper court à cette manœuvre, en faisant comprendre aux Autrichiens que nous ne ferons rien pour les empêcher de s'unir à l'Allemagne et que cette perspective ne nous effraie pas.

M. Beneš estime d'ailleurs que l'Autriche serait, dans une fédération danubienne, un élément sournois de dissolution et un instrument de propagande germanique. Il s'inquiéterait moins de la voir unie à l'Allemagne, où elle se trouverait englobée dans les divers courants germaniques, mêlée aux luttes intérieures et moins uniquement orientée vers l'Est.

Il paraît croire que cette union faciliterait la négociation pour la solution du problème des Allemands de Bohême, qui seraient une quantité négligeable pour l'Allemagne, grossie de ceux d'Autriche, tandis qu'ils sont un appoint tentateur pour une Autriche séparée.

Cette opinion est à rapprocher du mémoire du professeur Foerster, qui expose que l'Autriche allemande servira mieux le germanisme en se liant à la fédération danubienne, où elle pourrait faire prévaloir sur les Slaves l'influence d'une culture politique supérieure, et où elle jouerait le rôle d'intermédiaire, préparant l'union de l'Allemagne proprement dite et du monde slave.

Télégrammes, Bruxelles, Départ, 1918, vol. 1243 (304QONT1243).

367

M. Pichon, Ministre des Affaires étrangères,
  À M. de Martel, Haut-Commissaire de France à Vladivostok.

T. n° 170.   *Paris, 22 décembre 1918, 21 h.*

En clair.

a.s. proclamation d'une république en Lettonie.

La République de Lettonie (et non de Livonie) a été proclamée à Riga le 18 novembre. Karl Ulmann a été élu Premier ministre et chargé de l'agriculture et du ravitaillement. Ses collaborateurs principaux sont : Meierovitz aux Affaires étrangères, Walter à l'Intérieur, Juraschewski aux Finances. Aucun balte allemand ne fait partie du Cabinet.

Le nouveau gouvernement se préoccupe surtout d'assurer la défense du pays contre les bolcheviks. C'est des Alliés qu'il attend tout secours et l'arrivée de la flotte anglaise dans la Baltique répond à ses vœux.

Au cours de la guerre, les Lettons ont, avec insistance, protesté contre l'occupation allemande et réclamé la réunion d'une assemblée nationale qui se prononcerait sur les destinées de leur pays. Ils ont, en même temps, manifesté leur désir de saisir le Congrès de la Paix de leurs revendications. Des assurances et des engagements leur ont été récemment donnés par le gouvernement britannique et leur seront donnés par nous, avec d'autant plus de sympathie, que certains Lettons éclairés – de Suisse et d'Amérique – comprenant que les intérêts permanents de leur pays leur commandent de rester unis à la Russie se sont représentés comme adoptant la formule d'une Lettonie libre dans une Russie libre.

Vous vous efforcerez dans ces conditions de faire comprendre autour de vous que le recrutement des contingents lettons d'Extrême-Orient ne doit pas être entravé par une attitude intransigeante.

CPC, Z-Europe, Lettonie, 1918-1940, vol. 1 (98CPCOM/1).

368

M. Aubert, Directeur du Service d'Études et d'Informations du Haut-Commissariat de France aux États-Unis,
  à M. Pichon, Ministre des Affaires étrangères.

N. s.n. *New York, 22 décembre 1918.*

Confidentiel.

Note sur l'Alsace (présentation de la question aux Américains).

Après conversation avec le professeur Haskins, chargé à l'*Inquiry*, du rapport final sur les frontières d'Alsace-Lorraine, voici l'ordre dans lequel il convient, je crois, de justifier auprès des Américains nos prétentions sur le bassin de la Sarre (voir la note ci-jointe)[1].

Pour être entendu par les Américains, il faut partir de faits, de faits *actuels*, prendre la question à ce jour.

En Alsace-Lorraine, le fait actuel, c'était la volonté des habitants de redevenir français. Pour la Sarre, le fait actuel, c'est notre droit à une indemnité qu'il est tout naturel que nous cherchions partiellement dans le bassin houiller qui est propriété de l'État prussien et contigu à notre frontière.

Voilà le point de départ *solide*, et qui suffit, si nous nous contentons d'une hypothèque sur le sous-sol ; mais si nous voulons déplacer notre frontière et établir notre droit sur le sol, il faut faire intervenir des raisons stratégiques et économiques et parler de l'annexion prussienne de 1815.

Pour donner à cet argument historique toute sa valeur, il faut lui retirer son caractère historique. Les Américains se méfient de l'histoire.

---

[1] Voir document n° 369 du 22 décembre 1918.

Pour retirer à l'argument son caractère historique et lui donner une force *actuelle*, il faut situer schématiquement la rectification de frontière de 1815 dans la série de nos relations de voisinage avec la Prusse depuis un siècle et montrer qu'elle fut la première manifestation du « système » prussien d'un impérialisme économique et militaire que nous avons vu à l'œuvre en 1870 et en 1914, système que le prochain traité de paix a pour objet de détruire.

Dans le programme adopté par le parti républicain, lors des élections de novembre 1918, on lit : « L'Alsace-Lorraine doit être rendue sans conditions à la France, non seulement pour obéir à des raisons de sentiment et à la justice éternelle, mais parce qu'il faut enlever à tout jamais à l'Allemagne le fer et le *charbon* de Lorraine ».

Avant de quitter les États-Unis, M. Henry White, qui dans la délégation américaine représente le parti républicain, est allé prendre les instructions du sénateur H. Cabot Lodge. J'apprends de bonne source que l'attribution du charbon de la Sarre à la France figure parmi ces instructions.

Étant donné l'importance que va jouer cette question d'indemnités dans les compensations en espèces et en nature que les Américains sont prêts à nous reconnaître (et la restitution de l'Alsace-Lorraine ne peut compter à leurs yeux pour une compensation), il importe de leur donner le plus tôt possible des chiffres qui fixent au moins un ordre de grandeur.

Dans toutes les conversations que j'ai eues avec eux, ils réclament ces chiffres avec insistance.

Enfin, si le travail qu'on n'a pas manqué d'entreprendre immédiatement parmi les populations de la Sarre a déjà révélé une survivance de souvenirs français qu'on pourrait ranimer, ou tout au moins, un état de non résistance, qui laisserait prévoir peu de difficultés en cas d'annexion, il importe de le faire savoir immédiatement, à titre de renseignement confidentiel, aux Américains.

CPC, A-Paix, 1914-1918, vol. 289 (4CPCOM/289).

369

N. *Paris, 22 décembre 1918.*

a.s. impossibilité d'admettre de suite les États ennemis à la Société des Nations.

Une société, une *association* ne peut se constituer qu'avec un *but* déterminé et en vertu d'accords qui supposent des relations de *confiance* entre les contractants.

Le but ici, c'est le maintien de la paix, c'est-à-dire le maintien de l'ordre de choses que va établir le prochain Congrès. Quelle confiance pouvons-nous avoir dans nos adversaires d'hier pour poursuivre ce but ? Enverrons-nous des soldats bulgares en Macédoine, des soldats allemands en Asie mineure ou en Russie, pour remplir les devoirs de gendarmerie de la Société des Nations ?

La Société des Nations, *à son début*, ne peut être que l'association des Puissances qui, ayant établi dans le monde un ordre nouveau, sont directement *intéressées* à son maintien.

C'est sous l'étiquette de Société des Nations que nous pourrons le mieux surveiller la neutralité de la rive gauche du Rhin, de la Prusse orientale et nous faire les gendarmes de l'Europe. Pour ces buts politiques et militaires pratiques, la Société des nations est une *nécessité*. Car nous ne pouvons *seuls*, ni réduire le bolchevisme russe, ni maintenir l'ordre en Asie, dans les Balkans, dans l'ancienne Autriche-Hongrie, ni même garder nos frontières contre les armées d'un groupement allemand de 80 millions d'hommes.

La Société des Nations existe. Elle a fait ses preuves pendant la guerre, elle est consacrée par une série d'accords non seulement politiques, mais militaires, financiers, économiques.

Il faut d'abord la réorganiser en vue de l'après-guerre, régulariser et codifier les accords qui l'ont constituée.

Car son rôle n'est pas terminé. Elle a encore beaucoup à faire pour consolider son œuvre, puis pour la maintenir.

Constituer donc d'abord solidement la *Société restreinte* des Nations. Si elle se maintient forte (c'est-à-dire surtout si elle ne *se divise pas contre elle-même*), elle formera un noyau d'attraction qui attirera forcément à elle de nouvelles Puissances.

Prévoir les conditions de ces admissions, en vertu « d'accords spéciaux » moyennant des « garanties mutuelles », qui sont prévus à l'article 14 du programme Wilson, mais qui restent à définir (il est clair que l'Allemagne ne pourra fournir ces garanties qu'après un certain temps ; actuellement elle ne pourrait signer qu'un chiffon de papier). On pourrait stipuler, par exemple, que les anciens belligérants ennemis ne seront admis à pleins pouvoirs dans la Société, participer à sa Gendarmerie, etc. *qu'après avoir payé leur dette de réparation des dommages.*

Par le jeu des admissions nouvelles, soumises au consentement des Participants, la Société *restreinte* tendra vers l'idéal de Société *générale* des Nations, indiqué par le président Wilson.

La procédure serait donc :

a) Codifier entre Alliés la Société des Nations, prévoir les conditions de son fonctionnement ; constituer son armée.

b) Définir les conditions dans lesquelles la Société des Nations pourra, soit contracter des *accords limités* avec de nouvelles Puissances, soit les admettre comme participants à *plein droit*.

c) Notifier ces conditions aux neutres et aux Puissances adverses.

On fera ainsi œuvre pratique.

Il ne faut pas combattre cette idée nouvelle de Société des Nations, qui séduit les peuples ; il faut nous en servir, en mettant sous le mot une réalité.

Service français de la Société des Nations, 1917-1940, vol. 6 (242QO/6).

370

N. Paris, *22 décembre 1918.*

Confidentiel.

- I -

L'attribution à la France du bassin houiller de la Sarre se justifie comme :

a) *Compensation* pour le déficit d'exploitation qu'entraînent les destructions systématiques de nos mines du Pas-de-Calais et du nord de la France.

Ce déficit représente 18 millions de tonnes de charbon par an pendant un nombre d'années qui variera en fonction de l'allure de reprise de nos charbonnages.

Ce déficit constitue donc un titre à une hypothèque complète sur la partie prussienne et palatine du bassin qui, en 1913, produisit 13 millions de tonnes.

Après cette hypothèque temporaire, viendra une hypothèque définitive comme :

b) *Indemnité partielle* pour les destructions de maisons, d'usines, de terrains de culture, etc. qui ne pourront être remboursées ni en espèces, ni en nature.

Le bassin de la Sarre est le premier et le plus sûr gage auquel la France doit naturellement penser, parce que :

Géographiquement : il est limitrophe de la Lorraine.

Économiquement : la presque totalité des mines y est propriété de l'État prussien.

Leur valeur, débit annuel et réserves, peut être estimée.

L'avenir de leur charbon est vers le sud, du côté du minerai de Lorraine, alors qu'au nord, il se heurte au charbon des gisements d'Aix-La-Chapelle, d'Erkelens et de la région rhénane.

Priver l'Allemagne de la production houillère du bassin de la Sarre, c'est retrancher seulement un douzième de sa production totale.

Priver l'Alsace-Lorraine (qui consomme 7 millions de tonnes de plus qu'elle n'en produit), du charbon de la Sarre, c'est après l'avoir affranchie politiquement, la laisser économiquement sous le contrôle du charbon allemand.

Dans le mémoire confidentiel adressé le 20 mai 1915, par les six grandes associations industrielles et agricoles d'Allemagne au chancelier, on lit : « Le charbon est un des moyens d'influence politique les plus décisifs. Les États neutres industriels sont obligés d'obéir à celui des belligérants qui peut leur assurer leur provision de charbon ».

- II -

Voilà pour le sous-sol.

Quant au sol, voici les titres de la France à une rectification de sa frontière lorraine.

Le prochain traité a pour objet essentiel la destruction du système prussien ; or, le remaniement de frontière en 1815 fut la première manifestation de ce « système » dans les relations de voisinage qui alors commençaient entre la Prusse et la France ; donc ce système ne sera pas détruit si la frontière qu'il a imposée voilà cent ans n'est pas remaniée.

Avec une ressemblance schématique entre ses trois étapes, l'esprit d'agression, à la fois militaire et économique de la Prusse s'est manifesté à notre endroit en 1815, 1870 et 1914. Le remaniement de frontière en 1815 n'est donc pas un argument historique vieux de 100 ans. Première expression d'une politique qui s'est retrouvée exactement la même en 1914, il a un sens et une valeur *actuels*.

En 1815, 1871 et 1914, la Prusse prend ou nous demande les clefs de notre maison pour lui permettre une attaque brusquée :

En 1815, les ponts sur la Sarre nous sont pris.

En 1871, Strasbourg et Metz nous sont pris.

En 1914, Toul et Verdun nous sont demandés comme gages de notre neutralité.

En 1815, 1871 et 1914, la Prusse saisit les matières premières nécessaires à son industrie de guerre.

En 1815, les charbonnages de la Sarre (rôle de Böeklin).

En 1871, les gisements de fer de Lorraine qui, à cette date, paraissent avoir une valeur industrielle (rôle de Hauchecorne).

En 1914, les bassins de Longwy et de Briey.

Dans le mémoire publié en décembre 1917, sous le titre « Pour l'incorporation au territoire de l'Empire allemand du bassin minier franco-lorrain », par l'Association des Industriels du fer et de l'acier et l'Association des Maîtres de forge allemands, on lit : « Sans la région sidérurgique de Lorraine, nous n'aurons jamais, au grand jamais, pu conduire victorieusement cette guerre... ».

« La Lorraine entière entre les mains de l'Allemagne constitue la garantie d'une paix durable et un gage pour la sécurité de l'Empire. Sans elle, le peuple allemand sera, dans une guerre future, voué à la ruine ».

- III -

Remanier la frontière de 1815, défaire à l'Occident l'œuvre du Congrès de Vienne, c'est effacer les traces sur notre frontière de cent ans l'impérialisme militaire et économique prussien.

Est-ce à dire qu'il suffit de revenir à la frontière de 1814 ?

Ni une frontière stratégique, car elle ne suit pas la ligne d'eau couvrant la région qui, par Landau et Sarrelouis, va du Rhin au Luxembourg.

Ni une frontière économique, car elle coupe en deux parties une région dont l'unité est définie par le charbon.

Ni une frontière historique, car elle fut tracée arbitrairement pour satisfaire les intérêts particuliers de petites principautés disparues aujourd'hui.

La frontière de 1919, doit être non pas un retour à la frontière de 1814, mais une frontière définie stratégiquement et économiquement, de telle façon que l'Alsace-Lorraine ne soit plus militairement exposée, économiquement paralysée.

Pour cela, il faut :

1°- que la France acquière définitivement à titre d'indemnité le charbon de la Sarre nécessaire au fer lorrain ;

2°- que ce charbon et aussi ce fer, objet des appétits allemands, soient désormais protégés.

En décembre 1917, dans le mémoire cité ci-dessus, les métallurgistes qui se voyaient définitivement installés dans les bassins de Longwy et de Briey déclaraient : « La nouvelle frontière devra être déplacée vers l'ouest, autant que cela sera nécessaire pour que de même les canons de portée *maxima* actuelle ne puissent atteindre les établissements métallurgiques du bassin lorrain ».

Le bassin lorrain, dans l'ensemble de la production métallurgique de la France, joue un rôle tellement vital, qu'il convient de retourner aux Allemands leur argument et de dire :

Il importe à la paix du monde que les brèches préparées en 1815 et par lesquelles l'invasion allemande passa en 1871 soient bouchées, car elles donnent accès à la région sidérurgique de Lorraine sans laquelle, de son propre aveu « le peuple allemand sera, dans une guerre future, voué à la ruine ».

Le tracé considéré comme suffisant par le maréchal Foch ne laisse au nord de la Blies qu'une petite fraction du bassin houiller de la Sarre.

- IV -

Quant aux populations intéressées par cette rectification de frontière, voici les présomptions en faveur de leur ralliement rapide à la France :

a) *Tradition historique*

Les archives nationales conservent les demandes de réunions à la « Grande Nation, à la France » des populations rhénanes, et en particulier des communes des régions de la Queich, des Deux Ponts, de la Sarre et de la Moselle, en l'an II et en l'an VI (1798).

L'annexion prussienne de 1815 donna lieu à des protestations et à un exode de population, dans la région de Sarrelouis.

Il n'y a qu'une génération que les sentiments de regret de ne plus être français ont cessé de s'exprimer dans la vallée de la Sarre.

Le relâchement de l'emprise prussienne, après la défaite, le voisinage de l'Alsace-Lorraine, qui parle un même dialecte mêlé de vieux mots français, et qui est redevenue libre et française ranimeront sur la Sarre souvenirs et traditions en faveur de la France.

b) *Intérêt économique*

D'autant plus que ces populations disciplinées travaillant pour des mines dirigées par des Français et dont tout le produit s'écoulera vers la France, ou encore travaillent pour des usines qui auront besoin du charbon de ces mines et du fer de Lorraine, auront intérêt à se rallier à la France. Dissocier la possession des mines et la souveraineté territoriale entretiendrait une cause permanente de conflits.

Si l'Allemagne gardait un contrôle politique sur cette région consacrée désormais économiquement à la France, ou bien, elle se désintéresserait de la région et on négligerait les intérêts, ou bien elle multiplierait les tracasseries administratives qui, gênant l'exploitation, seraient aussi préjudiciables à la population ouvrière qu'à l'administration française.

La France fera sa part au temps avant de définir le statut politique de la région intéressée par le remaniement de frontière, mais il faut que dès maintenant cette région soit complètement et définitivement retranchée de l'Allemagne.

CPC, A-Paix, 1914-1918, vol. 60 (4CPCOM/60).

371

M. Pichon, Ministre des Affaires étrangères,
   À M. Cambon, Ambassadeur de France à Londres,
   M. Barrère, Ambassadeur de France à Rome,
   M. Jusserand, Ambassadeur de France à Washington,
   M. de Fontenay, Ministre de France à Belgrade[1].

T. n°s 7447 ; 4858 ; 4340-4341 ; 258-259.   *Paris, 22 décembre 1918.*

Protestation du Monténégro.

Pour Washington : Pour votre information.

Pour tous :

Je vous communique ci-dessous une note responsive adressée à l'ambassade d'Angleterre au sujet de la protestation du gouvernement monténégrin contre l'annexion de son pays à la Serbie :

« À la date du 18 de ce mois, l'ambassadeur de Sa Majesté britannique a bien voulu entretenir le ministère des Affaires étrangères de la note adressée aux gouvernements alliés le 9 de ce mois, par le gouvernement monténégrin en vue d'obtenir la protection pour le Monténégro contre la consultation hâtive et illégale de son peuple qui a eu lieu sous les auspices d'un État étranger.

Le gouvernement britannique exprime le désir de connaître quelle réponse le gouvernement français fera à cet appel et demande si le gouvernement consentirait à se joindre à un avertissement donné au gouvernement serbe

---

[1] Copie à Jusserand avec prière d'en entretenir le gouvernement américain, et à Delaroche-Vernet.

en vue de lui faire savoir que la question du Monténégro doit être résolue par la Conférence de la Paix.

Jusqu'ici le gouvernement français n'a pas répondu à la note monténégrine, il estime qu'il va de soi que le sort définitif du Monténégro sera réglé à la Conférence de la Paix. Un avertissement adressé, à cet effet, au gouvernement serbe serait inutile puisque ce point de vue ne peut être ignoré du Cabinet de Belgrade.

Par contre, il est probable qu'une démarche de ce genre serait interprétée par les Yougoslaves comme une intervention des gouvernements alliés pour les empêcher de réaliser leur unité, ce qui ne manquerait pas d'accroître encore l'effervescence produite dans les pays yougoslaves, tant par l'attitude du gouvernement italien que par les difficultés, que rencontre l'élaboration de l'union nationale.

Dans ces conditions, le gouvernement français est d'avis de laisser sans réponse la protestation monténégrine, et il serait heureux d'apprendre que le gouvernement britannique se rend à cette opinion.

Pour Washington : copie de ce télégramme a été donnée à M. Jusserand qui doit en entretenir M. Lansing.

Télégrammes, Londres, Départ, 1918, vol. 3064 (304QONT/3064).

372

M. de Fontenay, Ministre de France à Salonique,
à M. Pichon, Ministre des Affaires étrangères.

T. n° 289. Salonique, *23 décembre 1918, 2 h.*

(Reçu : 13 h. 20.)

Représentation serbo-yougoslave à la paix.

M. Pachitch doit se rendre à Paris comme chef de la mission qui assistera au Congrès de la Paix.

En raison de la situation spéciale dans laquelle se trouvent les Serbes, les Croates et les Slovènes, il m'a demandé s'il ne serait pas possible de donner plus d'élasticité à la représentation de ces peuples.

Pour faire accepter sans difficulté aux Croates et Slovènes les décisions prises par le Congrès, il faut nommer M. Korošec, Slovène, et M. Trumbitch, Croate-Dalmate notoire.

Le premier ne parle pas français ; M. Pachitch lui aussi, s'il comprend bien notre langue et connaît la valeur des mots, s'exprime difficilement.

D'autre part il faudrait que M. Vesnitch, dont l'utilité est incontestable par la connaissance qu'il a des milieux diplomatiques fît partie de la mission, enfin on voudrait y avoir aussi M. Gavrilovitch dont les bonnes relations avec les Italiens seraient précieuses.

Il y aurait donc une formule à trouver pour admettre ces 3 personnes en donnant les 3 sièges à la Serbie comme petit allié et 1 aux Yougoslaves qui se sont unis à la Serbie.

CPC, A-Paix, 1914-1918, vol. 30 (4CPCOM/30).

373

M. Berthelot, Adjoint au Directeur des Affaires politiques et commerciales,
 À M. Cambon Ambassadeur de France à Londres.

T. n° 7495. *Paris, 23 décembre 1918, 10 h. 45.*

En clair. Fil direct.

D'après des informations directes, le général Mannerheim aurait vu M. Balfour et Lord Hardinge et emporté l'impression d'une entente complète.

La note ci-dessous m'a été remise. Je vous serais obligé de vérifier l'exactitude des faits qui y sont énoncés et de me faire savoir si le gouvernement anglais est disposé à agir conformément à ces directives.

NOTE

Le général Mannerheim a, après son séjour à Londres après sa visite à Paris, vu M. Balfour et Lord Hardinge of Penshurt et emporte de ses conversations avec eux la conviction que l'Angleterre se sentira satisfaite par le programme qu'il a tracé et dont les points principaux sont les suivants, à savoir :

1°- Un gouvernement dont la composition exprime un effort sincère vers une nouvelle orientation politique et dont la majorité des membres n'ont pas subi l'influence allemande.

2°- Une déclaration faite par le nouveau gouvernement et visant à une orientation absolument nouvelle avec abandon net de la direction suivie jusqu'ici.

3°- Évacuation complète des troupes allemandes et renvoi de *tous* les instructeurs allemands.

4°- Des mesures destinées à donner à la France l'occasion d'envoyer à Helsingfors une mission militaire composée de deux ou trois officiers français et chargée d'étudier la question militaire finlandaise en tenant compte de la nécessité de remplacer les instructeurs partis par des officiers d'une autre nationalité.

5°- Abandon définitif sous une forme ou sous une autre de la candidature du Prince de Hesse.

6°- Nouvelles élections à la Diète aussitôt que possible. Selon la proposition du gouvernement au commencement du mois de mars.

Réflexion faite, M. Balfour, aussi bien que Lord Hardinge, ont exprimé l'avis que dans les conditions indiquées par le programme ci-dessus cité, l'Angleterre pourrait avec la France prendre l'initiative pour la reconnaissance définitive de l'indépendance finlandaise et qu'alors les autres Puissances alliées ne s'y opposeraient pas.

Le temps est cependant trop avancé pour que cette reconnaissance ait lieu avant l'ouverture de la Conférence de la Paix. Mais M. Balfour et Lord Hardinge considèrent que rien ne puisse empêcher la mise à l'étude et la solution de la question finlandaise déjà au début de la Conférence, indépendamment de toutes les autres questions et en la détachant de tout rapport avec elles.

En raison de cette attitude bienveillante du ministre des Affaires étrangères britannique, le général Mannerheim se demande s'il ne serait pas possible pour la France de donner son approbation du programme indiqué et de confirmer cette approbation par des assurances plus positives que jusqu'ici. Ces assurances seraient, comme le général Mannerheim a déjà eu l'honneur de le souligner, dans ses conversations avec M. le ministre des Affaires étrangères et avec M. Berthelot d'un très grand appui pour le nouveau gouvernement finlandais.

Paris, le 20 décembre 1918.

Télégrammes, Londres, Départ, 1918, vol. 3064 (304QONT/3064).

374

M. Guiard, Chargé d'Affaires à Arkhangelsk,
  Au Service de la Propagande du Ministère des Affaires
  étrangères.

T. n° 1146.   *Arkhangelsk, 23 décembre 1918, 15 h. 26.*

(Reçu : le 24, 5 h. 45.)

Votre dernier envoi reçu à Arkhangelsk le 18 ne correspond pas à nos besoins, alors que M. Noulens avait demandé par son télégramme n° 976 du 8 novembre[1], pour les faire exposer ici aux vitrines des principaux magasins, un lot de bonnes photographies du Président de la République, de M. le président du Conseil, des maréchaux de France Foch, Joffre et Pétain, et celles des généraux Fayolle, Mangin, Humbert et Berthelot, à raison d'un exemplaire chacun. Il est indispensable que nous recevions

---

[1] Télégramme non retrouvé.

40 photographies du Président, 40 du président du Conseil, 40 du maréchal Foch, 20 de chacun des deux autres maréchaux et 5 à 6 douzaines de photographies des principaux autres généraux. Elles pourront être du format 30/40 et, si possible, imprimées en couleurs comme celles qu'a publiées *l'Illustration*.

Outre les vitrines des grands magasins, les clubs, les salles de réunion, etc. devraient en être décorés. Les Américains procèdent ainsi pour la photographie du président Wilson, qui est partout répandue à profusion. Par contre, il était inutile de nous envoyer les 50 000 photographies de généraux sur cartes postales qui constituaient le dernier envoi ou 5 000 auraient largement suffi vu notre faible rayon d'action. Le reste est inutilisable.

Veuillez nous envoyer par le courrier :

1°- en deux exemplaires au moins, les partitions complètes pour orchestre militaire du « Chant du Départ », de la « Marche lorraine » et de celle de « Sambre et Meuse ».

2°- Un recueil de sonneries de clairons et fanfares militaires.

3°- La série complète des hymnes nationaux alliés.

Votre dernier envoi de films qui comprenait les *Annales de guerre* n°s 78 à 80 et la série de *l'Alsace libérée* marque une réelle amélioration.

Ils sont très bien accueillis par le public mais il serait indispensable que ces films eussent des intertitres russes.

Veuillez reprendre l'envoi des « Panoramas » et des autres illustrés en plusieurs langues.

CPC, Z-Europe, URSS, 1918-1940, vol. 379 (117CPCOM/379).

375

Convention. *Paris, 23 décembre 1918.*

CONVENTION
Entre la France et l'Angleterre au sujet de l'action dans la
Russie méridionale

I.- L'action dirigée par la France se développe au nord de la Mer Noire contre l'ennemi.

L'action dirigée par l'Angleterre se développe au sud-est de la Mer Noire contre les Turcs.

II.- Le général Alekseev, à Novotcherkassk, ayant proposé l'exécution d'un programme visant l'organisation d'une armée destinée à tenir tête à l'ennemi, et ce programme ayant été accepté par la France qui s'alloue à cet effet un crédit de cent millions et prescrit l'organisation d'un contrôle interallié, il y aurait lieu de continuer l'exécution dudit programme, jusqu'à ce que de nouvelles dispositions soient arrêtées de concert avec l'Angleterre.

III.- Cette réserve admise, les zones d'influence affectées à chacun des gouvernements seront les suivantes :

Zone anglaise : Territoires cosaques, territoires du Caucase, Arménie, Géorgie, Kurdistan.

Zone française : Bessarabie, Ukraine, Crimée.

IV.- Les dépenses seront mises en commun et réglées par un organe centralisateur interallié.

CPC, Z-Europe, URSS, 1918-1940, vol. 820 (117CPCOM/820).

376

M. Clemenceau, Président du Conseil,
   À M. Wilson, Président des États-Unis d'Amérique.

N. *Paris, 23 décembre 1918.*

Le gouvernement français se préoccupe des mesures qu'il convient que les gouvernements associés prennent d'un commun accord pour assurer au point de vue économique, le passage de l'état de guerre à l'état de paix.

Son but est d'éviter que des troubles trop profonds soient apportés à la vie intérieure des peuples et que certaines nations se trouvent soudainement dans une situation de désavantage, uniquement causée par le fait de la guerre.

Encore à l'heure actuelle, les approvisionnements des Alliés sont assurés en grande partie par le jeu des organisations interalliées rattachées soit au Conseil de ravitaillement allié, soit au Conseil des transports maritimes ou aux Comités de programmes.

Le gouvernement français se rend compte que ces organisations devront être modifiées afin de s'ajuster aux conditions nouvelles créés par la cessation des hostilités ; cependant, il tient à exprimer au président Wilson que, dans son opinion, ces Conseils ne sauraient être supprimés sans faire courir un grave danger à l'ensemble des Alliés avant que ceux-ci aient pu se consulter sur les mesures nouvelles qu'il conviendra de prendre d'un commun accord.

Le gouvernement français désire donc très vivement qu'une représentation américaine à ces Conseils soit, jusqu'à nouvel ordre, maintenue, tout au moins à titre consultatif.

Papiers d'agents, fonds Tardieu, vol. 447 (166PAAP/447).

377

M. Pichon, Ministre des Affaires étrangères,
  Au Colonel House, Représentant spécial du Président Wilson
  en Europe.

L. Paris, 23 décembre 1918.

Au sujet de l'organisation du ravitaillement général.

Mon cher colonel,

Le gouvernement français a toujours été cordialement d'accord avec les principes et les buts exposés par votre lettre du 1er décembre au sujet de l'assistance à porter aux pays d'Europe[1]. Le gouvernement français accepte également volontiers la proposition du Président que le gouvernement des États-Unis prenne la direction de l'administration de cette assistance. Le retard apporté à notre réponse vient uniquement de la nécessité de tenir différentes conférences au sujet des questions générales soulevées par cette proposition dans le but d'ajuster le plan suggéré aux considérations suivantes qui nous paraissent essentielles à l'heureuse exécution du projet du Président.

1- Nous considérons qu'il est d'une importance vitale que l'assistance portée aux peuples européens qui ont souffert de la guerre soit donnée par les gouvernements associés dans leur ensemble et que l'ennemi ne puisse pas considérer que, dans la réalisation d'un but humanitaire aussi élevé que celui que les gouvernements associés poursuivent tous dans un même esprit, il y ait une divergence d'intention quelconque.

2- Tout en reconnaissant qu'une grande partie des approvisionnements qui seront nécessaires et disponibles pour l'assistance en question viendra des États-Unis, nous pensons cependant que, dans bien des cas, il faudra faire appel aux ressources d'autres pays et qu'en fait, la balance des ressources ainsi disponibles aura en partie le caractère d'une balance mondiale.

3- Nous estimons très important que l'administration de cette assistance proposée par le Président soit coordonnée avec les organismes sur lesquels les Alliés ont compté et sur lesquels ils comptent encore pour le ravitaillement. En d'autres termes, il sera nécessaire, à notre avis, de considérer le ravitaillement alimentaire du monde comme un problème d'ensemble afin de coordonner convenablement le travail de l'organisme chargé du ravitaillement des populations à secourir avec celui des organismes qui dirigent le ravitaillement des Alliés.

---

[1] Dans cette lettre, le colonel House expose les réflexions du président Wilson sur le ravitaillement en Europe, qui prévoit notamment la création d'un directeur général du Secours « dont le champ d'activité embrasserait non seulement les populations ennemies mais encore l'ensemble des populations libérées du joug ennemi et les territoires neutres limitrophes de ces territoires ». Wilson suggère aussi l'attribution prioritaire des capacités de transport maritime de l'Allemagne vaincue à la France, l'Italie et la Belgique « à titre de gérants individuels pour le ravitaillement des nationaux libérés de ces nations ».

Nous sommes persuadés cependant qu'il n'y a là, en somme, que des questions qui se résoudront d'elles-mêmes si elles sont discutées complètement et franchement au soin d'un organisme compétent, au fur et à mesure de la mise en exécution du plan général. L'expérience nous a montré que la coordination effective des efforts des gouvernements associés, ainsi que la solution des problèmes auxquels ils ont à faire face, a été obtenue par le contact journalier établi en conseil commun, sans qu'il soit besoin de définir les pouvoirs et la compétence exacte de tels organismes ou de délimiter les problèmes qu'ils auront pour mission de résoudre.

Étant donné que le Conseil Suprême de guerre n'est pas en lui-même un organisme mobile ou spécialisé, nous suggérons que lui soit substitué un organisme spécial, composé de deux représentants de chacun des quatre pays ayant les pouvoirs nécessaires pour traiter les différents aspects des problèmes définis par votre lettre du 1er décembre ainsi que ceux faisant l'objet des considérations ci-dessus. Nous sommes donc prêts à nommer, dès maintenant, nos deux représentants à cet organisme.

Nous reconnaissons également qu'il peut y avoir tel cas urgent de secours dont il est nécessaire de s'occuper immédiatement. Suivant les suggestions de votre lettre du 16 décembre[1], nous avons envoyé nos représentants à Berne pour coopérer avec les représentants des États-Unis et ceux des gouvernements britannique et italien au secours à apporter à la ville de Vienne. Nous avons également donné instruction à notre administration du ravitaillement de se joindre à toute entreprise de secours pour la Serbie et la Yougoslavie.

Papiers d'agents, fonds Tardieu, vol. 447 (166PAAP/447).

378

N. s.n[2]. *Paris, 23 décembre 1918.*

Note sur les règlements de la paix.

Allemagne

En Allemagne, ce qui s'opposait à toute tentative de fédéralisme c'était la prépondérance de la Prusse (qui représentait 40 millions d'habitants contre 25 sur le chiffre total de la population). Mais aujourd'hui cette puissante tendance centraliste est très affaiblie : la cassure paraît devoir se faire par l'intérieur.

En effet, les États disparates dont a été constitué peu à peu le royaume de Prusse représentent des systèmes, des évolutions et des structures très différents : les uns ont évolué comme la Belgique, d'autres comme la Pologne et

---

[1] Document non retrouvé.

[2] Cette note est indubitablement l'œuvre de Philippe Berthelot, adjoint au directeur des Affaires politiques et commerciales.

il y a des différences essentielles entre les pays ouvriers des régions industrielles et les pays de grandes propriétés de l'Est. Dans la Prusse ouvrière il y a des tendances vers l'organisation des soviets (ouvriers et soldats), et dans la Prusse orientale des mouvements agraires (paysans et soldats). Ces tendances effraient les bourgeois et les capitalistes des vieux pays ecclésiastiques, et les poussent à se séparer de Berlin (cas d'Oldenbourg, de Brême, de Hambourg). Le Holstein représente un autre point de cassure. De même vers le Rhin, cassure politique, vers la Westphalie, qui tendrait à former une république séparée.

Il y a là une évolution politique intérieure que nous avons intérêt à laisser faire en ne hâtant pas la négociation des préliminaires de paix. Les centralistes prussiens poussent au contraire à constituer un semblant de gouvernement pour pouvoir traiter avec nous le plus tôt possible et arrêter le mouvement de dissociation qui se produit. On peut prévoir que la certitude d'échapper à la révolution sociale intéressera bientôt plus les divers groupements allemands que l'idée d'une Allemagne une et centralisée, et les amènera à appeler à l'aide les Alliés.

Bulgarie

Pour ce qui regarde la date des négociations avec la Bulgarie, il paraît également de notre intérêt de ne pas la hâter. La discussion des préliminaires de paix et les tentatives de délimitation soulèveront des difficultés inextricables : en principe, les Alliés ont intérêt à laisser les États des Balkans négocier entre eux : certains indices portent à croire que des conversations s'échangent déjà dans la vue, encore lointaine, mais d'avenir, de constitution d'une fédération des Slaves du Sud. Il faut soulever le plus tard possible (et par exemple après le règlement de la question de Constantinople, qui nous donnera les mains libres) la difficulté de la Thrace. Un État slave du Sud aurait plus de consistance au point de vue économique que les petits États balkaniques séparés et hostiles.

Autriche-Hongrie

En laissant se constituer fortement la Pologne, la Bohême, l'État yougoslave, on a des chances sérieuses de voir les Magyars et les Allemands, résidus de l'ancienne Monarchie austro-hongroise (et qui n'ont en réalité qu'une faible vie nationale propre en dehors de leur force d'oppression), se résorber peu à peu, en se laissant attirer par la forte organisation et la prospérité des États nouveaux qui auront la grande force d'expansion que donne la victoire.

Il ne faut pas se laisser impressionner par les manifestations des assemblées de l'Autriche allemande, nommées depuis 8 ans dans des conditions n'offrant pas de garanties, ne répondant nullement aux sentiments des populations et tout à fait disparates avec ses quatre partis (le parti clérical paysan des montagnes, le parti clérical nationaliste de Vienne, à franche allure démocratique très assimilable à notre ancien boulangisme réactionnaire, le parti socialiste ouvrier qui constitue un monde mélangé très à part, enfin le parti *deutsch* radical qui se recrute chez les Allemands de Bohême et sera fatalement absorbé). L'Autriche allemande contient une série d'éléments confus et inertes, sans force propre. Une des difficultés de la situation est la grande ville de Vienne, qui n'a d'ailleurs que peu de vie politique ; mais après que les provinces cléricales des Alpes auront demandé leur union avec la Bavière, le résidu de l'Autriche allemande sera peu important, car Vienne est peuplée d'un mélange de Slaves, de Tchèques et de Juifs.

La structure de la Magyarie n'est pas plus solide : on y compte environ 15 000 familles nobles, le bloc de l'aristocratie magyare, qui compte seule et est maîtresse de Budapest ; le reste du pays est opprimé et n'est capable d'aucune réaction. Il suffirait de détruire la grande propriété (ce qui sera l'œuvre de la révolution consécutive à la défaite). La population, qui constitue une masse amorphe, ne durera pas comme État, car la Magyarie est maintenue artificiellement (par l'école et le gendarme), et ne se recrute qu'en dénaturalisant des Roumains ou des Slovaques. Cela durera un certain temps, en raison des souvenirs de grandeur qui ne disparaîtront pas de suite, mais la population commence déjà à comprendre l'effondrement et ne tardera pas à s'orienter vers l'État tchèque fortement organisé, représentant la puissance.

La Bohême, au contraire de la Magyarie, est un tout historique, un peuple réel qui a été partiellement dissocié par la brutale domination des Habsbourg, à la suite de la bataille de la Montagne Blanche. Il ne peut y avoir prescription pour ce crime ethnique.

D'une manière générale, il y a de grandes difficultés pour discerner les droits des différentes nationalités, aussi bien en Europe centrale qu'en Russie (règlement des questions intéressant les Slaves du Sud des côtes de l'Italie, de l'Autriche allemande, de la Roumanie, de la Bulgarie, de la Magyarie). Un principe logique permettrait peut-être de se diriger.

Ce principe consisterait à estimer, toutes les fois que l'on a affaire à un pays placé sous un régime de domination privilégiée (comme c'était le cas pour les Allemands d'Autriche et les Magyars), que les peuples dominateurs ont dû cette situation à une supériorité artificielle de richesse économique, d'influence politique, de culture, qui leur donne une force illicite, exagérée, qui ne vient pas d'eux-mêmes, mais des privilèges iniques dont ils ont joui.

On ne doit considérer comme appartenant légitimement à une influence dominante que les portions de territoire où ces peuples sont en majorité absolue plus de la moitié.

Dans beaucoup de pays, il n'y a que majorité relative : dans ce cas, on peut conclure que puisque, malgré les privilèges dont jouit le peuple dominateur, il n'est pas arrivé à avoir la majorité absolue, cela prouve que la population opprimée occupe le territoire : ce principe écarte une grosse difficulté.

On peut poser également un second principe : une ville ne représente rien comme preuve de la nationalité d'une région ; c'est une colonie étrangère de la nation privilégiée qui y a installé ses fonctionnaires et dénationalisé la population. Il faut tenir pour établi que c'est la campagne qui représente la nationalité : la ville doit être tenue à part.

Il résulte de ces données que, pour déterminer la nationalité, le système du plébiscite ne répond pas à la réalité. Un seul système est susceptible de ne pas fausser les faits, c'est celui d'une commission qui va sur place recueillir les déclarations des habitants, sans tenir compte des statistiques de recrutement du pays spécialement dans l'Europe centrale, où toutes les indications sont faussées. Prenons par exemple les recensements de nationalité faits d'après les principes des langues : on demande aux habitants quelle langue ils parlent ; si la statistique est honnête on note les gens qui parlent seulement une langue et ceux qui parlent les deux ; mais si la statistique est tendancieuse les bureaux adoptent le principe de la dichotomie et inscrivent à l'actif de la langue de la nationalité prédominante tous les habitants qui la parlent même s'ils parlent en même temps une autre langue. Or, il est clair que la langue de l'État dominateur est imposée par la nécessité et souvent même par la loi, et que si l'habitant parle en même temps une autre langue il y a les plus grandes chances pour que cette seconde langue représente sa véritable nationalité. Voici par exemple une population qui parle tchèque et allemand, quand l'allemand, langue privilégiée, est obligatoire : il est évident qu'elle est tchèque. Si l'on envoie ainsi des commissions internationales tout à fait honnêtes et impartiales, les nationalités allemande et magyare s'écrouleront : il ne restera que des résidus.

Ainsi pas de compte à tenir des statistiques, pas de plébiscite, pas de vote : des commissions internationales honnêtes, dont le travail peut d'ailleurs se prolonger le temps voulu ; les frontières seront arrêtées peu à peu dans les régions douteuses.

Le droit des minorités a une grande importance ; quand on cherche à le définir en quoi il doit consister, on voit qu'il représente essentiellement le droit d'avoir des écoles, des journaux, des églises ; on ne fera pas de difficultés administratives pour la langue, pour la justice. Dans les pays démocratiques, il n'y a pas de difficultés à prévoir car les habitants sont des *électeurs* (et pas des sujets primés fatalement par les bureaucrates) ; l'exemple de la Suisse et de la Belgique, pays démocratiques est caractéristique à cet égard. On peut confier le soin de résoudre les questions posées par le droit des minorités à un organe de la Société des nations (à qui il y a intérêt à confier le plus possible de tâches concrètes de cet ordre pour lui donner un objet et une réalité : elle pourrait également régler et contrôler le droit d'accès à la [...][1].

Une des questions délicates à résoudre c'est l'accord entre l'Italie et les Yougoslaves : mais la France ne doit pas intervenir trop directement pour conseiller la modération aux Italiens, qui seraient très imprudents s'ils ne renoncent pas à occuper la Dalmatie. En réalité, il est peu probable que les Italiens soient des persécuteurs, ce n'est pas dans leur tempérament et ils ne sont pas outillés pour cela.

La question d'Albanie s'arrangera et ne peut être une source de véritables difficultés malgré l'absurdité des combinaisons envisagées.

Il ne faut pas maintenir la séparation de l'Épire du Nord ; cela pour la question de la garde du canal de Corfou par l'Italie.

---

[1] Phrase lacunaire.

Quant à la Thrace, c'est un pays sans nationalité définie : Musulmans, Grecs, Bulgares, aucun n'a de majorité. Dans tous les cas on ne peut maintenir de domination turque.

Il est difficile de refuser aux populations bulgares un accès à la mer à Cavarna, car Dédéagatch n'est pas un accès.

Le problème russe

La solution présente des questions si difficiles posées par la nécessité de donner un statut aux populations russes détachées de l'empire russe par l'invasion allemande paraît devoir être cherchée du côté des États-Unis.

Il faut que les Alliés fassent comprendre au président Wilson que l'aide à leur fournir non seulement matériellement mais politiquement est une question d'humanité ; les populations allogènes qui ont été ainsi séparées de l'ancien empire russe ne peuvent plus y être purement et simplement réincorporées.

Qui donc parmi les Alliés peut intervenir en leur faveur ? Nos Français n'ont aucune relation par la Baltique avec ces nationalités. Les Anglais n'ont avec elles que des relations maritimes et uniquement d'ailleurs des relations d'affaires. Au contraire, les États-Unis ont des contacts fréquents par l'intermédiaire des émigrants très nombreux qui se sont établis en Amérique : ce courant régulier d'émigration est un élément d'activité et de civilisation, en Finlande, en Lituanie, en Lettonie, en Estonie. Les États-Unis sont l'école politique de toutes ces populations : dans les communes on cherche l'habitant revenu des États-Unis, « l'Américain » pour diriger la commune, car seul il a des notions de politique et d'administration.

En outre, les Américains ont dans leur armée de France nombre de ces allogènes qui se sont engagés comme soldats : ils devraient en constituer quelques corps séparés et les renvoyer par la Baltique dans leur province pour empêcher l'invasion bolchevique : ce serait une excellente préparation, car ils ont d'avance la confiance de leurs compatriotes ; les organisations nouvelles seraient préparées ainsi par des gens du pays, ceux restés sur place étant privés d'idées politiques.

On ne peut savoir encore si ces États resteront indépendants (en formant entre eux une fédération baltique) ou entreront dans une république fédérative russe conçue très largement (pour des raisons économiques, car leur vrai débouché est l'intérieur de la Russie). Il paraît impossible de priver la Russie de l'accès à la mer à Riga et Reval car elle ne peut s'en passer. Mais même pour réaliser une fédération, une grosse difficulté se présente du fait de la décomposition de la Russie et de l'impossibilité d'y constituer un gouvernement. Actuellement il semble que le mieux que l'on puisse faire soit d'aider à la constitution de petites républiques formées par les allogènes, en les laissant sous la protection lointaine des États-Unis qui leur fourniraient le capital, le personnel du gouvernement.

Passons aux différents groupements qui tendent de se constituer sur les confins occidentaux de la Russie et voyons en quoi peut consister le rôle des Alliés.

1°- *Finlande*

Cet État a toujours eu une existence séparée que nous sommes disposés à respecter. Mais les Alliés ne peuvent pas laisser l'influence allemande s'y établir, et ils doivent empêcher l'oppression de la population par les Allemands que l'armistice contraint à retirer leurs troupes. La Finlande n'a qu'une petite aristocratie et est essentiellement finnoise ; sa population est très radicale et ses socialistes sont marxistes, c'est-à-dire de même inspiration que les bolcheviks. Le président du Conseil nouveau, le général Mannerheim, est un Suédois d'origine et de famille.

2°- *Estonie*

La difficulté c'est que l'État est très petit. Peut-être aurait-il intérêt à se fédérer avec la Finlande (car la langue est identique) si cette dernière prend son équilibre. Dans le cas contraire l'Estonie pourrait se fédérer aux Lettons (bien que la langue soit différente). Les barons baltes, qui représentent l'oppression, doivent partout être balayés. Ce sera une petite république très démocratique de paysans et marins.

3°- *Lettonie*

C'est l'élément le plus intelligent, civilisé, honnête, sérieux, arrivé presque au même niveau que les pays scandinaves. Là aussi, il est essentiel d'éliminer les barons baltes, agents de l'Allemagne (en donnant le droit de vendre les propriétés). Les Lettons s'en chargent d'ailleurs eux-mêmes.

4°- *Lituanie*

On a dit que le président Wilson a étudié la question et tendrait à lui donner Memel comme fort (il ne faut pas oublier que la Prusse orientale s'appelle Lotauen). L'organisation territoriale et la fixation des limites de la Lituanie sont très difficiles : Vilna par exemple est dénaturalisée et devenue polonaise. Il paraît presque impossible de trouver une solution répondant à une situation si complexe, et il faudra probablement s'en remettre au temps et aux efforts intérieurs du groupement.

5°- *Pologne*

Il faut favoriser l'entente entre Pilsudski, dictateur sur place, et le Conseil national de Paris qui a été reconnu par les Puissances ; l'accord entre les partis de droite et les partis démocratiques finira peut-être par se faire, et l'on peut espérer que les Juifs auront assez de sens politique pour marcher avec les socialistes.

Les Polonais ont les yeux tournés vers l'histoire et continuent à rêver d'un État allant de la Baltique à la mer Noire comme au XVIe siècle.

Les Alliés doivent s'orienter vers la restitution des provinces de Prusse et pousser la Pologne vers l'ouest et pas vers l'est pour affaiblir la Prusse, dont la mentalité dominatrice et féodale constitue le principal danger pour la paix du monde. L'accès à la mer est également indispensable par Dantzig, entouré de terres polonaises, bien que la ville elle-même ne soit pas polonaise, conformément au principe de colonie étrangère qu'ont les villes dans les pays d'oppression. Le résultat sera de former une petite république de Prusse orientale avec Königsberg (diminuée probablement de Memel, port lituanien). Il restera à régler la question des populations de Mazurie (qui sont polonaises de langue et protestantes de religion) ; elles décideront si elles veulent aller à la Pologne comme c'est probable ou rester allemandes.

6°- *L'Ukraine*

C'est un résidu sans frontières historiques définies, sans taches ethniques limitées, extensibles indéfiniment, indistingables du noyau de la Russie, du problème insoluble logiquement ; la question des Ruthènes de Galicie, celle de la ville de Lemberg sont dans ce cas ; les habitants tâtonneront avant de trouver une organisation viable, qu'il ne peut être question de leur imposer ; au début il y aura probablement une république ruthène qui s'entendra finalement avec la Roumanie ou même avec les Polonais. Le rôle des Alliés sera de protéger les minorités. L'Ukraine même ne peut se distinguer de la Russie ; il paraît difficile de régler son sort en s'appuyant sur les généraux tsariens (comme Denekine, ou Krasnov, qui lui s'était entendu avec les Allemands) ; ce sont des centralistes dont les ambitions sont différentes de celles des populations allogènes et que nous n'avons pas intérêt à protéger. La combinaison la plus favorable serait une république fédérale au point de vue économique, les relations seraient beaucoup facilitées.

7°- *Géorgie*

La question se réglera aisément avec une république fédérale.

Questions de l'Empire ottoman (traitée dans une note spéciale plus étendue)

Le statut de Constantinople doit être mis à part et réglé internationalement, la navigation des Détroits garantie par une Commission des grandes Puissances.

D'une manière générale l'intérêt français consiste à maintenir notre emprise linguistique par l'enseignement et les affaires. Le Français est la langue de la civilisation et de la tradition ; renonçant au privilège des capitulations, nous sommes fondés à demander dans l'intérêt des populations à maintenir la tradition de nos écoles et de l'enseignement.

Il n'y a eu en Turquie d'actifs que les Grecs et les Arméniens qui sont nos clients et travaillent pour notre influence.

L'État turc qui sera conservé en Asie mineure doit être placé sous une sorte de protectorat au moins financier ; d'ailleurs les musulmans ont toujours été incapables de se gouverner eux-mêmes ; les Turcs de Constantinople quitteront la ville quand le gouvernement turc aura été déplacé, car ils ne restent pas sous une domination étrangère.

L'État turc d'Asie mineure ne peut être qu'un résidu du monde musulman incapable de se gouverner, celui-ci a toujours massacré ses sujets. Il ne tient qu'aux apparences et pas aux réalités. Il faudra un contrôle des finances, organisé par une commission financière ; plus d'armée, une gendarmerie. En dehors de la tourbe des mercantis il ne restera que des paysans turcs inertes, qui se mettront au service de qui voudra.

L'Arménie n'existe pas en réalité, car nulle part les Arméniens ne sont en majorité. Il faut une entente avec eux, car ils sont incapables de se gouverner tout seuls et de respecter les autres populations. Mais la question est difficile, elle a été envenimée, sentimentalisée par les massacres. Il y a une nation qui a été dispersée comme les Juifs, il n'y a pas d'État. La seule chose qui importe c'est d'établir la sécurité des personnes car ils sont plus intelligents que les autres habitants et s'organiseront.

Si les pays d'Asie mineure se peuplent, ce sera par les Arméniens et les Grecs, nos clients.

Papiers d'agents, fonds Pichon, vol. 6 (141PAAP/6).

379

M. Pichon, Ministre des Affaires étrangères,
 À M. Jeanneney, Sous-Secrétaire d'État à la Présidence du Conseil.

Minute n° 5178.   *Paris, 24 décembre 1918.*

Commission pour l'étude des violations des lois de la guerre.

Parmi les questions qu'il y aura lieu d'inscrire au programme du Congrès de Paix, figureront certainement les sanctions contre les violences et les crimes commis pendant la guerre.

Jusqu'à présent, il a été procédé, sur ce sujet, à des travaux de propagande tendant à faire connaître à l'opinion publique l'horreur des procédés de guerre allemands.

Actuellement, le temps paraît venu de serrer davantage la question dans un sens juridique, sinon judiciaire, et de préparer des dossiers sûrs, visant non seulement les faits mais aussi les personnes, reconnues responsables.

Dans différents ministères, des études de ce genre ont, semble-t-il, été entreprises, et il importe d'en assurer l'unité.

Une commission restreinte comprenant un représentant qualifié du ministère de la Guerre, un du ministère de la Marine et du ministère des Affaires étrangères pourrait accomplir ce travail.

Le sous-secrétaire d'État de la présidence du Conseil paraît tout désigné pour assumer la présidence de cette commission.

La mission de cet organisme consisterait :

1°) à rechercher les crimes et violences commis, au mépris des lois de la guerre sur terre et sur mer, par les autorités et armées allemandes et leurs alliés, au préjudice des Français et protégés français ;

2°) à rechercher à quelles personnes ennemies en doit être attribuée la responsabilité ;

3°) à faire un rapport sur l'accomplissement de cette mission.

Le gouvernement britannique nous a fait connaître par une note de son ambassade, en date du 16 décembre 1918, qu'à Londres une commission venait d'être chargée d'un travail analogue.

Les conclusions de ces deux commissions permettraient de conduire dans le domaine des réalités, l'examen des dispositions à prendre sur la question dont il s'agit.

Je vous serai très obligé de me faire connaître, dans le plus bref délai, si vous accueillez cette suggestion. Dans l'affirmative, je vous serai reconnaissant de convoquer, dans le plus bref délai possible, la commission dont il s'agit, à laquelle je me réserve de me faire représenter par M. Henri Fromageot, jurisconsulte de mon Département.

CPC, A-Paix, 1914-1918, vol. 64 (4CPCOM/64).

380

M. Sayous, Chargé de mission au Bureau des Services économiques,
À destinataires non désignés.

N. *Lausanne, 24 décembre 1918.*

La fortune allemande et le paiement des dommages de guerre.
(Suite de la note des 29-30 novembre 1918[1]).

Des économistes considèrent que les estimations, *faites avant la guerre*, de la fortune allemande – entre 350 et 400 milliards de Marks – étaient très inférieures à la réalité. Précisons pour quels motifs généraux nous sommes d'un avis différent.

Avant la guerre, l'Allemagne, « pays d'entreprises », avait un *revenu considérable* comparativement à l'importance de sa fortune acquise. La meilleure preuve peut en être fournie par les chiffres relatifs à la progression du capital (net), qui était soumis en Prusse à l'*Ergänzungssteuer* :

1899	70 042 200 000 Marks
1902	75 657 480 000
1905	82 410 290 000
1908	91 653 300 000
1911	104 056 990 000
1914	115 270 080 000

avant la guerre.

Ainsi, en Prusse, la fortune a progressé extrêmement rapidement par comparaison avec le capital constitué.

Ainsi que la valeur d'une usine, la fortune de l'Allemagne ne doit pas être calculée d'après la valeur intrinsèque (!) de ses immeubles, de ses machines

---

[1] Voir document n° 270 des 29-30 novembre 1918.

et de ses stocks, mais d'après les bénéfices pouvant être réalisés. Avant la guerre, les entreprises allemandes étaient estimées en large mesure d'après leur rendement en période de prospérité, dont plutôt au-dessus qu'au-dessous de leur valeur en circonstance normale.

Il n'est possible d'arriver à une estimation beaucoup plus forte de la richesse allemande qu'à la condition de calculer la valeur des mines non d'après leur rendement mais d'après l'importance de leurs gisements. Or est-il besoin de dire que l'on ne peut tenir compte, pour calculer la valeur de mines, des gisements eux-mêmes que dans la mesure où ceux-ci s'épuisent ou bien permettent de faire assez longtemps de plus larges extractions ? Une richesse inexploitée n'est pas encore une « richesse » et ne fait réunir un certain capital que plus ou moins lentement, avec d'énormes pertes de revenus ou d'intérêts.

Des économistes affirment que la fortune allemande a beaucoup augmenté *pendant la guerre*.

Nominalement, il en est bien ainsi, par suite surtout de l'énorme circulation et de la hausse momentanée des prix. Mais, répétons-le, ce serait partir de données fausses dans l'estimation de la fortune allemande que de le faire en se basant sur les conséquences d'une inflation monétaire et d'après les prix résultant de la guerre et du blocus.

Même en ne tenant aucun compte quelconque des dettes de guerre, le ralentissement dans la formation de la fortune allemande pendant la guerre, ou pour le moins durant les deux premières années de guerre, ressort des statistiques prussiennes relatives au capital frappé par l'*Ergänzungssteuer* et publiées l'été dernier :

1908	91 650 300 000 Marks
1911	104 056 990 000
1914	115 270 280 000
1917	118 554 350 000

Le ralentissement durant la dernière période est dû, selon les statisticiens allemands, à ce que beaucoup d'habitants, appartenant surtout aux classes moyennes, ont dû vivre « sur leur capital », et aussi, il est vrai, à une dépréciation des titres (en 1916, comparativement à la période d'avant-guerre). En tous cas, l'augmentation apparente du capital a été bien moindre qu'on ne se le figurait généralement.

Si la fortune allemande pendant la guerre était estimée sur la base des plus hauts cours des valeurs allemandes en 1918, la plus-value serait considérable ; mais, en sens inverse, si la fortune allemande était estimée d'après les cours actuels, *la moins-value serait énorme*.

Faire reposer le paiement des dommages de guerre surtout sur la fortune allemande serait une erreur. Nous pouvons, sans doute, obtenir du capital allemand une partie de la somme due et de très sérieuses garanties, mais le gros de notre créance ne nous sera payé que par le *travail des Allemands*.

Des Anglais ont déclaré que les créances de l'Entente devraient être privilégiées comparativement aux autres créances sur l'État allemand.

Nous préférerions, à poser un tel principe, créer une situation identique, en saisissant des garanties, qui assureraient notre paiement, sans jeter le trouble, un trouble plus grand encore, dans l'esprit de nos débiteurs.

Les événements qui se passent actuellement en Allemagne, peuvent avoir les plus graves conséquences en ce qui concerne le paiement de ce que celle-ci nous doit.

Au premier rang sont les événements politiques, mais nous laissons à d'autres le soin de les apprécier.

Tandis que l'on dilapide en Allemagne les fonds publics, les grandes entreprises n'y gagnent plus rien, diminuent leurs réserves, ou même y entament leur capital social : les employés et les ouvriers allemands exigent des relèvements de salaires et réduisent leur production.

La revue bavaroise *Handel und Industrie* vient d'indiquer la situation de l'industrie allemande de la construction navale et de faire, à son propos, les constatations suivantes :

De suite après la Révolution, une grève générale a éclaté dans plusieurs grands chantiers ; quand elle a cessé, les entreprises ont dû payer à leurs ouvriers leur salaire pendant la grève !

Les conseils d'ouvriers ont fixé de nouveaux salaires, sans tenir compte de la productivité, ni de la production de chacun, et à des taux inouïs. « L'augmentation des salaires atteint dans quelques entreprises presque le montant total des encaissements que celles-ci faisaient en temps de paix ». Les heures de travail ont été réduites à 8 heures.

Dans ces conditions, on ne reçoit pas de nouveaux ordres et les chantiers allemands ne peuvent plus lutter avec la concurrence des chantiers hollandais. Les armateurs qui ont donné des commandes, les ont retirées.

Les Anglais craignent une reprise du *dumping* allemand. Nous sommes d'un avis différent. Dans la mesure où l'on peut prévoir l'avenir, il faut craindre surtout que l'Allemagne profite de la dépréciation de son change. Ce n'est pas exactement la même chose. Tandis qu'au temps historique – dont parlent les historiens – du *dumping*, c'étaient les hauts prix de vente à l'intérieur, par suite des barrières douanières, qui permettaient de vendre bon marché à l'extérieur le surplus de la production, demain – dont peuvent parler les économistes – avec la dépréciation du change allemand, une prime existera, à moins de conditions intérieures très spéciales, en faveur des exportateurs de produits et de main d'œuvre allemande.

Le système que nous préconisons pour le paiement des dommages de guerre (cession à l'Entente des produits allemands), écarte tout danger économique direct. Il permet, en établissant un compte « marchandises », visant certains produits spécialement spécifiés, de réduire pour ceux-ci le bénéfice que l'Allemagne peut tirer de la dépréciation de son change, et en établissant un compte « espèces », pour le paiement en marchandises, de tenir compte du développement, impossible à prévoir avec précision, de la production.

Plus nous étudions la question du paiement des dommages de guerre, plus nous considérons que, pour la résoudre, il faut se placer plus au point de vue économique qu'au point de vue financier.

C'est de la production, et non de la fortune acquise de l'Allemagne, que dépendra surtout le sort de notre créance sur celle-ci ; c'est en saisissant nous-mêmes cette production que nous résoudrons la grave question du transfert des capitaux d'un pays dans l'autre et que nous éviterons la reprise de la concurrence allemande dans le monde, et c'est en la saisissant *de suite* que nous *pourrons réduire la consommation allemande* – ce qui seul nous permettra de percevoir des sommes considérables.

CPC, Z-Europe, Allemagne, 1918-1940, vol. 437 (78CPCOM/437).

381

M. Cambon, Ambassadeur de France à Londres,
 À M. Pichon, Ministre des Affaires étrangères.

D. n° 1608. *Londres, 24 décembre 1918.*

Par courrier.

Réponse à votre lettre du 21 décembre n° 2509[1].

J'ai parlé ce matin au *Foreign Office* de la note serbe remise à Votre Excellence le 17 décembre au sujet de l'occupation italienne en Carinthie. J'ai dit que vous aviez pris, quant à l'interprétation de l'armistice austro-hongrois l'avis de M. le maréchal Foch et que si cet avis confirmait l'interprétation serbe, vous seriez disposé à prescrire à l'ambassadeur de France à Rome de participer à telle démarche franco-anglo-américaine que les trois gouvernements jugeraient utile. Il m'a été répondu que le ministre de Serbie à Londres avait fait une démarche relative aux agissements italiens en Carinthie, que l'on s'assurerait de l'identité de cette démarche et de celle de M. Vesnitch et que l'on m'indiquerait le sentiment du gouvernement britannique concernant la suite à y donner.

C'est la première fois que je suis chargé de rechercher une entente avec le gouvernement britannique en vue d'exercer une action à Rome à propos des conflits italiens et yougoslaves. Jusque là, il m'avait toujours été prescrit d'informer M. Balfour des instructions envoyées à M. Barrère et de le prier d'en expédier de semblables à Sir R. Rodd. Étant donné la lenteur britannique et les habitudes diplomatiques, il était évident que la procédure ainsi adoptée aurait pour résultat de laisser à notre ambassadeur tout le poids et à notre gouvernement, toute la responsabilité des observations à adresser au gouvernement italien.

Beaucoup de ces observations cependant étaient basées sur des réclamations serbes qu'il est le plus souvent imprudent de prendre au pied de la

---

[1] Document non retrouvé.

lettre. L'expérience des Balkans nous a appris la valeur des accusations rivales et l'affaire de Yougoslavie est une affaire des Balkans. Je veux croire à la sincérité de M. Vesnitch, mais il ne faut pas accepter de prime abord l'authenticité de ces assertions et une récrimination serbe ne mérite pas la hâte d'une démarche isolée à Rome.

Les réclamations des Italiens ne valent d'ailleurs ni moins ni plus que celles des Serbes. Lord Derby vous a fait connaître l'avis du gouvernement britannique quant à l'attitude des Italiens à Fiume. Cet avis a été communiqué à l'ambassadeur d'Italie à Londres par Lord Hardinge qui s'est nettement prononcé contre l'attribution ultérieure de Fiume à l'Italie.

Télégrammes, Londres, Arrivée, 1918, vol. 2699 (304QONT/2699).

382

PRINCE RÉGENT RAS TAFARI,
    À M. POINCARÉ, PRÉSIDENT DE LA RÉPUBLIQUE FRANÇAISE.

L.[1]   *s.l., s.d.*

De la part de Sa Majesté l'Impératrice Zaoditou, j'adresse à Votre Excellence, à l'occasion de la prochaine réunion de la Conférence pour la Paix, nos plus vives félicitations pour la victoire des Alliés.

Nous remercions Dieu qu'il ait mis un terme à cette guerre meurtrière et qu'il ait donné la victoire à ceux qui luttaient pour le droit des peuples. Des services d'actions de grâces auront lieu dans nos églises pour célébrer ce grand événement.

Notre pays est d'autant plus heureux de savoir les Alliés vainqueurs qu'il a souffert lui aussi depuis le commencement de la guerre des conséquences d'une orientation politique qui n'avait pas nos sympathies.

Désireux d'entrer en contact plus étroit avec les autres nations et spécialement avec celles qui sont nos voisins, nous avons l'intention d'envoyer prochainement en Europe une mission spéciale qui, nous l'espérons, sera favorablement accueillie par le Gouvernement de la République.

(Sceau du Prince Régent Ras Tafari).

CPC, K-Afrique, Éthiopie, 1918-1940, vol. 6 (66CPCOM/6).

---

[1] Lettre annexée à la dépêche n° 120 du 24 décembre 1918 de la Légation de France en Éthiopie (document non retrouvé).

383

M. Clinchant, Chargé d'Affaires à Berne,
  à M Pichon, Ministre des Affaires étrangères.

T. n° 2299. *Berne, 25 décembre 1918, 8 h. 10.*

(Reçu : 23 h.)

De la part de M. Haguenin, pour M. le secrétaire d'État du Ravitaillement.

Il paraît impossible de se soustraire à la nécessité d'envisager dans son ensemble le problème du ravitaillement des ennemis et de l'envisager dans la complexité de son caractère politique. Trois points surtout méritent considération.

1°/ Nécessité du ravitaillement.

Il est nécessaire de ravitailler les populations ennemies affamées

a) par humanité

b) pour maintenir l'ordre

c) pour rendre possible et rapide la reprise du travail nécessaire à l'accomplissement des conditions de l'armistice et de la paix.

2°/ Caractère du règlement financier.

Le paiement des denrées fournies aux ennemis par les soins de l'Entente et de l'Amérique ne saurait s'effectuer au profit d'une société privée ni au profit de l'un des Alliés sans diminuer le gage de tous les autres. Si par exemple l'Autriche livrait ses réserves d'or aux fournisseurs américains, les créances de l'Entente (réparations, indemnités, etc.) en pâtiraient. Si l'Amérique ravitaillait en blé l'Allemagne et exigeait en retour l'octroi d'une créance privilégiée, quel ne serait pas en France le malaise de l'opinion ? La créance résult[ant] du ravitaillement doit donc garder un caractère international.

3°/ Nécessité d'exiger des compensations.

Mais il est important encore d'observer en troisième lieu que l'[état] de guerre n'a pas pris fin. Les ennemis vivent sous le régime de l'armistice. Il est équitable qu'à tout ravitaillement corresponde de leur part une compensation soit territoriale soit de toute autre nature.

Prière de communiquer d'urgence Affaires étrangères.

Télégrammes, Berne, Arrivée, 1918, vol. 895 (304QONT/895).

384

M. Pichon, Ministre des Affaires étrangères,
    à M. Jusserand, Ambassadeur de France à Washington.

T. n° 4362. Paris, 25 décembre 1918, 12 h.

Chiffré.

Réponse à votre télégramme 1825[1].

Au moment où le président Wilson a exprimé à M. Gompers le sentiment que vous indiquez, il ignorait certainement la résolution prise à Londres sous réserve de l'approbation américaine. M. Clemenceau a été amené à lui en parler hier. Le président Wilson n'avait pas compris que la Conférence internationale ouvrière comprendrait des Allemands et des bolcheviks russes. M. Clemenceau le lui ayant fait observer et lui ayant dit, que pour sa part il ne pourrait admettre à Paris une réunion de ce genre, le Président a répondu que dès lors il ne persisterait pas dans sa manière de voir précédente.

Télégrammes, Washington, Départ, 1918, vol. 6364 (304QONT/6364).

385

M. de Fontenay, Ministre de France à Belgrade,
    à M. Pichon, Ministre des Affaires étrangères.

T. n° 297. Belgrade, 25 décembre 1918, 21 h. 40.

(Reçu : le 27, 10 h. 45.)

M'étant rendu chez le Prince régent pour lui parler de son voyage à Paris, il m'a dit :

« Je vous attendais car j'ai reçu de très mauvaises nouvelles qui m'ont d'autant plus douloureusement affecté qu'elles viennent de France. J'apprends que le général Franchet d'Espèrey a reçu l'ordre du Comité de Versailles de nous faire évacuer le Banat et qu'on s'oppose au recrutement de l'armée yougoslave. Que ferait un général français si vos alliés lui enjoignaient d'évacuer l'Alsace-Lorraine ? Le Banat est habité par des Serbes et non pas seulement par ce que vous appelez des Yougoslaves, mais par des Serbes proprement dits, les mêmes que dans le royaume ; même les cartes

---

[1] Dans son télégramme très urgent et confidentiel n° 1825 du 24 novembre, Jusserand expose que Gompers leur a « confié sous le sceau du secret, avoir reçu dans les dernières 48 heures, avis que le président Wilson partageait son sentiment sur l'opportunité d'envoyer les invitations de la Fédération américaine du Travail [dirigée par Gompers] à une Conférence internationale devant se réunir dans la même ville et dans le même temps que la Conférence de la Paix ».

autrichiennes – en voici une de 1853 – qualifient de Serbie cette région. Elle est la patrie du Voïvode Putnik, du ministre Patchou, de tant d'autres Serbes et on exige que nous quittions ce pays qui était un de nos buts de guerre ? ».

J'interrompis le Prince dont l'animation était extrême et je lui fis remarquer que ces mesures ne préjugeaient pas de l'avenir, que seul le Congrès de la Paix déciderait.

« Oui, répondit le Prince régent, ce sera comme en Albanie et à Fiume, vous nous dites de partir, nous obéissons parce que c'est la France, puis vous laissez nos rivaux s'installer à notre place. Au Congrès on invoquera le traité signé avec la Roumanie au début de la guerre et on se dira obligé de l'exécuter, on attribuera le Banat aux Roumains et leurs soldats remplaceront les vôtres. Or, depuis le traité en question, la Roumanie a accepté une autre paix qui annule le passé ; malgré ses défaites, elle a acquis des provinces sur lesquelles elle ne comptait pas, personne ne la retient dans son avance en Hongrie, pas plus qu'on ne retient les Italiens dans leurs empiétements contraires aux engagements et seuls les Serbes doivent renoncer à tout. Sans doute, il y a la question de fraternité de races ; mais bien que nous soyons des étrangers, nous vous sommes restés fidèles jusqu'au bout, sans aucune défaillance.

Je ne puis donner un pareil ordre.

On prétend assurer la paix mais on ne voit donc pas que de pareilles mesures préparent la prochaine guerre ?

Dites au gouvernement français dans quelle situation atroce on me place ».

J'ai tenté de calmer le Prince et de le rassurer en rappelant la confiance qu'il doit avoir en nous mais il était fort irrité.

Je sais, d'autre part, qu'à l'état-major serbe, on est bouleversé et on craint l'effet que produira cette mesure sur le moral des troupes et sur la population.

CPC, Z-Europe, Roumanie, 1918-1940, vol. 32 (110CPCOM/32).

386

M. Conty, Ministre de France à Copenhague,
À M. Pichon, Ministre des Affaires étrangères.

T. n° 861. *Copenhague, 26 décembre 1918, 20 h. 05.*

Chiffré. (Reçu : le 27, 23 h.)

Les journaux danois du 26 donnent sur les incidents et émeutes de Berlin des détails qu'on peut résumer ainsi :

Le 23 de ce mois, les matelots venus de Kiel et qui gardaient le château royal, ont refusé de sortir de Berlin et réclamé 80 mille Marks qu'ils prétendaient leur être dus. Ils ont arrêté le commandant de la place, nommé Wels et pillé le château. La « Garde républicaine » et les troupes venant de Potsdam sont intervenues et ont bombardé le château, quartier général des matelots, mais certains hommes, avec un certain nombre de civils armés, se sont rangés du côté des insurgés. Plusieurs membres du gouvernement ont été cernés dans le palais du Chancelier et ont demandé du secours par téléphone. Barth ayant prononcé un discours sans effet, Ebert a dû conférer dans la rue avec les matelots et promettre les 80 mille Marks réclamés. Les matelots, pour se disperser, ont exigé le retrait préalable des soldats. Ils ont d'ailleurs été autorisés à rester à Berlin où ils attendent des renforts de Kiel et de Wilhelmshaven.

Le groupe Spartakus fait cause commune avec eux, et réclame la démission du gouvernement Ebert-Haase et l'avènement au pouvoir de Ledebour et de Liebneckt. D'après les dernières nouvelles, le gouvernement allemand ne pourrait plus compter sur la garnison de Berlin dont plusieurs régiments ont fait défection[1]. Les ouvriers mineurs de Silésie ont reçu des armes et des munitions et subi des excitations du groupe Spartakus. Il est impossible de rien dire de précis sur la situation actuelle, si ce n'est que le bolchevisme gagne du terrain et que l'on peut s'attendre encore à des troubles sérieux. D'autre part, le commandant Leverger, arrivé hier soir de Berlin, à Copenhague, note que les officiers français sont traités dans la capitale allemande, avec déférence par la population dont l'attitude semble obséquieuse à notre égard.

CPC, Z-Europe, Allemagne, 1918-1940, vol. 265 (78CPCOM/265).

387

M. Haguenin, Chef du Bureau de la Presse à Berne,
À M. Pichon, Ministre de Affaires étrangères.

L. *Berne, 26 décembre 1918.*

Deux choses me frappent – ou trois même – dans l'attitude et l'esprit des Américains membres de la Commission de ravitaillement dont je fais partie : leur habitude quasi invincible de faire des affaires sous le couvert de la philanthropie ; leur manque de sens politique, leur impuissance à s'élever à une conception politique des problèmes ; leur méconnaissance des convenances internationales. Nous sommes encore en temps de guerre, et d'armistice ; les gens que nous avons devant nous sont des ennemis ; il serait maladroit de leur donner le spectacle de nos discussions, de notre

---

[1] Dans la nuit du 23 au 24 décembre, les commissaires SPD donnèrent l'ordre au ministre de la Guerre de réprimer cette révolte et de faire libérer Wels. Après des échanges de coups de feu aboutissant à quelques morts, la reddition des matelots et la libération de Wels furent obtenues par Ebert. Cette décision de recourir à la force, prise sans concertation avec les commissaires de l'USPD, accentua la division au sein du gouvernement allemand.

irréflexion, inconvenant de fraterniser avec eux : les Américains ignorent tout cela. Nulle solennité dans leur tenue, nul décorum, nulle décence. Nul « sens interallié » non plus. Les séances finies, ils restent à bavarder avec les ennemis. Ils ont, à part eux, leurs plans de voyage, dont ils ne nous font pas part. Ils s'en vont, sans vergogne, voir les représentants officiels des Puissances ennemies, leur demandant des facilités – trains spéciaux, lettres d'introduction, etc.

Au reste, avec plus de précaution, les Anglais font un peu de même. Une mission diplomatique anglaise part pour Varsovie, par train spécial, lundi.

Je conclurais volontiers de ces constatations que l'une de nos préoccupations, en cette période de la guerre, devrait être de prendre les initiatives, fussent-elles scabreuses – que nous devrions réclamer, dans ce genre de missions aux commissions interalliées, une sorte de droit – non pas de direction – mais de présidence ; et qu'il serait sage de fixer, pour toutes ces relations avec l'ennemi, une sorte de protocole, destiné à sauvegarder le prestige et la dignité de l'Entente et de l'Amérique et à écarter d'avance les manques de tact et les inconvénients.

CPC, Y-Internationale, 1918-1940, vol. 163 (75CPCOM/163).

388

M. Barrère, Ambassadeur de France à Rome,
À M. Pichon, Ministre des Affaires étrangères.

T. n° 3207.   Rome, *27 décembre 1918, 17 h.*

Chiffré. Très urgent. Secret.   (*Reçu* : le 28, 8 h.)

Vous avez bien voulu me faire parvenir sous le n° 4922 un télégramme personnel de M. Clemenceau pour M. Orlando[1].

Le dernier paragraphe de ce télégramme risquait, si je le transmettais tel quel à son destinataire, de blesser inutilement le président du Conseil revenu de Paris sous l'impression si heureuse de sa conversation avec M. Clemenceau. Ce dernier ne trouvera pas mauvais, je pense, que je change quelques mots à sa plainte pour rendre la forme moins dure sans modifier le fond. Je vous serais reconnaissant de le lui demander.

CPC, A-Paix, 1914-1918, vol. 287 (4CPCOM/287).

---

[1] Le télégramme n° 4922 du 26 décembre consiste en un message pour Orlando. Il commence par citer une dépêche du général Franchet d'Espèrey du 25 décembre qui rejette la demande du général italien Grazzioli de limiter à 2 000 hommes le contingent français à Fiume. Le dernier paragraphe que Barrère demande de changer déclare, *in extenso* : « Je vous communique cette dépêche par devoir, car je n'imagine pas un seul instant qu'il sera fait droit à notre requête. On dirait que vos commandements, militaire et naval, tiennent absolument à nous brouiller. Je suis obligé de supposer qu'en cela ils vous désobéissent, mais que puis-je faire si vous n'imposez pas votre autorité ? Je prends acte une fois de plus en vous laissant la responsabilité des conséquences. Clemenceau ».

389

M. Guiard, Chargé d'Affaires à Arkhangelsk,
À M. Pichon, Ministre des Affaires étrangères.

T. n°s 1149-1156. Arkhangelsk, 27 décembre 1918,
Chiffré. 21 h. ; 21 h. 05 ; 21 h. 10 ; 21 h. 15 ; 21 h. 20 ; 21 h. 25.

(Reçu : le 28, 6 h. 15 ; 6 h. 35 ; 8 h. 50 ; 10 h. 10 ; 18 h. 50.)

Données présentes du problème russe

Voici comment elles se résument : quand l'ambassadeur a quitté Petrograd, le 28 février dernier, il croyait, comme l'unanimité des diplomates alors accrédités en Russie et l'avait télégraphié au Département le 26 février sous le n° 530[1] que le régime bolchevik ne pourrait plus être de longue durée. De Tammerfors (Finlande) sous les n°s 18 et suivants[2], il télégraphiait que tout débarquement en Russie du Nord deviendrait le noyau autour duquel viendraient s'agglomérer tous les éléments favorables à la reconstitution d'une Russie puissante, qu'à n'en pas douter de nombreux officiers et soldats russes ne tarderaient pas à venir rejoindre ce corps de débarquement pourvu que celui-ci s'élevât à 15 000 hommes, que leur afflux le porterait à 60 ou 80 000 hommes au minimum, que pendant ce temps les Japonais et les Américains opérant en Sibérie ne tarderaient pas à atteindre les positions d'où leur action pourrait se combiner avec la nôtre et que, dans ce combat final contre le bolchevisme, nous serions assurés de points d'appui sérieux dans l'opinion russe.

M. Noulens n'était assurément responsable à aucun degré de ces quatre erreurs (croyance de la fin prochaine de la domination bolchevique, de l'aide effective de gros contingents russes, de la venue certaine des Américains et des Japonais sur l'Oural, d'un écho profond de notre intervention dans l'âme populaire). Elles étaient alors générales à Petrograd. Il a été, par la suite, détrompé un des premiers. Et il n'est que juste de rappeler ici les appels toujours plus pressants que tout le long de cette année, l'ambassadeur a adressés au Département pour lui signaler le péril grandissant d'un bolchevisme qui au cours des 8 derniers mois surtout n'a pas cessé de voir croître dans toutes les parties de la Russie sa force matérielle et morale. Je ne puis pas cependant échapper à la nécessité de signaler en cette fin de décembre que la situation est la suivante. L'Armée rouge qui date d'avril 1918 a été organisée par Trotski avec la persévérance, la méthode et le mépris de tout obstacle qui caractérisent cet Israélite. À la fin de septembre les effectifs dépassaient déjà 500 000 hommes dont

---

[1] Dans les télégrammes n°s 529 à 531, Noulens décrivant « les soldats et gardes rouges [qui] s'enfuient éperdument » jugeait qu'en « dépit de tous les efforts tentés par les socialistes pour l'établissement d'un pouvoir populaire, le retour prochain de la monarchie sous une forme plus libérale que par le passé devient inévitable, étant donné la poussée de réaction contre les excès maximalistes et les intrigues allemandes qui se préparent ».

[2] Télégramme non retrouvé.

250 000 sur le front allemand, 15 000 seulement sur les fronts d'Arkhangelsk et d'Ekaterinbourg, Kazan, de Samara, du Don et du Caucase. Le reste était à l'instruction, Trotski s'étant particulièrement appliqué à résoudre le difficile problème des cadres qui l'a été grâce au concours de nombreux anciens sous-officiers et en faisant appel à ceux des hommes qui sur le front s'étaient le plus distingués.

À l'heure actuelle, tout le premier million a été enrégimenté. Quelles que soient les nombreuses et évidentes lacunes d'une instruction poursuivie dans ces conditions, les armées de Trotski n'en ont pas moins fait leurs preuves en triomphant au cours de l'été dernier des Tchécoslovaques qui étaient cependant une troupe d'élite au point de vue matériel et technique. Après leur avoir repris tout le front de la Volga, elles sont parvenues à les rejeter dans l'Oural. Rien, pas même l'inactivité des 35 000 Alliés débarqués en 5 mois à Arkhangelsk et à Mourmansk, n'a plus fait que cette série de victoires pour accroître la confiance de ces troupes en elles-mêmes par suite leur valeur morale et leur prestige auprès de la multitude paysanne.

À l'heure actuelle, les armées de Trotski avancent méthodiquement, d'ailleurs sans rencontrer d'obstacle sérieux dans la direction de Revel, dans celle de Minsk, en Ukraine et dans l'Oural. L'immense majorité des paysans, qui vivent de leurs récoltes et n'ont par ailleurs nul besoin, celui d'épargner moins que tout autre, est heureuse surtout de ne plus payer d'impôts et par suite, entièrement acquise aux idées bolcheviques. On n'a d'ailleurs jamais assigné à cette masse illettrée, non plus d'ailleurs qu'aux ouvriers, ni même à la grande majorité des bourgeois, ce que nous appelons le patriotisme. Ils ne ressentent par suite nulle humiliation de la situation présente de la Russie et s'en accommodent parfaitement. Je sais que, dans la colonie russe de Paris, de nombreux personnages de qualité prétendent publiquement actuellement le contraire. La mentalité d'émigrés qu'ils se sont fait en exil les rend malheureusement aussi incapables d'un jugement objectif que l'étaient les émigrés de Coblentz durant la Révolution française. C'est ainsi que le radiogramme d'hier nous a transmis une interview du prince Lvov prétendant que le parti bolchevik ne disposait que de quelques villes, qu'il était obligé, pour vivre et pour faire vivre ses armées, de dépouiller les campagnes, où l'on serait par suite résolument hostile à la Révolution. Rien n'est plus contraire à la vérité. Et, de notre part, aucune illusion ne serait plus dangereuse.

Dans ces conditions, quelle doit être notre politique ? Le même radiogramme nous a fait connaître que mardi, à la commission des Affaires extérieures de la Chambre des députés, Votre Excellence aurait déclaré que la seule préoccupation des Alliés est d'extirper de la Russie le bolchevisme, et qu'ils continuaient à soutenir les gouvernements locaux désireux de s'y soustraire et qu'ils entendaient continuer cette politique sans cependant lui donner une extension nouvelle sous la forme d'une intervention militaire. Une telle formule est séduisante, elle est, malheureusement, tout à fait irréalisable. N'en déplaise au prince Lvov, le bolchevisme est en effet devenu, au cours de la présente année une forme des plus dangereuses, vu son esprit toujours et partout offensif. Et l'expérience que nous poursuivons depuis cinq mois dans le gouvernement d'Arkhangelsk nous prouve la totale incapacité des gouvernements locaux à lutter contre la propagande infiniment active. Le bolchevisme fait à Arkhangelsk, à Mourmansk et dans les campagnes des progrès constants et indéniables malgré la présence de nos 35 000 hommes de troupes.

Le plus symptomatique est que ces troupes même se laissent gagner par la contagion : le contrôle de la correspondance postale de nos militaires ne laisse pas là-dessus le moindre doute. La contagion parmi les soldats anglais, américains et italiens est identique.

Si par suite, comme me le fait craindre le radiogramme précité, le gouvernement de la République estimait qu'il pourrait détruire le bolchevisme tout en faisant l'économie d'une expédition militaire, en se bornant à sa politique actuelle de soutenir des gouvernements locaux et surtout s'il devait persévérer dans cette voie, 3 résultats seraient certains :

1) paralysie complète de ces gouvernements, qui dès maintenant comme celui d'Arkhangelsk croient devoir ménager la mentalité bolchevik des habitants et par suite ne se résolvent pas à percevoir d'impôts ;

2) contamination lente de certaines des garnisons alliées par le bolchevisme agissant que[1] toute la périphérie et même à l'intérieur des territoires occupés, à la manière d'un chancre rongeur aussi longtemps qu'il n'aura pas été extirpé de Moscou ;

3) ruine complète des intérêts français en Russie et qui atteignent 17 milliards.

Les mêmes résultats seraient d'ailleurs tout aussi certains si, comme certains le souhaitent, nous nous bornons à aller occuper cette Russie du Sud où sont presque tous nos intérêts.

Cette occupation de la Russie industrielle où chaque usine devrait être protégée militairement nécessiterait au moins 200 000 hommes, *abstraction faite de tous les éléments auxiliaires russes*. Il y faudrait en effet constituer pour nous protéger contre l'insidieuse opiniâtreté et l'insaisissable propagande bolchevique une armature pour laquelle nous ne pourrions compter avec certitude sur aucun élément indigène.

Je connais toutes les illusions que l'on se fait au Département sur la valeur militaire réelle de ces concours (Kalédine, Alekseev, l'ataman Krasnov, Denikine) et j'affirme avec la certitude de ne pas être démenti par les événements que ces éléments ne pourraient commencer à être utilisables qu'un ou deux ans après que le pays aurait été organisé par nous comme l'étaient les marches militaires de l'Empire romain. Et dans l'intervalle il n'est pas douteux que l'insidieuse propagande bolchevique aurait là comme ailleurs agi sur toute la périphérie de notre armature et qu'une partie importante de nos 200 000 hommes, contaminés par elle, serait mûre pour l'évacuation.

Il n'existe qu'une seule solution du problème et j'ai le devoir de ne pas la cacher à Votre Excellence. Je ne saurais trop attirer votre attention sur les déclarations que le ministre du Danemark à Petrograd[2] vient de faire à

---

[1] Lire peut-être « dans ».

[2] Harald Scavenius.

M. Conty à son retour de Russie et que le Département m'a communiquées par le télégramme 1023 d'hier : « *Les Alliés ne doivent pas croire que leur intervention contre le bolchevisme sera efficace s'ils limitent leur action à la mer Baltique, à la mer Noire et à l'Ukraine. C'est à Petrograd et à Moscou qu'il faut vaincre les bolcheviks et on ne peut les atteindre que là. Les Allemands n'ont pas occupé Moscou et Petrograd et ils ont subi les atteintes de la propagande bolchevique. Même à distance leurs troupes paraissent contaminées car les bolcheviks comme agitateurs sont des maîtres* ».

Il est indispensable de se rappeler ici ce qu'est la mentalité rudimentaire, le mysticisme collectif du peuple russe. N'en pas tenir compte serait aller à des erreurs certaines. Pour la multitude des moujiks, c'est une croyance dix fois séculaire que le maître est celui qui tient Moscou. Le trait de génie qu'ont eu les bolcheviks a été d'y installer tout le pouvoir. Lénine ne serait plus Lénine le jour où ses encycliques ne seraient plus dictées au Kremlin. Le bolchevisme n'aura été rendu inoffensif que le jour où il aura été chassé du Kremlin. Un Lénine qui aurait été réduit à se retirer à Nijni-Novgorod ou dans l'Oural ne sera plus qu'un chef de secte. Le prestige qui fait toute sa puissance aurait disparu et les masses paysannes se détourneraient de lui.

En l'état actuel, Moscou ne pourra être atteint que par une offensive venue du Sud. L'établissement de bases d'opérations sur les côtes de la mer Noire et le passage à travers l'Ukraine seront nécessairement les opérations préliminaires. Quand à l'occupation de Petrograd qui est également nécessaire, elle est aisément réalisable par la Finlande.

Le général Mannerheim, avec lequel j'ai eu en Finlande, à son quartier général, un long entretien, en mars dernier, s'en chargerait volontiers et ce serait de notre part une grave erreur de persister à son égard dans notre méfiance. L'aide allemande n'était alors sollicitée par lui que pour étouffer en Finlande le bolchevisme naissant. Mais il est trop intelligent pour n'avoir pas compris depuis longtemps que l'heure de l'Allemagne est passée. C'est Moscou qui devra demeurer le but final de l'opération entreprise par le sud.

À n'en pas douter elle nécessiterait des effectifs considérables (d'autant plus que, je le répète, aucune confiance ne peut être faite) *pour une action offensive,* aux formations indigènes de Kaledine, d'Alekseev, de l'ataman Krasnov et de Denikine). Mais l'extirpation du bolchevisme est à ce prix.

Si nous nous dérobons à ce grand devoir, nous pouvons être certains que l'organisation allemande ne s'y dérobera pas. C'est pour l'Allemagne d'après la guerre, Allemagne qui aura perdu toutes ses colonies, et déjà menacée par le bolchevisme, une question de vie ou de mort.

Si l'Entente se dérobe, j'estime que l'Allemagne refera une fois de plus dans son histoire cette croisade à l'est qui ne peut que lui apporter des bénéfices incalculables. La renaissance de la Pologne n'empêchera pas la Prusse orientale de demeurer frontière des pays russes. Depuis 10 siècles, la Russie s'est accoutumée à recevoir de l'Allemagne tout ce qui lui a donné une figure européenne. Dans les deux derniers siècles, c'est la création par Pierre le Grand d'une monarchie à façade allemande, appuyée sur une armée de forme allemande, sur une bureaucratie innombrable de mentalité purement allemande qui seule lui a permis de jouer le rôle d'une grande Puissance.

La Russie, le gouvernement soviétique, tout est prêt si l'Entente se dérobe encore à recevoir à nouveau l'empreinte allemande.

L'esprit allemand est accoutumé à voir grand. Je ne crois pas nécessaire d'insister sur les perspectives infinies que lui ouvrirait, au lendemain de la perte de ses colonies d'outre-mer, la colonisation de la Russie ni sur les ressources militaires illimitées qu'en tirerait le génie de la Prusse.

Je serais reconnaissant à Votre Excellence d'appeler l'attention sur ce point tout particulièrement du président Wilson, celle du *Foreign Office* et celle de la *Consulta*. Les si récentes conquêtes de l'Italie ne dureront en effet qu'aussi longtemps que le germanisme sera vaincu.

CPC, Z-Europe, URSS, 1918-1940, vol. 210 (117CPCOM/210).

390

M. Pichon, Ministre des Affaires étrangères,
À M. Jusserand, Ambassadeur de France à Washington.

T. n° 4383.   *Paris, 27 décembre 1918, 23 h. 15.*

Chiffré.

Je réponds à votre télégramme n° 1818 relatif au Hu-Kuang[1].

J'ai déjà saisi le groupe français du projet du consortium présenté par les États-Unis. Mais la réalisation de ce projet, qui comportera des amendements demandera un certain temps alors que l'élimination des Allemands du chemin de fer du Hu-Kuang est urgente. D'autre part, la constitution du consortium à quatre pourra bien exclure les Allemands des futurs emprunts chinois, mais elle ne les éliminera pas de leurs participations actuelles. Le but que nous poursuivons dans l'affaire du Hu-Kuang comme dans les affaires analogues est de préparer l'avenir en délogeant les Allemands des positions qu'ils occupent encore en Chine. Je ne vois pas que cette opération puise être réalisée par une mesure d'ensemble. Il faut une solution particulière à chaque cas particulier.

Télégrammes, Washington, Départ, 1918, vol. 6364 (304QONT/6364).

---

[1] Il s'agit en réalité du télégramme n° 1828 du 25 décembre, dans lequel Jusserand expose avoir « trouvé M. Long moins disposé à seconder notre action, non qu'il désapprouve le but poursuivi mais parce qu'il souhaiterait qu'au lieu de procéder par des cas particuliers à ce qu'il appelle (des) "solutions négatives", on s'entendît sur un règlement positif d'ensemble tel que serait, d'après lui, l'adoption du projet de consortium présenté par les États-Unis et dont l'Allemagne est exclue ».

391

LE MARÉCHAL FOCH, COMMANDANT EN CHEF DES ARMÉES ALLIÉES,
   À. M. CLEMENCEAU, PRÉSIDENT DU CONSEIL, MINISTRE DE LA
   GUERRE[1].

T. n° 582/2.   *Luxembourg, 28 décembre 1918, 0 h. 20.*

Chiffré. Secret. Urgent.

1°) Maréchal Foch a prévenu gouvernement allemand à Trèves qu'en raison des mauvais traitements et des sévices infligés aux prisonniers, il se réservait de prendre garanties nouvelles en occupant la zone neutre au-delà du Rhin, au nord de la tête de pont de Cologne.

2°) Pour les raisons exposées dans mon télégramme n° 147 de ce jour[2], l'exécution de cette mesure n'est pas possible actuellement.

3°) On pourrait, à titre de représailles et pour éviter retour de pareils faits, prévenir gouvernement allemand des mesures qui seraient prises à l'égard de prisonniers de guerre allemands (retard de leur rapatriement quand le moment sera venu).

4°) Une pareille mesure ne peut être prise que par entente avec gouvernements alliés, en particulier ceux qui ont supporté pertes à Langensalza[3]. Si gouvernement français estime cette mesure nécessaire, il est prié vouloir bien s'entendre à ce sujet avec gouvernements alliés.

CPC, A-Paix, 1914-1918, vol. 48 (4CPCOM/48).

392

M. PICHON, MINISTRE DES AFFAIRES ÉTRANGÈRES,
   À M. DE FONTENAY, MINISTRE DE FRANCE À BELGRADE,
   M. BARRÈRE, AMBASSADEUR DE FRANCE À ROME,
   M. CAMBON, AMBASSADEUR DE FRANCE À LONDRES[4].

T. nos 266-267 ; 4963 ; 7709.   *Paris, 28 décembre 1918, 23 h. 30.*

Chiffré.

a.s. Banat.

Pour Rome et Londres : J'adresse le télégramme suivant au ministre de France à Belgrade.

---

[1] Copie transmise aux Affaires étrangères.
[2] Télégramme non retrouvé.
[3] À la suite de l'armistice, dans le camp de prisonniers de Langensalza en Thuringe, neuf soldats français furent tués et d'autres blessés par leurs geôliers allemands.
[4] Communiqué à Guerre (Groupe Avant) et Washington.

Pour tous postes : Réponse à votre télégramme 297[1].

La prétention des Serbes sur l'intégralité du Banat est sans fondement, et tout aussi déraisonnable que serait l'opinion contraire tendant à représenter cette région comme entièrement roumaine.

Dans le comitat le plus oriental, celui de Carasch Beverin, 75 % des habitants sont Roumains. Au centre la proportion roumaine est encore très forte et celle des Serbes n'est que de 3 %. Ceux-ci ne sont en nombre, avec 33 %, que dans le comitat de Torontal, dont la pointe sud-ouest est entièrement serbe.

Ces considérations ont uniquement pour but de vous permettre de réfuter l'argumentation du Prince de Serbie, car les mesures que nous avons prises en vue de faire occuper cette région par les troupes françaises n'ont nullement, je le répète, pour objet de préjuger de son attribution, qui doit être fixée par le Congrès de la Paix.

Ce qui nous importe actuellement, c'est d'éviter des conflits entre deux de nos alliés. L'occupation française sauvegarde également les intérêts roumains et ceux des Serbes, et nous attendons du gouvernement de Belgrade qu'il s'incline devant une décision aussi justifiée.

Il convient que le gouvernement serbe facilite notre tâche qui tend à éviter toute rupture entre Alliés, à la veille du Congrès où ces questions, qui ne dépendent pas de nous seuls, vont être réglées et où les Serbes auront toute faculté de faire valoir leurs revendications.

La Serbie, qui n'a pas été partie aux traités signés par les grandes Puissances, doit cependant se rappeler qu'un des buts de la guerre a été sa délivrance, qu'un de ses résultats aboutira, quoi qu'il arrive, dans son ensemble à la libération et à l'union des peuples yougoslaves et que, si nous n'avions pas recherché et obtenu au prix de quelques sacrifices, le concours de l'Italie et de la Roumanie, rien ne permet d'affirmer qu'aujourd'hui les peuples slaves du sud ne seraient pas morcelés et soumis au joug des oppresseurs.

Télégrammes, Londres, Départ, 1918, vol. 3065 (304QONT/3065).

---

[1] Voir le document n° 385 du 25 décembre 1918.

393

M. Pichon, Ministre des Affaires étrangères,
   À M. Cambon, Ambassadeur de France à Londres,
   M. Barrère, Ambassadeur de France à Rome,
   M. de Fontenay, Ministre de France à Belgrade[1].

T. n°s 7650 ; 4945 ; 265.   Paris, 28 décembre 1918.

Chiffré. Par courrier.

Serbie et Italie à Fiume.

Pour Londres et Rome : J'adresse au ministre de France à Belgrade le télégramme suivant.
Pour les trois postes :
Le gouvernement français et le gouvernement britannique ont fait connaître au gouvernement italien leur opinion quant à l'opportunité de l'occupation italienne de Fiume. Nous avons, en outre, en insistant pour l'établissement d'une base dans ce port pour l'armée d'Orient rétabli le caractère interallié de l'occupation. À cette occasion, nous avons eu, et nous avons encore de sérieuses difficultés avec le Cabinet de Rome.

Il ne peut être question en aucune manière, dans ces conditions, de réclamer le retrait des troupes italiennes. Loin d'obtenir ainsi l'apaisement que vous en attendez, une démarche de ce genre n'aurait d'autre résultat que de compromettre nos relations avec l'Italie, notre voisine et notre alliée, sans parler de l'exaspération qu'une telle mesure produirait actuellement parmi la population italienne de Fiume, augmentant encore les difficultés locales.

Il ne faut pas oublier, en effet, que si les faubourgs comprennent exclusivement des Slaves (environ treize mille), il y a dans la ville même vingt-cinq mille Italiens contre quinze mille Yougoslaves.

Télégrammes, Londres, Départ, 1918, vol. 3065 (304QONT/3065).

394

M. de Fontenay, Ministre de France à Belgrade,
   À M. Pichon, Ministre des Affaires étrangères.

D. n° 182.   Belgrade, 28 décembre 1918.

Délégués yougoslaves au Congrès de la Paix.

Le nouveau gouvernement a nommé une série de délégués pour représenter la Yougoslavie aux conférences d'où doit sortir le Traité de Paix.

---

[1] Communiqué à président du Conseil, Guerre (Avant), Marine, Jusserand.

La présidence de la mission est confiée à M. Nicolas Pachitch, ancien président du Conseil. Il sera accompagné de M. Trumbitch, M. Zolger, M. Vesnitch, M. Smodlaka, M. Ribarj, M. Bochkovitch.

Cette composition fait ressortir la préoccupation du gouvernement de faire figurer parmi les négociateurs les représentants des trois principaux composants du nouvel État : les Serbes, les Croates et les Slovènes. MM. Pachitch, Vesnitch et Bochkovitch sont serbes – MM. Trumbitch et Smodlaka sont croates – MM. Zolger et Ribarj sont slovènes. Les actes du Congrès seront de la sorte ratifiés par les délégués des différentes régions qui les accepteront ainsi sans arrière-pensée.

MM. Trumbitch et Smodlaka sont tous deux de Spalato. Tandis que M. Trumbitch incarne l'esprit féodal, les traditions historiques et les tendances autonomistes de la Croatie, M. Smodlaka, par contre, est un démocrate éprouvé qui, de tout temps, a combattu pour l'union avec la Serbie. M. Smodlaka sera sans doute nommé prochainement ministre à Londres.

Le docteur Zolger est professeur de droit constitutionnel à Ljubljana et fut un moment ministre des Slovènes nommé par le gouvernement viennois. Il est licencié en droit en France. M. Ribarj est député slovène de Trieste.

Quant à M. Bochkovitch, il était le prédécesseur de M. Yovanovitch à la Légation de Serbie à Londres. Son zèle, jugé alors excessif, d'unioniste yougoslave, le fit mettre en disponibilité. M. Yovanovitch, son successeur, vient à son tour d'être mis à la retraite, pour s'être compromis, au contraire, dans les menées de MM. Stead, Seton-Watson, Trumbitch, etc. qui visaient à maintenir une séparation entre les composants de l'État yougoslave.

CPC, A-Paix, 1914-1918, vol. 30 (4CPCOM/30).

395

Sous-Direction d'Asie.

N. *Paris, 29 décembre 1918.*

Note sur les sanctions de la Société des Nations.

Le problème des sanctions est un des plus importants de tous ceux qui doivent être étudiés en vue de l'établissement d'une Société des Nations.

Si l'œuvre des Conférences de La Haye n'a pas donné tous les résultats que l'on pouvait en espérer, c'est en grande partie parce qu'il n'avait pas été possible en 1899 et en 1907 d'assurer par des sanctions suffisantes le respect des Conventions. Il ne doit plus en être de même dans la Société des Nations qui est considérée comme la condition nécessaire d'une paix durable.

Les sanctions prévues doivent être assez efficaces pour fonder et garantir l'ordre international nouveau et assez nombreuses et variées pour pouvoir s'appliquer à tous les cas.

Les sanctions non militaires peuvent être de trois ordres : diplomatiques, juridiques et économiques.

Les sanctions diplomatiques se ramènent à trois :

1°/ suspension ou rupture des rapports diplomatiques qu'un État délinquant entretenait avec les autres États ayant adhéré à la Société des Nations ;

2°/ retrait de l'*exequatur* accordée à ses consuls ;

3°/ perte du bénéfice des accords internationaux d'intérêt général.

Parmi les sanctions juridiques, il faut citer en première ligne les sanctions pécuniaires appliquées par la Cour de justice internationale, conformément au principe général posé par l'article 3 de la Convention de La Haye du 18 octobre 1907 sur les lois et coutumes de la guerre sur terre. Ces sanctions visent particulièrement les infractions commises, encouragées ou tolérées par l'un des États associés.

Dans le domaine juridique, d'autres sanctions sans mettre en jeu la responsabilité pécuniaire immédiate de l'État en cause peuvent exercer une action très énergique sur l'attitude et sur les décisions de ses représentants, en raison des sacrifices qu'elles imposeront aux intérêts privés de leurs ressortissants ; les plus efficaces seront les suivantes :

Suspension au regard des sujets de l'État contrevenant des traités d'établissement, des conventions relatives à la protection des droits d'auteur et de propriété industrielle des Conventions de droit international privé, etc. ;

Refus aux nationaux de l'État contrevenant de l'accès des tribunaux dans les pays associés ;

Refus dans ces divers pays de l'*exequatur* aux sentences rendues par ses tribunaux dans l'intérêt de ses ressortissants ;

Saisie et mise sous séquestre des biens meubles et immeubles appartenant dans les mêmes pays à ses nationaux ;

Interdiction de relations commerciales et même éventuellement de toute convention d'intérêt privé avec les sujets des États faisant partie de la Société des Nations.

Ces diverses sanctions pourront être appliquées sans préjudice des sanctions pénales qui pourront frapper par application des règles ordinaires de la compétence criminelle tout individu qui aura compromis le maintien de la paix.

Les sanctions économiques permettront d'exercer une contrainte efficace sur l'État qui aura méconnu le pacte social. Ces mesures pourront aller jusqu'à une mise en interdit total sous le rapport commercial, industriel ou financier. Les principales sanctions de cet ordre sont les suivantes :

Le blocus, grâce auquel toutes relations commerciales avec les territoires de l'État délinquant seront arrêtées ;

L'embargo, c'est-à-dire la saisie et la mise sous séquestre dans les ports et dans les eaux territoriales des États associés des navires et des cargaisons appartenant à l'État délinquant et à ses nationaux, ainsi que la saisie de toutes les marchandises à destination de cet État ;

Refus de matières premières et des denrées alimentaires indispensables à sa vie économique ;

Interdiction d'émettre des emprunts publics sur les territoires des nations associées ;

Refus de l'admission à la cote du marché officiel pour les valeurs émises au dehors et retrait des admissions antérieurement accordées.

Ces sanctions devront d'ailleurs être complétées par une organisation économique qui assurera les États associés contre toutes répercussions à leur détriment.

Service français de la Société des Nations (1917-1940), vol. 6 (242QO/6).

396

M. Barrère, Ambassadeur de France à Rome,
à M. Pichon, Ministre des Affaires étrangères.

T. n°s 3227-3228.　　　　　　　　　　　　*Rome, 29 décembre 1918.*

Chiffré. Très secret.

J'ai pu avoir le résumé de l'entretien qu'ont eu à Paris MM. Orlando et Sonnino avec le président Wilson.

Celui-ci a admis la justification de la nouvelle frontière terrestre de l'Italie. M. Wilson reconnaît que ce pays a le droit de fermer la porte de sa maison. Il adhère donc à la possession par l'Italie du pays de Goritz, bien que la population en soit slovène, ainsi qu'à la possession de la crête des Alpes, bien que cette démarcation, qui est celle de la convention de Londres doive englober une population de race germanique. Dans l'Adriatique, le président considère que le royaume est fondé à assurer sa sécurité par des neutralisations sanctionnées par les Puissances. L'expression de son opinion n'a pas été plus loin.

Le baron Sonnino lui a présenté la description et la nécessité des concessions d'ordre stratégique sur la côte adriatique obtenues des Puissances de l'Entente par la Convention de Londres de 1915, sans toutefois faire mention de cet instrument.

M. Orlando a pris ensuite la parole pour exposer au président des États-Unis les revendications d'ordre politique de l'Italie.

J'ai tout lieu de croire que le président du Conseil a cherché à présenter à M. Wilson la thèse contraire qui est la sienne en rapport de celle de M. Sonnino.

La conclusion à tirer du caractère de ce curieux colloque, c'est que si le président Wilson faisait connaître à M. Orlando sa préférence pour un programme qui se rapprocherait de ses idées sur le respect des nationalités, dans le sens que j'ai indiqué autre part, ce dernier en tirerait parti pour faire prévaloir son point de vue dans le gouvernement et le pays.

Papiers d'agents, fonds Barrère, vol. 1 (8PAAP/1).

397

M. Pichon, Ministre des Affaires étrangères,
  à M. Guiard, Chargé d'Affaires à Arkhangelsk,
  M. Jusserand, Ambassadeur de France à Washington,
  M. de Martel, Chargé de mission à Vladivostok,
  M. Cambon, Ambassadeur de France à Londres,
  M. Barrère, Ambassadeur de France à Rome,
  M. Dutasta, Ambassadeur de France à Berne[1].

T. n°s 1029-1032 ; 4403-4410 ; 177-180.   *Paris, 29 décembre 1918.*

Par courrier : 7789 ; 5012 ; 2750.

J'adresse à Arkhangelsk le télégramme suivant.

Je vous remercie des intéressants télégrammes[2] résumant vos vues sur la situation de la Russie et les directions de l'action éventuelle des Alliés.

Je ne me fais pas illusion sur la valeur actuelle des contingents russes que tentent d'organiser sur différents points du territoire les généraux russes.

Pas davantage je n'ignore les fluctuations de la puissance bolchevique, l'acharnement insinuant de sa propagande et le renforcement de son organisation militaire, tout en n'attribuant pas à cette maladie de l'esprit slave une force mystérieuse et universelle. Le gouvernement français est mieux placé que vous pour apprécier à tout instant les possibilités pratiques de l'action des Alliés, les difficultés de tout ordre qui s'opposent à des solutions simplistes (comme l'intervention complète ou l'abstention absolue), le développement des événements, et l'importance respective des grands problèmes que nous avons successivement à résoudre.

Ni l'Amérique, ni l'Angleterre, ni le Japon, pour des raisons différentes, ne se soucient de s'engager à fond dans une intervention en Russie, qui risquerait de nous entraîner, dans le temps et dans l'espace, bien au-delà de nos moyens et des buts vitaux de notre politique. La France, qui a porté le poids le plus lourd des sacrifices de la guerre, ne serait pas en mesure d'agir seule : son opinion ni son parlement ne suivraient le gouvernement s'il était tenté de s'engager dans une pareille aventure.

---

[1] Communiqué à présidence du Conseil, Guerre (Groupe Avant), Washington, Marine.

[2] Pichon fait notamment référence aux télégrammes n°s 1149-1156, voir document n° 389 du 27 décembre 1918.

Cela ne veut dire à aucun degré que nous nous désintéressions des problèmes russes ; mais nous limitons notre action à nos moyens. Sur tous les points, nous surveillons et nous agissons :

Dans la Baltique des bateaux français se joignent à l'escadre anglaise.

Dans le Nord, à Mourmansk et Arkhangelsk, nos soldats agissent, à côté des contingents anglais et alliés.

De Vladivostok à Omsk, le général Janin, assisté du général Stefanik, conduit et organise les troupes russes, tchécoslovaques et alliées : le succès éclatant remporté par les troupes sibériennes à Perm montre qu'il n'est pas invraisemblable d'espérer qu'un gouvernement énergique comme celui de l'amiral Koltchak puisse mettre sur pied, dans un temps donné, une armée nationale, noyau d'une reconstitution de la Russie par elle-même.

Dans l'Ouest, le retour des légions polonaises par Dantzig est préparé par nos soins, en même temps que le ravitaillement, avec l'aide des Américains.

Des divisions françaises, grecques, roumaines, sous les ordres du général Berthelot, se préparent à prendre position, de Kiev à Odessa et Sebastopol où l'on a déjà débarqué.

Des missions militaires et des contingents alliés, principalement anglais, sont dirigés par Novorossisk vers le Caucase et l'armée Denikine.

Sur tous les points, des armes, des munitions, du matériel, du ravitaillement, des cadres, sont fournis aux troupes russes par les soins des Français, des Anglais, des Américains.

Cette intervention prudente, mais concertée et suivie, représente pour le moment le maximum de l'action possible et sensée des Alliés, qui doit s'appuyer d'ailleurs sur une action économique et financière, pour tenter de détruire le crédit du rouble, fabriqué à jet continu par les bolcheviks.

Sans doute il est plus séduisant d'imaginer la marche foudroyante d'une armée de 200 000 hommes, pourvue de tous les organes modernes, accompagnée de puissants moyens de ravitaillement et d'aide économique, et assurée de bousculer une Armée rouge, nombreuse mais sans cohésion véritable et incapable de résister à des troupes organisées.

Mais une telle politique relève de l'imagination et ne tient pas compte des réalités. Elle ne résiste pas à l'analyse.

Télégrammes, Washington, Départ, 1918, vol. 6364 (304QONT/6364).

398

M. Pichon, Ministre des Affaires étrangères,
   À M. de Saint-Aulaire, Ministre de France à Bucarest,
   M. Cambon, Ambassadeur de France à Londres,
   M. Barrère, Ambassadeur de France à Rome,
   M. Jusserand, Ambassadeur de France à Washington,
   M. Defrance, Ministre de France à Bruxelles[1].

T. n°s 834-836 ; 7776-7778 ;   *Paris, 30 décembre 1918, 15 h. 30.*
5300-5305 ; 4398-4400 ;
905 (par courrier).

Chiffré.

Roumanie et Congrès de la Paix

Pour Washington et Bruxelles : Pour votre information confidentielle, j'adresse le télégramme suivant au ministre de France à Bucarest.

Pour Londres et Rome : J'adresse au ministre de France à Bucarest le télégramme suivant dont je vous prie de communiquer la substance au gouvernement britannique et italien.

Je vous serai obligé d'appuyer en même temps auprès de lui les considérations qui se trouvent exposées dans ce document et de lui demander, s'il est d'accord avec nous, de bien vouloir envoyer à son représentant à Bucarest des instructions identiques.

Pour tous les postes : SECRET :

Le Gouvernement de la République, en ce qui le concerne, estime que le gouvernement roumain, bien qu'il ait signé avec l'Allemagne le traité de Bucarest[2], doit être de nouveau considéré comme allié, en raison de sa participation renouvelée à la guerre contre les Empires centraux. Il propose donc aux gouvernements alliés, s'ils sont d'accord sur ce point, de traiter la Roumanie en alliée et de l'admettre en cette qualité à se faire représenter aux négociations de la paix, dans les mêmes conditions que les autres petites Puissances alliées.

Cette décision paraît au gouvernement français justifiée par l'attitude des souverains et du peuple roumain, qui, dès qu'ils ont pu échapper à l'oppression allemande, se sont résolument orientés vers les Alliés, avec lesquels ils

---

[1] « Prière communiquer au Président du Conseil et ministre de la guerre avant M. Jusserand. »

[2] Par ce traité signé le 7 mai 1918, qui faisait suite à l'armistice du 9 décembre 1917, la Roumanie vaincue par les Puissances centrales devait renoncer à ses ambitions territoriales et accéder aux exigences des vainqueurs. La Bulgarie revendiquait ainsi la totalité de la Dobroudja, l'Autriche-Hongrie des modifications de tracé de la frontière dans les Carpates et surtout l'annexion du port de Turnu Severin sur le Danube. Le Reich allemand, de son côté, entendait placer le royaume sous étroite tutelle politique, par l'intermédiaire d'un prince de la famille Hohenzollern ; et monopoliser l'exploitation du pétrole roumain. Le 31 octobre 1918, la Roumanie dénonce le traité et reprend les hostilités contre des adversaires proches de la défaite finale.

ont agi d'un commun accord pour chasser les troupes allemandes de leur territoire.

Toutefois le traité du 17 août 1916 ayant été *en droit* abrogé par le traité de Bucarest, conclu avec nos ennemis, il y aura lieu pour les Alliés de formuler une déclaration nouvelle prenant pour base le traité de 1916 pour l'examen des revendications roumaines, compte étant tenu de l'annexion ultérieure de la Bessarabie et des intérêts généraux et spéciaux des Alliés sur lesquels les puissances auront à se prononcer dans leurs pourparlers prochains.

Je consulte les autres gouvernements alliés, dont l'assentiment est nécessaire, pour faire attribuer à la Roumanie sa représentation comme Puissance alliée au Congrès ; je leur demande de se rallier à notre point de vue à cet égard et d'envoyer des instructions en conséquence, à leur représentant à Bucarest.

Toutefois, vous pouvez dès à présent faire connaître au gouvernement roumain le point de vue français.

Télégrammes, Bruxelles, Départ, 1918, vol. 1243 (304QONT/1243).

399

M. Dutasta, Ambassadeur de France à Berne,
  À M. Pichon, Ministre des Affaires étrangères.

D. n° 1345. Berne, *30 décembre 1918.*

a.s. politique des nationalités en Russie et intervention des Alliés.

M. Haidar Bammate, ministre des Affaires étrangères de l'Union des peuples circassiens et du Daghestan, vient de m'adresser une longue lettre dans laquelle il condamne l'idée d'une intervention alliée contre le bolchevisme, qui serait, à son avis, pratiquement irréalisable et se heurterait en outre à la résistance armée des nationalités des confins russes, qui ne manqueraient pas de voir dans cette expédition militaire une tentative de restauration tsariste, hostile à leurs aspirations d'indépendance.

M. Bammate réprouve non moins énergiquement l'appui matériel donné par l'Entente aux armées de Denikine et des Cosaques, qui, sous prétexte de favoriser la naissance d'une république russe fédérative et de la délivrer de la menace maximaliste, ne travailleraient en réalité, à l'instigation des hommes d'État de l'ancien régime, qu'au triomphe de la réaction impérialiste, dont ils ont toujours été dans le passé les instruments dociles et privilégiés.

Il soutient par contre avec force la thèse qu'il est de l'intérêt et du devoir de l'Entente de reconnaître l'indépendance des nationalités allogènes, et d'encourager l'organisation d'une ceinture d'États républicains et démocratiques, qui constitueront dès maintenant le cordon sanitaire le plus sûr contre la contagion bolchevique et serviront puissamment dans l'avenir à éteindre les foyers d'anarchie de la Russie du nord.

Il proteste contre l'accueil réservé par le gouvernement français « aux dignitaires de l'ancien régime et aux fanatiques du panslavisme », qui ne solliciteraient l'intervention armée des Alliés qu'avec l'arrière-pensée de la faire servir à replacer sous le joug détesté du despotisme impérial les nationalités émancipées par la révolution, et insiste pour que les délégués des allogènes représentant 67 % de la population totale de l'ancien Empire des Tsars, soient reçus à Paris et admis à y faire entendre la voix des peuples dont ils sont les représentants autorisés.

J'ai l'honneur de communiquer, ci-joint, à Votre Excellence la copie de la lettre que vient de m'adresser M. Haidar Bammate, en laissant à son auteur toute la responsabilité des opinions qu'il y développe[1].

CPC, Z-Europe, URSS, 1918-1940, vol. 637A (117CPCOM/637A).

400

M. Pichon, Ministre des Affaires étrangères,
À M. Cambon, Ambassadeur de France à Londres,
M. Barrère, Ambassadeur de France à Rome,
M. Jusserand, Ambassadeur de France à Washington,
M. Defrance, Ministre de France à Bruxelles,
M. Dutasta, Ambassadeur de France à Berne[2].

T. n°s 7779 ; 5006 ; 4401 ; 904 ; 2743.   *Paris, 30 décembre 1918.*

L'Autriche allemande et les Alliés.

Le ministre de Suisse m'a fait, le 28 décembre, à titre verbal, une communication aux termes de laquelle le Gouvernement de l'Autriche allemande exprime le désir qu'une Commission mixte de l'État austro-allemand soit autorisée à entrer en rapports directs avec un organe représentant les gouvernements de l'Entente et des États-Unis, la rencontre pouvant avoir lieu en territoire neutre. Cette Commission exposerait le désir de paix de l'Autriche allemande, les conditions économiques et ethnographiques du nouvel État. Elle demanderait un appui pour lutter contre les courants impérialistes qui se manifestent sur le territoire de l'ancienne monarchie austro-hongroise.

Le gouvernement français est d'avis que cette tentative, comme celles du même genre esquissées par la Hongrie ou par la Bulgarie et auxquelles nous sommes exposés de la part des gouvernements de l'Allemagne propre-

---
[1] Document non reproduit.
[2] Communiqué à Guerre (Avant), présidence du Conseil, Washington.

ment dits, doivent être repoussées. Avant la Conférence de la Paix, il n'est pas souhaitable qu'une négociation ait lieu sous une forme quelconque avec les représentants d'États ennemis et non reconnus.

Rien n'empêche d'ailleurs les gouvernements de ces États de faire parvenir les mémoires écrits aux gouvernements alliés pour exposer leur point de vue.

Pour Londres et Rome : Je vous serai obligé de faire connaître notre sentiment à cet égard au gouvernement auprès duquel vous êtes accrédité et de lui demander de vouloir bien vous confirmer son accord avec nous.

Télégrammes, Washington, Départ, 1918, vol. 6364 (304QONT/6364).

401

M. Conty, Ministre de France à Copenhague,
à M. Pichon, Ministre des Affaires étrangères.

T. n° 881. *Copenhague, 31 décembre 1918, 0 h. 10.*

(Reçu : 15 h.)

D'après les journaux danois du 30 décembre, l'élimination des socialistes indépendants et l'appui éventuel des organisations ouvrières et la bourgeoisie consolideraient en Allemagne le gouvernement Ebert et des socialistes majoritaires et marqueraient un revirement défavorable au groupe Spartakus[1].

CPC, Z-Europe, Allemagne, 1918-1940, vol. 265 (78CPCOM/265).

---

[1] Le 29 décembre 1918, à la suite des événements du 24 décembre, Haase, Dittmann et Barth, sociaux-démocrates indépendants (USPD), quittèrent le Conseil des commissaires du peuple.

402

M. Pichon, Ministre des Affaires étrangères,
  À M. de Saint-Aulaire, Ministre de France à Bucarest,
  Par Salonique,
  M. de Fontenay, Ministre de France à Belgrade,
  M. Jusserand, Ambassadeur de France à Washington,
  M. Cambon, Ambassadeur de France à Londres,
  M. Barrère, Ambassadeur de France à Rome,
  M. Defrance, Ministre de France à Bruxelles[1].

T. n⁰ˢ 850-851 ; 342 ; 270 ; 4407 ; 7783 ; 5009 ; 907.   *Paris, 31 décembre, 17 h. 20.*

J'adresse à Belgrade et Bucarest le télégramme suivant.

Je réponds à vos télégrammes 298-299 (pour Belgrade) – 906-907-908 (pour Bucarest)[2].

Pour tous les postes :

Je comprends l'émotion des Serbes à l'idée que la partie du Banat qui est peuplée de Serbes et qui sert de boulevard à Belgrade, puisse être attribuée, en vertu du traité de 1916, à la Roumanie, qui a, depuis, traité avec les Puissances centrales, et cela au détriment de la Serbie qui n'a jamais fléchi et a lutté jusqu'au bout au côté des Alliés, sans hésiter à abandonner son territoire à l'invasion ennemie.

Mais il ne peut pas être soutenu sérieusement que le Banat de Temesvar en entier doit revenir à la Serbie ; les principes des Puissances, basés sur le libre vœu des populations, s'y opposent, de même qu'ils sont en contradiction avec la revendication roumaine, basée sur le traité conclu le 17 août 1916 avec les Alliés et portant sur la totalité du Banat, en négligeant le fait de l'abrogation *en droit* dudit traité par la signature ultérieur du traité de Bucarest avec nos ennemis, et sans tenir compte de la distribution des nationalités dans les différentes parties du Banat.

C'est pour concilier ces deux prétentions contraires et éviter des conflits directs entre Roumains et Serbes, préjudiciables aux intérêts généraux des Alliés et à la conclusion d'une paix conforme au droit et à la justice, que l'occupation du Banat par des troupes françaises (qui éviteront le contact direct entre ces ambitions rivales) a été décidée.

Elle est dans l'intérêt de tous et je compte sur vous à Belgrade, comme sur M. de Saint Aulaire à Bucarest, pour le faire comprendre à nos alliés.

Télégrammes, Washington, Départ, 1918, vol. 6364 (304QONT/6364).

---

[1] Communiqué à Guerre (Avant), président du Conseil, Washington.

[2] Télégrammes non retrouvés. Mais voir les documents n° 385 du 25 décembre 1918 et n° 392 du 28 décembre.

403

M. Pichon, Ministre des Affaires étrangères,
 À M. Dutasta, Ambassadeur de France à Berne,
 M. Dard, Chargé d'Affaires à Madrid,
 M. Allizé, Ministre de France à La Haye,
 M. Delavaud, Ministre de France à Stockholm,
 M. Guillemin, Ministre de France à Christiania,
 M. Conty, Ministre de France à Copenhague,
 M. Casenave, Ministre de France à Rio de Janeiro,
 M. Jullemier, Ministre de France à Buenos Aires,
 M. Lefaivre, Ministre de France à Montevideo,
 M. Delvincourt, Ministre de France à Santiago,
 M. des Portes de la Fosse, Ministre de France à Lima,
 M. Loiseleur des Longchamps-Deville, Ministre de France à
  Assomption (par Montevideo),
 M. Fabre, Ministre de France à Caracas,
 M. Couget, Ministre de France à Mexico,
 M. Petit Lebrun, Ministre de France à Bogota,
 M. Lévesque d'Avril, Ministre de France à Guatemala City[1].

T. n°s 2759 ; 1512 ; 989-990 ; *Paris, 31 décembre 1918, 22 h. 15.*
863-864 ; 710-711 ; 669-670 ;
831-832 ; 678-679 ; 150-151 ; 116-117 ;
55-56 ; 35-36 ; 77-78 ; 196-197 ; 70-71 ;
66-67.

Chiffré.

Inventaire des avoirs allemands en pays neutres.

Au nombre des clauses d'ordre financier ajoutées au renouvellement de l'armistice avec l'Allemagne signé le 14 décembre et que je vous ai communiquées par mon télégramme du 21 décembre figure la clause par laquelle l'Allemagne s'est engagée à ne pas disposer sans l'autorisation des nations alliées, des biens et créances que l'État allemand ou les sujets allemands possèdent à l'étranger.

Il est hors de doute que, si le gouvernement allemand exécute exactement pour ce qui le concerne l'obligation qu'il a prise de ne pas disposer des biens et créances qui lui appartiennent en propre à l'étranger, on doit s'attendre de la part des particuliers à des tentatives de réalisations que la révolution en Allemagne et la baisse du Mark doivent rendre de plus en plus nombreuses.

Or, la période pendant laquelle seront élaborées, discutées et mises en application les conditions de la paix future avec nos Alliés, s'annonce

---

[1] Communiqué à Klotz, ministre des Finances ; Clemenceau, président du Conseil, ministre de la Guerre ; Lebrun, ministre du Blocus ; Clémentel, ministre du Commerce.

comme devant être de longue durée. Si aucune mesure n'était prise pour connaître dès à présent la situation de la fortune allemande à l'étranger, la surveillance de cette fortune serait des plus difficiles à exercer et nous courrions le risque, lors de la signature des traités de paix, d'en voir s'évanouir une grande partie.

J'estime donc nécessaire que dès à présent vous recueilliez tous les renseignements qu'il vous sera possible permettant de déterminer quelles sont les propriétés, titres, parts, dépôts en banque, créances diverses, hypothèques qui, à votre connaissance, appartiennent à l'Allemagne ou à des sujets allemands dans le pays de votre résidence.

Je n'ignore pas les difficultés que vous rencontrerez à l'établissement de cet inventaire et conviens que, dans beaucoup de cas, il vous sera impossible de chiffrer les sommes que ces biens représentent. Vous ne pourrez également souvent que donner les noms d'entreprises où existent des intérêts allemands, sans avoir la possibilité de déterminer le montant exact de ces intérêts.

Quoi qu'il en soit, cet inventaire, pour la confection duquel vous pourrez vous faire aider par tous vos agents locaux, ainsi que par les colons français, commerçants, banquiers ou industriels établis en votre résidence, si succinct qu'il soit, me semble de nature à faciliter notre tâche et à empêcher notamment l'évasion des biens qui formeront le gage du recouvrement de nos créances sur l'Allemagne.

Ce même travail présenterait une grande utilité pour ce qui concerne les biens et avoirs de l'État et des particuliers autrichiens et hongrois.

CPC, A-Paix, 1914-1918, vol. 98 (4CPCOM/98).

404

M. Clémentel, Ministre du Commerce, de l'Industrie, des Postes et Télégraphes, des Transports Maritimes et de la Marine Marchande,
  À M. Clemenceau, Président du Conseil, Ministre de la Guerre.

N. *Paris, 31 décembre 1918.*

À l'heure où les Alliés vont se réunir pour fixer, d'un commun accord, en vue des préliminaires de paix, les conditions qu'ils doivent imposer à l'Allemagne pour obtenir les réparations et les garanties qu'exigent la justice et la sécurité du monde civilisé, j'estime qu'il est indispensable de formuler les principes du programme économique en vertu duquel, durant la période de restauration, les torts qui ont été causés à la France pourraient être réparés et sans lequel un régime équitable ne peut être institué entre les nations.

C'est en effet, sur des principes d'équité, que doit être fondé le régime futur qui, au cours de la période de transition, permettra aux nations qui ont le plus souffert de la guerre, de ne point pâtir de l'infériorité où les placent les sacrifices mêmes qu'elles ont consentis et d'entreprendre, d'autre part l'œuvre de relèvement qui doit panser les blessures d'hier ; d'autre part, à conditions égales avec leurs concurrents, l'effort de reprise économique qui doit préparer leur essor de demain.

C'est également sur les principes d'équité économique que doit être institué, pour toutes les nations civilisées, un régime d'équilibre social conforme aux droits et devoirs des démocraties, grâce auquel il sera possible de prévenir à la fois de graves perturbations intérieures au sein de chaque nation et les luttes qu'entre les nations pourraient susciter des inégalités résultant de la guerre et que n'aurait point neutralisés une juste paix.

I – DÉSÉQUILIBRE ÉCONOMIQUE CRÉÉ PAR LA GUERRE

Il faut, en effet, prévoir pour le lendemain de la paix, une ère de difficultés économiques que, seules, des organisations concertées par une Ligue des Nations, peuvent prévenir ou atténuer.

Au cours des hostilités, la production mondiale de quelques produits alimentaires et matières premières essentiels, a marqué une grave diminution.

S'il est quelques matières premières pour lesquelles les besoins des fabrications de guerre ont amené dans les États belligérants, des stocks qui suffiront à la reprise de leur activité de paix, il en est d'autres, essentielles à la vie économique, pour lesquelles il faut prévoir, soit une insuffisance de la production mondiale, soit une répartition désordonnée et une hausse factice des prix résultant de la demande concurrente, non seulement des pays alliés et neutres, mais aussi des pays ennemis dont les approvisionnements seront encore plus épuisés.

Pour ne prendre qu'un exemple je citerai la situation de l'approvisionnement mondial en laine. Depuis le début de la guerre, le troupeau ovin d'Australie est tombé de 93 millions de têtes à 62 millions ; dans d'autres pays, une baisse analogue se vérifie et notamment le troupeau français est tombé de 17 400 000 à 9 000 000 environ.

La production mondiale se trouve ainsi diminuée alors que les besoins mondiaux se trouveront dès le lendemain de la paix, considérablement accrus. Si d'une part, existent dans certains pays d'origine des stocks assez considérables, il faut, d'autre part, prévoir dans tous les pays belligérants, ainsi que dans tous les pays neutres un accroissement considérable de la demande car, par suite du manque de transports, ces stocks sont nuls ou extrêmement bas dans les pays européens. Dans ces mêmes pays la consommation domestique, réduite pendant la guerre reprendra plus intense et il faudra pourvoir à l'habillement civil de millions d'hommes démobilisés. Au cas où une entente n'interviendrait pas entre les États aujourd'hui associés auxquels pourront se joindre les pays neutres, et éventuellement, les pays ennemis, il faut prévoir pour quelques-uns de véritables lacunes dans leur réapprovisionnement et, pour tous, une hausse importante des prix de la matière première.

Ce que je viens d'indiquer pour la laine, se vérifie pour un certain nombre d'autres produits essentiels à la vie économique des peuples, et il est aisé de prévoir quels seraient pour ces produits, les résultats d'une concurrence sans règle et sans frein.

Faute d'un accord entre les nations sur les conditions des transports maritimes, comme sur la répartition des produits pour lesquels il y a dans le monde, soit déficit réel, soit l'excès d'une demande que les circonstances vont rendre particulièrement pressante, il faut craindre, qu'à la hausse du prix de la matière première, s'ajoute un déséquilibre des prix de fret et qu'ainsi se trouve provoqué un déséquilibre financier qui peut avoir lui-même des conséquences redoutables, soit pour tel pays isolément, soit plus probablement en vertu d'une loi souvent vérifiée de solidarité économique, pour l'ensemble des pays aujourd'hui associés.

Si ces nations abordent la période de transition sans un ordre préétabli et sans prendre simultanément des mesures préalablement concertées, elles risquent de traverser une période d'instabilité et de trouble qui ne saurait profiter qu'à certains intérêts privés au détriment du bien-être général et de l'ordre social.

La concurrence sans frein sur le marché de la matière première, du fret et des changes, aura pour conséquence une hausse du standard de vie dont la classe moyenne et populaire devra supporter le poids et qui, dès lors, peut être l'origine des plus graves difficultés. Or, si des conditions plus précaires de la vie matérielle devaient être le résultat de la lutte gigantesque qui vient de finir, l'humanité aura perdu la guerre.

D'autre part, la défaite que subirait ainsi la cause de la justice atteindrait surtout les nations mêmes qui ont le plus souffert de la guerre, et, par leurs sacrifices, le plus contribué à la victoire.

Les pertes en hommes de la France, proportionnellement si supérieures aux pertes de nos autres alliés, sont aujourd'hui connues. Il résulte de cette diminution considérable de nos forces actives, une infériorité qui affecte aussi bien la production nationale que le développement de nos échanges avec l'étranger.

Cette infériorité a été aggravée encore par l'invasion qui nous privait, non seulement de nos provinces agricoles les plus fertiles, mais aussi de nos centres d'industrie les plus actifs et d'une part importante de nos ressources de combustibles.

L'expression de l'infériorité économique que son rôle dans la guerre a infligée à la France, se trouve en ce fait qu'au cours de la guerre son exportation d'après les chiffres de la Commission des valeurs en douane a marqué, par rapport à la moyenne un déficit d'environ 8 milliards et demi, tandis que l'insuffisance de sa production l'obligeait à un excédent d'importation qui se chiffrait par plus de 16 milliards.

Il faut noter que la Commission des valeurs en douane, suivant une pratique ancienne n'a majoré les valeurs de marchandises exportées et importées que d'une quotité très inférieure à la réalité. Si ces chiffres avaient été calculés sur les prix réels ils seraient au moins doublés.

Au cours des hostilités, le déséquilibre n'a fait que s'aggraver tandis que chez certains de nos alliés au contraire, l'équilibre se rétablissait. En 1918, l'exportation anglaise a dépassé légèrement l'exportation de 1913 et, après sa participation comme au temps de sa neutralité, l'Amérique n'a cessé d'accroître son commerce extérieur.

Le résultat de ces conditions inégales s'est exprimé, non seulement par notre change à l'étranger, mais surtout par le chiffre indice de notre consommation. Ce chiffre indice fondé sur le relevé des prix de 45 articles, produits alimentaires ou matières premières de l'industrie, atteignait à la fin du premier semestre de 1918 380 % de l'indice d'avant-guerre, tandis qu'en Angleterre, l'indice fondé sur les mêmes bases était de 260 % et de 218 % seulement aux États-Unis.

L'infériorité qui apparaît dans ces chiffres n'est point imputable aux transformateurs français, bien que les conditions de la transformation aient été, en France, plus onéreuses qu'ailleurs, et que, notamment à l'heure actuelle le charbon soit encore de 75 francs la tonne, contre 50,50 en Angleterre.

L'écart des prix provient surtout du prix des matières premières et il suffit de comparer les prix à l'arrivée dans les ports français et dans les ports anglais pour reconnaître que ce sont les conditions particulièrement désavantageuses des moyens de transport et des moyens de paiement qui, avant toutes transformations, créent l'inégalité, des prix de la matière première.

Les conditions d'inégalité, qui au cours des hostilités se sont aggravées au détriment de la production et de la consommation françaises, menacent de devenir particulièrement redoutables au lendemain de la paix. À l'heure actuelle pour quelques produits essentiels de notre ravitaillement, soit alimentaires, soit industriels, les organisations interalliées nous assurent encore des prix d'achat particulièrement favorables et sensiblement équivalents, ainsi que des frets privilégiés par rapport au taux du fret libre.

Ce qu'il faut attendre d'une concurrence entre les Alliés, il est aisé de le voir dès à présent pour les articles et sur les marchés où ils n'ont pu réaliser l'achat en commun, et pour prendre toujours l'exemple de la laine, bien que la demande neutre et ennemie en fût exclue, la concurrence des Alliés avait provoqué sur le marché de Buenos Aires à la date du mois de mai dernier, une hausse de 310 % par rapport aux prix d'avant-guerre. Ce que l'on peut attendre, d'autre part de la concurrence pour les frets, on peut le voir dès à présent par l'exemple de la Suisse qui, il y a quelques jours paya pour le transport de céréales de la Plata sur Sète 350 shillings alors que les prix pratiqués pour le même parcours par le *Wheat Executive* est de 100 shillings seulement.

Les constatations de ce genre, montrent quels seraient au lendemain de la guerre, si des mesures communes n'étaient pas adoptées par les nations associées, le désarroi des marchés des matières premières et le déséquilibre des conditions économiques de la production.

J'ai montré le péril que ce désarroi et ce déséquilibre entraîneraient pour l'ordre social dans chaque nation. On conçoit aisément comment des inégalités et des fluctuations du genre de celles dont je viens de donner des exemples, doivent réagir sur le commerce extérieur et sur les relations économiques entre peuples. Pour s'en rendre compte, il suffit d'observer la situation de la France au cours de la guerre.

Même pour des produits qu'elle exportait jadis en grandes quantités et dont elle eut pu exporter un excédent de production, la France s'est trouvée ne pouvoir lutter avec certaines des nations associées. En Angleterre, les soieries italiennes ont pu se faire une large place au détriment des soieries lyonnaises et de ce fait, le chiffre total des exportations d'Italie sur l'Angleterre s'est accru de 1913 à 1917 d'environ 25 %.

Il ne va de même en Suisse où, tandis que notre commerce recule, l'exportation italienne de la soie grège marque une augmentation de 250 %, celle des cotonnades 500 %, celle des produits chimiques et des matières premières de cette industrie 200 à 300 % selon les produits. Sur les marchés espagnol et italien, sur les marchés de Hollande et de Scandinavie, la part de l'exportation française s'est trouvée singulièrement réduite au bénéfice de l'exportation américaine. Enfin, dans nos colonies et pays de protectorat, nous n'avons pu soutenir la concurrence et, dès 1917, l'exportation anglaise avait doublé au Maroc et dans l'Afrique occidentale française.

Si les infériorités que leurs souffrances et leur part dans la lutte ont infligées à certaines des nations associées ne se trouvaient pas neutralisées par des mesures communes qui rétablissent l'équilibre des conditions pour la reprise économique, il va de soi que le régime des relations économiques entre les peuples qui ont combattu pour la même cause et, plus encore, entre les pays associés et les pays ennemis, ne se concevrait pas sans le surélèvement des barrières douanières nationales ou l'organisation de conditions économiques également redoutables les unes et les autres pour la paix du monde.

II – POLITIQUE ÉCONOMIQUE COMMUNE DES GOUVERNEMENTS ASSOCIÉS AU COURS DE LA GUERRE

Au cours de leur lutte commune, les gouvernements associés se sont pénétrés de la nécessité de créer une organisation qui mette les marchés mondiaux des matières premières à l'abri des fluctuations dont j'ai montré ci-dessus les dangereuses conséquences, et qui permette, d'autre part, à la France et aux autres pays qui ont souffert de l'invasion et des destructions qu'elle a entraînées, de poursuivre leur vie économique, dans des conditions indispensables à un régime d'équité et de justice entre nations.

Ce régime d'équité et de justice, je me suis efforcé, d'accord avec vous, à le faire prévaloir au cours des hostilités. Après de longs mois de tâtonnements et de négociations, après une série d'expérience et d'applications partielles, il a été défini dans la Conférence interalliée du 3 décembre 1917.

La répartition en commun des moyens de paiement mis à la disposition des Alliés par les États-Unis, l'allocation du tonnage mis en commun selon une priorité correspondante aux exigences de la guerre, ont été complétées, bientôt, par la discussion en commun des besoins de chacun des États associés, pour chacun des produits nécessaires à la vie alimentaire ou économique et souvent par l'achat en commun de ces mêmes produits.

Quelques mois avant l'armistice, la coopération des Alliés avant mis la France à l'abri, soit de lacunes, soit même d'inégalités dans son ravitaillement.

Quelques semaines avant l'armistice, nos Alliés anglais déclaraient, par la bouche de Lord Robert Cecil (discours du 30 août 1918) : « À certains égards, les souffrances de la France et de l'Italie, pour ne pas parler de nos Alliés plus petits comme la Belgique et la Serbie ont été plus grandes que les nôtres et plus grandes que celles de nos Alliés américains ; cela rend plus nécessaire le « *pool* » de toutes nos ressources ; si nos sacrifices doivent devenir égaux, la seule solution est le contrôle allié de toutes les ressources alliées ».

Au cours des sessions du Conseil des transports maritimes tenues à Londres les 29 et 30 septembre 1918, M. Baker, secrétaire d'État à la Guerre, donnait l'adhésion complète de l'Amérique aux principes régissant les organisations interalliées au travail desquelles les États-Unis avaient depuis un an participé effectivement.

L'esprit de coopération était si sincère à ce moment que j'ai pu, le premier jour, proclamer, avec l'assentiment de tous « que l'égalité des sacrifices et l'unanimité de l'effort impliquait, non seulement le concert étroit des forces militaires, mais l'association de toutes les puissances de production et de toutes les énergies masculines ou féminines au même titre que la mise en commun des moyens d'achat et des moyens de transport ».

Au lendemain de l'armistice, j'ai consulté mes collègues du gouvernement sur l'opportunité de maintenir les organisations interalliées, particulièrement en ce qui concerne quelques matières premières et produits d'approvisionnement essentiel. Tous se sont déclarés d'accord.

À constater la hausse effrénée que déchaîne sur certains marchés la prévision seule de la concurrence substituée aux mesures prises en commun, un certain nombre de syndicats et d'associations se prononcent, malgré les contraintes qu'elle leur impose, pour le maintien d'une organisation commune qui, seule peut enrayer le « rush » des prix et empêcher que des neutres ou des ex-ennemis ne se trouvent pour des matières déficitaires dans le monde, mieux partagés que les pays associés.

Constatant que depuis l'armistice, les pâtes mécaniques et chimiques ont marqué en quelques jours une hausse de plus de 10 % sur le marché norvégien, l'Office national de la presse estime que la hausse ne peut être enrayée qu'en vertu d'un accord interallié. C'est à l'achat en commun pour les cuirs que conclut énergiquement le représentant français du Comité interministériel du cuir à Washington, qui prévoit une hausse exagérée des cours dans un avenir prochain, et constate combien il est regrettable que l'organisation commune projetée à la fois par les États-Unis, la France et l'Angleterre se trouve compromise par la dissolution prématurée du *War Industries Board* américain.

C'est au maintien d'une organisation interalliée pour la mise en commun des moyens de paiement, des moyens de transport et des matières premières elles-mêmes que vient de même de conclure l'association italo-française d'expansion économique.

Il apparaît donc que de l'avis des départements ministériels responsables de la vie économique du pays ainsi que d'un grand nombre d'intéressés, il est nécessaire d'obtenir que les gouvernements associés continuent l'application des principes de coopération qu'ils ont institués pendant la lutte commune.

III – POLITIQUE ÉCONOMIQUE QUE LES GOUVERNEMENTS ASSOCIÉS DEVRAIENT ADOPTER AU COURS DE LA PÉRIODE DE RECONSTITUTION

Plus limitée dans ses applications, l'organisation commune que je préconise pour la période de transition doit être, par ailleurs, plus équitable encore que celle qui a pu être réalisée au cours des hostilités. En effet, pendant la guerre, la France, préoccupée surtout de ne point manquer des produits nécessaires, soit à la poursuite de la guerre, soit à la vie alimentaire ou économique de la nation, a dû admettre parfois des inégalités onéreuses affectant, soit le prix d'achat, soit le prix de transport de ces importations. Elle les a subies, tout en s'efforçant de les réduire ou de les compenser par la mise en commun des ressources alliées et de faire prévaloir au sein de la coalition le principe de l'égalité des sacrifices.

L'organisation commune à instituer au lendemain de la guerre doit, sous peine de n'être point viable, éliminer ces inégalités.

Deux principes complémentaires doivent y présider :

1°- Il faut que chacun des pays participant à la Ligue économique des Nations et, éventuellement, à la Société des Nations, reçoive les matières premières contrôlées à des prix équivalents.

Pour atteindre ce résultat, il faut que, quel que soit le pays d'origine, la matière première devienne au même prix et que, d'autre part, grâce à une péréquation des frets, elle soit transportée à un taux de fret identique, c'est-à-dire à des frais de transport équivalents.

2°- Recevant ainsi les matières premières dans des conditions sensiblement égales, les pays participants s'engageraient à ne point étendre la protection du produit manufacturé au-delà des différences qui résultent, pour chacun d'eux, du coût différent de la transformation, qu'il s'agisse du combustible, de la main-d'œuvre ou des charges fiscales.

Il va de soi que si les deux principes que je viens de formuler reçoivent l'agrément définitif du gouvernement britannique et des autres pays associés, il en résultera un avantage considérable, à la fois par la réduction du prix de la vie et par la limitation des luttes de tarif.

L'association dans une organisation commune exclut en effet la concurrence sur les marchés des matières premières et amène, par là même, une réduction maxima du prix d'achat et, d'autre part, la protection douanière du produit manufacturé étant elle-même réduite au minimum, tout l'effort des transformateurs tend à réduire le prix de la transformation.

La politique de coopération qui aboutit ainsi à un abaissement considérable des prix est d'autre part, ainsi que je l'ai fait observer, le meilleur rempart contre l'esprit de discorde et de rivalité exaspérées qu'entraînent les tarifs prohibitifs et tous autres moyens mis en pratique pour remédier, non seulement à l'inégalité des conditions économiques, mais trop souvent aussi à l'infériorité des méthodes de fabrication ou des initiatives commerciales.

Il serait en effet inadmissible que, s'imposant chacun ces sacrifices divers pour la péréquation des prix des matières premières, les États associés établissent ensuite l'inégalité par une protection injustifiée des produits finis.

Enfin, s'associant pour la répartition à prix égal de certaines matières premières et produits essentiels, les États participants ne pourront se dissocier pour pratiquer une politique économique différente à l'égard des pays neutres et des pays ex-ennemis.

Je n'ai pas besoin de rappeler que, dès l'armistice, le danger d'une politique particulariste à l'égard des pays ex-ennemis s'est manifesté et il est à redouter que tout l'effort de l'ennemi ne tende dans l'avenir à l'aggraver.

Certes, la fourniture à ces pays qui, à certains égards sont complètement démunis, peut paraître tentante, et déchaîner certains intérêts privés, il n'en est donc que plus nécessaire pour les gouvernements d'y apporter des tempéraments concertés.

Un récent rapport anglais marquait le trouble qui pourrait résulter de l'écart même des prix qui existe entre les marchés de l'Entente et ceux des Empires centraux. Par exemple, le fait que l'Autriche payait encore 6 shillings et demi la livre de viande qui, dans le Royaume-Uni valait 1 shilling et demi, constitue une tentation, soit pour la livraison trop abondante, soit pour une hausse factice des prix.

L'on conviendra que ce serait mal reconnaître la réparation qui est due à ceux des pays associés qui ont le plus souffert de la guerre que de les mettre demain dans un état d'infériorité industrielle ou commerciale permettant une reprise économique plus aisée aux pays ex-ennemis qui n'ont point connu l'invasion, dont l'outillage est intact et qui se sont assurés une priorité sur le marché extérieur par les déproductions mêmes qu'ils ont infligées à leurs concurrents.

L'on conviendra également que ce serait méconnaître les droits des nations qui ont défendu la notion de la Liberté et de la Justice, que de leur imposer un régime de prix particulièrement désavantageux résultant de la fourniture exagérée qui serait accordée aux nations ex-ennemies.

C'est pourquoi la proposition américaine d'assurer le ravitaillement des pays libérés et ex-ennemis a été l'objet d'un examen approfondi de la part des gouvernements alliés qui ont, à cet égard, défendu le principe de l'action associée et de la politique commune.

Déjà vous m'avez chargé d'exposer au gouvernement anglais les grandes lignes de cette situation. C'est pourquoi, en cours de mes récentes négociations à Londres, j'ai remis le 10 décembre à Lord Reading une proposition tendant à instituer, pour un nombre limité de produits et pour un laps de temps qui peut varier selon les produits envisagés, le maintien ou l'adaptation des organes interalliés qui, au cours de la guerre, ont procédé à la répartition des ressources communes ou à l'achat en commun du supplément estimé nécessaire.

Le système que j'ai préconisé tend à la fois à abandonner graduellement certaines des applications de la politique d'association pratiquée jusqu'à ce jour, au fur et à mesure qu'elles cesseront d'apparaître indispensables, et à maintenir ou continuer une coopération étroite pour la mise en commun ou l'achat, le paiement et le transport d'un petit nombre de matières premières comprenant : les produits essentiels du ravitaillement, certaines matières textiles et les cuirs, certains minerais, métaux et bois.

Dans le même esprit, le gouvernement a décidé de remettre le 21 décembre un mémorandum au président Wilson lui demandant que l'Amérique ne se retire pas des organisations interalliées avant que des échanges de vues aient eu lieu à ce sujet entre les gouvernements associés[1].

Afin d'assurer à la France les moyens de transport indispensables, j'ai déjà, au nom du gouvernement français, saisi le gouvernement anglais à qui j'ai demandé que nous soient assurés les moyens de transports maritimes nécessaires à nos importations à un taux de fret correspondant au taux que les Anglais eux-mêmes pratiqueront pour leurs propres importations. Le gouvernement anglais a considéré favorablement cette demande et je poursuis à l'heure actuelle avec lui des négociations tendant à la mise au point de l'accord que nous désirons.

En ce qui touche les finances, même si la réparation exigée de l'Allemagne pour les dommages de la guerre pouvait être complète, il n'en demeurerait pas moins certain que les États alliés ont contracté les uns à l'égard des autres, des dettes qui se montent à quelque cent milliards et dont la révision et l'amortissement doivent être obtenus au moyen de mesures concertées en commun. La dette considérable que l'Angleterre a contractée à l'égard des États-Unis, les dettes non moins importantes que la France a contractées à l'égard de l'Angleterre comme des États-Unis, ne peuvent être éteintes que progressivement, par des mesures financières prises en commun dont les modalités doivent être précisées dès avant le traité de paix.

D'autre part, la France étant à l'heure actuelle privée de stocks et manquant de toutes les marchandises de première nécessité, se trouve dans l'impossibilité absolue d'exporter et par conséquent de se procurer des moyens de paiement à l'étranger par les voies normales.

Cette situation durera jusqu'au moment où le marché français deviendra saturé de produits de consommation et de marchandises et où l'exportation,

---

[1] Voir document n° 376 du 23 décembre 1918.

reprenant son cours normal, le pays pourra se procurer ainsi les moyens de payer à l'étranger.

Pendant toute cette période de reconstitution la France ne pourra obtenir du change que par des avances ; or, il apparaît nettement que seul l'État est en mesure d'obtenir ces avances dans des conditions favorables.

Si, au contraire, pour pratiquer avant l'heure une politique de soi-disant liberté, en laissant le commerce se procurer par ses propres moyens les devises dont il aura besoin, pour un paiement à l'étranger, il en résulterait instantanément une hausse sans limite de nos changes qui aboutirait à un renchérissement nouveau de la vie et qui aurait pour résultat de mettre, pour un temps indéterminé, nos industries dans l'impossibilité de produire à la parité de leurs concurrents étrangers.

Une entente qui nous fournira les moyens de crédit nécessaires et qui stabilisera notre change pendant cette période limitée est indispensable au maintien de la vie nationale dans des conditions normales, au maintien de notre crédit et à la restauration économique de notre pays.

IV – LA POLITIQUE ÉCONOMIQUE COMMUNE DES GOUVERNEMENTS ASSOCIÉS DOIT ÊTRE DISCUTÉE AVANT LES PRÉLIMINAIRES DE PAIX

Des mesures économiques communes doivent donc être préparées par les États associés s'ils veulent éviter pour les pays qui ont le plus souffert dans cette guerre, un déni de justice et, pour toutes les nations participantes, des conditions de vie susceptibles d'engendrer l'instabilité et le désordre.

Cette préparation doit se faire dès avant les préliminaires de paix, car le traité même que les Alliés imposeront à l'Allemagne, dépendra, dans une certaine mesure, des garanties qu'ils se seront données entre eux et du régime économique qu'ils auront décidé d'instituer dans le monde après la guerre.

Si les pays associés ne se sont pas garantis mutuellement, pour la période de transition, l'entraide qu'ils ont pratiquée pendant la guerre, ils devront apporter aux préliminaires de paix, des clauses telles que l'Allemagne soit obligée, non seulement de fournir la réparation intégrale qu'elle doit pour ses destructions et pour ses vols, et laisser prendre les assurances nécessaires contre le retour d'un régime d'impérialisme et de violence, mais encore de donner des garanties qui compensent celles que les Alliés auraient négligé de concerter entre eux et qui sont indispensables pour que la France, l'Italie, la Belgique, les pays envahis ou dévastés puissent, par une supériorité incontestée sur l'ennemi, éviter les conséquences de l'infériorité où l'abandon de la coopération les laissent par rapport à leurs associés d'hier.

Si la concurrence se substituant sans transition au régime de la solidarité, devant déchaîner dans la vie économique des troubles dont il est impossible à l'heure actuelle, d'évaluer la répercussion, il faudrait que la France se prémunît par toutes les garanties nécessaires, qu'elle exigera de l'Allemagne, contre le retour de nouvelles agressions ou de nouvelles tentatives d'hégémonie économique.

Outre cette liquidation du passé, il importe que les États associés envisagent le régime économique qu'ils veulent faire prévaloir dans l'avenir.

Ils doivent décider s'ils institueront, grâce à des mesures prises d'un commun accord, une organisation économique destinée à assurer au monde, au lendemain de la tourmente, un relèvement dans la sécurité, ou s'ils n'envisagent comme gage de cette sécurité qu'une paix de représailles et de châtiments.

Ces questions doivent être examinées et tranchées avant les préliminaires de paix.

Il apparaît en effet, que ce serait une méthode singulièrement précaire que de vouloir d'abord régler les comptes de l'Allemagne, sans que les gouvernements associés aient, au préalable, établi les principes devant régir l'ordre économique.

Il importe donc que la Conférence interalliée qui se réunira avant les préliminaires de paix soit saisie de cette question, mais un statut économique ne saurait être établi qu'après que les gouvernements associés en auront discuté entre eux et fixé les modalités éventuelles d'application.

Dans le cas où les Alliés ne conviendraient pas de la nécessité de prendre des mesures communes destinées à assurer les buts précis que j'ai définis, la France doit non seulement présenter en vue des préliminaires de paix un programme de réparation intégrale, mais encore renforcer le système de garanties à exiger de l'ennemi, grâce auquel elle pourrait compenser, par une supériorité incontestée à l'égard des Empires centraux, l'infériorité qui résulterait à l'égard des autres nations de la situation économique dans laquelle l'a mise la guerre.

Ce programme de réparations et de garanties, j'ai chargé mes directeurs de le constituer sous la forme d'un système d'articles à insérer dans les préliminaires de paix.

Le projet qu'ils ont élaboré, sous ma direction et que je vous prie de trouver ci-annexé[1], devrait être ajusté avec les programmes des autres Départements, afin de former avec eux un corps de doctrines que le gouvernement présenterait à nos Alliés et imposerait à nos ennemis.

Parmi les conditions que le projet élaboré a précisées, certaine doivent être maintenues, quelle que soit la décision prise par les Alliés en ce qui touche le maintien de leur coopération économique après la guerre. En effet, toutes les clauses relatives à la réparation des dommages et aux prestations en nature, à la restitution des navires coulés, aux garanties à prendre contre le commerce déloyal et le dumping, à la propriété industrielle, au régime du transit des voies internationales, ne sont point susceptibles de tempérament, car elles constituent, soit le paiement de dettes indiscutables, soit la condition de notre indépendance économique.

D'autres clauses constituent des garanties que la France exige jusqu'au paiement intégral de la dette allemande ou pour une période qu'elle estime

---

[1] Document non reproduit.

nécessaire à sa propre restauration. Ces clauses ne seraient susceptibles d'amendement que si la France a trouvé, dans la coopération de nos Alliés et associés, les garanties correspondantes.

CPC, A-Paix, 1914-1918, vol. 270 (4CPCOM/270).

405

M. de Fontenay, Ministre de France à Belgrade,
À M. Pichon, Ministre des Affaires étrangères.

T. n° 311. *Belgrade, Salonique, 1ᵉʳ janvier 1919, 3 h.*
Chiffré. (Reçu : le 2.)

31 décembre midi.

Je viens de voir le Prince Régent auprès duquel j'ai voulu insister personnellement sur la nécessité d'éviter tout conflit armé avec l'Italie, je l'ai trouvé tout à fait découragé de voir que les Alliés ne le soutenaient qu'en paroles et cédaient par contre aux Italiens sur tous les points et que (ce sont ses propres termes) le Conseil de Versailles soit dirigé par l'Italie qui ne fut cependant pas le facteur principal de la victoire des Alliés.

Il est revenu sur l'occupation du Monténégro qu'aucune agitation, qu'aucun trouble ne justifiait et qui sert uniquement les intérêts de l'Italie. Il venait d'apprendre l'arrivée à Spalato de trois torpilleurs italiens qui ont refusé de dire à l'officier français le but de leur venue et le remplacement des troupes françaises dans la Serbie du Sud (Monastir) par des forces italiennes. « Le sang a coulé, il y a de nouveau des civils et des soldats tués ; que puis-je faire ? ». Il doute que l'on puisse arrêter la population civile qui voudrait se défendre contre l'invasion.

« Les Italiens par leurs procédés et leurs provocations vont nous faire regretter l'Autriche ». Réflexion que j'ai déjà entendue dans le public où l'on se familiarise aussi avec l'idée d'une nouvelle guerre en plaisantant ceux qui ont parlé de la « dernière guerre ».

Le Prince m'a encore dit : « Si c'est comme cela que vous me soutenez au début de la formation du nouvel État, que sera-ce après le désarmement ? ». J'ai prié très instamment le Prince Régent de ne pas se laisser abattre, mais de compter sur l'appui et la bonne volonté de la France et de son gouvernement.

De leur côté, les membres du gouvernement sont fort agités et ne dissimulent pas la gravité de la situation, ils disent que leur pays traverse de nouveau une phase extrêmement critique ; j'ai pu cependant relever le moral de plusieurs d'entre eux.

CPC, Z-Europe, Yougoslavie, 1918-1940, vol. 44 (118CPCOM/44).

406

M. Chambrun, Chargé d'Affaires à Washington,
à M. Pichon, Ministre des Affaires étrangères.

T. n° 1835. New York (Washington), s.d., s.h.
Chiffré. Urgent. (Reçu : le 1ᵉʳ janvier 1919, 21 h. 15.)

Avances à l'Allemagne.

Réponse à votre télégramme 4370[1].

Le secrétaire d'État par intérim m'a déclaré que le gouvernement fédéral n'avait jamais songé à pareille chose et que le propos tenu par les délégués américains à Spa ne repose sur rien. La faculté de consentir des prêts ne pouvant légalement s'exercer qu'en faveur des pays alliés, il ne conçoit pas comment a pu être suggérée l'idée d'une avance au profit de l'Allemagne ; je l'ai assuré que le Gouvernement de la République n'y avait pas un seul instant ajouté foi. M. Polk a dû télégraphier à ce sujet à l'ambassadeur des États-Unis à Paris.

CPC, A-Paix, 1914-1918, vol. 52 (4CPCOM/52).

407

N. *Paris, 1ᵉʳ janvier 1919.*

Affaires baltiques.
États nouveaux.

Remarque préliminaire :

La constitution de nouveaux États sur les bords de la Baltique implique le règlement du statut maritime de la Baltique. Ce règlement est lié lui-même avec le problème général du régime international des Détroits et de la liberté des mers. Il conviendrait de stipuler formellement, pour la mer Baltique, comme pour la mer Noire et pour l'Adriatique, qu'elle devra être ouverte sans restrictions d'aucun genre à tous les navires (navires de guerre ou marine marchande) de toutes les nationalités quelles qu'elles soient. En

---

[1] Dans ce télégramme envoyé à Washington le 26 décembre à 10 h. 45, Pichon fait part à Jusserand d'une information obtenue à la commission d'armistice de Spa par les représentants du ministère des Finances suivant laquelle le représentant américain à ladite commission leur avait indiqué que les États-Unis allaient être amenés à faire un prêt de plusieurs milliards de Marks à l'Allemagne pour assurer son ravitaillement. Pichon et Klotz étaient totalement opposés à une telle perspective qui « léseraient si gravement les intérêts des Alliés ». Pour eux, les sinistrés belges et français devaient avoir toute priorité en ce domaine. Pichon demandait des éclaircissements urgents sur cette affaire.

effet, la sécurité et l'indépendance même des nouveaux États à constituer sur la rive orientale de la Baltique reposent en grande partie sur la possibilité pour les grandes Puissances occidentales d'avoir librement accès par mer au territoire des États nouveaux. C'est une des garanties les plus efficaces pour ceux-ci contre les ambitions des États anciens et des grandes Puissances riveraines de la même mer. Il suffit de rappeler pour justifier cette remarque, la fermeture des détroits danois et suédois pendant la guerre actuelle, aussi bien que la fermeture de l'Escaut par la Hollande. On peut faire d'ailleurs une observation similaire en ce qui concerne les nouveaux États à créer sur la rive orientale de l'Adriatique et sur les bords de la mer Noire (au sud du Caucase).

1°- *Questions politiques et territoriales*

Combien d'États nouveaux faudra-t-il créer sur les rives de la Baltique ? Quelles devront être les frontières de chacun de ceux-ci ? Quelles relations politiques devront-ils avoir avec leurs voisins anciens ou nouveaux (Grande Russie – Pologne) ?

A. *Estonie.*

Devra-t-elle former un État indépendant ? Ou être rattachée à la Lettonie ? Ou à la Grande Russie ? Ou à la Finlande ? Si elle est rattachée à l'un ou à l'autre de ces trois États, quelle devra être la nature du lien fédéral ?

B. *Lettonie.*

Devra-t-elle former un État indépendant ? Quelles seraient alors ses frontières ? Vis-à-vis de la Grande Russie, vis-à-vis de l'Estonie, vis-à-vis de la Lituanie ? Conviendra-t-il au contraire de l'unir avec l'Estonie ? Ou avec la Grande Russie ? Ou avec la Lituanie ? Et de quelle nature pourrait être le lien fédéral à envisager dans ce cas ? Comment l'accès de la Grande Russie à la mer Baltique devrait-il être assuré en dehors de Petrograd ? (Actuellement les ports lettons, notamment Riga, servent à assurer les relations commerciales des pays occidentaux avec la Russie et avec la Sibérie. Il paraît donc nécessaire en toute hypothèse d'assurer par une clause du traité l'accès de la Russie à la mer à travers la Lettonie. Le cas est comparable à celui de la Bohême[1], à laquelle le traité devra assurer l'accès à l'Adriatique par la Yougoslavie à travers l'Autriche allemande. Cette question se rattache au problème du régime international des chemins de fer).

C. *Lituanie.*

La Lituanie devra-t-elle former un État indépendant ? (La solution vers laquelle tendait le gouvernement allemand en 1918 était de faire de la Lituanie une entité politique distincte, en profitant de la différence de religion entre les Lettons protestants et les Lituaniens catholiques, et en utilisant d'autre part les dissentiments politiques et sociaux entre la Lituanie et

---

[1] En marge : « Le cas n'est pas du tout comparable. La Bohême n'a jamais eu accès à la mer et ne pourra jamais en avoir. Il faut donc amener un peu de voies commerciales ; au contraire les accès à la Baltique ont appartenu à la Russie et les ports ont été créés comme les chemins de fer avec ses capitaux. Elle n'acceptera jamais qu'on lui enlève même avec les droits de transit commercial ».

la Pologne, dont la noblesse possède une grande partie du sol lituanien et méprise les paysans que les seigneurs polonais considèrent comme des sortes de serfs. La politique de l'Entente paraît devoir être, inversement, d'assurer, si possible, l'union politique de la Lituanie, d'une part avec les Lettons, qui parlent à peu près la même langue, d'autre part avec les Polonais, qui professent la même religion). Ne convient-il donc pas d'unir la Lituanie et la Lettonie ? Et ne pourrait-on établir un lien fédéral, peut-être moins étroit, entre cette Letto-Lituanie et la Pologne ? La condition nécessaire pour faire aboutir cette dernière combinaison n'est-elle pas l'établissement en Pologne d'un régime démocratique, plus ou moins analogue à celui que Pilsudski essaie actuellement de faire triompher, et dans lequel la noblesse polonaise perdrait, sur le sol même de la Pologne, comme sur le sol lituanien, sa prépondérance actuelle ? Ne doit-on pas envisager dans ce cas l'expropriation des grandes propriétés polonaises en Lituanie et la formation, par les soins de l'Entente, de commissions chargées d'indemniser les propriétaires polonais (question examinée dans la note sur les affaires polonaises) ? En tout état de cause, quelles devraient être les frontières de la Lituanie ? Du côté de la Prusse orientale (où elle devrait englober les Lituaniens actuellement compris dans le territoire allemand) ? Du côté de la Pologne (ici se pose la question non seulement de la grande propriété polonaise, base économique de l'impérialisme polonais, mais encore de la zone linguistique mixte polono-lituanienne) ? Du côté de la Russie ? (La détermination de la frontière entre la Russie et la Lituanie pose le problème de la Russie blanche. Les Russes blancs formeront-ils un État indépendant ? Ou seront-ils réunis, au moins par un lien fédéral, à la Grande Russie ? Ou bien à la Pologne ? Il convient de remarquer que les ressources économiques de la Russie Blanche lui permettraient difficilement de constituer un État absolument indépendant ; que cet État n'aurait aucun accès direct à la mer ; que cet accès devrait donc, en tout cas, lui être assuré à travers la Lituanie, soit par un accord séparé avec ce pays, soit en vertu d'une convention internationale. Il semble d'ailleurs que, la politique allemande étant de pulvériser les confins de la Russie en un aussi grand nombre que possible de petits États, la politique de l'Entente doive être, au contraire, de constituer sur les confins orientaux de l'Allemagne des États slaves aussi peu nombreux et par suite aussi forts que possible. Il semble donc qu'il ne soit ni de l'intérêt des Russes blancs, ni de celui de l'Entente d'ériger la Russie blanche en États indépendants. Il semble aussi, tout accroissement de force des voisins immédiats de l'Allemagne étant dans l'intérêt de l'Entente, que celle-ci devrait favoriser l'union de la Russie blanche avec la Lituanie – ou éventuellement avec la Pologne – plutôt qu'avec la Grande Russie).

2°- *Questions économiques et régime intérieur*

Quelle devra être la quote-part de chacun des États baltiques dans la dette russe ? Ne devra-t-on pas imposer à tous ces pays la reconnaissance de la liberté de conscience et de l'égalité civile ? Ne devra-t-on pas leur imposer, avant de reconnaître formellement leur indépendance, la réunion d'une Constituante élue au suffrage universel, direct et secret, cette assemblée (ou un gouvernement issu d'elle) ayant seule qualité pour fixer le statut politique de chacun de ces États (indépendants ou union avec l'un ou l'autre des États voisins) et pour prendre des engagements vis-à-vis des Puissances de l'Entente, en acceptant les clauses du traité de paix ? Les élections ne devraient-elles pas se faire sous le contrôle des Puissances de l'Entente ?

CPC, Z-Europe, URSS, 1918-1940, vol. 688 (117CPCOM/688).

408

M. de Fontenay, Ministre de France à Belgrade,
À M. Pichon, Ministre des Affaires étrangères.

T. n° 1. *Belgrade par Salonique, 2 janvier 1919, 16 h. 10.*
Chiffré. (*Reçu* : le 3, 23 h. 55.)

Je me réfère aux télégrammes de Votre Excellence du 16 décembre, aux numéros 266 et 267[1] et à mes derniers télégrammes de 1918.

Nos alliés serbes traversent une crise morale incontestablement sérieuse depuis que leur retour en Serbie et dans leur capitale leur a permis de mesurer l'étendue des ruines matérielles et morales, impression que ne parvient pas à contrebalancer le sentiment de la victoire. Dans ces circonstances délicates, j'ai eu recours à tous les arguments susceptibles de les réconforter et de calmer les craintes que leur inspirent certains faits.

J'ai pu constater qu'ils sont surtout sensibles à l'assurance donnée du concours fidèle et de l'amitié loyale de la France ; les Serbes restent trop pénétrés de ce qu'ils nous doivent pour que l'appel à la confiance ne les touche. Par contre, ils ne veulent pas croire à nos difficultés avec l'Italie tant est grande la déconsidération dont ce pays et son armée jouissent maintenant dans les Balkans à la suite des procédés et d'événements qu'il est inutile de rappeler ici. On n'admet donc pas que la France glorieuse et triomphante puisse se préoccuper des rodomontades italiennes. Ce qui affecte surtout le gouvernement de Belgrade c'est de ne jamais être mis au courant des motifs qui dictent les décisions qu'on leur impose « comme à des vaincus ». C'est ainsi qu'en ce moment on me harcèle de questions sur les raisons de l'occupation du Monténégro où régnaient le calme et l'harmonie. Si donc, sans les consulter, on leur donnait quelques explications autres que celle de dire simplement qu'on agit dans leur intérêt, ils auraient moins le sentiment très ancré en eux que dans le comité de Versailles on les sacrifie à l'Italie.

Ils prétendent qu'on y oublie déjà les services rendus à la cause générale :

« Où en seriez-vous sans l'avance victorieuse dans les Balkans en septembre dernier ? ».

[1] Télégrammes non retrouvés.

En somme, en usant de quelques ménagements dans cette période délicate de transition, nous éviterions des froissements d'amour propre et nous conserverions intacts l'attachement et la confiance des Serbes envers la France.

La fixation par Votre Excellence de la date de la visite du Prince Régent à Paris amènera aussi une détente car ce retard ajoute à l'énervement ; l'accueil fait par le peuple français au chef de l'armée serbe fera le reste pour l'opinion publique ; les paroles que diront le Président de la République et les membres du gouvernement calmeront les appréhensions du Prince Régent.

CPC, Z-Europe, Yougoslavie, 1918-1940, vol. 44 (118CPCOM/44).

409

M. Conty, Ministre de France à Copenhague,
À M. Pichon, Ministre des Affaires étrangères.

T. n° 7. *Copenhague, 2 janvier 1919, 22 h. 50.*

(*Reçu : le 3, 19 h. 10.*)

Je me réfère à votre télégramme 667[1].

On me confirme que Litvinov expose tout un programme de négociations avec l'Entente. Il déclare qu'il acceptera toute compromission pourvu que les Alliés ne demandent pas de cession territoriale et ne fassent pas preuve d'exigences telles que la livraison de Lénine ou de Trotski. Il prétend que les Bolcheviks sont disposés à établir l'ordre et la légalité et que, en cas d'accord avec les Alliés, la propagande anarchiste s'arrêtera. Quant à la bourgeoisie russe, elle n'aurait, dit Litvinov, qu'à renoncer à toute tentative contre-révolutionnaire pour obtenir un régime lui permettant de travailler librement.

Un courrier bolchevik serait arrivé à Stockholm avec dix millions de roubles et un Danois en aurait apporté deux millions et demi à Copenhague pour le compte du gouvernement des Soviets. Il paraît exact que Vorovski est venu ces jours-ci au Danemark en fraude bien que son passeport n'ait pas été visé par la légation danoise à Stockholm.

On prétend que Lénine encouragerait Liebknecht à pousser à Berlin les choses au pire afin de provoquer l'occupation de cette ville par les Alliés.

---

[1] Ce télégramme renvoie au télégramme n° 1304 daté du 25 décembre 1918, envoyé depuis Stockholm par Delavaud, qui signale que les ministres alliés ayant reçu la requête de Litvinov ont décidé « naturellement » de ne pas répondre. « La démarche prouve d'après nous que les bolcheviks n'ont pas confiance dans leur cause », note le ministre. Delavaud dénonce l'habileté de Litvinov, commissaire du Peuple aux Affaires étrangères, « qui manifeste la plus grande confiance dans la propagande, et en elle seule, veut gagner du temps par des négociations dilatoires de même que par des intrigues dans les pays de l'Entente ».

Lénine espérerait effectuer la propagande bolchevique par l'Allemagne jusqu'à la France.

Télégrammes, Copenhague, Arrivée, 1919, vol. 1716 (304QONT/1716).

410

N. *Paris, 2 janvier 1919.*

Les idées du Président Wilson.
Divergences de vues avec les gouvernements alliés.

Au cours des négociations qui ont précédé l'armistice, le président Wilson a manifesté, aussi bien dans la *forme de ses interventions* que sur le *fond des questions*, des tendances qui ont inquiété les Alliés et suscité leurs réserves, sinon même leurs réclamations.

1° Questions de forme.

A) Le Président s'érige en arbitre, entre les Puissances ennemies, qu'il ménage, et les Puissances associées auxquelles il évite de donner le titre d'alliées.

B) Le Président semble voir imposer aux associés comme aux ennemis une adhésion sans réserve aux 14 propositions qu'il a énoncées devant le Sénat américain. Il confond ainsi les conditions d'armistice avec les conditions de paix et fait le jeu des ennemis.

Armistice avec la Turquie. Le Président fait savoir à l'ambassadeur de France qu'il est disposé à servir aux Alliés d'intermédiaire auprès des Turcs. Les Alliés objectent que les États-Unis n'étant pas en guerre avec la Turquie n'ont pas qualité pour fixer les conditions de l'armistice qui sont des conditions militaires (21 octobre). Quelques jours plus tard d'ailleurs le Président propose de conseiller à la Turquie de conclure directement un armistice avec les Alliés. Ceux-ci acceptent.

Armistice avec l'Allemagne. Le Président fait savoir qu'il transmet aux gouvernements alliés sa correspondance avec les autorités allemandes et que si ces mêmes gouvernements sont disposés à conclure une paix conforme aux principes américains, il leur propose de confier au haut-commandement le soin d'arrêter les termes d'un armistice offrant toute garantie.

Les Alliés répondent que le Président semble vouloir imposer à ses alliés comme à ses ennemis une paix conforme aux 14 principes qu'il a proclamés ; qu'en agissant ainsi :

a) il s'érige, lui belligérant, en arbitre ; situation irrégulière, contraire au droit et à la logique

b) il confond les conditions d'armistice avec les conditions de paix, faisant le jeu des ennemis qui ont tout intérêt à accepter des principes généraux, dont ils prétendront ensuite discuter le détail et l'application

c) il dessert au contraire, par cette confusion, ses alliés, qui approuvent d'une manière générale, ses principes mais se réservent de formuler leurs réserves, par exemple, sur la question de la liberté des mers, ou de proposer leurs additions, par exemple en ce qui concerne la réparation des dommages de guerre.

Les Alliés se contentent donc de déclarer qu'ils sont prêts à faire connaître les conditions d'armistice fixées par leurs experts militaires et navals. Ils consignent, dans un protocole spécial, leurs réserves sur la question de la liberté des mers et leurs demandes de réparations.

2° Questions de fond.
Allemagne.

a) Le président Wilson est entraîné par ses idées humanitaires à ménager outre-mesure l'Allemagne.

Il exprime, au début de novembre, la crainte que les Allemands ne refusent les conditions exagérément dures de l'armistice et que la guerre ne soit ainsi prolongée.

Au lendemain de l'armistice, il exprime le vœu que le silence soit fait sur les atrocités allemandes. L'opposition républicaine lui reproche de jeter des fleurs aux assassins.

Il témoigne tant de sollicitude pour le ravitaillement de l'Allemagne que l'opinion s'inquiète et que M. Hoover doit, au moment de s'embarquer, déclarer, pour rassurer l'opinion, qu'il s'agit seulement de desserrer le blocus et de laisser les Alliés[1] s'aider eux-mêmes (télégramme de Washington 1676 du 19/11/18[2]).

b) Le Président croit à la sincérité des sentiments pacifiques proclamés par les Allemands et veut les admettre le plus tôt possible dans la Société des Nations.

Les Alliés pensent que les déclarations pacifiques des Allemands sont dictées par l'intérêt. Ils entendent soumettre leurs anciens ennemis à un stage prolongé avant de les admettre dans la Société des Nations (Rome 2772 du 17/11/18[3]).

c) Le Président croit que le régime démocratique établi en Allemagne constitue une sauvegarde pour les Puissances. En refusant de traiter avec les autorités allemandes qui ont conduit la guerre, il a favorisé la transformation de l'Empire allemand en République allemande.

Les Alliés pensent qu'une démocratie allemande sera belliqueuse si elle est unitaire. Ils veulent non seulement démocratiser l'Allemagne, mais la

---

[1] Selon toute vraisemblance, il faut lire « les Allemands ».

[2] Dans ce télégramme reçu le 19 novembre (à 11 h. 13), Jusserand évoque la question du ravitaillement de l'Allemagne qui suscite outre-Atlantique des remous.

[3] Dans ce télégramme du 17 novembre (envoyé à 20 h. 55 et reçu le 18 à 1 h. 45), Barrère critique les « conseils d'humanité » venant de Washington concernant le ravitaillement de l'Allemagne. Il y indique également : « Pour le reste, on ne peut qu'envisager avec dégoût la perspective qu'on nous ouvre d'une réconciliation avec l'Allemagne et de son admission immédiate dans la Société des Nations. Voilà une société bien composée dont la France ne fera pas partie ».

décentraliser. Ils désirent saisir toutes les occasions d'encourager le particularisme des États contre l'hégémonie prussienne. Ils recherchent les occasions de traiter différemment les États pour les engager dans cette voie.

Le Président, s'il persistait dans une politique condescendante à l'égard de l'Allemagne, rencontrerait aux États-Unis mêmes l'opposition du parti républicain.

Par contre l'attitude bienveillante prise par les soldats américains en Allemagne risque d'encourager le Président à la mansuétude.

Autriche-Hongrie.

Le Président a d'abord été partisan de maintenir l'Autriche sous une forme légèrement fédéralisée et a caressé l'espoir de ramener à l'Entente cette puissance affaiblie, rendue anti-allemande par le désastre de la guerre et par la prépotence prussienne.

Mais quand il eut, à l'exemple et sur les instances des Alliés, reconnu l'indépendance des Tchécoslovaques, il considéra le démembrement de l'Autriche comme inévitable et le rendit définitif par sa note du [...][1] refusant de traiter avec le gouvernement impérial et royal. Les Alliés s'effrayèrent de son audace qui était cependant logique.

Question d'Orient.

Constantinople.

Au début de novembre, le Président suggère l'idée, jugée inacceptable par la France, de confier l'administration de Constantinople à un tiers neutre.

Asie Mineure.

Le Président appliquait à l'Asie mineure la même solution qu'à Constantinople.

Il serait en tout cas contraire à l'établissement de toute ingérence directe ou exclusive de l'Angleterre en Asie mineure.

Colonies allemandes.

Le président Wilson n'envisageait pas leur retour à l'Allemagne mais paraissait enclin à les faire gérer par un tiers neutre (télégramme de Washington 1591 du 5/11/18[2]).

Les gouvernements français et britannique pensent qu'elles devraient être attribuées chacune à une grande Puissance ayant des intérêts coloniaux dans le voisinage (voir stipulations politiques colonies).

Liberté des mers.

Voir au sous-dossier spécial la thèse américaine que l'Angleterre n'accepte pas et au sujet de laquelle les gouvernements britannique et français ont exprimé leurs réserves au protocole du 30 octobre 1918.

---

[1] Espace laissé libre dans le document original. Il s'agit du 18 octobre 1918.

[2] Dans ce télégramme reçu le 5 novembre à 5 h., Jusserand évoque l'entretien entre Wilson et Sir Eric Geddes, 1er Lord de l'Amirauté, concernant la liberté des mers. Wilson souhaitait ne plus laisser aux Britanniques une si grande domination sur les mers, notamment en temps de guerre, tout en tenant compte de la situation spéciale de la Grande-Bretagne et de ses Dominions.

Société des Nations.

Voir au sous-dossier spécial les tendances du Président, combattues par les Alliés, à faire entrer les ennemis de plain-pied dans la Société des Nations.

CPC, A-Paix, 1914-1918, vol. 292 (4CPCOM/292).

411

M. Clinchant, Chargé d'Affaires à Berne,
  à M. Pichon, Ministre des Affaires étrangères.

T. n° 15.　　　　　　　　　　　　　　　　*Berne, 3 janvier 1919, 5 h.*
Chiffré.　　　　　　　　　　　　　　　　　(Reçu : le 4, 13 h.)

Situation intérieure de l'Allemagne.

Le professeur Foerster a fait part à un de nos informateurs, qui est en confiance avec lui, des vives inquiétudes que lui causait la situation intérieure de l'Allemagne. Il a déploré la faiblesse du cabinet Ebert. Ne pas vouloir prendre, a-t-il ajouté, des mesures énergiques contre les hommes du groupe Spartakus, c'est les inciter à de nouvelles tentatives de coups de force. S'ils arrivaient au pouvoir, la servilité (sic) du peuple allemand est telle qu'ils pourraient s'y maintenir car ils seraient obéis.

Le docteur Foerster a parlé également de l'active propagande que les extrémistes faisaient auprès des soldats revenus du front comme auprès des paysans et des ouvriers. Il a ajouté qu'il tenait de source sûre que de très nombreux agents bolcheviks parcouraient actuellement les campagnes de la Bavière, prêchant l'esprit de révolte, parlant de partages des terres. Ces idées seraient bien accueillies par les paysans bavarois.

CPC, Z-Europe, Allemagne, 1918-1940, vol. 266 (78CPCOM/266).

412

M. Pichon, Ministre des Affaires étrangères,
  À M. de Fontenay, Ministre de France à Belgrade,
  M. Cambon, Ambassadeur de France à Londres,
  M. Barrère, Ambassadeur de France à Rome,
  M. Dutasta, Ambassadeur de France à Berne.

T. n°s 5-9 ; 131-135 ; 54-58 ; 39-43.   Paris, *3 janvier 1919.*

Chiffré.

La France, les Alliés et les aspirations serbes.

Je réponds à vos télégrammes 310 et 311[1].

Je m'étonne que vous ne parveniez pas à faire comprendre au gouvernement serbe combien ses plaintes continuelles sont excessives et, en outre, particulièrement injustes à notre égard.

Je répète qu'il était impossible aux Puissances signataires du Traité d'alliance du 26 avril 1915 de ne pas tenir compte des engagements pris par elles envers l'Italie, pour la détermination des zones d'occupation des troupes italiennes.

Il est impossible à ces mêmes puissances d'élever des protestations contre les actes du gouvernement italien dans les territoires qui lui sont attribués par un traité signé à une date où rien ne pouvait faire prévoir la dissolution complète de la monarchie austro-hongroise, et qui a assuré à la coalition un appoint indispensable pour obtenir une victoire à laquelle les Serbes, quelles que soient les répartitions finales, devront l'accomplissement d'aspirations nationales qu'ils n'auraient guère espéré en 1915, voir se réaliser aussi complètement.

Il n'en reste pas moins que le gouvernement français, sans attendre toujours d'être secondé par les autres alliés, n'a cessé depuis l'armistice d'intervenir en faveur des Yougoslaves ; s'il n'a pu empêcher l'occupation de Fiume par les Italiens, il n'en a pas moins risqué de sérieuses difficultés avec l'Italie où il est, pour cette raison, très attaqué par la presse, pour redonner à cette occupation un caractère interallié, en y créant une base pour l'Armée d'Orient.

Dans les questions maritimes, nous avons défendu également avec fermeté les intérêts légitimes des Yougoslaves.

Si les solutions obtenues ne paraissent pas satisfaisantes à Belgrade, c'est parce qu'on y raisonne avec passion, sans tenir compte de la nécessité où nous nous sommes trouvés de ne pas aggraver nos difficultés avec l'Italie. Ce n'eût pas été servir nos alliés serbes que de nous mettre en opposition formelle avec nos alliés italiens, alors que les préliminaires de paix ne sont même pas signés.

---

[1] Pour le télégramme n° 311, voir le document n° 405 du 1er janvier 1919. Voir aussi le document n° 408 du 2 janvier 1919.

Nous ne pouvons que confirmer notre position : ayant participé au traité de Londres, nous devons faire honneur à notre signature. Mais il est de toute évidence que seul le traité de Paix déterminera les attributions de territoire.

La Serbie qui le sait bien se donne l'apparence de ne compter désormais que sur les États-Unis. Elle oublie un peu vite que, sans la France, ce n'est pas seulement l'unité yougoslave, mais sa propre existence qui aurait été mise en jeu depuis longtemps.

Ce n'est pas par des incidents comme celui de Dernich que les Serbes amélioreront leur cause, et ils donnent aussi des prétextes trop faciles aux empiétements italiens en se refusant à l'exécution stricte, en pays naguère ennemi, d'un armistice conclu alors que les troupes italiennes voyaient combattre contre elles des régiments yougoslaves.

En ce qui concerne le Monténégro, il appartient au général Franchet d'Espèrey d'y régler l'emploi des troupes italiennes. En droit strict, les Serbes seraient mal venus à protester, alors que le roi Nicolas demeure pour les Puissances, jusqu'à la paix, le souverain légitime. Là encore, les partisans de l'unité yougoslave seraient peu fondés à se plaindre de nous, alors que nous avons pris l'initiative de faire conseiller au roi Nicolas, dans son propre intérêt d'ailleurs, de ne pas regagner son royaume à un moment où sa présence n'eût sans doute pas entravé le courant unitaire, mais aurait probablement gêné son développement.

Je ne méconnais pas les difficultés avec lesquelles se trouve aux prises le gouvernement serbe, mais il se doit de montrer aux Puissances que, sous sa nouvelle forme, l'État qu'il représente est capable de sang-froid et de sagesse.

Je compte sur vous pour l'orienter dans cette voie et mettre fin à des réclamations injustifiées en rappelant le Cabinet de Belgrade au sentiment de ce qu'il doit à la France et à ses Alliés.

CPC, Z-Europe, Yougoslavie, 1918-1940, vol. 44 (118CPCOM/44).

413

M. le Maréchal Foch, Commandant en Chef des Armées alliées,
 À M. Clemenceau, Président du Conseil, Ministre de la Guerre.

D. n° 239. *GQGA, 3 janvier 1919.*

Secret.

J'ai l'honneur de vous transmettre ci-joint copie des directives politiques et économiques que j'ai adressées à M. le maréchal commandant en chef les armées de l'Est[1], relativement à l'administration des territoires rhénans occupés par les armées françaises. Je compte m'inspirer des mêmes

---

[1] Il s'agit du maréchal Pétain.

principes en ce qui concerne les instructions à donner aux armées alliées, après entente avec les commandants en chef de ces armées, pour l'administration des territoires qu'elles occupent respectivement.

Je vous adresse également copie de la lettre en date du 30 décembre 1918[1], du maréchal commandant en chef les armées de l'Est relative aux mêmes questions.

Les documents que j'ai l'honneur de vous communiquer soulèvent dès aujourd'hui le problème de la politique de la France sur la rive gauche du Rhin. Sans doute est-il inopportun de provoquer des instructions catégoriques, dans l'état actuel des négociations de paix, et l'on doit envisager que les événements en cours peuvent amener le gouvernement à modifier ses vues et, par suite, à réserver son attitude, laissant à l'autorité militaire le soin et la responsabilité d'agir en exécution de l'armistice. Il me paraît toutefois désirable de recevoir les directions gouvernementales sur les points ci-après, à l'effet de ne pas engager le commandement dans des voies qui ne se concilieraient pas avec les vues du gouvernement.

I. *Politique économique.*

Les populations rhénanes s'inquiètent de leur avenir économique. Il est à prévoir que l'attitude des Alliés et spécialement de la France sur la question économique de la rive gauche sera le facteur déterminant du rapprochement ou de la scission politique des populations rhénanes avec le groupe allié et avec notre pays, plus particulièrement. Les efforts des délégués allemands aux conférences économiques de Trèves, de Luxembourg, et de Spa, pour affirmer la nécessité de fait et l'obligation juridique du maintien intégral des relations économiques entre les deux rives du Rhin en apportent la meilleure preuve.

Or, les industriels et les classes dirigeantes des pays occupés seront, sans doute, enclins à rechercher une alliance économique qui leur apporterait l'appui des Alliés, la garantie d'échapper partiellement du moins, aux représailles économiques, peut-être même aux charges de guerre imposées par les Alliés, et qui leur assurerait des matières premières, des débouchés, et l'ordre français en face de l'anarchie bolchevique.

On ne peut, par contre, se dissimuler que cette politique de rapprochement heurtera des intérêts privés en France, qui sauront s'exprimer.

Il me paraît, pour ma part, que l'accroissement de notre puissance économique, quelle que soit la forme du statut envisagé constituerait pour la France un élément non négligeable de force et de réparation.

Les directives que j'ai fixées et qui vous ont été communiquées, tiennent compte de la situation provisoire de l'armistice, de la nécessité de restaurer nos régions envahies et de donner une activité ralentie aux usines rhénanes, en ménageant les intérêts de la production française. Mais il est à constater que des courants économiques vont être maintenus ou se rétablir avec la rive droite du Rhin, notamment pour l'écoulement des stocks et de la production non utilisés par les Alliés ou les neutres.

---

[1] Document non reproduit.

Dans ces conditions, il est nécessaire que le commandement soit informé du désir du gouvernement de voir s'ouvrir, pour la rive gauche du Rhin, des débouchés en France ; il prendrait dans cette hypothèse, les mesures utiles pour restreindre progressivement les relations économiques avec la rive droite et engagerait les intéressés à se retourner vers la France. Le décret récent autorisant nos nationaux à commercer avec les établissements de la rive gauche du Rhin, par dérogation au blocus, ouvre, d'ailleurs, les possibilités légales de cette politique.

II. *Dégrèvement éventuel des populations de la rive gauche du Rhin des charges de réparations de guerre.*

Il peut paraître prématuré, pour les motifs développés dans ma lettre précitée, de prendre, dès aujourd'hui, des décisions à ce sujet, et surtout de les faire connaître. Mais il est urgent que ce problème soit envisagé par le gouvernement et il m'est nécessaire de connaître ses vues pour orienter dans la bonne voie le commandement des troupes d'occupation, qui est fréquemment saisi des questions qui s'y rapportent.

III. *Les élections.*

Je vous ai donné connaissance des mesures que j'ai prescrites aux armées d'occupation à l'effet de ne pas entraver les élections à la Constituante et aux Assemblées des États, tout en prenant les garanties nécessaires pour éviter les désordres et les communications excessives avec les milieux troublés de la rive droite.

Je tiens néanmoins à préciser qu'au cas où les événements révolutionnaires s'aggraveraient, notamment s'il apparaissait que les élections ne pourront se poursuivre régulièrement en Allemagne, ou si des troubles éclataient sur la rive gauche, l'autorité militaire serait qualifiée pour prendre des mesures d'interdiction.

D'autre part, on ne doit pas perdre de vue que si les élections à la Constituante ne peuvent être, en principe et en droit, prohibées sur la rive gauche, sous les réserves précitées, la désignation de représentants de la rive gauche au Parlement allemand confirme les liens qui unissent les pays occupés à l'Allemagne. Elles peuvent donc n'être pas sans présenter d'inconvénients pour l'avenir.

Il peut y avoir, par suite, intérêt selon les circonstances du moment à diriger les courants d'opinion vers des conceptions d'autonomie ou de séparatisme.

Je vous serais reconnaissant de me faire connaître vos vues sur cet aspect de la question rhénane.

IV. Quelles que soient les solutions qui pourraient être envisagées dès maintenant, il importe que nous soyons en situation d'agir sur l'opinion, ne serait-ce que dans l'intérêt de l'ordre qui touche directement à la sûreté des armées d'occupation.

Je vous serais donc reconnaissant de me faciliter l'exécution des mesures de propagande envisagées dans ma lettre communiquée.

D'autre part, je vous serais obligé de m'autoriser à engager sur le chapitre des fonds secrets, les sommes demandées mensuellement par M. le maréchal commandant en chef les armées de l'Est, dans sa lettre communiquée, auxquelles il convient d'ajouter une prévision mensuelle provisoire de 40 000 F pour l'administration des Territoires (en exécution de votre dépêche du 24 décembre n° 552)[1].

Ces fonds seront répartis par mes soins, par délégation aux autorités militaires intéressées et au contrôleur général des Territoires, qui rendront compte de leur emploi dans la forme usuelle.

Sous-Secrétariat d'État à la Présidence du Conseil, fonds Jeanneney (5834TOPO/38).

414

M. Guiard, Chargé d'Affaires à Arkhangelsk,
à M. Pichon, Ministre des Affaires étrangères.

T. n° 7.   *Arkhangelsk, 4 janvier 1919, 20 h. 45.*

(Reçu : le 5, 9 h. 45.)

Le chargé d'affaires de Chine vient de m'écrire pour me signaler qu'un certain nombre de travailleurs chinois qui, par suite de l'interruption du trafic sur la ligne du Transsibérien, n'avaient pas eu la possibilité d'être rapatriés, et qui se trouvaient surtout dans les régions de Petrograd et de Moscou, ont été contraints par les bolcheviks de s'enrôler dans l'Armée rouge.

La légation de Chine a fait à cet égard une enquête d'où il résulte que la contrainte dont il s'agit n'a été obtenue que par des moyens inhumains. M. Li-Che-Tcheng me fait connaître que « les protestations du Gouvernement de la République de Chine restent jusqu'à présent sans effet ».

Par ordre de ce gouvernement mon collègue me demande « de porter ce qui précède à la connaissance des chefs des troupes expéditionnaires françaises en Russie », et aussi demande d'accorder en toute occasion une faveur particulière à ces travailleurs chinois privés de leur liberté et de les couvrir de leur protection au cas où ils auraient recours aux armées des Alliés.

J'ai fait porter cette communication à la connaissance de nos unités opérant sur le front d'Arkhangelsk. Votre Excellence jugera peut-être utile d'en informer celles qui pourraient se trouver actuellement dans d'autres régions de Russie.

Télégrammes, Arkhangelsk, Arrivée, 1919, vol. 198 (304QONT/198).

---

[1] Document non retrouvé.

415

M. Pichon, Ministre des Affaires étrangères.
À M. Clinchant, Chargé d'Affaires à Berne.

T. n° 45.   Paris, 4 janvier 1919.

Par courrier.

Démarche allemande sur les responsabilités de la guerre.

Je me réfère à mon télégramme n° 2458 du 4 décembre[1].

Le gouvernement britannique m'a fait connaître qu'il était d'accord avec nous pour ne faire aucune réponse directe à la note allemande tendant à instituer une commission neutre d'enquête sur les responsabilités de la guerre, et pour estimer qu'il suffisait d'indiquer au gouvernement suisse que cette note ne comporte aucune suite, les responsabilités dont il s'agit étant établies depuis longtemps par tous les documents, d'une manière incontestable.

Je vous serais obligé, si vous ne l'avez fait déjà, de vous exprimer dans ce sens auprès du gouvernement fédéral. Vous pouvez vous entendre à ce sujet avec le ministre d'Angleterre.

CPC, Z-Europe, Allemagne, 1918-1940, vol. 325 (78CPCOM/325).

---

[1] Voir document n° 292 du 4 décembre 1918.

416

M. Pichon, Ministre des Affaires étrangères,
  À M. Dutasta, Ambassadeur de France à Berne,
  M. Dard, Chargé d'Affaires à Madrid,
  M. Allizé, Ministre de France à La Haye,
  M. Delavaud, Ministre de France à Stockholm,
  M. Guillemin, Ministre de France à Christiania,
  M. Conty, Ministre de France à Copenhague,
  M. Casenave, Ministre de France à Rio de Janeiro,
  M. Gaussen, Ministre de France à Buenos Aires,
  M. Lefaivre, Ministre de France à Montevideo,
  M. Gilbert, Ministre de France à Santiago du Chili,
  M. des Portes de la Fosse, Ministre de France à Lima,
  M. Loiseleur des Longchamps-Deville, Ministre de France à Asuncion,
  M. Fabre, Ministre de France à Caracas,
  M. Couget, Ministre de France à Mexico,
  M. Petit Lebrun, Ministre de France à Bogota,
  M. Lévesque d'Avril, Ministre de France à Guatemala City.

T. n°s 51 ; 16 ; 12 ; 12 ; 10 ; 13 ; 7 ; 9 ; 3 ; 2 ; 2 ; 2 ; 2 ; 5 ; 2 ; 2. 	Paris, 4 janvier 1919.

Pour La Haye seulement : Suite à votre télégramme n° 931[1].

Pour tous les postes :

Le maréchal Foch n'a pas eu l'occasion d'imposer à l'Autriche-Hongrie des dispositions d'ordre financier analogues à celles dont vous fait part mon télégramme n° 2759-60, 150-51, 1512-13, 116-17, 989-90, 55-56, 863-64, 35-36, 710-11, 77-78, 669-70, 196-97, 831-32, 70-71, 678-79, 66-67[2], parce qu'il n'existe plus dans cet ancien empire d'autorités avec qui des conventions générales (même d'armistice) puissent être signées. Cependant les Alliés interpréteront de la même manière que vis-à-vis de l'Allemagne (la France y est décidé en ce qui la concerne) toutes évasions d'actifs, hypothèques ou charges constituées sur des biens austro-hongrois pouvant servir de gage aux Alliés pour couvrir leurs revendications pécuniaires. Veuillez le faire connaître au gouvernement auprès duquel vous êtes accrédité.

CPC, A-Paix, 1914-1918, vol. 129 (4CPCOM/129).

---

[1] Dans ce télégramme daté du 1er janvier 1919, Allizé signale « les tentatives faites actuellement par certaines banques allemandes, soit en vue de rechercher des emprunts en hypothéquant un actif qui ne leur appartient plus, soit en vue de négocier à l'étranger les actions et les obligations de valeurs étrangères dont elles sont détentrices ».

[2] Voir le document n° 402 du 31 décembre 1918.

417

Ministère de la Guerre, Deuxième Bureau,
 à Direction des Affaires politiques et commerciales du Ministère des Affaires étrangères.

D. n° 20392. Paris, 4 janvier 1919.

République rhénane.

Le projet d'une grande république rhénane, comprenant les districts du Rhin et la Westphalie et en étroites relations avec l'Autriche allemande fut lancé à Cologne le 4 décembre. Les chefs sont les députés du Reichstag Trimborn et Marx et le docteur Hoeber de la *Kölnische Zeitung* qui supporte énergiquement l'idée et qui a publié le matin du 4 une série d'articles sur la république rhénane. Le projet met en avant la confusion et l'anarchie économique régnant à Berlin et en appelle au droit de se gouverner soi-même.

CPC, Z-Europe, Allemagne, 1918-1940, vol. 266 (78CPCOM/266).

418

M. de Saint-Aulaire, Ministre de France à Bucarest,
 à M. Pichon, Ministre des Affaires étrangères.

T. n°s 10-12. *Bucarest par Salonique, 5 janvier 1919, 10 h.*

(Reçu : le 6, 6 h. ; 7 h. 30 ; 9 h. 35.)

Réponse à vos télégrammes n°s 834-35 et 36[1].

Le gouvernement roumain est vivement ému du projet de déclaration dont je lui ai communiqué la substance. Ce projet, dit-il, est contraire aux assurances qui lui ont été transmises par M. Antonescu. Pour les raisons résumées dans mon télégramme n°s 884 et 894[2], il estime que, même en droit, le traité du 17 août 1916 n'est pas caduc. M. Brătianu déclare que si ce point de vue n'est pas adopté par les Alliés, son gouvernement sera contraint de se retirer.

Nous devons éviter à tout prix en Roumanie une crise dont l'opinion rejetterait la responsabilité sur les Alliés.

Dans l'état d'extrême misère du pays et alors qu'il est entouré de tous les côtés par le bolchevisme, une pareille crise le livrerait à ce parti alors que son concours nous est indispensable pour lutter contre l'anarchie russe.

---

[1] Voir document n° 398 du 30 décembre 1918.
[2] Télégrammes non retrouvés.

Mon collègue d'Angleterre[1], très frappé de cette considération et inquiet de la tendance de l'opinion roumaine à imputer à son gouvernement, et non à la France, l'attitude des Alliés, vient de demander par télégramme à Londres dans les termes les plus pressants d'attendre, pour arrêter définitivement cette attitude, qu'une nouvelle formule ait pu être étudiée.

En fait, il s'agit surtout d'une question de forme et de procédure. Le gouvernement roumain attache surtout une importance morale au maintien en vigueur du traité de 1916. J'ai eu avec M. Brătianu plusieurs entretiens qui m'ont laissé l'impression que moyennant une possibilité sur ce dernier point il ne se refuserait pas à des concessions, notamment en ce qui concerne les Serbes du Banat.

Je m'efforce de l'amener à accepter sur cette dernière question le principe de l'arbitrage des Alliés. Selon moi, c'est dans cette voie que doit être cherchée la solution de nature à concilier les revendications serbes[2] et les susceptibilités roumaines dont nous devons tenir le plus grand compte.

Il importe de ne pas perdre de vue que de tous les pays de l'Orient, sans en excepter la Yougoslavie, la Roumanie sera pour la France la base la plus sûre au point de vue politique et économique si nous n'y compromettons pas le fruit de notre politique. À cet égard, ma conviction est absolue.

Il est donc indispensable de maintenir ici l'opinion que les difficultés rencontrées par la Roumanie viennent des autres et ne peuvent être surmontées qu'avec notre appui.

CPC, A-Paix, 1914-1918, vol. 30 (4CPCOM/30).

419

M. de Fleuriau, Chargé d'Affaires à Londres,
 À M. Pichon, Ministre des Affaires étrangères.

T. n° 26.   *Londres, 5 janvier 1919, 13 h. 20.*

Réponse à votre télégramme 7779[3].

Le gouvernement britannique partage l'opposition du gouvernement français à toute négociation entre les Alliés et des représentants de pays ennemis avant la Conférence de la Paix, ces pays ennemis pouvant faire connaître par écrit leurs désirs.

CPC, A-Paix, 1914-1918, vol. 285 (4CPCOM/285).

---

[1] Il s'agit de sir George Barclay.

[2] Les Serbes revendiquent le Banat historique, un territoire hongrois de 30 000 km^2 qui s'interpose sur le Danube entre zones d'influences serbe et roumaine. L'Entente a joué la partition serbe au moment où les Alliés espéraient encore faire pencher la Bulgarie de leur côté ; puis a promis par le traité du 17 août 1916 cette région en échange de l'offensive roumaine en Transylvanie.

[3] Voir document n° 400 du 30 décembre 1918.

420

M. Pichon, Ministre des Affaires étrangères,
   À M. Cambon, Ambassadeur de France à Londres,
   M. Barrère, Ambassadeur de France à Rome,
   M. Regnault, Ambassadeur de France à Tokyo,
   M. Jusserand, Ambassadeur de France à Washington,
   M. Dutasta, Ambassadeur de France à Berne.

T. n°s 200-202 ; 81-83 ; 2-4 ; 38-40 ; 58-60.   *Paris, 5 janvier 1919.*

Chiffré. Urgent.

L'Angleterre et les bolcheviks.

L'ambassade d'Angleterre m'a remis une proposition anglaise (qui a été également adressée à Rome, Washington, Tokyo) tendant à envoyer un message au gouvernement des Soviets à Moscou, à celui du général Koltchak à Omsk, du général Denikine à Ekaterinodar, de M. Tchaikovski à Arkhangelsk, ainsi qu'à tous les autres gouvernements[1] constitués par les différentes nationalités russes.

Ce message invite tous ces gouvernements et tous les partis russes à arrêter complètement les hostilités, violences et représailles et à rétablir la paix à la fois entre eux et avec les États voisins. Cette trêve est demandée pendant la durée des Conférences de la Paix dont l'un des buts est justement de rétablir la paix en Russie et dans les pays voisins et d'apporter les secours voulus aux souffrances des populations. Dans le cas où les différents gouvernements russes y compris celui des Soviets déféreraient à cette invitation, ils pourraient envoyer des délégués aux Conférences de la Paix.

Tout en rendant hommage à l'esprit généreux de réconciliation universelle dont s'inspire la proposition du gouvernement britannique, le gouvernement français ne peut donner son approbation à une pareille suggestion, qui ne tient aucun compte des principes qui n'ont pas cessé de dominer sa politique et celle des Puissances en Russie.

Le régime criminel des bolcheviks, qui ne représente à aucun degré un gouvernement démocratique ou même une possibilité quelconque de gouvernement, puisqu'il s'appuie uniquement sur les plus basses passions, sur l'oppression anarchique, sur la négation de tous les principes de droit public et privé, ne peut prétendre à être reconnu comme un gouvernement régulier.

Si les Alliés avaient la faiblesse et l'imprudence d'agir ainsi, ils démentiraient en premier lieu les principes de justice et de droit qui font leur force et leur honneur, et donneraient à la propagande bolchevique dans le monde

---

[1] Il s'agit notamment des gouvernements en Ukraine, dans les pays baltes, au Caucase et en Finlande ; mais peut-être aussi des pouvoirs régionaux de moindre importance comme ceux de l'ataman Semenov en Transbaïkalie ou de l'ataman Krasnov dans le Don.

une puissance et une extension dont ils risqueraient d'être les premières victimes. Le gouvernement français, quant à lui, ne pactisera pas avec le crime.

En acceptant de reconnaître le gouvernement bolchevik, nous donnerions un démenti à la politique que les Alliés n'ont pas cessé de soutenir d'accord, en fournissant sur tous les points abordables de la Russie toute l'aide et le secours possibles aux éléments sains, honnêtes et fidèles de la Russie, pour les aider à échapper à la tyrannie sanglante et désordonnée des bolcheviks et à reconstituer par eux-mêmes un gouvernement régulier.

Il y a lieu d'ajouter que, en dehors des bolcheviks, les Alliés peuvent parfaitement admettre les différentes nationalités russes à présenter leurs revendications.

Quant aux dangers que leur fait courir la menace des armées rouges, nous ne devons pas cesser de fournir les armes, l'argent et même l'appui militaire compatible avec nos moyens. La méthode et la patience combinées avec l'impossibilité de durée d'un régime sans organisme régulier de ravitaillement, de transports, d'ordre, de crédit, etc. finiront par venir à bout de l'anarchie intérieure russe qui peut se prolonger un certain temps mais n'est en aucun cas susceptible de triompher définitivement si nous continuons à lui refuser résolument toute reconnaissance et à le traiter en ennemi.

CPC, Z-Europe, URSS, 1918-1940, vol. 154 (117CPCOM/154).

421

N. *Paris, 5 janvier 1919.*

Le haut commissaire de la République en Orient[1] est chargé :

I

Dans les régions de l'Empire ottoman occupées en vertu de l'armistice du 31 octobre, c'est-à-dire toute l'Asie antérieure jusqu'aux portes de Cilicie, les vilayets riverains de la mer Noire et les territoires européens encore soumis à l'Empire ottoman :

a) de veiller, en parfait accord avec le général commandant en chef les armées alliées et avec le vice-amiral commandant en chef en Méditerranée, à la stricte exécution des clauses de l'armistice ;

b) de favoriser par tous les moyens en son pouvoir la reprise des affaires françaises dans ces régions ; d'assurer la sauvegarde de nos nationaux et des sociétés contrôlées par les groupes nationaux ;

c) d'étudier et de proposer au gouvernement les clauses qu'il y aurait lieu d'insérer, soit dans les préliminaires de paix, soit dans le traité définitif, afin d'assurer à ce qui reste de l'État ottoman une existence normale et une prospérité suffisante pour garantir les droits des porteurs ;

---

[1]. Il s'agit de Defrance.

d) d'entretenir avec les autorités ottomanes, de concert avec les autorités militaires et navales françaises les relations nécessaires à la bonne exécution des clauses de l'armistice, au maintien de l'ordre et de la sécurité publique et à la défense des intérêts français.

Toutes les fois qu'il s'agit d'une clause militaire ou navale, et toutes les fois que les intérêts et la sécurité des troupes d'occupation sont en jeu, sur terre et sur mer, le haut commissaire de la République doit prendre respectivement les directions du général commandant en chef les troupes alliées et de l'amiral commandant en chef dans la Méditerranée. Le haut commissaire doit également prêter son concours à la mise à exécution de toutes les mesures jugées nécessaires par ceux-ci.

Pour l'exécution de sa mission et pour les études qu'il y a lieu de poursuivre, le haut commissaire est assisté de conseillers techniques, placés sous la direction du conseiller politique, M. Fouques-Duparc, ministre plénipotentiaire de 1re classe.

II

Dans les territoires ottomans occupés par les armées alliées au cours des opérations de guerre avant l'armistice et dont les troupes d'occupation relèvent, soit du général Marshall pour la Mésopotamie, soit du général Allenby pour la Syrie et la Cilicie, le haut commissaire correspond directement :

a) avec le haut commissaire français en Syrie-Palestine et Arménie[1], accrédité auprès du général britannique Allenby, qui recevra de M. Defrance ses directions politiques ; il est tenu par le haut commissaire français en Syrie-Palestine et Arménie au courant des difficultés qui peuvent se présenter dans l'exécution des clauses de l'armistice et, à cet effet, il lui donne les indications nécessaires.

En ce qui concerne l'administration des territoires occupés dans ces régions et réservés, en vertu de nos accords, à l'influence française, le haut commissaire en Syrie-Palestine et Arménie garde le droit de correspondre directement avec le gouvernement français mais communiquera au haut commissaire en Orient le double de sa correspondance politique et tous les renseignements de nature à faciliter son action sur les autorités turques.

b) Le haut commissaire de la République en Orient reçoit copie de la correspondance adressée par le colonel français attaché à l'état-major du corps expéditionnaire britannique de Mésopotamie.

c) Il reçoit également communication de la correspondance politique du colonel Chardigny, attaché militaire français dans la région du Caucase.

III

Le haut commissaire de la République en Orient est l'intermédiaire régulier entre le général commandant en chef et l'amiral commandant en chef dans la Méditerranée d'une part et d'autre part les autres hauts commissaires alliés à Constantinople. Il exerce son action dans les ports et villes

---

[1] Il s'agit de Georges-Picot.

de la Turquie par le moyen de délégués, nommés par le gouvernement dans les villes qu'il désignera.

CPC, A-Paix, 1914-1918, vol. 166 (4CPCOM/166).

422

M. de Billy, Haut-Commissaire de la République française à New York,
  À M. Tardieu, Commissaire général des Affaires de guerre franco-américaines[1].

T. n° 18658 MO.   New York, 6 janvier 1919, 12 h.

Très urgent. Confidentiel.   (Reçu : le 7, 8 h. 30.)

a.s. opinions.

1°- Les dernières déclarations de M. Clemenceau à la Chambre des Députés mal comprises, ont été assez défavorablement accueillies par la presse américaine, même par l'organe modéré *New York Times* ou républicain *Washington Post*.

Le *New York World* a poursuivi sa campagne absurde contre le gouvernement français qualifié d'impérialiste.

La politique du gouvernement français, comme celle de Talleyrand et Metternich conduit à de nouveaux conflits européens. Si elle prévalait, il ne resterait à l'Amérique qu'à se retirer de la Conférence. C'est en vue d'éventualités de ce genre et pour la protection de leurs intérêts que les États-Unis augmentent leur marine (Éditorial du 2 janvier).

Il paraît très utile de continuer dans le sens des interviews récents donnés à la presse américaine, par MM. Poincaré, Ribot, de Nalèche et vous (Location des tranchées).

Une grande partie de l'opinion, caractérisée à la fois par un nationalisme jaloux, par un esprit de doctrine absolu et par la défiance à l'égard des gouvernements alliés, reste parfaitement inintelligente de la situation.

Je note, parmi les correspondants capables de faire ressortir la position spéciale de la France, outre les représentants du *New York Times*, MM. Paul Scott Mowrer (*Chicago Daily News*) et Bampton Hunt (*New York Tribune*).

2°- La propagande allemande continue méthodiquement de s'exercer au moyen d'interviews de personnalités allemandes ou en utilisant en allemand les correspondances américaines.

CPC, B-Amérique, États-Unis, 1918-1940, vol. 30A (18CPCOM/30A).

---

[1] « Pour M. Tardieu personnellement ».

423

M. Barrère, Ambassadeur de France à Rome,
  à M. Pichon, Ministre des Affaires étrangères.

T. n° 53. Rome, 6 janvier 1919, 16 h.
Chiffré. Confidentiel. (Reçu : 20 h. 45.)

Visite Wilson.

L'impression générale laissée à Rome dans les milieux de la politique et de la presse par la visite de M. Wilson consiste dans une certaine déception. Les réponses du Président aux discours, notamment sa réponse au toast du Roi a été trouvée d'une extrême banalité.

On y constate l'absence de tout encouragement un peu chaleureux aux aspirations italiennes.

Par contre, on se répète une plaisanterie que le Président de la République a glissée dans son discours à la délégation de la presse romaine : « À New York, a-t-il dit, vivent plus d'Italiens qu'en aucune ville d'Italie : un million ; et cependant, ce ne sera pas une raison pour le Royaume d'Italie de revendiquer cette ville ». L'humour de cette boutade n'est pas goûté ici. On commente aussi non sans raison, le fait qu'un des hommes politiques italiens à qui M. Wilson ait donné audience, et spontanément, dit-on, est M. Bissolati, démissionnaire du cabinet, il y a quelques jours. Il a reçu également M. Salandra.

Telles sont les observations communément faites sur le séjour de M. Wilson. Ce matin les journaux mettent en grands caractères une phrase prononcée par lui à Gênes devant les mutilés : « Je n'oublierai pas au Congrès de la Paix les sacrifices faits par l'Italie » ; on aura de la peine à donner à cette assurance hautaine plus de valeur qu'elle n'en a.

CPC, A-Paix, 1914-1918, vol. 29 (4CPCOM/29).

424

M. Regnault, Chargé d'Affaires à Omsk,
  à M. Pichon, Ministre des Affaires étrangères.

T. n° 7. *Omsk, 6 janvier 1919, 18 h. 15.*
  (Reçu : le 7, 14 h.)

Les Japonais organisent la flottille de l'Amour avec des équipages et des (officiers) russes à leur solde. Ils entendent ainsi créer sur ce fleuve une force qui se trouvera à leur disposition, soit pour favoriser leur projet d'accaparement des pêcheries de ce fleuve, soit pour des buts politiques. Ils prendraient pied à Blagovechtchensk dans des conditions analogues à celles qu'ils ont su (créer) à Tchita en subventionnant Semenov[1]. En même temps, ils annoncent qu'ils retirent une partie de leurs troupes ; 17 000 hommes seraient renvoyés au Japon : chiffre annoncé de source japonaise.

Télégrammes, Omsk, Arrivée, 1919, vol. 4049 (304QONT/4049).

425

N. s.n[2]. Paris, janvier 1919[3].

Question de l'Autriche allemande.
Points de vue des Puissances alliées et du Saint-Siège.

1° *La France.* La France n'a pas considéré que le péril de l'union des Autrichiens allemands avec les Allemands fût tel qu'il dût empêcher les Alliés de soutenir les revendications nationales slaves et de hâter le démembrement de l'Empire d'Autriche. Les 6 ou 7 millions d'Allemands de l'Autriche allemande (non compris ceux de Bohême), même rattachés à l'Allemagne, seront moins dangereux qu'ils ne l'étaient grâce à un régime qui leur permettait de disposer de 40 millions de Slaves.

Mais le gouvernement français n'en a pas moins pris nettement position contre la réunion.

2° *Grande-Bretagne.* Serait, d'après certaines informations, « hésitante ».

3° *États-Unis.* Le président Wilson considérait en 1917 que le maintien d'une Autriche-Hongrie affaiblie serait préférable au démembrement qui jetterait les éléments allemands de la monarchie dans les bras de l'Empire voisin (de Washington 24/4/17[4]). Ses idées ont évolué puisqu'il a, par sa note du 18 octobre 1918, faite sans consulter les autres Puissances associées,

---

[1] Grigori Semenov a d'abord servi le tsar pendant la Grande Guerre, avant de former à la demande du Gouvernement provisoire un régiment de Bouriates en Transbaïkalie. En août 1918, il prend la tête des troupes russes en Sibérie orientale et règne sur le district militaire de Tchita avec l'aide de la légion tchèque et slovaque, avant de s'autoproclamer ataman des Cosaques de Transbaïkalie tout début 1919.

[2] Ce document est anonyme mais il est incontestablement l'œuvre d'un membre de la direction des Affaires politiques et commerciales.

[3] Ce document était initialement daté du 1er décembre 1918. En réalité, le document évoque des télégrammes du 5 janvier 1919. Il est donc postérieur à cette date.

[4] Dans ce télégramme n° 497 envoyé de Washington et reçu le 24 avril 1917 (à 14 h. 45), Jusserand évoque la visite faite par Balfour au président Wilson. Le *Foreign secretary* s'était montré très satisfait des dispositions du président américain concernant la guerre et sa conduite. En revanche, Balfour craignait des divergences de vues à propos de l'Autriche. Wilson aurait été plus enclin à laisser subsister une Autriche affaiblie « par la quasi-indépendance » de ses provinces plutôt que de laisser les éléments allemands de l'Empire s'agréger à l'Empire allemand voisin. Dans le télégramme original, il reste néanmoins une interrogation puisque les propos précédents sont attribués à Balfour et non à Wilson.

rendu le démembrement inévitable. On lui attribue généralement, surtout dans les milieux allemands, en Autriche, en Allemagne et en Suisse, des tendances favorables à l'union austro-allemande, conforme au droit des peuples à disposer de leur sort.

4° *Italie*. Le gouvernement italien serait favorable au rattachement de l'Autriche allemande à l'Allemagne

1.- pour des raisons *politiques* : désir de constituer un bloc allemand capable de tenir en respect les Yougoslaves ;

2.- pour des raisons *économiques* : il voudrait avoir une frontière commune avec la Grande Allemagne afin de constituer un *hinterland* au port de Trieste.

Ces intentions sont prêtées au Cabinet de Rome par des hommes impartiaux comme le Président de la Confédération suisse (télégramme de Berne 1673 du 21/10/1918[1]). Dans les propos des agents autrichiens elles prennent un caractère machiavélique. Le gouvernement italien se préoccuperait d'obtenir le concours militaire des Austro-Allemands contre les Yougoslaves et contre l'armée française d'Orient qui appuierait ces derniers[2].

5° *Serbie*. La Serbie souhaiterait également la formation du bloc austro-allemand, pour faire équilibre à l'Italie.

6° *Saint-Siège*. Le Saint-Siège espère que l'Autriche allemande s'unira à la Bavière et à la Pologne pour reconstituer un empire catholique dans l'Europe centrale (télégramme de Berne 1363 du 11/9/1918[3]).

CPC, A-Paix, 1914-1918, vol. 302 (4CPCOM/302).

---

[1] Dans ce télégramme reçu le 22 à 2 h. 15, Dutasta fait mention d'une conversation avec le président de la confédération helvétique. Cette conversation tourna autour d'un bruit selon lequel l'Entente ne s'opposerait pas au rattachement des Allemands d'Autriche à l'Allemagne. Calonder indiqua également qu'il ne voyait pas d'un très bon œil le fait que la Suisse devînt le voisin de l'Allemagne au nord mais aussi à l'est.

[2] Note du texte : « Les intentions prêtées à l'Italie par les Suisses et les Autrichiens sont catégoriquement démenties par M. Barrère. D'après notre ambassadeur à Rome, M. Sonnino redouterait vivement pour l'Italie le voisinage immédiat de l'Allemagne ». Ces appréhensions auraient beaucoup contribué à l'attitude hésitante qu'il a d'abord adoptée quand s'est posée la question du démembrement de l'Empire des Habsbourg. Sonnino préférerait rattacher l'Autriche allemande à la Suisse plutôt qu'à l'Allemagne (télégramme de Rome n° 46 du 5/1/1919). Mais il est certain que si Sonnino combat le rattachement de l'Autriche allemande à l'Allemagne, tous les diplomates italiens ne pensent pas de même : télégramme Barone Russo, de la légation italienne à Berne. Ce diplomate ayant soutenu devant Kramarcz, au début de novembre, la thèse du rattachement, s'attira cette réponse du ministre tchèque : « Il y a donc encore des Bochophiles en Italie ».

[3] Dans ce télégramme, il était fait mention par Clinchant d'une discussion entre un prélat français et Mgr. Maglione. Ce dernier aurait souligné l'importance de ne pas trop affaiblir l'Autriche en lui permettant par un lien fédératif de s'unir à la Bavière, à la Saxe et à la Pologne.

426

M. Pichon, Ministre des Affaires étrangères,
  À M. Cambon, Ambassadeur de France à Londres,
  M. Barrère, Ambassadeur de France à Rome,
  M. de Fontenay, Ministre de France à Belgrade[1].

T. n°s 280-281 ; 126-127 ; 17-18.　　　　*Paris, 7 janvier 1919, 0 h. 45.*

Chiffré.

État yougoslave et question du Monténégro.

Pour Rome et Belgrade : J'adresse à l'ambassadeur de France à Londres le télégramme suivant.

Pour Belgrade : qui est destiné à votre information strictement personnelle et confidentielle.

Pour tous :

Je prends acte de ce que le gouvernement britannique préférerait laisser à la Conférence de la Paix le soin de ratifier la constitution du Royaume des Serbes, Croates et Slovènes.

D'autre part, Lord Derby me fait savoir que le gouvernement britannique se propose de donner à son représentant à Belgrade l'instruction d'adresser au gouvernement serbe une protestation formelle contre l'attitude de ce gouvernement, qui a accepté l'union avec le Monténégro, et a tenté ainsi de préjuger des décisions de la Conférence de la Paix. Le ministre britannique recevra l'ordre de faire savoir au gouvernement serbe que ni au Monténégro, ni ailleurs, les avantages acquis par une action de ce genre ne seront reconnus par les Alliés. M. Balfour nous demande de nous associer à cette démarche.

J'estime qu'il y a lieu, en effet, de ne pas laisser sans réponse la notification du gouvernement serbe. Mais il me paraît excessif de lui donner un avertissement aussi sévère, alors que, pour la plus grande partie tout au moins des territoires dont l'union est proclamée avec la Serbie, nous nous trouvons en présence, sans aucun doute, d'un mouvement national, et qu'une protestation aussi formelle des gouvernements alliés semblerait en contradiction avec les principes généraux dont ils ont déclaré s'inspirer.

Dans ces conditions, la démarche à faire auprès du gouvernement serbe devrait, suivant l'avis du gouvernement français, prendre la forme d'une déclaration qui pourrait être ainsi conçue :

« Les gouvernements alliés, ayant pris connaissance de la notification qui leur a été faite de l'union, sous la dynastie des Karageorgevitch, de tous les Serbes, Croates et Slovènes, doivent spécifier au gouvernement serbe qu'ils ne peuvent reconnaître une transformation politique accomplie à la veille

---

[1] Communiqué à présidence du Conseil, à Guerre (Groupe Avant) et à Washington.

du Congrès de Paix, qui a seul qualité pour se prononcer sur le sort définitif des territoires et la constitution des États nouveaux, en tenant compte à la fois de la situation générale et des vœux des populations ».

Cette formule est identique à celle que le gouvernement a proposé d'employer pour la démarche à faire auprès du gouvernement roumain, à propos de l'annexion du Banat et de la Transylvanie. Elle me paraît préciser d'une façon suffisamment nette l'attitude des Puissances, sans risquer de provoquer parmi les populations yougoslaves, déjà si excitées, un mouvement qui pourrait aboutir à des troubles graves et mettre les Puissances en présence d'une situation bien plus sérieuse que ne l'est la proclamation théorique de l'unité yougoslave.

CPC, Z-Europe, Monténégro, 1918-1940, vol. 8 (103CPCOM/8).

427

Mémo s.n. *Paris, 7 janvier 1919.*

La Russie a le droit de participer à la Conférence de la Paix, dans des conditions d'égalité avec les puissances alliées. Ceci est non seulement son droit à elle comme d'un État qui a pris une grande part à la guerre, fait d'énormes sacrifices et largement contribué à la victoire ; ceci est aussi l'intérêt des Alliés, de tout le monde, car une paix faite en dehors de la Russie, contrairement à ses droits ou à ses intérêts légitimes ne donnerait pas la stabilité des rapports internationaux qui ont été un des buts de la guerre.

Ce n'est qu'à cause de l'absence d'un gouvernement russe officiellement reconnu par les Alliés, qu'une représentation plénipotentiaire russe fait défaut pour le moment. Cependant, la consolidation du pouvoir en Russie avec l'aide des Alliés, fait des progrès rapides et il y a tout lieu d'espérer qu'au moment de la ratification du traité de paix, l'unification de la Russie sera un fait accompli.

Mais, en ce moment, dans la phase préparatoire des pourparlers de paix, lorsqu'il s'agit non pas de prendre des décisions, qui pourraient définitivement lier les peuples, mais arrêter les voies de discussions et en déterminer quelquefois le sens, la non participation de la Russie à cet échange préliminaire de vues, pourrait présenter les mêmes inconvénients d'une importance non moins grande.

Pour parer à ces difficultés, les ambassadeurs de Russie auprès des puissances alliées, sur le désir exprimé par le gouvernement d'Omsk, se sont réunis à Paris[1] et, en collaboration avec des hommes politiques russes dont la participation a été pleinement approuvée par le dit gouvernement, ont

---

[1] Il s'agit de la « conférence politique russe », dont les principaux représentants étaient le prince Vassili Lvov Gueorgui, Maklakov, Sergueï Sazonov et Alexandre Izvolski.

institué des travaux d'études préparatoires en vue de la Conférence de la Paix.

Cette réunion des ambassadeurs et des hommes politiques russes est dès à présent prête à prendre part aux phases actuelles des pourparlers de paix, en désignant à cet effet des représentants qualifiés.

CPC, Z-Europe, URSS, 1918-1940, vol. 594 (117CPCOM/594).

428

M. Pichon, Ministre des Affaires étrangères,
  À M. Clemenceau, Président du Conseil, Ministre de la Guerre.

Minute n° 109. *Paris, 7 janvier 1919.*

Urgent.

a.s. gouvernement polonais reconnu par les gouvernements alliés.

Par une dépêche en date du 27 décembre dernier, vous avez bien voulu me transmettre un télégramme par lequel M. le général Franchet d'Espèrey vous demande de lui indiquer quel est le gouvernement polonais reconnu actuellement par les Alliés.

En réponse à cette dépêche, j'ai l'honneur de vous faire connaître qu'il existe, à l'heure actuelle, en Pologne, trois organismes, dont aucun ne paraît avoir un caractère national et régulier, qui exercent des pouvoirs administratifs dans chacun des tronçons des territoires qui ont constitué autrefois l'ancien État polonais.

À Varsovie, le général Pilsudski gouverne avec le cabinet socialiste qui n'est reconnu par aucun des États alliés, ni par les organisations polonaises de Pologne prussienne ou autrichienne.

À Posen, un Conseil national suprême, qui s'appuie sur une diète élue au suffrage universel, a confié sa représentation au Comité national polonais de Paris.

À Cracovie, un gouvernement qui s'intitule « Commission de liquidation » est également en rapport avec le Comité national de Paris.

Ce Comité national est, à l'heure actuelle, et jusqu'à la constitution d'un gouvernement régulier, issu d'une consultation nationale, le seul organisme gouvernemental reconnu par les États de l'Entente.

CPC, Z-Europe, URSS, 1918-1940, vol. 154 (117CPCOM/154).

429

N.s.n.[1] *Paris, janvier 1919[2].*

Allemagne.
Gouvernement de Berlin.

Le mouvement démocratique allemand naquit du désir d'obtenir un adoucissement des conditions de paix formulées par les Alliés vainqueurs ; mais il évolua si rapidement après la demande d'armistice qu'il échappa bientôt à ses promoteurs et menaça de déborder les chefs socialistes eux-mêmes.

Le 9 novembre Ebert succédait comme chancelier au Prince Max de Bade qui avant de se retirer publiait l'abdication de l'Empereur. Il avait comme collègues Scheidemann et David, comme lui majoritaires, et Haase, qui se rapprochait des indépendants.

Cependant Kurt Eisner prenait le pouvoir en Bavière.

Pendant quelques jours le calme et l'ordre régnèrent en Allemagne, même à Berlin, si bien que les observateurs du dehors crurent à un « camouflage » démocratique. La rentrée des troupes s'effectuait régulièrement. La population, respectueuse du pouvoir établi, témoignait la même obéissance et la même déférence aux « *Soldatenräte*[3] » que naguère aux « *Geheimräte*[4] ». La situation alimentaire elle-même ne paraissait pas menaçante. La distribution des approvisionnements militaires semblait devoir conjurer toute crainte à cet égard.

Cependant, le nouveau gouvernement, garanti contre toute tentative de réaction par l'impopularité des Hohenzollern et des chefs militaires, n'était pas aussi bien protégé contre les entreprises des extrémistes. Dès le 1er novembre, le professeur Foerster signalait que certains membres du gouvernement allemand et certains états-majors favorisaient le mouvement bolcheviste, soit pour y trouver la justification de leur échec, soit pour entraîner le monde entier dans la catastrophe. Ebert ne manqua pas de jouer du bolchevisme auprès des Alliés pour fléchir leur intransigeance. Le Dr Solf, ministre des Affaires étrangères, faisait dire au ministre d'Angleterre à La Haye que les Puissances de l'Entente devraient déclarer qu'elles refuseraient tout ravitaillement et rompraient l'armistice si l'agitation bolcheviste triomphait (de La Haye, télégramme 760 du 18/11/18[5]).

---

[1] La note est anonyme mais elle est indubitablement de la main d'un des membres de la direction des Affaires politiques et commerciales.

[2] La note avait été initialement datée du 3 décembre 1918. Or, dans le texte, il est fait mention de télégramme du 7 janvier 1919. Le texte est donc postérieur à cette date.

[3] Les conseils de soldats.

[4] Les conseils secrets.

[5] Dans ce télégramme du 18 novembre (reçu le 19 à 16 h. 30), Allizé faisait part de la mission d'un Allemand attaché à la légation d'Allemagne de La Haye pour faire savoir au ministre d'Angleterre dans la même ville que la situation n'était pas sûre outre-Rhin. Cet agent conseillait ainsi aux Alliés de menacer de rompre le ravitaillement et l'armistice en cas d'agitation bolchevique. Allizé qualifia de « manœuvre » cette mission.

Le péril n'était pas imaginaire car le groupe Spartakus, dirigé par Liebknecht et largement subventionné par l'ambassadeur bolcheviste Ioffé, gagnait chaque jour du terrain à Berlin. Le 6 décembre, Berne rapporte (télégramme 2158[1]) que la situation est grave, les spartakistes et les indépendants préparent un coup de force. Le 19, on signale de la même source (télégramme 2256[2]) que Berlin vit dans la peur du bolchevisme et que la présence de bandes de sans travail constitue une sérieuse menace pour l'ordre public. Le 25 décembre, des troubles éclatent à Berlin et les matelots insurgés restent maîtres de la situation. Les gens tranquilles en viennent à souhaiter l'occupation de la capitale par des troupes alliées, américaines de préférence parce que n'ayant pas subi l'invasion, elles seraient sans haine. Par contre, on prétend que les chefs militaires réunis à Leipzig auraient décidé d'organiser le bolchevisme à la fois contre l'Entente et contre le socialisme allemand (télégramme de Copenhague 224 du 7/1/19[3]).

Les nouvelles reçues à Berne le 7 janvier (télégramme 27[4]) dépeignent la situation à Berlin sous les plus noires couleurs. La ville est aux mains des bandes de matelots qui vendent les collections du Palais impérial et des soldats qui vendent les approvisionnements militaires. Une automobile revenant du front se paie 1 300 Marks. La bourgeoisie se rejette vers les partis réactionnaires et souhaite l'occupation étrangère.

Cependant, la contagion semble gagner la *Bavière* où la révolution s'était accomplie jusqu'alors dans un ordre parfait. Les émissaires socialistes parcourent les campagnes et prêchent avec succès aux paysans le partage des terres. Dans les villes, les soldats démobilisés forment une masse absolument oisive que la faim poussera un jour au pillage. À Munich, pour la construction d'une usine qui demande quatre ingénieurs et 2 000 ouvriers, 240 ingénieurs et 40 ouvriers seulement se présentent.

Si la Prusse ne sombre pas dans la révolution anarchique, son gouvernement continuera à représenter une tendance nettement *unitaire* et

---

[1] Dans ce télégramme reçu le 6 décembre, Dutasta fait part de renseignements selon lesquels les socialistes indépendants et le groupe Spartakus prépareraient un coup de force à Berlin. Il est fait état de l'activité de l'ambassadeur des bolcheviks en Allemagne, Ioffé soutenant les indépendants. Les Bolcheviks, s'attendant à une offensive des Alliés contre leur régime, auraient tenu à accélérer les préparatifs d'une révolution en Allemagne. Dutasta, souligne le fait que la source de cette information était allemande et donc sujette à caution.

[2] Dans ce télégramme envoyé de Berne le 19 décembre, Clinchant fait part d'informations tirées d'une lettre qu'un Berlinois proche du parti socialiste indépendant avait envoyée à un ami en Suisse. Elle évoque la situation en Allemagne : la bourgeoisie, par peur du bolchevisme, se rallie aux socialistes majoritaires. La politique extérieure importe peu devant les difficultés de l'heure, même si le départ de Solf est enregistré avec satisfaction. La peur du bolchevisme et la misère dominent. Le ravitaillement est le problème principal.

[3] Dans ce télégramme du 7 janvier 1919 (reçu à Paris le 8 à 12 h.), Conty évoque l'arrivée à Copenhague d'Ali Nuri bey, ancien consul général de Turquie, et sa visite à la légation de France pour demander le passage de citoyens ottomans et de marchandises via Copenhague. Outre cette demande, l'ancien consul a également donné ses impressions sur Berlin. La situation est confuse et dangereuse à tel point que les conservateurs allemands en venaient à souhaiter l'occupation alliée. Par ailleurs, un informateur du groupe sioniste avait indiqué à Conty que les chefs militaires allemands de l'ancien régime s'étaient réunis récemment à Leipzig et avaient reconnu que le bolchevisme était leur meilleure arme contre l'Entente et le SPD.

[4] Document non retrouvé.

centraliste. Les *socialistes majoritaires* ont fait voter le 25 novembre par la Conférence interallemande de Berlin le maintien de l'unité allemande. Le fils de Kautsky, socialiste et juif, dit au professeur Foerster : « Vous autres Bavarois, vous n'êtes que les habitants d'une province, vous devez obéir ». Les majoritaires triompheront probablement aux élections. À plus forte raison, le *parti national démocratique* qui réunit les partis bourgeois de gauche partage-t-il ces idées. Ce parti groupe les anciens progressistes (Naumann, Gothein), les libéraux nationaux de gauche (von Richthofen, Dernburg). Il est soutenu par la Nationalbank (dont le directeur Witting, frère de Maximilian Harden, est un des dirigeants du parti) et la Dresdner Bank. Le *Berliner Tageblatt* et la *Frankfurter Zeitung*, organes de la haute finance, sont les porte-paroles. Il est en relation et, sur beaucoup de points, en accord avec Scheidemann.

La Prusse réclame la réunion de l'Autriche allemande à l'Allemagne pour compenser la perte de l'Alsace-Lorraine. Toutefois la crainte de voir la France s'installer, pour rétablir l'équilibre, sur la rive gauche du Rhin, fait hésiter plusieurs membres du gouvernement Ebert.

D'après le projet du Dr Preuss, sous-secrétaire d'État, la Constitution future de l'Allemagne serait un mélange des constitutions française et américaine : *Reichstag* et *Staatenhaus*. Président de la République élu par le peuple au vote direct et non responsable devant les chambres. Abolition des privilèges de la noblesse. Milice. Confédération d'États ayant une population de 3 à 8 millions d'habitants. Berlin et Francfort villes libres comme Hambourg. L'Autriche allemande rattachée à la confédération.

CPC, A-Paix, 1914-1918, vol. 301 (4CPCOM/301).

430

M. Clément-Simon, Ministre de France à Prague,
   À M. Pichon, Ministre des Affaires étrangères.

T. n° 62.   *Prague, 8 janvier 1919, 9 h. 40.*

Chiffré.   (*Reçu* : le 9, s.h.)

Suite à mon télégramme précédent[1].

Kurt Eisner ne rêverait pas précisément de séparation désavantageuse entre la Prusse et la Bavière mais d'une fédération de cinq grandes républiques allemandes. La Prusse serait l'une des cinq, non supérieure aux autres ; elle serait pour cela amputée d'une grande partie de ses territoires, aucun [...][2] ne devrait avoir de possession à l'ouest de l'Elbe. Une autre des cinq républiques serait formée des territoires de la rive gauche du Rhin.

---

[1] Document en très mauvais état, illisible.

[2] Lacune de déchiffrement.

M. Ray a constaté le vif désir de Kurt Eisner d'entrer en rapports avec les Tchèques, pour lesquels on voulait même le charger de certains messages. Notre compatriote s'est [...]¹. Ces indications me paraissent intéressantes. Je me promets envoyer l'agent L... (voir mes télégrammes n°s 45-46)² dans le sud de l'Allemagne dans le but de les vérifier.

CPC, A-Paix, 1914-1918, vol. 301 (4CPCOM/301).

431

N. *Paris, 8 janvier 1919.*

*Bavière*³.

Le personnel gouvernemental bavarois.

Kurt Eisner, président du Conseil et ministre des Affaires étrangères, socialiste indépendant, francophile, Juif polonais (de son vrai nom Salomon Koschinski).

Timm (Justice), fondateur des syndicats munichois, socialiste majoritaire.

Unterleitner (Prévoyance sociale), serrurier âgé de 27 ans, simple soldat au moment de la Révolution où il a joué un grand rôle, socialiste indépendant.

Rosshaupter (Guerre), journaliste, majoritaire.

Auer, chef des majoritaires.

Von Frauendorfer (Transports), libéral.

Jaffé (libéral).

Hoffmann (docteur), ancien maître d'école.

Heim (agriculteur), président de la Ligue catholique des paysans bavarois.

Le gouvernement rencontre d'ailleurs de l'opposition. Si l'indépendance du professeur Foerster, Ententophile et ennemi acharné de la Prusse n'est pas redoutable pour Eisner, celui-ci doit craindre son collaborateur, le docteur *Heim*, président de la Ligue catholique des paysans bavarois, appelé souvent le « Roi sans couronne » de Bavière. De plus des émissaires socialistes de Berlin ont commencé à se répandre dans les campagnes et à prêcher avec succès le partage des terres. Il est probable que les élections à la Constituante donneront la majorité à la Ligue des paysans, c'est-à-dire à la tendance démocratique du *Centre catholique*.

¹ Lacune de déchiffrement.

² Document en très mauvais état, illisible.

³ Cette note manuscrite a probablement été rédigée par un membre anonyme de la direction des Affaires politiques et commerciales.

Question du séparatisme.

À mesure que la défaite de Ludendorff se précisait, l'indépendance des États confédérés envers le gouvernement impérial et leur ressentiment envers la Prusse s'accentuaient. Ces tendances étaient surtout fortes en Bavière où elles aboutiraient à un rapprochement avec l'Autriche.

En septembre, le Roi de Bavière négocie directement avec l'Empereur d'Autriche la rétrocession de Salzbourg, acquis par la Bavière en 1809 et perdu en 1814, au cas où la Grande Pologne serait rattachée à l'Autriche-Hongrie (télégramme de Berne 1375 du 13/09[1]). Au mois d'octobre le Congrès socialiste de Munich vote la mise en accusation des responsables. Et un article inspiré du *Münchner* paru le 19 octobre justifie le séparatisme tout en le combattant. « On voit dans la séparation le seul moyen de nous sauver de la détresse et de la mort ».

Toutefois la Prusse conserve un grand prestige tant que le désastre militaire n'est pas consommé. « Il n'est personne en Bavière qui ne manifeste le plus vif dégoût à l'égard de la Prusse », déclare Foerster (Berne, télégramme 1770 du 1/11[2]), mais il reconnaît aussitôt que « non seulement la Prusse est le pays de la grande industrie et de la marine, mais que c'est aussi le seul État qui ait une grande politique traditionnelle, l'habitude des vues politiques et une connaissance étendue de l'étranger ».

L'armistice achève de ruiner le prestige de la Prusse. *L'opinion bavaroise est unanimement décidée de ne plus subir l'hégémonie de la Prusse.*

Certains dirigeants, tels le Dr Heim et Foerster, sont nettement *séparatistes*.

D'autres, comme Kurt Eisner, veulent simplement déplacer de Berlin à Munich *le centre de gravité politique de l'Allemagne*. Mais ils adhéreraient au séparatisme si le bolchevisme triomphait à Berlin avec Liebknecht.

D'ailleurs, les manifestations d'indépendance du gouvernement bavarois ont été mal accueillies à Berlin. « *Vous n'êtes que les habitants d'une province*, dit Kautsky fils à Foerster. *Vous devez obéir* ». Et les prétentions d'Eisner, non pas même à l'hégémonie politique, mais à l'égalité avec la Prusse n'ont pas davantage de succès. Berlin refuse de confier à Foerster

---

[1] Dans ce télégramme envoyé de Berne le 13 septembre à 7 h. 10 (et reçu le 14 à 0 h. 30), Clinchant évoqua les entretiens entre le roi de Bavière et l'empereur d'Autriche-Hongrie Charles. Ces derniers auraient eu pour objet la cession de Salzburg et de ses environs à la Bavière en cas de réalisation d'un agrandissement de l'Autriche en Pologne. Clinchant fit également mention du développement du particularisme en Bavière. Néanmoins, il nota : « il paraît également certain que le jour où l'Allemagne deviendra une démocratie l'esprit particulariste s'obscurcira peu à peu et que les barrières qui séparent les États confédérés tomberont d'elles-mêmes. L'Allemagne deviendra un pays plus cohérent et plus uni qu'il ne l'était avant la guerre, animé des mêmes idées et des mêmes sentiments parce qu'il n'aura qu'un même cœur ».

[2] Dans ce télégramme envoyé le 1er novembre à 9 h. 10 (et reçu le 2 à 6 h. 50), il est fait mention d'informations tenues du professeur Foerster suivant lesquelles la situation en Allemagne deviendrait plus dangereuse. Pour lui, le gouvernement et les militaires allemands favorisent le bolchevisme. Il évoque aussi la situation en Bavière et le « dégoût » croissant à l'égard de la Prusse, permettant à l'État bavarois de prendre éventuellement la tête d'un mouvement isolant Berlin.

une légation commune de Prusse et de Bavière en Suisse (Berne, télégramme 1957, 15/11/18[1]).

La question de l'Autriche allemande est intimement liée à celle du séparatisme, sous sa forme atténuée ou sous sa forme radicale.

La Bavière a besoin de l'Autriche allemande, soit pour opposer à la Prusse dans la confédération un bloc des États du sud, soit pour se séparer de la Prusse.

Kurt Eisner est favorable à l'union et ferme les yeux sur les exportations de farine à destination du Tyrol. Foerster seul y est très opposé parce qu'il estime que l'Autriche allemande doit rester en dehors de l'Allemagne pour pouvoir prendre la tête de la confédération danubienne.

Kurt Eisner désire entrer en rapport avec les autres États issus du démembrement de l'Autriche-Hongrie, notamment avec les Tchéco-Slovaques (Prague, télégramme 62 du 8/1/19[2]).

Organisation politique de l'Allemagne.

Kurt Eisner la conçoit sous forme d'une fédération de cinq grandes Républiques allemandes. La Prusse, amputée de ses territoires à l'est de l'Elbe, serait l'une des cinq.

Une autre des cinq Républiques serait formée des territoires de la rive gauche du Rhin (Prague, télégramme 62 du 8/1/19[3]).

CPC, A-Paix, 1914-1918, vol. 301 (4CPCOM/301).

432

M. AUROUSSEAU, CHARGÉ D'AFFAIRES À VLADIVOSTOK,
À M. PICHON, MINISTRE DES AFFAIRES ÉTRANGÈRES.

T. n° 8. *Vladivostok, 9 janvier 1919, 16 h. 40.*

(Reçu : le 11, 1 h.)

Le haut commissaire britannique à Omsk[4] a télégraphié ici que l'amiral Koltchak avait attiré son attention sur la nécessité urgente de régler la question des chemins de fer.

---

[1] Dans ce télégramme du 15 novembre 1918 (envoyé à 9 h. 40 et reçu le 16 à 3 h. 40), on évoque une conversation d'un collaborateur de l'ambassadeur avec le docteur Muelhon, ancien membre du directoire de Krupp. Cette conversation avait trait à la nomination récente du professeur Foerster comme ministre de Bavière à Berne et à l'échec de la création d'une légation commune de Prusse et de Bavière en Suisse. Il y était question également de la situation en Allemagne. Le gouvernement d'Ebert commençait à reprendre la main sur les éléments révolutionnaires. Muelhon en appelait aux Alliés pour soutenir son action. Il appelait également au ravitaillement de l'Allemagne pour lutter contre le bolchevisme.

[2] Voir document n° 430 du 8 janvier 1919.

[3] *Idem.*

[4] Il s'agit de Charles Eliot.

D'après le télégramme du haut commissaire britannique, les cercles officiels d'Omsk supposent que les négociations conduites à Tokyo auraient abouti à l'acceptation des principes suivants, susceptibles d'être modifiés dans les détails :

1° Le contrôle général des chemins de fer serait confié à une *commission internationale* composée de représentants des 4 Puissances alliées, avec un président russe.

2° Un *comité d'exécution*, composé exclusivement d'Américains, mais subordonné à la commission de contrôle, serait institué.

3° Serait institué d'autre part un *comité militaire* de 5 [représentants], également subordonné à la commission de contrôle et chargé de régler des questions spéciales comme celle de la priorité des transports militaires.

Le gouvernement d'Omsk est prêt à accepter ces conditions ou toutes autres pourvu qu'elles sauvegardent les droits souverains de la Russie sur la voie ferrée et garantissent la participation de la Russie à l'administration des chemins de fer. Le gouvernement d'Omsk pense que les principes généraux une fois posés et acceptés par tous, les négociations de détails devraient être conduites à Omsk.

Le haut commissaire britannique s'avoue très embarrassé en raison de l'ignorance où il est au sujet des négociations qui sont conduites soit à Tokyo, soit ailleurs.

Télégrammes, Vladivostok, Arrivée, 1919, vol. 6157 (304QONT/6157).

433

M. le Général Le Rond, Aide-Major général,
À destinataire non désigné.

N. Paris, le 9 janvier 1919.

Secret.

Note sur les liaisons économiques de la Tchécoslovaquie (voies de communication et produits).

I.- *Relations avec la Yougoslavie.*

Des relations économiques étroites semblent devoir se lier entre les deux peuples – la Tchécoslovaquie apportera à la Yougoslavie l'appui de son industrie et lui demandera à participer en échange aux avantages de ses débouchés sur la mer. Les Tchèques revendiquent d'ailleurs un couloir qui, séparant l'Autriche et la Hongrie, leur permettrait une communication avec l'Adriatique tout entière sur territoire slave.

Les Yougoslaves recevront des Tchécoslovaques des produits textiles et métallurgiques, des machines agricoles, du sucre, du papier, de la bière, etc.

sans compter tous les produits transitaires en provenance de la Pologne ; ils pourront également faire appel aux techniciens tchèques pour l'organisation de leur propre industrie et le développement de leurs richesses minières encore mal connues. Les Tchèques pourront demander aux Yougoslaves, en outre des produits que ceux-ci recevront par mer, du cuivre, des bauxites et plus tard de l'aluminium, du mercure (Idria), des engrais synthétiques (Sebonico), des porcs, des pruneaux, etc.

II.- *Relations avec la Pologne.*

Il semblerait désirable qu'une entente pût s'établir entre Tchécoslovaques et Polonais.

Elle permettrait aux Tchécoslovaques de communiquer avec la Baltique, et par suite avec la mer du Nord, sans avoir recours à l'Allemagne, elle leur procurerait une grande partie des produits les plus importants qui leur manquent : houille, coke, pétrole, potasse, zinc, bétail, cuir, œufs, etc. Par contre, la Pologne pourrait faire appel aux industries et aux organisations tchèques pour se relever des ruines accumulées par la guerre. À travers la Tchécoslovaquie, elle exporterait ensuite ses produits vers les Balkans.

III.- *Relations avec la Roumanie.*

Les Tchécoslovaques et les Yougoslaves s'entendront vraisemblablement avec les Roumains pour obtenir aux dépens des Autrichiens et des Hongrois la prépondérance dans l'administration du Danube. Presbourg et Belgrade aspireront aux rôles de Vienne et de Budapest. Pour l'avenir des chemins de fer sont prévus entre les deux pays : celui du 45e parallèle relierait Bucarest-Belgrade et Trieste où il joindrait la voie ferrée également projetée de Varsovie à Trieste, par Presbourg.

IV.- *Débouchés sur la mer.*

La Tchécoslovaquie, isolée au centre de l'Europe, a besoin d'une garantie d'accès indépendant, rapide et économique à la mer. C'est nécessaire tant pour les exportations variées dont elle est capable que pour les importations qui lui sont indispensables :

— laine et lin d'Argentine et d'Australie,
— coton, cuivre, plomb, phosphates, viande frigorifiée des US,
— minerais de fer de Suède,
— minerais de manganèse, œufs et lin de Russie,
— riz, jute, peau des Indes,
— café du Brésil.

Sans parler de ses relations indispensables avec l'Angleterre.

Avant la guerre, Hambourg était le principal port pour le commerce de la Bohême. C'était le résultat des tarifs spéciaux des chemins de fer allemands. Ces facilités de trafic sur l'Elbe, de l'importance de la marine marchande allemande, enfin de la bonne organisation même de ce port.

Pour modifier cette situation, il est essentiel de procurer aux Tchécoslovaques des relations faciles avec l'Adriatique. Dans l'état actuel des voies de communication *Trieste* semble le plus susceptible de centraliser leur trafic.

Fiume – surtout s'il est yougoslave – dérivera certainement une partie du commerce, en particulier celui de la Slovaquie, son influence serait susceptible d'augmenter par l'installation de voies ferrées nouvelles, qui éviteront le détour par Budapest et qui sont actuellement projetées.

Par la *Pologne*, la Tchécoslovaquie aura d'ailleurs une porte sur la Baltique et par le Danube un gros trafic avec la mer Noire.

En résumé :

Il est pour le moment nécessaire à la Tchécoslovaquie :

1°- de s'assurer des facilités d'entrepôt et de transit à *Trieste* et avec ce port une ligne de *communications dont l'indépendance lui soit garantie par le traité de Paix*.

2°- d'exercer, d'accord avec des nations solidement associées, *une influence prépondérante dans l'administration du Danube*.

3°- d'avoir avec la *Pologne* et à travers son territoire des modes de transport économiques.

IV.- *Relations avec l'Italie*.

En 1913, l'Italie a reçu pour ½ milliard de marchandises tchécoslovaques : produits textiles, métallurgiques et amidon ; elle exportait dans les pays tchèques de la soie, du riz, du maïs, des oranges, citrons, amandes, etc.

Ce commerce sera augmenté considérablement par l'établissement de communications économiques entre Prague et Trieste.

V.- *Relations avec la France*.

De Prague à Strasbourg, par Nuremberg, la distance est sensiblement la même que de Strasbourg à Dunkerque. Le commerce entre la France et les Tchèques, déjà intéressant avant la guerre, augmenterait de façon notable *si le traité de Paix garantissait des tarifs avantageux et un trafic rapide entre les deux pays à travers l'Allemagne*. D'ailleurs, le gouvernement tchécoslovaque demande l'internationalisation de la ligne Strasbourg-Nuremberg-Prague.

En outre de nos objets de luxe : modes, bijouterie, parfumerie, de nos vins, de nos autos, la Tchécoslovaquie et les pays limitrophes pourraient recevoir en grandes quantités nos soieries de Lyon, aluminium et engrais nitrés des Alpes et surtout tous les produits d'Alsace-Lorraine : tissus, potasses, scories de phosphorisation et toutes les fabrications de l'industrie métallurgique et mécanique que nous serons dans l'obligation d'exporter et qui, sans doute déjà, prenaient autrefois le chemin de la Bohême sous une étiquette allemande.

Papiers d'agents, fonds Tardieu, vol. 368 (166PAA/368).

434

M. Jeanneney, Sous-Secrétaire d'État à la Présidence du Conseil,
au Maréchal Foch, Commandant en Chef des Armées alliées.

L. s.n. Paris, 9 janvier 1919.

J'ai eu l'honneur de vous adresser le 12 décembre une lettre vous indiquant le texte d'un certain nombre de dispositions nouvelles à insérer dans la convention à passer avec les autorités allemandes à l'occasion de la prolongation de l'armistice.

Cette lettre vous étant parvenue tardivement n'a pu être utilisée par vous pour les négociations engagées et vous n'avez pu que faire régler par la Commission interalliée d'armistice de Spa certaines des questions que je vous avais signalées.

Je crois utile au moment où vous allez être amené à prolonger pour la deuxième fois la convention d'armistice[1], de vous rappeler les termes de ma lettre du 12 décembre et de vous demander d'insérer dans la convention à intervenir celles des stipulations dont l'exécution n'avait pu être obtenue par la Commission de Spa.

Par ailleurs, j'ai été saisi par les services intéressés d'un certain nombre de demandes nouvelles. Je vous serais reconnaissant de bien vouloir les faire insérer également dans la nouvelle convention.

I – Libre disposition de la force motrice du Rhin dans toute la partie de son cours depuis Constance où cette force alimente ou peut alimenter les distributions d'énergie existantes ou à créer en Alsace et en Lorraine.

Droit d'utiliser sans aucune sujétion et de faire assurer, dès que le commandement allié le jugera utile, la garde des usines électriques et des lignes de transport d'énergie électrique se trouvant sur la rive droite du Rhin dans la zone neutre et assurant la distribution de l'éclairage ou de la force en Alsace et en Lorraine. Droit de faire procéder à tous travaux de transformation ou d'entretien jugés nécessaires dans ces usines ou sur ces lignes.

II – Restitution, dans les limites fixées par le commandement allié, du matériel de chemin de fer nécessaire à l'exploitation des voies ferrées en Pologne, dans les provinces baltiques et en Roumanie.

III – Restitution immédiate et totale du matériel, outillage, marchandises, matières premières, objets mobiliers, collections et archives, qui ont fait l'objet d'un enlèvement systématique de la part et par les soins de

---

[1] L'armistice a été renouvelé une seconde fois le 16 janvier 1919 et prolongé jusqu'au 17 février. Ce nouveau texte exigea des Allemands la livraison de matériels agricoles, institua une commission chargée du contrôle des prisonniers de guerre russes, demanda la livraison des sous-marins allemands, l'accélération du retour des navires de commerce alliés et de la restitution du matériel enlevé dans les territoires belge et français. Ce texte prévoyait également la possibilité pour les Alliés d'occuper les forts de la rive droite du Rhin en face de Strasbourg (avec une bande de terrain de 5 à 10 km). Enfin, pour assurer le ravitaillement de l'Allemagne, celle-ci accepta de mettre sa flotte de commerce sous le contrôle des Alliés.

l'autorité allemande, en Pologne, en Russie et en Roumanie, au détriment des personnes publiques ou privées de ces pays et des ressortissants des puissances alliées ou neutres.

Sous-Secrétariat d'État à la Présidence du Conseil, fonds Jules Jeanneney, vol. 5 [3] (5834TOPO/5[3]).

435

M. Pichon, Ministre des Affaires étrangères,
 À M. Clemenceau, Président du Conseil, Ministre de la Guerre.

D. n° 179. Paris, 9 janvier 1919.

Occupation des territoires rhénans.

J'ai pris connaissance avec grand intérêt de la correspondance échangée entre M. le maréchal Foch et M. le maréchal Pétain, qui m'a été communiquée par bordereau du 4 janvier n° 1646[1], sous le timbre de l'administration des territoires rhénans, ainsi que de la lettre que M. le maréchal Foch vous a adressée le 3 janvier sous le n° 239 et le timbre du sous-secrétariat de la présidence du Conseil[2].

J'ai apprécié les motifs pour lesquels il n'avait pas paru possible à M. le maréchal commandant en chef les Armées alliées d'empêcher, dans les territoires occupés, les élections à la Constituante allemande et aux Assemblées d'État (en prenant les garanties nécessaires en vue d'éviter les désordres et les communications trop fréquentes avec les milieux troublés, et sous la réserve des mesures que l'autorité militaire pourrait prendre, si les élections ne peuvent se poursuivre régulièrement en Allemagne, ou si des troubles éclatent sur la rive gauche).

Cette éventualité, comme d'ailleurs les circonstances créées par notre occupation elle-même, appelle, comme le fait remarquer M. le maréchal Foch, des directions générales en vue de l'orientation que les autorités militaires françaises désirent être prêtes à donner à des populations préoccupées de leur situation présente autant que de leur sort futur.

Il n'est pas douteux que nous devons nous efforcer dans toute la mesure du possible de déterminer parmi les populations de la rive gauche du Rhin un état d'esprit favorable à la France.

---

[1] Dans sa lettre personnelle et secrète datée du 2 janvier 1919 adressée au maréchal Foch, le maréchal Pétain, commandant en chef des Armées françaises, analyse la situation sur la rive gauche du Rhin du point de vue industriel (« l'industrie sera prochainement arrêtée, (...) l'arrêt total aurait des incidences déplorables ») et surtout politique : « nous ne pouvions envisager qu'il y ait sur les rangs une sorte de parti français, mais à l'occasion de ces élections on peut vouloir que les tendances vers l'orientation française trouvent un moyen de se manifester. Une intervention discrète de nos services, largement subventionnée à cet effet, y aiderait incontestablement ».

[2] Voir document n° 413 du 3 janvier 1919.

La leçon de la guerre actuelle, répétant d'une manière si terrible les leçons du passé, nous impose le devoir de faire tous nos efforts pour empêcher la rive gauche du Rhin de servir de nouveau de place d'armes à l'Allemagne pour y préparer l'invasion de notre pays. Quelle que doive être la solution qui interviendra à cet effet, elle ne portera tous ses fruits que si les populations de cette région, loin de se prêter à des projets hostiles à notre égard, sont favorablement disposées envers nous et placées dans un état d'esprit tel que toute agression dirigée contre la France leur apparaisse comme aussi nuisible à leur intérêt propre qu'au nôtre.

Il convient donc de leur donner l'impression que la France ne les considère pas comme devant supporter au même titre que le reste de l'Allemagne la défiance qui continuera de peser sur les populations de la rive droite.

Il n'est pas impossible de leur faire entrevoir la possibilité de trouver, dans leur régime futur, le moyen d'échapper partiellement aux lourdes charges dont le reste de l'Allemagne devra porter le poids comme conséquence de la guerre dont elle est responsable.

Au point de vue économique également, il est désirable que ces populations entrevoient la possibilité de trouver du côté de la France des relations économiques qui leur seront d'autant plus précieuses que l'avenir est, en Allemagne, assez trouble à cet égard.

Il est impossible d'entrer dès à présent dans des précisions plus grandes. La correspondance que vous m'avez communiquée contient à cet égard d'excellentes indications, et l'observation quotidienne fournira des éléments d'appréciation intéressants.

Il convient de les réunir, pour les rapprocher, d'autre part, de ceux qui seront fournis par les possibilités du marché français. Il n'appartient pas à mon Département d'imprimer actuellement une direction plus nette à l'orientation des futurs rapports économiques entre la France et les pays rhénans. C'est là une question qui doit être étudiée et déterminée entre toutes les administrations compétentes. Mais j'estime que, quelles que puissent être les modalités de la solution à envisager à ce propos, cette question devra être traitée en ayant sans cesse présent à l'esprit l'importance vitale qu'il y a, pour notre pays, à éliminer des pays de la rive gauche du Rhin le levain de germanisme nationaliste que la Prusse y avait fait germer et à consolider, par le lien puissant des intérêts, les tendances qui peuvent orienter ces populations vers la France, de manière à ce qu'elles sentent leur solidarité avec elle contre toute agression venue d'outre-Rhin.

Sous-Secrétariat d'État à la Présidence du Conseil, fonds Jeanneney (5834TOPO/38).

436

M. LE MARÉCHAL FOCH, COMMANDANT EN CHEF DES ARMÉES ALLIÉES,
  À DESTINATAIRES NON DÉSIGNÉS.

L. s.n. *G.Q.G.A., 10 janvier 1919.*

Personnel et secret.

La présente note, soumise aux plénipotentiaires des Puissances, par le maréchal commandant en chef les armées alliées, pose, du point de vue de la sécurité militaire des Puissances alliées et associées, le problème des frontières occidentales de l'Allemagne.

Elle n'examine pas la question des frontières propres de la France ou de la Belgique, mais uniquement la garantie européenne, collective, internationale nécessaire à l'ensemble des nations qui, après avoir combattu pour le Droit, la Liberté et la Justice, entendent aujourd'hui préparer, sur de nouvelles bases, inspirées de ces trois idées, les relations entre les peuples.

Note du maréchal Foch

Sans aucun doute, on peut compter, dans un avenir indéterminé, sur un développement suffisant de la civilisation et du sens moral des peuples, pour trouver, dans une société ou une Ligue des Nations fortement organisée, un obstacle efficace à la guerre de conquête. Mais afin que cette société naissante acquière une autorité assez forte pour constituer par elle-même une garantie du maintien de la paix, il est nécessaire qu'elle reçoive dès à présent la base suffisante et la force particulière qui assureront son développement. Il faut donc connaître la situation des peuples d'hier, pour fixer celle de demain, en partant de celle d'aujourd'hui ; comme aussi prendre en compte les gages de paix qu'une victoire coûteuse a mis entre les mains des nations alliées, grâce à leur parfaite union, et dont l'abandon compromettrait le maintien de la paix dans l'avenir.

I

L'Allemagne de 1914 était le résultat d'un travail soutenu de cent cinquante ans, commencé par Frédéric II, méthodiquement continué par ses successeurs et qui avait abouti à prussianiser l'Allemagne.

Dès le début, les Hohenzollern ont donné comme base à la puissance prussienne un militarisme excessif. Il se traduisait notamment par l'entretien d'une armée d'un effectif très supérieur à celui qui correspondait à la population du pays. Par cet état militaire surélevé, la Prusse jouait un rôle important dans les guerres du XVIIIe siècle, réalisait de sérieuses acquisitions territoriales et prenait une place prépondérante dans les guerres de 1813, 1814, 1815. Par là également, elle s'assurait bientôt, dans les Puissances européennes, un rang très supérieur à celui que lui assignaient ses moyens naturels : sa population, son commerce, son industrie... En fait, le placement de ses ressources dans une forte armée, issue du service personnel et obligatoire, et la guerre pratiquée comme entreprise de conquêtes nationales avaient procuré de sérieux bénéfices à la Prusse. Elle allait les appliquer au triomphe de sa politique.

C'est ainsi qu'en 1866, par la victoire de Sadowa, elle expulsait l'Autriche du domaine allemand, renversait la Confédération germanique et prenait la direction de l'Allemagne transformée, pour la militariser à son image et à sa main.

C'est ainsi qu'en 1871, au lendemain d'une campagne victorieuse, elle créait l'Empire pour faire de l'Allemagne une unité plus forte, encore plus aux mains de la Prusse, toujours sur les mêmes bases du service personnel obligatoire et du commandement des Hohenzollern.

Mais en même temps, l'action prussienne s'exerçait bien au-delà du domaine militaire. Toutes les classes, toutes les ressources, tous les moyens d'action ou de production, toutes les associations comme tous les individus étaient disciplinés, centralisés, militarisés. C'est un étatisme raffiné, que pratiquait une monarchie absolue et intéressée, constamment appuyée sur une forte aristocratie et se réclamant d'une incontestable supériorité militaire comme de guerres avantageuses, c'est-à-dire de la suprématie de la force. L'enseignement public était bientôt imprégné des mêmes principes et l'instruction obligatoire, organisation déjà ancienne du pays, trouvait, sous une habile direction, les moyens de les répandre et de créer un état d'esprit allemand, la « *Kultur* », avec sa morale propre : définitivement, la force prime le droit ; elle le crée à son profit. Puis, en Allemagne, se répand la conviction d'une nature supérieure, d'une destinée et d'une mission spéciales qui justifient les pratiques les plus iniques, les procédés les plus barbares, pourvu qu'ils mènent à la victoire allemande. Une formule résume la morale : « *Deutschland über alles* »[1]. L'idéal et la raison d'être de l'Allemagne sont la domination du monde au profit des Allemands.

D'ailleurs, le pouvoir centralisé du Roi de Prusse, qui a concentré en ses mains toutes les forces ainsi créées pour les appliquer à son heure au développement de l'Allemagne par la guerre, a donné par « l'indigénat » une situation favorisée à chacun de ses nationaux. Le Bavarois, le Saxon, le Wurtembergeois, le Badois, est avant tout sujet allemand. Il est protégé

---

[1] En réalité, ces premiers mots du *Das Deutschlandlied* (*Le Chant des Allemands*), composé en 1841 par l'écrivain Heinrich Hoffmann von Fallersleben, ne signifient pas alors « l'Allemagne au-dessus de tout », mais « l'Allemagne par dessus tout ». L'Allemagne, en effet, n'existe pas à l'époque, tant elle est morcelée en de nombreux États, et il est urgent de la créer. Face aux prétentions françaises sur la rive gauche du Rhin pendant la crise internationale de 1840, le mouvement romantique réclame des princes allemands qu'ils mettent fin à leurs divisions et fassent l'unité de l'Allemagne « avant tout », d'une façon prioritaire. Certes, dans le même couplet, il est question de rassembler toutes les populations de langue allemande dans le cadre géographique étendu de la Grande Allemagne, « de la Meuse à Memel, de l'Adige à Kiel ». La formule traduit néanmoins un nationalisme défensif, un nationalisme d'existence et non encore le nationalisme offensif, le nationalisme de puissance, dénoncé par Foch. Une fois l'Allemagne unie par Bismarck en 1871 – la Petite Allemagne, sans les populations allemandes de l'Empire austro-hongrois – ce chant est plutôt délaissé. Lorsqu'il est entonné, il prend dès lors une signification pangermaniste. Pendant la guerre de 1914-1918, chanté dans les tranchées, il revient sur le devant de la scène. C'est seulement sous la République de Weimar, en 1922, qu'il accède au statut d'hymne national officiel allemand. Les partis nationalistes d'opposition, dont le parti nazi, finissent alors de donner à ses paroles une signification conquérante et expansionniste.

et réclamé par l'Empire, intéressé par suite à la conservation et à la grandeur de l'Empire. Une fois de plus, la force physique et morale de l'Allemagne passait aux mains du Roi de Prusse et venait à l'appui de son système.

De là l'irrésistible, générale et aveugle levée de boucliers de 1914, à l'appel de Guillaume II.

Après avoir, au plus haut point, exagéré l'organisation militaire pour en faire un instrument de conquête, après avoir faussé la morale de son peuple et excité par l'intérêt de chacun son dévouement à la cause de l'empereur prussien, c'est, au total, une armée de malfaiteurs savants et convaincus, que l'Allemagne prussianisée a lâchée, au mépris de tous les traités, sur les populations pacifiques, ou même vouées à la neutralité de l'Europe, puis sur les mers du monde.

C'est contre ce système complet de force, résultant d'une formation séculaire et continue, que l'Entente a improvisé la lutte, au nom des principes du Droit et de la Liberté des peuples, et qu'elle s'est vue bientôt suivre par une série de nations animées des mêmes principes, les États-Unis au premier rang.

Grâce à cet effort de tous, et par une victoire particulièrement coûteuse pour les premières nations engagées, la crise est aujourd'hui terminée, mais elle peut renaître.

II

Pour en éviter le retour, il ne suffira pas, sans doute, de changer la forme du gouvernement allemand. Après le départ des Hohenzollern, dans des conditions particulièrement disqualifiantes pour cette dynastie et pour toute monarchie militaire, le rétablissement du régime impérial semble certainement devoir être écarté à tout le moins pour quelque temps. Mais une République, bâtie sur les mêmes principes de centralisation du pouvoir et du militarisme, prenant en mains l'ensemble de l'Allemagne, présentera tout autant de dangers et constituera une aussi redoutable menace pour la paix. Elle est facile à réaliser, semble-t-il[1], dans un pays imbu de l'esprit prussien, des méthodes prussiennes, des doctrines militaristes, et où règne encore en maître, de par le tempérament, comme par la tradition, le principe d'autorité, le besoin de centralisation. Bien plus, l'Allemagne républicaine, libérée des entraves que l'existence des petites principautés occasionnait incontestablement à l'Empire, a la chance de trouver un surcroît de forces dans son unité parachevée, comme aussi dans la vitalité et l'activité d'un peuple, désormais plus rapproché de son gouvernement. C'est seulement du redressement des esprits, ramené par la défaite, puis par la libre discussion, à des notions plus exactes du Droit et de la Justice, c'est de leur participation large au contrôle du pouvoir exécutif, que pourra

---

[1] Note de Foch : « Pour former l'Empire en 1871, il a suffi de faire entrer dans la Confédération du Nord les États du Sud et de remplacer dans la constitution le mot "*Bund*" par "*Reich*" et celui de "*Praesidium*" par "*Kaiser*". Une manœuvre en sens inverse qui remplacerait dans la constitution le mot de "*Reich*" par "*Bund*" et celui de "*Kaiser*" par "*Praesidium*" aboutirait à maintenir, sous une forme d'apparence républicaine, toute la force que représentait l'Empire. »

sortir un fonctionnement démocratique des institutions d'apparence républicaine, qui auraient, sans cela, toute la puissance d'un pouvoir absolu. Nous ne verrons se produire une pareille évolution qu'avec le temps, beaucoup de temps sans doute, bien décidés que nous sommes à ne pas hâter la persuasion par l'emploi de la force, à ne pas intervenir dans le règlement intérieur des affaires de l'Allemagne. Mais alors, respectueux du domaine allemand, pouvons-nous, par une confiance sans réserve, laisser mettre en péril nos principes de liberté et de justice, notre existence même, par des sautes d'opinion, des essais de réaction, encore susceptibles de se produire de l'autre côté du Rhin, et capables de lancer aussitôt dans une nouvelle guerre, des cadres de troupes, et des classes de soldats nombreux et fortement rompus au métier des armes, c'est-à-dire une très puissante armée ?

Bref, l'Allemagne reste, pour longtemps encore, jusqu'à l'achèvement de sa transformation politique et philosophique, une menace redoutable pour la civilisation. Et dans ces conditions, la plus élémentaire prudence impose aux nations alliées, embryon de la Société des Nations, la nécessité de prendre, vis-à-vis d'elle, un ensemble de mesures purement défensives, de précautions de premier plan. Elles témoigneront, en même temps, par leur netteté, d'une intention bien arrêtée d'atteindre le but recherché : la paix, et de mettre l'Allemagne dans l'impossibilité de recommencer une guerre de conquêtes, de reprendre son programme de domination par les armes.

Devant cette menace encore durable de l'Allemagne, quelles forces pouvons-nous présenter ?

III

Pendant une grande partie de la guerre qui se termine, la Russie, avec ses nombreuses armées, a retenu une notable quantité des forces allemandes. C'est ainsi qu'en 1915, 1916 et même dans la plus grande partie de 1917, l'Entente a eu la supériorité numérique sur le front occidental.

Aujourd'hui le sort de la Russie est incertain pour de longues années sans doute. Par suite, l'Occident de l'Europe, berceau et garantie nécessaire de l'organisation future des nations, ne peut compter que sur ses propres forces, pour aborder, préparer et assurer son avenir vis-à-vis de l'Allemagne et d'une agression possible.

Pour remplir ce rôle, il ne peut avoir la supériorité du nombre. En effet, quelle que soit l'organisation politique adoptée dans l'avenir, par les pays d'outre-Rhin, il y aura toujours à l'est de ce fleuve, une population allemande de 64 à 75 millions de sujets[1], naturellement unie par la commu-

---

[1] Note de Foch : « Empire allemand (1901)   68 000 000
                  Provinces allemandes d'Autriche   7 000 000
                  Posnanie   2 100 000
                  Alsace-Lorraine   1 900 000
                  Pays rhénans de la rive gauche du Rhin   5 400 000
                  Schleswig-Holstein   1 600 000
                                                    75 000 000 − 11 000 000
                  Différence   64 000 000 »

Note : pour comprendre le calcul de Foch, il faut ajouter au nombre de 68 millions d'habitants les 7 millions d'Allemands d'Autriche soit 75 millions d'habitants. Les 11 millions à retirer consti-

nauté de langage, et par là, de pensées, comme aussi rapprochée par la communauté des intérêts.

À ces forces allemandes, la Belgique, le Luxembourg, l'Alsace-Lorraine, la France ne peuvent opposer qu'un total de 49 millions d'habitants[1]. Seul, l'appui des pays d'outre-mer peut leur permettre d'atteindre le chiffre des combattants de l'ennemi, comme en 1914-1918. Mais encore faut-il l'attendre, et cela combien de temps, pour l'Amérique notamment ?

Or, quelle a été la cause des calamités actuelles ? Avant tout la tentation qu'était pour l'Allemagne la possibilité de frapper d'un seul coup, rien qu'en étendant le poing, nos parties vitales. Sans cette conviction, elle eût hésité sans doute. Avec cette conviction, elle ne s'est même pas embarrassée de prétextes. « Nous ne pouvons pas attendre » disait Bethmann-Hollweg. Par suite, pour arrêter les entreprises vers l'ouest de l'Allemagne – de tout temps belliqueuse et envieuse du bien d'autrui, récemment encore formée et entraînée à la conquête par la force, au mépris de tous les droits, et avec des procédés des plus contraires aux lois, capable d'entreprendre promptement une formidable guerre – pour retarder tout au moins la décision par les armes, il faut faire appel d'abord à tous les moyens fournis par la nature. Elle n'a disposé qu'une barrière sur la route de l'invasion : le Rhin. Il doit être utilisé et disputé, pour cela, occupé et organisé, dès le temps de paix. Sans cette précaution fondamentale, l'Occident de l'Europe reste dépourvu de toute frontière naturelle et demeure, comme par le passé, ouvert aux dangers d'une invasion qui peut être plus violente. Sans cette protection les pays industriels et pacifiques du nord-ouest de l'Europe sont immédiatement submergés par le flot dévastateur de la guerre barbare qu'aucune digue n'arrête. Le Rhin, obstacle redoutable en lui-même, rend particulièrement difficile un franchissement à une époque notamment où la mitrailleuse de la défense impose à l'attaque l'usage du tank. De la Suisse à la Hollande, sur plus de 600 kilomètres, cet obstacle continu couvre les pays alliés, sans pouvoir être tourné.

Mais, en outre par les places dont il est renforcé, les moyens de communication (routes et chemins de fer) qui y affluent ou le longent, il est une base de manœuvre, de contre-offensive magnifique.

Mayence, Coblence, Cologne ne sont qu'à trois étapes l'une de l'autre. Toute tentative ennemie pour passer entre ces villes est menacée de flanc et à revers sur les deux rives car chaque tête de pont que nous nous sommes assurée sur le Rhin flanque la voisine et permet d'agir de flanc et par derrière cette offensive.

Le maréchal de Moltke plaçait au Rhin la frontière militaire de l'Allemagne, et terminait certaines de ses études en écrivant : « on ne peut méconnaître la solidité extraordinaire de notre théâtre d'opérations du Rhin. Elle ne pourrait être compromise que si nous prenions sur la rive

---

tuent l'addition des territoires qui allaient selon Foch quitter l'Empire : Posnanie, Alsace-Lorraine, pays rhénans, Schleswig-Holstein.

[1] Voir document n° 261 du 27-28 novembre 1918 où Foch fait le même raisonnement à partir des mêmes statistiques.

gauche une offensive prématurée avec des forces insuffisantes », et ailleurs : « le front de défense de la Prusse contre la France est constitué par le Rhin avec ses forteresses. Cette ligne est si solide qu'elle est loin d'exiger toutes les forces de la monarchie ».

Cette situation est aujourd'hui retournée au profit de la coalition. La coalition ne peut renoncer aux avantages qu'elle assure, lâcher le bouclier de la défense dans cette région, le Rhin, sans compromettre gravement son avenir. Le « *Wacht am Rhein* »[1] doit être son cri de ralliement.

Dorénavant, le Rhin devra être la frontière militaire occidentale des peuples allemands ; dorénavant, l'Allemagne devra être privée de toute entrée et de toute place d'armes, c'est-à-dire de toute souveraineté territoriale sur la rive gauche de ce fleuve, en un mot, de toute facilité pour envahir rapidement, comme en 1914, la Belgique, le Luxembourg, pour gagner les côtes de la mer du Nord et menacer l'Angleterre, pour tourner les défenses naturelles de la France, le Rhin, la Meuse, conquérir ses régions du Nord et aborder celles de Paris.

C'est là pour le présent et l'avenir proche une garantie *indispensable du maintien de la paix*, en raison :

1°- de la situation matérielle et morale de l'Allemagne ;

2°- de sa supériorité numérique sur les pays démocratiques de l'Europe occidentale.

IV

Le Rhin, frontière militaire indispensable au maintien de la paix que poursuit la coalition ne constitue aucun profit territorial pour aucun pays. Il ne s'agit pas, en effet, d'annexer la rive gauche du Rhin, d'augmenter le territoire de la France ou de la Belgique et de le protéger contre une revendication allemande, mais bien de tenir au Rhin la barrière *commune* de sécurité nécessaire à la Société des Nations démocratiques. Il ne s'agit pas de confier à une seule Puissance la garde de cette barrière commune, mais bien d'assurer, par le concours soit moral, soit matériel de toutes les Puissances démocratiques, la défense de leur existence et de leur avenir, en interdisant une fois pour toutes à l'Allemagne de porter la guerre et son esprit de domination au-delà du fleuve.

Bien entendu, il appartiendra au traité de paix de fixer le statut des populations de la rive gauche du Rhin non comprises dans les frontières françaises ou belges.

Mais cette organisation, quelle qu'elle soit devra tenir compte de la nécessité militaire exposée ci-dessus, et, par suite :

1°- Interdire totalement à l'Allemagne l'accès militaire et la propagande politique dans les pays rhénans de la rive gauche, peut-être même couvrir ces pays par une zone de neutralisation militaire sur la rive droite.

2°- Assurer l'occupation militaire des pays rhénans de la rive gauche par des forces alliées.

---

[1] La Garde sur le Rhin.

3°- Garantir aux pays rhénans de la rive gauche les débouchés nécessaires à leur activité économique, en les associant aux autres États occidentaux par un régime douanier commun.

À ces conditions, et conformément au principe admis par tous de la liberté des peuples, on peut concevoir la constitution sur la rive gauche du Rhin d'États nouveaux autonomes s'administrant eux-mêmes sous les réserves développées ci-dessus, constitution qui, avec l'aide d'une frontière naturelle solide, le Rhin, sera seule capable d'assurer la paix à l'Occident de l'Europe.

V

En somme, dans le passé, les Puissances de la coalition, la France, malgré la légitimité de ses revendications, ses droits imprescriptibles, la Belgique, tenue par la neutralité, l'Angleterre dans sa situation insulaire, n'ont jamais préparé d'offensive contre l'Allemagne, mais, en 1914, elles ont été brutalement assaillies, par cet État. Pendant une certaine période de temps, le fait peut se représenter. Si, en 1914, 1915, 1916 et 1917 ces Puissances ont pu résister à l'Allemagne, donner à l'Angleterre le temps de faire le plein de ses armées, notamment par son service obligatoire, et d'autres mesures de circonstances, aux États-Unis la possibilité d'arriver avec leur apport décisif, c'est que la Russie se battait à leurs côtés, et que par ce fait, elles ont eu, pendant un certain temps la supériorité numérique sur le front occidental. La Russie n'est plus une aide, pour un temps impossible à prévoir. Par là, il devient nécessaire que la barrière d'occident contre l'invasion allemande soit plus solidement constituée que par le passé, et que les Puissances de l'Entente, qui sont, de par la géographie, au premier rang des défenseurs de la civilisation, soient, dès à présent, organisées militairement pour pouvoir donner aux autres États protecteurs de la civilisation la possibilité d'intervenir à temps.

L'organisation défensive de la coalition s'impose donc.

Elle comporte une frontière naturelle, première barrière mise à l'invasion germanique. Il n'en existe qu'une : le Rhin. Elle doit être, jusqu'à nouvel ordre, tenue par les forces de la coalition.

VI

Cette disposition, purement défensive, et à régler immédiatement, a pour objet de parer et de répondre aux premiers besoins que créerait une agression allemande. Elle est indispensable car la guerre, le jour où elle se présente, ne vit que de réalités, de forces matérielles mises en jeu dans un temps déterminé : ligne de défenses naturelles ou organisations défensives, effectifs, armements ; ce sont celles indiquées ci-dessus comme nécessaires. Elle serait effectuée, comme on l'a vu, sous les auspices des nations fondatrices de la Ligue des Nations du Droit : France, Angleterre, Belgique, États-Unis.

À l'abri de ces mesures de sûreté, et pour les renforcer d'un appui moral, la Ligue des Nations, solidement établie de la sorte, se grossirait des nations qui sont venues défendre les mêmes principes de Droit et de Justice et elle établirait des statuts définitifs désormais viables.

La Ligue, une fois fondée de la sorte, avec ses statuts et ses sanctions, pourrait progressivement devenir la Société des Nations, par des adhésions successives d'autres nations, nations neutres d'abord, nations ennemies ensuite. Les résultats qu'elle poursuit, une fois acquis, seraient de nature à diminuer peu à peu les charges militaires des nations qui la composeront.

C'est là un idéal à poursuivre pour un avenir qui ne peut être qu'indéterminé.

Il ne sera réalisable qu'à l'abri des mesures de sûreté exposées ci-dessus, sinon, la civilisation sera mise en péril par une nouvelle agression germanique qui, cette fois, ne pourra être arrêtée à temps.

La fortune des armes a mis entre nos mains la ligne du Rhin, grâce à un concours de circonstances et à une réunion de forces alliées, qui ne peuvent se reproduire de longtemps. Abandonner aujourd'hui cette solide barrière naturelle, sans autre garantie que des institutions morales et d'un effet lointain et inconnu, c'est, dans le domaine militaire, courir au devant des plus grands risques.

Les armées savent d'ailleurs le sang qu'elle leur a coûté !

Papiers d'agents, fonds Pichon, vol. 7 (141PAAP/7).

437

N.[1] *Paris, le 10 janvier 1919.*

Aucun gouvernement hongrois ne pourra se maintenir au pouvoir, tant que les armées d'occupation continuent à *franchir les lignes de démarcation* et tant que l'Entente, malgré des assurances de loyauté du gouvernement hongrois, continue à traiter ce pays comme ennemi.

J'ai la conviction ferme que la Hongrie parviendra à s'entendre avec le royaume de Serbie de sorte que *le Danube et la Drave formeront les frontières* définitives entre les deux pays comme autrefois.

En outre, je suis sûr que la Hongrie s'accordera avec la nation tchèque pour *maintenir les provinces slovaques* au sein de la République hongroise, en considération des sympathies sincères des Slovaques pour la Hongrie.

La Transylvanie a toujours formé de plein cœur une partie intégrale de la Hongrie. Si en contradiction avec le traité d'armistice, qui garantit à la Hongrie l'administration du pays, les troupes roumaines ne se retiraient pas derrière la ligne de démarcation, la Transylvanie contre tout droit serait perdue pour la Hongrie.

L'annexion du port de Fiume priverait la Hongrie de tout moyen de s'alimenter du côté de la mer et ruinerait le peuple hongrois.

L'existence de la Hongrie dépend de l'évacuation des parties du pays occupées contrairement au traité d'armistice, de l'approvisionnement avec du charbon et de la restitution des salines dans les parties occupées.

---

[1] Note de la direction des Affaires politiques et commerciales.

Si l'Entente continue à refuser à la Hongrie les nécessités économiques, le pays sera la proie du bolchevisme dont les forces déchaînées mettraient en danger tout l'Ouest de l'Europe.

La position de la bourgeoisie hongroise vis-à-vis du bolchevisme ne diffère en rien de celle de la bourgeoisie française. La Hongrie veut continuer son rôle historique de rempart contre les forces destructives et non civilisées venant de l'Est. Si l'Europe de l'Ouest veut se protéger elle-même, elle doit maintenir et rendre forte la Hongrie. Le bolchevisme ne se limiterait pas à la Hongrie et une fois pénétré en occident ne serait plus à supprimer.

Les élections en Hongrie pour l'Assemblée nationale offrent à l'Entente l'occasion propice de livrer *la bataille au bolchevisme*.

Un gouvernement hongrois formé sous la protection des gouvernements alliés mettrait fin à l'incertitude de ce pays.

La situation de la Hongrie ne permet aucun retard quant au secours à accorder de la part de l'Entente. La misère augmente de jour en jour par la suspension de toute vie économique. La démobilisation forcée a laissé sans travail des millions dont l'État doit se charger sans pouvoir demander des compensations. Tout cela mène à l'anarchie. Que l'Entente se décide ! Il ne reste guère de temps.

C'est surtout la propagation des idées nationales à force d'armes par les peuples étrangers occupant le territoire hongrois (Roumains, Serbes, Tchèques) qui rend impossible le retour de la vie normale en Hongrie, malgré le désir ardent du peuple hongrois entier. C'est cette propagande qui ruine les classes moyennes et les forces à se ranger du côté des communistes.

En outre, le manque de sûreté aux frontières favorise l'entrée des agitateurs bolchevistes russes, qui après avoir gagné la Hongrie pour leurs idées ne trouveraient plus grande résistance auprès des autres nations balkaniques qui inclinent plus vers leurs idées que la Hongrie.

Pour résumer :

La question hongroise est de première importance pour l'Entente. Maintenir la Hongrie comme puissance conservatrice de l'ordre, c'est pour l'Entente se garantir soi-même contre la progression du bolchevisme.

Les moyens qui conduisent à cette fin sont :

1°- Observation sévère et immédiate du traité d'armistice.

2°- Contrôle et arbitrage par un Comité ou une mission franco-anglo-américaine.

3°- Restitution des salines au gouvernement hongrois.

4°- Instructions à donner à la République tchèque quant au libre passage des convois de charbon destinés à la Hongrie.

CPC, Z-Europe, Hongrie, 1918-1940, vol. 44 (94CPCOM/44).

438

M. Clinchant, Chargé d'Affaires à Berne,
À M. Pichon, Ministre des Affaires étrangères.

T. n° 52.   Berne, 10 janvier 1919.

(Reçu : par courrier.)

Un député catholique allemand qui est un des membres les plus influents du parti du Centre et qui semble être l'interprète de la très grande majorité du parti modéré, a demandé il y a une dizaine de jours à un Suisse de répandre dans les journaux de la Confédération l'idée de l'occupation de Berlin par les troupes de l'Entente. Il a consigné ses vues dans la note ci-dessous qui m'a été remise par ce Suisse qui est un de nos informateurs.

« La situation devient de jour en jour plus intenable. Le chômage augmente non pas que le travail fasse défaut, mais parce que malgré la hausse constante des salaires, le goût du travail diminue parmi les masses ouvrières.

Le gouvernement n'a pas l'énergie nécessaire pour prendre les décisions nécessaires. Il y aurait eu à l'origine un moyen de sauver la situation : ç'aurait été de confier à un général de protéger la capitale. Mais le gouvernement Ebert a hésité, alors qu'une pareille mesure était de toute urgence. Les dangers politiques que comporte la situation politique sont immenses. Si l'Assemblée nationale se réunit à Berlin, il y a lieu de craindre qu'elle soit dissoute par un coup de force du groupe Spartakus. Il n'existe plus, semble-t-il, de troupes qui puissent la protéger efficacement, car peu d'entre elles présentent une absolue garantie de fidélité.

Les hommes soucieux de l'avenir de l'Allemagne ne voient plus le salut que dans une intervention de l'Entente.

Dans les territoires occupés, les autorités militaires alliées ont provoqué la reprise du travail, aboli les conseils d'ouvriers et de soldats, mis un terme aux menées révolutionnaires. Il serait de la plus haute importance que ces méthodes pussent être également appliquées dans le reste de l'Allemagne. »

CPC, Z-Europe, Allemagne, 1918-1940, vol. 266 (78CPCOM/266).

439

M. de Fleuriau, Chargé d'Affaires à Londres,
  À M. Pichon, Ministre des Affaires étrangères.

D. n° 13. Londres, 10 janvier 1919.

Au sujet des revendications financières des Alliés vis-à-vis de l'Allemagne.

Monsieur le ministre,

La Conférence de la Paix va se réunir à Paris. La délégation britannique y est accompagnée des principaux fonctionnaires de la Grande-Bretagne. Je ne trouve plus à qui parler, soit au *Foreign Office*, soit dans les ministères. Il m'est donc impossible de donner à mes démarches le caractère qu'elles doivent avoir, et c'est en particulier le cas pour celle que me prescrit votre lettre du 6 courant, n° 27[1], au sujet de la procédure à suivre pour les revendications financières des Alliés vis-à-vis de l'Allemagne.

Il a été souvent question de ces revendications pendant la campagne électorale du mois dernier en Angleterre. On a laissé entendre que l'Allemagne pourrait supporter une partie du poids de la dette de guerre britannique : cette suggestion a été naturellement bien accueillie du public. Le chancelier de l'Échiquier a cherché à s'opposer au développement de cette tendance en faisant observer qu'il convenait de déterminer au premier abord ce que l'Allemagne pourrait payer. Mais il n'a parlé qu'en son nom personnel.

M. le ministre des Finances estime au contraire que les Alliés doivent en premier lieu fixer le bilan de leurs justes réclamations vis-à-vis de l'Allemagne. Si, dans les circonstances actuelles, je fais connaître son avis au gouvernement britannique, cet avis sera considéré comme celui du gouvernement français, et cela peut gêner l'action de nos délégués dans les Conférences de Paris.

À les pousser à fond, les deux conceptions représentent deux politiques à suivre à l'égard de l'Allemagne.

Le système qui consiste à évaluer d'abord les réclamations de guerre et à en réclamer ensuite le paiement à l'Allemagne, aboutirait dans la pratique à l'insertion dans le traité de paix d'une série de clauses garantissant aux Alliés la surveillance ou même la gestion de gages divers. Comme l'évaluation des dommages de guerre ne sera pas terminée avant longtemps, les Alliés seraient amenés à se faire concéder des sources globales de revenus affectés à telle ou telle catégorie de dommages. Ils prendraient indirectement en mains une partie de l'administration allemande ou de l'exploitation des richesses allemandes.

Ce système peut paraître séduisant. Il serait en fait irréalisable après quelques années de paix. Le jour où le peuple allemand sortira de sa

---

[1] Document non retrouvé.

révolution et reprendra conscience de lui-même, il voudra reprendre aussi sa liberté vis-à-vis de l'étranger. Il violera le traité qui lui aura été imposé et reprendra les gages économiques dont les Alliés avaient prétendu se faire confier la gestion. Les Alliés feront-ils la guerre pour imposer l'exécution de leurs conventions et se faire payer leurs dommages ? Cela est fort douteux. Plutôt que de faire la guerre, les Alliés renonceront au règlement de la plus grande partie de leurs dommages.

Le second système consiste à réclamer à l'État ou aux États de l'Allemagne une indemnité globale que les Alliés se répartiront entre eux. La fixation de cette indemnité fera l'objet d'âpres débats entre les Alliés et les Allemands ; son montant sera certainement inférieur au chiffre escompté des dommages, mais ce montant aurait de raisonnables chances d'être payé. On pourrait même entrevoir la possibilité d'échanger certaines des créances contractées entre Alliés et les créances des Alliés contre l'Allemagne.

Entre ces deux systèmes, nous semblerions avoir choisi le premier si je communiquais au gouvernement britannique l'observation suggérée à M. le ministre des Finances par un discours de M. Bonar Law. Les délégués financiers anglais à Paris s'entretiendraient avec leurs collègues américains ou alliés de l'attitude française, qui ne devrait être définie que par M. Klotz lui-même au moment et dans la forme qu'il jugera convenable.

J'attendrai donc de nouvelles instructions de Votre Excellence pour faire la communication indiquée par votre lettre précitée, n° 27.

Veuillez agréer, Monsieur le ministre, les assurances de ma respectueuse considération.

CPC, A-Paix, 1914-1918, vol. 98 (4CPCOM/98).

440

N.s.n. *Paris, 10 janvier 1919.*

Note sur la liquidation de l'Empire ottoman et la constitution d'un État turc.

L'Empire ottoman a vécu ; il a tourné ses armes, en 1914, contre les deux Puissances qui, au prix d'une guerre, avaient conjuré sa perte au milieu du siècle dernier et qui l'avaient soutenu depuis lors à travers toutes les vicissitudes. Cette aberration, la politique qui l'a provoquée, celle qui en a été la suite logique, viennent de mettre fin à son existence. Il s'est effondré, et il ne reste au Congrès de la Paix, après avoir avisé aux destinées des Turcs, qu'à procéder à la liquidation de leur Empire, en même temps qu'à celle de l'Empire austro-hongrois.

De l'Empire ottoman se détournent tout d'abord les pays arabes et les pays arméniens, les premiers libérés par les armées alliées d'un joug contre lequel ils n'avaient cessé de protester depuis la conquête turque, les seconds affranchis par la réprobation universelle d'une domination qui s'exerçait au moyen de massacres périodiques érigés en système de gouvernement. Ces retranchements opérés, la Turquie se trouvera limitée du côté de l'Asie, de la Méditerranée, à la mer Noire, par le Taurus et l'Anti-Taurus et par une ligne tracée dans une direction générale nord-sud, de l'embouchure du Kizilirmak au mont Soghan. Le régime à instituer dans les pays arabes et arméniens situés au-delà de ces limites fera l'objet de notes séparées et il ne sera parlé ici que des pays turcs.

Mais avant d'aborder l'Asie mineure se pose la question de Constantinople.

Constantinople offre en ce moment un singulier spectacle : les forces des alliés sont maîtresses des détroits, leurs navires sillonnent la Marmara, des troupes françaises, anglaises, italiennes et grecques débarquent incessamment dans la Corne d'Or et occupent la ville de plus en plus étroitement ; tous les pouvoirs sont entre les mains des Puissances, et cependant le pavillon impérial flotte encore sur le palais du Sultan ! Les Turcs possèdent bien en Asie de vastes territoires, aussi étendus que la France elle-même, qui échappent à l'occupation étrangère, où l'autorité de leur gouvernement est reconnue et pourrait s'exercer en toute indépendance. Le sultan ne songe même pas à s'y retirer ; il ne craint rien tout au contraire que d'être contraint à le faire. Il ne veut à aucun prix s'éloigner de Constantinople, de crainte d'en être dépossédé. Il sait bien pourtant que la situation actuelle est appelée à se perpétuer à quelques détails près, puisque, les Turcs ayant trahi leur mandat, les Puissances devront, de toute évidence, assurer elles-mêmes à l'avenir la garde des détroits, ce qui comporte la mainmise sur Constantinople. Mais tel est l'attrait de cette ville prestigieuse que les Turcs préfèrent y demeurer dans la dépendance de l'Europe plutôt que d'aller vivre librement sur les hauts plateaux d'Anatolie qui ont cependant leur domaine propre.

Si les manières de se comporter avec la Porte ottomane en usage avant la guerre n'étaient pas abandonnées à sa suite, l'Europe devrait se féliciter d'un pareil état d'esprit et conserver avec soin le sultan à Constantinople, en lui en laissant la souveraineté, réduite à un pur apparat. De cette façon en effet elle aurait le gouvernement turc à sa merci et, par son intermédiaire, exercerait aisément son action sur les régions asiatiques habitées par les Turcs. Les politiques traditionalistes se rallieraient tous à cette solution qui donnerait entière satisfaction, pourvu toutefois que l'Europe ne devînt pas elle-même la proie de divisions, mais l'opinion publique dans les pays alliés et aux États-Unis ne l'accepterait peut-être pas aussi facilement. Or cette opinion semble devoir peser d'un grand poids dans les délibérations du Congrès de la paix. Pour elle, les Turcs doivent complètement évacuer l'Europe, où il n'y a pas de place pour une autorité musulmane. Elle s'est exprimée dans ce sens avec une telle force que, quelques regrets que l'on en éprouve et qui se justifient par bien des raisons positives, il est bon de se préparer à en tenir compte. À cet effet, il sera exposé, dans une note séparée, les conditions d'existence d'un État constantinopolitain, complètement indépendant des Turcs, et comprenant, en Europe, tout ce qui restera de la Thrace après délimitation de la Bulgarie, et, en Asie, la partie du villayet de Constantinople située au-delà du Bosphore, avec la Sanjak de Bigha sur les Dardanelles. Revenons maintenant aux Turcs confinés en Asie.

Si, pour disposer de l'Asie mineure, on n'avait à envisager que sa configuration géographique, son état politique et social, les aspirations et les intérêts de ses habitants, on serait conduit, j'en demeure convaincu, après avoir mis en balance les avantages et les inconvénients de cette solution, à la placer sous un gouvernement unique. Ce gouvernement ayant à sa tête le sultan ferait figure de gouvernement turc, mais doublé, d'une part, d'institutions internationales destinées à suppléer à l'incompétence des Turcs en matière de gestion financière, à leur incapacité administrative et à leur inaptitude à distribuer la justice, complété, en outre, par des organisations locales dont les principaux ports de commerce, il pourrait répondre aux besoins essentiels de populations si diverses qu'il aurait à régir. Mais la situation n'est plus entière et l'on se trouve en présence d'actes diplomatiques qui lient entre elles la France, l'Angleterre et l'Italie et qu'il faut bien prendre en certaine considération.

Par ces actes les trois Puissances se sont placées sur le même pied dans l'Empire ottoman ; elles se sont entendues sur l'équivalence des bénéfices auxquels elles auraient à prétendre lors de sa liquidation, et, pour revenir aujourd'hui sur les arrangements pris, il faut être prêt à consentir soi-même des sacrifices égaux à ceux que l'on demande à ses partenaires. Or l'arrangement conclu avec l'Italie est inexécutable ; il rend impossible la constitution d'un État turc en Anatolie en lui ravissant la moitié de son territoire ; au lieu de tenter un partage irréalisable il serait moins déraisonnable d'adjuger à l'Italie un simple protectorat sur l'État turc s'appliquant à la Turquie tout entière, mais si l'on réfléchit que l'Italie a déjà à reconquérir puis à pacifier la Libye, à organiser en outre son protectorat sur l'Albanie, on se demande comment elle pourrait par surcroît établir sa domination sur tout ou partie de l'Asie mineure ; la multiplicité de ces tâches dépasse manifestement ses forces militaires et économiques. Et puisqu'il s'agit de donner satisfaction de la sorte aux populations côtières de l'Asie mineure soucieuses de se libérer du joug ottoman, n'est-il pas étrange de s'adresser dans ce but à l'Italie alors que ces populations qui sont grecques la récusent et font naturellement appel à la Grèce ?

Tenant compte de cet ensemble de considérations qui pèsent lourdement sur la décision à prendre, je suis amené à faire la proposition suivante dont je suis le premier à reconnaître les défauts : l'emprise de la France, de l'Angleterre et de l'Italie sur les côtes des pays du Levant, de la frontière égyptienne à celle de l'État constantinopolitain, serait limitée aux villes maritimes et aux ports ouverts, le reste au littéral étant simplement soumis à un droit de police que chaque Puissance exercerait dans sa zone particulière. La zone anglaise, dans laquelle s'intercale l'État hiérosolymitain qui en est exclu, irait de la frontière égyptienne au nord de Saint-Jean-d'Acre et la zone française de ce point à la limite occidentale du caza de Mersina. Là commencerait la zone italienne qui s'étendrait jusqu'à l'embouchure du

Méandre ; cette extension est indubitablement excessive mais elle est commandée par les prétentions de l'Italie sur l'île de Rhodes et sur les Îles du Dodécanèse, qui font face à la côte. Entre l'embouchure du Lépandre et l'État constantinopolitain, la Grèce jouirait sur le littoral des mêmes droits que les trois grandes Puissances dans leurs zones respectives.

Dans les villes et ports de leurs zones, les quatre Puissances seraient autorisées à établir telle administration directe ou indirecte ou tel contrôle qu'elles jugeraient convenables, après entente avec l'État en la confédération d'États de la région sise à l'arrière. Cette entente porterait notamment sur la répartition des droits de douane, attendu qu'une nouvelle perception ne serait pas permise à l'intérieur du pays.

L'État turc étant ainsi frappé de servitudes sur son pourtour du côté de la Méditerranée, il reste à indiquer les principales conditions qui seraient mises à son fonctionnement à l'intérieur. Voici, à mon avis, quelques-unes de celles qui devraient lui être imposées.

Il serait à désirer que le Sultan et son gouvernement s'établissent à Brousse pour ne pas s'éloigner outre mesure de l'Europe.

Il serait interdit au gouvernement de lever une armée proprement dite et d'avoir une marine ; il n'aurait droit qu'à une force publique assez nombreuse pour assurer le bon ordre et la sécurité ; cette gendarmerie serait placée sous les ordres d'un chef désigné par les Puissances, et les crédits nécessaires à son entretien, fixés par elles, inscrits d'office au budget de l'État. Le chef de la force publique pourrait introduire dans les cadres des officiers et sous-officiers européens, mais il ne serait pas bon d'emprunter également ces hommes à l'Europe et surtout à leurs possessions musulmanes. Il n'en résulterait que des conflits, au surplus on n'y trouverait pas de meilleurs gendarmes que les Turcs eux-mêmes.

Pour rendre la justice il conviendrait d'instituer des tribunaux mixtes du genre de ceux qui ont été établis en Égypte.

L'administration financière serait confiée à une commission internationale sans l'assentiment de laquelle aucun impôt ne pourrait être établi ; la commission percevrait toutes les recettes et paierait toutes les dépenses. Au sujet des dépenses sera inscrit, outre les frais de la gendarmerie, le paiement de la contribution de la Turquie à la Dette publique ottomane.

Les capitulations ne seraient pas rétablies. On se contentera de fournir des garanties aux établissements scolaires.

Il conviendrait, à mon sens, de s'en tenir là en matière d'institutions internationales en Turquie. À multiplier des établissements ou même des règles de cette nature, on suscite des difficultés au lieu de les prévenir et on complique à ce point les rouages administratifs que le fonctionnement de l'administration est entravé sinon même paralysé. Peut-être y aurait-il lieu cependant, en vue d'éviter des compétitions entre les Puissances qui se partageraient la tutelle de la Turquie de délimiter les zones réservées aux nationaux de chacune d'elles en matière de concessions de travaux publics ou d'entreprises d'intérêt général. Aller au-delà, quant à présent, présenterait à mon sens plus d'inconvénients que d'avantages ; il faut laisser à l'expérience le temps de donner ses indications complémentaires. Quand dans un État on détient la force publique et les finances on est assuré de pouvoir résoudre les conflits qui viendraient à surgir et surmonter les résistances qui seraient opposées.

CPC, A-Paix, 1914-1918, vol. 170 (4CPCOM/170).

441

N.[1]   *11 janvier 1919.*

Note de M. Lavisse. Bassin de la Sarre.

Depuis un siècle, la politique de la Prusse à l'égard de la France a été de démanteler notre frontière pour l'ouvrir à l'invasion et de s'approprier les charbonnages et les minerais de nos provinces de l'Est.

En 1815, elle se fait donner par le second Traité de Paris, la vallée de la Sarre, c'est-à-dire la ligne de défense de la Lorraine du côté Nord, et elle acquiert en même tems, les charbonnages de Sarrebruck.

En 1871, le Traité de Francfort lui donne l'Alsace-Lorraine, nos forteresses protectrices, les richesses minières de l'Alsace, les gisements de fer de Lorraine.

En juillet 1914, dans les pourparlers qui ont précédé la guerre, M. de Schœn, ambassadeur d'Allemagne en France, avait ordre d'exiger du gouvernement français une déclaration de neutralité, et, comme garantie, l'occupation par des forces allemandes, de Toul et de Verdun. Dès le début des hostilités, les éléments s'emparent des bassins miniers de Longwy et de Briey et s'y installent en maîtres avec la volonté bien arrêtée et depuis longtemps déclarée de les garder.

Ainsi conquête militaire et conquête économique sont conjointes étroitement, et, depuis un siècle, les appétits de l'Allemagne, raisonnés, méthodiques, tenaces et grossissant toujours, menacent notre pays. Contre eux il importe, et point seulement pour nous, mais pour tout le monde, que la France soit protégée efficacement. D'abord par une rectification de frontière.

Bien que la question militaire ne soit que le principal objet de ce mémoire, il importe d'en exposer ici les grandes lignes.

Rappelons donc que le premier Traité de Paris, en 1814 nous laissait la vallée de la Sarre, jusqu'aux abords de Merzig, le bassin houiller de Sarrebruck et la vallée de la Queich, depuis Landau jusqu'au Rhin. Deux places fortes, Landau et Sarrelouis, gardaient cette frontière. Le second Traité de Paris, en 1815, nous enleva la vallée de la Sarre depuis Sarreguemines et, dans la pleine d'Alsace, nous ramena de la Queich à la Lauter.

---

[1] Cette note a fait l'objet d'une première vesion le 10 novembre 1918. Voir CPC, A-Paix, vol. 289, p. 74-86 et Olivier Lowczyk, *La fabrique de la paix*, Paris, Economica, 2010, p. 207.

Devons-nous nous contenter d'un retour à la frontière de 1814 ?

Cette ligne, trop sinueuse, aurait le très grave inconvénient de couper en deux la région industrielle, en certains endroits, elle passerait au milieu d'agglomérations compactes. Et surtout, elle laisserait à l'Allemagne deux routes militaires dangereuses pour l'Alsace et la Lorraine. La haute vallée de la Lauter qui débouche à Wissembourg dans la plaine d'Alsace permet de tourner la ligne de défense de la Queich. Pour boucher cette trouée, le seul moyen est de tenir toute la vallée de la Queich. À l'Ouest, la vallée de la Blies qui aboutit à Sarreguemines ouvre une autre porte sur la Lorraine ; elle y débouche en arrière de Sarrebruck. Pour être maître de ce passage, il faut tenir toute la vallée de la Blies. On compléterait ce système de défense en laissant à la France le fossé de la Sarre jusqu'à son confluent avec la Moselle. La nouvelle frontière s'appuierait sur une ligne d'eau presque continue allant du Rhin à la Moselle.

Le bassin houiller de Sarrebruck est compris dans ces limites.

La France a le droit d'en réclamer l'exploitation temporaire à titre de compensation des pertes qu'elle a subies dans ses charbonnages du Nord et du Pas-de-Calais. Ces mines ont été mises hors de service, non du fait de la guerre, mais intentionnellement afin de maintenir pour longtemps la France en état d'infériorité économique. Dans beaucoup de fosses on a fait sauter les cuvelages qui garantissaient les puits contre les venues d'eau, d'où a résulté l'inondation des fosses. On estime le déficit de la production annuelle du charbon dans ces mines à douze millions de tonnes ; encore ne tient-on pas compte pour cette évaluation de la plus-value que le progrès de la production aurait atteint. Il est donc juste que la France exploite à son profit les charbonnages de Sarrebruck jusqu'à ce qu'elle retrouve sa production d'avant-guerre dans le Nord et le Pas-de-Calais. Elle prendra ainsi une hypothèque temporaire.

Elle se croit en droit pour une autre raison de demander la cession définitive du bassin de Sarrebruck.

Ce n'est pas seulement dans les charbonnages qu'ont été pratiquées des destructions systématiques sans nécessité militaire en vue de ruiner notre commerce et notre industrie. Des machines ont été démontées ou brisées, des usines détruites de fond en comble dans les régions qui sont demeurées en dehors de la bataille. On ne sait que trop, d'ailleurs, que ces dommages, si considérables, ne sont qu'une partie du dommage immense fait à la France, et qui lui donne droit à une indemnité. Une partie de cette indemnité devra être payée en nature ; nous demandons qu'en cette catégorie soit inscrit le bassin de Sarrebruck, dont la valeur exacte sera déterminée au moment où il cessera de combler le déficit de nos mines du Nord. L'opération serait facilitée par le fait que la presque totalité des mines de Sarrebruck appartient à l'État prussien.

Les 12 millions de tonnes de charbonnage de Sarrebruck ne sont pas indispensables à l'Allemagne qui a extrait de son sol en 1913 plus de 200 millions de tonnes de charbon et compte 80 millions de tonnes de lignites. Ils sont au contraire nécessaires à l'Alsace-Lorraine, qui a consommé en 1913, 9 200 000 tonnes de charbon, et n'en a produit que 3 846 000. Le déficit est donc de 5 360 000 tonnes que la France ne pourra produire puisqu'elle devait avant la guerre importer pour son usage 23 millions de tonnes.

Dans le mémoire confidentiel adressé le 20 mai 1915 au Chancelier de l'Empire par les six grandes associations industrielles et agricoles de l'Allemagne, on lit : « Le charbon est un des moyens d'influence politique les plus décisifs. Les États neutres industriels sont obligés d'obéir à celui des belligérants qui peut leur assurer leur provision de charbon ». Cela est vrai et on l'a bien vu pendant cette guerre. Nous ne pouvons donc laisser à l'Allemagne cette « influence politique » ; après avoir affranchi nos provinces, nous ne pouvons les laisser, pour leur vie économique, sous la dépendance de l'Allemagne.

Mais la grande, la capitale raison d'enlever à l'Allemagne la région sidérurgique de Lorraine, l'Association des industriels du fer et de l'acier et l'Association des maîtres de forges allemands l'ont dit dans un long mémoire très bien dressé où s'étale tranquillement le cynisme des convoitises allemandes : « Sans cette région nous n'aurions jamais pu, au grand jamais, soutenir victorieusement une guerre comme celle-ci... La Lorraine entière entre les mains de l'Allemagne constitue la garantie d'une paix durable. Sans elle le peuple allemand sera, dans une guerre future voué à la ruine ».

Or, il s'agit précisément, d'empêcher l'Allemagne d'entreprendre « jamais, au grand jamais » une guerre comme celle-ci. Il s'agit de briser cette force qui prévoyait les guerres futures, pour achever d'établir l'hégémonie de l'Allemagne.

Si nous n'y parvenons pas, nous aurons perdu la guerre.

La nécessaire frontière nouvelle séparera de l'Allemagne des territoires actuellement allemands. Ils avaient appartenu à la France, les uns avant la révolution de 1789, les autres pendant la période révolutionnaire napoléonienne.

La ville libre alsacienne de Landau fut cédée à la France par le traité de Munster de 1648. Sarrelouis est une création de Louis XIV dont elle porte le nom, Vauban la fortifie en 1680. Ce fut une véritable colonie française, aujourd'hui encore beaucoup de Sarrelouisiens portent des noms français.

Sarrelouis et Landau furent représentés en 1790 à la fête solennelle de la Fédération nationale où prit conscience et possession d'elle-même la France nouvelle, qui bientôt se déclara *une et indivisible*.

Sarrebruck n'était alors qu'une bourgade appartenant au prince de Nassau-Sarrebruck, un allié de la France, stipendié par elle, et qui lui fournissait des troupes. Occupée en 1793 par les troupes françaises, elle fut annexée quatre ans après, conformément aux vœux des habitants consultés.

Dans toute la région, la Révolution française fut bienfaisante aux populations. Elle les libéra de ses hobereaux qui pullulaient, substitua l'ordre à l'anarchie des petits gouvernements seigneuriaux. Les idées françaises de liberté furent accueillies avec enthousiasme. Sarrelouis où naquit le maréchal Ney – et Landau furent des villes patriotes. En juillet 1793, Landau que Vauban avait fortifiée, fut attaquée par les Prussiens : elle fut débloquée en décembre par une armée française. À la tribune de la Convention, Barère loua l'héroïque défense : « Landau a résisté au bombardement avec une énergie qui mérite d'être louée dans l'histoire ; Landau a reçu 25 000 bombes. Il y a trois semaines que la population a vécu de chevaux et de chats ». Un conventionnel en mission dans la ville atteste que les habitants avaient « juré de s'ensevelir s'il le fallait sous les ruines de la place et de poignarder celui qui oserait parler de capitulation ». Et la Convention décrète que Landau avait « bien mérité de la Patrie ». Landau, en effet, avait sauvé l'Alsace d'une invasion.

Dans ces contrées, l'administration française avant et après la Révolution fut intelligente et bienveillante. Elle respecte les croyances, les mœurs, les institutions locales. Elle se préoccupe de la mise en valeur économique du pays. Ce furent les ingénieurs français, qui, au temps de Napoléon et par son ordre, prospectèrent les mines de Sarrebruck et en révélèrent les richesses, dans un atlas de 66 cartes publié par eux. Leur travail servit aux ingénieurs prussiens. Il n'est pas sans intérêt de constater que l'attention des plénipotentiaires prussiens au Congrès de Vienne fut appelée sur le bassin de Sarrebruck par un agent des métallurgistes de Westphalie, ancêtres des industriels et maîtres de forges d'aujourd'hui.

Les populations annexées à la Prusse et à la Bavière par le second traité de Paris déplorèrent leur sort. Un grand nombre de Sarrelouisiens s'expatrièrent comme l'ont fait un si grand nombre de Lorrains et d'Alsaciens en 1871. Ils conservèrent des relations et des intérêts dans le pays. Des Sarrelouisiens ont combattu dans nos rangs en Crimée et en Italie. Longtemps encore des sympathies pour la France persistèrent. Une brochure parue en 1880 disait : « Nous acceptons les arrêts du destin et nous inclinons devant la fatalité, mais Français nous sommes, et Français nous resterons » … Combien étaient-ils, ces Sarrelouisiens demeurés fidèles à la « mère chérie ». Sans doute, le nombre en a été diminuant. L'arrêt du destin a été confirmé et aggravé par la défaite de la France en 1871 et l'annexion de l'Alsace-Lorraine. Pourtant des Sarrelouisiens se sont enrôlés dans l'armée française pendant cette guerre, l'entrée de nos troupes à Sarrelouis a été saluée par les acclamations ; un télégramme d'allégresse a été adressé à M. le Président de la République. On peut donc espérer et même on est autorisé à croire que la réunion à la France serait acceptée sans grande difficulté dans ces cantons.

Il n'en est pas de même à Sarrebruck. En 1815 la ville n'était française que depuis une vingtaine d'années ; la germanisation a été plus facile et plus complète. Le pays, d'ailleurs, a été transformé par la grande industrie. Sarrebruck qui n'avait guère plus de 5 000 habitants en 1815 en comptait plus de 100 000 avant la guerre. Les grands industriels professent le pangermanisme ; les petits bourgeois et la masse ouvrière ont subi le dressage prussien par l'école, par la presse, par l'administration catholique en majorité, ils vivent sous l'influence du clergé qui ne nous aime pas et prend son mot d'ordre à Cologne.

Que pensera cette population et, d'une façon générale, que pensera d'une réunion à la France tout le pays en deçà de la nouvelle frontière ? Très probablement, ils s'accommoderaient aisément d'être séparés de la Prusse. Très probablement ils ne veulent pas être séparés de l'Allemagne.

Alors que faire ? Voilà une grave question. À notre place, les Allemands la résoudraient très vite. En effet, le mémoire adressé par les six grandes associations industrielles et agricoles au Chancelier de l'Empire après avoir exposé la nécessité pour l'Allemagne d'annexer la région de Briey, les territoires charbonniers de nos départements du Nord, du Pas-de-Calais et de la Belgique, propose de procéder comme suit à l'égard des populations de ces contrées : « Tous les moyens de puissance économique existant sur les territoires annexés y compris la grande et la petite propriété passeront entre les mains allemandes », c'est-à-dire que toute l'industrie, sauf peut-être celle des petits métiers à domicile et toute l'agriculture, sauf celle des petits lopins de terre, deviendront propriétés allemandes. Mais il est juste que ces expropriés soient indemnisés, aussi le mémoire ajoute : « La France indemnisera les propriétaires et les recueillera ».

Rien de plus simple ni de plus cyniquement barbare.

Que faire donc ? Laisser aux habitants leur nationalité, leur liberté compatible avec les nécessités militaires et économiques qui s'imposent à la France, associer à l'administration ceux des habitants qui accepteraient loyalement la situation faite au pays ; accorder après enquête la nationalité française à ceux qui la demanderaient et la mériteraient. Mais le pays serait nettement séparé de l'Allemagne du *Zollverein* qui serait rattaché à la France par les douanes, postes et chemins de fer.

Sans doute ces habitants subiront une diminution de dignité. Ils ne seront plus ni citoyens électeurs, ni soldats. Ils auront une condition exceptionnelle, mais tout en ce moment est exceptionnel ! Et nous risquerions de mal raisonner si nous ne tenions pas compte de l'extraordinaire état des choses.

Une guerre vient de finir qui est sans précédents historiques. Presque tous les peuples libérés se sont groupés contre l'ambition d'hégémonie de l'Allemagne. Vainqueurs, ils sont résolus à assurer l'avenir contre le retour d'une si effroyable catastrophe. La Conférence de la Paix va travailler à organiser la paix selon le droit et la justice. Mais qui peut répondre de l'avenir, et, après que tant de fois, nous avons été surpris par l'imprévu, qui se flatterait de prévoir avec certitude.

L'Allemagne est vaincue, effondrée, elle se relèvera ; sa vitalité est indestructible. Elle se dit et se fait croire qu'elle est innocente de cette guerre ; elle se dit et se fait croire qu'elle n'a pas été à proprement parler vaincue. Elle finira par sortir du désordre où elle se débat. Sous le coup de la défaite, sous le poids des charges qu'il lui faudra porter, elle semblera s'assagir ;

mais croire qu'elle renoncera jamais à ses ambitions et à ses appétits serait à tout le moins une grande imprudence. Elle est si l'on peut dire naturellement expansionnelle ; pendant les siècles d'anarchie politique, au Moyen Âge elle s'est largement épandue ; ses Margraves de Brandebourg et d'Autriche, ses chevaliers, ses bourgeois, ses paysans, ses évêques et ses moines ont porté ses frontières de l'Elbe au Niemen. Et l'on sait qu'aujourd'hui encore elle fonde sur ces régions de l'Est des espoirs qui ne sont pas irréalisables.

L'Allemagne restera dangereuse.

C'est pourquoi il sera nécessaire d'entretenir contre elle l'intime Entente de l'Angleterre, des États-Unis, de la France et de l'Italie.

Or de ces quatre Puissances deux sont protégées, l'une par le fossé de la Manche, l'autre par l'immensité de l'océan. Italie et France sont à l'avant-garde, immédiatement exposées au péril ; mais, depuis la destruction de l'Autriche, l'antique ennemie de l'Italie, le péril est plus grand pour la France. La France est en perpétuel danger.

C'est la France que l'Allemagne a toujours considérée comme le principal obstacle à son ambition d'hégémonie. Il faut la « saigner à blanc » disait Bismarck. Il faut que jamais plus « nous ne la trouvions sur notre chemin », disait Bernhardi. Et les six grandes Associations « Il faut enfin faire table rase du danger français ». Et bien d'autres documents pourraient corroborer ceux-là. L'Allemagne voulait détruire la France pour avoir les mains libres.

Ce n'est donc pas dans notre intérêt seulement et pour nous protéger, mais dans l'intérêt et pour la protection de l'humanité que nous demandons la rectification de nos frontières.

CPC, A-Paix, 1914-1918, vol. 60 (4CPCOM/60).

442

M. GEORGES-PICOT, HAUT-COMMISSAIRE DE LA RÉPUBLIQUE FRANÇAISE EN PALESTINE,
À M. PICHON, MINISTRE DES AFFAIRES ÉTRANGÈRES.

T. n° 56. *Le Caire, 12 janvier 1919, 22 h. 40.*

Chiffré. (Reçu : le 13, 5 h. 30.)

Je réponds à votre télégramme 557[1].

Au cours de mes entretiens avec Sir Mark Sykes, celui-ci ne m'a pas caché son intention de préconiser la création d'un émirat de Kurdes autonomes

---

[1] Dans ce télégramme du 27 décembre 1918, de Margerie signale à Georges-Picot les informations télégraphiées par le consul de France à Bassorah selon lesquelles « les Anglais chercheraient actuellement à créer un mouvement d'opinion en faveur de la constitution d'un Kurdistan autonome englobant notamment la région de Mossoul ».

dans lequel serait compris Mossoul avec une protection britannique. Pour les raisons que j'ai exposées à Votre Excellence dans mon télégramme n° 660[1], je me suis toujours refusé à envisager cette solution qui me paraît contraire à nos intérêts les plus certains et sacrifient d'autre part nos anciens protégés tant Chaldéens que Syriaques et Nestoriens qui attendent de nous seuls la protection dont ils ont besoin pour rétablir [...][2] national profondément éprouvé depuis le début de la guerre en raison même de leur attachement à la France.

CPC, A-Paix, 1914-1918, vol. 304 (4CPCOM/304).

443

M. Clinchant, Chargé d'Affaires à Berne,
À M. Pichon, Ministre des Affaires étrangères.

T. n° 59. *Berne, 12 janvier 1919.*

En clair. Confidentiel. (*Reçu* : par courrier.)

Les inquiétudes déjà manifestées par le docteur Foerster sur la situation intérieure de l'Allemagne et dont j'ai fait part à Votre Excellence par mon télégramme du 3 janvier n° 14[3] se sont encore accentuées en raison des événements récents.

Dans un entretien qu'il a eu hier avec un autre de nos informateurs, le ministre de Bavière à Berne a avoué son découragement. Quelle que soit l'issue provisoire des combats qui se poursuivent à Berlin[4], il estime que le bolchevisme fait des progrès dans une grande partie de l'Allemagne.

Le développement du chômage, la démoralisation de l'armée ont créé le terrain favorable qui faisait encore défaut le mois dernier à la propagande des agents russes. À mesure que la démobilisation s'accomplit, le nombre des chômeurs augmente. Ils affluent des provinces dans l'agglomération berlinoise où les Spartaciens les attirent par la promesse d'une solde régulière et en faisant (*sic*) les frais de voyage. Ainsi la capitale – et les grandes

---

[1] Dans ce télégramme du 4 décembre 1918, Georges-Picot rapporte une phrase de Sir Mark Sykes « suggérant l'idée de réviser les accords de 1916 en ce qui concerne Mossoul "qui a besoin d'une administration directe et ne peut être gouverné par les Arabes" ». Il croit donc devoir signaler « que la renonciation à ce territoire en faveur de nos Alliés réaliserait l'abandon des seules (mines) de pétrole dont nous disposons sur les chemins de fer et la navigation dans notre zone et nous constituerait une frontière ouverte au nord et à l'est ».

[2] Lacune de déchiffrement.

[3] Document non retrouvé.

[4] À la suite de la révocation du préfet de police de Berlin, Emil Eichhorn, proche de l'USPD, le 4 janvier 1919, les Spartakistes, désormais regroupés au sein du KPD (parti communiste allemand), et l'aile gauche des sociaux-démocrates indépendants se lancèrent dans des combats de rues contre le gouvernement dominé par le SPD. Gustav Noske fut chargé de réprimer ce soulèvement en recourant aux troupes régulières et aux corps francs. On assista à des combats de rues dans Berlin lors de la « semaine sanglante » du 6 au 15 janvier 1919.

villes – deviennent les centres de ralliement d'éléments douteux, parmi lesquels les révolutionnaires peuvent sans peine recruter des partisans pour leurs coups de force. En même temps diminue la résistance que l'armée opposait jusqu'ici à la propagande spartacienne ; l'esprit de la troupe a changé : les hommes sur lesquels on aurait pu compter sont, pour une bonne part, rentrés dans leurs foyers ; dès leur retour à la caserne, ils se sont dispersés, et nul ne songe à les rappeler sous leurs drapeaux. Seuls, sont demeurés dans les régiments les soldats qui n'avaient nulle attache dans le pays et les jeunes classes, qui se défendent mal contre la propagande révolutionnaire. Ainsi, l'on a vu des corps, dont le gouvernement se croyait sûr, se laisser gagner peu à peu aux idées spartaciennes ; le phénomène a été constaté à Berlin ; on le signale également à Munich où les commandants des régiments ont confidentiellement fait part de leurs inquiétudes à certains représentants de l'aristocratie et de la bourgeoisie.

Radek et Liebknecht ont parfaitement compris quel parti ils pouvaient tirer d'une pareille situation. Autant les bolchevistes étaient découragés il y a un mois, autant aujourd'hui ils se croient sûrs de l'avenir. Si le mouvement actuel n'aboutit pas, ils seront plus heureux, pensent-ils, le jour des élections pour l'Assemblée nationale. À la faveur du chaos, l'Armée rouge de Trotski, traversant une Pologne et une Lituanie où l'incendie révolutionnaire s'allumera en même temps pourra se joindre aux troupes spartaciennes. L'Entente voudra alors intervenir. C'est ce qu'espèrent les Bolcheviks qui attendent ce moment pour entreprendre parmi les soldats une propagande directe qui répandra bientôt la semence révolutionnaire à travers la France et l'Angleterre.

L'Allemagne est-elle en mesure de résister à l'assaut que Spartakus va lui livrer ? M. Foerster en doute. L'armature est brisée. Devant la catastrophe, la bourgeoisie apparaît veule, sans courage, sans volonté, prête à toutes les capitulations. Pendant qu'on se bat dans les rues de leurs villes, les Berlinois se cachent. Sans doute, il est des régions, comme le pays de Bade, où les éléments d'ordre paraissent susceptibles de fournir une plus sérieuse résistance ; mais M. Foerster redoute que la bourgeoisie de l'Allemagne du Sud ne puisse pas contenir longtemps le flot déferlant du Nord.

On doit cependant tenter un effort pour essayer de sauver l'Allemagne du sud. En Bade, en Wurtemberg, et en Bavière, la majorité de la population a peu de sympathie pour les idées bolchevistes. La propagande spartacienne, assure M. Foerster, est l'œuvre des Allemands du nord qui forment des groupes compacts dans les centres industriels. C'est ainsi qu'à Munich, les usines Krupp emploient plusieurs milliers d'ouvriers originaires de l'Allemagne du nord, et que la région de Chemnitz a fourni à l'industrie textile d'Augsburg, la meilleure partie de la main-d'œuvre. Le problème est d'empêcher ces éléments douteux de gagner à leurs théories révolutionnaires les populations pacifiques parmi lesquelles ils vivent.

M. Foerster ne voit qu'un moyen pour y parvenir : empêcher le développement du chômage, remettre en marche les usines. C'est l'intérêt de l'Entente de favoriser cette reprise de la vie économique. Celle-ci dépend d'ailleurs de la bonne volonté des Alliés. Si, dans toute l'Allemagne du sud, filatures, tissages, ateliers de confection chôment, c'est faute de matières premières. Pourtant, ces matières premières existent ; elles sont même déjà, pour une bonne part la propriété de firmes allemandes ; mais elles sont emmagasinées en pays neutres, où elles demeurent inutiles parce que les conventions conclues entre l'Entente et ces pays (particulièrement la Suisse) empêchent leur sortie. Seule, l'Entente peut autoriser l'importation en Allemagne de ces marchandises puisque, à défaut même des règlements du genre de ceux de la Société suisse de surveillance économique ou du NOT[1], la Convention d'armistice interdit à l'Allemagne de disposer, sans l'autorisation des Alliés, de son avoir à l'étranger.

Il y aura évidemment des difficultés à résoudre, mais le fait que l'on pourrait annoncer une reprise prochaine du travail suffirait à rassurer employeurs et ouvriers et à modifier les dispositions des esprits. De même, en Autriche, du jour où s'est répandue la nouvelle que l'Entente se préoccupait du ravitaillement de Vienne, les progrès de l'agitation bolcheviste ont cessé.

L'importation en Allemagne de stocks accumulés en pays neutres permettrait de donner du travail, pendant les semaines critiques, aux usines textiles vers lesquelles reflue la masse des ouvriers et des ouvrières congédiés par les usines de munitions. Le répit ainsi obtenu serait mis à profit pour élaborer un plan de ravitaillement plus complet et pour dresser la liste des usines qui devront être remises en marche, si l'on veut enrayer définitivement la crise du chômage. À côté du coton, de la laine, des filés et des tissus, Foerster signale la nécessité d'autoriser l'importation en Allemagne des huiles pour machines de métaux rares, des caoutchoucs, etc. Il attire particulièrement l'attention sur les gros stocks de crin animal, entreposés en Suisse, et dont l'exportation donnerait à l'industrie du feutre dans l'Allemagne du sud la matière indispensable qui lui manque.

Le représentant de Kurt Eisner à Berne ne se dissimule pas que pareille politique économique est de nature à soulever des objections parmi les gouvernements de l'Entente. Il faut cependant choisir, dit-il, ou bien on laissera le flot bolcheviste submerger lentement l'Allemagne et déferler contre la digue que les Alliés s'efforceront en hâte de lui opposer, ou bien tenter de barrer la route, en Allemagne même, à l'invasion révolutionnaire. Rien ne prouve d'ailleurs que l'on y parvienne et le docteur Foerster ne dissimule pas sa crainte de voir la vague rouge submerger le sud dès qu'elle aura recouvert le nord.

Ce qui vient affaiblir la thèse du ministre de Bavière à Berne et qui explique son découragement, c'est l'existence de chômeurs volontaires dont il n'a pas parlé mais dont le nombre va croissant même dans l'Allemagne du Sud. Ce n'est pas seulement faute de matières premières que beaucoup d'usines ont dû fermer leurs portes, c'est aussi parce qu'un certain nombre d'ouvriers ne veulent plus travailler ou réclament des salaires si élevés que les entreprises qui les employaient préfèrent ne pas se remettre en marche que de travailler à perte. C'est du reste parmi ces chômeurs volontaires

---

[1] *Netherland Overseas Trust* (Trust néerlandais d'outre-mer).

que les Spartaciens recrutent actuellement le plus grand nombre de leurs partisans.

CPC, Z-Europe, Allemagne, 1918-1940, vol. 266 (78CPCOM/266).

444

M. Clinchant, Chargé d'Affaires à Berne,
À M. Pichon, Ministre des Affaires étrangères.

T. n° 60. *Berne, 12 janvier 1919.*

(*Reçu : par courrier.*)

Situation intérieure en Allemagne.

Un de mes collègues a eu avec une personnalité allemande, appartenant au parti socialiste, un long entretien sur la situation intérieure en Allemagne et dont voici la substance :

Celui-ci estime que si les élections du 19 janvier se faisaient régulièrement, elles devraient donner à peu près les résultats suivants. Les partis bourgeois faisant bloc obtiendraient 50 % des voix, les majoritaires 40 %, les indépendants et spartakistes 10 %. Ces derniers sont donc une petite minorité, mais une minorité agissante et prête à tout. C'est parce qu'ils savent qu'une consultation du pays leur serait défavorable, qu'ils y sont opposés, qu'ils veulent dès maintenant s'emparer de vive force du pouvoir. S'ils n'y arrivaient pas ces jours-ci, comme il est probable, ils mettront tout en œuvre pour faire échec aux élections. Leurs efforts seront couronnés de succès d'une façon totale ou partielle. Dans ce dernier cas, ils dénonceront la prétendue irrégularité d'une assemblée restreinte, l'empêcheront de siéger, multiplieront les troubles, entraveront la reprise du travail et des affaires. Il s'ensuivra une ère de chômage, de convulsions, favorable au développement des idées bolchevistes.

La grande masse du pays est lasse de l'agitation mais sans volonté. Le cabinet Ebert est impopulaire. Sa politique qui est de négocier avec l'émeute au lieu d'en faire arrêter les chefs, de ne jamais pousser la victoire à fond mais de s'arrêter après des demi-succès qui enhardissent un adversaire sans scrupules, mène le pays à l'anarchie.

CPC, Z-Europe, Allemagne, 1918-1940, vol. 266 (78CPCOM/266).

445

M. Tardieu, Commissaire général des Affaires de Guerre franco-américaines,
  À M. de Billy, Haut-Commissaire de la République française à New York.

T. n° 15576 OM.   Paris, 12 janvier 1919.

De la part du Ministère des Finances.

a.s. remboursement des avances consenties à la France.

Je réponds à votre télégramme 18473[1].

1°- La meilleure solution du problème d'ensemble que pose la question du remboursement des crédits que se sont consentis les différents alliés au cours de la guerre consiste dans un ajustement général et simultané des dettes respectives. Telle est d'ailleurs, ainsi qu'il résulte de votre télégramme 17912[2], la manière de voir de la Trésorerie fédérale. Or je persiste à penser que les conditions d'un ajustement sont directement liées à une série de questions qui ne peuvent être examinées qu'à Paris, notamment paiement des indemnités par l'Allemagne, remboursement des prêts que nous avons nous-mêmes faits à nos alliés et qui atteignent une dizaine de milliards, etc.

2°- Si la Trésorerie fédérale maintenait son point de vue de régler à Washington la question du délai de remboursement des avances qu'elle nous a consenties, nous devrions pour les mêmes raisons que les Anglais, et elles sont infiniment plus justifiées pour nous, demander un terme éloigné qui en aucun cas ne saurait être inférieur à 20 ans.

3°- Mais vous apercevez combien cette solution fragmentaire d'un problème d'ensemble si avantageuse qu'elle puisse être en elle-même, pourrait éventuellement affaiblir notre situation par ailleurs ; en effet les Anglais, assurés comme nous de vingt ans de délai aux États-Unis resteraient maîtres d'exiger à terme beaucoup plus court le règlement de notre dette en sterling ; nous aurions ainsi été conduits à les rembourser par priorité bien avant les Américains. Je pensais que c'était précisément ce que la Trésorerie fédérale voulait éviter et c'est pourquoi, en toute loyauté, je m'étais rallié au principe d'un ajustement général. Dans mon esprit, cette politique devait nous assurer l'avantage de termes plus raisonnables non pas pour une partie seulement, mais pour l'ensemble de notre dette et elle avait cet heureux résultat de ne pas établir entre nos créanciers des rangs injustifiés.

4°- Je vous prie de bien vouloir me faire connaître votre sentiment au sujet des considérations ci-dessus et de m'indiquer si, après de nouvelles

---

[1] Document non retrouvé.
[2] Document non retrouvé.

conversations avec la Trésorerie fédérale, celle-ci maintient son désir de voir la question réglée à Washington.

CPC, B-Amérique, États-Unis, 1918-1940, vol. 226 (18CPCOM/226).

446

N. *13 janvier 1919.*

Secret.

Situation et liaisons économiques de la Pologne.

Situation de la future Pologne.

La réunion des trois tronçons polonais formera un tout équilibré et se suffisant à lui-même pour le plus grand nombre des matières premières et des produits de l'industrie.

La Galicie et les provinces prussiennes importaient des tissus, elles les recevront du Royaume de Pologne.

La Galicie et le Royaume étaient déficitaires en céréales et produits agricoles ; ils leur viendront des provinces prussiennes.

La Galicie fournira à l'ensemble le sel et le pétrole.

La Haute Silésie et le Royaume fourniront à l'ensemble la houille, le coke, le fer, le zinc et le plomb.

Relations avec la Russie.

La Pologne continuera avec la Russie une partie des échanges qui s'effectuaient entre cette dernière et le Royaume de Pologne.

La Russie importera des produits textiles et mécaniques, de la houille, du sucre, de l'alcool, du zinc ; elle exportera du minerai de fer et de manganèse, du poisson, des denrées coloniales, du lin, du coton, du tabac.

Les droits de douane et les tarifs russes éventuels décideront de l'importance de ces échanges. En commerce libre, il semble que le marché de Lodz en particulier (tissus) doive concurrencer victorieusement celui de Moscou.

Relations avec les Tchécoslovaques.

Voir note sur les liens économiques de la Tchécoslovaquie.

Relations avec l'Allemagne.

Les provinces prussiennes expédiaient dans le reste de l'Allemagne quantité de produits agricoles, céréales, en particulier seigle, alcool, sucre, des œufs, du fromage. La Haute Silésie envoyait du charbon, du zinc et le produit de ses usines métallurgiques. Ce commerce continuera certainement en partie.

La Pologne expédiera de plus à l'Allemagne du pétrole de Galicie, du bois, du bétail, des chevaux, des porcs, du lin, du chanvre et de la laine, ainsi que des tissus.

Elle en recevra, au moins pour un temps, les produits de ses ateliers de construction mécanique et électrique.

Relations avec la Roumanie.

Par la Galicie, la Pologne sera contiguë à la Roumanie : la voie ferrée de Lemberg-Czernovitz à Galatz les unira étroitement.

Par ailleurs, les provinces occidentales de la Pologne auront certainement, à travers la Tchécoslovaquie, des relations avec le Danube et par là avec la Roumanie.

Débouchés sur la mer.

Le vrai port de la Pologne – et qui lui est indispensable – est incontestablement *Dantzig*, comme son artère principale est la Vistule.

Pour que ce port, qui devrait centraliser la plus grande partie du trafic maritime de la Pologne avec la mer du Nord, prenne son développement normal, il importe que le fleuve soit régularisé, travail qui n'est fait sérieusement que dans le parcours allemand.

Il semble difficile que le commerce de la Posnanie et une partie de celui de la Haute Silésie, dans la situation actuelle des communications ferrées et fluviales, ne se fassent pas en grande partie par *Stettin*.

Par la Galicie, la Pologne communiquera aisément avec la mer Noire (débouchés par la Roumanie sur Galatz, Constantza et par l'Ukraine sur Odessa).

En outre, il semble que la Haute Silésie, à travers la Tchécoslovaquie pourra communiquer avec l'Adriatique.

Trieste est plus près de Beuthen que Hambourg et des tarifs judicieux pourront réduire au minimum le commerce de la Silésie avec de dernier port.

Papiers d'agents, fonds Tardieu, vol. 356 (166PAAP/356).

447

M. Liébert, Consul de France à New York,
  À M. Pichon, Ministre des Affaires étrangères.

T. n° 78.　　　　　　　　　　　　　　　*New York, 13 janvier 1919.*

　Chiffré.　　　　　　　　　　　　　　　(Reçu : le 14, 15 h.)

Préoccupé de l'attitude, depuis l'arrivée de M. Wilson en Europe, de certains grands journaux de New York, notamment du *World* et du *Times* qui publient journellement de longs télégrammes de leurs correspondants à Paris et Londres peu sympathiques aux gouvernements français et anglais, tendant à donner impression que ces gouvernements ne sont pas d'accord avec les peuples français et britanniques sur la question touchant la future paix et présentent les vues du gouvernement français comme étant annexionnistes à l'extrême, j'avais entretenu confidentiellement la semaine dernière notre ami, M. Murray Butler, président de *Columbia University*, de cette situation. Il a été frappé de ce que je lui ai dit et a trouvé comme nous que cette situation pourrait être dangereuse si certaines mesures n'étaient pas prises immédiatement pour éclairer l'opinion publique américaine sur l'état exact des choses et sur le caractère mensonger et malveillant de ces publications susceptibles de porter préjudice à la bonne entente plus que jamais nécessaire au moment de négociations de paix, entre les Alliés et les États-Unis.

C'est, dit-on, occasion représenter un film de guerre nouveau (l'entrée des troupes françaises en Alsace-Lorraine) donné hier soir avec mon concours et celui du haut-commissaire par intérim à un auditoire choisi par la Société France-Amérique. M. Murray prononça un vigoureux discours reproduit aujourd'hui en substance dans la presse américaine faisant ressortir les points suivants :

1°- Les élections anglaises et le vote récent de la Chambre des députés française prouvent pleinement que les peuples britanniques et français sont complètement unis avec leurs gouvernements respectifs dans la question du traité de paix comme ils l'ont été au cours de la guerre. Tout ce qui a été publié à ce sujet dans certains journaux américains susceptibles de donner l'impression contraire est donc inexact, tendancieux.

2°- Il est faux que la France demande ainsi que certains journaux l'ont écrit, l'annexion totale de la rive gauche du Rhin ; la France veut seulement des garanties légitimes contre une future agression mettant en danger la Belgique et elle-même en préconisant un régime spécial pour la rive gauche du Rhin. Plus de troupes ni de forces prussiennes ; mais ce pays resterait allemand, la France se refusant à annexer population étrangère.

3°- Il est également inexact que la France veuille annexer la Syrie où pourtant elle a des intérêts séculaires spéciaux. Ce sont les Syriens eux-mêmes qui demandent instamment ne pas retomber sous le joug turc et dont l'immense majorité réclame conformément aux principes de libre disposition des peuples par eux-mêmes, l'autonomie complète sous protectorat de la France.

Papiers d'agents, fonds Tardieu, vol. 466 (166PAAP/466).

448

M. de Billy, Haut-Commissaire de la République française à New York,
  À M. Tardieu, Commissaire général des Affaires de Guerre franco-américaines.

T. n° 18959 MO. New York, s.d.

(*Reçu* : le 15 janvier 1919, 20 h.)

Ministère des Finances – Échéances des obligations.

Réponse à votre télégramme 15576 Finances 318[1].

1°) J'ai fait valoir à la Trésorerie des considérations très fortes contenues dans votre télégramme.

2°) La Trésorerie insiste cependant pour que question soit discutée et tranchée à Washington. Son seul argument est qu'elle n'a et n'aura pas eu de représentant en situation de connaître et de défendre son point de vue.

3°) Elle reconnaît qu'il pourrait y avoir intérêt :

A/ À connaître les conditions de paix avant de procéder à un ajustement définitif des différentes dettes.

B/ À lier entre eux les divers problèmes que soulève ce règlement des dettes respectives des principaux pays alliés.

4°) Mais elle considère qu'elle ne peut se dérober à la discussion immédiate du régime définitif à accorder aux pays qui ne voudraient pas […][2] situation.

5°) Tel est précisément le cas de l'Angleterre. Sir Hardman, à qui j'ai communiqué le câble 368 Finances[3] et qui avait référé à son gouvernement, avise aujourd'hui la Trésorerie et moi-même que le chancelier de l'Échiquier lui confirme ses instructions antérieures, c'est-à-dire de négocier immédiatement avec M. Glass à Washington la conversation des traités souscrits aux États-Unis par le gouvernement britannique.

6°) Il me semble donc que si vous désirez faire prévaloir les vues que vous exprimez dans votre télégramme 15576[4], c'est avec Londres que vous devez vous entendre.

Si tel devait être le désir des principaux gouvernements alliés, la Trésorerie serait sans doute disposée à ajourner de quelques semaines ou de quelques mois l'examen même de la question et à la prendre dans son ensemble simultanément avec les représentants de ces gouvernements.

Mais, si l'Angleterre insiste pour un règlement immédiat de sa propre dette, aujourd'hui la Trésorerie ne croit pas pouvoir s'y opposer.

---

[1] Voir document n° 445 du 12 janvier 1919.

[2] Lacune de déchiffrement.

[3] Document non retrouvé.

[4] Voir document n° 445 du 12 janvier 1919.

Je vous prie de me faire savoir le plus tôt possible :

a/ Si vous allez chercher à vous entendre avec le gouvernement britannique sur le principe d'un règlement général.

b/ Dans le cas contraire, si je dois m'entendre ici avec Sir Hardman et la Trésorerie pour obtenir l'examen connexe et simultané des dettes françaises et anglaises.

c/ Si au contraire, je dois différer, jusqu'à nouvel ordre, l'examen du statut franco-américain, sauf à me renseigner et à vous informer du progrès des négociations anglo-américaines.

Pour information, les représentants des autres Puissances intéressées, notamment l'Italie, la Belgique, la Serbie, n'ont point encore abordé la Trésorerie à ce sujet et ne paraissent ni anxieux d'arriver à un règlement immédiat, ni préparés pour cette discussion.

CPC, B-Amérique, États-Unis, 1918-1940, vol. 226 (18CPCOM/226).

449

M. Pichon, Ministre des Affaires étrangères,
À M. de Saint-Aulaire, Ministre de France à Bucarest.

T. n°s 58-62.   *Paris, 15 janvier 1919, 21 h. 30.*

Chiffré. Secret.

M. Clemenceau adresse au général Berthelot le télégramme suivant qui établit la manière de voir de la France et de ses Alliés en ce qui concerne la Roumanie :

Les Alliés sont d'accord pour considérer la Roumanie comme redevenue Puissance alliée et pour la traiter comme telle à la Conférence. Ils lui ont accordé le même chiffre de délégués qu'à la Belgique, à la Serbie, c'est-à-dire aux États qui, eux, n'ont cessé de combattre aux côtés des ennemis de l'Allemagne et de l'Autriche-Hongrie, du commencement à la fin de la guerre. Ils lui ont ainsi consenti un traitement privilégié, puisqu'elle avait capitulé en 1918, et annulé, par cette capitulation, la convention conclue en 1916 aux termes de laquelle elle avait pris rang parmi les États alliés.

Contrairement à ce que vous dites, cette annulation n'est pas douteuse en droit. C'est l'avis formel de nos alliés comme le nôtre, et il ne peut être question de considérer comme rétabli dans sa lettre un traité que le gouvernement roumain lui-même a déchiré, malgré nos avertissements répétés. Il s'est, d'ailleurs, produit depuis des événements nouveaux dont nous ne pouvons pas ne pas tenir compte, et le fait que la question de la Bessarabie va se trouver réglée au profit de la Roumanie est un élément qui ne peut être négligé. Ce n'est pas une raison pour que nous ne prenions pas le traité de 1916 pour base des revendications roumaines dans le règlement territorial soumis à la Conférence, mais c'est à la Conférence seule qu'il appartient de décider.

L'allégation, d'après laquelle les Alliés ne parleraient pas franchement à la Roumanie, et favoriseraient ses adversaires, est donc dénuée de toute vérité, et je ne puis que trouver inacceptable que vous vous en fassiez l'interprète. Les décisions que vous incriminez touchant la Dobroudja, le Banat, la Transylvanie, et ce que vous en dites est sans fondement en fait et en droit.

1°- *Dobroudja*.

Le gouvernement français a tenu compte, dans toute la mesure du possible, des desiderata roumains, en plaçant en Dobroudja des troupes alliées et en faisant connaître à Bucarest que l'occupation des territoires réservait toute la question du règlement définitif. Il ne pouvait faire davantage, la Roumanie n'étant pas encore rentrée dans la guerre au moment de la conclusion de l'armistice bulgare et le traité de Bucarest n'étant pas encore abrogé à cette date.

2°- *Banat*.

Nous n'avons pas hésité, pour sauvegarder en droit ce qu'il y a de fondé dans les revendications roumaines, à faire rétrograder les troupes serbes qui avaient occupé cette région au cours d'opérations de guerre et à les remplacer, dans la partie centrale du territoire, par les troupe du général Henrys. Mais nous ne pouvons, avant la décision de la Conférence, considérer la question comme définitivement réglée, suivant les prétentions de l'un ou l'autre des deux États alliés.

3°- *Transylvanie*.

La délimitation de cette région a été fixée provisoirement par le général commandant les armées d'Orient conformément à des nécessités de fait et à des considérations d'ordre militaire qui peuvent être sujettes à révision, après observation que vous présenteriez au général Franchet d'Espèrey.

Il n'y a, par conséquent, rien de fondé dans les récriminations roumaines. Vous devriez être le premier à le reconnaître, à le déclarer et à vous inscrire en faux contre elles, au lieu de vous faire leur avocat, de les encourager et de blâmer la politique de la France et de ses Alliés, ce qui est inadmissible de votre part.

Si vous persistez à différer avec votre gouvernement sur ces différents points, vous avez naturellement le droit de demander votre rappel.

Signé : Clemenceau.

Vous trouverez dans le texte de ce télégramme des indications et des instructions précises en ce qui concerne votre action à Bucarest.

Télégrammes, Bruxelles, Départ, 1919, vol. 1243 (304QONT/1243).

450

N. Paris, 15 janvier 1919.

Note pour le Ministre.

Situation dans la région de Teschen.

M. Beneš est venu hier pour appeler à nouveau l'attention du Département sur la situation dans le district de Teschen.

D'après ses indications, le bolchevisme y ferait de grands progrès en raison de la faiblesse des autorités polonaises. Ces autorités, incapables de maintenir l'ordre, auraient laissé se constituer des comités d'ouvriers : la production minière serait réduite à 30 pour cent de ce qu'elle était au moment de l'armistice.

M. Beneš insiste pour que des mesures immédiates soient prises en vue de rétablir l'ordre et d'augmenter le rendement des mines dont la production intéresse au premier chef l'armée d'Orient.

M. Beneš reconnaît qu'au point de vue ethnographique, la région de Teschen est incontestablement habitée par une majorité polonaise[1]. Il indique, par contre, que ces mines sont indispensables au développement de l'industrie tchèque et que cette région, au point de vue historique, depuis le XIVe siècle, a fait partie de l'ancien État de Bohême, ou, plus tard, des provinces qui le constituaient. Il croit qu'en conséquence, la région de Teschen, bien que peuplée de Polonais, sera attribuée, par le Congrès de la Paix, à l'État tchécoslovaque.

Il ne veut toutefois pas anticiper sur les décisions du Congrès et il reconnaît qu'il vaut mieux ne pas soulever de conflit entre Tchèques et Polonais.

Pour rétablir l'ordre, M. Beneš a proposé que des troupes tchèques soient envoyées dans la région de Teschen, sous le commandement d'officiers français.

Il lui a été fait remarquer que cette mesure pourrait soulever des protestations de la part des Polonais et qu'il vaudrait mieux y envoyer un détachement qui ne fût ni tchèque ni polonais, par exemple, français.

M. Beneš a reconnu la justesse de cette observation et s'est rallié à cette suggestion[2].

M. Beneš a soulevé ensuite la question de l'administration civile de cette région et a proposé qu'elle fût confiée aux agents qui en étaient chargés avant l'armistice, en l'espèce des Tchèques, ou des Allemands.

Il lui a été indiqué que ce retour d'anciens fonctionnaires qui ont été renvoyés par les populations et remplacés par des agents indigènes, pourrait être mal interprété.

---

[1] Le recensement effectué en 1910 a établi les proportions suivantes : 54,8 % de Polonais, 27,1 % de Tchèques et 18 % d'Allemands.

[2] En marge : « Nous avons demandé deux fois à la Guerre d'envoyer ces troupes ».

M. Beneš a accepté une suggestion tendant à faire gouverner provisoirement le pays par une administration mixte qui serait composée, avec le concours de quelques officiers français, de fonctionnaires tchèques et polonais pris dans la région même de Teschen, au prorata, dans chaque district, des nationalités qui l'habitent.

M. Beneš a abordé ensuite la question des Ruthènes de Hongrie. Il estime qu'elle doit être tranchée dans le sens d'une réunion des Ruthènes avec la Bohême. Il a ajouté à ce propos que les Tchèques ne pourraient pas se désintéresser de la question de la Galicie orientale[1].

M. Beneš a posé d'une manière beaucoup plus nette qu'autrefois, cette question qui inquiète tout particulièrement les Polonais. En effet, les Polonais attachent un grand intérêt à la possession de la Galicie orientale, en raison de la frontière commune qu'elle leur donnerait avec la Roumanie. En posant cette question d'une manière aussi catégorique, M. Beneš semble s'être fait le porte-parole des tendances de M. Masaryk dont les sentiments russophiles sont connus et dont la politique s'orientera dans le sens d'une union russo-tchèque.

Il est certain que si les Tchèques parvenaient à résoudre contre les Polonais le problème de la Galicie orientale, par l'attribution de cette région à la Russie ou à l'Ukraine, ils créeraient là une cause d'irrédentisme et de conflit immédiat avec la Pologne.

Il serait peut-être bon de donner à M. Beneš des conseils de prudence en ce qui concerne cette région qui ne touche en rien les intérêts directs du futur État tchécoslovaque.

En terminant, M. Beneš a posé enfin la question des Serbes de Lusace qui intéresse particulièrement les Tchèques et pour laquelle le gouvernement de Prague demanderait au Congrès des garanties nationales particulières.

CPC, Z-Europe, Tchécoslovaquie, 1918-1940, vol. 50 (116CPCOM/50).

451

N. s.n[2]. *15 janvier 1919.*

Confidentiel.

Vote pour l'Assemblée constituante.

Ne doivent pas actuellement voter, dans les élections pour l'Assemblée constituante en Allemagne, les populations comprises dans l'ancien Empire allemand, dont le Congrès aura à régler la situation d'après les principes du président Wilson acceptés par les Alliés.

---

[1] Dont la capitale est Lvov.

[2] Il s'agit d'une note anonyme.

En effet :

1°) Les laisser voter serait créer une présomption qu'allemandes en 1914, ces populations doivent rester allemandes, ce serait par conséquent anticiper sur les décisions du Congrès.

2°) Un vote émis dans les territoires en question, qui sont présentement occupés soit par des troupes allemandes, soit par des armées alliées, pourrait être interprété comme un plébiscite déguisé, également contestable pour les deux parties.

CPC, A-Paix, 1914-1918, vol. 225 (4CPCOM/225).

452

M. Pichon, Ministre des Affaires étrangères,
à M. Clemenceau, Ministre de la Guerre.

D. n° 319. *Paris, 15 janvier 1919.*

a.s. occupation de Klagenfurt et de Villach.

Par ma dépêche n° 5154 du 23 décembre dernier[1] j'ai eu l'honneur de vous prier de vouloir bien saisir le maréchal Foch d'une requête du gouvernement autrichien qui, craignant la venue de troupes yougoslaves à Klagenfurt et à Villach, sollicitait l'occupation de ces deux villes par des troupes américaines. Cette requête que le gouvernement autrichien avait adressée directement au gouvernement américain nous avait été transmise par l'entremise du gouvernement britannique. Je vous avais signalé l'intérêt que nous avions à ne pas paraître assumer la responsabilité, que l'on semblait disposé à nous laisser, pour le règlement de cette affaire et j'avais marqué l'opportunité qu'il y aurait à faire ratifier éventuellement par les gouvernements alliés tout avis que le maréchal Foch pourrait émettre en faveur d'une occupation de Klagenfurt et de Villach par des troupes américaines.

D'après les indications que le maréchal Foch vous a données dans une lettre du 28 décembre et dont vous avez bien voulu me communiquer la copie le 30 décembre sous le timbre du groupe de l'Avant 3ᵉ bureau n° 15.687 BS/3[2], la question dont il s'agit pourrait être soumise tout d'abord

---

[1] Dans ce document, Pichon transmettait cette requête en l'assortissant de précautions : « En principe, et sous réserve de l'avis du maréchal en chef des Armées alliées, il semble qu'il convient d'accueillir avec réserve une demande provenant du gouvernement autrichien et qui, si elle est accueillie, ne manquerait pas de provoquer des protestations des Yougoslaves. Nous avons déjà trop peiné à calmer ceux-ci pour éviter des frictions avec le gouvernement allié de Rome, pour risquer de les mécontenter à nouveau au seul profit d'un gouvernement ennemi ».

[2] Dans sa lettre, le maréchal Foch répond à Clemenceau : « Les documents cartographiques dont je dispose ne sont pas d'une précision suffisante pour me permettre d'apprécier si la délimitation de la zone S. Peter – Adelsberg – Loitsch, marquée sur la carte italienne, a été exactement

au général Franchet d'Espèrey qui en saisirait le général Diaz ; l'affaire pourrait ensuite être présentée par le maréchal Foch aux gouvernements alliés dans les conditions prévues par la résolution de Londres du 3 décembre[1].

L'ambassadeur de la Grande-Bretagne à Paris, par une note ci-jointe en copie, vient d'insister sur l'opportunité de donner suite à la requête du gouvernement autrichien ; je vous saurais gré de vouloir bien prier le maréchal Foch de traiter l'affaire suivant la procédure indiquée en prenant toutes les précautions nécessaires pour que les Yougoslaves ne puissent, le cas échéant, attribuer à notre initiative l'adoption d'une mesure contraire à leurs aspirations nationales.

CPC, A-Paix, 1914-1918, vol. 117 (4CPCOM/117).

453

N.[2]

Questions juives et politique française.

Deux tendances dans le judaïsme moderne :
— Nationalisme (sionisme)
— Assimilation.

Tiraillements actuels dans toute l'étendue du monde juif : Shanghai, Australie, Afrique du Sud, Égypte et Levant, Empire ottoman, Balkans, Europe orientale, Afrique du Nord, Amérique Nord et Sud.

Le nationalisme sioniste, approprié par le gouvernement britannique, et conforme à l'esprit britannique : juxtaposition de groupes ethniques plus ou moins autonomes. Le type boër adopté par le sionisme.

L'assimilation, essentiellement française d'origine et d'esprit, faire des citoyens adaptés à la vie de chaque nation et largement inspirés du sentiment d'universelle humanité, l'esprit de la Révolution française, l'alliance israélite, organe et symbole de la tendance.

Crise profonde du judaïsme mondial, sous la poussée des réveils d'antisémitisme (pogroms, affaire Dreyfus) ; flottement entre les deux tendances.

Expansion et activité intenses du sionisme provoquées par l'effondrement de l'Empire ottoman et la Déclaration Balfour contresignée par la France, l'Italie, l'Amérique. Le sionisme lié à la politique anglaise ; manifestation

---

tracée suivant la ligne de partage des eaux entre le bassin de la Save et celui de l'Adriatique. Le litige ne me paraît donc pouvoir être tranché qu'à la suite d'une enquête sur place ». Il conclut également en estimant « que d'une façon générale, il y aurait intérêt à adopter la même procédure pour toutes les questions litigieuses en matière d'occupations militaires en Autriche-Hongrie ».

[1] Voir document n° 285 du 3 décembre 1918.

[2] Une mention indique que cette note a été remise le 15 janvier 1919.

de reconnaissance partout ; la langue anglaise, seconde langue dans les écoles sionistes en Palestine (incident caractéristique à New York).

D'autre part importance du rôle des Juifs d'assimilation dans les nouvelles nationalités ; leur part dans la révolution en Allemagne, en Russie, bientôt en Roumanie et sans doute dans l'Empire ottoman.

Trois attitudes : l'indifférence – l'ignorance – l'hostilité – l'aide sympathique.

La France, par tradition, appelée à ce rôle. Petit nombre de Juifs, mais les plus citoyens, les plus instruits, les plus mêlés à toute la vie sociale.

Multiplier les écoles du type Alliance dans les pays de création ou transformation récente ; y répandre l'instruction et l'éducation civique, et française.

Si la France se dérobe à ce rôle, le champ est ouvert aux activités destructrices du bolchevisme et aussi aux activités organisatrices de l'Allemagne. Tentatives de l'Allemagne au XXe siècle pour mettre la main sur le monde juif – par le sionisme ; d'origine germano-russe et longtemps de siège à Berlin – et par *Hilfsverein Der Deutschen Juden*, concurrent de l'Alliance à Salonique, en Palestine. Conflit avec l'Alliance au sujet du Maroc depuis 1904 pour introduire la langue allemande.

L'Amérique indécise, sera facilement attirée dans la sphère d'attraction du judaïsme allemand. Origine allemande de la plupart des Juifs influents en Amérique. L'Amérique, la seconde en nombre des puissances juives après l'Europe orientale, ambitieuse de jouer un rôle, d'avoir une politique juive. Envoi décidé le mois dernier, de délégués juifs à Paris pour le Congrès de la Paix.

Une initiative rapide et résolue peut, en ce moment, pour le prestige du nom français, lier le judaïsme américain aux œuvres françaises, le rattacher à l'Alliance, soit à côté du sionisme, soit en dépit de lui.

Importance facile à prévoir de l'élément juif dans les États d'organisation récente, par le goût du savoir et du travail, de l'activité commerciale et industrielle. Par lui on pourra exercer une influence décisive dans ces pays.

Donc nécessité d'avoir une « politique juive », de suivre d'ensemble les manifestations juives et de les utiliser au profit de la civilisation française.

L'Angleterre a une politique juive.

L'Amérique a une politique juive (Russie, Pologne, etc., Syrie ?).

L'Allemagne avait une politique juive.

L'Italie, l'Espagne même s'y essaient.

Le sionisme anglais a déjà installé des bureaux à Paris en vue du Congrès de la Paix.

Le Comité des œuvres juives d'Amérique vient de décider l'envoi d'une délégation juive et de désigner les délégués.

Il faut que la France ait un organe reconnu, officiel, pour rester en contact avec ces organisations et exercer sur elles soit un contrôle, soit une influence en vue des intérêts français.

Si non, ou nos alliés, ou nos adversaires confisqueront la direction des affaires juives et s'assureront par là un facteur puissant dans l'est de l'Europe et de l'Asie antérieure.

Enfin, même du point de vue limité de notre politique intérieure, nécessité de préciser notre attitude aux yeux de nos concitoyens et de nos protégés juifs de l'Afrique du Nord. Le sionisme les pénètre par une propagande insinuante, les sionistes de Salonique ont agi sur nos soldats algériens ; des propagandes de toute nature s'exercent sur place, qui peuvent écarter ou détourner de nous à la longue ces juifs encore en partie arabisés, nécessaires pourtant comme trait d'union entre la France et les musulmans (ne pas oublier d'ailleurs la conduite héroïque de nos soldats juifs algériens, zouaves, tirailleurs, etc. ; grand nombre de citations, et de victimes).

Marquer publiquement l'intérêt pour leurs croyances, leurs aspirations d'ordre juif dans l'intérieur de la nation au lieu de les porter à chercher au dehors.

(Entre autres, question des orphelins de la guerre chez les israélites algériens, très difficile à étudier et nécessaire pourtant à éclaircir).

Le retour de l'Alsace-Lorraine à la France avec leurs vieilles et importantes communautés, impose d'autre part la même nécessité. Ces communautés ont été mêlées près d'un demi-siècle à l'activité religieuse et politique du judaïsme allemand ; il serait imprudent de les exposer au risque de se sentir diminuées dans leur vitalité par leur retour à la France.

Toutes les raisons, d'ordre intérieur autant qu'extérieur, recommandent l'adoption d'une politique définie dans les affaires juives, et la création d'un organe consultatif apte à guider les décisions du gouvernement dans les débats du Congrès de la Paix où la question juive reparaîtra sous tant de formes : Palestine, Syrie, Roumanie, Pologne, Ukraine, Tchécoslovaquie, Yougoslavie, Grèce, etc.

CPC, A-Paix, 1914-1918, vol. 287 (4CPCOM/287).

454

M. Clinchant, Chargé d'Affaires à Berne,
   À M. Pichon, Ministre des Affaires étrangères.

T. n° 86. *Berne, 17 janvier 1919, 8 h. 10.*

Chiffré. Urgent. (*Reçu* : 11 h.)

D'après des informations provenant d'une source habituellement bonne mais que je ne suis pas en état de contrôler Liebknecht aurait été tué et Rosa Luxemburg écharpée par la foule[1].

CPC, Z-Europe, Allemagne, 1918-1940, vol. 266 (78CPCOM/266).

---

[1] En réalité, Karl Liebknecht et Rosa Luxemburg furent assassinés le 15 janvier 1919 par des militaires. Le corps de Rosa Luxemburg sera retrouvé quelque temps plus tard dans le *Landwehrkanal* à Berlin.

455

M. Barrère, Ambassadeur de France à Rome,
 À M. Pichon, Ministre des Affaires étrangères.

T. n° 177.   Rome, *17 janvier 1919, 20 h. 30.*

Secret.   *(Reçu : le 18, 2 h. 40.)*

M. Salandra et M. Barzilai sont nommés délégués au Congrès de la Paix.

Cette désignation ne s'inspire pas seulement du souci de renforcer la compétence de la Délégation. Elle s'explique aussi par des motifs de politique parlementaire. Le ministère sous sa forme nouvelle est teinté de giolittisme en raison de la présence de M. Facta, l'un des lieutenants de l'ancien président du Conseil. Le fascio parlementaire s'en est ému et pour le satisfaire, M. Orlando a choisi pour siéger avec lui à la Conférence deux des membres les plus notables de ce groupe.

Le choix de M. Salandra est pour augmenter la prépondérance de M. Sonnino dans la représentation italienne à la Conférence de la Paix et fortifier la thèse qu'il continue à maintenir, à moins que ses vues ne soient modifiées depuis son départ de Rome : l'intégralité de la Convention de Londres. M. Salandra, chef du gouvernement qui entra en guerre, est lié personnellement avec M. Sonnino. Il semble qu'il doive appuyer son point de vue à l'égard de l'instrument diplomatique conclu sous ses auspices.

CPC, A-Paix, 1914-1918, vol. 29 (4CPCOM/29).

456

M. Clinchant, Chargé d'Affaires à Berne,
 À M. Pichon, Ministre des Affaires étrangères.

T. n°s 97-98.   *Berne, 17 janvier 1919, 21 h. 10.*

Chiffré. Urgent. Confidentiel.   *(Reçu : le 18.)*

Le Président de la Confédération m'a fait part de son intention de se rendre à Paris où il compte arriver mardi matin 21 courant. M. Ador entrera en France la veille au soir par Bellegarde. Il sera accompagné de M. Lucien Cramer, conseiller de Légation. Il m'a dit avoir demandé à l'inspecteur de la Compagnie PLM à Genève de faire ajouter un compartiment de lit-salon au train de Paris.

M. Ador ne voudrait pas que son voyage revêtît le caractère et l'apparat d'un déplacement de chef d'État. Il souhaiterait rester dans une sorte de semi-incognito. Il désire, m'a-t-il dit, remercier personnellement, au nom de la Confédération, M. le Président de la République et le gouvernement de la sollicitude que la France a témoignée au cours de la guerre pour la Suisse. Il veut aussi apporter à Paris l'expression de la joie personnelle que lui a causée notre victoire.

D'autre part, au moment de l'ouverture du Congrès de la Paix, le Conseil fédéral a jugé utile que son président vînt entretenir personnellement le président du Conseil et les ministres (M. Ador m'a nommé particulièrement M. Clémentel) de la situation économique de la Suisse et des mesures que réclame son ravitaillement en denrées et en matières premières nécessaires à l'industrie. M. Ador est chargé par ses collègues de s'entretenir avec M. Léon Bourgeois, notamment de la constitution de la Société des Nations. Il exprime l'espoir que l'ambassadeur voudrait bien le présenter à M. Clemenceau.

Le président de la Confédération m'a également témoigné l'intention de voir M. Wilson. Il compte prolonger son séjour à Paris jusqu'à la fin de la semaine prochaine.

M. Dunant est chargé d'annoncer à Votre Excellence le voyage de M. Ador.

CPC, Z-Europe, Suisse, 1918-1940, vol. 37 (115CPCOM/37).

457

M. Clément-Simon, Ministre de France à Prague,
 à M. Pichon, Ministre des Affaires étrangères.

T. n°s 102-105. *Prague, 17 janvier 1919, s.h.*

Je me réfère à vos télégrammes 19 et suivants[1].

Je comprends fort bien que M. Adler, comme représentant de l'Autriche allemande, cherche à établir entre ce pays et les anciens […][2] non allemands de la double monarchie un fédéralisme économique. La situation économique de l'Autriche allemande est désespérée. En ce qui concerne ce […][3] elle n'a effectivement d'autres ressources que la faillite et le quantum du concordat dépend presque entièrement de la Bohême et dans une certaine mesure de la Hongrie. Quant à l'avenir, elle pourrait végéter mais elle ne pourrait nourrir Vienne.

Pour nous, je veux dire l'Entente et spécialement la France, nous ne pourrions avoir qu'un seul intérêt à nous montrer favorables à la solution préconisée par M. Adler : sauver nos porteurs de rente autrichienne. Mais un intérêt économique d'ordre secondaire en somme ne peut prévaloir contre

---

[1] Documents non retrouvés.
[2] Lacune de déchiffrement.
[3] Lacune de déchiffrement.

nos intérêts politiques de premier plan. D'ailleurs, même l'Autriche allemande fît-elle pour sa part complètement faillite, nos porteurs de rentes *anciennes* recevraient environ un quart de leur avoir, du fait du consentement de la Bohême à prendre cette charge (voir mon télégramme n° 60)[1]. Reste à savoir ce qui sera décidé pour la Hongrie et les autres parties de l'ancienne double monarchie.

Revenant au point de vue politique qui suivant mon avis, doit tout primer, il serait peut-être de notre intérêt de reformer tout aussitôt après la débâcle allemande et autrichienne des liens quelconques, même économiques, entre l'Autriche allemande et la Bohême.

L'Autriche dépend essentiellement, pour le moment, de la Bohême et la Bohême est prête à suivre nos directions, je veux dire encore celles de l'Entente et particulièrement de la France si nous savons faire le nécessaire pour cela. Cette situation est-elle donc si défavorable que nous devions y mettre fin à la hâte et sans que rien ne nous y oblige ? Pense-t-on que, parce que l'Autriche aura cessé d'être parasitaire vis-à-vis de la Bohême, elle gagnera, aussitôt son indépendance recouvrée, à attacher plus fermement les Tchèques à la France ? Je ne peux le croire ; ce serait alors qu'elle oublierait instantanément le grand péril auquel elle vient d'échapper.

Tout rapprochement durable et formel de l'Autriche allemande et de la Bohême apparaît, jusqu'à nouveau changement de l'horizon européen, comme une diminution de notre situation politique actuelle.

Quant à l'opinion à cet égard en Bohême, je ne pense pas qu'il y ait des négociations ouvertes comme le prétend M. Adler. Mais je suis bien sûr qu'il y a sur le territoire de la nouvelle République tchécoslovaque des milliers de cerveaux qui y pensent. Cela est naturel, car on n'abolit pas en un jour des habitudes invétérées et des intérêts enchevêtrés. Mais nos vrais amis réprouvent de telles idées et il y aurait une réelle imprudence à laisser savoir aux Tchèques que nous envisagerons, même d'une façon académique, de semblables combinaisons ; comme vous le savez, ce serait affaiblir nos partisans et rendre du courage à nos adversaires actuellement démoralisés.

CPC, A-Paix, 1914-1918, vol. 129 (4CPCOM/129).

[1] Document non retrouvé.

458

M. Tardieu, Commissaire général des Affaires de Guerre franco-américaines,
  À destinataires non désignés.

N. s.n. 17 janvier 1919.
Confidentiel.

Note présentée par M. André Tardieu sur un plan général de clauses financières.

1/ *Caractère général du projet.*

Le projet financier que la France présentera doit remplir deux conditions qui peuvent sembler contradictoires :

a) Reconnaissance d'une priorité pour certaines de nos créances.

b) Participation de nos Alliés au règlement de nos dépenses de guerre.

Il est toutefois à remarquer que nous ne sommes pas seuls à avoir ce double objectif. Une première conclusion résulte de ce fait : c'est que nos deux catégories de demandes seront avantageusement bloquées avec les demandes analogues de certains des Alliés.

C'est donc un projet financier *non exclusivement français, mais commun* à tous ceux des Alliés qui ont les mêmes intérêts que nous que je conçois.

2/ *Priorité assurée aux dommages privés.*

Pour faire connaître une priorité pour certaines des créances (qui sont précisément celles qui nous intéressent) on pourrait poser en principe la distinction entre dommages privés et dommages publics.

Les dommages privés passeraient les premiers. Rien de plus légitime, puisque les États, s'ils n'ont pas encore consolidé les dommages publics, ont du moins le moyen d'y faire face plus que les particuliers.

Dans les dommages privés ainsi définis et placés en priorité (sans même que le nom de la France ait à être prononcé), nous ferions entrer pour tous les pays intéressés :

a) Dévastations et vols de toute nature (contributions, amendes, réquisitions, dommages subis en Allemagne par les sujets alliés, matières premières et outillages enlevés, etc.).

b) Pertes maritimes.

c) Peut-être, pensions, indemnités de chômage dans les régions libérées ; frais d'entretien des réfugiés et prisonniers de guerre ; pertes sur le change en Alsace-Lorraine, etc.

3/ *Moyens de règlement pour ces dommages.*

La priorité des dommages privés ainsi définis, le total serait porté au débit de l'Allemagne et éventuellement de ses alliés, et l'on inscrirait au crédit de ces mêmes gouvernements :

a) Les restitutions en nature (à l'identique ou à l'équivalent).

b) Le produit de la liquidation des biens ennemis dans les trois pays, chaque pays devant conserver le produit réalisé chez lui.

c) Les avoirs, les commandes et les concessions des Allemands dans les pays étrangers (par pays étrangers, il faudra probablement entendre seulement les pays neutres, car il serait difficile d'empêcher chaque belligérant de se réserver cette garantie sur son territoire).

d) Une somme en espèces d'un montant à déterminer que l'Allemagne serait jugée en état de verser immédiatement.

e) Le reste de la dette allemande devrait être amorti par des annuités (en 50 années, par exemple).

À la fois pour faciliter ces règlements et pour favoriser notre renaissance économique, il devrait être stipulé qu'une partie de ces annuités serait représentée par des matières premières ou des produits fabriqués. Une même matière, la houille par exemple, pourrait être demandée à deux titres différents :

a) À titre de restitution en nature (en remplacement du charbon que nous ne pouvons extraire de nos mines).

b) À titre d'acompte sur les sommes dues par l'Allemagne.

On remarquera qu'à ce second titre, il nous serait possible d'exiger de l'Allemagne la fourniture de tous articles qui nous intéressent (matières colorantes, ambre, argile, houblon, sucre, bois et chalands). La contre-valeur de ces articles *au prix de revient* serait portée au crédit du compte du gouvernement allemand.

Les montants à exiger dépendraient à la fois des possibilités de production allemandes et des possibilités d'absorption du marché français.

Les marchandises ainsi livrées pourraient être remises à des centrales formées par les négociants intéressés, afin d'éviter que l'État français ne soit obligé de s'improviser commerçant.

Quant aux espèces elles seraient versées dans les caisses de l'État car il ne semble pas nécessaire de créer à cet effet un organisme intermédiaire international, une fois que la quote-part affectée à chacun des trois États intéressés, aura été fixée.

4/ *Garanties à prendre pour ce règlement.*

Ici prendraient place les diverses stipulations destinées à garantir l'exécution des engagements par l'Allemagne et à nous protéger contre ses agissements déloyaux :

a) Mesures pour assurer les restitutions.

b) Listes des avoirs à l'étranger.

c) Annulations de séquestres.

d) Contrats et moratoires.

e) Privilèges pour les porteurs alliés de valeurs allemandes.

f) Clause de la nation la plus favorisée sans réciprocité.

g) Liberté du commerce et de la propriété pour nos nationaux.

h) Franchise temporaire pour l'exportation des produits alsaciens-lorrains en Allemagne.

i) Régime du transit.

j) Questions du Rhin, du Danube, du Gothard.

k) Conditions du travail en Allemagne.

l) Mesures maritimes.

m) Régime des lignes de navigation, des câbles, de la police, de pêche, des sous-marins commerciaux, des ports.

n) Priorité industrielle et artistique.

o) Marques de fabrique, d'origine, appellations, gages spéciaux, gérés par une commission anglo-franco-belge, etc.

5/ *Dommages publics.*

Le mécanisme ci-dessus nous paraît capable de nous assurer en fait la juste priorité particulière que nous réclamons. Il le fait sur la base d'un principe *général* inattaquable.

Pour les dommages publics, il faut également déduire de principes généraux notre titre à réclamation.

Ici encore notre projet gagnera à être inspiré par un droit collectif, et non exclusivement français.

On pourrait à cet effet proposer comme base les trois idées suivantes :

a) L'Allemagne est probablement incapable de rembourser toutes les dépenses de la guerre qu'elle a provoquée.

b) Dans ces conditions, la mise en commun des dépenses de guerre et leur liquidation solidaire peuvent être équitablement demandées.

c) Le règlement à adopter vis-à-vis de l'Allemagne doit être tel qu'il puisse être étendu ultérieurement à ses Alliés.

Le mécanisme, ces bases une fois acceptées, serait le suivant :

a) Détermination de la capacité de paiement de l'Allemagne et éventuellement de ses alliés au-delà des charges résultant pour eux du règlement des dommages privés.

b) S'il y a marge, annuité supplémentaire mise à la charge de l'Allemagne, et éventuellement de ses alliés.

c) S'il n'y a pas marge ou si l'annuité ci-dessus ne suffit pas, la différence serait supportée en commun par les États de l'Entente dans des conditions à préciser.

6/ *Mécanique pour le règlement des dommages publics.*

L'annuité supplémentaire allemande et la contribution à demander aux divers États pourraient être *versées* à un organe international doté de la personnalité civile qui :

a) émettrait sous sa responsabilité des titres de rente amortissables en 50 ans ;

b) les remettrait à chaque pays belligérant (sauf l'Allemagne et ses alliés) pour un montant égal à celui de ces dommages publics.

Chacun des dits pays pourrait :

a) soit garder dans ses caisses la rente internationale qui lui serait ainsi délivrée ;

b) soit l'émettre dans le public pour la partie de ses dépenses qui n'aurait pas été déjà consolidée.

Il conviendrait que les séries fussent nationalisées, sinon les titres afflueraient chez les pays créditeurs, et les autres participants qui seraient précisément les plus faibles financièrement se désintéresseraient du crédit de ce titre.

7/ *Mode de contribution des pays de l'Entente.*

Deux systèmes sont possibles :

a) Taxes mondiales frappant chez tous les participants certains produits ou certaines manifestations de l'activité économique.

b) Contribution matriculaire à imposer à chaque participant, suivant un barème qui tiendrait compte à la fois de sa population et de sa richesse.

Le premier système a des inconvénients :

a) Le produit est incertain (qu'on se rappelle les déboires de la taxe sur le luxe en France).

b) Il encouragera la fraude dans les pays moins consciencieux ou moins civilisés.

c) Enfin, quelle que soit la base de l'imposition adoptée, les pays, grands producteurs de certains articles, se plaindront d'être désavantagés.

Le second système au contraire a les avantages suivants :

a) Il donne un produit certain.

b) Il respecte la liberté intérieure de chaque pays qui détermine à son gré les moyens fiscaux de faire face à sa contribution.

8/ *Conclusion.*

Ce n'est là qu'un plan général susceptible de recevoir de nombreux amendements.

Son but est de concilier les deux intérêts contradictoires définis au paragraphe 1 et de poser les bases d'une solution collective, plus nécessaire à la France qu'à aucun autre pays.

Papiers d'agents, fonds Tardieu, vol. 445 (166PAAP/445).

459

N. *17 janvier 1919.*

Note de Louis-Lucien Klotz.
Projet d'une « Section financière de la Société des nations ».

La Société des nations comprend une Section financière.

I.- *Composition de la Section financière.*

1) La Section financière aura son siège à

2) Elle sera composée de X membres. La France y sera représentée.

3) Le président, désigné par la Section, sera choisi pour un an, à tour de rôle, parmi les représentants de certaines puissances, dont la France.

4) Seront admis à être représentés à la Section et à exercer immédiatement après (ou concurremment avec) les Alliés un privilège pour le recouvrement de leurs créances sur l'Allemagne, l'Autriche-Hongrie, la Turquie, la Bulgarie ou leurs ressortissants, les États neutres qui se seront engagés à prendre toutes mesures utiles pour :

a) assurer sur leur territoire l'application des clauses financières du traité de paix spécialement la saisie des avoirs allemands, autrichiens, hongrois, turcs et bulgares, la perception des taxes prévues au traité, les exemptions fiscales et autres facilités permettant les échanges de titres consécutifs aux règlements de dettes ;

b) empêcher l'évasion fiscale par une entente internationale ;

c) protéger d'une manière efficace les porteurs de titres dépossédés par faits de guerre, réprimer les vols et recels de titres) ;

Ne pourront être admis dans la Société des Nations les États qui auraient révoqué les engagements régulièrement pris par eux à l'égard des porteurs de leur dette actuellement en circulation.

5) Les frais généraux de la Section financière sont couverts par un prélèvement sur les annuités perçues. Le montant de ce prélèvement sera fixé et pourra être modifié par la Section.

II.- *Attributions de la Section financière.*

§ 1 – *Attributions administratives*

La Section financière exercera un contrôle supérieur et permanent sur toutes les Commissions internationales ou organismes de contrôle financiers présents et futurs, plus particulièrement sur ceux qui seront institués par le traité de paix dans les territoires de l'Allemagne, de l'Autriche-Hongrie, de la Turquie, de la Bulgarie à l'effet de percevoir des revenus suffisants pour garantir le paiement des annuités dues aux alliés ou à leurs ressortissants.

§ 2 – *Attributions juridictionnelles*

1) Elle aura pour mission d'interpréter les clauses financières et économiques du traité de paix et de veiller à leur application.

2) Elle jugera en dernier ressort tous les litiges d'ordre financier et économique qui pourraient naître de l'application des dispositions inscrites dans le traité de paix, soit entre les États, soit entre les Commissions internationales, soit entre les Commissions internationales et les États dont elles perçoivent les revenus.

3) Elle prononcera sur les conflits d'attribution qui pourraient s'élever entre les Commissions internationales.

4) Elle aura le pouvoir d'accorder avec ou sans intérêts et sous réserve des droits acquis, des termes et délais aux États débiteurs, si les circonstances le justifient.

5) Elle pourra provoquer de la part des États alliés toutes mesures de coercition nécessaires pour contraindre les États débiteurs à remplir leurs obligations (occupation militaire, saisie d'avoir à l'étranger, prise d'hypothèques nouvelles sur biens et concessions et autres sanctions pouvant aller jusqu'à l'exclusion de la Société des Nations).

6) Seront exclus de la Société des Nations les États qui commettraient des actes qui auraient été de nature à entraîner leur non admission, particulièrement ceux qui répudieraient leur dette ou en suspendraient le service sans conclure un arrangement avec leurs créanciers dans le délai fixé par la Section financière.

§ 3 – *Attributions financières*

1) La Section centralisera, avant leur mise en application, les états de répartition et d'affectation d'avoirs et annuités établis par les Commissions financières internationales.

Elle facilitera, avec l'agrément des intéressés, les compensations entre les États qui se trouveront respectivement créanciers et débiteurs ; elle donnera effet aux délégations qu'ils auraient consenties, le tout sous réserve des priorités et affectations spéciales établies par le traité de paix ou par d'autres contrats.

2) Au cas où un État voudrait affecter à la garantie d'un emprunt particulier tout ou partie des annuités qui lui sont réservées, la Section financière pourra se charger de la conservation du gage de son emploi, conformément aux stipulations du contrat d'émission de l'Emprunt.

3) Elle pourra également faire aux États représentés à la Section des avances portant intérêts, dont le montant ne pourra dépasser deux des annuités réservées à l'État emprunteur.

Ces avances seront faites au moyen de bons dont l'échéance ne devra pas excéder *deux* ans et qui auront, entre les États contractants, la même force libératoire que l'or dans les échanges internationaux. Ces bons jouiront de la garantie solidaire des puissances qui participeront à la Section.

4) La Section financière concentrera, sur la demande des intéressés, les opérations de change relative aux effets commerciaux qui auront pu être remis aux divers États en règlement de leurs créances sur l'indemnité.

§ 4 – *Attributions diverses*

La Section financière pourra être appelée ultérieurement à procéder au règlement des dettes contractées par des États qui manqueraient à leurs engagements et à déterminer les gages qu'ils seraient tenus d'affecter à leurs créanciers.

Elle pourra provoquer la réunion de conférences internationales, pour l'unification des législations en vigueur, en ce qui concerne : la protection des porteurs de titres, dépossédés par des faits non connexes à l'état de guerre, les lettres de change, les contrats maritimes, les contrats de transports et d'assurances, etc.

Papiers d'agents, fonds Tardieu, vol. 446 (166PAAP/446).

460

M. Barrère, Ambassadeur de France à Rome,
 À M. Pichon, Ministre des Affaires étrangères.

T. n° 13.   Rome, *17 janvier 1919.*

a.s. de la reprise des relations diplomatiques entre la France et le Saint-Siège.

À la date du 18 juillet dernier, examinant la question de la reprise des relations diplomatiques entre la France et le Saint-Siège, qui était alors discutée dans des publications, je me suis prononcé pour l'ajournement de cette reprise tout en reconnaissant en principe l'intérêt qu'elle présentait.

Je rappelle ici sommairement les raisons que j'invoquais pour justifier l'opportunité de cet ajournement. Il convenait avant tout, disais-je, d'empêcher que la reprise des relations diplomatiques avec le Vatican aliénât à la France, en Italie même, une partie importante de l'opinion publique dont l'appui nous était nécessaire pour poursuivre la guerre, comme il nous avait été indispensable pour porter ce pays à la déclarer. En second lieu, l'envoi d'un représentant français auprès du Saint-Siège n'aurait pas pu, à ce moment-là, éviter complètement le caractère d'une concession aux idées de paix prématurée, avec lesquelles le Pape s'était identifié. Or il importait qu'un rapprochement avec lui ne fût pas entaché de ce pacifisme, dont il avait malheureusement fait son programme. Enfin, il ne pouvait être question pour la France de renouer ses relations avec le Vatican que dans des conditions d'absolue dignité ; et ces conditions n'eussent pas été réalisées, en renouant, pour ainsi dire, sous le coup même de procédés dont nous avions eu et avions encore à nous plaindre.

Les deux premières de ces raisons ont cessé d'exister du fait même de la fin de la guerre. Il peut nous être indifférent aujourd'hui d'affronter les commentaires des anticléricaux italiens. Au surplus, l'éventualité d'un rapprochement ou d'un accommodement entre l'Italie même et le Saint-Siège a été si amplement examinée et discutée par la presse de ce pays-ci ; il a été fait, dans les journaux, tant d'allusions, vraies ou fausses, à un commencement d'exécution de ce projet, que même les plus farouches anticléricaux de la Péninsule ne pourraient sincèrement s'offusquer de voir la République française faire ce que le gouvernement royal a laissé dire qu'il était prêt à faire. D'ailleurs, à l'époque même où je considérais que notre intérêt national nous conseillait, en l'espèce, de tenir compte d'une certaine opinion publique italienne, j'avais soin d'ajouter que nous n'avions, pour renouer avec le Vatican, à demander l'autorisation de personne en Italie ni gouvernement, ni parti politique. Je le répète aujourd'hui : la route de Paris à Rome, évitant Canossa, ne doit passer ni par la Consulta, ni par le Comité d'aucun groupe italien.

Mon deuxième argument de juillet dernier est encore plus radicalement supprimé que le premier par la cessation des hostilités, cela se passe de démonstration.

Reste la troisième raison, la question de dignité. Un facteur nouveau est intervenu dans la situation depuis juillet 1918 : c'est la victoire des Alliés et notamment celle de la France. Nous n'étions pas victorieux quand je vous adressais ma dépêche n° 344[1], ou du moins nous ne l'étions qu'en puissance. Nous le sommes aujourd'hui, et notre victoire a rejeté parmi les vaincus de la guerre ce Souverain Pontife qui a jusqu'au dernier moment joué sur les perdants. Et c'est précisément cet état de choses qui nous met en mesure d'examiner de quelle façon il serait opportun de reprendre des rapports avec lui, dans les conditions les plus conformes et à notre dignité et à notre intérêt.

L'effondrement de l'Allemagne et de l'Autriche-Hongrie, à la victoire desquelles ils avaient cru, autant qu'ils l'avaient désirée, a jeté Benoît XV et son entourage dans un désarroi que j'ai signalé. Le terrain leur manquait partout à la fois : du côté de l'Entente, où l'opinion publique, bien que très incomplètement informée de leur action politique pendant la guerre, avait cependant lu dans leur jeu ; du côté des Empires centraux, où les gouvernements démocratiques, édifiés sur les ruines des maisons impériales, montraient des dispositions à l'ingratitude envers le signataire de la note pontificale sur la paix.

Ce moment d'extrême perplexité est déjà passé. Les semaines qui se sont écoulées depuis les armistices ont permis au Saint-Siège de reprendre, tant bien que mal, son équilibre compromis. Les sondages qu'il a opérés de ci de là ont montré qu'en Belgique, le gouvernement restait déférent et accommodant ; qu'en Angleterre, la question d'Irlande laissait subsister un intérêt à se concilier les faveurs pontificales, et que les questions orientales, à commencer par celle de Palestine, créaient un point de contact avec la Curie romaine ; qu'en Pologne, le Pape faisant figure, usurpée mais tout de même admise, de libérateur ou d'apôtre de la libération ; qu'aux États-Unis, le président Wilson ne méprisait pas le concours des voix catholiques pour les

---

[1] Dépêche non retrouvée.

élections ; qu'en France, où l'on jugeait avec la plus juste sévérité les dirigeants de la politique pontificale, cette sévérité ne se traduisait ni par des actes ni par des dénonciations publiques ; qu'en Italie, le gouvernement, dans un intérêt de politique intérieure et de politique extérieure, celle-ci surtout orientale, inclinait vers un arrangement avec le Saint-Siège et se prêtait, faute de mieux, à un commerce de coquetterie avec lui ; enfin qu'à Munich et à Vienne, les nonciatures avaient jusqu'à présent échappé à l'affront d'un congé en règle.

Telles sont les raisons pour lesquelles, au Vatican, on considère aujourd'hui le présent et l'avenir avec moins d'appréhension que deux mois plus tôt. Mais il n'y en a pas moins encore loin de l'état d'esprit actuel à une vraie quiétude. L'équilibre repris reste instable ; la situation morale et politique refaite à la hâte demeure précaire. Rien de concret n'est fait, et peu de chose est faisable avec l'Italie, sans céder et sans innover plus qu'on n'y est disposé. L'adaptation vaticane à un ordre européen et mondial profondément modifié est à peine ébauchée et s'annonce fertile en difficultés. Bref, les circonstances sont encore telles que le Saint-Siège n'est pas en position d'être difficile sur les conditions d'un règlement de comptes avec lui.

C'est à dessein que j'emploie cette expression pour qualifier l'opération politique dont l'occasion s'offrirait, selon moi. Il ne s'agit nullement, dans ma pensée, de renouer avec le Vatican coûte que coûte, ni même sans transition et sans étapes. Une telle procédure irait à l'encontre des intérêts mêmes que la reprise des rapports aurait pour but de satisfaire. J'en ai indiqué la raison dans ma dépêche du 18 juillet dernier. La présence, disais-je alors, d'un représentant diplomatique français faisant de la part du Saint-Siège l'objet d'un désir certainement très vif, nous nous dessaisirions à son profit du principal élément d'échange dont nous disposons, si nous le lui accordions avant d'avoir obtenu de lui les concessions que nous pouvons avoir à lui demander. Rétablir les missions diplomatiques officielles préalablement à toute négociation et à tout engagement de la part du Vatican, sur les points qui nous intéressent, ce serait proprement mettre la charrue avant les bœufs.

La seule chose dont il puisse s'agir à mon sens c'est donc de régler nos comptes avec le Saint-Siège, la reprise restant subordonnée aux satisfactions que nous aurait apportées ce règlement.

Après quinze années de rupture diplomatique[1], les sujets sur lesquels notre intérêt national nous conseille de s'entendre apparaissent d'eux-mêmes avec assez de clarté pour qu'il soit superflu d'y insister longuement. La plupart ont été mis en relief par l'application même du régime de séparation stricte, qui les a engendrés en même temps que des avantages certains. Le dommage principal, sinon le plus grand, consiste dans la mainmise progressive du Saint-Siège sur l'épiscopat français, à partir du

---

[1] Cette rupture précède la loi de Séparation de l'Église et de l'État du 9 décembre 1905. En mai 1904, suite à l'interdiction en France de l'enseignement aux congrégations religieuses et à la protestation du Vatican auprès des chancelleries européennes, le président du Conseil Émile Combes rappelle en France Armand Nisard, le représentant de la République auprès du Saint-Siège.

jour où le Pape s'est trouvé investi du pouvoir exclusif de choisir et de nommer nos évêques ; dans cette centralisation romaine sans frein, qui anéantit quotidiennement ce qu'on appelait autrefois l'Église de France, expression qui se conserve encore dans le vocabulaire, mais qui bientôt ne correspondra plus à rien dans la réalité. Un deuxième objet consiste dans la sauvegarde des missions religieuses qui propagent notre langue et notre influence politique en Orient et Extrême-Orient, mais sur lesquelles nos droits deviennent d'autant plus difficiles à préserver que l'application de la loi sur les associations, tarissant leur recrutement en France, aboutit à les dénationaliser rapidement. Un troisième but consiste dans le traditionnel protectorat catholique en Orient et Extrême-Orient, dans l'adaptation qu'il doit nécessairement subir, pour s'harmoniser avec le nouvel ordre de choses en Turquie, si nous entendons le sauver. Il y a aussi la question du clergé catholique au Maroc. Il y a enfin le statut ecclésiastique de l'Alsace-Lorraine, ou plutôt le fonctionnement du régime sous lequel vivent ces provinces, puisqu'il ne peut être question d'y appliquer les lois en vigueur en France sur la matière.

Pour aborder utilement ces divers sujets avec le Saint-Siège, la première condition est évidemment de bien savoir ce que l'on veut, d'avoir des vues arrêtées sur la solution de chaque problème. J'en signalais déjà la nécessité dans ma dépêche précitée, et j'indiquais qu'il y avait là un travail préliminaire, unilatéral, à entreprendre sans délai. Cette nécessité n'a fait, depuis lors, qu'à s'accentuer.

En supposant réalisée cette condition préalable, nous n'avons jamais été en meilleure posture pour faire prévaloir, sur les points ci-dessus énumérés, les solutions qui nous conviennent. Notre avantage résulte d'abord de la situation politique discréditée dans laquelle se trouve le Saint-Siège, et que j'ai exposée plus haut ; ensuite des armes redoutables que nous possédons contre lui. Nous n'ignorons à peu près rien de son action politique pendant la guerre ; en tous cas, nous sommes pertinemment au courant de quelques-unes des compromissions ou des tentatives qu'il a pris le plus de soin de dissimuler. Il a fait quelques expériences, rares à la vérité, mais concluantes, du tort que peu lui faire, dans l'opinion catholique française, un examen objectif des fins qu'il a poursuivies et des moyens qu'il a employés. Il a tout à craindre d'une lumière plus complète et plus crue jetée sur des agissements que l'insuccès a, en outre, condamnés. Il y a donc là un moyen de pression sur lui, dont on peut légitimement faire usage pour le rendre docile à nos vues et même, si cela nous convient, pour déterminer dans la Curie romaine les changements de personnes qui nous paraîtraient désirables.

Ainsi se présente actuellement la situation. Elle ne changera pas à notre détriment d'un jour à l'autre. Elle ne restera pas non plus stationnaire ; et par suite le bénéfice ne nous en sera pas indéfiniment assuré. Quelles qu'aient été ses fautes et ses erreurs, quelles que soient les difficultés que le présent lui crée et que l'avenir lui réserve, le Saint-Siège a des ressources et il s'en servira. Il trouvera des clients et des complaisants, peut-être sans avoir à chercher très loin. D'autre part, la liquidation des intérêts affectés par la guerre appellera d'ici peu le règlement de quelques-unes des questions où le concours du Saint-Siège peut nous servir, entre autres celles de Palestine et du protectorat catholique. Le temps, en l'occurrence, ne travaille donc pas pour nous.

Un compatriote me disait un jour : « J'ai entendu dire bien des fois la question de la reprise des relations diplomatiques avec le Vatican. La conclusion était toujours le même : cela s'imposait, mais ce n'était pas le moment ». Ce moment ne s'est certes pas présenté d'août 1914 à novembre 1918. Il en est autrement aujourd'hui.

CPC, Z-Europe, Yougoslavie, 1918-1940, vol. 44 (118CPCOM/44).

461

N. 17 janvier 1919.

Accord du 17 janvier 1919, concernant des secours alimentaires de l'emploi du tonnage allemand.

À la Conférence tenue à Trêves le 15 et le 16 janvier 1919, les délégués des gouvernements associés ont mentionné les besoins de l'Europe relativement à l'importation des denrées alimentaires et la nécessité urgente d'augmenter le tonnage mondial total sur lequel pourra être prélevé le tonnage à employer pour ce ravitaillement. Ils ont déclaré qu'avant d'envisager l'importation en Allemagne d'une certaine quantité de denrées alimentaires, il fallait que la flotte commerciale allemande fût mise à la disposition des gouvernements associés. Le 16 janvier 1919, la clause annexée au présent document a été insérée dans les clauses de l'armistice renouvelé à cette date. Les termes suivants ont été acceptés par les délégués allemands après quelques conférences :

- I -

Mise immédiate à la disposition des gouvernements associés de la totalité de la flotte de commerce allemande (y compris tous les navires à passagers et les navires de charge, sauf les exceptions à déterminer par une Commission désignée par les gouvernements associés), en vue d'augmenter le montant du tonnage mondial sur lequel pourra être prélevé le tonnage nécessaire au ravitaillement en denrées alimentaires de l'Europe, Allemagne y compris.

- II -

Les navires de commerce allemands seront mis à la disposition des gouvernements associés dans les ports désignés et dans les conditions fixées par les gouvernements associés. Ils seront remis complètement équipés en personnel et en matériel.

- III -

Pour ceux des navires qui, se trouvant en pays neutre ne pourraient pas rejoindre par leurs propres moyens les ports désignés soit par défaut de personnel, soit pour toute autre raison, l'Allemagne en effectuera la remise dans les ports où ils se trouvent actuellement, après avoir préalablement notifié cette remise aux gouvernements neutres intéressés.

- IV -

Les navires de commerce allemands prendront la mer avec un pavillon ou des pavillons alliés.

- V -

Les gouvernements associés pourront prendre telles mesures qu'ils jugeront convenables pour assurer la police intérieure du navire, la sécurité de la navigation, et la surveillance des équipages. Si au besoin est, ils pourront placer à bord une garde armée.

La législation applicable au navire sera celle de la nation qui en aura pris la charge au nom des gouvernements associés. Exception faite cependant si et quand l'équipage est allemand ; le service intérieur devra dans ce cas être réglé autant que possible par la loi allemande (pour autant que cela ne touche pas aux questions de discipline ni à l'autorité d'aucune garde armée).

- VI -

Les gouvernements associés pourront procéder au remplacement partiel ou total de l'équipage. Les officiers marins qui seraient ainsi congédiés seront rapatriés en Allemagne, aux frais du gouvernement associé intéressé.

- VII -

Tous les navires de commerce allemands seront remis aux gouvernements associés dans un délai qui sera fixé ultérieurement.

L'état des navires qui ne pourraient pas prendre la mer à expiration d'un délai à fixer, sera constaté par une commission désignée par les gouvernements associés.

- VIII -

Les clauses ci-dessus s'appliquent seulement à l'utilisation.

- IX -

Les accords ci-dessus ne préjugent en rien de la disposition définitive des navires.

- X -

Une conférence ultérieure à réunir aussitôt que possible, traitera des questions encore pendantes de même nature que celles mentionnées au dernier paragraphe de la clause de l'armistice ci-jointe. Toute communication sera faite par le canal de la Commission d'armistice de Spa.

Là-dessus les délégués des gouvernements associés ont fait savoir aux délégués allemands que l'on permettrait tout d'abord l'importation des denrées alimentaires suivantes, savoir 200 000 tonnes de porc, de 70 000 tonnes de céréales panifiables (mais une partie des denrées alimentaires déterminées par les gouvernements associés peut-être remplacée par du lait condensé). Cette importation sera faite de telle manière et de tels endroits choisis par les gouvernements associés. Le Conseil supérieur de guerre serait saisi de la question de tous les autres ravitaillements en denrées alimentaires.

Les délégués allemands acceptent que le gouvernement allemand règle de temps en temps le paiement de toutes denrées alimentaires importées par lui avec l'autorisation des gouvernements associés, paiement dont les termes devront être approuvés par les gouvernements associés.

CPC, A-Paix, 1914-1918, vol. 87 (4CPCOM/87).

462

N. s.n[1]. *Non datée.*

- I -
DE LA FUTURE FRONTIÈRE

M. Hanotaux estime que seule une « grande paix » peut donner naissance à une Europe véritablement nouvelle. Mais il importe avant tout que l'Angleterre, la Belgique et la France s'entendent pour régler la *question du Rhin,* c'est-à-dire la question de leur propre défense et de la sécurité du monde.

Tant que la Prusse jouira des avantages stratégiques que lui ont assurés les traités de 1815 et de 1871, ces trois puissances seront menacées, et avec elles l'Europe et le monde. Il faut enlever à la Prusse ses avantages, il faut la mettre hors d'état de nuire.

1°) L'Alsace-Lorraine doit revenir à la France, sans discussion, sans restriction. Mais si la France recouvre seulement la frontière de 1871, elle n'est pas suffisamment protégée. Elle doit posséder le Hardt, le Hunsrück et les « *Wald* », qui dominent la région entre Rhin et Luxembourg – en tous cas au minimum, les lignes de Kaiserlautern.

(Tracé minimum : Nord de Sierck, Trèves (compris), cours de la Moselle, Emkirch, Ob-Sohren, vallées du Simmer, de la Nahe, frontière de la Bavière rhénane jusqu'au Rhin, nord de Frankenthal). Elle doit avoir les grandes voies ferrées du Luxembourg sous son contrôle au point de vue militaire.

2°) Mais une telle frontière n'assurerait pas la protection de la Belgique et de l'Angleterre. Pour la sécurité de l'Europe, il faut que la nouvelle frontière englobe *tous* les territoires que la Prusse a enlevés à la France en 1815 et qui ont rendu possible l'agression de 1914.

La Belgique doit être protégée par *un glacis en avant de la ligne de la Meuse* ; elle recevra le Grand Duché de Luxembourg et la poche méridio-

---

[1] Il s'agit d'une note anonyme résumant deux notes du 11 novembre 1918 de Gabriel Hanotaux, ancien ministre des Affaires étrangères : l'une sur la future frontière française et l'autre sur le sort de l'Allemagne unifiée. Ces deux notes se trouvent également dans le volume 417 des papiers d'André Tardieu.

nale du Limbourg hollandais, ces deux territoires étant réunis par une bande couvrant Aix-La-Chapelle, englobant le camp d'Elsenborn et la plupart des voies ferrées stratégiques de l'Eifel, que l'Allemagne a construites pour envahir la Belgique. En outre, la Belgique réclame la solution de la question d'Anvers. Elle ne peut être résolue ainsi que celle du Limbourg hollandais qu'en donnant à la Hollande des compensations en Frise et Gueldre allemandes dont les populations sont hollandaises.

La dissolution de l'Empire bismarckien facilitera ces arrangements.

Reste un triangle entre le bassin de la Moselle et le cours de l'Ahr (c'est-à-dire la région de l'Eifel), la sécurité de l'Europe exige qu'on l'enlève à l'Allemagne sinon, elle en fera un contre-glacis qui serait encore menaçant.

Le tracé de la frontière « européenne » suivrait donc le Rhin jusqu'à l'Ahr, l'Ahr jusqu'à Hillesheim, la Kyll jusqu'à Erdorf, et de là, par Bittburg et la vallée de la Ruwer, rejoindrait la frontière actuelle du Grand Duché de Luxembourg.

OBJECTION :

Les populations ? Elles sont plus celtiques que germaniques ; elles n'ont été détachées de la France que depuis cent ans, elles ont subi profondément l'influence française. Une fois l'Empire bismarckien détruit, ces territoires entre France et Allemagne reprendront possession d'eux-mêmes et s'abriteront bientôt spontanément (comme en 1792) à l'ombre des libertés françaises.

- II -
DU SORT DE L'ALLEMAGNE UNIFIÉE

L'unité de l'Allemagne, selon M. Hanotaux, fait de ce pays un barrage qui gêne et menace tous les autres peuples de l'Europe. À l'unification il faut substituer la fédération. Comment y parvenir ?

1°) En traitant, non pas avec « l'Allemagne » mais avec *tous* les peuples de l'Allemagne. Tous seront représentés et prendront ainsi conscience de leur existence propre.

2°) En sachant leur donner un intérêt plus grand à vivre *autonomes* et *indépendants* que *liés* et *unis*.

Moyens :

a)- Occupation prolongée des territoires allemands jusqu'à l'Elbe, ou, à la rigueur, jusqu'au Rhin qui entraînera, ipso facto, *la propagande de la liberté*, si on sait l'organiser.

b)- Organisation du ravitaillement, autre et puissant moyen de propagande, de conversion de l'Allemagne aux principes de justice.

3°) En ne reconnaissant pas des « Allemands », des ambassades et des consulats « allemands », mais des Badois, des Hessois, des Bavarois, des légations et des consulats hessois, badois, bavarois, ce serait l'abolition de la clause de l'indigénat (Tout Allemand doit être traité comme indigène dans tout État confédéré. Tout Allemand à l'étranger a droit au même degré, à la protection de l'Empire. Extension : loi Delbrück : tout Allemand naturalisé conserve sa nationalité d'origine). Ces dispositions consacraient l'unité allemande dans sa forme agressive, conquérante. Il faut les supprimer. Désormais un Bavarois n'aura d'autres droits que les droits des Bavarois, d'autres représentations qu'une représentation bavaroise, etc.

Papiers d'agents, fonds Tardieu, vol. 417 (166PAAP/417).

INDEX DES NOMS DE PERSONNES

(Les numéros renvoient aux pages du volume)

A

ADEMA (Eugène), président du Comité interallié de Séville, 342

ADLER (Victor), ministre des Affaires extérieures du gouvernement provisoire d'Autriche jusqu'au 11 novembre 1918, date de sa mort, 158, 187, 668, 669

ADOR (Gustave), président du CICR (1910-1928), membre du Conseil fédéral suisse de 1917 à 1919, président de la Confédération helvétique en 1919, 667, 668

AKERS-DOUGLAS (Sir Aretas), diplomate britannique, 497

ALAPETITE (Gabriel), ministre de France à Tunis, 431

ALBA BONIFAZ (Santiago), ministre de l'Instruction publique jusqu'au 10 octobre 1918, puis ministre des Finances du 9 novembre au 5 décembre 1918, 121, 516

ALBERT (prince), second fils du roi George V, futur George VI, 316

ALBERT Ier, roi des Belges de 1909 à 1934, 273, 318, 319, 331, 346

ALEXANDRA, reine mère d'Angleterre, épouse d'Édouard VII, 411

ALEXANDRE Ier, roi de Grèce du 10 juin 1917 au 25 octobre 1920, 240

ALEXANDRE, prince de Serbie, futur roi des Serbes, Croates et Slovènes, 23, 268, 277, 554, 555, 564, 588, 593

ALEXEIEV (Mikhaïl), général russe, l'un des fondateurs et commandant en chef de l'Armée des Volontaires, 537, 560, 561

ALFARO (Ricardo), secrétaire d'État de Gouvernement et Justice de Panama, 523

ALLENBY (Edmund), général britannique commandant la force expéditionnaire au Proche-Orient, 13, 28, 40, 77, 78, 112, 124, 229, 231, 232, 393, 609

ALLIZÉ (Henri), ministre de France à La Haye, 9, 21, 24, 79, 175, 212, 275, 276, 296, 297, 298, 317, 329, 334, 374, 384, 403, 410, 415, 425, 431, 463, 511, 513, 525, 576, 604, 617

ALPHONSE XIII, roi d'Espagne, 120, 121, 256, 278, 279, 435, 516, 517

AMPOSTA (José Ferraz y Penelas, marquis de), ambassadeur d'Espagne à Vienne depuis le 13 novembre 1918, 223

ANDRASSY (Gyula, le Jeune), ministre des Affaires étrangères austro-hongrois à partir du 24 octobre 1918 jusqu'à la chute de l'Empire, 80, 81, 126, 140, 144, 145, 157, 162, 187

ANTONESCU (Victor), ministre de Roumanie en France, 605

APPONYI (Albert), homme politique hongrois, futur signataire du traité de Trianon, 140

ARCHINARD (Louis), chef de la mission militaire franco-polonaise, 321

ASQUITH (Herbert Henry), Premier ministre britannique de 1908 à 1916, 437

AUBERT (Louis), directeur du Service d'études et d'informations du haut-commissariat de France aux États-Unis, 456, 527

AUER (Erhard), ministre de l'Intérieur de la République des conseils de Bavière, 620

686 INDEX

AUROUSSEAU (Léonard-Eugène), chargé d'affaires français à Vladivostok, 622
AVKSENTIEV (Nikolaï), président du directoire d'Oufa, 54, 55, 471
AYGUESPARSSE (Victor), chargé d'affaires français à Mexico, 327
AYMÉ-MARTIN (Henri Eugène), chargé d'affaires français à Bogota, 397

B

BACON (Robert), chef de la mission militaire américaine au quartier général britannique, 438
BADE (prince Max de), chancelier impérial allemand du 1er octobre 1918 au 9 novembre 1918, 5, 23, 30, 31, 40, 44, 48, 50, 62, 103, 143, 156, 194, 200, 202, 203, 210, 214, 617
BAILLY-BLANCHARD (Arthur), ministre des États-Unis en Haïti, 320
BAKER (Newton Diehl), secrétaire américain à la Guerre de 1916 à 1921, 265, 458, 582
BALFOUR (Arthur James), ancien Premier ministre britannique, secrétaire d'État aux Affaires étrangères, 18, 25, 50, 60, 74, 75, 101, 105, 111, 169, 170, 174, 182, 183, 366, 367, 388, 399, 472, 473, 497, 535, 536, 551, 612, 614, 664
BALLOD (Carl), statisticien letton, travaillant en Allemagne, 377
BAMMATE (Haidar), ministre des Affaires étrangères de l'éphémère Union des peuples circassiens et du Daghestan, 572, 573
BAPST (Edmond), ministre de France à Christiania, 21, 24, 45, 169, 235, 317, 329, 410, 414, 425, 431, 463, 513
BARBOSA DE OLIVEIRA (Rui), juriste, diplomate et homme politique brésilien, 253, 315, 462
BARCLAY (Sir George), ministre de Grande-Bretagne en Roumanie de 1912 à 1920, 606
BARÈRE (Bertrand), député à la Convention et membre du Comité de salut public, 647
BARGETON (Paul), vice-consul à Corfou depuis le 6 février 1918 et détaché à la mission économique française à Athènes le 1er novembre 1918, 410
BARNES (George Nicoll), travailliste britannique, ministre sans portefeuille du cabinet Lloyd George, 497
BARRÈRE (Camille), ambassadeur de France à Rome, 1, 3, 6, 8, 14, 16, 21, 24, 33, 40, 41, 43, 45, 49, 54, 56, 57, 63, 75, 79, 86, 87, 89, 98, 101, 103, 104, 105, 106, 108, 111, 142, 152, 169, 175, 176, 177, 182, 184, 185, 186, 188, 208, 212, 213, 214, 215, 219, 223, 224, 235, 247, 254, 268, 274, 275, 276, 277, 281, 287, 288, 296, 299, 317, 328, 329, 338, 347, 353, 355, 374, 375, 384, 392, 406, 410, 414, 416, 425, 429, 431, 433, 436, 439, 445, 453, 463, 471, 483, 486, 487, 499, 511, 513, 525, 533, 551, 557, 563, 565, 568, 569, 571, 573, 575, 595, 598, 607, 611, 613, 614, 667, 676
BARTH (Emil), membre social-démocrate indépendant du Conseil des Commissaires du peuple jusqu'au 29 décembre 1918, 217, 291, 574
BARUCH (Bernard), président du *War Industries Board*, conseiller de Wilson, 163
BARZILAI (Salvatore), ancien ministre des Terres libérées (1915-1916) sous Salendra, délégué italien à la Conférence de la Paix, 667
BASTIEN (Georges), colonel de l'armée française, 268
BAUER (Otto), ministre autrichien des Affaires étrangères de novembre 1918 à juillet 1919, 424, 469, 525
BEELAERTS (Frans Bellaerts von Botland), ambassadeur des Pays-Bas en Chine de 1909 à 1918, 444
BEISTERO (Juliàn), député socialiste espagnol, 279

BELL (Gertrude), envoyée au Bureau arabe du Caire en 1915, ayant joué un rôle, avec Lawrence d'Arabie, dans la révolte arabe de 1916 et chargée par le gouvernement britannique de rédiger en 1919 un rapport sur la Mésopotamie, 391

BELLEGARDE (Dantès Louis), secrétaire d'État haïtien de l'Instruction publique, 321

BENEDETTI (Vincent), ambassadeur de France en Prusse en 1870, 185

BENEŠ (Edouard), secrétaire du Conseil national tchécoslovaque de Paris, ministre tchécoslovaque des Affaires étrangères, 177, 323, 324, 525, 526, 661, 662

BENOÎT XV (Giacomo Giambattista della Chiesa), pape depuis le 3 septembre 1914, 14, 15, 106, 278, 294, 433, 677

BENZLER (Mgr Willibrord), évêque de Metz, 363, 364

BÉRENGER (Henry), sénateur, commissaire général aux Essences et Combustibles en 1918, 170

BERNARD, lieutenant-colonel français, attaché militaire à la légation française à Lisbonne, 285

BERNHARDI (Friedrich von), général allemand et écrivain militaire, 649

BERTHELOT (Henri), général français, chef de la mission militaire française en Roumanie en 1916, à la tête des troupes françaises chargées de combattre les bolcheviks dans ce même pays, 380, 570, 659

BERTHELOT (Philippe), adjoint au directeur des Affaires politiques et commerciales, 1, 3, 6, 19, 20, 21, 31, 33, 52, 101, 105, 177, 212, 254, 258, 303, 344, 431, 472, 514, 535, 536

BERTRAND, commis auxiliaire au consulat de France à Séville, 342

BERTRAND, ministre plénipotentiaire, 393

BETHMANN HOLLWEG (Theobald von), chancelier de l'Allemagne impériale de 1909 à 1917, 437, 633

BEYENS (baron Eugène), ministre des Affaires étrangères belge en 1916-1917, 155

BIDEGARAY, délégué cubain à la Conférence de la Paix, 501

BILLY (Édouard de), délégué général de la République française aux États-Unis, 221, 271, 517, 519, 520, 610, 654, 658

BILLY (Robert de), ministre de France à Athènes, 1, 6, 21, 40, 94, 122, 329, 409, 410, 425, 431, 439, 453

BIRCH (Thomas), ministre des États-Unis au Portugal, 346

BISMARCK (Otto von), chancelier impérial allemand de 1871 à 1890, 75, 92, 115, 116, 185, 305

BISSOLATI (Leonida), ministre italien de l'Assistance depuis 1916, démissionnaire du gouvernement Orlando le 28 décembre 1918, 440, 611

BLANCHE (Marie Alfred), consul de France à Dublin, 431

BOEHM (Robert de), ministre de Bavière à Berne jusqu'en octobre 1918, 129

BOEUFVÉ (Jules), ministre de France à Quito, 431

BOLDYREV (Vassili), général russe, membre du gouvernement provisoire russe (directoire d'Oufa), 55

BONAPARTE (Marie), princesse de Grèce et de Danemark, 69

BONAR LAW (Andrew), homme politique britannique conservateur, chancelier de l'Échiquier depuis 1916, puis Lord du Sceau privé à partir du 10 janvier 1919, 40, 497, 640

BONIN LONGARE (comte Lelio), ambassadeur d'Italie à Paris, 112, 277, 385

BOPPE (Auguste), ministre de France à Pékin, 54, 91, 283, 343, 410, 425, 431, 443

BORDEN (Robert), Premier ministre du Canada, 497

BORET (Victor), ministre de l'Agriculture et du Ravitaillement, 109, 289

BORGBJERG (Frederik), chef du parti socialiste danois, 70

BORNO (Louis), secrétaire d'État haïtien des Relations extérieures, des Finances et du Commerce, 320

BORSA (Mario), journaliste italien, codirecteur d'*Il Secolo* de 1911 à 1918, 440

BOŠKOVIĆ (ou Bochkovitch, Mateja), ambassadeur de Serbie à Londres de 1914 à 1916, délégué serbe à la Conférence de la Paix, 566

BOUDET (Albert), ministre de France à La Paz, 295, 431

BOUISSON (Fernand), commissaire français aux Transports maritimes et à la Marine marchande, 404

BOURGEOIS (Léon), ministre d'État (1915-1916, 1917), président de la Commission interministérielle d'études pour la Société des Nations et président de l'Association française pour la Société des Nations (fondée le 10 novembre 1918), 668

BOURQUENEY (François-Adolphe, comte de), plénipotentiaire français au Congrès de Paris (1856), 304

BOYER (Paul), administrateur de l'École des langues orientales, 243

BRANDEIS (Louis Dembitz), avocat américain, juge à la Cour suprême des États-Unis, 458

BRĂTIANU ou BRATIANO (Ion I. C.), Premier ministre de Roumanie, 605, 606

BRÉMOND (Édouard), colonel français, chef de la mission militaire française au Hedjaz, 395, 396, 397

BROCKDORFF-RANTZAU (comte Ulrich von), ministre d'Allemagne à Copenhague de 1912 à décembre 1918, secrétaire d'État allemand aux Affaires étrangères du 13 décembre 1918 au 20 juin 1919, chef de la délégation allemande à la Conférence de la Paix, 33 200

BRULARD (Jean-Marie), général français, 228

BÜLOW (prince Bernhard von), chancelier allemand de 1900 à 1909, 75, 82

BURIAN VON RAJECZ (baron Stephan), ministre austro-hongrois des Affaires étrangères d'avril au 24 octobre 1918, 5, 126

BUSTAMANTE (Antonio Sánchez de), délégué cubain à la Conférence de la Paix, 501

BUTLER (Nicholas Murray), président de l'université de Columbia, 657

C

CABOT LODGE (Henry), sénateur américain républicain (Massachusetts), 27, 34, 113, 198, 528

CAGNI (Umberto), explorateur et amiral italien, 417

CAIX (Robert de), membre du « parti colonial français », homme d'influence proche de Philippe Berthelot, 113, 123, 124, 125, 149, 189

CALONDER (Félix-Louis), président de la Confédération helvétique pour 1918, 374, 454, 613

CAMASSEI (Filippo Mgr), patriarche latin de Jérusalem, 15

CAMBO (Francesc), homme politique espagnol, catalan, ministre des Transports du 23 mars au 9 novembre 1918, 121

CAMBON (Paul), ambassadeur de France à Londres, 1, 2, 3, 6, 8, 13, 16, 21, 24, 25, 28, 33, 35, 37, 40, 43, 45, 50, 53, 54, 57, 60, 63, 74, 79, 82, 87, 92, 93, 98, 99, 101, 102, 105, 106, 108, 122, 148, 166, 169, 175, 188, 212, 213, 214, 219, 226, 234, 235, 237, 238, 241, 247, 252, 254, 258, 275, 276, 277, 281, 287, 289, 290, 296, 299, 317, 325, 328, 329, 338, 347, 353, 357, 366, 374, 375, 380, 381, 384, 406, 410, 411, 414, 416, 425, 429, 431, 439, 453, 461, 463, 471, 483, 486, 487, 499, 511, 513, 525, 533, 535, 551, 563, 565, 569, 571, 573, 575, 598, 607, 614

INDEX 689

CAMBON (Roger), collaborateur à Londres, 226
CANTO E CASTRO (João do), ministre portugais de la Marine de septembre à décembre 1918 puis président de la République portugaise jusqu'en octobre 1919, 285
CARRANZA (Venustiano), président du Mexique de 1915 à 1920, 327
CASENAVE (Jean Marie Maurice), chargé d'affaires français à Rio de Janeiro, 462, 576
CASTAING (Jean-Baptiste), gouverneur de la Côte d'Ivoire, gérant du consulat de France à Monrovia, 432
CASTILLON DE SAINT VICTOR (Odon de), diplomate, futur ambassadeur de France au Brésil, 122, 410
CASTELREAGH (Robert Stewart, vicomte), secrétaire d'État britannique aux Affaires étrangères entre 1812 et 1822, 476
CECIL (Lord Robert, vicomte Cecil de Chelwood), sous-secrétaire d'État britannique aux Affaires étrangères jusqu'au 10 janvier 1919, 18, 25, 28, 38, 40, 77, 82, 98, 99, 166, 167, 168, 284, 303, 367, 381, 388, 497, 582
CHAMBRUN (Louis Charles Pineton de), chargé d'affaires français à Washington, 455, 589
CHARDIGNY (Pierre-Auguste), lieutenant-colonel français, représentant militaire à Tiflis, 180, 449, 609
CHARLES Ier, empereur d'Autriche-Hongrie, 80, 116, 140, 141, 145, 149, 150, 187, 192, 193, 218, 278, 294, 621
CHARLES-ROUX (François), chargé d'affaires français à Rome, 444
CHARPENTIER (Maurice), membre de l'ambassade de Londres, 111
CHAYET (Alexandre), consul de France à Sydney, 431
CHERUBINI (François), internonce apostolique à Port-au-Prince, 320
CHEVILLY (comte François de), chargé de la propagande française en Russie en 1917-1918, 244
CHOUKRI (Pacha al-Ayoubi), gouverneur militaire de Damas, 28, 77
CHRISTENSEN (Jens Christian), homme politique danois, 70
CHRISTIAN IX, roi du Danemark de 1863 à 1906, 69
CHTCHERBATCHEV (Dmitri), général russe, représentant militaire russe auprès des Alliés, 282
CLAUDEL (Paul), écrivain, ministre de France à Rio de Janeiro, 201, 252, 286, 314, 410, 431
CLAYTON (Gilbert), général britannique, directeur du Renseignement au Caire, 28
CLEMENCEAU (Georges), président du Conseil et ministre de la Guerre, 2, 3, 16, 18, 23, 29, 40, 51, 52, 53, 54, 76, 98, 107, 108, 109, 170, 177, 178, 206, 208, 210, 211, 213, 214, 219, 221, 223, 234, 238, 252, 256, 275, 285, 317, 321, 323, 345, 359, 366, 367, 370, 380, 396, 401, 411, 412, 417, 426, 433, 438, 445, 449, 461, 473, 486, 513, 521, 536, 537, 538, 554, 557, 563, 571, 577, 599, 610, 616, 627, 659, 660, 663, 668
CLÉMENT-SIMON (Frédéric), ministre de France à Prague, 619
CLÉMENTEL (Étienne), ministre du Commerce, des Transports et de la Marine marchande, 37, 109, 155, 404, 464, 576, 668
CLERCQ (Jules de), ministre de France à La Havane, 431
CLINCHANT (Georges), chargé d'affaires français à Berne, 454, 467, 469, 498, 553, 597, 603, 613, 618, 621, 638, 650, 653, 666, 667
COBB (Franck I.), rédacteur en chef du *New York World*, 519
COCHIN (Denys), sous-secrétaire d'État aux Affaires étrangères, chargé de la question du blocus allemand en 1917, 124, 273
CODT (Henri de), conseiller belge au Wai Kiao Pou, jurisconsulte, 283

COMBES (Émile), président du Conseil de 1902 à 1905 et ministre d'État en 1915-1916, 678

COMERT (Pierre), chef du service de la Propagande à l'ambassade de France à Londres, 226

CONAN (Julien Jean Guillaume), archevêque de Port-au-Prince, 320

CONTY (Alexandre), ministre de France à Copenhague, 21, 24, 33, 40, 45, 66, 71, 107, 169, 193, 200, 202, 210, 220, 235, 280, 317, 326, 329, 352, 374, 384, 389, 401, 410, 414, 425, 430, 431, 463, 511, 513, 555, 561, 574, 576, 593, 604, 618

COPPET (Louis de), ministre de France à Addis-Abeba, 431

COROMILAS (L.), membre de la délégation grecque à la Conférence de la Paix, 409

COUGET (Fernand), ministre de France à Mexico, 431, 576, 604

COULONDRE (Robert), adjoint au haut-commissaire français François Georges-Picot, 28, 232

COURTHIAL (Yves du), vice-consul de France à Porto Rico, 432

COUSSE (Édouard), commandant français, chef par interim de la mission française au Hedjaz, 329

COX (Sir Percy), ministre britannique à Téhéran, 179, 391

CRAMER (Lucien), diplomate suisse (conseiller de légation), expert auprès du Conseil fédéral sur les questions de neutralité et des zones franches entre la Savoie et la Suisse, 667

CREEL (George), dirigeant du *US Committee on Public Information*, 458

CRESPI (Silvio), ministre italien du Ravitaillement, 404, 461

CROMER (Thomas Rowland Baring, Zud Earl of), diplomate britannique, 316

CROWE (Sir Eyre), diplomate britannique, responsable de la section de l'Europe occidentale au *Political Intelligence Department* du Foreign Office, assistant au sous-secrétaire permanent au Foreign Office, 241, 497

CUANG KING-KI, 303, 425

CUST (Sir Charles Leopold, 3ᵉ baron de Leasowe), officier de la Marine britannique, 316

D

DAESCHNER (Émile), ministre de France à Lisbonne, 21, 254, 329, 345, 410, 431, 463

DALBERG (Emmerich Joseph de), plénipotentiaire français au Congrès de Vienne, 303

DANJOU (François), vice-consul de France à Singapour, 432

DARD (Émile), chargé d'affaires français à Madrid, 1, 21, 24, 40, 79, 120, 236, 254, 255, 278, 287, 317, 329, 410, 425, 429, 431, 439, 463, 516, 525, 576, 604

DARTIGUE, médecin major, 313

DARTIGUENAVE (Philippe Sudre), président de la République haïtienne de 1915 à 1922, 319

DATO IRADIER (Eduardo), président du Conseil en 1913-1915 qui décide la neutralité de l'Espagne, ministre d'État espagnol de mars à novembre 1918, 120, 121, 223

DAVID (Eduard), sous-secrétaire d'État allemand aux Affaires étrangères dans les gouvernements de Max de Bade et d'Ebert, social-démocrate majoritaire, 367, 617

DEFRANCE (Albert), ministre de France au Havre, puis haut-commissaire de la République française en Orient, 1, 6, 21, 24, 40, 106, 122, 130, 154, 174, 175, 188, 214, 219, 254, 273, 274, 275, 287, 296, 317, 318, 328, 329, 338, 354, 357, 373, 374, 375, 384, 410, 425, 429, 439, 463, 487, 511, 513, 525, 571, 573, 575, 609

INDEX

DEJEAN DE LA BATIE (Maurice), ministre de France à Port-au-Prince, 431

DELAGE (René), vice-consul gérant la légation de France à Port-au-Prince, 319, 320

DELAVAUD (Louis), ministre de France à Stockholm, 21, 24, 45, 169, 233, 235, 317, 410, 414, 425, 431, 463, 502, 576, 593, 604

DENIKINE (Anton), général russe, fondateur de l'Armée blanche des Volontaires, 195, 380, 447, 471, 546, 561, 570, 572, 607

DERBY (Lord Edward Stanley), ambassadeur du Royaume-Uni à Paris, 58, 59, 229, 234, 254, 302, 316, 317, 385, 407, 472, 552, 614, 664

DERNBURG (Bernhard), banquier allemand et député au Reichstag, membre du parti démocrate allemand (DDP), 619

DES PORTES DE LA FOSSE (Henri), ministre de France à Lima, 431, 576, 604

DESVERNINE (Pavel), délégué cubain à la Conférence de la Paix, 501

DIAZ (Armando), général italien, chef de l'état-major italien, 18, 42, 277, 353, 354, 356, 403, 664

DISRAELI (Benjamin, comte de Beaconsfield), Premier ministre du Royaume-Uni en 1868 et de 1874 à 1880, 305

DITTMANN (Wilhelm), député USPD au Reichstag, membre social-démocrate indépendant du Conseil des commissaires du peuple jusqu'au 29 décembre 1918, 194, 291, 574

DMOWSKI (Roman), fondateur du parti national polonais, co-fondateur du Comité national polonais de Londres, membre de la délégation polonaise à la Conférence de la Paix, 47, 409, 449, 466

DOTÉZAC (Adolphe), ambassadeur de France à Copenhague de 1848 à 1869, 69

DOUTOV (Alexandre), général russe, commandant des cosaques d'Orenbourg, 471

DUBOIS (Louis-Ernest), cardinal français, archevêque de Rouen, 364

DUCHESNE (Mgr Louis), chanoine, philologue et historien de l'Église, directeur de l'École française de Rome, 433

DUNANT (Alphonse), ministre de Suisse à Paris, 338, 512, 573, 668

DUPONT (Charles Joseph), général de l'armée française, 438

DURIEUX (Pierre), chargé de l'intérim des fonctions de drogman à Alexandrie, délégué du haut-commissaire en Palestine, 182, 412, 480

DUTARI (Dr), homme politique panaméen, 523

DUTASTA (Paul), ambassadeur de France à Berne, 1, 4, 5, 21, 22, 23, 24, 33, 40, 45, 46, 56, 60, 62, 79, 104, 106, 126, 127, 129, 141, 142, 156, 157, 162, 175, 186, 192, 193, 194, 207, 217, 218, 250, 254, 275, 281, 287, 317, 337, 338, 358, 374, 375, 376, 384, 410, 414, 424, 425, 429, 431, 439, 453, 463, 507, 511, 513, 525, 569, 572, 573, 576, 598, 604, 607, 618

E

EBERT (Friedrich), chancelier allemand à partir du 9 novembre 1918, président (SPD) du Conseil des commissaires du peuple à partir du 10 novembre 1918, 210, 217, 291, 352, 367, 369, 454, 498, 499, 556, 574, 617, 619, 622, 653

EDWARD (prince de Galles), fils aîné du souverain britannique, le roi George V, futur Edward VIII, 316

EICHHORN (Emil), préfet de police de Berlin, 650

EISNER (Kurt), homme politique allemand, ministre-président de la République des Conseils de Bavière (USPD), 194, 243, 250, 251, 337, 352, 368, 506, 507, 620, 621, 622, 652

ELIOT (Sir Charles), haut-commissaire britannique en Sibérie, 622, 623

ELISABETH, reine des Belges, 318, 331

ENRHARD (Mgr), recteur de la Faculté de théologie catholique de l'Université de Strasbourg, 365

ERZBERGER (Matthias), député allemand du Zentrum au Reichstag, dirige la commission d'armistice allemande à Rethondes, 104, 188, 189, 203, 204, 205, 208, 214, 352, 368, 487

ESSAD PACHA TOPTANI (né Essad), ancien chef du gouvernement albanais (1914-1916), 269, 442

F

FABRE (Jean), ministre de France à Caracas, 431, 576, 604

FACTA (Luigi), ancien collaborateur de Giovanni Giolitti, neutraliste en 1914, partisan de l'entrée en guerre en 1915, dernier président du Conseil italien avant l'arrivée au pouvoir de Mussolini en 1922, 667

FAYÇAL BEN HUSSEIN EL-HÂCHIMI, émir du Hedjaz, fils de Hussein Ibn Ali, 28, 77, 78, 302, 328, 329, 332, 333, 334, 388, 393, 394, 395, 396, 397, 413, 481

FAYOLLE (Marie Émile), général de l'armée française, futur maréchal, occupant de Mayence en Allemagne fin 1918, 536

FEHRENBACH (Konstantin), membre du parti Zentrum, futur chancelier de la République de Weimar (1920-1921), 498

FERDINAND Ier, tsar des Bulgares, 2

FICHE, vice-consul de France à Melbourne, 85

FLETCHER (Henry), ambassadeur des États-Unis au Mexique, 327

FLEURIAU (Aymé de), chargé d'affaires français à Londres, 109, 110, 111, 166, 167, 168, 237, 316, 325, 381, 606, 639

FOCH (Ferdinand), maréchal de France, commandant en chef des armées alliées, 18, 27, 29, 32, 40, 48, 76, 101, 108, 113, 128, 132, 133, 135, 136, 153, 188, 189, 202, 203, 204, 205, 206, 211, 213, 219, 242, 243, 283, 298, 300, 318, 339, 359, 360, 367, 368, 401, 403, 404, 411, 412, 418, 420, 438, 487, 493, 521, 522, 536, 551, 563, 599, 604, 626, 627, 629, 630, 663

FOERSTER (Friedrich Wilhelm), philosophe et pacifiste allemand, professeur à l'université de Munich, ministre de Bavière à Berne à partir du 9 novembre 1918, 104, 243, 250, 251, 338, 368, 504, 505, 506, 507, 597, 617, 619, 620, 621, 622, 650, 651, 652

FONTENAY (Louis de), ministre de France à Corfou, puis Belgrade, 1, 6, 21, 144, 329, 410, 425, 431, 439, 453, 499, 511, 525, 533, 534, 554, 563, 565, 575, 588, 592, 598, 614

FOUQUES-DUPARC (Albert), conseiller politique du haut-commissaire français en Orient, 609

FRANCHET D'ESPÈREY (Louis), général commandant en chef de l'armée d'Orient, 1, 2, 4, 6, 7, 41, 53, 142, 195, 206, 268, 277, 324, 353, 354, 370, 375, 376, 380, 403, 404, 405, 416, 417, 453, 554, 557, 599, 616, 660, 664

FRANCQUEVILLE (Marie Charles de), chargé d'affaires français à San José, 65

FRAUENDORFER (Heinrich von), ministre des Transports de la République des Conseils de Bavière, 620

FRAZIER (Arthur Hugh), secrétaire à l'ambassade américaine de Paris, 344, 345

FRÉDÉRIC-CHARLES DE HESSE, prince allemand de Hesse-Cassel, 20

FRÉDÉRIC II, roi de Prusse de 1740 à 1786, 629

FRÉDÉRIC-FRANÇOIS IV, grand-duc de Mecklembourg Schwerin, 284
FREDERIK VII, roi du Danemark de 1848 à 1863, 68, 284
FRICK (Edouard), délégué de la Croix-Rouge internationale à Paris, 228, 229
FRITZEN (Mgr Adolf), évêque de Strasbourg, 363
FROMAGEOT (Henri), jurisconsulte du ministère des Affaires étrangères, 284, 436, 548

G

Goethe 475

GAIFFIER (Edmond de), ambassadeur de Belgique en France, 79, 154, 175, 297
GAILLARD (capitaine Georges), membre des services spéciaux du ministère de la Guerre, 128
GAMA (Domício da), ambassadeur du Brésil aux États-Unis de 1911 à 1918 puis ministre des Affaires étrangères à partir de la mi-novembre 1918, 252, 253, 254, 314, 315, 462
GAUCHET (Dominique), amiral français, commandant des forces alliées en Méditerranée, 355
GAUQUIÉ (Henry-Louis), élève d'Henri Boyer, chargé de la collecte pour le musée de la Guerre, 244
GAUSSEN (Louis), ministre de France à Buenos Aires, 84, 85, 201, 257, 431, 604
GAVRILOVITCH (Milan), ministre de Serbie à Rome, 535
GEDDES (Sir Eric), premier Lord de l'Amirauté de 1917 à 1919, 27, 596
GENTZ (Friedrich von), philosophe, écrivain, conseiller du prince de Metternich, 303
GEORGE V, roi d'Angleterre, 237, 316, 395
GEORGES de Grèce, prince de Grèce et de Danemark, 69
GEORGES-PICOT (François), haut-commissaire français en Syrie-Palestine et Arménie, 28, 29, 77, 78, 88, 89, 99, 123, 125, 230, 231, 232, 246, 328, 329, 332, 393, 405, 412, 431, 480, 483, 649, 650
GEYER, capitaine d'état-major allemand, 203
GIBBONS (James), cardinal américain, 294
GILBERT (André), ministre de France à Santiago du Chili, 9, 431, 604
GILLAIN (Cyriaque), général belge, 374
GIOLITTI (Giovanni), ancien président du Conseil italien, favorable à la neutralité de l'Italie dans la guerre, 82, 667
GLASS (Carter), secrétaire américain au Trésor depuis le 16 décembre 1918, 658
GOLOCHTCHEKINE (Filipp), adjoint de Yakov Sverdlov, membre du Comité du parti à Ekaterinbourg, 423
GORTCHAKOV (Alexandre), ministre russe des Affaires étrangères de 1856 à 1882, 305
GOTHEIN (Georg), député au Reichstag, membre du Parti démocrate allemand (DDP), 619
GOURD (Henry), président de la Chambre de commerce française à New York, 509
GOUT (Jean), directeur du service du Blocus en 1916, futur chef du Service français de la Société des Nations de 1919 à 1923, 78, 394
GRAHAM (Sir Ronald W.), assistant au sous-secrétaire permanent au Foreign Office, 235
GRAILLET (Michel), consul à Salonique (depuis octobre 1915), chargé d'affaires français près le gouvernement provisoire albanais en 1917-1918, 513
GRANT (Ulysses), président des États-Unis de 1869 à 1877, 71
GRAZZIOLI (Francesco Saverio), général italien, 557

GREENE (Sir William Conyngham), ambassadeur du Royaume-Uni au Japon, 372

GRENARD (Fernand), consul général de France à Moscou, 341, 445

GREY (Sir Edward), secrétaire d'État britannique aux Affaires étrangères de 1905 à 1916, 25, 230, 437, 497

GRUMBACH (Salomon), journaliste alsacien correspondant de *L'Humanité* en Suisse pendant la guerre, 217

GUERLET (Jules Léon Pierre), sous-chef de bureau à la sous-direction d'Europe, 410

GUIARD (Marcel), chargé d'affaires français à Petrograd (30 décembre 1917) puis Arkhangelsk, 558, 569, 602

GUILLAUME II, empereur d'Allemagne, 5, 13, 20, 62, 68, 76, 96, 108, 121, 130, 142, 156, 200, 202, 210, 212, 276, 335, 336, 337, 364, 365, 398, 400, 402, 403, 415, 437, 490, 631

GUILLAUME DE PRUSSE, prince héritier au trône impérial allemand (Kronprinz), 185, 202, 210, 220, 276, 336, 400, 402, 403, 415

GUNDELL (Erich von), général d'infanterie allemand, 188, 203

GUY (Jean Arthur), consul de France à Zanzibar, 432

GWINNER (Arthur von), banquier, membre du directoire de la *Deutsche Bank*, 377

H

HAASE (Hugo), membre social-démocrate indépendant du Conseil des commissaires du peuple jusqu'au 29 décembre 1918, 217, 291, 367, 368, 369, 498, 556, 574, 617

HAGUENIN (Émile), universitaire, chef du bureau de presse de l'ambassade de France à Berne, 46, 114, 243, 367, 553, 556

HALDANE (Lord Richard Burdon), ministre britannique de la Guerre de 1905 à 1912, 436, 437, 438

HALLER (Jozef), général polonais, dirige « l'Armée bleue », formée de légionnaires polonais en France, 239

HAMILTON LEWIS (James), sénateur démocrate de l'Illinois, 198

HÄNGGI (Karl), journaliste suisse, 468

HANOTAUX (Gabriel), ancien ministre des Affaires étrangères, académicien français, 682, 683

HARA (Takashi), Premier ministre japonais depuis le 29 septembre 1918, 372

HARDEN (Maximilian), journaliste et pamphlétaire allemand, 619

HARDENBERG (Karl August von), chancelier de la Prusse de 1807 à 1822, 304

HARDINGE (Lord Charles), sous-secrétaire d'État permanent au Foreign Office, 241, 366, 367, 497, 535, 536

HARRISON (Frédéric), directeur de l'*English Review*, 51

HASKINS (Charles Homer), premier médiéviste américain, conseiller du président Wilson qu'il accompagne à Paris en 1919, 527

HAVELOCK WILSON (Joseph), président du syndicat des gens de mer, député libéral aux Communes, 50

HAWK, général britannique, ancien gouverneur militaire de Bagdad, 391

HEILMANN (Maurice), attaché commercial français en Amérique du nord depuis 1914, 509

HEIM (Dr Georg), chef de la Ligue catholique des paysans bavarois, 507, 620, 621

HELFFERICH (Karl), membre du directoire de la Deutsche Bank, secrétaire allemand au Trésor entre 1915 et 1916 puis secrétaire à l'Intérieur entre 1916 et 1917, 337, 377

INDEX 695

HELLDORF (Wolf-Heinrich von), capitaine allemand, chargé de transporter les conditions d'armistice au GQG allemand, 203, 205

HENDRIKOVA (comtesse Anastasia), dame d'honneur à la Cour du tsar de Russie, 423

HENRYS (Paul), général français, commandant de l'armée française d'Orient, 416, 660

HERMOGÈNE, prélat de l'Église orthodoxe russe, 423

HERTLING (comte Georg von), chancelier impérial allemand du 1er septembre 1917 au 30 septembre 1918, 4, 5, 366

HINDENBURG (Paul von), maréchal, commandant en chef de l'armée allemande, 62, 76, 142, 274, 490

HINTZE (Paul von), secrétaire allemand aux Affaires étrangères du 9 juillet au 4 octobre 1918, 5

HOEBER (Karl), journaliste catholique à la *Kolnische Zeitung*, 605

HOFFMANN (Johannes), ministre de l'Instruction publique de la République des Conseils de Bavière, 620

HOHENLOHE-SCHILLINGSFÜRST (Alexander zu), ancien diplomate allemand et ancien membre du Reichstag, 23

HOHENLOHE-SCHILLINGSFÜRST (Chlodwig zu), chancelier de l'Allemagne impériale de 1894 à 1900, 475

HONTORIA (Manuel Gonzales), député espagnol aux Cortès, 256

HOOVER (Herbert), président de l'administration américaine du Ravitaillement et président du conseil interallié du Ravitaillement, futur président des États-Unis (1929-1933), 109, 110, 111, 163, 221, 404, 461, 462, 486, 518, 595

HOPE (Sir George), amiral britannique, 202, 203, 205

HOUSE (Edward, dit le colonel), conseiller du président Wilson, représentant spécial de ce dernier en Europe, 34, 43, 143, 146, 147, 151, 152, 161, 174, 178, 209, 210, 252, 265, 306, 344, 384, 385, 399, 402, 458, 462, 486, 517

HOWARD (Sir Esme), ministre britannique à Stockholm, 497

HUGUES (Billy), Premier ministre australien (1915-1923), 497

HUMBERT (Georges Louis), général de l'armée française, 536

HUMBOLDT (Wilhelm von), plénipotentiaire prussien au Congrès de Vienne, 304

HUNT (Bampton), journaliste au *New York Tribune*, 610

HURLEY (Edward), président du *United States Shipping Board*, 404

HUSSEIN IBN ALI, roi du Hedjaz et chérif de La Mecque, 28, 302, 328, 329, 333, 393, 481

HYMANS (Paul), ministre belge des Affaires étrangères, 130, 154, 155, 156, 175, 176, 211, 219, 354

I

IMPERIALI (marquis Guglielmo), ambassadeur d'Italie à Londres, 18, 19, 111

IVANOV (Nikolaï), général russe chef de l'Armée du sud antibolchevique en octobre 1918, 55

IZVOLSKI (Alexandre), ancien ministre des Affaires étrangères russe, ambassadeur à Paris de 1910 à 1917, 615

J

JACOBSON (Victor), chef du bureau de Copenhague de l'Organisation sioniste, 200, 280

JAFFÉ (Edgar), ministre des Finances de la République des Conseils de Bavière, 620

JAGOW (Gottlieb von), ministre allemand des Affaires étrangères de 1913 à 1916, 437

JAIME III, prétendant au trône d'Espagne dans le mouvement carliste, 256

JANIN (Maurice), général français en charge de l'organisation des contingents tchèques en Sibérie et en Russie, chef de la mission militaire française en Russie, 239, 570

JEANNENEY (Jules), sous-secrétaire d'État à la présidence du Conseil, 227, 547, 626

JEHAY (Frédéric van den Steen, comte de), ministre de Belgique à Luxembourg en 1914, 273

JÉRÔME (Auguste Clément), général de division français, 394

JIMENEZ (Enrique Adolfo), président de l'Assemblée nationale de Panama, 523

JOSSE, commandant français, 393, 395, 397

JOVANOVIĆ ou YOVANOVITCH (Jovan), ambassadeur de Serbie à Londres de 1916 à 1918, 566

JUDSON (Dr Harry Pratt), chef de la commission américaine du ravitaillement en Perse, 180

JULLEMIER (Henry), ministre de France à Buenos Aires, 410, 576

JULLIAN (général), attaché militaire français auprès du GQG italien, 276

JURASCHEWSKI (ou Jurasevskis, Peteris), premier ministre des Finances de Lettonie fin 1918, 526

JUSSERAND (Jean-Jules), ambassadeur de France à Washington, 1, 2, 3, 6, 8, 21, 24, 27, 31, 33, 38, 39, 40, 43, 44, 45, 47, 48, 49, 54, 59, 63, 64, 66, 70, 71, 76, 79, 87, 96, 97, 98, 99, 101, 102, 105, 106, 107, 108, 112, 113, 121, 122, 131, 143, 146, 147, 148, 153, 162, 163, 164, 169, 174, 175, 176, 178, 181, 188, 197, 198, 208, 212, 219, 225, 235, 242, 247, 248, 250, 254, 275, 276, 277, 280, 281, 287, 296, 299, 317, 328, 329, 338, 347, 353, 374, 375, 384, 406, 407, 410, 414, 416, 425, 427, 428, 429, 431, 439, 453, 463, 471, 486, 487, 499, 500, 511, 513, 533, 534, 554, 562, 569, 571, 573, 575, 589, 595, 607, 612

K

KAHN (Albert), banquier et mécène français, 50

KALEDINE (Alexeï), officier russe, ataman des Cosaques du Don fin 1917, forme l'Armée des Volontaires (blanche) avant de se suicider fin janvier 1918, 560, 561

KAMMERER (Albert), directeur du service des Affaires russes au Quai d'Orsay, 123, 195, 227

KARNEBEEK (Herman Adriaan van), ministre des Affaires étrangères néerlandais, 296, 297, 298, 334, 415

KAROLYI (Mihaly), chef du gouvernement hongrois à partir du 31 octobre 1918, puis président de la République hongroise jusqu'au 21 mars 1919, 140, 206, 207, 269, 375, 376

KAUTSKY (Benedikt), fils de Karl Kautsky, secrétaire d'Otto Bauer, 507, 619, 621

KIHLMANN, représentant finlandais à Paris, 19, 20

KLOTZ (Louis-Lucien), ministre français des Finances, 195, 197, 589, 639, 640, 674

KOCH (Méthodius), amiral yougoslave, 441

KOHN (Oscar), secrétaire d'État allemand à la Justice, 502

INDEX 697

KOLTCHAK (Alexandre), amiral russe, autoproclamé gouverneur suprême de la Russie le 18 novembre 1918, leader des forces antibolcheviques jusqu'au 4 janvier 1920, 315, 471, 570, 607, 622

KOREICH (ou descendants de Quraych), les califes sont censés appartenir à la famille des Quraychites, 413

KORFANTY (Wojciech), député polonais au Reichstag et au Landtag de Prusse, 369

KOROŠEC (Anton), leader politique slovène, membre du parti du Peuple (conservateur), premier vice-président du royaume des Serbes, Croates et Slovènes en 1918, 534

KOSSUTH (Lajos), chef du gouvernement hongrois en 1848-1849, symbole de la lutte pour l'indépendance de la Hongrie, 81

KÖVESS (Hermann von), maréchal austro-hongrois, commandant en chef des troupes impériales dans les Balkans en septembre 1918 et commandant en chef de l'ensemble des armées austro-hongroises en novembre 1918, 206

KRAJEWSKI (Léon), gérant de la légation de Salonique auprès du gouvernement provisoire albanais, 269

KRAMÁR (Karel), premier chef du gouvernement tchécoslovaque, 613

KRASNOV (Piotr), général russe hostile aux bolcheviks, élu ataman des Cosaques du Don en mai 1918, 195, 546, 560, 561, 607

KÜHLMANN (Richard von), secrétaire d'État allemand aux Affaires étrangères d'août 1917 à juillet 1918, 75

L

Laperche 203

LA BÉGASSIÈRE (Antoine Dubouays de), chargé d'affaires français à Tokyo, 54, 355, 371

LACAZE (Lucien), amiral, ancien ministre de la Marine, préfet maritime de Toulon, 77

LA FAYETTE (marquis Gilbert du Motier de), général et homme politique français, 485

LAI (Gaetano de), cardinal italien, 364

LAMMASCH (Heinrich), ministre-président d'Autriche à partir du 24 octobre 1918, 126

LANDSBERG (Otto), membre social-démocrate majoritaire du Conseil des commissaires du peuple, 217, 291

LANSING (Robert), secrétaire d'État américain, 3, 27, 34, 38, 39, 43, 45, 48, 64, 65, 97, 108, 112, 113, 130, 131, 146, 147, 151, 178, 188, 242, 248, 249, 265, 280, 306, 455, 534

LAPERRINE D'HAUTPOUL (Mgr Gaston), évêque *in partibus* de Caryste, 364

LAROCHE (Jules), conseiller d'ambassade, sous-directeur d'Europe, 19, 75, 107, 114, 513

LARRETA (Enrique), diplomate argentin, ambassadeur d'Argentine en France de 1910 à 1919, 257

LAUGHLIN (Irwin B.), chargé d'affaires américain à Londres, 258

LAURENT, capitaine, 445

LAVERGNE (général), chef de la mission militaire française en Russie, 341, 450

LAVISSE (Ernest), historien français, 644

LAWRENCE, journaliste américain au *Star*, 242

LAWRENCE (Thomas Edward, dit Lawrence d'Arabie), officier de liaison britannique ayant joué un rôle majeur dans la grande révolte arabe de 1916, 395 *391*

LE MALLIER (André), consul de France à Séville, 342

Le Rond (Henri), aide-major général de l'armée française, nommé le 22 mai 1918 par Foch auprès de lui, connu pour avoir eu un rôle majeur dans la fixation des frontières dans les commissions territoriales de la Conférence de la Paix, 623

Leachman (Gerard), colonel britannique, officier politique de la division de Mossoul en Mésopotamie, 390

Lebrun (Albert), ministre du Blocus et des Régions libérées, 109, 271, 325, 500, 517

Lecomte (Raymond), chargé d'affaires français à Téhéran, 179, 180, 269, 431, 471

Ledebour (Georg), journaliste et député socialiste au Reichstag de 1900 à 1918, 556

Lednicki (Alexandre), polonais, fondateur du parti constitutionnel-démocrate russe, 409

Ledóchowski (Vladimir), prêtre polonais, supérieur général de la Compagnie de Jésus depuis 1915, 294

Leeper (Sir Reginald Wildig Allen), diplomate britannique, 497

Lefaivre (Paul), ministre de France à Montevideo, 431, 576, 604

Lefeuvre-Méaulle (Hyacinthe), consul de France à Calcutta, 431

Lefevre (Ernesto Tisdale), secrétaire d'État aux Relations extérieures de Panama, 523

Lefèvre-Pontalis (Pierre), ministre de France à Bangkok, puis au Caire, 220, 431

Legrand (Albert), chef du Cabinet du ministre des Affaires étrangères, 41, 42, 152, 153

Lemonnier (Jacques), chef du bureau du Personnel au Quai d'Orsay, 410

Lénine (Vladimir Ilitch Oulianov dit), dirigeant bolchevique, président russe du Conseil des commissaires du peuple, 369, 446, 449, 593, 594

Léon XIII, pape de 1878 à 1903, 364, 365

Leopold, prince héritier de Belgique, futur Leopold III, 318

Lerchenfeld (Hugo Philip, comte de), ministre de Bavière à Berlin, 335, 337

Leroux (abbé), lieutenant d'infanterie à Port-au-Prince, 320

Leszczynski (Stanislas), roi de Pologne de 1704 à 1709 et grand-duc de Lituanie, duc de Lorraine de 1737 à 1766, 292

Lever (Sir Hardmann), secrétaire financier du Trésor de 1916 à 1921, 521, 658, 659

Leverger, commandant français, 556

Lévesque d'Avril (Louis), ministre de France à Guatemala City, 576, 604

Leygues (Georges), ministre de la Marine de 1917 à 1920, 77, 500

Li-Che-Tcheng, chargé d'affaires de Chine en France, 602

Liaptchef (Andreï), ministre bulgare des Finances, puis ministre de la Guerre à la fin novembre 1918, 2, 7

Lichnowsky (Karl Max, prince de), ambassadeur d'Allemagne à Londres en 1914, 337

Liébert (Gaston), consul général de France à New York, 509, 656

Liebknecht (Karl), homme politique allemand, fondateur le 31 décembre 1918 de la Ligue spartakiste, 210, 368, 556, 593, 618, 621, 651, 666

Lippmann (Walter), secrétaire de l'*Inquiry*, l'organe américain de préparation documentaire pour la Conférence de la Paix, 344

Litvinov (Maxime), représentant soviétique (non reconnu) à Londres de janvier à septembre 1918, chargé par Lénine des négociations avec l'Entente fin 1918, 593

Lloyd George (David), Premier ministre britannique de 1916 à 1922, 2, 19, 23, 28, 40, 41, 44, 51, 178, 183, 211, 213, 219, 223, 234, 237, 238, 241, 256, 367, 382, 401, 411, 412, 437, 497

Loiseleur des Longchamps-Deville (Jean), ministre de France à Assomption, 431, 576, 604

Longuet (Jean), député français (SFIO), petit-fils de Karl Marx, 124

INDEX

LORGEOU (Eugène Henri), gérant du vice-consulat de France à Corfou, 240
LOU TSENG-TSIANG, ministre chinois des Affaires étrangères, 283, 425
LOUBET (Émile), président de la République française de 1899 à 1906, 435
LOUCHEUR (Louis), ministre de l'Armement puis, à partir du 26 novembre 1918, ministre de la Reconstitution industrielle, 109, 500
LOUIS III, roi de Bavière, 194, 621
LOUIS XIV, roi de France de 1643 à 1715, 158, 292
LOUKOF (Ivan), général, commandant de la 2ᵉ armée bulgare, 2, 7
LUDENDORFF (Erich), général, quartier-maître général de l'armée allemande, 62, 76, 128, 141, 142, 621
LUZZATTI (Luigi), ancien ministre des Finances et ministre du Trésor italien, 437, 438
LVOV (prince Gueorgi), premier chef du Gouvernement provisoire russe issu de la révolution de février 1917, 559, 615
LYAUTEY (général Hubert), commissaire résident général au Maroc, 431

M

MACCHI DI CELLERE (Vincenzo) ambassadeur d'Italie à Washington, 38
MACKENSEN (August von), maréchal allemand commandant les troupes allemandes en Roumanie, prisonnier des Français, 206, 269
MACLAY (Sir Joseph), ministre britannique des Transports maritimes, 404
MAGALHÃES (Olyntho de), ministre du Brésil à Paris, ancien ministre brésilien des Affaires étrangères (1898-1902), 253, 254, 286
MAKINO (baron Nobuaki), ancien ministre japonais des Affaires étrangères, membre de la délégation japonaise à la Conférence de la Paix, 355
MAKLAKOV (Vassily), ambassadeur de Russie à Paris, 54, 615
MALLET (Sir Claude), ministre du Royaume-Uni à Panama de 1914 à 1919, 522
MALLET (Sir Louis), ancien ambassadeur du Royaume-Uni à Constantinople, responsable de la section du Moyen-Orient au *Political Intelligence Department* du Foreign Office, 241, 497
MANGIN (Charles), général de l'armée française, occupant de Mayence fin 1918, 536
MANNERHEIM (Carl Gustaf), général finlandais, commandant en chef des forces finlandaises en 1918, 20, 170, 414, 535, 536, 545, 561
MARBACH (Mgr), ancien évêque auxiliaire de Strasbourg, 364, 365
MARCONI (Guglielmo), sénateur italien, 18
MARIE-ADÉLAÏDE, grande-duchesse du Luxembourg de 1912 à 1919, 106
MARSHALL (Thomas Riley), vice-président des États-Unis, 34, 198
MARSHALL (Sir William Raine), général d'armée britannique, commandant du corps expéditionnaire britannique en Mésopotamie, 609
MARTEL (Damien de), nommé chargé de mission en Sibérie fin juillet 1918, puis haut-commissaire en Sibérie par interim (janvier-septembre 1919), 315, 425, 456, 526, 569
MARTINI (Ferdinando), ancien ministre italien des Colonies et de l'Instruction publique, et gouverneur de l'Érythrée, 392
MARX (Wilhelm), chef du groupe du Zentrum au Reichstag pendant la guerre, 605
MARY, épouse de George V, Reine consort du Royaume-Uni, 411
MASARYK (Tomáš Garrigue), premier président de la République tchécoslovaque, 466, 662

MASSENET (Alfred), président délégué de la Compagnie du Nord africain, 516

MAUGRAS (Roger), ambassadeur de France au Japon, 487

MAURA (Antonio), président du Conseil espagnol du 22 mars au 9 novembre 1918 et du 15 avril au 20 juillet 1919, 120, 121

MAX (Adolphe), bourgmestre de Bruxelles, 319

MAZON (André), slaviste, chargé de mission du ministère des Affaires étrangères en 1918, 244

McCORMICK (Vance Criswell), homme politique démocrate, président du *War Trade Board* de 1916 à 1919, 459

MEIEROVITZ (Zigfrids Anna), premier ministre des Affaires étrangères de Lettonie, 526

MENDONÇA (Alvaro Cesar de), ministre portugais de la Guerre, entre le 8 octobre et le 23 décembre 1918, 285

MENSDORFF-POUILLY (comte Albert), ancien ambassadeur d'Autriche-Hongrie à Londres, 162, 186, 187, 192, 194, 218

MERCIER (Désiré-Joseph), cardinal belge, 319, 331

METTERNICH (Clément-Wenceslas, prince de), ministre autrichien des Affaires étrangères de 1809 à 1848 et chancelier autrichien, 303, 475, 610

MICHALAKOPOULOS (Andreas), membre de la délégation grecque à la Conférence de la Paix, 409

MILLER (David Hunter), conseiller technique en droit international auprès de la délégation américaine à la Conférence de la Paix, 344

MILNE (George Francis), général britannique commandant ses troupes sur le front de Macédoine puis dans le Caucase, 380, 389, 404

MOLKTE (comte Helmuth Karl Bernhard von), maréchal prussien, un des principaux artisans de l'unité allemande, 633

MONIZ (Egas), ministre portugais des Affaires étrangères, 285

MONTES GAMBOA (Ismael), président de la Bolivie de 1904 à 1909, puis de 1913 à 1917, 296

MONTORO (Rafael), secrétaire de la présidence de la République cubaine, délégué à la Conférence de la Paix, 501

MOREIRA DA COSTA RIBEIRO (Delfim), vice-président du Brésil puis président par intérim, 315

MORGENTHAU (Henry Senior), ancien ambassadeur des États-Unis à Constantinople, 280

MORNEY, contre-amiral français, 394

MOWRER (Paul Scott), journaliste au *Chicago Daily News*, 610

MUELHON (Wilhelm), ancien directeur chez Krupp, réfugié en Suisse, 243, 337, 622

MUFID PACHA, ancien ministre du prince de Wied d'Albanie, 442

MÜLLER (Richard), social-démocrate indépendant, président du conseil exécutif des Conseils d'ouvriers et de soldats du Grand Berlin, 368

MURPHY (Dominick), consul général des États-Unis à Sofia, 3, 4

N

NAHUM EFFENDI (Haïm), dernier grand rabbin de l'Empire ottoman, 280

NALÈCHE (comte Étienne Bandy de), journaliste français, 610

NAPOLÉON Ier, empereur des Français, 115, 117, 189

NAPOLÉON III, empereur des Français, 76, 117

NASSAU-SARREBRÜCK (prince de), possesseur du comté et de la ville de Sarrebrück jusqu'à la Révolution française, 489, 646

NAUMANN (Friedrich), député au Reichstag, membre du parti progressiste populaire, 619

NELSON (Knute), sénateur républicain américain du Minnesota, 27

NEY (Michel), maréchal d'Empire, duc d'Elchingen, prince de la Moskowa, 293, 647

NICOLAS Ier, roi du Monténégro, 57, 58, 599

NICOLSON (Harold), fils d'Arthur Nicolson (sous-secrétaire permanent au Foreign Office entre 1910 et 1916), jeune diplomate participant à la Conférence de la Paix, 497

NISARD (Armand), ambassadeur de France près le Saint-Siège, 678

NITTI (Francesco), ministre italien du Trésor jusqu'au 18 janvier 1919, 17, 19, 42

NOBLE (Joseph), gérant le vice-consulat de France à Batavia, 432

NÖRREMÖLLE (Hansen), député protestataire du Slesvig au Reichstag, 389, 390

NORTHCLIFFE (Lord Alfred Harmsworth), propriétaire du *Times* et du *Daily Mail*, directeur britannique de la Propagande jusqu'à l'armistice de 1918, 18, 515

NOSKE (Gustav), homme politique allemand, membre du SPD, après la rupture avec l'USPD, désigné commissaire du peuple pour l'Armée et la Marine, 141, 193, 650

NOULENS (Joseph), ambassadeur de France à Arkhangelsk, 1, 6, 21, 40, 45, 54, 61, 169, 243, 312, 329, 410, 463, 513, 558

NUBAR PACHA (Boghos), philanthrope arménien (fondateur et président de l'Union générale arménienne de bienfaisance), président de la Délégation nationale arménienne, négocie en 1916 la création d'une Légion d'Orient combattant aux côtés de l'Entente, 123

NUDANT (général Alphonse), commandant de corps de l'armée française, 438

NURI BEY (Ali), ancien consul général de Turquie, 618

O

OBERNDORFF (comte Alfred von), diplomate allemand représentant, membre de la délégation allemande d'armistice à Rethondes, 188, 203, 204, 205, 487

ORLANDO (Vittorio), président du Conseil italien, 3, 17, 18, 19, 40, 41, 42, 89, 103, 104, 178, 211, 213, 219, 223, 328, 355, 356, 357, 392, 401, 411, 417, 440, 557, 568, 667

OSCAR, prince allemand, fils de Guillaume II, 20

OTANI (Kikuzzo), officier de l'armée japonaise, commandant en chef des troupes alliées à Vladivostok, 238

P

PACELLI (Eugenio), nonce apostolique à Munich pendant la Première Guerre mondiale, futur pape Pie XII, 208

PADEREWSKI (Ignacy Jan), pianiste, ancien représentant du comité national polonais aux États-Unis, à partir de janvier 1919, Premier ministre et ministre polonais des Affaires étrangères, 47

PADILLA (Alejandro), ministre d'Espagne à Lisbonne, 346

PAGET (Sir Ralph), diplomate britannique, responsable de la section de l'Europe du Sud-Est au *Political Intelligence Department* du Foreign Office, désigné ambassadeur au Brésil, 241, 497

PAILLARD (Maurice), vice-consul de France à Manille, 432

PAIS (Sidónio), ancien ministre du Portugal à Berlin entre 1912 et 1916, hostile à l'entrée en guerre de son pays aux côtés de l'Entente le 9 mars 1916, chef du gouvernement après un coup d'État en décembre 1917, puis élu président de la République en avril 1918, assassiné le 14 décembre 1918, 285

PALÉOLOGUE (Maurice), ambassadeur de France en Russie de 1914 à 1917, 99

PAPADOPOULOS (Mgr Isaïe), évêque catholique grec, assesseur de la nouvelle congrégation des Églises orientales, 15

PARAVICINI (Charles), chef de la division des Affaires étrangères suisse, 454

PARDO Y BARREDA (Jose), président du Pérou de 1915 à 1919, 222

PARKER (Alwyn), bibliothécaire du Foreign Office, 497

PAŠIĆ ou PACHITCH (Nikola), président du conseil de Serbie jusqu'en décembre 1918, 153, 534, 566

PATCHOU (Laza), ministre des Finances de Serbie, 555

PATOUILLET (Jules), directeur de l'Institut français de Saint-Pétersbourg de 1913 à 1919, 245

PEÇANHA (Nilo Procópio), ancien président du Brésil (1909-1910), 315

PEDERSEN (Holger), linguiste danois, 70

PEDRĄGAL (Jose Manuel), député espagnol aux Cortès, 256

PEREZ CABALLERO Y FERRER (Juan), secrétaire d'État espagnol du 11 novembre 1918 au 19 avril 1919, 222

PÉRIER DE LARSAN (Tristan), chancelier du consulat de France à Séville, 342

PERROUD (Édouard), chargé d'affaires français à Saint-Domingue, 431

PESSOA (Epitácio Lindolfo da Silva), sénateur brésilien, 315, 462

PÉTAIN (Philippe), commandant en chef des armées françaises. Fait maréchal de France le 19 novembre 1918, 536, 599, 600, 602, 627

PETIT LEBRUN (Raphaël), ministre de France à Bogota, 431, 576, 604

PHILLIPS (William) secrétaire d'État assistant des États-Unis de 1917 à 1920, 428

PICHON (Stephen), ministre français des Affaires étrangères, 2, 4, 8, 9, 13, 14, 16, 17, 22, 23, 24, 25, 27, 33, 35, 37, 38, 40, 43, 45, 46, 47, 48, 49, 50, 51, 53, 54, 56, 57, 58, 59, 60, 61, 62, 63, 64, 65, 66, 74, 77, 79, 82, 84, 85, 86, 87, 89, 91, 92, 93, 95, 96, 97, 98, 101, 103, 104, 106, 107, 108, 111, 112, 113 114, 120, 121, 122, 126, 127, 129, 130, 131, 141, 142, 143, 144, 146, 148, 151, 153, 154, 155, 156, 157, 162, 163, 164, 166, 169, 174, 175, 176, 179, 181, 182, 184, 186, 188, 192, 193, 194, 195, 197, 200, 201, 202, 207, 208, 210, 212, 215, 217, 218, 219, 220, 222, 223, 224, 225, 226, 227, 229, 230, 232, 233, 234, 235, 236, 237, 240, 241, 242, 243, 246, 247, 248, 250, 252, 254, 255, 257, 269, 273, 274, 275, 276, 277, 278, 280, 281, 282, 283, 286, 287, 288, 289, 290, 295, 296, 297, 298, 299, 302, 312, 314, 315, 316, 317, 318, 319, 323, 326, 327, 328, 329, 331, 332, 333, 334, 336, 337, 338, 339, 342, 343, 345, 347, 352, 353, 354, 355, 357, 358, 371, 373, 374, 375, 380, 381, 384, 389, 390, 392, 393, 397, 398, 401, 403, 405, 406, 407, 409, 410, 411, 414, 415, 416, 424, 425, 426, 427, 428, 429, 430, 433, 434, 436, 438, 439, 443, 444, 445, 453, 454, 455, 456, 462, 463, 467, 469, 471, 472, 473, 483, 486, 487, 498, 499, 500, 502, 504, 509, 511, 517, 520, 521, 522, 525, 526, 527, 533, 534, 535, 539, 547, 551, 553, 554, 555, 556, 557, 558, 562, 563, 565, 568, 569, 571, 572, 573, 574, 575, 576, 588, 589, 592, 593, 597, 598, 602, 603, 604, 605, 606, 607, 611, 614, 616, 619, 622, 627, 636, 638, 639, 649, 650, 653, 656, 659, 663, 666, 667, 676

PIÉPAPE (Marie Philpin de), colonel français en charge de contingents arméniens au Proche-Orient, 125

INDEX 703

Pilsudski (Józef), général, chef de l'État polonais, 340, 341, 449, 545, 616
Piltz (Erasme), co-fondateur du Comité national polonais, 47, 212
Pitt (William), Premier ministre britannique de 1783 à 1801, puis de 1804 à 1806, 476
Poincaré (Raymond), président de la République française de 1913 à 1920, 51, 225, 256, 342, 395, 396, 435, 484, 536, 537, 552, 668
Poindexter (Miles), sénateur républicain de l'État de Washington, 27
Politis (Nikolaos), ministre grec des Affaires étrangères, plénipotentiaire à la Conférence de la Paix, 409
Polk (Frank Lyon), secrétaire d'État américain par intérim, 258, 455, 456, 518
Polo de Barnabé Pilón (Luis), ambassadeur d'Espagne à Berlin de 1906 à 1918, 120, 223
Pomerene (Atlee), sénateur démocrate de l'Ohio, 113
Ponsonby (Frederick Edward Grey), "Keeper of the Privy Purse", 316
Ponsot (Henri), consul de France à Montréal, 431
Porras Barahona (Belisario), président du Panama à trois reprises, notamment de 1918 à 1920, 522, 523
Preuss ou Preuß (Hugo), juriste allemand, sous-secrétaire d'État au ministère de l'Intérieur, considéré comme le père de la constitution de Weimar, 619
Prinetti (Giulio), ministre italien des Affaires étrangères entre 1901 et 1903, signataire des accords secrets de neutralité avec la France, 185
Putnik (Radomir), chef militaire serbe célèbre par ses victoires lors des guerres balkaniques de 1912-1913, 555

Q

Quiñones de León (José María), ambassadeur espagnol en France, 121, 222, 287, 434, 443, 444

R

Radek (Karl), révolutionnaire bolchevique, agent du gouvernement bolchevique auprès des spartakistes, 651
Radovic (Andrija), fondateur du comité monténégrin aspirant au rattachement à la Serbie, 58
Rahmi Bey, gouverneur de la province d'Aydin, 40
Raiberti (Flaminius), député des Alpes-Maritimes, futur ministre de la Guerre (1920-1921) et ministre de la Marine (1922-1924), 420
Raineri, amiral italien, 441
Reading (Lord Rufus Isaacs) ambassadeur du Royaume-Uni à Washington, 38, 101, 102, 404, 461, 464, 585
Regis de Oliveira (Raul), sous-secrétaire d'État brésilien, 254
Regnault (Eugène), ambassadeur de France à Tokyo, 1, 6, 54, 431, 607
Regnault (Jean), chargé d'affaires français à Vladivostok, 238, 282, 410, 611
Reinsch (Paul Samuel), ambassadeur des États-Unis en Chine de 1913 à 1919, 91
Rennell Rodd (Sir James), ambassadeur du Royaume-Uni à Rome, 18, 437, 438

REVENTLOW (Ernst zu), éditorialiste allemand, critique virulent de la politique de Guillaume II et du chancelier Bethmann Hollweg, 337

REYNAUD (Louis), consul de France à Helsingfors, 45, 414

RIBOT (Alexandre), président du Conseil français du 20 mars au 12 septembre 1917, ministre des Affaires étrangères du 20 mars au 23 octobre 1917, 176, 382, 610

RIBOT (André), ambassadeur de France à Lima, 222

RICHTHOFEN (Hartmann von), député au Reichstag, membre du parti national libéral, puis du parti démocratique allemand, 619

ROCHAMBEAU (comte Jean Baptiste Donatien de Vimeur de), maréchal de France, 485

RODD (Sir James Rennell), ambassadeur du Royaume-Uni à Rome, 551

RODDE (Henry), consul général de France à Johannesburg, 431

RODRIGUES ALVES (Francisco de Paula), président du Brésil de 1902 à 1906, réélu en 1918, mais décéda avant d'entrer en fonction le 18 janvier 1919, 254, 314, 315, 462

ROMANONES (comte Alvaro de Figueroa Torres de), homme politique espagnol, président du Conseil en 1912-1913, puis en 1915-1917, favorable à l'Entente, ministre d'État du 9 novembre 1918 au 15 avril 1919, puis à nouveau président du Conseil du 5 décembre 1918 au 15 avril 1919, 121, 222, 256, 346, 434, 516

ROMANOS (A.), membre de la délégation grecque à la Conférence de la Paix, 51, 409

ROMBERG (baron Gisbert von), ministre d'Allemagne en Suisse, 454

RONSSIN (Ernest), chargé d'affaires français à Cuba, 501

ROOSEVELT (Franklin Delano), secrétaire adjoint à la Marine, 107

ROOSEVELT (Theodore), 26e président des États-Unis (1901-1909), républicain, favorable à l'Entente et opposé à la neutralité américaine entre 1914 et 1917, 121, 427, 457

ROSENTHAL (Léonard), homme d'affaires français de confession juive, 339, 340, 341

ROSSHAUPTER (Albrecht), ministre de la Guerre de la République des conseils de Bavière, 620

ROTHSCHILD (Lord Walter), président de la fédération sioniste de Grande-Bretagne, 182

ROUVIER (Maurice), président du Conseil et ministre des Affaires étrangères en 1905-1906, 435

ROUX (Honoré), chargé du consulat de France en Mésopotamie, 390

RUIJS DE BEERENBROUCK (Charles Joseph Marie), président du Conseil des Pays-Bas, 334, 335, 336

RUPRECHT, prince de Bavière, 106

RUSSELL (Lord John), Premier ministre britannique de 1846 à 1852 puis de 1865 à 1866 et ministre des Affaires étrangères de 1859 à 1865, 69

RUSSO (baron Giacomo), chargé d'affaires italien à Berne, 613

RYBÁŘ ou RIBARJ (Otokar), délégué slovène à la Conférence de la Paix, 566

S

SADLER (Michael), romancier et diplomate britannique, 497

SAINT (Lucien), préfet des Bouches-du-Rhône, 394

SAINT-AULAIRE (comte Auguste-Félix de Beaupoil de), ministre de France en Roumanie, 406, 431, 453, 471, 571, 575, 605, 659

SAIONJI (marquis Kinmochi), ancien Premier ministre japonais, chef de la délégation japonaise à la Conférence de la Paix, 355

INDEX

SALANDRA (Antonio), président du Conseil italien de 1914 à 1916, 611, 667

SAN GIULIANO (marquis de Antonio), ministre italien des Affaires étrangères de 1910 à 1914, 186

SAN MARZANO (Enrico Asinari di), général italien, 416

SANCHEZ DE LA HUERTA (Roberto), ancien ministre chilien, député membre de la commission permanente des relations extérieures, 9

SAYOUS (André), chargé de mission au bureau des Services économiques, 377, 548

SAZONOV (Sergueï), ancien ministre des Affaires étrangères russe (1910-1916), nommé ambassadeur du Gouvernement provisoire à Londres, mais le coup d'État bolchevique du 7 novembre l'empêche de prendre son poste, 615

SCAVENIUS (Erik), ministre danois des Affaires étrangères, 70, 389, 390

SCAVENIUS (Harald), ministre du Danemark à Petrograd, 560

SCHEIDEMANN (Philipp), homme politique allemand (SPD), membre du Conseil des commissaires du peuple après le 10 novembre 1918, 210, 217, 291, 367, 369, 617, 619

SCHIMMELMANN (comte Ernst Josef de), général lieutenant allemand, 72

SCHIRO (Mgr), archevêque de rite grec uni à Rome, 14, 15

SCHOEN (de), conseiller de la légation de Bavière à Berlin, 337, 644

SCHWIMMER (Rosika), militante hongroise pacifiste et féministe, ayant participé à la fondation du Women's Peace Party aux États-Unis en 1915, 376

SELIM BEY (Fouad), ministre de Turquie à Berne, 127, 128

SEMENOV (Grigori), colonel de l'armée russe, ataman autoproclamé des Cosaques de Transbaïkalie, 420, 471, 607, 612

SERRE (Paul), vice-consul de France à La Trinité, 432

SETON-WATSON (Robert William), politicien britannique ami de Masaryk, qui militait pour le démembrement de l'Autriche-Hongrie en 1919, 566

SHARP (William Graves), ambassadeur des États-Unis à Paris de 1914 à 1919, 338, 339

SICHEL-DULONG, directeur d'une mine dans l'Oural avant la guerre, 243

SIMONIN (Ernest Maurice de), chargé d'affaires français à Panama, 432, 522

SIU CHE TCHANG (ou Xu Shichang), président de la République de Chine de 1918 à 1922, 91, 283, 421, 443

SKRYNSKI (comte Alexandre), conseiller d'ambassade à la légation d'Autriche à Berne, 126

SMODLAKA (Josip), délégué slovène à la Conférence de Paris, 566

SOLF (Wilhelm), secrétaire d'État allemand aux Affaires étrangères du 3 octobre au 13 décembre 1918, 96, 242, 249, 317, 318, 358, 368, 375, 415, 455, 617, 618

SONNINO (Sidney), ministre italien des Affaires étrangères, 17, 19, 40, 41, 42, 111, 252, 277, 288, 299, 328, 345, 411, 417, 568, 613, 667

SOUCHON (Wilhelm), amiral, gouverneur militaire de Kiel, 194

SPEARS (Edward), général britannique, chef de la mission militaire britannique en France de 1917 à 1919, 380

SPERANZA, directeur grec des Affaires commerciales et président du bureau commercial interallié, 409

STAUNING (Thorvald), ministre danois sans portefeuille, 67

STEAD (Henry Wickham), chef du département étranger du *Times*, 566

ŠTEFÁNIK (Milan), général de l'Armée française, ministre de la Guerre du gouvernement tchécoslovaque, 570

STEINMANN-BUCHER (Arnold), statisticien allemand, 377

706   INDEX

Stone (Melville), directeur de l'agence Associated Press, 433
Suarez (Marco Fidel), président de la Colombie de 1918 à 1921, 398
Sulzer (Hans), ministre de Suisse à Washington, 455, 456
Swope (Herbert Bayard), journaliste au *New York World*, prix Pulitzer 1917 pour ses reportages en Allemagne, 519
Sykes (Sir Mark), assistant du secrétaire britannique à la Guerre, 14, 28, 77, 78, 88, 99, 123, 230, 483, 649, 650

T

Tafari, prince régent d'Éthiopie, avec le titre de « ras », futur empereur Haïlé Sélassié, 552
Taft (William), 27e président des États-Unis de 1909 à 1913 (républicain), 198, 427
Talbot, attaché naval britannique à la légation d'Angleterre en Grèce, 410
Talleyrand-Périgord (Charles-Maurice de), plénipotentiaire français au Congrès de Vienne et ministre des Affaires étrangères, 82, 303, 304, 382, 610
Tardieu (André), commissaire général aux Affaires de guerre franco-américaines, 94, 95, 167, 221, 290, 422, 473, 519, 610, 654, 658, 670
Tavares de Lira (Augusto), ministre brésilien des Finances par intérim du 1er au 15 novembre 1918, 315
Tchaïkovski (Nikolaï), chef socialiste du gouvernement provisoire anti-bolchevique dans le nord de la Russie (Arkhangelsk), 54, 607
Tchernov (Viktor), président de la Constituante russe, 315
Teodorov (Gueorgui), général, commandant en chef de l'armée bulgare, 1
Tewfik Pacha (Ahmed), grand vizir de l'Empire ottoman de novembre 1918 à mars 1919, 60
Thaon di Revel (Paolo Emilio), grand amiral et sénateur italien, 136, 355, 356
Thiers (Adolphe), président de la République française de 1871 à 1873, 16
Thomson (James Noel), général de l'armée britannique, 450
Timm (Johannes), ministre de la Justice de la République des Conseils de Bavière, 620
Tinoco (José), général, président de la République du Costa Rica, 65
Tisza (comte Istvan), ministre-président de Hongrie de 1913 à 1917, 140
Townley (Sir Walter), ministre du Royaume-Uni à La Haye, 317
Townshend (Charles), général britannique, affecté au front d'Irak, 105
Tranié, général français à Fiume, 416
Trimborn (Karl), député au Reichstag de 1896 à 1918, membre du Zentrum, 605
Trotski (Léon), dirigeant bolchevique russe, commissaire du peuple en charge de l'armée, 407, 558, 559, 593
Trumbić ou Trumbitch (Ante), président du comité yougoslave de Londres puis ministre des Affaires étrangères du Royaume des Serbes, Croates, Slovènes, 8, 17, 224, 534, 566
Tyrell (Sir William), sous-secrétaire d'État adjoint britannique, 497

U

UCHIDA (vicomte Kosai), ministre japonais des Affaires étrangères, 372

ULMANN ou ULMANIS (Karl), premier Premier ministre de Lettonie fin décembre 1918, 526

UNTERLEITNER (Hans), ministre des Affaires sociales de la République de Bavière, 620

UTARD (Émile), directeur à New York de la maison de parfumerie française Pinaud, 509

V

VALDÉS (Ramón Maximiliano), président du Panama de 1916 à 1918, année de son décès, 523

VANSELOW (Ernst), capitaine de vaisseau allemand, membre de la délégation allemande d'armistice à Rethondes, 188, 203, 205, 487

VANSITTART (Robert), diplomate britannique, 497

VARNEY (Georges), vice-amiral, commandant de la division navale française de Syrie, 28

VAUBAN (marquis Sébastien Le Prestre de), maréchal de France sous Louis XIV, connu pour ses nombreuses fortifications, 292

VELTEN (Gaston), consul général de France à Varsovie de 1913 au 4 décembre 1918, 339

VENIZÉLOS (Eleftherios), Premier ministre grec, 51, 52, 53, 240, 381, 409

VERGENNES (Charles Gravier de), secrétaire d'État aux Affaires étrangères de Louis XVI, 71

VESNIĆ ou VESNITCH (Milenko), ministre de la Serbie à Paris, 299, 534, 551, 552, 566

VETTORI (Vittorio), journaliste italien, rédacteur au *Giornale d'Italia*, 445

VIANA (marquis de), grand écuyer du roi Alphonse XIII d'Espagne, 121

VIC (Antonio), maire de Fiume, 441

VICTOR-EMMANUEL III, roi d'Italie, 441, 611

VILLA (Giovanni), ministre italien des Transports maritimes et ferroviaires, 404

VOLOGODSKI (Piotr), membre du parti socialiste-révolutionnaire, prend la tête du gouvernement provisoire antibolchevique à Omsk le 30 juin 1918, 54, 471

VOSSOUGH-ED-DOWLEH (Hassan), chef du gouvernement persan, 179, 180, 271

VROOMAN (Carl), sous-secrétaire américain à l'Agriculture, 289

W

WADDINGTON (William Henry), ministre français des Affaires étrangères entre 1877 et 1879, 305

WALEWSKI (comte Alexandre Colonna), ministre français des Affaires étrangères entre 1855 et 1860, 304

WALTER ou VALTERS (Miķelis), premier ministre de l'Intérieur de Lettonie fin 1918, 526

WATT (William), Premier ministre intérimaire d'Australie en 1918, 85, 86

WEIZMANN (Chaïm), chimiste, président de la commission sioniste en Palestine, 182

WEKERLE (Sandor), ministre-président de Hongrie d'août 1917 au 29 octobre 1918, 140

WELLINGTON (duc Arthur Wellesley de), vainqueur de la bataille de Waterloo, plénipotentiaire britannique lors du Congrès de Vienne, 303, 476

WELS (Otto), commandant de la ville de Berlin, 556

WEMYSS (Sir Rosslyn), amiral de la Flotte britannique, premier Lord de la Mer, 202, 203, 401, 487

WESSENBERG-AMPRINGEN (baron Johann von), délégué autrichien au Congrès de Vienne, 303

WETTERLÉ (abbé Émile), député autonomiste alsacien au Reichstag à partir de 1898, puis député français (1919-1924), 468

WEYGAND (Maxime), général français, major général des armées alliées, 202, 203, 204, 205, 206

WHITE (Henry), ancien ambassadeur des États-Unis à Paris de 1906 à 1909, seul plénipotentiaire républicain de la délégation américaine à la Conférence de la Paix, 265, 528

WIED (William), prince d'Albanie du 7 mars au 3 septembre 1914, 442

WIGRAM (Clive), lieutenant-colonel britannique, 316

WILLIAMS (général), commandant de gendarmerie à Port-au-Prince, 319, 320, 321

WILSON (Sir Arnold Talbot), lieutenant-colonel britannique, commissaire britannique pour la Mésopotamie en 1918-1920, 50, 391

WILSON (Edith), seconde épouse du président américain Thomas Woodrow Wilson, 250, 486

WILSON (Thomas Woodrow), président des États-Unis, 4, 9, 18, 22, 26, 27, 31, 32, 33, 34, 35, 36, 37, 38, 39, 40, 42, 43, 44, 45, 47, 48, 49, 52, 53, 56, 57, 59, 60, 61, 63, 64, 65, 71, 74, 75, 76, 78, 80, 81, 82, 84, 86, 87, 88, 89, 91, 92, 94, 95, 96, 97, 99, 103, 104, 105, 108, 111, 112, 113, 120, 121, 126, 128, 129, 130, 135, 141, 142, 143, 144, 146, 147, 148, 150, 151, 152, 161, 163, 164, 165, 166, 167, 174, 176, 178, 181, 183, 188, 197, 198, 199, 204, 208, 209, 210, 215, 221, 242, 248, 249, 250, 252, 255, 258, 265, 280, 288, 292, 294, 310, 311, 312, 328, 344, 347, 349, 350, 357, 368, 373, 384, 400, 401, 405, 427, 430, 433, 434, 456, 458, 459, 460, 461, 462, 484, 486, 500, 517, 529, 537, 538, 539, 544, 545, 554, 562, 568, 585, 594, 595, 596, 597, 611, 612, 656, 662, 668, 677

WINDISCHGRAETZ (prince Alfred de), président de la Chambre des seigneurs d'Autriche, 126, 192, 193, 194, 218

WINTERFELDT (Detlof von), général allemand, membre de la délégation allemande d'armistice à Rethondes, 188, 203, 204, 205, 211, 214, 487

WITTING (Richard), directeur de la Nationalbank für Deutschland de 1902 à 1910, 619

WORTHINGTON-EVANS (Sir Laming), ministre britannique du Blocus depuis juillet 1918, 290, 325

WRIGHT (William Carter), représentant démocrate américain (Géorgie), 113

Y

YOSHIHITO, empereur du Japon de 1912 à 1926 (ère Taisho), 372

YRIGOYEN (Hipolito), président de l'Argentine de 1916 à 1922, 84, 85, 257

INDEX

Z

Zahle (Carl Theodor), président du Conseil danois, 67, 70
Zaoditou ou Zewditou Ire, souveraine d'Éthiopie de 1916 à 1930, 552
Zimmermann (Arthur), secrétaire d'État allemand aux Affaires étrangères de novembre 1916 à août 1917, 337, 437
Zita, impératrice d'Autriche-Hongrie, 145
Zolger (Ivan), ancien ministre du gouvernement de Vienne, délégué slovène à la Conférence de la Paix, 566
Zorn de Bulach (Mgr), évêque auxiliaire de Strasbourg, 363, 364, 365

La liste des *Documents diplomatiques français*
disponibles peut être consultée sur le site Internet
www.peterlang.com

Dépôt légal : Bibliothèque Nationale de France (1er trimestre 2015)

Information bibliographique publiée par « Die Deutsche Nationalbibliothek »
« Die Deutsche Nationalbibliothek » répertorie cette publication dans la
« Deutsche Nationalbibliografie » ; les données bibliographiques détaillées sont disponibles sur le site http://dnb.d-nb.de.

Imprimé en Belgique